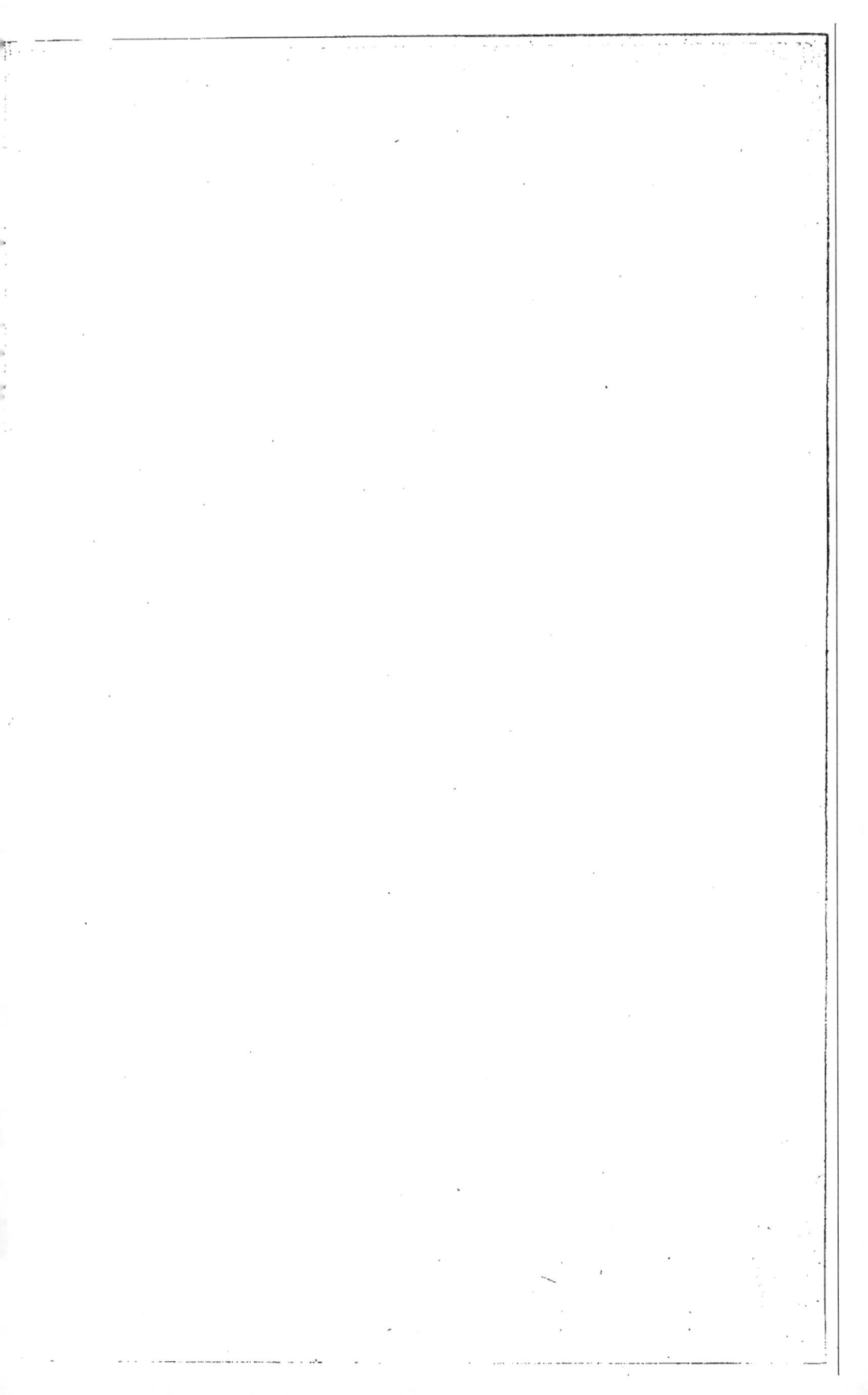

18903

TRAITÉ PRATIQUE

ET

FORMULAIRE

GÉNÉRAL

DU NOTARIAT

DE FRANCE ET D'ALGÉRIE

EXPLICATION DE QUELQUES ABREVIATIONS

Dict. not.....................	Dictionnaire du notariat (4e édition).
Roll.........................	Rolland de Villargues (2e édition).
J. N.........................	Journal des notaires et des avocats.
Jur. N.......................	Jurisprudence du notariat fondée par Rolland de Villargues.
Mon. Trib., ou M. T..........	Moniteur des tribunaux.
Zach.........................	Zachariæ, édition Massé et Vergé.
Cass.........................	Cassation.
Demolombe, VI, 441..........	Demolombe, t. VI, n° 441.
Taulier, III, p. 412.........	Taulier, t. III, page 412.
Marcadé, 451, 2..............	Marcadé, art. 451, n° 2.
Journal du Not...............	Journal du Notariat et des Offices ministériels.

Paris. — Imp. de E. Donnaud, rue Cassette, 9.

TRAITÉ PRATIQUE

ET

FORMULAIRE

GÉNÉRAL

DU NOTARIAT

DE FRANCE ET D'ALGÉRIE

SUIVANT UNE

MÉTHODE NOUVELLE

PLAÇANT LA FORMULE A COTÉ DE L'EXPLICATION THÉORIQUE

DIVISÉ EN QUATRE PARTIES

COMPRENANT

1° LA LÉGISLATION SPÉCIALE AU NOTARIAT

2° LE DROIT CIVIL EXPLIQUÉ SELON L'ORDRE DU CODE NAPOLÉON

3° LE DROIT FISCAL (Enregistrement et Hypothèques)

4° ET UN TRAITÉ SPÉCIAL SUR LA RESPONSABILITÉ DES NOTAIRES

PAR

DEFRÉNOIS	**VAVASSEUR**
Principal clerc de notaire à Paris.	Avocat à la cour impériale de Paris.
	(Ancien principal clerc de notaire à Paris).

DEUXIÈME ÉDITION

TROISIÈME VOLUME

PARIS

A L'ADMINISTRATION DU JOURNAL DES NOTAIRES ET DES AVOCATS

RUE DES SAINTS-PÈRES, 52

—

1868

TITRE CINQUIEME

DU CONTRAT DE MARIAGE ET DES DROITS RESPECTIFS DES ÉPOUX

—

PREMIÈRE PARTIE

DU CONTRAT DE MARIAGE

———

SOMMAIRE

III

FORMULES

CHAPITRE PREMIER

DES FORMES DU CONTRAT DE MARIAGE

3532. Le contrat de mariage est l'acte que passent les futurs conjoints pour fixer les règles qui régiront leur association conjugale quant aux biens (*C. N. 1387*).

3533. Le contrat de mariage est *exprès* lorsque les époux règlent par écrit les conventions spéciales de leur mariage (*C. N. 1387*). Il est *tacite* lorsque l'association conjugale est régie par la loi, à défaut de conventions spéciales écrites (*C. N. 1387, 1399 à 1496*).

3534. Les époux peuvent faire telles conventions matrimoniales qu'ils jugent à propos, pourvu qu'elles ne soient pas contraires aux bonnes mœurs (*C. N. 1387*); toutefois ils ne peuvent déroger ni aux droits résultant de la puissance maritale sur la personne de la femme (1) et des enfants, ou qui appartiennent au mari comme chef, ni aux droits conférés aux survivants des époux par le titre de la *puissance paternelle* et par le titre *de la minorité, de la tutelle et de l'émancipation*, ni aux dispositions prohibitives de la loi (*C. N. 1388*); les époux ne peuvent non plus faire aucune convention ou renonciation dont l'objet serait de changer l'ordre légal des successions soit par rapport à eux-mêmes dans la succession de leurs enfants ou descendants, soit par rapport à leurs enfants entre eux, sans préjudice des donations entre-vifs ou testamentaires qui peuvent avoir lieu selon les formes et dans les cas déterminés par la loi (*C. N. 1389*); ni stipuler d'une manière générale que leur association sera

§ 1. — INTITULÉ ET CLOTURE DU CONTRAT DE MARIAGE.

FORMULE 503. — **Fils majeur et fille mineure; père et mère.** (N°ˢ 3532 à 3548.)

PAR-DEVANT Mᵉ . . .

ONT COMPARU :

1° M. Louis-Auguste ROUSSET, professeur, demeurant à . . ., chez ses père et mère, ci-après nommés,

Majeur, étant né à . . . . le . . . . . ; issu du mariage d'entre M. Eloi ROUSSET, propriétaire, et Mᵐᵉ Elisa BOISNEY, demeurant ensemble à . . .,

Stipulant en son nom personnel,

D'UNE PART ;

2° M. et Mᵐᵉ ROUSSET père et mère, ci-dessus nommés, qualifiés et domiciliés, la femme de son mari autorisée ;

Stipulant tant pour assister le futur époux, leur fils, qu'à cause de la donation qu'ils lui feront ci-après,

AUSSI D'UNE PART ;

(1) On ne pourrait stipuler que la femme choisira le domicile commun, ni qu'elle ne sera pas tenue de suivre son mari; mais l'on pourrait valablement stipuler : 1° que la femme ne serait pas tenue de suivre son mari s'il venait à s'établir en pays étranger pour s'y faire naturaliser: Troplong, n° 39; 2° que pour de graves raisons de santé, de sûreté ou de pudeur, la femme n'habitera pas tel pays : Rodière et Pont, I. 33 ; Troplong, n° 58; Marcadé, *1389* 4; Trib. Senlis, 9 octobre 1835.

réglée par l'une des coutumes, lois ou statuts locaux qui régissaient ci-devant les diverses parties du territoire français (1) (*C. N. 1390*).

3535. Tout contrat de mariage postérieur au 1er janvier 1851 n'est opposable aux tiers qu'autant que son existence a été déclarée dans l'acte de célébration du mariage, *supra n° 1001, 10°.* Si cet acte porte que les époux se sont mariés sans contrat, la femme est réputée, à l'égard des tiers, capable de contracter dans les termes du droit commun, à moins que, dans l'acte qui contient son engagement, elle n'ait déclaré avoir fait un contrat de mariage (*C. N. 1391 et loi du 18 juill. 1850*).

3536. Toutes conventions matrimoniales doivent, à peine de nullité (2), être rédigées avant le mariage, par acte devant notaire (*C. N. 1594*), et en minute (3).

3537. Si le contrat de mariage a été fait sous seings privés, le simple dépôt pour minute, qui en serait fait en l'étude d'un notaire, même par toutes les parties et avec reconnaissance d'écriture, ne remplirait pas le vœu de la loi (4). Il semble qu'il devrait en être autrement si l'acte de reconnaissance, d'ailleurs antérieur au mariage, relatait en substance les conventions du contrat, et surtout si les parties déclaraient au besoin réitérer ces conventions (5). Le contrat de mariage sous seings privés, passé dans un pays étranger autorisant les pactions matrimoniales dans cette forme, est valable, même entre Français ou entre un Français et une étrangère, lorsque leur mariage est célébré dans ce pays (6) ; à plus forte raison si les époux, lors de leur retour en France, l'ont déposé pour minute à un notaire (7).

3538. Lorsque le contrat de mariage est nul pour vice de forme, incapacité ou incompétence de l'officier public, ou parce que l'un des futurs conjoints n'a été ni présent ni valablement représenté, il est frappé d'une nullité radicale et absolue qui ne saurait être couverte par la célébration du mariage (8) ni même par la ratification ou l'exécution volontaire après la dissolution du mariage (9).

3539. Cette nullité peut être invoquée par les futurs, et même par les tiers qui y ont intérêt (10) ; et si l'époux survivant et les héritiers de l'époux prédécédé veulent régler leurs droits respectifs conformément au contrat de mariage, ils ne le peuvent que par une convention nouvelle (11).

3540. Le contrat de mariage entre parents qui ne peuvent se marier qu'avec une dispense du gouvernement, et qui a été fait avant l'obtention des dispenses, est valable si le mariage a lieu ensuite en vertu des dispenses (12).

3541. Les futurs conjoints, tous deux majeurs de vingt-un ans accomplis, peuvent arrêter les

---

3° Mlle Louise CARVILLE, sans profession, demeurant à . . ., chez ses père et mère, ci-après nommés,

Mineure, étant née à . . . . le . . . . ; issue du mariage d'entre M. Charles CARVILLE, négociant, et Mme Thérèse HÉBERT, demeurant ensemble à . . . .,

Stipulant en son nom personnel, avec l'assistance et l'autorisation de ses père et mère,

D'AUTRE PART ;

4° Et M. et Mme CARVILLE père et mère, ci-dessus nommés, qualifiés et domiciliés, la femme de son mari autorisée,

---

(1) Voir Duranton, XIV, 3 ; Toullier et Duvergier, XIII, 7 ; Rodière et Pont, I, 74, 75 ; Zach, Massé et Vergé, § 637, note 27 ; Troplong, n° 138 ; Marcadé, *1393*, 1 ; Roll., *Contr. de mar.*, n° 106 ; Poitiers, 16 mars 1826 ; Grenoble, 6 juin 1829 ; Cass., 28 août 1833.

(2) Cette nullité ne peut être couverte par des actes faits pendant le mariage : Troplong, n° 200 ; Rodière et Pont, I, 138 ; Nîmes, 20 déc. 1841.

(3) Toullier, XII, 70 ; Rodière et Pont, I, 129 ; Zach., Massé et Vergé, § 636, note 2 ; Marcadé, *1397*, 1 ; Dict. Not., *Contr. de mar.*, n°s 9-10 ; Roll., *ibid.*, n° 66 ; Bastia, 16 déc. 1849 ; Jur. N., 9415.

(4) Massé et Vergé, § 636, note 1 ; Dict. Not., *Contr. de mar.*, n° 209 ; Roll., *ibid.*, n° 64.

(5) Duranton, XIV, 43 ; Rodière et Pont, I, 128 ; Troplong, n° 155 ; Zach., § 636, note 1 ; Rouen, 11 janv. 1826.

(6) Paris, 11 mai 1826, 22 nov. 1828.

(7) Troplong, n° 188 ; Taulier, V, p. 26 ; Massé et Vergé, § 636, note 1.

(8) Troplong, n° 194 ; Toulouse, 11 juin 1850 ; Jur. N., 9019.

(9) Dict. Not., *Contr. de mar.*, n° 170 ; Nîmes, 29 déc. 1841, 9 mars 1845, 21 août 1848, 6 août 1851, 20 juill. 1852, 30 août 1814 ; Limoges, 9 juill. 1853, 17 déc. 1847 ; Toulouse, 15 juin 1841, 25 mars 1852, 19 janv. 1853, 2 juin 1857 ; Grenoble, 7 juin 1851 ; Pau, 1er mars 1853 ; Montpellier, 3 déc. 1853 ; Riom, 23 juin 1858, 15 nov. 1860 ; Cass., 11 juill. 1853, 29 mai 1854, 9 janv. 1855, 5 mars 1855, 11 juillet 1857, 6 avril 1858 ; J. N., 13451, 13498, 16151, 16293. Voir Nîmes, 3 mai 1847 ; Cass., 19 déc. 1865, 10 avril 1866 ; Vienne, 2 juin 1867 ; J. N., 13287, 18533, 19019.

(10) Bellot, J. p. 78 ; Roll., *Contr. de mar.*, n° 82 ; Cass., 19 mars 1828, 5 mars 1855 ; J. N., 15409 ; CONTRA, Troplong, n° 288 ; Rodière et Pont, I, 43 ; Odier, I, 810 ; Marcadé, *1393*, 2 ; Dalloz, n° 471.

(11) Toulouse, 2 juin 1857 ; Cass., 5 avril 1858 ; J. N., 1693.

(12) Paris, 9 fév. 1860 ; J. N., 16887.

conventions de leur association conjugale (1) sans l'assistance des personnes dont le consentement est nécessaire pour la validité de leur mariage (2) ; si l'un d'eux est pourvu d'un conseil judiciaire, voir *supra n° 1387.*

3542. Le mineur habile à contracter mariage, soit parce qu'il a atteint l'âge prescrit, soit qu'il ait obtenu des dispenses d'âge (3), est, par faveur pour le mariage, habile aussi à consentir toutes les conventions dont le contrat de mariage est susceptible ; et les conventions et donations qu'il y a faites sont valables, pourvu qu'il ait été assisté, dans le contrat, des personnes dont le consentement est nécessaire pour la validité de son mariage, *supra n° 3017 (C. N. 1398).* [Form. 503 et 504].

3543. Les personnes qui doivent habiliter le mineur peuvent être représentées au contrat de mariage par un mandataire (4), en vertu d'une procuration notariée spéciale et relatant d'une manière succincte toutes les conventions à y insérer (5).

3544. Du reste, les mineurs ne peuvent être habilités que pour les conventions relatives à l'association conjugale ; toute autre stipulation, par exemple une cession de droits successifs, serait nulle et sans effet (6).

3545. Si le contrat de mariage a été fait sans l'assistance prescrite, il n'est pas frappé d'une nullité absolue, il est seulement annulable sur la demande de celui des époux qui devait être assisté (7) ; cet époux ne peut le ratifier pendant le mariage (8) ; mais le contrat est susceptible de ratification tacite, en ce sens que l'action en nullité se prescrit par dix ans à compter du jour de la dissolution du mariage, conformément à l'art. 1304 (9).

Stipulant tant pour assister et autoriser Mlle leur fille, future épouse, à raison de son état de minorité, qu'à cause de la donation qu'ils lui feront ci-après,

AUSSI D'AUTRE PART ;

Lesquels, dans la vue du mariage projeté entre M. ROUSSET et Mlle CARVILLE, et dont la célébration aura lieu incessamment à la mairie de ...., en ont arrêté les conditions civiles de la manière suivante :

ART.....

FORMULE 504. — Fils majeur orphelin, fille mineure orpheline assistée d'un ascendant ; oncle donateur. (N°s 3542 à 3546.)

PAR-DEVANT M.....

ONT COMPARU :

1° M. Charles Auguste CHÉRON, avocat à la Cour impériale de ...., demeurant à .., Majeur, étant né à..., le ... ; issu du mariage d'entre M. Louis CHÉRON, ancien magistrat, et Mme Aglaé CHEMIN, tous deux décédés, le mari à ... le ..., et la femme à ... le ..., Stipulant en son nom.

D'UNE PART ;

2° Mlle Rose Lecat, sans profession, demeurant à ..., chez son aïeul, ci-après nommé, Mineure, étant née à ..., le ... ; issue du mariage d'entre M. Honoré LECAT, négociant, et Mme Virginie LEBLANC, tous deux décédés à ..., le mari le ..., et la femme le ...,

---

(1) Les conventions matrimoniales des membres de la famille impériale sont nulles si elles ne sont pas approuvées par l'Empereur, sans que, dans ce cas, les parties puissent exciper des dispositions du Code Nap. (*Statuts, 21 juin 1853*, art. 6.)

(2) Dict. not., *Contr. de mar.*, n° 133 ; Roll., n° 8 ; Demol., XXIII, 430.

(3) Le contrat de mariage signé avant l'obtention des dispenses ou avant l'âge requis pour le mariage est nul, même lorsque le mariage a ensuite eu lieu après l'obtention des dispenses ou après l'âge requis. Duranton, XIV, 14 ; Troplong, n° 286 ; Zach., Massé et Vergé, § 635, note 2 ; Demolombe, XVIII, 416 ; Rodière et Pont (2° éd.), I, 4054. Voir Riom, 22 juin 1853 ; Cass., 23 déc. 1856 ; J. N., 15982 ; contra, Marcadé, *1398*, 2.

(4) Marcadé, *1398*, 3 ; Rodière et Pont, I, 41, 42 ; Troplong, n° 282 ; Massé et Vergé.] 635. note 5.

(5) Troplong, Don., n° 2627 ; Demolombe, XXIII, 432. Voir Dict. not., *Contr. de mar.*, n° 164, 165.

(6) Dict. not., *Contr. de mar.*, n° 134 ; Roll., 1841, n° 16 ; Bordeaux, 1er fév. 1826 ; Grenoble, 5 août 1856 ; Jur. N., 14563.

(7) Rodière et Pont, I, 43 ; Troplong, n°s 283, 284 ; Zach., Massé et Vergé, § 635. note 5 ; Cass., 5 mars 1855 ; J. N., 15495. V. Demol. XXIII, 433.

(8) Troplong, n° 285 ; Rodière et Pont, I, 158.

(9) Troplong, n° 286.

3546. C'est la seule qualité de père, mère ou ascendant qui donne le droit d'assister le mineur, et il importe peu qu'ils aient été exclus ou destitués de la tutelle ou qu'ils n'aient l'administration ni de la personne ni des biens du mineur (1).

3547. Si le père, la mère ou tout autre ascendant appelé à consentir au mariage ne peut, pour cause d'interdiction, donner un consentement valable, il est remplacé par celui que la loi appelle à son défaut, *supra n° 943* [FORM. 505]; ainsi, lorsque le père est interdit, la mère, même non tutrice de son mari, peut, sans l'autorisation du conseil de famille ni de justice, assister son enfant mineur au contrat de mariage; elle peut même, avec l'autorisation de justice, le doter avec des biens à elle personnels. Si c'est la femme qui est interdite, le mari assiste seul son enfant mineur, et il peut, sans recourir à aucune autorisation, le doter soit avec des biens personnels, soit avec des biens de la communauté. S'il n'y a point d'autre ascendant que l'interdit, c'est au conseil de famille à consentir au mariage du mineur et à déléguer l'un des membres pour l'assister au contrat de mariage, *supra n° 952.*

3548. Dans ce dernier cas, la dot ou l'avancement d'hoirie et les autres conventions matrimoniales sont réglées par un avis du conseil de famille, homologué par le tribunal, sur les conclusions du procureur impérial (*C. N. 511*).

3549. Si le mineur n'a ni père, ni mère, ni aucun autre ascendant, il doit aussi être assisté d'un délégué du conseil de famille, *supra n° 952*, agissant en vertu d'une délibération relatant succinctement les conventions de l'association conjugale, à peine de nullité (2) du contrat de mariage (3) [FORM. 505].

3550. Le délégué du conseil de famille ne peut habiliter le mineur que dans les termes de la

---

Stipulant en son nom personnel, avec l'assistance et l'autorisation de son aïeul, ci-après nommé,

D'AUTRE PART ;

3° M. Jules LECAT, propriétaire, demeurant à . . ., aïeul paternel de Mlle LECAT, future épouse, et resté son seul ascendant,

Stipulant pour assister et autoriser Mlle LECAT, future épouse, sa petite-fille, à cause de son état de minorité,

AUSSI D'AUTRE PART ;

4° Et M. Gervais LEBLANC, rentier, demeurant à . . ., oncle maternel de la future épouse,

Stipulant à cause de la donation qu'il fera ci-après à ladite future épouse,

ENCORE D'AUTRE PART ;

Lesquels, etc.

FORMULE 505. — Fils mineur sans père ni mère, ni autre ascendant; et fille mineure d'un interdit. (N°⁵ 3547 à 3551.)

PAR-DEVANT M⁰ . . .

ONT COMPARU :

1° M. Charles-Auguste comte de SAINT-ESPRIT, propriétaire, demeurant à . . ., chez son tuteur ci-après nommé,

Mineur, étant né à . . ., le . . .; issu du mariage d'entre M. César Alexandre comte de SAINT-ESPRIT, général de division, et Mme Amélie VAL, tous deux décédés, le mari à . . ., le . . ., et la femme à . . ., le . . .;

---

(1) Troplong, n° 281; Rodière et Pont. I, 40; Bastia, 3 fév. 1826.
(2) La délibération du conseil de famille intervenue postérieurement au contrat de mariage ne saurait conférer à ce contrat la validité qui lui manque : Cass., 20 juill. 1859.

(3) Dict. not., *Contr. de mar.*, n°⁵ 150 à 154; Roll., *ibid.*, n° 22; Troplong, *Don.*, n° 2629; Demolombe, XXIII, 432; Douai, 1ᵉʳ déc. 1835; Cass, 19 mars 1838, 15 nov. 1858 ; J. N., 9180, 9981, 16450.

délibération; si le contrat y déroge, ce qui diffère est nul et non avenu, ou, en cas de doute, doit être interprété dans le sens de la délibération (1).

3551. La délibération du conseil de famille, constituant un mandat, doit être enregistrée avant la réception du contrat de mariage, et une expédition en est annexée au contrat (2).

3552. Si le futur conjoint mineur est enfant naturel reconnu par son père et sa mère, il doit, sauf le cas de dissentiment, être assisté par l'un et l'autre; s'il n'a été reconnu que par l'un d'eux, c'est à celui-ci à l'assister; enfin s'il n'a pas été reconnu ou si, ayant été reconnu, ses père et mère n'existent

Stipulant en son nom personnel, avec l'assistance, à défaut d'ascendant, du délégué de son conseil de famille,

D'UNE PART;

2° M. Louis Edmond Deschamps, sénateur, grand-croix de la Légion d'honneur, demeurant à...., tuteur de M. le comte de Saint-Esprit, futur époux,

Agissant pour assister et autoriser le futur époux; délégué à cet effet par le conseil de famille de M. le comte de Saint Esprit, futur époux, suivant délibération, relatant les conventions matrimoniales qui vont être arrêtées, prise sous la présidence de M. le juge de paix du canton de..., ainsi qu'il résulte du procès-verbal que ce magistrat en a dressé, assisté de son greffier, le..., dont une expédition est demeurée ci-jointe, après que dessus les notaires ont apposé une mention de l'annexe,

AUSSI D'UNE PART;

3° Mlle Berthe de Belami, sans profession, demeurant avec Mme sa mère au château de..., situé commune de...,

Mineure étant née au château de..., le...; issue du mariage d'entre M. Hyacinthe, marquis de Belami, propriétaire, et Mme Thérèse de Spas, marquise de Belami, demeurant ensemble au château de.... M. le marquis de Belami interdit suivant jugement rendu par le tribunal civil de...., le...,

Stipulant en son nom personnel, avec l'assistance et l'autorisation de Mme la marquise de Belami, sa mère,

D'AUTRE PART;

4° Mme la marquise de Belami, née de Spas, ci-dessus nommée, qualifiée et domiciliée,

Agissant d'abord en sa qualité de mère, pour assister et autoriser Mlle de Belami, sa fille, future épouse, M. le marquis de Belami, son mari, étant dans l'impossibilité de manifester sa volonté; puis, en vertu des pouvoirs qui lui ont été conférés par le conseil de famille de M. le marquis de Belami, son mari interdit, suivant délibération, par laquelle la dot ci-après constituée et les conventions matrimoniales qui vont être réglées ont été arrêtées, prise sous la présidence de M. le juge de paix du canton de..., assisté de son greffier, le..., et homologuée par jugement du tribunal civil de..., en date du...; une expédition desquels jugement et délibération est demeurée ci-annexée, après que dessus les notaires ont apposé une mention de l'annexe,

AUSSI D'AUTRE PART;

Lesquels, etc.

FORMULE 506. — **Veuf avec enfants et fille naturelle mineure.** (N° 3552.)

PAR-DEVANT M°...

ONT COMPARU:

1° M. Joseph Bontemps, marchand épicier, demeurant à..., veuf avec deux enfants encore mineurs, de Mme Louise Lefebvre, décédée à..., le...,

---

(1) Bordeaux, 21 août 1818, 10 fév. 1853; Jur. N., 9721, 9799. (2) Dict. Not., Contr. de mar., n° 24; Roll., ibid., n° 24; Trib. Fontainebleau, 24 juill. 1839; J. N., 10603.

plus, il lui faut l'assistance du tuteur *ad hoc* nommé pour consentir à son mariage, et sans qu'il semble nécessaire, dans ce cas, d'énoncer dans la délibération les conventions de l'association conjugale (1). Le membre du conseil d'administration remplissant les fonctions de tuteur d'un enfant mineur admis dans l'hospice, *supra* n° 1222, peut l'assister au contrat en sa seule qualité de tuteur.

3553. Le notaire est tenu, lors de la clôture du contrat de mariage : 1° de donner lecture aux parties du dernier alinéa de chacun des art. 1391 et 1394; 2° de mentionner cette lecture dans le contrat, à peine de dix fr. d'amende (2); 3° puis, lors de la signature du contrat, de délivrer aux parties un certificat sur papier libre et sans frais énonçant: ses nom et lieu de résidence, les noms, prénoms,

---

Majeur, étant né à . . ., le . . .; issu du mariage d'entre M. Chrysostome BONTEMPS et Mme Véronique DANDIN, tous deux décédés à. . ., le mari le . . ., et la femme le . . .,
Stipulant en son nom personnel,

D'UNE PART ;

2° Mlle Elise GUILBERT, sans profession, demeurant à . . . , chez sa mère ci-après nommée,
Fille mineure naturelle, née à . . . le . . ., et reconnue par Mlle GUILBERT, sa mère, ci-après nommée, suivant acte reçu par M^• . . . , notaire à . . . , le . . .,
Stipulant en son nom personnel, avec l'assistance et l'autorisation de sa mère ;

D'AUTRE PART ;

3° Et Mlle Agnès GUILBERT, rentière, demeurant à . . . ,
Stipulant tant pour assister sa fille, future épouse, à raison de son état de minorité, qu'à cause de la donation qu'elle lui fera ci-après,

AUSSI D'AUTRE PART ;

Si l'enfant naturel est assisté d'un tuteur AD HOC.

3° Et M. Charles MAUPIN, rentier, demeurant à . . . ,
Agissant ici comme tuteur *ad hoc* de Mlle GUILBERT, future épouse, à l'effet de consentir à son mariage et de l'habiliter au présent contrat, suivant délibération du conseil de famille de ladite future, présidée par M. le juge de paix du canton de . . . , assisté de son greffier, le . . ., dont une expédition est demeurée ci-annexée après que dessus les notaires ont fait mention de l'annexe,
En cette qualité stipulant pour assister et autoriser la future épouse,

AUSSI D'AUTRE PART ;

Lesquels, etc.

FORMULE 507. — Clôture de contrat de mariage. (N° 3554.)

Telles sont les conventions arrêtées entre les parties, en présence, savoir :
Du côté du futur époux, de :
1° M..., etc.
Et du côté de la future épouse, de :
1° M..., etc.

DONT ACTE. Fait et passé à..., en la demeure de M. et Mme..., père et mère de la future,
L'an mil huit cent soixante..., le . . .,

Avant de clore, M^•..., l'un des notaires soussignés, a donné lecture aux parties du dernier alinéa de chacun des art. 1391 et 1394 du Code Napoléon, et leur a délivré le certificat prescrit par ce dernier article, pour être remis à l'officier de l'état civil ayant la célébration du mariage.

---

(1) Fréminville, *Minor.*, I, 964; Massé et Vergé, § 635, note 5.   (2) V. trib. Valence, 15 sept. 1866; J. N., 18544.

qualités et demeures des futurs époux, la date du contrat, et l'indication qu'il doit être remis à l'officier de l'état civil avant la célébration du mariage (*C. N. 1394*) [Form. 508].

3554. Dans l'usage, on constate dans les contrats de mariage que les parents et amis des futurs époux y ont donné leur agrément, et l'on reçoit leurs signatures sur le contrat [Form. 507] ou sur un acte en suite du contrat appelé *réception de signatures* [Form. 509].

3555. Lorsque l'Empereur donne son agrément à un mariage, le notaire, s'il a le droit d'instrumenter dans le lieu de la résidence impériale, s'y transporte et reçoit sa signature sur un acte particulier en suite du contrat de mariage [Form. 510]; s'il n'a pas le droit d'instrumenter dans le lieu de la résidence impériale, la signature est reçue par un notaire de cette résidence sur le vu d'une expédition du contrat de mariage qui demeure annexée à l'acte de réception de signature.

3556. Les officiers, sous-officiers et soldats en activité de service ne peuvent se marier : les officiers, qu'avec la permission, par écrit, du ministre de la guerre ou de la marine, et les sous-officiers et soldats qu'avec la permission, par écrit, du conseil d'administration de leur corps, *supra* n° 936. Pour obtenir cette permission, les officiers de tous grades et de toutes armes doivent : 1° établir que la personne qu'ils recherchent leur apporte en dot un revenu *non viager* de douze cents francs au moins; 2° adresser leur demande au ministre de la guerre ou de la marine, par la voie hiérarchique; 3° accompagner leur demande : 1° d'un certificat délivré par le maire du domicile de la future et approuvé par le sous-préfet

---

Et après lecture, les futurs époux, leurs pères et mères et les assistants ont signé avec les notaires.

FORMULE 508. — Certificat à délivrer aux parties. (N° 3553.)

ETUDE DE M° . . ., NOTAIRE A . . .

Je soussigné . . ., notaire à . . .,
Certifie que le contrat de mariage d'entre :
M. Charles-Auguste CHÉRON, avocat, demeurant à . . .,
Et Mᶫᵉ Rose LECAT, sans profession, demeurant à . . .,
A été passé devant moi, qui en ai gardé minute, ce jourd'hui . . .;
En foi de quoi j'ai délivré le présent certificat aux futurs époux, pour être remis, ainsi qu'ils en ont été avertis, à l'officier de l'état civil, avant la célébration du mariage.

(Signature.)

FORMULE 509. — Réception par acte séparé des signatures des parents et amis. (N° 3554.)

Et le . . .
PAR-DEVANT M° . . .
ONT COMPARU : M . . . (*le futur*), et M . . . (*le père de la future, ou la future elle-même*).
Lesquels, désirant conserver un témoignage authentique de l'agrément que leurs parents et amis, ci-après nommés, donnent au mariage de M . . . avec Mᶫᵉ . . .,
Ont requis M° . . ., notaire soussigné, de recevoir les signatures de leursdits parents et amis sur le présent acte qui demeurera déposé à la suite de la minute du contrat de mariage de M . . . et de Mᶫᵉ . . ., reçu par ledit M° . . ., le . . .
En conséquence M° . . . a reçu, au pied du présent acte, les signatures des personnes ci-après nommées, savoir :
Du côté du futur : 1° . . ., etc.
Et du côté de la future : 1° . . ., etc.
DONT ACTE. Fait et passé, etc.

FORMULE 510. — Acte de réception de la signature du chef de l'État. (N° 3555.)

PAR-DEVANT M° . . .
ONT COMPARU :
M . . . (*le futur*).

de l'arrondissement, constatant l'état des parents de la future, le sien, la réputation dont elle jouit ainsi que sa famille, le montant et la nature de la dot qu'elle doit recevoir et la fortune à laquelle elle peut prétendre; 2° et d'un extrait du projet de contrat de mariage relatant l'apport de la future (1). — Le projet de contrat de mariage peut être fait sous deux formes : soit par un certificat, sur timbre, du notaire qui sera appelé à recevoir le contrat de mariage, dans lequel il énonce les apports en mariage de la future et la constitution de dot qui lui sera faite dans les termes mêmes qui seront plus tard consignés au contrat de mariage, et comme s'il s'agissait du contrat lui-même [Form. 511] ; soit par un acte en brevet du ministère du notaire qui recevra le contrat de mariage, par lequel les parties elles-mêmes font connaître l'apport en mariage de la future et la constitution de dot qui lui sera faite, aussi dans les termes mêmes qui seront plus tard consignés au contrat [Form. 512]. Nous préférons cette dernière forme en ce qu'elle n'engage pas la responsabilité du notaire.

3557. Après que l'officier a obtenu la permission de se marier, le notaire rédige le contrat de mariage sans qu'il soit besoin de l'y mentionner. Les clauses relatives aux apports et à la dot de la femme doivent être littéralement conformes à celles contenues dans le projet.

3558. Dans le mois de la célébration du mariage, l'officier doit faire parvenir, par la voie hiérarchique, au ministre de la guerre, un extrait du contrat de mariage en ce qui concerne l'apport de sa femme, délivré par le notaire dépositaire de l'acte (2).

Et M... (*le père de la future*),

Lesquels, désirant laisser à leur famille un témoignage et une preuve authentique de l'honneur que Leurs Majestés Louis Napoléon III, Empereur des Français, et l'Impératrice Eugénie, ont daigné leur faire en donnant leur agrément au mariage de M... avec Mlle...,

Ont requis M^e..., notaire soussigné, de recevoir sur le présent acte qui demeurera déposé à la suite de la minute du contrat de mariage de M... et de Mlle... reçu par ledit M^e..., le..., les signatures de Leurs Majestés l'Empereur et l'Impératrice.

En conséquence, ledit notaire a reçu au pied du présent acte les signatures de Leurs Majestés impériales.

Fait et passé au Palais des Tuileries;

Les jour, mois et an susdits,

Et ont Leurs Majestés signé avec MM... et les notaires, après lecture.

FORMULE 511. — **Projet de contrat de mariage d'un officier; certificat d'apport.**
(Nos 3556 à 3558.)

Le soussigné M^e..., notaire à...,

Requis de recevoir le contrat qui doit régler les clauses et conditions civiles du mariage projeté entre M... et Mlle...,

Certifie :

1^{ent} que l'apport de Mlle... sera rédigé dans les termes suivants :

Mlle apporte en mariage et se constitue personnellement en dot, etc. (*voir formule 548*) ;

2^{ent} que ses père et mère lui feront, dans le contrat de mariage, la constitution de dot suivante :

En considération du mariage, etc.

En foi de quoi j'ai délivré le présent, à..., le...

---

1) Décis. min. guerre, 17 déc. 1843; J., N., 16400, 17550. | 2) Même décision.

CHAPITRE DEUXIÈME

DE LA COMMUNAUTÉ LÉGALE.

3559. Les futurs conjoints peuvent déclarer d'une manière générale qu'ils entendent se marier sous le régime de la communauté ; alors les droits des époux et de leurs héritiers sont réglés par les dispositions des art. 1401 à 1496, qui peuvent être modifiées, *infra n°s 3566 et suiv.* A défaut de modification, comme à défaut de contrat, la communauté est purement légale [FORM. 513] ; elle forme donc le droit commun de la France (C. N. 1393, 1400).

3560. Il en est de même dans les cas suivants : 1° si le contrat de mariage est nul pour vice de forme (1) ou pour défaut d'assistance régulière du futur époux mineur (2) ; 2° si le contrat, conçu en termes ambigus, ne permet pas de reconnaître le régime que les époux ont entendu adopter (3). Les sommes constituées en dot à la future tombent dans la communauté, même lorsque le contrat de mariage annulé contenait adoption du régime dotal (4).

3561. La communauté légale régit l'association conjugale des Français mariés sans contrat à l'étranger (5), et du Français qui épouse à l'étranger une étrangère, sans contrat (6) ; à moins qu'il ne résulte des circonstances que les époux ont voulu fixer leur domicile matrimonial à l'étranger (7).

3562. Lorsque des étrangers autorisés à établir leur domicile en France s'y marient sans contrat de mariage, ils sont censés avoir voulu adopter le régime de la communauté légale (8). Il en est de même de l'étranger non encore autorisé, s'il a manifesté l'intention d'établir son domicile en France (9).

3563. En *Algérie*, les indigènes sont présumés avoir contracté entre eux selon la loi du pays, s'il n'y a convention contraire, *supra n° 21, renvoi.* Les israélites indigènes mariés sans contrat, même devant l'officier de l'état civil français, ne sont donc point soumis au régime de la commu-

---

FORMULE 512. — **Autre projet; acte de déclaration d'apport** [*à délivrer en brevet*].
(N°s 3556 à 3558.)

PAR-DEVANT M^e.
ONT COMPARU :
M..... D'UNE PART ;
Et Mlle... D'AUTRE PART ;

Lesquels, pour se conformer aux prescriptions de la circulaire de M. le ministre de la guerre du 17 décembre 1843, ont, dans la vue du mariage projeté entre eux, établi ainsi qu'il suit l'apport de Mlle..., future épouse :

Dans le contrat qui doit régler les clauses et conditions civiles de son mariage avec M...., Mlle ..., comparante, apportera en mariage et se constituera personnellement en dot, les biens et valeurs dont la désignation suit :

1°... (*voir formule* 548),

Déclarant et affirmant ici les comparants, ès mains des notaires soussignés, l'existence des biens et valeurs ci-dessus désignés.

DONT ACTE. Fait et passé, etc.

(1) Duranton, XIV, 48; Pont, *Rev. crit.*, 1853, p. 8; Dict. not. *Contr. de mar.*, n° 356; Roll., *ibid.*, n° 72; Cass., 29 mai 1854, 9 janv. 1855, 5 mars 1855; Toulouse, 25 mars 1852; Riom, 23 juin 1858, 13 nov. 1860; Paris, 21 août 1854; Vienne, 6 juin 1861; J. N., 14775, 15082, 15247, 15296, 15151, 15498, 17200, 19019.
(2) Troplong, *Don.*, n° 2629; *Contr. de mar.*, n°s 285, 284; Zach. Massé et Vergé, § 633, note 5; Roll., *Contr. de mar.*, n° 22; Cass., 19 mars 1838, 5 mars 1855; J. N., 15418.
(3) Tessier, t. p. 5; Marcadé, 1393, 3; Rodière et Pont, I, 82; Troplong, n° 466; Massé et Vergé, § 637, note 30; Roll., *Contr. de mar.*, n°s 89 à 91; Turin, 23 juill. 1808.
(4) Grenoble, 7 juin 1851; Toulouse, 20 juill. 1852; Cass., 29 mai

1854, 9 janv. 1855, 3 mars 1855; Vienne, 6 juin 1867; J. N., 15247, 15454, 15498, 19049; CONTRA Toulouse, 5 mars 1852; Jur N., 9800.
(5) Troplong, n° 33; Cass., 29 juin 1842, 25 janv. et 7 fév. 1813.
(6) Colmar, 25 janv. 1823; Cass., 23 août 1826.
(7) Troplong, n° 31; Cass., 29 déc. 1836.
(8) Pothier, n° 81; Zach., Massé et Vergé, § 639, note 2; Duranton, XIV, 88; Dict. not., *Communauté*, n° 15; Roll., *ibid.*, n° 16; Paris 3 août 1849, 15 déc. 1853, 29 avril 1852; Aix, 27 nov. 1854; Cass., 11 juill. 1855; Jur. N., 9001, 11233; J. N. 15614, 17413.
(9) Rodière et Pont, I, 33; Paris, 18 nov. 1854, 4 avril et 25 août 1866; J. N., 18608; Alger, 16 fév. 1867.

nauté légale; et, à moins d'une convention expresse, ils demeurent soumis à la loi mosaïque (1).

3564. Lorsque les époux ont adopté le régime de la communauté légale, il n'est pas nécessaire de constater leurs apports en mariage mobiliers, puisqu'ils tombent en communauté, *infra n° 5769*, si ce n'est à l'égard de la future, lorsqu'elle se réserve la faculté de reprendre ses apports en renonçant à la communauté, *infra n° 5595*. Quant aux apports immobiliers, il faut les énoncer dans le but de constater la possession antérieure au mariage (*C. N. 1402*).

3565. Les règles concernant la communauté légale, l'actif qui la compose, le passif dont elle est grevée, et le mode d'en faire le partage après sa dissolution, sont établies *infra n° 5769 à 5928*.

CHAPITRE TROISIÈME

DE LA COMMUNAUTÉ CONVENTIONNELLE.

3566. Les époux peuvent modifier la communauté légale par toute espèce de conventions non contraires aux art. 1387 à 1390. Les principales modifications sont celles qui ont lieu en stipulant de l'une ou de l'autre des manières qui suivent; savoir: 1o que la communauté n'embrassera que les acquêts; 2o que le mobilier présent ou futur n'entrera point en communauté, ou n'y entrera que pour une partie; 3o qu'on y comprendra tout ou partie des immeubles présents ou futurs, par la voie de l'ameublissement; 4o que les époux payeront séparément leurs dettes antérieures au mariage; 5o qu'en cas de renonciation, la femme pourra reprendre ses apports francs et quittes; 6o que le survivant aura un préciput; 7o que les époux auront des parts inégales; 8o qu'il y aura entre eux communauté à titre universel (*C. N. 1497*).

Si la future est mineure, elle doit, dans la déclaration dont la formule précède, être assistée de ceux dont le consentement est nécessaire pour la validité du contrat de mariage.
Si une dot lui est constituée, on fait comparaître le donateur avec les futurs époux, et après l'apport personnel constaté comme dessus, l'on ajoute:

De son côté, M... (*le donateur*) se propose, dans le même contrat, de faire à Mlle..., future épouse, une donation dans les termes suivants:

En considération du mariage projeté, M... donne et constitue en dot à Mlle..., future épouse, les biens et valeurs dont la description suit:

1o. etc. (*voir formule* 549).

§ 2. — COMMUNAUTÉ LÉGALE; — CLAUSES MODIFICATIVES.

FORMULE 513. — **Adoption du régime de la communauté légale.** (N°° 3559 à 3565.)

ART. 1. RÉGIME.

Les futurs époux adoptent le régime de la communauté tel que l'établit le Code Napoléon; *si la communauté est modifiée, on ajoute*: sauf les modifications résultant des articles ci-après.

FORMULE 514. — **Communauté d'acquêts.** (N°° 3566 à 3573.)

Les futurs époux adoptent le régime de la communauté; mais cette communauté sera réduite aux acquêts, et, comme telle, régie conformément aux dispositions des art. 1498 et 1499 du Code Napoléon.

---

(1) Alger, 16 nov. 1858.

SECTION I. — DE LA COMMUNAUTÉ RÉDUITE AUX ACQUÊTS.

3567. Lorsque les époux stipulent qu'il n'y aura entre eux qu'une communauté d'acquêts (1), [FORM. 515], ils sont censés exclure de la communauté et les dettes de chacun d'eux actuelles ou futures, et leur mobilier respectif présent et futur (*C. N. 1498*) ; chacun d'eux conserve donc la propriété de son mobilier, et le mari, quoique pouvant recevoir le remboursement des capitaux de sa femme, ne peut, sans son consentement, aliéner le mobilier qui lui est propre, *infra, n° 3583 et la note 4*.

3568. En ce cas, et après que chacun des époux a prélevé ses apports dûment justifiés, le partage se borne aux acquêts faits par les époux ensemble ou séparément durant le mariage, et provenant tant de l'industrie commune que des économies faites sur les fruits et revenus des biens des deux époux (*C. N. 1498*). Les fruits et revenus perçus ou échus antérieurement à la célébration du mariage, ou avant l'ouverture des successions échues aux époux pendant le mariage, n'entrent pas en communauté. Les fruits et récoltes pendants par branches ou par racines, et non encore recueillis au jour du mariage ou de l'ouverture des successions, appartiennent à la communauté qui rembourse les frais de labour, engrais et semences à l'époux propriétaire des biens (2) ; et à la dissolution de la communauté, ils appartiennent à l'époux propriétaire des biens, en indemnisant de même la communauté (3), *supra n° 2315*.

3569. La communauté d'acquêts comprend aussi les produits de l'industrie séparée des époux, et des bénéfices même personnels qu'ils font durant le mariage; comme la concession gratuite d'un office (4), la découverte d'une chose perdue, un gain au jeu ou à la loterie (5). Mais il en est autrement de tout ce qui peut être considéré comme accroissement d'un propre, tel que : 1° le prix de vente d'ouvrage composé par l'un des époux avant le mariage, à la différence des produits de son exploitation qui tombent en communauté (6) ; 2° les primes afférentes aux actions ou obligations dans les compagnies industrielles ou de finances propres à l'un des époux (7) ; 3° les actions et obligations allouées en vertu du droit de préférence attaché aux actions propres à l'un des époux, sauf récompense à la communauté pour les sommes versées, *supra n° 1474;* 4° l'augmentation (8) de la valeur d'un office dont l'époux était titulaire au jour du mariage (9) ; 5° la part allouée au propriétaire dans le trésor découvert sur son propre ; mais celle qui appartient comme inventeur à l'un des époux tombe en communauté (10), *supra n° 1664.*

3570. La communauté d'acquêts est chargée des intérêts et arrérages des dettes personnelles aux époux, des réparations usufructuaires, des aliments et dépenses du ménage.

En conséquence ils excluent de la communauté et leur mobilier respectif présent et à venir, et les dettes de chacun d'eux actuelles et futures.

A ce moyen, la communauté se composera des acquêts faits par les époux ensemble ou séparément durant le mariage, et provenant tant de leur industrie que des économies faites sur les fruits et revenus de leurs biens.

FORMULE 515. — Clause de réalisation. (N°⁸ 3574 à 3583.)

I. — *Réalisation du mobilier présent et à venir.*

Les futurs époux se réservent propres et excluent de la communauté, tant leurs ap-

---

- (1) Cette stipulation doit être formellement exprimée : Voir Battur, II. 356 ; Duranton, XV, 18 ; Zach., Massé et Vergé, § 655, note 1 ; Glendaz, n° 385 ; Troplong, n° 1855; Duvergier sur Toullier. XIII, 317 ; Rodière et Pont. II, 217; Marcadé, *1498*, 1 ; Dict. Not., *Communauté*, n° 492; Roll., *ibid.*, n° 449 ; Bordeaux, 8 juill. 1839 ; Rouen, 2 déc. 1852; Cass., 16 déc. 1840, 1er juin 1853 ; J. N., 10920, 15443. V. aussi Bordeaux, 23 août 1865 ; J. N., 18464.

(2) Rodière et Pont. II, 34 ; Massé et Vergé, § 655, note 5 ; Troplong, n° 1870; Marcadé, *1499*, 2 ; Roll., *Reprises*, n° 20; CONTRA, Duranton, XV, 113; Zach. § 655, note 5.

(3) Marcadé, *1499*, 2.

(4) Troplong, n° 1874; Dalloz, n° 2594 ; Zach., Massé et Vergé, § 655, note 6 ; Rodière et Pont, II, 39 ; Colmar, 26 déc. 1832; Douai, 15 nov. 1833; Agen, 2 déc. 1836 ; Cass., 8 mars 1843 ; Bordeaux, 6 janv. 1846 ; Riom, 28 mars 1859.

(5) Duranton, XV, 12 ; Tessier, n° 76 ; Odier, II, 697 ; Troplong n° 1872 ; Dalloz, n° 2595; Massé et Vergé, § 655, note 6 ; CONTRA, Rodière et Pont, II, 38; Marcadé, *1499*, 2.

(6) Marcadé, *1499*, 2; Dict. Not., *Société d'acq.*, n° 20.

(7) Troplong, n° 416 ; J. N., 17685.

(8) De même qu'il supporte la dépréciation.

(9) Roll., *Communauté*, n° 473; Trib. Arras, 7 déc. 1859 ; Bordeaux, 19 fév. 1856 ; J. N., 10750, 15522. Voir Cass., 8 mars 1843 ; J. N. 11589; CONTRA, Troplong, n° 1876; Bordeaux, 29 mai 1840 ; J. N., 10887.

(10) Duranton, XV, 12; Troplong n° 1871; Demolombe, XIII, 45. Voir cependant Toullier, XIII, 323; Rodière et Pont, II, 36; Marcadé, *1499*, 2; Zach., § 655, note 6.

3571. Si le mobilier existant lors du mariage ou échu depuis, n'a pas été constaté par inventaire ou état en bonne forme, il est réputé acquêt (*C. N.*, *1499*); cela est incontestable vis-à-vis des tiers (1), mais entre les époux, quelques distinctions sont à faire : — A l'égard du mobilier leur appartenant au jour du mariage, le défaut d'inventaire (2) et d'état rend acquêt le mobilier du mari ; mais la jurisprudence incline à autoriser la femme à faire la preuve par toute espèce de titres (3), non toutefois par témoins (4). Quant au mobilier échu depuis, celui du mari est acquêt, car il est en faute de ne pas l'avoir fait constater, et ni lui ni ses héritiers n'ont l'action en reprise (5) ; mais la femme peut, ainsi que ses héritiers, faire preuve de la valeur et de la consistance du mobilier, à elle échu, conformément à l'art. 1504 (6).

3572. Toutefois nous pensons que si le mobilier apporté par l'un ou l'autre des époux, quoique non décrit dans un inventaire ou état, était estimé en bloc dans le contrat, il ne serait acquêt que sauf la reprise du montant de l'estimation (7), ce qu'il est d'ailleurs parfaitement licite de stipuler.

3573. Les époux peuvent stipuler une communauté *d'acquêts immobiliers* seulement (8), qui se composera des immeubles acquis pendant le mariage avec le gain provenant du revenu ou de l'industrie des époux. Les biens meubles acquêts appartiennent au mari, lors même que tous les revenus et gains y auraient été employés. Les dettes de la communauté sont supportées pour la totalité par la société d'acquêts, sans qu'il y ait lieu, d'après l'opinion qui semble aujourd'hui la plus accréditée, d'y faire contribuer les meubles acquêts du mari (9).

SECTION II. — DE LA CLAUSE QUI EXCLUT DE LA COMMUNAUTÉ, LE MOBILIER EN TOUT OU PARTIE.

3574. Les époux peuvent, par une clause appelée dans la pratique *clause de réalisation* (10), [Form. 515], exclure de leur communauté tout leur (11) mobilier présent et futur (*C. N.*, *1500*), ou tout leur mobilier présent, ou celui à venir, ou une quotité de l'un ou de l'autre, ou une somme fixe, ou des objets déterminés. L'exclusion du mobilier sans autre explication est seulement du mobilier présent (12).

3575. Lorsque la réalisation est de l'universalité, elle entraîne de plein droit l'exclusion des dettes; si elle est d'une quote-part, l'exclusion est proportionnelle (13) ; si la réalisation ne porte que sur une somme ou des objets déterminés, la communauté reste chargée des dettes (14).

---

ports en mariage ci-dessus constatés et les objets dont il vient de leur être fait donation, que les biens meubles et immeubles dont ils deviendront respectivement propriétaires pendant le mariage par successions, donations, legs ou autrement.

II. — *Réalisation du mobilier présent.* — ou *du mobilier à venir.*

Les futurs époux se réservent propre et excluent de la communauté, le mobilier dont

---

(1) Décidé cependant qu'un fonds de commerce apporté par la femme et simplement indiqué dans le contrat, lui est resté propre: Paris, 23 fév. 1835; Rodière et Pont, I, 49; Massé, *Droit commercial*, III, 356. Seine, 16 mai 1865; Lyon, 13 mars 1867.

(2) Si l'inventaire a été fait après le mariage, il est opposable entre époux, mais non aux créanciers : Pothier, n° 298 ; Marcadé, *1499*, 3. Voir Duranton, XV, 46 ; Massé et Vergé, § 655, note 12.

(3) Malleville, III, p. 351 ; Battur, II, 367 ; Rodière et Pont, I, 40 ; Troplong, n° 1883 ; Dalloz, n° 2618 ; Cass., 17 août 1825, 3 août 1831, 24 avril 1849 ; CONTRA, Duranton, IV, 16 ; Bellot, III, p. 27 ; Taulier, V, 497 ; Massé et Vergé, § 655, note 42 ; Mourlon, III, p. 78 ; Marcadé, *1499*, 3 ; Roll., *Commun.*, n° 456 : Caen, 31 mars 1828 ; Douai, 2 avr. 1846; Paris, 49 août 1847; Pau, 10 déc. 1818 ; Jur. N., 11389.

(4) Troplong, n° 1882 ; CONTRA, Glandaz, n° 388 ; Toullier, XIII, 306.

(5) Marcadé, *1499*, 3 ; Troplong, n° 1887 ; Massé et Vergé, § 655, note 42. Voir cependant Rodière et Pont, II, 46 ; Orléans, 24 fév. 1860; Jur. N., 11607.

(6) Odier, II, 690; Rodière et Pont, II, 46 ; Bellot, III, p. 27 ; Duranton, XIV, 46; Marcadé, *1499*, 3; Troplong, n° 1887; Massé et Vergé, § 655, note 12 ; Dict. Not., *Commun.*, n° 502 ; Roll., *ibid.*, n° 456; Poitiers, 6 mai 1836 ; Bordeaux, 21 janv. et 9 avril 1853 ; Cass., 19 juin 1853 ; J. N., 15557. Voir Paris, 19 août 1847 ; Cass., 8 août 1831, 24 avril 1849 ; J. N., 13742.

(7) V. Bordeaux, 23 avr. 1830 ; Cass., 3 août 1831 ; Paris, 11 mai 1837.

(8) Troplong. n° 1856 et 1905 à 1909 ; Massé et Vergé, § 655, note 25 ; Marcadé, *1499*, 4. Voir cependant Bellot, III, p. 24 ; Zach., § 655 note 25 ; Rodière et Pont, II, 24 ; Dict. Not., *Commun.*, n° 59; Roll., *ibid.*, n° 447.

(9) Massé et Vergé, § 655, note 25; Bruxelles, 5 nov. 1821; Caen, 21 janv. 1850, 12 nov. 1853; Rouen, 29 juin et 22 juill. 1850, 15 mars 1851 ; Cass., 3 août 1852 ; J. N., 14084, 14792; CONTRA, Troplong, n° 1905; Marcadé, *1499*, 4 ; Caen, 31 mai 1828 ; Jur. N., 8940.

(10) La clause de réalisation peut être tacite : Troplong, n° 1920 ; Metz, 8 juill. 1863 ; J. N., 17871.

(11) L'exclusion peut être inégale entre époux ou n'être stipulée: que par l'un des époux : Troplong, n° 1933 ; Bellot, III, p. 49; Toullier, XIII, 298 ; Duranton, XV, 26 ; Odier, II, 737 ; Rodière et Pont, II, 69 ; Zach., Massé et Vergé, § 656, note 5.

(12) Troplong, n° 1926 ; Odier, II, 738 ; Duranton, XV, 28 ; Marcadé, *1500*, 4 ; Dict. Not., *Réalisation*, n° 14 ; Roll., *Commun.*, n° 472; CONTRA, Rodière et Pont, II, 70 ; Massé et Vergé, § 656, note 6.

(13) Bellot, III, p. 77 ; Toullier, XIII, 324, 325; Duranton, XV, 50; Odier, II, 755 ; Massé et Vergé, § 656, note 44 ; Rodière et Pont, II, 73; Marcadé, *1500*, 3; Roll., *Commun.*, n° 96; CONTRA, Battur, II, 392; Troplong, n° 1939; Zach., § 655, note 4.

(14) Marcadé, *1500*, 3 ; Troplong, n° 1939.

3576. Lorsque tout le mobilier présent et à venir est exclu de la communauté, la communauté se compose activement et passivement, ainsi qu'il est dit *supra nᵒˢ 3368 et suiv.*

3577. Il y a *mise en communauté* [Form. 516] lorsque les époux stipulent qu'ils mettront réciproquement du mobilier dans la communauté jusqu'à concurrence d'une somme ou d'une valeur déterminée, par exemple : telle somme ou telle partie du mobilier, et ils sont, par cela seul, censés se réserver, ou tacitement réaliser, tout le surplus (*C. N.*, *1500*) de leur mobilier présent et tout leur mobilier futur (1).

3578. La clause de mise en communauté rend l'époux débiteur envers la communauté de la somme qu'il a promis d'y mettre et l'oblige à justifier de cet apport (*C. N.*, *1501*). L'apport est suffisamment justifié, quant au mari, par la déclaration portée au contrat de mariage que son mobilier est de telle valeur. Il est suffisamment justifié, à l'égard de la femme, par la quittance que le mari lui donne ou à ceux qui l'ont dotée (*C. N.*, *1502*), ou par la stipulation du contrat que la célébration du mariage en vaudra quittance.

3579. Si la mise en communauté n'est point justifiée, la somme promise est à prendre sur les biens meubles qui peuvent échoir pendant le mariage à celui des époux qui l'a promise (2).

3580. Chaque époux a le droit de reprendre et de prélever, lors de la dissolution de la communauté, la valeur de ce dont le mobilier qu'il a apporté lors du mariage, ou qui lui est échu depuis, excédait sa mise en communauté (*C. N.*, *1503*).

3581. Le mobilier qui échoit à chacun des époux pendant le mariage, doit être constaté par un inventaire. A défaut d'inventaire du mobilier échu au mari, ou d'un titre propre à justifier de sa consistance et valeur, déduction faite des dettes, le mari, sauf convention contraire, ne peut en exercer la reprise (3). Si le défaut d'inventaire porte sur un mobilier échu à la femme, celle-ci ou ses héritiers sont admis à faire preuve, soit par titres, soit par témoins, soit même par commune renommée, *infra nᵒ* 3794, de la valeur de ce mobilier (*C. N.*, *1504*). (4)

3582. A la dissolution de la communauté, les époux font la reprise en nature du mobilier réalisé,

---

ils deviendront respectivement propriétaires pendant le mariage, par successions, donations, legs ou autrement ; — *ou bien :* leur mobilier présent.

FORMULE 516. — Mise en communauté. (Nᵒˢ 3577 à 3583.)

I. — *Mises égales.*

Les futurs époux mettent de part et d'autre en communauté une somme de... , pour former un fonds commun de... ; en conséquence, ils se réservent propre et excluent de la communauté, le surplus de leurs apports et des objets dont il vient de leur être fait donation, ainsi que les biens meubles et immeubles dont ils deviendront respectivement propriétaires pendant le mariage par successions, donations, legs ou autrement.

II. — *Mises inégales.*

Les futurs époux mettent en communauté : le futur époux deux mille francs, et la future épouse mil.e francs, pour former un fonds commun de trois mille francs ; en conséquence, ils, etc. (*le surplus comme au nᵒ 1ᵉʳ ci-dessus*).

III. — *Mise en communauté avec ameublissement.*

Les futurs époux mettent de part et d'autre en communauté une somme de.... , pour

---

(1) Toullier, XIII, 312; Duranton, XIII, 35; Rodière et Pont, II. 79; Odier, II, 754; Marcadé, *art. 1501*; Massé et Vergé, § 656, note 6; Roll., *Commun.*, nᵒ 474; contra, Bellot, III, p. 51; Troplong, nᵒ 1933; Zach., § 656.

(2) Troplong, nᵒ 1963; Rodière et Pont, II, 99; Odier, II. 754; Toullier, XIII, 311, 312; Zach., § 656, note 1.
(3) Voir cependant Orléans, 24 fév. 1860; J. N., 16815.
(4) Voir Cass., 28 nov. 1866; J. N., 18726.

sans distinguer entre les meubles corporels et incorporels, sauf, si ces derniers ont été aliénés ou remboursés, à reprendre le prix de la vente ou le montant du remboursement (1) ; toutefois si le mobilier a été estimé en bloc, les époux ne reprennent que la valeur estimative ; de même, lorsqu'il a été mis en communauté jusqu'à concurrence d'une certaine somme, la communauté en devient propriétaire en totalité, sauf reprise de ce qui excède la mise (2).

3583. Le mari, en sa qualité d'administrateur, reçoit le remboursement des capitaux propres à la femme, sans son concours (3) ; mais il ne peut, sans le consentement de sa femme, aliéner ni céder les meubles, créances et valeurs qu'elle a le droit de reprendre en nature (4), à moins qu'il ne s'agisse de choses fongibles, ou qu'il ne résulte des dispositions du contrat de mariage que la femme s'est seulement réservé la reprise de leur valeur (5).

3583 bis. Sous le régime de la communauté, les époux ont la libre disposition des capitaux de la femme et des sommes reçues pour les prix de ses immeubles aliénés, *infra n° 3865* ; il peut être utile cependant de l'exprimer dans le contrat de mariage, pour en justifier aux tiers, au besoin [FORM. 517].

SECTION III. — DE LA CLAUSE D'AMEUBLISSEMENT.

3584. Au lieu de restreindre leur communauté, les époux peuvent, au contraire, l'étendre en stipulant la clause d'*ameublissement* [FORM, 518]. Il y a ameublissement lorsque les époux ou l'un d'eux, qu'ils soient majeurs ou mineurs (6), font entrer en communauté tout ou partie de leurs immeubles présents ou futurs (*C. N.*, *1505*). Les époux peuvent, par une convention particulière, attribuer aux immeubles ameublis le caractère d'effets mobiliers, et les faire entrer dans la communauté mobilière (7).

3585. La clause d'ameublissement doit être formellement exprimée (8) ; ainsi, l'ameublissement des immeubles qui écherront par succession ne comprend pas ceux qui proviennent de donation ; et

---

former un fonds commun de... ; à l'effet de quoi ils déclarent faire entrer en communauté et ameublir, chacun jusqu'à concurrence de ladite somme de..., savoir :

Le futur époux, une pièce de terre. . ., etc.

Et la future épouse, un verger. . ., etc.

En conséquence, ils se réservent propres et excluent de la communauté, etc. (*le surplus comme au n° 1er*).

FORMULE 517. — Clause de non emploi. (N° 3583 bis.)

Les futurs époux ne seront astreints envers les tiers à la justification d'aucun emploi ni d'aucun remploi, pour raison des biens meubles et immeubles de la future, recouvrés ou aliénés pendant le mariage.

FORMULE 518. — Clause d'ameublissement. (N°s 3584 à 3589.)

L'ameublissement se joint à la communauté légale, lorsqu'on en étend les effets.

1° Ameublissement de tous les immeubles présents.

Les futurs époux déclarent faire entrer en communauté, et, en conséquence, ameublir la totalité des immeubles dont ils sont actuellement propriétaires.

---

(1) Paris, 7 avril 1854 ; Jur. N., 10923 ; Cass., 16 juill. 1856 ; J. N., 13878.

(2) Odier, II, 728 ; Rodière et Pont, I, 50, 53 : Marcadé. *1503*, 1 ; Troplong, n° 4037 ; Colmar, 12 avril 1828 ; Paris, 21 janv., 15 avril et 11 mai 1837 ; CONTRA, Toullier, XIII, 326 ; Duranton, XV, 20 ; Cass., 2 juill. 1840.

(3) Toullier, XII, 380 ; Zach., Massé et Vergé, § 656, n° 13 ; Cass., 25 juill. 1843. Colmar. 23 déc. 1863 ; J. N., 18085.

(4) Toullier et Duvergier, XII, 377 ; Duranton, XIV, 315 ; XV, 20 ; Odier, II, 728 ; Rodière et Pont, I, 688 ; II, 51 ; Marcadé, *1428*, 2 ; Zach., Massé et Vergé, § 656, note 11 ; Paris, 15 fév. 1839, 3 janv. 1852, 28 juin 1861 ; Lyon, 30 nov. 1860 ; Cass., 15 avril 1839, 2 juill.

1840. 5 nov. 1860, 4 août 1862 ; J. N., 10509, 10685, 14602, 17030, 17237 17511 ; CONTRA. Bellot, III, p. 101 ; Troplong, n° 1030 ; Roll., *Commun*, n° 488 ; Paris, 21 janv., 15 avril, 11 mai 1837.

(5) Cass., 25 fév. 1852 ; Paris, 14 mai 1853.

(6) Duranton, XV, 16 ; Rodière et Pont, II, 151 ; Troplong, n° 1024 ; Dalloz, n° 2752 ; Massé et Vergé, § 657, note 1 ; Marcadé, *1505*, 4 ; Dict. Not., *Ameubliss.*, n° 33 ; Roll., *ibid.*, n° 34.

(7) Douai, 2 mai 1857 ; Cass., 7 juin 1854 ; J. N., 16326.

(8) Odier, II, 804 ; Rodière et Pont, II, 143 ; Troplong, n° 1085 ; Marcadé, *1505*, 3 ; Zach., Massé et Vergé, § 657, note 2 ; Cass., 14 nov. 1855 ; J. N., 15895

celui de tous les biens immeubles, sans autre indication, ne comprend que les immeubles présents (1).

3586. L'ameublissement peut être déterminé ou indéterminé. Il est déterminé [Form. 518, 1°, 2°, 3°] quand l'époux a déclaré ameublir et mettre en communauté un tel immeuble en tout ou jusqu'à concurrence d'une certaine somme, ou pour une quotité déterminée, comme un tiers, un quart, etc. (2); dans ce cas, l'immeuble doit être mis dans la communauté indemne de toute dette (3). Il est indéterminé [Form. 518, 4°] quand l'époux a simplement déclaré apporter en communauté ses immeubles, jusqu'à concurrence d'une certaine somme (C. N., 1506), et alors c'est à la charge des dettes dont ces immeubles sont grevés (4).

3587. L'effet de l'ameublissement déterminé est de rendre l'immeuble ou les immeubles qui en sont frappés, biens de la communauté comme les meubles mêmes (5). Lorsque l'immeuble ou les immeubles de la femme sont ameublis en totalité, le mari en peut disposer comme des autres effets de la communauté, et les aliéner en totalité (6). Si l'immeuble n'est ameubli que pour une certaine somme, le mari ne peut l'aliéner, en tout ni en partie (7), qu'avec le consentement de la femme; mais il peut l'hypothéquer sans son consentement, jusqu'à concurrence seulement de la portion ameublie (C. N., 1507).

3588. L'ameublissement indéterminé ne rend point la communauté propriétaire des immeubles qui en sont frappés; son droit se réduit à obliger l'époux qui l'a consenti, la femme même en cas de renonciation à communauté, à comprendre dans la masse, lors de la dissolution de la communauté, quelques-uns de ses immeubles, à son choix (8), jusqu'à concurrence de la somme par lui promise. Le mari ne peut aliéner en tout ni en partie, sans le consentement de sa femme, les immeubles sur lesquels elle a établi l'ameublissement indéterminé; mais il peut les hypothéquer jusqu'à concurrence de cet ameublissement (C. N., 1508). La femme peut, pendant le mariage, rendre l'ameublissement déterminé en indiquant l'immeuble ou les immeubles sur lesquels elle entend qu'il produise son effet (9).

2° Ameublissement d'immeubles désignés, ou de quotités d'immeubles.

Les futurs époux déclarent faire entrer en communauté, et, en conséquence, ameublir, savoir :

Le futur époux, une pièce de terre labourable sise commune, etc. (la désigner avec l'indication succincte de l'origine de propriété).

Et la future épouse, un verger..., etc.

Ou bien :

Le futur époux, la moitié à prendre du côté de..., d'une pièce de terre, etc.

Et la future épouse..., etc.

3° Ameublissement jusqu'à concurrence d'une certaine somme.

Les futurs époux déclarent faire entrer en communauté, et, en conséquence, ameublir, savoir :

Le futur époux, une pièce de terre..., etc.

Et la future épouse, une prairie..., etc.

Ces ameublissements sont consentis : celui du futur époux jusqu'à concurrence d'une somme de..., et celui de la future épouse jusqu'à concurrence d'une somme de...

---

(1) Duranton, XV, 57; Zach. § 657 ; Odier, II, 805; Rodière et Pont, I, 143; Duvergier sur Toullier, XIII, 333; Troplong, n° 1986 ; Marcadé, *1505*. 3; Dict. Not., *Ameubliss.*, n° 6; Roll., *ibid.*, n° 8; contra, Toullier. XIII, 333; Battur, II, 395.

(2) Toullier et Duvergier, XIII, 345; Odier, II, 802; Duranton, XV, 62, 63; Taulier, V, p. 90; Marcadé, *1509*, 4. Voir cependant. Rodière et Pont, II, 615; Troplong, n° 2005.

(3) Toullier, XIII, 304; Duranton, XV, 70; Odier, II. 815; Rodière et Pont, II, 873; Troplong, n°s 1998, 1999; Marcadé, *1507*, 5; Zach., Massé et Vergé, § 657, note 13; Roll., *Ameubliss.*, n° 53.

Marcadé, *1507*, 5; Zach., Massé et Vergé, § 657, note 13; Dalloz, n° 2769; Roll., *Ameubliss.*, n° 52.

(5) Si a femme ou ses héritiers renoncent à la communauté, l'immeuble ameubli reste au mari ou à ses héritiers, sans indemnité. Troplong, n° 1995.

(6) Voir Marcadé, *art. 1505;* Rodière et Pont, II, 517; Dalloz, n° 2768; Massé et Vergé, § 657, note 9; Dict. Not., *Ameubliss.*, n° 39 ; Cass., 9 mars 1857; J. N., 16078.

(7) Troplong, n° 2003; Rodière et Pont, II, 164.

(8) Troplong, 2007.

(9) Troplong, n° 2013, Rodière et Pont, II, 172; Championnière et Rigaud, IV, 2893.

3589. L'époux qui a ameubli un héritage, a, lors du partage, la faculté de le retenir en le précomptant sur sa part pour le prix qu'il vaut alors; et ses héritiers ont le même droit (*C. N.*, *1509*), que l'ameublissement soit déterminé ou indéterminé (1). Mais si la femme ou ses héritiers renoncent à la communauté, ils n'ont point le droit, bien entendu, de reprendre l'immeuble ameubli par la femme, à moins que le contrat de mariage ne leur en ait réservé la faculté (2).

SECTION IV. — DE LA CLAUSE DE SÉPARATION DES DETTES.

3590. La clause par laquelle les époux, ou l'un d'eux, stipulent qu'ils payeront séparément leurs dettes personnelles [Form. 519], les oblige à se faire, lors de la dissolution de la communauté, respectivement raison des dettes qui sont justifiées avoir été acquittées par la communauté à la décharge de celui des époux qui en était le débiteur (*C. N.*, *1510*); la femme est tenue à cette obligation, même en renonçant à la communauté (3). Il ne s'agit ici que des dettes antérieures au mariage ou dont le principe est antérieur au mariage, comme amendes prononcées pendant le mariage, pour délits antérieurs (4), ou les dettes d'une succession ouverte avant le mariage, mais acceptée depuis (5); quant aux dettes des successions ou donations à venir, leur exclusion ne résulte pas ordinairement d'une convention directe, elle vient seulement comme conséquence de la clause qui exclut en tout ou en partie de l'actif les successions ou donations (6), *supra n° 3575*.

3591. Cette obligation est la même, soit qu'il y ait eu inventaire ou non; mais, si le mobilier apporté par les époux n'a pas été constaté par un inventaire ou état authentique antérieur au mariage, les créanciers de l'un et de l'autre des époux peuvent, sans avoir égard à aucune des distinctions qui seraient réclamées, poursuivre leur payement sur le mobilier non inventorié, comme sur tous les autres biens de la communauté (7). Les créanciers ont le même droit sur le mobilier qui serait échu

---

4° Ameublissement indéterminé.

Les futurs époux déclarent faire entrer en communauté et, en conséquence, ameublir leurs biens immeubles présents et à venir, savoir :
Le futur époux, jusqu'à concurrence d'une somme de . . .
Et la future épouse jusqu'à concurrence de . . .

FORMULE 519. — Séparation des dettes. (N° 3590 à 3593).

La clause de séparation des dettes s'ajoute au contrat de mariage contenant adoption du régime de a communauté légale, ou même du régime de la communauté modifiée par la réalisation des biens meubles.

1° Séparation des dettes présentes et à venir.

Les futurs époux ne seront pas tenus des dettes l'un de l'autre créées antérieurement à la célébration du mariage, ni de celles dont pourront être grevés les biens et droits dont ils deviendront respectivement propriétaires pendant la durée de la communauté; ces dettes, s'il en existe ou survient, seront acquittées par celui des époux qui les aura contractées ou du chef duquel elles proviendront, sans que l'autre époux, ses biens, ni la communauté puissent en être aucunement tenus.

2° Séparation des dettes antérieures au mariage.

Les futurs époux ne seront pas tenus des dettes l'un de l'autre créées antérieurement

---

(1) Troplong, n° 2018; Rodière et Pont, II, 180; Marcadé, *1509*, 6.
(2) Odier, II, 812; Troplong, 2019; Toullier, XIII, 348; Zach., Massé et Vergé, § 657, note 11; Rodière et Pont, II, 183; Dalloz, n° 2788; Marcadé, *1509*, 5; Dict. Not., *Ameubliss.*, n° 70; Roll., *ibid*, n° 57. Voir cependant Duranton, XV, 78.
(3) Troplong, n° 2047.
(4) Toullier, XIII, 351; Rodière et Pont, II, 203; Troplong, n° 2025; Dict. Not., *Communauté*, n° 311.

(5) Odier, II, 766; Rodière et Pont, II, 206; Troplong, n° 2030 Massé et Vergé, § 659, note 2; contra, Duranton, XV, 92; Marcadé, *art. 1510*.
(6) Duranton, XV, 90; Rodière et Pont, II, 200; Marcadé, *art. 1510* Zach., Massé et Vergé, § 659, note 2.
(7) Voir Zach., Massé et Vergé, § 659, note 13; Rodière et Pont, II, 218; Odier, II, 782; Duvergier sur Toullier, XIII, 356; Troplong, n° 2046; Marcadé, *1510*, 3; Nancy, 2 fév. 1865; J, N., 18391.

aux époux pendant la communauté, s'il n'a pas été pareillement constaté par un inventaire ou état authentique (1) (*C. N.*, *1510*).

3592. Lorsque les époux apportent dans la communauté une somme certaine ou un corps certain, un tel apport emporte la convention tacite qu'il n'est point grevé de dettes antérieures au mariage; et il doit être fait raison par l'époux débiteur à l'autre, de toutes celles qui diminueraient l'apport promis (*C. N.*, *1511*).

3593. La clause de séparation des dettes n'empêche point que la communauté ne soit chargée des intérêts et arrérages qui ont couru depuis le mariage (*C. N.*, *1512*), à moins de convention contraire qui peut être valablement stipulée (2).

3594. Lorsque la communauté est poursuivie (3) pour les dettes de l'un des époux déclaré, par contrat, franc et quitte de toutes dettes antérieures au mariage, l'autre conjoint a droit à une indemnité, pour tout ce qui a été payé en principal, intérêts et frais, et aussi pour les intérêts de la somme payée jusqu'au jour de la dissolution de la communauté (4); cette indemnité se prend soit sur la part de communauté revenant à l'époux débiteur, soit sur les biens personnels dudit époux; et, en cas d'insuffisance, elle peut être poursuivie par voie de garantie contre le père, la mère, l'ascendant ou le tuteur qui l'auraient déclaré franc et quitte, mais sauf leur recours contre l'époux qui s'est laissé faussement déclarer tel (5). Cette garantie peut même être exercée par le mari durant la communauté, si la dette provient du chef de la femme; sauf, en ce cas, le remboursement dû par la femme ou ses héritiers aux garants, après la dissolution de la communauté (*C. N.*, *1513*), mais non auparavant.

SECTION V. — DE LA FACULTÉ ACCORDÉE A LA FEMME DE REPRENDRE SON APPORT FRANC ET QUITTE.

3595. La femme peut stipuler, par une clause appelée *reprise d'apports* [Form. 521], qu'en cas de

---

à la célébration du mariage; ces dettes, s'il en existe, seront acquittées, etc. (*le surplus comme au n° 1er*).

3° *Séparation des dettes postérieures au mariage, en cas de réalisation des immeubles à venir* (N° 3590.)

Les futurs époux ne seront pas tenus des dettes dont pourront être grevés les biens et droits dont ils deviendront respectivement propriétaires pendant le mariage; ces dettes, s'il en existe, seront acquittées etc., (*le surplus comme au n° 1er*).

FORMULE 520. — Clause de franc et quitte. (N° 3594.)

Les époux se déclarent francs et quittes de toute dettes antérieures à la célébration du mariage. (*Voir infra formule 547, 19°.*)

Si la déclaration de franc et quitte émane des père et mère :

M. et Mme . . . . déclarent le futur époux, leur fils, franc et quitte de toutes dettes antérieures à la célébration du mariage.

FORMULE 521. — Reprises d'apports de la femme pour le cas de renonciation à communauté. (N°s 3595 et 3596.)

Cette clause s'ajoute à la communauté légale.

La future épouse ou ses héritiers et représentants, en renonçant à la communauté lors

---

(1) Voir Battur, II, 412; Bugnet sur Pothier, VII, p. 242; Zach., Massé et Vergé, § 659, note 11; Rodière et Pont, II, 216, 217; Troplong, n°s 2041, 2042; Marcadé, *1512.3, 4*; contra; Bellot, III, p. 466; Duranton, XV, 110; Roll., *Communauté*, n° 517.

(2) Duranton, XV, 99; Rodière et Pont, II, 209; Troplong, n° 2055; Marcadé, *art.1512*; Massé et Vergé, § 659, note 5; contra, Delvincourt, III, p. 86; Battur, n° 417.

(3) La communauté doit payer, sauf son recours : Duranton, XV, 115; Troplong, n° 2061; Marcadé, *art. 1513*; Zach.. Massé et Vergé, § 660, note 6; Dict. Not., *Communauté*, n° 532; contra, Bellot, III, p. 198.

(4) Toullier. XIII, 366; Bellot, III, p. 105, 199; Duranton, XV, 136; Zach., § 660, note 5; Roll., *Communauté*, n° 531.

(5) Toullier, XIII, 364; Duranton, XV, 119 Rodière et Pont, II, 222; Troplong, n° 2060; Zach., § 660, note 9.

renonciation à la communauté, lors de sa dissolution par le décès de l'un des époux ou par la séparation de biens (1), elle reprendra tout ou partie de ce qu'elle y aura apporté, soit lors du mariage, soit depuis (2); mais cette stipulation ne peut s'étendre au delà des choses formellement exprimées, ni au profit de personnes autres que celles désignées. Ainsi, la faculté de reprendre le mobilier que la femme a (3) apporté lors du mariage ne s'étend point à celui qui serait échu pendant le mariage, *et vice versa* la faculté de reprendre le mobilier à venir ne comprend pas celui apporté en mariage. Ainsi encore, la faculté accordée à la femme ne s'étend point aux enfants (4); toutefois, celle accordée à la femme et aux enfants comprend tous les enfants et petits-enfants, même ceux d'un précédent mariage (5), et aussi les enfants naturels ou adoptifs (6), mais elle ne s'étend point aux héritiers ascendants ou collatéraux; celle accordée à la femme et à ses héritiers collatéraux comprend, à plus forte raison, ses héritiers descendants et ascendants (7); celle accordée à la femme et aux enfants à naître du mariage, ne s'étend point aux enfants issus d'un précédent mariage, ni aux enfants naturels ou adoptifs; celle accordée à la femme et à ses héritiers comprend tous les héritiers ascendants, descendants et collatéraux, mais ne s'étend pas aux successeurs irréguliers ni aux légataires (8); enfin celle accordée à la femme ou à ses héritiers et représentants s'étend à tous ceux qui succèdent aux biens. Dans tous les cas, les apports ne peuvent être repris que déduction faite des dettes personnelles à la femme, et que la communauté aurait acquittées (C. N., 1514), c'est-à-dire des dettes contributives à la charge des apports repris; toutefois, si la femme ne s'est réservé de reprendre qu'une certaine somme ou un objet déterminé, elle n'a à subir aucune déduction de dette (9).

3598. Quand la faculté a été réservée à la femme seule, si elle décède après la dissolution de la communauté sans y avoir encore renoncé, son droit passe à ses héritiers et représentants, quels qu'ils soient (10), et leurs créanciers peuvent l'exercer en leur nom, par application de l'art. 1166. Cependant si le successible qui aurait le droit d'exercer la faculté est exclu par un légataire universel, son droit ne passe pas au légataire (11).

---

de la dissolution, reprendront les apports en mariage de la future ci-dessus constatés, ensemble tous les biens meubles et immeubles dont elle deviendra propriétaire durant la communauté, par succession, donation, legs ou autrement.

Ces reprises auront lieu franches et quittes des dettes et charges de la communauté ; et si la future épouse s'y trouvait tenue envers les créanciers par suite des engagements qu'elle aurait contractés ou des condamnations prononcées contre elle, ladite future ou ses héritiers et représentants en seraient garantis et indemnisés par le futur époux ou ses héritiers.

FORMULE 522. — **1° Reprises d'apports des époux et partage de la communauté.**

(Nos 3597 et 3598.)

Cette clause s'ajoute à tous les cas d'adoption d'une communauté d'acquêts, ou d'une communauté modifiée par la réalisation des biens meubles.

Sur la masse des biens qui existeront lors de la dissolution de la communauté, les

(1) Troplong, n° 2085 ; Duranton, XV, 150 ; Odier, II, 851 ; Zach., Massé et Vergé, § 661, note 7.

(2) Avec l'intérêt du jour de la dissolution de la communauté, et non pas seulement du jour de la demande : Troplong, n°s 1706 et 2103 ; Rodière et Pont, II, 262 ; Cass., 3 fév. 1835 ; CONTRA, Duranton, XV, 173 ; Massé et Vergé, v 661, note 10 ; Marcadé, 1514, 3 ; Dict. Not., Communauté, n° 574 ; Nancy, 29 mai 1828.

(3) S'il est dit : *Aura apporté* ou *qui sera entré*, le futur passé employé a pour effet d'étendre la réserve au mobilier futur : Rodière et Pont ; II, 260 ; Marcadé, 1514, 1 ; Roll., Communauté, n° 559 ; CONTRA, Bellot, III, p. 229.

(4) S'il est dit : *Il pourra être fait reprise de...* la clause doit être appliquée dans le sens restreint et ne comprend que la femme : Rodière et Pont, II, 245 ; Duvergier sur Toullier, XIII, 381 ; Troplong, n° 2077 ; Marcadé, 1514, 3 ; Roll., Communauté, n° 548 ; CONTRA, Toullier, loc. cit.

(5) Toullier, XIII, 384 ; Duranton, XV, 456 ; Troplong, n° 2083 ; Ro-

dière et Pont, II, 248 ; Marcadé, 1514, 2 ; Zach., Massé et Vergé § 661, note 5.

(6) Rodière et Pont, II, 249.

(7) Toullier, XIII, 387 ; Duranton, XV, 158 ; Rodière et Pont, II, 254 ; Troplong, n° 2082 ; Marcadé, 1514, 2 ; Zach., Massé et Vergé, § 661, note 5 ; Dict. Not., Communauté, n° 558 ; Roll., ibid., n° 356.

(8) Bellot, III, p. 224 ; Marcadé, 1514, 2 ; Dict. Not., Communauté, n° 555 ; Roll., ibid., n° 554. Voir Bordeaux, 10 juin 1833 ; Metz 1er fév. 1842 ; J. N., 8202, 11228.

(9) Duranton, XV, 102 ; Odier, II, 865 ; Rodière et Pont, II, 265 ; Troplong, n° 2102 ; Marcadé, 1514, 3 ; Roll., Communauté, n° 565 ; CONTRA, Battur, II, 445.

(10) Duranton, XV, 151 ; Zach., Massé et Vergé, § 661, note 6 ; Rodière et Pont, II, 256 ; Troplong, n° 2087 ; Marcadé, 1514, 3 ; Dict. Not. Communauté, n° 563 ; Roll., ibid, n°542.

(11) Duranton, XV, 165 ; Marcadé, 1514, 2 ; Dict. Not., Communauté n° 564.

3597. Lorsque les époux adoptent la communauté réduite aux acquêts, *supra nº 3566*, ou stipulent la clause de réalisation totale, *supra nº 3574*, la reprise des apports de la femme est de droit, qu'elle accepte la communauté ou qu'elle y renonce (aussi bien d'ailleurs que celle des apports du mari) ; elle n'a donc pas besoin d'être stipulée ; cependant, il arrive souvent en pareil cas que, par une rédaction vicieuse, on stipule le droit de reprise en faveur de la femme seule et pour le cas de renonciation (1). Ou il faut s'abstenir, ou, si l'on veut éclairer les parties, il faut donner aux deux époux le droit égal qu'ils tiennent de la loi [Form. 522].

3598. La reprise des apports de la femme s'opère sans charge des dettes de la communauté ; et si la femme s'est engagée envers les créanciers, elle a contre le mari un recours conservé par l'hypothèque légale et qui est habituellement stipulé dans les termes suivants : « Les reprises de la femme auront lieu franches et quittes des dettes et charges de la communauté, quand même elle s'y serait obligée ou y aurait été condamnée. » Cette clause, purement surérogatoire, a donné l'idée de soutenir qu'elle avait pour effet de frapper les apports de la femme d'une indisponibilité conditionnelle et de les soustraire à l'action

---

époux ou leurs héritiers et représentants prélèveront, conformément à la loi : 1º les apports en mariage des futurs époux ci-dessus constatés ; 2º les biens meubles et immeubles dont ils deviendront respectivement propriétaires durant la communauté par succession, donation, legs ou autrement ; 3º les récompenses qui pourront leur être dues par la communauté.

Ce qui restera après les prélèvements dont il vient d'être question composera le bénéfice de communauté, qui sera partageable par moitié entre les futurs époux ou entre le survivant d'eux et les héritiers ou représentants du prédécédé.

La future épouse ou ses héritiers et représentants, qu'ils acceptent la communauté ou qu'ils y renoncent, exerceront le prélèvement des reprises de la future, en cas d'insuffisance des biens de la communauté, sur les biens personnels du mari. En tout cas, les reprises de la femme auront lieu franches et quittes des dettes et charges de la communauté ; et si la future épouse s'y trouvait tenue envers les créanciers par suite d'engagements qu'elle aurait contractés ou de condamnations prononcées contre elle, ladite future ou ses héritiers et représentants en seraient garantis et indemnisés par le futur époux ou ses héritiers.

Si un préciput a été stipulé, modifier ainsi la deuxième phrase : Ce qui restera après le prélèvement des reprises dont il vient d'être question et des préciput et augment de préciput dont il est parlé sous l'art . . ., composera le bénéfice, etc. (*le surplus comme dessus*).

Si le partage de la communauté est inégal, modifier ainsi la même phrase : Ce qui restera après le prélèvement des reprises dont . . . . ., composera le bénéfice de communauté auquel les époux ou leurs héritiers et représentants auront droit de la manière indiquée en l'art . . . ci-après.

S'il y a mise en communauté, on modifie ainsi l'article :

Sur la masse des biens qui existeront lors de la dissolution de la communauté, les époux ou leurs héritiers et représentants prélèveront, conformément à la loi : 1º les apports en mariage des futurs époux ci-dessus constatés, déduction faite de leur mise en communauté ; 2º les, etc. (*le surplus comme à la première phrase*).

Ce qui restera, etc. (*comme à la deuxième phrase*).

La future épouse ou ses héritiers et représentants exerceront le prélèvement des reprises de la future, qu'ils acceptent la communauté ou qu'ils y renoncent, et en cas d'insuffisance des biens de la communauté, sur les biens personnels du mari ; de plus, en cas de renonciation à la communauté, la future épouse ou ses héritiers et représentants reprendront la mise en communauté de la future ci-dessus stipulée ; le tout franc et quitte, etc. (*le surplus comme à la troisième phrase*).

---

(1) Voir Formule de *Clerc*, I, p. 431 ; Dict. Not., IV, p. 72, 77.

des créanciers de la communauté, envers lesquels elle s'était obligée (1) ; mais cette prétention ne pouvait longtemps triompher, et bientôt l'on est revenu à l'opinion, si longtemps et avec raison incontestée, que la stipulation n'a d'effet qu'entre les époux, et ne concerne pas les tiers (2), surtout s'il est ajouté que la femme aura un recours contre le mari ou ses héritiers (3), addition que nous conseillons de toujours employer.

3599. Les reprises dues à la femme ou à ses représentants pour ses biens meubles non entrés dans la communauté sont garanties par l'hypothèque légale de la femme contre son mari. Mais dans le contrat de mariage, ou dans une contre-lettre à la suite, *supra n° 3572*, les parties, lorsque la future épouse est majeure (4), peuvent convenir [FORM. 523] qu'il ne sera pris d'inscription que sur un ou certains immeubles du mari, ou sur tous immeubles autres que quelques immeubles spécialement désignés qui n'en seront pas grevés (5); dans ce cas, les immeubles non indiqués pour l'inscription, ou exceptés de l'inscription, restent libres et affranchis de l'hypothèque pour la dot de la femme et pour ses reprises et conventions matrimoniales (C. N., 2140). Si l'on stipule dans le contrat de mariage que l'hypothèque légale sera restreinte à certains biens présents *pour la dot de la femme, ses créances et reprises de toute*

2° *Autre clause de reprise des apports des époux.*

Lors de la dissolution de la communauté, les époux ou leurs représentants reprendront le montant de leurs apports en mariage et constitution de dot, ensemble tous les biens meubles et immeubles qui leur seront advenus et échus personnellement pendant le mariage, par succession, donation, legs ou autrement, ou les biens et valeurs qui auraient été acquis en remploi ; et si la future épouse survit, elle aura droit en outre, même en cas de renonciation à la communauté, au préciput stipulé en faveur du survivant.

Ces reprises seront exercées par la future épouse ou ses représentants, franches et quittes de toutes dettes et charges de la communauté ; et si la future épouse s'y trouvait tenue envers les tiers, par suite de ses engagements, elle ou ses représentants en seraient garantis et indemnisés par le futur époux ou sa succession, et sur ses biens personnels.

FORMULE 523. — **Limitation de l'hypothèque légale de la future épouse.**
(N°ˢ 3599 et 3600.)

L'hypothèque légale de la future épouse contre son mari, pour raison de ses apports, créances, reprises de toute nature, et autres droits matrimoniaux, ne frappera que. . . *(désigner les immeubles)*, auxquels elle est limitée de convention expresse. En conséquence, la future épouse ne pourra prendre d'inscription de son hypothèque légale que sur les immeubles ci-dessus désignés ; et tous les autres biens actuels du futur époux, ainsi que tous ceux qu'il pourra acquérir et tous ceux qui lui écherront par succession, donation, legs ou à tout autre titre, seront affranchis de l'hypothèque légale de la future épouse et de toutes inscriptions qu'elle pourrait prendre.

Toutefois, si l'hypothèque devenait insuffisante, soit par la dépréciation de valeur des immeubles susindiqués, soit par suite de l'accroissement de la fortune de la future épouse, il lui sera fourni par son mari un supplément d'hypothèque dont ils détermineront

---

(1) Caen, 31 juill. 1855; Cass., 7 fév., 1855, 16 avril 1856 ; J. N., 15492, 15842. Voir aussi : Cass., 15 fév. 1853 ; J. N., 14935 ; Emile Olivier, *Rev. pat.*, III ,p. 529 ; Berger, J. N., 15950.
(2) Pont, *Rev. crit.*, IX, p. 296 ; Journ. du Not., 13 août 1858; Bordeaux, 19 fév. 1857 ; Amiens, 5 mars 1857 ; Riom, 31 mai 1858 ; J. N., 16057; Cass., 29 janv. 1866; Jur. N., 13127.
(3) Nancy, 10 déc. 1857; Limoges, 4 mars 1858; Paris, 21 janv. 1858, 6 juin 1863; Trib. Seine, 21 fév. 1860; Cass., 15 déc. 1858, 23 août 1859, 13 août 1860, 19 nov. 1863 ; J. N., 16255, 16304, 16476, 16702, 16952, 17747.

(4) Si elle est mineure, elle ne le peut pas, même avec l'assistance des personnes dont le consentement est requis pour le mariage : Persil, *2140*, 3; Grenier, I, 269 ; Tarrible, *Inscr.*, § 3, n° 18; Duranton, XX, 56 ; Zach., Massé et Vergé, § 635. note 6; Troplong, *Hyp.*, n° 637 *bis* et *Contr. de mar.*, n° 272; Marcadé, *1398*, 2 ; Pont, *Hyp.*, n° 551 : Dict. Not., *Contr. de mar.*, n° 143 ; Cass., 19 juill. 1820 ; Caen, 15 juill., 1836 ; Lyon, 30 mai 1844; Grenoble, 25 août 1847 ; Paris, 26 juill. 1850; Chambéry, 3 déc. 1860; J. N., 14141 ; CONTRA, Taulier, VII, 319 ; Paris, 10 août 1816.
(5) Pont, *Hyp.*, n° 545.

nature et autres droits matrimoniaux, les biens exceptés de l'hypothèque et ceux à venir en sont affranchis, quelles que soient les circonstances ultérieures qui élèvent les reprises de la femme; mais si la restriction de l'hypothèque légale n'est exprimée que pour *la dot et les conventions matrimoniales*, les autres reprises de la femme sont conservées par l'hypothèque légale sur tous les biens présents et à venir du mari (1).

3600. Il ne peut pas être convenu qu'il ne sera pris aucune inscription (*C. N.*, 2140), ni que l'hypothèque légale restreinte à certains immeubles pourra pendant le mariage être transportée d'accord entre les époux sur d'autres immeubles (2).

SECTION VI. — DU PRÉCIPUT CONVENTIONNEL.

3601. La clause appelée *préciput conventionnel* [Form. 524, 525, 526], est celle par laquelle l'époux survivant, ou l'un des époux seulement pour le cas de survie, est autorisé à prélever, avant tout partage, une certaine somme ou une certaine quantité d'effets mobiliers en nature, ou tous autres biens de la communauté, quelle qu'en soit l'importance (3). La femme survivante n'a droit au prélèvement du préciput que lorsqu'elle accepte la communauté, à moins que le contrat de mariage ne lui ait réservé ce droit même en y renonçant (4). Hors le cas de cette réserve, le préciput ne s'exerce que sur la masse partageable et non sur les biens personnels de l'époux prédécédé (*C. N.*, 1515). Le préciput de la femme, avec la réserve dont il s'agit, se prélève donc, en cas d'insuffisance de la communauté, sur les biens du mari. Les intérêts de la somme composant le préciput ne courent que du jour de la demande (5).

---

l'importance d'un commun accord, ou qui sera réglé par le juge. Cette hypothèque n'aura d'effet à l'égard des tiers que du jour de l'inscription au bureau des hypothèques.

FORMULE 524. — Préciput stipulé dans un contrat contenant adoption de la communauté légale. (Nos 3601 à 3605.)

1° *Préciput et augment de préciput.*

Le survivant des futurs époux prendra et prélèvera, à titre de préciput, sur les biens meubles de la communauté, avant tout partage, tels des objets mobiliers et valeurs qu'il voudra, jusqu'à concurrence de la somme de . . . , ou cette somme en deniers comptants, ou partie en objets mobiliers et le surplus en deniers comptants, le tout à son choix.

En outre, le survivant prélèvera, à titre d'augment de préciput, aussi avant tout partage de la communauté, savoir :

Si c'est le futur époux, les vêtements, linge et bijoux à son usage personnel, plus ses armes et les livres composant sa bibliothèque ;

Et si c'est la future épouse, les vêtements, linge, bijoux, châles, dentelles à son usage personnel, plus ses instruments, cahiers et albums de musique.

De plus, le survivant aura la faculté de conserver, pour son compte personnel, telle partie du mobilier meublant qu'il lui plaira choisir, en sus des préciput et augment de préciput ci-dessus stipulés, et même la totalité de ce mobilier, si bon lui semble, sans que les représentants du prédécédé puissent en exiger la vente, et sauf par le survivant à faire la déduction sur ses droits et reprises ou à tenir compte à qui de droit de la valeur des objets prélevés ou conservés par lui, d'après l'estimation qui en aura été faite dans l'inventaire dont il est parlé ci-dessus, à la charge seulement de déclarer son option à cet égard avant la clôture dudit inventaire.

La future épouse, si elle survit, aura droit à ces préciput et augment de préciput, et elle profitera de la faculté de conserver tout ou partie du mobilier, le tout même en renonçant à la communauté ; — ou : la future épouse, si elle survit, aura droit à ces préciput

---

(1) Duranton, XX, 59; Massé et Vergé, § 795, note 13; Pont, *Hyp.*, nos 546; Paris, 29 mai 1819; Cass., 18 août 1856; J. N., 15007.
(2) Pont, *Hyp.*; no 547; Cass., 6 mai 1852; Lyon, 28 janv. 1854; J. N., 14659, 15148.

(3) Toullier, XIII, 406, 408; Duranton, XV, 483; Odier, II, 871; Troplong, 2112; Marcadé, *1515*, 1. Voir Batur, II, 467.
(4. Voir Troplong, nos 2111, 2117, 2120; Marcadé, *1515*, 3; Roll., *Préciput.*, n° 9; Mollot, n° 128; Paris, 23 janv. 1864; J. N., 18048.
(5) Toullier, XIII, 405; Odier, II, 868; Troplong, n° 2121.

3602. Le préciput n'est point regardé comme un avantage sujet aux formalités des donations, mais comme une convention de mariage (*C. N., 1516*), et il ne s'impute pas sur la quotité disponible (1). Toutefois, en cas de mariage en secondes noces, il est sujet à retranchement s'il donne lieu à un avantage excédant la quotité disponible (2) ; il en est de même dans tous les cas lorsqu'il est exercé par la femme renonçante (3).

3603. La mort naturelle donne seule ouverture au préciput (*C. N., 1517*) ; mais on peut stipuler que l'un des époux aura droit au préciput lors de la dissolution de la communauté arrivée pour quelque cause que ce soit (4).

3604. Lorsque la dissolution de la communauté s'opère par la séparation de corps ou de biens, il n'y a pas lieu à la délivrance actuelle (5) du préciput ; mais l'époux qui a obtenu la séparation de corps (6) conserve ses droits au préciput en cas de survie. Si c'est la femme, la somme ou la chose qui constitue le préciput reste toujours provisoirement au mari, à la charge de donner caution (*C. N., 1518*). Cependant il n'en est ainsi que si la femme renonce et qu'elle ait stipulé le préciput même en renonçant (7) ; car si elle accepte, l'actif se partage par moitié sans déduction du préciput, et, au décès du prémourant, la moitié qu'il se trouvait avoir revient au survivant (8), à moins qu'il n'ait été défendeur à la demande en séparation de corps, *supra n° 1088*.

3605. Les créanciers de la communauté ont toujours le droit de faire vendre les effets compris dans le préciput, sauf le recours de l'époux, conformément à l'art. 1515, *supra, n° 3604 (C. N., 1519)*.

---

et augment de préciput , et à la faculté de conserver tout ou partie du mobilier, qu'elle accepte la communauté ou qu'elle y renonce, et en cas d'insuffisance des biens de la communauté, elle pourra prélever le préciput et l'augment de préciput sur les biens du futur.

2° *Autre clause.*

Le survivant des futurs époux prendra et prélèvera à titre de préciput, sur les biens meubles de la communauté avant tout partage, les vêtements, linge et bijoux à son usage personnel, plus un lit complet, une armoire et six paires de draps, le tout à son choix.

De plus, le survivant aura la faculté de conserver pour son compte, etc. (*le surplus comme dessus*).

La future épouse, si elle survit, aura droit à ces préciput, etc. (*le surplus comme dessus*).

FORMULE 525. — Préciput stipulé dans un contrat contenant adoption d'une communauté modifiée. (Nos 3601 à 3605.)

Le survivant des futurs époux prendra et prélèvera, à titre de préciput, etc. (*le surplus comme en la formule 524*).

En outre, le survivant prélèvera à titre d'augment de préciput, aussi avant tout partage de la communauté, savoir :

Si c'est le futur époux, l'accroissement qui sera survenu dans les vêtements, linge et bijoux à son usage personnel, dans ses armes et dans les livres composant sa bibliothèque ;

Et si c'est la future épouse, l'accroissement qui sera également survenu dans les vêtements, linge, bijoux, châles et dentelles à son usage personnel, et dans ses instruments, cahiers et albums de musique.

De plus, le survivant aura la faculté, etc. (*le surplus comme en la formule 524 1°*).

(1) Troplong, n° 2123 ; Odier, II, 672 ; Duranton, XV, 190 ; Rodière et Pont, II, 277.
(2) Troplong. n° 2123.
(3) Troplong, 2121 ; Bellot, III, p. 207 ; Bugnet sur Pothier, VII, p. 246 ; contra, Duranton, XV, 190 ; Marcadé. *art. 1516*.
(4) Troplong, n°s 53, 2129 ; Toullier, XIII, 393 ; Duranton, XV, 181 ; Rodière et Pont, II, 288 ; Troplong, n° 2219 ; Marcadé, *art. 1515* ; Zach., § 662 ; Roll. *Préciput*, n° 25 ; Limoges, 6 août 1849 ; Jur. N., 8830.
(5) A moins que le préciput n'ait été stipulé en faveur de tel époux, dans tous les cas, comme au n° 3602, si d'ailleurs

la séparation de corps n'a pas été prononcée contre cet époux.
(6) Quant à l'époux contre lequel la séparation de corps a été prononcée, il perd tout droit au préciput, *supra n° 1088* : Toullier, XIII, 398 ; Duranton, XV. 194 ; Troplong, n° 2132 ; Marcadé, *1518*, 2 ; Zach., § 662, note 8 ; Roll., *Préciput*, n° 31 ; Cass., 13 fév. 1826.
(7) Toullier et Duvergier, XIII, 397 ; Duranton, XV, 194 ; Rodière et Pont, II, 301 ; Taulier, V. p. 205 ; Troplong, n° 2195 ; Marcadé, *1518*, 3 ; Zach., Massé et Vergé, § 662, note 7 ; Roll., *Préciput*, n° 36.
(8) Toullier, XIII, 394 ; Duranton, XV, 184, 195 ; Bellot, III, p. 372, Rodière et Pont, II, 301 ; Marcadé, *1518*, 2 ; Troplong, n° 2134.

3606. La faculté réservée au survivant des époux de conserver tout ou partie du mobilier [Form. 524], ou un fonds de commerce [Form. 527], un droit au bail [Form. 528], à la condition de tenir compte de leur valeur, semble aussi constituer une sorte de préciput.

FORMULE 526. — Préciput en faveur de l'un des époux. (Nos 3604 à 3605.)

La future épouse, si elle survit, prendra et prélèvera, etc. (*le surplus comme aux formules ci-dessus*).

Si la future épouse a droit au préciput dans tous les cas de dissolution de communauté, on ajoute à la formule :

En cas de dissolution de la communauté, pour quelque cause que ce soit, avant la dissolution du mariage, la future épouse aura droit, dès ce moment, et sans être tenue à aucune restitution, aux préciput et augment de préciput ci-dessus stipulés.

FORMULE 527. — Faculté accordée au survivant de conserver le fonds de commerce.
(N° 3606.)

Si, lors de la dissolution du mariage, les futurs époux ou l'un d'eux exploitent un commerce ou possèdent des droits dans un établissement de commerce, le survivant des époux aura le droit de conserver pour son compte personnel le commerce ou les droits dont il s'agit, ensemble l'achalandage, les marchandises, objets mobiliers, ustensiles et autres accessoires en dépendant, à la charge de prendre le tout d'après la prisée de l'inventaire qui sera fait alors, ou d'après l'estimation de deux experts choisis à l'amiable, ou désignés sur simple requête de la partie la plus diligente par M. le président du tribunal de première instance du domicile des époux, lesquels experts, en cas de désaccord, pourront s'adjoindre un troisième expert qui prononcera définitivement. — *Si la valeur de l'achalandage ne doit pas être payée, l'on ajoute :* Mais le survivant n'aura rien à payer, pour l'achalandage, qui lui appartiendra exclusivement à titre de convention de mariage.

(*Ou lorsqu'il s'agit de droits dans une société :* Si, lors de la dissolution du mariage, les futurs époux ou l'un d'eux exploitent une industrie ou possèdent des droits dans un établissement ou dans une société de commerce, le survivant des époux aura le droit de conserver pour son compte personnel, soit ladite industrie et le matériel et les objets mobiliers servant à son exploitation, soit la part d'intérêt dans l'établissement ou dans la société, à la charge, dans tous les cas, de tenir compte aux héritiers du prédécédé de la portion à laquelle ils auraient droit, soit dans la société, soit dans la valeur du fonds et des marchandises et effets mobiliers, d'après la prisée. . . , etc.)

Le survivant imputera la valeur des droits en question sur les sommes qui lui reviendront en propriété ou en usufruit, tant dans la communauté que dans la succession du prédécédé ; et pour se libérer envers les héritiers de celui-ci des sommes qu'il pourrait encore leur devoir, il aura terme et délai d'une année à partir du jour du décès du prémourant, sans être tenu de payer aucun intérêt pendant ce temps, ni de fournir caution. Toutefois, ce délai cesserait en cas de vente de l'établissement ou de convol à de secondes noces, et la somme entière deviendrait exigible par le fait seul de la vente ou du second mariage.

En usant de cette faculté, le survivant aura seul droit au bail des lieux où s'exploitera le fonds de commerce, et où les époux auront leur habitation, pour le temps qui en restera à courir, à la charge de tenir compte à la communauté des loyers payés d'avance, d'exécuter toutes les obligations qui pourront en résulter et de payer les loyers à courir, de manière que les héritiers de l'époux prédécédé ne soient aucunement inquiétés par qui que ce soit à cet égard.

Si le commerce s'exerce dans une maison dépendant de la communauté ou appartenant à la succession de l'époux prédécédé, le survivant aura le droit d'exiger qu'il lui soit fait un bail de... années, au plus, des lieux nécessaires à l'exploitation du commerce et à son

SECTION VII. — DES CLAUSES PAR LESQUELLES ON ASSIGNE A CHACUN DES ÉPOUX DES PARTS INÉGALES DANS LA COMMUNAUTÉ.

3607. Les époux peuvent déroger au partage égal établi par la loi en donnant, soit à l'un des époux

habitation, moyennant le prix et sous les conditions qui seront fixés soit à l'amiable, soit par experts choisis par les parties ou nommés d'office de la même manière que pour l'estimation du fonds de commerce.

Le survivant sera tenu de déclarer, dans les quarante jours qui suivront la clôture de l'inventaire, s'il entend user des droits qui viennent de lui être réservés, à peine de déchéance.

La future épouse survivante aura le droit d'exercer cette faculté, même en renonçant à la communauté.

Si l'époux survivant n'opte pas pour la conservation de l'établissement commercial, il ne pourra exercer un pareil commerce ni s'y intéresser directement ou indirectement, dans un rayon de... kilomètres, à peine de tous dommages et intérêts vis-à-vis de la personne qui en sera devenue acquéreur.

Si l'on veut réserver au futur époux survivant ses droits dans une association commerciale, il y a lieu à la clause suivante : Si le futur époux survit, et que, lors du décès de la future, il se trouve associé dans une maison de commerce ou d'industrie, il est expressément convenu : 1° que les héritiers et autres représentants de la future épouse ne pourront réclamer d'autres droits au sujet de cette société que ceux résultant du dernier inventaire social, ou, s'il n'a pas encore été fait d'inventaire, que ceux résultant de l'acte même de société ; qu'il ne devra conséquemment être fait aucun inventaire de l'actif social, ni être apposé de scellés sur cet actif ; 2° et que le futur époux pourra conserver pour son compte les droits appartenant à la communauté dans la société, sans avoir aucune indemnité à payer aux héritiers et représentants de la future épouse, sauf, bien entendu, l'obligation de payer aux héritiers et représentants les droits acquis dans ladite société et constatés ainsi qu'il vient d'être dit.

FORMULE 528. — **Faculté accordée au survivant de conserver le droit à un bail.**
(N° 3606.)

Si, lors de la dissolution du mariage, les futurs époux ou l'un d'eux cultivent une ferme tenue à location ou des terres détachées, aussi tenues à location, le survivant des époux aura le droit de conserver pour son compte personnel le droit au bail, ensemble le mobilier de ferme, les instruments aratoires, chevaux, bestiaux, fourrages, grains, fruits et fourrages coupés ou pendants par branches ou par racines, et autres accessoires en dépendant ; à la charge : 1° de prendre le tout d'après la prisée de l'inventaire qui sera fait alors, ou d'après l'estimation de deux experts choisis à l'amiable ou désignés, sur simple requête de la partie la plus diligente, par M. le président du tribunal de première instance du domicile des époux, lesquels experts, en cas de désaccord, pourront s'adjoindre un troisième qui prononcera définitivement ; 2° d'acquitter les fermages à courir et d'exécuter toutes les charges et conditions du bail, de manière que les héritiers de l'époux prédécédé ne soient aucunement inquiétés ni recherchés.

A cet égard, il est expressément convenu : 1° que le survivant n'aura rien à payer pour le droit au bail, qui lui appartiendra exclusivement à titre de convention de mariage ; 2° que les récoltes non encore coupées seront comprises dans l'estimation pour les frais de labours, engrais et ensemencements, auxquels on ajoutera le prorata du fermage représentatif de cette récolte, couru du jour de la prise de possession annuelle à celui de la dissolution du mariage.

Le survivant imputera la valeur du tout sur les sommes qui lui reviendront, etc. (*le surplus comme au 2e alinéa de la formule 527*).

Le survivant sera tenu de déclarer, dans les quarante jours qui suivront la clôture de

ou à ses héritiers, soit à l'époux survivant ou aux héritiers du prémourant, une part de communauté supérieure ou moindre que la moitié (1), soit en ne leur donnant qu'une somme fixe pour tout droit de communauté, soit en stipulant que la communauté entière, en certains cas, appartiendra à l'époux survivant ou à l'un d'eux seulement (*C. N., 1520*), ou que les biens meubles appartiendront à l'un et les biens immeubles à l'autre (2), ou que le survivant aura une portion en pleine propriété et une portion en usufruit [FORM. 529].

3608. L'attribution de parts stipulée en faveur du survivant, ou contre lui, ne produit son effet qu'en cas de dissolution de la communauté par le décès de l'un des époux ; si elle est dissoute par la séparation de corps ou de biens, le partage, nonobstant la clause, a lieu par moitié (3).

3609. Lorsqu'il a été stipulé que l'un des époux ou les héritiers de l'un d'eux n'auront qu'une certaine part dans la communauté, comme le tiers ou le quart, l'époux ainsi réduit ou les héritiers ne supportent les dettes de la communauté que proportionnellement à la part qu'ils prennent dans l'actif (*C. N., 1521*) ; ainsi, le survivant qui prend moitié en pleine propriété et moitié en usufruit, supporte une moitié des dettes et l'intérêt de l'autre moitié (4).

3610. La convention, c'est-à-dire l'attribution de parts inégales, est nulle si elle oblige l'époux ou les héritiers réduits à supporter une plus forte part, ou si elle dispense les époux ou leurs héritiers de supporter une part dans les dettes égale à celle qu'ils prennent dans l'actif (*C. N., 1521*), et le partage a lieu par moitié (5).

3611. Lorsqu'il est stipulé que l'un des époux ou les héritiers de l'un d'eux ne pourront prétendre qu'une certaine somme pour tout droit de communauté [FORM. 530], la clause est un forfait qui oblige

---

l'inventaire, s'il entend user des droits qui viennent de lui être réservés, à peine de déchéance.

La future épouse survivante aura le droit d'exercer cette faculté, même en renonçant à la communauté.

FORMULE 529. — Assignation de parts dans la communauté. (Nos 3607 à 3610.)

1° Assignation de parts.

Par dérogation au partage égal des biens de communauté établi par la loi, les parties stipulent comme convention de mariage, et conformément aux dispositions des articles 1520 et 1525 du Code Napoléon, que le partage des bénéfices de la communauté se fera de la manière suivante :

L'époux survivant aura droit à moitié en pleine propriété des bénéfices de communauté, et à l'usufruit de l'autre moitié, dont la nue propriété appartiendra aux héritiers du conjoint prédécédé.

Le survivant sera dispensé de fournir caution et de faire emploi, mais il devra faire inventaire.

Ou bien : L'époux survivant aura droit à trois quarts en pleine propriété des bénéfices de communauté, et les héritiers de l'époux prédécédé au quart de surplus ; les dettes de la communauté seront supportées dans de semblables proportions.

Ou bien encore : L'époux survivant aura droit à un quart seulement des bénéfices de communauté, et les héritiers de l'époux prédécédé, aux trois quarts de surplus ; les dettes, etc.

(1) Ou seulement une part, soit sur les biens meubles, soit sur les biens immeubles : Dalloz, n° 2959 ; Cass., 20 janv. 1830, 26 déc. 1831 ; Douai, 7 fév. 1850 ; Jur. N., 10900.

(2) Troplong, n° 2143 ; Dalloz, n° 2957 ; Zach., § 663, note 3 ; Marcadé, *art. 1520*, Cass., 16 avril 1833 ; Douai, 7 fév. 1850 ; Jur. N., 10960.

(3) Troplong, n°s 2167, 2184 ; Rodière et Pont, II, 347 ; Massé et Vergé, § 663, note 20 ; Marcadé, *art. 1525* ; Cass., 1er juin 1853 ; J. N., 15113.

(4) Voir Rodière et Pont, II, 345 ; Marcadé, *art. 1525* ; Troplong, n° 2810 ; Zach., § 663 ; Dalloz, n° 3012 ; Agen, 1er juin 1838 ; Douai, 7 fév. 1850 ; Amiens, 23 janv. 1851 ; Cass., 1er août 1855 ; Jur. N., 10960.

(5) Troplong, n° 2150 ; Odier, II. 893 ; Rodière et Pont, II, 325, Zach., Massé et Vergé, § 663, note 8 ; Marcadé, *1521*, 2 ; Dict. Not., *Communauté*, n° 579 ; Roll., *ibid*, n° 575 ; CONTRA, Duranton, XV, 206.

l'autre époux ou ses héritiers à payer la somme convenue, que la communauté soit bonne ou mauvaise, suffisante ou non pour acquitter la somme (C. N., 1522). Cette clause peut être stipulée purement et simplement, ou sous une condition, par exemple s'il y a ou s'il n'y a pas d'enfants du mariage, ou de toute autre manière.

3612. Si la clause n'établit le forfait qu'à l'égard des héritiers de l'un des époux, celui-ci, dans le cas où il survit, a droit au partage légal par moitié (C. N., 1523).

3613. Le mari ou ses héritiers qui retiennent, en vertu de la stipulation du contrat de mariage, la totalité de la communauté, sont obligés d'en acquitter toutes les dettes. Les créanciers n'ont, en ce cas, aucune action contre la femme ni contre ses héritiers (C. N., 1524), à moins que la femme ne se soit obligée ou que les dettes ne proviennent d'elle; alors elle y est tenue, mais sauf son recours contre son mari (1).

3614. Si c'est la femme survivante qui a, moyennant une somme convenue, le droit de retenir toute la communauté contre les héritiers du mari, elle a le choix, ou de leur payer cette somme en demeurant obligée à toutes les dettes, quand même elles excéderaient l'actif de la communauté (2), ou de renoncer à la communauté et d'en abandonner aux héritiers du mari les biens et les charges (C. N., 1524).

3615. Le forfait en faveur de la femme étant une convention du mariage, elle a hypothèque légale contre son mari, du jour du mariage, pour le montant du forfait (3).

3616. Il est permis aux époux de stipuler, purement et simplement ou sous condition, que la totalité de la communauté appartiendra au survivant ou à l'un des époux seulement [Form. 531], sauf à l'autre époux ou à ses héritiers à faire la reprise des apports et capitaux tombés de son chef dans la

---

2° *Autre clause.*

Si, lors du décès du premier mourant, il existe des enfants ou autres descendants issus du mariage, le partage de la communauté aura lieu par égales portions; mais en cas de non-existence d'enfant ou autres descendants, le partage des bénéfices de la communauté se fera de la manière suivante :

L'époux survivant aura droit, etc. (*le surplus comme en la formule qui précède*).

FORMULE 530. — Forfait de communauté. (Nos 3611 à 3615.)

Comme convention du mariage, l'actif de la communauté appartiendra en totalité au futur époux ou à ses héritiers (*ou* à la future épouse ou à ses héritiers), à la charge de payer, à titre de forfait, à la future épouse ou à ses héritiers et représentants, une somme de..., dans le délai de six mois à partir du jour de la dissolution de la communauté, sans intérêt.

Si le forfait est en faveur des héritiers du prémourant.

Comme convention du mariage, l'actif de la communauté appartiendra en totalité au survivant des futurs époux, à la charge de payer, à titre de forfait, aux héritiers et représentants du prédécédé, etc. (*le surplus comme en la formule qui précède*).

Ou bien : Comme convention du mariage. si, lors de sa dissolution, il n'existe point d'enfants issus du mariage, ni descendants d'eux, la communauté appartiendra en totalité au survivant, etc.

FORMULE 531. — Attribution de communauté. (Nos 3616 et 3617.)

1° *Attribution au survivant.*

Comme convention du mariage, l'actif de la communauté appartiendra en totalité au

---

(1) Troplong, n° 2159.
(2) Troplong, n° 2166; Odier, II, 903; Rodière et Pont, II, 337;

Massé et Vergé, § 663, note 13; Marcadé, 1521, 2; Roll., *Communauté*, n° 588; contra Bellot, III, p. 298; Zach., § 663, note 13.
(3) Troplong, n° 2162; Rodière et Pont, II, 335, 336.

communauté (1), qu'ils aient été ou non réservés propres (2). Cette stipulation n'est point réputée un avantage (3) sujet aux règles relatives aux donations, soit quant au fonds, soit quant à la forme, mais simplement une convention de mariage et entre associés (C. N., 1425).

3617. On peut même stipuler que le survivant prendra toute la communauté, y compris les apports et capitaux qui y sont entrés du chef du prémourant (4) ; mais ce qui provient de celui-ci constitue une libéralité imputable sur la quotité disponible (5).

SECTION VIII. — DE LA COMMUNAUTÉ A TITRE UNIVERSEL.

3618. Les époux peuvent établir par leur contrat de mariage une communauté universelle de leurs biens, tant meubles qu'immeubles, présents et à venir, ou de tous leurs biens présents seulement, ou de tous leurs biens à venir seulement (C. N., 1526) [FORM. 532] ; et le mari, en sa qualité d'administrateur, peut aliéner et hypothéquer les biens qui y sont entrés du chef de sa femme (6). A la dissolution de la communauté, le partage des biens communs a lieu par moitié, à la charge d'acquitter les dettes aussi par moitié (7). Si la femme ou ses héritiers renoncent, ils ne peuvent reprendre les biens personnels de la femme entrés en communauté, à moins de stipulation de la clause de reprise, *supra* n° 3595.

3619. Lorsque les époux établissent une communauté à titre universel de tous leurs biens présents

survivant des futurs époux, sans exception, à la charge par lui, comme de droit, de payer toutes les dettes de la communauté.

En conséquence, les héritiers du prémourant, après la reprise des biens meubles entrés dans la communauté du chef de celui-ci, n'auront aucun droit dans les autres biens de la communauté.

Ou bien : Comme convention du mariage, si, lors de la dissolution du mariage, il n'existe point d'enfants issus du mariage, ni descendants d'eux, l'actif de la communauté appartiendra, etc. (*le surplus comme dessus*).

2° *Attribution à l'un des époux.*

Comme convention du mariage, l'actif de la communauté appartiendra en totalité au futur époux (*ou* à la future), sans exception, à la charge, etc. (*le surplus comme au n° 1er*).

FORMULE 532. — Communauté à titre universel. (N°ˢ 3618 et 3619.)

1° *Biens présents et à venir.*

Les futurs époux mettent en communauté tous les biens meubles et immeubles qu'ils possèdent actuellement, et tous ceux dont ils deviendront propriétaires pendant la durée de la communauté, par succession, donation, legs ou autrement, sans exception ; par suite, la communauté sera tenue de toutes les dettes actuelles et à venir des futurs époux.

2° *Biens présents.*

Les futurs époux mettent en communauté la totalité des biens meubles et immeubles qu'ils possèdent actuellement. En conséquence, ils consentent l'ameublissement des immeubles dont ils ont fait l'apport en mariage ; mais ils se réservent propres à chacun

---

(1) Troplong, n° 2182; Rodière et Pont, II, 346. V. Soissons, 3 juill. 1867; J. N., 18969.
(2) Bellot, III, p. 306 ; Rodière et Pont, II, 346; Troplong, n° 2174 ; Marcadé, 1525, 2; Douai, 9 mars 1849 ; Jur. N., 9144 ; J. N., 17392. Voir cependant Toullier, XII, 422 ; Dict. Not., *Communauté*, n° 597 ;. Roll., *ibid.*, n°ˢ 594, 597.
(3) Sauf le cas où l'époux a des enfants d'un précédent mariage : Toullier, V, 900 , Duranton, XV, 244 ; Zach., § 663, note 17 ; Rodière et Pont, II, 384 ; Marcadé, art. 1525 ; Roll., *Communauté*, n° 597; Douai, 7 fév. 1850 ; Jur. N., 10960.

(4) Bellot, III, p. 303; Zach., § 663 ; Rodière et Pont, II, 346; Marcadé, 1525, 4; CONTRA Battur, II, 489;
(5) Bellot, III, p. 303; Zach., § 665 ; Marcadé, 1525, 4 ; Rodière et Pont, II, 346 ; Dalloz, n° 2996 ; CONTRA, Troplong. 2181.
(6) Toullier, XIII, 466 ; Troplong, n° 2199 ; Rodière et Pont, II, 135; Dict. Not., *Communauté*, n° 608 ; Roll., *ibid.*, n° 601.
(7) Troplong, n° 2202.

seulement ou de tous leurs biens à venir, il est bon d'exprimer qu'ils se réservent propres, dans le premier cas, leurs biens meubles à venir, et, dans le second cas, leurs biens meubles présents.

Dispositions communes aux huit sections ci-dessus.

3620. Ce qui est dit aux huit sections ci-dessus ne limite pas à leurs dispositions précises les stipulations dont est susceptible la communauté conventionnelle. Les époux peuvent faire toutes autres conventions, ainsi qu'il est dit en l'art. 1387 et sauf les modifications portées par les art. 1388, 1389 et 1390, *supra* n° 3534 (*C. N., 1527*).

3621. Néanmoins, dans le cas où il y aurait des enfants d'un précédent mariage, toute convention qui tendrait dans ses effets à donner à l'un des époux au delà de la portion réglée par l'art. 1098, *supra* n° 3011, est sans effet pour tout l'excédant de cette portion. Mais les simples bénéfices résultant des travaux communs et des économies faites sur les revenus respectifs quoique inégaux, des deux époux, ne sont pas considérés comme un avantage fait au préjudice des enfants du premier lit (*C. N., 1527*). Ainsi, l'on ne doit pas examiner si l'un des époux a des revenus plus considérables que l'autre, ou si l'un a une industrie très-lucrative, tandis que l'autre est sans profession ; le tout est considéré comme bénéfice de communauté et se partage par moitié. Mais, quant à toute convention qui aurait pour effet d'attribuer à l'un des époux une part plus forte que l'autre dans les bénéfices de communauté, en propriété ou en usufruit, ou d'établir un forfait de communauté, elle serait sans effet pour tout l'excédant de la portion réglée par l'art. 1098 (1). Quant à la soumission au régime dotal et à la clause de non-communauté, elles ne donnent lieu à aucune réduction en faveur des héritiers de la femme, car la femme ne donne rien du sien, elle manque seulement d'acquérir (2).

3622. La communauté conventionnelle reste soumise aux règles de la communauté légale pour tous les cas auxquels il n'y a pas été dérogé implicitement par le contrat (*C. N., 1528*).

---

d'eux tous les biens meubles et immeubles dont ils deviendront propriétaires pendant la durée de la communauté, par successions, donations, legs ou autrement. Par suite la communauté ne sera tenue que des dettes actuelles des futurs époux, et elle n'aura pas à supporter les dettes dont pourront être grevés les biens à venir de chacun d'eux ; ces dernières dettes seront acquittées par celui des futurs époux du chef duquel elles seront provenues, sans que l'autre époux, ses biens ni la communauté puissent en être chargés.

3o Biens à venir.

Les futurs époux mettent en communauté les biens meubles et immeubles qui écherront à chacun d'eux, pendant la durée de la communauté, par successions, donations, legs ou autrement; mais ils se réservent propre la totalité des biens meubles et immeubles dont ils sont actuellement propriétaires. Par suite la communauté sera tenue des dettes dont pourront être grevés les biens à venir de chacun des futurs époux ; mais elle n'aura pas à supporter les dettes actuelles des futurs époux : ces dernières dettes, etc. (*Le surplus comme au n° 2.*)

---

(1) Toullier, V, 897; Duranton, IX, 812; XIV, 524; Troplong, n° 2217; Vazeille, *1098*, 8; Roll., *Noces (secondes)*, n° 5 à 58; Paris, 18 nov. 1854; Rouen, 20 juin 1857; Cass., 24 mai 1808, 23 juin 1855, 12 avril 1858, 3 déc. 1861; Seine, 10 mai 1866; J. N., 15381, 15549, 17325, 18568. Voir Bordeaux, 15 nov. 1848; Jur. N., 8610.

(2) Duranton, XV, 272; Bellot, III, p. 321; Roll., *Noces (secondes)* n° 59; Marcadé, *1548*, 1.

CHAPITRE QUATRIÈME.

DES CONVENTIONS EXCLUSIVES DE LA COMMUNAUTÉ.

—

3623. Lorsque, sans se soumettre au régime dotal, les époux déclarent qu'ils se marient sans communauté, ou qu'ils seront séparés de biens, les effets de cette stipulation sont réglés comme il suit (*C. N.*, *1529*).

§ 1er. — DE LA CLAUSE PORTANT QUE LES ÉPOUX SE MARIENT SANS COMMUNAUTÉ.

3624. La clause portant que les époux se marient sans communauté (1) [FORM. 533] ne donne point à la femme le droit d'administrer ses biens ni d'en percevoir les fruits ; ces fruits sont censés apportés au mari pour soutenir les charges du mariage (*C. N.*, *1530*). C'est lui qui en a l'administration et par suite le droit de percevoir le mobilier, recevoir les capitaux, en donner quittance, sauf la restitution dont il sera parlé *infra n° 3629* (*C. N.*, *1531*) ; c'est lui aussi qui exerce les actions mobi-

—

§ 3. — NON-COMMUNAUTÉ ET SÉPARATION DE BIENS.

FORMULE 533. — Non-communauté. (N°s 3623 à 3629.)

1° Clause de non-communauté.

Les futurs époux déclarent se marier sans communauté, conformément aux dispositions des art. 1530 à 1535 du Code Napoléon ;

En conséquence ils ne seront pas tenus des dettes et hypothèques l'un de l'autre, antérieures à la célébration du mariage, non plus que de celles qui pourraient grever les biens qui adviendront à chacun d'eux.

Les droits de la future épouse se borneront à la reprise, soit en nature, soit en deniers, tant des biens et valeurs par elle apportés en mariage, que de ceux qui pourront lui échoir ou advenir par la suite, à titre de succession, donation, legs ou autrement.

Quant au futur époux, il aura droit non-seulement à ses biens et valeurs actuels et à ceux qui pourront lui échoir et advenir au même titre de succession, donation, legs ou autrement, mais encore à tous les bénéfices et économies faits pendant la durée du mariage.

2° Apports du futur.

Le futur époux se marie avec tous les biens et droits qui lui appartiennent, et dont il est sans objet de donner le détail en raison du régime adopté.

3° Perception de revenu par la future. (N° 3627.)

La future épouse touchera annuellement, pendant le mariage, pour son entretien et

—

(1) C'est par les règles du régime de la communauté, et non par celles du régime dotal que ce paragraphe s'explique et se complète : Pothier, n° 466; Duranton, XV, 278; Bellot, III, p. 433; IV, p. 480; Odier, II,944; Troplong, n° 2234; Massé et Vergé, § 664 , note 2 ; Marcadé, *1532, 1*; Dict. Not., *Communauté*, n°s 631, 632; Roll.' *Communauté*, n° 637. Voir cependant Rodière et Pont, II, 769, 782; Zach., § 632, note 2.

lières et possessoires, mais non les actions immobilières pétitoires (1); il ne peut vendre les meubles de la femme sans son consentement (2). Les dettes personnelles à la femme restent à sa charge, et, si elles ont une date certaine antérieure au mariage, les créanciers peuvent en poursuivre le payement sur la pleine propriété de ses biens (3).

3625. Le mari est tenu de toutes les charges de l'usufruit, *supra* nos *1504* à *1515* (C. N., *1533*); mais il n'est pas obligé à fournir caution ni à faire emploi des capitaux (4), à moins de convention contraire (5). Les fruits et revenus des biens propres à la femme même les bénéfices de son industrie sont donc la propriété du mari, quelle qu'en soit l'importance (6), et le mari y a droit du jour du mariage à celui de la dissolution (7); s'il les emploie à acquérir des immeubles, il en est seul propriétaire (8).

3626. Si dans le mobilier apporté en dot par la femme ou qui lui échoit pendant le mariage, il y a des choses dont on ne peut faire usage sans les consommer, il en doit être joint un état estimatif au contrat de mariage, ou il doit en être fait inventaire (9), lors de l'échéance [FORM. 533, 3°], et le mari en doit rendre le prix d'après l'estimation (C. N., *1532*). A défaut d'inventaire ou d'état authentique, la femme ou ses héritiers peuvent justifier de la consistance et de la valeur du mobilier échu par tous les modes de preuves indiqués en l'art. 1415 (10).

3627. La clause de non-communauté ne fait point obstacle à ce qu'il soit convenu que la femme touchera annuellement, sur ses seules quittances, certaines portions de ses revenus pour son entretien et ses besoins personnels (C. N., *1534*). Si la femme fait des économies sur ces revenus et les emploie en acquisition d'immeubles, ils lui appartiennent (11) [FORM. 333, 2°].

---

ses besoins personnels, sur ses simples quittances, la somme de . . . sur les fermages de de la terre de . . . , dont elle a fait l'apport en mariage ; ladite ferme actuellement occupée par M. . . . (*énoncer le bail*). Si cette ferme vient à être vendue, le droit de la future s'exercera sur les intérêts du prix, et, ensuite, sur les revenus des biens ou valeurs acquis en remploi.

Les économies que la future pourra faire sur les revenus par elle réservés lui seront personnels, et les objets, meubles et immeubles, qu'elle justifiera avoir acquis avec ces économies seront aussi sa propriété; les revenus des sommes placées et des biens acquis avec lesdites économies sont également réservés à la femme.

4° Constatation du mobilier de la future. (N° 3626.)

Le futur époux sera tenu de faire constater par inventaire ou état authentique, les biens meubles dont la future épouse deviendra propriétaire pendant le mariage, à quelque titre que ce soit, afin de lui en faciliter la restitution ou à ses héritiers lorsqu'il y aura lieu.

Autre clause.

Le linge à la marque de la future épouse, l'argenterie portant son chiffre et celui de sa famille, les effets, bijoux et autres ornements servant à son usage personnel, seront réputés de plein droit lui appartenir, sans qu'elle soit obligée d'en constater la propriété par aucun titre ; et ce, comme représentation du trousseau qu'elle a apporté en mariage.

---

(1) Duranton, XV, 278; Troplong, n° 2234 ; Marcadé, *1531*, 2.
(2) Bellot, III, 342 ; Zach., Massé et Vergé, § 664, note 4; Roll., *Communauté*, n° 629.
(3) Duranton, XV, 294; Zach., Massé et Vergé, § 664, note 44; Odier, II, 954; Troplong, 2268. Voir cependant Marcadé, *1532*, 4; Montpellier, 18 janv. 1840.
(4) Troplong, n° 2248; Bellot, III, p. 347 ; Duranton, XV, 270; Zach., Massé et Vergé, § 664, note 42; Marcadé, *art. 1533*, Dict., Not., *Communauté*, n° 645 ; Roll.; *ibid.*, n° 626.
(5) Duranton, XV, 270; Troplong, n° 2249.
(6) Duranton, XV, 259; Troplong, n° 2236, 2250; Zach., § 664.

note 9 ; Marcadé, *1530*, 4; Dict. Not., *Communauté*, n° 628; Roll. *ibid.*, n° 621 ; CONTRA, Toullier, XIV, 23.
(7) Duranton, XV, 267; Odier, II, 944 ; Troplong, n° 2234.
(8) Duranton, XV, 261 ; Troplong, n° 2242.
(9) Aux frais du mari : Troplong, n° 2248.
(10) Troplong, n° 2260 ; Marcadé, *1532*, 3.
(11) Bellot, III, p. 249; Duranton, XV, 264; Troplong, n° 2244; Marcadé, *1532*, 2. Roll., *Communauté*, n° 644; Riom, 22 fév. 1849. Voir cependant Massé et Vergé, § 664, note 40; Angers, 44 mars 1807.

3628. Les immeubles constitués en dot ne sont point inaliénables; néanmoins ils ne peuvent être aliénés par le mari sans le concours de la femme, et la femme ne peut les aliéner sans le consentement du mari, et, à son refus, sans l'autorisation de justice (C. N., 1555).

3629. Après la dissolution du mariage ou après la séparation de biens prononcée en justice, le mari cesse d'avoir l'administration des biens de la femme, et il est tenu d'en faire sans délai (1) la restitution (C. N., 1551) [FORM. 533 7°]. A cet égard il faut distinguer : le numéraire et les capitaux touchés du chef de la femme sont restituables en numéraire; les objets non fongibles sont restituables en nature sans indemnité pour les détériorations résultant du simple usage (2), ni pour ceux qui ont péri sans la faute du mari (3) ; si c'est par sa faute, il doit en payer la valeur d'après l'estimation du contrat; si le mari a vendu les meubles, la femme peut réclamer le prix ou l'estimation du contrat, à son choix (4). Les immeubles sont repris par la femme dans l'état où ils sont lors de la dissolution du mariage ou de la séparation de biens, sans indemnité pour les labours, engrais et semences; s'il en a été vendu, elle a l'action en reprises contre son mari (5). Les créances ou valeurs existant encore en nature sont restituables dans l'état où ils sont, sans que le mari soit responsable de leur dépréciation ou même de leur perte si aucune faute ni aucune négligence ne lui sont imputables (6) (C. N., 1567). Les intérêts de la dot à restituer par le mari courent du jour de la dissolution du mariage, et non pas seulement du jour de la demande (7).

§ 2. — DE LA CLAUSE DE SÉPARATION DE BIENS.

3630. Lorsque les époux ont stipulé par leur contrat de mariage qu'ils seraient séparés de biens

Quant à tous autres objets mobiliers et à toutes valeurs quelconques, sur lesquels la future épouse ne pourra pas prouver sa propriété par titres réguliers, ils seront réputés de plein droit appartenir au futur époux.

5° *Gain de survie.*

Le futur époux assure à la future épouse, pour sa collaboration, mais seulement si elle lui survit, un gain de survie de la somme de . . . . . , laquelle somme sera prise par la future sur tels biens du futur époux qu'elle voudra choisir et se faire délivrer.

6° *Indemnité pour engagements contractés par la femme.*

La future épouse ou ses héritiers seront garantis et indemnisés par le futur époux ou ses héritiers, de toutes les dettes que la future aura pu contracter pour lui pendant le mariage.

7° *Restitution des biens de la future.* (N° 3629.)

Le futur époux ou ses héritiers, lorsqu'il y aura lieu, restitueront à la future épouse ou à ses héritiers, les biens meubles et immeubles dont elle a fait l'apport en mariage, et ceux dont elle deviendra propriétaire pendant le mariage, y compris les objets qui seront justifiés avoir été acquis par la future, avec les économies faites sur les revenus dont elle s'est réservé la perception.

FORMULE 534. — Séparation de biens. (Nᵒˢ 3630 à 3637.)

1° *Clause de séparation de biens.* (Nᵒˢ 3630 à 3655.)

Les futurs époux déclarent qu'ils seront séparés de biens conformément aux articles 1536 et suivants du Code Napoléon.

---

(1) Duranton, XV, 299; Troplong, n° 2234.
(2) Troplong, n°ˢ 2258, 3641.
(3) Troplong, n° 2238.
(4) Troplong, n°ˢ 986, 2202.
(5) Duranton, XV, 264, 305; Troplong, n° 2240; Zach , § 664, note 5.

(6) Voir Duranton, XV, 283 ; Zach., § 664, note 3; Marcadé, art 1567.
(7) Troplong, n° 2264; Dict. Not., *Communauté*, n° 653; CONTRA, Durantou, XV, 301.

[Form. 534, 1°], ou ont adopté le régime dotal sans constitution de dot, ce qui a rendu les biens de la femme paraphernaux (1), *infra n° 5644*, la femme conserve l'entière administration de ses biens meubles et immeubles, et la jouissance libre de ses revenus (*C. N.*, *1536*) et du produit de son industrie ; elle a la capacité de disposer de son mobilier et l'aliéner (*C. N.*, *1449*) (2) ; elle peut donc, sans l'assistance de son mari ni de justice, faire les réparations nécessaires, utiles, même voluptuaires, cultiver ses biens, recueillir les récoltes ou les vendre sur pied, faire les coupes de taillis et de futaies aménagés, louer ses biens, mais pour un temps n'excédant point neuf années, toucher les sommes qui lui sont dues en capitaux et revenus (3), poursuivre ses débiteurs (4), transporter ses créances, transférer ses rentes sur l'Etat, actions et obligations dans les compagnies de finance ou d'industrie (5), opérer le retrait des actions ou obligations au porteur déposées à la banque ou dans les caisses des compagnies (6), convertir ses actions et obligations nominatives en titres au porteur (7), donner mainlevée des inscriptions, saisies, oppositions, etc., militant à son profit même sans recevoir (8) ; placer ses capitaux sur hypothèque ou sur billet, même à rente perpétuelle ou viagère (9), ou en acquisition d'objets mobiliers, créances, rentes sur l'Etat ou sur particuliers, ou d'autres valeurs, ou d'immeubles, surtout si elle paye comptant le prix des immeubles (10) ; faire des emprunts et s'engager, mais seulement pour les besoins de son administration (11). Les obligations contractées par la femme seule ont seulement pour gage son mobilier, et dès lors ne peuvent être poursuivis sur ses biens immeubles (12).

3631. Mais la femme séparée ne peut, sans l'autorisation de son mari : s'engager ou cautionner en dehors des besoins de son administration ; souscrire des lettres de change (13) ; jouer à la Bourse (14) ; donner ses immeubles en antichrèse (15) ; contracter une société commerciale (16) ;

En conséquence, ils ne seront pas tenus des dettes l'un de l'autre créées avant ou après la célébration du mariage.

La future épouse aura l'entière administration de ses biens meubles et immeubles avec le droit de disposer de son mobilier et de l'aliéner comme bon lui semblera, et la jouissance libre de ses revenus. (*Si la future est marchande on ajoute* : Elle exploitera seule et sans avoir besoin du concours de son mari, les présentes lui valant autorisation formelle à cet effet, l'industrie de marchande de....., qu'elle exerce actuellement, ou toutes autres qu'elle pourrait exercer par la suite, soit seule, soit en société avec toutes autres personnes.)

Par suite elle pourra, sans avoir besoin de l'autorisation de son mari : toucher toutes sommes qui peuvent et pourront lui être dues à quelque titre et pour quelque cause que ce soit ; faire tous transferts, transports, cessions, et délégations, avec ou sans garantie ; convertir en valeurs au porteur toutes valeurs nominatives ; passer ou résilier tous baux ; donner toutes quittances et décharges ; consentir, avec ou son payement, tous désistements de privilége, hypothèque, actions résolutoires ou autres, ainsi que toutes mainlevées, faire tous placements ; acquérir tous immeubles ; en tout état de cause, traiter, transiger, compromettre sur ses droits mobiliers, quels qu'ils soient ; et relativement à son com-

(1) Bellot, IV, p. 300; Duranton, XV. 313; Toullier, XIII, 106; Taulier, V, p. 384; Marcadé, *1449*, 4; Roll., *Séparation de biens*, n° 9; Paris, 12 mars, 1811; contra, Rodière et Pont, II, 708.

(2) Mais seulement pour les besoins de son administration, suivant Troplong, n° 1417, à la différence de la femme séparée judiciairement qui aurait à cet égard un droit absolu. Voir Rodière et Pont, II, n° 879.

(3) Sans que le mari soit fondé à prétendre surveiller le versement ni l'emploi : Bourges, 5 fév. 1861; M. T., 1861, p. 447.

(4) Sanf à se faire autoriser par son mari ou par justice, si les poursuites l'obligent à ester en justice : Troplong, n° 1410; Marcadé, *art. 1449*; Zach., Massé et Vergé, § 649, note 36; Cass., 12 fév. 1828, 5 mai 1829, 7 déc. 1829, 7 déc. 1830; Nancy, 21 juin 1854; contra, Colmar, 8 août 1820; Poitiers, 19 août 1824; Lyon, 18 juin 1847.

(5) Voir trib. Seine, 22 juin 1854; J. N., 18096.

(6) Lefebvre, *Journ. du Not.*, des 14 et 18 nov. 1863.

(7) contra, Lefebvre, *loc. cit.*

(8) Duranton, XX, 490; Baudot, *Transc.*, n° 905; Troplong, *Hyp.*, n° 538 *bis*; Martou, *ibid.*, n° 1189; Pont, *ibid.*, n° 1077; Dict.

Not., *Mainlevée*, n° 48; Turin, 19 janv. 1811; contra, Persil, 2157, 4; Grenier, *Hyp.*, n° 524, V. Alger, 22 janv. 1866; R. P., 2383.

(9) Zach. § 649; Troplong, n° 1420; Paris; 17 mai 1834; contra, Massé et Vergé, § 649, note 51. V. Paris, 13 déc. 1866.

(10) Zach., § 649, note 451; Marcadé, *art. 1536*; contra, Roll., *Sép. de biens*, n° 432. V. Paris, 9 fév. 1867; Jur. N., 18252.

(11) Duranton, II, 492; Battur, II, 514, 652; Zach., Massé et Vergé, § 649, note 46; Rodière et Pont, II, 882; Marcadé, *1449*, 3; Roll., *Séparations de biens*, n° 125; Troplong, n° 1418; Cass., 5 mai, 7 déc. 1829, 7 déc. 1830, 3 janv. 1831, 21 août 1839; Rouen, 30 juill. 1844; Paris, 1er juin 1824, 28 juin 1851, 27 nov. 1857; J. N., 12448, 14416, 16246. Voir Lyon, 23 mai 1845; J. N., 12539.

(12) Zach., Massé et Vergé, § 649, note 65; Marcadé, *1449*, 3; contra, Duranton, II, 492; Valette sur Proudhon, I, p. 463; Rodière et Pont, II, 883; Pont, *Priv.*, n° 16.

(13) Nîmes, 4 juill. 1823.

(14) Cass., 30 déc. 1862; J. N., 17661.

(15) Troplong, n° 1420; Cass., 22 nov. 1841.

(16) Paris, 19 janv. 1838; J. N., 10107.

consentir une cession de droits successifs même purement mobilière ; donner son mobilier, *supra* n° 2458, ni par analogie, consentir une remise de dette, etc.

3632. Les époux séparés de biens judiciairement ou contractuellement ne peuvent former entre eux une société de commerce (1).

3633. Dans aucun cas ni à la faveur d'aucune stipulation, la femme ne peut aliéner ses immeubles, les échanger ni les hypothéquer, sans le consentement spécial de son mari, ou, à son refus, sans être autorisée par justice (*C. N.*, *1449*, *1538*). Toute autorisation générale d'aliéner, échanger ou hypothéquer les immeubles, donnée à la femme, soit par contrat de mariage, soit depuis, est nulle (*C. N.*, *1538*).

3634. Le mari n'est point garant du défaut d'emploi ou de remploi du prix de l'immeuble que la femme séparée (2) a aliéné sans l'autorisation de la justice, à moins qu'il n'ait concouru au contrat (3), ou qu'il ne soit prouvé que les deniers ont été reçus par lui, ou ont tourné à son profit. Il est garant du défaut d'emploi ou de remploi si la vente a été faite en sa présence (4) et de son consentement ou avec son autorisation (5) : il ne l'est point de l'utilité de cet emploi (*C. N.*, *1450*) [FORM. 534, 4°]). Il en est de même des capitaux de la femme recouvrés ou transportés pendant le mariage, selon que les fonds ont été ou non touchés en la présence du mari. Lors même que les deniers ont été touchés par la femme seule, le mari peut être déclaré responsable de leur perte provenue de son fait personnel ; par

---

merce, faire toutes opérations, tous traités et sociétés, et généralement tous actes permis à la femme marchande publique.

A. *Autre clause.*

Il y aura séparation de biens entre les futurs époux, conformément aux art. 1536 et suivants du Code Napoléon.

En conséquence, chacun d'eux conservera la propriété des biens meubles et immeubles qui lui appartiennent, et de ceux qui pourront lui advenir par succession, donation, legs ou autrement ; la future aura l'entière administration de ses biens, ce qui emportera pour elle le droit de toucher, sur ses simples quittances, sans le concours de son mari, tous capitaux ; donner quittances, désistements et mainlevées, avec ou sans payement ; transférer tous capitaux mobiliers, en recouvrer le prix, et en général de disposer de son mobilier et de l'aliéner.

Elle aura la jouissance libre de ses revenus, sauf ce qui va être dit, pour la contribution aux charges du mariage.

2° *Contribution aux charges du mariage.* (N° 3636.)

Les futurs époux contribueront aux charges du mariage dans la proportion de leurs revenus ; chacun d'eux sera réputé avoir fourni jour par jour sa part contributive dans lesdites charges, en sorte qu'ils ne seront assujettis à aucun compte entre eux, ni à retirer aucune quittance l'un de l'autre.

A. *Autre clause.*

Les futurs époux contribueront aux charges du mariage, chacun pour moitié, sans être assujettis à aucun compte entre eux, ni à retirer quittance l'un de l'autre, chacun étant réputé avoir fourni sa part jour par jour.

---

(1) Paris, 9 mars 1859; Cass., 7 fév. 1860. Voir cependant Duranton, XV, 307; Roll., *Sép. de biens*, n° 15.

(2) Contractuellement ou judiciairement; ce qui s'applique aussi au cas de paraphernalité; Rodière et Pont, II, 745; Troplong, n°⁵ 1459, 1400; Benech, *Emploi*, p. 463; Marcadé, *1450*, 3; Zach., Massé et Vergé, § 649, note 63; Pont, *Priv.*, n° 774; Dict. Not., *Remploi*, n° 49; Roll., *ibid.*, n° 74; Limoges, 22 juin 1826; Poitiers, 24 juin 1831; Cass., 27 avril 1852, 27 déc. 1852; Paris, 7 mai 1853; J. N., 14888, 14982; Montpellier, 13 déc., 1862; Sirey; 1863, II, p. 8; con-

tra. Sériziat, *Rég. dotal*, n° 347; Toulouse, 13 mai 1834, 27 mars 1840 et 15 nov. 1849; J. N., 14225.

(3) Si d'ailleurs le prix est payé de suite, car s'il est payé à terme à la femme seule, le mari n'est pas responsable : Bellot, p. 462; Roll., *Remploi*, n° 81.

(4) Si le mari a seulement autorisé sa femme par écrit, il n'est pas responsable, suivant Bellot, II, p. 456; Odier, II, 984; Marcadé, *1450*, 4; CONTRA, Benech, *Emploi*, n° 445; Rodière et Pont, II, 894; Troplong, n° 1447; Massé et Vergé, § 649, note 61; Roll., *Remploi*, n° 80.

(5) Cass., 1er mai 1848.

exemple, si, abusant de son ascendant moral, il a, pour satisfaire ses propres goûts, entraîné sa femme à dissiper une partie de ses capitaux (1).

3635. Lorsque la femme séparée (2) a laissé la jouissance de ses biens à son mari, celui-ci n'est tenu, soit sur la demande que sa femme pourrait lui faire, soit à la dissolution du mariage, qu'à la représentation des fruits existants (3), et il n'est point comptable de ceux qui ont été consommés jusqu'alors (C. N., 1539). Si la femme, soit par contrat de mariage, soit pendant le mariage (4), a donné à son mari un pouvoir exprès pour gérer et administrer ses biens à la charge de lui rendre compte (5), ou si le mari a joui contre la volonté de sa femme et malgré sa protestation, il est tenu, comme tout mandataire, de rendre compte de tous les fruits qu'il a touchés (6), sous la déduction des sommes pour lesquelles la femme doit contribuer dans les frais du ménage, *infra n° 3636*.

3636. Chacun des époux contribue aux charges du mariage, suivant les conventions contenues en leur contrat [Form. 534, 2°] ; et, s'il n'en existe point à cet égard, la femme contribue à ces charges jusqu'à concurrence du tiers de ses revenus (C. N., 1537), et le mari pour le surplus. Si le mari n'a aucun revenu et s'il est incapable de travailler, la femme doit supporter entièrement les frais du ménage (7). La femme, à moins de stipulation contraire, doit remettre au mari la somme pour laquelle elle contribue dans les frais du ménage, même lorsqu'elle les supporte en totalité (8) ; sauf, si le mari est dissipateur, à se faire autoriser par justice à faire elle-même les dépenses (9).

B. *Autre clause.*

Le futur époux contribuera aux charges du mariage pour une somme annuelle de ... payable à la future épouse en quatre termes égaux de trois mois en trois mois ; la future supportera le surplus de ces charges , mais sans être tenue d'y consacrer tous ses revenus, sur lesquels elle fera telle économie que bon lui semblera.

C. *Autre clause avec mise en commun.*

Les revenus des biens et valeurs de l'un et de l'autre des époux seront appliqués en entier jusqu'à due concurrence à l'acquit des charges du ménage.

Quant à l'excédant des revenus, quelle qu'en soit l'origine, et aux bénéfices et économies qui pourront être faits pendant le mariage, ils se partageront, par égales portions et appartiendront par moitié à chacun des époux et à leurs héritiers ou représentants ; les futurs époux constituant à cet effet, par ces présentes, une société qui comprendra tous ces excédants, bénéfices et économies, sauf l'acquit des dettes et charges contractées pour le compte commun, et sauf encore la faculté réservée à la femme et à ses représentants de renoncer à cette société.

3° *Propriété des meubles garnissant les lieux occupés.* (N° 3637.)

Chacun des futurs époux restera propriétaire des objets mobiliers lui appartenant actuellement et de ceux qui lui adviendront pendant le mariage à titre gratuit ou onéreux. Lors de la dissolution du mariage, les époux ou leurs héritiers et représentants reprendront tous les objets dont ils justifieront être propriétaires, soit par titre, soit par l'usage, soit par la marque ou les factures des marchands. Les objets dont aucun des époux ne justifiera être propriétaire seront réputés appartenir à celui d'entre eux qui sera propriétaire ou locataire des lieux occupés.

(1) Cass., 13 août 1863 ; J. N., 17842.
(2) Contractuellement ou judiciairement : Marcadé, *art. 1539* ; Troplong, 2299 ; Zach., Massé et Vergé, § 649, note 51 ; Toulouse, 18 août 1827 ; Bordeaux, 26 janv. 1831.
(3). Troplong, n°s 2297, 3709 ; Toullier, XIV, 367 ; Roll., *Sép. de biens*, n° 46 ; Pau, 12 avril 1859 ; Cass., 17 janv. 1865 ; J. N., 16765. Voir cependant Cass., 24 avril 1845 ; J. N., 45541.
(4) La procuration donnée par contrat de mariage est irrévocable ; celle donnée pendant le mariage est révocable : Troplong, n° 3712 ; Odier, III, n° 1473 ; Rodière et Pont, I, 67.
(5) Si la procuration n'impose pas la charge de rendre compte, le mari n'est tenu qu'à la représentation des fruits existants ; Toullier, XIV, 361 ; Odier, III, n° 1483 ; Troplong, n° 3707.

(6) Troplong, n°s 2298, 3706 ; Massé et Vergé, § 640, note 47 ; Marcadé, *art. 1539*.
(7) Bellot, III, p. 361 ; Troplong, n° 4432 ; Marcadé, *art. 1537* ; Zach., § 629 ; Roll., *Sép. de biens*, n° 6 ; Cass., 2 juill. 1851 ; Paris, 17 mars 1860 ; J. N., 46885. V. Cass., 20 avril 1801 ; J. N., 18340.
(8) Troplong, n° 4435 ; Marcadé, *1449*, 2 ; *1537*, 2 ; Zach., Massé et Vergé, § 649, note 41 ; Rodière et Pont, II, 875 ; Bellot, II, p. 450 ; Dict. Not., *Sép. de biens*, n° 141 ; Cass., 28 juill. 1806 ; Rouen, 8 juin 1824 ; Caen, 8 avril 1851.
(9) Chardon, *Puiss. marit.*, n° 337 ; Odier, I, 401 ; Rodière et Pont, II, 875 ; Marcadé, *1449*, 2 ; *1537*, 2 ; Massé et Vergé, § 649, note 39 ; Paris, 5 août 1807 ; Rouen, 23 janv. 1834 ; Cass., 6 mai 1835. Voir Troplong, n° 2287 ; Seine, 4 avril 1867.

3637. La propriété des objets mobiliers appartenant à l'un ou à l'autre des époux se constate par inventaire, titres, factures, par la marque ou par tout autre mode de preuve. A défaut de justification aucune, les objets sont réputés appartenir à celui des époux qui est propriétaire ou locataire des lieux occupés [FORM. 534, 3°].

A. *Autre clause.*

Tous les effets et objets à l'usage personnel de l'un ou de l'autre des époux, tels qu'ils existeront au jour de la dissolution du mariage, seront de plein droit réputés appartenir à chacun d'eux, comme étant la représentation des objets de semblable nature qu'ils possèdent actuellement, et la reprise en sera exercée par eux ou leurs représentants, à quelque somme que puisse s'élever la valeur desdits objets.

Tous les meubles meublants, ustensiles de ménage et autres objets mobiliers qui garniront les lieux occupés en commun par les futurs époux, seront de plein droit réputés appartenir à la future épouse qui possède seule actuellement des objets de cette nature ;

Le futur époux ou ses héritiers ne pourront réclamer parmi cette nature d'effets ou d'objets que ceux qu'ils justifieront leur appartenir par pièces et titres réguliers.

B. *Autre clause.*

Tous les meubles meublants, ustensiles de ménage et autres objets mobiliers qui garniront, au jour du décès du premier mourant, les lieux occupés en commun par les futurs époux, seront reputés appartenir et appartiendront au survivant des époux, à la charge de tenir compte aux héritiers du prémourant, d'après la prisée de l'inventaire qui sera fait lors du décès de ce dernier, de la valeur des effets mobiliers qui seraient justifiés lui appartenir par factures de marchands ou autre titres.

Quant à l'argent comptant et aux valeurs au porteur, ils seront réputés appartenir à celui des époux qui les aura en sa possession, sauf à son conjoint ou aux héritiers de ce dernier à faire la preuve contraire. Les créances, les valeurs nominatives et les immeubles qui seront acquis appartiendront au titulaire. Les créances, valeurs ou immeubles qui seraient aux noms des deux époux leur appartiendront par moitié.

Le survivant aura la faculté de conserver pour son compte le bail des lieux qui seront occupés par les époux, au jour du décès du premier mourant, à la charge d'en payer les loyers et d'en exécuter les conditions, de manière que les héritiers du prémourant ne soient point inquiétés, et à la condition de leur faire connaître son option dans les trois mois du décès.

C. *Autre clause.*

Tous les meubles meublants, effets, et ustensiles de ménage, l'argenterie et les autres effets mobiliers qui garniront les lieux occupés en commun par les futurs époux, seront de plein droit réputés appartenir au futur époux, sans qu'il soit obligé d'en constater la propriété par aucun titre ; mais, bien entendu, sauf preuve ou justification contraire.

Les effets personnels de la future épouse, les vêtements, linge, bijoux, châles, dentelles et autres objets à son usage corporel et l'argenterie à sa marque, seront de plein droit réputés lui appartenir exclusivement, à quelque somme que la valeur en puisse monter.

La future épouse reprendra également tous les objets mobiliers sur lesquels elle justifierait de son droit de propriété, ainsi que les biens et valeurs à son nom. Elle aura droit en outre aux valeurs au porteur, de la propriété desquelles elle justifierait par achats ou autrement.

Les deniers comptants qui se trouveront au domicile commun seront censés provenir par égales portions des revenus des futurs époux, destinés aux charges du mariage, et ils appartiendront à chacun d'eux par moitié.

CHAPITRE CINQUIÈME.

DU RÉGIME DOTAL.

3638. Lorsque les futurs conjoints déclarent d'une manière générale qu'ils entendent se marier sous le

---

D. *Autre clause si une mise en commun a été stipulée.* (N° 3 *ci-dessus.*)

Tous les effets et objets à l'usage personnel de l'un ou de l'autre des époux, leurs diamants et bijoux, tels qu'ils existeront au jour de la dissolution du mariage, seront réputés de plein droit appartenir à chacun d'eux, comme étant la représentation des objets de semblable nature qu'ils possèdent actuellement, et la reprise en sera exercée par eux ou leur représentants, à quelque somme que puisse s'élever la valeur des objets.

Tous les meubles meublants, les effets et ustensiles de ménage, le linge, l'argenterie et les autres effets mobiliers qui garniront les lieux occupés en commun par les époux appartiendront de plein droit au survivant des époux comme convention du mariage.

Quant aux deniers comptans, et à tout ce qui aura été acquis pendant le mariage au nom de l'un ou de l'autre ou en commun, ils seront réputés dépendre de la société stipulée sous l'article . . . ci-dessus, et à ce titre reviendront par moitié à chacun des époux où à leurs héritiers et représentants, après toutefois la déduction des dettes et le prélèvement des reprises réciproques en nature ou en deniers.

4° *Responsabilité du mari.* (N° 3634.)

La future épouse et ses héritiers ou représentants seront garantis et indemnisés par le futur époux ou sa succession, pour raison de tous engagements et dettes qu'elle aurait pu contracter avec lui ou pour lui pendant le mariage.

Le futur époux ne sera responsable d'aucune des sommes qui seront payées à la future épouse hors de sa présence, ni des sommes, valeurs et objets mobiliers appartenant actuellement à la future ou dont elle deviendra propriétaire pendant le mariage ;

Mais s'il concourt aux quittances ou s'il consent à la vente des immeubles, il ne sera déchargé que par l'emploi à faire des capitaux ou des prix de vente ; cet emploi devra, pour sa validité, être fait ou accepté par la future, et le futur ne sera responsable ni de son utilité ni de ses suites. A défaut d'emploi, le futur époux ou ses héritiers seront tenus de rembourser les capitaux et les prix de vente, à la future épouse ou à ses héritiers.

§ 4. — RÉGIME DOTAL.

FORMULE 535. — Adoption de régime. (N°ˢ 3638 à 3644.)

Les futurs époux adoptent, pour base de leur union, le régime dotal. (*Si ce régime est modifié, l'on ajoute* : sauf les modifications résultant du présent contrat.)

FORMULE 536. — Adoption de la communauté et soumission de quelques biens au régime dotal. (N° 3641.)

Les futurs époux adoptent, pour base de leur union, le régime de la communauté, sauf les modifications résultant du présent contrat.

Malgré l'adoption de ce régime, les futurs époux déclarent soumettre au régime dotal, un domaine situé à . . . , appelé domaine de . . . , qui sera désigné ci-après, sous le n°. . . des apports en mariage de la future épouse.

En conséquence, la future épouse se constitue en dot les biens composant ce domaine, qui seront administrés par le futur époux, mais dont les fruits et revenus entreront dans la communauté ci-dessus stipulée.

régime dotal [Form. 535], leurs droits sont réglés par les dispositions des art. 1540 à 1581(*C. N., 1591*).

2639. La simple stipulation que la femme se constitue ou qu'il lui est constitué des biens en dot, ne suffit pas pour soumettre ces biens au régime dotal s'il n'y a dans le contrat de mariage une déclaration expresse à cet égard. La soumission au régime dotal ne résulte pas non plus de la simple déclaration faite par les époux qu'ils se marient sans communauté, ou qu'ils seront séparés de biens (*C. N., 1592*).

2640. Cependant, aucune formule sacramentelle n'étant exigée (1), la dotalité résulterait de la stipulation que les immeubles de la femme seront dotaux et comme tels inaliénables, ou qu'ils seront soumis à l'inaliénabilité de l'art. 1554 (2).

2641. Les époux, en adoptant le régime de la communauté, ne peuvent stipuler l'inaliénabilité des biens de la femme, qui est seulement du domaine du régime dotal (3); si les époux veulent combiner le régime de la communauté avec le régime dotal, ils doivent, en adoptant le régime de la communauté, déclarer qu'ils soumettent *tels biens* aux règles du régime dotal (4) [Form. 536].

2642. La dot sous le régime dotal est une chose quelconque, mobilière ou immobilière, corporelle ou incorporelle, inaliénable de sa nature, que la femme apporte au mari pour supporter les charges du ménage (*C. N., 1540*), et à charge de restitution à la fin de l'union conjugale (5).

2643. Sont dotaux, s'il n'y a stipulation contraire : 1° tous les biens que la femme se constitue en dot (6); 2° ceux qui lui sont donnés (7) en contrat de mariage (*C. N., 1541*), par des parents ou des étrangers, ou même par son mari (8).

2644. Si la femme ne se constitue rien en dot, et s'il ne lui est fait aucune donation par son contrat de mariage, tous ses biens présents et à venir sont paraphernaux, *infra n° 3711*, et elle est dans la position de la femme séparée de biens contractuellement (9).

SECTION 1. — DE LA CONSTITUTION DE DOT.

2645. La constitution de dot [Form. 537] peut frapper tous les biens présents et à venir de la

---

Ou bien : La future épouse se réserve, comme paraphernaux, les biens formant ce domaine ; elle en aura seule l'administration et la jouissance, et les fruits et revenus ne tomberont pas dans la communauté ci-dessus stipulée. Toutefois, si la future épouse laisse à son mari la jouissance dudit domaine, les fruits qu'il percevra appartiendront à la communauté.

Si en stipulant la constitution de dot, on déclare les immeubles dotaux aliénables, voir infra,
Formule 543.

FORMULE 537. — Constitution de dot. (N°s 3645 à 3650.)

1° Biens présents et à venir.

La future épouse se constitue en dot tous ses biens et droits mobiliers et immobiliers présents et à venir ; en conséquence ils seront tous dotaux.

---

(1) Cass., chambr. réunies, 8 juin 1838 ; Paris, 28 juin 1859 ; J. N., 16354, 16083.
(2) Rodière et Pont, II. 375, 376; Troplong, n°s 375, 376; Marcadé. 1393, 3; Lyon, 22 fév. 1857. Voir cependant Duranton, XV, 830, 332; Toullier, XIV, 40 à 45; Odier, 3, 1051; Bordeaux, 1er fév. 1865; Jur. N., 12339.
(3) La stipulation d'inaliénabilité jointe au régime de la communauté, réglerait seulement les rapports des deux époux entre eux et ne serait pas opposable aux tiers : Troplong, n°s 79 à 81, 1083 à 1085, 1462; Battur, II, 349; Marcadé, 1597, 3, et Rev. crit., 1851, p. 221 ; Rouen, 13 juill. 1857, 22 fév. 1830, 15 nov. 1845 ; Paris, 17 mars 1830; Bordeaux, 11 mai 1818; Cass., 7 juin 1836, 29 déc. 1841, 23 août 1817, 1er fév. 1818, 13 fév. 1850, 6 nov. 1834, 9 juin 1858, 9 août 1858, 1er mars 1839; Caen, 30 août 1864; J. N., 11230, 13448, 14015, 15412, 16354, 16361; contra, Roll., Commun., n° 489 et Contr. de mar., n° 94; Toullier, XII, 372; Rodière et Pont, I, 78, 79, 11; 783, Pont, Priv., n° 454; Démolombe, Rev. crit , 1851, p. 746; Lyon, 31 mars 1830; Caen, 27 janv. 1819, 21 fév. 1845, 14 mai 1830, 27 déc. 1850, 27 sept. 1851; Paris, 26 déc. 1851; Cass., 22 nov. 1820, 9 août 1826, 15 mars 1853, 19 juill. 1865; J. N., 12417, 14118, 15075, 15420, 18359.
(4) Toullier, XII, 372; Roll., Rég. d tal, n° 16; Marcadé, 1497, 3; Caen, 4 juill. 1812, 11 fév. 1850, 10 juin 1857; Cass., 24 août 1836, 15 mars 1851, 1er mars 1850; Jur. N., 11110; J. N., 13420.
(5) Troplong, n° 3000.
(6) Voir Toullier, XIV, p. 64; Duranton XV, 338; Tessier, I, p. 12; Rodière et Pont, II. 385; Troplong, n° 302; Marcadé, 1541, 1; Benoit, Paraph., n° 42; Roll. Reg. dotal, n° 31; Bordeaux, 11 fév. 1836, 7 juin 1831; Caen, 19 juin 1845; Paris, 28 juin 1859; Toulouse, 12 juin 1860; J. N., 16083, 16080.
(7) Voir Tessier, I p. 21 ; Troplong, n° 3033 ; Roll., Rég. dotal, n° 29, Cass., 9 juin 1829 ; Bordeaux, 30 avril 1830, 25 avril 1861; J. N., 11183, 17209; Cass., 11 fév. 1856; J. N., 18581.
(8) Duranton, XV, 334; Rodière et Pont, II, 380; Bordeaux, 30 avril 1830; J. N., 11153. Voir cependant Tessier, I, p. 15 ; Massé et Vergé, § 550, note 5; Troplong, n° 3037. Marcadé, 1541, 1; Bordeaux, 2 avril 1832; Aix, 19 janv. 1814; J. N., 12315.
(9) Toullier, XIV, 7; Rodière et Pont, II, 390 ; Massé et Vergé, § 660, note 3 ; Duranton, XV. 336 ; Troplong. n° 3028; Marcadé, art. 1540; Limoges, 4 août 1828, Bordeaux, 20 juin 1832; Caen, 23 juin 1811; Cass., 9 juin 1829, 19 juin 1842; contra, Bellot, IV, p. 451.

femme, ou tous ses biens présents seulement, ou une partie de ses biens présents et à venir, ou même un objet individuel. La constitution, en termes généraux, de tous les biens de la femme ne comprend pas les biens à venir (1) (*C. pr.*, 1542). Les biens exceptés de la constitution de dot sont paraphernaux (2). Si la clause de constitution est ambiguë, elle s'interprète en faveur de la paraphernalité (3).

3646. La constitution en dot des biens à venir frappe seulement les biens qui adviennent à la femme à titre de propre, et ne s'étend pas à sa part éventuelle dans les biens de la société d'acquêts (4), ni aux biens dont elle devient propriétaire après la dissolution du mariage (5).

3647. La dot ne peut être constituée ni même augmentée pendant le mariage (*C. N.*, 1543) ; on ne doit donc pas considérer comme dotal l'immeuble que la femme acquiert à titre de licitation, lorsqu'elle ne s'est constitué en dot que sa part indivise dans l'objet (6) ; ni la portion indivise acquise sans remploi par la femme dotale, d'un de ses cohéritiers, même lorsqu'elle s'est constitué en dot tous ses biens présents et à venir, si l'acquisition ne fait pas (7) cesser l'indivision (8) ; ni l'immeuble donné à la femme sous la condition qu'il sera dotal et comme tel inaliénable (9), si le contrat de mariage ne stipule pas cette dotalité (10).

3648. La dot ne peut non plus être modifiée pendant le mariage ; ainsi, la femme dont les biens sont en partie dotaux et en partie paraphernaux, ne peut, en vendant un immeuble dotal, le remplacer sur un de ses immeubles paraphernaux (11).

3649. L'accroissement de valeur de l'immeuble dotal a aussi le caractère de dotalité, si la plus-value provient d'un fait étranger aux époux, comme l'établissement d'une route, d'un chemin de fer ; mais non si elle résulte de constructions faites par les époux, et la portion de prix qui s'y applique peut être touchée sans emploi (12).

3650. Ceux qui constituent une dot à la future épouse, comme la future épouse elle-même lorsqu'elle se constitue la dot, sont tenus à la garantie des objets constitués, *infra* nº 3759 (*C. N.*, 1547).

2º *Biens présents.*

La future épouse se constitue en dot tous les biens et droits mobiliers et immobiliers dont elle est actuellement propriétaire ; en conséquence ils seront seuls dotaux, et les biens et droits mobiliers et immobiliers dont la future épouse deviendra propriétaire par la suite seront paraphernaux.

3º *Biens à venir.*

La future épouse se constitue en dot tous les biens et droits mobiliers et immobiliers dont elle deviendra personnellement propriétaire pendant le mariage, par succession,

---

(1) Ou considère comme bien échu postérieurement au mariage, l'action en retrait successoral, ouverte au moment du contrat de mariage, mais exercée depuis : Montpellier, 29 avril 1857 ; Cass., 31 mai 1859.

(2) Voir Troplong, nº 3045 ; Massé et Vergé, § 667, note 1 ; Limoges, 24 juill. 1857 : Cass., 9 août 1858.

(3) Tessier, I, p. 95 ; Roll., *Rég. dotal*, nº 42.

(4) Si la séparation de biens est prononcée, les biens formant la part de la femme dans la société d'acquêts peuvent être aliénés sans formalités judiciaires et sans remploi : Rouen, 25 juin 1844 ; Cass., 29 juin 1847 ; Jur. N., 8122.

(5) Duranton, XV, 346 ; Rodière et Pont, II, 391 ; Demolombe, *Revue de lég.*, II, p. 282 ; Massé et Vergé, § 667, note 1 ; Caen, 26 juin 1833 ; Cass., 7 déc. 1842 ; Rouen, 20 juin 1843 ; Paris, 23 nov. 1865 ; J. N., 11786 ; CONTRA, Cass., 9 juill. 1810 : J. N., 10873.

(6) Cette part seule reste dotale : Tessier, I, p. 276 ; Rodière et Pont, II, 395 ; Troplong, nºˢ 3050, 3482 ; Marcadé, 1543, 4 ; Dalloz, nº 3239 ; Massé et Vergé, § 667, note 2 ; Limoges, 22 juill. 1835 ; 9 mars 1843 ; Cass., 10 juill. 1850.

(7) Lorsque l'acquisition fait cesser l'indivision, l'immeuble est dotal pour le tout, sauf récompense au mari. Si l'acquisition a été faite par le mari seul, la femme a le droit d'option résultant de l'art. 1408 : Troplong, nº 3482 ; Roll., *Rég. dotal*, nº 215 ; Limoges,

12 mars 1828 ; Riom, 20 mai 1839 ; CONTRA, Tessier, I, p. 281 ; Odier, III, 1308.

(8) Et la portion indivise acquise peut être vendue sans remploi. Voir Rouen, 10 juillet 1850, 11 mars 1859 ; Cass., 21 mars 1860 ; J. N., 14148, 16843.

(9) Mais lorsque la femme s'est constitué en dot ses biens à venir, une donation peut lui être faite avec la condition que l'objet donné ne sera pas dotal : Proudhon, *Usuf.*, nºˢ 283, 286 ; Toullier, XII, 142 ; Duranton, XV, 400 ; Tessier, 1, p. 48 ; Bellot, I, p. 140 ; Zach., Massé et Vergé, § 667, note 4 et 670, note 69 ; Troplong, nºˢ 68, 3005 ; Marcadé, 1543, 3 ; Dict. not., *Rég. dotal*, nº 55 ; Paris, 27 janv. 1835, 5 mars 1846 ; Toulouse, 20 août 1840 ; Rouen, 7 fév. 1844 ; Riom, 25 mai 1841 ; Aix, 16 juill. 1840 ; Nimes, 10 déc. 1856 ; Cass., 9 mai 1842, 16 mars 1846 ; CONTRA, Benoit, nº 28 ; Odier, III, 1402 ; Rodière et Pont, II, 411 ; Taulier, V, p. 232 ; Roll., *Rég. dotal*, nº 54 ; CONTRA, Duranton, XV, 360 ; Odier, III, 1100.

(10) Tessier, I, p. 47 ; Toullier, XIV, 62, 63 ; Benoit, I, 29 ; Rodière et Pont, II, 410 ; Troplong, nºˢ 3058 à 3064 ; Marcadé, 1543, 2 ; Zach., Massé et Vergé, § 667, note 4 ; Dict. not., *Rég. dotal*, nº 54 ; Duranton, XV, 360 ; Odier, III, 1100.

(11) Bordeaux, 26 août 1857 ; Jur. N., 1378.

(12) Rodière et Pont, II, 415 ; Paris, 23 mai 1863 ; R. N., 857 ; CONTRA, Cass., 14 fév. 1843, 29 août 1860 ; Rouen, 2 mai 1861 ; J. N., 11503. Selon lesquels le tout est dotal, sauf la récompense due au mari.

SECTION II. — DES DROITS DU MARI SUR LES BIENS DOTAUX ET DE L'INALIÉNABILITÉ DU FONDS DOTAL.

3651. Le mari seul a l'administration des biens dotaux pendant le mariage. Il a seul le droit d'en poursuivre les débiteurs et détenteurs, d'en percevoir les fruits et les intérêts, et de recevoir le remboursement des capitaux (C. N., 1549), à moins de clause contraire (1) [Form. 538]. Le mari perçoit les fruits à son profit (2), même ceux pendants par branches ou par racines au jour du mariage (3), sauf le remboursement à la femme des frais de culture (4). Relativement aux droits du mari sur le fonds dotal, il a été décidé spécialement qu'il peut : 1° intenter les actions concernant les meubles et les immeubles, même celles pétitoires (5) ; 2° défendre à celles intentées (6) ; 3° répondre à une demande en partage (7), mais non la former (8) ; 4° louer et affermer les biens dotaux en se conformant aux art. 1429 et 1430 ; 5° transiger relativement aux actes d'administration qui n'entraînent point aliénation (9) ; 6° toucher les capitaux dotaux, en donner quittance avec mainlevée des inscriptions (10) ; 7° compenser les créances dotales avec ses propres dettes (11) ; 8° convertir en titres au porteur les valeurs nominatives dotales (12) ;

---

donation, legs ou autrement ; en conséquence elle se réserve comme biens paraphernaux tous les biens et droits mobiliers et immobiliers dont elle est actuellement propriétaire.

4° Objet individuel.

La future épouse se contitue en dot le domaine de..., situé commune de..., désigné, sous le n°... de ses apports constatés sous l'art... ci-après; en conséquence ce domaine seul sera dotal, et les autres biens et droits actuels de la future épouse, ainsi que tous ceux dont elle deviendra personnellement propriétaire par la suite, seront paraphernaux.

5° Biens présents et fraction des immeubles à venir.

La future épouse se constitue en dot tous ses biens meubles et immeubles actuels, et la moitié seulement des biens immeubles dont elle deviendra propriétaire pendant le mariage, par succession, donation, legs ou autrement ; quant à tous ses biens meubles à venir et à l'autre moitié de ses immeubles à venir, ils seront paraphernaux.

En conséquence, les immeubles dont la future deviendra propriétaire pendant le mariage, seront divisés en deux lots égaux, dont l'un comprendra les immeubles frappés de dotalité, et l'autre les immeubles paraphernaux.

Cette division résultera de la simple déclaration faite par la future épouse autorisée de son mari, soit dans l'acte même qui lui attribuera ces immeubles, soit dans un acte authentique spécial.

6° Autre stipulation.

La future épouse se constitue en dot tous ses biens et droits mobiliers et immobiliers, présents et à venir ; en conséquence ils seront dotaux et comme tels soumis à l'emploi ou au remploi, stipulés sous l'article...

Toutefois les objets ci-après sont affranchis de cette obligation, savoir :

1° Les effets, linge et bijoux que la future épouse s'est personnellement constitués en dot ;

---

(1) Voir Rouen, 29 fév. 1856; J. N., 16280.
(2) Toulouse, 26 fév. 1861 ; J. N., 17780.
(3) Proudhon, *Usuf.*, n° 2709; Toullier, XIV, 300 ; Tessier, II, 479; Troplong, 3129.
(4) Tessier, II, p. 459; Troplong, n° 3129.
(5) Tessier, I, p. 436; Bellot, p. 63; Troplong, n° 3105; Zach., Massé et Vergé, § 668, note 6 ; Marcadé, *1549*, 2; Aix, 9 janv. 1810; contra, Proudhon, *Usuf.*, n° 4231 ; Toullier, XII, 392; Pigeau, I, p. 83.
(6) Tessier, I, p. 439; Troplong, n° 3107 ; Zach.; Massé et Vergé, 668, note 7 ; Dict. not., *Rég. dotal*, n° 89; Marcadé, *1549*, 2 ; contra, Bordeaux, 16 mars 1827 ; Riom, 28 janv. 1814 ; J. N., 7405.
(7) Marcadé, *1549*, 3; Troplong, n° 3111 ; Cass., 21 janv. 1816.
(8) Toullier, XIV, 436; Duranton, XV, 395; Bellot, IV, p. 412; Odier, III, 1811 ; Marcadé, *1549*, 3 ; Agen, 14 fév. 1809 ; Nîmes, 12 mai 1835;

Bordeaux, 11 fév. 1826; Pau, 26 mars 1835; Rouen, 4 déc. 1833, 23 juin 1843 ; Caen, 6 mars 1849; Paris, 14 juill. 1845; Cass., 21 janv. 1846; contra, Duranton, XV, 506; Tessier, I, p. 412; Troplong, n° 2112. V. Cass., 14 août 1865; J. N., 18372.
(9) Troplong, n° 3117; Marcadé, *1549*, 4 ; Limoges, 3 juill. 1813 10 mars 1835; Caen, 21 août 1822; Cass., 10 janv. 1826; contra, Toullier, XIV, 556.
(10) Bellot, p. 186; Troplong, n° 3117 ; Zach., § 668, note 8; Roll., *Rég. dotal*, n° 94; Lyon, 25 janv. 1831 ; Cass., 28 nov. 1833, 29 août 1854 ; J. N., 15587. V. Cass., 1er août 1866 ; J. N., 18666.
(11) Troplong, n° 3212; Rouen, 10 mai 1844; Limoges, 19 fév. 1802; J. N., 12158, 17776.
(12) Trib. Seine, 10 juill. 1860; J. N., 16920.

9° consentir l'amortissement d'une rente viagère dotale (1) ; 10° transporter les créances dotales (2). Si la séparation de biens entre les époux vient à être prononcée, le mari perd son droit d'administration qui revient à la femme (3), et elle peut exiger le payement de ses créances dotales sans que les débiteurs soient fondés à exiger qu'elle fasse emploi (4), à moins de stipulation contraire dans le contrat de mariage (5).

3652. Le mari n'est pas tenu de faire emploi des deniers dotaux (6). Mais il peut être stipulé que le mari en les touchant seul, ou le mari et la femme en les touchant conjointement, seront tenus d'en faire un emploi déterminé ; dans ce cas, les débiteurs et détenteurs des deniers dotaux ou de valeurs au porteur (7) peuvent l'exiger en se libérant (8), ou s'ils ne l'ont pas exigé, le faire effectuer ensuite (9) ; sinon la femme peut (10) recourir contre eux (11), toutefois après discussion des biens de son mari (12), qui est débiteur de la somme non employée, et de plus responsable du préjudice que le défaut d'emploi à pu occasionner à la femme, en la privant, par exemple, de la plus-value qui serait survenue à l'objet acquis (13).

2° Le trousseau et la somme d'argent composant le numéro premier des objets constitués en dot à la future épouse par ses père et mère ;

3° Les meubles-meublants, argenterie, linge, bijoux, tableaux, et objets de ménage auxquels la future épouse aura droit pendant le mariage, par succession, donation, legs ou autrement, soit seule, soit indivisément avec tous autres, sauf cependant pour la partie qui pourrait en être vendue ;

4° Et les valeurs étrangères qui seraient attribuées à la future épouse dans les successions qu'elle se trouvera appelée à recueillir pendant le mariage, avec stipulation que si, par l'effet des partages qui en auraient lieu, la future épouse n'en recevait pas sa quotepart héréditaire en nature, une quotité égale, s'il est possible, des valeurs françaises comprises dans les mêmes abandonnements sera dispensée de remploi, ainsi que l'auraient été les valeurs étrangères elles-mêmes :

En conséquence les futurs époux auront la libre disposition desdits objets ; ils pourront les recouvrer et aliéner et en disposer comme bon leur semblera, sans aucune restriction ni réserve.

FORMULE 538. — **Administration des biens dotaux.** (Nos 3651 et suiv.)

1° Non emploi des deniers dotaux.

Le futur époux aura l'administration des biens dotaux ; il en percevra les fruits et revenus (*si la femme se réserve de percevoir une partie de ses revenus ; l'on ajoute : sauf toutefois l'effet de la réserve qui sera faite sous l'art...* ci-après ; en conséquence il recevra seul (*ou avec le concours de la future épouse*) le remboursement des capitaux, sans être astreint avec les tiers à aucune justification d'emploi ni de remploi, et il exercera d'ailleurs tous les droits attachés par la loi à cette administration.

(1) Cass., 6 déc. 1859 ; Jur. N., 11549.

(2) Troplong, nos 3172, 3227 ; Marcadé, 1553, 2 ; Agen, 30 oct. 1843 ; Nimes, 18 juin 1844 ; Grenoble, 13 juill. 1848 ; Cass., 12 août 1846, 19 août 1848 ; contra, Tessier, I, note 54.

(3) Mais la femme dotale séparée ne peut aliéner sa dot mobilière : Montpellier, 22 juin 1819, Grenoble, 24 mars 1821 ; Toulouse 7 mai 1824 ; Rouen, 26 juin 1824 ; Caen, 2 juill. 1859 ; Cass. 23 déc. 1839, 31 janv. 1842, 7 fév. 1843, 14 nov. 1846, 13 nov. 1860 ; J. N., 10609, 12947, 17014 ; contra, Marcadé, 1554, 3.

(4) Odier, III, 1372 ; Sériziat, n° 429 ; Massé et Vergé, § 649, note 33 ; Rodière et Pont, II, 886 ; Troplong, 1425 ; Marcadé, 1554, 3 ; Roll., Remploi, n° 96 ; Montpellier, 26 nov. 1806 ; Riom, 5 fév. 1821 ; Caen, 4 juill. 1821, 18 juill. 1848 ; Grenoble, 29 mars 1828 ; Riom, 10 fév. 1830 ; Nimes, 29 juin 1840 ; Paris, 25 fév. 1843, 14 janv. 1856 ; Limoges. 16 déc. 1848 ; Cass., 25 janv. 1826, 23 déc. 1833, 11 avril 1842, 21 mai 1867 ; J. N., 10610, 11644, 13628, 15721, 18910 ; contra, Montpellier, 22 juin 1819, 24 mars 1823 ; Grenoble. 24 mars 1821 ; Limoges, 14 juill. 1847 ; J. N., 13153 ; Agen. 9 fév. 1849 ; Jur. N., 8927. V. Cass., 11 nov. 1867.

(5) Roll., Remploi, n° 98 ; Cass., 23 déc. 1839 ; Paris, 25 fév. 1843 ; Limoges, 16 déc. 1848 ; Jur. N., 8927. V. Cass., 13 déc. 1865 ; J. N., 18428.

(6) Troplong, n° 3127 ; Benech, n° 179 : Cass., 27 juin 1825, 5 janv. 1826, 23 déc. 1839 ; Paris, 24 mai 1853 ; J. N., 15066.

(7) Paris, 31 déc. 1858 ; J. N., 10483.

(8) Benoît, n° 110 ; Benech, nos 55 à 58 ; Troplong, n° 3120 ; Roll., Remploi, n° 101 ; Paris, 23 mars 1844 ; Cass., 23 déc. 1839, 9 juin 1841, nov. 1846 ; J. N., 10609, 11018, 12947 ; contra, Paris, 4 juin 1831.

(9) Cass., 23 janv. 1826.

(10) Surtout si le contrat de mariage les oblige à surveiller l'emploi : Paris, 27 janv. et 30 mai 1854 ; Cass., 7 nov. 1854 ; J. N., 15172, 15371. V. Grenoble, 28 juill. 1865 ; Jur. N., 12937.

(11) Tessier, note 828 ; Toullier, XII. 153 ; Rodière et Pont, I, 430 ; Marcadé, 1553.3 ; Toulouse, 26 mars 1811 ; Cass., 9 juin 1841 ; Paris, 23 mars 1844. V. Lyon, 4 mai 1867 ; Jur. N., 10859, 12294.

(12) Benoît, n° 112 ; Toullier, XIV, 13 ; Troplong, n° 3122 ; Marcadé, 1553, 3 ; contra, Benech., n° 63.

(13) Caen, 5 mars 1860 ; Cass., 27 mai 1861 ; M. T., 1861, p. 674.

3653. Il peut être convenu, par le contrat de mariage, que la femme touchera annuellement, sur ses seules quittances, une partie de ses revenus pour son entretien et ses besoins personnels (*C. N.*, *1549 et supra n° 3627*) [FORM. 539]. Les revenus ainsi réservés à la femme conservent leur nature de biens dotaux et ne peuvent être saisis par ses créanciers (1).

3654. Le mari n'est pas tenu de fournir caution pour la réception de la dot, s'il n'y a pas été assujetti par le contrat de mariage (*C. N.*, *1550*).

3655. Si la dot ou partie de la dot consiste en objets mobiliers mis à prix par le contrat, sans déclaration que l'estimation n'en fait pas vente [FORM. 540], le mari en devient propriétaire, et n'est débiteur que du prix donné au mobilier (*C. N.*, *1551*); mais la femme a un privilége sur ce mobilier, s'il se retrouve en nature dans la succession du mari (2).

3656. Si, au contraire, la dot consiste en objets mobiliers non estimés, ou estimés, mais avec la déclaration que l'estimation n'en fait pas vente [FORM. 540], la femme en reste propriétaire, sans excepter les rentes, valeurs, actions et autres obligations, dont l'augmentation ou la diminution de valeur profite à la femme ou lui préjudicie (3) ; toutefois, quant aux choses fongibles, comme l'argent

---

2o *Emploi des deniers dotaux.*

Le futur époux aura, conformément à la loi, l'administration des biens dotaux et le droit d'en percevoir seul les revenus ;

Néanmoins les deniers dotaux de la future épouse, avant comme après leur exigibilité, ne pourront être reçus que sur la quittance collective des époux, et il en sera fait emploi de la manière prescrite sous l'art... ci-après.

FORMULE 539. — Perception de revenu par la future. (N° 3653.)

Nonobstant ce qui est dit en l'article précédent, la future épouse touchera annuellement pour ses dépenses personnelles, sur ses simples quittances, etc. (*Le surplus comme en la formule* 533, 3°.)

FORMULE 540. — Apport en mariage d'objets mobiliers sans (*ou avec*) réserve de propriété. (N°ˢ 3655 et 3656.)

La future épouse apporte en mariage et se constitue personnellement en dot les objets mobiliers dont la description suit :

1° Vingt-quatre paires de draps de toile de lin, estimées à. . . . . »   »

2° etc. . . . . .

Montant de l'estimation, ci. . . . .   »   »

L'estimation donnée à ces objets en rendra le futur époux propriétaire ; en conséquence, la restitution à en faire à la future épouse ou à ses héritiers, lorsqu'il y aura lieu, sera du prix qui leur a été ci-dessus donné.

Ou bien : Mais l'estimation donnée à ces objets n'en vaudra pas vente au futur époux. (*Si une société d'acquêts a été stipulée, on ajoute* : ni à la société d'acquêts.)

FORMULE 541. — Déclaration que l'estimation donnée à un immeuble de la future en vaut vente au futur. (N° 3658.)

L'estimation donnée à la maison située à. . ., désignée sous le n°. . . des apports de la future compris en l'art. . . ci-dessus, a pour objet de rendre le futur époux propriétaire de

---

(1) Troplong, n° 3430; Riom, 26 mai 1858; Cass., 23 août 1859.
(2) Montpellier, 26 juin 1848; J. N., 12588.

(3) Troplong, n° 3464; Marcadé, *1553*, 2; Roll., *Rég. dotal*, n° 160; contra, Odier, III, 1227.

comptant, les denrées, etc., le mari en devient dans tous les cas propriétaire, à la charge d'en payer la valeur s'il y a estimation, sinon d'en rendre de pareils (1). Un fonds de commerce non estimé resterait la propriété de la femme, sauf les marchandises, choses fongibles par destination et qui seraient à la disposition du mari (2).

3657. Si le mari, en vertu de son droit d'administration, *supra n° 5651*, aliène les objets mobiliers personnels à la femme, elle a le choix, lors de la dissolution du mariage, de se faire restituer ou le prix de la vente ou la valeur de l'objet au jour de la dissolution (3).

3658. L'estimation donnée à l'immeuble constitué en dot n'en transporte point la propriété au mari, s'il n'y en a déclaration expresse (C. N., *1552*) [FORM. 541].

3659. N'ont pas la nature de biens dotaux, si la condition de l'emploi, *supra n° 5652*, n'a pas été stipulée par le contrat de mariage (4) : 1° l'immeuble acquis des deniers dotaux; 2° l'immeuble donné en payement de la dot constituée en argent (C. N., *1553*); 3° l'immeuble que la femme acquiert de son père en compensation des deniers dotaux qu'il lui doit (5). Dans ces divers cas, l'immeuble acquis est la propriété du mari, même lorsqu'il a déclaré acquérir au nom de sa femme (6), à moins que le contrat d'acquisition ne contienne la déclaration de l'emploi et l'acceptation de la femme (7).

---

cette maison; en conséquence la restitution, lorsqu'il y aura lieu, sera du montant de l'estimation, qui est de. . .

FORMULE 542. — **Réserve par la future de disposer de ses biens dotaux, en faveur de ses enfants d'un premier lit.** (N° 3665.)

La future épouse se réserve de disposer quand bon lui semblera, pour l'établissement des enfants issus de son premier mariage, sans avoir besoin de l'autorisation de son mari ni de justice, jusqu'à concurrence d'une somme principale de. . ., à prendre sur ses biens dotaux.

FORMULE 543. — **Faculté d'aliéner les biens dotaux.** (N°ˢ 3661 à 3667.)

1° Aliénation sans condition.

Nonobstant la stipulation de dotalité contenue en l'article. . . ci-dessus, la future épouse se réserve le droit, avec la seule autorisation de son mari et sans aucune formalité judiciaire, de vendre, échanger, donner, hypothéquer, ou aliéner de toute autre manière ses biens dotaux mobiliers et immobiliers, et d'en disposer de la manière la plus absolue, sans être tenue envers les tiers à aucune justification d'emploi ni de remploi.

2° Aliénation sous condition de remploi en acquisition d'autres immeubles de même nature.

Nonobstant la stipulation de dotalité contenue en l'article. . . ci-dessus, la future épouse se réserve le droit, avec la seule autorisation de son mari et sans aucune formalité judiciaire, de vendre ses biens immeubles, mais à la condition de remploi en acquisition d'autres immeubles de pareille valeur et de même nature ; en conséquence, les immeubles en fonds de terre ne pourront être remplacés que par d'autres immeubles aussi en fonds de terre et non par des maisons ni des usines, ni, à plus forte raison, par des actions im-

(1) Troplong, n° 3547 ; Marcadé, *1553*, 1.
(2) Voir Proudhon, *Usuf.*, n° 1010 ; Tessier, II, p. 221 ; Rouen, 5 juill. 1824 ; Paris, 27 mars 1841 ; CONTRA, Troplong, n° 3160 à 3163 ; Odier, III, 1226 ; Marcadé, *1553*, 1.
(3) Tessier, II, note 970 ; Troplong, n° 3157. Voir cependant Duranton, XV, 410.
(4) L'immeuble acquis est dotal si cette condition a été stipulée ; Benech, n° 50 ; Troplong, n°ˢ 3123, 3108 ; Zach., Massé et Vergé,

§ 669, note 8 ; Marcadé, *1553*, 3 ; Caen, 18 déc. 1837. Voir cependant Cass., 8 janv. 1844 ; Grenoble, 4 mars 1848.
(5) Caen, 10 mars 1854 ; J. N., 15402. V. Agen, 27 juill. 1865 ; Jur. N., 12920.
(6) Troplong, n° 3031 ; Marcadé, *1553*, 3 ; Grenoble, 13 juin 1862 ; Cass., 12 juin 1865 ; Rouen, 23 mai 1807 ; J. N., 18952.
(7) Toullier, XIV, 450 ; Duranton, XV, 425 ; Tessier, I, p. 218 ; Odier, III, 1187 *bis* ; Troplong, n° 3196 ; Roll., *Remploi*, n° 419 ; Cass., 23 avril 1833, 26 juill. 1865 ; J. N., 18355. Voir Grenoble, 13 juin 1862.

3660. N'est pas non plus dotal l'immeuble que la femme judiciairement séparée de biens à acquis avec les deniers dotaux que son mari lui a restitués, ni celui que son mari lui a cédé en payement de ses reprises (1) ; elle peut donc, avec l'autorisation de son mari ou de justice, hypothéquer ou aliéner ces immeubles sans être tenue à remploi (2).

3661. Les immeubles constitués en dot ne peuvent être aliénés (3) ou hypothéqués pendant le mariage, ni par le mari, ni par la femme, même séparée de biens (4), ni par les deux conjointement, sauf les exceptions rapportées *infra* n°s *3670 et suiv.* (C. N., *1554*).

3662. Les revenus des biens dotaux étant affectés aux charges du mariage, la portion qui est nécessaire à cet effet ne peut être aliénée ni par le mari, ni par la femme, même séparée de biens (5). Quant au superflu des revenus (6), il est aliénable par le mari pendant le mariage, et par la femme après la séparation de biens prononcée ; il peut donc être saisi, pendant le mariage, par les créanciers

mobilisées de la banque de France, ou par des rentes sur l'Etat ou autres valeurs représentatives de choses immobilières, les parties entendant déroger à l'art. 46 de la loi du 2 juillet 1862 et à toutes lois ultérieures qui établiraient des modes de remploi contraires à celui qui vient d'être prévu. (*Ou bien* : à la condition de remploi en acquisition d'immeubles de pareille valeur et de même nature, c'est-à-dire en fonds de terre, maisons, ou autres choses immeubles par nature ; mais non en immeubles fictifs, comme des actions de la banque de France, ni en rentes sur l'Etat, les parties entendant déroger, etc. . .)

3ᵉ *Aliénation sous condition de remploi en acquisition d'immeubles, actions de banque, rentes sur l'État.*

Nonobstant la stipulation de dotalité contenue en l'art. . . ci-dessus, la future épouse se réserve le droit, avec la seule autorisation de son mari et sans être tenue de remplir aucune formalité judiciaire, de :

1° Vendre et échanger ses immeubles ; procéder à l'amiable à tous partages ainsi qu'à toutes licitations, même en faveur d'étrangers, sous la condition que les prix de vente ou de licitation et les soultes d'échange ou de partage, seront employés, lors de leur réception, à acquérir en remplacement, au nom et au profit de la future épouse, soit d'autres immeubles, soit des actions immobilisées de la banque de France, soit des rentes trois pour cent sur l'Etat français.

2° Vendre et transférer les immeubles, actions de banque et rentes acquis par la future à titre de remplacement, sous la même condition du remploi, et ainsi successivement.

3° Vendre et transférer ses immeubles dotaux, actions de banque et rentes sur l'Etat, soit pour acquitter les dettes et charges des successions ou legs qui lui écherront ou dont elle sera tenue comme donataire ainsi que les droits de mutation et frais d'acte à sa charge ; soit pour faire exonérer du service militaire les enfants à naître du mariage en projet. Ou bien emprunter sur hypothèque les sommes nécessaires à cet effet ;

4° Toucher sans remplacement le prix des aliénations qu'elle consentirait pour cause d'utilité publique ou les indemnités qui lui seraient allouées par le jury d'expropriation, chaque fois que ces prix ou indemnités n'excéderont pas une somme de. . .

---

(1) Tessier, I, p. 246; Duranton. XV, 436 ; Troplong, n° 3483 ; Dalloz, n° 3953; Zach., § 669, note 7 ; Marcadé, *1553*. 4; Roll., *Rég. dotal*, n°s 56, 324 ; Bordeaux, 25 fév. 1829 ; Aix, 21 mars 1839 ; Poitiers, 5 juill., 1839; Riom, 8 août 1844 ; Montpellier, 21 fév. 1854 ; 18 fév. 1853; Bordeaux, 14 mai 1857 ; Cass., 25 fév. 1817, 31 janv. 1842, 20 fév. 1840; Seine, 19 juill. 1867 ; contra, Rouen, 26 juin 1824, 19 fév. 1846 ; Toulouse, 19 déc. 1829 ; Montpellier, 17 nov. 1830 ; Nîmes. 31 déc. 1832 ; Aix, 21 mars 1839 ; Grenoble, 1er juill. 1846, Voir aussi Riom, 26 mai 1858 ; Cass., 23 août 1859 ; Jur. N., 7917, 11801.

(2) Troplong, n°s 3189 à 3193 ; Marcadé, *1553*. 4; Bordeaux, 5 fév. 1829; Riom, 8 août 1843 ; Grenoble, 11 juill. 1846 ; Montpellier, 21 fév. 1854 ; Jur. N., 10707 ; contra, Tessier, I, note 410 ; Aix, 25 juill. 1840 ; Montpellier, 18 fév. 1853; Cass., 25 fév. 1817, 11 janv. 1842, J. N., 11222 ; Jur. N. 10787.

(3) Il ne pourrait donc être conféré un droit de servitude sur un fonds dotal. Voir Pardessus, *Serv.*, n° 249; Duranton, XV, 535 ; Olier, II, 1247 ; Rodière et Pont, II, 487; Troplong, n° 3277 ; Zach., Massé et Vergé, § 670, note 4; Marcadé, *1254*, 1; Cass., 7 mai 1829, 28 janv 1847, 22 août 1865 ; Jur. N., 12904.

(4) Grenier, *Hyp.*, I, 31 ; Duranton, XV, 520; Tessier, I, p. 301; Benoit, I, 349 ; Zach., Massé et Vergé, § 670, note 1 ; Duvergier sur Toullier, XIV. 253 ; Rodière et Pont, II, 885 ; Troplong, n° 3296 ; Marcadé, *1554*. 5; Aix. 18 fév. 1813 ; Rouen, 25 juin 1818; Montpellier, 17 nov. 1830; Cass., 19 août 1819, 9 avril 1823, 9 nov. 1826, 28 mars 1827, 18 mai et 8 juill. 1830 ; contra, Toullier, XIV, 253 ; Nîmes, 23 avril 1812.

(5) Caen, 22 déc. 1845 ; Paris, 28 août 1846 ; J. N., 12839.

(6) Qui doit être appréciée par les tribunaux : Dalloz, n° 3531 ; Cass., 6 janv. 1840.

du mari (1), et après la séparation de biens par les créanciers de la femme (2) postérieurs au jugement de séparation, mais non par ceux antérieurs au jugement, quand même la femme aurait reconnu la dette après la séparation (3).

3663. L'inaliénabilité des biens dotaux n'a pas pour effet de rendre la femme incapable de s'obliger ; seulement ses obligations ne peuvent être exécutées sur ces biens (4), même après la dissolution du mariage (5), *supra n° 2066* ; mais elles peuvent l'être sur ses biens paraphernaux pendant le mariage comme après sa dissolution (6), et sur les biens qui lui échoient depuis (6 *bis*).

3664. La dot mobilière est également inaliénable, mais en ce sens seulement que la femme ne peut, 1° consentir elle-même à l'aliénation ; 2° renoncer à son hypothèque légale contre son mari (7) ; le mari administrateur conserve le droit d'aliéner les valeurs mobilières dotales (8), *supra n° 3651*.

3685. La femme, même ayant des biens paraphernaux (9) peut, avec l'autorisation de son mari,

---

5° Faire donation entre-vifs à titre de partage anticipé de ses biens dotaux, en faveur des enfants qui naîtront du mariage projeté.

Les acquisitions en remploi devront être acceptées par la future épouse. Une fois cette acceptation donnée, les acquéreurs, échangistes, colicitants et copartageants seront à l'abri de tout recours, pourvu, en cas d'acquisition d'immeubles, qu'ils aient été purgés de toute espèce d'hypothèque.

Ces acquisitions pourront être faites en vue d'aliénations projetées.

Les immeubles de la société d'acquêts pourront être cédés par le futur époux à la future épouse, en remploi de ses immeubles et de ses autres valeurs dotales.

Les immeubles acquis par anticipation à titre de remploi, et les immeubles de la société d'acquêts qui seraient cédés en remploi par le futur époux, passeront entre les mains de la future épouse, affranchis de plein droit de son hypothèque légale, et sans qu'il soit besoin de remplir à cet effet aucune formalité pour les purger de cette hypothèque.

Si les remplois n'avaient pas été effectués pendant le mariage, les aliénations seraient néanmoins valables, mais sous la condition que les tiers détenteurs des biens dotaux non remplacés en versent le prix entre les mains de la future épouse ou de ses héritiers.

Si les héritiers de la future épouse étaient encore mineurs, l'emploi du prix des aliénations devrait être fait en leur nom, conformément à ce qui est prescrit ci-dessus.

---

(1) Tessier, I, p. 362; Dalloz, n°° 3438 ; Massé et Vergé. § 670, note 31; Marcadé, *1554*, 4; Montpellier, 11 juill. 1826, 1°° fév. 1828; Riom, 26 avril 1627 ; Paris, 14 fév. 1850; Bordeaux, 21 août 1835, 10 avril 1818 ; Caen, 18 déc. 1847 ; Poitiers, 20 fév. 1840 ; Cass., 9 avril 1823, 28 fév. 1834, 1°° déc. 1834, 24 août 1836, 3 juin 1839, 6 janv. 1840; Trib. Seine, 27 août 1836; Nîmes, 26 fév. 1851; Jur. N., 9375. Voir aussi Troplong, n°° 3288 à 3292; Rodière et Pont., II, 488.

(2) Tessier, I, p. 202; Marcadé, *1554*, 4 ; Rodière et Pont. II, 488; Troplong, 3228 ; Dalloz, 3523; Massé et Vergé, § 670, note 31; Cass., 20 fév. 1834. 3 juin 1839, 6 janv. 1840, 10 fév. et 21 nov. 1816; Paris, 29 avril 1850; J. N., 10162, 10563, 16563. Voir cependant Caen, 26 août et 22 déc. 1845, 26 mars 1846; Rouen, 29 avril 1845; Cass., 4 nov. 1846, 12 août 1847.

(3) Dalloz, Rodière et Pont. II, 488; Dalloz, n°° 3518, 3530; Dutruc, *Sépar. de biens*, n° 416; Caen, 26 mars et 22 déc. 1845, 19 nov. 1847; Rouen, 29 avril 1845 ; Lyon, 17 fév. 1846; Caen, 18 août 1846, 3 mars 1849, 5 août 1859, 24 nov. 1865, 5 nov. 1866; Lyon, 22 fév. 1866; Cass., 11 fév. et 4 nov. 1846, 12 août 1847, 13 janv. 1851, 23 juin 1859, 8 juin 1861, 12 mars 1865; J. N., 12537, 128-9, 12996, 14268, 16967, 18041, 18411, 18500; costra, Marcadé, *1554*, 4; Troplong, n° 3303; Massé et Vergé. § 678, note 31, Paris, 7 mars 1851, 15 juill. 1856; Montpellier, 10 juill. 1869 ; J. N., 16967.

(4) Troplong, n° 3264; Grenoble. 10 janv. 1828 ; Rouen, 14 nov. 1828; Cass., 2 juin 1842; J. N., 14395; Lyon, 23 fév. 1846.

(5) Bellot, IV, p. 94; Duranton, XV, 531 ; Odier. III, 1248 ; Rodière et Pont, II, 410; Massé et Vergé, § 670, note 32; Marcadé, *1554*, 4; Roll., *Rég. dotal*, n° 494; Riom, 26 avril 1827; Caen, 8 déc. 1828. 24 déc. 1839, 19 nov. 1847; Bordeaux, 2 mars 1833 ; Paris, 23 juin 1833 ; 28 août 1846, 7 mars 1851 ; Rouen, 29 avril 1845. Trib. Seine, 21 fév. 1850; Douai, 23 juill. 1858; Aix, 27 juin 1859; Cass., 26 août

1828. 21 janv. 1831, 8 mars 1832, 16 déc. 1846, 30 août 1847; Alger, 13 déc. 1867; J. N., 6731, 12959, 15040, 16788; costra, Toullier, XIV, 334; Troplong, n° 3204; Paris, 13 mars 1821; Toulouse, 27 nov. 1834; Caen, 20 juin 1835 ; Agen, 5 déc. 1848 ; Jur. N., 8469 ; Montpellier, 17 mars 1859.

(6) Troplong, n° 3314; Massé et Vergé, § 670, note 32 ; Marcadé, *1554*, 8 ; Dict. not., *Rég. dotal*, n° 126; Caen, 26 juin 1835; Cass., 7 déc. 1842; Rouen, 29 juin 1813 : J. N., 9007, 11540, 11780. Voir aussi Aix, 9 juill. 1849; Cass., 4 juin 1851 ; J. N., 14386.

(7) Marcadé. *1554*, 3 ; Roll., *Rég. dotal*, n° 141; Paris, 10 août 1831, 18 déc. 1819 ; Agen, 15 janv. 1834 ; Poitiers, 15 déc. 1835; Bordeaux, 26 mai 1849, 18 fév. 1850; Cass., 1°° fév. 1849, 26 mai 1836, 2 janv. 1837, 12 août 1846, 23 août 1854, 11 mai et 6 déc. 1859, 29 juill. 1862, 13 fév. 1866 ; J. N. 12842, 13861, 13407, 15379, 16503, 16750, 17553 ; Lyon, 22 nov. 1860; Jur. N., 11728, 15004. Voir Troplong, n° 3249; Pont. *Priv.*, n° 451; Montpellier, 7 mars 1850; Jur. N., 9367.

(8) Toullier, XIV, 476; Duranton, XV, 542; Odier, III, 1239 ; Zach. Massé et Vergé. § 670, note 19 ; Seriziat, n° 428; Troplong, n°° 3240, 3225 ; Marcadé, *1554*, 3 ; Paris, 28 mars 1829, 18 déc. 1849; Agen, 30 nov. 1843 ; Nîmes, 10 juin 1844 : Caen, 12 juill. 1848; Grenoble, 13 juill. 1849 ; Bordeaux, 26 mai 1849, 18 fév. 1850; Cass., 12 août 1846, 29 août 1848, 18 fév., 26 août et 1°° déc. 1851, 6 déc. 1859 ; J. N., 12188, 12822, 13491, 13861, 14545, 16750; costra, Grenier, *Hyp.*, n° 34; Tessier, I, p. 289 ; Rodière et Pont, II, 494; Roll., *Rég. dotal*, n° 443; Montpellier, 22 juin 1849 ; Paris. 25 août 1820; Limoges, 28 juill. 1842 ; Cass., 1°° fév. 1819, 14 nov. 1846, 13 nov. 1860; J. N., 11678, 12947, 17014. Voir Cass., 26 mars 1855; J. N., 15505.

(9) Voir Cass., 18 fév. 1852; J. N., 14654; Bordeaux, 27 janv. 1853; Jur. N., 11227, 11868, 10814.

ou, sur son refus, avec permission de justice, donner ses biens dotaux pour l'établissement (1) des enfants ou petits-enfants (2) qu'elle aurait d'un mariage antérieur ; mais, si elle n'est autorisée que par justice, elle doit réserver la jouissance à son mari (C. N. *1555*).

3666. Elle peut aussi, avec l'autorisation de son mari, qui ne peut être suppléée par la justice (3), donner ses biens dotaux pour l'établissement de leurs enfants communs (C. N. *1556*).

3667. La loi ne limitant pas cette faculté de disposer, l'acquéreur doit verser son prix entre les mains de l'enfant donataire, sans pouvoir exiger de lui une hypothèque ou une caution pour la garantie du rapport qu'il aurait à faire à la succession de sa mère (4).

3668. La faculté de donner les biens dotaux emporte, pour la femme, celle de les aliéner, de s'obliger sur ces biens, par conséquent de les hypothéquer et de subroger dans l'effet de son hypothèque légale (5) ; mais si la femme, conjointement avec son mari, pour l'établissement de leur enfant, donne une somme d'argent payable à terme ou emprunte sans affectation de ses immeubles dotaux, l'exécution de la donation ou de l'engagement ne peut être poursuivie sur ses biens dotaux (6).

3669. Le mot établissement s'applique non-seulement au mariage de l'enfant, mais aussi à tout ce qui est destiné à lui donner une position (7) ; par exemple : l'achat d'un fonds de commerce, son entretien dans une école normale (8) ou dans une administration pour y faire un surnumérariat (9), son exonération ou remplacement du service militaire (10), le cautionnement de la restitution de la dot de sa belle-fille (11). Les tribunaux apprécient souverainement la question de savoir s'il y a établissement ; en cas de négative la disposition est frappée (12) de nullité (13). Si la donation faite à l'enfant est simulée à l'effet de soustraire les biens au régime dotal, elle est aussi annulable ; toutefois la nullité ne peut être opposée aux tiers de bonne foi (14). La donation peut être faite avec la réserve,

---

Les frais des actes qui seront faits pour arriver au remploi et de ceux qui le constateront, seront supportés en entier par la société d'acquêts, de manière que la fortune dotale de la future épouse ne subisse aucune diminution (*ou* seront pris sur le montant des sommes à remplacer).

Les biens meubles de la future épouse seront aliénables par la future épouse autorisée de son mari ; en conséquence elle pourra renoncer à son hypothèque légale en faveur de tous tiers acquéreurs de son mari ou de la société d'acquêts, et consentir en faveur de tous tiers prêteurs ou autres, toutes subrogations ou antériorités sur cette hypothèque (*si l'on veut restreindre cette clause :* mais en tout cas, seulement en ce que son hypothèque légale conservera sa dot mobilière).

(1) Voir Bordeaux, 23 avril 1860 ; Jur. N., 11615.

(2) Tessier, I, p. 370 ; Sériziat, n° 154 ; Rodière et Pont, II, 509 ; Toullier. XIV, 195 ; Troplong, 3349 ; Roll., *Rég. dotal*, n° 172 ; CONTRA, Benoit, I, 225.

(3) Bellot, IV, p. 440 ; Benoit, I, 64 ; Zach., Massé et Vergé, § 670, note 46 ; Rodière et Pont, II, 507 ; Odier, III ; 4277 ; Troplong, n° 3347 ; Marcadé, *1556*, 3 ; Dict. not., *Rég. dotal*, n° 283 ; Roll., *ibid.*, n° 464 ; Limoges, 2 sept. 1835 ; CONTRA, Toullier. XIV, 491 ; Duranton, XV, 497 ; Rouen, 26 déc. 1844 ; J. N., 11260.

(4) Caen, 26 nov. 1835, 18 juin 1860 ; Grenoble, 1er fév. 1849 ; Rouen, 17 janv. 1852 ; Jur. N., 8843, 40844, 11736 ; J. N., 14678.

(5) Sériziat, n° 452 ; Grenier, *Hyp.*, I, 34 ; Duranton, XV, 492 ; Rodière et Pont, II, 544 ; Dalloz, n° 3607 ; Troplong, n° 3352 ; Marcadé, *1556*, 4 ; Zach., Massé et Vergé, § 670, note 47 ; Dict. not., *Rég. dotal*, n° 294 ; Roll., *ibid.*, n° 463 ; Nimes, 7 juin 1825, 40 avril 1837 ; Bordeaux, 1er août 1834 ; Grenoble, 21 janv. 1835 ; Rouen, 23 juin 1835 ; 23 fév. et 12 juin 1844 ; Caen, 7 mars 1845 ; Nimes, 24 mars 1851 ; Cass., 1er déc. 1840, 24 août 1842, 1er avril 1845, 7 déc. 1850 ; J. N., 11921, 12003, 12302 ; CONTRA, Bordeaux, 11 août 1836 ; Poitiers, 17 juill., 1838 ; Amiens, 1er août 1842 ; Caen, 23 avril 1847 ; J. N. 11454, 12302.

(6) Rouen, 4 janv. et 29 fév. 1860 ; Cass., 1er juill. 1861 ; J. N., 17186 ; CONTRA, Toulouse, 13 mai 1853 ; Jur. N. 10844 ; Bordeaux, 24 juill. 1862 ; J. N., 17507.

(7) Sériziat, n° 446 ; Rodière et Pont, II, 510 ; Troplong, n° 3350 ; Marcadé, *1556*, 3 ; Massé et Vergé, § 670, note 47 ; Dict. not., *Rég. dotal*, n° 284 ; Roll., *ibid.*, n° 465 ; Cass., 49 avril 1838 ; Paris,

25 août 1845 ; Jur. N., 7629 ; Bordeaux, 23 avril 1860 ; J. N., 16951. Voir cependant Bordeaux, 29 août 1819 ; Jur. X., 8888.

(8) Bordeaux, 22 juill. 1844 ; J. N. 11204.

(9) Caen, 26 juill. 1852 ; Jur. N., 11820.

(10) Duranton, XV, 405 ; Rodière et Pont, II, 510 ; Zach., Massé et Vergé, § 670, note 47 ; Troplong, n° 3356 ; Sériziat, n° 447 ; Marcadé, *1556*, 3 ; Dict. not., *Rég. dotal*, n° 286 ; Roll., *ibid.*, n° 467 ; Rouen, 24 fév. 1829, 29 mai 1840 ; Grenoble, 21 janv. 1835 ; Agen, 26 mai 1837 ; Nimes, 40 août 1837 ; Caen, 24 juin 1844, 9 mai 1845 ; Nimes, 24 mars 1851 ; Bordeaux, 27 juill. 1852 ; Riom, 3 janv. 1864 ; Jur. N. 7250, 7455, 9449, 11874. Voir cependant Tessier, I, p. 449 ; Grenoble, 4 août 1832 ; Limoges, 31 mai 1838 ; Rouen, 29 mai 1840 ; Caen, 9 mai 1845.

(11) Duranton, XV, 495 ; Odier, n° 1283 ; Troplong, n° 3351 ; Marcadé, *1656*, 4 ; Dalloz, n° 3377 ; Dict. not., *Rég. dotal*, n° 296 ; Roll., *ibid.*, n° 471 ; Montpellier, 7 juin 1825 ; Nimes, 30 avril 1845, 7 juin 1860 ; Bordeaux, 1er mai 1850 ; Limoges, 3 mars 1854 ; Cass., 31 janv. 1855 ; J. N., 13248. 15490 ; Riom, 27 mai 1862 ; M. T., 1852, p. 37 ; CONTRA, Limoges, 6 janv. 1844 ; J. N., 12092.

(12) À moins de ratification ou exécution volontaire faite avec connaissance du vice, par la femme donatrice, après la dissolution du mariage : Limoges, 7 mai 1858., Cass., 11 juill. 1859.

(13) Cass., 27 juin 1859 ; J. N., 16437 ; Bordeaux, 8 fév. 1861 ; Jur. N., 11813,

(14) Troplong, n° 3359 ; Cass., 7 juill. 1830, 15 fév. 1847 ; J. N., 12909.

en cas de vente par l'enfant, de tout ce qui, dans le prix, excéderait une somme déterminée, pourvu que la donatrice fasse emploi de cet excédant conformément à l'art. 1558 (1).

3670. L'immeuble dotal (2), si la femme ne possède pas de biens paraphernaux (3), peut (4) être aliéné avec permission de justice et aux enchères, après l'accomplissement des formalités tracées par la loi (*C. N. 1558, pr. 997*), dans chacun des cas suivants :

3671. *Premier cas. Emprisonnement.* Pour tirer de prison le mari ou la femme (*C. N. 1558, 1°*), que l'emprisonnement ait eu lieu par suite d'un délit ou pour une dette purement civile (5), et lors même que le mari pourrait faire cession de biens (6), si, d'ailleurs, l'emprisonnement n'a pas été combiné dans le but de rendre aliénable une partie des biens dotaux (7). Il faut que l'un des époux soit en prison ; il ne suffirait pas de la crainte d'un emprisonnement imminent (8). Si la dette est celle du mari, la femme devient sa créancière du prix de l'aliénation de son bien dotal (9).

3672 *Deuxième cas. Aliments.* Pour fournir des aliments à la famille dans les cas prévus par les art. 203, 205, 206, *supra* n°³ *1054 et suiv.* (*C. N. 1558 2°*), ainsi qu'aux époux eux-mêmes (10) ; et, comme conséquence, pour : 1° donner aux enfants l'éducation qui leur est nécessaire (11) ; 2° acquitter des dettes alimentaires (12) ; 3° pourvoir aux frais d'un voyage nécessaire au rétablissement de la santé de l'un des époux (13), etc.... Il appartient aux tribunaux de déterminer l'emploi au mieux de l'intérêt de la femme ; ils peuvent donc ordonner que le prix sera employé : à établir une auberge dans une maison dotale ; à exploiter un hôtel garni (14), *infra n° 3674* ; à faire un placement à rente viagère (15), etc... La femme dont les biens dotaux sont ainsi employés aux besoins de la famille, lorsque le mari est sans ressources, acquitte une dette personnelle et n'a point de recours contre son mari pour l'aliénation de son bien dotal (16), sauf le cas de fraude, comme si, par exemple, le mari a dissimulé ses ressources pour demander la vente (17).

4° *Condition de remplacer les capitaux et les immeubles (1).*

Nonobstant la stipulation de dotalité contenue en l'art... ci-dessus, tous les biens mobiliers et immobiliers présents et à venir de la future épouse (*ou* tous les biens mobiliers et immobiliers qui sont stipulés dotaux), pourront être aliénés par la future épouse sous l'autorisation de son mari, sans aucune des conditions ni des formalités prescrites par la loi, soit par vente, cession, transport, ou échange ; elle pourra de même recevoir et transporter les capitaux ; mais les sommes touchées et les prix des ventes, cessions et transports des valeurs dotales (*si des valeurs sont dispensées d'emploi on ajoute entre deux parenthèses* : à l'exception de ceux des objets dont la disposition est réservée libre par l'art... ci-dessus,) ou les soultes des échanges d'immeubles dotaux devront être employés au profit de la future épouse, soit en rentes sur le grand-livre de la dette publique de France, soit en actions de la banque de France ou autres valeurs garanties par

(1) Cette formule est assez généralement usitée dans les contrats de mariage passés à Paris.

---

(1) Massé et Vergé, § 670, note 47 ; Cass., 8 janv. 1855 ; J. N., 5424.
(2) Et à plus forte raison la dot mobilière : Troplong, n° 3445 ; Dict. not., *Rég. dotal*, n° 302 ; Bordeaux, 23 nov. 1832.
(3) Marcadé, *1558*, 4 ; Rouen, 12 mai 1842, 17 mai 1841.
(4) Voir Marcadé, *1558*, 4 ; Caen, 6 janv. 1849.
(5) Duranton, XV, 507 ; Benoit, I, 228 ; Rodière et Pont, II, 513. Troplong, n° 3438 ; Marcadé, *1558*, 4 ; Zach., Massé et Vergé, § 670. note 50 ; Dict. not., *Rég. dotal*, n° 303.
(6) Tessier, I, 663 ; Duranton, XV, 508 ; Odier, III, 1287 ; Troplong, n° 3443.
(7) Voir Marcadé, *1558*, 4 ; Roll., *Rég. dotal*, n° 189 ; Cass., 25 juill. 1842 ; J. N., 11432.
(8) Toullier, XIV, 199 ; Tessier, I. 73 ; Duranton, XV, 509 ; Troplong, n° 3441 ; Marcadé, *1558*, 4 ; Zach., Massé et Vergé, § 670, note 50 ; Dict. not., *Rég. dotal*, n° 305 ; Caen, 4 juill. 1826 ; Lyon, 2 mai 1833 ; Rouen, 21 janv. 1838 : Cass., 26 avril 1842, 30 déc. 1850 ; J.-N., 11520. Voir Rodière et Pont, II, 513.
(9) Troplong, n° 3447 ; Marcadé, *1558*, 4.
(10) Duranton, XV, 510 ; Tessier, I, p. 418 ; Rodière et Pont, II, 515 ;

Marcadé, *1558*, 2 ; Zach., Massé et Vergé, § 670, note 51 ; Rouen, 24 août 1820 ; Paris, 27 mars 1847 ; Jur. N., 7641. Voir Bordeaux 24 juill. 1862 ; Sirey, 1863, 2, p. 11.
(11) Marcadé, *1558*, 2 ; Troplong, n° 3449 ; Rouen, 26 mai 1810, Caen, 27 janv. 1343, 7 mars 1845 ; Cass., 3 mai 1842 ; Agen, 13 juill. 1849 ; Nîmes, 26 juill. 1853 ; Jur. N., 9115. Voir cependant Riom, 7 fév. 1849 ; Jur. N., 9197.
(12) Troplong, n° 3450 ; Rodière et Pont, II, 513 ; Dolloz, n° 3646, Cass., 3 mai 1842 ; Caen, 27 janv. 1843, 7 mars 1845 ; Agen, 13 juill. 1849 ; Paris, 4 juill. 1848 et 17 juill. 1849.
(13) Trib. Seine, 7 mars 1853.
(14) Voir Cass., 5 nov. 1855 ; J. N., 15662 ; Rouen, 15 avril 1842, 15 mars 1858 ; Grenoble, 14 et 24 mars 1859 ; Caen, 22 nov. 1863 ; Jur. N., 13048.
(15) Trib. Seine, 10 juill. et 31 déc. 1852, 23 fév. 1853.
(16) Bellot, p. 316 ; Troplong, n° 3455 ; Odier, III, 1290 ; Dalloz, n° 3656 ; Roll., *Rég. dotal*, n° 184 ; Nîmes, 24 août 1842 ; Bordeaux, 14 juill. 1843 ; Jur. N., 10798. Voir cependant Marcadé, *1558*, 2.
(17) Marcadé, *1558*, 2 ; Troplong, n° 3456 ; Nîmes, 24 août 1842 ; Grenoble, 22 juin 1860 ; Jur. N., 10447, 11616.

3673. *Troisième cas. Dettes.* Pour payer les dettes de la femme ou de ceux qui ont constitué la dot (1), lorsque ces dettes ont une date certaine antérieure (2) au contrat de mariage (3) (*C. N 1558, 3°*) ; comme aussi, pour payer : 1° les dettes grevant les successions qui lui échoient durant le mariage (4), et les droits de mutation si les valeurs mobilières sont insuffisantes (5) ; 2° les avances faites par le mari pour l'acquit de droits de mutation ou le payement des dettes, sans qu'il soit nécessaire d'attendre la dissolution du mariage ou de la société d'acquêts (6) ; 3° les frais d'adjudication d'un immeuble du mari acquis par la femme pour se remplir de ses créances et reprises contre lui, liquidées par suite de séparation de biens (7) ; 4° une dot qu'elle a constituée à son enfant par contrat de mariage (8) ; 5° la réparation des délits ou quasi-délits de la femme (9), et même les obligations résultant de quasi-contrats prenant leur source dans des faits dolosifs et frauduleux de la femme (10) ; 6° les dépens dont la femme est tenue dans les contestations qu'elle a personnellement soutenues relativement à sa dot (11), comme les frais de séparation de biens si le mari est insolvable (12) ; 7° la contribution foncière (13).

3674. *Quatrième cas. Grosses réparations.* Pour faire de grosses réparations indispensables pour la conservation de l'immeuble dotal (*C. N., 1558, 4°*) ; des travaux d'entretien ou même d'appropriation pour les besoins d'une entreprise ou d'un commerce seraient insuffisants (14) pour motiver l'aliénation. Voir cependant *supra* n° 3672.

3675. *Cinquième cas. Licitation.* Lorsque l'immeuble dotal se trouve indivis avec des tiers et qu'il est reconnu impartageable (*C. N., 1558, 5°*).

3676. *Sixième cas. Expropriation pour cause d'utilité publique.* Les époux peuvent, après

l'Etat ou la ville de Paris, soit en actions ou obligations du crédit foncier de France ou des principales lignes de chemins de fer français, soit en placements sur particuliers, par privilége ou hypothèque sur des immeubles situés en France, et même sur des propriétés propres au futur ou dépendant de la société d'acquêts, à l'effet de payer avec subrogation les priviléges qui pourraient les grever, soit enfin en acquisitions d'immeubles également situés en France, qui pourront être faites en vue d'aliénations projetées ; ou même en acquisitions d'immeubles du mari ou de la société d'acquêts, qui pourront être cédés en remploi à la future épouse.

Les immeubles acquis par anticipation à titre de remploi et ceux de la société d'acquêts qui seraient cédés en remploi par le futur époux, passeront entre les mains de la future épouse affranchis de plein droit de son hypothèque légale, et sans qu'il soit besoin de remplir à cet effet aucune formalité pour la purge de cette hypothèque.

Les biens immeubles ou valeurs provenant des emplois ou remplois et ceux reçus en échange, pourront être aliénés de la même manière que les biens primitifs et sous les mêmes

(1) Même quand la donataire n'en ayant pas été chargée et ne pouvant y être contrainte, désire les acquitter dans le but de ne pas voir déshonorer la mémoire de son bienfaiteur : Marcadé, *1558*, 3.

(2) Voir Cass., 6 juin 1849 ; Bordeaux, 29 août 1855 ; J. N., 43789 43723.

(3) Et non pas à l'acte de célébration du mariage : Tessier, note 638 ; Duranton, XV, 514 ; Rodière et Pont, II, 517 ; Massé et Vergé, § 670, note 53 ; Troplong, n° 3468 ; Marcadé, *1558*, 3 ; Montpellier, 7 janv. 1830 ; contra, Bellot, p. 440 ; Toullier, XIV, Roll., *Rég. dotal*, n° 490 ; Rouen, 10 janv. 1857 ; Jur. N., 43201. V. Paris, 18 août 1865.

(4) Dalloz, n° 3363 ; Paris, 17 déc. 1819 ; Trib. Seine, 7 août 1852 ; Jur. N., 40812.

(5) Caen, 22 août 1854 ; Rouen, 29 déc. 1866 ; J. N., 48375.

(6) Caen, 24 août 1858 ; Jur. N., 41315. Voir cependant Rouen, 1er juill. 1846 ; Jur. N. 7923.

(7) Nîmes, 1er mai 1862 ; J. N., 47585.

(8) Caen, 23 avril 1847 ; J. N., 13173.

(9) On ne peut, pour cette cause, poursuivre le payement que sur la nue propriété des biens de la femme ; l'usufruit reste au mari, à moins qu'il ne soit son complice : Benoît, I, 254 ; Roll., *Rég. dotal*, n° 497 ; Marcadé, *1556*, 2.

(10) Bellot, IV, p. 98 ; Toullier, XIV, 347 ; Duranton, XV, 533 ; Rodière et Pont, II, 538 ; Zach. Massé et Vergé, § 670, note 30 ; Troplong n° 3224 ; Marcadé, *1556*, 2 ; Dict. not., *Rég. dotal*, n° 127 ; Roll., ibid., n°s 489 et 495 ; Nîmes, 28 août 1827 ; Caen 18 fév. 1830, 14 mai et

(11) août 1839, 11 fév. 1845, 4 mars 1852 ; Limoges, 17 juin 1835 ; Riom, 10 fév. 1445, 30 avril 1860 ; Rouen 7 août 1846, 21 mai 1843 ; Pau, 3 mars 1853 ; Montpellier, 2 mai 1854 ; Cass. 13 déc. 1837, 4 mars 1845, 7 déc. 1846, 27 déc. 1847, 23 juill. 1851, 23 nov. 1852, 5 déc. 1853, 21 avril 1861 ; J. N., 8117, 9261, 12352, 13053, 14470, 14707, 14852, 15301 ; contra, Montpellier, 16 fév. 1842 ; J. N., 43003. Voir Nancy, 2 août 1862 ; Cass., 11 fév. 1863 ; J. N., 17579, 17744 ; Lyon, 21 fév. 1857.

(11) Duranton, XV, 533, 534 ; Proudhon, *Usuf.*, n° 4774 ; Troplong, n° 3331 ; Dalloz, n° 3759 ; Rodière et Pont, II, 541 ; Massé et Vergé § 670, note 30 ; Marcadé, *1556*, 2 ; Roll., *Rég. dotal*, n° 498 ; Toulouse, 20 mars 1833 et 13 août 1851 ; Caen, 14 août 1837, 6 juill. 1842, 7 mars 11 déc. 1851 ; Nîmes, 5 avril 1838, 14 avril 1860 ; Riom, 9 avril 1845 ; Montpellier, 18 mai 1841, 9 nov. 1858 ; Grenoble, 31 juill. 1846, 10 mai 1852, 14 mars 1860 ; Cass., 23 juill. 1851, 8 avril 1862 ; J. N., 14470 ; Jur. N., 40760 ; contra, Tessier, I, 446 ; Agen, 23 janv. 1833 ; Rouen, 12 mars 1839 ; Agen, 6 déc. 1847 ; Cass., 28 fév. 1834 et 19 mars 1849 ; Jur. N., 8764 ; J. N., 43303.

(12) Cass., 5 fév. 1808 ; mais non des dépenses résultant d'un quasi-contrat, comme la condamnation à fin de payement de la différence résultant d'une revente faite à la folle enchère : Troplong, n° 3432 ; Rodière et Pont, II, 539 ; Cass., 23 fév. 1834, 31 août 1845, 15 juin 1861 ; J. N., 43490, 48069.

(13) Limoges, 28 mai 1863 ; Trib. Avignon, 21 juin 1864 ; R. P., 1051.

(14) Troplong, n° 3474 ; Rodière et Pont, II, 520 ; Rouen, 12 mai 1842, 17 mai 1844 ; Aix, 5 août 1850 ; Cass., 7 juill. 1851 ; Jur. N., 9923 ; Bordeaux, 21 juill. 1862 ; Sirey, 1863, II, p. 11.

autorisation du tribunal donnée (1) sur simple requête en la chambre du conseil, le ministère public entendu, consentir amiablement à l'aliénation des biens dotaux compris dans une expropriation pour cause d'utilité publique ; le tribunal ordonne les mesures de conservation ou de remploi qu'il juge nécessaires (*Loi, 3 mai 1841, art. 13*).

3677. Dans les quatre premiers cas, l'excédant du prix de la vente au-dessus des besoins reconnus, et dans les cinquième et sixième cas, le prix de la licitation (2) et le montant de l'indemnité restent dotaux et il en est fait emploi au profit de la femme (*C. N., 1558*). Toutefois, en cas d'expropriation pour cause d'utilité publique, le tribunal peut dispenser la femme dotale du remploi s'il est impossible ou trop onéreux, en raison du peu d'importance de l'indemnité (3).

3678. L'emploi doit être fait en acquisition d'immeubles, d'actions de la banque de France, ou de rentes trois pour cent sur l'Etat (*Loi 2 juill. 1862, art. 46*), mais non en placements hypothécaires (4). A défaut de quoi la vente serait nulle ; l'acquéreur pour éviter l'éviction (5), doit donc exiger que l'emploi soit immédiatement effectué ou sinon se refuser au payement (6).

3679. Si le tribunal permettait la vente en dehors des cas ci-dessus énumérés, par suite même d'une erreur de droit, comme s'il l'autorisait avant l'emprisonnement, et afin de l'éviter, *supra n° 3671*, ou pour effectuer des réparations d'entretien ou des constructions nouvelles, la vente, quoique faite en vertu du jugement d'autorisation et avec l'accomplissement des formalités voulues par la loi, serait nulle (7) ; cependant si elle a été ordonnée sur des faits faussement présentés par les époux, elle doit être maintenue à l'égard de l'acquéreur de bonne foi (8).

3680. Lorsque la femme, dans les quatre premiers cas énumérés *supra n°s 3671 à 3674*, a été

conditions de remploi ; il en sera ainsi des nouveaux biens et valeurs, et successivement.

Pour la validité de ces emplois et remplois, ils devront être acceptés par la future épouse, et il sera fait mention expresse de l'obligation de remploi dans les contrats d'acquisitions d'immeubles, sur les titres de rente, actions et autres valeurs indiquées plus haut, et dans les actes de placements hypothécaires.

Les tiers débiteurs ne seront tenus que de veiller à ce que les emplois ou remplois soient effectués, mais ils ne seront en aucun cas garants de l'utilité, de la validité et de la suffisance de ces emplois et remplois, et leur libération sera définitive par le seul fait du versement des fonds soit entre les mains des agents de change chargés de l'achat des valeurs, soit en celles des emprunteurs ou des vendeurs des immeubles acquis en remploi.

En ce qui concerne les rentes ou autres valeurs sur l'Etat, actions de la banque de France, actions ou obligations du crédit foncier, de chemins de fer et autres, le trésor, la banque et les compagnies ne seront *pas garants* desdits emplois ou remplois, l'agent de de change seul choisi pour opérer les transferts, sera responsable desdits emplois ou remplois, mais sans aucune garantie de leur utilité, validité et suffisance.

Les partages dans lesquels la future épouse serait intéressée, ainsi que tous traités, compromis et transactions au sujet des biens dotaux, pourront être faits à l'amiable, sans aucune formalité de justice ; mais les soultes et les capitaux qui en proviendront devront être employés comme il a été ci-dessus prescrit et sous les mêmes conditions.

Si, lors d'un remboursement, les époux ne sont pas en mesure d'opérer l'emploi, les fonds pourront être provisoirement déposés à la caisse des consignations, et les tiers débiteurs et détenteurs seront libérés par le récépissé de la caisse.

---

(1) Les actes de la procédure, le jugement et les contrats d'acquisition en remploi sont visés pour timbre et enregistrés gratis (*Loi, 3 mai 1841, art. 58*).

(2) Tessier, note 483 ; Troplong, n° 3485 ; Marcadé, *1558*, 6 ; Roll., *Remploi*, n° 92 ; Rouen, 24 avril 1828 ; Paris, 9 juill. 1828 ; Cass., 23 août 1830, 1er mars 1832.

(3) Bertin, *Chamb. du Conseil*, II. p. 331 ; Trib. Seine, 7 mai et 6 août 1853 ; Caen, 24 oct. 1857 ; Jur. N., 11408. Voir Lefebvre, *De l'emploi et du remploi*, n° 7.

(4) Caen, 30 août 1848 ; J. N., 13725.

(5) Marcadé, *1558*, 6 ; Aix, 10 fév. 1832.

(6) Paris, 4 juin 1831, 26 fév. 1833 ; Aix, 10 fév. 1832 ; Cass., 10 mars 1856

(7) Duranton, XV, 509 ; Troplong, n°s 3493 à 3499 ; Marcadé, *1558*, 6 ; Zach., Massé et Vergé, § 670, note 60 ; Toulouse, 26 avril 1842 ; Caen, 12 juin 1842 ; Cass., 26 avril 1842, 7 juill. 1851 ; Jur. N., 7921 7922, 9924 ; Limoges, 7 avril 1859 ; J. N., 16606.

(8) Caen, 16 janv. 1834 ; Rouen, 29 mai 1847 ; Montpellier, 22 déc. 1852 ; Cass., 17 mars 1817, 14 fév. 1848, 30 déc. 1850 ; Jur. N., 7922, 8166, 9388, 9924 , Cass., 22 août 1855, 7 juill. 1857 ; J. N., 15813, 16134.

autorisée à aliéner l'immeuble dotal, elle peut se borner à l'hypothéquer (1) ; et le tribunal, dans les mêmes cas, au lieu de permettre l'aliénation, peut n'autoriser qu'un emprunt avec hypothèque sur l'immeuble dotal (2) et subrogation dans l'effet de son hypothèque légale contre son mari (3). Lorsque la femme a été autorisée à emprunter avec hypothèque pour tirer son mari de prison, ou pour l'établissement de ses enfants, elle peut, au lieu d'emprunter, cautionner avec hypothèque la dette de son mari ou celle de ses enfants (4).

3681. Le tiers qui prête à une femme dotale n'est pas obligé de vérifier l'exactitude des faits qui ont déterminé la justice à autoriser la femme à emprunter (5) ; mais si l'hypothèque a été ostensiblement conférée en dehors des cas prévus par la loi ou sans l'accomplissement des formes prescrites, elle est nulle (6).

3682. *Échange de l'immeuble dotal.* L'immeuble dotal peut être échangé, mais avec le concours de la femme, contre un autre immeuble de même valeur (7), pour les quatre cinquièmes au moins, en justifiant de l'utilité de l'échange, en obtenant l'autorisation en justice, et d'après une estimation d'experts nommés d'office par le tribunal. Dans ce cas, l'immeuble reçu en échange est dotal (8) ; l'excédant du prix, s'il y en a, l'est aussi, et il en est fait emploi comme tel, *supra n° 3677*, au profit de la femme (*C. N. 1559*) ; si, au contraire, le mari a payé une soulte, il a droit à une indemnité contre sa femme (9).

3683. La réserve de la faculté de vendre l'immeuble dotal, sans condition, ou même avec la condition de le remplacer en acquisition d'immeubles, *infra n° 3687*, ne comprend pas celle d'échanger, l'échange étant moins favorable que la vente, en ce que la rescision n'y est pas admise (10) ; mais la réserve de la faculté d'aliéner l'immeuble dotal et d'en disposer comme bon semblera à la femme emporte celle d'échanger (11).

3684. *Aliénabilité de l'immeuble dotal.* L'immeuble dotal peut être aliéné lorsque l'aliénation en a été permise par le contrat de mariage (*C. N. 1557*) [FORM. 543]. Cette faculté peut être stipulée par la future épouse mineure (12) ; mais si l'aliénation en est faite pendant la minorité de la femme, ce doit être avec les formes judiciaires (13), même lorsque le contrat de mariage stipulerait la faculté de vendre sans formalité (14) ; cependant si, par le contrat de mariage, la femme mineure a donné à son mari le pouvoir de vendre et partager seul ses biens dotaux, il le peut même pendant la

---

Si les remplois n'avaient pas été effectués pendant le mariage, les aliénations seraient néanmoins valables, mais sous la condition que les tiers détenteurs des biens dotaux non remplacés en verseront le prix entre les mains de la future épouse ou de ses héritiers.

Il est bien entendu que les primes et lots qui pourraient être attachés aux actions ou obligations, seront considérés comme capitaux dotaux et soumis par conséquent aux conditions ci-dessus indiquées.

Les frais des actes qui seront faits pour arriver aux emplois et remplois et de ceux qui les constateront, seront prélevés sur les sommes à employer ou à remployer.

---

(1) Cass., 30 déc. 1850; Jur. N., 9369.

(2) Odier, III, 315; Serizíat, n° 168; Duranton. XV, 307; Tessier, I, p. 438; Troplong, n° 3352, 3375; Rodière et Pont, II, 522; Zach., § 670, note 59; Marcadé, *1558*, 6; Dict. not., *Rég. dotal*, n° 346; Roll., *ibid.*, n° 221; Bordeaux, 1er août 1834, 21 déc. 1838; Rouen, 17 janv. 1837, 11 janv. et 10 mars 1838, 15 avril 1842; Grenoble, 9 nov. 1839, 10 déc. 1840, 19 juill. 1861; Lyon, 4 juin 1861; Paris, 30 mai 1818; Caen, 7 mars 1845, 26 juill. 1832, 11 déc. 1854; Cass. 1er déc. 1840, 23 août 1842; J. N., 10832, 11204, 11438, 15583.

(3) Grenoble, 14 mars 1849; Jur. N., 11368.

(4) Caen, 26 juill. 1852; Jur. N., 11820; Cass., 7 juill. 1857; J. N, 16134.

(5) Troplong, n° 3493; Marcadé, *1559*, 6; Rouen, 15 mars 1858; Caen, 6 juill. 1858; Jur. N., 11237, 11297; Cass., 17 mars 1847, 22 août 1855, 7 juill. 1857; J. N., 15643, 16134.

(6) Voir Cass., 19 nov. 1862; J. N., 17641.

(7) La portion d'un immeuble dotal, accrue de valeur, par suite de construction, ne pourrait être échangée contre l'autre portion du même immeuble dotal. Voir Cass., 29 août 1860; J. N., 16991; Rouen, 2 mai 1861; M. T., 1861, p. 703.

(8) Voir Limoges, 9 juill. 1815; J.N., 12356.

(9) Bellot, p. 447; Roll., *Rég. dotal*, n° 219.

(10) Taulier, V, p. 302; Odier, III, 1267; Marcadé, *1552*, 2; Zach., Massé et Vergé, § 670, note 38; Lyon, 9 juill. 1861; R. N., 143. Voir cependant Dalloz. Dict. not., *Rég. dotal*. n° 263; Toulouse, 31 déc. 1822; Agen, 4 déc. 1854; J. N., 15191. Voir aussi Tessier, I, p. 389; Rodière et Pont, II, 502; Troplong, n° 3355.

(11) Troplong. n° 3400; Tessier, I, p. 389; Duranton, XV, 461; Taulier, V, p. 294; Zach., Massé et Vergé, § 670, note 33; Rodière et Pont, II, 502; Marcadé, *1552*, 2; Dalloz, 3726; Cass. 25 avril 1832; Agen, 4 déc. 1854; J. N., 15191. Voir cependant Toulouse, 7 fév. 1832. Jur. N., 10767.

(12) Tessier, I, note 582; Rodière et Pont, I, 39; Marcadé, *1398*, 1; Duranton, XV, 476; Bellot, I, p. 471; Troplong, n°s 273, 3101; Zach., Massé et Vergé, § 670, note 34; Dict. not., *Contr. de mar.*, n° 139; Roll., *ibid.*, n° 18; Cass., 7 mai 1826, 12 janv. 1817; Toulouse, 29 fév. 1820; Agen, 25 avril 1831; Nîmes, 26 janv. 1815; Riom, 13 nov. 1840; J. N., 7597, 12934; CONTRA, Agen, 15 janv. 1824; Cass., 7 juill. 1830.

(13) Rodière et Pont, I, 39; Troplong, n° 277; Battur, n° 43.

(14) Troplong, n° 280; Dict. not., *Contr. de mar.*, n° 142; Riom, 13 nov. 1840.

minorité de sa femme et sans formalités judiciaires (1); à moins que la faculté n'ait été donnée au mari pour ne l'exercer que du consentement de sa femme (2).

3685. La réserve de la faculté pour la femme d'aliéner ses immeubles dotaux et d'en disposer comme bon lui semblera, sans qu'elle soit tenue de faire emploi du prix (3), emporte celle de les hypothéquer (4), les donner en payement, les vendre à réméré (5); à rente viagère (6), compromettre (7), etc., et celle d'aliéner la dot mobilière (8).

3686. La simple réserve d'aliéner les immeubles dotaux s'interprète restrictivement; dès lors, elle ne comprend pas celle d'aliéner le prix de vente en le déléguant à un créancier (9), ni celle d'hypothéquer (10); mais la réserve du droit d'hypothéquer peut être stipulée par le contrat de mariage (11), alors même que le contrat n'accorde la faculté de vendre qu'à charge de remploi (12). La faculté d'aliéner et d'hypothéquer les biens dotaux n'emporte pas pour la femme la faculté de subroger un tiers dans son hypothèque légale (13); et elle n'autorise pas ses créanciers purement chirographaires à poursuivre sur ses biens dotaux le payement de leurs créances (14).

3687. Si le contrat de mariage permet l'aliénation sous certaines conditions, elles doivent être rigoureusement observées. La condition habituellement imposée est de faire emploi du prix de vente ; le remploi exigé en fonds de terre ne peut avoir lieu en maisons ni en actions immobilières de la banque de France ou rentes. Celui exigé en biens immeubles de pareille nature et de même valeur, peut être fait en toute espèce de biens immeubles par nature, mais non en actions immobilisées de la banque de France, ni en rentes (15). Celui prescrit en biens de France ne peut avoir lieu en biens situés à l'étranger (16). Si le remploi est simplement ordonné en immeubles, ou sans aucune indication, il peut avoir lieu soit en fonds de terres ou maisons, soit en actions immobilisées de la banque de France (17), *supra n° 1402*, soit en rentes trois pour cent de la dette française, à moins de clause contraire (*Loi 2 juill. 1862, art. 16*); mais non en d'autres valeurs, ni en affectation hypothécaire sur les biens du mari (18), ni en un placement par privilége ou hypothèque (19). Enfin le remploi prescrit en immeubles, actions de la banque immobilisées, rentes sur l'Etat, actions et obligations de chemins de fer, du crédit foncier ou autres valeurs, ou en une affectation hypothécaire sur les biens du mari, ne peut être fait que par l'un ou l'autre de ces modes. (Voir au surplus au titre *de la vente*, le paragraphe traitant *de l'emploi et du remploi*.)

La future épouse pourra également et malgré le régime dotal :

1° Concourir, même solidairement avec le futur époux, à tous engagements qu'il contracterait sur des immeubles appartenant au futur époux, ou sur ceux de la société d'acquêts, et consentir au profit des tiers prêteurs ou autres, toutes subrogations dans l'effet de son hypothèque légale, ou toute antériorié sur cette hypothèque ; mais ce concours de la femme n'aura qu'un effet hypothécaire, sans qu'il puisse, en aucun cas, en

(1) Troplong, n° 276; Zach., Massé et Vergé, § 635. note 6, et 670, note 4; Rodière et Pont, I, 39; Tessier, I, p. 381; Dict. not.. *Contr. de mar.*, n° 142; Nîmes, 1er juill. 1844; Cass., 12 janv. 1847; J. N., 12954; CONTRA, Fréminville, *Minor.*, II, 956; Bordeaux. 25 janv. 1826; Riom, 13 nov. 1840; Grenoble, 31 août 1849; J. N., 13898.

(2) Grenoble, 16 déc. 1848 ; Jur. N., 8761.

(3) Troplong, n° 3432; Rouen, 21 mars 1829; Paris, 4 juin 1834; Cass., 25 janv. 1826, 28 déc. 1839.

(4) Marcadé, *1557*, 1 ; Cass ; 15 déc. 1853 ; Jur. N., 10767.

(5) Rouen 6 fév. 1860; Cass., 19 mars 1861. Voir cependant Cass., 31 janv. 1837 ; Caen, 24 déc. 1837.

(6) Troplong, n° 3390 ; Dalloz, n° 3576 : CONTRA, Bertin, II, p. 113.

(7) Pigeau, I, p. 236; Tessier, I, note 896; Troplong, n° 3398; Massé et Vergé, § 670, note 37; Marcadé, *1557*, 2; Grenoble, 12 fév. 1876. Bordeaux, 5 juill. 1849; Nîmes, 9 nov. 1849; CONTRA Duranton, XV, 481; Zach., § 670, note 37 ; Nîmes, 26 fév. 1812; Lyon, 26 août 1828.

(8) Scriziat, n° 441 ; Lyon, 2 août 1845; Cass., 9 juin 1847; Jur. N., 8094 ; Caen, 18 nov. 1851 ; Cass., 1er juin 1853 ; J. N., 14155, 15219. CONTRA, Massé et Vergé, § 670. note 39; Cass., 2 juill., 1837 ; Rennes, 19 déc. 1855; Lyon, 24 nov. 1860.

(9) Cass., 16 août 1837, 14 fév. 1843; J. N.. 10767.

(10) Tessier, I, p. 591; Duranton, XV, 479; Benoît, I, 216; Zach., Massé et Vergé, § 670, note 38; Taulier, V, p. 296; Rodière et Pont, II. 501, 502; Marcadé, *1557*, 1 ; Lyon, 11 juill. 1837; Caen, 21 déc. 1837, 11 mai 1850; Poitiers, 17 juill 1858 ; Amiens, 1er août 1840; Lyon,

19 fév. 1858 ; Cass., 31 janv. 1837, 20 mai 1839, 14 fév. 1843, 13 déc. 1853, 4 juin 1866 ; Lyon, 22 fév. 1867 ; J. N., 10767, 18551 ; C. 14026; CONTRA, Troplong, n° 3303 ; Limoges, 6 déc. 1844 ; Jur. N., 7069, 12876.

(11) Troplong, n° 3575; Marcadé, *1557*, 1 ; Rodière et Pont, II. 500; Pont, *Priv.*, n° 352: Dict. not., *Reg. dotal*, n° 261; Besançon, 1er mars 1838 ; Rouen, 10 mars 1838 ; Lyon, 8 juin 1838 ; Limoges, 6 déc. 1844; Caen, 2 juin 1860; Cass., 7 juill. 1840, 26 juin 1861 ; J. N., 9964, 10720, 17190.

(12) Cass., 26 juin 1861, 18 nov. 1862; J. N., 17190, 17627.

(13) Cass. 4 juin, 2 juill. et 17 déc. 1866 ; J. N., 18551, 18614 ; CONTRA, Cass., 1er juin 1853 ; J. N., 15219. V. Cass., 24 août 1866.

(14) Rodière et Pont, II, 502; Caen, 23 mai 1848 ; Cass., 3 avril 1849 ; J. N., 13693, 17721.

(15) Rodière et Pont, II, 554 ; Cass., 22 fév. 1859 ; J. N., 16545.

(16) Paris, 23 mai 1844.

(17) Benech, p. 199; Rodière et Pont. II. 501; Massé et Vergé, § 670, note 41 ; Troplong, n° 3122; Marcadé, *1557*, 3 ; Lefebvre, *De l'emploi et du remploi*, n° 41; Caen, 8 mai 1836, 13 nov. 1847, 27 mai 1813 ; Rouen, 7 mai 1853 ; Bordeaux, 20 nov. 1834 ; Paris, 15 janv. 1855, 18 mars 1836 ; Riom, 10 janv. 1856 ; Cass., 23 juin 1857 ; J. N., 14142, 15432, 15769, 16016, 16128.

(18) Paris, 26 fév. 1833 ; Toulouse, 7 août 1833 ; Caen, 30 avril 1849; Jur. N., 8764.

(19) Caen, 30 août 1848. V. Limoges, 22 mai 1865; Jur. N., 12876.

3688. Si hors les cas d'exception expliqués *supra n° 3661 et suiv.*, la femme ou le mari, ou tous les deux conjointement, aliènent le fonds dotal, la femme ou ses héritiers (1) pourront faire révoquer l'aliénation après la dissolution du mariage (2), sans qu'on puisse leur opposer (3) aucune prescription pendant sa durée; la femme a le même droit après la séparation de biens (*C. N. 1560*), et elle peut dès lors faire révoquer l'aliénation (4); néanmoins la prescription ne court pas contre elle tant que le mariage n'est pas dissous (5).

3689. La prescription de l'action en révocation qui appartient à la femme ou à ses héritiers, court du jour de la dissolution du mariage; elle est de dix ans en vertu de l'art. 1304 lorsque la vente a été faite par le mari et la femme (6), et de trente ans, comme vente de la chose d'autrui, si elle a été faite par le mari seul (7). La femme dotale devenue veuve peut ratifier la vente (8), *supra n° 3467*; et même pendant le mariage, comme elle peut disposer par testament de ses biens dotaux, elle ratifie implicitement la vente de l'immeuble dotal lorsqu'elle en lègue le prix par son testament (9).

3690. Le mari lui-même peut faire révoquer l'aliénation, mais pendant le mariage seulement, et tant que la séparation de biens n'a pas été prononcée; néanmoins (10), il demeure sujet aux dommages et intérêts de l'acheteur, s'il n'a pas déclaré dans le contrat que le bien vendu était dotal (*C. N. 1560*), ou si, ayant averti de la dotalité, il a faussement déclaré que le contrat de mariage permettait la vente (11). Il doit donc rembourser à l'acquéreur le montant de toutes les condamnations, et l'indemniser de toutes les impenses et améliorations faites sur l'immeuble (12).

3691. L'acquéreur, qu'il soit évincé par la femme ou ses héritiers, ou par le mari, a l'action en restitution du prix de vente contre le mari ou ses héritiers (13), et même contre la femme ou ses héritiers pour ce qu'elle en a profité, soit par l'emploi à son profit, soit parce que le prix est entré dans la société d'acquêts acceptée par elle (14). En dehors de tout profit, la femme ne peut être recherchée, même sur ses biens paraphernaux, ni sur ceux dont elle deviendra propriétaire après la dissolution du mariage (15).

---

résulter pour elle aucun engagement pouvant s'exercer sur les biens dotaux, même après la dissolution du mariage;

2° Vendre et transférer ses immeubles dotaux, actions de banque et autres valeurs dotales, soit pour acquitter les dettes et charges des successions ou legs qui lui écherront ou dont elle sera tenue comme donataire, ainsi que les droits de mutation et frais d'actes

---

(1) Mais non leurs créanciers agissant en vertu de l'art. 1166: Tessier, II, p. 80; Seriziat, n° 496; Marcadé, *1560*, 5; Troplong, n° 3519; Zach., Massé et Vergé, § 670, note 14; Dict. not., *Rég. dotal*, n° 485; Nîmes, 2 avril 1832; Montpellier, 17 juill. 1846; J. N., 12862; Paris, 12 janv. 1858; Cass., 18 janv. 1859; contra Odier, III, 1336; Rodière et Pont. II, 585. Voir Cass., 27 mai 1851; Jur. N., 9639; Toulouse, 26 fév. 1855.

(2) Et non auparavant, car pendant le mariage les actions dotales appartiennent au mari: Tessier, note 761; Benoît, I, p. 356; Troplong, n° 3151; Marcadé, *1560*, 2; Massé et Vergé § 670, note 45.

(3) Si l'immeuble dotal est vendu sur saisie immobilière, sans que la femme en ait demandé la distraction dans les délais de l'art. 728 C. pr., elle n'est pas recevable après l'adjudication à revendiquer cet immeuble contre l'adjudicataire; mais elle a seule droit au prix et elle est tenue d'en faire emploi: Amiens, 6 mars 1847; Caen, 14 mai 1819, 9 déc. 1850; Douai, 18 août 1850; Lyon, 30 août 1850; Riom, 19 août 1851, 14 déc. 1852, 7 déc. 1859; Toulouse, 14 août 1852, 12 juin 1860; Limoges, 27 juin 1853; Grenoble, 3 janv. 1854; 14 août 1862; Metz, 20 juin 1859; Riom, 27 déc. 1859; Montpellier, 28 nov. 1860; Agen, 27 nov. 1861; Cass., 5 mai 1846, 30 avril 1840; 29 août 1855, 20 août 1861, 16 janv. 1862; J. N., 43770, 44140, 44279, 47343. Voir cependant Carré et Chauveau, n° 2172; Dalloz. *Vente publ.*, n° 1220; Pau, 6 juin 1849; Aix, 17 mars 1857; Agen, 15 déc. 1851, 8 fév. 1861.

(4) Tessier, II, p. 20; Troplong, n° 3528; Massé et Vergé, § 670, note 21; Odier, III, 1329; Marcadé, *1560*, 4.

(5) Duranton, XV, 549, Massé et Vergé, § 670, note 27; Rodière et Pont, II, 603; Tessier, II, note 727; Troplong, n° 3565; Marcadé, *1560*,

2; Roll., *Remploi*, n° 71; Cass., 18 mai 1832, 31 mars 1841, 4 juill. 1843; Caen, 27 janv. 1851; contra Toullier, XIV, 233; Dict. not., *Rég. dotal*, n° 217; Grenoble, 2 juill. 1842.

(6) Tessier, II, p. 213; Troplong, n° 3584; Dict. not., *Rég. dotal*, n° 174; Roll., *ibid.*, n° 231; Cass., 31 mars 1841, 1er mai 1847; J. N., 10975, 12936.

(7) Toullier, XIV, 232; Tessier, II, p. 110, 113; Duranton, XV, 521; Zach., § 670, note 19; Troplong, n° 3581; Odier, III, 1340; Rodière et Pont. II, 605; Grenoble, 2 juill. 1842; contra Marcadé, *1560*, 5; Massé et Vergé, § 670, note 49.

(8) Bellot, n° 240; Rodière et Pont, II, 591; Troplong, n° 3363; Marcadé, *1560*, 1; Roll., *Rég. dotal*, n° 237.

(9) Tessier, II, p. 25; Rodière et Pont, II, 491; Zach., § 670, note 11; Bordeaux, 20 déc. 1833; Riom, 2 avril 1857; Jur. N., 11112.

(10) Même lorsqu'il n'a concouru à la vente que pour autoriser sa femme : Massé et Vergé, § 670, note 23; Marcadé, *1560*, 3; contra Troplong, n° 3535.

(11) Benoît, n° 268; Roll., *Rég. dotal*, n° 228; Grenoble, 13 fév. 1824.

(12) Aix, 5 mai 1860; Jur. N., 11620.

(13) Tessier, II, p. 80; Odier, III, 1351; Troplong, n° 3533; Marcadé, *1560*, 3; Massé et Vergé, § 670, note 24; Riom, 16 août 1824.

(14) Tessier, II, note 763; Troplong, n° 3546; Toullier, XIV, 234; Cass., 1er mars 1847; Jur. N., 7680.

(15) Bellot IV. p. 207. 208 ; Troplong, n° 3534; Marcadé, *1560*, 1; Massé et Vergé, § 670, note 19; Roll., *Rég. dotal*, n° 239; Rouen, 15 déc. 1840; Toulouse, 19 août 1843; Limoges, 10 fév. 1844; Riom,

L'acquéreur évincé n'a pas le droit de retenir l'immeuble jusqu'à ce qu'il ait été remboursé du prix et de ses impenses (1).

3692. L'acquéreur ne peut faire annuler la vente qui lui a été faite de l'immeuble dotal, même lorsqu'elle lui a été consentie par le mari seul, en sa qualité de mari dotal (2); mais il peut refuser de lui payer le prix, s'il ne lui donne caution pour le garantir contre l'éviction (3).

3693. Le droit de faire révoquer l'aliénation faite par le mari conjointement avec sa femme, ne peut plus être exercé par les héritiers de celle-ci, lorsqu'ils ont aussi succédé au mari, et qu'ils ont confondu les deux successions en les acceptant purement et simplement : tenus à la garantie de la vente comme héritiers du mari, ils ne peuvent évincer du chef de la femme (4); il en serait autrement si la succession du mari n'avait été acceptée que sous bénéfice d'inventaire (5), car, dans ce cas, ils agiraient valablement du chef de la femme, alors même qu'ils auraient accepté purement et simplement sa succession (6). La femme, qui a succédé purement et simplement à son mari, soit à défaut de successible, soit comme donataire ou légataire, ne peut pas non plus exercer l'action en révocation (7). Quant au mari, lorsqu'il succède à sa femme, il ne peut jamais évincer.

3694. Au lieu de demander la révocation, la femme ou ses héritiers ont la faculté de réclamer le prix de vente, soit au mari ou à ses héritiers, soit à l'acquéreur (8); si la réclamation est faite au mari ou à ses héritiers, elle est garantie par l'hypothèque légale de la femme (9). La femme ou ses héritiers qui optent pour la restitution du prix, approuvent tacitement la vente et se rendent non recevables à en demander la révocation (10), pourvu que l'option ait été faite après la dissolution du mariage; car l'option de la femme, après la séparation de biens, ne la rend pas non recevable (11). Cependant les époux peuvent par leur contrat de mariage, en stipulant la condition du remploi des biens dotaux, déclarer qu'en cas d'inaccomplissement de cette condition ou d'insuffisance du remploi, la femme n'aura pas de recours contre les tiers, et qu'elle n'aura d'action que contre son mari (12).

à sa charge, soit pour faire exonérer du service militaire les enfants à naître du mariage en projet, ou bien emprunter sur hypothèque les sommes nécessaires à cet effet ;

3° Faire donation entre-vifs à titre de partage anticipé, de ses biens dotaux en faveur des enfants qui naîtront du mariage projeté.

4° Toucher sans remplacement le prix des aliénations qu'elle consentirait pour cause d'utilité publique ou les indemnités qui lui seraient allouées par le jury d'expropriation, chaque fois que ces prix ou indemnités n'excéderaient par une somme de . . . .

---

(1) 2 août 1844; Agen, 17 juill. 1848; Caen, 20 juin 1840; Jur. N., 8422, 8892; Cass., 23 juin 1840; J. N., 12701; contra Tessier. II, p, 76; Duranton, XV, 530; Toullier. V. p. 335; Odier, III, 1346; Rodière et Pont, II, 532; Grenoble, 16 janv. 1828; Aix, 9 juill. 1849; Cass., 4 juin 1851, 20 juin 1853 ; Jur. N., 9370, 10856.

(1) Tessier, II. p. 89; Odier, III, 1351 ; Rodière et Pont, II, 583 ; Troplong. n° 3554; Massé et Vergé, § 670. note 18; Dict. not., Rég. dotal, n° 63; Agen, 10 juill. 1833; Bordeaux, 18 août 1833; Toulouse, 22 déc. 1834; Rouen, 5 déc. 1840; Nîmes, 16 nov. 1841; Limoges, 40 fév. 1844; Cass., 12 mai 1840, 5 août 1845.

(2) Bellot, p. 492; Toullier, XIV, 236; Troplong, n° 3322; Marcadé. 1560. 1; Massé et Vergé, § 670, note 14; Roll., Rég. dotal, n° 241; Cass. 1er déc. 1815, 25 juin 1822; Toulouse. 24 janv. 1825; Grenoble. 26 déc. 1824; Paris, 26 fév. 1833; Caen, 18 fév. 1833, note 694; Duranton, XV, 522 ; Benoit, I, 260; Odier. III. 338 ; Rodière et Pont, II, 505; Riom, 30 nov. 1843.

(3) Roll., Rég. dotal, n° 242 ; Troplong, n° 3323; Paris, 26 fév. 1833.

(4) Tessier, notes 706 et 751; Rodière et Pont, II, 581 ; Troplong, n°s 3520. 3553; Cass., 2 janv. 1838; Rouen, 26 nov. 1840; Jur. N., 11677. Voir cependant Bordeaux, 10 fév. 1838; Jur. N., 11110.

(5) Troplong, n° 3554; Bordeaux, 10 fév. 1838; Jur. N., 11110.

(6) Cass., 36 août 1847; J. N., 13170.

(7) Tessier, II, p. 39; Cass., 5 août 1848; J. N., 13672. Voir cependant Bellot IV. p. 160; Dict. not., Rég. dotal, n° 159.

(8) Bellot, n° 164; Troplong, n° 1079 ; Dict. not., Rég. dotal, n° 257. Toulouse, 21 août 1833 ; Agen, 28 mars 1832; Cass., 12 déc. 1833, V. Caen, 1er déc. 1805; trib. Lyon, 4 avril 1865; Jur. N., 128.6, 13041.

(9) Benech, n° 63; Rodière et Pont, II, 431, 432; Roll., Rég. dotal, n° 233; Cass., 24 fév. 1821, 27 juill. 1826, 28 nov. 1838; Riom, 25 fév. 1859; Jur. N., 11382; contra, Bellot, IV, p. 164; Grenier, I, p. 569; Benoît, n° 260; Troplong, n° 2123.

(10) Caen, 29 nov. 1858, V. Cass., 12 juin 1863 ; Jur. N., 11322, 12913.

(11) Tessier, II, p. 62 ; Odier, III, 1324; Rodière et Pont, II, 586; Troplong. n° 3550; Massé et Vergé, § 670, note 17; Bordeaux, 8 janv. 1851 ; Cass., 28 nov. 1838, 23 mai 1855; contra Grenier, Hyp. I, 260; Bellot, IV, p. 164; Grenoble, 31 août 1827, 7 avril 1840.

(12) Paris. 15 juill. 1851 ; Cass., 2 août 1853 ; Jur. N., 10855.

3695. La femme qui n'a payé qu'une partie du prix de l'immeuble par elle acquis en remploi et qui s'en trouve expropriée à défaut de payement du surplus, n'a point le droit de réclamer sur le prix, par préférence à son vendeur, la restitution de l'à-compte qu'elle a payé, ni de faire déclarer son vendeur responsable de l'insuffisance du remploi (1).

3696. Les immeubles (2) dotaux, non déclarés aliénables par le contrat de mariage, sont imprescriptibles pendant le mariage, à moins que la prescription n'ait commencé auparavant. Ils deviennent néanmoins prescriptibles après la séparation de biens, quelle que soit l'époque à laquelle la possession a commencé (*C. N. 1561*), à moins que l'action de la femme ne réfléchisse contre le mari (3) (*Arg. 2256 C. N.*).

3697. Le mari est tenu, à l'égard des biens dotaux, de toutes les obligations de l'usufruitier. Il est responsable de toutes prescriptions acquises et détériorations survenues par sa négligence (*C. N. 1562*). Le mari doit faire aux immeubles dotaux les réparations d'entretien et même les grosses réparations, sauf à se faire rembourser lors de la dissolution du mariage les sommes déboursées pour grosses réparations, et, si les réparations sont seulement utiles, la plus-value qu'elles ont procurée à l'immeuble (4), *infra n° 3879*.

SECTION III. — DE LA RESTITUTION DE LA DOT.

3698. Si la dot consiste en immeubles, ou en meubles non estimés par le contrat de mariage, ou bien mis à prix avec déclaration que l'estimation n'en ôte pas la propriété à la femme, le mari ou ses héritiers peuvent être contraints de la restituer sans délai, après la dissolution du mariage (*C. N. 1564*) ou la séparation de biens [FORM. 544].

3699. Si elle consiste en une somme d'argent, ou en meubles mis à prix par le contrat, sans déclaration que l'estimation n'en rend pas le mari propriétaire, ou en choses fongibles, ou en créances quelconques de la femme contre son mari (5), la restitution n'en peut être exigée qu'un an après la dissolution (*C. N. 1565*).

3700. Lorsque le mari n'a pas fait procéder à un inventaire du mobilier dotal apporté en mariage ou échu à la femme pendant le mariage, la femme peut être admise à prouver sa valeur, par titres, par témoins, ou par commune renommée (6), *infra n° 3794*.

3701. Si les meubles dont la propriété reste à la femme ont dépéri par l'usage et sans la faute du mari, il n'est tenu de rendre que ceux qui restent, et dans l'état où ils se trouvent. Et néanmoins, la femme peut, dans tous les cas, retirer les linges et hardes à son usage actuel, sauf à précompter leur valeur, lorsque ces linges et hardes ont été primitivement constitués avec estimation (7) (*C. N. 1566*).

3702. Si la dot comprend des obligations ou constitutions de rente, qui ont péri, ou souffert des retranchements qu'on ne puisse imputer à la négligence du mari, il n'en est point tenu, et il en est quitte en restituant les contrats (*C. N. 1567*).

3703. Si un usufruit a été constitué en dot, le mari ou ses héritiers ne sont obligés, à la dissolution

---

FORMULE 544. — **Restitution de la dot.** (N°s 3698 à 3710.)

Le futur époux ou ses héritiers, lorsqu'il y aura lieu, restitueront à la future épouse ou à ses héritiers les biens meubles et immeubles dont elle a fait l'apport en mariage, et ceux dont elle deviendra propriétaire pendant le mariage, par succession, donation, legs ou autrement, ou les biens et valeurs qui auront été acquis en remploi.

---

(1) Bordeaux, 24 fév. 1802; J. N., 17408.
(2) Mais non les meubles : Tessier, II, p. 119; Troplong, n° 3570, Marcadé, *1561*, 4; Grenoble, 7 janv. 1845.
(3) Bellot. p. 225; Roll., *Rég. dotal*, n° 209; Cass., 24 juin 1817.
(4) Toullier. XIV, 824; Duranton, XV, 463; Troplong, n° 3594; Massé et Vergé. § 668, note 19; Marcadé, *art. 1562*; Caen, 5 déc. 1826; Pau, 20 déc. 1860; 19 avril 1861; M. T., 1851, p. 453.

(5) Marcadé, *art. 1565*. V. Cass., 6 mars 1866; Jur. N., 13059.
(6) Benoît, n° 469; Troplong, n° 3638; Dict. not. *Rég. dotal*, n°365; Roll., *ibid.*, n° 293; Grenoble, 8 mai 1810; Riom, 2 fév. 1820; CONTRA Bellot, p. 18 et 459.
(7) Voir Troplong, n° 3643; Marcadé, *art. 1566*; Dict. not., *Rég. dotal*. n° 360; Cass., 1er juill. 1835.

du mariage, que de restituer le droit d'usufruit, et non les fruits échus durant le mariage (*C. N. 1568*).

3704. Si le mariage a duré dix ans depuis l'échéance des termes pris pour le payement de la dot (1), la femme ou ses héritiers peuvent la répéter contre le mari après la dissolution du mariage, sans être tenus de prouver qu'il l'a reçue, à moins qu'il ne justifie de diligences (2) inutilement par lui faites pour s'en procurer le payement (*C. N. 1569*). La femme ou ses héritiers peuvent seuls invoquer la présomption de payement ; quant au constituant, il est toujours débiteur et il ne pourrait invoquer que la prescription de trente ans (3) ; et si c'est la femme qui s'est constitué personnellement la dot, elle ne peut en exiger la restitution qu'en justifiant de son payement au mari (4).

3705. Si le mariage est dissous par la mort de la femme, l'intérêt et les fruits de la dot à restituer courent de plein droit au profit de ses héritiers depuis le jour de la dissolution (*C. N. 1570*) ; en cas de séparation de corps ou de biens, les intérêts courent au profit de la femme, depuis le jour du jugement (5).

3706. Si c'est par la mort du mari, la femme a le choix d'exiger les intérêts de sa dot pendant l'an de deuil, ou de se faire fournir des aliments pendant ledit temps aux dépens de la succession du mari ; mais, dans les deux cas, l'habitation durant cette année, et les habits de deuil doivent lui être fournis sur la succession, et sans imputation sur les intérêts à elle dus (*C. N. 1570*). La femme a droit aux aliments pendant l'an de deuil, même lorsqu'elle n'a aucune dot à réclamer (6).

3707. A la dissolution du mariage, les fruits, civils et naturels, des immeubles dotaux se partagent entre le mari et la femme ou leurs héritiers, à proportion du temps qu'il a duré, pendant la dernière année ; il en est de même après la séparation de corps ou de biens (7). L'année commence à partir du jour où le mariage a été célébré (*C. N. 1571*).

3708. Ce partage comprend les fruits de toute espèce de biens, même des bois ; si la coupe de bois se fait tous les neuf ans et que le mariage ait duré six ans, le mari a droit aux deux tiers de la coupe et la femme à un tiers (8). Si ce sont des bois de hautes futaies non mis en coupe réglée, *supra n° 1485*, le mari doit restituer le prix entier de la coupe, sans en rien retenir (9).

3709. Tout ce qui est dit sous la présente section reçoit son application lorsque les époux ont adopté le régime dotal pur. Si, au contraire, ils l'ont modifié par une société d'acquêts, *infra n° 3719*, les règles de la communauté d'acquêts sont applicables, et par suite : 1° la femme a l'action en reprises contre la société d'acquêts, ou, en cas de renonciation, contre son mari ; 2° la dot lui est restituable sans délai ; 3° les fruits des biens dotaux, étant entrés dans la société d'acquêts, c'est d'après les principes de la communauté d'acquêts, *supra n° 3568*, que sont réglés les droits de la femme aux fruits de ses propres non encore recueillis au jour de la dissolution de la société d'acquêts, qu'elle l'accepte ou qu'elle y renonce, et elle doit compte à la société d'acquêts des frais de labours, engrais et semences (10).

3710. La femme et ses héritiers n'ont point de privilége pour la répétition de la dot sur les créanciers antérieurs à elle en hypothèque (*C. N. 1572*).

En cas de prédécès de la future épouse sans enfant, le futur époux aura, pour se libérer de toutes les sommes dont il sera comptable ou débiteur envers sa succession, terme et délai de deux années, à partir du jour du décès, sans être tenu de fournir caution ni de payer aucun intérêt pendant ce temps ; mais à défaut de payement à l'ex-

---

(1) Ce qui s'applique au régime dotal seul, et non au régime de la communauté : Bellot, IV, p. 263 ; Rodière et Pont, II, 90 ; Troplong, n° 1968 ; Dict. not., *Dot*, n° 82 ; Roll., *Dot*, n° 93.

(2) Par diligence, la loi n'entend pas exclusivement des poursuites, mais aussi des démarches nécessaires pour obtenir le payement. Voir Tessier II, p. 253 ; Troplong, n° 3663 ; Marcadé, *1569*, 4 ; Roll., *Rég. dotal*, n° 305.

(3) Bellot, p. 251 ; Benoît, n° 122 ; Marcadé, *1569*,1 ; Roll., *Rég. dotal*, n° 302 ; Colmar, 9 janv. 1802.

(4) Toullier, XIV, 277 ; Bellot, 237 ; Tessier, I, p. 156 ; Odier, III, 1426 ; Marcadé, *1569*, 2 ; Roll., *Rég. dotal*, n° 308 ; CONTRA Duranton, XV, 556 ; Troplong, n° 3659.

(5) Tessier, II, p.267 ; Troplong, n°3672.

(6) Benoît, II, 141 ; Dalloz, n° 2425 ; Taulier, V, p. 361 ; Scriziat, n° 290 ; Caen, 30 avril 1828 ; CONTRA Rodière et Pont, II,639 ; Toulouse, 29 août 1845.

(7) Proudhon, *Usufr.*, n° 2696 ; Rodière et Pont, II, 860 ; Troplong, n° 3678.

(8) Toullier, XIV, 314 ; Bellot, p. 274 ; Benoît, n° 147 ; Tessier, II, p. 172 ; Proudhon, *Usufr.*, n° 2735 ; Duranton, XV, 456 ; Scriziat, n° 303 ; Marcadé, *1571*,2 ; Dict. not., *Rég. dotal*, n° 437 ; Roll., *Ibid.*, n° 371.

(9) Lyon, 3 mars 1845 ; J. N., 12307.

(10) Tessier, *Soc. d'acq.*, n° 84 ; Duranton, XV, 11, Rodière et Pont, II, 29 et 36 ; Odier, n° 1515 ; Troplong, n°s 1862, 1867 ; Marcadé, *art. 1581* ; Rouen 3 mars 1853 ; Jur. N., 10707.

SECTION IV. — DES BIENS PARAPHERNAUX.

3711. Tous les biens de la femme qui n'ont pas été constitués en dot sont paraphernaux, *supra* n° *3644* (*C. N. 1574*).

3712. Si tous les biens de la femme sont paraphernaux, et s'il n'y a pas de convention dans le contrat pour lui faire supporter une portion des charges du mariage [Form. 534, 2°], la femme y contribue jusqu'à concurrence du tiers de ses revenus (*C. N. 1575*), ou pour une plus forte part et même pour la totalité, si le mari est hors d'état d'y contribuer (1), *supra* n° *3636*. Si la femme a des biens dotaux et des biens paraphernaux, et que les revenus des biens dotaux joints à ceux de son mari soient suffisants pour les charges du mariage, les revenus des biens paraphernaux en sont affranchis (2).

3713. La femme a l'administration et la jouissance de ses biens paraphernaux, *supra* n° *3650* (*C. N. 1576* [Form. 516], et la libre disposition de ses revenus (3), même lorsqu'une société d'acquêts a été stipulée (4) ; mais dans ce cas elle doit compte à son mari des économies qu'elle a pu faire sur les fruits et revenus de ses biens paraphernaux (5).

3714. Cependant la femme ne peut aliéner ses biens paraphernaux ni paraître en jugement à raison desdits biens, sans l'autorisation du mari, ou, à son refus, sans la permission de la justice (*C. N. 1576*). Les biens paraphernaux ne peuvent être stipulés inaliénables par le contrat de mariage (6), *supra* n° *3641*.

3715. Si la femme a donné sa procuration au mari pour administrer ses biens paraphernaux, avec charge de lui rendre compte des fruits, il est tenu vis-à-vis d'elle, comme tout mandataire (*C. N. 1577*).

3716. Si le mari a joui des biens paraphernaux de la femme, sans mandat, et néanmoins sans opposition de sa part, il n'est tenu, à la dissolution du mariage, ou à la première demande de la femme, qu'à la représentation des fruits existants, et il n'est point comptable de ceux qui ont été consommés jusqu'alors (*C. N. 1575*), ni tenu, bien entendu, de les compenser avec les créances qu'il peut avoir contre sa femme (7).

---

piration des deux années, il devra de plein droit des intérêts sur le pied de cinq pour cent par an.

Ce délai sera révoqué de plein droit si le futur époux vient à contracter un second mariage et les sommes dues deviendront exigibles à partir du jour de la célébration civile.

FORMULE 545. — Stipulation de paraphernalité. — Administration des biens paraphernaux. (N°s 3711 à 3718.)

Tous les biens meubles et immeubles présents et à venir de la future épouse seront paraphernaux ;

En conséquence, elle aura l'entière administration de ses biens meubles et immeubles, avec le droit de disposer de son mobilier et à l'aliéner, et la jouissance libre de ses revenus.

Par suite elle pourra, sans avoir besoin de l'autorisation de son mari, etc. (*le surplus comme à la formule 534 1°*).

FORMULE 546. — Société d'acquêts. (N° 3719.)

Il y aura entre les futurs époux une société d'acquêts composée des bénéfices et économies qu'ils pourront faire pendant le mariage, tant en meubles qu'en immeubles, conformément aux dispositions des art. 1498, 1499 et 1581 du Code Napoléon.

(1) Troplong, 3699; Cass., 2 juill. 1851 ; Jur. N., 9650.
(2) Benoit, n° 57; Troplong, n° 3699; Roll., *Paraphern.*, n° 45.
(3) Voir Bellot. p. 301 ; Roll., *Paraphern.*, n°s 38, 39.
(4) Cass., 15 juill. 1846. 14 nov. 1864 ; J. N., 12783, 18158.
(5) Tessier, n° 89; Bellot, p. 320 ; Odier, n° 1516; Rodière et Pont, II, 276; Marcadé, *art. 1581*; Troplong, n° 1900; Dict. Not., *Rég. do-*

tal, n° 457 ; Limoges, 22 déc. 1849; J. N., 13092.
(6) Troplong, n°s 1086, 1462 ; Limoges, 24 juill. 1857; Cass., 7 juin 1836; 13 fév. 1850, 9 août 1858. J. N., 15197, 18381. Voir cependant Bordeaux, 28 juin 1860; J. N., 16900.
(7) Toulouse, 30 mai 1859. V. Riom, 14 juin 1866; Jur. N., 13120.

3717. Si le mari a joui des biens paraphernaux malgré l'opposition constatée de la femme, il est comptable envers elle de tous les fruits tant existants que consommés (*C. N. 1579*). L'opposition de la femme est suffisamment constatée par toute preuve écrite témoignant sa résistance; un acte extra-judiciaire n'est pas exigé (1).

3718. Le mari qui jouit des biens paraphernaux est tenu de toutes les obligations de l'usufruitier, *supra n°s 1497 et suiv.* (*C. N. 1580*). S'il a fait des améliorations sur ces biens avec ses deniers personnels, il a droit d'en répéter la valeur contre la femme ou ses héritiers (2), mais avec les distinctions admises en pareil cas, *infra n° 3879*.

SECTION V. — DE LA SOCIÉTÉ D'ACQUÊTS.

3719. En se soumettant au régime dotal, les époux peuvent néanmoins stipuler une société d'acquêts [FORM. 546]; et les effets de cette société sont réglés comme il est dit aux art. 1498 et 1499, *supra n°s 3567 et suiv.* (*C. N. 1581*). Cette société d'acquêts n'est considérée que comme stipulation accessoire du régime dotal qui conserve d'ailleurs toute sa force quant au principe de l'inaliénabilité des biens dotaux (3).

CHAPITRE VI.

DES APPORTS EN MARIAGE.

§ 1. — DES APPORTS DES ÉPOUX.

3720. Les biens possédés par les époux au jour du contrat de mariage constituent leurs apports personnels [FORM. 548 et 549]. Il est toujours utile, et sous certains régimes, nécessaire, d'en établir la consistance dans le contrat : en ce qui concerne les immeubles, il suffit d'une désignation succincte pour en prouver la propriété (*C. N. 1402*), et en permettre le prélèvement en nature à la dissolution du mariage, ou, s'il y a lieu, la reprise en deniers.

En conséquence, les futurs époux se réservent propres et excluent de la société d'acquêts, tant leurs biens actuels que ceux qui pourront leur advenir et échoir pendant le mariage, par succession, donation, legs ou autrement.

Les futurs époux ne seront pas tenus des dettes et hypothèques l'un de l'autre, antérieures à la célébration du mariage, non plus que de celles dont pourraient être grevés les biens et droits qui leur adviendraient par la suite ; ces dettes, s'il en existe ou survient, seront supportées exclusivement par celui des époux qui les aura contractées ou du chef duquel elles proviendront, sans que l'autre époux, ses biens, ni ceux de la société d'acquêts en puissent être tenus ni chargés.

Si le partage de la société d'acquêts est inégal ou si les acquêts sont attribués à l'un des époux. Voir FORMULES 529, 530 et 531.

§ 5. — APPORTS EN MARIAGE.

FORMULE 547. — **Apports en mariage du futur époux.** (N°s 3720 à 3726.)

Le futur époux apporte en mariage et se constitue personnellement en dot :

I. *Vêtements, linge, bijoux.* Les vêtements, linge et bijoux à son usage personnel estimés . . . .

---

(1) Troplong, n° 3714 ; Cass., 13 nov. 1861: R. N., 233; CONTRA Toullier, XIV, 364; Rodière et Pont, II, 691; Dalloz, n° 4264; Toulouse, 4 mai 1836.

(2) Lyon, 22 nov. 1860 ; Jur. N., 11768.
(3) Voir Benoit, n° 187; Serizlat, n° 73; Roll., *Paraph.*, n° 61 : Toulouse, 24 janv. 1835 ; Nîmes, 24 mai 1849; Jur. N., 8045.

3721. La consistance du mobilier s'établit par une description détaillée si la reprise doit en être opérée en nature, ou par une simple estimation dans le cas contraire. Dans certains pays, en Normandie notamment, on réserve à la future épouse ou à ses héritiers la faculté de reprendre le trousseau en nature ou en argent, ce qui en nécessite la description dans le contrat.

3722. Lorsque les époux adoptent la communauté d'acquêts ou réalisent tout leur mobilier, les meubles fongibles tels que l'argent comptant, les denrées, les grains, fourrages, récoltes, etc., destinés à être consommés, entrent dans la communauté qui doit en restituer ou la valeur ou de semblables à

II. *Objets mobiliers.* Divers meubles meublants, linge de ménage, argenterie et autres objets mobiliers, le tout estimé . . . .

III. *Autre.* Les vêtements, linge et objets à son usage personnel, sa bibliothèque, ses meubles meublants et autres objets mobiliers, le tout représentant une valeur de . . . .

IV. *Fortune mobilière estimée à forfait.* La somme de . . . . , à laquelle s'élève, déduction faite de toutes dettes, d'après compte arrêté entre les parties et à forfait, l'importance de la fortune du futur époux, qui est purement mobilière, et consiste en . . . . . (*indication succincte et sans détail*).

V. *Numéraire.* La somme de . . . . . en numéraire (*ou* en un compte courant chez M . . ., banquier à . . . .)

VI. *Créance hypothécaire.* Une créance de . . . . , en principal, contre M. . . . ., résultant d'une obligation pour prêt reçue par Mᵉ . . . , notaire à . . ., le . . . ., exigible le. . . ., et productive d'intérêts à cinq pour cent par an, payables chaque année, par semestre, les. . . . . Elle est assurée hypothécairement sur . . . . , par une inscription prise au bureau des hypothèques de . . . . , le . . . , vol. . . . nº . . . .

Plus le prorata des intérêts de cette créance, couru depuis le . . . .

VII. *Valeurs diverses.* 1º Cinquante actions de la compagnie du chemin de fer du Nord, dont les dividendes sont payables les . . . . de chaque année, inscrites au nom du futur époux sur les registres de la compagnie, sous les nᵒˢ . . . . , représentées par un certificat nominatif, délivré le . . . . et portant le nº . . . .

Ces actions sont timbrées par abonnement ; elles représentent au cours actuel . . . . par actions, soit ensemble . . . . . . ci. . . . . » »

2º Quinze actions au porteur de la compagnie des chemins de fer de l'Ouest, portant les nᵒˢ . . dont les dividendes sont payables les . . . de chaque année, et qui ont été déposées à la banque de France, le . . . . Lesdites actions, timbrées par abonnement, représentent au cours actuel, une somme de . . . par action, soit ensemble. . . . . . . ci. » »

3º Trente obligations de la compagnie du chemin de fer de Paris à Lyon et à la Méditerranée, au capital nominal de cinq cents francs chacune, produisant quinze francs d'intérêts, payables les . . . . de chaque année ; inscrites au nom du futur époux sur les registres de la compagnie sous les nᵒˢ . . . . et faisant l'objet d'un certificat nominatif délivré le . . . . portant le nº . . .

Lesdites obligations, timbrées par abonnement, représentent au cours actuel, une somme de. . . . par action, soit ensemble . . . . ci. . . . . » »

4º Trois cents francs de rente trois pour cent sur l'Etat français, inscrits au nom du futur époux au grand-livre de la dette publique, sous le nº . . . de la . . . série ; ladite rente portant jouissance du . . .

Elle représente à raison de . . . par trois francs de rente, au cours de ce jour, une valeur de . . . . . . ci. . . . . » »

Ensemble, une valeur de. . . . . . . ci . . ◦ . . . . » »

l'époux (*C. N. 587*) qui en a fait l'apport ; et si, comme il arrivera le plus souvent, on préfère la restitution de leur valeur, il y aura lieu d'en faire l'estimation, mais sans détail ; quant aux meubles non fongibles et aux créances, rentes, valeurs publiques, fonds de commerce et autres meubles incorporels, ils restent la propriété de celui des époux du chef duquel ils sont provenus, *supra n° 3571*, à moins d'une volonté contraire formellement exprimée, et dans ce cas il y aurait à les estimer. Si la propriété de quelques-uns de ces biens peut sans inconvénient être conservée à l'époux qui en a fait l'apport, comme les créances, rentes sur particuliers ou sur l'Etat, actions de la banque de

---

Par convention expresse, l'estimation donnée ci-dessus aux valeurs apportées par le futur en vaudra vente à la communauté ; et, en conséquence, la reprise que le futur époux ou ses héritiers auront à exercer contre la communauté, relativement à ces valeurs, sera de la somme de...., quel que soit leur sort par la suite.

Si chacun des deux époux fait des apports de ce genre, on insère l'article suivant :

Par convention expresse, l'estimation donnée aux rentes sur l'Etat et autres valeurs apportées en mariage par chacun des futurs époux, en vaudra vente à la communauté ; et, en conséquence, la reprise que chacun d'eux ou ses héritiers auront à exercer contre la communauté, relativement à ces valeurs, sera du montant de l'estimation qui leur a été ci-dessus donnée, quel que soit leur sort par la suite.

VIII. *Mobilier de ferme.* Les meubles meublants, objets mobiliers, voitures, instruments aratoires, chevaux, bestiaux, grains, fourrages et autres, garnissant la ferme de...., exploitée par le futur époux ; le tout d'une valeur de....

IX. *Fonds de commerce.* 1° Le fonds de commerce de..., que le futur époux exploite à......, composé de l'achalandage et du droit au bail des lieux où il s'exploite ; lequel bail a été fait pour.... années qui ont commencé le... : , moyennant un loyer annuel de...., payable les...., et dont six mois ont été payés par avance ainsi que le constate un acte reçu le..., par Mᵉ...., notaire à...; ce fonds de commerce est estimé à...

2° La somme de...., à laquelle s'élève, d'après l'inventaire commercial que les parties ont récemment dressé, l'estimation du matériel et des marchandises, des créances d'un recouvrement certain, y compris les deniers comptants, les effets en portefeuille et bordereaux sur les banquiers, les six mois de loyer payés par avance, le tout déduction faite des dettes et charges relatives au commerce.

Ou bien :

1° Le fonds de commerce de..., que le futur époux exploite à..., consistant dans l'achalandage et le droit à la location verbale, suivant les usage locaux, des lieux servant à son exploitation, le tout d'une valeur de...... ci............ » »

2° Les marchandises fabriquées et non fabriquées dépendant dudit établissement, les outils et objets mobiliers industriels servant à son exploitation, d'une valeur de...... ci............ » »

3° Les deniers comptants et créances à recouvrer, s'élevant, déduction faite de tout passif, à...... ci............ » »

Ensemble...... ci............ » »

Si la reprise du fonds de commerce doit avoir lieu en argent : Par convention expresse, l'estimation donnée au fonds de commerce du futur époux en vaudra vente à la communauté pour le montant de cette estimation ; et, en conséquence, la reprise que le futur époux ou ses héritiers auront à exercer pour cet objet, sera de la somme de... quel que soit par la suite le sort de ce fonds de commerce.

France, il n'en est pas de même de certains autres, comme un fonds de commerce, un droit dans une société commerciale, des valeurs au porteur ou des valeurs étrangères qui sont susceptibles de se modifier ou dont la reprise serait difficile à fixer, et il est préférable d'en rendre la communauté propriétaire pour le montant de leur estimation.

3723. Lorsque le futur époux apporte en mariage l'office ministériel dont il est ou va devenir titulaire, il est d'usage de lui en conserver la propriété, sauf à lui à indemniser la communauté des sommes qu'elle aura déboursées pour le prix de l'office et pour le cautionnement.

Si au contraire la reprise doit avoir lieu en nature : Lors de la dissolution de la communauté, si le fonds de commerce apporté par le futur époux est encore exploité par les époux, le futur époux ou ses représentants le reprendront dans l'état où il existera à cette époque ; si au contraire il a été cédé, la reprise sera du prix de la cession.

X. *Autre clause d'apport d'un fonds de commerce réservé propre.* 1° L'établissement de commissonnaire en bijouterie que le futur époux exploite à . . . et auquel on ne donne point d'estimation, les parties entendent en réserver expressément la propriété au futur époux ; en conséquence, lors de la dissolution de la communauté, le futur époux ou ses représentants en feront la reprise dans l'état et pour la valeur qu'il présentera s'il se retrouve en nature ; et dans le cas où cet établissement aurait été vendu, ils feront la reprise du prix de vente à quelque somme qu'il ait pu s'élever ;

2° Le mobilier industriel et les marchandises dépendant dudit établissement de commerce, et représentant une valeur de . . . . , sur quoi le futur époux déclare être débiteur de . . . .

XI. *Droit dans une société.* Les droits du futur époux dans la société en nom collectif ayant son siége à . . . . , formée entre lui et M. . . . pour . . (*tel commerce*), suivant acte . . . . . , sous la raison sociale . . . . , pour une durée de . . . . , qui a commencé le . . . . et expirera le . . .

Les droits du futur époux, dans cette société, sont évalués à . . . déduction faite de tout passif.

Il est expliqué et convenu entre les parties :

Que la communauté sera substituée activement et passivement aux droits du futur époux dans sa société avec M. . . . , et que la reprise à exercer à cet égard par le futur époux contre la communauté, sera de la somme de . . . , montant de l'évaluation ci-dessus faite desdits droits ;

Que, toutefois, dans le cas de décès de la future épouse avant la dissolution de la société, le futur époux reprendra en nature son intérêt social, à la charge de tenir compte à la masse de la communauté, soit en imputation sur ses droits, soit autrement, de l'importance dudit intérêt, tel qu'il aura été constaté par le dernier inventaire social qui aura été fait avant le décès de la future épouse, sans qu'il y ait rien à ajouter ni retrancher pour les opérations qui auront suivi, et sans que les héritiers ou représentants de la future épouse puissent exiger aucun autre inventaire ou constatation de la situation sociale.

XII. *Office dont le futur est titulaire.* 1° L'office de notaire à la résidence de . . . . , dont le futur époux a été investi par décret impérial du . . . , en remplacement de M. . . , qui lui en a fait la cession suivant acte reçu le . . . . par M⁰ . . . , notaire à . . . , moyennant un prix de . . . , dont le quart stipulé exigible un mois après la prestation de serment a été payé le . . . . , et dont les trois quarts de surplus encore dus ont été stipulés payables en trois fractions, la première de . . . , le . . . . ; la seconde de . . . , le . . . . , et la troisième de . . . . , le . . . . Le tout avec intérêt sur le pied de cinq pour cent par an, à partir du jour de la prestation de serment, payable de six mois en six mois ;

3724. En établissant les apports en mariage de chacun des époux, il est aussi nécessaire d'indiquer les dettes et charges dont ils sont grevés. S'il n'y en a pas, il faut énoncer que les apports sont francs et quittes de toutes dettes et charges.

3725. Lorsque les apports et dots doivent être fournis immédiatement, on énonce dans le contrat : pour le futur époux, qu'il en a donné connaissance à la future ; et pour la future épouse, que le futur consent à en demeurer chargé par le fait seul de la célébration du mariage, ce qui

2° La somme de . . . ., montant du cautionnement que le futur époux a versé au trésor public, le . . . , sous le n° . . . . ;

3° Celle de . . . ., formant l'importance des recouvrements qu'il a à opérer sur ses clients ;

4° Et une somme de . . . . en numéraire.

Le futur époux déclare qu'il ne doit rien autre chose que les fractions non encore exigibles du prix de son office, avec les intérêts courus depuis le . . .

L'office apporté en mariage par le futur époux, ou tout autre qu'il pourrait obtenir ou acquérir pendant le mariage, lui restera propre ; en conséquence, si, à l'époque de la dissolution de la communauté, le futur époux en est encore titulaire, lui ou ses représentants le reprendront avec le cautionnement y attaché et les recouvrements qui seront à faire à cette époque, mais à la charge d'indemniser la communauté des sommes principales qui auraient été payées pendant le mariage pour l'office et le cautionnement, comme aussi de la valeur des recouvrements à opérer.

Le futur époux ou ses représentants, en reprenant l'office en nature, auront seuls droit au bail des lieux occupés par le futur époux pour son étude et son habitation, à la charge d'en payer les loyers et d'en exécuter toutes les conditions, de manière que la future épouse ou ses représentants ne soient aucunement inquiétés ni recherchés.

Si les lieux occupés pour l'étude et l'habitation dépendent de la communauté, ou appartiennent à la future épouse, il en sera fait bail à dire d'experts, au profit du futur époux ou de ses représentants, pour un temps qui ne pourra excéder neuf années.

Si le futur époux a cédé son office pendant le cours de la communauté, lui ou ses représentants effectueront la reprise du prix de la cession et du cautionnement, sous la déduction toutefois des sommes qui auraient été payées par la communauté pour l'office ou le cautionnement.

XIII. *Apport d'office lorsque le futur n'est pas encore nommé.* L'office de notaire à la résidence de . . . dont la cession lui a été faite par M . . . ., suivant acte . . . ., moyennant un prix de . . . , stipulé payable : un cinquième le jour de la prestation de serment, sans intérêt, et les quatre cinquièmes de surplus, en quatre fractions de chacune . . . . ., les . . . . . , avec intérêts à cinq pour cent par an, à partir du jour de la prestation de serment, payables de six mois en six mois. Étant fait observer que lors de la signature de cet acte de cession, M . . . . . a remis au futur époux, sa démission, et la déclaration de présentation du futur époux conformément à l'art. 91 de la loi du vingt-huit avril mil huit cent seize, et que depuis les pièces nécessaires pour obtenir la nomination ont été adressées au ministère de la justice.

L'office apporté en mariage par le futur époux, etc. (*Le surplus comme en la formule précédente.*)

XIV. *Immeubles loués.* 1° Une maison située à . . ., rue . . ., n° . . ., comprenant un rez-de-chaussée et trois étages avec cour et jardin, le tout d'une superficie de . . .

Appartenant au futur époux, au moyen de l'acquisition qu'il en a faite, etc. (*Établir succinctement l'origine de propriété.*)

Cette maison est louée à divers, par baux verbaux, moyennant des loyers s'élevant

établit suffisamment qu'il a reçu (1) (*C. N.*, *1502*); cette preuve résulte aussi de la quittance postérieure au mariage, même sous seing privé (2) ; elle peut même être établie par témoins (3).

ensemble à . . ., payables aux époques ordinaires des locations faites sans écrit. Le prorata de ces loyers est dû depuis le . . . .

2° Une ferme appelée la ferme de. . . ., située commune de. . . . ., consistant en corps de ferme, terres de labour, vergers et prairies, le tout de la contenance de. . . . .

Appartenant au futur époux, comme l'ayant recueillie dans la succession de. . ., etc.

Cette ferme est affermée suivant bail passé devant M°. . ., notaire à. . ., le. . ., à M. . . ., pour neuf années qui ont commencé à courir le. . ., et expireront le. . ., moyennant, outre les impôts, un fermage annuel de. . ., payable chaque année, par semestre, les. . . . . Le prorata de ce fermage est dû depuis le. . . . .

XV. *Immeubles cultivés par le futur époux.* 1° Une ferme appelée la ferme de. . ., située commune de. . ., consistant en corps de ferme, vergers, terres labourables, prés et bois, le tout d'une contenance de. . . .

Appartenant au futur époux, etc.

2° Les labours, engrais et ensemencements en blé, avoine, orge et autres, faits sur ladite ferme, estimés entre les parties à une somme de. . .

XVI. *Droit à un bail.* 1° La jouissance, à titre de fermier, d'une ferme appelée la ferme de. . ., située commune de. . . . ., consistant en : corps de ferme, vergers, terres labourables, vignes, prés et bois, le tout de la contenance de. . .; ladite ferme affermée au futur époux par M. . ., suivant bail passé le. . ., devant M°. . ., notaire à. . ., pour neuf années qui ont commencé à courir le. . ., et expireront le. . ., moyennant, outre la charge des impôts, un fermage annuel de. . ., payable chaque année par semestre, les. . .

2° Les récoltes en blé, avoine, orge et autres à faire prochainement sur les terres de cette ferme, et que les parties conviennent d'estimer à une somme de. . . . .

Le futur époux déclare qu'il doit à son propriétaire, le semestre de fermage échu le. . ., et le prorata du semestre courant.

Ou bien : 2° Les labours, engrais et ensemencements en blé, avoine, orge et autres, faits sur ladite ferme, et que les parties conviennent d'évaluer à une somme de. . . .

Le futur époux déclare : que les fermages représentatifs de la précédente récolte sont payés, et que les fermages représentatifs de la récolte de la présente année qui seront payables les. . ., seront à la charge de la communauté, les récoltes devant lui profiter.

XVII. *Droits indivis dans une communauté.* Le futur époux, préalablement à l'indication de ses apports en mariage, explique ce qui suit :

Mme. . ., sa première épouse, est décédée à. . ., le. . ., laissant pour héritiers chacun pour moitié, ses deux enfants mineurs : 1°. . .; 2°. . ., et pour donataire de moitié en usufruit, le futur époux, son mari survivant, aux termes de leur contrat de mariage reçu par M°. . ., notaire à. . ., le. . .

L'inventaire après le décès de ladite dame a été dressé par M°. . ., notaire à. . ., le. . .

Le futur époux, comme mari survivant et en qualité de tuteur de ses enfants, est resté en possession de tous les meubles, effets mobiliers, argenterie, bijoux, argent comptant, titres et papiers compris en l'inventaire.

Il fait observer :

Que la prisée du mobilier s'est élevée à. . .;

---

(1) Marcadé, *1503*, 2 ; Esnault, *Faill.*, n° 586 *bis* ; Dédarride, *ibid.*, n° 1037 ; Massé, *Droit commerc.*, n° 394 ; Cass., 19 juin 1836 ; Caen, 3 mai 1845 ; Colmar, 28 déc. 1853 ; Orléans, 20 mars 1855; Trib. Lyon, 6 janv. 1859 ; J. N., 15603, 16566; Dijon, 7 mai 1862 ; Sirey, 1863, II, p. 84.

(2) Rodière et Pont, II, 627, 628; Roll., *Quitt. de dot*, n° 4 ; Cass., 2 sept 1806.

(3) Toullier, XIV, 275; Taulier, V, p. 353; Rodière et Pont, I, 627. Roll., *Quitt. de dot*, n° 13. Voir Metz, 18 déc. 1851 ; M. T. 1862, p 32, contra Benoit, *Dot*, II, 432; Odier, I, 1146.

3726. Le mari, sauf le cas de dol ou de fraude (1) ne peut, en alléguant une simulation qui serait son propre fait, demander à établir qu'il a donné quittance de la dot sans la recevoir,

---

Que les deniers comptants trouvés dans le cours de l'inventaire se sont montés à...;

Que, suivant les titres et papiers inventoriés, les biens et valeurs dépendant de la communauté ayant existé entre lui et sa défunte épouse, se composaient de :

1°.... etc.

Le tout grevé :

1° Des reprises des époux, consistant savoir :

Celle du futur époux, en....

Celle de la succession de sa défunte épouse, en....

2° Et de diverses dettes, décrites en l'inventaire, se montant à....

Que, lors de la clôture de l'inventaire, le futur époux, en vertu de la faculté contenue en son contrat de mariage ci-dessus énoncé, a opté pour la conservation du fonds de commerce, en sorte qu'il en est devenu seul propriétaire ;

Qu'en conséquence tous les biens qu'il possède aujourd'hui, consistent en :

1° Tous les meubles et objets mobiliers décrits en l'inventaire après le décès de sa défunte épouse, d'une valeur de....;

2° Le fonds de commerce de..., qu'il exploite à..., rue..., n°..., ensemble les ustensiles servant à son exploitation, les marchandises en dépendant, et l'achalandage y attaché, le tout d'une valeur de....;

3° Ses recouvrements et deniers comptants, le tout se montant à.....;

4° Ses immeubles personnels, consistant en.....;

5° Sa moitié dans les immeubles de la communauté, consistant en....;

6° Enfin l'usufruit de moitié comme donataire de sa défunte épouse dans les biens meubles et immeubles dépendant de la succession de cette dernière.

Le tout grevé des droits des enfants mineurs du futur époux, dont l'importance sera constatée par les comptes de tutelle qu'il leur rendra.

XVIII. *Droits indivis dans une succession.* Ses droits étant d'un tiers dans la succession de M..., son père, décédé à..., le..., constatés en l'inventaire après le décès de ce dernier, dressé par M⁰..... notaire à... le..., et ceux pouvant résulter en sa faveur du compte de tutelle que Mᵐᵉ sa mère aura à lui rendre.

Le futur époux fait observer que, par la clôture de cet inventaire, tous les objets mobiliers, argent comptant, titres et papiers sont restés en la garde et possession de Mᵐᵉ..., sa mère ;

Et que, d'après dépouillement dudit inventaire, cette succession se compose de :

1°.....

XIX. *Reconnaissance de l'apport.* Duquel apport, franc et quitte de toutes dettes et charges, et provenant au futur époux de ses gains et épargnes (*ou* tant de ses gains et épargnes, que des successions de ses père et mère), le futur époux a donné connaissance à la future épouse.

(*Voir les autres apports indiqués en la formule suivante.*)

FORMULE 548. — Apports de la future épouse. (Nᵒˢ 3720 à 3726.)

La future épouse apporte en mariage et se constitue personnellement en dot :

I. *Trousseau décrit.* Un trousseau se composant des vêtements, linge, bijoux, châles, dentelles et autres objets à l'usage corporel de la future épouse, linges de ménage, meubles

---

(1) Troplong, n° 3632 ; Montpellier, 7 août 1850 ; Cass., 2 mars 1853 ; Jur. N., 10574. V. Paris, 24 fév. 1865 ; J. N., 18285.

s'il a agi dans une intention libérale (1) ; mais il peut être admis à prouver qu'il n'a donné la quittance que dans l'espérance de recevoir la dot. D'ailleurs la preuve du non-payement de la dot quittancée est permise par tous les moyens légaux aux héritiers réservataires (2) et aux créanciers du conjoint dont les titres sont antérieurs au contrat de mariage ou à la quittance de la dot (3).

meublants, argenterie. Le tout décrit et estimé à. . ., en un état dressé entre les parties à la date de ce jour ; lequel non encore enregistré, mais devant l'être avant ou avec ces présentes, est demeuré ci-annexé après avoir été certifié véritable et signé par les parties, et que dessus les notaires soussignés ont apposé une mention de l'annexe.

Par convention expresse, la future épouse ou ses héritiers et représentants, exerceront la reprise du trousseau apporté en mariage par la future, soit en nature, soit en argent, ou partie en nature et partie en argent, à leur choix.

II. *Trousseau non décrit.* Un trousseau se composant de vêtements, linge, bijoux, dentelles et autre objets à l'usage corporel de la future épouse, linge de ménage, meubles meublants, argenterie ; le tout représentant une valeur de. . . . .

III. *Trousseau non décrit ni estimé.* Un trousseau se composant de vêtements, linge, bijoux, dentelles et autres objets à l'usage corporel de la future épouse, non décrits ni estimés, parce que la future épouse ou ses représentants, lors de la dissolution de la communauté, reprendront ses objets de même nature, dans l'état, nombre et qualité où ils se trouveront, comme étant la représentation de ceux par elle apportés en mariage.

IV. *Reliquat d'un compte de tutelle.* La somme de. . . . . formant le reliquat du compte de tutelle présenté à la future épouse par M. . ., son père, comme ayant été son tuteur légal depuis le. . . jusqu'à l'époque de sa majorité arrivée le. . ., ainsi que le constate un acte de présentation et de compte de tutelle, reçu le. . ., par Me. . ., notaire à. . . . .

V. *Reliquat d'un compte de tutelle non encore rendu.* La somme à laquelle s'élèvera le compte qui sera rendu à la future épouse par M. . ., son père, de la gestion et de l'administration qu'il a eues de ses biens, en qualité de tuteur légal, depuis le. . ., date du décès de Mme sa mère.

VI. *Droits indivis et constitution d'une somme.* Préalablement à l'indication de l'apport en mariage de la future épouse, elle et Mme sa mère expliquent ce qui suit :

M. . ., père de la future épouse, est décédé à. . ., le. . ., laissant :

1ent Mme. . ., sa veuve, avec laquelle il était commun en biens, et sa donataire pour. . .;

2ent Et pour ses seuls héritiers ses trois enfants : 1°. . .; 2°. . .; 3°. . .

Ainsi qu'il est constaté en l'intitulé de l'inventaire après son décès, dressé. . ., etc.

Il n'a pas encore été procédé aux opérations de compte. liquidation et partage des biens dépendant de la communauté d'entre M. . . et Mme. . . et de la succession de M. . . . .

On fait ressortir ici à titre de renseignement :

Que l'actif de ces communauté et succession se composait de : 1°. . .; 2°. . .

Que ces mêmes communauté et succession étaient grevées de : 1°. . .; 2°. . .

Les biens et valeurs desdites communauté et succession sont restés depuis le décès de M. . . sous l'administration de Mme veuve. . . . ., tant en son nom que comme tutrice légale de ses enfants mineurs.

Ceci expliqué l'apport de Mlle. . . est établi de la manière suivante :

Elle apporte en mariage et se constitue personnellement en dot :

1ent Les vêtements, linge. effets et bijoux à son usage personnel, d'une valeur de. . .;

2ent Ses droits dans la succession de M. . ., son père, dont elle est héritière pour un

(1) Tessier, II, p. 243; Troplong, nos 1966 et 3632; Cass., 29 mai 1827; Toulouse, 27 avril 1826; Grenoble, 2 juill. 1831; Riom, 9 août 1843; Orléans, 29 mars 1855; Jur. N., 10574. — (2) Roll., *Quitt. de dot,* n° 8; Grenoble, 2 juill. 1830; Cass., 30 nov. 1831; Rennes, 15 fév. 1840; Bordeaux, 9 avril 1845; Jur. N., 7633. — (3) Roll., *Quitt. de dot,* n° 11; Grenier, *Hyp.,* n° 234; Paris, 7 juin 1861; J. N., 17173.

§ 2. — DES DOTS CONSTITUÉES AUX FUTURS ÉPOUX.

3727. Les constitutions de dot par les père, mère et autres parents ou par les étrangers, aux futurs époux ou à l'un d'eux, sont soumises aux règles générales des donations, si ce n'est qu'elles

tiers, et ceux qui pourront résulter du compte de tutelle que Mme..., sa mère a à lui rendre ; lesdits droits encore indéterminés.

Mme veuve..... remettra au futur époux le jour même du mariage, et avant sa célébration qui en vaudra décharge, la somme de .., en espèces de monnaie ayant cours, provenant des valeurs de la communauté d'entre cette dame et son mari, et de la succession de ce dernier.

Cette somme de... comprendra d'abord le reliquat dont Mme veuve... pourra être débitrice envers la future épouse, à raison de l'excédant des recettes sur les dépenses de son compte de tutelle, et le surplus ou la totalité, s'il y a lieu, sera imputable sur les droits revenant, libres de tout passif, à la future épouse, dans la succession de M..., son père.

Le futur époux consent à demeurer chargé.....

Il reconnaît que communication lui a été donnée de l'inventaire susénoncé.

ARTICLE..... Mme veuve....., prévoyant le cas où les droits de la future épouse tels qu'ils résulteront de son compte de tutelle et de la liquidation à faire tant de la communauté ayant existé entre M. et Mme... que de la succession de M..., ne s'élèveraient pas à une somme de...... en dehors de tout passif,

Déclare faire donation en avancement d'hoirie à Mlle sa fille, future épouse, qui accepte :

De la somme qui formerait la différence entre le montant des droits disponibles de la future épouse, définitivement fixés par son compte de tutelle et la liquidation à établir, et ladite somme de..., qu'elle doit remettre au futur époux avant la célébration du mariage ainsi qu'il est expliqué dans l'article précédent.

Cette donation est ainsi faite par Mme... à la future épouse pour assurer à cette dernière, comme apport en mariage, l'intégralité de ladite somme de...

Et Mme... explique que la future épouse n'aura aucun rapport à faire à sa succession pour intérêt jusqu'au jour de son décès, sur la somme entière remise au futur époux.

Pour faciliter la perception du droit d'enregistrement seulement, et sans tirer à aucune autre conséquence, les parties déclarent évaluer à la somme de... l'importance de la donation qui précède.

VII. *Reconnaissance de l'apport.* Duquel apport, franc et quitte de toutes dettes et charges, le futur époux consent à demeurer chargé par le fait seul de la célébration du mariage.

(*Voir les autres apports indiqués en la formule précédente.*)

FORMULE 549. — Donations aux futurs époux. (N°s 3727 à 3742.)

I. *Dot constituée par père et mère conjointement.* En considération du mariage, M. et Mme.... donnent et constituent en dot conjointement, par avancement d'hoirie sur leurs successions futures, et pour moitié sur chaque succession.

A M...., futur époux, leur fils, qui accepte :

1° Une somme de..., etc.;

2° Une pièce de terre..., etc.

(*Voir supra formules 357 et 429.*)

II. *Dot imputable sur la succession du premier mourant.* En considération du mariage, M. et Mme.... donnent et constituent en dot, par imputation d'abord sur la succession

ne peuvent être attaquées pour défaut d'acceptation, et qu'elles ne sont pas révocables pour cause d'ingratitude, *supra* n°ˢ *2960, 2961, 2990* [Fᴏʀᴍ. 549].

3728 L'obligation d'acquitter la dot frappe personnellement sur chacun des époux qui l'ont constituée (1) ; si le père et la mère (2) ont doté conjointement l'enfant commun, sans exprimer la portion pour laquelle ils entendaient y contribuer, ils sont censés avoir doté chacun pour moitié, soit que la dot ait été fournie ou promise en effets de la communauté, soit qu'elle l'ait été en biens personnels à l'un des époux (ᵢC. N., *1438*), et la femme ne peut s'en exonérer en renonçant à la communauté ; malgré sa renonciation, elle doit donc, si la dot a été payée, indemnité à son mari de la moitié dont elle était tenue, et si elle n'a pas été payée, elle reste débitrice de la moitié (3), à moins de stipulation contraire, par exemple si elle a déclaré qu'elle n'entendait doter que sur les biens de la communauté (4).

3729. Les époux donateurs peuvent convenir que l'un des époux contribuera dans le payement

---

du premier mourant d'entre eux, et subsidiairement, s'il y a lieu, sur celle du survivant, A M....., etc.

III. *Dot constituée par portions inégales.* En considération du mariage, M. et Mᵐᵉ.... donnent et constituent en dot, le mari pour deux tiers et la femme pour un tiers, et par avancement d'hoirie dans ces proportions sur leurs successions futures, A M...., etc.

IV. *Dot constituée par le mari seul à l'enfant commun, en effets de la communauté.* En considération du mariage, M.... donne et constitue en dot,

A M....

Les objets dont la désignation suit, dépendant de la communauté existant entre le donateur et Mᵐᵉ...., son épouse, aux termes de leur contrat de mariage passé le ...., devant Mᵉ...., notaire à ....

1°..... etc.

V. *Trousseau.* Une somme de ...., valeur d'un trousseau se composant de vêtements, linge, bijoux, dentelles à l'usage corporel de la future épouse, un piano et autres objets mobiliers, qui seront fournis au futur époux le jour du mariage, dont la célébration en vaudra décharge aux donateurs.

VI. *Somme d'argent.* Une somme de cent mille francs, que les donateurs s'obligent solidairement à payer aux futurs époux, savoir :

Quarante mille francs le jour du mariage, dont la célébration devant l'officier de l'état civil en vaudra quittance aux donateurs ;

Et les soixante mille francs de surplus dans le délai de deux ans du jour de la célébration du mariage, avec intérêts sur le pied de cinq pour cent par an, à compter du même jour, payables chaque année en deux termes égaux, de six mois en six mois.

Ces payements auront lieu en la demeure des donateurs, en bonnes espèces au cours actuel et non autrement.

VII. *Créances.* 1° Une créance de .... en principal, contre M..... et Mᵐᵉ..., résultant d'une obligation pour prêt, reçue le .... par Mᵉ...., notaire à ...., exigible le ...., et productive d'intérêts à cinq pour cent par an, payables chaque année par semestre, les.... Elle est assurée hypothécairement sur .... par une inscription prise au bureau des hypothèques de ...., le ..., vol..., n°...

---

(1) Toullier, XII, 346 ; Duranton, XIV, 291 ; Rodière et Pont, I, 88 ; Troplong n° 4248, Marcadé, *1438*, 1 ; Zach., § 642.
(2) Même mariés sous le régime dotal : Duranton, XV, 365 ; Tessier, I. p. 138 ; Troplong, n° 3078, Trib. Toulouse. 13 avril 1864 ; Journ. du Not. 1864, p. 194.
(3) Toullier, XII, 334 ; Duranton, XIV, 356 ; Tessier, I. p. 142 ; Rodière et Pont, I, 93 ; Troplong, n° 4220 ; Marcadé, *1438*, 2 ; Zach. Massé et Vergé, § 642, note 56 ; Cass., 6 juill. 1813 ; Bourges, 29 juill. 1851 ; ᴄᴏɴᴛʀᴀ Bordeaux. 17 janv. 1854 ; J. N., 45:36.
(4) Toullier, XII, 334 ; Duranton, XIV, 285 ; Troplong, n° 4225, Roll., *Dot*, n° 37.

de la dot pour une part plus forte que moitié, ou même pour la totalité, et, à plus forte raison, stipuler que la dot sera, pour le tout, imputable sur la succession du premier mourant (1) ; ce qui n'empêche pas que pendant leur mariage ils ne soient tenus chacun pour moitié au payement de la dot (2), même après la séparation de biens prononcée (3). Si la dot imputable sur la succession du premier mourant excède les droits héréditaires de l'enfant dans cette succession, l'enfant subit une diminution de sa dot, et s'il l'a reçue en entier, il doit restituer cet excédant (4) ; à moins qu'il ne soit stipulé que la dot sera imputée d'abord sur la succession du premier mourant, et subsidiairement, s'il y a lieu, sur celle du survivant (5) [Form. 549, 2°].

3730. Lorsque la dot a été fournie en biens personnels à l'un des époux, mais néanmoins constituée par les deux époux, l'époux propriétaire des biens donnés a, sur les biens de l'autre et non sur la communauté (6), une action en indemnité, soit pour moitié de la dot, si la constitution a eu lieu conjointement ou par moitié, soit pour telle autre portion dont celui-ci s'est chargé, soit même pour la

---

2° La somme de . . . , à prendre par préférence et priorité aux donateurs, dans celle de . . . ., due par M. . . . , pour le prix moyennant lequel, suivant contrat reçu le . . . . par Me . . . , notaire à . . , M. et Mme . . . . donateurs, ont vendu à M. . . . , une maison sise à . . . ; ledit prix stipulé exigible le . . . . et productif d'intérêts à cinq pour cent par an, payables par semestres les . . . , est conservé pour une inscription prise d'office au bureau des hypothèques de . . . , le . . . , vol . . . , n° . . .

Aux intérêts desquelles créances le futur époux aura droit à partir du jour de la célébration du mariage.

Et par le fait seul de ce mariage, le futur époux demeurera subrogé dans l'effet de tous droits, actions, priviléges et hypothèques, résultant des titres susénoncés ; et notamment dans l'effet, jusqu'à due concurrence, des inscriptions conventionnelles et d'office, qui conservent les créances données.

Les donateurs s'obligent à remettre au futur époux dès la célébration du mariage, les titres de la créance contre M. et Mme . . . . ; quant à ceux de la créance contre M. . . . , ils les conserveront, mais à la charge d'en aider le futur époux toutes les fois que besoin sera.

VIII. *Valeurs diverses.* 1° Trente obligations cinq pour cent au porteur, du crédit foncier de France, produisant vingt-cinq francs d'intérêt par année, payables par semestres aux époques des 1er mai et 1er novembre ; lesdites obligations, timbrées par abonnement, portant les n°s . . .

Elles représentent actuellement, avec jouissance du . . . . , à raison de . . , par obligation, cours convenu entre les parties, une somme de . . . ci. . . .   » .

2° Quarante obligations trois pour cent, de la compagnie des chemins de fer de . . . . au capital nominal de cinq cents francs chacune, produisant quinze francs d'intérêts par année, payables par semestres aux époques des 1er janvier et 1er juillet, portant les n°s . . . . et faisant l'objet d'un certificat délivré au donateur le . . . . , sous le n° . . . ;

Ces obligations, timbrées par abonnement, représentent actuellement, avec jouissance du . . . . , au jour présumé du mariage, une valeur totale de. . . . ; ainsi convenue entre les parties, ci.   »   »

3° Trois cents francs de rente trois pour cent sur l'Etat français, inscrits au nom de M. . . . donateur, au grand-livre de la dette publique, sous le n° . . . . de la . . . série ; ladite rente, portant jouissance du . . . . ;

---

(1) Demolombe, XVI, 271 ; Cass., 11 juill. 1814 ; Jur. N., 7806.
(2) Rodière et Pont, I, 1499 ; Orléans, 24 mai 1848 ; Paris, 6 nov. 1854. V. Paris, 15 nov. 1865 ; J. N., 18417.
(3) Bordeaux, 22 mars 1859 ; J. N., 16627.
(4) Toullier, XII, 340 ; Bellot, i. p. 568 ; Tessier, I, 33 ; Marcadé, *1439*, 2 ; Zach., Massé et Vergé, § 642, note 35 ; Dict. Not., *Dot*, n° 55 ; Roll., *Dot*, n° 44 ; Cass., 11 juill. 1814 ; Arg. Bordeaux, 22 mars 1859 ;

J. N., 16627 ; contra Rodière et Pont, 1, 99, selon lesquels le survivant est tenu de subir le complément si la dot a été payée. Voir Paris, 12 août 1852, 11 janv. 1853 ; J. N., 11828. 14980.
(5) Voir Paris, 16 mars 1850 ; Rouen, 9 janv. 1864 ; *Journ. du Not.*, 1864, p. 89.
(6) Toullier, XII, 332 ; Roll., *Dot*, n° 35 ; Paris, 6 juill. 1812.

totalité, si par suite de la clause d'imputation sur la succession du prémourant il est censé avoir seul doté. L'indemnité se fixe eu égard à la valeur des biens donnés au temps de la donation (*C. N.*, *1438*).

3731. La dot constituée par le mari seul à l'enfant commun, en biens de la communauté (1), ou en une somme d'argent même stipulée payable à terme (2), est à la charge de la communauté ; et, dans le cas où la communauté est acceptée par la femme (3), celle-ci doit supporter la moitié de la dot, à moins que le mari n'ait déclaré expressément qu'il s'en chargeait pour le tout ou pour une portion plus forte que la moitié (*C. N.*, *1439*) ; ou qu'il n'ait constitué la dot en avancement d'hoirie sur sa propre succession (4).

3732. Lorsque la femme, autorisée de son mari, constitue en dot une somme d'argent ou un effet de la communauté, la communauté en est tenue, sauf l'action en indemnité contre la femme pour la somme déboursée ou la valeur de l'effet (5) ; mais si la femme autorisée par justice, en cas d'absence ou d'interdiction du mari, donne une somme d'argent ou un effet de la communauté, elle est réputée agir comme remplaçant et représentant son mari, et la communauté en est tenue sans recours contre elle; enfin si la femme autorisée de son mari dote en biens à elle personnels, elle en est seule tenue (6).

Elle représente, à raison de . . ., par trois francs de rente, cours convenu entre les parties, une valeur de . . ci. . . . .   »   »

Ensemble . . . . ci. . . . .   »   »

M. . . s'oblige à remettre au futur époux les obligations du crédit foncier de France, le certificat de dépôt des obligations du chemin de fer de . . . . et le titre de rente, la veille de la célébration du mariage qui en vaudra décharge au donateur.

Et Mᵉ . . . ., l'un des notaires soussignés, est requis de délivrer tous certificats de propriété, et extraits nécessaires pour faire immatriculer au nom du futur époux, après la célébration du mariage, les obligations et rentes qui viennent de lui être constituées en dot.

Quant au rapport qui pourrait être à faire ultérieurement à la succession du donateur, à raison de la donation qui précède, et à la reprise qui sera opérée par le futur ou ses représentants contre la communauté, ils auront lieu et s'exerceront de convention expresse, pour une somme de . . ., montant de l'évaluation ci-dessus, dès à présent convenue entre les parties, quand bien même les valeurs qui en font l'objet se retrouveraient en nature, ou quels que soient les prix moyennant lesquels elles pourraient avoir été vendues ou recouvrées.

IX. *Rente ou pension viagère.* En considération du mariage, M. et Mᵐᵉ . . . ., conjointement et solidairement entre eux, donnent et constituent en dot,

A Mˡˡᵉ . . . leur fille, future épouse, qui accepte,

Une rente ou pension viagère de . . ., par année, que les donateurs s'obligent, sous la solidarité susexprimée, à payer en quatre fractions égales de . . . . chacune, de trois en trois mois, à compter du jour du mariage et dont ils ne pourront se libérer par un versement de capital, sans le consentement formel des futurs époux.

Cette rente sera servie au domicile des futurs époux.

---

(1) S'il donne des biens à lui personnels, la femme n'en est aucunement tenue, même lorsqu'elle renonce à la communauté : Toullier, XII, 316; Roll., *Dot*, n° 18; Marcadé, *1439*, 2; Douai, 6 juill. 1853.
(2) Marcadé, *1439*, 2.
(3) Si elle renonce, elle n'y est tenue pour aucune part : Bellot, p. 554; Grenier, *Don.*, n° 625; Duranton, XIV, 291; Roll., *Dot*, n° 25; contra, Toullier, XIII, 322.
(4) Toullier, XII, 320 ; Marcadé, *1439*, 2 ; Roll., *Dot*, n° 22; Dict. Not., *Dot*, n° 19 ; Douai, 6 juill. 1853 ; Jur. N., 10922.
(5) Toullier, XII, 320 ; Roll., *Dot*, n° 27 ; Troplong, n° 1229 ; Marcadé, *1429*, 2; Massé et Vergé, § 642, note 53.
(6) Toullier, XII, 320 ; Bellot, I, 557; Roll., *Dot*, n° 25 ; Marcadé, *1439*, 2.

3733. Lorsque la dot est constituée par l'un des époux à son enfant d'un précédent mariage, elle est pour le tout à sa charge, qu'elle ait été constituée en biens à lui propres ou en effets de la communauté (1).

3734. La dot constituée par un père à son enfant n'est pas un acte de libéralité pure, mais elle a, sous certains rapports, le caractère d'un contrat à titre onéreux ; aussi, lorsque les futurs époux ont été de bonne foi, la révocation ne peut en être demandée par les créanciers du donateur, comme ayant été faite en fraude de leurs droits (2).

3735. Si une dot a été constituée à un enfant sous la condition qu'il ne pourra pas exiger son compte de tutelle ou qu'il sera tenu de laisser au survivant de ses père et mère la jouissance de tout ou partie des biens du prémourant, la condition est réputée non écrite en vertu de l'art. 900, comme étant contraire à la loi (3) ; mais si l'on a stipulé qu'en cas de demande de compte de tutelle ou de partage la somme donnée sera imputable, dans le premier cas, sur le reliquat du compte du tuteur, et, dans le second cas, sur les droits du futur époux dans la succession du prémourant, cette condition d'imputation produit son effet (4).

3736. Lorsque les père et mère mariés sous le régime dotal (5) constituent conjointemen une dot, sans distinguer la part de chacun, elle est censée constituée par portions égales et sans

---

En cas de prédécès de la future épouse, cette rente sera réversible au profit et sur la tête des enfants et descendants à naître du mariage en projet ; et elle sera réversible également au profit du futur époux, s'il y a lieu, pour effectuer le service des avantages viagers qui vont lui être assurés ci-après.

La rente ou pension viagère présentement constituée ne représentant que des revenus ne donnera lieu à aucun rapport aux successions futures des donateurs.

X. *Somme à prendre sur la succession d'un oncle ; garantie hypothécaire.* En considération du mariage, M. . . . . donne et constitue en dot, par préciput ou hors part,

A M. . . ., futur époux, son neveu, qui accepte,

Une somme de . . . , à prendre sur les plus clairs biens que le donateur laissera à son décès.

Si la somme donnée est productive d'intérêt : Jusqu'à l'époque du décès du donateur, M. . . . s'oblige à en servir au futur époux les intérêts à cinq pour cent par an, à partir du jour de la célébration du mariage, payables chaque année en un seul terme.

A la garantie de l'exécution de cette donation, le donateur affecte et hypothèque spécialement : (*Désigner les biens hypothéqués.*)

XI. *Donation d'immeuble avec réserve d'usufruit.* (N° 2926 à 2930.)

En considération du mariage, M. et Mme . . . . font donation entre-vifs, par préciput et hors part,

Au futur époux, leurs fils, qui accepte,

D'une maison située à . . . .

Cette maison dépend de la communauté existant entre les donateurs au moyen de l'acquisition que le mari en a faite de . . . ., etc.

Chacun de M. et Mme . . . ., donateurs, fait réserve à son profit et pendant sa vie, de l'usufruit de la part pouvant lui appartenir dans la maison donnée.

Et celui d'entre eux qui survivra à l'autre impose formellement au donataire, qui y con-

---

(1) Marcadé, *1439*, 2.
(2) Duranton, X, 579; Toullier, XIV, 90 ; Marcadé, *1548*, 2; Bedarride, *Dot*, IV, 1467; Dict. Not., *Fraude*, n° 17; Rouen, 3 juill. 1828; Montpellier, 14 nov. 1844; Paris, 31 janv. 1845; Lyon, 13 juill. 1843; Bourges, 9 août 1847 ; Grenoble, 3 août 1854; Rennes, 11 déc. 1860; Cass., 25 fév. 1845. 2 mars 1847, 24 mai 1848. 6 juill. 1849, 18 nov. 1861 ; J. N., 12365, 12983, 13425, 13458, 13521. 13788, 17342; CONTRA, Montpellier, 6 avril 1842; Rennes, 10 juill. 1843; Cass., 6 juin 1844,

(3) Toullier, XIII, 338 ; Marcadé, *1439*, 3 ; Roll., *Dot.*, n° 67 ; Arg. Cass., 16 janv. 1838 ; Bordeaux, 11 avril 1863 ; J. N., 18002.
(4) Dict. Not., *Dot*, n° 63 ; Paris, 11 janv. 1819, 3 août 1847 ; J. N., 13098 ; CONTRA Marcadé, *1439*, 3.
(5) S'il y a une société d'acquêts et que la constitution soit faite en biens de cette société, c'est l'art. 1439 qui est applicable ; Marcadé, *art. 1544*.

solidarité entre eux (1). Si la dot est constituée par le père seul pour droits paternels et maternels, la mère, quoique présente au contrat, n'est point engagée, et la dot demeure en entier à la charge du père (C. N., 1544). Si, au contraire, la dot est constituée par la mère seule, elle est en entier à sa charge (2).

3737. Quoique la fille dotée par ses père et mère, dans un contrat la soumettant au régime dotal, ait des biens à elle propres dont ils jouissent, la dot est prise sur les biens des constituants, s'il n'y a stipulation contraire (C. N., 1546).

3738. Si le survivant des père ou mère, en mariant sa fille sous le régime dotal, lui constitue une dot pour biens paternels et maternels, sans spécifier les portions, la dot se prend d'abord sur les droits de la future dans les biens du conjoint prédécédé, et le surplus sur les biens du constituant (C. N., 1545).

3739. La garantie de la dot est due par toute personne qui l'a constituée (C. N., 1440, 1547). Elle est due non-seulement au conjoint du donataire, mais aussi au donataire lui-même (3). Comme conséquence de cette obligation de garantie, les père et mère du futur époux qui ont dissimulé frauduleusement dans son contrat de mariage une créance personnelle qu'ils avaient contre lui peuvent en être déclarés responsables envers la future (4).

3740. Les intérêts de la dot, sauf stipulation contraire, courent de plein droit du jour du mariage,

---

sent, la condition de lui laisser la jouissance à titre d'usufruitier pendant sa vie à compter du jour du décès du premier mourant, aux charges de droit, mais avec dispense de fournir caution, de toute la part pouvant appartenir à ce dernier dans le même immeuble.

Ces réserves et conditions sont imposées par chacun des donateurs, personnellement et séparément, comme charges de son concours à la donation ; elles ne pourront donc, dans aucun cas, être considérées comme donnant lieu à une libéralité entre époux.

XII. *Condition que le donataire ne pourra demander un compte de tutelle* (ou *un partage*). En considération du mariage, Mme veuve . . . donne et constitue en dot,

A Mlle .... future épouse, sa fille, qui accepte,

Une somme de . . . .

Cette donation est faite à la condition que la future épouse ne pourra demander à Mme ...., sa mère, le compte de la gestion et de l'administration qu'elle a eues de ses biens en qualité de tutrice légale depuis le décès de M. . . ., son mari.

Et il est expressément convenu que si, malgré cette stipulation, la future épouse ou ses représentants viennent à demander le compte de tutelle, la somme présentement donnée sera imputable sur le reliquat de ce compte, et l'excédant, s'il y en a, sur la succession de la donatrice.

Ou en cas de donation par des père et mère conjointement : Cette donation est faite à la condition que la future épouse ou ses représentants laisseront jouir le survivant des donateurs, pendant sa vie, à titre d'usufruitier, avec dispense de fournir caution, mais à la charge de faire faire inventaire, des biens meubles et acquêts du prédécédé (ou des biens formant l'importance de la succession du premier mourant) ; en conséquence, elle s'interdit le droit d'exercer aucune demande en partage avant le décès du survivant des donateurs.

Et il est expressément convenu que si, nonobstant cette stipulation, le partage est demandé et a lieu, la somme de ..., présentement constituée en dot, sera imputée en totalité sur la succession du premier mourant, qui sera censé avoir seul doté ; et s'il y a excédant, cet excédant sera imputable sur la succession du premier mourant.

---

(1) Tessier, I, p. 30; Rodière et Pont, I, 95 ; Troplong, n° 3077; Massé et Vergé, § 667, note 7 ; Marcadé, 1544, 2.

(2) Troplong, n° 3075; Massé et Vergé, § 667, note 8.

(3) Duranton, XIV, 299 ; Tessier, 4, p. 193; Bellot, I, p. 508; Benoît,

4, 80 ; Zach., § 663, note 10; Rodière et Pont, I, 104; Odier, III, 114 Troplong, n° 1219; Marcadé, 1440, 2.

(4) Paris, 22 fév. 1847 ; Jur. N., 8753.

contre ceux qui l'ont promise, encore qu'il y ait terme pour le payement (*C. N.*, 1440, 1548), mais seulement lorsque la dot consiste en une somme d'argent ou en créances productives d'intérêt; car s'il s'agit d'ameublements livrables dans un délai déterminé ou de créances non productives d'intérêt, il n'en est point dû (1). Ces intérêts étant payables par année, sont soumis à la prescription de cinq ans (2).

3741. Les intérêts de la dot peuvent, sans qu'il y ait usure, être stipulés au-dessus du taux légal (3).

3742. Nonobstant la clause insérée dans un contrat de mariage que la célébration du mariage vaudra aux donateurs, quittance de la dot, cette présomption tombe nécessairement devant l'aveu des père et mère qu'ils redoivent un solde (4).

CHAPITRE SEPTIÈME.

DES DÉPÔTS D'EXTRAITS DE CONTRATS DE MARIAGE; DES CONTRE-LETTRES; DES RÉSILIATIONS.

§ 1. — DES DÉPÔTS D'EXTRAITS DE CONTRATS DE MARIAGE.

3743. Tout contrat de mariage entre époux dont l'un est commerçant doit être transmis par

---

XIII. *Convention de nourrir et loger.*

En considération du mariage, M. et Mᵐᵉ .... s'engagent solidairement à loger et nourrir dans leur maison, pendant .... années, à partir du jour du mariage, les futurs époux, leurs domestiques et les enfants à naître du mariage.

Cet engagement cessera d'être obligatoire avant le délai ci-dessus indiqué, en cas de décès de l'un des donateurs ou de décès de la future épouse sans enfant.

Les donateurs auront la faculté de se libérer du présent engagement en payant aux futurs époux et par douzième, une pension annuelle de.... jusqu'à l'expiration du délai susindiqué :

Cette donation ne donnera lieu à aucun rapport par la future épouse aux successions des donateurs.

FORMULE 550. — Droit de retour. (Nᵒˢ 2540 à 2548.)

M. et Mᵐᵉ .... se réservent expressément, chacun en ce qui le concerne, le droit de retour sur les immeubles, créances et valeurs par eux donnés à Mˡˡᵉ leur fille, future épouse, pour le cas où elle décéderait avant eux sans postérité, et pour le cas encore où les enfants de la future épouse viendraient eux-mêmes à décéder sans descendants avant les donateurs.

Mais l'exercice de ce droit de retour ne mettra pas obstacle à ce que les époux disposent de ces immeubles, créances et valeurs comme bon leur semblera (*en cas de régime dotal avec obligation d'emploi, l'on ajoute* : sauf l'emploi ci-après stipulé), et exercent tous droits et actions s'y rattachant, sans qu'il y ait besoin du concours des donateurs ; comme aussi il n'empêchera pas l'effet de la donation que la future épouse fera au futur époux, sous l'article .... ci-après.

Voir aussi supra formule 372.

§ 6. — DÉPOT. CONTRE-LETTRE. RÉSILIATION.

FORMULE 551. — Extrait pour déposer le contrat de mariage d'un commerçant.
(Nᵒˢ 3743 à 3750.)

D'UN CONTRAT passé devant Mᵉ....., qui en a gardé minute, et son collègue, notaires à....., le....., portant cette mention : Enregistré....., etc.

---

(1) Bellot, IV, p. 53; Duranton, XV, 382; Tessier, I, p. 167; Zach., § 633, note 14; Odier, III, 1154; Duvergier sur Toullier, XIV, 97 ; Rodière et Pont, I, 116; Troplong, nᵒˢ 1255 et 1256; Marcadé, 1440, 3 ; CONTRA Toullier, XIV, 97.

(2) Tessier, I, p. 166; Duranton, XV, 383; Sériziat, nᵒ 65 ; Rodière et Pont, I, 119; Troplong, *Prescript.*, nᵒ 1025; Agen, 18 nov. 1830 ; Toulouse, 12 août 1834 et 14 déc. 1850; Pau, 13 fév. 1861 ; CONTRA

Bellot, IV, p. 55; Paris, 23 juin 1818, selon lesquels ils ne se prescrivent que par trente ans.

(3) Tessier, I, p. 162; Massé et Vergé, § 633, note 14 ; Riom, 12 mars 1828.

(4) Paris, 20 juin 1851 ; Cass., 4 août 1862 ; J. N., 17311. Voir aussi Lyon, 9 avril 1862; Cass., 22 août 1863 , J. N., 17548, 18418.

extraits dans le mois (1) de sa date (2) et inséré aux tableaux placés à cet effet : 1° dans l'auditoire du tribunal civil ; 2° dans l'auditoire du tribunal de commerce ou, s'il n'y en a pas, dans la principale salle de la maison commune (3) ; 3° dans la chambre des avoués de première instance ; 4° et dans celle des notaires ; le tout au domicile (4) de celui des futurs époux qui est commerçant (5). Ces insertions sont certifiées par les greffiers et par les secrétaires des chambres (*C. pr.*, *872* ; *comm.*, *67*). L'extrait énonce : si les époux sont mariés en communauté, s'ils sont séparés de biens, ou s'ils ont contracté sous le régime dotal (*C. comm.*, *67*) ; et il indique les principales modifications apportées au régime adopté : ainsi, en cas de communauté, si elle est réduite aux acquêts, s'il y a une réserve de propre des biens meubles, s'il y a exclusion des dettes ; en cas de régime dotal, s'il y a société d'acquêts, si tous les biens de la femme sont constitués en dot ou si des biens sont paraphernaux [FORM. 551]. Le montant des apports respectifs des époux n'a pas besoin d'être exprimé (6).

3744. Le notaire qui a reçu le contrat de mariage est tenu de faire la remise de cet extrait dans chacun des lieux susindiqués sous peine de vingt francs (7) d'amende, et même de destitution et de responsabilité envers les créanciers, s'il est prouvé que l'omission soit la suite d'une collusion (*C. comm.*, *68*).

3745. Sont commerçants ceux qui exercent des actes de commerce et en font leur profession habituelle (*C. comm.*, *1*) ; ainsi, les négociants, marchands, fabricants, entrepreneurs d'ouvrages, banquiers, courtiers, commissionnaires, agents d'affaires (8), etc. Décidé, notamment au point de vue de l'obligation du dépôt, que l'on doit considérer comme commerçants : les boulangers (9), bouchers (10), marchands blatiers (11), cafetiers (12), aubergistes (13) cabaretiers et débitants (14), pharmaciens (15), voituriers (16), loueurs de voitures (17), armateurs de navires (18), entrepreneurs de pompes funèbres (19), de transports militaires (20), les forgerons (21), charbonniers (22), imprimeurs et libraires (23), directeurs de spectacles (24), foulonniers (25), les meuniers lorsqu'ils vendent la farine (26), les marchandes de modes (27) ; et les charrons, menuisiers, serruriers, charpentiers, maçons, cordonniers, maréchaux ferrants, tailleurs d'habits, marbriers, tailleurs de pierres, etc., lorsqu'ils fournissent les objets qu'ils mettent en œuvre (28) ;

CONTENANT les clauses et conditions civiles du mariage projeté entre :

M. . . . .

Et Mlle . . . . .

IL RÉSULTE, que les futurs époux ont adopté le régime de la communauté, tel qu'il est réglé par le Code Napoléon. — *Ou* le régime de la communauté réduite aux acquêts,

---

(1) Plus un jour par cinq myriamètres de distance : Décis. min. fin., 19 oct. 1813 ; J. N., 13273.

(2) Et non pas seulement du jour de la célébration du mariage : Trib. Grenoble, 26 mai 1852 ; J. N., 14788.

Le jour du contrat de mariage n'est pas compris dans le délai : Trib. Seine, 9 août 1848 ; J. N., 13273.

Lorsque le dernier jour du délai est férié, le notaire est passible d'une amende s'il n'a effectué le dépôt que le lendemain : Trib. Seine, 9 août 1853 ; J. N., 13451 ; Lille, 13 sept. 1856 ; Rec. pér., 745.

(3) Il ne peut être suppléé par le dépôt de deux extraits au greffe du tribunal civil jugeant commercialement : Déc. min. just. et fin. 16 juill. 1823 ; Trib. Saint-Pol, 8 mai 1862. J. N., 17481.

(4) Encore bien que le siège de son établissement soit dans un autre arrondissement : Garnier, n° 2885 ; trib. Nantes, 7 janv. 1846.

(5) Trib. Ste-Menehould, 11 janv. 1850 ; Rec. pér., 1293.

(6) Rodière et Pont, I, 150 ; Odier, II, 646 ; Troplong, n° 90 ; Roll., Dépôt de contr. de mar., n° 45 bis.

(7) L'amende était de 100 fr. ; elle a été réduite à 20 fr. par la loi du 16 juin 1824. art. 10 : Garnier, n° 2887 ; Roll., Dep. de contr. de mar., n° 31 ; Dict. Not., ibid., n° 53 ; Bourges, 13 juin 1826 ; Cass., 27 août 1828 ; délib. rég., 21 oct. 1826 ; Colmar. 4 mai 1829 ; Douai, 24 juill. 1848 ; J. N , 6658, 6924, 13802 ; CONTRA, Colmar, 10 juin 1824 ; trib. Bourbon-Vendée, 25 juin 1845 ; J. N., 8703, 12599.

(8) Avis Cons. d'Etat, 3 sept. 1817 ; Roll., Commerçant, n° 35 ; Paris. 6 déc. 1814.

(9) Dijon, 16 mars 1838. Voir cependant Cass., 28 fév. 1811.

(10) Aix, 15 janv. 1825.

(11) Loches, 23 avril 1853.

(12) Rouen, 4 déc. 1818 ; Nantes, 10 déc. 1845.

(13) Freves, 19 avril 1805 ; Cass., 26 juin 1821 ; Bourges, 19 déc. 1823 27 août 1824.

(14) Cass., 23 avril 1813 ; Douai. 21 juill. 1818 ; J. N., 13803.

(15) Dict. Not., Dépôt de contr. de mar., n° 13 ; Nîmes, 27 mai 1829, trib. Beaune, 29 mars 1845 ; J. N., 12301 ; trib. Grenoble, 28 mars 1859 ; Rec. Pér., 1174.

(16) Bruxelles, 18 fév. 1829.

(17) Paris, 1er août 1810 ; Bordeaux, 1er août 1831.

(19) Cass., 9 janv. 1810 ; Paris, 15 avril 1834.

(20) Cass., 22 avril 1809.

(21) Bourges. 2 juill. 1851 ; Jur. N., 10353.

(22) Douai. 21 juill. 1843 ; J. N., 13802.

(23) Bruxelles, 11 mai 18.7 ; Paris, 25 avril 1844.

(24) Garnier, n° 2975 ; Paris, 31 mai 1808, 10 juill. 1825.

(25) Rouen, 2 déc. 1825.

(26) Cass., 28 janv. 1818 ; Angers, 4 déc. 1823 ; Poitiers. 12 mars 1814 ; Charleroi, 10 déc. 1851 ; Colmar, 16 mai 1855 ; Rec. Pér. 436, 476.

(27) Trib. Dinan, 16 fév. 1855 ; Rec. Pér., 457.

(28) Roll., Commerce, n° 10 ; Dict. Not., Dep. de contr. de mar, n° 12 ; Lettre min. just., 5 mai 1812 ; Colmar, 22 nov. 1811 ; Cass., 15 mars 1812 ; 15 déc. 1830 ; Metz, 8 mai 1824 ; Amiens, 4 avril 1820 ; Orléans, 25 juin 1850 ; Douai, 30 juill. 1850 ; Jur. n° 10383 ; Trib. Dinan, 16 fév. 1855 ; Pau, 27 déc. 1859, Rec. Pér., 475, 1395.

3746. Ne sont pas réputés commerçants les simples artisans qui ne travaillent qu'au fur et à mesure des commandes qu'ils reçoivent journellement sans joindre à cette qualité celle de marchands (1), tels que des cordonniers, charrons, charpentiers qui ne fournissent pas la matière (2), des meuniers qui se bornent à moudre le grain d'autrui (3), etc.

3747. On a aussi décidé qu'il n'y a pas lieu au dépôt du contrat de mariage de : teneurs de pension bourgeoise (4), entrepreneurs de cercles d'abonnés (5), prêteurs sur gage (6), adjudicataires d'entrepôts municipaux (7), maîtres de postes (8), maîtres de pensions (9), débitants de tabacs (10), capitaines de navires (11), bateliers (12), teinturiers, ferblantiers (13), sages-femmes, même lorsqu'elles reçoivent des pensionnaires (14), et du propriétaire d'une tuilerie lorsqu'il fabrique la tuile avec des matériaux provenant des terres qui lui appartiennent (15).

3748. Lorsque la qualité de commerçant a été donnée par erreur dans un contrat de mariage, le dépôt n'est pas exigé (16), mais il y a lieu au dépôt : 1° en cas de mariage d'un non-commerçant auquel un fonds de commerce est donné par son contrat de mariage, pour en jouir du jour du mariage (17); 2° si l'individu étant commerçant a pris dans le contrat la qualification d'ouvrier (18); 3° lorsque le futur époux étant commerçant lors du contrat de mariage y a été qualifié tel, encore bien qu'avant l'expiration du délai d'un mois il ait cessé de l'être (19); 4° en cas de rupture du mariage si l'on n'établit pas qu'elle a eu lieu dans le mois du contrat (20).

3749. Le notaire est présumé connaître la profession des parties, et il est tenu d'ailleurs de se la faire certifier (21); il ne peut donc invoquer son erreur comme une excuse, surtout si la profession est notoire (22).

3750. L'époux séparé de biens ou marié sous le régime dotal, qui embrasse la profession de commerçant postérieurement à son mariage, est tenu de faire le dépôt d'un extrait du contrat de mariage à chacun des endroits indiqués *supra* n° *3743*, dans le mois du jour où il a ouvert son commerce; à défaut de cette remise, il peut être, en cas de faillite, condamné comme banqueroutier simple (*C. comm.*, *69*).

---

conformément aux art. 1498 et 1499 du Code Napoléon. — *Ou* le régime de la communauté avec réserve de propres de leurs biens présents et à venir, et exclusion de leurs dettes actuelles et futures. — *Ou* que les futurs époux ont déclaré qu'ils seraient séparés de biens. — *Ou* que les futurs époux ont adopté le régime dotal avec société d'acquêts, et que la future épouse s'est constitué en dot ses biens meubles et immeubles présents et à venir.

EXTRAIT par M° . . ., notaire soussigné, de la minute dudit contrat de mariage étant en sa possession.

---

(1) Lettre min. just., 7 avril 1811.
(2) Turin, 3 déc. 1810; Colmar, 22 nov. 1811; Rouen, 11 mai 1825.
(3) Pardessus, n° 4; Colmar, 23 mai 1814.
(4) Limoges, 16 fév. 1833.
(5) Grenoble, 12 déc. 1829.
(6) Bruxelles, 4 juin 1807, 6 mai 1828.
(7) Bruxelles, 5 mai 1813.
(8) Bruxelles, 30 avril 1812.
(9) Dict. Not., *Comm.*, n° 15; Cass., 23 nov. 1827; Paris, 19 mai 1814, 16 déc. 1835; J. N., 9814.
(10) Bruxelles, 6 mars et 5 mai 1813.
(11) Trib. Bordeaux, 19 juill. 1858; Rec. Pér., 1292.
(12) Décis. direct. enreg. Lille, 31 déc. 1844; J. N., 12389; CONTRA, Dinan, 29 déc. 1854; *Rec. Pér.*, 459.
(13) Trib. Altkirch, 23 déc. 1840; J. N., 10044.
(14) Paris, 13 avril 1837.

(15) Trib. Beaune, 22 janv. 1862; Rec. Pér., 1776.
(16) Roll., *Dép. de contr. de mar.*, n° 10; Dict. Not., *ibid.*, n° 24 Bourges, 27 fév. 1826; Pointe-à-Pitre, 30 déc. 1852; Jur. N., 9989 Foix, 10 juin 1802; Valence, 10 déc. 1862; J. N., 17330, 17668. Voir aussi Douai, 24 juil. 1848; J. N., 13862; CONTRA, Colmar, 4 mai 1829; Fontainebleau, 28 déc. 1843; Jur. N., 6997.
(17) Dict. Not., *Dép. de contr. de mar.*, n° 20; Locré, *sur l'art. 69*, *C. comm.*, Dalloz, *Contr. de mar.*, n° 284; CONTRA, trib. Loches, 16 juill. 1844; J. N., 11097.
(18) Bordeaux, 22 juin 1826; Douai, 24 juill. 1848; Avesne, 3 nov 1800.
(19) Pau, 27 déc. 1859; *Rec. Pér.*, 1395.
(20) Anvers, 3 juin 1861; *J. du Not.*, 1864, p. 238.
(21) Délib. not. Paris, 14 janv. 1808; Colmar, 16 mai 1855; Jur. N. 10973.
(22) Dict. Not., *Dép. de cont. de mar.*, n° 26; Douai, 24 juill. 1848 J. N., 13862.

§ 2. — DES CONTRE-LETTRES AUX CONTRATS DE MARIAGE.

3751. L'immutabilité étant de l'essence des contrats de mariage, les conventions qu'ils renferment ne peuvent recevoir aucun changement après la célébration du mariage (C. N., 1395) (1); c'est par cette raison qu'une femme commune en biens ne peut valablement contracter avec son mari une société commerciale en nom collectif (2); de même le mari ne peut, après (3) la célébration du mariage, renoncer valablement à exiger soit le capital, soit les intérêts de la dot constituée à la future par leur contrat de mariage (4) ; toutefois, on ne saurait voir un changement aux conventions matrimoniales dans le fait de la dation d'un immeuble en payement d'une dot constituée en argent (5), ni dans la reconnaissance par les père et mère qu'une dot stipulée payable le jour du mariage qui en vaudrait quittance, n'a pas été effectivement comptée (6).

3752. Mais, dans l'intervalle du contrat de mariage à la célébration, les conventions matrimoniales peuvent, sous le nom de *contre-lettre* [FORM. 552], recevoir tels changements que les parties jugent convenables (C. N., 1396); toutefois sous l'observation des dispositions suivantes :

1° Les changements ou contre-lettres doivent être constatés par acte public dans la même forme que le contrat de mariage (C. N., 1396); et les prénoms, qualités et demeures des parties doivent y être reproduits à peine d'amende (7).

2° Cet acte ne peut être fait qu'en la présence et avec le consentement (8) simultané, c'est-à-dire non isolément, et surtout, non à des dates différentes à peine de nullité (9), de toutes les personnes (10) qui ont été parties dans le contrat de mariage (C. N., 1396), comme habilitant les futurs époux ou comme leur ayant fait des libéralités par le contrat; mais la présence de ceux qui ont seulement habilité les futurs époux mineurs n'est plus nécessaire pour la validité de la contre-lettre si elle intervient après leur majorité (11), et il n'est pas besoin de la présence des ascendants qui n'ont été appelés au contrat que par révérence, et dont l'assistance au mariage pourrait être remplacée par des actes respectueux (12).

FORMULE 552. Contre-lettre à un contrat de mariage. (Nos 3751 à 3756).

PAR-DEVANT Mᵉ ....,

ONT COMPARU : 1° M. ... (*noms, prénoms, qualités et demeures de* TOUTES *les personnes qui ont été* PARTIES *au contrat de mariage*) ;

Lesquels ont dit que depuis la signature du contrat contenant les clauses et conditions civiles du mariage projeté entre M. ... et Mˡˡᵉ ..., reçu par Mᵉ ..., l'un des notaires soussignés, le ....., dont la minute enregistrée précède, ils ont apporté aux conditions de ce contrat divers changements;

Et qu'ils sont unanimement d'avis de le modifier de la manière suivante :

(*Énoncer avec soin les changements ; indiquer les articles supprimés ou modifiés, et insérer les articles nouveaux.*)

En conséquence, les conventions ci-dessus arrêtées forment le complément du contrat de mariage d'entre M. ... et Mˡˡᵉ ..., dont la minute précède; et ce contrat recevra sa

---

(1) Duranton, XIV, 38; Battur, I, p. 2; Zach., Massé et Vergé, § 636, note 5; Rodière et Pont. I, 433, 434; Duvergier sur Toullier, XII. 40; Troplong, I. 173, 174; Marcadé, 1397, 2; Toulouse ,7 mai 1829; Bordeaux, 8 déc. 1834; Lyon, 3 janv. 1838; Caen, 9 mai 1844 ; Cass., 23 août 1826, 31 janv. 1853.

(2) Massé et Vergé, § 636, note 5; Cass., 9 août 1851; Rouen, 45 nov. 1852; Jur. N., 9887. Voir cependant Duvergier, *Société*, n° 402 ; Troplong, *ibid.*, n° 206.

(3) Il ne le pourrait avant la célébration qu'au moyen d'une contre-lettre assujettie aux règles des art. 1395 et 1396.

(4) Toullier, XII, 64 ; Battur, n° 50; Dict. Not., *Contr. de mar.*, n° 255; Pau, 9 janv. 1838; Nîmes, 23 janv. 1843; Rennes, 4er mars 1849; Rouen, 22 juill. 1863; J. N., 10535. 13987, 18026; Cass., 4 déc. 1867 ; CONTRA, Duranton, XIV, 64. V. Cass., 22 août 1865, 28 mars 1866 ; J. N., 18418. 18513.

(5) Paris, 27 août 1851; Cass., 4 août 1852 ; J. N., 14793.

(6) Bordeaux, 29 mars 1854 ; J. N., 14492.

(7) Trib. Hazebrouck, 23 mars 1845 ; J. N., 12451.

(8) On ne pourrait présumer le consentement de ce que les parties appelées par une sommation ne se seraient pas opposées : Duranton, XIV, 53; Rodière et Pont, I, 412; Duvergier sur Toullier, XII, 50; Troplong, n° 234 ; Marcadé, 1397, 4 ; CONTRA, Toullier, XII, 50; Battur, I, 49.

(9) Marcadé, 1397, 4; trib. Valenciennes, 5 janv. 1854; J. N., 15164.

(10) Ou leurs mandataires : Troplong, n° 234; Rodière et Pont, I, 442; Odier, II, 656; Duranton, VII, 54; Dict. Not., *Cour. de mar.*, n° 307; Roll., *Contre-lettre à un contr. de mar.*, n° 26; Marcadé, 1397, 4.

(11) Bellot, I, p. 46; Roll., *loc. cit.*, n° 48; Dict. Not., *ibid.*, n° 305.

(12) Toullier XII. 51; Bellot, I, p. 42; Battur, I, 47; Troplong, n° 239 ; Roll., *loc. cit.*, n° 47 ; CONTRA, Odier, II, 660; Duranton, XIV, 57; Rodière et Pont, I, 441; Marcadé, 1397, 3; Dict. Not., *Contr. de mar.*, n° 296.

3753. Si l'une des parties refuse son concours à la contre-lettre, l'on ne peut passer outre ; mais il sera possible, lorsque ce défaut de concours n'émanera pas de parties essentielles, de faire un nouveau contrat de mariage qu'on rendra seul officiel en l'énonçant dans l'acte de mariage, *supra* n° 3535 (1), et, bien entendu, si la partie refusante avait fait une donation, sa libéralité deviendra sans objet (2). Si l'une des parties est décédée, ses héritiers doivent consentir à sa place (3).

3754. Est prohibée toute modification, abrogation ou addition, postérieure au mariage, qu'elle porte sur le régime, sur les apports, sur les donations entre les futurs, sur celles faites aux époux par des parents ou des tiers, ou sur toute autre convention matrimoniale.

3755. Les changements et contre-lettres faits conformément à ce qui est dit ci-dessus, produisent tout leur effet entre les parties. Mais, au regard des tiers, ils sont sans effet s'ils n'ont été rédigés à la suite de la minute du contrat de mariage ; et le notaire ne peut, à peine des dommages et intérêts envers les parties, et sous plus grande peine s'il y a lieu (4), délivrer ni grosses ni expéditions du contrat de mariage sans transcrire à la suite le changement ou la contre-lettre (C. N., 1397); à défaut de cette transcription la contre-lettre ne produit pas moins son effet à l'égard tant des parties que des tiers, mais le notaire doit indemniser les tiers qui en souffrent un préjudice (5).

3756. La contre-lettre étant une suite du contrat de mariage auquel elle s'incorpore, il n'est pas utile d'y énoncer que lecture a été faite aux parties du dernier alinéa de chacun des articles 1391 et 1394, ni de leur délivrer le certificat prescrit par ce dernier article (6).

§ 3. — DE LA RÉSILIATION DES CONTRATS DE MARIAGE.

3757. Les conventions matrimoniales et les donations contenues dans le contrat de mariage sont toujours censées faites sous la condition tacite que le mariage aura lieu. Si le projet de mariage vient à se rompre, et il y a certitude à cet égard lorsque l'un des futurs conjoints contracte un autre mariage, le contrat de mariage est résilié tacitement.

---

pleine et entière exécution pour toutes les dispositions auxquelles il n'a pas été dérogé par la présente contre-lettre.

Mention des présentes sera faite en marge du contrat de mariage ci-dessus énoncé, duquel il ne pourra être délivré expédition ni extrait, sans qu'il soit ajouté à la suite une expédition ou un extrait des présentes.

Dont acte. Fait et passé, etc.

FORMULE 553. — Résiliation de contrat de mariage. (N°ˢ 3757 à 3760.)

PAR-DEVANT Mᵉ...,
ONT COMPARU : M....   D'UNE PART,
Et Mⁱˡᵉ...;   D'AUTRE PART.
Lesquels ont dit :

Qu'aux termes d'un contrat passé devant Mᵉ..., l'un des notaires soussignés, le..., dont la minute précède, ils ont arrêté les clauses et conditions civiles du mariage projeté entre eux ;

Et que, n'étant plus dans l'intention de donner suite à leur projet,

Ils déclarent résilier purement et simplement ce contrat de mariage ; voulant que ce contrat, ainsi que les avantages en faveur des époux et ceux qu'ils se sont faits mutuellement, soient considérés comme non avenus et ne produisent aucun effet,

---

(1) Marcadé, 1397, 4 ; Troplong, n° 236 ; Zach., § 636, note 16.

(2) Troplong, n° 236 ; Duranton, XIV, 66 ; Rodière et Pont, I, 143 ; Marcadé, 1397, 5.

(3) Marcadé, 1397, 3 ; Rodière et Pont, I, 137 ; Troplong, n° 240 et 245.

(4) Par exemple, une peine disciplinaire : Duranton, XIV, 68 ; Zach.,

§ 636, note 20 ; Troplong, n° 249 ; Marcadé, 1398, 3 ; Dict. Not., Contr. de mar., n° 317.

(5) Duranton, XIV, 69 ; Odier, II, 608 ; Rodière et Pont, I, 146 ; Marcadé, 1398, 5 ; Troplong, n° 248 ; Zach., Massé et Vergé, § 636, note 18 ; Roll., Co-tre-lettre, n° 40 ; Dict. Not., Contr. de mar. n° 316 ; CONTR., Toullier, XII, 68.

(6) Caen, 2 déc. 1856 ; Cass., 18 mars 1857 ; J. N., 16422.

3758. La résiliation du contrat de mariage est expresse lorsqu'elle a lieu par acte notarié [Form. 553] ; cet acte est surtout utile pour obtenir la restitution des droits d'enregistrement perçus sur le contrat.

Mention des présentes sera faite en marge du contrat de mariage résilié et sur toutes pièces où besoin sera.

Dont acte. Fait et passé, etc.

§ 7. — CADRES DE CONTRATS DE MARIAGE.

FORMULE 554. — Communauté légale; Ameublissement.

Comparutions (*form.* 503 à 506).
Art. 1er. Régime (*form.* 513).
Art. 2. Apports du futur (*form.* 547).
Art. 3. Apports de la future (*form.* 548).
Art. 4. Donations aux futurs époux (*form.* 549).
Art. 5. Droit de retour (*form.* 550).
Art. 6. Institution contractuelle (*form.* 431 à 436).
Art. 7. Ameublissement (*form.* 518).
Art. 8. Partage inégal de communauté (*form.* 529 à 531).
Art. 9. Préciput (*form.* 524 à 526).
Art. 10. Faculté pour le survivant de conserver un fonds de commerce; le droit à un bail (*form.* 527, 528).
Art. 11. Reprise d'apports (*form.* 521).
Art. 12. Clause de non-emploi (*form.* 517).
Art. 13. Limitation d'hypothèque légale (*form.* 523).
Art. 14. Donations entre époux (*form.* 437 à 445).
Clôture (*form.* 507).

FORMULE 555. — Communauté réduite aux acquêts.

Comparutions (*form.* 503 à 506).
Art. 1er. Régime (*form.* 514).
Art. 2. Apports du futur (*form.* 547).
Art. 3. Apports de la future (*form.* 548).
Art. 4. Donations aux futurs époux (*form.* 549).
Art. 5. Droit de retour (*form.* 550).
Art. 6. Institution contractuelle (*form.* 431 à 436).
Art. 7. Partage inégal de communauté (*form.* 529 à 531).
Art. 8. Préciput (*form.* 525, 526).
Art. 9. Faculté pour le survivant de conserver un fonds de commerce; le droit à un bail (*form.* 527, 528).
Art. 10. Reprise d'apports (*form.* 522).
Art. 11. Clause de non-emploi (*form.* 517).
Art. 12. Limitation d'hypothèque légale (*form.* 523).
Art. 13. Donations entre époux (*form.* 437 à 445).
Clôture (*form.* 507).

FORMULE 556. — Communauté avec séparation des dettes, et clause de réalisation du mobilier (*ou mise en communauté*).

Comparutions (*form.* 503 à 506).
Art. 1er. Régime (*form.* 513; *si l'on soumet quelques-uns des biens au régime dotal, voir form.* 536).

3759. La résiliation expresse ou tacite du contrat de mariage rend sans effet, non-seulement les conventions matrimoniales et les avantages entre époux, mais aussi les donations que les parents des futurs époux ou des tiers leur avaient faites par le contrat (1).

Art. 2. Séparation des dettes (*form.* 516).
Art. 3. Apports du futur (*form.* 547).
Art. 4. Apports de la future (*form.* 548).
Art. 5. Donations aux futurs époux (*form.* 549).
Art. 6. Droit de retour (*form.* 550).
Art. 7. Institution contractuelle (*form.* 431 à 436).
Art. 8. Clause de réalisation du mobilier (*form.* 515).
        Ou mise en communauté (*form.* 516).
Art. 9. Partage inégal de communauté (*form.* 529 à 531).
Art. 10. Préciput (*form.* 525, 526).
Art. 11. Faculté pour le survivant de conserver un fonds de commerce, le droit à un bail (*form.* 527, 528).
Art. 12. Reprise d'apports (*form.* 522).
Art. 13. Clause de non-emploi (*form.* 517).
Art. 14. Limitation d'hypothèque légale (*form.* 523).
Art. 15. Donations entre époux (*form.* 437 à 445).
Clôture (*form.* 507).

FORMULE 557. — Communauté à titre universel.

Comparutions (*form.* 503 à 506).
Art. 1er. Régime (*form.* 513 *et* 532).
Art. 2. Apports du futur (*form.* 547).
Art. 3. Apports de la future (*form.* 548).
Art. 4. Donations entre époux (*form.* 549).
Art. 5. Droit de retour (*form.* 550).
Art. 6. Institution contractuelle (*form.* 431 à 436).
Art. 7. Partage inégal de communauté (*form.* 529 à 531).
Art. 8. Préciput (*form.* 524 à 526).
Art. 9. Faculté pour le survivant de conserver un fonds de commerce, le droit à un bail (*form.* 527, 528).
Art. 10. Reprise d'apports (*form.* 521).
Art. 11. Clause de non-emploi (*form.* 517).
Art. 12. Limitation d'hypothèque légale (*form.* 523).
Art. 13. Donations entre époux (*form.* 437 à 445).
Clôture (*form.* 507).

FORMULE 558. — Non-communauté.

Comparutions (*form.* 503 à 506).
Art. 1er. Clause de non-communauté (*form.* 533, 1°).
Art. 2. Apports du futur (*form.* 533, 2°).
Art. 3. Apports de la future (*form.* 548).
Art. 4. Donations aux futurs époux (*form.* 549).
Art. 5. Droit de retour (*form.* 550).
Art. 6. Institution contractuelle (*form.* 431 à 436).

---

(1) Dict. Nót., *Contr. de mar.*, n° 356; Roll, *Résil. de contr. de mar.*, n°3.

3760. Le contrat de mariage résilié par acte exprès, et les donations aux futurs époux ou entre eux qui y sont contenues, ne recouvrent pas leur effet par le mariage ultérieur des futurs époux, alors même que l'acte de résiliation serait motivé sur la rupture du projet de mariage (1).

ART. 7. Perception de revenus par la future (*form.* 533, 3°).
ART. 8. Constatation du mobilier de la future (*form.* 533, 4°).
ART. 9. Clause de non-emploi (*form.* 517).
ART. 10. Gain de survie (*form.* 533 5°).
ART. 11. Faculté pour le survivant da conserver un fonds de commerce, le droit à un bail (*form.* 527, 528, *en faisant les changements nécessités par la non-communauté*).
ART. 12. Indemnité pour engagements contractés par la future (*form.* 533, 6°).
ART. 13. Restitution des biens de la future (*form.* 533, 7°).
ART. 14. Limitation d'hypothèque légale (*form.* 523).
ART. 15. Donations entre époux (*form.* 437 à 445).
Clôture (*form.* 507).

FORMULE 559. — Séparation de biens.

Comparutions (*form.* 503 à 506).
ART. 1er. Clause de séparation de biens (*form.* 534, 1°).
ART. 2. Apports du futur (*form.* 547).
ART. 3. Apports de la future (*form.* 548).
ART. 4. Donations aux futurs époux (*form.* 549).
ART. 5. Droit de retour (*form.* 550).
ART. 6. Institution contractuelle (*form.* 431 à 436).
ART. 7. Contribution aux charges du mariage (*form.* 534, 2°).
ART. 8. Propriété des meubles garnissant les lieux occupés (*form.* 534, 3°).
ART. 9. Faculté pour le survivant de conserver un fonds de commerce, le droit à un bail (*form.* 527, 528, *en faisant les changements nécessités par la séparation de biens*).
ART. 10. Clause de non-emploi (*form.* 517).
ART. 11. Responsabilité du mari (*form.* 534, 4°).
ART. 12. Limitation d'hypothèque légale (*form.* 523).
ART. 13. Donations entre époux (*form.* 437 à 445).
Clôture (*form.* 507).

FORMULE 560. — Régime dotal sans société d'acquêts; dotalité de tous les biens.

Comparutions (*form.* 503 à 506).
ART. 1er. Régime (*form.* 535).
ART. 2. Constitution de dot (*form.* 537).
ART. 3. Apports du futur (*form.* 533, 2°).
ART. 4. Apports de la future (*form.* 540, 541, 548).
ART. 5. Donations aux futurs époux (*form.* 549).
ART. 6. Droit de retour (*form.* 550).
ART. 7. Institution contractuelle (*form.* 431 à 446).
ART. 8. Administration des biens dotaux (*form.* 538).
ART. 9. Constatation du mobilier de la future (*form.* 535, 4°).
ART. 10. Perception de revenus par la future (*form.* 533, 3°, 539).

---

(1) Dict. Not., *Contr. de mar.*, n° 247; Roll., *ibid.*, n°s 175, 176.

ART. 11. Réserve par la future de disposer de ses biens dotaux en faveur de ses enfants d'un premier lit (*form.* 542).

ART. 12. Faculté d'aliéner les biens dotaux (*form.* 543).

ART. 13. Gain de survie (*form.* 533, 4°).

ART. 14. Faculté pour le survivant de conserver un fonds de commerce, le droit à un bail (*form.* 527, 528, *en faisant les changements nécessités par le régime adopté*).

ART. 15. Restitution de la dot (*form.* 544).

ART. 16. Limitation d'hypothèque légale (*form.* 523).

ART. 17. Donations entre époux (*form.* 437 à 445).

Clôture (*form.* 507).

FORMULE 561. — **Régime dotal sans société d'acquêts; paraphernalité de tous les biens.**

Comparutions (*form.* 503 à 506).

ART. 1er. Régime (*form.* 535).

ART. 2. Apports du futur (*form.* 547).

ART. 3. Apports de la future (*form.* 548).

ART. 4. Donations aux futurs époux (*form.* 549).

ART. 5. Droit de retour (*form.* 550).

ART. 6. Institution contractuelle (*form.* 431 à 436).

ART. 7. Stipulation de paraphernalité; administration des biens paraphernaux (*form.* 545).

ART. 8. Contribution aux charges du mariage (*form.* 534, 2°).

ART. 9. Propriété des meubles garnissant les lieux occupés (*form.* 534, 3°).

ART. 10. Faculté pour le survivant de conserver un fonds de commerce, le droit a un bail (*form.* 527, 528, *en faisant les changements nécessités par le régime adopté*).

ART. 11, Clause de non-emploi (*form.* 517).

ART. 12. Responsabilité du mari (*form.* 534, 4°).

ART. 13. Limitation d'hypothèque légale (*form.* 523).

ART. 14. Donations entre époux (*form.* 437 à 445).

Clôture (*form.* 507).

FORMULE 562. — **Régime dotal avec société d'acquêts.**

Comparutions (*form.* 503 à 506).

ART. 1er. Régime (*form.* 535).

ART. 2. Société d'acquêts (*form.* 546).

ART. 3. Constitution de dot (*form.* 537).

ART. 4. Apports du futur (*form.* 547).

ART. 5. Apports de la future (*form.* 540, 541, 548).

ART. 6. Donations aux futurs époux (*form.* 549).

ART. 7. Droit de retour (*form.* 550).

ART. 8. Institution contractuelle (*form.* 431 à 436).

ART. 9. Réserve par la future de disposer de ses biens dotaux en faveur des enants d'un premier lit (*form.* 542).

ART. 10. Faculté d'aliéner les biens dotaux (*form.* 543).

ART. 11. Partage inégal de la société d'acquêts (*form.* 529 à 531).

ART. 12. Préciput (*form.* 525, 526).

ART. 13. Faculté pour le survivant de conserver un fonds de commerce, le droit à un bail (*form.* 527, 528).

ART. 14. Reprise d'apports (*form.* 522).

ART. 15. Limitation d'hypothèque légale (*form.* 523).

ART. 16. Donations entre époux (*form.* 437 à 445).

Clôture (*form.* 507).

TITRE DEUXIÈME

DES LIQUIDATIONS ET PARTAGES DE COMMUNAUTÉ.

SOMMAIRE

FORMULES

DES LIQUIDATIONS ET PARTAGES DE COMMUNAUTÉ.

3761. Dans la première partie du présent titre nous nous sommes surtout occupés de ce qui a trait aux conventions matrimoniales des époux ; nous avons réservé pour cette seconde partie ce qui se rattache aux droits respectifs des époux quant aux biens et au partage de la communauté lors de sa dissolution.

3762. Le partage de la communauté, pour tout ce qui concerne ses formes, la licitation des immeubles quand il y a lieu, les effets du partage, la garantie qui en résulte, et les soultes, est soumis à toutes les règles qui sont établies au titre des successions (1) pour les partages entre cohéritiers, *supra n°s 1974 et suiv., 2128 et suiv.* (C. N., 1476).

3763. Le partage de communauté, en raison de ses éléments multiples, prend, dans la pratique, le nom de *liquidation* [Form. 563].

3764. La liquidation se divise ordinairement en trois parties principales : sous une *partie préliminaire* on expose avec clarté et concision (2) les faits, et l'on analyse les actes qu'il est utile de connaître pour l'intelligence du travail, en commençant par le contrat de mariage des époux (3), et en énonçant successivement les successions échues aux époux pendant le mariage, les donations et les legs qui leur ont été faits, les conventions concernant leurs propres, les aliénations de leurs biens personnels, les impenses faites sur ces biens, leurs engagements personnels, les acquêts, etc.; puis enfin, le décès qui

---

FORMULE 563. — Liquidation d'une communauté légale. (N°s 3764 à 3928.)

Par-devant Mᵉ . . . . .
Ont comparu :
Mᵐᵉ Véronique Lahaye, rentière, demeurant à . . . . ., veuve de M. Paul Bigot, en son vivant propriétaire, demeurant à . . . . ., où il est décédé, le . . . . .

     Ayant été commune en biens avec M. Bigot, son défunt mari, aux termes de leur contrat de mariage qui sera énoncé sous la 1ʳᵉ observ. ci-après,

                                        D'UNE PART ;

Et M. Théodore Bigot, négociant, demeurant à . . . . .

     M. Bigot, seul et unique héritier de M. Paul Bigot, son père, ainsi que le constate l'intitulé de l'inventaire après son décès, qui sera analysé sous la 25ᵉ observ.,

                                        D'AUTRE PART ;

Lesquels ont, par ces présentes, procédé aux opérations de compte, liquidation et partage de la communauté ayant existé entre M. et Mᵐᵉ Bigot.
Pour l'intelligence des opérations, ils font l'exposé préliminaire qui suit :

1ʳᵉ Observation.

Mariage ; contrat de mariage. (N°ˢ 3769 à 3783.)

     M. Paul Bigot et Mᵐᵉ Véronique Lahaye se sont mariés à la mairie de . . . . ., le . . . . . (N° 3765.)
Préalablement à leur mariage, ils en ont arrêté les clauses et conditions civiles, suivant contrat passé devant Mᵉ . . . . ., notaire, à . . . . ., le . . . . . ;
     Aux termes de ce contrat :
     Premièrement. Les futurs époux ont adopté le régime de la communauté tel qu'il est réglé par le Code Napoléon ;

---

(1) Voir l'excellent livre de M. Mollot sur les *liquidations judiciaires :* à l'administration du *Journal des notaires et des avocats* rue des Saints-Pères, 52, Paris.

(2) Mollot, n°ˢ 207 et suiv.

(3) Mollot, n° 220.

a donné lieu à la dissolution de la communauté, l'inventaire, la vente du mobilier, les licitations et ventes d'immeubles, et le compte de l'administration de la communauté depuis sa dissolution. En terminant chacune des observations, on la *résume* en faisant ressortir ce qui en résulte comme reprise, prélèvement, indemnité, rapport, créance active ou passive, etc.; si différentes reprises ou indemnités sont comprises sous une même observation, on les réunit dans le résumé et on les totalise; enfin si une observation comprend pour le même époux et des reprises sur la communauté et des indemnités par lui dues à la communauté, on en fait la balance, et l'excédant en reprises ou en indemnités forme le résultat à comprendre dans les opérations de la liquidation. Après ces observations, il est procédé aux opérations de la liquidation. Elles sont ordinairement divisées en trois parties : *La première*, sous le titre de *liquidation des reprises*, fait connaître les prélèvements qui sont à opérer par les époux sur la masse commune, ou les indemnités dont ils sont débiteurs. *La seconde*, sous le titre *d'établissement des masses*, résume en articles distincts les divers éléments de l'actif et du passif. Enfin, la *troisième partie* contient le calcul des droits des copartageants, les abandonnements et les conditions du partage.

3765. En tête de l'observation relative au contrat de mariage, on est dans l'usage d'énoncer la date et le lieu du mariage ; le motif en est que la communauté (1), soit légale, soit conventionnelle, commence du jour du mariage (2) contracté devant l'officier de l'état civil (3) : on ne peut stipuler qu'elle commencera à une autre époque (*C. N.*, *1399*), ni qu'elle cessera avant la dissolution du mariage, ni qu'après tel temps déterminé le régime de la communauté sera remplacé par le régime dotal, ou que la communauté sera soumise à une condition soit suspensive, soit résolutoire (4).

Deuxièmement. Le futur époux a déclaré apporter en mariage :

1° Les vêtements et linge à son usage personnel et divers meubles et objets mobiliers, le tout d'une valeur de 1,000 fr. ;

2° Une rente sur l'État, trois pour cent, de deux cents francs ;

Cette rente a été vendue à la Bourse de Paris, le. . . . ., et le produit en est entré en communauté.

3° Une créance de six mille francs sur M. Louis Benoit, cultivateur, demeurant à. . . . ., pour le prix de la vente que le futur époux lui avait faite d'une maison située à. . . . ., suivant contrat passé devant Mᵉ. . . . ., notaire, à. . . . ., le. . . . .

Cette créance n'ayant pas été recouvrée, M. Bigot a poursuivi la résolution de la vente, qui a été prononcée, suivant jugement du tribunal civil de. . . . ., en date du. . . . . ; par suite, la maison vendue à M. Benoit est revenue à M. Bigot à titre de propre ; elle fera l'objet d'une reprise en nature, mais à la charge d'indemniser la communauté de 800 fr., montant des frais payés pour la résolution de la vente.

4° Une somme de six mille francs, montant de versements faits par M. Bigot à la caisse des retraites pour la vieillesse, avec réserve du capital ; ladite somme productive de trois cents francs d'intérêts par an, pour lesquels une inscription sur le grand-livre de la dette publique, portant le n°. . . . . avait été délivrée à M. Bigot.

Cette somme est toujours due par la caisse des retraites pour la vieillesse ; elle fera l'objet d'une reprise en nature. (N° 3772.)

5° Une maison située à. . . . ., rue. . . . ., n°. . . . ., que M. Bigot avait acquise de

---

(1) La communauté forme un être moral: Proudhon, *Usuf.*, I, 279 ; Massé et Vergé, § 638, note 2 ; Duranton, XIV, 96 ; Troplong, n° 307 à 321 ; Marcadé, *1403*, 1 ; Roll., *Commun.*, n° 19 ; Dict. Not., *ibid.*, n° 8 ; Cass., 29 nov. 1827 ; Rouen, 11 mars 1846 ; CONTRA, Toullier, XII, 82 ; Champ. et Rigaud, n° 2835 ; Zach., § 628, note 2 ; Rodière et Pont, I, 296.

(2) Et non du jour du contrat de mariage : Roll., *Commun.*, n° 172 ; Agen, 12 nov. 1814 ; Trib. Strasbourg, 29 août 1836.

(3) La femme est co propriétaire du jour du mariage, et non pas seulement du jour de la dissolution de la communauté : Duranton, XIV, 96 ; Battur, I, 61 ; Zach., Massé et Vergé, § 638, notes 2 et 4 ; Rodière et Pont, I, 293 à 295 ; Duvergier sur Toullier, XII, 75 ; Troplong, n° 333 ; Marcadé, *1399*, 5 ; Dict. Not., *Commun.*, n° 6 ; CONTRA Toullier, XII, 75 ; Champ. et Rigaud, n° 2835.

(4) Marcadé, *1399*, 1.

3766. Pour expliquer les formules se rattachant à la présente partie, nous établirons quatre chapitres : le premier expliquera les règles de la communauté légale ; le second, celles de la communauté modifiée ; le troisième, les effets de la renonciation à la communauté ; et le quatrième, les règles de la séparation de biens judiciaire.

CHAPITRE PREMIER

DE LA COMMUNAUTÉ LÉGALE.

3767. La communauté qui s'établit par la simple déclaration qu'on se marie sous le régime de la communauté, ou à défaut de contrat, est soumise aux règles expliquées dans les six sections qui suivent et à celles expliquées dans le chap. 3e ci-après (*C. N.*, *1400*).

3768. Tout ce qui sera dit à ce sujet doit être observé, même lorsque l'un des époux ou tous deux ont des enfants d'un précédent mariage. Si toutefois la confusion du mobilier et des dettes opérait, au

---

M. Léon Catois, propriétaire, demeurant à. . . . ., par contrat passé devant Me. . . . ., notaire, à. . . . ., le. . . . ., moyennant vingt mille francs, sur quoi dix mille francs étaient encore dus, plus trois cents francs pour intérêt.

> Cette somme a été remboursée pendant le mariage, ainsi que le constate une quittance passée par-devant Me. . . . ., notaire, à. . . . ., le. . . . . ; pourquoi M. Bigot doit indemnité à la communauté de 10,300 fr.

6° Huit pièces de terre en labour, situées commune de. . . . ., lieu dit. . . ., la 1re de la contenance de. . . . ., section A; n° 15 du plan cadastral ; la 2e de la contenance de. . . . ., etc. . . . . (*Continuer la désignation sommaire.*) Lesdites pièces de terre échues à M. Bigot, futur époux, par le partage de la succession de M. . . . ., son frère, opéré suivant acte passé devant Me. . . . ., notaire à. . . . ., le. . . . . ; par lequel il avait été chargé d'une soulte de 3,000 fr. qui était encore due.

> Les 1re, 3e et 6e de ces pièces de terre ont été vendues pendant le mariage, ainsi qu'on l'énoncera sous la 21e observation ; la 2e a été échangée, ainsi qu'on le dira sous la 5e observ. ; les 4e, 5e, 7e et 8e pièces existent encore et feront l'objet d'une reprise en nature.
>
> Les 3,000 fr. dus par M. Bigot pour soulte de partage ont été payés suivant quittance passée devant Me. . . . ., notaire à. . . . ., le . . . . . ; en outre il a été payé 60 fr. pour l'intérêt couru antérieurement au mariage ; ensemble 3,060 fr.

7° Un bois taillis, situé commune de. . . . ., de la contenance de. . . . ., qui appartenait au futur époux, comme l'ayant acquis de M. . . . ., suivant contrat passé le . . . . . devant Me. . . . ., notaire à. . . ., moyennant. . . . . payés comptant.

> Ce bois existe encore et fera l'objet d'une reprise en nature.

8° Une prairie, située en la commune de. . . . ., lieu dit. . . . ., de la contenance de. . . . ., qui appartenait au futur époux comme l'ayant acquise de M. Louis Belin, rentier, demeurant à. . . . ., suivant contrat passé devant Me. . . . ., notaire à. . . . ., le. . . . ., moyennant une rente viagère de mille francs qui était encore servie.

> Cette rente a continué d'être servie et s'est éteinte pendant le mariage ; néanmoins il n'est pas dû d'indemnité à la communauté, ainsi qu'on l'établira sous la 22e observation.

profit de l'un des époux, un avantage supérieur à celui qui est autorisé par l'art. 1098, *supra n° 3011*, les enfants du premier lit de l'autre époux auraient l'action en retranchement (*C. N., 1496*).

SECT. I. DE CE QUI COMPOSE LA COMMUNAUTÉ ACTIVEMENT ET PASSIVEMENT.

§ 1. — DES APPORTS EN MARIAGE.

3769. I. *Biens.* Tout le mobilier que les époux possèdent au jour de la célébration du mariage tombe en communauté (*C. N., 1401, 1°*). Par *mobilier* en entend tous les objets qui sont meubles d'après la loi, *supra n°ˢ 1403 et suiv.*, même les vaisseaux, les matériaux préparés pour une construction (1); quant aux objets qui sont immeubles par destination, *supra n°ˢ 1400*, ils restent propres (2).

3770. Entrent dans la communauté légale : 1° les anciennes rentes perpétuelles, même celles qualifiées foncières (3); 2° les créances soumises à une condition suspensive (4), alors même que la condition ne s'accomplit qu'après la dissolution de la communauté (5); 3° les créances pour prix de ventes d'immeubles ou pour soultes de partages ou d'échanges, antérieurs au mariage (6); 4° la créance alternative d'une chose mobilière ou d'une chose immobilière, *supra n° 3219*, lorsque le choix, qu'il émane de l'époux ou des tiers, tombe sur la chose mobilière; mais si le choix tombe sur l'immeuble, il est propre à l'époux (7); si la condition est seulement facultative pour le débiteur, la créance est mobilière et tombe en communauté ou non, selon que la chose due est mobilière ou immobilière, quelle que soit celle qu'on livre (8), *supra n° 3225*; 5° le droit à un bail fait à l'un des époux avant le mariage (9); 6° la rente

---

Le futur époux a déclaré qu'outre le complément de prix de vente, la soulte de partage et la rente viagère dont il vient d'être question, il était débiteur de :

1° Dix mille francs envers M. Léon RICHARD, en vertu d'une obligation pour prêt, reçue par Mᵉ....., notaire à....., le....., garantie par hypothèque sur les huit pièces de terre ci-dessus désignées ;

2° Et deux mille francs restés dus sur plus forte somme qui formait le prix de la vente que lui avait faite M......, suivant contrat passé devant Mᵉ....., d'une pièce de terre située à....., que le futur époux avait depuis revendue.

Ces deux sommes sont tombées à la charge de la communauté ; il n'en est question ici que pour ordre.

Troisièmement. La future épouse à déclaré faire l'apport en mariage :

1° Des vêtements, linge et bijoux à son usage personnel, de divers meubles meublants et objets mobiliers, le tout d'une valeur de deux mille francs;

2° D'une rente viagère de cinq cents francs, à elle léguée par M......, avec déclaration d'incessibilité, suivant son testament.....

Cette rente existe toujours et fera l'objet d'une reprise en nature. (N° 3771.)

3° Du droit d'exercer le retrait d'une pièce de terre labourable, située commune de....., contenant....., vendue par la future épouse à M....., suivant contrat passé devant Mᵉ....., notaire à...., le......, moyennant six mille francs payés comptant, avec réserve de la faculté de réméré pendant cinq années, en remboursant le prix de vente et les frais du contrat.

---

(1) Rodière et Pont, I, 318; Troplong, n° 356; Lyon, 23 déc. 1814.

(2) Troplong, n° 356 ; Roll., *Commun.*, n° 48; Massé et Vergé, § 640, note 2.

(3) Troplong, n° 405 ; Toullier, XII, 408 ; Bellot, I, 114; Duranton, XIV, 123 ; Dict., Not., *Commun.*, n° 72.

(4) Troplong, n° 305; Rodière et Pont, I, 327.

(5) Roll., *Commun.*, n° 32.

(6) Toullier, XII, 404; Duranton, XVIII, 112, 117; Troplong, n°ˢ 363, 367; Rodière et Pont. I, 328; Odier, I. 77; Roll., *Commun.*, n°ˢ 53, 54; Dict. Not., *ibid.*, n° 54; Douai, 9 mai 1849; Jur. N., 9257.

(7) Pothier, n° 74; Troplong, n° 372; Toullier, XII. 402; Duranton, XIV, 116; Roll., *Comm.*, n°ˢ 76, 77; Dict. Not., *ibid.*, n° 59; Rodière et Pont, I, 332; Marcadé, *1403, 2 bis*.

(8) Pothier, n° 75; Troplong, n° 373; Marcadé, *1403, 2 bis ;* Toullier, XII, 403 ; Duranton, XII, 115 ; Dict. Not., *Commun.*, n° 62; Roll., *ibid.*, n° 80.

(9) Rodière et Pont, I, 337 : Duranton, XIV, 126; Toullier, XII, 405; Roll., *Bail*, n° 8, et *Commun.*, n° 58; Dict. Not., *Commun.* n° 66; CONTRA, Troplong, n° 402.

viagère due à l'un des époux, pour le fonds et les arrérages, si elle est cessible; de sorte qu'à la dissolution de la communauté, elle se partage par moitié (1); et si elle est incessible, pour les arrérages seulement *infra* n° 3771; 7° le droit de récompense, c'est-à-dire les reprises qu'un époux a à exercer sur une communauté précédente, et, par conséquent, les biens meubles et immeubles prélevés à ce titre, les reprises étant mobilières et le prélèvement auquel elles donnent lieu produisant l'effet d'une dation en payement (2). Jugé toutefois, dans le cas où les reprises ont pour cause des prix de vente d'immeubles, que si le précédent contrat de mariage stipule que ces sortes de reprises auront une nature immobilière, elles ne tombent pas dans la deuxième communauté (3). 8° L'office ministériel dont l'un des époux est propriétaire au jour du mariage (4); 9° les compositions littéraires, scientifiques ou artistiques, 10° les récompenses accordées pour services rendus à l'État avant le mariage (5); 11° les fonds de commerce et leur achalandage (6), etc.

3771. Mais les rentes viagères déclarées valablement incessibles (7), et les prestations incessibles de leur nature, comme les pensions alimentaires (8), les pensions de retraite et de la Légion d'honneur, les traitements de réforme (9) n'entrent en communauté que pour les arrérages courus jusqu'au jour de la dissolution du mariage; à cette époque, le conjoint les reprend en nature.

3772. Les sommes versées à la caisse des retraites pour la vieillesse, antérieurement au mariage, restent propres à celui des époux qui en a fait le versement (*loi 18 juin 1850, art. 4*); mais les arrérages ou intérêts tombent en communauté.

3773. Les immeubles que les époux possèdent au jour de la célébration du mariage leur restent

---

Ce droit de réméré a été exercé suivant acte reçu le....., par M^e.....; notaire à....., par le remboursement à M....., de six mille francs pour le prix de son acquisition, plus six cents francs pour frais de contrat, ensemble 6,600 fr.

L'immeuble revenu à Mme BIGOT a eu la nature de propre et fera l'objet d'une reprise en nature, mais à la charge d'indemniser la communauté de 6,600 fr.

4° L'usufruit d'une maison située à....., rue....., n°....., qui appartenait à la future épouse, comme légataire de M....., en vertu de son testament ci-dessus énoncé.

Cet usufruit a été vendu pendant le mariage, ainsi qu'on l'énoncera sous la 21e observation.

5° Une ferme appelée la ferme de....., située commune de....., consistant en....., etc., qui appartenait à la future épouse en sa même qualité de légataire de M....., et comme lui étant échue par le partage de sa succession opéré suivant acte passé devant M^e....., notaire à....., le.....

---

(1) Troplong, n° 407; Duranton, XIV, 425; Battur, I, 450; Bellot, I. p. 409; Rodière et Pont, I, 352; Duvergier sur Toullier, XII, 110; Marcadé, *1403*, 3; Massé et Vergé, § 640, note 19; Dict. Not., *Commun.*, n° 77; Rennes, 14 juin 1841, 4 fév. 1861; Orléans, 28 déc. 1813; Agen, 6 mars 1844; Cass., 30 avril 1862; J. N., 17491; CONTRA, Toullier, XII, 110; Roll., *Commun.*, n° 67; Zach., § 640.

(2) Toullier, XII, 111; Massé et Vergé, § 644, note 19; Troplong, n°s 374 à 400 et 1632; Roll., *Commun.*, n° 56; Dict. Not., *Reprises*, n° 13; Douai, 7 juin 1827; Jur. N., 8485; Nancy, 10 fév. 1852; Angers, 25 avril 1840; Caen, 27 juin et 19 juill. 1861; Cass., 1er juin 1852; J. N., 16992, 17481; Rouen. 20 nov. 1803; Paris, 14 fév. 1867; J. N., 18958; Voir aussi Cass., audience solenn., 16 janv. 1855; J. N. 16223; CONTRA, Rodière et Pont, I, 135; Demolombe IX, 362; Marcadé, *1403*, 2, et *Rev. crit.*, 1852, p. 577; Coin-Delisle, *Rev. de droit français*, 1840, I, p. 657; Pont, *Rev. crit.*, 1853, p. 416; Caen, 10 janv. 1832, 14 nov. 1845, 31 déc. 1852; Rouen 16 juill. 1845; Paris, 21 fév. 1846, 31 déc 1852, 31 mars 1853; Cass., 28 mars 1849; 8 avril 1850; 23 fév. 1853; 30 mai 1854; Jur. N., 7392, 7702, 8444, 8931, 10242; J. N., 12090, 13708, 13214; Metz, 10 avril 1862; Jur. N., 12107, selon lesquels au contraire les reprises donnent lieu, non à une créance, mais à un droit plus fort dans la communauté, et sont mobilières lorsqu'elles s'exercent sur

des biens meubles, et immobilières lorsqu'elles s'exercent sur des biens immeubles.

(3) Paris, 13 juill. 1841; J. N., 11064.

(4) Toullier, XII, 130; Duranton, XIV, 130; Bellot, I, p. 416; Dard, *Offices*, p. 264; Roll., *ibid.*, n° 437; Dict. not. *ibid.*, n° 515; Troplong, n° 412; Rodière et Pont, I, 364; Douai, 15 nov. 1838; Agen, 2 déc. 1836; Paris, 23 juill. 1840, 21 avril 1856; Cass., 8 mars 1843; J. N., 10776, 14589; Jur. N., 11025.

(5) Troplong, n° 408; Dict. Not., *Commun.*, n° 82; Cass., 7 nov. 1837.

(6) Duranton, XIV, 429; Massé et Vergé, § 640, note 2; Rodière et Pont, I, 165; Troplong, n° 413; Roll., *Commun.*, n° 82; Dict. Not., *ibid.*, n° 89; Paris, 22 mars 1831; Cass., 29 nov. 1842.

(7) Bellot, I, p. 417; Duranton, XIV, 425; Rodière et Pont, I, 353; Marcadé, *1303*, 3, note; Dict. Not., *Commun.*, n° 78; Roll., *ibid.*, n° 68.

(8) Troplong, n° 227; Rodière et Pont, I, 353; Marcadé, *1403*, 2, note; Cass. 24 juin 1815, 31 mai 1820, 3 fév. 1830; Arg. Cass., 30 avril 1862; J. N. 17491; CONTRA, Glandaz, *Commun.*, n° 59.

(9) Troplong, n°s 409, 410; Dict. Not., *Commun.*, n° 79; avis conseil d'État, 23 janv. et 2 fév. 1808; Cass., 3 fév. 1830; Caen. 27 juin 1845; Trib. Seine, 21 janv. 1862; Jur. N., 12113.

propres (*C. N.*, *1404*). Néanmoins si l'un des époux avait acquis un immeuble à titre onéreux depuis le contrat de mariage contenant stipulation de communauté légale, et avant la célébration du mariage, l'immeuble acquis dans cet intervalle prend la place de la valeur mobilière et entre dans la communauté, à moins que l'acquisition n'ait été faite en exécution de quelque clause du contrat de mariage, auquel cas elle serait réglée suivant la convention (*C. N.*, *1404*).

3774. Si, dans le même intervalle, l'un des époux a vendu un immeuble, le prix touché, ou même encore dû, tombe en communauté (1); cependant, on pourrait voir dans ce fait un changement aux conventions matrimoniales prohibé par l'art. 1396 C. N.

3775. Tout immeuble est réputé acquêt, si sa nature de propre n'est pas établie. Il suffit, pour que la nature de propre ne puisse être contestée, que la propriété de l'immeuble dans les mains de l'époux se soit consolidée pendant le mariage, si d'ailleurs il en avait antérieurement la possession légale; il en est ainsi : 1° de l'immeuble acquis avant le mariage sous une condition suspensive, si la condition s'accomplit pendant le mariage (2); 2° de l'immeuble acquis d'une femme non autorisée, d'un mineur, si, depuis, la femme avec l'autorisation de son mari ou le mineur devenu majeur ratifient (3); ou d'une personne qui n'en était pas propriétaire, si, pendant le mariage, le véritable propriétaire ratifie (4), même à titre de transaction et moyennant un prix (5); 3° de l'immeuble acquis avant le mariage, lorsque l'acquisition donne lieu à une demande en rescision pour cause de vilité de prix, alors même qu'il doit être payé un supplément de prix pour échapper à la rescision (6); 3° de l'immeuble que l'un des époux a commencé à posséder avant le mariage, lorsque la prescription s'est accomplie en sa faveur pendant le mariage (7), encore qu'une somme ait été payée pendant le mariage pour consolider le droit de propriété (8), même

Deux pièces de terre faisant partie de cette ferme ont été échangées ainsi qu'on l'énoncera sous la 5ᵉ observation; une autre pièce a été vendue et en partie remplacée, ainsi qu'on l'établira sous la 21ᵉ observation.

Le surplus de la ferme reste appartenir à Mᵐᵉ Bɪɢᴏᴛ et fera l'objet d'une reprise en nature.

La future épouse a déclaré être grevée de diverses dettes chirographaires, se montant à trois mille francs.

Ces dettes étant tombées à la charge de la communauté, il n'en est question ici que pour ordre.

Quatrièmement. M. Louis Lᴀʜᴀʏᴇ, père de la future épouse, lui a donné et constitué en dot une somme de dix mille francs, dont cinq mille francs ont été payés le jour du mariage, qui en a valu quittance; et les cinq mille francs de surplus ont été stipulés payables dans le délai de deux ans du jour du mariage, avec l'intérêt à partir du même jour.

M. Lᴀʜᴀʏᴇ s'est libéré des 5,000 fr. qu'il restait devoir, par la cession d'un immeuble, ainsi qu'on l'énoncera sous la 4ᵉ observation.

Cinquièmement. Préciput a été stipulé en faveur du survivant, de tels meubles et objets mobiliers que bon lui semblerait, à prendre sur ceux de la communauté avant tout partage, jusqu'à concurrence d'une somme de trois mille francs, ou cette somme en deniers comptants, à son choix.

Sixièmement. Enfin, il a été dit que la future épouse ou ses héritiers et représentants,

(1) Toullier, XII, 171; Bugnet sur Pothier, VII, p. 316; Odier, I, 77; Belloj, I, p. 470; Massé et Vergé, § 640, note 35; Rodière et Pont, I, 329; Marcadé, *1404*, 1; Dict. Not., *Commun.* n° 201; Roll., *ibid.*, n° 177; ᴄᴏɴᴛʀᴀ, Duranton, XIV, 484; Battur, I, p. 174; Troplong, n° 364.

(2) Toullier, XII, 179; Troplong, n° 490; Tessier, n° 39; Marcadé, *1403*, 7; Dict. Not., *Commun.*, n° 155; Roll., *ibid.*, n° 444.

(3) Tessier, n° 32; Troplong, n° 508, 509; Rodière et Pont, I, 519; Marcadé, *1402*, 7; Dict. Not., *Commun.*, n° 162.

(4) Toullier, XII, 175; Troplong, n° 509; Rodière et Pont, I, 519; Roll., *Commun.*, n° 140; Dict. Not., *ibid.*, n° 159.

(5) Toullier, XII, 182; Troplong, n°ˢ 511, 514, 516; Odier, I, 113; Rodière et Pont, I, 419, 424, 425; Roll., *Commun.*, n°ˢ 141, 448; Dict. Not., *ibid*, n° 450.

(6) Toullier, XII, 189; Rodière et Pont, I, 419; Troplong, n° 508; Roll., *Commun.*, n° 452; Dict. Not., *ibid.*, n° 463; Massé et Vergé, § 640, note 31.

(7) Troplong, n° 529; Rodière et Pont, I, 420, 425; Tessier, n° 29; Odier, I, 444; Zach., Massé et Vergé, § 640, note 28; Duranton, XIV, 177, Marcadé, *1402*, 7; Cass., 14 mai 1825, 23 nov. 1826.

(8) Roll., *Commun.*, n° 138.

à titre d'acquisition (1); sauf, dans tous les cas, récompense à la communauté pour les sommes déboursées.

3776. De même sont propres les immeubles que l'un des époux aurait aliénés avant le mariage mais dans lesquels il rentre depuis, au moyen de la rescision pour vilité de prix, ou de l'exercice du réméré, ou de la résolution pour défaut de payement du prix, sauf aussi récompense à la communauté pour les sommes déboursées (2).

3777. Si, à l'inverse, un époux possédait, lors du mariage, un immeuble sujet à réméré, et que pendant le mariage le rachat ait lieu, le droit de propriété est transformé en une créance mobilière qui entre en communauté, et l'époux n'a de ce chef aucune reprise à exercer (3).

3778. II. *Dettes.* Toutes les dettes mobilières dont les époux sont grevés au jour de la célébration du mariage tombent à la charge de la communauté, sauf la récompense pour celles relatives aux immeubles propres à l'un ou à l'autre des époux (*C. N., 1409 1°*).

3779. La dette est mobilière lorsque la chose due est mobilière, selon les règles expliquées *supra n°ˢ 1403 et suiv.* La dette est immobilière si l'objet dû est de nature immobilière ; par exemple l'obligation de conférer une servitude, de transférer la propriété d'un immeuble, de restituer un immeuble pour lésion de plus de sept douzièmes, ou si l'époux, comme tiers détenteur ou comme caution simplement hypothécaire, n'est tenu qu'hypothécairement à la dette (4), le payement de semblables dettes ne peut en être poursuivi que contre l'époux débiteur ou sur les immeubles affectés à la dette.

3780. Sont à la charge de la communauté les sommes dues par les époux au jour du mariage,

en renonçant à la communauté, auraient le droit de reprendre ses apports en mariage, plus les biens meubles et immeubles dont elle deviendrait propriétaire pendant le mariage, par succession, donation, legs ou autrement, et que la future épouse survivante aurait droit, en outre, au préciput.

RÉSUMÉ.

De cette observation, il résulte :

Premièrement. Reprise en nature par la succession de M. Bigot, de :

1° Une maison, située à....., rentrée en sa possession par l'effet de la résolution de la vente qu'il avait faite à M. Benoit ;

2° 6,000 fr., montant des versements qu'il avait faits à la caisse des retraites pour la vieillesse ;

3° Une maison, située à....., dont il a fait l'apport en mariage ;

4° Les 4ᵉ, 5ᵉ, 7ᵉ et 8ᵉ des huit pièces de terre par lui apportées en mariage ;

5° Un bois taillis, situé commune de....,

6° Et une prairie, située à.....

Mémoire pour les reprises en nature de la succession.

Deuxièmement. Récompense à la communauté par la succession de M. Bigot, de :

1° 800 fr. payés pour les frais de résolution de la vente à M. Benoit, ci...   800 »

2° 10,300 fr. payés en principal et intérêt au jour du mariage, pour solde du prix d'acquisition de la maison située à....., ci............. 10,300 »

3° Et 3,060 fr. payés en principal et intérêt, à la même époque, pour soulte de partage, ci........................ 3 060 »

Ensemble, de 14,160 fr., ci.................. 14,160 »

Mémoire pour récompense à communauté par la succession.

---

(1) Toullier, XII, 176; Troplong, n° 533; Metz, 11 août 1859; M. T., 1859, p. 275; CONTRA, Duranton, XIV, 481 ; Rodière et Pont, I, 425; Marcadé, *1402*, 7; selon lesquels il est acquêt.

(2) Troplong, n°ˢ 502, 510, 518; Marcadé, *1402*, 7; Toullier, XII,

185, 193, 195; Rodière et Pont, I, 433; Duranton, XIV, 114; Zach., § 640, note 31 ; Dict. Not., *Comm.*, n° 165; Roll., *ibid.*, n° 451.

(3) Amiens, 10 avril 1851; M. T., 1861, p. 440.

(4) Toullier, XII, 204; Duranton, XIV, 220 ; Rodière et Pont, I, 548; Troplong, n° 715; Zach., § 641 ; Roll., *Commun.*, n° 241.

même avec garantie hypothécaire (1) ou pour prix de vente d'immeubles, pour soultes d'échange et de partage (2), sauf récompense à la communauté si, lors du mariage, l'époux est encore propriétaire des immeubles grevés (3). Il en est de même des sommes dues solidairement avec d'autres, mais sauf recours de la communauté contre les codébiteurs solidaires pour la restitution de leurs parts (4).

3781. Les titres des dettes mobilières tombant à la charge de la communauté du chef de la femme, sont de plein droit exécutoires contre la communauté et, par conséquent, contre le mari (5), mais seulement huit jours après la signification des titres (6) (*arg. C. N.*, 877).

3782. Mais la communauté n'est tenue des dettes mobilières contractées avant le mariage par la femme qu'autant qu'elles résultent d'un acte authentique antérieur au mariage, ou ayant reçu date certaine, *supra n° 3422*, avant la même époque (*C. N.*, *1410*); il importe peu que l'acte n'acquiert date certaine qu'après le contrat de mariage, pourvu que ce soit avant le mariage (7).

3783. Le créancier de la femme, en vertu d'un acte n'ayant pas de date certaine avant le mariage, ne peut en poursuivre contre elle le payement que sur la nue propriété de ses immeubles personnels. Le mari qui a payé pour sa femme une dette de cette nature en a reconnu la légitimité, et il ne peut en demander la récompense ni à la femme ni à ses héritiers (*C. N.*, *1410*), à moins qu'en payant il n'ait déclaré acquitter la dette pour éviter l'expropriation de la nue propriété des biens de sa femme et sous la réserve de ses droits (8).

§ 2. — SUCCESSIONS RECUEILLIES PAR LES ÉPOUX.

3784. I. *Biens.* Tout le mobilier qui échoit aux époux pendant le mariage à titre de succession tombe en communauté (*C. N.*, *1401 1°*), *supra n°* *3769 et suiv.*

Troisièmement. Reprise en nature par Mme Bigot, de :
1° La rente viagère de 500 fr. à elle léguée par M. . . . . . ;
2° La pièce de terre située à. . . . ., dont elle a exercé le rachat ;
3° Une ferme appelée la ferme de. . . . ., moins les pièces de terre cédées à titre d'échange ou vendues,

Mémoire pour les reprises en nature de Mme Bigot.

Quatrièmement. Récompense à la communauté par Mme Bigot, de 6,600 fr., déboursés pour le retrait de réméré, ci. . . . . 6,600 »

Mémoire pour récompense à communauté par Mme Bigot.

Cinquièmement. Préciput en faveur de Mme Bigot, d'une valeur de 3,000 fr., ci. 3,000 »

Mémoire pour la masse passive de la communauté.

2e OBSERVATION.

Successions recueillies par les époux. (N°s 3784 à 3794).

§ 1. — M. Bigot.

I. SUCCESSION DE M. BIGOT PÈRE.

Pendant le mariage, M. Bigot a recueilli la succession de M. Jérôme Bigot, son père, en son vivant propriétaire, demeurant à. . . . ., où il est décédé le. . . . ., duquel il était héritier pour un tiers, ainsi que le constate l'intitulé de l'inventaire après son décès, dressé par M^e. . . . ., notaire à. . . . ., le. . . . .

Cette succession était purement mobilière ; elle a été liquidée suivant acte passé

---

(1) Pothier n° 236 ; Duranton, XIV, 213 à 216 ; Rodière et Pont, I, 543 ; Zach., § 611, note 3 ; Troplong, n° 713 ; Toullier, XII, 203 ; Roll., *Commun.*, n° 240. Douai, 6 janv. 1846 ; Jur. N., 7990.
(2) Rodière et Pont, I, 552 ; Douai, 6 janv. 1846 ; Jur. N., 7990.
(3) Troplong, n° 706 ; Zach., § 611, note 15 ; Rodière et Pont, I, 384 ; Marcadé, *1409*, 4 ; Roll., *Commun.*, n° 253 ; Pothier, n° 239 ; Toullier, XII, 209, 210 ; Duranton, XIV, 214.
(4) Toullier, XII, 205 ; Roll., *Commun.*, n° 243.
(5) Zach., § 611 ; Troplong, n° 700 ; Roll., *Commun.*, n° 250 ; Bruxelles, 25 juin 1807.

(6) Bellot, I, p. 222 ; Duranton, XIV, 230 ; Troplong, n° 703 ; Toullier, XII, 204 ; Zach., § 611 ; Rodière et Pont, I, 532 ; Roll., *Commun.*, n° 251 ; CONTRA, Massé et Vergé, § 611, note 12.
(7) Bellot, I, p. 222 ; Duranton, XIV, 219 ; Odier, I, 158 ; Rodière et Pont, I, 531 ; Zach., Massé et Vergé, § 611. note 11 ; Marcadé, *1410*, 3 ; CONTRA, Battur, I, 290. V. Paris, 10 juill. 1866, 11 mars 1867.
(8) Bellot, I, p. 273 ; Zach., § 611, note 10 ; Odier, I, 157 ; Rodière et Pont, I, 584 ; Marcadé, *1410*, 3 ; CONTRA, Troplong, n° 783.

3785. Les immeubles qui leur échoient au même titre n'entrent point en communauté (*C. N.*, *1404*) et leur restent propres. Si la succession est à la fois mobilière et immobilière, et que par le partage il soit attribué à l'époux des meubles et des immeubles, les meubles seuls tombent en communauté, et les immeubles sont propres ; s'il ne lui était échu que des meubles, ils entreraient tous en communauté, sans qu'il ait droit à récompense pour la part qu'il aurait pu avoir dans les immeubles (1), à moins de concert frauduleux, comme si l'attribution portait sur des sommes prises en dehors de la succession (2); si, au contraire, il ne lui était échu que des immeubles, ils lui seraient tous propres, sans qu'il fût tenu à indemnité envers la communauté pour raison des valeurs mobilières (3).

3786. On considère aussi comme provenant de succession ce qui est recueilli par le époux à titre de retour légal ; ainsi le mari, comme chef de la communauté, dote un enfant commun avec un immeuble de la communauté ; si l'enfant décède et que le retour légal ait lieu, l'immeuble revient aux époux chacun pour moitié à titre de propre (4); il en est de même à plus forte raison, si l'immeuble a été donné par le père et la mère conjointement (5).

3787. Lorsqu'un immeuble revient aux donateurs par l'effet du retour conventionnel, *supra n° 2540*, la donation est considérée comme non avenue ; et si l'immeuble était propre à l'un des époux, il revient propre ; s'il était acquêt, il revient acquêt (6).

3788. Si, pendant le mariage, l'un des époux exerce un retrait successoral, les biens meubles en provenant tombent en communauté et les biens immeubles lui restent propres (7), à la charge d'indem-

devant M⁰....., notaire à....., le.....; par lequel il a été attribué à M. Bigot diverses valeurs s'élevant à....., le tout entré en communauté ;

M. Bigot a été chargé de l'acquit de dettes, pour une somme de....., dont la communauté s'est trouvée tenue.

II. Legs universel fait par M. Corrard.

Aux termes de son testament, reçu par M⁰....., notaire à....., le....., M. Lucien Corrard, en son vivant rentier, demeurant à....., où il est décédé le....., a institué pour ses légataires universels M. Bigot, *de cujus*, et les deux frères de ce dernier, ses neveux, et a légué à Mᵐᵉ..... tous les biens meubles qui se trouveraient dans sa succession.

L'inventaire, après le décès de M. Corrard, a été dressé par M⁰....., notaire à..... le.....

MM. Bigot frères ont procédé au partage de la succession immobilière de M. Corrard, suivant acte passé devant le même notaire, le.....

Par ce partage, il est échu à M. Bigot, *de cujus*, le troisième lot, composé de :

1° Une pièce de terre labourable située commune de....., etc.,.....

2° Une prairie située à.....

3° Une soulte de 3,000 fr. à toucher de M......; laquelle somme a été depuis payée à M. Bigot, *de cujus*, ainsi que le constate une quittance reçue par M⁰....., notaire à....., le.....

Ces deux immeubles sont toujours existants et feront l'objet d'une reprise en nature.

Les copartageants ont laissé en commun entre eux, pour en disposer ultérieurement

---

(1) Toullier, XII, 119; Duranton, XIV, 118; Zach., § 640, note 4, et 644, note 12; Odier, I, 76; Rodière et Pont, I, 357; Troplong, n°ˢ 370, 371; Marcadé, *1401*, 4, et *1106*, 2; Dict. not., *commun.*, n° 109; Roll., *ibid.*, n°ˢ 96, 97; Rennes, 3 juill. 1811; Cass., 24 janv. 1837, 20 déc. 1848; contra, Duranton, XIV, 129; Bellot, II, p. 403.

(2) Massé et Vergé, § 640, note 4; Nancy, 3 mars 1837; Cass., 11 déc. 1850; J. N., 14281.

(3) Marcadé, *1406*, 2; Cass., 25 juin 1867; contra, Roll. *Réc.*, n° 22.

(4) Troplong, n° 588; Glandaz, n° 100; Massé et Vergé, § 640-

note 39; Rodière et Pont, I, 461; Duranton, XIV, 187; Marcadé, *1406*, 2; contra, Bellot, I, p. 164; Roll., *Commun.*, n° 180; Dict. not., *ibid.*, n° 181.

(5) Troplong, n°ˢ 501, 523, 589; Rodière et Pont, I, 461; Duranton, XIV, 187; Roll., *Commun.*, n° 180.

(6) Toullier, XII, 192; Troplong, n° 587; Roll., *Commun.*, n° 137; (7) Toullier, XII, 134 *bis*; Duranton, XIV, 186; Zach., Massé et Vergé, § 640, note 39; Odier, I, 120; Troplong, n° 586; Marcadé, *art. 1404*; Rodière et Pont, I, 460.

niser la communauté de la part contributive des immeubles dans la somme déboursée pour le retrait et pour le payement des dettes.

3789. II. *Dettes*. Toutes les dettes mobilières dont se trouvent chargées les successions qui échoient aux époux durant le mariage tombent à la charge de la communauté (*C. N.*, *1409*, *1°*), toutefois sous les distinctions suivantes :

3790. Les dettes d'une succession purement mobilière (1) échue aux époux pendant le mariage sont pour le tout à la charge de la communauté (*C. N.*, *1411*).

3791. Les dettes d'une succession purement immobilière (2) qui échoit aux époux pendant le mariage ne sont point à la charge de la communauté. Néanmoins si la succession est échue au mari, les créanciers de la succession peuvent poursuivre leur payement soit sur tous les biens propres au mari, soit même sur ceux de la communauté, sauf récompense à la communauté, dans le second cas, des sommes qui en ont été tirées pour l'acquit des dettes (*C. N.*, *1412*).

3792. Si la succession purement immobilière est échue à la femme, et que celle-ci l'ait acceptée du consentement de son mari, les créanciers ont le droit de poursuivre leur payement sur tous les biens personnels de la femme et sur les revenus de ses biens (3); mais si la succession n'a été acceptée par la femme que comme autorisée en justice au refus du mari, les créanciers, en cas d'insuffisance des immeubles de la succession, qui doivent d'abord être épuisés en principal et fruits (4), ne peuvent se pourvoir que sur la nue propriété des autres biens personnels de la femme (*C. N.*, *1413*).

3793. Lorsque la succession échue à l'un des époux est en partie mobilière et en partie immobilière,

---

comme bon leur semblerait, une maison située à.....

Cette maison a été depuis licitée entre les trois frères Bigot, ainsi qu'on l'énoncera sous la 6ᵉ observation.

Par ce partage, M. Bigot, *de cujus*, a été chargé de l'acquit de diverses dettes se montant à 4,000 fr., qui ont été payées pendant le mariage, ci. . . . . 4,000 »

Il a été payé, en outre, pour droits de mutation, 600 fr., ci. . . . . 600 »

Et pour les frais de l'acte de partage, 500 fr., ci. . . . . 500 »

Ensemble, 5,100 fr., ci. . . . . 5,100 »

§ 2. — Mme Bigot.

Pendant le mariage, Mᵐᵉ Bigot a recueilli les successions de M. Louis Lahaye et Mᵐᵉ Elise Guilbault, épouse de ce dernier, ses père et mère, en leur vivant demeurant à....., où ils sont décédés, le mari le....,, et la femme le....., desquels Mᵐᵉ Bigot était héritière pour moitié.

Il n'a été procédé à aucun inventaire après leur décès; mais, pour en tenir lieu, M. et Mᵐᵉ Bigot et M. Charles Lahaye, négociant, demeurant à ....., ont procédé entre eux aux opérations de compte, liquidation et partage des successions confondues de M. et Mᵐᵉ Lahaye, leurs père et mère, suivant acte passé devant Mᵉ....., notaire à ....., le.....

Il résulte de cet acte que, pour remplir Mᵐᵉ Bigot de ses droits, il lui a été attribué :

En biens meubles : 1° Divers meubles et objets mobiliers y décrits, estimés 1,200 fr., ci. . . . . 1,200 »

2° Diverses créances, depuis recouvrées, se montant à 6,800 fr., ci. . . . 6,800 »

Ensemble, 8,000 fr., ci. . . . . 8,000 »

---

(1) Celles qui ne sont composées que de biens meubles.
(2) Celles qui ne sont composées que de biens immeubles.
(3) Mais non sur les biens de la communauté, ni sur ceux du mari: Duranton, XIV, 235; Bellot, I, p. 279; Battur, I, 332; Zach., Massé et Vergé, § 642, notes 37 et 39, et 646, note 13; Taulier, V;

p. 80; Odier, I, 184; Rodière et Pont, I, 579; Troplong, nᵒˢ 799 à 804; Marcadé, 1413, 1; Roll., Commun., nᵒ 305; CONTRA, Toullier, XII 282 et 283; voir aussi Cass., 24 janv. 1853.
(4) Toullier, XII, 294; Troplong, nᵒˢ 805, 806; Roll., Commun., nᵒ 324.

les dettes dont elle est grevée ne sont à la charge de la communauté que jusqu'à concurrence de la part contributoire du mobilier dans les dettes, eu égard à la valeur de ce mobilier comparée à celle des immeubles. Cette portion contributoire se règle d'après l'inventaire auquel le mari doit faire procéder, soit de son chef, si la succession le concerne personnellement, soit comme dirigeant et autorisant les actions de sa femme, s'il s'agit d'une succession à elle échue (*C. N.*, *1414*). Si la succession partagée pendant le mariage est échue avant le mariage, cette distinction n'a plus lieu; dans ce cas toutes les dettes mobilières sont à la charge de la communauté (1).

3794. A défaut d'inventaire, et dans tous les cas où ce défaut préjudicie à la femme, elle ou ses héritiers peuvent, lors de la dissolution de la communauté, poursuivre les récompenses de droit, et même faire preuve de la consistance et valeur du mobilier non inventorié, tant par titres et papiers domestiques que par témoins, et au besoin par la commune renommée (*C. N.*, *1415*), c'est-à-dire par le témoignage de personnes qui n'ont pas su personnellement, mais qui ont *ouï dire* (2) que le mobilier était d'une *telle* consistance, que les dettes s'élevaient à *tant*, etc. Dans les deux derniers cas, la preuve s'établit par une enquête à laquelle le juge-commissaire se livre sur le point en litige (3).

3795. Le mari, ni ses héritiers (4), ne sont jamais recevables à faire cette preuve (*C. N.*, *1415*), ce qui les empêche d'exiger (5) l'indemnité qui aurait été due par la femme pour les dettes à la charge

En immeubles : 1° Une petite ferme située à ....., consistant en ....., estimée 26,000 fr., ci.	26,000 »
Cette ferme a été vendue, ainsi qu'on l'énoncera sous la 21° observ.	
2° Et la moitié indivise d'une maison située à .....; ladite moitié estimée 6,000 fr., ci.	6,000 »
Mme BIGOT est devenue propriétaire de la totalité de cette maison, par suite du retrait d'indivision dont il sera question sous la 7° observation.	
Ensemble, 32,000 fr., ci. . . . . . , ...	32,000 »
Et que M. et Mme BIGOT ont acquitté :	
1° Diverses dettes dont ils ont été chargés, se montant à 12,520 fr., ci.	12,520 »
2° Droits de mutation, 270 fr., ci.	270 »
3° Frais d'actes, 410 fr., ci.	410 »
Total, 13,200 fr., ci.	13,200 »
Laquelle somme, d'après une proportion établie, était à la charge des biens meubles, pour 2,620 fr. restés à la charge de la communauté, ci. .	2,620 »
Et des biens immeubles pour 10,580 fr. dont Mme BIGOT doit récompense à la communauté, ci.	10,480 «
Egalité	13,200 »

RÉSUMÉ.

De cette observation il résulte :

Premièrement. Reprise en nature par la succession de M. BIGOT, de la pièce de terre et la prairie à lui échues par le partage de la succession de M. CORRARD.

Mémoire pour les reprises en nature de la succession.

(1) Marcadé, V, p. 494; Douai, 6 janv. 1846.
(2) Toullier, XIII, 4; Duranton, XIV, 239; Bellot, II, p. 80; Troplong, n° 1285; Proudhon, *Usuf.*. n° 463; Marcadé, *1417*, 1; Roll., *Commune renommée*, n° 8; Dict. not., *Enquêtes.* n° 1er.
(3) Toullier, XIII, 4; Roll., *Commune renommée*, n° 10; Douai 1er juin 1847; J. N., 13076.

(4) Troplong, n° 817; Marcadé, *1417*, 1; CONTRA, Rodière et Pont I, 570.
(5) A moins, en ce qui concerne les héritiers, qu'ils n'établissent que le défaut d'inventaire a eu pour but d'avantager la femme au delà de la quotité disponible : Marcadé, *1417*, 1.

des immeubles (1); cependant des actes en bonne forme, tels qu'un partage, un compte de tutelle, etc., pourraient suppléer au défaut d'inventaire et seraient opposables à la femme (2).

3796. Les dispositions de l'art. 1414, *supra n° 3795*, ne font point obstacle à ce que les créanciers d'une succession en partie mobilière et en partie immobilière (qu'on ne saurait obliger à diviser leurs créances), poursuivent leur payement sur les biens de la communauté, que la succession soit échue au mari, ou qu'elle soit échue à la femme, lorsque celle-ci l'a acceptée du consentement de son mari, le tout sauf les récompenses respectives. Il en est de même si la succession n'a été acceptée par la femme que comme autorisée en justice, *supra n° 1055*, et que, néanmoins, le mobilier en ait été confondu dans celui de la communauté sans un inventaire préalable (*C. N.*, 1416). Mais s'il y a eu inventaire, les créanciers ne peuvent poursuivre leur payement que sur les biens tant mobiliers qu'immobiliers de la succession, et, en cas d'insuffisance, sur la nue propriété des autres biens personnels de la femme (*C. N.*, 1417).

§ 3. — DONATIONS EN FAVEUR DES ÉPOUX.

3797. I. *Biens.* Tout le mobilier, *supra n°s 3769 et suiv.*,) qui échoit aux époux pendant le mariage à titre de donation ou legs tombe dans la communauté légale. Toutefois le donateur ou testateur peut

---

Deuxièmement. Reprise en deniers, par la même succession de 3,000 fr., montant de la soulte immobilière susénoncée . . . . 3,000 »
On déduit cette somme de celle de 5,100 fr., dont la succession doit récompense à la communauté pour le montant des dettes payées en l'acquit de M. Bigot, dans la succession de M. Corrard, purement immobilière. . . 5,100 »

Ce qui réduit la récompense due à la communauté à 2,100 fr. . . . . . . 2,100 »
Mémoire pour récompense à communauté par la succession.

Troisièmement. Et récompense à la communauté par Mme Bigot de 10,580 fr., montant de la part contributive à la charge des immeubles, dans les dettes des successions de M. et Mme Lahaye. . . . . 10,580 »
Mémoire pour récompense à communauté par Mme Bigot.

3e Observation. *Donations faites aux époux.* (Nos 3797 à 3803.)

1. — *Donation à M. Bigot de meubles et d'immeubles.*

Aux termes d'un acte passé devant Me . . . . ., notaire à . . . . ., le . . . . ., M. Charles Bigot, ancien négociant, demeurant à . . . . ., a fait donation entre-vifs, par préciput ou hors part, à M. Bigot, *de cujus*, son neveu,
De divers objets mobiliers et créances se montant à 46,460 fr., le tout tombé en communauté. . . . . 46,460 »
Et d'une maison située à . . . . ., d'une valeur de 12,500 fr. . . . . 12,500 »
Cette maison existe toujours et fera l'objet d'une reprise en nature.

Cette donation a eu lieu à la charge de servir au donateur une rente viagère de 2,500 fr., dont les arrérages ont été acquittés jusqu'à son extinction, arrivée par le décès du donateur, le . . . . .; lesquels arrérages étaient à la charge de la communauté. sans répétition.
En outre, le donataire a été chargé de payer en l'acquit du donateur diverses dettes se montant à 8,040. . . . . 8,040 »
Plus, il a payé pour les frais de l'acte de donation 1,115 fr. . . . . 1,115 »

Ensemble, 9,155 fr. . . . . 9,155 »

---

(1) Troplong, n° 816; Toullier, XII, 289; Odier, I, 186 . . . . . ; Troplong, n° 817; Rodière et Pont, I, 569; Marcadé, 1417, 1 Pont, I, 568; Marcadé, 1417, 1; Roll. *Commun.*, n° . . . Cass . . . ; Roll. *Commun.*, n° 314; Rouen, 29 août 1840; Cass., 10 août 1842. 10 août 1842.

imposer la condition que le mobilier ne tombera pas en communauté ; et, dans ce cas, il reste propre à l'époux donataire (*C. N.*, *1404*, *1°*), pourvu, si la libéralité est faite à un successible en ligne directe, qu'elle soit prise sur la quotité disponible de la succession du disposant (1).

3798. Les donations d'immeubles qui ne sont faites, pendant le mariage, qu'à l'un des deux époux, ne tombent point en communauté, et appartiennent au donataire seul, à moins que la donation ne contienne expressément que la chose donnée appartiendra à la communauté (*C. N.*, *1405*). Il en est de même des legs.

3799. Lorsqu'une donation est faite aux deux époux avec indication d'une part aliquote pour chacun d'eux, l'immeuble donné leur est propre, dans cette proportion; et si elle est faite aux deux époux sans indication de parts, l'immeuble est propre à chacun pour moitié (2).

3800. Si la donation a été faite à titre onéreux, l'immeuble n'est pas moins propre, sauf indemnité à la communauté (3), quand même elle aurait été qualifiée vente dans le but d'économiser des droits d'enregistrement (4).

3801. Le donateur ou testateur, en disposant d'un immeuble au profit de la femme, peut imposer la condition qu'elle en recevra seule les revenus et que ces revenus ne tomberont pas en communauté (5).

3802. II. *Dettes*. Les règles établies par les art. *1411* et suivants, *supra* *n*os *3790 et suiv.*, s'appli-

---

Par suite d'une proportion établie, cette somme s'est trouvée à la charge des meubles, et par conséquent à la charge de la communauté, pour 7,215 fr. . . . . 7,215 »

Et à la charge des immeubles pour une somme de 1,940 fr. qui donne lieu à indemnité par M. Bigot à la communauté. . . . . 1,940 »

Egalité. . . . . 9,155 »

II. — *Donation à M*me *Bigot d'une somme non entrée en communauté.*

Suivant acte passé le . . . . ., devant Me . . . . ., notaire à . . . . ., M. Romain Lahaye, rentier, demeurant à. . . . ., a fait donation entre-vifs, par préciput et hors part, à Mme Bigot, sa nièce, d'une somme de vingt mille francs, qui a été de suite remise à M. et Mme Bigot, mais avec condition que cette somme resterait propre à Mme Bigot, et, par conséquent, ne tomberait pas dans la communauté existant entre elle et son mari.

Il a été payé, pour les frais de cette donation, une somme de 1,915 fr.

RÉSUMÉ.

De cette observation il résulte :

Premièrement. Reprise en nature par la succession de M. Bigot de la maison située à . . . . ., dont son oncle lui a fait donation.

Mémoire pour les reprises en nature de la succession.

Deuxièmement. Récompense à la communauté par la succession, de 1,940 fr. pour la part contributive de l'immeuble dans les dettes dont M. Bigot a été chargé, et dans les frais de donation. . . . . 1,940 »

Mémoire pour récompense à communauté par la succession.

Troisièmement. Reprise en deniers, par Mme Bigot, des 20,000 fr. à elle donnés par

---

(1) Delvincourt. t. 3; Marcadé, *1405*, 8 *bis*; Massé et Vergé, § 840, note 14 ; CONTRA, Toullier, XII, 444; Duranton, XIV, 435 ; Bugnet-sur-Pothier. VII, p. 125; Zach., § 640, note 14; Dict.not., *Commun.*, n° 98; Roll., *ibid.*, no 90.

(2) Battur, I, 282; Duranton, XIV, 189; Glandaz, n° 403; Bugnet sur Pothier, n° 470; Massé et Vergé, § 640; Rodière et Pont. I, 474; Troplong, n° 814; Dict. not., *Commun.*, n° 487; Roll., *ibid.*, n° 485; Toulouse, 23 août 1827; Cass., 7 août 1848; CONTRA, Toullier, XII, 435; Odier, I, 425; Marcadé, *1406*, 3, selon lesquels l'immeuble est acquêt.

(3) Toullier, XII, 443; Dict. not., *Commun.*, n° 186; Roll., *ibid.*, n° 191.

(4) Montpellier, 13 nov. 1844; Jur. N., 6941.

(5) Toullier, XII, 442; Duranton, XIV, 450; Odier, I, 100; Rodière et Pont, I, 174; Troplong, n° 68; Marcadé, *1406*, 3, notes; Roll., *Commun.*, n° 188; Paris, 27 janv. 1835 et 5 mars 1846 ; Caen, 6 janv. 1840; Nîmes, 18 juin 1840; Toulouse, 20 août 1840; J. N., 8084, 8767, 9010, 11348 ; CONTRA, Bellot, I, p. 300.

quent aux dettes constituant les charges d'une donation ou d'un legs, comme à celles résultant d'une succession (C. N., *1418*).

3803. Néanmoins, si la libéralité est faite à la condition que les objets donnés n'entreront pas en communauté, les dettes restent à la charge personnelle de l'époux (1); et si, à l'inverse, une donation immobilière est faite à l'un des époux à la condition que les biens donnés tomberont en communauté, les dettes sont à la charge de la communauté.

§ 4. — BIENS ADVENUS AUX ÉPOUX PAR CESSION, ÉCHANGE, LICITATION.

3804. *Dation en payement.* L'immeuble abandonné ou cédé, sous forme de cession, vente, donation, etc., par père, mère ou autre ascendant, à l'un des époux (2), soit pour le remplir de ce qu'il lui doit, par exemple : une dot promise (3), ou les reprises d'une mère dues à ses enfants (4) ; soit à la charge de payer les dettes du donateur à des étrangers, n'entre point en communauté, sauf récompense ou indemnité (C. N., *1406*); une telle convention est considérée comme un arrangement de famille destiné à produire, du vivant de l'ascendant, l'effet qu'il produirait après son décès (5). L'immeuble vendu par un ascendant à celui des époux qui est son présomptif héritier, sous réserve d'usufruit ou moyennant une rente viagère n'entre pas non plus en communauté, sauf également indemnité (6); mais si l'immeuble est vendu avec jouissance immédiate et moyennant un prix payé, il est acquêt (7).

M. Lahaye, son oncle. . . . . 20,000 »
Sous la déduction toutefois des 1,915 fr. payés pour les frais de l'acte de donation. . . . . 1,915 »

Il reste 18,085 fr. . . . . 18,085 »

Mémoire pour les reprises en deniers de Mme Bigot.

4ᵉ Observ. *Cession en payement à Mᵐᵉ Bigot, par son père. (N° 3804.)*

Suivant acte passé le . . . . ., devant Mᵉ . . . . ., notaire à . . . . ., M. Louis Lahaye, propriétaire, demeurant à . . . . ., pour se libérer envers Mᵐᵉ Bigot, sa fille, de la somme de cinq mille francs qu'il restait lui devoir sur la dot qu'il lui a constituée aux termes de son contrat de mariage analysé sous la 1ʳᵉ observ., lui a cédé en payement :

Une pièce de terre labourable située commune de . . . . ., lieu dit . . . . ., de la contenance de . . . . .

Cette pièce de terre a constitué un propre en faveur de Mᵐᵉ Bigot, mais à la charge d'indemniser la communauté de :

1° 5,000 fr. formant le prix de cette cession. . . . . 5,000 »
2° Et 500 fr. pour les frais de l'acte de cession. . . . . 500 »

Ensemble de 5,500 fr. 5,500 »

RÉSUMÉ.

De cette observation il résulte :

Premièrement. Reprise en nature par Mᵐᵉ Bigot, de la pièce de terre que M. Bigot, son père, lui a cédée.

Mémoire pour les reprises en nature de Mme Bigot.

Deuxièmement. Récompense par Mᵐᵉ Bigot à la communauté, de 5,500 fr. pour le prix de ladite cession et les frais de l'acte. . . . . 5,500 »

Mémoire pour récompense à la communauté par Mme Bigot.

---

(1) Toullier, XII, 313; Roll., *Commun.*, n° 330.
(2) Quand même l'époux ne serait pas son présomptif héritier. Mais cette règle n'est pas applicable en ligne collatérale, lors même que le cessionnaire serait héritier présomptif : Troplong, n° 631; Marcadé, *1407*, 4.
(3) Rodière et Pont, I, 435; Troplong n° 625; Marcadé, art. *1406*; Cass., 3 juill. 1844.
(4) Lefebvre, *Journ. du Not.*, 1863, p. 337.

(5) Marcadé, *1406*, 4; Toullier, XII, 443, 445; Roll., *Commun.*, n° 191.
(6) Toullier, XII, 446; Bellot, I, p. 197; Troplong, n° 630; Zach., § 640, note 41.
(7) Toullier, XII, 446; Bellot, I, p. 197; Troplong n° 628; Marcadé, *1406*, 4; Roll., *Commun.*, n° 196; Caen, 1er août 1844; CONTRA, Colmar, 20 janv. 1831.

3805. *Echange.* L'immeuble acquis pendant le mariage, à titre d'échange contre l'immeuble (1) appartenant à l'un des deux époux, n'entre point en communauté, et est subrogé au lieu et place de celui qui a été aliéné, sauf la récompense s'il y a soulte (2) (*C. N., 1407*); et il n'appartient à aucun des époux de détruire, par des déclarations postérieures, les effets de la subrogation qui s'est opérée de plein droit (3).

3806. Lorsque la soulte est considérable, et, par exemple, à peu près égale ou supérieure à la valeur de l'immeuble cédé, l'immeuble reçu est propre en proportion de la valeur de l'immeuble cédé, et acquêt pour le surplus (4).

3807. En cas d'échange d'une pleine propriété contre un usufruit, ou d'un usufruit contre une pleine propriété, voir *infra n° 3878*.

5e OBSERV. — *Echanges d'immeubles propres aux époux.* (N°s 3805 à 3807.)

I. *Echange d'un propre du mari; soulte payée.*

Par acte passé devant M°....., notaire à ....., le ....., il a été fait un échange d'immeubles entre M. BIGOT *de cujus* et M. Jean COLAS, cultivateur, demeurant à .....: M. BIGOT a cédé à M. COLAS une pièce de terre labourable, située commune de ..... lieu dit ....., contenant ....., formant la 2e des huit pièces de terre apportées en mariage par M. BIGOT, ainsi qu'on l'a énoncé sous la 1re observ.; et M. COLAS a cédé à M. BIGOT une prairie située même commune, lieudit ....., contenant .....

Une soulte de 1,500 fr. a été mise à la charge de M. BIGOT; elle a été payée comptant, ainsi que le constate ledit acte qui en contient quittance. . . . . 1,500 »
En outre, il a été payé pour frais d'échange, 162 fr. . . . . 162 »

Ensemble, 1,662. . . . . 1,662 »

II. *Echange d'un propre de la femme; soulte reçue.*

Aux termes d'un acte passé devant M°....., notaire à ....., le ....., il a été fait un autre échange entre M. et Mme BIGOT et M. COLAS : M. et Mme BIGOT ont cédé à M. COLAS deux pièces de terre labourable, situées commune de ....., lieu dit ....., de la contenance de ....., faisant partie de la ferme de ....., apportée en mariage par Mme BIGOT, ainsi qu'on le voit sous la 1re observ.; et M. COLAS a cédé à Mme BIGOT une prairie située même commune, lieu dit ....., contenant .....

Une soulte de 2,300 fr. a été stipulée en faveur de Mme BIGOT; elle a été de suite payée, ainsi que le constate ledit acte qui en contient quittance.

Il a été payé pour la part à la charge de Mme BIGOT dans les frais de l'acte, une somme de 180 fr.

> La prairie reçue par Mme BIGOT ayant été hypothéquée par cette dame, à la garantie d'un prêt fait à elle et à son mari, a été expropriée, ainsi qu'on l'établira sous la 12e observation.

RÉSUMÉ.

De cette observation, il résulte :
Premièrement. Reprise en nature par la succession de M. BIGOT, de la prairie qui lui a été cédée en échange par M. COLAS.

Mémoire pour les reprises en nature de M. Bigot.

---

(1) Et même contre un meuble réservé propre, *et vice versa* : Toullier, XII. 154; Rodière et Pont, I, 499; Troplong, n° 638; Marcadé, *1407*. 4; Dict. not., *Commun.*, n° 209.
(2) Voir Troplong, n° 635; Marcadé, *1407*, 1; Duranton, XIV, 448; Zach., § 640, note 45.
(3) Bordeaux, 31 janv. 1859; M. T., p. 330.
(4) Duranton, XIV, 495; Battur, I, 208; Odier, I, 430; Rodière et

Pont, I, 500; Troplong, n° 637; Marcadé, *1407*, 1; Tessier, n° 49; Cass., 31 janv. 1832 : CONTRA, Toullier, XII. 149, 450; Glandaz, n° 115; Zach., § 640, note 44, selon lesquels l'immeuble est propre pour le tout sauf récompence ; CONTRA aussi, Bellot. 1, p. 213; Buguet sur Pothier, n° 197; Roll. ; *Commun.*, n° 202, selon lesquels l'immeuble cédé étant l'accessoire de la soulte, l'immeuble reçu est acquêt sauf récompense à l'époux de la valeur de l'immeuble cédé.

3808. *Licitation.* L'acquisition faite pendant le mariage, à titre de licitation ou autrement (1), de portion d'un immeuble dont l'un des époux était propriétaire par indivis, ne forme point un conquêt, sauf à indemniser la communauté de la somme qu'elle a fournie pour faire cette acquisition (C. N., 1408). Il en est ainsi dans tous les cas, que l'acquisition soit faite par l'époux propriétaire, par l'autre (2), ou par tous deux, et alors même que les époux déclareraient acquérir pour la communauté ou chacun pour moitié; car ce n'est pas la volonté des époux qui fait les propres ou les acquêts, c'est la loi (3); mais il faut que l'acquisition fasse cesser l'indivision. Si l'une des portions indivises seulement était acquise, l'indivision continuant, cette portion serait acquêt (4), à moins que les époux n'acquièrent ensuite les autres portions, ce qui ferait cesser l'indivision au profit de l'époux et le rendrait propriétaire de la totalité (5). Si les époux avaient tous deux des droits de copropriété dans l'immeuble indivis, les portions acquises leur seraient propres, chacun à proportion de la part qui lui appartenait (6).

Deuxièmement. ***Récompense à la communauté*** par la succession, de 1,662 fr. pour soulte d'échange et frais de l'acte, ci. . . . . 1,662 »
Mémoire pour récompense à communauté par succession.

Troisièmement. ***Reprise en deniers*** par Mme BIGOT, de 2,300 fr., montant de la soulte stipulée à son profit, ci. . . . . 2,300 »
De quoi l'on déduit les 180 fr. payés pour frais d'acte, ci.. . . . . 180 »

Il reste 2,120 fr., ci. . . . . 2,120 »
Mémoire pour les reprises en deniers de Mme Bigot.

6ᵉ OBSERV. — Licitation au profit de M. BIGOT. (Nᵒˢ 3808 à 3810.)

La maison située à. . . . ., restée indivise entre M. BIGOT, *de cujus*, et ses deux frères, chacun pour un tiers, ainsi qu'on l'a énoncé sous le § 1ᵉʳ, nᵒ 2, de la 2ᵉ observation, a été mise en vente, et, suivant procès-verbal d'adjudication dressé par Me. . . . ., notaire à. . . . ., le. . . . ., M. BIGOT, *de cujus*, s'en est rendu adjudicataire, à titre de licitation, moyennant un prix principal de quinze mille francs;

M. BIGOT a confondu entre ses mains le tiers auquel il avait droit dans le prix, et il a payé à ses deux frères dix mille francs, pour leurs deux tiers, ainsi que le constate une quittance passée devant Me. . . . ., notaire à. . . . ., le. . . ., ci. . . . . . . 10,000 »
Plus sept cents francs pour les frais de son adjudication, ci... . . . . 700 »

Réunion des sommes payées, 10,700 fr., ci. . . . . 10,700 »

La maison dont M. BIGOT s'est rendu adjudicataire sur ladite licitation a été revendue par lui, ainsi qu'on le dira sous la 21ᵉ observation.

RÉSUMÉ.

Il résulte de cette observation :
Récompense par la succession à la communauté, de 10,700 fr. payés pour prix de licitation et frais, ci. . . . . 10,700 »
Mémoire pour récompense à communauté par la succession.

---

(1) Par exemple, par l'effet d'une cession de droits successifs : Riom, 4 fév. 1859 ; CONTRA. Bordeaux, 28 janv. 1863 ; Jur. N., 12365.
(2) Cependant la portion acquise forme un propre de l'autre époux, s'il l'a acquise en remploi de ses propres aliénés, avec les déclarations prescrites par les art. 1434 et 1435, notamment lorsque l'acquisition est faite au nom de la femme : Douai, 31 mai 1852; J. N., 10924; CONTRA, Riom, 23 avril 1864 ; J. N., 18495. Il en est de même si la portion vient à l'autre époux, par succession, donation ou legs : Rodière et Pont, I, 492 ; Marcadé, 1408, 2.
(3) Duranton, XIV, 214 ; Zach., § 640, note 48 ; Toullier, V, p.65 ; Rodière et Pont, I. 477 ; Troplong, nᵒˢ 664 à 668; Marcadé, 1408, 1 ; Dict. not., Commun., nᵒ 226 ; Roll., ibid., nᵒˢ 219, 220 ; Colmar,

20 janv. 1831 ; Caen, 25 fév. 1837; Nancy, 18 mai 1838; Lyon, 20 juill. 1843; Amiens, 3 juin 1847 et 22 juin 1848 ; J. N., 10507, 10511, 10590, 13583.
(4) Rodière et Pont, I, 482 ; Troplong, nᵒ 641; Douai, 31 mai 1852 ; Riom, 22 déc. 1857 Cass., 10 juin 1850; Jur. N., 9977 ; CONTRA, Marcadé, 1408, 1 ; Amiens, 22 juin 1848 ; Bourges, 20 août 1855 ; J. N., 13583 ; Cass., 30 janv. 1865. Voir Amiens, 4 fév. 1864; Jur. N., 12525.
(5) Marcadé, 1408, 1 ; Massé et Vergé, § 640, note 49; Amiens, 22 juin 1848 ; Rouen, 10 mars 1849; Cass., 30 janv. 1850; Paris, 3 déc. 1850; Orléans, 13 août 1856 ; J. N., 13965 ; CONTRA, Rodière et Pont, I, 485 ; Paris, 3 déc. 1836; Douai, 13 janv. 1852.
(6) Marcadé, 1408, 2 ; Roll., Commun., nᵒ 214.

3809. L'immeuble acquis est également propre, quoique le conjoint copropriétaire par indivis ait accepté la succession sous bénéfice d'inventaire et ne se soit rendu acquéreur que par suite d'expropriation forcée (1).

3810. Mais il n'y a pas licitation et la règle cesse d'être applicable, si un époux possédant une fraction divise d'un immeuble déjà partagé entre lui et ses copropriétaires achète le surplus (2).

3811. *Retrait d'indivision.* Dans le cas où le mari est devenu seul et en son nom personnel, acquéreur ou adjudicataire de portion ou de la totalité d'un immeuble (3) appartenant par indivis à la femme, qu'il ait déclaré acquérir pour la communauté, ou même pour la femme s'il n'avait point mandat d'elle (4), la femme ou ses héritiers, lors de la dissolution de la communauté (5), mais non auparavant (6), ont le choix (7), ou d'abandonner l'effet à la communauté, laquelle reste propriétaire de la totalité de l'immeuble et devient alors débitrice envers la femme ou ses héritiers de la portion appartenant à la femme dans le prix, ou de retirer l'immeuble en entier, en remboursant à la communauté le prix de l'acquisition (C. N., 1408). Il n'y a pas lieu de considérer ce que l'objet vaut au jour du retrait, le remboursement à la communauté étant (8) de ce qui a été déboursé pour l'achat en principal et frais, et pour les dépenses de grosses réparations. Si le prix d'acquisition est encore dû en partie, la

---

7e OBSERV. — *Retrait d'indivision par* M. BIGOT. (Nᵒˢ 3811 à 3813.)

On voit dans le § 2 de la 2e observation que par le partage des successions de M. et Mᵐᵉ LAHAYE, père et mère de Mᵐᵉ BIGOT, il a été attribué à cette dame la moitié indivise d'une maison située à.....; l'autre moitié indivise a été attribuée à M. Charles LAHAYE, son frère.

Aux termes d'un acte passé devant Mᵉ....., notaire à.,..., le....., M. Charles LAHAYE, *de cujus,* la moitié indivise qui lui appartenait, moyennant un prix principal de six mille cinq cents francs qui a été payée depuis, ainsi que le constate une quittance passée devant le même notaire, le.....

Mᵐᵉ veuve BIGOT usant de la faculté que lui donne l'art. 1408 du C. Nap., déclare retirer la totalité de la maison qui. par suite lui est propre pour le tout, mais à la charge de rembourser à la communauté 6,500 fr., formant le prix de l'acquisition, ci. 6,500 »

Plus six cents francs pour les frais du contrat d'acquisition, ci. . . . .   600 »

Ensemble, 7,100 fr., ci. . . . .   7,100 »

RÉSUMÉ.

Il résulte de cette observation :

Premièrement. Reprise en nature par Mᵐᵉ BIGOT, de la maison située à.....:
Mémoire pour les reprises en nature de Mᵐᵉ Bigot.

Deuxièmement. Récompense à la communauté par Mᵐᵉ BIGOT, de 7,100 fr. pour prix d'acquisition d'une moitié indivise de ladite maison et frais de contrat, ci. . . . 7.100 »
Mémoire pour récompense à communauté par Mme Bigot.

---

(1) Toullier, XII, 157; Duranton. XIV, 200; Massé et Vergé, § 640, note 49; Battur, I, 259; Odier, I, 135; Rodière et Pont, I, 484; Troplong, nᵒ 612; Marcadé, *1408*, 1; Dict. not., *Commun.*, nᵒ 223; Roll., *ibid.*, nᵒ 211; Amiens, 3 mars 1815; CONTRA, Bellot, I, p. 219; Paris, 2 juin 1817.

(2) Duranton, XIV, 198; Zach., § 640, note 47; Rodière et Pont, I, 184; Troplong, nᵒ 660; Marcadé. *1408*, 1; Douai, 10 mai 1828.

(3) Cette règle ne s'applique pas à l'acquisition par le mari de droits successifs dans une succession mobilière et immobilière; les biens qui en proviennent forment des conquêts de communauté: Rodière et Pont, I, 491; Cass., 25 juill. 1841; Bordeaux, 28 janv. 1853; Jur. N., 12365; CONTRA, Troplong, nᵒ 676; Bourges, 20 août 1855.

(4) Duranton. XIV, 204; Odier, I, 138; Marcadé, *1408*, 3; Roll., *Commun.*, nᵒ 217; Dict. not., *ibid.*, nᵒ 231; CONTRA, Troplong, nᵒ 672, selon lequel l'immeuble est propre à la femme.

(5) Qu'ils l'acceptent ou qu'ils la répudient : Bellot, I, p. 218; Roll.. *Commun.*, nᵒ 223.

(6) Rodière et Pont, I. 491; Massé et Vergé, § 610, note 54; Marcadé, *1408*, 4; Cass., 8 mars 1837 et 23 juill. 1844; Nancy, 9 juin 1854; J. N., 15282; CONTRA, Troplong, nᵒ 679; Lyon, 20 juill. 1843.

(7) Mais non leurs créanciers en vertu de l'art. 1166, ce droit étant exclusivement attaché à leurs personnes : Glandaz, nᵒ 129, Odier, I, 443; Troplong, nᵒ 678; Zach., § 640, note 54; Dict. not., *Commun.*, nᵒ 240; Riom, 11 fév. 1836; Cass., 14 janv. 1834 et 8 mars 1837; CONTRA, Duranton, XIV, 203; Rodière et Pont, I, 494; Duvergier sur Toullier, XII, 169; Marcadé, *1408*, 6.

(8) Si la femme était créancière de la communauté pour des reprises mêmes postérieures au payement du prix, l'indemnité par elle due s'est compensée de plein droit pendant la communauté avec le montant des reprises, au fur et à mesure des encaissements faits par le mari: Douai, 28 avril 1851.

femme doit le payer, mais seulement en sa qualité de tiers détentrice; elle n'est donc point obligée personnellement à cet égard sur ses propres biens (1).

3812. Lorsque la femme opte pour la propriété de l'immeuble, son option a pour effet de la rendre propriétaire dès le jour de l'acquisition; la possession aux mains du mari est donc précaire, et il ne peut seul aliéner l'immeuble ni l'hypothéquer (2).

3813. La femme ou ses héritiers ont trente ans pour faire l'option; à l'expiration de ce délai, ils sont de plein droit propriétaires par suite de l'extinction de leur droit (3). Mais le mari ou ses héritiers peuvent exiger que la femme ou ses représentants fassent l'option lors de la dissolution de la communauté, ou du moins après l'expiration du délai pour faire inventaire et délibérer (4).

§ 5. — BIENS ACQUÊTS.

3814. *Immeubles.* Tous les immeubles qui sont acquis pendant le mariage dépendent de la communauté (*C. N., 1401, 3°*).

3815. Tout immeuble est réputé acquêt de communauté, s'il n'est prouvé (5) que l'un des époux en avait la propriété ou possession légale antérieurement au mariage, ou qu'il lui est échu depuis à titre de

---

8° Observ. — *Immeubles acquêts* (N°s 3814 à 3821.)

I. Suivant contrat passé devant M^e. . . . ., notaire à . . . . ., le . . . . ., M. et Mme BIGOT ont acquis de M. Léon LORMIER, propriétaire, demeurant à . . . . ., une ferme appelée la ferme de . . . . ., située commune de . . . . ., se composant de corps de ferme, terres de labour, bois, prairie, le tout de la contenance de . . . . ., moyennant un prix principal de . . . . ., payé depuis, ainsi que le constate une quittance passée devant M^e . . . . ., notaire à . . . . ., le . . . . .

II. Par autre contrat passé devant le même notaire, le . . . . ., M. et Mme BIGOT ont acquis de M. Louis BOULET, cultivateur, demeurant à . . . . ., une prairie située à . . . . ., lieu dit . . . . ., contenant . . . . ., moyennant douze mille francs, sur quoi six mille francs ont été payés comptant, et les six mille francs de surplus sont encore dus; ils produisent des intérêts à cinq pour cent par an, payables chaque année en deux termes égaux, les . . . . .

A l'époque du décès il était dû le prorata d'intérêt depuis le . . . . ., se montant à cent dix francs.

RÉSUMÉ.

Il résulte de cette observation :

Premièrement. Comme actif de communauté :

1° La ferme de . . . . . .

2° Une prairie, située à . . . . .

Mémoire pour la masse active.

Deuxièmement. Comme passif de communauté :

Une dette de 6,000 fr. restés dus sur le prix de l'acquisition de la prairie, plus l'intérêt depuis le . . . . .

Mémoire pour la masse passive.

---

(1) Lyon. 26 mai 1853; Cass., 14 nov. 1854; Riom, 4 juin 1857; J. N., 15369, 16197.

(2) Duranton, XIV, 209; Rodière et Pont, I, 496; Troplong, n° 652; Toullier, XII, 170; Massé et Vergé, § 649, note 55; Cass., 30 juill. 1816; Riom, 20 mai 1839, 29 mars 1843; J. N., 11074; CONTRA, Nancy, 9 juin 1854. V. Cass., 2 déc. 1867.

(3) Toullier, XII, 198; Troplong, n° 680; Marcadé, *1403*, 4; Roll.,

Commun., n° 222. Voir cependant Caen, 31 juill. 1858; Jur. N., 11277.

(4) Duranton, XIV, 210; Rodière et Pont, I, 495; Troplong; n° 681; Odier, I, 641; Marcadé, *1408*, 4.

(5) La preuve se fait par titres ou par témoins; elle peut même résulter des faits et circonstances : Marcadé, *1403*, 1; Cass., 29 déc. 1836; Riom, 10 nov. 1851; J. N., 11559.

succession ou donation (*C. N.*, *1402*); ainsi, jugé que si un acte d'achat sous seing privé portant une date antérieure au mariage, n'a acquis date certaine, *supra n° 5422*, que pendant le mariage, la chose achetée forme un acquêt de communauté (1).

3816. Si une acquisition est faite, pendant le mariage, d'un terrain bornant un enclos propre à l'un des époux, et qui est réuni à l'enclos de manière à n'en former qu'un seul, ce terrain reste acquêt (*Arg.* 1019 *C. N.*) (2).

3817. Lorsque l'un des époux a apporté en mariage la jouissance emphytéotique ou l'usufruit d'un immeuble, dont les époux acquièrent la propriété pendant le mariage, l'acquisition ne consolide pas le droit de propriété à son profit et l'immeuble est acquêt (3), sauf la reprise en nature de son emphytéose ou de son usufruit.

3818. Les immeubles donnés à l'un des époux, à titre de gratification ou de rémunération, comme prix de services publics ou d'actes de courage, sont acquêts (4).

3819. *Meubles.* Les meubles dont les époux deviennent propriétaires pendant le mariage, à quelque titre que ce soit, par leur travail ou industrie, par le traitement attaché aux fonctions par eux exercées, même par suite de paris ou de jeux, ou par une concession gratuite, comme celle d'un office, entrent aussi en communauté (5).

3820. Il en est de même des récompenses, pensions, gratifications et autres bénéfices de même nature, accordés pour actes de courage, de dévouement, services militaires ou civils rendus pendant le mariage, à moins de clause contraire (6). Toutefois les médailles d'honneur, croix ou autres signes de distinction accordés par le gouvernement ou par des sociétés autorisées restent propres (7); la pension de retraite accordée au mari, ancien employé de l'État, lui reste également propre, sans qu'il soit tenu à récompense en faveur de la communauté pour les retenues de traitement qui ont servi à créer cette pension, la communauté ayant seulement droit aux arrérages échus pendant sa durée (8), *supra n° 3771.*

3821. Les dommages et intérêts que la femme commune obtient pour délits commis sur sa personne entrent en communauté (9).

3822. Si l'un des époux découvre un trésor, la moitié lui revenant comme inventeur, *supra n° 1665*, est considérée comme provenant de son industrie et tombe en communauté, qu'il l'ait découvert sur un de ses propres, sur le propre de son conjoint ou sur le fonds d'un tiers; quant à la moitié qui reviendrait à l'époux propriétaire du fonds, elle constituerait une valeur mobilière et tomberait aussi en communauté (10); mais cette moitié lui resterait propre si la communauté était réduite aux acquêts ou si l'époux s'était réservé propres les biens meubles qui lui adviendraient par succession, donation, legs ou autrement.

3823. Les versements de sommes faits pendant le mariage à la caisse des retraites pour la vieillesse,

---

9e Observ. — *Découverte d'un trésor sur un propre de M.* Bigot. (N° 3822.)

Après la licitation énoncée sous la 6e observation, M. Bigot a fait faire des réparations importantes à la maison dont il s'était rendu adjudicataire sur licitation. (*Voir* 6e observation.)

L'un des ouvriers, en piochant, a mis à jour un vase de terre cuite contenant un assez grand nombre de monnaies d'or romaines; cette trouvaille a constitué un trésor partageable entre l'ouvrier qui l'a découvert et M. Bigot comme propriétaire du fonds. La part ainsi revenue à M. Bigot, s'est élevée à une somme de. . . . . ., et comme elle formait une valeur mobilière. elle est entrée dans la communauté existant entre M. et Mme Bigot. Il n'en est donc question ici que pour ordre, ci. . . . . *Ordre.*

---

(1) Nancy, 29 janv. 1857.
(2) Marcadé. *1408*, 7; Paris, 24 janv. 1866; J. N., 18465.
(3) Riom, 28 mars 1859.
(4) Troplong, n° 537; Zach., § 640, note 11.
(5) Marcadé, *1403*, 5; Cass., 8 mars 1813, 4 janv. 1853.
(6) Troplong, n° 421.
(7) Trib. Rambouillet, 21 juill. 1861; J. N., 17220.
(8) Trib. Seine, 21 janv. 1862; R. N., 289.

(9) Troplong, n° 422; Colmar, 11 avril 1828.
(10) Merlin, *Commun.*, § 2, n° 4; Bugnet sur Pothier, VII, 93; Odier, I. 86; Rodière et Pont. I, 367; Troplong, n° 417; Mourlon, II, p. 17; Demolombe, XIII. 44 et 45; Dalloz, n° 651; contra. Pothier, n° 98; Duranton, XIV, 433; Glandaz, n° 47; Zach., § 640, note 7; Marcadé. *716*, 1 et *1403*, 5, selon lesquels cette moitié est propre à titre d'accroissement. Voir aussi Toullier, XII, 129; Battur, I, 161; Bellot, I, p. 151; Taulier, V, p. 53.

par l'un des époux ou par tous deux, profitent à chacun d'eux pour moitié (*Loi 18 juin 1850, art. 4*), non comme bien acquêt mais à titre de propre; il est donc indifférent, en ce qui concerne la femme, qu'elle accepte la communauté ou qu'elle la répudie ; et quel que soit le régime matrimonial, le versement se divise toujours par moitié (1).

3824. Toutefois, si la séparation de corps ou de biens vient à être prononcée entre les époux, les versements postérieurs profitent exclusivement à l'époux qui les a opérés (*Mêmes loi et art.*).

3825. *Fruits.* La communauté a droit à tous les intérêts, arrérages, fermages, loyers et autres fruits des propres des époux, dus au jour du mariage, et aux récoltes pendantes par branches ou par racines à la même époque, sans aucune indemnité envers l'époux propriétaire du fonds, puisque, si une indemnité était due, elle constituerait une valeur mobilière (2).

3826. A plus forte raison, elle a droit à tous les fruits, de quelque nature qu'ils soient, échus ou perçus pendant le mariage (3), et provenant des biens qui appartenaient aux époux lors de sa célébration, ou de ceux qui leur sont échus pendant le mariage, à quelque titre que ce soit (*C. N.*, 1401, 2°).

3827. Les coupes de bois et les produits des carrières et mines tombent dans la communauté pour tout ce qui en est considéré comme fruits d'après les règles expliquées *supra* n°⁵ 1485 et suiv. (*C. N.*, 1403). Ainsi, lorsque le taillis et les hautes futaies sont en coupes réglées, la communauté profite des coupes (4); — si le bois était nouvellement planté lors du mariage, les coupes sont réglées selon l'usage des lieux, et la communauté en profite. — Quant aux taillis en futaie et arbres de haute futaie non mis en coupes réglées, aux allées, bouquets d'arbres, quinconces, etc., si des coupes sont faites pendant la communauté, il en est dû récompense à l'époux propriétaire du fonds (5).

3828. Si les coupes de bois qui, en suivant ces règles, pouvaient être faites durant le mariage, ne l'ont point été, il en est dû récompense à la communauté (*C. N.*, 1403).

3829. Si, lors du mariage, une mine ou carrière est en exploitation sur un bien propre à l'un des époux, tout le produit qu'on en tire pendant le mariage tombe en communauté (6). Il en est de même si pendant le mariage l'un des époux devient propriétaire d'une mine ou carrière en exploitation, encore bien que celui de qui elle provient ne l'ait ouverte que depuis leur mariage (7).

3830. Si les carrières et mines existant sur le propre de l'un des époux ont été ouvertes pendant le mariage, les produits n'en tombent dans la communauté que sauf récompense ou indemnité à celui des époux à qui elle peut être due (*C. N.*, 1403). Cette disposition reçoit une double application : 1° lorsque des produits ont été tirés de la mine ouverte pendant le mariage, il est dû indemnité à l'époux de la totalité des produits extraits, sous la seule défalcation des dépenses ; l'indemnité n'est donc pas seulement de la différence de la valeur de la mine au jour où commence son exploitation, d'avec celle qu'elle a au jour de la dissolution de la communauté (8); 2° si, lors de la dissolution de la communauté, aucun produit n'a encore été tiré de la mine ou carrière ouverte pendant le mariage, l'époux propriétaire

---

10° OBSERV. — *Vente d'arbres non mis en coupes réglées.* (N°⁵ 3825 à 3830.)

Les arbres excrus dans le bois apporté en mariage par M. BIGOT (*voir* 1ʳᵉ observation) ne sont pas mis en coupes réglées. En l'année . . . . ., il a été fait dans ce bois une coupe d'arbres qui a produit une somme de 6,000 fr. ; cette somme n'est entrée dans la communauté que sauf reprise par M. BIGOT.

RÉSUMÉ.

Il résulte de cette observation une reprise en deniers, par la succession, de 6,000 fr. pour produit de coupe d'arbres.

Mémoire pour les reprises en deniers de la succession.

---

(1) Marcadé, VI, p. 108.

(2) Toullier, XII, 124; Troplong, n°⁵ 464, 465; Rodière et Pont, I, 384.

(3) Voir Troplong, n° 479; Rodière et Pont, I, 368; Roll., *Part. de commun.*, n° 35. V. Paris, 14 août 1866; J. N., 18583.

(4) Toullier, XII, 127; Troplong, n° 457; Proudhon, *Usuf.*, n° 1164; Roll., *Commun.*, n°⁵ 108, 109.

(5) Toullier, XII, 127; Troplong, n° 554; Rodière et Pont, I, 394; Dict. not., *Commun.*, n° 425; Roll., *ibid.*, n°⁵ 113, 114.

(6) Toullier, XII, 128; Duranton, XIV, 447; Odier, I, 98; Troplong, n° 569; Rodière et Pont, I, 397; Dict. not., *Commun.*, n° 126; Roll., *ibid.*, n° 117.

(7) Marcadé, 1403, 6, note.

(8) Toullier, XII, 128; Duranton, XIV, 447, Rodière et Pont, I, 400; Marcadé, 1403, 6; Bellot, I, p. 149; Dict. not., *Commun.*, n° 128; Roll., *ibid.*, n° 119. V. Lyon, 7 déc. 1866; J. N., 18664.

du fonds doit récompense à la communauté des dépenses faites conformément à l'art. 1437 (1), *infra* nº 3875.

SECTION II. — DU PASSIF DE LA COMMUNAUTÉ ET DES ENGAGEMENTS CONTRACTÉS PAR LES ÉPOUX.

3831. La communauté se compose passivement, outre les dettes mobilières dont les époux étaient grevés lors du mariage, *supra nº 3778*, ou dont sont chargées les successions qui leur échoient durant le mariage, *infra nº 3789*, ou les donations qui leur sont faites, *supra nº 3802 (1 bis)* :

1º Des dettes tant en capitaux qu'arrérages ou intérêts contractées par le mari (2) pendant le mariage, *infra nº 3832*, ou par la femme du consentement du mari, *infra nº 3833*, sauf la récompense dans les cas où elle a lieu (C. N., 1409, 2º) ; et il importe peu, à l'égard des dettes contractées par le mari, que les actes desquels elles résultent n'aient pas acquis date certaine avant la dissolution de la communauté (3), à moins que la femme n'apporte la preuve qu'ils ont été antidatés dans le but de faire fraude à ses droits (4) ;

2º Des arrérages et intérêts seulement des rentes ou dettes passives qui sont personnelles aux deux époux (5) (C. N., 1409, 3º) ;

3º Des réparations usufructuaires des immeubles qui n'entrent point en communauté (C. N., 1409, 4º) même de celles qui sont à faire lors du mariage ; quant aux grosses réparations, *supra nº 1506*, elles restent à la charge personnelle des époux, et si elles ont été faites par la communauté, il lui en est dû récompense, à moins, s'il s'agit d'un bien propre à la femme, qu'elle ne soit devenue nécessaire par le défaut de réparations d'entretien (6) ;

4º Des aliments des époux, de l'éducation et l'entretien des enfants (7), et de toute autre charge du mariage (C. N., 1409, 5º). Les frais de dernière maladie du conjoint dont le décès met fin à l'association conjugale sont aussi à la charge de la communauté (8) ; mais les frais funéraires sont à la charge de sa succession (9).

3832. Le payement des dettes contractées par le mari durant le mariage peut être poursuivi tant sur les biens de la communauté que sur ses biens personnels, sauf à lui à se faire indemniser par la communauté des sommes tirées de ses propres pour l'acquit des dettes communes.

3833. Le payement des dettes de la communauté ne peut être poursuivi sur les propres de la femme que si elle s'est engagée personnellement, *infra nº 3835*. Toute dette qui n'est contractée par la femme qu'en vertu de la procuration générale ou spéciale du mari, est considérée comme ayant été contractée par le mari seul, et reste à la charge de la communauté ; le créancier ne peut donc en poursuivre le payement, ni contre la femme, ni sur ses biens personnels (C. N., 1420). Ceci s'applique aussi aux dettes contractées par la femme, même sans mandat exprès du mari, lorsqu'elles ont pour objet les approvisionnements, les habillements et autres dépenses du ménage dont les femmes sont habituellement chargées et pour lesquelles il y a présomption de mandat tacite (10).

11º OBSERV. — *Réparation devenue nécessaire à un immeuble de la femme, par suite du défaut d'entretien.* (Nº 3831, 3º.)

M. BIGOT ayant négligé de faire les réparations d'entretien à la toiture d'une maison

(1) Toullier, XII, 123; Troplong, nº 563; Roll., *Commun.*, nº 122.
(1 bis) V. Cass., 19 juill. 1864; Jur. N., 12189.
(2) Même en qualité de caution, sauf le recours de la communauté contre le débiteur principal : Troplong, nº 729; Massé et Vergé, § 641, note 16.
(3) Troplong, nº 1726; Bordeaux, 24 janv. 1827; Amiens, 9 avril 1852; Cass., 13 mars 1854; Jur. N., 10255.
(4) Zach., § 641, note 13; Troplong, nº 1726; Bordeaux, 24 janv. 1727; Cass., 25 janv. 1825, 13 mars 1854; Jur. N., 10255.
(5) Voir Paris, 9 mars 1860 et 23 août 1867.
(6) Duranton, XIV, 260; Rodière et Pont, I, 642; Marcadé, *art. 1409*; Massé et Vergé, § 641, note 20.
(7) Mê ne ceux d'un précédent lit, s'ils n'ont pas de revenus suffisants pour leurs besoins : Pothier, nº 270; Troplong, nº 757; Toullier, XII, 398; Rodière et Pont, I, 645; Zach., § 641, note 23 ;

Marcadé, *1410*, 5; Roll., *Commun.*, nº 338 ; Dict. not., *ibid.*, nº 357; Caen, 29 mars 1844 ; Paris, 19 avril 1805; J. N., 15276.
(8) Toullier, XII, 301 ; Troplong, nº 762; Rodière et Pont, I, 653; Massé et Vergé, § 641, note 26 ; Marcadé, *1409*, 5 ; Roll., *Commun.*, nº 342; Dict. not., *ibid.*, nº 361; Bastia, 26 fév. 1816; Paris, 14 août 1836; J. N., 18383; contra, Morlot, nº 263.
(9) Pothier, nº 275; Ostier, I, 203; Rodière et Pont, I, 648; Tessier, nº 444; Zach., § 641; Toullier, XII, 301; Marcadé, *1410*, 5; Dict. not., *Commun.*, nº 362.
(10. Pothier, nº 74; Toullier et Duvergier, XII, 261, 278 ; Duranton, XIV, 239; Rodière et Pont, I, 594; Troplong, nºs 741 et 839; Roll., *Commun.*, nº 294 ; Massé et Vergé, § 641, note 22 ; Marcadé, *1420*, 1; Rouen, 27 déc. 1809; Rennes, 14 et 30 déc. 1813, 21 janv. 1814; Bordeaux, 29 mars 1838; Cass., 7 nov. 1820, 14 fév. 1826, 3 fév. 1830.

3834. Cette présomption cesse si les fournitures ont été faites contre la volonté du mari (1), ou si les dépenses sont exagérées (2). Il a été jugé à cet égard, que, même dans le cas où les fournitures sont faites dans la proportion de la fortune des époux et avec une entière bonne foi de la part des fournisseurs, le tribunal peut cependant fixer d'office le chiffre qu'il convient de mettre à la charge de la communauté (3). Mais la présomption de mandat tacite ne cesse pas par le motif que les époux, sans être séparés judiciairement, ont une demeure séparée, soit parce que le mari refuse de recevoir sa femme, ou que les époux sont convenus de vivre séparés (4).

3835. La femme qui s'oblige solidairement avec son mari pour les affaires de la communauté ou du mari (5), est tenue envers les tiers à l'exécution de son engagement; mais au regard de son mari elle est réputée ne s'être obligée que comme caution, et elle doit être indemnisée de l'obligation qu'elle a contractée (*C. N.*, *1431*). La femme peut être poursuivie : pour moitié si elle s'est obligée conjointement avec son mari, *supra n° 3226*, et pour la totalité (6), si son engagement est solidaire, *supra n° 3227*. Toutefois la femme n'est tenue qu'autant que son mari est resté obligé comme chef de la communauté. Jugé : 1° que si un créancier a obtenu un jugement condamnant le mari et la femme solidairement, il ne peut exercer de poursuites, bien que ce jugement soit passé en force de chose jugée à l'égard de la femme, si le mari a interjeté appel (7) ; 2° que lorsque le mari et la femme se sont obligés solidairement au payement d'une dette, et que le mari tombé en faillite s'est libéré envers le créancier en lui payant les dividendes promis par le concordat dûment accepté, le créancier ne peut exercer de poursuites contre la femme (8).

3836. La femme qui s'étant obligée avec son mari paye avec ses propres tout ou partie de la dette, doit être indemnisée sur la communauté pour la somme payée (9) (*C. N.*, *1431*); et si elle (10) exerce ses droits contre son mari avant tout payement, elle peut néanmoins se faire indemniser de la totalité de son engagement : il ne suffirait pas de lui offrir des garanties (11).

3837. Cependant il est des dettes communes aux époux, pour lesquelles la femme n'a point de recours lorsqu'elle n'y a contribué que pour sa moitié ; ce qui arrive : 1° si la dette est une dot constituée par les deux époux à l'enfant commun ; 2° si la dette a pour cause l'établissement d'un enfant du mariage ou son exonération militaire (12), 3° si la dette n'a pas pour objet les affaires de la communauté, mais plutôt l'intérêt des enfants communs, comme le cautionnement d'un enfant, d'un gendre (13) ; 4° si les époux se sont obligés, non en faveur de la communauté, mais comme cautions d'un tiers (14).

3838. Le mari qui garantit solidairement ou autrement (15) la vente que sa femme a faite d'un immeuble personnel, a pareillement un recours contre elle, soit sur sa part dans la communauté, soit sur ses biens personnels, s'il est inquiété (*C. N.*, *1432*).

3839. Les créanciers peuvent poursuivre le payement des dettes que la femme, dans son intérêt personnel, a contractées avec le consentement du mari, tant sur les biens de la communauté que sur ceux du mari ou de la femme (*C. N.*, *1419*), et cela, quand même le mari n'aurait tiré aucun avantage de l'obligation contractée par la femme ; par exemple, s'il s'agit d'une dot que la femme autorisée de son mari a constituée à l'un de leurs enfants (16), à moins que dans l'acte d'autorisation le mari

---

située à....., propre à Mme BIGOT, une grosse réparation y est devenue nécessaire et a occasionné une dépense de 500 fr.

---

(1) Rodière et Pont, I, 398; Troplong, n° 847; Marcadé, art. 1420.
(2) Paris, 15 fév. 1862; M. T. 1862, p. 315.
(3) Trib. Seine, 24 mai 1864.
(4) Rodière et Pont, I, 595; Marcadé, 1420, 2; Massé et Vergé, § 644, note 22; Bordeaux, 8 juin 1849; Cass.. 28 déc. 1830 et 13 fév. 1841; Paris, 9 déc. 1863. Voir Troplong, n° 745; Besançon, 25 juill. 1866; J. N., 18006.
(5) Par exemple si elle garantit solidairement avec son mari la vente d'un propre de ce dernier.
(6) Limoges, 23 fév. 1855.
(7) Paris, 18 oct. 1851; Jur. N., 10920.
(8) Paris, 24 janv. et 21 juin 1835; Jur. N., 10020. Voir Caen, 19 août 1863; Jur. N., 12549; Seine, 19 mars 1866.
(9) Troplong, n° 1039; Marcadé, 1431, 3; Roll., *Reprises*, n° 27; Trib. Saint-Brieuc, 25 août 1856.
(10) Ou ses créanciers en vertu de l'art. 1167.

(11) Roll., *Reprises*, n° 28; Orléans, 19 déc. 1836, 30 déc. 1837; 24 mai 1848 ; Paris, 30 juin 1853; Cass., 25 mars 1834, 2 janv. 1838.
(12) Zach., § 643, note 20; Troplong, n° 1042; Rodière et Pont, I, 607; Marcadé, 1431, 3; Roll., *Commun.*, n° 384; Lyon, 11 juin 1833; Paris, 30 déc. 1841.
(13) Paris, 30 déc. 1841; Rennes, 22 nov. 1844; Bordeaux, 1er mai 1850; Jur N., 9752.
(14) Troplong, n° 1042; Paris, 30 déc. 1841.
(15) Le mari qui a seulement *autorisé* sa femme n'est tenu à aucune garantie et, par conséquent, n'a point de recours à exercer: Duranton, XIV, 308; Troplong, n° 1050; Marcadé, art. 1432; Zach., Massé et Vergé, § 642, note 38, et 645 note 3.
(16) Odier, I, 192 et 217; Rodière et Pont, I, 590; Marcadé, art. 1419; Rouen, 27 mai 1854; Jur. N., 10962; CONTRA, Duranton, XIV, 248; Bellot, I, 279; Troplong, n° 846.

n'ait déclaré vouloir être affranchi de la dette contractée par sa femme (1), mais sauf la récompense due à la communauté ou l'indemnité due au mari (*C. N.*, *1419*), *infra n° 3875*. Si c'est le mari qui a contracté une dette dans son intérêt personnel, le payement peut en être poursuivi tant sur ses biens personnels que sur ceux de la communauté (2) , sauf récompense si la dette est acquittée par la communauté.

3840. Les actes faits par la femme sans le consentement de son mari, ni de justice, n'engagent point les biens de la communauté, ni ceux du mari, ni même ceux de la femme; mais si le créancier prouve que la communauté en a profité, la communauté en est tenue (3) ; s'il prouve que les biens de la femme en ont profité, il peut en poursuivre le recouvrement sur la nue propriété des biens de la femme, et après la dissolution de la communauté, sur la pleine propriété (4). Si c'est comme marchande publique dûment autorisée par son mari que la femme a contracté, et pour le fait de son commerce, la communauté en est tenue, *supra n° 1061* (*C. N.*, *1426*).

3841. Si la femme a contracté une dette sans l'autorisation de son mari, mais avec l'autorisation de justice, le créancier peut en poursuivre le payement sur la nue propriété des biens de la femme, et après la dissolution de la communauté sur la pleine propriété, mais non sur les biens de la communauté (*C. N.*, *1426*), à moins que son engagement n'ait eu pour objet soit de tirer son mari de prison, soit d'établir les enfants communs, en cas d'absence du mari (*C. N.*, *1427*), soit de délivrer le mari fait prisonnier de guerre; soit enfin d'empêcher l'exécution d'une contrainte par corps (5).

3842. Les amendes, et les dépens et dommages et intérêts (6), encourus par le mari pour crime ou délit (7), peuvent se poursuivre sur les biens de la communauté, sauf la récompense due à la femme (*C. N.*, *1424*)*; mais la communauté est tenue, sans récompense, des obligations ayant pour cause les quasi-délits du mari (8).

3843. La femme ne pouvant par son fait obliger la communauté sans l'autorisation de son mari,

---

Cette dépense, en raison de la responsabilité encourue par M. BIGOT pour le défaut de réparation d'entretien, est restée à la charge de la communauté; il en est question ici pour ordre seulement, ci. . . . . *Ordre.*

12° OBSERV. — *Expropriation d'un immeuble de Mme BIGOT, par suite de dette contractée dans l'intérêt de la communauté.* (N°s 3834 à 3844.)

Suivant acte passé devant M^e. . . . ., notaire à. . . . ., le. . . . ., M. et Mme BIGOT se sont reconnus débiteurs pour prêt, envers M. Germain RICHARD, banquier, demeurant à. . . . . d'une somme de 4,500 fr. stipulée remboursable le. . . . ., et productive d'intérêts à cinq pour cent par an, à partir du jour de l'obligation. A la garantie du remboursement de cette somme, en principal, intérêts, frais et autres accessoires, M. et Mme BIGOT ont hypothéqué la prairie cédée à Mme BIGOT par l'acte d'échange énoncé sous le n° 2 de la 5° observation.

Cette somme n'ayant pas été payée à l'échéance, M. RICHARD a poursuivi l'expropriation de l'immeuble hypothéqué, qui a été vendu à l'audience des saisies du tribunal civil de. . . . ., le. . . . ., moyennant une somme de 5,000 fr. plus la charge de payer 860 fr. de frais préparatoires.

Le prix a été employé à l'acquit en principal et intérêt de la créance de M. RICHARD.

RÉSUMÉ.

Il résulte de cette observation la reprise en deniers, par Mme BIGOT, de la somme de 5,860 fr. pour le prix en principal et frais préparatoires de la vente d'un propre,

---

(1) Duranton, XIV, 248 ; Rouen, 27 mai 1854.
(2) Voir Besançon, 24 juin 1858 ; Cass., 18 avril 1860 ; J. N., 16526, 16841.
(3) Zach., § 642, note 44 ; Troplong, n° 950 ; Cass., 3 fév, 1830.
(4) Marcadé, art. *1426*.
(5) Duranton, XIV, 305 ; Zach., Massé et Vergé, § 642, note 47 ; Demolombe, IV, 324 ; Rodière et Pont, I, 612 ; Troplong, n° 970 ; Marcadé, *1427*, 2 ; Bourges, 13 fév. 1830. CONTRA, Odier, I, 259.
(6) Vazeille, *Mariage*, II, 374 ; Duranton, XIV, 208 ; Bellot, II,

p. 433 ; Battur, I, 316 ; Rodière et Pont, I, 632 ; Duvergier sur Toullier, XII, 294 ; Marcadé, *1424*, 1 ; CONTRA, Troplong, n° 918 Toullier, XII, 224 ; Zach., Massé et Vergé, § 642, note 19 ; Odier I, 244 ; Douai, 30 janv. 1840, selon lesquels les dépens, et dommages et intérêts sont à la charge de la communauté.
(7) Duranton, XIV, 293 ; Zach., Massé et Vergé, § 642, note 49 Odier, I, 214 ; Rodière et Pont. I. 631 ; Marcadé, art. *1424*.
(8) Rodière et Pont, I, 633 ; Marcadé, *1424*, 2.

les amendes, dépens et dommages-intérêts par elle encourus pour crime, délit, et même pour quasi-délit, ne peuvent s'exécuter que sur la nue propriété de ses biens personnels, tant que dure la communauté (*C. N.*, 1424); si, nonobstant, la communauté paye, la femme en doit récompense (1).

3844. Lorsque la femme plaide en séparation de corps contre son mari, elle a droit d'obtenir de lui une provision pour frais du procès (2), sauf la récompense due par la femme si elle perd le procès(3). Dans le même cas de perte du procès, si l'avoué de la femme lui a fait l'avance des frais, sans qu'elle ait obtenu une provision, il n'a pas d'action en payement contre la communauté ni contre le mari (4).

SECTION III. — DE L'ADMINISTRATION DE LA COMMUNAUTÉ, ET DE L'EFFET DES ACTES DE L'UN OU L'AUTRE ÉPOUX RELATIVEMENT A LA SOCIÉTÉ CONJUGALE.

3845. I. *Administration des biens de la communauté.* Le mari, en sa qualité de chef de l'association conjugale, *supra n° 1046*, administre seul les biens de la communauté (*C. N.*, 1421). Il ne peut être stipulé par le contrat de mariage qu'il n'en aura pas l'administration (5), ni que le mari donne à sa femme une procuration générale, même révocable, pour administrer les biens de la communauté; mais cette procuration peut être donnée après le mariage (6).

3846. Le mari, pendant le mariage, a un pouvoir presque absolu sur les biens de la communauté; il peut, sans le concours de la femme, les vendre, aliéner, hypothéquer (*C. N.*, 1421), les délaisser par hypothèque (7). Il ne serait pas permis de stipuler par contrat de mariage que le concours de sa femme sera nécessaire pour ces divers actes (8).

3847. Le mari peut vendre à rente viagère sur sa tête, un conquêt immobilier ou un capital mobilier: s'il prédécède, la rente s'éteint avec lui; s'il survit, la rente se partage par moitié entre lui et les héritiers de la femme, et s'il est usufruitier des biens de la femme, il a seul droit aux arrérages, *supra n° 1475*, sans indemnité envers les héritiers de la femme (9).

ci. . . . . 5,860 »

Mémoire pour les reprises en deniers de Mme Bigot.

13ᵉ Observ. — *Instance en séparation de corps formée par Mme* Bigot. (N° 3844.)

Suivant exploit de. . . . ., huissier à. . . . ., du. . . . ., Mᵐᵉ Bigot a formé contre son mari une demande en séparation de corps; sur cette demande il est intervenu d'abord un procès-verbal de non-réconciliation, puis un jugement provisoire du tribunal civil de. . . . ., qui a condamné M. Bigot à verser entre les mains de l'avoué de Mᵐᵉ Bigot une provision de 1,500 fr.

Cette somme a été versée par M. Bigot, ainsi que le constate une quittance reçue par Mᵉ. . . . ., notaire à. . . . ., le. . . . .

L'instance a suivi son cours; et le. . . . ., il est intervenu un jugement du tribunal civil de. . . . ., qui a débouté Mᵐᵉ Bigot de sa demande et l'a condamnée aux dépens.

La provision de 1,500 fr. ayant été épuisée, Mᵐᵉ Bigot doit récompense à la communauté de cette somme . . . . 1,500 »

Mémoire pour récompense à communauté par Mme Bigot.

14ᵉ Observ. — *Vente par le mari d'un immeuble de la communauté, moyennant une rente viagère à son profit.* (Nᵒˢ 3845 à 3847.)

Par contrat passé devant Mᵉ. . . . ., notaire à. . . . ., le. . . . ., M. Bigot a vendu à

---

(1) Toullier, XII, 232; Roll., *Commun.*, n° 281.

(2) Cass., 11 juill. 1837.

(3) Troplong, n° 952.

(4) Carré et Chauveau, n° 548; Rodière et Pont, I, 610; Troplong, n° 952; Paris 7 fév. 1806, 8 nov. 1827, 8 janv. 1841; Angers, 28 juin 1850; Douai, 4 juill. 1854; Cass. 11 juill. 1837, 30 avril 1862, 15 juill. 1865; J. N., 14635, 17532, 18362; contra, Dalloz, n° 4070; Bruxelles, 5 juill. 1809 et 13 août 1841; Paris, 11 mai 1815 et 14 août 1840; Orléans, 9 juill. 1834; Nîmes, 5 avril 1838.

(5) Toullier, XII, 307; Duranton, XIV, 208; Rodière et Pont, I, 654; Massé et Vergé, § 642, note 1; Troplong, n° 63; Marcadé, *1389*, 6; Dict. not., *Commun.*, n° 369; Roll., *ibid.*, n° 351.

(6) Toullier, XII, 307; Duranton, XIV, 267; Dict. not., *Commun.*, n° 370; Roll., *ibid.*, n° 352.

(7) Rodière et Pont, I, 658; Troplong, n° 869; Zach., § 642, note 4; Cass., 30 juin 1807. V. Orléans, 14 mai 1861; Jur. N., 12740.

(8) Bellot, I, p. 315; Massé et Vergé, § 637, note 3, et 642, note 3; Troplong, n° 64; Taulier, V, p. 85; Marcadé, *1389*, 6; Rodière et Pont, I, 64; Dict. not., *Contr. de mar.*, n° 84; Dalloz, n° 104; Paris, 7 mai 1855; J. N., 15535; contra, Toullier, XII, 307; Battur, n° 349; Duranton, XIV, 519; Zach., § 637, note 3; Roll., *Contr. de mar.*, n° 99, et *Commun.*, n° 354; Dict. not., *Commun.*, n° 372.

(9) Odier, n° 214; Rodière et Pont, I, 658; Troplong, n° 868; Rennes, 16 juin 1841; J. N., 11109.

3848. Lorsque la vente d'un immeuble acquêt ou d'un capital mobilier a été faite avec le concours des deux époux, moyennant une rente viagère réversible au profit du survivant, la stipulation de réversibilité constitue un pacte aléatoire, et non un don mutuel entre époux interdit par l'art. 1097 (1), *infra n° 3891*.

3849. Si, pendant le mariage, une assurance sur la vie a été contractée sans attribution spéciale à l'un des époux, elle profite à la masse de la communauté et le produit en est partagé entre le survivant et les héritiers du premier mourant (1 *bis*) ; si elle est contractée au profit personnel du mari ou de la femme, le produit en appartient au conjoint au profit duquel l'assurance a été faite, à la seule charge d'indemniser la communauté des sommes qui en ont été tirées pour le payement des primes (2) ; enfin si l'assurance a été contractée par les deux époux au profit du survivant quel qu'il soit, le survivant recueille le produit de 'assurance, mais dans ce cas il est plus douteux que le survivant doive indemniser la communauté, la convention pouvant être considérée comme un pacte aléatoire entre les époux (3).

M. Bellet une pièce de terre labourable, située commune de. . . . , lieu dit. . . . , contenant. . . . , faisant partie de la ferme de. . . . , dépendant de la communauté d'entre M. et Mme Bigot, au moyen de l'acquisition énoncée sous la 8e observ.

Cette vente a eu lieu moyennant une rente viagère au profit et sur la tête de M. Bigot vendeur, de 300 fr. par an ; laquelle rente s'est éteinte par le décès de M. Bigot.

Lors du décès, il était dû le prorata d'arrérages couru depuis le. . . . , soit une somme de 160 fr. . . . .   160 »

Mémoire pour la masse active.

15e Observ. — *Constitution d'une rente viagère moyennant un capital; — réversibilité au profit du survivant*. (N° 3848.)

Aux termes d'un acte passé devant M^e. . . . , notaire à. . . . , le. . . . , M. Charles Dubois, cultivateur, demeurant à. . . . , a créé et constitué au profit et sur les têtes de M. et Mme Bigot et du survivant, avec stipulation de réversibilité pour la totalité au profit du survivant, une rente annuelle et viagère de 1,200 fr. payable chaque année en quatre termes égaux, les. . . .

Cette constitution de rente a eu lieu moyennant une somme de 12,000 fr. qui a été de suite payée par M. et Mme Bigot à M. Dubois.

Mme Bigot, en vertu de la réversibilité stipulée par ledit acte, a droit à la totalité de cette rente, à partir du jour du décès de son mari ; néanmoins elle ne doit aucune indemnité à la communauté, les arrérages à lui servir devant être considérés comme étant le produit de sa moitié dans le capital sorti de la communauté.

Lors du décès, il était dû le prorata d'arrérages de cette rente, couru depuis le. . . . , se montant à 200 fr. . . . .   200 »

Mémoire pour la masse active.

16e Observ. — *Assurance sur la vie au profit de Mme Bigot.* (N° 3849.)

Suivant police en date du. . . . , portant cette mention : « enregistré. . . . . etc. » M. et Mme Bigot ont contracté à la compagnie d'assurances sur la vie la. . . . , au profit de Mme Bigot, une assurance pour une somme fixe de quarante mille francs, payable lors du décès de M. Bigot ; et ce, moyennant une prime annuelle de 2,500 fr.

Les primes ayant été exactement servies, cette assurance doit produire son effet au profit de Mme Bigot qui, en conséquence, a droit à la totalité de ladite somme de quarante mille francs , mais à la charge de rembourser à la communauté les sommes débour-

---

(1) Troplong, n° 4200; Rennes, 15 fév. 1840 ; Paris, 25 mars 1844 ; Cass., 13 mai 1844 ; Paris, 18 juin 1850; Jur. N., 0300.
(1 bis V. Colmar, 27 fév. 1865, 6 mars 1867 ; Seine, 17 juill. 1856 ; Paris, 3 avril 1867; Trib. Rouen, 30 août 1867 ; J. N., 18643, 18983 ; J. N., 13384; Mulhouse, 7 août 1867.

(2, Et non pas du produit de l'assurance: Garnier, *Rec. Pér.* 1021; Lefebvre, *Jour. du Not.*, 1864, p. 269.
(3) Troplong, n° 4200. contra ; Lefebvre et Garnier, *loc. cit.*

3850. L'aliénation des immeubles de la communauté faite par le mari en fraude des droits de la femme peut être annulée sur sa demande, après la dissolution de la communauté (1).

3851. Le mari ne peut disposer entre-vifs à titre gratuit (2) des immeubles de la communauté, ni de l'universalité ou d'une quotité du mobilier, si ce n'est pour l'établissement des enfants communs (C. N., 1422), au profit desquels il peut disposer de la totalité des biens de la communauté (3), pourvu que ce ne soit pas à cause de mort, ni par institution contractuelle (4). L'exception établie en faveur de l'enfant commun ne s'étend pas à l'enfant d'un précédent mariage du mari; s'il a doté son enfant d'un précédent mariage avec un immeuble de la communauté, la femme a une action révocatoire contre l'enfant (5).

3852. Cependant les immeubles acquêts peuvent faire l'objet d'une donation, autrement les époux seraient privés de faire des libéralités entre-vifs s'ils ne possédaient point de biens propres; la donation des immeubles acquêts est donc valable si elle a été faite par le mari et la femme conjointement (6).

---

sées pour le payement des primes, soit au total, d'après compte fait, une somme de 17,500 fr.

RÉSUMÉ.

Il résulte de cette observation :

Premièrement. Reprise en nature par Mme Bigot de l'assurance constituée à son profit.

Mémoire pour les reprises en nature de Mme Bigot.

Deuxièmement. Et récompense à la communauté par Mme Bigot de 17,500 fr. payés pour les primes de ladite assurance, ci. . . . . 17,500 »

Mémoire pour récompense à communauté par Mme Bigot.

17e Observ. — *Donations d'objets de la communauté.* (N°s 3851 à 3855.)

I. Suivant acte passé devant M^e. . . . ., notaire à. . . . ., en présence de témoins, le. . . . ., M. Bigot, *de cujus*, pour l'établissement de M. Bigot, enfant du mariage, comme négociant en vins à. . . . ., lui fait donation entre-vifs, avec dispense de rapport, d'une pièce de terre située à. . . . ., lieu dit. . . . ., de la contenance de. . . . ., dépendant de la communauté, comme faisant partie de la ferme de. . . . ., acquise pendant la communauté, ainsi qu'on l'a énoncé sous la 8e observ.

II. Par autre acte passé devant le même notaire, le. . . . ., M. Bigot, *de cujus*, pour récompenser M. Isaac Blem, son domestique, de ses bons soins, lui a fait donation d'un titre de 200 fr. de rente 3 p. 0/0 sur l'État français, qui était porté au nom de M. Bigot, donateur, sur le grand-livre de la dette publique, sous le n° 4312 de la 6e série ; laquelle rente a été depuis immatriculée au nom de M. Blem.

Ces deux faits ne donnent lieu à aucune récompense et ils sont rapportés pour ordre seulement, ci. . . . . *Ordre.*

---

(1) Duvergier sur Toullier, XII, 81; Rodière et Pont, I, 293; Marcadé, *1399*, 5; Troplong, n° 333, Colmar, 26 fév. 1857; Jur. N., 11003; Cass., 24 juill. 1860; J. N., 18647.

(2) Soit par don direct, soit au moyen d'une donation déguisée sous un titre onéreux: Toullier XII, 310, 311; Roll., *Commun.*, n° 357.

(3) Rodière et Pont, I, 664; Troplong, n° 902; Marcadé, *1423*, 3; Cass., 2 janv. 1844; J. N., 11904; contra, Duranton, XV, 281; Roll. *Commun.*, n° 369.

(4) Marcadé, *1423*, 3.

(5) Cass., 14 août 1855; Nancy, 17 mai 1861; J. N., 17194.

(6) Zach., § 641, note 11; Duranton. XIV, 472; Troplong, n°s 901 à 906; Roll., *Commun.*, n° 356; Dict. not., *Contr. de mar.*, n° 388; Dalloz, n° 1176; Riom, 5 fév. 1844; Trib. Soissons, 22 déc. 1847; Amiens, 15 fév. 1849; Paris, 23 juin 1849; Caen, 18 fév. 1850; Poitiers, 10 juin 1851; Limoges, 14 mai 1850; Cass., 5 fév. 18,0. et 29 avril 1851; J. N., 11901, 12398, 13287, 13689; Toulouse, 24 mars 1856; Besançon, 25 juin 1856; Jur. N., 13076,13132; Cass., 31 juill. 1867; J. N., 19063; contra, Rodière et Pont, I, 662; Odier, I, 225; Marcadé, *1423*, 2; Massé et Vergé, § 641, note 11; Bourges, 10 août 1840; Caen, 3 mars 1843; Douai, 20 août 1855.

3853. Lorsque le mari, sans le concours de sa femme, a disposé entre-vifs d'un immeuble acquêt et que la femme accepte la communauté, l'immeuble entre dans la masse partageable de même que s'il n'avait pas été donné : s'il échoit à la femme, le donataire en est évincé, sauf son recours contre le mari ou ses héritiers (1) ; si, au contraire, il échoit au mari ou à ses héritiers, ou si la femme renonce à la communauté, la donation conserve tout son effet (2).

3854. Le mari peut néanmoins disposer des effets mobiliers à titre gratuit au profit de toutes personnes (C. N., 1422), même de ses héritiers présomptifs, sans être tenu d'indemniser la communauté (3) ; mais sous les quatre conditions suivantes : 1° que la disposition soit par acte entre-vifs, et non par don manuel : il a été jugé que la femme serait recevable à faire preuve par voie de commune renommée des dons manuels qui auraient été faits par son mari dans le but de la fraude (4) ; 2° que la disposition soit faite à titre particulier (C. N., 1472) ; 3° que le mari ne se réserve pas l'usufruit des objets donnés (même article) ; 4° que la disposition ne soit pas faite en faveur d'un enfant de son précédent mariage : dans ce cas il y aurait lieu à récompense à la communauté en vertu de l'art. 1469 (5).

3855. La disposition testamentaire faite par le mari, ou par la femme (6), ne peut excéder la part du testateur dans la communauté. Si le testateur a disposé en cette forme d'un effet de la communauté, le légataire ne peut le réclamer en nature qu'autant que l'effet, par l'événement du partage, tombe au lot des héritiers du testateur. Si l'effet ne tombe point au lot de ces héritiers, le légataire a la récompense de la valeur totale de l'effet légué, sur la part des héritiers du testateur dans la communauté et sur les biens personnels de ce dernier (C. N., 1423). Il en est autrement si le legs a été fait après la dissolution de la communauté ; car alors il aurait pour objet la chose d'autrui, et le légataire n'aurait droit à aucune indemnité (7).

3856. II. *Administration des biens de la femme.* Le mari a l'administration de tous les biens personnels de la femme. En cette qualité, il peut exercer seul toutes les actions mobilières qui appartiennent à la femme (C. N., 1428), soit en demandant, soit en défendant ; il peut aussi recevoir le remboursement des créances de celle-ci, même réservées propres (8), ainsi que le prix des ventes faites par le mari et la femme conjointement d'immeubles propres à la femme (9) ; mais ces prix ne peuvent être transportés par le mari, ni saisis par ses créanciers (10).

3857 Le mari peut aussi exercer seul toutes les actions possessoires qui appartiennent à la femme (C. N., 1428) ; et s'il néglige de le faire, la femme, après s'être fait autoriser en justice, peut les exercer elle-même (11). Quant aux actions pétitoires, comme elles mettent en question le droit de propriété, le mari n'a qualité, ni pour introduire l'action, ni pour y répondre (12).

18° OBSERV. — *Prescription de servitude sur un immeuble propre à Mme* BIGOT. (Nos 3856 à 3859.)

En l'année....., M....., propriétaire d'une maison sise à....., rue....., voisine de celle appartenant à Mᵐᵉ BIGOT, a percé deux fenêtres dans son mur joignant immédiatement le jardin de Mᵐᵉ BIGOT, pour éclairer un escalier adossé sur ce jardin ; ces fenêtres ont continué de subsister pendant plus de trente ans, de sorte que M....., a prescrit le droit de les conserver ;

Mᵐᵉ BIGOT éprouve un préjudice de cette servitude, que les parties évaluent à mille

(1) Odier, I, 223 ; Duranton, XIV, 275 ; Rodière et Pont, I, 667 ; Massé et Vergé, § 644, note 11 ; Marcadé, 1423, 5 ; CONTRA, Troplong, n° 891.

(2) Troplong, n° 890 ; Toullier, XII, 314 ; Bellot, I, p. 419 ; Duranton, XIV, 275 ; Zach., § 644, note 11 ; Odier, I, 223 ; Rodière et Pont, I, 667 ; Marcadé, 1423, 5 ; Dict. not., Commun., n° 378.

(3) Amiens, 17 août 1859 ; Douai, 2 mars 1860 ; Rennes, 4 fév. 1864 ; Bordeaux, 3 juill. 1861 ; Cass., 13 janv., 18 mars et 30 avril 1862 ; J. N., 17362, 17490. Voir cependant Marcadé, 1422, 4 ; Lyon, 22 mai 1863 ; J. N., 17832.

(4) Bordeaux, 5 janv. 1859 ; Rouen, 25 fév. 1860 ; Jur. N., 11381, 14096. Voir cependant Cass., 13 janv. 1862 ; Lyon, 22 mai 1863 ; J. N., 17362 17832.

(5) Arg. Cass., 13 janv. 1862 ; J. N., 17362. Voir aussi Cass., 24 août 1855 ; Nancy, 17 mai 1861 ; J. N., 15011, 17494, selon lesquels, la femme ou ses héritiers peuvent exercer l'action en nullité contre l'enfant donataire.

(6) Zach., § 644, note 12 ; Duranton, XIV, 280 ; Rodière et Pont, I, 674 ; Marcadé, art. 1423. Voir cependant Besançon, 10 déc. 1862 ; J. N., 17763.

(7) Paris, 6 mai 1864 ; Rev. not., 59 ; CONTRA, Pont, Rev. not., I, p. 173.

(8) Duranton, XIV, 315 ; Rodière et Pont, I, 679 ; Troplong, n° 1936 ; Roll., Commun., n° 495 ; Paris, 13 juin 1826 ; Angers, 26 janv. 1842 ; Cass., 23 juill. 1843 ; Jur. N., 5596, 9225. V. Cass., 14 août 1895.

(9) Duranton, XIV, 315 ; Troplong, n° 993 ; Roll., Commun., n° 460 ; Paris, Angers, Cass., précités.

(10) Toullier, XII, 452 ; Duranton, XIV, 359 ; Bellot, I, p. 203 ; Rodière et Pont, I, 709 ; Odier, I, 34 ; Troplong, n° 1091 et 1092 ; Marcadé, 1408, 8 bis ; Nancy, 29 août 1827, 7 fév. 1840 ; Bourges, 6 août 1834 ; Besançon, 29 mars 1830 ; Jur. N., 9026.

(11) Duranton XIV, 317 ; Odier, I, 272 ; Rodière et Pont, I, 680 ; Duvergier sur Toullier, XII, 383 ; Marcadé, 1428, 1 ; Zach., Massé et Vergé, § 642, note 21.

(12) Duranton, XIV, 346 ; Glandaz, n° 235 ; Zach., Massé et Vergé, § 642, note 23 ; Odier, I, 273 ; Rodière et Pont, I, 681 ; Troplong, n° 1013 ; Marcadé, 1428, 1 ; Roll., Commun., n° 399 ; Cass., 16 déc. 1840 ; CONTRA, Toullier, XII, 384 ; Bellot, I, p. 484 ; Battur, II, 352 ; Cass., 15 mai 1832.

3858. Le mari est responsable de tout dépérissement des biens personnels de la femme, causé par défaut d'actes conservatoires (*C. N.*, *1428*); ainsi par exemple : 1° si le mari, pendant le mariage, laisse prescrire des biens de la femme (1); 2° s'il laisse un immeuble de la femme se détériorer faute de réparations (2); 3° s'il ne produit pas à un ordre pour une créance propre à la femme, ou s'il laisse périmer une inscription (3); 4° s'il ne paye pas dans les délais le droit de mutation d'une succession échue à la femme (4); 5° s'il néglige de recevoir la dot constituée à la femme et laisse le constituant devenir insolvable (5), etc.

3859. Les dommages et intérêts dus par le mari pour défaut d'actes conservatoires sont dettes de la communauté; en conséquence, la femme acceptante y est tenue pour moitié, ou plutôt jusqu'à concurrence de son émolument (6); mais si elle renonce, elle n'en est aucunement tenue (7).

3860. Le mari ne peut aliéner les immeubles personnels de sa femme sans son consentement (*C. N.*, *1428*). Si le mari, soit comme se portant fort pour sa femme, soit de bonne foi se croyant propriétaire, vend sans le consentement de la femme un immeuble à elle personnel, la femme ne peut durant le mariage demander la révocation de la vente (8); mais après la dissolution du mariage la femme ou ses héritiers, en renonçant à la communauté, peuvent revendiquer l'immeuble; si, au contraire, ils acceptent : comme alors ils sont tenus pour moitié à la garantie de la vente, ils ne peuvent le revendiquer que pour moitié (9), sauf l'action en reprise pour l'autre moitié. Bien entendu, s'ils laissent à la vente son effet, ils ont l'action en reprise pour la totalité du prix.

3861. Les baux que le mari seul a faits des biens de sa femme, pour un temps qui excède neuf ans, ne sont, en cas de dissolution de la communauté, obligatoires vis-à-vis de la femme ou de ses héritiers, que pour le temps qui reste à courir, soit de la première période de neuf ans, si les parties s'y trouvent encore, soit de la seconde, et ainsi de suite, de manière que le fermier n'ait que le droit d'achever la jouissance de la période de neuf ans où il se trouve (*C. N.*, *1429*).

3862. Les baux de neuf ans ou au-dessous que le mari seul a passés ou renouvelés des biens de sa femme, plus de trois ans avant l'expiration du bail courant s'il s'agit de biens ruraux, et plus de deux ans avant la même époque s'il s'agit de maisons, sont sans effet, à moins que leur exécution n'ait commencé avant la dissolution de la communauté (*C. N.*, *1430*); et dans ce cas, si le bail a été fait pour plus de neuf ans, il ne doit pas moins se continuer, sauf réduction dans le sens de l'art. 1429 (10), *supra n° 3861.*

---

francs, et doit être indemnisée de cette somme sur la communauté, ci . . . . **1,000** »

Mémoire pour les reprises en deniers de Mme Bigot.

19ᵉ OBSERV. — *Vente par M.* BIGOT *d'un immeuble propre à* Mᵐᵉ BIGOT. (N° 3860.)

Par contrat passé devant Mᵉ. . . . ., notaire à. . . ., le. . . . ., M. BIGOT, comme se portant fort pour la dame son épouse, avec promesse de ratification, a vendu à M. Louis ETARD, cultivateur à. . . . ., une pièce de terre labourable, située commune de. . . . ., contenant. . . . ., faisant partie de la ferme apportée en mariage par Mᵐᵉ BIGOT, moyennant quatre mille francs de prix, payés comptant.

Mᵐᵉ BIGOT déclare ici vouloir conserver à cette vente tout son effet; en conséquence elle a l'action en reprise de quatre mille francs pour le prix, ci . . . . . . **4,000** »

Mémoire pour les reprises en deniers de Mme Bigot.

20ᵉ OBSERV. — *Bail pour quinze ans d'une maison propre à* Mme BIGOT. (Nᵒˢ 3861 à 3864.)

Suivant acte passé devant Mᵉ. . . . ., notaire à. . . . ., le. . . . ., M. BIGOT, sans le con-

(1) Troplong, n° 1015.
(2) Troplong, n° 1019; Bellot. I, p. 487; Roll., *Respons. du mari*, n° 6.
(3) Troplong, n° 1015.
(4) Troplong, n° 1017; Bordeaux, 8 fév. 1843.
(5) Cass., 19 janv. 1863; Sirey, 1863, 1, p. 187.
(6) Toullier, XII, 422; Dict. not., *Respons. entre époux*, n° 20.
(7) Rodière et Pont, 1, 690; Troplong, n° 1021; Marcadé, *1428*, 4; Koll., *Respons. du mari*, n° 13.
(8) Toullier. XII, 400; Duranton, XIV. 320; Odier, I, 283; Troplong, n° 988; Marcadé, *1428*, 3; Roll., *Commun.*, n° 401.
(9) Bellot, I, p. 237; Toullier et Duvergier, XII, 226; Zach., Massé

et Vergé, § 642, note 16; Troplong, *Vente*, n° 643, et *Contr. de mar.* nᵒˢ 730 à 733; Marcadé, *1428*, 3; Amiens, 18 juin 1814 : CONTRA Duranton, XIV, 321; Odier, I, 279; Rodière et Pont, I, 686, selon lesquels la femme peut revendiquer la totalité en payant à l'acquéreur la moitié, tant du prix que des dommages-intérêts; CONTRA, aussi Merlin. *Commun.*, § 3, n° 6; Battur, 1, 308; Glandaz, n° 466, selon lesquels la femme peut revendiquer la totalité en payant seulement la moitié du prix.
(10) Bellot, I, p. 497; Zach., Massé et Vergé, § 643, note 43; Troplong, n° 1029, et *Louage*, n° 452; Rodière et Pont, I, 696; Marcadé, *1430*, 2; CONTRA, Proudhon, n° 1243, 1°.

III.   8

3863. Si le bail passé ou renouvelé dans le délai légal de deux ou trois ans, a été fait pour une durée excédant neuf ans, et que son exécution ne soit pas commencée lors de la dissolution de la communauté, il est entièrement inefficace au regard de la femme ou de ses héritiers (1).

3864. Le bail qui est sans effet au regard de la femme ou de ses héritiers, peut ne pas l'être à l'égard du preneur; car il est facultatif à la femme ou à ses héritiers de faire annuler le bail ou de forcer le preneur à son exécution; s'il est annulé, le preneur ne peut exercer de recours contre le mari, à moins que celui-ci ne l'ait induit en erreur en lui faisant croire que les biens loués lui étaient propres ou dépendaient de la communauté (2), et dans ce cas les dommages et intérêts sont dettes de la communauté, *supra n°* 3842.

3865. III. *Vente de biens propres aux époux.* Les créances qui, durant le mariage, deviennent la représentation des immeubles propres des époux, ont une pareille nature de propre, ce qui arrive : 1° en cas de vente d'un immeuble personnel à l'un des époux (*C. N., 1433*), ou de concession d'un droit de servitude sur un immeuble pareillement personnel; 2° lorsqu'un tiers se rédime en argent de

---

cours de sa femme, a donné à bail à loyer à M......, pour quinze années qui ont commencé le...., et expireront le...., une maison située à...., propre à Mme Bigot, moyennant un loyer annuel de...., payable les...., de chaque année.

Ce bail étant encore dans sa première période de neuf ans, Mme Bigot, qui ne l'a pas consenti, pourrait en faire cesser l'effet à partir de l'expiration de cette période; mais elle déclare ici le ratifier et consentir à ce qu'il soit exécuté jusqu'à l'expiration des quinze ans.

Cette observation est ici faite pour ordre seulement, ci. . . . . *Ordre.*

21e Observ. — *Vente d'immeubles propres aux époux.* (N°s 3865 à 3874.)

§ 1. — **M. Bigot.**

I. Suivant contrat passé devant M^e...., notaire à...., le...., M. et Mme Bigot ont vendu à M. Eloi Carré, propriétaire, demeurant à...., deux pièces de terre labourables, situées commune de....., lieu dit....., de la contenance de...., appartenant en propre à M. Bigot, comme formant les 1re et 6e des huit pièces de terre dont il a fait l'apport par son contrat de mariage analysé sous la 1re observ.

Cette vente a été faite moyennant dix mille francs qui ont été payés depuis, ainsi que le constate une quittance passée devant le même notaire, le....

II. Suivant autre contrat passé le...., devant M^e...., notaire à...., M. et Mme Bigot, ont vendu à M. Eloi Rousset, professeur, demeurant à...., une maison située à...., propre à M. Bigot, comme lui étant provenue de la licitation énoncée dans la 6e observ.

Cette vente a été faite moyennant vingt mille francs payés depuis, ainsi que le constate une quittance reçue par M^e...., notaire à...., le....

III. Par autre contrat passé aussi devant M^e...., le...., M. et Mme Bigot ont vendu à M. Denis Lebert, cultivateur, demeurant à...., une autre pièce de terre, située même commune, lieu dit...., contenant...., appartenant aussi en propre à M. Bigot, comme formant la troisième des huit mêmes pièces de terre.

Cette vente a eu lieu moyennant une rente annuelle et viagère de trois cents francs au profit et sur les têtes de M. et Mme Bigot et du survivant d'eux, réversible pour le tout au profit de Mme Bigot, pour le cas de survie; ladite rente, payable chaque année en un seul terme, le....

---

(1) Troplong, n° 1028; Massé et Vergé, § 643, note 11; Marcadé, 1030, 2. | § 643, note 8; Toullier, XII, 406, Odier, I, 286; Troplong, n° 1025; Marcadé, 1429, 3; Roll., *Bail.* n°s 408 et 114; Douai, 18 mars 1832;
(2) Proudhon, n° 1220; Bellot, II, p. 499; Zach., Massé et Vergé, | Jur. N., 9768; contra, Duranton, XIV, 587.

services fonciers, c'est-à-dire de droits de servitude dus à des héritages propres à l'un des époux (*même article*); 3° en cas de stipulation de soulte au profit de l'un des époux dans le partage d'une succession immobilière (1), ou dans un échange d'immeubles, *supra n° 3805*. Et si ces diverses créances ont été versées dans la communauté, sans remploi, il y a lieu à un prélèvement équivalent au profit de l'époux lors de la dissolution de la communauté.

3866. Lorsque ces créances n'ont pas été versées dans la communauté, par suite de l'insolvabilité des débiteurs, et qu'aucune négligence n'est reprochable au mari, la perte en est supportée par la femme. S'il y a eu négligence du mari, la femme ou ses héritiers ont l'action en reprise sur la communauté (2), *supra n° 5858*.

3867. Si un immeuble propre est vendu pour un seul et même prix, avec la récolte qui s'y trouve, on doit déduire du prix la valeur de cette récolte, et le surplus seul donne lieu à prélèvement (3).

3868. Lorsqu'un bâtiment propre à l'un des époux a été incendié, l'indemnité payée par la compagnie d'assurances est propre et donne lieu à l'action en reprises (4). Il en est de même des loyers payés d'avance et du pot-de-vin obtenu sur un bail d'immeubles propres (5).

M. Bigot ayant converti son immeuble propre en une rente viagère, la communauté a profité de tous les arrérages courus pendant sa durée, sans indemnité au profit de M. Bigot ; et Mme Bigot a seule droit à la rente en vertu de la réversibilité stipulée par ledit acte, sans être tenue à récompense à la communauté, ni à la succession de son mari (N° 3872) ; mais sauf l'imputation sur la quotité disponible s'il y a lieu.

Lors du décès de M. Bigot, il était dû pour arrérages courus depuis le....., un prorata de cent dix francs.

§ 2. — Mme Bigot.

I. Aux termes d'un contrat passé devant M°....., notaire à....., le....., M. et Mme Bigot ont vendu à M. Gustave Dillet, négociant, demeurant à...., une petite ferme, située à....., contenant..... qui appartenait à Mme Bigot en propre, comme lui ayant été attribuée par le partage des successions de M. et Mme Lahaye, ses père et mère, énoncé sous le § 2 de la 2° observ.

Cette vente a eu lieu moyennant un prix principal de trente mille francs, sur quoi vingt mille francs ont été payés comptant; à l'égard des dix mille francs de surplus, ils ont été stipulés payables le....., et productifs d'intérêts à cinq pour cent par an, payables chaque année. le.....

Lors du décès de M. Bigot, il était dû pour le prorata d'intérêt couru depuis le....., une somme de cent soixante francs.

II. Suivant autre contrat passé le....., devant M°....., notaire à....., M. et Mme Bigot ont vendu à M. Luc Pivert, cultivateur, demeurant à...., une pièce de terre en labour, située commune de....., lieu dit....., de la contenance de....., appartenant à Mme Bigot, comme faisant partie de la ferme de....., apportée en mariage par cette dame, moyennant trois mille francs payés comptant.

Par autre contrat passé devant le même notaire, le....., M. et Mme Bigot ont acquis, au nom de Mme Bigot, de M. Joseph Voisin, cultivateur, demeurant à....., une prairie située commune de....., lieu dit....., de la contenance de..... Cette acquisition a été faite moyennant quinze cents francs payés comptant, avec déclaration que les deniers payés provenaient du prix de la vente faite à M. Pivert et ci-dessus énoncée; et que

---

(1) Toullier, XII, 118; Duranton, XIV, 118; Troplong, n° 444; Massé et Vergé, § 640, note 4; Nancy, 3 mars 1837; Douai, 9 mai 1849; Cass., 11 déc. 18.0; J. N., 14281.

(2) Toullier, XIV, 3.6; Marcadé, *1433*, 4; Rodière et Pont, I, 710; Roll., *Reprises*, n°s 33 et 34.

(3) Bellot, II, p. 328; Duranton, XIV, 339; Massé et Vergé, § 644, note 17; Roll., *Reprises*, n° 42.

(4) Bordeaux, 19 mars 1837; J. N., 16103.

(5) Paris, 14 août 1869; J. N., 18583.

3869. Il y a exception à l'action en prélèvement dans quatre cas : 1° si le prix (ou la soulte) a été remplacé (1) dans les formes prescrites par les art. 1434 et 1435 ; 2° si la vente a eu lieu moyennant une rente viagère, *infra n° 3872* ; 3° si le prix est encore dû, car étant substitué à la chose immobilière, il donne lieu à la reprise en nature (2), *supra n° 3865.*

3870. Dans tous les cas, la récompense n'a lieu que sur le pied de la vente, quelque allégation qui soit faite touchant la valeur de l'immeuble aliéné (*C. N.*, 1436) ; les époux ne seraient donc pas admis à prétendre qu'un immeuble vendu pour un prix valait plus ou moins que ce prix (3). Mais les époux, la femme notamment, sont admissibles à prouver, même par témoins, que le prix indiqué est inférieur ou supérieur au véritable prix, afin que la reprise soit du prix réel (4).

3871. Le prix à restituer par la communauté est non-seulement de la somme principale payée, mais aussi des accessoires, tels que pots-de-vin, épingles, etc. (5), et du supplément de prix payé par l'acheteur pour échapper à la rescision pour cause de vilité de prix (6).

3872. Lorsqu'il y a eu vente moyennant une rente viagère ou échange d'une pleine propriété contre un usufruit, il n'est dû aucun prélèvement pour les arrérages ou fruits perçus durant la communauté, puisqu'ils lui sont acquis en totalité en vertu de l'art. 1401, *supra n° 3826*. Mais à la dissolution de la communauté, si la rente viagère est encore due ou si l'usufruit n'est pas éteint, l'époux propriétaire de l'immeuble vendu ou échangé a droit à la reprise en nature de la rente viagère ou de l'usufruit, sans autre récompense (7). Si la rente viagère a été stipulée réversible au profit de l'autre conjoint, elle lui profite

---

l'immeuble acquis serait propre à Mme BIGOT en remploi d'autant de celui vendu à M. PIVERT. Mme BIGOT a accepté ce remploi. A ce moyen, quinze cents francs sur le prix sont restés sans emploi.

Les frais du contrat d'acquisition en remploi se sont montés à 200 fr.

III. Aux termes d'un contrat passé le....., devant M^e....., notaire à....., M. et Mme BIGOT ont encore vendu à M. Achille BERT, négociant, demeurant à....., l'usufruit qui appartenait à Mme BIGOT, comme en ayant fait l'apport en mariage (*voir 1re observation*), d'une maison située à....., rue....., n°.....

Cette vente a été faite moyennant six mille francs payés comptant. Quoique les revenus de l'usufruit fussent entrés en communauté, s'il eût été conservé, il y a cependant lieu à la reprise de ladite somme de six mille francs, comme constituant le prix principal de la vente d'un immeuble propre.

RÉSUMÉ.

Il résulte de cette observation :

Premièrement. Reprise en deniers par la succession de M. BIGOT, de :

1° Dix mille francs, prix de la vente à M. CARRÉ, ci. . . . . 10,000 »
2° Et vingt mille francs, prix de la vente à M. ROUSSET, ci. . . . . 20,000 »

Ensemble trente mille francs, ci. 30,000 »

Mémoire pour les reprises en deniers de la succession.

---

(1) Les frais de l'acte d'acquisition en remploi sont à la charge de l'époux que le remploi concerne : Bellot, IV, p. 420 ; Troplong, n° 4152 ; Roll., *Remploi*, n° 54.

(2) Odier, I, 34 ; Rodière et Pont, I, 433, 769 ; Troplong, n° 4004 ; Zach., § 540 ; Massé et Vergé, § 644, note 13 ; Toullier, XIII, 432 ; Duranton, XIV, 418, 359 ; Marcadé, *1408, 8 bis, 1433*, 11 ; Dict. not., *Commun.*, n° 407, Roll., *ibid.*, n°s 93 et 206 ; Nancy, 28 août 1827, 7 fév. 1840 ; Douai, 9 mars 1847 ; Besançon, 20 mars 1850.

(3) Toullier, XII, 480 ; Troplong, n° 4462 ; Marcadé, *art. 1436* ; Massé et Vergé, § 644, note 47.

(4) Odier, I, 307 ; Marcadé, *art. 1436*, et *Rev. crit.*, 1852, p. 643 ; Rodière et Pont, I, 713 ; Duvergier sur Toullier, XIII, 484 ; Zach., Massé et Vergé, § 644, note 47 ; Troplong, n° 4462 ; Paris, 25 juill. 1839 ; Besançon, 21 juin 1846 ; Caen, 45 nov. 1848 ; Douai, 28 avril 4854 ; Cass., 14 fév. 1843, 30 déc. 1857 ; J. N., 11393, 16257.

(5) Duranton, XIV, 339 ; Bellot, II, p. 376 ; Roll., *Reprises*, n° 39.

(6) Toullier, XII, 486 ; Duranton, XIV. 418 ; Rodière et Pont, I, 433 ; Marcadé, *1408, 8 bis, 2°*.

(7) Proudhon, *Usuf.*, n° 2675 ; Bugnet sur Pothier, VII, p. 344 ; Rodière et Pont, I, 716 ; Mourlon. III, p. 47 ; Marcadé, *1436, 2* ; Valette cité par Boileux, *art. 1436* ; Massé et Vergé, § 644, note 14 ; Besançon, 18 fév. 1853 ; Nancy, 3 juin 1853 ; Trib. Versailles, 24 août 1850. Voir aussi Cass., 10 avril 1855 ; J. N., 13542 ; CONTRA, Merlin, *Remploi*, § 2 ; Toullier, XII, 350 ; Duranton, XIV, 339 ; Bellot, II; p. 394 ; Odier, I, 308 ; Troplong, n° 4090 ; Dalloz, n° 4509 ; Taulier, V. p. 106 ; Roll., *Reprises*, n° 56 ; Douai, 9 mai 1849 ; Angers, 12 mai 1853 ; J. N., 9258, 10098 ; Paris, 28 juin 1867, selon lesquels il y a lieu à récompense de tout ce qui dans la rente viagère excède les revenus de l'objet vendu, ou de ce qui dans les revenus de l'usufruit reçu en échange, excède les revenus de l'immeuble cédé.

en cas de survie, ce qui constitue un avantage imputable sur la quotité disponible entre époux, *supra* n° *3000*.

3873. Comme conséquence de ce que la récompense n'a lieu que sur le pied de la vente, *supra* n° *3870*, on a décidé : 1° que si la vente est de la nue propriété d'un immeuble appartenant à l'un des époux, et moyennant un prix payé, ou stipulé payable à terme avec intérêt, l'époux n'a droit qu'à la récompense du prix, mais non des intérêts (1) ; 2° que si la vente est de la pleine propriété d'un immeuble dont l'acquéreur est mis de suite en jouissance, et moyennant un prix stipulé non productif d'intérêt durant un certain temps, l'époux a droit néanmoins à la reprise de la totalité du prix (2) ; en sens inverse, si l'acquéreur n'a été mis en jouissance qu'après plusieurs années, et que cependant le prix ait été payé comptant, la reprise est du prix exprimé (3) ; 3° que si la vente est d'un usufruit personnel à l'un des époux, ou d'une rente viagère réservée propre, l'époux a l'action en reprises du prix entier, quoique l'intérêt de ce prix soit inférieur aux arrérages de la rente ou aux revenus de l'immeuble (4).

3874. Toute récompense pour vente de propre, soulte, ou autre cause, *infra* n° *3910*, se prélève sur la masse à partager lors de la dissolution de la communauté, avec cette différence que la récompense appartenant au mari ne s'exerce que sur la masse de la communauté, tandis que celle appartenant à la femme s'exerce sur les biens personnels du mari en cas d'insuffisance des biens de la communauté (*C. N.*, *1436*).

Deuxièmement. Reprise en nature par Mme veuve BIGOT, de :
1° La rente viagère de trois cents francs formant le prix de la vente à M. LEBERT, stipulée réversible à son profit ;
2° Dix mille francs restés dus par M. DILLET sur le prix de vente d'une petite ferme propre à Mme BIGOT ;
3° Et la prairie acquise par Mme BIGOT de M. VOISIN, en remploi de partie de l'immeuble vendu à M. PIVERT.

Mémoire pour les reprises en nature de Mme Bigot.

Troisièmement. Reprise en deniers par Mme BIGOT, de :
1° Vingt mille francs payés sur le prix de la vente à M. DILLET, ci . . . . . 20,000 »
2° Mille cinq cents francs restés sans emploi, sur le prix de la vente à M. PIVERT, ci. . . . . 1,500 »
3° Six mille francs, prix de la vente de l'usufruit d'une maison située à. . . . . ci. . . . . 6,000 »

Ensemble, vingt-sept mille cinq cents francs, ci. . . . . 27,500 »
De quoi l'on retranche deux cent dix francs pour les frais du contrat d'acquisition en remploi, ci. . . . . 210 »

Il reste vingt-sept mille deux cent quatre-vingt-dix francs, ci. . . . . 27,290 »

Mémoire pour les reprises en deniers de Mme Bigot.

Quatrièmement. Créances de :
1° Cent dix francs pour prorata, au décès de M. BIGOT, de la rente viagère due par M. LEBERT, ci. . . . . 110 »
2° Et cent soixante francs pour le prorata, à la même époque, des intérêts des dix mille francs restés dus par M. DILLET, sur son prix d'acquisition, ci. . 160 »

Mémoire pour la masse active.

(1) Marcadé, *art. 1436* ; Massé et Vergé, § 644, note 14 ; Besançon, 3 fév. 1853 ; Nancy, 3 juin 1853 ; Orléans, 27 déc. 1853.

(2) Marcadé, *1436*, 2 ; CONTRA, Duranton, XIV, 388 ; Bellot, II, p. 378 ; Roll., *Reprises*, n° 43.

(3) Marcadé, *1436*, 2 ; CONTRA, Duranton, XIV, 339 ; Bellot, II, p. 378 ; Roll., *Reprises*, n° 44.

(4) Marcadé, *1436*, 3 ; Massé et Vergé, § 644, note 14 ; Mourlon,

III, p. 47 ; Michaux, n° 890 ; Bourges, 27 août 1853 (arrêt cassé) ; CONTRA, Toullier, XII, 347 ; Bellot, II, p. 382 ; Duranton, XIV, 340 ; Proudhon, n° 2697 ; Roll., *Reprises*, n° 45 ; Dict. not., *Remploi*, n° 59, et *Reprises*, n° 67. Selon Duranton, Proudhon, *loc. cit.* Rodière et Pont, I, 374 ; Dalloz, n° 707 ; Cass., 10 avril 1853 ; J. N., 15512, il n'est dû aucune récompense, si c'est par la mort de l'époux propriétaire de l'usufruit ou de la rente viagère que la communauté s'est dissoute.

3875. IV. *Récompenses dues par les époux à la communauté.* Toutes les fois qu'il est pris sur la communauté une somme soit pour acquitter les dettes ou charges personnelles à l'un des époux, telles que le prix ou partie du prix d'un immeuble à lui propre, ou le rachat de services fonciers, soit pour le recouvrement, la conservation ou l'amélioration de ses biens personnels, et généralement toutes les fois que l'un des époux a tiré un profit personnel des biens de la communauté, il en doit la récompense (*C. N., 1437*); voir *supra nos 3776, 3773, 3783, 3788, 3791 à 3796, 3800, 3802, 3804 à 3811, 3844, 3848, 3849.* La récompense est en général du montant de la somme fournie par la communauté, et non pas seulement du profit que l'époux a pu tirer de l'affaire (1).

3876. Lorsqu'un époux a racheté des deniers de la communauté la rente viagère, non tombée à la charge de la communauté, qu'il servait à un tiers, que le rentier viager soit décédé avant ou après la dissolution de la communauté, il doit, selon une doctrine moderne, récompense à la communauté du prix entier du rachat, et non-seulement de ce dont les arrérages de la rente viagère ont excédé les intérêts du prix du rachat (2); mais si la rente viagère grevant la femme, a été rachetée par le mari seul, il est censé avoir fait l'opération pour la communauté et la femme ne doit pas de récompense, à moins que la rente ne fût toujours due lors de la dissolution de la communauté, auquel cas elle aurait le choix d'indemniser la communauté ou de continuer la rente (3).

3877. Si l'un des époux apporte en mariage un immeuble qu'il a acquis moyennant une rente viagère encore due, ou si pendant le mariage il devient personnellement propriétaire d'un immeuble à

22e OBSERV. — *Service des arrérages d'une rente viagère due par le mari.* (Nos 3875 à 3878.)

On voit, sous le n° 8 des apports en mariage de M. BIGOT (1re observation), que M. BIGOT a fait l'apport d'une prairie située à....., qu'il avait acquise de M. BELIN, moyennant une rente viagère de mille francs.

Les arrérages de cette rente viagère ont été servis par la communauté jusqu'au....., époque du décès de M. BELIN, ce qui a libéré M. BIGOT du prix de l'acquisition; néanmoins, le service de cette rente n'étant que l'acquit d'arrérages tombés à la charge de la communauté, il n'est pas dû de récompense par le mari. Cette observation n'est donc faite ici qu'à titre d'ordre, ci. . . . . *Ordre.*

23e OBSERV. — *Impenses sur les propres des époux.* (Nos 3879 et 3880.)

§ 1. — M. Bigot.

I. La prairie formant le n° 8 des apports en mariage de M. BIGOT, est bordée par la rivière de..... Dans le courant de l'année....., M. BIGOT, pour préserver cette prairie de l'inondation, a fait établir une digue, ce qui a donné lieu à une dépense de douze cents francs, dont il doit récompense à la communauté, l'impense étant nécessaire.

II. En l'année....., M. BIGOT a fait faire une plantation de peupliers sur la même prairie, ce qui a constitué une impense utile, pour laquelle il doit récompense à la communauté de la plus-value immédiate qu'elle a procurée à l'immeuble. Les parties fixent cette plus-value à une somme de six cents francs.

III. Enfin, en l'année....., M. BIGOT a fait démolir et reconstruire une partie de la maison qui lui est provenue de la licitation énoncée dans la 6e observation. Les travaux

---

(1) Proudhon, n° 2664; Demante, III, p. 84; Dugnet sur Pothier, VII, p. 326; Taulier, V, p. 412; Rodière et Pont, I, 724; Marcadé, 1437, 4; Massé et Vergé, § 644, notes 33 et 37; CONTRA, Duranton, XIV, 323; Glandaz, n° 274; Troplong, n° 1193; Odier, I, 352.

(2) Dugnet sur Pothier, VII, p. 336; Rodière et Pont, I, 727; Marcadé, 1437, 4; Mourlon, III, p. 47; Massé et Vergé, § 644, note 35; CONTRA, Pothier, n° 626; Toullier, XII, 194; Duranton, XIV, 367, 374;

Bellot, II, p. 401; Troplong, n° 1177; Roll., *Récompense,* nos 12, 14, 15; Dict. not., *ibid.*, nos 20, 21, 22.

(3) Voir Toullier, XII, 154; Rodière et Pont, I, 727; Marcadé, 1437, 2; Massé et Vergé, § 644, note 35; Troplong, n° 1176; Roll., *Récomp.*, n° 14; Rouen, 1er juill. 1840; Cass., 16 juill. 1845; J. N., 11408, 12480.

la charge d'acquitter une rente viagère, les arrérages de la rente sont à la charge de la communauté, *supra n° 3851*, sans récompense (1).

3878. Si l'un des époux ayant l'usufruit d'immeubles, échange cet usufruit contre une pleine propriété donnant un revenu bien inférieur, l'immeuble reçu en pleine propriété est subrogé au droit d'usufruit, sans récompense (2).

3879. Lorsque des impenses et améliorations ont été faites sur les propres des époux, il y a lieu aux distinctions suivantes: 1° les réparations nécessaires, ayant eu pour objet la conservation de l'immeuble, donnent lieu à la récompense de toutes les sommes déboursées par la communauté (3), à moins qu'elles n'aient été occasionnées par la négligence du mari ou par le défaut d'entretien (4); 2° les réparations et les impenses simplement utiles, étant présumées avoir été faites dans l'intérêt de la communauté, donnent lieu à la récompense de la plus-value qu'elles ont procurée à l'immeuble à l'époque de la dissolution de la communauté (5), mais sans cependant dépasser jamais les sommes déboursées (6); 3° les réparations somptuaires ou voluptuaires ne donnent lieu à récompense à la communauté qu'autant qu'elles ont augmenté la valeur du fonds, et seulement pour cette plus-value.

3880. Si l'impense utile ou voluptuaire a été faite par le conjoint propriétaire du fonds, non dans l'intérêt de la communauté, mais dans un but de spéculation, par exemple afin de le vendre plus avantageusement, il est dû une indemnité pour toute la somme déboursée, quand même l'impense n'aurait pas augmenté la valeur de la propriété (7).

---

ont donné à l'immeuble une plus-value de six mille francs dont M. Bigot doit récompense à la communauté.

§ 2. — Mme Bigot.

I. En l'année....., un mur de clôture du corps de ferme sis à....., appartenant à Mme Bigot s'est écroulé, il y a eu lieu de le reconstruire. Les frais de reconstruction se sont élevés à une somme de douze cents francs dont Mme Bigot doit récompense à la communauté, la clôture de la ferme étant nécessaire à son exploitation.

II. En l'année....., M. et Mme Bigot ont ajouté à ce corps de ferme une buanderie qu'ils ont fait construire, ce qui a constitué une impense utile. Mme Bigot doit récompense à la communauté de la plus-value qu'elle a procurée à l'immeuble. Les parties fixent cette plus-value à une somme de quatre cents francs.

RÉSUMÉ.

Il résulte de cette observation qu'il est dû récompense à la communauté :

Premièrement. Par la succession de M. Bigot, de :

1° Douze cents francs pour dépenses de construction d'une digue, ci. . . . . . 1,200 »

2° Six cents francs pour plus-value résultant de plantations, ci. . . . . 600 »

3° Et six mille francs pour plus-value de la maison sise à....., par suite de constructions, ci. . . . . 6,000 »

Ensemble, de sept mille huit cents francs, ci. . . . . 7,800 »

Mémoire pour récompense à communauté par la succession

(1) Marcadé, *art. 1433*; Roll., *Commun.*, n° 239; *Récompense*, n° 40 *bis*; contra, Battur, 1, 230, Duranton, XIV, 490; Roll., *Récompense*, n° 27 *bis*; Montpellier, 13 nov. 1841; Rouen, 10 mai 1862; Amiens, 4 fév. 1864; Jur. N., 12357, 12525, selon lesquels il y a lieu à la récompense de la différence entre les arrérages de la rente viagère et les revenus produits par l'immeuble jusqu'à l'extinction de la rente viagère.
(2) Marcadé, *1436*, 2; Proudhon, n° 2672; Toullier. XII, 348; Angers, 25 mai 1839; contra, Duranton, XIV, 340; Cass., 31 mai 1824, 10 avril 1855; J. N., 5512.
(3) Duranton, XIV, 375; Toullier, XIII, 467; Troplong, n° 1186;

Orléans, 20 mars 1858; Cass., 18 août 1858, 9 nov. 1864; Jur. N., 12590.
(4) Toullier, XIII, 463; Dict. not., *Récomp.*, n° 56.
(5) Toullier, XIII, 469; Duranton, XIV, 323; Glandaz, n° 271; Troplong, n° 1193; Odier, I, 352; Dalloz, n° 1535; Rodière et Pont, I, 728; Marcadé, *1437*, 2; Roll., *Recomp.*, n° 36; Dict. not., *ibid.*, n° 59; Rouen, 2 avril 1838; J. N., 40672; Douai, 46 juill. 1853; Jur. N., 40074; Trib. Mâcon, 29 mai 1860; Bordeaux, 46 juin 1863. V. Paris, 47 fév. 1860; J. N., 48580; Seine, 43 mai 1867.
(6) Odier, n° 352; Dict. not., *Récomp.*, n° 60; Roll., *ibid.*, n° 38; Caen, 24 juin 1854; Jur. N. 40910; contra, Toullier, XII, 469.
(7) Marcadé, *1437*, 2; Rodière et Pont, I, 727.

3881. Lorsque les époux ont fait donation conjointement d'un immeuble acquêt, *supra n° 3852*, l'immeuble est considéré comme n'étant point entré dans la communauté et le survivant ni les héritiers du prédécédé ne doivent aucune récompense à la communauté pour cette cause (1), alors même que la donation a été faite à la charge d'une rente viagère réversible en entier sur la tête et au profit du survivant ; il en est de même en cas d'aliénation d'un immeuble acquêt ou d'un capital moyennant une pareille rente viagère. (2).

3882. Si le père et la mère ont doté conjointement l'enfant commun, ils sont censés l'avoir doté chacun pour moitié, *supra n° 3728*, et, si la dot a été fournie en effets de la communauté, ils doivent l'en indemniser chacun pour moitié (3). Cependant il n'est utile de comprendre cette indemnité dans la masse que dans le cas où l'actif de la communauté est insuffisant pour faire face à l'acquit des dettes et au prélèvement des reprises des époux ; car s'il est suffisant, la récompense respective des deux époux s'annule et devient sans objet (4).

Deuxièmement. Et par Mme Bigot, de :

1° Douze cents francs pour réparation nécessaire au corps de ferme de....,
ci. . . . . 1,200 »

2° Et quatre cents francs pour plus-value résultant d'impense utile, ci. . .   400 »

Ensemble, de mille six cents francs, ci. . . . . 1,600 »

Mémoire pour récompense à communauté par Mme Bigot.

24° Observ. — *Dot constituée à M. Bigot fils.* (N°s 3881 et 3882.)

M. Bigot s'est marié avec Mme..... à la mairie de..... le.....; depuis celle-ci est décédée.

Par leur contrat de mariage, passé devant M^e..... notaire à....., le....., M. et Mme Bigot ont fait donation à M. Bigot, leur fils, d'une somme de dix mille francs qui lui a été versée le jour de son mariage, dont la célébration en a valu quittance.

Cette dot étant pour moitié à la charge de chacun des père et mère, la récompense réciproque ne produirait aucun résultat, et il n'en sera pas tenu compte dans l'opération.

Cette observation est donc faite seulement pour ordre, ci. . . . . *Ordre.*

25° Observ. — *Décès de M. Bigot; — inventaire.* (N°s 3883 à 3907.)

Ainsi qu'on l'a dit en tête des présentes, M. Paul Bigot est décédé à....., le.....

L'inventaire, après son décès, a été dressé par M^e....., notaire à....., à la date de......

A la requête de Mme veuve Bigot et de M. Bigot fils.

La prisée du mobilier s'est élevée à trois mille cinq cents francs.

On a constaté l'existence d'une somme de douze cents francs en deniers comptants.

Les papiers ont été mentionnés sous vingt cotes, en voici le dépouillement :

COTES.	PIÈCES.	DÉPOUILLEMENT DES PAPIERS.
1	1	Expédition du contrat de mariage de M. et Mme Bigot, énoncé sous la 1re observ.
2	6	Relatives à la résolution de la vente que M. Bigot avait faite à M. Benoit (Voir 1re observ.).

---

(1) Troplong, n° 905; Limoges, 14 mai 1850; Cass., 29 avril 1851; Bordeaux, 17 janv. 1854; Jur. N., 9281, 10239.
(2) Troplong, n° 1200; Massé et Vergé, § 644, note 35; Marcadé, *art. 1436*; Rennes, 3 janv. 1861; Jur. N., 11909; contra, Pont, Rev.

crit., 1851, p. 196; Paris, 11 juin 1852, 14 fév. 1867; Dijon, 8 déc. 1853; Cass., 29 avril 1851, 16 déc. 1867; J. N., 14569, 15151, 18908.
(3) Amiens, 10 avril 1861. V. Paris, 15 nov. 1865.
(4) Roll., *Récomp.*, n° 45.

SECT. IV. — DE LA DISSOLUTION DE LA COMMUNAUTÉ ET DE QUELQUES-UNES DE SES
SUITES.

3883. La communauté se dissout : 1° par la mort naturelle ; 2° par la séparation de biens prononcée principalement ou comme conséquence de la séparation de corps (*C. N. 1441*), et, dans les deux cas, du jour de la demande en séparation en vertu de l'art. 1445, *supra n° 1091* ; 3° par la déclaration de nullité d'un mariage contracté de bonne foi, *supra n° 1033* ; 4° par la déclaration d'absence, à moins que le conjoint présent n'opte pour la continuation de la communauté, *supra n° 915*.

3884. Le défaut d'inventaire après la mort de l'un des époux ne donne pas lieu à la continuation de la communauté, sauf les poursuites des parties intéressées, relativement à la consistance des biens et effets communs, dont la preuve peut être faite tant par titres que par la commune renommée, *supra n° 3794 (C. N. 1442)*, et par la preuve testimoniale (1), sans distinguer si les héritiers du premier mourant sont majeurs ou mineurs (2).

3	4	Relatives au retrait de réméré exercé par Mme BIGOT (même observ.).
4	1	Liquidation de la succession de M. BIGOT père (2e observ., § 1er, n° 1) :
5	2	Testament de M. CORRARD et partage de sa succession (2 observ., § 1er, n° 2).
6	12	Partage des successions de M. et Mme LAHAYE, père et mère de Mme BIGOT, et pièces s'y rattachant (2e observ., § 2).
7	5	Donation par M. Charles BIGOT à M. BIGOT *de cujus* (3e observ., § 1er), et anciens titres de propriété.
8	1	Donation par M. Romain LAHAYE à Mme BIGOT (3e observ., § 2).
9	2	Expédition de la cession en payement à Mme BIGOT par sa mère (4e observ.), et anciens titres de propriété de l'immeuble.
10	5	Expédition de l'échange entre M. BIGOT et M. COLAS (5e observ., § 1er), et anciens titres de propriété.
11	3	Expédition de l'échange entre Mme BIGOT et le même sieur COLAS (5e observation, § 2), et anciens titres de propriété.
12	13	Expédition de la licitation au profit de M. BIGOT (6e observ.), anciens titres et autres pièces.
13	1	Expédition de la vente faite à M. BIGOT par M. LAHAYE de la moitié indivise de maison pour laquelle Mme BIGOT a opéré le retrait d'indivision (7e observ.).
14	12	1re, expédition de la vente par M. LORMIER à M. et Mme BIGOT (8e observ., 1°). 2e et 3e, anciens titres de propriété. 4e, expédition de la vente par M. BOULET à M. et Mme BIGOT (8e observ., 2°). Les autres pièces sont anciens titres de propriété.
15	2	Grosses de vente à rente viagère et création de rente viagère au profit de M. et Mme BIGOT (14e et 15e observ.).
16	15	Police d'assurance sur la vie, au timbre de.…, à la Cie la.… (16e observ.), et mandats acquittés.
17	3	Grosse d'un acte passé devant M^e.…, notaire à.…, le.…, contenant obligation pour prêt, par M. Denis LEBEL, confiseur, demeurant à.…, au profit de M. BIGOT *de cujus*, d'une somme de 2,000 fr. stipulée remboursable le.…, et productive d'intérêts à cinq pour cent par an, payable chaque année en un seul terme, le.…

(1) Bellot, II, p. 80 ; Toullier, XIII, 4 ; Roll., *Commun.*, n° 418.
(2) Odier, I, 360 ; Rodière et Pont, I, 762 ; Troplong, n° 1284 ; Mar-   cadé, *1442*, 2 ; Caen, 19 janv. 1832 ; Paris, 22 août 1840 ; J. N., 10802 ; contra, Toullier, XIII, 5 ; Caen, 4 janv. 1840.

3885. L'époux survivant n'est pas compris parmi les parties intéressées, il est en faute de ne pas avoir fait procéder à l'inventaire ; et spécialement le mari survivant, donataire du mobilier de sa femme, et n'ayant pas fait procéder à l'inventaire, ne peut prétendre que l'actif mobilier existant au décès était suffisant pour la remplir de ses reprises ; qu'ainsi, ayant pu s'en approprier comme donataire, les héritiers de sa femme ne peuvent en exercer le prélèvement sur les immeubles (1).

3886. Lorsqu'il y a des enfants mineurs (2), le défaut d'inventaire dans le délai de trois mois (3) du jour du décès de l'un des époux, ou l'infidélité dans l'inventaire (4), fait perdre à l'époux survivant la jouissance de leurs revenus, c'est-à-dire le prive de l'usufruit légal tant des biens provenant de la succession du conjoint prédécédé que de tous autres biens personnels aux enfants (5), *supra* n° *1176*, 5° ; et le subrogé tuteur, qui n'a point obligé le conjoint survivant à faire faire inventaire, est solidairement tenu avec lui de toutes les condamnations que le tuteur a encourues au profit des mineurs (*C. N.,* *1442.*)

SECT. V. DE L'ACCEPTATION DE LA COMMUNAUTÉ ET DE LA RENONCIATION QUI PEUT Y ÊTRE FAITE, AVEC LES CONDITIONS QUI Y SONT RELATIVES.

3887. Après la dissolution de la communauté, même par suite de séparation de biens, *infra* n° *3975,* la femme ou ses héritiers et ayants cause ont la faculté de l'accepter ou d'y renoncer ; toute convention contraire est nulle (*C. N.,* *1453*). Ses créanciers ont le même droit (5 *bis*).

3888. Le mari, lorsqu'il est le représentant de sa femme comme donataire ou légataire ou comme succédant à défaut de parents, ne peut renoncer à la communauté. Il ne le peut même pas dans le but de se soustraire aux droits de mutation sur la part de sa femme dans les biens de la communauté (6).

3889. La femme qui s'est immiscée dans les biens de la communauté l'a acceptée tacitement, et elle

		Bordereau de l'inscription, en garantie de cette créance, prise au bureau des hypothèques de. . . . ., le. . . . ., vol. . . . ., n°. . . . . Et certificat de non-inscription contre M. LEBEL. Cette créance figurera dans l'art. 3 de la masse active ; les intérêts en sont dus depuis le. . . . .
18	1	Certificat de trois cents francs de rente trois pour cent sur l'Etat français, inscrits au nom de feu M. BIGOT, sous le n°. . . . . de la. . . . . série. Les arrérages de cette rente sont dus depuis le. . . . .
19	1	Reconnaissance sur timbre proportionnel de cinq mille à six mille francs par M. le receveur général du département de. . . . ., du dépôt à sa caisse d'une somme de six mille francs, remboursable à volonté, après avertissement préalable de quinze jours et produisant intérêt à quatre pour cent par an, à partir du. . . . . Lors du décès de M. BIGOT, les intérêts étaient dus depuis le. . . . .
20	12	Relatives aux baux des biens propres aux époux ; les proratas courus au décès figureront en la masse active.
21	82	Quittances, factures et mémoires pouvant servir de renseignements.

DÉCLARATIONS ACTIVES.

Mme BIGOT a déclaré qu'il n'était dû à la communauté, à sa connaissance, rien autre

---

(1) Caen, 10 mars 1851 ; J. N. 14400.

(2) Et que les époux étaient soumis au régime de la communauté légale ou conventionnelle ; ce qui n'a pas lieu dans les cas d'exclusion de communauté, de séparation de biens ou de régime dotal, sans société d'acquêts, la peine ne pouvant être étendue d'un cas à un autre : Proudhon. n° 1161 ; Bellot. II, p. 84 ; Duranton. III, 399 ; Zach., §650 note 5 ; Taulier, V, p. 420 ; Odier. I, 305 ; Demolombe, VI, 377. Troplong, n° 1305 ; Marcadé, *1442,* 3. Toulouse. 19 déc. 1839 ; J. N., 10735 ; CONTRA, Toullier, XIII, 142 ; Battur, II, 650 ; Glandaz, n° 290 ; Chardon, n° 144 ; Rodière et Pont, I, 764. Voir Caen, 18 nov. 1863 ; Jur. N., 12604.

(3) A moins de prorogation de ce délai avant son expiration. Marcadé. *1442,* 3.

(4) Bellot. II, 286 ; Proudhon, n° 168 ; Roll., *Recélé,* n° 15 ; Troplong. n° 1.97 ; Zach., §650.

(5) Rodière et Pont, I, 772 ; Troplong, n° 1.87 ; Marcadé. *1442,* 3 ; CONTRA, Toullier, XIII, 8, selon lequel la privation de revenus ne s'applique qu'aux biens provenus du conjoint prédécédé. V. Cass., 9 août 1865 ; Jur. N., 12847.

(5 *bis*) Paris, 10 avril 1856 ; J. N., 16568.

(6) Odier. I, 441 ; Rodière et Pont, I, 872 ; Troplong, n° 1503 ; Marcadé, *art. 1453* ; Cass. 9 mars 184. ; Trib. Seine, 7 déc. 1818 ; J. N., 11278, 43587 ; CONTRA, Trib. Seine, 18 juin 1810 ; J. N., 10796.

ne peut plus y renoncer. Les actes purement administratifs ou conservatoires, *supra n° 1847*, n'emportent point immixtion (*C. N., 1454*).

3890. La femme majeure qui a fait un acte d'acceptation de communauté ou qui a pris dans un acte authentique ou sous seing privé (1), *supra n° 1839*, la qualité de commune, ne peut plus renoncer à la communauté, ni se faire restituer contre cette qualité, quand même elle l'aurait prise avant d'avoir fait inventaire, s'il n'y a eu dol de la part des héritiers du mari (*C. N., 1455*). En cas de dol, elle peut se faire restituer contre son acceptation ou contre sa renonciation, non-seulement au regard des héritiers du mari, mais aussi vis-à-vis des tiers (2).

3891. La femme mineure ne peut accepter la communauté ou y renoncer qu'avec l'assistance d'un curateur à son émancipation, et de l'avis conforme du conseil de famille (3); si elle accepte seule, son acceptation ne peut lui être opposée (4).

3892. La femme survivante qui veut conserver la faculté de renoncer à la communauté doit, dans les trois mois du jour du décès du mari, faire faire un inventaire fidèle et exact de tous les biens de la communauté, contradictoirement avec les héritiers du mari ou eux dûment appelés (*C. N., 1456; C. pr., 174*).

3893. Le délai de trois mois pour faire faire inventaire peut être prorogé par le juge sur la demande de la femme formée avant l'expiration dudit délai, en justifiant que ce délai était insuffisant (*C. pr. 174*). La femme peut même obtenir une seconde prorogation si des circonstances graves, des cas fortuits, ou des empêchements de force majeure sont allégués et prouvés (5).

3894. Le délai de trois mois ou celui résultant de la prorogation est fatal, de sorte que la femme est privée de la faculté de renoncer si elle n'a pas fait faire inventaire dans le délai fixé par la loi ou le juge (6); toutefois on décide que la femme peut encore renoncer si des circonstances dont la gravité est appréciée par le juge du fond, justifient le retard qu'elle a mis dans la confection de l'inventaire (7).

---

chose que les proratas de fermages, loyers, intérêts et arrérages qui figureront ci-après dans l'établissement de la masse active.

DÉCLARATIONS PASSIVES.

Mme BIGOT a déclaré qu'en outre des six mille francs restés dus à M. BOULET, pour prix de vente et des intérêts de cette somme depuis le . . . . . , ainsi qu'on l'a déjà énoncé dans la 8° observ., il était réclamé à la communauté :

1° Par M. . . . . , etc.

(*Rapporter ici le passif porté en l'inventaire.*)

Mme veuve BIGOT a affirmé ledit inventaire sincère et véritable.

RÉSUMÉ.

De cette observation il résulte :

Activement : 1° Prisée du mobilier. . . . . 3,500 »

2° Deniers comptants. . . . . 1,200 »

3° Créance sur M. LEBEL. . . . . 2,000 »

4° Intérêts de cette créance depuis le. . . . . *Mémoire.*

5° Créance sur M. le receveur général du département de. . . . . , de. . . . . 6,000 »

6° Intérêt de cette créance depuis le.. . . . . *Mémoire.*

---

(1) Bellot, II. p. 202; Zach., § 650.

(2) Marcadé, *1455*, 2.

(3) Bellot, II, p. 65; Battur, n° 688; Roll., *Ren. à comm.*, n° 27.

(4) Troplong, n° 1528; Marcadé, *1455*, 1; Roll., *Accep. de comm.*, n° 18.

(5) Bellot, II, p. 274; Dict. not., *Délai pour faire invent.*, n° 49; Roll., *ibid.*, n° 50.

(6) Marcadé, *1459*, 2; Toullier, XIII, 130; Odier, I, 481; Troplong, n° 1337; Zach, § 650; Rodière et Pont, I. 375; Paris, 2 avril 1810; Colmar, 25 mai 1821; Limoges, 19 juin 1835; Agen, 9 août 1836; Caen, 21 juill. 1817; Jur. N., 8128; Cass. 21 mars 1828, 22 déc. 1829. Voir aussi Cass., 7 fév. 1848; J. N., 13314.

(7) Bellot, II, p. 268; Roll., *D. lais pour faire inven.*, n° 44; Metz, 2 juill. 1824; Bordeaux, 24 fév. 1829; Paris, 10 janv. 1835; Colmar, 28 fév. 1838; Poitiers, 17 mai 1857; Cass., 17 mai 1859; J. N., 16834.

3895. Le défaut d'inventaire ne peut être opposé, lorsque la femme avait d'abord accepté, et qu'elle a fait ensuite annuler son acceptation comme étant la conséquence d'un dol (1).

3896. L'inventaire doit être, par la femme, affirmé sincère et véritable lors de sa clôture, devant l'officier public qui l'a reçu, *supra n°* 2594 à 2596 (*C. N.*, 1456).

3897. Dans les trois mois et quarante jours après le décès du mari, ou dans les quarante jours après l'inventaire s'il a été clos avant l'expiration du délai de trois mois, la femme doit faire sa renonciation au greffe du tribunal de première instance dans l'arrondissement duquel le mari avait son domicile ; cet acte doit être inscrit sur le registre établi pour recevoir les renonciations à succession, *supra n°* 1857 (*C. N.*, 1457, 1459 ; *C. pr.*, 174, 197). Cette formalité n'est requise qu'à l'égard des tiers ; entre les parties, toute convention où cette renonciation aurait été stipulée serait suffisante (2).

3898. La veuve peut, suivant les circonstances, c'est-à-dire en justifiant de l'insuffisance du délai de quarante jours prescrit pour sa renonciation, demander au tribunal de première instance une prorogation de ce délai ; cette prorogation est, s'il y a lieu, prononcée contradictoirement avec les héritiers du mari, ou eux dûment appelés (*C. N.*, 1458 ; *C. pr.*, 174).

3899. La veuve qui n'a point fait sa renonciation dans le délai prescrit n'est pas déchue de la faculté de renoncer si elle ne s'est point immiscée et qu'elle ait fait inventaire dans les délais ; elle peut seulement être poursuivie comme commune jusqu'à ce qu'elle ait renoncé, et elle doit les frais faits contre elle jusqu'à sa renonciation (*C. N.*, 1459 ; *C. pr.*, 174).

3900. La veuve qui a diverti ou recélé quelques effets de la communauté est déclarée commune nonobstant sa renonciation ultérieure ; il en est de même à l'égard de ses héritiers (*C. N.*, 1460). Si la veuve est mineure, comme elle ne peut accepter qu'avec les formes indiquées *supra n°* 3891, son détournement n'a pas pour effet d'entraîner une acceptation tacite (3).

3901. Si le détournement par la femme a lieu après la renonciation, il n'a pas pour effet d'annuler la renonciation (4). Il ne donne pas lieu à des repressions pénales, mais seulement à des réparations civiles (*C. pén.*, 380).

3902. Si la veuve meurt avant l'expiration des trois mois, sans avoir fait ou terminé l'inventaire, les héritiers ont, pour faire ou pour terminer l'inventaire, un nouveau délai de trois mois, à compter du décès de la veuve, et de quarante jours pour délibérer après la clôture de l'inventaire. Si la veuve meurt ayant terminé l'inventaire, ses héritiers, ont pour délibérer un nouveau délai de quarante jours à compter de son décès. Ils peuvent, au surplus, renoncer à la communauté dans les formes établies *supra n°* 3897, et les art. 1458 et 1459, *supra n°s* 3898, 3899, leur sont applicables (*C. N.* 1461).

3903. Si la veuve meurt après l'expiration des trois mois sans avoir fait inventaire, le défaut d'inventaire lui a imprimé la qualité de commune, *supra n°* 3892, qu'elle transmet à ses héritiers, et pas plus qu'elle ils ne peuvent renoncer.

7° Trois cents francs de rente trois pour cent ;
8° Proratas de fermages, loyers, intérêts, arrérages ou décès.

Mémoire pour la masse active.

Passivement. Diverses dettes courantes se montant à trois mille deux cents francs.. . . . . 3.200 »

Mémoire pour la masse passive.

Telles sont les observations qui ont paru utiles pour la clarté des opérations dont il s'agit.

PLAN DES OPÉRATIONS.

Le présent travail sera divisé en trois parties :

---

(1) Cass., 5 déc. 1828.

(2) Dict. not., *Renonc. à comm.*, n° 68 ; Cass., 6 nov. 1827, 4 mars 1856.

(3) Bellot, II, p. 284 ; Rodière et Pont, I, 816 ; Marcadé, *1460*, 2 ;

CONTRA, Battur, II, 702 ; Troplong, n° 1567 ; Odier, I, 416 ; Zach., Massé et Vergé, § 65, note 41 ; Roll., *Recelé*, n° 40.

(4) Toullier et Duvergier, IV, 350 ; Chabot et Belost-Jolimout, *792*, 3 ; Duranton, XIV, 443 ; Odier, I, 444 ; Zach., Massé et Vergé, § 650, note 4 ; Marcadé, *1460*, 4 ; Roll., *Recelé*, n° 58 ; Dict. not., *ibid.*, n° 44.

3904. Les créanciers de la femme, ou de ses héritiers (1), peuvent attaquer la renonciation (2) qu'ils auraient faite en fraude de leurs droits et accepter la communauté de leur chef (*C. N.*; *1167, 1464*), mais pour eux seuls, en sorte que la renonciation subsiste à l'égard des autres créanciers, comme de la femme ou de ses héritiers (3).

3905. La veuve, soit qu'elle accepte, soit qu'elle renonce, a droit, pendant les trois mois et quarante jours (4) qui lui sont accordés pour faire inventaire et délibérer, de prendre sa nourriture et celle de ses domestiques sur les provisions existantes, et à défaut, par emprunt au compte de la masse commune, à la charge d'en user modérément. Elle ne doit aucun loyer à raison de l'habitation qu'elle a pu faire, pendant ces délais, dans une maison dépendante de la communauté, ou appartenant aux héritiers du mari (5); et si la maison qu'habitaient les époux à l'époque de la dissolution de la communauté était tenue par eux à titre de loyer, la femme ne contribue point, pendant les mêmes délais, au payement du loyer, lequel est pris sur la masse (*C. N.*, *1465*),

3906. Dans le cas de dissolution de la communauté par la mort de la femme, ses héritiers peuvent renoncer à la communauté dans les délais et dans les formes que la loi prescrit à la femme survivante (*C. N.*, *1466*); cependant on décide assez généralement qu'ils ne sont pas tenus de faire inventaire, l'art. 1456 leur étant inapplicable (6).

3907. Si les héritiers sont divisés en sorte que un ou plusieurs aient accepté et que les autres aient renoncé, voir *infra n° 3919*.

SECTION VI. DU PARTAGE DE L'ACTIF APRÈS L'ACCEPTATION.

3908. Après l'acceptation de la communauté par la femme ou ses héritiers, l'actif se partage et le passif est supporté de la manière ci-après déterminée (*C. N.*, *1467*).

§ 1. — DU PARTAGE DE L'ACTIF.

3909. Nous avons vu *supra n°s 3769 à 3777, 3784 à 3788, 3797 à 3801, 3814 à 3844*, quels biens entrent en communauté.

3910. Chaque époux ou ses héritiers rapporte à la masse des biens existants : 1° tout ce dont il est débiteur envers la communauté à titre de récompense ou d'indemnité, *supra n°s 3875 et suiv.* (*C. N.*; *1468*); 2° les sommes qui ont été tirées de la communauté ou la valeur des biens que l'époux y a pris pour doter d'un enfant d'un autre lit, ou pour doter personnellement un enfant commun, *supra n° 3882* (*C. N.*, *1469*). Les reprises que les époux ont à exercer sur la communauté sont compensées jusqu'à due concurrence, avec les sommes dont ils doivent la récompense, ce qui fait l'objet, sous le titre de *liquidation des reprises*, d'une des opérations de la liquidation.

La première partie aura pour objet la liquidation des reprises des époux;

La deuxième présentera l'établissement des masses active et passive et la balance.

La troisième comprendra la fixation des droits des parties, les abandonnements et les conditions accessoires du partage.

La jouissance divise est fixée à aujourd'hui.

M. BIGOT fils étant veuf non remarié, et Mme veuve BIGOT n'ayant pas de droit d'usu-

(1) Duranton, XIV, 463 ; Zach., § 650, note 45.

(2) Et à plus forte raison l'acceptation : Pothier, n° 559; Rodière et Pont, I, 816; Massé et Vergé, § 650, note 48 ; Marcadé, *art. 1464;* Lyon, 13 avril 1861; Jur. N., 13268; contra, Toullier, XIII, 203; Troplong, n° 4329.

(3) Toullier, XIII, 443; Bellot, II, p. 345; Roll., *Renonc. à comm.*, n° 107 ; Troplong, n° 4387.

(4) Elle y a droit pendant ce temps, même lorsque l'inventaire a été clos et qu'elle a pris qualité longtemps avant l'expiration de ces délais : Rodière et Pont, I, 794; Mourlon, III, p. 63; Maleville, *art. 1465;* Metz, 10 mai 1860; M. T., 1860, p. 350; contra, Troplong, n° 4591; Duranton, XIV, 466; Marcadé, *art. 1465;* Massé et Vergé,

§ 650, note 53; Odier, I, 479; Bellot, [II, p. 358, selon lesquels le droit cesse lorsque la femme a pris qualité.

(5) Sauf à ceux-ci à s'en faire payer le loyer par la masse commune : Marcadé, *art. 1465*.

(6) Merlin, *Invent.*, § 5, n° 3; Pigeau, *Proc.*, II, p. 562; Marcadé, *art. 1466 ;* Rodière et Pont, I, 878 ; Poitiers, 17 déc. 1851 ; Douai, 44 mai 1855; Lyon, 15 avril 1856 ; Caen, 29 nov. 1858 ; Jur. N., 9767, 11322; Bordeaux, 17 mai 1839 ; Poitiers, 6 mai 1863; Paris, 10 avril 1806; J. N., 17013, 17800, 18505; contra, Troplong, n° 4548; Bellot, II, p. 315 ; Roll., *Délai pour faire invent.*, n° 83; Dict. not., *Renonc. à comm.*, n° 52 ; Odier, I, 470; Pont, *Rev. crit.*, 1852, p. 637; Massé et Vergé, § 650, note 40; Cass., 9 mars 1842; Jur. N., 9767.

3011. Puis, sur la masse générale des biens des époux et de ceux (1) de la communauté (2), chaque époux ou son héritier prélève :

Premièrement, sous le nom de *reprises en nature*, ses biens personnels qui ne sont point entrés en communauté, s'ils existent en nature, ou ceux qui ont été acquis en remploi (*C. N.*, *1470*), dans l'état où ils se trouvent et avec les récoltes qui y sont pendantes par branches ou par racines, à la charge de tenir compte à la communauté des frais de labours, engrais et semences (3), *supra n°* *2315 et suiv.* ;

Deuxièmement, et sous le nom de *reprises en deniers* : 1° le prix de ses immeubles qui ont été aliénés pendant la communauté et dont il n'a point été fait remploi, *supra n°* *3865* ; 2° les indemnités qui lui sont dues par la communauté, *supra n°* *3836* (*C. N.*. *1470*).

---

fruit sur la succession de son mari, il n'y a pas lieu de distinguer les fonds des fruits, ni les charges des fonds de celles des fruits.

PREMIÈRE PARTIE.

LIQUIDATION DE REPRISES.

CHAP. Ier. — Mme veuve Bigot.

§ 1. *Reprises.* (N°s 3911 et suiv.)

Les reprises de Mme BIGOT consistent en :

Premièrement. Reprises en nature :

1° Une rente viagère de cinq cents francs provenant du legs à elle fait par M....., (1re observ.)

2° Une pièce de terre située à....., etc. (même observ.);

3° Une ferme, appelée la ferme de....., située commune de.... (même observ.), à laquelle on a réuni la prairie que Mme BIGOT a reçue en échange (5e observ., § 1er), et celle qu'elle a acquise en remploi (21e observ.).

4° Une pièce de terre située..... (4e observ.);

5° Une maison située..... (7e observ.) ;

6° Une rente viagère de douze cents francs due par M. DUBOIS (15e observ.);

7° Une somme de quarante mille francs, montant de l'assurance sur la vie contractée au profit du survivant, à la Cie..... (16e observ.);

8° Une rente viagère de trois cents francs due par M. LEBERT (21e observ.).

9° Et dix mille francs restés dus par M. DILLET, pour prix de vente (même observ.).

Deuxièmement. Reprises en deniers :

1° Dix-huit mille quatre-vingt-cinq francs restant, après déduction des frais, des vingt mille francs donnés à Mme BIGOT par M. LAHAYE, son oncle, avec condition que cette somme n'entrerait pas en communauté, ci. . . . . 18,085 »

2° Deux mille cent vingt francs touchés pour soulte d'échange. déduction faite de la part de Mme BIGOT, dans les frais de l'acte (3e observ., § 2). ci. . . . 2,120 »

3° Cinq mille huit cent soixante francs pour prix d'un immeuble exproprié sur Mme BIGOT, par suite de saisie immobilière (12e observ.), ci. . . . . 5,860 »

A reporter. . . . 26,065 »

---

(1) Le fonds de commerce et l'achalandage y sont portés selon leur valeur au jour du partage : Voir Roll.. *Part. de comm.*, n° 28; Paris, 22 mars 1834, 24 avril 1858 ; Jur. N., 11311.
(2) Troplong, n° 1017; Marcadé, *art. 1470* ; Massé et Vergé, 1644 note 1.

(3) Troplong, n°s 467, 468; Proudhon, *Usuf.*, n° 2685; Toullier, XIV, 424; Duranton. XIV, 151; Odier, I, 95 ; Rodière et Pont, I, 384; Marcadé. *1403*, 6; Roll.. *Comm.* n°s 101 et 146 ; Rennes, 26 fév. 1826; Bordeaux, 22 mai 1841 ; Douai, 20 déc. 1848; Jur. N., 6097.

3912. Les prélèvements des reprises en deniers de la femme s'exercent avant ceux du mari. Ils s'exercent d'abord sur l'argent comptant, ensuite sur le mobilier, et subsidiairement sur les immeubles de la communauté (1); dans ce dernier cas, le choix des immeubles est déféré à la femme et à ses héritiers (*C. N.*, 1471).

3913. Le mari ne peut exercer ses reprises en deniers que sur les biens de la communauté (2). La femme et ses héritiers, en cas d'insuffisance de la communauté, exercent leur reprises sur les biens personnels du mari (*C. N.*, 1472).

3914. Les époux, en effectuant le prélèvement de leurs reprises en deniers, se payent sur la masse de la communauté; leurs reprises constituent donc une créance et leur prélèvement une dation en

---

                                           Report. . .   26,065 »

4° Mille francs pour indemnité par suite de prescription acquise à son préjudice (18e observ.), ci.. , ...   1,000 »

5° Quatre mille francs pour le prix de la vente faite par M. BIGOT d'un immeuble propre à Mᵐᵉ BIGOT (19e observ.), ci. . . . .   4,000 »

6° Et vingt-sept mille deux cent quatre-vingt-dix francs pour les prix réunis de la vente à divers, d'immeubles propres à Mᵐᵉ BIGOT (21e observ.), ci.   27,290 »

Total, cinquante-huit mille trois cent cinquante-cinq francs, ci. . . . . . .   58,355 »

§ 2. *Récompenses à la communauté* (N° 3909).

Mᵐᵉ veuve BIGOT doit à la communauté les récompenses suivantes :

1° Six mille six cents francs pour retrait de réméré au profit de Mᵐᵉ BIGOT (1ʳᵉ observ.), ci. . . , ...   6,600 »

2° Dix mille cinq cent quatre-vingts francs à supporter par les immeubles dans les dettes des successions de M. et Mᵐᵉ LAHAYE (2e observ.), ci. . . . . .   10,580 »

3° Cinq mille cinq cents francs pour le prix en principal et frais, de la cession en payement faite à Mᵐᵉ BIGOT, par M. LAHAYE, son père (4e observ.), ci. .   5,500 »

4° Sept mille sept cents francs pour retrait d'indivision par Mᵐᵉ BIGOT (7e observ.), ci. . . . .   7,100 »

5° Mille cinq cents francs alloués à Mᵐᵉ BIGOT à titre de provision, lors de son instance en séparation de corps (13e observ.), ci. . . . .   1,500 »

6° Dix-sept mille cinq cents francs payés pour les primes de l'assurance sur la vie, qui profite à Mᵐᵉ BIGOT (16e observ.), ci. . . . .   17,500 »

7° Mille six cents francs pour impenses sur les propres de Mᵐᵉ BIGOT (23e observation), ci. . . . .   1,600 »

Total, cinquante mille trois cent quatre-vingts francs, ci. . . . .   50,380 »

§ 3. — *Balance.*

Les reprises en deniers de Mᵐᵉ BIGOT se montent à cinquante-huit mille trois cent cinquante-cinq francs, ci. . . . . : . . . . .   58,355 »

Les récompenses dues par Mᵐᵉ BIGOT sont de cinquante mille trois cent quatre-vingts francs, ci. . . . .   50,380 »

Les reprises excèdent les récompenses de sept mille neuf cent soixante-quinze francs, ci. . . . . , ...   7,975 »

                                     Mémoire pour prélèvement à opérer sur la masse active.

---

(1) Même à l'encontre du tiers détenteur qui les a acquis de bonne foi du mari, depuis la dissolution de la communauté : Cass., 6 nov. 1861 ; J. N., 17316.

(2) Il a aussi le droit de choisir : Roll., *Part. de com.*, nᵉ 12. V. Cass., Belgique, 23 nov., 1866; M. T., 1867, p. 363.

payement (1), *supra n° 3770, 6°*. Il s'ensuit que la femme, sauf l'effet de son hypothèque légale, n'est pas préférée aux autres créanciers, et qu'elle vient seulement en concurrence avec eux sur les valeurs mobilières, sans qu'il y ait lieu de distinguer si elle a accepté la communauté ou si elle l'a répudiée (2). Il en est ainsi, à plus forte raison, si le mari est en état de faillite (3). Si des créanciers ont un gage sur des valeurs mobilières, ils passent avant la femme sur ces valeurs (4).

3915. Le mode de prélèvement tracé par la loi est indépendant des donations que les époux ont pu se faire et n'est pas susceptible de modification pour l'exécution de la donation en pleine propriété faite au survivant par le conjoint prédécédé (5), à moins de stipulation contraire (6).

3916. Les remplois et récompenses dus par la communauté aux époux, et les récompenses et indemnités par eux dues à la communauté, emportent les intérêts de plein droit du jour de la dissolution de la communauté (*C. N., 1473*). Ces intérêts ne devenant exigibles que par le partage, ne sont pas jusquelà soumis à la prescription de cinq ans (7).

CHAP. II. — **Succession de M. Bigot.**

§ 1. — *Reprises*. (N°s 3910 et suiv.)

Les reprises de la succession de M. BIGOT consistent en :

Premièrement. Reprises en nature :

1° Une maison située à..... (1re observ.).

2° Six mille francs versés par M. BIGOT à la caisse des retraites pour la vieillesse, antérieurement au mariage (même observ.).

3° Une autre maison située à..... (même observ.).

4° Quatre pièces de terre situées commune de....., la première lieu dit....., contenant.....; la deuxième....., etc. (même observ.).

5° Un bois taillis situé..... (même observ.).

6° Une prairie située...... (même observ.).

7° Une pièce de terre située..... (2e observ., § 1er).

8° Une prairie située..... (même observ.).

9° Une maison située..... (3e observ., § 1er).

10° Une prairie située..... (5e observ.).

Deuxièmement. Reprises en deniers :

1° Six mille francs produit de la coupe d'arbres sur un bois non mis en coupes réglées, propre à M. BIGOT (10e observ.), ci . . . . 6,000 »

2° Et trente mille francs, prix réunis de la vente à divers, d'immeubles propres à M. BIGOT (21e observ.), ci . . . . 30,000 »

Total, trente-six mille francs, ci . . . . 36,000 »

§ 2. — *Récompenses à la communauté*. (N° 3909.)

La succession de M. BIGOT doit récompense à la communauté des sommes suivantes :

(1) Troplong, n° 1433; Douai, 17 juin 1847; Jur. N., 8482; Caen, 27 juin 1861; Cass., 1er juin 1862; J. N., 17481; contra, Marcadé, 1472,1; Rouen, 10 juill. 1845; Paris, 24 fév. 1846; Caen. 7 août 1848; Cass., 9 janv. 1832, 1er août 1848, 28 mai 1849, 8 avril 1850, 15 fév. 1853; Jur. N., 8291, 8483, 9007, 9814.
(2) Marcadé, 1472, 3; Rodière et Pont, I, 834; Pont, Rev. crit., III, p. 436, VI, p. 398, IX, p. 481; Massé et Vergé, § 644, note 27; Roll., Commun., n° 504; Amiens, 8 mai 1851, 6 mars 1856, 3 janv. 1857; Rennes, 17 juin 1853; Caen, 25 juill. 1853, 10 janv., 8 déc. 1855, 15 mai 1856; Paris, 13 janv. et 6 mai 1854, 4 août 1855, 23 août et 16 déc. 1856, 18 août 1859, 6 juin 1863; Rouen, 22 juill. 1854; Bourges, 4 déc. 1854; Dijon, 3 avril 1855; Douai, 22 janv. 1856; Cass., chambre réunies, 16 janv. 1858; Cass., 23 août 1859, 16 nov. 1863; J. N., 14430, 15053, 15138, 15223, 15566, 16223, 17747; contra Troplong, n° 1493; Paris, 31 déc. 1852; Cass., 15 fév. 1853, 11 avril 1854, 8 mai 1855; Amiens, 11 juin 1853; Besançon, 20 déc. 1853; Douai,

8 avril 1854; Orléans, 24 mai 1854; Douai, 30 avril 1857; J. N., 14805, 14935, 15071, 15184, 15324. Voir Rouen, 10 juill. 1845; Cass., 1er août 1848, 9 avril 1855; Jur. N., 8291, 13090.
(3) Rennes, 17 juill. 1853; Bordeaux, 29 avril 1853; Paris, 8 avril 1854, 23 déc. 1854; Colmar, 13 juill. 1854; Metz, 12 juin 1855; Cass., 24 janv. 1854, 16 nov. 1863; J. N. 15182, 15302; Jur. N., 12486. Voir cependant Paris, 9 fév. 1854; J. N., 15182.
(4) Paris, 13 janv. 1854; Trib. Seine, 14 janv. et 1er avril 1854; Jur. N., 10096, 10151.
(5) Paris, 30 mai 1857; J. N., 16194.
(6) Toullier, XII, 185; Rodière et Pont, I, 890; Dalloz, n° 2409; Roll., Part. de comm., n° 68; Trib. Seine, 29 nov. 1843; Arg., Caen, 19 janv. 1832; Paris, 29 juin 1832; Jur. N., 10096, 10151.
(7) Roll., Part. de comm., n° 81; Bordeaux, 10 août 1849; Jur. N., 9140.

3917. Après que tous les prélèvements des deux époux ont été exécutés sur la masse, le surplus se partage par moitié entre les époux ou ceux qui les représentent (*C.N.*, *1474*); ce partage se fait en nature, sans que les époux puissent exiger la vente préalable des biens pour l'acquit des dettes, l'art. 826, *supra n° 1987*, étant sans application en matière de communauté (1).

3918. Les héritiers du prémourant ont droit aux fruits à partir de la dissolution de la communauté, et si l'époux survivant est resté en possession des biens de la communauté, il doit rendre compte des fruits courus depuis le décès (2).

3919. Si les héritiers même irréguliers ou autres successeurs universels ou à titre universel (3) de la femme (4) sont divisés, en sorte que l'un ait accepté la communauté à laquelle l'autre a renoncé, celui qui a accepté ne peut prendre que sa portion virile et héréditaire dans les biens qui échoient au lot de la femme. Le surplus reste au mari, qui demeure chargé, envers l'héritier renonçant, des droits

---

1° Quatorze mille cent soixante francs pour causes diverses, exprimées sous la 1re observ., ci. . . . . 14,160 »

2° Deux mille cent francs formant le reliquat, après déduction d'une soulte en faveur de M. Bigot, de dettes, toutes à la charge des immeubles, dont il a été tenu par le partage de la succession de M. Corrard (2° observ.), ci. . 2,100 »

3° Mille neuf cent quarante francs à supporter par les immeubles dans les charges de la donation faite à M. Bigot par son oncle (3° observ., § 1er). ci. . 1,940 »

4° Mille six cent soixante-deux francs pour soulte d'échange à la charge de M. Bigot, et frais d'acte (5° observ., § 1er), ci. . . . : . . . . 1,662 »

5° Dix mille sept cents francs pour le prix en principal et frais de la licitation énoncée sous la 6° observ., ci. . . . . 10,700 »

6° Sept mille huit cents francs pour impenses sur les propres de M. Bigot (23° observ.), ci. . . . . 7,800 »

Total, trente-huit mille trois cent soixante-deux francs, ci. . . . . 38.362 »

§ 3. — *Balance.*

Les reprises en deniers de la succession de M. Bigot s'élèvent à trente-six mille francs, ci. . . . . 36,000 »

Les récompenses dues par la même succession à la communauté se montent à trente-huit mille trois cent soixante-deux francs, ci. . . . , ... 38,362 »

Les récompenses excèdent les reprises de deux mille trois cent soixante-deux francs, ci. . . . . 2 362 »

Mémoire pour la masse active.

DEUXIÈME PARTIE.

ETABLISSEMENT DES MASSES.

§ 1. — *Masse active* (N°s 3908 à 3924).

ART. 1er. *Mobilier inventorié.* Les meubles et objets mobiliers compris en l'inventaire après le décès de M. Bigot, énoncé sous la 25° observ. et prisés à trois mille cinq cents francs, ci. . . . . 3,500 »

A reporter. . . . . 3,500 »

---

1) Zach., § 652, note 2.
(2) Rouen, 9 août 1856; Cass., 20 juill. 1858; J. N., 16430.
(3) Marcadé, 1475, 3.

(4) Et aussi lorsque la femme ayant survécu est décédée sans avoir pris qualité: Marcadé, 1475, 2. Voir cependant Rodière et Pont, I. 539.

que la femme aurait pu exercer en cas de renonciation, *supra* n° 3595, mais jusqu'à concurrence seulement de la portion virile héréditaire du renonçant (*C. N.*, 1475).

3920. Celui des époux (1), même mineur (2), qui aurait diverti ou recélé quelques effets de la communauté, avant ou après sa dissolution (3) et même après la confection de l'inventaire (4), est privé de sa portion dans lesdits effets (*C. N.*, 1477), non-seulement en qualité de commun, mais aussi

---

Report.	3,500 »	
Art. 2. *Deniers comptants:* La somme de douze cents francs, montant des deniers comptants constatés au même inventaire, ci..	1,200 »	
Art. 3. *Créance sur* M. LEBEL. La somme de deux mille francs, montant de la créance sur M. LEBEL, comprise au même inventaire (*voir* 25e observ., cote 17e), ci. 2,000 »		
Plus cent douze francs pour l'intérêt de cette somme, couru depuis le. . . . . jusqu'aujourd'hui, ci. · . . . . 112 »		
Ensemble, deux mille cent douze francs, ci. . . . . 2,112 »	2,112 »	
Art. 4. *Somme due par M. le receveur général de.* . . . . . La somme de six mille francs due par M. le receveur général du département de. . . . ., pour le principal de la reconnaissance énoncée sous la 24e observ. (cote 19e), ci. . . . . 6,000 »		
Plus cinq cents francs pour l'intérêt de cette somme, couru depuis le. . . . . jusqu'à ce jour, ci. . . . . 500 »		
Ensemble, six mille cinq cents francs, ci. . . . . 6,500 »	6,500 »	
Art. 5. *Rente sur l'Etat.* Une rente de trois cents francs trois pour cent sur l'Etat français, inscrite au nom de M. BIGOT, *de cujus*, au grand-livre de la dette publique, sous le n°. . . . de la. . . . . série; ladite rente d'après le cours de la Bourse de ce jour, étant de soixante-six francs soixante centimes, est d'une valeur de six mille six cent soixante francs, ci.. . . .	6,660 »	
Art. 6. *Proratas au décès d'arrérages de rentes viagères et d'intérêt de créances reprises en nature.* On porte sous cet article les sommes suivantes :		
1° Cent soixante francs dus par M. BELLET, pour arrérages courus depuis le. . . . ., jusqu'au jour du décès de M. BIGOT, d'une rente viagère de. . . . . éteinte par le décès de M. BIGOT (14e observ.), ci. . . 160 »		
2° Deux cents francs dus par M. DUBOIS, pour arrérages courus depuis le. . . . ., jusqu'à la même époque; d'une rente viagère de. . . . ., réversible au profit de Mme BIGOT (15e observ.), ci. . . 200 »		
3° Cent dix francs dus par M. LEBERT (21e observ.), ci. . . 110 »		
4° Cent soixante francs dus par M. DILLET, pour intérêts courus depuis le. . . . ., jusqu'au jour du décès de M. BIGOT, d'une créance de dix mille francs reprise en nature par Mme BIGOT (21e observation), ci.. . . . . 160 »		
Ensemble, six cent trente francs, ci. . . . . 630 »	630 »	
A reporter.	20,602 »	

---

(1) Et ses héritiers si après le détournement il est décédé : Troplong, n° 1699 ; Pau, 31 août 1839 ; Paris, 27 juin 1846, 7 avril 1858 ; J. N., 12774, 16114 ; Seine, 6 déc. 1865 ; J. N., 18438.
(2) Mercadé, *art.* 1477 ; Odier, I, 512 ; Troplong, n° 1656 ; Zach., Massé et Vergé, § 653, note 6.
(3 Troplong, n° 1689 ; Zach., Massé et Vergé, § 652, note 4 ; Cass..

5 mai 1833 et 10 déc. 1835 ; Pau, 31 août 1839 ; Rennes, 6 fév. 1862. V. Seine, 10 mars 1866 ; Cass., 24 avril 1865 ; Paris, 14 janv. et 20 avril 1857 ; J. N., 18396.
(4) Bellot, II, p. 293 ; Rodière et Pont, I, 841 ; Massé et Vergé, § 652, note 3 ; CONTRA, Zach.; *loc. cit,*

comme donataire ou légataire de son conjoint (1); il doit les intérêts des capitaux détournés seulement du jour de la demande (2). La pénalité n'est pas encourue s'il est établi que les omissions n'ont pas été faites dans l'intention de frauder (3), ou si l'époux, avant toute réclamation, a rapporté spontanément ce qu'il avait soustrait (4).

3921. Les objets détournés sont, par l'effet de la pénalité, en dehors de la masse partageable; la

---

Report.	20,602	»	

ART. 7. *Proratas au décès de fermages et loyers des propres de* Mme BIGOT.
On comprend sous cet article les sommes suivantes :
1° Six cent cinquante francs dus par M. . . . . ., pour le prorata de fermage couru depuis le. . . . ., jusqu'au jour du décès de M. BIGOT, de la ferme de. . . . ., propre à Mme BIGOT, ci.   650   »
2° Cent quatre-vingts francs dus par . . . . ., etc., ci.   180   »
3° Deux cent dix francs dus par . . . . ., etc., ci..   210   »

Ensemble, mille quarante francs, ci..   1,040   »   1,040   »

ART. 8. *Proratas au décès de fermages et loyers des propres de* M. BIGOT.
On fait figurer dans cet article les sommes suivantes :
1° Six cent soixante-dix francs (*comme à l'article précédent*), ci.   670   »
2°. . . . .

Ensemble, mille quatre cent soixante-cinq francs, ci. . . .   1,465   »   1,465   »

ART. 9. *Proratas de fermages des immeubles acquêts.* Sous cet article on porte les sommes suivantes :
1° Huit cent quinze francs dus par M. ÉTIENNE, pour le prorata de fermage couru depuis le. . . . . jusqu'aujourd'hui, de la ferme de. . . . ., dépendant de la communauté, ci.   815   »
2° Sept cent soixante francs dus par M. ÉLOI, pour la prorata de fermage couru pendant le même temps, de la prairie située à. . . . ., dépendant aussi de la communauté, ci..   760   »

Ensemble, mille cinq cent soixante-quinze francs, ci. . . .   1,575   »   1,575   »

ART. 10. *Récompense due à la communauté par la succession de* M. BIGOT.
La somme de deux mille trois cent soixante deux francs, dont la succession de M. BIGOT doit récompense à la communauté, ainsi qu'on l'a établi dans le chap. IIe de la 1re partie des présentes opérations, ci. .   2,362   »
Plus, quarante-deux francs pour l'intérêt de cette somme, couru depuis le décès de M. BIGOT jusqu'aujourd'hui, ci. . .   42   »

Ensemble, deux mille quatre cent quatre francs, ci.   2,404   »   2,404   »

À reporter.   27,086   »

---

(1) *Supra*, n° 1872, *note 5;* ajoutez : Toullier, XIII, 214; Zach., § 652, note 6; Dict. not., *Recélé*, n° 51; Roll., *ibid.*, n° 66; Rodière et Pont, I, 842; Marcadé, *art. 1477;* Paris, 26 mars 1862; Cass., 7 mai 1867; J. N., 17421, 19083; CONTRA, Colmar, 29 mars 1843.
(2) Pau, 31 août 1839.
(3) Rodière et Pont, I, 841; Troplong, n° 1604; Roll., *Recélé,*

n° 41 ; Paris, 30 août 1830 et 10 juill. 1854; Cass., 16 fév. 1832, 26 janv. 1842, 24 nov. 1847, 29 mars 1855; Jur. N., 10921.
(4) Bellot, II, p. 235; Battur, I, 762; Rodière et Pont, I, 841; Zach., § 652, note 6; Troplong, n° 1605; Marcadé, *art. 1477;* Cass., 10 déc. 1815; Paris, 5 août 1839, 27 juin 1849, 20 déc. 1854, 7 août 1862; J. N., 10645, 15143, 17510; CONTRA, Glandaz, n° 357. Voir Paris, 22 juill. 1833; J. N., 17781; Seine, 6 déc. 1865; J. N., 18438.

part du spoliateur accroît donc à l'autre conjoint ou à ses héritiers, sans charge des dettes dont elle pourrait être tenue, *supra n° 1871 et note 4* ; toutefois on décide que le conjoint spoliateur peut exercer sur ces objets le prélèvement de ses reprises (1).

3922. Après le partage consommé, si l'un des deux époux est créancier personnel de l'autre, comme lorsque le prix de son bien a été employé à payer une dette personnelle de l'autre époux ou pour toute autre cause, il exerce sa créance sur la part qui est échue à celui ci dans la communauté ou sur ses biens personnels (*C. N.*, *1478*) ; et il a droit aux intérêts de sa créance à partir seulement du jour de la demande en justice (*C. N.*, *1479*).

3923. Les donations que l'un des époux a pu faire à l'autre ne s'exécutent que sur la part du donateur dans la communauté et sur ses biens personnels (*C. N.*, *1480*).

3924. La femme, même séparée de corps (2), a droit à un deuil qui est aux frais des héritiers du mari prédécédé. La valeur de ce deuil est réglée selon la fortune du mari et la condition des époux (3). Il est également dû à la femme qui renonce (*C. N.*, *1481*), et à celle qui est mariée sans communauté (4).

§ 2. — DU PASSIF DE LA COMMUNAUTÉ ET DE LA CONTRIBUTION AUX DETTES.

3925. Nous avons dit, *supra n° 5851*, quelles dettes sont à la charge de la communauté.

Report.	27,086 »

Art. 11. *Ferme de.* . . . . , La ferme de. . . . . située commune de. . . . ., en. . . . . etc. (*la désigner*).
Ladite ferme provenant de l'acquisition que M. et Mme Bigot ont faite de M. . . . ., ainsi qu'on l'a énoncé sous la 8e observ., est estimée vingt-huit mille francs, ci. . . . . 28,000 »

Art. 12. *Prairie située à.* . . . . Une prairie située à. . . . ., etc. (*la désigner*).
Ladite prairie acquise de M. . . . ., ainsi qu'on l'a énoncé sous la même observ., estimée vingt-un mille cinq cents francs, ci. . . . . 21,500 »

Montant de la masse active, soixante-seize mille cinq cent quatre-vingt-six francs, ci. . . . . 76,586 »

§ 2. — *Masse passive* (N°s 3925 à 3935).

Art. 1er. *Reprises de* Mme Bigot. La somme de sept mille neuf cent soixante-quinze francs, montant des reprises en deniers de Mme Bigot, défalcation faite des récompenses par elle dues à la communauté, ainsi qu'il est établi sous le chap. Ier de la 1re partie des présentes opérations, ci. . . . . 7,975 »

Plus, cent trente-deux francs pour l'intérêt de cette somme, couru depuis le jour du décès de M. Bigot jusqu'aujourd'hui, ci. . . . . 132 »

Ensemble, huit mille cent sept francs, ci. . . . . 8,107 »

Art. 2. *Préciput.* La somme de trois mille francs pour le préciput stipulé en faveur du survivant, par le contrat de mariage de Mme Bigot analysé sous la 1re observ., ci. . . . . 3,000 »

A reporter. . . . . . 11,107 »

---

(1) Troplong, n° 1693 ; Bordeaux, 16 fév. 1854 ; Cass., 10 janv. 1865 ; Seine, 6 déc. 1865 ; J. N., 18187, 18138 ; contra, Demolombe, XIV, 500 ; Paris, 26 mars 1862 et 20 août 1863 (arrêt cassé) ; J. N., 17421.

(2) Marcadé, *art. 1481*.
(3) Marcadé, *art. 1481*.
(4) Duranton, XV, 364 ; Zach., § 654, note 16.

3926. Les dettes de la communauté sont pour moitié à la charge de chacun des époux ou de leurs héritiers ; les frais de scellés, inventaire, vente de mobilier, liquidation, licitation et partage, font partie de ces dettes (*C. N.*, *1482*) ; mais le survivant, s'il est usufruitier des biens de son conjoint prédécédé, doit contribuer dans la part des frais d'inventaire qui tombe à la charge de la succession de ce dernier, *supra n° 1517*.

3927. La femme n'est tenue des dettes de la communauté, soit à l'égard du mari, soit à l'égard des créanciers, que jusqu'à concurrence de son émolument, c'est-à-dire de ce qui lui est provenu dans le bénéfice de communauté pour sa part comme commune et pour son préciput (1), pourvu : 1° qu'elle ait fait faire un inventaire, ou un procès-verbal de carence, dans les trois mois (2) du décès, sous peine d'être déchue de cette faveur (3). Un procès-verbal du juge de paix constatant le peu d'importance du mobilier de la communauté et par suite l'inutilité de l'apposition des scellés ne remplacerait pas l'inventaire (4) ; 2° que l'inventaire soit bon et fidèle, sans divertissement ni recélé (5) ; 3° qu'elle rende compte tant du contenu de cet inventaire que de ce qui lui est échu par le partage (*C. N.*, *1483*), en estimant les biens selon leur état et leur valeur au jour du partage, de sorte que si depuis ils ont accru de valeur, cet accroissement lui profite, de même que s'ils ont diminué de valeur, elle subit leur diminution. La femme n'est donc tenue ni de vendre les biens à elle échus, ni de les restituer en nature ; elle ne serait même pas recevable à en faire l'abandon pour se décharger du payement des dettes (6).

Report. . . .	11,107	»

ART. 3. *Créance de* M. **Boulet.** La somme de six mille francs due à M. Boulet, pour la fraction non payée du prix de l'acquisition énoncée dans la 8ᵉ observ., ci. . . . . 6,000 »

Plus, deux cent cinquante francs pour l'intérêt de cette somme, couru depuis le. . . . . jusqu'aujourd'hui, ci. . . . . . 250 »

Ensemble, six mille deux cent cinquante francs, ci. . . . . 6,250 » | 6,250 »

ART. 4. *Dettes diverses.* On porte sous cet article les sommes suivantes, dues aux fournisseurs :

1° A M. . . ., boucher, cent dix francs, ci. . . . . 110 »
2° A M. . . ., boulanger, cent trente francs, ci. . . . . 130 »
3° A M. . . ., etc. . . . . » »

Ensemble huit cent dix francs, ci. . . . . 810 » | 810 »

Montant de la masse passive, ci. . . . . 18,167 »

§ 3. — *Balance.*

La masse active se monte à soixante-seize mille cinq cent quatre-vingt-six francs, ci. . . . . 76,586 »
Et la masse passive à dix-huit mille cent soixante-sept francs, ci. . . 18,167 »

Reliquat actif, cinquante-huit mille quatre cent dix-neuf francs, ci. . . 58,419 »
Dont la moitié pour chacun de Mᵐᵉ veuve Bigot et de M. Bigot fils est de vingt-neuf mille deux cent neuf francs cinquante centimes, ci. 29,209 50

---

(1) Mais non les sommes et valeurs qu'elle a prélevées pour ses reprises : Rodière et Pont, I, 848 ; Marcadé, *art. 1483* ; Troplong, n° 1751.
(2) Ce délai peut être prorogé en justice, *supra n° 3893*.
(3) Odier. I, 330 ; Troplong, n° 1473 ; Zach., Massé et Vergé, § 653, note 13 ; Rodière et Pont, I, 150 ; Marcadé, *1490*, 1 ; Cass., 22 déc. 1829, 7 fév. 1848 ; Jur. N., 5131.

(4) Cass., 30 avril 1849 ; Jur. N., 8930.
(5) Toullier, XIII, 243 ; Bellot, III, p. 291 ; Roll., *Recélé*, nᵒˢ 49 et 69.
(6) Toullier, XIII, 247 ; Odier, I, 357 ; Rodière et Pont, I, 851 ; Troplong, n° 1759 ; Marcadé, *1490*, 3 ; contra, Pothier, n° 717 ; Bellot, II, p. 522 ; Duranton, XIV, 489 ; Zach., § 653 ; Taulier, V, p. 462.

3928. Le défaut d'inventaire fait perdre à la femme le bénéfice de n'être tenue que jusqu'à concurrence de son émolument, au regard tant des créanciers de la communauté que des héritiers de son mari (1); à moins, au regard de ceux-ci, qu'elle n'ait partagé avec eux le mobilier de la communauté, ce qui vaudrait inventaire (2).

3929. Celui des deux époux qui, par l'effet de l'hypothèque exercée sur l'immeuble à lui échu en partage, se trouve poursuivi pour la totalité d'une dette de communauté, a de droit son recours pour la moitié de cette dette contre l'autre époux ou ses héritiers, supra n° 3835 (C. N., 1489); et généralement toutes les fois que l'un des copartageants a payé des dettes de la communauté au delà de la portion dont il était tenu, il y a lieu au recours de celui qui a trop payé contre l'autre (C. N., 1490).

3930. Les dispositions précédentes ne font point obstacle à ce que, par le partage, l'un ou l'autre

TROISIÈME PARTIE.
FIXATION DES DROITS DES PARTIES ET ABANDONNEMENTS.
CHAP. I. — Fixation des droits des parties.
§ 1er — Mme veuve Bigot.

Mme veuve Bigot a droit :

1° A la somme de vingt-neuf mille deux-cent neuf francs cinquante centimes, pour sa moitié dans le bénéfice de communauté, ci. 29,209 50

2° A celle de huit mille cent sept francs, pour le montant en principal et intérêt, de ses reprises, porté sous l'art. 1er de la masse passive, ci. . . 8,107 »

3° Et à celle de trois mille francs, pour son préciput compris sous l'art. 2 de la même masse, ci. 3,000 »

Au total à quarante mille trois cent seize francs cinquante centimes, ci. 40,316 50

§ 2. — Succession de M. Bigot.

La succession de M. Bigot a droit à la somme de vingt-neuf mille deux cent neuf francs cinquante centimes, pour sa moitié dans le bénéfice de communauté, ci. 29,209 50

§ 3. — Dettes à acquitter.

Les dettes à acquitter se composent de :

1° Six mille deux cent cinquante francs, dus à M. Boulet (art. 3 de la masse passive), ci. . . . . 6,250 »

2° Et huit cent dix francs, montant des dettes diverses portées sous l'art. 4, ci. . . . . 810 »

Ensemble sept mille soixante francs, ci. . . . . 7,060 »   7,060 »

Somme égale à l'actif brut, soixante-seize mille cinq cent quatre-vingt-six francs, ci. 76,586 »

CHAP. II. — Abandonnements.
§ 1er. — Mme veuve Bigot.

Pour remplir Mme veuve Bigot de la somme de quarante mille trois cent seize francs cinquante centimes, montant de ses droits ci-dessus constatés, M. Bigot fils lui cède et abandonne à titre de partage :

---

(1) Battur, II, 804; Zach., Massé et Vergé, § 653, note 24; Marcadé, 1490, 2; Cass., 24 mars 1828, 21 déc. 1830; Douai, 12 déc. 1851; Amiens, 18 mars 1863; Jur. N., 12355; contra, Toullier, XIII, 250; Duranton, XIV, 489; Rodière et Pont, I, 802; Troplong, n°s 1750; 1751. Voir Agen, 30 mars 1848; Cass., 30 avril, 1849; Angers, 20 mai 1863, 11 août 1851; Cass., 18 fév. 1857; Jur. N., 8929, 12383, 13330. V. Agen, 4 déc. 1866; J. N., 18768.
(2) Duranton, XIV, 489; Toullier, XIII, 250; Troplong, n° 1750; Bordeaux, 22 avril 1863; Journ. du Not., 1863, p. 341. Voir cependant Amiens, 18 mars 1863; J. N., 12315.

des copartageants soit chargé de payer une quotité des dettes autres que la moitié, même de les acquitter entièrement (C.N., 1490).

3931. Au regard des créanciers, le mari est tenu, pour la totalité, des dettes de la communauté par lui contractées, c'est-à-dire entrées dans la communauté de son chef, sauf son recours contre la femme ou ses héritiers pour moitié (C. N., 1484), ou jusqu'à concurrence de l'émolument de la femme, si elle a fait faire inventaire. Les créanciers, peuvent se faire payer directement par la femme, ou ses héritiers, pour sa moitié ou jusqu'à concurrence de son émolument.

3932. La femme peut être poursuivie pour la totalité des dettes qui procèdent de son chef et étaient entrées dans la communauté, même lorsqu'elle renonce à la communauté ; mais comme le mari ou les héritiers en sont tenus pour moitié et même pour plus que moitié si elle profite de la faculté de

---

1° Les meubles et objets mobiliers compris en l'inventaire après le décès de M. Bigot, et faisant l'objet de l'art. 1er de la masse active sous la seule exception de ceux qui seront ci-après désignés dans l'abandonnement à M. Bigot, pour deux mille neuf cents francs, ci. . . . . 2,900 »

2° deux cent soixante-onze francs cinquante centimes à prendre sur les deniers comptants qui composent l'art. 2 de la masse, ci. 271 50

3° La rente de trois cents francs, trois pour cent sur l'État (art. 5 de la masse), pour six mille six cent soixante francs, ci. . . . . 6,660 »

4° Les proratas d'arrérages et d'intérêt portés sous l'art. 6 de ladite masse, se montant à six cent trente francs, ci. . . . . 630 »

5° Les proratas de fermages et loyers, se montant à mille quarante francs compris sous l'art. 7, ci. . . . . 1,040 »

6° Huit cent quinze francs montant du prorata de fermage dû par M. Etienne (art. 9, 1° de la masse), ci. . . . . 815 »

7° Et la ferme désignée sous l'art. 11 de la masse pour vingt-huit mille francs, ci. . . . . 28,000 »

Somme égale aux droits de Mme veuve Bigot. 40,316 50

§ 2. — M. Bigot fils.

Pour remplir M. Bigot fils de la somme de vingt-neuf mille deux cent neuf francs cinquante centimes, montant des droits de la succession de M. Bigot, son père, Mme veuve Bigot lui cède et abandonne à titre de partage :

Par confusion, la somme de deux mille quatre cent quatre francs montant de la récompense due à la communauté par la succession de M. Bigot, et portée sous l'art. 10 de la masse active, ci. . . . . 2,404 »

Et d'une manière effective : 1° Les meubles et objets mobiliers suivants, faisant partie de ceux compris en l'art. 1er de la masse active (*les désigner*). Le tout pour une valeur de six cents francs, ci. . . . . 600 »

2° Trois cent soixante-huit francs cinquante centimes à prendre sur les deniers comptants qui forment l'art. 2, ci. 368 50

3° La créance sur M. Lebel (art. 4 de ladite masse), pour deux mille cent douze francs, ci. . . . . 2,112 »

4° Les proratas de fermages et loyers se montant à mille quatre cent soixante-cinq francs compris sous l'art. 8, ci. . . . . 1,465 »

5° Sept cent soixante francs montant du prorata de fermage dû par M. Eloi (art. 9, 2° de la masse), ci. . . . . 760 »

6° Et la prairie désignée sous l'art. 12, pour vingt-un mille cinq cents francs, ci. . . . . 21,500 »

Somme égale aux droits de M. Bigot fils. 29,209 50

n'être tenue aux dettes que jusqu'à concurrence de son émolument (1), ou même pour la totalité si la femme renonce, elle a un recours contre son mari ou ses héritiers pour leur portion contributive. Les créanciers peuvent aussi poursuivre directement le mari ou ses héritiers jusqu'à concurrence (2) de leur portion contributive, ou de la totalité si la femme renonce (C. N., 1485, 1486, 1494).

3933. La femme même personnellement obligée pour une dette de communauté ne peut être poursuivie que pour la moitié de cette dette (3), à moins que l'obligation ne soit solidaire (C. N., 1487) ou in-

---

§ 3. — Acquit des dettes.

Pour l'acquit des dettes se montant à sept mille soixante francs, il est affecté par les parties :

1° La somme de six mille cinq cents francs, montant de la créance sur M. le receveur général de...., comprise sous l'art. 3 de la masse active, ci.   6,500   »

2° Et celle de cinq cent soixante francs à prendre sur les deniers comptants portés sous l'art. 2, ci.   560   »

Somme égale.   7,060   »

Tous pouvoirs sont donnés à M. Bigot fils pour le recouvrement de ces sommes et le payement du passif.

Chacun des copartageants accepte les objets à lui attribués, et tous abandonnements nécessaires sont consentis.

TABLEAU DES ABANDONNEMENTS.

NUMÉROS de la masse.	NATURE DE L'ACTIF.	ACTIF partageable	Mme Bigot.	M. Bigot.	ACQUIT des dettes.
1	Mobilier inventorié..	3.500 »	2.900 »	600 »	
2	Deniers comptants..	1.200 »	274 50	368 50	560 »
3	Somme déposée à la recette générale...	6.500 »			6.500 »
4	Créance sur M. Lebel.	2.112 »		2.112 »	
5	300 fr. de rente 3 p. 100.	6.660 »	6.660 »		
6	Prorata d'arrérages de rente viagère ou d'intérêt de créance.	630 »	630 »		
7	Prorata de fermages et loyers des propres de Mme Bigot..	1.040 »	1.040 »		
8	Prorata de fermages et loyers des propres de M. Bigot.	1.465 »		1.465 »	
9	Prorata de fermages des immeubles acquêts : 1° Ferme. . . . . 815 » 2° Prairie. . . . . 760 »	1.575 »	815 » 760 »		
10	Récompense due par la succession. . .	2.404 »		2.404 »	
11	Ferme de ....., estimée.	28.000 »	28.000 »		
12	Prairie située à....., estimée.. . . .	21.500 »		21.500 »	
	Totaux..	76.586 »	40.316 50	29.209 50	7.060 »
	Réunion des abandonnements, égale à l'actif partageable	76.586 »			

---

(1) Toullier, XIII, 241 ; Bugnet sur Pothier, VII, p. 369; Glandaz, n° 372; Marcadé, 1486, 2; Rol., Part. de comm. n° 111; contra, Duvergier sur Toullier, XIII, 241 ; Odier, I, 539; Rodière et Pont, I, 857; Troplong, n° 1782.

(2) Voir Duranton, XIV, 493; Rodière et Pont, I, 855; Marcadé 1486, 2.

(3) V. Paris, 23 juin 1855; Jur. N., 12848.

divisible; dans ce cas elle ne peut opposer au créancier ni sa renonciation à la communauté, ni le bénéfice que la loi lui accorde de n'être tenue que jusqu'à concurrence de son émolument, mais elle a un recours contre son mari ou ses héritiers (C. N., 1494).

3934. La femme qui a payé une dette de communauté au delà de sa moitié n'a point de répétition contre le créancier pour l'excédant, à moins que la quittance ne contienne une erreur de calcul, par exemple si elle exprime que ce que la femme a payé était pour sa moitié (C. N., 1488).

3935. Tout ce qui est dit ci-dessus à l'égard du mari ou de la femme a lieu à l'égard des héritiers de l'un ou de l'autre, et ces héritiers exercent les mêmes droits et sont soumis aux mêmes actions que le conjoint qu'ils représentent (C. N., 1491).

CHAPITRE DEUXIÈME

DE LA COMMUNAUTÉ CONVENTIONNELLE.

3936. Lorsque les époux stipulent une communauté d'acquêts, *supra n° 3567*, ou une communauté modifiée par la clause de réalisation de leurs biens meubles présents et à venir, *supra n° 3574*, les fruits et revenus des biens qui leur sont personnels, les produits de leur industrie, les bénéfices qu'ils réalisent

CHAP. III. — **Conditions.**

(Voir pour les conditions du partage SUPRA FORMULE 323, *pages 104 et suivantes, n° 2079 à 2098.)*

Dont acte. Fait et passé, etc.

FORMULE 564. — **Liquidation d'une communauté modifiée par une mise en communauté entraînant la réalisation du surplus du mobilier.** — **État liquidatif.** (N° 3936, à 3951.)

ÉTAT des opérations de compte, liquidation et partage,

 1° DE LA COMMUNAUTÉ ayant existé entre M. Pierre DUVAL, en son vivant ancien négociant, demeurant à. . . ., où il est décédé le. . . ., et Mme Julie VERNIER, restée sa veuve ;

 2° DE LA SUCCESSION de M. DUVAL,

 DRESSÉ par M^e. . . ., notaire à. . . ., soussigné, commis à cet effet suivant jugement rendu par le tribunal civil de. . . ., le. . . .,

NOMS DES PARTIES.

Ces opérations ont lieu entre :

1° Mme Julie VERNIER, rentière, demeurant à. . . ., veuve de M. Pierre DUVAL.

 Agissant : 1° A cause de la communauté ayant existé entre elle et M. DUVAL, *de cujus,* aux termes de leur contrat de mariage qui sera énoncé sous la 1re observ. ci-après;

 2° Comme créancière de la communauté et même de la succession de son mari, pour ses reprises et conventions matrimoniales;

 3° En qualité de donataire d'un quart en propriété et d'un quart en usufruit des biens meubles et immeubles dépendant de la succession de son mari, en vertu de la donation contenue en leur contrat de mariage;

 4° Enfin comme tutrice naturelle et légale de Mlle Louise DUVAL, sa fille mineure, née à. . . ., le. . . ., issue de son mariage avec M. DUVAL.

2° M. Paul DUVAL, docteur en médecine, demeurant à. . . . .

3° M. Jean CABET, filateur, et Mme Elise DUVAL, son épouse, de lui autorisée, demeurant ensemble à. . . . .

durant le mariage entrent seuls en communauté; quant à tous les biens meubles et immeubles personnels aux époux, ils leur restent propres pour être repris en nature ou en deniers lors de la dissolution de la communauté, *supra* n°s 3568 à 3583. (*Form. 564.*)

4° Et M. Remy DUVAL, propriétaire, demeurant à.....

Ce dernier, subrogé tuteur de la mineure Louise DUVAL, nommé à cette fonction suivant délibération du conseil de famille de cette mineure, reçue et présidée par M. le juge de paix du canton de...., ainsi qu'il résulte du procès-verbal que ce magistrat en a dressé, assisté de son greffier, le....; et en cette qualité, agissant à cause de l'opposition d'intérêt existant entre la mineure et Mme veuve DUVAL, sa mère et sa tutrice.

M. Paul DUVAL, Mme CABET, et Mlle DUVAL, frère et sœurs germains, et seuls héritiers chacun pour un tiers de M. Pierre DUVAL, leur père; ainsi que le constate l'intitulé de l'inventaire après son décès, qui sera analysé sous la 7e observ.

La qualité d'héritière de la mineure DUVAL a été acceptée sous bénéfice d'inventaire seulement, suivant déclaration passée au greffe du tribunal civil de...., le.....

Pour l'intelligence des présentes opérations, on va, sous diverses observations, exposer les faits et analyser les actes qu'il est utile de connaître:

1re OBSERV. — *Mariage de M. et Mme Duval; — Contrat qui l'a précédé.*

Le mariage d'entre M. Pierre DUVAL et Mme Julie VERNIER, restée sa veuve, a été célébré à la mairie de...., le....;

Préalablement à leur mariage, M. et Mme DUVAL en ont arrêté les clauses et conditions civiles, suivant contrat passé devant M^e...., notaire à...., le.....

Aux termes de ce contrat:

Sous l'art. 1er, les futurs époux ont adopté le régime de la communauté, sauf les modifications ci-après rappelées.

Sous l'art. 2, le futur époux a déclaré faire l'apport en mariage, comme provenant de ses gains et épargnes:

1° Des vêtements, linge et bijoux, à son usage personnel, estimés mille francs, ci.	1,000	»
2° D'une somme de quatre mille francs en numéraire, ci.	4,000	»
3° D'une somme de huit mille francs en créances sur divers d'un recouvrement certain, ci.	8,000	»
4° De divers objets mobiliers et marchandises d'une valeur de sept mille francs, ci.	7,000	»
Ensemble, vingt mille francs, ci.	20,000	»
Et il a déclaré être grevé de diverses dettes se montant à sept mille six cents francs, ci.	7,600	»
Ce qui a réduit ses apports à une somme nette de douze mille quatre cents francs, ci.	12,400	»

Sous l'art. 3, M. Julien DUVAL et Mme Hortense DELLY, son épouse, ont fait donation par avancement d'hoirie, chacun pour moitié, au futur époux, leur fils, d'une somme de trente mille francs, stipulée payable le jour du mariage, dont la célébration en a valu quittance.

Sous l'art. 4, la future épouse a déclaré faire l'apport en mariage:

3037. Les biens appartenant aux époux au jour du mariage, qui sont exclus de la communauté par l'une ou l'autre de ces stipulations, comprennent, non-seulement les fonds et capitaux, mais aussi tous les fermages, loyers, intérêts, arrérages, dividendes et autres fruits civils courus jusque-là; quant aux

Premièrement, comme provenant de ses épargnes, des vêtements, linge et bijoux à son usage personnel, estimés trois mille francs.

Deuxièmement, et, comme provenant de la succession de M. Barnabé VERNIER, son père, en son vivant négociant, demeurant à....., où il est décédé le....., duquel elle était héritière pour moitié; ladite succession partagée entre Mlle VERNIER et son frère, suivant acte passé devant M^e....., notaire à....., le....., savoir :

1° Une somme de mille sept cents francs en deniers comptants ;

2° Une créance de huit mille francs sur un sieur CARRÉ, demeurant à....., ci..   8,000   »

Plus l'intérêt de cette somme couru depuis le..... jusqu'au jour du mariage, se montant à trois cent dix francs, ci.   310   »

Ensemble, huit mille trois cent dix francs, ci..   8,310   »

3° Quatre cents francs de rente trois pour cent sur l'État français, portés au nom de la future épouse, sous le n°....., de la 1re série.

Cette rente a été transférée le....., par l'entremise de M....., agent de change à Paris, pour une somme de huit mille sept cent douze francs, ci. .   8,712   »

De quoi l'on déduit cent douze francs, montant des arrérages de ladite rente, courus depuis le....., et qui étaient acquis à la communauté, ci.   112   »

Il est resté huit mille six cents francs, ci..   8,600   »

4° Une prairie située à....., contenant.....;

5° Une pièce de terre en labour, située à. ,...., contenant.....;

6° Un bois situé à....., contenant.....

La prairie et la pièce de terre en labour existent en nature; quant au bois, il a été vendu, ainsi qu'on l'énoncera sous la 3e observ.

Sous l'art. 5, Mme Léonie JUDAS, veuve de M. Barnabé VERNIER, a fait donation à la future épouse, sa fille, par avancement d'hoirie, de :

1° Un trousseau composé de divers objets mobiliers y décrits, estimé huit mille francs, ci.   8,000   »

2° Et une somme de trente mille francs en numéraire, ci..   30,000   »

Ensemble, trente-huit mille francs, ci.   38,000   »

Le tout payable le jour du mariage, dont la célébration en a valu quittance.

Sous l'art. 6, les futurs époux ont mis en communauté, chacun une somme de cinq mille francs sur leurs apports en numéraire, pour former un fonds commun de dix mille francs; et ils ont fait observer que le surplus de leurs apports en mariage et tous les biens dont ils deviendraient propriétaires pendant le mariage par succession, donation, legs ou autrement, leur demeureraient propres.

Sous l'art. 7, il a été dit que le survivant des époux prélèverait, à titre de préciput, sur les biens meubles de la communauté, avant tout partage, tels objets que bon lui semblerait jusqu'à concurrence de six mille francs d'après la prisée de l'inventaire, ou cette somme en deniers comptants, à son choix.

En l'inventaire qui sera analysé sous la 7e observ., Mme DUVAL a déclaré opter pour le prélèvement en numéraire.

fruits naturels et industriels péndants par branches ou par racines, ils sont recueillis par la communauté, qui est seulement tenue d'indemniser les époux des frais de labours, engrais et semences, *supra n° 3568.*

Enfin, *sous l'art.* 8, les futurs époux, pour le cas arrivé d'existénce d'enfants, se sont fait donation, au profit du survivant d'eux, d'un quart en pleine propriété et d'un quart en usufruit des biens qui composeraient la succession du premier mourant; il a été dit que le survivant, pour jouir de l'usufruit, ne serait pas tenu de fournir caution ni de faire emploi des valeurs mobilières, mais qu'il devrait faire faire inventaire.

RÉSUMÉ :

Il résulte de cette observation :

Premièrement. Reprise en deniers par la succession de M. Duval, de :

1° Douze mille quatre cents francs montant net de ses apports en mariage, ci.. . . . . 12,400 »

2° Et trente mille francs, montant de la dot constituée par ses père et mère, ci. . . . . : . . . . 30,000 »

Ensemble, quarante-deux mille quatre cents francs, ci. . . . . 42,400 »
De quoi l'on déduit cinq mille francs pour la mise en communauté de M. Duval, ci. . . . . 5,000 »

Reste trente-sept mille quatre cents francs, ci. . . . . 37,400 »
Mémoire pour les reprises en deniers de la succession.

Deuxièmement. Reprise en nature par Mme Duval, de :

1° Une prairie située. . . . . ;
2° Une pièce de terre labourable, située. . . . . ;
Mémoire pour les reprises en nature de Mme Duval.

Troisièmement. Reprise en deniers par Mme Duval, de :

1° Trois mille francs pour l'apport de ses vêtements, linge et hardes, ci.   3,000 »
2° Dix-sept cents francs apportés en deniers comptants. ci. . . . . . .   1,700 »
3° Huit mille trois cent dix francs en une créance sur M. Carré, ci. . .   8,310 »
4° Huit mille six cents francs provenant du transfert de la rente de quatre cents francs, ci. . . . .   8,600 »
5° Trente-huit mille francs pour la dot constituée par sa mère, ci. . . .   38,000 »

Total, cinquante-neuf mille six cent dix francs, ci.. . . . .   59,610 »
De quoi l'on déduit cinq mille francs pour sa mise en communauté, ci. .   5 000 »

Reste cinquante-quatre mille six cent dix francs, ci. . . . .   54,610 »
Mémoire pour les reprises en deniers de Mme Duval.

Quatrièmement. Préciput en faveur de Mme Duval de six mille francs, ci.   6,000 »
Mémoire pour la masse passive de la communauté.

Cinquièmement. Donation en faveur de Mme Duval d'un quart en propriété et un quart en usufruit des biens dépendant de la succession de M. Duval.
Mémoire pour la fixation des droits de Mme Duval.

2me Observ. — *Successions échues aux époux; dons et legs à eux faits.*

§ 1. — M. Duval.

Pendant le mariage, M. Duval a recueilli les successions de M. et Mme Duval, ses père et mère, et un legs à lui fait par M. Delly, son oncle.

1. *Succession de* M. Duval *père.*

M. Julien Duval est décédé à. . . . ., le. . . . ., époux de Mme Hortense Delly, restée sa veuve, laissant pour héritiers, chacun pour un tiers, ses trois enfants, au nombre des-

Les dettes dont les époux sont grevés à la même époque en principal, intérêts ou arrérages restent à leur charge personnelle, et si la communauté les acquitte, ils sont tenus de l'en indemniser.

quels figurait M. Duval, *de cujus*, ainsi que le constate l'intitulé de l'inventaire après son décès, dressé par Mᵉ...., notaire à....., le.....

Mᵐᵉ veuve Duval née Delly a renoncé à toutes donations, à tous legs et à tous avantages de survie, qui avaient pu lui être faits par son mari, ainsi que le constate une déclaration passée au greffe du tribunal civil de....., le.....

Suivant acte passé devant Mᵉ....., notaire à...., le....., il a été procédé entre Mᵐᵉ veuve Duval née Delly et ses trois enfants, à la liquidation et au partage, tant de la communauté ayant existé entre M. et Mᵐᵉ Duval père et mère, que de la succession de M. Duval.

M. Pierre Duval a fait le rapport à la masse de la succession de la somme de quinze mille francs, pour la moitié de la dot qui lui a été constituée par ses père et mère, suivant son contrat de mariage analysé sous la 1ʳᵉ observ.

La masse partageable de la succession s'est élevée :

En fonds, à cent quatre-vingt-trois mille cinq cents francs, ci.	183,500	»
En fruits, à mille cinq cents francs, ci..........		1,500 »
Dont le tiers pour chacun des copartageants était :		
En fonds, de soixante-quatre mille cinq cents francs, ci. .	64,500	»
En fruits, de cinq cents francs, ci............		500 »
Réunion, soixante-cinq mille francs, ci.........	65,000	

Trois lots des biens ont été faits; le troisième lot, échu à M. Duval, a été composé de :

1° La somme de neuf mille cinq cents francs faisant partie des quinze mille francs dont M. Pierre Duval a effectué le rapport à la masse, ci...........	9,500	»
2° Divers objets mobiliers, estimés deux mille cinq cents francs, ci....	2,500	»
3° Une maison située à....., rue....., estimée...........	12,000	»
Cette maison a été vendue, ainsi qu'on l'énoncera dans la 3ᵉ observ.		
4° Une petite ferme, située à....., consistant en....., estimée quarante-un mille francs, ci.	41,000	»
Cette ferme existe toujours en nature.		
Somme égale aux droits de M. Pierre Duval............	65,000	»

Les cinq mille cinq cents francs formant le complément du rapport de M. Duval ont été attribués à Mᵐᵉ Denise, sa sœur, et lui ont été payés suivant quittance passée devant Mᵉ....., notaire à....., le.....

M. Pierre Duval a contribué, dans l'acquit du passif, à la charge des fonds, qui avait été laissé en dehors de l'opération, pour une somme de neuf mille deux cents francs, y compris la part à sa charge dans les frais de liquidation.

Les droits de mutation payés par M. Pierre Duval se sont élevés à six cent cinquante francs.

II. *Succession de Mme Duval, née Delly.*

Mᵐᵉ Hortense Delly, veuve de M. Julien Duval, est décédée à....., le....., laissant pour seuls héritiers, chacun pour un tiers, ses trois enfants au nombre desquels figurait M. Pierre Duval, ainsi que le constate un acte de notoriété à défaut d'inventaire, dressé par Mᵉ....., notaire à....., le.....

Il a été procédé entre M. Duval et ses cohéritiers, à la liquidation et au partage de la succession de Mᵐᵉ veuve Duval, suivant acte passé devant Mᵉ....., notaire à....., le.....

3938. Les biens recueillis par les époux pendant le mariage en qualité d'héritiers, de légataires ou de donataires, leur restent propres sous les mêmes distinctions. Dans le but de déterminer les reprises à opérer ultérieurement par les époux, il est d'usage, dans les liquidations de succession, de diviser les fonds d'avec les fruits : les fonds comprennent les biens dépendant des successions et les fruits civils produits

On a d'abord liquidé la succession mobilière; puis on a formé trois lots des immeubles, qui ont été tirés au sort.

M. Pierre Duval a effectué le rapport à la masse de quinze mille francs, pour la moitié de la dot qui lui a été constituée par ses père et mère, aux termes de son contrat de mariage analysé sous la 1ʳᵉ observ.; plus quatre cent quatre-vingt-seize francs, pour intérêt des quinze mille francs jusqu'au jour de la jouissance divise.

On a fixé la jouissance divise au.		
La masse active s'est élevée : en fonds, à.	102,180 »	
En fruits, à quatre mille deux cent quinze francs, ci..		4,215 »
Et la masse passive s'est montée :		
A la charge des fonds, à cinq mille huit cent quatre-vingts francs, ci.	5,880 »	
Et à la charge des fruits, à mille quatre-vingt-neuf francs, ci.		1,089 »
L'actif a excédé le passif :		
En fonds, de quatre-vingt-seize mille trois cents francs, ci..	96,300 »	
En fruits, de trois mille cent vingt-six francs, ci..		3,126 »
Dont le tiers pour M. Pierre Duval était :		
En fonds, de trente-deux mille cent francs, ci. . .	32,100 »	
En fruits, de mille quarante-deux francs, ci.. . . .		1,042 »
Réunion, trente-trois mille cent quarante-deux francs, ci..	33,142 »	

Pour remplir M. Duval de ses droits, il lui a été attribué :

1° Le montant de son rapport, qu'il a confondu en sa personne. ci, . .	15,496 »
2° Quatre mille cinq cents francs à toucher du commissaire-priseur, sur le reliquat de son compte de vente mobilière, ci.	4,500 »
M. Duval a touché cette somme, ainsi que le constate une décharge donnée au commissaire-priseur, par acte de son ministère, du. . . .	
3° Douze cent quatre-vingt-six francs sur les deniers comptants, ci. . .	1,286 »
4° Et onze mille huit cent soixante francs sur une créance due par M. Carré, ci.	11,860 »
Cette créance a été remboursée à M. Duval, ainsi que le constate une quittance passée devant Mᵉ. . . . ., notaire à. . . . ., le.	
Somme égale aux droits de M. Duval..	33,142 »
De quoi déduisant les quinze mille quatre cent quatre-vingt-seize francs montant du rapport, pour lesquels il s'est établi une confusion.	15,496 »
On voit qu'il est revenu réellement à M. Duval..	17,646 »

À la suite de cette opération, on a formé trois lots des immeubles, qui ont été tirés au sort.

Le deuxième lot, échu à M. Pierre Duval, a été composé de :

par ces biens, courus jusqu'au jour de l'ouverture des successions ; ces fruits sont propres à l'époux héritier, au même titre que les fonds. Les fruits comprennent les revenus des biens de l'hérédité courus depuis l'ouverture de la succession, *supra n° 2148.*

3939. Les dettes des successions et des libéralités recueillies par les époux restent à leur charge.

1° Un bois situé à. . . . ., contenant. . . . .
2° Une pièce de terre en labour. . . . .
3° Et une prairie. . . . .

Le bois n° 1 a été vendu pendant le mariage, comme on le verra dans la 3e observ. ; les deux autres immeubles ont été compris dans le partage qui sera énoncé sous la 9e observ.

Une soulte de trois mille cinq cents francs en faveur du lot échu à M. Eustache Duval, a été mise à la charge de M. Pierre Duval; celui-ci s'en est libéré suivant quittance passée devant Me. . . . ., notaire à. . . . ., le. . . . ., ci.   3,500   »

M. Pierre Duval a payé en outre : pour la part à sa charge dans les frais du partage, quatre cent huit francs, ci.   408   »
Et pour droits de mutation, six cent dix francs, ci.   610   »

Ensemble, quatre mille cinq cent dix-huit francs, ci.   4,518   »

III. *Legs par M.* Delly.

Par le testament de M. Benjamin Delly, en son vivant propriétaire, demeurant à. . . . ., où il est décédé le. . . . ., fait sous la forme olographe, en date à. . . . ., du. . . . ., déposé au rang des minutes de Me. . . . ., notaire à. . . . ., le. . . . ., en vertu d'une ordonnance rendue par M. le président du tribunal civil de. . . . ., le. . . . ., mondit sieur Delly a légué à M. Pierre Duval, son neveu, une maison située à. . . . ., etc.

A la charge par M. Duval :

1° De payer cinq mille francs à M. Léonard David, demeurant à. . . . ., auquel M. Delly a légué cette somme.

M. Duval s'est libéré de ces cinq mille francs, suivant quittance passée devant Me. . . . ., notaire à. . . . ., le. . . . .

2° De servir une rente viagère de deux cents francs léguée par le testateur à M. Stanislas Delly, maçon, demeurant à. . . . .

Cette rente viagère s'est éteinte par le décès de M. Stanislas Delly, arrivé à. . . . ., le. . . . .

M. Duval a payé pour droits de mutation à raison du legs, une somme de huit cent quinze francs.

La maison léguée par M. Delly à M. Duval a été licitée après le décès de M. Duval, *de cujus,* ainsi qu'on l'énoncera sous la 9e observ.

§ 2. — Mme Duval.

Mme Duval a recueilli la succession de Mme Léonie Judas, sa mère, en son vivant rentière, demeurant à. . . . ., veuve de M. Barnabé Vernier, décédée le. . . . .; de laquelle elle était héritière pour moitié, ainsi que le constate l'intitulé de l'inventaire après son décès, dressé par Me. . . . ., notaire à. . . . ., le. . . . .

Il a été procédé entre Mme Duval et son frère à la liquidation et au partage de la succession de Mme Vernier, suivant acte passé devant Me. . . . ., notaire à. . . . ., le. . . . .

Mme Duval a fait le rapport à la masse de la somme de trente-huit mille francs, montant de la dot qui lui a été constituée par sa mère, aux termes du contrat de mariage analysé dans la 1re observ. ci-dessus, plus six cent trente francs pour l'intérêt de cette somme.

personnelle. On fait figurer parmi ces dettes, les dépenses auxquelles les successions ont donné lieu, telles que, frais d'inventaire, partage, droits de mutation, acquit des legs particuliers, etc. Les dettes étant charges des biens sont, comme eux, divisées en dettes à la charge des fonds et dettes à la charge des fruits : celles à la charge des fonds sont les dettes elles-mêmes en capital, et les intérêts et arrérages de ces dettes courus jusqu'à l'époque de l'ouverture de la succession ; celles à la charge des fruits sont

La masse active s'est élevée : en fonds à.	158,800	»	
En fruits, à.			3,900 »
Et la masse passive s'est montée : à la charge des fonds, à.	10,660	»	
A la charge des fruits, à			578 »
Le reliquat actif était : en fonds, de.	148,140	»	
En fruits, de.			3,322 »
Dont la moitié pour Mme Duval était : en fonds, de.	74,070	»	
En fruits, de.			1,661 »
Réunion.		75,731 »	

Pour remplir Mme Duval de ses droits, il lui a été attribué :

1° Trente-un mille sept cent cinquante-huit francs, faisant partie des trente-huit mille francs rapportés par elle à la succession de sa mère, ci.   31,758   »

2° Six cent trente francs pour l'intérêt des trente-huit mille francs rapportés, ci..   630   »

3° Divers objets mobiliers, pour une valeur de quatre mille trois cents francs, ci.   4,300   »

4° Mille trois cent onze francs à prendre sur les deniers comptants, ci. .   1,311   »

5° Dix actions du chemin de fer du Nord, pour une valeur de cinq mille trois cent douze francs, ci.   5,312   »

    Ces actions ont été transférées à la Bourse de Paris le . . . . . , au cours de huit cent cinquante francs chacune, soit pour une somme totale de huit mille cinq cents francs.

6° Une maison située à . . . . . , pour vingt mille francs, ci..   20,000   »

7° Un jardin situé à . . . . . , pour douze mille quatre cent vingt francs, ci.   12,420   »

Somme égale aux droits de Mme Duval.   75,731   »

Les six mille deux cent quarante-deux francs formant le complément des trente-huit mille cent francs de capital rapportés par Mme Duval, ont été attribués à M. Auguste Vernier, son frère, et lui ont été payés suivant quittance passée devant M^e . . . . . , notaire à . . . . . , le . . . . .

RÉSUMÉ :

Des faits consignés en cette observation, il résulte :

Premièrement. Reprise en deniers par la succession de M. Duval, de :

1° Deux mille cinq cents francs, valeur des objets mobiliers attribués à M. Duval par le partage de la succession de son père, ci.   2,500   »

2° Dix-sept mille six cent quarante-six francs, montant de valeurs mobilières attribuées à M. Duval par le partage de la succession de sa mère, ci.   17,646   »

Total, vingt mille cent quarante-six francs, ci.   20,146   »

A reporter.   20,146   »

les intérêts et arrérages courus depuis cette époque. Les premières donnent lieu à une récompense à la communauté, si elle les a acquittées; les secondes tombent à la charge de la communauté.

3910. La communauté conventionnelle reste soumise aux règles de la communauté légale pour tous les cas auxquels il n'y a pas été dérogé, *supra* n° 3622. Il nous suffit donc de renvoyer aux règles tracées plus haut pour les matières suivantes : — immeubles propres aux époux par suite de dation en

Report. . . .	20,146	»

On retranche cette somme de celles suivantes, dont la succession doit récompense à la communauté :

1° Cinq mille cinq cents francs payés à Mme DENIZE, sur le rapport effectué par M. DUVAL à la succession de son père. ci. . . . . **5,500** »

2° Neuf mille deux cents francs montant de la part contributive de M. DUVAL dans le passif à la charge de la même succession, ci. . . . . **9,200** »

3° Six cent cinquante francs pour la part de M. DUVAL dans les droits de mutation, ci. . . . . **650** »

4° Cinq cents francs pour la part en fruits de M. DUVAL dans la succession de son père, ci. . . . . **500** »

5° Quatre mille cinq cent dix-huit francs payés en l'acquit de M. DUVAL, pour soulte, frais et droits de mutation, comme héritier de sa mère, ci. . . . . **4,518** »

6° Cinq cent quarante-six francs pour la part en fruits de M. DUVAL dans la succession de sa mère, déduction faite des quatre cent quatre-vingt-seize francs qui lui ont été attribués par confusion pour l'intérêt du rapport qu'elle a effectué, le tout ci-dessus déduit de ses attributions comme constituant, à son égard, une valeur fictive, ci. . . . . **546** »

7° Cinq mille francs payés à M. DAVID, comme charge du legs fait à M. DUVAL par M. DELLY, son oncle, ci. . . . . . **5,000** »

8° Et huit cent quinze francs montant des droits de mutation payés pour ce legs, ci. . . . . **815** »

Ensemble, vingt-six mille sept cent vingt-neuf francs, ci. .	26,726	»	26,729	»

Les récompenses excèdent les reprises de six mille cinq cent quatre-vingt-trois francs, ci. . . . . **6,583** »

Mémoire pour récompense à communauté par la succession.

Deuxièmement. Reprises en nature par Mme veuve DUVAL, de la maison et du jardin à elle attribués par le partage de la succession de sa mère.

Troisièmement. Reprises en deniers par la même dame, de :

1° Quatre mille trois cents francs, valeur des objets mobiliers à elle attribués par le partage de la succession de sa mère, ci. . . . . **4,300** »

2° Mille trois cent onze francs de deniers comptants à elle attribués par le même partage, ci. . . . . **1,311** »

3° Et huit mille cinq cents francs provenant de la vente des dix actions du Nord, attribuées à Mme DUVAL par ledit partage, ci. . . . . **8,500** »

Ensemble, quatorze mille cent onze francs, ci. . . . . **14,111** »

De quoi l'on déduit les sommes suivantes, dont Mme DUVAL doit récompense à la communauté :

A reporter.	14,111	»

III.

payement, échange, licitation, retrait d'indivision, *supra n°ˢ 3804 à 3813;* — engagements contractés par les époux, *supra n°ˢ 3832 à 3844;* — administration de la communauté et des biens de la femme, *supra n°ˢ 3845 à 3864;* — reprises des époux pour la vente de leurs propres, *supra n°ˢ 3865 à 3874;* — récompenses

Report.		14,111	»

1° Mille trente-un francs formant la part de Mᵐᵉ Duval dans les fruits de la succession de sa mère, déduction faite des six cent trente francs pour les intérêts de son rapport qui, en ce qui la concerne, constituaient une valeur fictive à déduire de ses droits, ci. . . . . 1,031 »

2° Et Six mille deux cent quarante-deux francs payés à Mᵐᵉ Vernier, pour le complément du rapport effectué par Mᵐᵉ Duval à la succession de sa mère, ci.. . . . . . . 6,242 »

Total, sept mille deux cent soixante-treize francs, ci.. . . .   7,273 »   7,273 »

Les reprises excèdent les récompenses de six mille huit cent trente-huit francs, ci. . . . . 6,838 »

Mémoire pour les reprises en deniers de Mme Duval.

Voir *en la formule précédente* les observations 5ᵉ à 20ᵉ, *pages 100 à 113, qui sont également applicables à la communauté conventionnelle.*

3ᵉ Observ. — *Vente de biens propres aux époux.*

Voir *en la formule qui précède, la* 21ᵉ *observ., page 114.*

Nous supposons :

Premièrement. *La vente par* M. Duval, 1° *de la maison qui lui est provenue de la succession de son père (*2ᵉ observ., § 1)*, moyennant dix-sept mille cinq cents francs payés, ci.* . . . . 17,500 »

2° *Du bois formant le n° 1ᵉʳ du lot qui lui est échu par le partage de la succession de sa mère (même observ.), moyennant trente-cinq mille francs, sur quoi quinze mille francs payés comptant, ci* . . . . 15,000 »

Et les vingt mille francs de surplus sont encore dus par M. Lubin, *acquéreur. L'intérêt de ces vingt mille francs, couru jusqu'au jour du décès est de deux cent cinq francs.*

Réunion des prix payés, trente-deux mille cinq cents francs. . . . . 32,500 »

Deuxièmement. *La vente par Mme Duval du bois faisant partie des immeubles qu'elle a apportés en mariage (*1ʳᵉ observ.*), moyennant seize mille huit cent vingt francs payés.*

RÉSUMÉ :

Il résulte de cette observation :

Premièrement. *Reprise en nature* par la succession de M. Duval des vingt mille francs restés dus par M. Lubin sur le prix de la vente du bois, ci. . . . . 20,000 »

Mémoire pour la masse active de la succession.

Deuxièmement. *Créance sur* M. Lubin de deux cent cinq francs pour l'intérêt de ces vingt mille francs, couru jusqu'au jour du décès, ci. . . . . 205 »

Mémoire pour la masse active de la communauté.

Troisièmement. *Reprise en deniers* par la succession de M. Duval de trente-deux mille cinq cents francs pour les prix payés de la vente de ses propres, ci.. . . 32,500 »

Mémoire pour les reprises en deniers de la succession.

Quatrièmement. *Reprise en deniers* par Mᵐᵉ Duval de seize mille huit cent vingt francs pour vente d'un immeuble à elle propre, ci. . . . . 16,820 »

Mémoire pour les reprises en deniers de Mme Duval.

par eux dues à la communauté, *supra nᵒˢ 5875 à 5882*; — dissolution de communauté, acceptation ou renonciation à communauté par la femme ou ses représentants, *supra nᵒˢ 5883 à 5907*; — partage de l'actif, contribution aux dettes, *supra nᵒˢ 5908 à 5935.*

4ᵉ OBSERV. — *Impenses sur les propres des époux.*

Voir en la formule qui précède la 23ᵉ observ., *page* 118.

Nous supposons que les impenses sur les propres donnent lieu à la récompense à la communauté.
Par la succession de M. DUVAL, de. . . . .   20,606 »
Et par Mme DUVAL, de. . . . .   8,053 »

5ᵉ OBSERV. — *Acquisition d'immeubles.*

Pendant le mariage de M. et Mᵐᵉ DUVAL il a été fait diverses acquisitions d'immeubles. Quelques-uns ont été revendus. Ceux qui existaient encore en nature au décès de M. DUVAL ont été en partie licités, et, pour le surplus, partagés, ainsi qu'on l'énoncera dans la 9ᵉ observ.

6ᵉ OBSERV. — *Dot constituée à Mme* CABET.

M. et Mᵐᵉ CABET se sont mariés à la mairie de. . . . ., le. . . . .
Par leur contrat de mariage, passé devant Mᵉ. . . . ., notaire à. . . . ., le. . . . ., M. et Mᵐᵉ DUVAL ont fait donation en objets de la communauté, M. DUVAL pour deux tiers, et Mᵐᵉ DUVAL pour un tiers, et à charge de rapport à leurs successions dans les mêmes proportions :
À Mᵐᵉ CABET, leur fille,
De : 1ᵒ Un trousseau estimé cinq mille francs, ci. . . . .   5,000 »
2ᵒ Et une somme de quarante mille francs en argent, ci. . . . .   40,000 »

Ensemble, quarante-cinq mille francs, ci. . . . .   45,000 »

Le tout stipulé payable le jour du mariage, qui en a valu quittance.
On fait observer que M. Paul DUVAL est célibataire, et qu'il ne lui a été fait, ni à la mineure DUVAL, aucun avantage pouvant donner lieu à rapport.

RÉSUMÉ :

Il résulte de cette observation :
Premièrement. Récompense à la communauté par la succession de M. DUVAL, de trente mille francs pour sa part contributive dans la dot constituée à Mᵐᵉ CABET. ci.   30,000 »
Mémoire pour récompense à communauté par succession.

Deuxièmement. Récompense par Mᵐᵉ DUVAL, aussi à la communauté, de quinze mille francs pour sa part dans la même dot, ci. . . . .   15,000 »
Mémoire pour récompense à communauté par Mme Duval.

Troisièmement. Rapport à la succession de M. DUVAL, par Mᵐᵉ CABET, des trente mille francs donnés par M. DUVAL, ci. . . . .   30 000 »
Mémoire pour la masse active de la succession

7ᵉ OBSERV. — *Décès de M. Duval; inventaire.*

Voir en la formule précédente la 25ᵉ observ., *page* 120.

8ᵉ OBSERV. — *Vente du mobilier; compte du commissaire-priseur.*

Les meubles et objets mobiliers compris en l'inventaire analysé sous la 7ᵉ observ. ont été vendus aux enchères, après les publications prescrites, par le ministère de M. LECLERC, commissaire-priseur à. . . . ., suivant son procès-verbal en date des. . . . .

8941. Les opérations de liquidation et partage auxquelles donne lieu le décès de l'un des époux peuvent avoir pour objet non-seulement la communauté ayant existé entre les époux, mais aussi la succession du conjoint prédécédé ; c'est le cas de la formule ci-dessous.

Le montant de cette vente est, y compris le dixième, de.		16,324 »
On déduit de cette somme :		
1° Soixante francs dus au commissaire-priseur, pour sa prisée à l'inventaire, ci..	60 »	
2° Douze cent quarante francs pour frais de vente, ci.. . . .	1,240 »	
3° . . . . ., etc.		
Total..	4,630 »	4,630 »

M. Leclerc reste comptable de onze mille six cent quatre-vingt-quatorze francs, ci. . . . . 11,694 »

Mémoire pour la masse active de la communauté.

9e Observ. — *Jugement ordonnant la licitation et le partage, et commettant le notaire ; licitation ; partage.*

M. Paul Duval, par exploit de. . . . . ; huissier à. . . . ., en date du. . . . ., a formé contre Mme veuve Duval, tant en son nom personnel que comme tutrice légale de Mlle Louise Duval, et contre M. et Mme Cabet, la demande en liquidation et partage, tant de la communauté ayant existé entre M. et Mme Duval, que de la succession de M. Duval.

Sur cette demande, les défendeurs ont constitué avoué, et le. . . . ., il est intervenu un jugement rendu par le tribunal civil de. . . . ., par lequel le tribunal, avant de faire droit, a ordonné que par M. Louis Delorme, géomètre, demeurant à. . . . ., seul expert commis, les biens immeubles dépendant des communauté et succession seraient vus et visités à l'effet de savoir s'ils étaient ou non partageables en nature ; en cas de partage, le déclarer, indiquer la valeur des biens, leur mode de division ; dans le cas contraire, indiquer le mode le plus avantageux pour la vente, composer des lots, fixer des mises à prix.

L'expert, après avoir prêté serment, a vu et visité les immeubles et il a déclaré que les fermes et les immeubles ruraux étaient partageables en nature ; en conséquence il en a composé la masse, a indiqué le mode de séparation des immeubles susceptibles d'être divisés, et a formé les lots.

L'expert a déclaré qu'eu égard aux droits des parties, une maison située à. . . . ., dépendant de la communauté, et une autre maison située à. . . . ., dépendant de la succession de M. Duval, étaient impartageables, et il a été d'avis qu'elles devaient être vendues en deux lots ; la première sur la mise à prix de quinze mille frans, et la seconde sur la mise à prix de dix-huit mille francs.

L'expert a dressé son rapport à la date du. . . . ., et en a fait le dépôt au greffe du tribunal civil de. . . . ., le. . . . . ; puis ce rapport d'expert a été entériné suivant jugement de ce tribunal en date du. . . . ., ordonnant :

1° La licitation des deux maisons situées à. . . . ., ci-dessus désignées, sur les mises à prix fixées par l'expert ;

2° Le tirage au sort des lots composés par l'expert ;

3° Les opérations de compte, liquidation et partage, tant de la communauté ayant existé entre M. et Mme Duval, que de la succession de M. Duval.

Et commettant Me. . . . ., notaire soussigné, pour procéder à ces opérations.

Me. . . . ., notaire soussigné, a dressé, à la date du. . . . ., le cahier des charges pour parvenir à la licitation, et le dépôt en a été fait au rang de ses minutes, suivant acte par lui reçu le même jour.

Puis, après l'accomplissement des formalités voulues par la loi, il a été procédé à l'ad-

3942. L'exposé préliminaire, *supra n° 3764*, comprend les faits concernant la communauté et ceux concernant la succession du conjoint prédécédé.

---

judication des immeubles, suivant procès-verbal dressé par ledit M^e....., le.....

Ont été déclarés adjudicataires :

M. Paul DUVAL, l'un des colicitants, de la maison située à....., dépendant de la succession de M. DUVAL, moyennant vingt-un mille francs de prix principal ;

Et M. Prosper MOULIN, négociant, demeurant à..... de la maison située à....., dépendant de la communauté, moyennant vingt mille huit cent soixante-quatre francs de prix principal.

Ces prix ont été stipulés payables dans les quatre mois du jour de l'adjudication, avec intérêt sur le pied de cinq pour cent par an à partir du même jour.

Le tirage au sort des lots ordonné par le jugement ci-dessus énoncé a eu lieu suivant procès-verbal dressé par ledit M^e....., le.....

Chacun des copartageants a été mis en jouissance des biens compris dans son lot, par la perception à son profit des fermages et loyers à compter du.....; en conséquence, ceux courus jusque-là seront portés dans les masses ci-après établies.

Les frais du jugement ordonnant le partage et ceux de vente ont été mis à la charge des adjudicataires ;

Quant à ceux applicables au partage immobilier, se composant de :

Six cent quarante-deux francs pour les honoraires de l'expert, ci.....   642 »

Trois cent soixante-quatre francs pour le coût du rapport d'expert et du jugement d'entérinement, ci....................   364 »

Et quatre cent dix francs pour les frais du tirage au sort des lots, ci....   410 »

Ensemble.........................   1,416 »

Ils seront supportés par la communauté pour moitié, et par la succession pour l'autre moitié, soit sept cent huit francs, ci..............   708 »

RÉSUMÉ :

Des faits contenus en cette observation il résulte :

Premièrement. Créances, pour prix de vente :

Sur M. Paul DUVAL, de vingt-un mille francs, ci...........   21,000 »

Mémoire pour la masse active de succession.

Et sur M. MOULIN, de vingt mille huit cent soixante-quatre francs, ci...   20,864 »

Mémoire pour la masse active de communauté.

Deuxièmement. Frais dus pour le partage immobilier, mille quatre cent seize francs, ci.........................   1,416 »

Mémoire pour les masses passives de communauté et succession.

40e OBSERV. — Compte d'administration de Mme veuve DUVAL.

Lors de la clôture de l'inventaire analysé sous la 7e observ., il a été introduit un référé devant M. le président du tribunal civil de première instance de....., tendant à autoriser Mme veuve DUVAL à gérer et administrer les biens dépendant tant de la communauté ayant existé entre elle et son mari, que de la succession de ce dernier; et, par ordonnance de ce magistrat, rendue à la suite de la minute dudit inventaire, le....., Mme veuve DUVAL a été autorisée à administrer lesdites communauté et succession, toucher et recevoir les sommes offertes ou exigibles, payer celles dont les communauté ou succession seraient débitrices; donner ou retirer quittance. Le tout sans attribution de qualité.

Mme veuve DUVAL, en sa qualité d'administratrice, a touché et payé; on va établir ici le compte de ses recettes et de ses dépenses.

En raison de la communauté existant entre M. et Mᵐᵉ CABET, de la donation en usu-fruit faite à Mᵐᵉ veuve DUVAL, et de la jouissance légale à laquelle cette dame a droit sur les biens de Mˡˡᵉ Louise DUVAL, sa fille, âgée de moins de dix-huit ans, on distinguera, dans les recettes, les fonds des fruits, et dans les dépenses, les charges des fonds de celles des fruits.

§ 1. — **Recettes.**

Mᵐᵉ veuve DUVAL porte en recet-tes les sommes suivantes qu'elle a reçues pour le compte desdites communauté et succession :

1° Huit mille cinq cents francs, montant des deniers comptants constatés en l'inventaire analysé sous la 7ᵉ observ., ci.. . . . . . .

2° Cinq cents francs reçus de M..... , pour six mois d'intérêt échus le....., des vingt mille francs par lui dus à la succession de M. DUVAL pour prix de vente (3ᵉ observ.), ladite somme à porter :

Dans la colonne des fonds de la communauté, pour. . . . .

Et dans celle des fruits de la suc-cession, pour. . . . .

3° Quatre cent cinquante francs reçus de M. THOUIN, pour six mois d'intérêt échus le..,.., des dix-huit mille francs dont il est débi-teur, pour prêt, envers la commu-nauté (7ᵉ observ., *énonciation de la cote* 18ᵉ). Cette somme est à porter :

Dans la colonne des fonds de communauté, pour. . . . .

Et dans celle des fruits, pour. .

4°....., etc.

(Continuer de porter les sommes touchées par la veuve administratrice.)

Montant des recettes de Mᵐᵉ Du-VAL :

	COMMUNAUTÉ.		SUCCESSION.	
	FONDS.	FRUITS.	FONDS.	FRUITS.
(1°)	8,500 »			
(2° fonds)	205 »			
(2° fruits)				295 »
(3° fonds)	222 »			
(3° fruits)		228 »		
Pour la communauté : en fonds.	18,365 »			
En fruits.		1,541 »		
Pour la succession : en fonds.			4,352 »	
En fruits.				712 »

§ 2. — Dépenses.

I. *Dépenses faites pour la communauté.*

	CHARGE DES	
	FONDS.	RRUITS.

Mme Duval porte en dépenses les sommes suivantes, qu'elle a payées en l'acquit de la communauté :

1° A M....., pour,....., cent soixante-douze francs, ci.. — **172** »

2° A M....., pour le remboursement d'une créance étant en principal de deux mille francs, ci.............. — **2,000** »

Intérêt de cette somme depuis le....., jusqu'au jour du payement, cent quinze francs qui sont à la charge des fonds pour quarante-cinq francs, ci..............; .. — **45** »

Et à celle des fruits pour soixante-dix francs, ci..... — **70** »

3° Les frais de dernière maladie du défunt payés, savoir :

A M....., médecin, pour ses soins et visites... **440** »
A M....., pharmacien, pour médicaments.... **186** »
A Mme....., garde-malade.......... **122** »

Ensemble................... **748** »

4° A M....., etc. — **748** »

Montant des dépenses faites pour la communauté :

A la charge des fonds................. — **8,200** »

A la charge des fruits................. — **3,100** »

II. *Dépenses faites pour la succession.*

	CHARGES DES	
	FONDS.	FRUITS.

Mme Duval porte en dépense les sommes suivantes qu'elle a payées en l'acquit de la succession :

1° ....., ci...............
2° ....., ci..
3° Les frais d'inhumation de M. Duval payés, savoir :

A M. le curé de....., pour l'inhumation, cinq cent quatre-vingt-quatre francs, ci. **584** »
A M....., menuisier, pour le cercueil..... **80** »
A M....., pour la pierre tumulaire...... **200** »

Ensemble................ **864** » — **864** »

4° Mille cinq cents francs montant de l'indemnité de deuil due à Mme veuve Duval, ci.................

5° ....., etc.

Montant des dépenses faites pour la succession :
A la charge des fonds, deux mille sept cent quatre-vingt-douze francs, ci.................. — **2,792** »

A la charge des fruits, deux cent vingt-huit francs, ci......... — **228** »

3913. Si l'administration des biens, en attendant le partage, a été confiée au conjoint survivant ou à une autre personne, on établit dans l'exposé le compte des recettes et des dépenses faites par l'adminis-

	COMMUNAUTÉ.		SUCCESSION.	
§ 3. — **Balance.**	FONDS.	FRUITS.	FONDS.	FRUITS.
Les recettes se montent à. . . ,	18,365 »	1.541 »	4.352 »	712 »
Et les dépenses à.	8 200 »	3,100 »	2,772 »	228 »
Pour la communauté, les recettes excèdent les dépenses en fonds, de..	10,165 »			
Et les dépenses excèdent les recettes en fruits de mille cinq cent cinquante-neuf francs, qu'on déduit à titre d'emprunt de l'excédant des recettes en fonds..	1,559 »	1,559 »		
Mme veuve Duval reste comptable envers la communauté de huit mille six cent six francs, ci. . . .	8 606 »			
Pour la succession, les recettes excèdent les dépenses :				
En fonds, de. . . . . :			1,580 »	
En fruits, de.				484 »
Ensemble, d'une somme de deux mille soixante-quatre francs, dont Mme Duval est comptable envers la succession, ci			2,064 »	

Observation relative aux frais de dernière maladie et d'inhumation.

On voit ci-dessus qu'il a été employé :

1° Pour les frais de dernière maladie de M. Duval, une somme de sept cent quarante-quatre francs, payés avec des deniers de la communauté.

Dont la moitié, pour la succession de M. Duval, aurait été de.	372 »	
2° Pour les frais d'inhumation, une somme de huit cent soixante-quatre francs, payée avec des deniers de la succession, ci.	864 »	
3° Et pour l'indemnité de deuil due à Mme veuve Duval, considérée comme faisant partie des frais funéraires, une somme de mille cinq cents francs, payée avec les mêmes deniers, ci.	1,500 »	
Au total, pour la succession, une somme de..	2,736 »	

Si cette somme n'avait pas été ainsi employée, elle aurait profité :

A Mme veuve Duval, comme donataire de son mari, pour un quart en propriété, soit..	684 »	
Et pour un autre quart en usufruit.	684 »	
Ensemble.	1,368 »	1,368 »
Et aux enfants, en pleine propriété, pour les mille trois cent soixante huit francs de surplus, ci.		1,368 »

Report. . . . .

trateur, en distinguant celles concernant la communauté et celles faites pour la succession. Les résultats en sont compris dans les masses.

Report.		1,368	»
Et en nue propriété pour les six cent quatre-vingt-quatre francs grevés de l'usufruit de Mme veuve Duval..	684 »		
Dont le tiers pour chacun d'eux aurait été : en pleine propriété, de quatre cent cinquante-six francs, ci.		456	»
Et en nue propriété, de.	228 »		
Ensemble, six cent quatre-vingt-quatre francs, ci.	684 »		

Mme veuve Duval étant tenue, comme charge de sa jouissance légale, de supporter personnellement la part à la charge de Mlle Louise Duval dans les frais de dernière maladie et dans ceux des funérailles; cette dernière doit être indemnisée de la part contributive qu'elle devrait supporter par suite des déductions ci-dessus. Pour cela, lors de la fixation des droits des parties on retranchera du montant des droits en pleine propriété de Mme veuve Duval une somme de six cent quatre-vingt-quatre francs, qui sera ajoutée pour quatre cent cinquante-six francs aux droits en pleine propriété de la mineure Louise Duval, et pour deux cent vingt-huit francs aux droits en nue propriété de la même, et aux droits en usufruit de Mme veuve Duval.

RÉSUMÉ :

Des faits consignés en cette observation il résulte :

Premièrement. Reliquat de compte dû par Mme veuve Duval à la communauté, de huit mille six cent six francs, ci. . . . . 8,606 »

Deuxièmement. Restitution à faire par les fruits aux fonds de la communauté, de mille cinq cent cinquante-neuf francs, ci. . . . . 1,559 »
Mémoire pour la masse active de la communauté.

Troisièmement. Reliquat de compte dû par Mme Duval à la succession, de deux mille soixante-quatre francs, ci. 2,064 »
Mémoire pour la masse active de la succession.

Quatrièmement. Report des droits de Mme Duval à ceux de la mineure Duval, de six cent quatre-vingt-quatre francs, ci. . . . . 684 »
Mémoire pour la fixation des droits des parties.

Telles sont les observations qui ont paru utiles pour la clarté des opérations dont il s'agit.

PLAN DES OPÉRATIONS.

Le présent travail sera divisé en quatre parties, qui seront elles-mêmes subdivisées en chapitres dont les titres indiqueront les sujets.

La première partie sera consacrée à la liquidation des reprises de M. et Mme Duval ;

La deuxième partie aura pour objet la liquidation de la communauté d'entre M. et Mme Duval ;

La troisième partie présentera la liquidation de la succession de M. Duval ;

La quatrième et dernière partie comprendra la fixation des droits des parties, les abandonnements et les conditions accessoires du partage.

On fera figurer dans les masses, les revenus et les charges des revenus jusqu'au . . . . ., jour fixé pour la jouissance divise des parties.

Et pour les motifs déduits dans la 10e observ., on distinguera dans les masses les fonds des fruits et les charges des fonds de celles des fruits.

2944. Après l'exposé on procède aux opérations: une première fixe les reprises des époux sur la communauté ou le montant des récompenses dont ils sont débiteurs. Une seconde opération contient les masses active et passive de la communauté et la balance qui, déduisant le passif de l'actif, fixe le bénéfice de communauté à partager entre les ayants droit. Par une troisième opération on établit les masses active et passive de la succession, et l'on en fait la balance pour connaître les droits des parties.

PREMIÈRE PARTIE.

LIQUIDATION DES REPRISES DES ÉPOUX.

CHAP. 1er. — Mme veuve Duval.

Les reprises de Mme Duval consistent en :

Premièrement. Reprises en nature : 1° une prairie et une pièce de terre situées à....., apportées en mariage par Mme Duval (*voir* 1re *observ.*).

2° La maison et le jardin qui lui ont été attribués par le partage de la succession de sa mère (*voir* 2e *observ.*, § 2).

Deuxièmement. Reprises en deniers : 1° cinquante-quatre mille six cent dix francs pour ses apports en mariage, déduction faite de sa mise en communauté (*voir* 1re *observation*), ci..   54,610   »

2° Six mille huit cent trente-huit francs à elle provenus en deniers de la succession de sa mère, déduction faite des récompenses par elle dues (2e observation. § 2), ci.   6,838   »

3° Seize mille huit cent vingt francs pour le prix de la vente d'un immeuble à elle propre (3e observ.), ci.   16,820   »

Total.   78,268   »

De quoi l'on déduit les récompenses dues par Mme veuve Duval à la communauté et se composant de :

1° Huit mille cinquante-trois francs pour impenses sur ses propres (*voir* 4e observ.), ci. 8,053   »⎱
                                                                                        ⎰ 23,053   »
2° Et quinze mille francs pour sa part contributive dans la dot de Mme CABET (7e observ.), ci. 15,000   »⎰

Ensemble, vingt-trois mille cinquante-trois francs.

Par suite, les reprises en deniers de Mme Duval sont réduites à une somme de cinquante-cinq mille deux cent quinze francs, ci. . . . .   55.215   »

Mémoire pour la masse passive de la communauté.

CHAP. II. — Succession de M. Duval.

Les reprises de la succession de M. Duval consistent en :

Premièrement. Reprises en nature. La somme de vingt mille francs restée due par M. Lubin, sur le prix de la vente d'une maison située à....., qui était propre à M. Duval (3e observ.), ci.   20,000   »

Deuxièmement. Reprises en deniers : 1° trente-sept mille quatre cents francs pour ses apports en mariage énoncés sous la 1re observ., déduction faite de sa mise en communauté (1re observ.), ci.   37,400   »

2° Et trente-deux mille cinq cents francs pour le prix de la vente d'immeubles propres à M. Duval (3e observ.). ci.   32,500   »

Total.   69,900   »

3945. *Masse active.* Dans la masse active de la communauté l'on fait figurer tous les biens qui appartiennent à la communauté selon les règles posées *supra nos 3814 à 3830 et 3936, 3937,* savoir:

1° Les meubles meublants et autres objets mobiliers, pour leur valeur réelle (1) lorsqu'ils n'ont pas été vendus; et, s'ils ont été vendus, pour le produit net de la vente;

2° L'achalandage d'un fonds de commerce, pour sa valeur au jour du partage (2);

Report. 69,900   »

De quoi l'on déduit les récompenses dues par M. Duval à la communauté, et consistant en :

1° Six mille cinq cent quatre-vingt-trois francs pour l'excédant des récompenses sur les reprises pour raison des successions de ses père et mère et du legs à lui fait par M. Delly, ainsi qu'on l'a établi sous la 2e observ., ci.   6,583   »

2° Vingt mille six cent six francs pour impenses sur les propres de M. Duval (4e observ.), ci.   20,606   »   57,189   »

3° Et trente mille francs pour la part contributive de Monsieur Duval dans la dot constituée à Mme Cabet (*voir* 6e observ.), ci.   30,000   »

Ensemble, cinquante-sept mille cent quatre-vingt-neuf francs.

Par suite, les reprises en deniers de la succession de M. Duval sont réduites à une somme de douze mille sept cent onze francs, ci.   12,711   »

Mémoire pour la masse passive de la communauté.

DEUXIÈME PARTIE.

LIQUIDATION DE LA COMMUNAUTÉ.

Chap. Ier. **Masse active** (N° 3945).	FONDS.	FRUITS.
Art. 1er. *Créance sur M. Thouin.* La somme de dix-huit mille quatre cent quatre-vingt-deux francs due par M. Thouin, négociant, demeurant à....., rue, n°....., dont :		
Dix-huit mille francs pour le montant de l'obligation énoncée sous la 7e observ., comme formant la cote 18e de l'inventaire, ci..	18,000 »	
Et quatre cent quatre-vingt-deux francs pour l'intérêt de cette somme, couru depuis le. . . . ., jusqu'au jour de la jouissance divise, ci.		482 »
Art. 2. *Rente sur l'Etat.* Une rente de trois mille francs, 3 p. 100, sur l'Etat, inscrite sur le grand-livre de la dette publique, au nom de M. Duval, *de cujus,* et portant le n° 12425 de la 3e série; ladite rente d'après le cours de la Bourse de ce jour étant de soixante-six francs soixante centimes, représente une valeur de soixante-six mille six cents francs, ci. . . . . 66,600 »		
A reporter. . . 66,600 »	18,000 »	482 »

3° Les rentes sur l'État et les actions et obligations dans les compagnies de finance ou d'industrie, pour leur valeur d'après le cours de la bourse du jour du partage; et si la jouissance divise est fixée à une époque ultérieure, l'on y ajoute les arrérages, intérêts ou dividendes à courir jusque-là. Si des actions ou obligations ne sont pas cotées à la bourse, on en fixe la valeur selon les prix des dernières ventes, ou par experts;

		FONDS.	FRUITS.
Reports.	66,600 »	18,000 »	482 »
L'on y ajoute deux cent cinquante francs pour les arrérages à courir d'aujourd'hui au jour de la jouissance divise (un mois), ci.	250 »		
Ce qui forme une somme totale de soixante-six mille huit cent cinquante francs, ci	66,850 »		
Dans laquelle sont compris, pour une somme de six cent quarante-deux francs, les arrérages courus depuis le 1er avril dernier jusqu'au jour de la jouissance divise, ci dans la colonne des fruits.. .	642 »		642 »
Reste en capital une somme de soixante-six mille deux cent huit francs, ci.	66,208 »	66,208 »	
ART. 3. *Obligations du chemin de fer d'Orléans.* Cinq cents obligations 3 p. 100 du chemin de fer d'Orléans, au capital nominal de cinq cents francs chacune, portant les nᵒˢ . . . ., et faisant l'objet d'un certificat délivré à M. DUVAL, *de cujus*, à la date du. . . ., sous le n° . . . .; lesdites obligations représentant, d'après le cours de la Bourse de ce jour, étant de trois cent deux francs, une valeur de cent cinquante-un mille francs, ci.	151,000 »		
L'on y ajoute six cent vingt-cinq francs pour l'intérêt à courir d'aujourd'hui au jour de la jouissance divise (un mois), ci.	625 »		
Ce qui forme une somme totale de.	151,625 »		
Dans laquelle sont compris pour une somme de deux mille huit cent quarante francs, les intérêts courus depuis le 1er janvier dernier jusqu'au jour de la jouissance divise, ci.	2,840 »		2,840 »
Reste en capital une somme de. . .	148 785 »	148,785 »	
ART. 4. *Intérêt dû par M. LUBIN, pour une créance*			
A reporter		332,993 »	3,964 »

4° Les créances, pour leur chiffre nominal augmenté des intérêts courus et à courir jusqu'au jour fixé pour la jouissance divise;

6° Les immeubles, pour leur valeur déterminée par une expertise, *supra n° 2135 à 2137;* et, s'ils ont été vendus, pour les prix de vente augmentés des intérêts à courir jusqu'au jour de la jouissance divise.

3946. La masse active de la succession se compose des biens propres au conjoint prédécédé, de ses

	FONDS.	FRUITS.
Reports.	232,993 »	3,964 »
reprise en nature par la succession. La somme de deux cent cinq francs pour l'intérêt couru depuis le. . . . . jusqu'au jour du décès de M. Duval, des vingt mille francs restés dus par M. Lubin, pour le prix de la vente d'un immeuble qui était propre à M. Duval (3° observ.), ci.	205 »	
Art. 5. *Fermages des immeubles de la communauté.* La somme de trois mille quatre cents francs due par M. Dublé, cultivateur à. . . . ., pour fermage des immeubles de la communauté, couru depuis le. . . . jusqu'au. . . . ., jour fixé par le tirage au sort des lots pour la jouissance divise, ci.		3,400 »
Art. 6. *Reliquat du compte de M.* Leclerc, *commissaire-priseur.* La somme de douze mille quatre cent quarante-deux francs due par M. Leclerc, commissaire-priseur, pour le reliquat de son compte de vente mobilière, établi sous la 8° observ., ci.	12,442 »	
Art. 7. *Prix de vente dû par M. Moulin.* La somme de vingt-trois mille francs due par M. Moulin, pour le prix principal de la vente d'une maison située à. . . . . (9° observ.), ci. . . . . . . 23,000 »	23,000 »	
Plus huit cent seize francs pour l'intérêt de cette somme, couru depuis le jour de la vente jusqu'à celui de la jouissance divise, ci. . . . . 816 »		816 »
Ensemble. . . . . 23,816 »		
Art. 8. *Reliquat de compte de Mme* Duval. La somme de huit mille six cent six francs, formant le reliquat étant entre les mains de Mme veuve Duval de son compte d'administration établi sous la 10° observation, ci.	8,606 »	
Montant de la masse active.	277,246 »	8,180 »
De la colonne des fruits l'on déduit mille cinq cent cinquante-neuf francs, pour les reporter dans la colonne des fonds, à titre de restitution, pour l'emprunt de pareille somme fait par les fruits aux fonds,		
A reporter.	277,246 »	8,180 »

reprises sur la communauté, de sa part dans le bénéfice de communauté, et des rapports dus par ses héritiers, *supra* n° 2005 *et suiv.*

	FONDS.	FRUITS.
Report.	277,246 »	8,180 »
lors de la balance du compte d'administration de Mme Duval, établi sous la 10e observ., ci.	1,559 »	1,559 *
Par suite, la masse active s'élève :		
En fonds, à deux cent soixante-dix-huit mille huit cent cinq francs, ci.	278,805 »	
En fruits, à six mille six cent vingt-un francs, ci.		6,621 »
Réunion.	285,426 »	

CHARGES DES

CHAP. II. — **Masse passive** (N° 3948).

	FONDS.	FRUITS.
ART. 1er. *Reprises de Mme Duval.* La somme de cinquante-cinq mille deux cent quinze francs, montant des reprises de Mme Duval sur la communauté, calculées en la première partie des présentes opérations, sous le chap. 1er, ci. . . . . 55,215 »	55,215 »	
Plus quatorze cent dix francs pour l'intérêt de cette somme, couru depuis le jour du décès de M. Duval jusqu'à celui de la jouissance divise, ci. . . . 1,410 »		1,410 »
Ensemble . . . . 56,625 »		
ART. 2. *Reprises de la succession de M. Duval.* La somme de. . . . ., montant. . . . ., etc. *(faire le même détail qu'en l'article précédent).*		
Principal. . . . . 12,711 »	12,711 »	
Intérêt. . . . . : 310 »		310 »
Ensemble. . . . . 13 021 »		
ART. 3. *Préciput de Mme Duval.* La somme de six mille francs, montant du préciput de Mme Duval sur la communauté, en vertu du contrat de mariage énoncé sous la 1re observ., ci.	6,000 »	
ART. 4. *Créance de M. Goujon.* La somme de huit mille six cents francs, due à M. Léonard Goujon, rentier, demeurant à. . . . ., pour prêt fait au défunt; ladite somme, actuellement exigible, produit des intérêts à 5 p. 100 par an, payables chaque année, le. . . . ., ci. . . . . 8,600 »	8,600 »	
À reporter. . . . . 8,600 »	82,526 »	1,720 »

2947. Si certains objets ou des créances sont d'une administration difficile ou d'un recouvrement incertain, et qu'il ne convienne à aucun des intéressés de les avoir dans son lot, on les laisse habituelle-

		CHARGES DES	
		FONDS.	FRUITS.
Reports. . . .	8,600 »	82,526 »	1,720 »
Plus cent quinze francs pour l'intérêt de cette somme, couru depuis le. . . . jusqu'aujourd'hui, ci.	115 »		115 »
Ensemble.	8,715 »		
ART. 5. *Frais du partage immobilier.* La somme de sept cent huit francs pour la moitié à la charge de la communauté, dans les frais du partage immobilier établis sous la 9e observ., ci.		708 »	
ART. 6. *Frais divers.* On comprend sous cet article les sommes suivantes :			
1° Quatre cent soixante-neuf francs dus à Me. . . . ., notaire soussigné, pour les frais de l'inventaire analysé sous la 7e observ., ci.	469 »		
2° Trois mille francs pour la part contributive de la communauté dans quatre mille quatre cent quatre francs auxquels sont évalués les frais et droits de la présente liquidation, y compris une expédition, un extrait pour chacun des enfants et le coût des extraits et certificats de propriété nécessaires pour l'immatricule des actions et rentes; le tout sauf à augmenter ou diminuer après taxe, ci. .	3,000 »		
3° Et trois cents francs pour la part contributive de la communauté dans les frais d'homologation, évalués approximativement à quatre cents francs, ci. .	300 »		
Ensemble , trois mille sept cent soixante-neuf francs, ci.	3,769 »	3,769 »	
Montant de la masse passive : à la charge des fonds.		87,003 »	
A la charge des fruits..			1,835 »
Réunion..		88,838 »	
CHAP. III. — **Balance.**			
Masse active.		278,805 »	6,621 »
Masse passive.		87,003 »	1,835 »
Reliquat actif.		191,802 »	4,786 »
Dont moitié est de.		95,901 »	2,393 »
Réunion.		98,294 »	

ment en commun et l'on donne à l'un des intéressés les pouvoirs suffisants pour les administrer ou en poursuivre le recouvrement.

TROISIÈME PARTIE.

LIQUIDATION DE LA SUCCESSION DE M. DUVAL.

Chap. I. — Masse active. (No 3946.)

	FONDS.	FRUITS.
Art. 1er. *Reprises de la succession de M.* Duval. La somme de treize mille vingt-un francs, montant des reprises de la succession de M. Duval, comprises sous l'art. 2 de la masse passive de la communauté; ladite somme à porter : dans la colonne des fonds, pour.	12,711 »	
Et dans celle des fruits, pour..		310 »
Art. 2. *Bénéfices de communauté.* La somme de quatre-vingt-dix-huit mille deux cent quatre-vingt-quatorze francs, formant la moitié revenant à la succession dans le bénéfice de communauté, ainsi qu'on l'a établi en l'observation précédente ; ladite somme à porter : dans la colonne des fonds, pour. .	95,901 »	
Et dans celle des fruits, pour.		2,393 »
Art. 3. *Fermages.* La somme de cinq mille quatre cents francs due par M. Seigler, cultivateur à . . . ., pour fermages des immeubles de la succession, courus depuis le . . . . . jusqu'au . . . . ., jour fixé par le tirage au sort des lots. pour la jouissance divise, ci dans la colonne des fruits.		5,400 »
Art. 4. *Prix de licitation dû par M. Paul* Duval. La somme de vingt-un mille francs due par M. Paul Duval pour le prix principal de son acquisition à titre de licitation d'une maison située à . . . . ., aux termes du procès-verbal d'adjudication énoncé sous la 9e observ., ci. . . . . 21,000 »	21,000 »	
Plus, six cent quatre francs pour l'intérêt de cette somme couru depuis le jour de l'adjudication jusqu'à celui fixé pour la jouissance divise, ci. . . . 604 »		604 »
Ensemble.. . . . . 21,604 »		
Art. 5. *Prix de vente resté dû par M.* Lubin. La somme de vingt mille huit cent soixante-quatre francs restée due par M. Lubin sur le prix principal de la vente qui lui a été faite pendant le mariage, d'un immeuble propre à M. Duval, ainsi qu'on l'a énoncé sous la 3e observ., ci.. . . . . 20,864 »	20,864 »	
Plus, cinq cent quatre-vingt-dix-sept francs pour l'intérêt de cette somme, couru depuis le . . . . . . jusqu'au jour de la jouissance divise, ci. . . . . . . 597 »		597 »
Ensemble , vingt-un mille quatre cent soixante-sept francs, ci. . . . . . 21,467 »		
A reporter. . .	150,476 »	9,304 »

3948. *Masse passive.* Dans la masse passive de la communauté l'on porte toutes les dettes dont la communauté est grevée, *supra n° 3831,* en y ajoutant les intérêts et arrérages de ces dettes, courus et a courir jusqu'au jour fixé pour la jouissance divise.

	FONDS.	FRUITS.
Report.	150,476 »	9,304 »
Art. 6. *Reliquat du compte de Mme Duval.* La somme de deux mille soixante-quatre francs formant le reliquat, en faveur de la succession, du compte d'administration de Mme veuve Duval établi sous la 10e observ.; ladite somme à porter: dans la colonne des fonds, pour..	1,580 »	
Et dans celle des fruits, pour.		484 »
Art. 7. *Rapport par Mme Cabet.* La somme de trente mille francs dont Mme Cabet doit le rapport à la succession de M. Duval, son père, pour la part contributive de M. Duval dans la dot qui lui a été constituée aux termes de son contrat de mariage énoncé sous la 7e observ., ci. . . . . . 30,000 »	30,000 »	
Plus mille cent quarante-quatre francs pour l'intérêt de cette somme couru depuis le jour du décès de M. Duval, jusqu'à celui fixé pour la jouissance divise, ci. . 1,144 »		1,144 »
Ensemble. . . . . 31,144 »		
Montant de la masse active: en fonds.	182,056 »	
En fruits.		10,932 »
CHAP. II. — **Masse passive.** (N° 3948.)		
Art. 1er. *Frais de liquidation et d'homologation.* La somme de mille cinq cent quatre francs formant la part contributive à la charge de la succession dans les frais de liquidation et d'homologation évalués sous l'art. 6 de la masse passive de la communauté.	1,504 »	
Art. 2. *Frais du partage immobilier.* La somme de sept cent huit francs formant la moitié à la charge de la succession, dans les frais du partage immobilier, ainsi qu'on l'a établi sous la 9e observ., ci. .	708 »	
Montant de la masse passive, pour le tout à la charge des fonds.	2,212 »	
CHAP. III. — **Balance.**		
Masse active.	182,056 »	10,932 »
Masse passive.	2,212 »	
Reliquat actif.	179,844 »	10,932 »
A reporter. . . .	179,844 »	10,932 »

3949. La masse passive de la succession comprend toutes les sommes dont le conjoint était personnellement débiteur, et qui sont restées à sa charge.

3950. Les frais de dernière maladie du conjoint prédécédé constituent des dépenses communes à

	FONDS.	FRUITS.
Report.	179,844 »	10,932 »
Dont le quart auquel Mme veuve DUVAL a droit en pleine propriété comme donataire de son mari, est, en fonds, de.	44,961 »	
En fruits, de. . . . . . :		2,733 »
Ensemble, quarante-sept mille six cent quatre-vingt-quatorze francs, ci. . . . . 47,694 »		
Il reste.	134,883 »	8,199 »
Mme veuve DUVAL a en outre droit à un quart en usufruit en sa même qualité de donataire, soit, en fonds. . . . . 44,961 »	44,961 »	
En fruits.		2,733 »
Il reste en pleine propriété pour les enfants, en fonds.	89,922 »	
En fruits.		5,466 »
Dont le tiers pour chacun d'eux est, en fonds, de.	29,974 »	
En fruits, de.		1,822 »
Réunion.	31,798 »	

Chacun des enfants a, en outre, droit au tiers de la somme de quarante-quatre mille neuf cent soixante-un francs, grevée de l'usufruit de Mme veuve DUVAL, soit à. . . . . 14,987 »

QUATRIÈME PARTIE.

FIXATION DES DROITS DES PARTIES; ABANDONNEMENTS; CONDITIONS DU PARTAGE.

CHAP. I. — Fixation des droits des parties.

Mme veuve DUVAL.

Mme veuve Duval a droit :

En pleine propriété, à : 1° cinquante-six mille six cent vingt-cinq francs pour le montant de ses reprises portées sous l'art. 1er de la masse passive de la communauté, ci. . . . . 56,625 »

2° Quatre-vingt-dix-huit mille deux cent quatre-vingt-quatorze francs pour sa moitié dans le bénéfice de communauté, ci. . . . . 98,294 »

3 Quarante-sept mille six cent quatre-vingt-quatorze francs pour son quart en pleine propriété dans la succession de M. DUVAL, ci. . . . . . . 47,694 »

4° Deux mille sept cent trente-trois francs pour les fruits afférents à son quart en usufruit dans la même succession, ci . . . . 2,733 »

A reporter. . . . : 205,346 »

comprendre dans le passif de la communauté ; mais les frais d'inhumation sont à la charge de sa succession, *supra n° 3831, 4°*.

3951. Les frais d'expertise, de liquidation et d'homologation, lorsque les opérations embrassent les

Report.	205,346 »

5° Mille huit cent vingt-deux francs pour les fruits afférents à la part en pleine propriété de la mineure Louise DUVAL, et auxquels Mme veuve DUVAL a droit comme usufruitière légale, ci. . . . . 1,822 »

6° Et six mille francs pour le préciput de Mme DUVAL compris en l'art, 3 de la masse passive de la communauté, ci. . . . . 6,000 »

Au total, à deux cent treize mille cent soixante-huit francs, ci. . . . . 213,168 »

De cette somme, l'on retranche six cent quatre-vingt-quatre francs pour la cause exprimée sous la 10e observ., pour les ajouter ci-après : quatre cent cinquante-six francs aux droits en pleine propriété de la mineure Louise DUVAL, et deux cent vingt-huit francs aux droits en nue propriété de ladite mineure et aux droits en usufruit de Mme veuve DUVAL, ci. . . . 684 »

A ce moyen, les droits en pleine propriété de Mme veuve DUVAL sont réduits à une somme de deux cent douze mille quatre cent quatre-vingt-quatre francs, ci . . . . , ... 212,484 »

En usufruit, à 1° quarante-quatre mille neuf cent soixante et un francs pour son quart dans les fonds de la succession de M. DUVAL, ci. . . . . 44,961 »

2° Et deux cent vingt-huit francs ci-dessus retranchés des droits en pleine propriété de Mme veuve DUVAL, ci. . . . . 228 »

Au total, à quarante-cinq mille cent quatre-vingt-neuf francs, ci. . . . 45,189 »

M. Paul DUVAL et Mme CABET.

Ils ont droit chacun :
En pleine propriété, à vingt-neuf mille neuf cent soixante-quatorze francs en fonds, ci. . . . . 29,974 »

Et mille huit cent vingt-deux francs en fruits, ci. . . . . 1,822 »

Au total, à . . . . 31,796 »

Et en nue propriété, à quatorze mille neuf cent quatre-vingt-sept francs pour le tiers de chacun d'eux dans les quarante-quatre mille neuf cent soixante et un francs en fonds grevés de l'usufruit de Mme veuve DUVAL, ci. . . . . 14,987 »

Mlle Louise DUVAL.

Elle a droit :
En pleine propriété, à : 1° vingt-neuf mille neuf cent soixante-quatorze francs pour le montant de sa part en fonds dans la succession de M. DUVAL, ci. . . . . . 29,974 »

2° Et quatre cent cinquante-six francs ci-dessus retranchés des droits en pleine propriété de Mme veuve DUVAL, pour la cause exprimée en la 10e observ., ci . . . . 456 »

Au total, à trente mille quatre cent trente francs. . . . . 30,430 »

Et en nue propriété, à : 1° quatorze mille neuf cent quatre-vingt-sept francs pour son tiers dans les quarante-quatre mille neuf cent soixante et un francs en fonds grevés de l'usufruit de Mme DUVAL, ci. 14,987 »

A reporter. . . .	14,987 »

biens de la communauté et ceux de la succession du conjoint prédécédé, sont supportés par la communauté et par la succession, proportionnellement à leur actif réel (1).

3952. Lorsque le conjoint survivant a la jouissance légale des biens de ses enfants mineurs, les frais

---

Report.	14,987	»
2° Et deux cent vingt-huit francs ci-dessus retranchés, pour la même cause, des droits en pleine propriété de Mme veuve Duval, ci.	228	»
Au total, à quinze mille deux cent quinze francs, ci.	15,215	»

Dettes à acquitter.

Les dettes restant à acquitter sont les suivantes :

1° Huit mille sept cent quinze francs, montant de la créance Goujon, portée sous l'art. 4 de la masse passive de la communauté, ci. . . . .   8,715 »

2° Mille quatre cent seize francs pour les frais du partage immobilier compris sous l'art. 5 de la masse passive de la communauté et sous l'art. 2 de la masse passive de la succession, ci. . . . .   1,416 »

3° Cinq mille deux cent soixante-treize francs pour les frais divers qui figurent sous l'art. 6 de la masse passive de la communauté et sous l'art. 1er de la masse passive de la succession, ci. . . . .   5,273 »

Total . . . .   15,404 »

CHAP. II. — Abonnements.

§ 1er. — Mme veuve Duval.

Pleine propriété. Pour remplir Mme veuve Duval de la somme de deux cent douze mille quatre cent quatre-vingt-quatre francs, montant de ses droits en pleine propriété ci-dessus calculés, le notaire soussigné propose de lui attribuer à titre de partage :

1° La créance sur M. Thouin, comprise sous l'art. 1er de la masse active de la communauté pour. . . . .   18,482 »

2° ... etc.

Ensemble, une somme égale au montant de ses droits. . . . .   212,484 »

Usufruit. Pour remplir la même dame de la somme de quarante-cinq mille cent quatre-vingt-neuf francs, montant de ses droits en usufruit, le notaire soussigné propose de lui attribuer, à titre de partage, l'usufruit de :

1° Cent quarante-sept obligations du chemin de fer d'Orléans, n^{os}. . . . . faisant partie de celles portées en l'article trois de la masse active de la communauté, pour. . . . .   44,577 »

2° Et six cent douze francs à prendre sur le reliquat du compte de Mme Duval, compris en l'art. 6 de la masse active de la succession, ci. . . .   612 »

Ensemble, une somme égale au montant de ses droits en usufruit. . . .   45,189 »

§ 2. — M. Paul Duval.

Pleine propriété. Pour remplir M. Paul Duval de la somme de trente-un mille sept cent quatre-vingt-seize francs, montant de ses droits en pleine propriété, le notaire soussigné propose de lui attribuer à titre de partage :

---

(1) Mollot, n° 276.

funéraires, y compris le deuil de la veuve, *supra n° 1174, 5° et la note 10* (1), et les frais de dernière maladie sont supportés par lui comme charge de sa jouissance légale, et il n'y a pas lieu de les comprendre dans les masses. Si le conjoint survivant a la jouissance légale des biens de l'un ou de plusieurs seulement de ses enfants, voir la formule ci-dessous à la page 152.

1° La somme de vingt-un mille six cent quatre francs due par mondit sieur Paul Duval, pour le prix de la licitation prononcée à son profit (art. 4 de la masse active de la succession) ; de laquelle somme il fait confusion en lui-même, ci.. . . . . . .   21,604 »

2° Dix mille francs à toucher de M. Lubin, etc., ci. . . . .   10,000 »

3° Et cent quatre-vingt-douze francs, etc., ci. . . . .   192 »

Ensemble, une somme égale au montant de ses droits en pleine propriété, ci. . . . .   31,796 »

Nue propriété. Pour remplir M. Paul Duval de la somme de quatorze mille neuf cent quatre-vingt-sept francs, montant de ses droits en nue propriété, le notaire soussigné propose de lui attribuer à titre de partage :

1° Quarante-neuf obligations du chemin de fer d'Orléans, n°s . . . . . formant le tiers des cent quarante-sept attribuées en usufruit à Mme veuve Duval, pour. . .   14,859 »

2° Et cent vingt-huit francs sur les six cent douze francs attribués à Mme veuve Duval, en usufruit, et faisant partie de la somme par elle due pour reliquat de son compte (art. 6 de la masse active de la succession), ci.   128 »

Ensemble, une somme égale au montant de ses droits en nue propriété.   14,987 »

§ 3. — Mme Cabet.

Pleine propriété. Pour remplir Mme Cabet, etc.
Nue propriété. Pour remplir la même dame, etc.

§ 4. — Mlle Louise Duval.

Pleine propriété. Pour remplir Mlle Louise Duval, etc.
Nue propriété. Pour remplir madite d^{lle} Louise Duval, etc.

§ 5. — Acquit des dettes.

Pour l'acquit des dettes se montant à la somme de quinze mille quatre cent quatre francs, le notaire soussigné propose d'affecter les sommes suivantes :

1° Douze mille quatre cent quarante-deux francs formant le reliquat du compte de M. Leclerc, compris en l'art. 6 de la masse active de la communauté, ci. .   12,442 »

2° Et deux mille neuf cent soixante-deux francs à prendre sur le reliquat du compte de Mme Duval porté sous l'art. 8 de la même masse, ci. . . . .   2,962 »

Ensemble, une somme égale au montant des dettes à acquitter. . . . .   15,404 »

Tous pouvoirs sont donnés à Mme veuve Duval pour le recouvrement de ces sommes et le payement du passif, donner et retirer quittance, et généralement faire le nécessaire.

Voir pour le tout le tableau des abandonnements ci-après.

(1) Aux autorités ajoutez : conf. : Paris, 10 août 1864 ; contra, Mollot, n° 265.

TABLEAU DES ABANDONNEMENTS.

NUMÉROS des masses.	NATURE DE L'ACTIF.	ACTIF partageable.	Mme VEUVE DUVAL. Pleine propriété.	Mme VEUVE DUVAL. Usufruit.	M. PAUL DUVAL. Pleine propriété.	M. PAUL DUVAL. Nue propriété.	Mme CABET. Pleine propriété.	Mme CABET. Nue propriété.	Mlle LOUISE DUVAL. Pleine propriété.	Mlle LOUISE DUVAL. Nue propriété.	ACQUIT des dettes.
Communauté.											
1	Créance sur M. Thouin.	18.482 »	18.482 »								
2	3.000 fr. de rente 3 p. 100.	66.850 »	44.567 »								
3	500 obligations du chemin de fer d'Orléans.	454.625 327	99.464 205	447 44.577 »	49 14.859 »	49 14.859 »	49 14.859 »	49 14.859 »	1000 22.983 » / 26 7.887	49 14.859 »	
4	Intérêt dû par M. Lubin.	205 »	205 »								
5	Fermages des immeubles de communauté	3.400 »	3.400 »								
6	Reliquat du compte de M. Leclerc.	42.442 »									42.442 »
7	Créance, sur M. Moulin, prix de vente.	23.816 »	23.816 »								
8	Reliquat du compte de Mme Duval.	8.606 »	5.644 »								2.902 »
Succession.											
1	Reprises de M. Duval. *Actif/actif.*	»	»								
2	Bénéfice de communauté. *Actif/actif.*	»	»								
3	Fermages des immeubles de succession.	5.400 »	5.400 »	5.400 »							
4	Prix de licitation dû par M. Paul Duval.	21.604 »			21.604 »						
5	Prix de vente resté dû par M. Lubin : Principal.	20.864 »	40.864 405 »		40.000 492 »						
	Intérêt.	397 »	»	612							
6	Reliquat du compte de Mme Duval.	2.064 »	540 »						260 »		
7	Rapport par Mme Cabet.	31.444 »	»		31.444 »	428 »	652 31.444 »	428 »	356 »		12.442 »
	Totaux.	367.099 »	212.484 »	45.189 »	34.796 »	44.987 »	34.796 »	44.987 »	30.430 »	45.215 »	15.404 »

Réunion des abandonnements, égale à l'actif partageable.   367,099 fr. »

CHAPITRE TROISIÈME.

DES EFFETS DE LA RENONCIATION A COMMUNAUTÉ.

3953. La femme qui renonce (Form. 565) perd toute espèce de droit sur les biens de la commu-

CHAP. III. — Conditions du partage.

1° Les copartageants disposeront des créances et valeurs à eux attribuées comme de choses leur appartenant, au moyen tant des présentes que de leur homologation par le tribunal civil de....., et ils auront droit aux intérêts, dividendes, arrérages et autres fruits dont ces objets peuvent être productifs, à partir du....., jour fixé pour la jouissance divise des parties.

2° M. Paul Duval, au moyen de l'attribution qui lui a été faite de vingt-un mille six cent quatre francs pour le montant en principal et intérêt de son adjudication à titre de licitation, en est libéré par la confusion, et, conformément à l'art. 883 du C. N., il est réputé avoir succédé seul et immédiatement à l'immeuble à lui adjugé.

3° Les 147 obligations du chemin de fer d'Orléans, attribuées en usufruit à Mme veuve Duval, seront divisées en trois titres de chacun 49 obligations dont un pour chacun des héritiers en nue propriété, l'usufruit à Mme veuve Duval.

4° Les objets ci-après resteront en commun entre les copartageants pour en disposer ultérieurement comme bon leur semblera :
Premièrement. La somme de....., etc.

5° Le passif ci-après continuera d'être supporté en commun par les copartageants :
Premièrement. La rente viagère de....., etc.

6° Après l'homologation des présentes, la division des titres et pièces aura lieu entre les copartageants conformément à l'art. 842 du C. N.

Les titres communs à toute l'hérédité resteront à Mme veuve Duval, qui sera tenue de les communiquer aux héritiers de M. Duval à toute demande sans frais, sous récépissé.

7° M^e....., notaire soussigné, délivrera, après l'homologation des présentes, tous certificats de propriété et les extraits nécessaires pour faire immatriculer au nom de chacun des copartageants les rentes et autres valeurs qui leur ont été ci-dessus attribuées.

Le présent état, fait et rédigé par M^e....., a été arrêté et signé par lui, en son étude, cejourd'hui.....

Voir aussi les conditions de l'état liquidatif en la FORMULE 329, *page* 129. *Et pour le procès-verbal d'approbation, voir la* FORMULE 330, *page* 134.

FORMULE 565. — **Liquidation de reprises par suite de renonciation à communauté.**
(Nos 3953 à 3957.)

PAR-DEVANT M^e.....

Ont comparu :

M^{dle} Thérèse Dubin, rentière, demeurant à....., veuve de M. Charles Alais, en son vivant négociant, demeurant à....., où il est décédé le.....
Agissant en qualité de créancière de la succession de son mari, pour raison de ses reprises et conventions matrimoniales,

                                             D'UNE PART;

Et M. Paul Alais, négociant, demeurant à.....
Ce dernier en qualité de seul et unique héritier de M. Charles Allais, son père, ainsi

nauté, et même sur le mobilier qui y est entré de son chef. Elle retire seulement les linges et hardes (1) à son usage (C. N., 1492), dans lesquels on ne comprend pas les bijoux (2), de riches dentelles, ni le linge de lit et de table (3).

3951. La femme renonçante a le droit de reprendre : 1° les immeubles à elles appartenant, lorsqu'ils existent en nature, ou ceux qui ont été acquis en remploi ; 2° le prix de ses immeubles aliénés sans remploi ; 3° toutes les indemnités qui peuvent lui être dues par la communauté (C. N., 1493). Le montant

que le constate l'intitulé de l'inventaire après son décès, dressé par M°....., notaire à....., en date au commencement du.....

Laquelle qualité d'héritier a été acceptée sous bénéfice d'inventaire seulement, suivant déclaration passée au greffe du tribunal civil de....., le.....,

D'AUTRE PART ;

Lesquels ont, par ces présentes, procédé à la liquidation des créances et reprises de Mme veuve ALAIS, contre la succession de son mari.

Préalablement, ils ont exposé ce qui suit :

EXPOSÉ PRÉLIMINAIRE.

1re OBSERV. — *Mariage de M. et Mme Alais; contrat qui l'a précédé*

M. et Mme ALAIS se sont mariés à la mairie de....., le.....

Ils avaient, au préalable, arrêté les clauses et conditions civiles de leur mariage, suivant contrat passé devant M°....., notaire à....., le.....

Aux termes de ce contrat :

Premièrement. Les futurs époux ont adopté le régime de la communauté.

Deuxièmement. Ils ont modifié cette communauté, en stipulant : 1° qu'ils en excluaient et se réservaient propres, tant leurs apports en mariage que les biens meubles et immeubles dont ils deviendraient propriétaires pendant le mariage, par succession, donation, legs ou autrement ; 2° qu'ils acquitteraient séparément leurs dettes actuelles et futures.

Troisièmement. La future épouse a déclaré faire l'apport en mariage, comme provenant tant de ses économies que de la succession de son père :

1° Des vêtements, linge et bijoux à son usage personnel, d'une valeur de mille francs.

Il a été stipulé que la future épouse, lors de la dissolution de la communauté, reprendrait en nature les vêtements, linge et bijoux à son usage personnel, dans l'état, nombre et qualité où ils se trouveraient, comme étant la représentation de ceux par elle apportés en mariage.

Et Mme ALAIS, lors de l'inventaire après le décès de son mari, qui sera analysé sous la 4° observ. ci-après, en a opéré la reprise.

2° D'une créance de dix mille francs sur M. Louis BENOIT, filateur, demeurant à....., en vertu d'une obligation pour prêt passée devant M°....., notaire à....., le....., ci. . . . . 10,000 »

Plus deux cent quarante francs pour l'intérêt de cette somme, couru depuis le..... jusqu'au jour du mariage, ci. . . . . 240 »

Ensemble, dix mille deux cent quarante francs, ci. . . . . 10,240 »

Cette créance a été remboursée à M. et Mme ALAIS, ainsi que le constate une quittance passée devant M°....., notaire à....., le.....

---

(1) Tous, et non pas seulement ceux qu'elle porte habituellement : Toullier, XIII, 283 ; Dict. not., *Ren. à comm.*, n° 82 ; Roll., *ibid.*, n° 60 ; CONTRA, Bellot, II, p. 580.

(2) Voir Aix, 21 mars 1832 ; Lyon, 3 juill. 1840 ; J. N., 13021.
(3) Dict. not., *Ren. à comm.*, n°^s 83, 84.

des reprises de la femme est établi par une liquidation dont le mari, comme débiteur, supporte seul les frais (1), Selon l'art. 1473, *supra* n° 3916, la femme a droit à l'intérêt de ses reprises, à partir du jour de la dissolution de communauté, et non pas seulement à partir du jour de la demande (2).

3955. La femme renonçante est déchargée de toute contribution aux dettes de la communauté, tant à l'égard du mari qu'à l'égard des créanciers. Néanmoins si elle s'est obligée (3), ou si la dette, devenue

---

Quatrièmement. Il a été stipulé que le survivant des futurs époux prélèverait à titre de préciput, sur les biens meubles de la communauté, avant tout partage, tels de ces biens que bon lui semblerait, jusqu'à concurrence d'une somme de trois mille francs, ou cette somme en deniers comptants, à son choix; et que la future épouse survivante aurait droit à ce préciput, même en renonçant à la communauté.

RÉSUMÉ.

De cette observation il résulte :

Premièrement. Reprise en nature, par Mme veuve ALAIS, des vêtements, linge et bijoux à son usage personnel.

Deuxièmement. Reprise en deniers, par la même dame, de dix mille deux cent quarante francs pour sa créance sur M. BENOIT, ci. . . . . 10,240 »

Troisièmement. Créance en faveur de la même dame, de trois mille francs pour son préciput, ci. . . . . 3,000 »

2° OBSERV. — *Succession recueillie par Mme Alais.*

Pendant le mariage, Mme ALAIS a recueilli la succession de Mme Germaine CORBIN, sa mère, en son vivant veuve de M. Louis DUBIN, demeurant à. . . . . , où elle est décédée, le. . . . . , de laquelle elle était héritière pour moitié.

L'inventaire après le décès de Mme veuve DUBIN a été dressé par M^e. . . . . ., notaire à. . . . . , le. . . . .

Le mobilier inventorié a été vendu aux enchères, par M^e. . . . . , commissaire-priseur à. . . . . , suivant son procès-verbal en date du. . . . .

Il a été procédé ensuite à la liquidation et au partage de la succession de Mme veuve DUBIN, entre Mme ALAIS et M. Honoré DUBIN, son frère, suivant acte passé devant M^e. . . . ., notaire à. . . . , le. . . . .

Les droits de Mme ALAIS, dans les valeurs mobilières dépendant de ladite succession, toutes dettes déduites, même les frais de l'acte de partage, se sont élevés, en fonds, à. . . . . 19,643 »

En fruits, à. . . . . 1,177 »

Au total, à. . . . . 20,820 »

Pour remplir Mme ALAIS de cette somme, il lui a été attribué :

1° Six mille francs de deniers comptants provenant tant du produit de la vente mobilière que du numéraire constaté en l'inventaire, ci. . . . . 6,000 »

2° Dix mille francs, montant d'une créance sur M. Éloi BAZIN, ci. . . . . 10,000 » ⎫
Plus six cents francs pour l'intérêt de cette somme . . . . ⎬ 10,600 »
jusqu'au jour du partage, ci. . . . . 600 » ⎭

A reporter. . . . . 16,600 »

---

(1) Roll., *Reprises,* n° 106; Paris, 14 avril 1840.
(2) Odier, I. 582; Rodière et Pont, II, 262; Troplong, n° 1708; Massé et Vergé, § 654, note 4; Roll., *Reprises,* n° 405; Cass., 3 fev. 1835; CONTRA, Duranton, XV, 173; Marcadé, *art. 1499;* Nancy, 29 mai 1828.
(3) V. Paris, 28 juin 1865; J. N., 18374.

dette de la communauté, provenait originairement de son chef, elle peut être encore poursuivie; mais sauf son recours contre le mari ou ses héritiers, *supra* n° 3929 (*C. N. 1494*).

3956. La femme peut exercer toutes les actions et reprises ci-dessus détaillées, tant sur les biens de la communauté que sur les biens personnels du mari. Ses héritiers le peuvent de même, sauf en ce qui concerne le prélèvement des linges et hardes, ainsi que le logement et la nourriture pendant le délai

Report. . . .	16,600	»
Cette somme a été touchée par M. et Mme ALAIS, suivant quittance passée devant M^e . . . . , notaire à . . . . . , le		
3° Et deux cents francs de rente, 3 pour 100 sur l'État, inscrits au nom de la défunte sous le n° : . . . de la. . . . série, pour une valeur de quatre mille deux cent vingt francs, ci. . . . :	4,220	»
Cette rente n'a pas été transférée; Mme ALAIS en effectuera ci-après la reprise en nature.		
Somme égale.	20,820	»

Après cette opération, il a été formé deux lots des immeubles.
Le premier lot échu à Mme ALAIS a été composé de :
1° Une maison, située à. . . .;
2° Une pièce de terre en labour, située à. . . .;
3° Un verger, situé à. . . .;
4° Une prairie, située à. . . .
    Les immeubles n°s 1, 2 et 3 existent toujours en nature; quant à la prairie désignée sous le n° 4, elle a été vendue par M. et Mme ALAIS à M. Denis LONGUET, cultivateur, demeurant à. . . ., suivant contrat passé devant M^e . . . ., notaire à. . . . , le. . . . ., moyennant sept mille francs, payés comptant.
Il n'a été stipulé aucune soulte par ledit partage.
La part à la charge de Mme ALAIS dans les droits de mutation payés après le décès de Mme DUBIN, s'est élevée à cinq cent quarante-sept francs.

RÉSUMÉ.

Il résulte de cette observation :
Premièrement. Reprise en nature par Mme ALAIS :
1° Des deux cents francs de rente, 3 pour 100 à elle attribués;
2° Et des immeubles, n°s 1, 2 et 3 du lot qui lui est échu.

Mémoire pour les reprises en nature de Mme Alais.

Deuxièmement. Reprise en deniers par Mme ALAIS, de :

1° Six mille francs à elle attribués en numéraire, ci.	6,000	»
2° Dix mille six cents francs, montant de la créance BAZIN recouvrée, ci.	10,600	»
3° Et sept mille francs pour le prix de la vente à M. LONGUET.	7,000	»
Total.	23,600	»

De quoi l'on déduit les sommes suivantes dont Mme ALAIS doit récompense à la succession de son mari :

1° Mille cent soixante-dix-sept francs pour les droits en fruits de Mme ALAIS, ci.	1,177	»		
2° Et cinq cent quarante-sept francs payés pour droits de mutation, ci.	547	»		
Ensemble, mille sept cent vingt-quatre francs, ci.	1,724	»	1,724	»

Ce qui réduit les reprises en deniers de Mme ALAIS à vingt-un mille huit cent soixante-seize francs, ci. . . . . 21,876 »

Mémoire pour les reprises en deniers de Mme ALAIS.

donné pour faire inventaire et délibérer; lesquels droits sont purement personnels à la femme renonçante (C. N., 1495).

3957. Les reprises de la femme, et les indemnités qui peuvent lui être dues en raison des dettes pour lesquelles elle reste obligée envers les créanciers, constituent une créance contre le mari, garantie par son hypothèque légale; elle ne peut donc plus prélever en nature des biens de la communauté; et si le

---

3ᵉ OBSERV. — *Engagement contracté par Mme* ALAIS. (Nᵒ 3835.)

Suivant acte passé devant Mᵉ...., notaire à...., le...., M. et Mᵐᵉ ALAIS se sont reconnus débiteurs, pour prêt, envers M. Denis LUCAS, rentier, demeurant à...., d'une somme de six mille francs, qu'ils se sont obligés solidairement de lui rendre, le..., avec les intérêts sur le pied de 5 pour 100 par an, sans retenue, à partir du...., payables chaque année en un seul terme, le....

Mᵐᵉ ALAIS, en vertu de l'art. 1431 du Code Napoléon, doit être indemnisée de l'obligation qu'elle a ainsi contractée, ci.   6,000   »

Mémoire pour les reprises éventuelles de Mme Alais.

4ᵉ OBSERV. — *Décès de M.* ALAIS: *inventaire*.

Ainsi qu'on l'a déjà dit en tête des présentes, M. ALAIS est décédé à...., le....
L'inventaire après son décès a été dressé par Mᵉ...., notaire à...., le...,
A la requête de Mᵐᵉ veuve ALAIS et de M. ALAIS fils.

Mᵐᵉ veuve ALAIS ayant renoncé à la communauté, il n'est pas utile d'analyser cet inventaire.

5ᵉ OBSERV. — *Renonciation à communauté par Mme veuve* ALAIS.

Suivant déclaration passée au greffe du tribunal civil de...., le...., Mᵐᵉ veuve ALAIS a renoncé purement et simplement à la communauté qui avait existé entre elle et son défunt mari, aux termes de leur contrat de mariage analysé sous la 1ʳᵉ observ.

CES FAITS EXPOSÉS, il est procédé à la liquidation des reprises de Mᵐᵉ ALAIS.

LIQUIDATION DE REPRISES.

§ 1. — Reprises en nature.

Mᵐᵉ veuve ALAIS a fait la reprise en nature des objets suivants :

1ᵒ Les vêtements, linge et bijoux à son usage personnel, en vertu de la clause de reprise en nature contenue en son contrat de mariage analysé sous la 1ʳᵉ observ.;

2ᵒ Deux cents francs de rente, 3 pour 100 sur l'État, à elle échus par le partage énoncé sous la 2ᵉ observ.;

3ᵒ Les immeubles formant les nᵒˢ 1, 2 et 3 du lot qui lui est échu par le même partage.

§ 2. — Reprises en deniers.

Les reprises en deniers de Mᵐᵉ veuve ALAIS, contre la succession de son mari, se composent de :

1ᵒ Dix mille deux cent quarante francs, montant de la créance sur M. BENOIT dont elle a fait l'apport en mariage, et qui a été remboursée durant le mariage, ainsi qu'on l'a énoncé sous la 1ʳᵉ observ., ci.   10,240   »

2ᵒ Vingt-un mille huit cent soixante-seize francs provenant à Mᵐᵉ ALAIS de la succession de sa mère, comme on l'a établi sous la 2ᵉ observ., ci. . . .   21,876   »

Ensemble.   32,116   »

A reporter. . .   32,116   »

mari lui cède ses biens propres ou même des biens de la communauté, il s'établit une dation en payement produisant tous les effets de la vente, de sorte que si elle a fait transcrire l'acte de cession, le privilége non inscrit de l'ancien vendeur des immeubles cédés est anéanti (1).

CHAPITRE QUATRIÈME.

DE LA SÉPARATION DE BIENS JUDICIAIRE.

3958. La séparation de biens entre époux est contractuelle, *supra n° 3650*, ou judiciaire (*Form.
566*). Elle laisse à la femme, dans le premier cas, et lui donne, dans le second, l'administration de ses
biens.

3959. La séparation de biens judiciaire peut être demandée lorsque la dot de la femme est mise en
péril, et que le désordre des affaires du mari donne lieu de craindre que ses biens ne soient point suffisants (2) pour remplir les droits et reprises de la femme (C. N., 1443); il en est ainsi dans tous les cas de
mauvaise gestion du mari, qu'elle ait pour cause des dissipations de capitaux ou de revenus (3), des jeux
de bourse (4), des événements de force majeure (5) ou les prodigalités de la femme (6), même lorsqu'elle
aurait abandonné le domicile conjugal (7); et il importe peu que le mari ni la femme ne possèdent rien,

Report.	32,116 »
A quoi l'on ajoute :	
1° Sept cent quinze francs pour l'intérêt de cette somme couru depuis le décès de M. ALAIS jusqu'aujourd'hui.	715 »
2° Trois mille francs, montant du préciput auquel Mme ALAIS a droit sur la succession de son mari, en vertu de son contrat de mariage énoncé sous la 1re observ., ci.	3,000 »
3° Six cents francs, somme à laquelle les parties ont, d'accord, évalué l'indemnité de deuil due à Mme ALAIS, ci.	600 »
4° Et quatre cents francs pour les frais de la présente liquidation de re-prises, ci.	400 »
Par suite, Mme ALAIS est créancière sur la succession de son mari d'une somme totale de trente-six mille huit cent trente-un francs, ci.	36,831 »
A cette somme l'on ajoute éventuellement, pour le cas où Mme ALAIS en ferait le payement, la somme de six mille francs pour la créance de M. LUCAS, énoncée sous la 3e observ., ci.	6,000 »
Ce qui élève les reprises de Mme ALAIS à quarante-deux mille huit cent trente-un francs, ci.	42,831 »

Mme veuve ALAIS, lors de la distribution des deniers de la succession de M. ALAIS son
mari, produira pour le montant de ses reprises et fera valoir les droits de préférence
auxquels elle pourra prétendre.

---

(1) Cass., 8 fév. 1858 ; J. N., 16254.
(2) Voir Benoît. I. 275 ; Odier, I, 370 ; Rodière et Pont, II, 796 ; Marcadé, *1443*, 1 ; Roll., *Sépar. de biens*, n° 34 ; Limoges, 30 déc. 1807 ;
Cass., 17 mars 1847, 14 nov. 1864 ; Metz, 6 août 1863, 5 janv. 1864 ;
J.N., 13034 ; *Journ. du not.*, 1864, p. 89.
(3) Voir Toullier, XIII, 22 ; Duranton, XIV, 403 ; Troplong, n° 1315 ;
Massé et Vergé, § 646, note 11 ; Cass. 28 fév. 1842. 17 mars 1847 ;
Riom, 29 août 1848 ; Montpellier, 20 janv. 1852 ; Grenoble, 16 mars
1855.

(4) Trib. Nantes, 10 juill. 1862 ; M. T. 1862, p. 479.
(5) Toullier, XIII, 33 ; Rodière et Pont, I, 794 ; Troplong, n° 4333 ;
Marcadé, *1443*, 1 ; Dict. Not., *Sépar. de biens*, n° 26.
(6) C'était au mari à les empêcher : Rodière et Pont, II, 794 ;
Dict. Not., *Sépar. de biens*, n° 27 ; Augers, 22 fév. 1838 ; Douai,
26 avril, 1838 ; Jur. N., 11202 ; CONTRA, Troplong, n° 1134.
(7) Rodière et Pont, II, 807 ; Troplong, n° 4335 ; Dict. not., *Sépar.
de biens*, n° 43 ; Poitiers, 15 août 1836 ; Paris, 27 mai 1837.

si la femme a une industrie donnant lieu à des ressources susceptibles d'être dissipées par le mari (1), ou si, à défaut d'industrie, elle a l'espoir de recueillir des successions ou des libéralités (2).

3960. La séparation de biens peut être prononcée sous quelque régime que les époux soient mariés, même en cas d'exclusion de communauté, de régime dotal (*C. N, 1563*), ou de séparation de biens contractuelle (3), et aussi lorsqu'elle a été demandée pendant le cours d'une instance en séparation de corps (4).

3961. L'action en séparation de biens est personnelle à la femme et ne peut être formée que par elle (*C. N., 1443*); ses créanciers ne peuvent donc la demander sans son consentement (*C. N., 1446*). Toutefois, si la femme vient à mourir pendant l'instance, ses héritiers peuvent la continuer, afin de faire remonter la dissolution de la communauté au jour de la demande (5), et ses créanciers auraient le même droit (6). De plus, en cas de faillite ou de déconfiture du mari, les créanciers personnels de la femme, au regard desquels la communauté est réputée dissoute (7), peuvent, même lorsque la séparation de biens n'a pas été demandée, exercer les droits de leur débitrice jusqu'à concurrence du montant de leurs créances (*C. N., 1446*).

3962. L'action en séparation de biens est intentée contre le mari; s'il est en faillite, la demande, à peine de nullité (8), doit être dirigée contre le syndic (*C. comm., 65, 443.*)

3963. La séparation de biens ne peut être poursuivie qu'en justice; toute séparation volontaire est nulle (*C. N., 1443*). Aucune demande en séparation ne peut être formée sans une autorisation préalable que le président du tribunal doit donner sur la requête qui lui est présentée à cet effet. Le président peut néanmoins, avant de donner l'autorisation, faire les observations qui lui paraissent convenables

---

Mme ALAIS fait observer que son hypothèque légale contre son défunt mari a été inscrite au bureau des hypothèques de....., le....., vol....., n°.....

Pour l'exécution des présentes, les parties élisent domicile....., etc.

DONT ACTE, fait et passé, etc.

FORMULE 566. — **Liquidation de reprises par suite de séparation de biens.**
(N°s 3958 à 3985.)

L'an....., le.....

A....., en l'étude de M^e....., notaire.

PAR-DEVANT M^e..... et son collègue, notaires à..:.., soussignés,

A COMPARU :

Mme Geneviève HÉBERT, sans profession, demeurant à...., épouse de M. Honoré MOINET, employé, avec lequel elle demeure à.....

Assistée de M^e....., avoué à....., son conseil ;

Laquelle a dit ce qui suit :

Le mariage de Mme MOINET a été célébré à la mairie de....., le....

Préalablement à leur mariage, M. et Mme MOINET en ont arrêté les clauses et conditions civiles, suivant contrat passé devant M^e....., notaire à....., le.....

Mme MOINET, voyant le désordre des affaires de son mari mettre sa dot en péril (n° 3959), a sollicité de M. le président du tribunal civil de...., l'autorisation de former sa demande en séparation de biens contre son mari; cette autorisation lui a été accordée par ce magistrat, suivant son ordonnance en date du.... (n° 3963).

En vertu de cette autorisation, et suivant exploit de....., huissier à....., en date

---

(1) Toullier, XIII, 27, 28 ; Duranton, XIV, 404 ; Rodière et Pont, II, 800 ; Marcadé, *1443*, 1 ; Troplong, n° 1320 ; Zach., § 649, note 1 ; Dict. not., *Sép. de biens*, n° 25 ; Roll., *ibid.*, n° 32 ; Colmar, 11 mai 1835 ; Cass., 27 avril 1847 ; Caen, 3 avril 1860 ; J. N., 13034, 17143. Voir cependant Bellot, II, p. 101 ; Benoît, I, 276 ; Paris, 9 juill. 1811.
(2) Marcadé, *1443*, 1 ; Paris, 19 janv. 1867 ; J. N., 18770.
(3) Rennes, 20 janv. 1859 ; Cass., 8 juin 1859 ; J. N., 16620.
(4) Bordeaux, 23 août 1859 ; Jur. N., 11524.

(5) Rodière et Pont, II, 812 ; Troplong, n° 1394 ; Marcadé, *1447*, 2 ; Massé et Vergé, § 649, note 4 ; CONTRA, Zach., § 649 ; Douai, 23 mars 1831.
(6) Marcadé, *1447*, 2.
(7) Duranton, XIV, 449 ; Marcadé, *1447*, 2. Voir Paris, 25 janv. 1851 ; Bordeaux, 24 juin 1858 ; J. N., 16382.
(8) Angers, 11 mars 1842 ; J. N., 11376.

(*C. pr.*, *865*). Cette autorisation suffit lorsque la femme est mineure, sauf à lui donner un curateur lors du payement de ses reprises (1).

3964. Un extrait de la demande en séparation, contenant : la date de la demande, les noms, prénoms, profession et demeure des époux, et les nom et demeure de l'avoué constitué, est, à la diligence de l'avoué, dans les trois jours de la demande à peine de nullité (2), plus cependant les délais de distance pour le tribunal de commerce s'il siége dans un autre lieu (3), inséré aux tableaux placés à cet effet : 1° dans l'auditoire du tribunal civil qui connaît de la demande ; 2° dans l'auditoire du tribunal de commerce, et, s'il n'y en a pas, dans la principale salle de la maison commune du domicile du mari (4) ; 3° dans la chambre des avoués de première instance ; 4° et dans celle des notaires ; ces insertions sont certifiées par les greffiers et par les secrétaires des chambres. Le même extrait est, à la poursuite de la femme, inséré dans le journal d'annonces judiciaires du siége du tribunal (*C. pr.*, *866, 867, 868, 872*).

3965. Il ne peut être (sauf les actes conservatoires (5)) prononcé, sur la demande en séparation,

---

du....., Mᵐᵉ MOINET a assigné son mari (n° 3962) devant le tribunal civil de....., pour se voir déclarer séparée de biens d'avec lui.

Un extrait de cette demande a été inséré dans le journal le....., s'imprimant à....., désigné pour les annonces judiciaires et légales de l'arrondissement de....., feuille du....., dont un exemplaire, revêtu de la signature de l'imprimeur et légalisé par M. le maire de....., porte cette mention : Enregistré....., etc. (n° 3964).

Un pareil extrait a été déposé à chacun des greffes des tribunaux civils et de commerce et des chambres de notaires et des avoués de....., et, de suite, affiché aux tableaux à ce destinés, ainsi que le constatent quatre certificats en date du..... (n° 3964).

Et suivant jugement rendu par le tribunal civil de....., le....., conséquemment plus d'un mois après les formalités ci-dessus (n° 3965), Mᵐᵉ MOINET a été déclarée séparée quant aux biens d'avec son mari ; les parties ont été renvoyées devant notaire pour la liquidation des créances et reprises de Mᵐᵉ MOINET ; et M. MOINET a été condamné aux dépens.

Ce jugement a été lu à l'audience du tribunal de commerce de....., dans sa séance du..... (n° 3968).

Et un extrait dudit jugement a été inséré dans le journal le....., feuille du....., dont un exemplaire signé de l'imprimeur et légalisé par M. le maire de....., porte cette mention : Enregistré, etc. (n° 3968).

En outre, un pareil extrait a été déposé à chacun des greffes des tribunaux civil et de commerce et des chambres des notaires et des avoués de....., et, de suite, affiché aux tableaux à ce destinés, ainsi que le constatent quatre certificats en date du....., (n° 3968).

Enfin, ce jugement a été signifié à M. MOINET, suivant exploit de....., huissier à....., en date du....., avec sommation de se trouver cejourd'hui, heure présente, à....., en l'étude de Mᵉ....., l'un des notaires soussignés, pour procéder contradictoirement avec Mᵐᵉ MOINET à la liquidation des créances et reprises qu'elle a à exercer contre lui ; lui ayant déclaré que, faute de comparaître, il serait prononcé défaut contre lui.

En conséquence, Mᵐᵉ MOINET requiert acte de sa comparution, et qu'il soit prononcé défaut contre son mari s'il ne se présente pas ni personne pour lui.

---

(1) Toullier, XIII, 43; Rodière et Pont, II, 819; Bioche, *Sépar. de biens*, nᵒˢ 14 et 19; Dict. Not., *ibid.*, n° 51; Bordeaux, 23 avril 1836.
(2) Pigeau, II, p. 563; Carré et Chauveau, *Quest.*, *2932*, 5°; Rodière et Pont, II, 830; Odier, I, 377.
(3) Rodière et Pont, II, 822; Bioche, n° 24.
(4) Il ne peut être suppléé par le dépôt de deux extraits au greffe du tribunal civil jugeant commercialement: Bioche. *Sép. de biens*, n° 37; Roll., *ibid.*, n° 53; Amiens, 21 déc. 1825; Montpellier, 18 mars 1831; Limoges, 2 août 1837; Colmar, 30 nov. 1838; Cass.,

17 mars 1852; Lyon. aud. solenn., 23 fév. 1854; J. N., 40673, 44716, 45364; contra, Chauveau, *Quest.*, *2946 ter*; Rodière et Pont, II, 839; Toulouse, 23 août 1827; Bruxelles, 17 déc. 1830.
(5) Comme l'apposition des scellés, la saisie-arrêt, la saisie-gagerie : Toullier, XIII, 58; Duranton, XIV, 45; Rodière et Pont, II, 826; Pigeau, II, p. 530; Carré et Chauveau, *Quest.*, *2939*; Thomine, n° 1016; Bioche, n° 28; Rennes, 22 juill. 1814; Limoges, 7 mars 1823; Caen, 16 mars 1825.

aucun jugement qu'un mois franc (1) après l'observation des formalités prescrites au numéro précédent, à peine de nullité qui peut être opposée par le mari ou par ses créanciers (*C. pr.*, 869). L'action en nullité, dans ce cas, dure trente ans (2).

3966. L'aveu par le mari de sa mauvaise gestion ne fait pas preuve, lors même qu'il n'y aurait pas de créanciers (*C. pr.*, 870).

3967. Les créanciers du mari peuvent, jusqu'au jugement définitif, sommer l'avoué de la femme, par acte d'avoué à avoué, de leur communiquer la demande en séparation et les pièces justificatives, même intervenir pour la conservation de leurs droits, sans préliminaire de conciliation, et contester la demande en séparation. Ils peuvent aussi se pourvoir contre la séparation de biens prononcée et même exécutée en fraude de leurs droits (*C. N.*, 1447; *C. pr.*, 871); mais la nullité n'existe qu'à l'égard de ceux qui la font prononcer, et la séparation continue de produire son effet à l'égard de tous autres (3).

3968. Le jugement de séparation est lu publiquement, l'audience tenante, au tribunal de com-

---

Toutes les pièces ci-dessus mentionnées sont demeurées ci-annexées, après que, sur chacune d'elles, les notaires soussignés ont apposé une mention de l'annexe.

Et, après lecture, Mme MOINET et son avoué ont signé.

(Signatures.)

A cet instant est intervenu M. MOINET, ci-dessus nommé, qualifié et domicilié,

Lequel a dit comparaître pour satisfaire à la sommation qui lui a été faite, et qu'il est prêt à procéder contradictoirement avec la dame son épouse à la liquidation de ses créances et reprises.

Il a été procédé de suite à cette liquidation.

Et, d'abord, il a été fait l'exposé préliminaire qui suit :

1re OBSERV. — Contrat de mariage de M. et Mme MOINET.

Par le contrat de mariage de M. et Mme MOINET, passé devant M^e....., notaire à....., le......

Premièrement. Les futurs époux ont adopté le régime de la communauté réduite aux acquêts, conformément aux dispositions des art. 1498 et 1499 C. N.

Deuxièmement. La future épouse a déclaré faire l'apport en mariage des valeurs suivantes, qui lui étaient provenues des successions de ses père et mère :

1° Les vêtements, linge et bijoux à son usage personnel, non décrits ni estimés, parce que la future épouse, lors de la dissolution de la communauté, devait les reprendre dans l'état, nombre et qualité où ils se trouveraient;

2° Un trousseau se composant de divers linges de ménage et objets mobiliers décrits au contrat, et que la future épouse s'est réservé la faculté de reprendre en nature;

3° Dix obligations des chemins de fer de l'Ouest, évaluées chacune deux cent quatre-vingt-quinze francs, soit ensemble.................................... 2,950 »

4° Vingt actions du chemin de fer du Nord, chacune d'une valeur de huit cents francs, soit ensemble................................. 16,000 »

Ensemble.................................. 18,950 »

On a dit que l'estimation donnée à ces valeurs en valait vente à la communauté, de sorte que la reprise à faire pour cet objet par la future épouse ou ses représentants, lorsqu'il y aurait lieu, était irrévocablement fixée à ladite somme de dix-huit mille neuf cent cinquante francs.

---

(1) Sans augmentation à raison de la distance plus ou moins éloignée du domicile des créanciers du mari : Toullier, XIII, 32; Rodière et Pont, II, 829; Carré et Chauveau, *Quest.*, *2937 et 2938*; Rodière, *Proc.* p. 371; Bioche, *Sép. de biens*, n° 25.

(2) Toullier, XIII, 94; Rodière et Pont, II, 853; Odier, I, 392; Troplong, n°s 1370, 1403; Marcadé, *art. 1447*; Cass., 13 août 1818; Bourges, 15 fév. 1823; Bordeaux, 22 janv. 1834.

(3) Marcadé, 1447, 3.

merce du lieu, ou, s'il n'y en a pas, à celui du chef-lieu d'arrondissement (1). Extrait de ce jugement contenant la date, la désignation du tribunal où il a été rendu, les noms, prénoms, profession et demeure des époux, est inséré sur un tableau à ce destiné et exposé pendant un an, dans chacun des quatre endroits indiqués *supra* nº *3964*, que le mari soit ou non commerçant; le tout à peine de nullité du jugement de séparation (2). La femme ne peut commencer l'exécution du jugement que du jour où ces formalités ont été remplies, et ce, à peine de nullité de l'exécution (*C. N.*, *1445*, *C. pr.*, *872*); toutefois la liquidation peut être du même jour, pourvu qu'il ne soit pas établi qu'elle a eu lieu antérieurement aux formalités (3).

3969. Si les formalités prescrites ont été observées, les créanciers du mari ne sont plus reçus, après l'expiration du délai d'un an, à se pourvoir par tierce opposition contre le jugement de séparation (*C. pr.*, *873*); mais à l'égard de la disposition du jugement qui liquide en même temps les reprises de la femme, les créanciers ont trente ans (4).

3970. La femme séparée de biens est libre d'accepter la communauté ou d'y renoncer (5). La renonciation est faite au greffe du tribunal saisi de la demande en séparation (*C. pr.*, *874*). La renonciation peut être faite pendant le cours de l'instance en séparation, la communauté étant réputée dissoute du jour de la demande (6).

Troisièmement. Il a été stipulé que les futurs époux ou leurs représentants, lors de la dissolution de la communauté, reprendraient leurs apports en mariage et les biens meubles et immeubles dont ils deviendraient propriétaires pendant le mariage par succession, donation, legs ou autrement; et que les reprises à faire par la future auraient lieu franches et quittes des dettes et charges de la communauté, en ce sens que si elle en était tenue envers les tiers, elle en serait garantie et indemnisée par son mari et sur ses biens.

On fait observer ici que pendant le mariage, Mme MOINET n'a recueilli aucune succession et qu'il ne lui a été fait aucune donation ni aucun legs.

Si au contraire la femme avait d'autres reprises à réclamer ou si elle devait des récompenses à la communauté, voir les trois formules qui précèdent.

RÉSUMÉ.

Il résulte de cette observation :
Premièrement. Reprise en nature par Mme MOINET :
1º Des vêtements, linge et bijoux à son usage;
2º Du trousseau dont elle a fait l'apport en mariage.
Deuxièmement. Reprise en deniers par la même dame, de dix-huit mille neuf cent cinquante francs, montant des valeurs par elle apportées en mariage, ci. . . . 18,950 »

2e OBSERV. — Frais de l'instance en séparation. (Nº 3975.)

Les frais de l'instance en séparation, dont Mme MOINET est créancière envers son mari, s'élèvent à quatre cent douze francs, ci. . . . . 412 »

3e OBSERV. — Renonciation à communauté. (Nºs 3970 et 3971.)

Mme MOINET a renoncé purement et simplement à la communauté ayant existé entre elle et son mari, suivant déclaration passé au greffe du tribunal civil de. . . . ., le. . . . .

---

(1) Rodière et Pont, II, 838; Troplong, nº 1378; Chauveau, *Quest.*, *2946 ter* : Toulouse, 18 juin 1835 ; Bruxelles. 17 déc. 1836.
(2) Thomine, *Proc.*, nº 1019 ; Chauveau, *Quest.*, *2946 bis* ; Rodière et Pont, II, 837 ; Troplong, nº 1377 ; Amiens, 21 déc. 1825; Caen, 15 juill. 1828 ; Colmar. 30 nov. 1838; Angers. 10 août 1839.
(3) Bioche, *Sép.*, *de biens*, nº 53; Roll., ibid., nº 67 ; Dict. Not., ibid., nº 78 ; Rouen, 1er déc. 1825; Riom, 27 août 1844 ; J. N., 12250.
(4) Odier, 1, 390; Rodière et Pont, II, 854 ; Troplong, nº 1400; Massé et Vergé, § 649, note 9; Roll., *Sép. de biens*, nº 62 ; Cass.,

11 nov. 1835, 26 janv. 1836 ; Poitiers, 18 juin 1838 ; Riom, 9 juin 1845 ; CONTRA, Toullier, XIII, 86; Duranton, XIV, 413 ; Cass., 4 déc. 1815 ; Riom. 26 déc. 1817.
(5) Toullier, XIII. 129 ; Duranton, XIV, 414, 450 ; Pigeau, II, p. 389; Thomine, nº 1024 ; Carré et Chauveau, *Quest.*, *2965* ; Troplong, nºs 1391, 1495; Rodière et Pont, II, 855; Dict. Not., *Sép. de biens*, nº 457.
(6) Troplong, nº 4507; Marcadé, *art. 1453* ; Zach., § 650, note 3; Orléans, 14 nov. 1817; Cass., 21 juin 1834.

3971. Toutefois, la femme séparée de corps (ou même séparée de biens seulement (1)), qui n'a point, dans les trois mois et quarante jours après la séparation définitivement prononcée (2), accepté la communauté, est censée y avoir renoncé, à moins qu'étant encore dans le délai, elle n'en ait obtenu la prorogation en justice, contradictoirement avec le mari, ou lui dûment appelé (*C. N.*, *1463*), ou que le défaut d'acceptation n'ait pour cause des faits imputables au mari (3). L'acceptation de la femme, dans ce cas, ne doit pas nécessairement être expresse, elle peut résulter d'actes qui indiquent sa volonté d'accepter (4).

3972. La femme séparée n'est pas obligée, pour conserver la faculté d'accepter ou de renoncer, de faire procéder à un inventaire du mobilier (5); cependant il lui est utile d'y faire procéder afin de n'être tenue aux dettes, envers les tiers, que jusqu'à concurrence de son émolument.

3973. Le jugement qui prononce la séparation de biens remonte, quant à ses effets, au jour de la demande (*C. N.*, *1445*). Mais, en ce qui concerne les tiers, il remonte seulement au jour où la demande a été rendue publique par les publications et affiches, *supra n° 3964*; à partir de ce moment, les actes passés entre le mari et des tiers, qui nuiraient aux droits de la femme, seraient nuls (6).

3974. Les intérêts de la dot et des reprises de la femme séparée courent du jour de la demande en séparation (7), sauf au mari à retenir la part à la charge de la femme dans les dépenses du ménage (8), ou les sommes qu'il lui a payées à titre de pension alimentaire pendant l'instance en séparation de corps,

---

CES FAITS EXPOSÉS, il est procédé à la liquidation faisant l'objet des présentes.

LIQUIDATION DES REPRISES.

Reprises en nature. Mme MOINET reconnaît avoir fait la reprise en nature :
1° Des vêtements, linge et bijoux à son usage personnel;
2° Des objets composant le trousseau dont elle a fait l'apport en mariage.

Reprises en deniers. Les reprises en deniers de Mme MOINET consistent dans la somme de dix-huit mille neuf cent cinquante francs, montant des valeurs par elle apportées en mariage, ainsi qu'on l'a établi sous la 1re observ., ci. . . . .   18,950 »
A quoi l'on ajoute :
1° Six cent quarante-huit francs pour l'intérêt de cette somme, couru depuis le jour de la demande en séparation (n° 3974) jusqu'aujourd'hui, ci.   648 »
2° Quatre cent douze francs pour les frais de l'instance en séparation, fixés sous la 2° observ., ci. . . . .   412 »
3° Et quatre cents francs, auxquels sont évalués les frais et honoraires de la présente liquidation, sauf à augmenter ou diminuer après taxé, ci. . . . .   400 »
Par suite, on trouve que M. MOINET est débiteur envers la dame son épouse d'une somme totale de vingt mille quatre cent dix francs, ci. . . . . .   20,410 »
Pour se libérer de cette somme, M. MOINET vend et abandonne à la dame son épouse, qui accepte:
Premièrement. Les meubles et objets mobiliers dont la description suit :

A reporter. . . . .   20,410 »

---

(1) Toullier, XIII, 130 ; Glandaz, n°s 314 et 323; Duranton, XIV, 459 ; Rodière et Pont, I, 805; Odier, I, 456 ; Troplong, III, 4582; Marcadé, *1463*; Roll., *Accept. de comm.*, n° 13; Rouen, 10 juill. 1825; Grenoble, 12 fév. 1830; CONTRA, Bellot, II, p. 342, 321.
(2) C'est-à-dire après le jour où le jugement a acquis force de chose jugée par l'expiration du délai d'appel : Cass., 2 déc. 1834; ou, s'il y a eu appel, du jour de l'arrêt : Marcadé, *1463*, 1 ; Troplong, n° 4579 : Rodière et Pont, I, 806.
(3) Voir Colmar, 8 août 1833; Rennes, 26 juin 1851 ; Jur. N., 9770.
(4) Troplong. n° 4581 : Rodière et Pont, I, 808; Cass., 2 juin 1831 ; Paris, 31 juill. 1847, 2 mai 1850; J. N., 43175, 44156; Cass., 14 mars 1855; Jur. N., 10916.
(5) Pigeau, I, p. 158; Duranton, XIV, 458, 459; Odier, I, 453; Rodière et Pont, I, 878; Troplong, n° 4575; Marcadé, *art. 1463*; Roll., *Ren. à comm.*, n° 34 ; Zach , § 650, note 26 ; Rouen, 10 juill. 1826; Grenoble, 12 fév. 1830.

(6) Toullier, XIII, 401; Duranton, XIV, 416; Troplong, n° 4384, Zach., § 649, notes 28, 29; Rodière et Pont, II, 868 ; Marcadé, *1449*, 4 ; Riom. 20 fév. 1826; Rennes, 3 juill. 1841 ; Bordeaux, 44 mai 4843; Toulouse, 7 mars 1845 ; Cass., 22 avril 1845; Paris, 26 avril 1867; M. T., 1867, p. 565 ; CONTRA, Pigeau, *Proc.*, II, p. 541; Poitiers, 21 mars 1823 ; Riom, 31 janv. 1826 ; Rouen, 9 avril 1839.
(7) Toullier, XIII, 405 : Rodière et Pont, II, 859 ; Zach., Massé et Vergé, § 649, note 29; Roll., *Sép. de biens*, n° 104; Dict. Not., *ibid.*, n° 145 ; Paris, 14 août 1824 ; Limoges, 17 juin 1835 ; Rouen, 25 mars 1840 ; Grenoble, 1er avril 1854 ; CONTRA, Troplong, n° 4384; Cass., 28 mars 1848 ; J. N., 43376, selon lesquels ils ne courent que du jour de la demande. Voir aussi Cass., 12 août 1863; J. N., 17842.
(8) Toullier, XIII, 405; Rodière et Pont, II, 862; Massé et Vergé, § 649, note 29; Bordeaux, 1er fév. 1845.

III.   12

mais sans restitution de la part de la femme pour le cas où les arrérages de la pension excéderaient les intérêts des reprises (1).

3975. Les frais de l'instance en séparation de biens et ceux de la liquidation (2) des reprises de la femme (3) sont à la charge du mari. Si le mari est en faillite, ces frais ne doivent pas être considérés comme un accessoire de la créance chirographaire; on les prélève sur la masse comme frais d'administration (4).

3976. La séparation de biens, quoique prononcée en justice (5), est nulle si elle n'a point été exécutée par le payement réel des droits et reprises de la femme, effectué par acte authentique, jusqu'à concurrence des biens (6) du mari, ou au moins par des poursuites commencées dans la quinzaine qui a suivi le jugement, et non interrompues depuis (*C. N.*, *1444*).

3977. La liquidation [Form. 566] doit donc être faite devant notaire (7), dans le délai de quinzaine. On fixe le chiffre des reprises, et le mari paye jusqu'à concurrence de ses biens (8), ou un délai lui est accordé pour le payement s'il ne possède que des immeubles qu'il doit vendre pour se libérer (9).

3978. Le délai de quinzaine court du jour du jugement, et non pas du jour de la signification (10). Jugé que la quinzaine s'entend avant que quinze jours francs se soient écoulés; ainsi jugement le premier, le seize serait tardif (11).

3979. La femme qui a obtenu sa séparation a trois mois pour procéder à l'inventaire de la communauté, et quarante jours pour délibérer sur le point de savoir si elle acceptera ou répudiera cette communauté (*C. pr.*, *174*); mais ceci ne dispense pas la femme de commencer les poursuites dans la quinzaine, sauf à les suspendre pour les continuer après les trois mois et quarante jours (12), et les achever ensuite sans interruption.

3980. Les poursuites sont tous actes d'exécution, comme un commandement de payer les frais, une sommation de se trouver chez le notaire, une assignation à fin de liquidation (13), mais non la simple signification du jugement (14), à moins que le mari ne soit en faillite (15).

3981. La nullité pour défaut d'exécution du jugement de séparation, ou pour interruption des pour-

---

	Report.	20,410 »
1° . . . . ., etc. (*décrire les objets cédés et indiquer leur estimation détaillée*).		
Montant de l'estimation desdits objets, ci.	4,512	»
2° Six actions au porteur du crédit mobilier, revêtues du timbre d'abonnement, portant les n^{os}. . . . ., pour une valeur de douze cents francs chacune, soit ensemble sept mille deux cents francs, ci.	7,200	»
Total.	11,712	»

Cette cession a lieu moyennant une pareille somme de onze mille sept

         A reporter. . . . . 20,410 »

---

(1) Paris, 28 août 1837.
(2) La femme qui a poursuivi sa séparation de biens avec l'assistance judiciaire est dispensée provisoirement du payement des frais et honoraires : Trib. Rambouillet, 11 mai 1860 ; Jur. N., 1576.
(3) Roll., *Sép. de biens*, n° 496. Voir cependant Caen, 6 juill. 1842.
(4) Douai, 8 août, 1856 ; Trib. Metz, 19 mars 1859 ; contra, Renouard, *Faill.*, II, p. 202 ; Dalloz, *ibid.*, n° 1053 ; Geoffroy, *ibid.*, p. 24 ; Rouen, 9 fév. 1840 ; Trib. Lyon, 6 janv. 1859.
(5) Même par défaut : Bioche, *Sép. de biens*, n° 44 ; Roll., *ibid.*, n° 74 ; Amiens, 19 fév. 1824 ; Toulouse, 23 août 1827.
(6) Si le mari n'a aucun bien, un procès-verbal de carence dressé dans la quinzaine qui suffisent : Benoît, 1,314 ; Rodière et Pont, II, 846 ; Bioche, *Sép. de biens*, n° 66 ; Dict. Not., *ibid.*, n° 92 ; Roll., *ibid.*, n° 88.
(7) Et non par acte sous seing privé, même enregistré : Rodière et Pont, II, 844 ; Dutruc, *Sép. de biens*, n° 190 ; Rouen, 31 janv. 1863 ; contra, Troplong, n° 1360 ; Cass., 23 août 1835.
(8) Toullier, XIII, 77 ; Cass., 29 août 1827 ; Poitiers, 4 mars 1830. V. Paris, 1er mai 1805 ; J. N., 18564.

(9) Toullier, XIII, 78 ; Bordeaux, 29 août 1838 ; J. N., 10499.
(10) Carré, *Quest.*, *2944* ; Rodière et Pont, II, 846 ; Troplong n° 1459 ; Dict. Not., *Sép. de biens*, n° 85 ; Cass., 11 juin 1818 ; contra, Duranton, XIV. 412 ; Limoges, 24 déc. 1811.
(11) Cass., 18 juin 1818.
(12) Toullier, XIII, 79 ; Duranton, XIV, 411 ; Rodière et Pont, II, 843 ; Troplong, n° 1358 ; Marcadé, *1445*, 2 ; Dict. Not., *Sép. de biens*, n° 86 ; Roll., *ibid.*, n° 72 ; Rouen, 27 avril 1816 ; Cass., 1er juin et 13 août 1818 ; Bourges, 13 fév. 1823.
(13) Troplong, n° 1362 ; Amiens, 17 mars 1826 ; Cass., 30 mars 1825, 3 fév. 1834.
(14) Toullier, XIII, 77 ; Carré, n° 2952 ; Bioche, *Sép. de biens*, n° 78 ; Dutruc, *ibid.*, n° 495 ; Rodière et Pont, II, 845 ; Troplong, n° 1363 ; Marcadé, *1445*, 3 ; Limoges, 24 juill. 1839 ; Rouen, 31 janv. 1863 ; Birey, 1863, II, p. 428 ; contra, Thomine, II, 1021 ; Cass., 9 juill. 1828 ; Bordeaux, 30 juill. 1833, 20 mars 1840.
(15) Chauveau sur Carré, *Quest.*, *2952* ; Troplong, n° 1364 ; Bourges, 24 mai 1826 ; Cass., 27 juin 1842 ; Rouen, 16 mai 1800 ; J. N., 11412, 17096, V, Paris, 29 juill. 1867.

suites, frappe le jugement et toute la procédure qui l'a précédé ou suivi, de sorte. qu'une nouvelle demande doit être formée (1); et elle peut être opposée non-seulement par les créanciers, mais aussi par le mari et la femme (2). Toutefois si le mari avait exécuté le jugement après le délai, il ne serait plus recevable à l'attaquer (3); la nullité ne peut être opposée par les époux aux tiers avec lesquels la femme a contracté comme séparée (4).

3982. La dissolution de communauté opérée par la séparation soit de corps et de biens, soit de biens seulement, ne donne pas ouverture aux droits de survie de la femme; mais celle-ci conserve la faculté de les exercer lors de la mort de son mari (C. N., 1452).

3983. La femme qui a obtenu la séparation de biens doit contribuer proportionnellement à ses facultés (5) et à celles du mari, tant aux frais du ménage qu'à ceux d'éducation des enfants communs, mais non des enfants du précédent mariage du mari (6). Elle doit supporter entièrement ces frais s'il ne reste rien au mari (C. N., 1448). La femme doit remettre au mari sa part contributive, sauf s'il est dissipateur, à se faire autoriser à faire elle-même les dépenses. Voir supra n° 3636. La convention que la femme, pour sa contribution dans les frais du ménage, abandonne au mari l'administration et la jouissance de ses biens personnels, serait sans effet comme tendant au rétablissement, autrement que dans la forme prescrite infra n° 3986, du régime détruit par la séparation de biens (7).

3984. La femme séparée soit de corps et de biens, soit de biens seulement, en reprend la libre disposition. Elle peut disposer de son mobilier et l'aliéner, supra n° 3630. Elle ne peut aliéner ses immeubles sans le consentement du mari, ou sans être autorisée en justice à son refus, supra n° 3655 (C. N., 1449).

3985. Le mari n'est point garant du défaut d'emploi du prix de l'immeuble que la femme a vendu, à moins que la vente n'ait eu lieu en sa présence et de son consentement. Voir à cet égard supra n° 3654.

3986. Rétablissement de communauté [Form. 567]. La communauté dissoute par la séparation soit de corps et de biens, soit de biens seulement, peut être rétablie du consentement des deux parties. Elle

Report.	20,410	»
cent douze francs, qui vient en diminution des créances et reprises de Mme MOINET, ci.	11,712	»
Au moyen de quoi Mme MOINET reste créancière sur son mari d'une somme de huit mille six cent quatre-vingt-dix-huit francs, ci.	8,698	»

M. MOINET déclare ne pas posséder actuellement d'autres biens.

Mme MOINET fait réserve de tous ses droits et actions contre son mari, pour la somme dont elle reste sa créancière.

Elle déclare que son hypothèque légale contre son mari a été inscrite au bureau des hypothèques de. . . . , le. . . . , vol. . . . , n°. . . . .

Pour l'exécution des présentes, etc.

DONT ACTE. Fait et passé, etc.

FORMULE 567. — Rétablissement de communauté. (N°s 3986 à 3990.)

PAR-DEVANT M^e. . . . .

ONT COMPARU :

(1) Benoît, I, 314; Troplong, n° 376; Zach., § 649, note 29; Bioche, Sép. de biens, n° 55; Roll., ibid., n° 82; Cass., 11 juin 1823, 3 avril 1848; Jur. N. 8160. Voir cependant Rouen, 16 mai 1860; J. N., 17096.
(2) Toullier, XIII, 74. 76; Troplong, n° 4371; Rodière et Pont, II. 350; Dict. Not., Sép. de biens, n° 88; Roll., ibid.. n°s 78 à 80; Marcadé, 1445, 3; Amiens, 19 fév. 1824. 9 déc. 1825; Bordeaux, 17. juin 1833; 11 août 1840; Alger, 31 mars 1858; Cass., 30 mai 1825; 28 déc. 1858; Paris, 24 fév. 1845, 20 nov. 1862; J. N., 17617; CONTRA, Paris, 11 avril 1837; Orléans, 24 déc. 1840.

(3) Troplong, n° 4372; Colmar, 8 août 1820, 20 déc. 1826; Poitiers, 4 mars 1830; Limoges, 20 fév. 1845.
(4) Benoît. I, 315; Rodière et Pont, II, 350; Troplong, n° 4375; Grenoble, 8 avril 1835; Nîmes, 4 juin 1835; Cass., 27 juin 1842; J. N. 11412; CONTRA, Rouen, 8 nov. 1836.
(5) Ce qui est déterminé par les juges à défaut par les parties de s'entendre : Zach., § 649, note 42.
(6) Marcadé, 1449, 2; Massé et Vergé, § 649, note 101; CONTRA, Zach., § 649, note 40.
(7) Bordeaux, 25 mars 1848; Jur. N., 8431.

ne peut l'être que par un acte passé devant notaire et avec minute, dont une expédition doit être affichée (1) au greffe du tribunal civil, et, si le mari est commerçant, au greffe du tribunal de commerce (2) (C. N., *1445, 1451*).

3987. En ce cas, la communauté rétablie reprend son effet du jour du mariage ; les choses sont remises au même état que s'il n'y avait point eu de séparation. Comme conséquence, les biens acquis par les époux, les successions mobilières qui leur sont échues pendant la séparation tombent en communauté, de même que les dettes qu'ils ont contractées sont à la charge de la communauté (3), sans préjudice néanmoins de l'exécution des actes qui, dans cet intervalle, ont pu être faits par la femme en conformité de l'art. 1449, *supra n° 3630* (C. N., *1451*); ainsi, les aliénations de mobilier par elle faites, les engagements qu'elle a contractés restent valables, les pertes qu'elle a subies retombent sur la communauté ; et si un de ses propres a été aliéné, elle a l'action en reprise.

M. Honoré MOINET, employé, demeurant à....,

D'UNE PART ;

Et Mme Geneviève HÉBERT, épouse autorisée de M. MOINET, avec lequel elle demeure,

D'AUTRE PART ;

Lesquels, préalablement au rétablissement de communauté faisant l'objet des présentes, ont exposé ce qui suit :

M. et Mme MOINET se sont mariés à la mairie de...... le.....

Aux termes de leur contrat de mariage passé devant M^e....., notaire à...., le....., ils ont adopté le régime de la communauté réduite aux acquêts, conformément aux dispositions des art. 1498 et 1499 du Code Napoléon.

Le futur époux a déclaré apporter en mariage et se constituer personnellement en dot, les vêtements, linge et bijoux à son usage personnel, divers objets mobiliers et une somme en numéraire, le tout se montant à dix mille francs.

La future épouse a déclaré apporter en mariage et se constituer personnellement en dot les valeurs suivantes, qui lui étaient provenues des successions de ses père et mère :

1°....., etc. (*énoncer les apports de la future comme en la formule précédente*).

Suivant jugement rendu par le tribunal civil de....., le....., Mme MOINET a été déclarée séparée quant aux biens d'avec son mari.

Mme MOINET a renoncé à la communauté qui avait existé entre elle et son mari, suivant déclaration passée au greffe du tribunal civil de....., le.....

Les reprises de Mme MOINET contre son mari ont été liquidées contradictoirement avec ce dernier, aux termes d'un acte passé devant M^e....., notaire à....., le.....

Mme MOINET a fait la reprise en nature des vêtements, linge et bijoux à son usage et de son trousseau, formant les n°s 1 et 2 de ses apports en mariage.

Les reprises en deniers de Mme MOINET, comprenant le surplus de ses apports en mariage, les frais de séparation et de liquidation, se sont élevés à vingt mille quatre cent dix francs, ci. . . . . 20,410 »

Pour se libérer d'autant de cette somme, M. MOINET a cédé et abandonné à la dame son épouse :

1° Divers meubles et objets mobiliers, y décrits, estimés quatre mille cinq cent douze francs, ci. 4,512 »

2° Six actions au porteur du crédit mobilier, portant les n^os....., pour une valeur chacune de douze cents francs, soit

A reporter. . . . .   4,512 »   20,410 »

---

(1) Le notaire n'est pas passible d'amende pour défaut de publication de l'acte de rétablissement de communauté : Trib. Seine, 10 juill. 1856; Rép. pér., 723.

(2) Il n'y a pas lieu de le faire lecturer, ni publier dans la forme prescrite *supra n° 3968* : Rodière et Pont, II, 914; Duvergier sur

Toullier, XIII, 188; Troplong, n° 1467; Marcadé. *1451, 1*; Massé et Vergé, § 649, note 67 ; Dict. Not., *Rétabl. de comm.*, n° 6 ; Cass., 17 juin 1839; J. N., 40429; CONTRA, Toullier, XIII, 188 ; Duranton, XIV, 430; Dellot. II, p. 472; Rouen, 6 nov. 1835.

(3) Dellot, II, p. 470; Roll., *Rétabl. de comm.*, n° 9.

3988. Le rétablissement de la communauté ayant pour effet de mettre au néant la séparation judiciaire, ne peut être considéré comme un avantage indirect entre époux, même lorsque l'un des époux a des enfants d'un précédent mariage (1).

3989. Toute convention par laquelle les époux rétabliraient leur communauté sous des conditions différentes de celles qui la réglaient antérieurement est nulle (*C. N.*, *1451*); cependant reste valable le rétablissement de la communauté qui alors est pure et simple (2).

3990. La communauté ainsi rétablie ne peut ensuite être dissoute par le simple consentement des parties ; elle ne peut l'être que par un nouveau jugement de séparation fondé sur des faits nouveaux (3).

Reports . . . . 4,512 »	20,410 »	
ensemble sept mille deux cents francs, ci. . . : . . . . 7,200 »		
Total, onze mille sept cent douze francs, ci. . . . . 11,712 »	11,712 »	

Au moyen de quoi Mme MOINET est restée créancière sur son mari d'une somme de huit mille six cent quatre-vingt-dix-huit francs, ci. . . . .   8,698 »

Aujourd'hui, la volonté des comparants est de faire cesser les effets de la séparation de biens existant entre eux.

CES FAITS EXPOSÉS, M. et Mme MOINET, usant de la faculté qui leur est accordée par l'art. 1531 du Code Napoléon,

Déclarent, par ces présentes, qu'ils entendent expressément rétablir la communauté de biens stipulée entre eux par leur contrat de mariage, telle qu'elle existait avant la séparation de biens et comme si cette séparation n'eût pas été prononcée.

Voulant, en conséquence, que cette communauté reprenne son effet du jour de leur mariage, conformément à la loi,

M. et Mme MOINET font observer que les vêtements, linge et bijoux et le trousseau repris en nature par Mme MOINET, ainsi que les objets mobiliers qui lui ont été cédés en payement par M. MOINET, existent encore en nature, pour la plus grande partie, et sont remplacés par d'autres pour ceux qui n'existent plus ;

Que les six actions du crédit mobilier cédées à Mme MOINET ont été transférées et remplacées par vingt obligations 3 p. 100 au porteur, des chemins de fer de l'Ouest, portant les n^os . . . . , et revêtues du timbre d'abonnement.

M. MOINET se charge de nouveau envers la dame son épouse de tous ces objets et valeurs, de même qu'il en était chargé avant leur séparation.

Comme conséquence du rétablissement de la communauté, toutes les acquisitions, de quelque nature qu'elles soient, faites durant la séparation par M. et Mme MOINET, ensemble ou séparément, tombent en communauté, et toutes les dettes et charges contractées et établies pendant le même temps seront supportées par la communauté ; le tout de même que si la communauté n'avait jamais été dissoute.

Pour faire publier et afficher ces présentes, conformément à l'art. 1445 du Code Napoléon, tout pouvoir est donné au porteur d'une expédition ou d'un extrait.

DONT ACTE. Fait et passé, etc.

---

(1) Rodière et Pont, II, 923.
(2) Duranton, XIV, 431 ; Zach., Massé et Vergé, § 649, note 69 ; Rodière et Pont, II, 920, 921 ; Duvergier sur Toullier, XIII, 118 ;

Marcadé, *1451*, 3 ; Roll., *Rétabl. de comm.*, n° 15 ; Dict. Not., *ibid* n° 11 ; CONTRA, Troplong, n° 1470.
(3) Pigeau, II, p. 445 ; Zach., § 649, note 152.

TITRE SIXIÈME

DE LA VENTE.

SOMMAIRE

FORMULES

CHAPITRE PREMIER

DE LA NATURE ET DE LA FORME DE LA VENTE.

3991. La vente est une convention par laquelle une personne transfère la propriété d'une chose à une autre personne, moyennant un prix ; d'où naît l'obligation pour le vendeur de livrer la chose et

§ I. — VENTES DIVERSES.

FORMULE 568. — **Ventes d'immeubles et de meubles.** (Nos 3991 à 4050.)

PAR-DEVANT Me . . . .
ONT COMPARU :
M. Honoré MESNIL, propriétaire, et Mme Geneviève BORNET, son épouse de lui autorisée, demeurant ensemble à . . . . . (n° 3996);

pour l'acheteur d'en payer le prix (*C. N., 1582*). Elle est parfaite entre les parties, et la propriété est acquise de droit à l'acheteur à l'égard du vendeur, dès qu'on est convenu de la chose et du prix, quoique la chose n'ait pas encore été livrée ni le prix payé (*C. N., 1583*).

3992. La vente se constate par tous les modes de preuve indiqués *supra n°s 3405 et suiv.*; si elle a lieu par écrit, elle peut être faite par acte authentique [Form. 568] ou sous seing privé (*C. N., 1582*). En cas de vente par lettres missives, voir *supra n° 3143.*

3993. Lorsque les marchandises ne sont pas vendues en bloc, mais au poids, au compte ou à la mesure, par exemple : cent hectolitres de blé étant dans mon grenier à 20 fr. l'hectolitre (1), la vente n'est point parfaite (2), en ce sens que les choses vendues sont aux risques du vendeur jusqu'à ce qu'elles soient pesées, comptées ou mesurées ; mais l'acheteur peut en demander ou la délivrance ou des dommages et intérêts s'il y a lieu, en cas d'inexécution de l'engagement (*C. N., 1585*). Au contraire, si les marchandises ont été vendues en bloc, et alors même que l'on indiquerait la mesure ou le poids présumé (3), la vente est parfaite, quoique les marchandises n'aient pas encore été pesées, comptées ou mesurées (*C. N., 1586*).

3994. A l'égard du vin, de l'huile, et des autres choses que l'on est dans l'usage de goûter avant d'en faire l'achat, il n'y a point de vente tant que l'acheteur ne les a pas goûtés et agréés (*C. N., 1587*).

3995. La vente faite à l'essai est toujours présumée faite sous une condition suspensive (*C. N., 1588*).

Lesquels ont, par ces présentes, vendu en s'obligeant solidairement entre eux aux garanties de fait et de droit les plus étendues,

A M. Louis DELARUE, propriétaire, et à Mme Eugénie LARVILLE, son épouse de lui autorisée, demeurant ensemble à...., à ce présents et acceptant (n°s 3996 à 3999),

Les immeubles et les objets mobiliers dont la désignation suit (n°s 4000 à 4003):

DÉSIGNATION.

I. *Immeubles.* 1° Une maison située à....., rue......n°..... (*la désigner, voir formule* 254) ;

2° Une prairie située commune de....., lieu dit...., de la contenance de...., etc.;

3° Une pièce de terre labourable, située commune de....., lieu dit....., de la contenance de....., etc.

II. *Objets mobiliers.* Les meubles et objets mobiliers décrits en un état dressé par les parties à la date de ce jour ; ledit état non encore enregistré, mais devant l'être en même temps que ces présentes, est demeuré ci-annexé après avoir été certifié véritable par les parties, et que dessus les notaires soussignés ont fait mention de l'annexe.

État des bâtiments et contenance des terrains. (N°s 4006 à 4014.)

Les immeubles ci-dessus désignés sont vendus dans leur état actuel avec toutes leurs dépendances, sans aucune exception ni réserve, comme aussi sans garantie tant du bon état des bâtiments que de la contenance indiquée au terrain ; en conséquence, il n'y aura lieu à aucune réclamation de la part des acquéreurs, pour le mauvais état des bâtiments résultant de vices de construction, vétusté ou autre cause, apparents ou non apparents, ou pour moindre mesure, ni de la part des vendeurs pour l'excédant de contenance, quand même la différence en plus ou en moins serait supérieure à un vingtième ; étant dérogé pour le tout aux dispositions de la loi à cet égard.

---

(1) Pothier, n° 310; Troplong, n° 90; Marcadé, *1585*, I; Massé et Vergé, § 675, note 7.

(2) C'est-à-dire la propriété n'est pas transférée : Troplong, n°s 81 à 83 ; Champ. et Rig., III, 1361 ; Massé et Vergé, § 675, note 10 ;

Marcadé, *1585*, 3; CONTRA, Duranton, XVI, 92, Duvergier, I, 83; Roll., *Vente*, n° 148; Cass., 11 nov. 1812.

(3) Pothier, n° 253; Massé et Vergé, § 675, note 7; Troplong, n° 92; Marcadé, *1585*, 2; Koll.; *Vente*, n° 143; Cass., 30 août 1830 ; CONTRA, Pardessus, II, p. 343.

CHAPITRE DEUXIÈME

QUI PEUT ACHETER OU VENDRE.

3996. Tous ceux auxquels la loi ne l'interdit pas peuvent acheter ou vendre (*C. N., 1594*). Comme incapables d'acheter ou de vendre, l'on peut citer : 1° les incapables de contracter, *supra* n° 3157 ; 2° la partie saisie, qui ne peut, à compter du jour de la transcription de la saisie, aliéner les immeubles saisis à peine de nullité (1) (*C. pr., 686*), à moins que l'acquéreur, avant le jour fixé pour l'adjudication, ne consigne somme suffisante pour acquitter en principal, intérêt et frais ce qui est dû aux créanciers inscrits et au saisissant (*C. pr., 687, 688, 689*) ; 3° le failli, qui ne peut aliéner ses immeubles depuis l'époque déterminée par le tribunal comme étant celle de la cessation de ses payements, ou dans les dix jours qui auront précédé cette époque (*C. comm., 446*).

3997. Le contrat de vente est interdit entre époux, sauf dans les cas exprimés *infra* n° 4051.

3998. Ne peuvent se rendre adjudicataires, ni par conséquent acquéreurs, soit par eux-mêmes, soit par personnes interposées, sous peine de nullité (*C. N., 1596*), qui, toutefois, ne peut être opposée que par ceux dans l'intérêt desquels elle est établie et non par, les adjudicataires (2) : 1° les tuteurs, des

---

Lorsque la vente est de terrains, sans garantie de contenance : Les immeubles ci-dessus désignés sont vendus sans garantie de contenance ; en conséquence, les vendeurs ne pourront réclamer un supplément de prix pour l'excédant de contenance, ni les acquéreurs une diminution du prix pour moindre contenance, quand même la différence en plus ou en moins serait supérieure à un vingtième ; étant dérogé aux dispositions de la loi à cet égard.

S'il y a garantie de contenance : Les immeubles ci-dessus désignés sont vendus avec garantie de contenance ; en conséquence ils seront mesurés à frais communs dans le délai d'un mois de ce jour, et si de ce mesurage il résulte une différence en plus ou en moins, quelque minime qu'elle soit, il y aura lieu à un supplément de prix en faveur des vendeurs pour l'excédant de contenance, ou à une diminution pour moindre contenance, sur le pied de..... par are. La quittance du prix de la présente vente contiendra le règlement à intervenir entre les parties à cet égard.

ÉTABLISSEMENT DE L'ORIGINE DE PROPRIÉTÉ.

Voir infrà, formule 583.

LOCATION.

L'immeuble désigné sous le n° 1er est occupé par les vendeurs.

Quant aux immeubles faisant l'objet des n°s 2 et 3, ils sont affermés à M. Jean FLEURY, cultivateur, demeurant à....., pour neuf années qui ont commencé à courir le....., et expireront le....., moyennant, outre les impôts, le fermage de....., payable chaque année, en deux termes égaux les....., ainsi qu'il résulte d'un bail passé devant Me....., notaire à....., le.....

Les acquéreurs seront tenus de souffrir ce bail jusqu'à son expiration, au lieu et place des vendeurs, qui les subrogent dans tous leurs droits contre le fermier, mais sans garantie de leur part et aux risques et périls des acquéreurs.

ENTRÉE EN JOUISSANCE. (N°s 4015 à 4023.)

M. et Mme DELARUE seront propriétaires des immeubles vendus à compter d'aujourd'hui et ils en prendront la jouissance, savoir :

---

(1) Cette nullité n'est établie que dans l'intérêt du saisissant et des créanciers inscrits ; elle ne peut être invoquée par l'acquéreur : Troplong, n° 176 ; Chauveau sur Carré, *Quest.* 2274 ; Thomine II, p. 229 ; Cass., 5 déc. 1827 ; Paris, 9 déc. 1833 ; Limoges, 17 déc. 1846 ; Bordeaux, 1er août 1851 ; J. N., 12154, 14300. V. Grenoble, 1er juin 1855 ; Montpellier, 10 avril 1866 ; Jur. N., 12945, 13054.

(2) Duranton, XVI, 438. 139 ; Troplong, n°s 193, 194 ; Duvergier, n°s 193, 194 ; Marcadé, 1596, 3 ; Cass., 4 avril 1837, 3 avril 1838.

biens de ceux dont ils ont la tutelle, *supra n°ˢ 1315, 1316*; 2° les mandataires, des biens qu'ils sont chargés de vendre (*C. N., 1596*); 3° l'avoué poursuivant une vente, des biens faisant l'objet de la saisie (*C. pr., 711*); 4° les syndics d'une faillite, des biens du failli (1); 5° les administrateurs, des biens des communes ou des établissements publics confiés à leurs soins (*C. N., 1596*), ce qui s'applique, pour les biens des communes, aux maires (2), mais non aux conseillers municipaux (3); 6° les officiers publics, des biens de l'Etat dont les ventes se font par leur ministère (*C. N., 1596*). Voir en outre pour le cas de vente de coupes de bois dans les forêts de l'Etat ou des communes, les incapacités déterminées par les art. 21 et 101 *du Code forestier.*

3999. Les magistrats, les avocats et les officiers ministériels ne peuvent devenir cessionnaires de droits litigieux qui sont de la compétence du tribunal de leur ressort, *infra n° 4251.*

CHAPITRE TROISIÈME.

DES CHOSES QUI PEUVENT ÊTRE VENDUES.

4000. Tout ce qui est dans le commerce peut être vendu lorsque des lois particulières n'en ont pas prohibé l'aliénation (*C. N., 1598*).

4001. La vente de la chose d'autrui est nulle (4); elle peut donner lieu à des dommages et intérêts lorsque l'acheteur a ignoré que la chose fût à autrui (*C. N., 1599*); la nullité peut être opposée par l'acheteur dans tous les cas (5), et par le vendeur par voie d'exception seulement, sur la demande de mise en possession formée par l'acheteur (6). Elle ne peut plus l'être ni par l'un ni par l'autre : 1° lorsque depuis la vente le vendeur est devenu propriétaire de la chose vendue (7); 2° si depuis la vente le propriétaire de l'objet vendu l'a ratifiée (8), *supra n°ˢ 3476, 3477.*

4002. On ne peut vendre la succession d'une personne vivante (9), même de son consentement (*C. N., 1600*). Si une même vente comprend des biens présents et une succession future moyennant

---

De la maison désignée sous le n° 1 et des meubles et objets mobiliers décrits en l'état ci-annexé, le.....

Et des immeubles compris sous les n°ˢ 2 et 3 par la perception, à leur profit, des fermages, à commencer par ceux représentatifs de la récolte de l'année....., pour toucher le semestre à échoir le....., et tous ceux ultérieurs.

CHARGES ET CONDITIONS.

La présente vente est faite aux charges et conditions suivantes, que les acquéreurs s'obligent à exécuter :

1° Ils acquitteront les contributions et autres charges de toute nature auxquelles les immeubles vendus sont et pourront être assujettis, à partir du.....;

2° Ils jouiront des servitudes actives et supporteront les servitudes passives apparentes ou non apparentes, continues ou discontinues, qui pourraient exister au profit ou

---

(1) Roll., *Vente judic.*, n° 225; ᴄᴏɴᴛʀᴀ, Bioche, *Saisie immob.*, n° 494; Dict. not., *Adjudication*, n° 400; Angers, 44 mars 1832; Cass., 23 mars 1836; J. N., 9222.

(2) Mais le maire peut vendre à la commune qu'il administre un immeuble pour l'affecter à un service d'utilité publique : Décis. min. intér.; Jur. N., 1272.

(3) Foucart, III, 438; Marcadé, *1596*, 2; Colmar, 8 août 1838.

(4) V. Bord., 23 juin 1857; Paris, 26 août 1864; J. N., 16199, 18143.

(5) Voir Duranton, XVI, 478; Duvergier, I, 220; Troplong, n° 238; Massé et Vergé, § 680, note 8.

(6) Marcadé, *1599*, 2; Zach., Massé et Vergé, § 680, note 6; ᴄᴏɴ-

ᴛʀᴀ, Duvergier, n° 220; Troplong, n° 238; Roll., *Vente*, n° 405; Cass., 23 janv. 1832.

(7) Duranton, XVI, 479; Troplong, n° 236; Duvergier, I, 219; Zach., Massé et Vergé, § 680, note 12; Marcadé, *1599*, 5; Roll. *Vente*, n° 98; Bordeaux, 16 août 1835; Cass., 23 juill. 1835; Paris, 25 août 1845; Jur. N., 7028; Agen, 17 déc. 1851. Voir aussi Nîmes, 25 nov. 1856; Cass., 28 juin 1859.

(8) Duranton, XVI, 479; Troplong, n° 237; Duvergier, I, 219; Massé et Vergé, § 680, note 11; Marcadé, *1599*, 6; Cass., 42 déc. 1810; Turin, 47 avril 1814; Riom, 12 janv. 1827; Amiens, 43 août 1840; Jur. N., 5599; Cass., 20 fév. 1855; Sirey, 1855, I, p. 590.

(9) Voir Paris, 4 fév. 1863, J. N., 17779.

deux prix différents, la nullité n'atteint que la vente des biens à venir; mais si le prix est unique, la vente est nulle pour le tout (1), à moins que l'acquéreur ne consente à payer pour les seuls biens présents l'intégralité du prix fixé (2). La vente d'une maison avec tous les meubles meublants, les effets mobiliers et tout ce qui s'y trouvera au décès du vendeur est valable quant à l'immeuble, mais elle est nulle quant au mobilier, si le vendeur s'est réservé la faculté d'en disposer librement (3).

4003. Si au moment de la vente la chose vendue était périe en totalité, la vente serait nulle ; si une partie seulement de la chose est périe, il est au choix de l'acquéreur d'abandonner la vente ou de demander la partie conservée, en faisant déterminer le prix par la ventilation (*C. N.*, *1601*).

CHAPITRE QUATRIÈME.

DES OBLIGATIONS DU VENDEUR.

SECTION I. — DISPOSITIONS GÉNÉRALES.

4004. Le vendeur est tenu d'expliquer clairement ce à quoi il s'oblige. Tout pacte obscur ou ambigu s'interprète contre le vendeur (*C. N.*, *1602*).

4005. Il y a deux obligations principales : celle de délivrer et celle de garantir la chose qu'il vend (*C. N.*, *1603*).

SECTION II. — DE LA DÉLIVRANCE.

4006. On appelle délivrance le transport de la chose vendue en la puissance et possession de l'acheteur (*C. N.*, *1604*). La chose vendue doit être délivrée avec tous ses accessoires et tout ce qui a été destiné à son usage perpétuel (*C. N.*, *1615*).

à la charge des immeubles vendus, à leurs risques et périls, sans recours contre les vendeurs et sans que la présente clause puisse donner à qui que ce soit plus de droits qu'il n'en aurait, soit en vertu de titres réguliers et non prescrits, soit en vertu de la loi; comme aussi sans qu'elle puisse nuire aux droits résultant, en faveur des acquéreurs, de la loi du 23 mars 1855 (n° 4024).

Les vendeurs déclarent qu'ils n'ont personnellement créé aucune servitude et qu'il n'est pas à leur connaissance qu'il en existe, soit activement, soit passivement, à l'égard des immeubles vendus (*ou s'il en existe :* qu'il n'existe, soit activement, soit passivement, à l'égard des immeubles vendus, aucune autre servitude que celles ci-dessus indiquées).

PRIX. (N°ˢ 4025 à 4030.)

I. *Prix payé comptant.* En outre, la présente vente est faite moyennant les prix principaux ci-après, savoir :

Pour les trois immeubles, de cent mille francs.	100,000 »
Et pour les meubles et objets mobiliers, de cinq mille francs.	5,000 »
Ensemble, de cent cinq mille francs.	105,000 »

(1) Troplong, n° 251 ; Marcadé, *1600*, 3; Limoges, 13 fév. 1828, 6 avril 1838; Riom, 13 déc. 1828; Montpellier, 4 août 1832 ; Toulouse, 27 août 1833 ; Cass., 14 nov. 1843 ; Lyon, 12 avril 1848 ; Orléans, 24 mai 1849.

(2) Marcadé, *1600*, 3; Dalloz, *Oblig.*, n° 452 ; Duverg.er, I, 231; Grenoble, 8 août 1832 ; Cass., 17 janv. 1837 ; Paris, 16 fév. 1865; *Gaz. des trib.* du 23 fév.; contra, Orléans, 24 mai 1849.
(3) Cass., 30 juin 1857 ; J. N., 16471.

4007. 1. *Délivrance de la contenance.* Le vendeur est tenu de délivrer la contenance telle qu'elle est portée au contrat sous les modifications ci-après exprimées (*C. N.*, *1616*).

4008. Si la vente d'un immeuble a été faite avec indication de la contenance à raison de tant la mesure et qu'il y ait *déficit* dans la contenance, le vendeur est obligé de délivrer à l'acquéreur, s'il l'exige, la quantité indiquée au contrat; et si la chose ne lui est pas possible, ou si l'acquéreur ne l'exige pas, le vendeur est obligé de souffrir une diminution proportionnelle du prix (*C. N.*, *1617*), sauf à l'acheteur à se désister de la vente, en prouvant qu'il n'aurait pas acheté s'il eût connu la différence en moins (1).

4009. Si, au contraire, dans le même cas, il y a *excédant* de contenance, l'acquéreur a le choix de fournir le supplément du prix, ou de se désister du contrat, si l'excédant est d'un vingtième au-dessus de la contenance déclarée (*C. N.*, *1618*) ; s'il est de moins d'un vingtième, l'acquéreur doit fournir un supplément de prix en proportion de cet excédant (2).

4010. Dans tous les autres cas, soit que la vente (3) comprenne un corps certain et limité, soit qu'elle ait pour objet des fonds distincts et séparés, soit qu'elle commence par la mesure, ou par la désignation de l'objet vendu suivie de la mesure, l'expression de cette mesure (4) ne donne lieu à aucun supplément de prix, en faveur du vendeur, pour l'excédant de mesure, ni en faveur de l'acquéreur à aucune diminution de prix pour moindre mesure, qu'autant que la différence de la mesure réelle à celle exprimée au contrat est d'un vingtième en plus ou en moins, eu égard à la valeur de la totalité des objets vendus, s'il n'y a stipulation contraire (*C. N.*, *1619*). Et lorsqu'il y a lieu à augmentation du prix pour l'excédant de mesure, l'acquéreur a le choix ou de se désister du contrat ou de fournir le supplément du prix, avec les intérêts (*C. N.*, *1620*), si le prix en produit (5).

Laquelle somme de cent cinq mille francs, M. et Mme DELARUE ont de suite payée en bonnes espèces de monnaie et en billets de la banque de France, acceptés pour numéraire, le tout délivré à la vue des notaires soussignés, à M. et Mme MESNIL, vendeurs, qui le reconnaissent et leur en donnent quittance.

Si le prix est laissé en dépôt aux mains du notaire, on ajoute : Mais attendu que ce payement a été effectué avant l'accomplissement des formalités de transcription et de purge légale, ladite somme de. . . . a été, du consentement de toutes les parties, à l'instant versée entre les mains de Me. . . , l'un des notaires soussignés, qui en demeurera dépositaire, ainsi qu'il le reconnaît et s'en charge, jusqu'à ce que les immeubles présentement vendus soient dégrevés et affranchis de toutes inscriptions.

II. *Prix payable à terme.* Laquelle somme de. . . M. et Mme DELARUE s'obligent, solidairement entre eux, à payer aux vendeurs le. . . ., avec les intérêts sur le pied de cinq pour cent par an, sans retenue, à partir du. . . ., payables chaque année, par semestres, les. . . . . .

Ces payements, en principal et intérêts, auront lieu au domicile à cet effet élu à. . ., en l'étude de Me. . . ., l'un des notaires soussignés, et ne pourront être effectués qu'en bonnes espèces de numéraire, et non autrement.

Si une délégation générale est faite aux créanciers inscrits : Laquelle somme de . . ., M. et Mme. . . . s'obligent solidairement à payer, soit aux vendeurs, soit aux créanciers inscrits sur les immeubles vendus, en faveur desquels toute délégation nécessaire est consentie, le. . . ., etc.

III. *Prix spécialement délégué à un créancier inscrit.* Sur ledit prix, les vendeurs chargent les acquéreurs, qui s'y obligent solidairement, de payer à M. Léon BLIN, propriétaire,

---

(1) Duranton, XVI, 233 ; Duvergier, I, 286; Massé et Vergé, § 683, note 29; Marcadé, *1618*, 2; CONTRA, Troplong, nos 330, 331 ; Roll., *Vente*, no 279. V. Pau, 20 mai 1867.
(2) Troplong, no 335; Duvergier, I, 285; CONTRA, Massé et Vergé, § 683, note 31 ; Marcadé, *1618*, 4.
(3) Même sur expropriation forcée : Toulouse, 14 juill. 1845 ; J. N. 12546 ; CONTRA, Zach., § 683, note 38.

(4) Quand même l'on aurait ajouté à la contenance le mot *environ* : Troplong, no 340; Massé et Vergé, § 683, note 32 ; Marcadé, *1622*, 3; CONTRA, Duranton, XVI, 229; Duvergier, I, 299. V. Cass., 30 janv. 1856.
(5) Troplong, no 346 ; Marcadé, *art. 1622* ; Duranton, XVI, 234; Massé et Vergé, § 683, note 35.

4011. Si la vente comprend un ou plusieurs immeubles avec indication de la contenance, mais avec convention qu'il n'y aura lieu à aucune garantie de mesure (*C. N.*, *1619*, *in fine*), les parties ne peuvent se faire aucune réclamation, quand même l'excédant ou le déficit serait supérieur à un vingtième. (1).

4012. Dans tous les cas où l'acquéreur a le droit de se désister du contrat, le vendeur est tenu de lui restituer, outre le prix, les frais de ce contrat (*C. N.*, *1621*).

4013. L'action en supplément de prix de la part du vendeur, et celle en diminution de prix ou en résiliation du contrat de la part de l'acquéreur, doivent être intentées dans l'année, à compter du jour du contrat, à peine de déchéance (*C. N.*, *1622*), même lorsque la garantie de mesure a été stipulée par les parties (2).

4014. S'il a été vendu deux fonds par le même contrat, et pour un seul et même prix, avec désignation de la mesure de chacun, et qu'il se trouve moins de contenance en l'un et plus en l'autre, on fait compensation jusqu'à due concurrence; et l'action, soit en supplément, soit en diminution de prix, n'a lieu que suivant les règles ci-dessus établies (*C. N.*, *1623*).

4015. II. *Délivrance des objets.* L'obligation de délivrer les immeubles est remplie de la part du vendeur en les délaissant et en les offrant libres à l'acheteur pour que celui-ci les occupe; ou si ces immeubles sont loués, en mettant l'acheteur en possession du droit d'exiger les loyers; ou encore par la remise des clefs, s'il s'agit de bâtiments, ou par la remise des titres de propriété (*C. N.*, *1605*).

4016. La délivrance des effets mobiliers s'opère, — ou par la tradition réelle (3), — ou par la remise des clefs des bâtiments qui les contiennent, — ou même par le seul consentement des parties

---

demeurant à. . . ., la somme de. . . , due à ce dernier, pour le montant du prêt qu'il a fait à M. et Mme . . . . vendeurs, suivant acte passé devant M^e . . , notaire à . . . . le . . . ., avec hypothèque sur les immeubles vendus; ladite somme stipulée remboursable le . . . ., et productive d'intérêts au taux de cinq pour cent par an, payables par semestres, les . . . . de chaque année; les intérêts de laquelle somme seront à la charge des acquéreurs à partir du. . . .

Les acquéreurs feront ce payement sur les simples quittances de M. BLIN, hors la présence des vendeurs; et M. BLIN aura le droit de consentir tous désistements de privilége et action résolutoire, avec mainlevée de l'inscription qui sera prise d'office lors de la transcription du présent contrat, pour raison de ladite somme de. . . ., et de tous intérêts et accessoires.

A l'égard des. . . . de surplus, les acquéreurs s'obligent solidairement à les payer aux vendeurs le. . . ., etc.

Il est formellement convenu que la somme de. . . ., formant la fraction du prix stipulé payable à M. BLIN pour le remplir de sa créance susénoncée, devra lui être payée dans le mois de son exigibilité; et que si les acquéreurs payent avec des deniers d'emprunts, la subrogation qu'ils requerront au profit des tiers prêteurs ne pourra être opposable aux vendeurs, au regard desquels ladite somme sera considérée comme ayant été payée avec des deniers personnels aux acquéreurs; de sorte que les droits des tiers prêteurs sur les immeubles vendus ne pourront être exercés qu'après le payement aux vendeurs de ce qui leur restera dû sur le prix avec tous intérêts et accessoires.

IV. *Délégation au profit du crédit foncier.* Sur ce prix, les acquéreurs conservent entre leurs mains une somme de. . . ., pour laquelle ils se chargent, à leurs risques et périls et

---

(1) Troplong, n° 341; Duvergier, 1, 305; Marcadé, *16.23*, 3; Dalloz, *Vente*, n° 740; Massé et Vergé, § 683, notes 28, 32; Roll., *Vente*, n° 284; Bourges, 31 août 1831; Cass., 19 nov. 1828, 7 nov. 1813; Paris, 9 juill. 1827, 4 janv. 1801; Douai, 30 mars 1860; Jur. N., 11636; Paris, 21 déc. 1860; J. N . 15099, 17007, 17716; CONTRA, Paris, 16 juin 1857; Bourges, 12 juill. 1812.

(2) Troplong, n° 350; Marcadé, *art. 16.22*; Duvergier, 1, 303;

Massé et Vergé, § 683, notes 38, 40; Roll.. *Vente*, n° 296; Colmar, 29 mai 1817; Agen, 7 juill. 1832; Cass., 23 juill. 1834, 28 avril 1840; CONTRA, Montpellier, 5 juill. 1827.

(3) Le sceau de l'acheteur apposé sur la chose emporte tradition réelle à l'égard des tiers, encore bien qu'il n'en prenne pas immédiatement possession : Marcadé, *1606*, 3; Troplong, n° 283; Roll. *Vente*, n° 241; Cass., 15 janv. 1828.

si le transport ne peut pas s'en faire au moment de la vente (1), ou si l'acheteur les avait déjà en son pouvoir à un autre titre (C. N., 1606), par exemple, comme dépositaire. En matière de commerce, pour que la marchandise soit censée livrée, il ne suffit pas qu'il y ait eu envoi à l'acheteur de la facture et de la lettre de voiture, il faut que la marchandise soit sortie des magasins du vendeur, qu'elle soit en route et voyage pour le compte de l'acheteur (C. comm., 576, 577).

4017. La tradition des droits incorporels, à l'égard du cédant et du cessionnaire, se fait, ou par la remise des titres, ou par l'usage que l'acquéreur en fait du consentement du vendeur (C. N., 1607); à l'égard des tiers, elle ne s'opère que par la signification du transport au débiteur ou par son acceptation, *infra* n° 4210.

4018. Les frais de la délivrance sont à la charge du vendeur, et ceux de l'enlèvement à la charge de l'acheteur, s'il n'y a eu stipulation contraire (C. N. 1608). Ainsi, le mesurage (2), le comptage, le pesage, sont de droit aux frais du vendeur; l'emballage, le chargement, le transport, et le coût du transit pour la circulation des vins, sont aux frais de l'acheteur.

4019. La délivrance doit se faire au lieu où était, au temps de la vente, la chose qui en a fait l'objet, s'il n'en a été autrement convenu (C. N., 1609).

4020. La chose doit être délivrée en l'état où elle se trouve au moment de la vente. Depuis ce jour, tous les fruits appartiennent à l'acquéreur (C. N., 1614), à moins de convention contraire.

4021. Lorsque le contrat de vente contient obligation de délivrer la chose vendue à une époque déterminée, si le vendeur manque à faire la délivrance dans le temps convenu, l'acquéreur peut, à son choix, demander la résolution de la vente, ou sa mise en possession si le retard ne vient que du fait du vendeur (C. N., 1610); en tout cas le vendeur doit être condamné aux dommages et intérêts, s'il résulte un préjudice pour l'acquéreur du défaut de délivrance au terme convenu (C. N., 1611). (3)

4022. Le vendeur n'est pas tenu à la délivrance de la chose : 1° si l'acheteur n'en paye pas le prix, et que le vendeur ne lui ait pas accordé un délai pour le payement (C. N., 1612); 2° si, encore bien qu'un délai ait été accordé pour le payement, l'acheteur, depuis la vente, est tombé en faillite ou en état de déconfiture, en sorte que le vendeur se trouve en danger imminent de perdre le prix ; à moins que l'acheteur ne lui donne caution de payer au terme (C. N., 1613).

à forfait, de rembourser au CRÉDIT FONCIER DE FRANCE, société anonyme ayant son siége à Paris, rue Neuve-des-Capucines, n° 19, et au profit de laquelle les vendeurs font toute délégation expresse, un emprunt de la somme de. . . que les vendeurs ont fait de ladite société avec hypothèque sur les immeubles présentement vendus, suivant acte passé devant Me. . . ., notaire à. . . . le. . . .

Aux termes de cet acte, la somme empruntée a été stipulée remboursable en cinquante années, à compter du trente-un janvier mil huit cent. . . ., et en cinquante annuités de. . . chacune, comprenant outre l'amortissement du capital, l'intérêt à cinq pour cent, par an et les frais d'administration ; lesdites annuités payables chaque année en deux termes, les trente un janvier et trente un juillet et dont le premier terme était payable le. . . .

Les acquéreurs s'obligent solidairement à payer au Crédit foncier de France, au lieu et place des vendeurs, les annuités restant encore dues, à commencer par le terme qui écherra le. . . ., exactement aux échéances, de manière à ce qu'il ne soit exercé aucune réclamation contre les vendeurs.

Les acquéreurs feront ce payement sur les simples quittances du Crédit foncier, hors la présence des vendeurs ; et le Crédit foncier de France, délégataire, aura le droit de consentir tous désistements de privilége et action résolutoire, avec mainlevée de l'inscription qui sera prise d'office lors de la transcription du présent contrat, pour raison de ladite somme de. . . ., et de tous intérêts et autres accessoires.

---

(1) Pour les choses indéterminées, comme des actions industrielles, non désignées, la vente n'opère pas le transport de la propriété; il faut qu'elles soient livrées : Zach., § 683, note 11 ; Lyon, 14 août 1850 ; J. N., 14120.

(2) Et l'arpentage, s'il s'agit d'un terrain : Troplong, n° 334; Marcadé, 1618, 3.
(3) V. Colmar, 22 juin 1864 ; J. N., 18139.

4023. La question de savoir sur lequel, du vendeur ou de l'acquéreur, doit tomber la perte ou la détérioration de la chose avant la livraison, est jugée d'après les règles tracées *supra nᵒˢ 3176 et suiv.* (*C. N., 1624*).

4024. Si l'héritage vendu se trouve grevé de servitudes passives apparentes ou non apparentes, *supra nᵒ 1619,* sans qu'il en ait été fait de déclaration, il faut distinguer si l'acquéreur est en présence du vendeur, ou de tiers : au regard du vendeur, si les servitudes sont *non apparentes* (1) et qu'elles soient de telle importance qu'il y ait lieu de présumer que l'acquéreur n'aurait pas acheté s'il en avait été instruit, il peut demander la résiliation du contrat, si mieux il n'aime se contenter d'une indemnité (*C. N., 1638*). Il en est autrement en cas de stipulation qu'il supportera toutes les servitudes même celles non apparentes (2). Mais au regard du propriétaire du fonds dominant, l'acquéreur est tenu de supporter les servitudes passives apparentes ou non apparentes, si le titre en vertu duquel elles existent est antérieur au 1ᵉʳ janvier 1856, ou si, étant postérieur à cette époque, il a été transcrit, *supra nᵒ 1645,* sauf son recours contre le vendeur pour celles non apparentes dont il n'est pas chargé (2 *bis*)

SECTION II. — DE LA GARANTIE.

Voir *infra nᵒˢ 4136 à 4160.*

CHAPITRE CINQUIÈME.

DES OBLIGATIONS DE L'ACHETEUR.

4025. I. *Payement du prix.* La principale obligation de l'acheteur est de payer son prix (*C. N., 1650*). Le prix doit être déterminé et désigné par les parties (*C. N., 1591*) ; il peut consister en une somme d'argent, en une rente perpétuelle ou viagère, en une pension à fournir en nature (3) ; mais il

---

V. *Prix converti en une rente viagère.* Cette vente est faite moyennant la somme de... de prix principal. Les parties, d'un commun accord, convertissent ce prix en une rente annuelle et viagère de...., au profit, sur la tête, etc. (Voir form. de *constitution de rente viagère.*)

PRIVILÉGE ; ACTION RÉSOLUTOIRE. (Nᵒˢ 4034 à 4035 *bis.*)

Indépendamment de l'action résolutoire qui appartient aux vendeurs, les immeubles présentement vendus demeurent affectés par privilége spécial, et par hypothèque conventionnelle, au payement du prix de la présente vente avec tous intérêts et autres accessoires.

Et pour que les constructions qui pourraient être élevées sur les immeubles vendus soient affectées au payement dudit prix et accessoires, il sera, outre l'inscription d'office, pris inscription de l'hypothèque conventionnelle au bureau des hypothèques de ....

Les parties conviennent expressément que si la résolution vient à être prononcée, les vendeurs ne seront tenus à aucune restitution pour les à-compte qu'ils auraient reçus à cette époque, ni à aucune indemnité pour les augmentations que les acquéreurs au-

---

(1) Si les servitudes sont *apparentes*, l'acquéreur est en faute de ne pas les avoir remarquées, et à moins de stipulation contraire, il ne peut exercer de recours contre son vendeur : Marcadé, *art. 1638* ; Troplong, nᵒ 527 ; Roll., *Vente*, nᵒ 419 ; Cass., 12 août 1842.

(2) V. Troplong, nᵒ 528.
(2 *bis*) V. Cass., 13 juin 1856 ; J. N., 18590.
(3) Duranton, XVI, 119 ; Troplong, nᵒ 148 ; Marcadé, *1592, 1*; Roll., *Vente*, nᵒ 177 ; Cass., 16 avril 1822; Agen, 17 fév. 1830 ; Bordeaux, 7 août 1849 ; J. N., 13894 ;contra, Duvergier, II, 147

doit être sérieux (1) et certain (2). Si le prix consiste en une rente ou pension viagère, les arrérages par chaque année doivent être supérieurs au revenu du bien vendu ; sinon l'on pourrait considérer le prix comme n'étant pas sérieux, ce qui entraînerait la nullité de la vente pour absence de prix (3), à moins que, malgré l'infériorité du prix, il n'y ait des chances aléatoires contre l'acheteur (4).

4023. Le prix peut être laissé à l'arbitrage d'un tiers ou même de plusieurs (5) : s'ils ne veulent ou ne peuvent (6) faire l'estimation, il n'y a point de vente (C. N., 1592). Les arbitres doivent être désignés dans l'acte (7) et ils ne peuvent être remplacés par une décision judiciaire, même lorsque l'estimation n'exige pas de connaissances spéciales (8).

4027. S'il n'y a pas eu de terme accordé pour le payement du prix ou s'il n'a été rien réglé à cet égard lors de la vente, l'acheteur doit payer au lieu et dans le temps où doit se faire la délivrance (C. N., 1651). S'il y a eu terme accordé, l'acheteur doit payer le prix au jour et au lieu réglés par la vente (C. N., 1650). Quand la vente est muette sur le lieu du payement, le prix se paye au domicile de l'acheteur (C. N., 1247) (9).

4028. Lorsqu'il y a terme, l'acheteur doit l'intérêt du prix de la vente, dans les trois cas suivants : 1° s'il a été ainsi convenu lors de la vente ; 2° si la chose vendue et livrée produit des fruits ou autres revenus ; 3° si, bien que la chose ne produise pas de fruits, l'acheteur est en retard et a été sommé de payer ; dans ce dernier cas, l'intérêt court du jour de la sommation (C. N., 1652). L'intérêt cesse lorsque, en vertu d'une clause de la vente, les acquéreurs se sont libérés entre les mains du notaire chargé de la recette (10).

4029. Si l'acheteur est troublé ou a juste sujet de craindre d'être troublé par une action soit hypothécaire (11), soit en revendication, il peut suspendre le payement du prix (12) jusqu'à ce que le vendeur ait fait cesser le trouble (13), si mieux n'aime celui-ci donner caution, ou à moins qu'il n'ait été stipulé que, nonobstant le trouble, l'acheteur payera (C. N., 1653), ou encore à moins que la vente n'ait eu lieu sans garantie et aux risques et périls de l'acheteur (14). Si le vendeur a reçu le prix, l'acheteur ne peut en demander la restitution (15) ; son droit se borne à appeler le vendeur en garantie (16).

4030. L'obligation imposée à l'acheteur de payer son prix s'exécute sur tous ses biens mobiliers et

---

raient faites aux immeubles vendus ; ces à-compte et augmentations seront acquis aux vendeurs à titre de dommages et intérêts, et sauf l'exercice de tous autres droits.

Si la résolution doit avoir lieu de plein droit. A défaut de payement du prix et de ses intérêts ou autres accessoires, la présente vente sera résolue de plein droit, si bon semble aux vendeurs, un mois après un simple commandement de payer énonçant leur volonté et resté infructueux, sans qu'il puisse leur être accordé de délai, et sans que les vendeurs soient tenus à aucune restitution pour, etc.

(1) Voir Marcadé, *1592*, 2 ; Troplong, n° 450 ; Duvergier, II, 448, 449 ; Massé et Vergé, § 675, note 24 ; Roll., *Vente*, n° 479 ; Dict. Not., *ibid*., n° 19 ; Cass., 23 juin 1844 ; Bordeaux, 7 août 1849 ; J. N., 4°524, 43394 ; Cass., 43 nov. 1867.

(2) Troplong, n° 454 ; Roll., *Vente*, n° 187.

(3) Duvergier, II, 449 ; Roll., *Vente*, n° 484 ; Bourges, 10 mai 1826 ; Paris, 25 juill. 4826 ; Cass., 28 déc. 4831, 23 juin 1844 ; Douai, 30 nov. 4847 ; J. N., 44024 ; contra, Troplong, n° 450. Marcadé, *1591*, 3 ; Cass., 1er avril 4829 ; Grenoble, 48 avril 4834 ; Toulouse, 22 nov. 4834. V. Dijon, 24 fév. 4845 ; J. N., 48405.

(4) Voir Duvergier, II, 449 ; Roll., *Vente*, n° 485 ; Cass., 46 avril 4822 ; Poitiers, 47 juill. 4840 ; Rennes, 26 juin 4844 ; J. N., 40128, 42259.

(5) Marcadé, *1592*, 2 ; Duranton, XVI, 444 ; Troplong, n° 455 ; Massé et Vergé, § 675, note 22 ; Duvergier, I, 454 ; Roll., *Vente*, n° 493 ; Cass., 48 mai 4844 ; Paris, 47 juill. 4846 ; J. N., 42763.

(6) Voir Toulouse, 40 août 4844 ; J. N., 42344.

(7) Duranton, XVI, 444 ; Troplong, n° 457 ; Roll., *Vente*, n° 494 ; Limoges, 4 avril 4826. Voir Toulouse, 5 mars 4823. 40 août 4844 ; Pau, 30 nov. 4859 ; Cass., 44 mai 4856 ; contra, Duvergier, I, 253.

(8) Troplong, n° 456 ; Duvergier, II, 454 ; Pau, 30 nov. 4859 ; J. N., 46847.

(9) Duranton, XVI, 331 ; Troplong, n° 594 ; Zach., Massé et Vergé, § 687, note 7 ; Roll., *Vente*, n° 463 ; Marcadé, *1650*, 4 ; Cass., 44 juin 4843, 5 mai 4848. Limoges, 49 janv. 4828.

(10) Douai, 27 déc. 4843 ; J. N., 42226.

(11) Comme l'hypothèque légale de la femme ; il peut donc, si le contrat n'a pas fixé un délai pour les formalités de purge, suspendre le payement pendant le temps nécessaire pour leur accomplissement, sauf au vendeur à le sommer de remplir ces formalités s'il y met du retard : Troplong, n° 608 ; Roll., *Vente*, n° 474.

(12) On contraindre le vendeur à faire cesser la cause du trouble, à peine de résolution du contrat : Troplong, n° 643 ; Cass., 23 janv. 4862 ; J. N., 47620. V. Lyon, 47 mars 4864 ; J. N., 48126.

(13) Mais les intérêts du prix continuent de courir et d'être exigibles : Troplong, n° 644 ; Marcadé, *art. 1653* : Zach., Massé et Vergé, § 687, note 2 ; Bordeaux, 47 fév. 4842. Illem, 2 janv. 4830.

(14) Mourlon, III, p. 493. Voir Cass., 28 août 4839 ; J. N., 46560.

(15) Il en est de même si le prix ayant été quittancé est resté entre les mains du notaire, pour n'être remis qu'après l'accomplissement des formalités hypothécaires : Bordeaux, 28 mars 4862 ; J. N., 47835. Voir Douai, 42 août 4830 ; Paris, 42 avril 4867 ; J. N., 44205, 49015.

(16) Troplong, n° 644.

immobiliers présents et à venir (*C. N.*, 2092). De plus le vendeur a, comme garantie spéciale : 1° un privilège sur l'immeuble vendu ; 2° l'action en résolution de la vente.

4031. PRIVILÉGE. Le vendeur a privilége sur l'immeuble vendu pour le payement du prix (*C. N.*, 2103, 1°), et : 1° de tous les intérêts dus, et non pas seulement de deux années et l'année courante, ce qui ne s'applique qu'à l'hypothèque inscrite (1) ; 2° des frais que le vendeur est obligé de faire pour obtenir le payement du prix (2) ; 3° des loyaux coûts de l'acte de vente ainsi que des frais de transcription, lorsque le vendeur en a fait ou est exposé à en faire le payement (3) ; mais les dommages et intérêts résultant de l'inexécution de la vente ne donnent lieu qu'à une action personnelle non privilégiée (4).

4032. Le privilége sur l'immeuble vendu, *infra n°s 5685*, s'étend, comme pour l'hypothèque, au prix des constructions ou améliorations et notamment au mobilier industriel, immeuble par destination (5).

4033. S'il y a plusieurs ventes successives dont le prix soit dû en tout ou en partie, le premier vendeur est préféré au second, le deuxième au troisième, et ainsi de suite (*C. N.*, 2103, 1°).

4034. Le privilége du vendeur se conserve par l'inscription qui en est faite au bureau des hypothèques de la situation de l'immeuble, dans les quarante-cinq jours du contrat de vente, nonobstant toute transcription d'acte faite dans ce délai (*Loi 23 mars 1855, art. 6*), *infra n° 4057*. Si, après ce délai, le privilége n'a pas été inscrit, il devient sans objet au regard de tous tiers acquéreurs, par le fait de la transcription de leur contrat d'acquisition, *infra n° 4057* ; mais, tant que l'immeuble vendu reste dans les mains du premier acquéreur, le privilége du vendeur se conserve sans inscription, et peut être opposé aux créanciers de l'acquéreur ayant hypothèque conventionnelle, judiciaire ou légale sur l'immeuble vendu (6), même lorsque la succession a été acceptée sous bénéfice d'inventaire (7) ; comme aussi à la masse de la faillite de l'acquéreur, même lorsqu'il n'a été inscrit que dans les dix jours qui ont précédé la faillite, pourvu que l'inscription ait été prise avant celle prescrite aux créanciers par l'art. 490 C. comm (8).

4035. Ceux qui fournissent les deniers pour l'acquisition d'un immeuble jouissent aussi du privilége de vendeur, pourvu qu'i soit authentiquement constaté : 1° par l'acte d'emprunt que la somme était destinée à cet emploi ; 2° et par la quittance du vendeur, que ce payement a été fait des deniers empruntés, *supra n° 5298* (*C. N.*, 2103, 2°).

ASSURANCE CONTRE L'INCENDIE.

Les vendeurs déclarent que la maison présentement vendue est assurée à la compagnie d'assurances la . . . . pour. . . . années qui expireront le. . ., moyennant une prime annuelle de . . ., suivant police en date du. . . ., dont un exemplaire porte cette mention : Enregistré, etc.

Les acquéreurs seront tenus de continuer cette assurance jusqu'à son expiration, et d'en faire la déclaration à la compagnie d'assurances dans le délai de quinze jours ; ils seront tenus en outre de renouveler cette assurance jusqu'au payement intégral du prix de la présente vente, comme aussi d'acquitter exactement les primes et cotisations et de justifier des payements aux vendeurs à toute demande.

En cas de sinistre, M. et Mᵐᵉ DELARUE cèdent à M. et Mᵐᵉ MESNIL, qui acceptent, pareille

---

(1) Dalloz, *Priv.*, n° 422 ; Duranton, XVI, 342 ; XIX, 160 bis ; Roll. *Priv.*, n° 251 ; Massé et Vergé, § 793, note 4 ; Taulier, VII, 175 ; Troplong, *Priv.*, n° 219 ; Mourlon, *ibid.*, n° 159 ; Pont *ibid.*, n° 192 ; Paris, 31 janv. 1818, 7 déc. 1831 ; Bourges, 23 mai 1829 ; Bordeaux 23 avril 1845 ; Lyon, 1ᵉʳ et 11 mars 1820, 8 juill. 1834 ; Lyon, 23 mars 1865 ; J. N., 18391 ; CONTRA, Grenier, I, 103 ; Persil, 2151, 8 ; Rodière, *Rev. de législ.*, I, p. 233 ; Nîmes, 12 déc. 1811.

(2) Pont, *Priv.*, p. 194.

(3) Grenier, II, 384 ; Troplong, *Priv.*, n° 220 ; Mourlon, *ibid.*, n° 161 ; Pont, *ibid.*, n° 191 ; Roll., *ibid.*, n° 252 ; Diot. not., *ibid.*, n° 129 ; Massé et Vergé, § 793, note 5 ; Limoges, 9 janv. 1811 ; Bordeaux, 6 janv. 1844 ; Metz, 17 janv. 1855, 22 déc 1859 ; Paris, 16 fév. 1864 ; Cass., 1ᵉʳ avril et 1ᵉʳ déc. 1863 ; J. N., 16798, 17111, 17793, 17893 ; CONTRA, Persil, 2151, 3 ; Dalloz, *Priv.*, n° 424 ; Duranton, XIX, 462 ; Caen, 7 juin 1827 ; Colmar, 3 août 1849.

(4) Grenier, II, 384 ; Persil, 2103, 5 ; Duranton, XIX, 463 ; Zach., Massé et Vergé, § 793, note 5 ; Troplong, n° 221 ; Pont, *Priv.*, n° 193 ; Roll. *ibid.*, n° 253 ; Bordeaux, 27 fév. 1829.

(5) Cass., 13 juill. 1867 ; J. N., 19040 ; CONTRA, Pont, *Priv.*, n° 107.

(6) Rouen, 28 déc. 1857 ; Trib. Caen, 23 mars 1858 ; Trib. Montbrison, 26 mars 1859 ; Limoges, 13 juill. 1859 ; Paris, 16 fév. 1861 ; Lyon, 16 déc. 1861 ; Orléans, 19 déc. 1863 ; Poitiers, 18 juill. 1864 ; Cass., 14 fév. 1865 ; J. N. 16227, 16667, 17111 ; CONTRA, Paris, 30 nov. 1850 ; J. N., 16098.

(7) Trib. Chartres, 21 juin 1859 ; Cass., 27 mars 1861, 29 mai 1860 J. N., 16565. 17699. 18.70.

(8) Rivière et Huguet, *Transc.*, n° 189 ; Troplong, *ibid.*, n° 145 ; Mourlon, *ibid.*, n° 381 ; Bordeaux, 15 juill. 1857 ; Blom, 1ᵉʳ juin 1859 ; Cass. 1ᵉʳ mai 1860 ; Poitiers, 18 juill. 1864 ; J. N., 16146, 16587. Voir Nancy, 8 août 1859 ; J. N. 16725.

4035 *bis*. ACTION RÉSOLUTOIRE. Voir *infra* n°ˢ *4199 à 4206*.

4036. II. *Transcription* L'acquéreur doit faire transcrire le contrat de vente au bureau des hypothèques de la situation des immeubles (*C. N.*, *2181, et loi 23 mars 1855, art. 1, 1°*). Cette transcription se fait sur un registre à ce destiné, et le conservateur des hypothèques est tenu d'en donner reconnaissance à celui qui le requiert (*C. N.*, *2181*)

4037. La formalité de la transcription a un triple but : 1o elle consolide la propriété de l'objet transmis sur la tête de l'acheteur, en ce sens que le vendeur ne peut plus, après la transcription, conférer aucun droit sur l'immeuble vendu; mais, jusque-là, la vente ne peut être opposée aux tiers qui ont des droits sur l'immeuble et qui les ont conservés en se conformant aux lois (1) (*Loi 23 mars 1855, art. 3*); si l'immeuble a été saisi avant ou après la vente, et que la transcription de la saisie ait été faite avant celle de la vente, l'aliénation ne peut être opposée aux créanciers auxquels la saisie profite (2); 2° elle purge l'immeuble vendu des hypothèques conventionnelles ou judiciaires non inscrites (3), des hypothèques légales non inscrites lorsqu'elles ne sont plus dispensées de l'inscription, *infra* n°ˢ *4042, 4045*, des priviléges de vendeurs ou de copartageants non inscrits dans les quarante-cinq jours de l'acte de vente ou de partage, et de l'action résolutoire du vendeur en cas de non-inscription du privilége dans le délai qui vient d'être indiqué (*C. N.*, *2181, et loi 23 mars 1855, art. 6, 7 et 8*); 3° elle conserve le privilége de vendeur, et comme conséquence l'action résolutoire, *supra* n° *4034*; à l'effet de quoi la transcription du contrat faite par l'acquéreur vaut inscription pour le vendeur et pour le prêteur qui a fourni les deniers payés, et qui est subrogé aux droits du vendeur par le même contrat; est néanmoins le conservateur des hypothèques tenu, sous peine de tous dommages et intérêts envers les tiers, de faire d'office l'inscription sur son registre, des créances résultant de l'acte translatif de propriété, tant en faveur du vendeur qu'en faveur des prêteurs, qui peuvent aussi faire faire, si elle ne l'a été, la transcription du contrat de vente, à l'effet d'acquérir l'inscription de ce qui leur est dû sur le prix (*C. N.*, *2108*).

---

somme à celle qui sera due à ces derniers, pour le prix de la présente vente en principal, intérêts et autres accessoires, à prendre et recevoir par priorité et préférence aux cédants et à tous autres, sur le montant de l'indemnité qui leur sera allouée, pour M. et Mᵐᵉ MESNIL la toucher sur leurs simples quittances de ladite compagnie d'assurances ou de toutes autres qu'il appartiendra; à l'effet de quoi les cédants les mettent et subrogent avec la priorité susexprimée et jusqu'à due concurrence, dans tous leurs droits contre ladite compagnie d'assurances ou toutes autres.

Signification des présentes sera faite à la compagnie d'assurances la. . ., aux frais de M. et Mᵐᵉ DELARUE.

TRANSCRIPTION ET PURGE. (N°ˢ 4036 à 4039.)

Les acquéreurs seront tenus de faire transcrire une expédition du présent contrat au bureau des hypothèques de. . . ., et faute d'avoir justifié d'ici à vingt jours du dépôt de cette expédition au bureau des hypothèques, les vendeurs seront autorisés à faire procéder eux-mêmes à cette formalité, et à lever toutes expéditions nécessaires à cet effet; le tout aux frais des acquéreurs. Les acquéreurs feront en outre remplir à leurs frais, s'ils le jugent convenable, les formalités de purge des hypothèques légales. Et si, par suite de l'accomplissement de l'une ou de l'autre de ces formalités, il y a ou survient des inscriptions sur les immeubles présentement vendus. les vendeurs seront tenus, solidairement entre eux, d'en rapporter mainlevées et certificats de radiation dans le mois de la dénonciation qui leur en aura été faite.

---

(1) Voir Lyon, 27 mai 1862; J. N., 17581; Riom, 29 nov. 1865; trib. Versailles, 19 juill. 1867; *Journ. N.*, 1867, p. 276. (2) Trib. Montbrison, 19 fév. 1858; Trib. Altkirck, 18 mars 1858; Caen, 1ᵉʳ mars 1858; Besançon, 29 nov. 1858, 16 déc. 1859; contra, Angers, 1ᵉʳ déc. 1858; J. N., 16479. V. Grenoble, 1ᵉʳ juin 1865; Caen, 1ᵉʳ fév. 1866; Jur. N., 12245, 13353.

(3) Si la transcription d'une vente et l'inscription d'une hypothèque sur l'immeuble vendu ont lieu le même jour, la priorité se détermine par le numéro d'ordre des registres des dépôts: Troplong. *Transc.*, n°ˢ 192 195; Trib. Arras, 5 juill. 1860; J. N., 16953; contra, Trib. Bagnères, 24 fév. 1859; M. T., 1860, p. 470.

4038. Si la transcription fait connaître l'existence d'inscriptions du chef du vendeur ou des précédents propriétaires, le vendeur doit en rapporter la radiation à l'acquéreur, faute de quoi celui-ci peut remplir les formalités prescrites par les art. 2183 et suivants, afin de se garantir de l'effet des poursuites autorisées par les art. 2166 et suivants. Toutefois si l'acheteur est chargé de désintéresser un créancier inscrit sur l'immeuble vendu, il est obligé de supporter l'inscription.

4039. III. *Purge des hypothèques légales.* L'acquéreur, pour consolider son droit de propriété, doit remplir les formalités prescrites par les art. 2193 et suivants du Code Napoléon, pour le purge des hypothèques légales non inscrites qui peuvent exister du chef des vendeurs et des précédents propriétaires.

4040. Les droits et créances auxquels l'hypothèque légale est attribuée sont : 1° ceux des femmes mariées, sur les biens de leur mari ; 2° ceux des mineurs et interdits, sur les biens de leur tuteur ; 3° ceux de l'Etat, des communes et des établissements publics, sur les biens des receveurs et administrateurs comptables (*C. N.*, 2121).

4041. 1° Si le vendeur est un homme marié, à quelque régime qu'il soit soumis, fût-il même séparé de biens ou de corps, sa femme a hypothèque légale contre lui pour toutes les sommes dont il est débiteur envers elle (*C. N.*, 2135, 2°); toutefois cette hypothèque *s'éteint*, au regard de l'acquéreur (1), si la femme concourt à la vente et s'oblige solidairement avec son mari (2).

4042. Si le vendeur est veuf, la succession de sa femme a une hypothèque légale contre lui, qui continue d'être occulte pendant un an du jour de la dissolution du mariage; après ce délai, elle est soumise à l'inscription et ne date à l'égard des tiers que du jour où elle a été inscrite (*L. 23 mars 1855, art. 8*). Si un an s'est écoulé à partir du jour de la dissolution du mariage, il suffit à l'acheteur de faire transcrire son contrat, *supra n° 4037*, quand même les représentants de la femme seraient des mineurs sous la tutelle légale du mari (3).

ÉTAT CIVIL. (N°ˢ 4040 à 4046.)

I. *Aucune autre hypothèque légale que celle de la femme.* Les vendeurs déclarent :

1° Qu'ils sont l'un et l'autre mariés en premières noces ;

2° Que, par leur contrat de mariage passé devant M°. . . ., notaire à. . . le. . . ., ils ont adopté le régime de la communauté, sans restriction de la capacité de l'épouse;

3° Qu'ils ne sont et n'ont jamais été tuteurs de mineurs ou d'interdits, ni comptables de deniers publics.

II. *Existence d'hypothèque légale; cas de vente par le mari seul.* Le vendeur déclare :

1° Qu'il est veuf en premières noces de Mᵐᵉ. . . ., décédée à. . . ., le. . . .; mais que l'hypothèque légale de ladite dame n'a pas été inscrite ;

2° Que madite dame. . . . a laissé pour seuls héritiers chacun pour moitié, M. Paul MESNIL et Mˡˡᵉ Charlotte MESNIL, ses deux enfants ci-après nommés; ainsi que le constate l'intitulé de l'inventaire après son décès, dressé par M°. . . ., notaire à. . . ., le. . . .;

3° Qu'il a été tuteur de M. Paul MESNIL, son fils, majeur depuis le. . . ., auquel il a

(1) Mais la femme conserve son droit de préférence sur le prix tant qu'il n'a été ni payé ni transporté : Troplong. *Priv.* n° 600 ; Martou, *ibid.*, n° 935; Dalloz, *ibid.*, n° 1004; Dict. not., *Subrog.*, n° 498; Roll., *Hyp.* (cession), n° 59; Pont, *Priv.*, n° 483 ; Caen, 17 mai 1838 et 26 avril 1852; Amiens, 19 déc. 1846, 16 fév. 1854 ; Lyon, 15 mai 1847; Cass., 21 fév. 1849, 6 nov. 1855; J. N., 15707; Angers, 27 mai 1851; Paris, 9 janv. et 16 nov. 1866 ; J. N., 18655; Agen, 12 avril 1865.

(2) Il suffit à l'acquéreur de faire transcrire son contrat; il n'a donc pas besoin de purger l'hypothèque légale de la femme, ni de rendre publique une inscription, dans le sens de l'art. 9 de la loi du 23 mars 1855, la renonciation résultant à son profit du concours de la femme à la vente: Mourlon, *Rev. prat*, I, p. 188 et 307; Pont, *Priv.*, n°ˢ 484 à 486 et *Journ. Droit*, 8 mars 1865; Berger, J. N., 17075; Grosse, *Transc.*, n° 283; Dict. not., *Subrog.*,

n° 215; Casablanca, *Rapp. au Sénat*, Moniteur du 21 juin 1862; Cass., 26 août 1862; J. N., 17554, 17940; Trib. Seine, 18 nov. 1864; Trib. Toulouse, 30 janv. 1867 ; CONTRA, Rivière et Huguet. n° 391; Ducruet, *Transc.*, n° 42, et J. N., 16978; Hervieu, *Journ. des conserv.*, II, p. 296; Leroux, *Contrôleur*, art. 10689; Voir Lyon, 22 déc. 1863 ; Cass., 29 août 1866 : J. N., 17890, 18647.

(3) Mourlon, *Transc.*, n° 871. Rivière et Huguet, *ibid.*, n° 380; Flandin, *ibid.*, II, 1088 ; Grosse, *ibid.* n° 248; Gauthier, *Subrog.*, n° 132; Trib. Villefranche. 26 mars 1856; Grenoble, 29 avril 1858, 26 fév. 1862; Bourges. 29 août 1859; Bordeaux, 12 mars 1860; Aix, 10 janv. 1861; Trib. Valence. 30 mai 1861 ; Trib. Vienne, 6 juin 1861; J. N., 16312, 17077, 17183 ; Trib. Die, 24 mars 1865; Cass., 2 mai 1866; J. N., 18534. Voir cependant, Pont, *Priv.*, n° 809; Nicollet, *Rev. crit.*, XIII, p. 548; Trib. Nyon, 3 fév. 1860.

4043. Si le mari est veuf en premières noces et remarié, la déclaration doit en être faite dans le contrat. En ce qui concerne sa première femme, l'hypothèque légale est sujette aux formalités et aux déchéances indiquées au numero qui précède.

4014. 2°. Les mineurs et interdits ont une hypothèque légale contre leurs tuteurs (1), pour raison des sommes dont ceux-ci sont et pourront être comptables envers eux jusqu'à la cessation de la tutelle (C. N., 2155).

4045. Cette hypothèque est occulte, pendant la minorité du pupille et pendant l'interdiction; mais après la majorité du pupille ou la cessation de l'interdiction, elle doit être inscrite dans l'année, faute de quoi elle ne date, au regard des tiers, que du jour où elle a été inscrite ultérieurement (L. 23 mars 1855, art. 8).

4046. 3. L'État, les communes et les établissements publics ont une hypothèque légale contre leurs comptables (2) (C. N., 2121): 1° sur les immeubles acquis à titre onéreux par les comptables, postérieurement à leur nomination, et sur ceux acquis au même titre, et depuis cette nomination, par leurs femmes même séparées de biens, à moins, pour les femmes, qu'il ne soit justifié que les deniers employés à l'acquisition leur appartenaient; cette hypothèque est occulte pendant deux mois du jour de l'enregistrement de l'acte d'acquisition; après ce délai, elle doit être inscrite pour être opposable aux tiers (Loi 5 sept. 1807, art. 4 et 5); 2° sur les immeubles dont les comptables sont propriétaires au jour de leur nomination et sur ceux dont ils deviennent propriétaires par la suite autrement qu'à titre onéreux, mais à la charge de la rendre publique par une inscription, conformément aux art. 2121 et 2134 C. N. (même loi, art. 6).

4047. IV. *Remise de titres.* La délivrance de l'objet vendu s'opérant par la remise des titres de propriété, *supra n° 4015,* l'acquéreur doit se les faire remettre. Le vendeur est tenu à cette remise, même lorsqu'il n'y est pas obligé; mais le contraire peut être stipulé.

4048. V. *Frais.* Les frais d'actes et autres accessoires à la vente sont à la charge de l'acheteur (C. N., 1593). Par accessoires on entend les frais de transcription, et ceux de purge des hypothèques

---

rendu un compte de tutelle qui a été approuvé avec payement du reliquat, suivant acte passé devant M°..., notaire à.... le....;

4° Qu'il est tuteur de Mlle Charlotte Mesnil, sa fille, encore mineure, laquelle a pour subrogé tuteur M. Denis Dubreuil, son oncle, demeurant à....;

5° Qu'il est marié en secondes noces, avec Mme...., demeurant avec lui;

6° Enfin qu'il n'est et n'a jamais été chargé d'autre tutelle, ni comptable de deniers publics.

TITRES. (N° 4047.)

Les vendeurs ont remis aux acquéreurs qui le reconnaissent et leur en donnent décharge: 1°..., etc.... 2°....

Les vendeurs ne seront tenus à la remise d'aucune autre pièce; mais ils subrogent les acquéreurs dans leurs droits, à l'effet de se faire délivrer, aux frais de ces derniers, toutes expéditions et tous extraits d'actes qu'il appartiendra.

FRAIS (N°s 4048 à 4050.)

Les frais et honoraires auxquels ces présentes donneront ouverture, y compris le coût d'une grosse pour les vendeurs, seront supportés par les acquéreurs:

Si les frais sont à la charge des vendeurs: Les frais et honoraires des présentes, y compris

---

(1) Cotuteurs, protuteurs: Pont, *Priv.,* n° 490; Cass., 22 nov. 1836, tuteurs officieux. *supra n° 1144;* mais non le père administrateur légal, *supra n° 1185.*

(2) Sont comptables ceux qui ont le maniement des deniers de l'État; ainsi: les receveurs généraux, les receveurs particuliers, les payeurs généraux et divisionnaires, les payeurs de départe-ment, des ports et des armées, les trésoriers, les receveurs et payeurs du trésor de la couronne *Loi 5 sept. 1807, art.* 7), les agents comptables des bâtiments civils en *Algérie*: Cass., 5 mars 1855; mais non les percepteurs des contributions. ni les fournisseurs des armées: Troplong, *Priv.,* 430 *bis;* Pont, *ibid.,* n° 39; Colmar, 10 juin 1820; Paris, 4 fév. 1834; Cass., 3 mars 1843.

légales, à moins que le vendeur n'ait trompé l'acheteur en lui déclarant n'être pas grevé d'hypothèqu légale, auquel cas les frais de purge pourraient être répétés contre lui (1).

4049. Lorsqu'il est stipulé que les frais de vente seront supportés par le vendeur, ou que la vente a lieu *contrat en main*, les frais dont le vendeur est chargé comprennent ceux du contrat de vente, d'une expédition pour l'acheteur, d'une grosse s'il y a lieu, et des formalités de transcription et de purge ; mais non ceux de la quittance du prix qui ne doivent pas être considérés comme des frais accessoires à la vente (2). Si le vendeur doit aussi payer ces frais, il faut le stipuler. Le montant des frais mis à la charge du vendeur doit être évalué dans le contrat afin qu'ils soient déduits du prix pour la perception du droit d'enregistrement.

4050. Le notaire, pour avoir payement des frais, ne jouit pas du privilége accordé au vendeur qui en a fait l'avance ; cependant il peut aussi le faire valoir contre l'acheteur en exerçant les droits du vendeur dans le sens de l'art. 1166 C. N. (3), celui-ci étant tenu solidairement avec son acheteur envers le notaire pour le payement des frais, alors même qu'une clause du contrat stipule qu'ils seront acquittés par l'acheteur (4), *supra n° 68.*

CHAPITRE SIXIÈME.

DE LA VENTE ENTRE ÉPOUX.

4051. Dans le but d'éviter les libéralités indirectes, qui seraient irrévocables sous forme de vente, la loi prohibe le contrat de vente entre époux (5) ; si ce n'est cependant dans les trois cas (6) suivants :

---

ceux d'une expédition pour les acquéreurs, d'une grosse pour les vendeurs et des formalités de transcription et de purge, seront supportés par les vendeurs. Il en sera de même de ceux de la quittance du prix (*ou bien* : ceux de la quittance du prix restent à la charge des acquéreurs).

Ces frais pour la perception du droit d'enregistrement seulement, sont évalués à une somme de. . . .

ÉLECTION DE DOMICILE.

Pour l'exécution des présentes, etc.
Dont acte. Fait et passé, etc.

FORMULE 569. — **Vente entre époux,** (N°s 4051, 4052.)

PAR-DEVANT M°. . . .
ONT COMPARU :
M. Denis BLOT, cultivateur, et Mme Honorine LESUEUR, son épouse, de lui autorisée, demeurant ensemble à. . . . ;
Lesquels, pour arriver à la vente faisant l'objet des présentes, ont exposé ce qui suit :

---

(1) Marcadé, *art. 1593* ; Duranton, XVI, 424 ; Duvergier, I, 470 ; Troplong, n° 204.
(2) Dalloz, *Vente*, n° 1105 ; Paris, 30 nov. 1812 ; L'opinion contraire émise par M. Paultre, *Rev. not.*, 1011, nous semble inadmissible.
(3) Pont, *Priv.*, n° 498.
(4) Marcadé, *art. 1593* ; Pont, *Priv.*, n° 406 ; Cass., 26 juin et 15 nov. 1820, 19 avril 1826, 10 nov. 1828, 20 mai 1830.

(5) De meubles aussi bien que d'immeubles : Orléans, 23 déc. 1862 ; J. N., 17711.
(6) Une vente faite en dehors de ces trois cas serait nulle : Duranton, XVI, 453 ; Marcadé, *1595*, 4 ; Massé et Vergé, § 679, note 15 ; Dict. not., *Vente*, n° 145 ; Roll., *Vente entre époux*. n° 20 ; Grenoble, 24 janv. 1826, 8 mars 1831 ; Cass., 13 mai 1817 ; CONTRA, Toullier, XII, 41. Voir aussi Troplong, n° 185 ; Duvergier, I, 183, selon lesquels elle devrait être considérée comme une donation déguisée.

1° Celui où l'un des deux époux, la femme aussi bien que le mari, cède des biens à l'autre séparé judiciairement d'avec lui, en payement de ses droits (C. N., 1595, 1°); ce qui constitue plutôt une dation en payement qu'une vente proprement dite [Form. 569]. Si le prix est stipulé payable aux créanciers du cédant, la vente doit être annulée, encore bien que l'époux cessionnaire soit au nombre des créanciers (1). Les frais de la dation en payement sont à la charge du conjoint cessionnaire, sans distinguer entre le mari ou la femme (2).

2° Celui où la cession que le mari fait à sa femme (3), même non séparée, a une cause légitime, telle que le remploi de ses immeubles aliénés, ou de deniers à elle appartenant, si ces immeubles ou deniers ne tombent pas en communauté (C. N., 1595, 2°), ou la restitution du prix de ses biens paraphernaux aliénés par le mari (4), mais non pour d'autres causes; ainsi serait nulle la vente faite par le mari

---

I. M. et Mme Blot se sont mariés à la mairie de. . . . le. . . .

Ils avaient arrêté les clauses et conditions civiles de leur mariage suivant contrat passé devant M^e. . . . notaire à. . . . le. . . ., contenant adoption du régime de la communauté réduite aux acquêts.

II. Suivant jugement rendu par le tribunal civil de. . . . le. . . . Mme Blot a été déclarée séparée quant aux biens d'avec son mari.

Mme Blot a renoncé à la communauté d'entre elle et son mari, par déclaration passée au greffe du tribunal civil de. . . ., le. . . .

Puis, aux termes d'un procès-verbal dressé par M^e. . . ., notaire à. . . ., commis à cet effet par le jugement ci-dessus énoncé, il a été procédé à la liquidation des créances et reprises de Mme Blot contre son mari, dont le montant était de douze mille deux cents francs.   12,200   »

M. Blot ne possédait que des objets mobiliers pour une valeur de trois mille quatre cents francs, qu'il a cédés en payement à la dame son épouse. .   3,400   »

Et il est resté débiteur envers elle d'une somme principale de huit mille huit cents francs.   8,800   »

Il lui doit en plus dix-sept cent dix francs, pour l'intérêt de cette dernière somme depuis le jour de la liquidation jusqu'aujourd'hui.   1,710   »

Ensemble dix mille cinq cent dix francs.   10,510   »

III. Depuis, M. Blot a recueilli la succession de M. Jean Blot, son père, décédé à. . ., le. . . ., duquel il est héritier pour un tiers, ainsi que le constate l'intitulé de l'inventaire après son décès, dressé par M^e. . . ., notaire à. . . ., le. . . .

Par le partage de cette succession, opéré suivant acte passé devant M^e. . . ., notaire à. . . ., le. . . ., il est échu à M. Blot, comparant, deux pièces de terre en labour, situées commune de. . . . lieu dit. . . . d'une contenance réunie de. . . ., qui seront ci-après désignées.

M. Blot, pour se libérer d'une nouvelle fraction sur le montant des créances et reprises de sa femme, va lui céder en payement ces deux pièces de terre.

Ces faits exposés, M. Blot a, par ces présentes, vendu en s'obligeant à la garantie de fait et de droit la plus étendue.

A Mme Blot, son épouse, qui accepte :

Deux pièces de terre labourables situées commune de. . . .

La première lieu dit. . ., de la contenance de. . ., figurée au plan cadastral sous le n°. . . de la section B, bornant, etc.

La deuxième, lieudit. . . ., etc.

---

(1) Duvergier, I, 179; Marcadé, 1595, 2; Riom, 21 déc. 1858. Voir cependant Cass., 23 août 1825; Bourges, 17 avril 1867.
(2) Trib. Perpignan, 28 janv. 1862; M. T., 1862, p. 540.

(3) Mais non la femme à son mari : Troplong, n° 180; Roll. Vente entre époux, n° 7.
(4) Marcadé, 1595, 2; Bordeaux, 1er déc. 1829; Poitiers, 11 août 1863; Jur. N., 12879.

à sa femme pour la payer de sa dot, lorsqu'ils sont mariés en communauté ou sous le régime dotal et qu'il n'y a pas de séparation prononcée (1).

3° Celui où la femme cède des biens à son mari en payement d'une somme qu'elle lui aurait promise en dot, et lorsqu'il y a exclusion de communauté (C. N., 1595, 3°), c'est-à-dire en cas de déclaration de non-communauté ou d'adoption du régime dotal sans société d'acquêts (2). Ce cas ne saurait être étendu à un autre ; ainsi la femme ne peut céder des immeubles à son mari pour se libérer des sommes qu'elle lui devrait pour causes antérieures au mariage (3).

4052. Sauf, dans ces trois cas, l'action en réduction de la part des héritiers des parties contractantes, s'il y a avantage indirect (C. N., 1595), par exemple si la vente a eu lieu pour un prix moindre que la valeur de l'objet (4).

Dans l'état où se trouvent ces deux pièces de terre, avec leurs dépendances, sans aucune exception ni réserve, comme aussi sans garantie de mesure, la différence en plus ou moins, fût elle même de plus d'un vingtième, devant être au profit ou à la perte de l'acquéreur.

Les immeubles vendus ont été recueillis par M. BLOT, vendeur, dans la succession de M. Jean BLOT, son père, ainsi qu'on l'a énoncé en l'exposé ci-dessus.

M. Jean BLOT en était propriétaire comme lui ayant été attribués avec autres biens par le partage de, etc. (*Etablir l'origine de propriété, voir formule* 583.)

Mme BLOT disposera des pièces de terre vendues comme de chose lui appartenant en pleine propriété et jouissance, le tout à partir d'aujourd'hui.

Cette vente est faite aux charges et conditions suivantes :

1° Mme BLOT acquittera les impôts, etc.

2° Elle jouira des servitudes actives et supportera, etc.

3° Elle payera les frais et droits auxquels ces présentes donneront ouverture.

En outre cette vente est faite moyennant la somme de trois mille francs, qui vient en diminution des dix mille cinq cent dix francs, dont Mme BLOT est créancière sur son mari, ainsi qu'on l'a établi ci-dessus ; au moyen de quoi M. BLOT n'est plus débiteur envers sa femme que d'une somme de sept mille cinq cent dix francs.

Néanmoins Mme BLOT fait réserve de son hypothèque légale contre son mari, et de l'inscription qui en a été prise au bureau des hypothèques de. . . ., pour l'intégralité de ladite somme de dix mille cinq cent dix francs et sur les deux pièces de terre présentement vendues, afin de les opposer à tous créanciers de son mari ayant une hypothèque inscrite sur ces immeubles.

Mme BLOT fera transcrire une expédition des présentes, etc.

M. BLOT déclare qu'il est marié en premières noces et qu'il n'est et n'a jamais été tuteur.

M. BLOT a remis à la dame son épouse l'extrait du partage énoncé ci-dessus et l'expédition de la vente faite le. . . . devant M^e. . . .

Pour l'exécution des présentes, etc.

Dont acte. Fait et passé, etc.

(1) Dalloz, n° 426 ; Duvergier, I, 179 ; Marcadé, *1595*, 2 ; Zach., Massé et Vergé, § 679. note 16 ; Troplong, n° 180 ; Grenoble, 25 janv. 1826, 8 mars 1831, 10 juill. 1841 ; Cass., 24 juin 1839 ; J. N., 10470, 11193 ; Bastia, 2 mai 1842 ; Trib. Bastia, 14 avril 1862 ; M. T. 1862. p. 540 ; CONTRA, Roll., *Vente entre épour,* n° 11 ; Bordeaux, 1er déc. 1829.

(2) Toullier, XII, 41 ; Duranton, XVI, 150 ; Troplong, n° 181 ; Du-

vergier, I, 181 ; Marcadé, *1593*, 3 ; Zach., Massé et Vergé, § 679, note 20.

(3) Duvergier, I, 182 ; Troplong, n° 182 ; Marc dé,*1595*, 3 : Massé et Vergé. § 679, note 21 ; Roll., *Vente entre ép.,* n° 19 ; CONTRA, Toullier, XIII, 353.

(4) Toullier, XII, 41 ; Duranton, XVI, 452 ; Duvergier, I, 185 Marcadé, *1595*, 5 ; Zach., Massé et Vergé, § 679, note 22.

CHAPITRE SEPTIÈME.

DES RÈGLES PARTICULIÈRES A CERTAINES VENTES.

4053. I. *Vente sous condition suspensive* [Form. 570]. La vente peut être faite purement et simplement ou sous une condition soit suspensive (1), soit résolutoire (2), *supra* n° 3209. Elle peut aussi avoir pour objet deux ou plusieurs choses alternatives, *supra* n° 3216. Dans tous ces cas son effet est réglé par les principes généraux des conventions (C. N., 1584).

4054. La vente soumise à une condition suspensive rend, si la condition vient à s'accomplir, l'acheteur propriétaire du jour de la vente, et doit être rendue publique par la transcription (3).

4055. II. *Promesse de vente* [Form. 571]. La promesse de vente est une convention par laquelle une personne s'oblige envers une autre à lui vendre une chose (4). Cette promesse vaut vente lorsqu'il y a consentement réciproque des deux parties sur la chose et sur le prix (C N., 1589); elle lie dans ce cas les deux parties, et la propriété est immédiatement transférée à l'acheteur (5). La vente faite par acte

---

FORMULE 570. — Vente sous condition suspensive. (N°ˢ 4053, 4054.)

PAR-DEVANT M° . . . . . ,
A COMPARU ;
M. Charles VIETTE, cultivateur, demeurant à. . . .
Lequel, sous la condition suspensive ci-après exprimée, a, par ces présentes, vendu, etc.
A M. Paul FLOUX, aussi cultivateur, demeurant à. . . . à ce présent et ce acceptant,
Une pièce de terre. . . ., etc.
. . . .
Moyennant la somme de. . . . etc.

CONDITION SUSPENSIVE.

M. VIETTE déclare qu'il est sur le point de se rendre acquéreur d'un fonds de commerce de marchand de vin en gros, exploité à. . . ., rue. . . ., par M. . . .; et il est expressément convenu : 1° que l'effet de la présente vente sera suspendu jusqu'à la réalisation de cette acquisition; 2° que si cette acquisition ne se réalise pas dans le délai de trois mois de ce jour, la présente vente sera considérée comme nulle et non avenue et demeurera sans objet.
Dont acte. Fait et passé, etc.

FORMULE 571. — Promesse de vente. (N°ˢ 4055 à 4058.)

La promesse de vente est fréquemment jointe à un bail; on la stipule à la fin de l'acte de la manière suivante :

Par ces mêmes présentes, et comme condition du bail ci-dessus, M. A. . . confère à M. B. . ., la faculté d'acquérir, si bon lui semble, pendant. . . . années, à compter d'aujourd'hui, la maison située à. . . ., rue. . . ., n°. . ., faisant l'objet du bail qui précède.
Et, en conséquence, M. A. . . promet de vendre cette maison à M. B. . ., s'il lui convient de l'acquérir, d'ici au. . . . inclusivement, et de réaliser cette vente devant notaire à. . . ., aussitôt la demande qu'il lui en aura faite. Mais si ce délai se passe sans que la vente ait été réalisée, M. B. . . ne pourra plus l'exiger.

---

(1) Voir Cass., 4 janv. 1858. J. N., 16238.
(2) Voir Bordeaux, 4 déc. 1851 ; J. N., 14588.
(3) Grosse, *Transc.*, n° 33 *ter* ; Troplong, *ibid.*, n° 54.
(4) Pothier, n° 477.

(5) Duranton, XVI, 51 ; Duvergier, I, 124 ; Roll., *Prom. de vente*, n° 13 ; Bastia, 28 juin 1849. Voir Cass., 24 juill. 1860 ; J. N., 16368. V. toutefois Troplong, n° 130 ;Toullier, IX, 91 ; Marcadé, *1589*, 5.

sous seing privé, avec engagement de la réaliser par acte devant notaire dans un délai fixé, est à plus forte raison translative de propriété, la promesse portant non sur la convention elle-même, mais uniquement sur sa forme. (1)

4056. Il y a seulement promesse unilatérale de vendre, lorsque le propriétaire d'une chose s'oblige à la vendre, pour un prix déterminé(1 bis), à une personne qui se réserve d'accepter la vente dans un délai fixé ou sous condition; elle est valable et obligatoire pour le vendeur (2). Si elle a été faite avec limitation de temps, le promettant est déchargé de plein droit lorsque avant l'échéance il n'a pas été mis en demeure (3). La promesse unilatérale de vendre est personnelle à celui à qui elle est faite; il ne peut la céder à un tiers (4).

4057. La vente qui réalise la promesse unilatérale de vendre ne remonte pas à la date de la promesse, l'acheteur n'ayant, jusqu'à la vente, qu'un simple droit de créance (5).

4058. Si la promesse de vente a été faite avec des arrhes, chacun des contractants est maître de s'en départir: celui qui les a données en les perdant, et celui qui les a reçues, en restituant le double (*C. N.*, 1590). Mais si les parties réalisent la vente, la somme donnée pour arrhes s'impute sur le prix. Si les parties résilient la vente d'un consentement mutuel ou si la chose vient à périr avant la réalisation, les arrhes doivent être rendues (6).

4059. III. *Dation en payement* [FORM. 572]. C'est l'acte par lequel une personne se libère d'une dette

---

Cette vente, si elle est demandée, aura lieu moyennant un prix de. . . ., qui sera payable. . . .

Ladite vente sera faite en outre aux charges et conditions suivantes, que M. B. . . . s'oblige d'exécuter et accomplir :

1° De prendre ladite maison dans l'état où elle se trouvera au moment de la vente;

2° D'acquitter les contributions. . ., etc.;

3° De souffrir les servitudes passives. . ., etc.;

4° De continuer ou renouveler l'assurance contre l'incendie. . ., etc.;

5° Et de payer tous les frais et droits auxquels la vente donnera ouverture.

L'origine de propriété sera établie dans le contrat de réalisation; et il sera fait remise à l'acquéreur des titres de propriété.

La vente sera réalisée soit au profit de M. B. . ., soit au profit de toute autre personne ou du command qu'il désignera; mais dans le cas de vente à un cessionnaire comme dans celui de déclaration de command, M. B. . ., restera obligé comme caution solidaire envers M. A. . ., au payement du prix et à l'exécution des charges de la vente.

Enfin il est expressément convenu que dans le cas où le bail ci-dessus serait résilié, soit à défaut de payement du loyer ou d'exécution des conditions, soit pour tout autre motif, d'ici au. . . ., cette résiliation emporterait de plein droit la résolution de la présente promesse de vente, qui serait alors considérée comme nulle et non avenue.

Pour l'exécution des présentes. . ., etc.

Dont acte. Fait et passé, etc.

FORMULE 572. — Dation en payement. (Nos 4059, 4060.)

PAR-DEVANT Me. . .,

ONT COMPARU :

M. Léon DAIX, charron, demeurant à. . .   D'UNE PART ,

(1) V. Angers, 15 fév. 1866 ; Paris. 12 janv. 1867 ; J. N., 15578.

(1 bis) Duranton, XVI, 57 ; Duvergier, I, 128 ; Troplong, n° 118; Massé et Vergé, § 675, note 6; CONTRA, Pothier, n° 481; Voir Marcadé, 1589. 2.

(2) Duranton, XVI, 49 ; Duvergier, I, 122 ; Marcadé, 1589, 1 ; Troplong, n° 116 ; Massé et Vergé, § 675. note 6; Paris, 10 mai 1826, 20 août 1847 ; Bourges, 13 juin 1811 ; Amiens, 16 juin 1811 ; Cass. 12 juin 1817, 8 avril 1818; Trib. Seine, 1er fév. 1860 ; M. T., 1860, p. 130 ; CONTRA, Toullier, IX, 91.

(3) Troplong, nos 117, 134; Duvergier. I, 127 ; Marcadé, 1589, 6 Massé et Vergé, § 675. note 6; CONTRA, Duranton, XVI, 58.

(4) Cass., 17 juin 1839 ; Paris, 2 juill. 1847 ; Aix, 21 déc. 1853 ; J. N., 10136 17990 ; CONTRA, Cass., 31 janv. 1866 ; J. N., 18473.

(5) Toullier, IX, 92 ; Duvergier, I, 123 ; Marcadé, 1589.3 ; Troplong, n° 123 ; Grenoble, 23 mai 1820 ; Paris, 26 août 1847 ; Cass.. 19 août 1848, 25 juill. 1849 ; J. N., 13195, 13483; CONTRA, Duranton; XVI. 53.

(6) Duvergier, I, 140 ; Marcadé, 1590, 1.

en donnant à son créancier une chose en payement: si la chose donnée en payement est un meuble ou un immeuble, l'acte est une *vente*; si c'est une créance, l'acte est un *transport*.

4060 La dation en payement opère l'extinction de la dette, et avec elle du cautionnement ou de l'hypothèque qui en étaient les accessoires (1).

4061. IV. *Acquisition en commun pour le survivant* [Form. 573]. Lorsque plusieurs personnes acquièrent indivisément un immeuble, en stipulant que l'immeuble appartiendra en totalité au dernier survivant d'entre elles, la convention constitue une clause aléatoire d'accroissement, dont l'effet est, à chaque décès, de faire passer la propriété de l'immeuble sur la tête des survivants, de manière que celui qui

---

Et M. Hilaire Lubin, propriétaire, demeurant à. . . .,   D'AUTRE PART;

Lesquels, pour parvenir à la dation en payement faisant l'objet des présentes, ont exposé ce qui suit :

Aux termes d'un jugement contradictoirement rendu par le tribunal de commerce de. . . ., le. . . ., M. Daix a été condamné à payer à M. Lubin une somme de trois mille francs, avec l'intérêt à 6 pour cent par an, à partir du. . . .

Ce jugement a été signifié à M. Daix suivant exploit de. . . . ., huissier à. . . . ., en date du. . . . .

En vertu de ce jugement, M. Lubin a pris inscription contre M. Daix, au bureau des hypothèques de. . . . ., le. . . . ., vol. . . . ., n°. . . . .

Il est dû par M. Daix à M. Lubin, pour les causes de ce jugement :

Principal, trois mille francs, ci.   3,000   »
Intérêt de cette somme depuis le. . . . . jusqu'aujourd'hui, cent dix francs, ci.   110   »
Frais de jugement, de signification et de prise d'inscription, cent vingt francs, ci..   120   »

Ensemble, trois mille deux cent trente franes, ci. . . . . :. .   3,230   »

DATION EN PAYEMENT.

Ces faits exposés, M. Daix, pour se libérer d'autant sur le montant de la créance susénoncée, vend avec la garantie de fait et de droit la plus étendue,

A M. Lubin, qui accepte :

Une pièce de terre en labour, située à. . . . ., etc.

Clause de non garantie de mesure. — Origine de propriété. — Jouissance. — Conditions (voir formule 568).

En outre, cette vente est faite moyennant la somme de deux mille quatre cents francs de prix principal, qui vient en diminution des trois mille deux cent trente francs dus par M. Daix à M. Lubin, ainsi qu'on l'a établi ci-dessus.

A ce moyen il ne reste plus dû sur ladite créance qu'une somme de huit cent trente francs et l'intérêt de cette somme à 6 p. 100 par an, à partir d'aujourd'hui.

M. Lubin donne quittance à M. Daix de ladite somme de deux mille quatre cents francs.

Et, par suite, il fait mainlevée et consent la radiation de l'inscription prise à son profit contre M. Daix, au bureau des hypothèques de. . . . ., le. . . . ., vol. . . . ., n°. . . . ., mais seulement jusqu'à concurrence de ladite somme de deux mille quatre cents francs, réserve en étant expressément faite pour raison des huit cent trente francs restés dus avec tous intérêts et accessoires.

En opérant la radiation de cette inscription dans le sens de la mainlevée qui précède, M. le conservateur sera déchargé.

Transcription et purge (voir pour le surplus la formule 568).

---

(1) Toullier, VII, 282; Troplong, *Priv.*, n° 847; Roll., *Dation en payement*, n° 15.

survit à tous les autres devienne propriétaire par accroissement de la totalité de l'immeuble. Ces transmissions successives sont à titre onéreux et commutatif, non à titre gratuit (1).

4062. V. *Vente avec réserve de déclarer command; déclaration de command* [FORM. 574, 575]. La déclaration de command est l'acte par lequel une personne, en vertu de la réserve qu'elle en a faite dans un contrat d'acquisition, déclare que l'acquisition est pour le compte d'une autre personne.

4063. Les ventes ou adjudications amiables ou judiciaires de toute espèce de biens meubles ou immeubles, même les transports d'obligations ou de rentes, peuvent donner lieu à la déclaration de command (2).

FORMULE 573. — Vente à plusieurs personnes pour la survivante d'entre elles.
(N° 4064.)

PAR-DEVANT Mᵉ . . . . .
A COMPARU :
M. . . . . ,
Lequel a, par ces présentes, vendu. . . . ., etc.,
A : 1° Mᵐᵉ Lucie VERMAND ; 2° Mᵐᵉ Charlotte LEBLÉ ; 3° Mᵐᵉ Denise LEBLOND ; 4° Mᵐᵉ Léonie BUQUET, religieuses au couvent de Notre-Dame, situé à. . . . ., où elles sont domiciliées, acquérant pour la survivante d'entre elles, ainsi qu'on l'énoncera plus loin,
Une maison, etc.

JOUISSANCE.

Les acquéreurs disposeront de l'immeuble vendu comme de chose leur appartenant en pleine propriété et jouissance, à compter d'aujourd'hui, pour en jouir en commun pendant leur vie ; et il est formellement convenu, à titre de clause aléatoire, que les trois premières mourantes seront considérées comme n'ayant jamais eu droit à la propriété de l'immeuble acquis, et que la propriété en résidera sur la tête de la survivante d'entre elles. En conséquence, ledit immeuble appartiendra en totalité et passera avec tous les droits qui en pourront dépendre à la dernière survivante des coacquéreurs ; aucune d'elles ne pourra en disposer particulièrement sans le concours et le consentement exprès de toutes les autres, et les héritiers ou ayants-droit de chacune d'elles ne pourront rien prétendre à l'immeuble acquis : la survivante d'entre elles devant être considérée comme unique et incommutable propriétaire de la totalité de l'immeuble, de même que si elle l'eût toujours possédé.

CONDITION.

Voir, pour le surplus, la formule 568.

FORMULE 574. — Vente avec réserve de déclarer command. (N° 4062.)

PAR-DEVANT Mᵉ . . . . .
A COMPARU :
M. . . . . ,
Lequel a, par ces présentes, vendu
A M. Désir BOISNEY, propriétaire, demeurant à. . . . ., à ce présent et ce acceptant, pour lui ou pour le command qu'il se réserve de déclarer,
Une maison située à. . . . ., etc.
M. BOISNEY, ou la personne qu'il se substituera, disposera de l'immeuble vendu, etc.

FORMULE 575. — Acte de déclaration de command. (N°ˢ 4063 à 4068.)

Et aujourd'hui. . . . . ,
PAR-DEVANT Mᵉ . . . . .

(1) Voir Cass., 19 nov. 1851, 15 déc. 1852. 10 et 25 août 1853, | J. N., 14523, 15020, 15040, 15073, 15248, 15289, 15639, 15782, 16333.
26 avril et 26 juill. 1854, 19 mars 1855, 9 avril 1856, 14 juin 1858; | (2) Décis. min. fin. et just., 18 janv. 1809. V. Cass., 23 juill. 1866.

Si la déclaration est faite en faveur d'un colicitant, le droit proportionnel de vente n'est exigible que sur la partie du prix qui excède les droits de ce colicitant (1).

4064. Cinq conditions sont exigées pour la validité de la déclaration de command ; il faut : 1° que la vente ou l'adjudication porte la condition d'élire un command, ou du moins, en cas d'adjudication, que la faculté d'élire command soit insérée dans le cahier des charges (2) ; 2° que l'acquéreur ait conservé la faculté d'élire un command, c'est-à-dire qu'il n'ait pas aliéné l'objet acquis ; il ne perdrait pas cette faculté en prenant possession de l'objet acquis, ni en payant son prix d'acquisition (3) ; 3° que la déclaration soit faite par acte notarié (*Lois 22 frim. an 7, art. 68, § 1, n° 24, et 28 avril 1816, art. 44, n° 3*), et non par acte sous seing privé (4), à moins qu'il ne soit déposé (5) ; 4° qu'elle soit gratuite, et n'apporte aucune novation dans les conditions ou le prix (6) ; autrement elle serait considérée comme une revente (7) ; cependant l'adjudicataire de divers immeubles moyennant un seul prix peut déclarer plusieurs commands et faire la répartition entre eux du prix d'adjudication (8), de même qu'il peut faire une déclaration de command pour une partie des biens acquis et conserver le surplus (9) ; 5° que l'acte de déclaration de command soit notifié à la Régie dans les vingt-quatre heures (10) de l'adjudication ou du contrat (11) (*Lois 22 frim. an 7, art. 68, § 1, n° 24 ; 28 avril 1816, art. 44, n° 5*), par un acte extrajudiciaire ou par la présentation du contrat de vente et de la déclaration (12) à la formalité de l'enregistrement (13) ; l'inscription au répertoire et la présentation au receveur pour le *visa* seraient insuffisantes (14).

4065. A défaut de notification dans le délai de vingt-quatre heures, ou si la déclaration a été faite après ce délai, la déclaration de command est considérée comme une revente (15) ; cependant si la vente

---

A COMPARU :

M. Désir Boisney, propriétaire, demeurant à.....;

Lequel, avant de passer à la déclaration de command qui fait l'objet des présentes, a dit ce qui suit :

Aux termes d'un contrat passé devant Me....., l'un des notaires soussignés, cejourd'hui, qui sera enregistré avec ces présentes, M..... a vendu à M. Boisney, comparant, qui a accepté pour lui ou pour le command qu'il s'est réservé de déclarer, une maison située à....., rue....., n°....., moyennant la somme de....., de prix principal, stipulée payable.....

Ceci exposé, M. Boisney, usant de la faculté qu'il s'est réservée de déclarer command, a déclaré, par ces présentes, que l'acquisition qu'il a faite de M....., de la maison ci-dessus désignée, située à....., rue....., n°....., est pour le compte de M. Germain Boete, propriétaire, demeurant à....., à ce présent et acceptant.

M. Boete, après avoir pris communication du contrat de vente ci-dessus énoncé, s'oblige au payement du prix et au service des intérêts qu'il produit, aux époques et de la manière indiquées au contrat, et à l'exécution des charges et conditions y insérées, le tout de manière que M. Boisney ne soit jamais inquiété ni recherché.

---

(1) Décis. min. fin., 18 brum. an 12 ; Délib., 12 sept., 1818, 9 fév. 1830 ; J. N., 7082.

(2) Décis. min. fin., 23 juin 1819.

(3) Roll., *Déclar. de command*, n°s 21, 22 ; Garnier, n° 2786 ; Cass., 27 janv. 1808.

(4) Garnier, n° 2789 ; Décis. min. fin., 15 mars 1808 ; Instr. Régie 29 juin 1808, n° 386, § 13 ; Trib. Chartres, 23 déc. 1833 ; Cass., 24 mai 1837 ; Trib. Clermont, 21 fév. et 29 mars 1845.

(5) Garnier, n° 2790 ; Cass., 7 nov. 1843 ; J. N., 11824.

(6) Troplong, n° 72 ; Garnier, n° 2800 ; Décis. min. fin., 15 mars 1808 ; Instr. gén., 7 juin suivant, n° 386, § 14 ;

(7) Garnier, n°s 2801 à 2804 ; Troplong, n° 72 ; Trib. Argentan, 23 mars 1843 ; Neufchâteau, 20 juin 1845 ; Saint-Gaudans, 10 juin 1846 ; Rodez, 16 mars 1848 ; Seine, 30 juill. 1856 ; Dieppe, 31 juill. 1861 ; Cass., 31 janv. 1814, 18 fév. 1839 ; J. N., 13434, 15934, 17253. Voir cependant Délib. Ré-le. 15 déc. 1836.

(8) Garnier, n° 2811 ; Cass., 13 avril 1815, 19 août 1835, 18 fév. 1839 ; Délib., 5 mars 1821 ; Inst. Régie, 10 fév. 1836, n° 1504, § 1.

(9) Garnier, n° 2813 ; Délib., 10 oct. 1828 ; Saint-Quentin, 9 juill. 1828 ; Cass., 26 nov. 1834, 19 août 1835, 6 nov. 1839.

(10) Ce délai court sans interruption à partir du moment de la vente et finit à la 24e heure qui suit cette vente, pourvu que ce soit avant la fermeture du bureau ; s'il est fermé, la notification n'est plus possible et le droit d'enregistrement est encouru : Décis. min. fin., 15 janv. 1831 ; Instr. Régie, 19 juill. 1834 ; Cass., Belgique, 26 juill. 1861 ; J. N., 17315.

(11) Cass., 15 oct. 1806, 31 mai 1825 ; Trib. Seine, 9 nov. 1854 ; Trib. Lectoure, 8 avril 1864 ; J. N., 13370, 18197.

(12) Au bureau de la résidence du notaire ou à tout autre : Sol. 8 mai 1811, J. E., 7943.

(13) Garnier, n° 823 ; Décis. min. fin., 18 brum. an 9 ; Cass., 3 vent. an 11, 15 oct. 1806, 31 mars 1825 ; Instr. Régie, 7 sept. 1827 et 19 juill. 1834, n° 1458, § 5.

(14) Garnier, n° 2821 ; Décis. min. fin., 1er mars 1841 ; Instr. Régie 9 mars 1841 ; Trib. Belfort, 25 mars 1844.

(15) Toullier, VIII, 170. Roll., *Déclar. de comm.*, n° 51.

a été faite la veille d'un jour férié, il suffit que la déclaration soit notifiée ou enregistrée le lendemain du jour férié (1). Si la déclaration de command a été faite dans l'acte même de vente ou d'adjudication, elle fait partie intégrante de la vente, et il n'est plus nécessaire de la notifier ou de la faire enregistrer dans les vingt-quatre heures (2), alors même qu'il n'y aurait eu à cet égard aucune réserve dans le cahier des charges ou dans l'acte de vente ou d'adjudication (3).

4066. La déclaration de command peut être présentée à l'enregistrement avant le contrat de vente, que ce contrat ait été reçu par le même notaire, ou qu'il ait eu lieu devant un autre notaire, ou en justice (4).

4067. L'effet de la déclaration de command est de subroger la personne déclarée ou *le command* à l'acquéreur pour tous les droits et obligations qui résultent du contrat (*Loi 16 octobre 1791*); le command est donc censé avoir immédiatement acquis et le déclarant est réputé n'avoir jamais acquis (5), de sorte que celui-ci ne peut être recherché soit pour le prix, soit pour les droits de mutation, à moins que la stipulation de la faculté d'élire command ne l'oblige à rester garant (6).

4068. Il ne faut pas confondre la déclaration de command avec l'obligation imposée à l'avoué dernier enchérisseur, par l'art. 707 du C. de pr., de déclarer l'adjudicataire et de fournir son acceptation dans les trois jours (7) de l'adjudication. L'adjudicataire déclaré peut lui-même déclarer command dans les vingt-quatre heures de la déclaration de l'avoué si la réserve en a été faite dans le cahier des charges ou dans la déclaration de l'avoué (8).

4069. VI. *Vente avec déclaration de remploi* (FORM. 576). Pendant le mariage, il peut être à la con-

---

Pour l'exécution des présentes.....
Dont acte. Fait et passé, etc.

FORMULE 576. — Vente avec déclaration de remploi. (Nᵒˢ 4069 à 4074.)

PAR-DEVANT Mᵉ.....

A COMPARU :

M. Jean BUDIN, propriétaire, demeurant à.....;

Lequel a, par ces présentes, vendu, etc.

A M. Louis DULAC, cultivateur, demeurant à....., à ce présent et acceptant, en remploi de ses immeubles propres aliénés, ainsi qu'on l'énoncera plus loin.

Ou bien : à Mᵐᵉ Lucie MÉNIER, épouse assistée et pour ces présentes autorisée de M. Louis DULAC, cultivateur, avec lequel elle demeure à....., à ce présente et acceptant, en remploi de ses immeubles propres aliénés (*ou à aliéner*), ainsi qu'on l'énoncera ci-après,

Une pièce de terre, etc.

PRIX.

Cette vente a lieu moyennant la somme de douze mille francs de prix principal, que M. DULAC (*ou que* Mᵐᵉ DULAC) a payée comptant en bonnes espèces ayant cours et en billets de la banque de France, acceptés comme numéraire. le tout compté et délivré à la vue des notaires soussignés, à M. BUDIN, qui le reconnaît et lui en donne quittance.

---

(1) Garnier, nᵒ 2827 ; Cass., 15 nov. 1837, 13 mars 1838. 7 nov. 1843 ; Cass., Belgique, 12 fév. 1833; Trib. Seine, 8 juill. 1835; Lyon, 15 juill. 1836 ; Instr. Régie, 18 juin 1838.

(2) Trib. Angers, 5 août 1836 ; Décis. min. fin., 11 avril 1821 et 6 fév. 1822 ; Délib., 5 mai 1824 et 6 oct. 1826, 5 mai et 30 nov. 1834, 15 avril 1861; Trib. Seine, 29 mars 1843; Délib. Régie, 15 avril 1864; J. N., 11736, 13134. Voir cependant Garnier, nᵒ 2828 ; Seine, 23 juill. et 9 déc. 1845; Cass., 11 janv. 1847 ; J. N., 12878, 12895.

(3) Trib. Angers, 5 août 1835; Décis. min. fin., 11 avril 1821. 6 avril 1822, 21 mai 1828 ; Instr. Régie, 24 juill. 1828, nᵒ 1231, § 1.

(4) Trib. Montmorillon, 24 juill. 1838 ; Toulouse, 2 mai 1839 ; Instr. Régie, 22 juin 1846, nᵒ 1755; J. N., 10184, 10495, 12772.

(5) Toullier, VIII, 170; Troplong, nᵒ 65; Roll., *Déclar. de comm.* nᵒ 57; Cass., 27 janv. 1808.

(6) Dans ce cas le droit d'enregistrement de cautionnement es dû : Garnier, nᵒ 2808; Cass. 16 nov. 1846, 28 déc. 1847, 20 avril 1850, 10 nov. 1858; Trib. Seine, 8 janv. et 15 déc. 1848. 26 avril 16 mai, 5 déc. 1849, 20 août 1851; Etampes, 13 fév. 1849 ; le Havre, 22 août 1850. 23 janv. 1851 ; Digne, 31 déc. 1860 ; J. N., 12926 13254, 13590, 14130, 14448, 16454, 17054; CONTRA, Seine, 18 déc. 1844, 11 avril 1846 ; J. N., 12133, 14055; Saint-Amand, 17 avril 1855 ; B. P., 492.

(7) Même lorsque l'adjudication a eu lieu devant notaire par suite de renvoi judiciaire : Garnier, nᵒ 2830; Cass., 20 fév. 1827 Circ. min. jus., 20 août 1842; Cass., 18 nov. 1844; J. N., 11447, 12176

(8) Cass., 1er fév. 1854 ; J. N., 15163.

venance de l'un des époux d'aliéner un ou plusieurs de ses immeubles propres, et de les remplacer par d'autres immeubles.

4070. Le remploi est censé fait à l'égard du mari toutes les fois que, lors d'une acquisition (1), il a déclaré qu'elle était faite : 1° des deniers provenus de l'aliénation (2) de l'immeuble qui lui était personnel, et 2° pour lui tenir lieu de remploi (*C. N. 1434*). Une seule de ces déclarations pourrait être insuffisante (3).

4071. Quand l'acquisition en remploi est faite pour une somme notablement supérieure au prix du propre aliéné, le remploi ne s'opère que jusqu'à concurrence de ce prix et le surplus est acquêt (4); il faut donc dans ce cas déterminer la portion de l'immeuble affectée au remploi si l'on veut éviter l'indivision entre la communauté et l'époux. — Si l'acquisition n'excède que d'une faible somme (5) le prix à remplacer, on peut déclarer que le prix est ou sera payé pour la majeure partie avec des deniers propres à l'époux et pour le surplus avec des deniers de la communauté avancés à l'époux, lequel est propriétaire de la totalité de l'immeuble, à la charge d'indemniser la communauté (6).

DÉCLARATION DE REMPLOI.

Si l'acquisition est au nom du mari : M. Dulac déclare que les douze mille francs qu'il vient de payer pour le prix de la présente vente lui sont personnels, comme formant le prix, payé comptant, de la vente qu'il a faite à M. Denis Saillard, cultivateur, demeurant à....., d'une maison située à....., propre à mondit sieur Dulac, suivant contrat passé devant M°....., notaire à....., le.....

Cette déclaration est ainsi faite pour, attendu l'origine des deniers, que l'immeuble acquis soit propre à M. Dulac en remploi de la maison vendue à M Saillard.

Si le prix est payable à terme : M. Dulac déclare qu'il payera les douze mille francs dus pour le prix de la présente vente, avec pareille somme formant le prix de la vente qu'il a faite à ..., de....., suivant contrat.....

Il fait cette déclaration pour, attendu l'origine des deniers, etc.

Si l'acquisition est au nom de la femme : M. et Mme Dulac déclarent que les douze mille francs qu'ils viennent de payer pour le prix de la présente vente sont personnels à Mme Dulac, comme formant le prix payé comptant de la vente qu'ils ont faite à M....., d'une maison située à....., propre à Mme Dulac. suivant contrat passé, etc.

Ils font cette déclaration pour, attendu l'origine des deniers, que l'immeuble acquis soit propre à Mme Dulac, en remploi de la maison vendue à M. Saillard.

Mme Dulac accepte expressément ce remploi.

Si le remploi est fait par anticipation : M. et Mme Dulac déclarent qu'ils payeront les douze mille francs dus pour le prix de la présente vente avec les prix de la vente qu'ils se proposent de faire d'immeubles situés sur la commune de....., appartenant en propre à Mme Dulac, ce qui sera établi par la quittance dudit prix.

Ils font cette déclaration pour, attendu l'origine des deniers, que l'immeuble acquis soit propre à Mme Dulac, en remploi de ceux qu'elle se propose d'aliéner.

Mme Dulac accepte expressément ce remploi.

Si le remploi ne comprend qu'une partie de l'immeuble acquis : M. et Mme Dulac déclarent que dans les douze mille francs payés pour le prix de la présente vente, il est entré une somme de huit mille francs personnelle à Mme Dulac, comme formant le prix payé comptant de la vente qu'ils ont faite à M....., d'une maison située à....., appartenant

---

(1) Et non postérieurement : Troplong, *Contr. de mar.*, n° 117 ; Marcadé, *1435*. 2; Toullier, XII, 358; Rodière et Pont, I, 509; Duranton, XIV, 392 ; Zach., Massé et Vergé, § 644, note 5; Dict., Not., *Remploi*, n° 70; Roll., *ibid.*, n° 34; Bourges, 26 avril 1837.
(2) Voir Rouen, 24 fév. 1843 ; J. N., 14877; Douai, 9 mars 1847; Jur. N., 3645.
(3) Rodière et Pont, I, 504; Troplong, *Contr. de mar.*, n°* 1119 et 4120 ; Marcadé, *1435*, 2; Zach., Massé et Vergé, § 644. note 7; Roll., *Remploi*, n° 36; Cass., 23 mai 1838 ; contra, Duranton, XIV,

428; Duvergier sur Toullier, XII, 370; Taulier, I, 325 ; Dict. Not., *Remploi*, n° 71.
(4) Troplong, *Contr. de mar.*, n° 1151 ; Toullier, XII, 357; Zach., Massé et Vergé, § 644, note 12; Duranton, XIV, 391 ; Rodière et Pont, I, 514; Roll., *Remploi*, n° 52 ; Cass., 29 juin 1821; Paris, 14 fév. 1232; contra, Bellot, I, p. 522.
(5) Ou même de moitié : Rouen, 30 juin 1860; M. T., 1861, p. 546.
(6) Troplong, n° 1151; Rodière et Pont, I, 514; Massé et Vergé, § 644, note 12.

4072. Les époux peuvent acquérir en remploi d'immeubles à aliéner par la suite, en déclarant : 1° que l'acquisition sera payée avec le prix à provenir d'immeubles propres à l'un des époux qui se propose de les aliéner ; 2° que cette déclaration est faite pour que l'immeuble lui soit propre. L'immeuble ainsi acquis ne remplace pas immédiatement celui qu'on se propose de vendre, mais il le remplacera aussitôt qu'il aura été vendu (1).

4073. La déclaration du mari, que l'acquisition est faite des deniers provenus de l'immeuble vendu par la femme et pour lui servir de remploi, ne suffit point si ce remploi n'a été formellement accepté (2) par la femme ; si elle ne l'a pas accepté, l'immeuble est réputé acquêt, et elle a simplement droit, lors de la dissolution de la communauté, à la récompense du prix de son immeuble vendu (*C. N.*, *1435*). Si la déclaration de remploi est postérieure à l'acquisition, la femme n'acquiert pas du vendeur, elle acquiert de son mari dans le sens de l'art. 1595, et cette vente est valable aussi bien que si elle portait sur un propre du mari (3).

4074. Si la déclaration du mari est faite en l'absence de la femme [Form. 577], elle peut l'accepter

en propre à Mme DULAC, suivant contrat passé devant M^e....., notaire à....., le.....

Ils font cette déclaration pour, attendu l'origine des deniers, que la pièce de terre acquise soit propre à Mme DULAC, en remploi de la maison vendue à M....., jusqu'à concurrence de huit mille francs, soit pour deux tiers, et dépende de la communauté pour le tiers de surplus.

En conséquence, ladite pièce de terre appartiendra en propre à Mme DULAC, pour les deux tiers du côté attenant à....., et dépendra de la communauté pour le tiers de surplus.

Mme DULAC accepte expressément ce remploi.

Si l'immeuble acquis en remploi est payé en partie avec des deniers propres à l'époux, et pour le surplus avec des deniers qui lui sont avancés par la communauté : M. et Mme DULAC déclarent que les douze mille francs montant du prix de la présente vente ont été payés, savoir : dix mille francs avec des deniers personnels à Mme DULAC, comme formant le prix payé comptant de la vente....., etc., et les deux mille francs de surplus avec des deniers de la communauté avancés à Mme DULAC, qui devra l'indemniser d'autant.

Ils font cette déclaration pour, attendu l'origine des deniers, que l'immeuble acquis soit, pour le tout, propre à Mme DULAC en remploi de la maison vendue à M....., à la charge d'indemniser la communauté pour les deux mille francs qui lui ont été avancés.

Mme DULAC accepte expressément ce remploi.

FORMULE 577. — Acquisition en remploi faite par le mari seul au nom de sa femme. (N° 4074.)

PAR-DEVANT M^e.....

A COMPARU :

M. Florent BUISSON, cultivateur, demeurant à.....;

Lequel a, par ces présentes, vendu avec la garantie, etc.

A Mme Lucie MÉNIER, épouse de M. Louis DULAC, cultivateur, demeurant à....., ce accepté pour cette dame par M. DULAC, son mari, seul ici présent, comme se portant fort pour elle, avec promesse de ratification.

. . . .

---

(1) Benech, *Emploi*, p. 263 ; Zach., Massé et Vergé. § 644, note 8 ; Battur, 1. 269; Rodière et Pont, I, 512; Marcadé, *1435*, 4; Dict. Not., *Remploi*, n° 67 : Roll., *ibid.*, n° 39 ; Poitiers, 19 juill. 1825 ; Angers, 5 fév. 1829 ; Bordeaux, 12 janv. 1838 ; Paris, 27 mars 1847 ; Cass., 23 nov. 1836, 23 mai 1838, 5 déc. 1854, 16 nov. 1830 ; J. N., 8708, 9048. 16651, 11630. 12725. Voir aussi Troplong, n° 1154; Dict. Not., *Remploi*, n° 93: Angers, 16 mars 1814 ; Jur. N., 7897. qui ne l'admettent que lorsque l'acquisition est faite au nom de la femme.

(2) Une acceptation tacite résultant des circonstances du fait pourrait ne pas suffire, même quand la femme a été présente au contrat ; Benech, *Emploi*. n° 43 ; Zach., § 644, note 9 ; Marcadé, *1435*, 3 ; Dict. Not., *Remploi*, n° 82; CONTRA, Toullier, XII, 364; Troplong, n° 1129 ; Rodière et Pont, I, 510; Roll.. *Remploi*, n° 44 ; Paris 17 mai 1852 ; J. N, 14505. V. Bordeaux. 27 déc. 1854 ; Jur. N., 12760.

(3) Toullier, XII, 362; Duranton, XIV, 303; Rodière et Pont, I, 509, Marcadé, *1435*, 3; Bordeaux, 8 juin 1860 ; Jur. N., 11713.

par acte postérieur (1), pourvu que ce soit avant la dissolution de la communauté ; son acceptation serait sans effet après la dissolution, qu'elle arrive par le décès de l'un des époux (2) ou par la séparation de biens (3). L'acceptation postérieure à l'acquisition, mais antérieure à la dissolution, peut être faite par un acte sous seing privé ayant date certaine (4). Pour passer l'acte d'acceptation la femme n'a pas besoin d'être autorisée, l'autorisation résultant suffisamment de la déclaration faite par le mari (5).

1075. VII. *Emploi ou remploi sous le régime dotal.* L'immeuble dotal peut être aliéné lorsque le contrat de mariage le permet, *supra n° 5684* [FORM. 578]. La vente doit être faite par le mari et la femme : la femme en sa qualité de propriétaire, et le mari comme ayant l'administration et l'usufruit

---

M. DULAC déclare que les . . . . . qu'il vient de payer pour le prix de la présente vente, sont personnels à Mme DULAC, comme formant le prix payé comptant, etc.

Il fait cette déclaration pour, attendu l'origine des deniers, etc.

M. DULAC accepte expressément ce remploi au nom de la dame son épouse.

En conséquence, la pièce de terre acquise appartiendra en propre à Mme DULAC, et le mari ne pourra en disposer comme chef de la communauté qu'à défaut de ratification de la part de Mme DULAC, après une mise en demeure.

FORMULE 578. — Vente d'un immeuble dotal. (N°s 4075 et suiv.).

PAR-DEVANT M^e. . . . .
ONT COMPARU :

M. Jules MAFLY, cultivateur, et Mme Fanny DOUAY, son épouse, de lui autorisée, demeurant ensemble à. . . . .

Mariés sous le régime dotal, avec constitution en dot des biens meubles et immeubles présents et à venir de la femme, aux termes de leur contrat de mariage passé devant M^e. . . . ., notaire à. . . . ., le. . . . . ; l'art. 5 duquel contrat de mariage est ainsi conçu :

« La future épouse se réserve la faculté de vendre ses immeubles dotaux, avec la seule
» autorisation de son mari et sans formalité de justice, à la condition que les prix desdits
» immeubles seront employés en acquisition d'autres immeubles au nom de la future
» épouse, avec les déclarations nécessaires pour l'en rendre propriétaire. Les acquisi-
» tions en remploi seront acceptées par la future épouse, et, après cette acceptation, la
» future épouse n'aura plus de recours contre les acquéreurs de ses biens dotaux, quel
» que soit le sort du remploi. »

Lesquels ont, par ces présentes, vendu en s'obligeant, etc.,

A M. Eloi BOULET, cultivateur, demeurant à. . . . ., à ce présent et ce acceptant,

Une pièce de terre à, etc.

Non garantie de mesure. — Origine de propriété. — Conditions. — Prix payé comptant.

PROMESSE D'EMPLOI

M. et Mme MAFLY s'obligent solidairement à employer la somme de. . . . ., qu'ils viennent de recevoir pour le prix de la présente vente, en acquisition d'un autre immeuble au nom de Mme MAFLY, dans les termes de leur contrat de mariage ci-dessus relaté, et à en justifier à l'acquéreur dans le délai de trois mois de ce jour.

Si le remploi doit avoir lieu en actions de la banque de France immobilisées et en rentes : . . . . en acquisition d'actions de la banque de France, qu'ils feront immobiliser

---

(1) Toullier XII, 362; Zach., Massé et Vergé, § 614, note 10; Rodière et Pont, I, 509; Marcadé, *1435*, 3; Troplong, *Contr. de mar.*, n° 1124.

(2) Toullier, XII, 360, 361; Duranton, XIV, 393; Zach., Massé et Vergé, § 614, note 10; Rodière et Pont, I, 509; Troplong, *Contr. de mar.*, n° 1126; Marcadé, *1435*, 3; Lyon, 25 nov. 1842; Besançon, 11 janv. 1844.

(3) Troplong, n° 1128; Marcadé, *1435*, 3; Limoges, 21 août 1840, Lyon, 25 nov. 1842; CONTRA, Rodière et Pont, I, 509.

(4) Benoch, n° 46; Rodière et Pont, I, 510; Massé et Vergé, § 614, note 9; Troplong, n° 1131; Marcadé, *1435*, 3; CONTRA, Duranton, XIV, 394; Odier, I, 323.

(5) Troplong, n° 1133; Marcadé, *1435*, 3; Rodière et Pont, 510; Troplong, n° 1133; Massé et Vergé, § 614, note 9.

de la dot (1), *supra* n° 3651 ; mais le concours de la femme n'est plus nécessaire si le contrat de mariage permet l'aliénation au mari seul (2).

4076. Le contrat de mariage, lorsqu'il stipule la vente des biens dotaux et l'emploi des sommes dotales, *supra* n° 3687, règle ordinairement les conditions de l'emploi ou du remploi, qui doivent être rigoureusement observées (3) ; ainsi : 1° celui prescrit en fonds de terre ne peut avoir lieu en maisons, ni en actions immobilisées de la banque de France ou en rentes sur l'Etat ; 2° celui exigé en biens immeubles de même nature et valeur ne peut pas non plus avoir lieu en rentes ni en actions de la banque de France ; 3° celui prescrit simplement en immeubles peut être fait soit en fonds de terre ou maisons [FORM. 597], soit en actions immobilisées de la banque de France [FORM. 580], soit

au nom de Mme MAFLY, conformément au décret du 16 janvier 1808 ; et pour la somme qui restera comme étant insuffisante pour l'achat d'une action entière, en acquisition de rentes 3 p. 100 sur l'Etat français.

Ils s'obligent aussi à faire mentionner dans le certificat d'immobilisation des actions de banque et dans le titre de rente, l'origine des deniers et l'affectation dotale, afin que ces valeurs soient propres à Mme MAFLY en remploi de l'immeuble présentement vendu et aient le même caractère dotal.

Mme MAFLY accepte dès à présent ce remploi.

FORMULE 579. — Acquisition en remploi d'un immeuble dotal. (N°s 4076 à 4087.)

PAR-DEVANT M^e....

À COMPARU :

M. Marc LÉGER....,

Lequel a, par ces présentes, vendu....,

A Mme Fanny DOUAY, épouse assistée et autorisée de M. Jules MAFLY....

Une pièce de terre, etc.

Origine de propriété. — Conditions. — Prix payé comptant.

DÉCLARATION DE REMPLOI.

M. et Mme MAFLY déclarent que la somme de....., qu'ils viennent de payer pour le prix de la présente vente est personnelle à Mme MAFLY, comme formant le prix payé comptant de la vente qu'ils ont faite à M. Eloi BOULET....., d'une pièce de terre située à....., propre et dotale à Mme MAFLY, suivant contrat passé devant M^e....., notaire à....., le.....

Ils font cette déclaration pour, attendu l'origine des deniers, que l'immeuble acquis soit propre et dotal à Mme MAFLY, en remploi de celui vendu à M. BOULET.

Mme MAFLY accepte expressément ce remploi.

FORMULE 580. — Déclaration de remploi en actions de la banque de France, et procuration pour l'immobilisation. (N°s 4076 à 4087.)

PAR-DEVANT M^e.....

ONT COMPARU :

M. Jules MAFLY, cultivateur, et Mme Fanny DOUAY.....

Lesquels, pour arriver à la déclaration de remploi et à la procuration faisant l'objet des présentes, ont exposé ce qui suit :

(1) Benoit, *Remploi*, n° 110 ; Duranton, XV, 329 ; Marcadé. 1557, 5 ; Cass., 28 mars 1830, 12 août 1839, 12 août 1841. Voir cependant Toullier, XII, 364 ; Tessier, 1, p, 221 ; Bellot, IV, p. 74 ; Roll., *Remploi*, n° 105 ; Bordeaux, 25 avril 1820, selon lesquels le concours de la femme n'est pas nécessaire.

(2) Ce pouvoir n'autorise pas le mari à vendre le bien dotal à rente viagère : Troplong, *Contr. de mar.*, n° 3399 ; Cass., 22 juin 1846 ; J. N., 12761.

(3) V. Cass., 26 mars 1866 ; J. N., 18506.

même en rentes trois pour cent de la dette française [Form. 581] (*Loi 2 juill. 1862, art. 46*); 4° celui prescrit en biens de France ne peut avoir lieu en biens situés à l'étranger ; 5° enfin, si le contrat de mariage permet l'emploi ou le remploi en immeubles, rentes sur l'Etat, actions de la banque de France ou autres valeurs, les époux peuvent choisir parmi ces modes d'emploi, celui qui leur plait, *supra n° 3687.*

4077. L'art. 46 de la loi précitée du 2 juillet 1862 porte : « Les sommes dont le placement ou le » remploi en immeubles est prescrit ou autorisé par la loi, par un contrat, etc., peuvent être » employées en rentes trois pour cent de la dette française, à moins de clause contraire. Dans ce cas, » et sur la réquisition des parties, l'immatricule de ces rentes au grand-livre de la dette publique, en » indique l'affectation spéciale ». Le but de cette loi a été de résoudre une question controversée, celle de savoir si le remploi prescrit en immeubles pouvait avoir lieu en rentes sur l'Etat; elle constitue une interprétation législative, et par conséquent s'applique aux contrats antérieurs à sa promulgation (1).

4078. L'emploi ou le remploi en une maison à construire suivant un devis déterminé, sur un

---

Le contrat de mariage de M. et Mme MAFLY a été passé devant M^e....., notaire à....., le.....; il contient adoption du régime dotal avec société d'acquêts et faculté de vendre les immeubles de la femme sous condition de remploi.

Suivant contrat passé devant M^e....., notaire à...., le....., M. et Mme MAFLY ont vendu à M. Eloi BOULET.... une pièce de terre située à....., contenant....., moyennant un prix principal de..... payé comptant, et se sont obligés à faire l'emploi de cette somme au nom de Mme MAFLY, en acquisitions d'actions de la banque de France qu'ils feraient immobiliser.

A cet effet, M. et Mme MAFLY ont acquis à la Bourse de Paris du....:, par l'entremise de M....., agent de change, six actions de la banque de France au nom de Mme MAFLY, pour une somme totale de....., ainsi que le constate un bordereau d'achat sur timbre à....., lequel non encore enregistré, mais devant l'être avec ces présentes, est demeuré ci-annexé, après que dessus les notaires soussignés ont fait mention de l'annexe.

DÉCLARATION D'EMPLOI. PROCURATION.

CES FAITS EXPOSÉS, M. et Mme MAFLY déclarent, par ces présentes, que la somme de....., qui a été employée pour l'achat des six actions de la banque de France dont il vient d'être question, provient de celle de....., payée par M. BOULET, pour le prix de la vente du....., ci-dessus énoncée.

Ils font cette déclaration pour, attendu l'origine des deniers, que lesdites six actions soient propres et dotales à Mme MAFLY, en remploi de l'immeuble vendu à M. BOULET.

Mme MAFLY accepte expressément ce remploi.

Et par ces présentes, M. et Mme MAFLY constituent pour leur mandataire M....., agent de change, demeurant à.....,

Auquel ils donnent pouvoir de, pour eux et en leur nom :

Faire immobiliser les actions susrelatées de la banque de France, acquises en remploi au nom de Mme MAFLY ; fournir toutes justifications; faire toutes réquisitions; signer sur les registres de la banque de France la déclaration de l'immobilisation exigée par la loi du 16 juin 1808, pour rendre immeubles les actions; réitérer au nom de Mme MAFLY, toute acceptation de remploi; substituer, et généralement faire le nécessaire.

DONT ACTE. Fait et passé, etc.

---

(1) Lefebvre, *De l'empl. et du rempl.*, n° 69; Bertin, *Droit du* 48 août 1862; *Duverdy, Gaz. trib.,* du 44 août 1862 ; Valluand. J. N., 17591 ; Paris, 27 mars 1863 ; J. N., 17682; Trib. Seine, 30 janv. 1863 ; | Jur. N., 42169 ; Marseille, 4 fév. 1863; Die. 47 fév. 1863; Aix, 23 mai 1866; J. N., 18193; contra, Ducruet, J. N., 17503. Voir Caen, 6 août 1832 ; J. N., 17680.

terrain propre à la femme est valable (1) ; mais celui en une maison meublée ne peut, lorsqu'il doit avoir lieu en immeubles, comprendre les meubles qui la garnissent (2).

4079. L'acquéreur ou débiteur du bien dotal est responsable du défaut et de l'irrégularité du remploi ou de l'emploi ; l'acquéreur du bien dotal peut donc être évincé si le remploi n'a été fait qu'en partie, ou s'il a été mal fait ; par exemple, si le prix du remploi a été porté à un chiffre plus élevé que le prix réel, dans le but de soustraire une portion des deniers dotaux à l'obligation du remploi, si le bien acquis est d'une valeur insuffisante, si la femme est évincée, ou a juste sujet de crainte de l'être (3), encore bien qu'elle ait accepté le remploi (4) ; l'acquéreur peut également être évincé si le remploi n'a pas été fait avant la dissolution du mariage ou la séparation de biens (5). Il ne peut se soustraire à l'action de la femme en offrant de payer une seconde fois le prix de son acquisition et de fournir un remploi valable (6). Quant au débiteur d'une somme dotale sujette à emploi, il serait tenu de payer une seconde fois comme s'étant mal libéré.

4080. L'acquéreur d'un bien dotal et le débiteur d'une somme dotale sujette à l'emploi sont fondés à exiger qu'il leur soit justifié d'un emploi régulier au moment de leur libération. La femme, de son

---

FORMULE 581. — Déclaration d'emploi de deniers dotaux. (Nos 4076 à 4087.)

PAR-DEVANT Me.....

ONT COMPARU :

M. Henri LEJARD, propriétaire, et Mme Laure COLLET, son épouse, de lui autorisée, demeurant ensemble à.....;

Lesquels, pour parvenir à la déclaration d'emploi faisant l'objet des présentes, ont exposé ce qui suit :

I. M. et Mme LEJARD, comparants, se sont mariés à la mairie de....., le.....

Ils avaient auparavant réglé les conditions civiles de leur union suivant contrat passé devant Me....., notaire à....., le....., par lequel ils ont adopté le régime dotal avec société d'acquêts et stipulé que tous les biens mobiliers et immobiliers présents et à venir de la future épouse pourraient être aliénés sans formalité de justice et ses capitaux recouvrés, à la condition d'emploi au profit de la future, soit en rentes sur l'Etat français, soit en actions de la banque de France ou autres valeurs garanties par l'Etat, soit en actions ou obligations du crédit foncier de France ou des principales lignes de chemin de fer français.

II. Par contrat passé devant Me....., notaire à....., le....., M. et Mme LEJARD ont vendu à M. Eloi PIC, négociant, demeurant à....., une maison située à....., rue....., n°....., propre et dotale à Mme LEJARD, moyennant la somme de vingt mille francs, qui a été payée depuis, suivant quittance passée devant Me....., notaire à....., le..... M. et Mme LEJARD se sont obligés à faire emploi de cette somme en acquisition d'un titre de rente 3 p. 100 sur l'Etat français.

III. Suivant quittance passée devant Me....., notaire à....., le....., M. et Mme LEJARD ont reçu de M. Luc PILLET, marchand de nouveautés, demeurant à....., la somme de six mille deux cents francs, montant en principal de l'obligation pour prêt que ce dernier a souscrite au profit de M. Félix COLLET, père de Mme LEJARD, suivant acte passé devant Me....., notaire à....., le.....; laquelle créance avait été attribuée à Mme LEJARD par le partage de la succession de son père, opéré devant Me....., notaire

---

(1) Cass., 2 avril 1855; Jur. N., 10493.

(2) Cass., 5 déc. 1844; Jur. N., 10493.

(3) Toullier, XII, 372; Benech., p. 200, 201; Duranton, XV, 485; Taulier, V, p. 305; Dalloz, n° 4031; Rodière et Pont. II, 353; Troplong. Contr. de mar., n° 3424; Marcadé, 1557. 2; Dict. Not., Remploi. n° 135; Roll., ibid, n° 102; Cass., 9 nov. 18:6, 9 juill. 1828, 12 déc. 1833. 23 déc. 1839. 25 avril 1842, 31 mars et 28 juill. 1862; Limoges, 14 janv. 1862; J. N., 10609. 17397, 17508. Voir Riom. 18 janv. 1856; Limoges, 14 janv. et 7 mai 1862; J. N., 16016, 17508.

(4) Benech, n° 50; Troplong, n° 3124; Caen, 18 déc. 1837.

(5) Benech. n° 88; Troplong, Contr. de mar., nos 1127, 3449; Zach. Massé et Vergé, I 670, note 42; Grenoble, 7 avril 1840: Rouen, 19 mai 1840, 26 août 1841; Cass., 27 avril 1842; Lyon, 25 nov. 1842, 24 mars 1847; J. N., 11267. Voir cependant, Rodière et Pont. II, 557 ; Bordeaux, 21 août 1848; Cass., 20 juin 1853.; Caen, 26 mai 1865.

(6) Troplong, n° 3419; Roll., Remploi, n° 62; Lyon, 25 nov. 1842; Cass., 17 déc. 1855; J. N., 15781; CONTRA, Agen, 5 janv. 1841; J. N. 11267; Pau, 28 juill. 1852; Cass., 20 janv. 1853; Jur. N., 10656.

côté, a action contre son mari, même avant toute séparation de biens, pour le forcer à effectuer le remploi ou l'emploi (1).

4081. L'acquéreur d'un bien dotal, soumis par le contrat de mariage à l'obligation de surveiller le remploi, n'est pas déchargé de cette surveillance par la consignation de son prix (2).

4082. L'acquisition en remploi est assujettie aux formes de l'art. 1435, *supra* n° 5075 [FORM. 579], notamment à l'acceptation de la femme, sinon elle ne serait pas propriétaire et l'immeuble pourrait être saisi par les créanciers du mari (3).

4083. Les époux tenus à l'emploi ou au remploi doivent en justifier : pour les acquisitions d'immeubles en remploi par la représentation du titre régulier d'acquisition, et pour les remplois en rentes sur l'Etat ou autres valeurs publiques, par un acte passé devant notaire [FORM. 581].

4084. L'emploi ou le remploi peuvent avoir lieu par anticipation (4), *supra* n° 4072.

4085. Lorsque le mode d'emploi ou de remploi proposé par la femme est jugé inacceptable, les frais

à....., le....., M. et Mᵐᵉ LEJARD ont pris l'engagement de faire l'emploi de cette somme en acquisition d'obligations 3 p. 100 du chemin de fer du Nord.

DÉCLARATION D'EMPLOI.

CES FAITS EXPOSÉS, M. et Mᵐᵉ LEJARD rendent compte de la manière suivante de l'emploi qu'ils ont fait des sommes ci-dessus constatées :

1° La somme de vingt mille francs touchée de M. PIC, pour prix de vente de la maison sise à....., propre et dotale à Mᵐᵉ LEJARD. ci.......... 20,000 »

A été employée en acquisition d'un titre de neuf cent huit francs de rente 3 p. 100 sur l'Etat français, au cours de soixante-six francs, soit pour une somme de dix-neuf mille neuf cent soixante-seize francs, ci. 19,976 »

> Cette rente est inscrite au nom de Mᵐᵉ LEJARD, sous le
> n°....., de la..... série, avec jouissance du.....; le
> titre contient l'annotation suivante : « Cette rente
> » acquise en remploi d'un prix de vente d'immeuble
> » dotal, touché de M. PIC, suivant quittance passée
> » devant Mᵉ....., notaire à....., le....., ne pourra
> » être aliénée que dans les termes du contrat de ma-
> » riage de Mᵐᵉ LEJARD, passé devant Mᵉ....., notaire
> » à....., le..... »

Il a été payé en plus à l'agent de change, pour frais de courtage et timbre, quatre francs, ci............. 4 »

2° La somme de six mille deux cents francs, touchée de M. PILLET, pour le principal de la créance ci-dessus énoncée, aussi propre et dotal à Mᵐᵉ LEJARD, ci............ 6,200 »

A été employée à acquérir vingt obligations 3 p. 100 du chemin de fer du Nord, portant jouissance du....., au cours de trois cent sept francs cinquante centimes, pour une somme totale de six mille cent cinquante francs, ci......... 6,150 »

> Ces vingt obligations portent les nᵒˢ....., et font l'objet
> d'un certificat délivré le....., au nom de Mᵐᵉ LEJARD,
> sous le n°....., et contenant l'annotation suivante :

A reporter. 26,130 » 26,200 »

---

(1) Troplong, n° 1112; Caen, 2 août 1851; Cass., 26 déc. 1852; J. N., 14830. V. Cass., 12 juin 1865; J. N., 18231, 18349.

(2) Cass., 12 mai 1857; J. N., 16071; CONTRA Massé et Vergé, § 670, note 41; Dict. Not., *Remploi*, n° 140; Benech, p. 418; Limoges, 21 août 1853; J. N., 14989.

(3) Benech, n° 41; Benoît, n° 113; Rodière et Pont, II, 535; Trop-

long, *Contr. de mar.*, n° 3198; Dalloz, *ibid.*, n° 4023; Duranton, XV, 420; Roll., *Remploi*, n° 109; Cass., 13 mai 1839, 12 juin 1865; Toulouse, 13 août 1844; Pau, 29 fév. 1860; CONTRA Toullier, XIV, 452; Bordeaux, 23 avril 1820; Grenoble, 25 avril 1861. V. Lyon, 22 fév. 1866.

(4) Troplong, n° 1154; Paris, 23 fév. 1854, 20 nov. 1858; Cass., 5 déc. 1854; J. N., 15401, 16453.

de l'instance doivent être prélevés, au profit de l'acquéreur ou du débiteur, sur le montant des sommes à employer (1).

4086. L'emploi ou le remploi doit comprendre tout le prix de la vente ou toute la somme dotale ; moins cependant somme nécessaire pour les frais et loyaux coûts de l'acte de remploi ou d'emploi, ces frais étant à la charge personnelle de la femme et non à celle du mari ni de la société d'acquêts (2).

4087. Lorsque les époux, en s'étant réservé la faculté d'aliéner les immeubles dotaux à la condition de remploi, ont vendu un immeuble dotal en promettant le remploi, puis ont obtenu du tribunal l'autorisation de toucher le prix pour en faire un emploi conforme à l'un des quatre premiers cas de l'art. 1558, *supra* n°ˢ 3671 à 3674, il pourrait arriver que l'acquéreur, quoiqu'en se libérant selon les termes du jugement, ne fût pas à l'abri de l'éviction ; car la vente du bien dotal en dehors de la clause de remploi ne peut avoir lieu qu'avec l'accomplissement des formes prescrites (3) (*arg. C. N. 1558*).

4088. VIII. *Expropriation pour cause d'utilité publique* [Form. 582]. Tous grands travaux publics,

---

	Reports.	26,130	»	26,200	»
« Ces obligations, acquises en remploi de deniers do- » taux touchés de M. Pillet, suivant quittance passée » devant Mᵉ...., le...., le...., ne pour- » ront être aliénées (*le surplus comme dessus*).					
Il a été payé, en outre, pour le courtage de l'agent de change et pour les frais de la conversion, vingt-deux francs, ci.			22	»	
3° Enfin, il y a lieu de comprendre ici, comme emploi, les frais du présent acte de compte rendu et des expéditions à fournir à MM. Pic et Pillet, ci... :			48	»	
Les sommes à employer se montent à..					26,200	»

Il a été déboursé pour les emplois une pareille somme de.. 26,200 »

A ce moyen les emplois ont été régulièrement effectués.

Mᵐᵉ Lejard déclare accepter expressément le titre de neuf cent huit francs de rente 3 p. 100 et les vingt obligations du chemin de fer du Nord, en remploi tant de la maison située à....., vendue à M. Pic, que de la créance de six mille deux cents francs touchée de M. Pillet.

Mention des présentes est consentie pour être faite sur toutes pièces où besoin sera.

Dont acte. Fait et passé, etc.

FORMULE 582. — Adhésion à expropriation pour cause d'utilité publique.
(Nᵒˢ 4088 à 4112.)

Par-devant Mᵉ.... :
Ont comparu :
M.... et M....
Agissant au nom et comme membres du conseil d'administration de la compagnie des chemins de fer de...., société anonyme ayant son siége à...., dont les statuts ont été établis suivant acte reçu par Mᵉ...., notaire à...., le...., et approuvés par décret impérial en date du....,   d'une part ;
Et M. Désiré Corbin, propriétaire, demeurant à....,   d'autre part ;
Lesquels, préalablement à l'adhésion à expropriation faisant l'objet des présentes, ont exposé ce qui suit :
Un jugement rendu par le tribunal civil de première instance de....., le.....,

---

(1) Rouen, 7 mai 1853 ; Jur. N., 10858.

(2) Benech, p. 242 ; Troplong, *Contr. de mar.*, n° 3429 ; Marcadé, 1557, 3 ; Rodière et Pont, II, 756 ; Roll., *Remploi*, n° 125 ; Rouen,

30 avril 1851 ; Cass., 16 nov. 1859 ; Trib. Seine, 13 juin 1861 ; Paris 23 mai 1863 ; R. N., 837 ; contra, Caen, 18 déc. 1837, 9 juill. 1845. — (3) Marcadé, 1557, 4 ; Montpellier, 3 janv. 1832 ; Jur. N., 10862 ; contra, Rouen, 23 juill. 1845 ; Caen, 7 août 1849 ; J. N., 10862.

routes impériales, canaux, chemins de fer, canalisation de rivières, bassins et docks, entrepris par l'Etat, les départements, les communes, ou par compagnies particulières, avec ou sans péage, avec ou sans subside du trésor, avec ou sans aliénation du domaine public, ne peuvent être exécutés qu'en vertu d'une loi. Un décret impérial suffit pour autoriser l'exécution des routes départementales, celle des canaux et chemins de fer d'embranchement de moins de vingt mille mètres de longueur, des ponts et de tous autres travaux de moindre importance (*L. 3 mai 1841, art. 3*).

4089. Les terrains ou les édifices dont la cession paraît nécessaire pour les travaux à exécuter sont expropriés pour cause d'utilité publique. Cette expropriation s'opère par autorité de justice (*même loi, art. 1er*).

4090. Les tribunaux ne peuvent la prononcer qu'autant que l'utilité en a été constatée et déclarée dans les formes prescrites par la loi. Ces formes consistent : 1° dans la loi ou le décret impérial qui autorise l'exécution des travaux pour lesquels l'expropriation est requise ; 2° dans l'acte du préfet qui désigne les localités ou territoires sur lesquels les travaux doivent avoir lieu, lorsque cette désignation ne résulte pas de la loi ou du décret impérial ; 3° dans l'arrêté ultérieur par lequel le préfet détermine les propriétés particulières auxquelles l'expropriation est applicable. Cette application ne peut être faite à aucune propriété particulière qu'après que les parties intéressées ont été mises en état d'y fournir leur contredit (*ibid., art. 2*). Voir à ce sujet les art. 4 à 12 de la même loi, selon lesquels il est dressé un plan parcellaire qui reste déposé pendant huit jours à la mairie de la situation des immeubles pour être communiqué à tous ceux qui le requièrent ; puis il y a lieu à une enquête, après quoi le préfet rend un arrêté de cessibilité déterminant les propriétés qui doivent être cédées et indiquant l'époque à laquelle il sera nécessaire d'en prendre possession.

4091. Si des biens de mineurs, d'interdits, d'absents ou autres incapables, sont compris parmi ceux à exproprier, les tuteurs, ceux qui ont été envoyés en possession provisoire, et tous représentants des incapables, peuvent, après autorisation du tribunal donnée sur simple requête, en la chambre du conseil, le ministère public entendu, consentir amiablement à l'aliénation desdits biens. Le tribunal ordonne les mesures de conservation ou de remploi qu'il juge nécessaire. Ces dispositions sont applicables aux im-

---

après l'accomplissement de toutes les formalités prescrites par la loi, a déclaré expropriées, pour cause d'utilité publique, diverses propriétés et portions de propriétés, situées sur la commune de...., arrondissement de...., nécessaires à l'ouverture et à la construction du chemin de fer de....,; ledit jugement précédé d'un arrêté de cessibilité rendu par M. le préfet du département de....., le.....,

Parmi les propriétés ou portions de propriétés expropriées, se trouvent les deux parcelles de terre suivantes, situées sur la commune de...., arrondissement de...., qui appartenaient à M. Corbin, savoir :

1° Quinze ares soixante centiares, lieu dit...., section A, n° 17 du plan cadastral et n° 38 du plan parcellaire ;

2° Douze ares trois centiares, lieu dit...., section D, n° 48 du plan cadastral, et n° 96 du plan parcellaire.

Le jugement d'expropriation ci-dessus énoncé a été publié conformément à la loi, et transcrit au bureau des hypothèques de...., le....., n°.....

Un état délivré sur cette transcription, par M. le conservateur des hypothèques de.... le....., et valant par sa date certificat de quinzaine, constate que lesdites parcelles ne sont grevées d'aucune inscription.

ADHÉSION.

Ces faits exposés, M. Corbin a, par ces présentes, déclaré acquiescer au jugement d'expropriation du.... ci-dessus énoncé, et, par suite, consentir au besoin au profit de la compagnie des chemins de fer de...., ce accepté pour elle par MM...., tout abandon et dessaisissement de propriété des deux parcelles de terrain ci-dessus désignées.

EXCÉDANT (n° 4105).

En outre, et conformément aux dispositions de l'art. 50 de la loi du 3 mai 1841,

meubles dotaux, *supra n° 3676*, et aux majorats. Les préfets peuvent, dans le même cas, aliéner les biens des départements, s'ils y sont autorisés par délibération du conseil général; les maires ou administrateurs peuvent aliéner les biens des communes ou établissements publics, s'ils y sont autorisés par délibération du conseil municipal ou du conseil d'administration, approuvée par le préfet en conseil de préfecture (*même loi, art. 13*).

4092. A défaut de conventions amiables, soit avec les propriétaires des terrains ou bâtiments dont la cession est reconnue nécessaire, soit avec ceux qui les représentent, le préfet transmet au procureur impérial, dans le ressort duquel les biens sont situés, la loi ou le décret qui autorise l'exécution des travaux, et l'arrêté de cessibilité (*même art.*). Ce magistrat requiert et le tribunal prononce l'expropriation pour cause d'utilité publique des terrains ou bâtiments indiqués dans l'arrêté du préfet. Le même jugement commet un des membres du tribunal pour remplir les fonctions de magistrat directeur du jury. Dans le cas où les propriétaires à exproprier consentiraient à la cession, mais où il n'y aurait point accord sur le prix, le tribunal donne acte du consentement et désigne le magistrat directeur du jury sans qu'il soit besoin de rendre le jugement d'expropriation (*même loi, art. 14*).

4093. Un extrait du jugement est publié, affiché, inséré, et notifié aux propriétaires (1) expropriés (*même loi, art. 15*); puis le jugement est immédiatement transcrit au bureau de la conservation des hypothèques (*ibid., art. 16, et C. N., 2181*). Les conservateurs des hypothèques ne doivent pas faire l'inscription d'office pour les prix des immeubles expropriés par l'État (2), par les départements (3), ou même par une compagnie comme subrogée aux droits de l'État (4).

4094. Dans la quinzaine de la transcription (5), les priviléges et les hypothèques conventionnelles, judiciaires ou légales, doivent être inscrits. A défaut d'inscription dans ce délai, l'immeuble exproprié est affranchi de tous priviléges et hypothèques, de quelque nature qu'ils soient, sans préjudice des droits des femmes, mineurs ou interdits, sur le montant de l'indemnité, tant qu'elle n'a pas été payée ou que l'ordre n'a pas été réglé définitivement entre les créanciers. Les créanciers inscrits n'ont, dans aucun cas, la faculté de surenchérir, mais ils peuvent exiger la fixation de l'indemnité (*même loi, art. 17*).

4095. Les actions en résolution, en revendication, et toutes autres actions réelles, ne peuvent arrê-

---

M. Corbin a, par ces présentes, cédé et abandonné, sous la garantie ordinaire et de droit,
A la compagnie des chemins de fer de. . . ., ce qui est accepté par MM. . . .
Six ares douze centiares de terre en labour, sis même commune de. . . ., lieu dit. . . ., portés au plan cadastral sous le n° 17 de la section A, et restant en excédant à gauche de la voie ferrée, après l'emprise des quinze ares soixante centiares situés au même lieu, compris sous le n° 38 du plan parcellaire, ci-dessus désignés.
Ainsi que ladite parcelle en excédant se poursuit et comporte, sans aucune exception ni réserve.

ÉTABLISSEMENT DE PROPRIÉTÉ.

Établir succinctement l'origine de propriété en la personne du propriétaire exproprié.

JOUISSANCE.

La compagnie des chemins de fer de. . . . disposera des parcelles de terrain expropriées et de celles en excédant comme de chose lui appartenant en pleine propriété, et la jouissance effective remontera à l'époque du commencement des travaux.

CHARGES ET CONDITIONS.

La présente adhésion et cession sont faites aux charges et conditions suivantes, que la compagnie des chemins de fer de. . . . sera tenue d'exécuter :

---

(1) Et aux usufruitiers (*même loi, art. 22*).
(2) Décis. min. fin., 17 avril 1835; Instr. Régie, 22 juill. 1835.
(3) Décis. min. fin., 4 janv. 1834; Instr. Régie, 11 mai 1854; J. N., 15256.
(4) Cass., 3 janv. 1847; Paris, 6 mars 1848; Dijon, 5 août 1853; J. N., 42377, 43317, 15473.

(5) La loi du 22 mars 1855 n'a pas dérogé à cette disposition; en conséquence, les conservateurs des hypothèques doivent délivrer les certificats énonçant les inscriptions prises sur les immeubles expropriés, non immédiatement après la transcription, mais à l'expiration du délai de quinzaine : Décis. min. fin., intérieur et trav publc., 15 mars, 5 et 19 juill. 1856; Instr. Régie, 15 nov. 1856; J. N., 15070.

ter l'expropriation ni en empêcher l'effet. Le droit des réclamants est transporté sur le prix (1), et l'immeuble en demeure affranchi (*ibid.*, art. 18).

4096. Les formes de publicité, la transcription et les effets de l'expropriation, *supra* n° 4090, sont applicables dans le cas de conventions amiables passées entre l'administration et les propriétaires. Cependant l'administration peut, sauf les droits des tiers, et sans accomplir les formalités ci-dessus tracées, payer le prix des acquisitions dont la valeur ne s'élève pas au-dessus de cinq cents francs. Le défaut d'accomplissement des formalités de la purge des hypothèques n'empêche pas l'expropriation d'avoir son cours; sauf, pour les parties intéressées, à faire valoir leurs droits ultérieurement sur l'indemnité (*ibid.*, art. 19).

4097. Le jugement ne peut être attaqué que par la voie du recours en cassation, et seulement pour incompétence, excès de pouvoir ou vices de forme. Le pourvoi a lieu, au plus tard, dans les trois jours, à dater de la notification du jugement, par déclaration au greffe du tribunal (*même loi*, art. 20).

4098. Dans la huitaine qui suit la notification du jugement d'expropriation, *supra* n° 4095, le propriétaire est tenu d'appeler et de faire connaître à l'administration les fermiers, locataires (2), ceux qui ont des droits d'usufruit, d'habitation ou d'usage, et ceux qui peuvent réclamer des servitudes résultant des titres mêmes du propriétaire ou d'autres actes dans lesquels il serait intervenu; sinon il reste seul chargé envers eux des indemnités que ces derniers peuvent réclamer. Les autres intéressés sont en demeure de faire valoir leurs droits par l'avertissement énoncé *supra* n° 4090, et tenus de se faire connaître à l'administration dans le même délai de huitaine, à défaut de quoi ils sont déchus de tous droits à l'indemnité (*même loi*, art. 21).

4099. L'administration notifie aux propriétaires, et à tous autres intéressés qui ont été désignés ou qui sont intervenus dans le délai fixé au numéro précédent, les sommes qu'elle offre pour indemnités (*même loi*, art. 23). Les propriétaires et autres intéressés sont tenus de déclarer s'ils acceptent les offres, ou s'ils n'acceptent pas, d'indiquer leurs prétentions (*ibid.*, art. 24). Les femmes mariées sous le régime dotal, assistées de leurs maris, les tuteurs, ceux qui ont été envoyés en possession provisoire des biens d'un absent, et autres personnes qui représentent les incapables, peuvent valablement accepter les offres, s'ils y sont autorisés dans les formes prescrites *supra* n° 4091 (*ibid.*, art. 25). Les préfets, maires ou administrateurs, peuvent accepter les offres d'indemnités pour expropriation des biens appartenant aux départements, communes ou établissements publics, dans les formes et avec les autorisations prescrites au même numéro (*ibid.*, art. 26). Le délai pour faire cette déclaration est de quinze jours (*ibid.*, art. 24), et d'un mois pour les parties incapables d'aliéner par elles-mêmes (*ibid.*, art. 27).

4100. Si les offres de l'administration ne sont pas acceptées, le montant de l'indemnité est réglé par un jury d'expropriation qui est formé et fonctionne dans les termes des art. 29 à 52 de la même loi.

1° Les indemnités pour privation de jouissance et pour les difficultés d'exploitation, ainsi que les dommages causés aux récoltes, seront à la charge de la compagnie des chemins de fer de. . . ., qui en tiendra compte à M. . . . ., fermier.

De son côté, M. CORBIN s'entendra avec le fermier, sur la réduction proportionnelle des fermages;

2° La compagnie des chemins de fer de. . . souffrira les servitudes passives, etc. ;

3° Elle acquittera les contributions. . . ., etc. ;

4° Elle payera les droits, frais et honoraires des présentes.

M. CORBIN, de son côté, renonce au bénéfice des art. 60 et 61 de la loi du 3 mai 1841.

FIXATION DE L'INDEMNITÉ.

Les parties ont fixé l'indemnité et le prix dus à M. CORBIN à raison tant de l'emprise

---

(1) Les inscriptions hypothécaires contenues en l'état ne sont pas assujetties au renouvellement; elles continuent donc après leur expiration de produire leur effet sur le prix : Cass., 30 janv. 1865, J. N., 18236. V. Cass., 10 août 1865; J. N., 18186.
(2) Le jugement d'expropriation résout de plein droit les baux consentis sur l'immeuble exproprié, et les locataires ou fermiers ont droit à une indemnité immédiate, sans que l'expropriant puisse s'y soustraire en déclarant qu'il entend laisser le locataire ou fermier en jouissance jusqu'à la fin de son bail ; Cass., 16 avril 1862; Paris, 11 août 1862; J. N., 17586, 17324. V. Seine, 15 janv. 1866; Paris, 10 juill. et 19 nov. 1867, 21 fév. 1808.

4101. Le jury prononce des indemnités distinctes en faveur des parties qui les réclament à des ti-tres différents, comme propriétaires, fermiers, locataires, usagers et autres intéressés. Dans le cas d'u-sufruit, une seule indemnité est fixée par le jury, eu égard à la valeur totale de l'immeuble; le nu-pro-priétaire et l'usufruitier exercent leurs droits sur le montant de l'indemnité au lieu de l'exercer sur la chose. L'usufruitier est tenu de donner caution; les père et mère ayant l'usufruit légal des biens de leurs enfants en sont seuls dispensés. Lorsqu'il y a litige sur le fond du droit ou sur la qualité des réclamants, et toutes les fois qu'il s'élève des difficultés étrangères à la fixation du montant de l'indemnité, le jury règle l'indemnité indépendamment de ces litiges et difficultés, sur lesquels les parties sont renvoyées à se pourvoir devant qui de droit. L'indemnité allouée par le jury ne peut, en aucun cas, être inférieure aux offres de l'administration, ni supérieure à la demande de la partie intéressée (*même loi, art. 59*).

4102. Si l'indemnité réglée par le jury ne dépasse pas l'offre de l'administration, les parties qui l'ont refusée sont condamnées aux dépens. Si l'indemnité est égale à la demande des parties, l'administration est condamnée aux dépens. Si l'indemnité est à la fois supérieure à l'offre de l'administration, et inférieure à la demande des parties, les dépens sont compensés de manière à être supportés par les parties et l'ad-ministration, dans les proportions de leur offre ou de leur demande avec la décision du jury. Tout in-demnitaire qui n'est pas incapable d'aliéner par lui-même est condamné aux dépens, quelle que soit l'es-timation ultérieure du jury, s'il a omis de déclarer son acceptation ou son refus sur les offres qui lui ont été faites, *supra n° 4099 (même loi, art. 40).*

4103. La décision du jury, signée des membres qui y ont concouru, est remise par le président au magistrat directeur, *supra n° 4092*, qui la déclare exécutoire, statue sur les dépens, et envoie l'adminis-tration en possession de la propriété, à la charge par elle de se conformer aux dispositions des art 53. 54 et suiv., *infra n° 4106 (ibid., art. 41).*

4104. La décision du jury et l'ordonnance du magistrat directeur ne peuvent être attaquées que par la voie du recours en cassation. Le délai pour se pourvoir est de quinze jours, à partir du jour de la dé-cision (*ibid., art. 42*).

4105. La loi du 3 mai 1841 trace les règles suivantes pour la fixation des indemnités: 1° Le jury est juge de la sincérité des titres et de l'effet des actes qui sont de nature à modifier l'évaluation de l'in-demnité (*art. 48*). — 2° Si l'administration conteste au détenteur exproprié le droit à une indemnité, le jury, sans s'arrêter à la contestation, fixe l'indemnité comme si elle était due, et le magistrat directeur du jury en ordonne la consignation, pour, ensuite, être attribuée à qui de droit (*art. 49*). — 3° Les bâti-ments dont il est nécessaire d'acquérir une portion pour cause d'utilité publique sont achetés en entier, si les propriétaires le requièrent par une déclaration formelle adressée au magistrat directeur du jury, dans les délais énoncés *supra n° 4099*; il en est de même de toute parcelle de terrain qui, par suite du morcelle-

---

des parcelles expropriées, que de la cession d'excédant, à la somme totale de. . . ., com-prenant : la valeur du sol, la dépréciation du surplus de la propriété, les dommages per-manents ou temporaires causés par le passage du chemin de fer, les études préliminaires, l'occupation temporaire, et généralement les indemnités de toute nature que M. CORBIN aurait pu réclamer.

Laquelle somme de. . . ., M. CORBIN reconnaît avoir reçue en espèces ayant cours et en billets de la banque de France, acceptés pour numéraire, le tout compté et délivré à la vue des notaires soussignés, de la compagnie des chemins de fer de. . . ., par les mains de M. . . ., payeur de cette compagnie, demeurant à. . . ., ici intervenu, ci. . . . . . . »   »

Plus. . . ., pour l'intérêt de cette somme couru depuis le. . . ., jour de la prise de possession, jusqu'aujourd'hui, ci.   »   »

Ensemble, ci. . . . .   »   »

De laquelle somme totale, M. CORBIN donne quittance à la compagnie des chemins de fer de. . . .

L'expropriation ayant pour effet de purger les immeubles expropriés de toutes hypothèques légales non

ment, se trouve réduite au quart de la contenance totale, si toutefois le propriétaire ne possède aucun terrain immédiatement contigu, et si la parcelle ainsi réduite est inférieure à dix ares (*art. 50*). — 4°. Si l'exécution des travaux doit procurer une augmentation de valeur immédiate et spéciale au restant de la propriété, cette augmentation est prise en considération dans l'évaluation du montant de l'indemnité (*art. 51*). — 5° Les constructions, plantations et améliorations ne donnent lieu à aucune indemnité, lorsque, à raison de l'époque où elles ont été faites ou de toutes autres circonstances dont l'appréciation lui est abandonnée, le jury acquiert la conviction qu'elles ont été faites dans la vue d'obtenir une indemnité plus élevée (*art. 52*).

4106. Les indemnités réglées par le jury sont, préalablement à la prise de possession, acquittées entre les mains des ayants droit. S'ils se refusent à les recevoir, la prise de possession a lieu après offres réelles et consignation (*même loi, art. 53*). — Il n'est pas fait d'offres réelles toutes les fois qu'il existe des inscriptions sur l'immeuble exproprié ou d'autres obstacles au versement des deniers entre les mains des ayants droit; dans ce cas, il suffit que les sommes dues par l'administration soient consignées, pour être ultérieurement distribuées ou remises, selon les règles du droit commun (*ibid., art. 54*).

4107. Si, dans les six mois du jugement d'expropriation, l'administration ne poursuit pas la fixation de l'indemnité, les parties peuvent exiger qu'il y soit procédé. Quand l'indemnité a été réglée, si elle n'est ni acquittée ni consignée dans les six mois de la décision du jury, les intérêts courent de plein droit à l'expiration de ce délai (*ibid., art. 55*).

4108. Les plans, procès-verbaux, certificats, significations, jugements, contrats, quittances et autres actes faits en vertu de cette loi, sont visés pour timbre et enregistrés gratis, lorsqu'il y a lieu à la formalité de l'enregistrement, *supra n° 337*. Il n'est perçu aucun droit pour la transcription des actes au bureau des hypothèques. — Les droits perçus sur les acquisitions amiables faites antérieurement aux arrêtés du préfet sont restitués, lorsque, dans le délai de deux ans, à partir de la perception, il est justifié que les immeubles acquis sont compris dans ces arrêtés. La restitution des droits ne peut s'appliquer qu'à la portion des immeubles qui a été reconnue nécessaire à l'exécution des travaux (*ibid., art. 58*).

4109. Lorsqu'un propriétaire a accepté les offres de l'administration, le montant de l'indemnité doit, s'il l'exige et s'il n'y a pas eu contestation de la part des tiers dans les délais prescrits par les art. 24 et 27, *supra n° 4099*, être versé à la caisse des dépôts et consignations, pour être remis ou distribué à qui de droit, selon les règles du droit commun (*même loi, art. 59*).

4110. Si les terrains acquis pour des travaux d'utilité publique ne reçoivent pas cette destination, les anciens propriétaires ou leurs ayants droit peuvent en demander la remise. Le prix des terrains rétrocédés est fixé à l'amiable, ou, à défaut d'accord, par le jury; la fixation par le jury ne peut, en aucun cas, excéder la somme moyennant laquelle les terrains ont été acquis (*même loi art. 60*). — Un avis publié par affiche et insertion, fait connaître les terrains que l'administration

---

inscrites dans la quinzaine de la transcription, *il n'est pas utile d'énoncer l'état civil du propriétaire exproprié*.

TITRES.

La compagnie des chemins de fer de. . . . ne pourra exiger de M. . . . . la remise effective des titres de propriété.
Pour l'exécution des présentes, etc.
DONT ACTE. Fait et passé, etc.

FORMULE 533. — **Établissement de l'origine de propriété.** (N°⁸ 4113 à 4135.)

En la personne du vendeur,

I. *Succession* (n°⁸ 4114, 4115). L'immeuble vendu appartient à M. MARTEL, vendeur, comme l'ayant recueilli dans la succession de Mme Denise TABUR, veuve de M. Léon MARTEL, sa mère, décédée à . . . ., le. . . . ., de laquelle il est seul et unique héritier, ainsi que le constate l'intitulé de l'inventaire après son décès, dressé par M^e . . . ., notaire à . . . ., le. . . . (ou un acte de notoriété à défaut d'inventaire, reçu en minute par M^e. . . ., notaire à. . . ., le. . . . .

est dans le cas de revendre. Dans les trois mois de cette publication, les anciens propriétaires qui veulent réacquérir la propriété de ces terrains sont tenus de le déclarer ; et, dans le mois de la fixation du prix, soit amiable soit judiciaire, ils doivent passer le contrat de rachat et payer le prix, le tout à peine de déchéance du privilége que leur accorde l'art. 60 (*ibid.*, *art. 61*). — Ces dispositions toutefois ne sont pas applicables aux excédants acquis sur la réquisition du propriétaire, *supra n° 4105* (*ibid.*, *art. 62*).

4111. Les concessionaires des travaux publics exercent tous les droits conférés à l'administration, et sont soumis à toutes les obligations qui lui sont imposées par la loi (*ibid.*, *art. 63*).

4112. Lorsqu'il y a urgence de prendre possession des terrains non bâtis qui sont soumis à l'expropriation, l'urgence est spécialement déclarée par un décret impérial. En ce cas, après le jugement d'expropriation, l'ordonnance qui déclare l'urgence et le jugement sont notifiés conformément à l'art. 15, *supra n° 4093*, aux propriétaires et aux détenteurs, avec assignation devant le tribunal civil. L'assignation est donnée à trois jours au moins ; elle énonce la somme offerte par l'administration. Au jour fixé, le propriétaire et les détenteurs sont tenus de déclarer la somme dont ils demandent la consignation. Faute par eux de comparaître, il est procédé en leur absence (*même loi*, *art. 65, 66* et *67*). Le montant de la somme à consigner est fixé par le tribunal (*ibid.*, *art. 68 à 74*)

CHAPITRE HUITIEME

DE L'ORIGINE DE PROPRIÉTÉ A ÉTABLIR DANS LES CONTRATS DE VENTE.

4113. La propriété des biens s'acquiert, *supra n° 1658* : 1° par succession ; 2° par donation entre-vifs ; 3° par testament ; 4° par achat ; 5° par échange ; 6° par l'effet de la mise en société ; 7° par la possession et la prescription [FORM. 583].

4114. I. *Succession, partage.* Celui qui transmet un immeuble recueilli par succession en qualité de seul héritier, doit justifier de cette qualité par un extrait d'intitulé d'inventaire ou par un acte de notoriété, *supra n°* 644, 654. S'il est seul héritier par suite de la renonciation de ses cohéritiers, il faut établir les qualités héréditaires de chacun des successibles et mentionner les actes de renonciation qui doivent avoir été passés au greffe, *supra n° 1857*, ou résulter de conventions entre les cohéritiers, *supra n° 1858*. Si le droit de l'héritier résulte d'une adoption, il faut vérifier si les formes prescrites ont été observées, *supra n° 1136*. Quand la succession, à défaut d'héritier au degré successible, a été dévolue

---

II. *Partage* (n°ˢ 4116 à 4119). L'immeuble vendu appartient à M. MARTEL, vendeur, comme l'ayant recueilli dans la succession de Mᵐᵉ . . . ., sa mère, décédée à . . . ., le . . . ., laissant pour seuls héritiers chacun pour moitié ses deux enfants : 1° M. MARTEL, vendeur ; 2° Mᵐᵉ Héloïse MARTEL, épouse de M. Charles DELORME, négociant, demeurant à . . . ., ainsi que le constate. . . .

Le même immeuble fait partie du second lot échu à M. MARTEL, par le partage de cette succession fait entre lui et M. et Mᵐᵉ DELORME, suivant acte passé devant Mᵉ . . . ., notaire à . . . . ., le . . . . .,

Une soulte de . . . . . a été mise à la charge du lot échu à M. MARTEL ; il l'a payée à M. et Mᵐᵉ DELORME, suivant quittance passée devant Mᵉ . . . . ., notaire à . . . . ., le . . . . ; dans laquelle quittance on a énoncé que M. et Mᵐᵉ DELORME étaient mariés sous le régime de la communauté sans condition d'emploi des deniers de l'épouse, aux termes de leur contrat de mariage passé devant Mᵉ . . . . ., etc.

En la personne de Mme MARTEL mère.

III. *Donation entre-vifs* (n°ˢ 4120 à 4123). Mᵐᵉ MARTEL mère était propriétaire dudit immeuble, au moyen de la donation qui lui en a été faite avec dispense de rapport, par

à l'enfant naturel, au conjoint survivant ou à l'Etat, on doit s'assurer que les formalités prescrites en pareil cas ont été remplies, *supra* n°s 1794 à 1802.

4115. Lorsque le successible, parent dans une seule ligne, a recueilli la totalité de la succession par dévolution à défaut de parents dans l'autre ligne, il est utile d'exiger un acte de notoriété établissant qu'il n'existe pas de parents connus dans cette ligne, encore bien qu'il ait été fait un inventaire, *supra* n° 929.

4116. Si le possesseur d'un immeuble recueilli par succession n'était pas seul héritier, il doit justifier de l'acte de partage qui lui en a attribué la propriété. On examinera: 1° si tous les cohéritiers ont concouru au partage; 2° si leurs qualités ont été établies; 3° dans le cas où parmi les héritiers il y a des absents, des mineurs ou des interdits, s'il a été fait en justice avec les formes prescrites, *supra* n°s 2129 *et suiv.*; 4° si l'on a fait entrer dans chaque lot la même quantité de biens de même nature, lorsque parmi les copartageants il se trouve une femme mariée sous le régime dotal, *supra* n° 2053; 5° si, quand le partage est judiciaire, les lots ont été tirés au sort, *supra* n° 2062; 6° enfin si le partage n'est pas susceptible de rescision pour cause de lésion, *supra* n° 2099.

4117. Lorsque les droits du possesseur résultent d'une cession de droits successifs, il faut voir si elle a ou non fait cesser l'indivision à l'égard de tous les héritiers: dans le premier cas, elle est considérée comme un partage et en produit les effets; dans le second cas, elle a le caractère et les effets d'une vente, *infra* n° 4251.

4118. La loi accordant aux cohéritiers, sur les immeubles de la succession, un privilége pour la ga-

---

M. Louis MERTIAN, son oncle, aux termes du contrat de mariage de ladite dame MARTEL, passé devant M°..... notaire à....., le.....

Mme MARTEL a été chargée de payer, en l'acquit du donateur, une somme de...., due à M....; elle s'en est libérée ainsi que le constate une quittance passée devant M°...., notaire, à....., le.....

Une expédition de ce contrat de mariage a été transcrite au bureau des hypothèques de..., le....., vol...., n°....

M. MERTIAN était célibataire; il est décédé à....le...., et sa succession a été dévolue à un frère et à des neveux et nièces, ainsi que le constate l'intitulé de l'inventaire après son décès, dressé par M°...., notaire à...., le.....

En la personne de M. MERTIAN.

IV. *Partage d'ascendant* (n°4124). Le même immeuble appartenait à M. MERTIAN, comme faisant partie du deuxième lot qui lui est échu aux termes d'un acte passé devant M°..., notaire à...., en présence de témoins, le....., contenant: *Premièrement*, donation à titre de partage anticipé, par M. Eloi MERTIAN, propriétaire, demeurant à.., à: 1° Mondit sieur Louis MERTIAN; 2° M. Charles MERTIAN, négociant, demeurant à....; 3° à Mme Elise MERTIAN, épouse de M. Gervais MARTEL, propriétaire, demeurant à...., ses trois enfants et seuls présomptifs héritiers chacun pour un tiers. *Deuxièmement*, et partage entre les donataires tant des biens donnés que de ceux dépendant de la succession de Mme Germaine TACHE, leur mère, décédée à...., le...., épouse de mondit sieur Eloi MERTIAN, de laquelle ils étaient héritiers chacun pour un tiers, ainsi que le constate un acte de notoriété.., etc.

M. MERTIAN père a imposé à ses enfants la condition de le laisser jouir à titre d'usufruitier, pendant sa vie, tant des biens par lui donnés que de ceux dépendant de la succession de sa défunte épouse.

Il n'a été stipulé aucune autre charge ni aucune soulte.

Ledit acte de donation n'a pas été transcrit au bureau des hypothèques.

M. MERTIAN donateur est décédé à...., le...., laissant pour seuls héritiers chacun pour un tiers, ses trois enfants entre lesquels il avait fait ledit partage anticipé, ainsi que le constate un acte de notoriété à défaut d'inventaire, reçu en minute par M°...., etc.

Par suite de ce décès, l'usufruit que M. MERTIAN père s'était réservé s'est réuni à la propriété entre les mains de ses enfants.

rantie des partages faits entre eux et pour les soultes ou retours de lots, si un partage contient la stipulation de soulte à la charge de celui qui transmet l'immeuble ou de ses cohéritiers, et qu'il ait été fait depuis moins de quarante cinq jours, il faut s'assurer qu'elles ont été payées. Si le partage remonte à plus de quarante-cinq jours, il n'y a plus lieu de s'inquiéter du privilége quand il n'a pas été inscrit avant la transcription de l'acte de transmission, *supra* n° 4037.

4115. Si l'acte constatant la propriété du nouveau possesseur est une licitation faite en justice, l'on doit s'assurer du payement du prix, quand même elle remonterait à plus de quarante-cinq jours, la folle enchère étant dispensée de l'inscription, *infra* n° 4432, et pouvant être poursuivie contre l'héritier adjudicataire par licitation, notamment lorsque le cahier des charges en contient la stipulation expresse.

4120. II. *Donation entre-vifs; partage d'ascendant.* Le droit de propriété résultant d'une donation est résoluble pendant la vie du donateur : 1° s'il y a stipulation du droit de retour, *supra* n° 2540; 2° pour inexécution des conditions, *supra* n° 2601; 3° pour ingratitude du donataire, *supra* n° 2605; 4° en cas de survenance d'un enfant légitime, *supra* n° 2608. L'effet de la révocation, arrivant autrement que pour ingratitude, est de faire rentrer les biens donnés dans le patrimoine du donateur libres de toutes charges et hypothèques et de toutes aliénations, *supra* n° 2615. Enfin les créanciers du donateur pourraient faire révoquer la donation si elle était faite en fraude de leurs droits, *supra* n 3487.

4121. Indépendamment de ces causes de résolution, il faut se préoccuper du cas où les biens donnés pouvant excéder la quotité disponible dans la succession du donateur, il y aurait lieu à une réduction

---

Suivant acte passé devant Mᵉ...., notaire à...., le...., M. Mertian fils et M. et Mᵐᵉ Martel ont procédé au partage de la succession mobilière de M. Mertian père, et ils ont reconnu que les lots formés par le partage anticipé susénoncé étaient d'une valeur égale.

En la personne de M. Mertian père.

V. *Legs particulier* (n°ˢ 4125 et suiv.). M. Mertian père était propriétaire dudit immeuble comme lui ayant été légué à titre particulier, et sans charge, par M. Félix Durand, son cousin germain, en son vivant demeurant à...., où il est décédé le...., aux termes de son testament fait sous la forme olographe à...., le...., déposé au rang des minutes de Mᵉ...., notaire à...., suivant acte reçu par lui le...., en vertu d'une ordonnance de M. le président du tribunal civil de...., contenue en son procès-verbal de description en date du....

L'exécution de ce testament et la délivrance du legs fait à M. Mertian ont été consenties suivant acte passé devant Mᵉ...., notaire à...., le...., par M. Jean Durand, en qualité de seul et unique héritier de M. Durand, testateur, son frère, ce qui est constaté par un acte de notoriété passé en minute...., etc.

En la personne de M. Durand.

VI. *Legs universel; partage de communauté* (n°ˢ 4125 à 4127). Ledit immeuble appartenait à M. Durand, ainsi qu'il va être établi :

Cet immeuble a dépendu de la communauté de biens qui a existé entre mondit sieur Durand et Mᵐᵉ Eugénie Hérichard, son épouse, aux termes de leur contrat de mariage passé devant Mᵉ...., notaire à...., le....

Cette communauté s'est dissoute par le décès de Mᵐᵉ Durand, arrivé à...., le....; laquelle dame, aux termes de son testament reçu par Mᵉ...., notaire à...., le...., avait institué pour ses légataires universels MM. Charles et Vincent Lebel, ses neveux, qui ont été saisis de plein droit de sa succession, ladite dame n'ayant laissé pour lui succéder aucun héritier à réserve, ce qui est constaté par un acte de notoriété passé en minute devant Mᵉ...., notaire à...., le....

Suivant acte reçu par Mᵉ...., notaire à...., le...., M. Durand et mesdits sieurs Lebel ont procédé à la liquidation et au partage de la communauté ayant existé entre M. et Mme Durand; les droits en pleine propriété de M. Durand ont été fixés à une somme

susceptible de faire rentrer l'immeuble donné dans la succession du donateur, affranchi de toutes dettes, charges et aliénations, *supra n° 5087.*

4122. Pendant la vie du donateur, l'aliénation du bien donné peut donc être inefficace. Pour obvier à cet inconvénient, il est d'usage de faire consentir la vente (1) par le donateur et par le donataire avec engagement solidaire de garantie envers l'acquéreur, afin que le donateur et ses héritiers, comme tenus à la garantie, ne puissent l'évincer. Cette intervention a aussi pour effet de suppléer au défaut de transcription de l'acte de donation, *supra n° 2483.*

4123. Après la mort du donateur, le sort de la donation est fixé : si le donataire est l'un de ses héritiers, on établit au moyen de la liquidation ou du partage que l'immeuble est resté sa propriété ; s'il est seul héritier, il suffit de justifier de sa qualité ; enfin si le donataire est étranger à la succession ou s'il y a renoncé, on établit que le donateur n'a pas laissé d'héritiers à réserve, ou, s'il en a laissé, que la donation n'est pas sujette à réduction.

4124. Lorsque le droit de propriété résulte d'un partage d'ascendant, il est aussi résoluble en certains cas ; par exemple, la survenance d'enfant, l'inexécution des conditions ; si le partage d'ascendant comprend une réserve d'usufruit en faveur des époux donateurs et du survivant d'eux, on peut voir dans cette disposition une donation mutuelle entre époux entachée de nullité et pouvant même, suivant une opinion qui nous semble exagérée, entraîner la nullité du partage d'ascendant, *supra n° 2926* ; enfin, après le décès du donateur ou du survivant, le partage d'ascendant peut être attaqué si l'un des copartageants établit à son préjudice une lésion de plus du quart, *supra n° 2915*, ou si l'on n'a pas fait entrer dans chaque lot une pareille quantité des biens de même nature, *supra n° 2924*. Lorsque la vente a lieu après le décès des donateurs, il faut justifier par un intitulé d'inventaire ou par un acte de notoriété que l'ascendant donateur n'a pas laissé d'autres héritiers que ceux entre lesquels le partage a été opéré, et que les donataires ont satisfait à toutes les charges qui leur étaient imposées.

de...., et pour le remplir de cette somme il lui a été attribué divers biens parmi lesquels figure l'immeuble présentement vendu.

VII. *Vente* (n°ˢ 4128 à 4132). Ledit immeuble dépendait de la communauté d'entre M. et Mᵐᵉ DURAND, comme ayant été acquis par M. DURAND de M. Luc BLARD, propriétaire, demeurant à....., suivant contrat passé devant Mᵉ....., notaire à....., le.....

Cette acquisition a été faite moyennant soixante mille francs de prix principal, qui ont été payés depuis, ainsi qu'on l'énoncera ci-après.

M. BLARD a déclaré qu'il était marié en premières noces avec Mᵐᵉ Jeanne BUQUET, sous le régime de la communauté, aux termes de leur contrat de mariage passé devant Mᵉ....., notaire à....., le....., et qu'il n'avait jamais été tuteur de mineurs ou d'interdits, ni comptable de deniers publics.

Une expédition dudit contrat de vente a été transcrite au bureau des hypothèques de....., le....., vol....., n°....., et, le même jour, il a été pris une inscription d'office au profit de M....., vol....., n°.....

A cette transcription il s'est trouvé deux inscriptions, ainsi que le constate un état délivré par M. le conservateur des hypothèques de....., le.....

La première est celle d'office ci-dessus énoncée.

Cette inscription a été radiée le....., en vertu de la quittance du....., ci-après énoncée.

La deuxième du....., vol....., n°....., prise au profit de M....., contre M. BLARD, vendeur, pour sûreté de.....

Cette inscription a été radiée définitivement le....., en vertu d'une mainlevée passée devant Mᵉ....., notaire à....., le.....

Deux certificats délivrés par le même conservateur, le...., constatent :

---

(1) Il ne suffirait pas de faire intervenir le donateur pour se désister de ses droits.

4125. III. *Testament; legs.* Lorsque l'immeuble vendu provient d'un legs universel, *supra n° 2739*, et que le testateur n'a pas laissé d'héritiers à réserve, *supra n° 3059*, le légataire universel est saisi de plein droit, et il suffit, si le testament est authentique, de justifier d'un acte de notoriété constatant la non-existence d'héritiers à réserve; et de plus, si le testament est olographe ou mystique, de l'ordonnance d'envoi en possession, *supra n° 2787*; lorsque le legs universel a été fait à plusieurs, il faut représenter le partage fait entre les légataires, *supra n° 4116*. Si, au contraire, le testateur a laissé des héritiers à réserve, on doit exiger la délivrance de legs consentie par ces héritiers ou obtenue contre eux, *infra n° 4126*.

4126. Si le legs est à titre universel, *supra n° 2747*, ou à titre particulier, *supra n° 2754*, on établit le droit à la propriété par la représentation de la délivrance de legs consentie par les héritiers à réserve, à leur défaut par les légataires universels et à défaut de ceux-ci par les héritiers, *supra n° 2796*, dont la qualité doit être justifiée; s'il n'y a pas eu délivrance volontaire, le jugement qui en tient lieu doit être passé en force de chose jugée; si le legs est à titre universel, il faut produire le partage qui a fixé le droit de propriété sur la tête du possesseur.

4127. Quand le droit de propriété résulte d'une institution contractuelle, *supra n° 2965*, ou d'une donation entre epoux, *supra n° 3000*, les justifications sont les mêmes, moins la délivrance; la saisine, dans ces cas, résultant du titre lui-même, *supra n° 2974*.

4128. IV. *Vente.* Lorsque le droit de propriété dérive d'un contrat de vente, on vérifie si l'acquisition a été faite d'une personne capable de s'obliger et d'aliéner ses immeubles, *supra n° 3996*; et dans le cas où l'immeuble aurait appartenu à un mineur ou à un interdit, si la vente a été faite en justice après les autorisations nécessaires, avec les solennités requises, et si le subrogé tuteur a été appelé à l'adjudication, *infra n° 4398*.

4129. Quand l'immeuble a été acquis d'une femme dotale, il y a lieu d'examiner: pour la vente ju-

---

L'un, que depuis le 1ᵉʳ janvier 1856 jusqu'audit jour . . . . ., il n'a été transcrit à son bureau aucun acte portant aliénation, antichrèse ou bail, ni aucune saisie de l'immeuble vendu par M. BLARD à M. DURAND, autre que la vente faite à ce dernier;

L'autre, que depuis le même jour, 1ᵉʳ janvier 1856, jusqu'audit jour . . . . ., il n'a été requis aucune mention de jugement portant rescision ou nullité du titre en vertu duquel M. BLARD possédait ledit immeuble.

M. DURAND a, en outre, fait remplir sur son acquisition les formalités suivantes pour la purge des hypothèques légales :

Copie collationnée du contrat d'acquisition a été déposée au greffe du tribunal civil de. . . . ., le. . . . .; et, de suite, un extrait en a été affiché dans l'auditoire de ce tribunal, au tableau à ce destiné; le tout ainsi que le constate un acte dressé au greffe le même jour.

Ce dépôt a été notifié à : 1° M. le procureur impérial près le tribunal civil de. . . . .; 2° Mᵐᵉ Jeanne BUQUET, épouse de M. DURAND, vendeur, parlant à ladite dame; 3° et M. DURAND, pour la validité, suivant exploit de. , . . ., huissier à. . . . ., du. . . . .

La notification faite à M. le procureur impérial a été insérée dans le . . . ., journal d'annonces légales publié à . . . ., feuille du. . . . ., ainsi que le constate un exemplaire de cette feuille, portant la signature de l'imprimeur légalisée par M. le maire de. . . . ., et enregistrée à. . . . ., etc.

L'extrait affiché dans l'auditoire du tribunal civil de. . . . ., y est resté exposé depuis le. . . . ., jusqu'au. . . . ., ainsi que l'énonce un acte dressé au greffe à cette dernière date.

Enfin, il est constaté par un certificat délivré par M. le conservateur des hypothèques de. . . . ., le. . . . ., que depuis le jour de la transcription du contrat de la vente à M. DURAND, jusqu'audit jour . . . . ., il n'a été requis aucune inscription d'hypothèque légale contre M. BLARD, ni contre les précédents propriétaires dénommés au contrat.

Suivant acte passé devant Mᵉ. . . . ., notaire à. . . . ., le. . . . ., M. BLARD a transporté à M. Jean GODARD une somme de trente mille francs sur le prix de la vente susénoncée.

III.   **15**

diciaire, si elle a été permise pour l'une des causes prévues par la loi, *supra* n⁰ˢ 3670 à 3676 et si les formes prescrites ont été observées, *infra* n⁰ˢ 4368 *et suiv.* ; pour la vente amiable, si elle était permise par le contrat de mariage, *supra* n⁰ 3684, si le remploi a été fait selon les prescriptions du contrat de mariage, s'il est régulier, si la femme l'a accepté, *supra* n⁰ˢ 4082.

4130. Il est encore nécessaire de vérifier si les biens n'étaient pas hors du commerce, *supra* n⁰ 4000, et si les rapports qui existaient entre le vendeur et l'acheteur ne produisaient pas une incapacité relative. C'est ainsi que la loi ne permet la vente entre époux que dans des cas déterminés, *supra* n⁰ 4051 ; qu'elle défend à certaines personnes de se rendre adjudicataires, *supra* n⁰ 3998.

4131. On doit examiner également si l'acquéreur s'est libéré du prix de son acquisition, et, par conséquent, si le privilége du vendeur et l'action résolutoire sont éteints, ou s'il a été suppléé à la représentation de la quittance du vendeur par un acte régulier contenant le désistement du privilége et de l'action résolutoire.

4132. D'ailleurs, lorsque la vente a été faite à l'amiable, il suffit, si la quittance du prix n'est pas représentée, que l'état sur transcription ne contienne pas l'inscription du privilége de vendeur qui alors se trouve purgé ainsi que l'action résolutoire, *supra* n⁰ 4037 ; mais si l'acquisition résulte d'une adjudication judiciaire, c'est par la voie de la folle enchère (*C. pr.*, 733) que la résolution de la vente est poursuivie contre l'adjudicataire en cas de non-payement du prix et d'inexécution des clauses de l'adjudication, et, dans ce cas, il faut énoncer la libération régulière de l'adjudicataire, même lorsque le privilége n'est pas inscrit, car l'action en folle enchère est indépendante du privilége et de l'action résolutoire et n'est pas atteinte par la loi du 23 mars 1855.

4133. V. *Echange.* Ce que nous avons dit pour la vente, *supra* n⁰ 4128 *et suiv.*, est applicable à l'é-

---

Et par autre acte passé devant Mᵉ....., notaire à....., le....., M. Durand a payé les soixante mille francs formant le prix de son acquisition susénoncée, savoir : trente mille francs entre les mains de M. Blard, vendeur ; et les trente mille francs de surplus entre les mains de M. Godard, cessionnaire.

Si la vente a été faite par le mari et la femme, mariés en communauté : Ledit immeuble a été acquis par M....., de M..... et Mᵐᵉ....., épouse de ce dernier, suivant contrat passé etc.

Cette acquisition a été faite moyennant..... etc.

M. et Mᵐᵉ....., vendeurs, ont déclaré qu'ils étaient mariés en premières noces sous le régime de la communauté, aux termes de leur contrat de mariage, passé devant....., et qu'ils n'étaient et n'avaient jamais été tuteurs de mineurs ou d'interdits, ni comptables de deniers publics.

Une expédition dudit contrat a été transcrite, etc.

Si l'on n'a pas fait purger : M..... n'a pas jugé à propos de remplir les formalités de purge d'hypothèques légales, en raison des déclarations faites au contrat d'acquisition relativement à l'état civil de M. et Mᵐᵉ.....

En la personne de M. Blard.

VIII. *Echange* (n⁰ 4133). L'immeuble présentement vendu dépendait de la communauté existant entre M. Blard et Mᵐᵉ Jeanne Buquet, son épouse, en vertu de leur contrat de mariage, passé devant Mᵉ....., etc., savoir : les bâtiments pour les avoir fait élever de leurs deniers personnels sans conférer de privilége de constructeur ; et le terrain comme leur ayant été cédé en échange d'un immeuble de la communauté, par M. Vincent Duret, propriétaire, demeurant à....., suivant acte passé devant Mᵉ....., notaire à....., le.....

Cet échange a eu lieu à la charge par M. Blard de payer à M. Duret une soulte de six mille francs ; M. Blard s'en est libéré depuis, ainsi qu'on l'énoncera ci-après.

M. Duret a déclaré qu'il était célibataire, qu'il n'était et n'avait jamais été tuteur de mineurs ni d'interdits, ni comptable de deniers publics.

Une expédition dudit acte d'échange a été transcrite au bureau des hypothèques de....., le....., vol....., n⁰....., et, à la même date, il a été pris une inscription

change; si une soulte a été stipulée, le payement doit en être constaté comme s'il s'agissait du prix d'une vente, *supra nº 4131*. L'échangiste qui est évincé de la chose qu'il a reçue en échange peut répéter sa chose, *infra nº 4436*; il faut donc, lorsqu'on établit l'origine d'un immeuble reçu à titre d'échange non-seulement vérifier l'établissement de propriété de cet immeuble dans les mains de celui qui l'a cédé à ce titre, mais aussi faire les mêmes vérifications à l'égard de l'immeuble donné en contre-échange, afin de s'assurer qu'aucune cause d'éviction ne peut faire naître, de la part du coéchangiste, une action en résolution, cette action résolutoire n'étant pas soumise à l'inscription. Toutefois ces vérifications ne sont plus utiles si le coéchangiste a renoncé au droit de répéter sa chose; son droit, dans ce cas, se borne à des dommages-intérêts qui ne sont pas conservés par un privilége, *infra nº 4438*.

4134. VI. *Société.* Lorsque l'immeuble dont on établit l'origine a été acquis d'une société, on doit vérifier si l'acte de société donnait à certains associés le pouvoir de vendre, si la vente a été faite par les associés auxquels le pouvoir a été conféré; si l'immeuble a été valablement mis en société, c'est-à-dire s'il était dans le commerce, si celui qui en a fait l'apport avait la capacité suffisante pour l'aliéner.

4135. VII. *Prescription.* Quand le possesseur d'un immeuble est dans l'impossibilité de représenter un titre d'acquisition, il faut examiner si sa possession a été suffisamment longue pour établir la prescription, c'est-à-dire si elle a duré trente ans, sans interruption ni suspension; ce qui doit être justifié par une réunion de documents, tels que les extraits de la matrice cadastrale, les baux, les inventaires, les déclarations de succession, les certificats des maires et des actes de notoriété signés par des personnes notables.

d'office au profit de M. Duret contre M. et Mme Blard, au vol....., nº....., pour garantie des six mille francs montant de la soulte.

Sur cette transcription il a été délivré le....., un certificat constatant qu'il n'existait sur les immeubles échangés de part et d'autre, aucune autre inscription que celle d'office susénoncée.

Deux autres certificats délivrés par le même conservateur, le....., etc. (*le surplus comme au § précédent*).

M. et Mme Blard se sont libérés entre les mains de M. Duret des six mille francs montant de la soulte susénoncée, suivant quittance passée devant Me....., notaire à....., le..... Par le même acte, M. Duret et M. et Mme Blard se sont désistés réciproquement du droit de répéter la chose cédée en cas d'éviction, au moyen de quoi chacun des coéchangistes s'est trouvé propriétaire incommutable de l'immeuble à lui cédé.

Le désistement dont il vient d'être question a pour objet de dispenser d'établir l'origine de propriété de l'immeuble cédé par M. et Mme Blard.

En la personne de M. Durat.

IX. *Société* (nº 4134). M. Duret était propriétaire dudit immeuble ainsi qu'on va l'établir.

Suivant un acte passé devant Me....., notaire à....., le......, mondit sieur Duret, M. Auguste Marchand et M. Charles Accard, ont formé entre eux une société en nom collectif pour l'exploitation d'une blanchisserie de fil et coton. M. Marchand a fait l'apport en société d'un terrain d'une contenance de....., formant celui sur lequel est édifiée la maison présentement vendue.

Une expédition de cet acte de société a été, pour raison des apports immobiliers, transcrite au bureau des hypothèques de....., le....., etc.

En outre, il a été rempli les formalités suivantes pour la purge des hypothèques légales, etc.

Énoncer les formalités de transcription et de purge, voir § VII.

La société a été dissoute par l'effet de son expiration arrivée le......, et elle a été liquidée et partagée entre les trois associés, suivant acte passé devant Me....., notaire

CHAPITRE TROISIÈME.

DE LA GARANTIE DE LA VENTE.

4136. La garantie que le vendeur doit à l'acquéreur a deux objets : le premier est la possession paisible de la chose vendue; le second, les défauts cachés de cette chose ou les vices rédhibitoires (*C. N.*, *1625*).

SECTION I. — DE LA GARANTIE EN CAS D'ÉVICTION

4137. Quoique lors de la vente il n'ait été fait aucune stipulation sur la garantie, le vendeur est obligé de droit à garantir l'acquéreur de l'éviction qu'il souffre dans la totalité ou partie de l'objet vendu, ou des charges prétendues sur cet objet et non déclarées lors de la vente (*C. N.*, *1626*).

4138. Le vendeur tenu à la garantie est celui au nom de qui la vente a été faite; ainsi, en cas de saisie, la partie saisie (1) ; la partie saisissante n'est garante que des irrégularités de la procédure (2). Quant aux créanciers colloqués auxquels l'adjudicataire évincé a payé son prix, il peut répéter contre eux les sommes qu'il leur a versées, le payement dans ce cas est considéré comme fait par erreur (3), *supra n° 5265.*

4139. Sont aussi tenus à la garantie et par conséquent ne peuvent évincer : 1° la caution du vendeur et tous les successeurs universels ou à titre universel de l'un ou de l'autre; 2° le propriétaire de la chose vendue qui est devenu héritier pur et simple du vendeur (4) ; 3° le mineur devenu héritier de son tuteur, pour la vente que ce dernier a faite sans formalité de justice d'un bien appartenant à son pupille (5) ; 5° le successible qui a vendu un bien appartenant à celui dont il a hérité, etc.

4140. L'obligation de garantie est indivisible entre les vendeurs (6) et entre leurs héritiers et représentants; chacun d'eux devant a garantie pour le tout, ne peut aucunement évincer (7). La résistance à la demande en éviction formée par une personne qui doit garantir s'appelle *exception de garantie.*

à....., le..... Trois lots ont été formés des immeubles; le premier lot, qui est échu à M. Duret, comprend divers immeubles parmi lesquels figure le terrain apporté par M. Marchand.

Ce partage a été fait sans soulte.

En la personne de M. Marchand.

X. *Possession; prescription* (n° 4135). L'acte de société ci-dessus énoncé constate que M. Marchand possédait ledit terrain à titre de propriétaire depuis plus de trente ans sans interruption, ce qui, à défaut de titre, en avait prescrit la propriété en sa personne, ainsi que ses coassociés l'ont reconnu.

FORMULE 581. — Restitution de prix de vente par suite d'éviction. (N°° 4136 à 4152.)

PAR-DEVANT M°.....,

ONT COMPARU :

M. Charles Barré,   D'UNE PART;

Et M. Eugène Dumas,   D'AUTRE PART;

---

(1) Pigeau, *Proc.*, II, p. 252; Duvergier, I, 345; Duranton, XVI, 265; Zach., § 685, note 4; Marcadé, *1629*, 3; Cass., 16 déc. 1828; Pau, 20 août 1836; contra, Troplong, n° 432; Thomine, *Proc.*, n° 837; Chauveau, *ibid*, n° 1409; Massé et Vergé, § 685, note 4; Toulouse, 24 janv. 1826; Dijon, 25 août 1827; Caen, 7 déc. 1827.
(2) Marcadé, *1629*, 3; Massé et Vergé, § 685, note 4; Toulouse, 24 janv. 1826; Dijon, 25 août 1827.
(3) Lyon, 15 déc. 1841; Rouen, 25 juin 1849; Riom, 30 janv. 1850; contra, Duranton, XIII, 646.
(4) Pothier, n° 175; Troplong, n° 417; Duvergier, I, 350; Marcadé, *1629*, 7; Cass., 1er déc. 1812; Grenoble, 28 mars 1835; Limoges, 6 janv. 1818; J. N., 13446; contra, Riom, 13 déc. 1807.

(5) Pothier, n° 175; Troplong, n° 416; Duvergier, I, 351; Marcadé, *1629*, 7; Roll., *Vente*, n° 355; Bordeaux, 8 déc. 1831; Cass., 28 juin 1866; J. N., 16647.
(6) Il ne suffit pas lorsque les biens sont grevés d'inscriptions au chef de plusieurs des vendeurs, que l'un d'eux rapporte mainlevée des inscriptions en ce qui le concerne; Paris, 15 juill. 1829. Voir Cass., 18 avril 1860; J. N., 16041.
(7) Duvergier, I, 353, Zach., Massé et Vergé, § 684, note 2 : Marcadé, *1629*, 8; Bordeaux, 8 déc. 1831; Nancy, 2 mai 1833; Rouen, 24 mai 1839; Cass., 19 fév. 1811, 5 janv. 1815, 11 août 1830, 11 janv. 1830, 18 avril 1850; Jur. N., 11255; contra, Pothier, n° 174; Duranton, II, 265; Troplong, n° 434.

4141. La demande en garantie que l'acheteur forme par voie d'action contre le vendeur ou ses héritiers est également indivisible; mais si elle se transforme en une action en restitution du prix ou en dommages et intérêts, elle devient divisible (1).

4142. La garantie est due à l'acquéreur, à ses héritiers et autres successeurs, à ses sous-acquéreurs, et même à ses donataires entre-vifs, qui, bien que n'ayant droit à aucune garantie contre le donateur, *supra* n° 2472, succèdent néanmoins à tous ses droits de garantie contre le vendeur (2).

4143. La garantie a lieu aussi pour l'éviction résultant de la surenchère que fait un créancier inscrit (3), qu'elle atteigne tout l'objet vendu ou une partie seulement, même inférieure à un vingtième (4).

4144. Les parties peuvent, par des conventions particulières :

1° Ajouter à l'obligation de garantie résultant de la loi (C. N., 1627), en stipulant que le vendeur sera tenu non-seulement à la garantie de *droit*, mais aussi à la garantie de *fait*, comme, par exemple, le fait du souverain, un cas de force majeure;

2° Ou en diminuer l'effet (C. N., 1627), en convenant que le vendeur ne sera point tenu à la garantie d'un fait d'éviction déterminé (5);

3° Ou même convenir que le vendeur ne sera soumis à aucune garantie (C. N., 1627); malgré cette convention, le vendeur demeure cependant tenu de la garantie résultant d'un fait qui lui est personnel; toute convention contraire est nulle (C. N., 1628); et, en cas d'éviction, il est tenu à la restitution du prix, à moins que l'acquéreur n'ait connu lors de la vente le danger de l'éviction (6) ou qu'il n'ait acheté à ses risques et périls (C. N., 1629). Si la vente avait été faite avec garantie de tous troubles, la connaissance des causes de l'éviction ne ferait pas obstacle à la restitution du prix, ni même aux dommages et intérêts (7).

4145. Lorsque la garantie a été promise ou qu'il n'a rien été stipulé à ce sujet, si l'acquéreur est évincé, il a droit de demander contre le vendeur [Form. 584] :

1° La restitution du prix (C. N., 1630, 1°); et si à l'époque de l'éviction, la chose vendue se trouve diminuée de valeur, ou considérablement détériorée, soit par la négligence de l'acheteur, soit par des accidents de force majeure, le vendeur n'en est pas moins tenu de restituer la totalité du prix

---

Lesquels, pour parvenir à la restitution faisant l'objet des présentes, ont exposé ce qui suit :

Aux termes d'un contrat passé devant M*....., notaire à....., le....., M. BARRÉ a vendu à M. DUMAS une maison située à....., etc. (*la désigner*), moyennant quinze mille francs payés comptant.

M. DUMAS a rempli sur son acquisition les formalités de transcription et de purge d'hypothèque légale, sans découvrir d'inscription, et, par conséquent, était fondé à se croire propriétaire incommutable dudit immeuble.

En cette qualité, M. DUMAS a fait faire divers travaux, savoir : 1° il a fait reconstruire à neuf le mur d'appui de la buanderie qui menaçait ruine, ce qui a constitué une impense nécessaire; 2° il a fait poser un lavoir et construire un bâtiment pour l'abriter sur le bord de la rivière....., bordant ladite maison, ce qui a constitué une impense utile; 3° enfin, il a fait peindre et tapisser l'intérieur de la maison.

M. DUMAS était en jouissance de la maison depuis plus de deux ans, lorsque, par exploit de....., huissier à....., du....., M*** Laure DIONE, veuve de M. Charles DUMONT,

---

(1) Grenoble, 21 fév. 1861.

(2) Duranton, XVI, 276; Duvergier, I, 313; Troplong. n° 429 ; Zach., Massé et Vergé, § 685, note 5 ; Marcadé, *1629*, 4; Cass., 25 janv. 1820; Bordeaux, 5 avril 1826, 4 fév. 1831.

(3) Duranton, XVI, 200 ; Troplong, n° 426 ; Duvergier, I, 321 ; Zach., Massé et Vergé, § 685, note 3; Marcadé, *1629*, 2; Roll., *Vente*, n° 321; Cass., 4 mai 1808; Bordeaux, 27 fév. 1829; Toulouse, 27 août 1834 ; Limoges, 23 avril 1847 ; Jur. N., 7871; Paris, 8 janv. 1848 ; J. N., 13362; CONTRA, Paris, 31 mars 1831.

(4) Marcadé, *1629*, 6; Massé et Vergé, § (36, note 22 ; Cass. 14 janv. 1831 ; J. N., 14276; CONTRA, Colmar, 3 avril 1837.

(5) Troplong, n° 477 ; Duvergier, I, 337 ; Roll., *Vente*, n° 377.

(6) Soit par la connaissance à lui donnée et énoncée au contrat de vente, soit par tout autre moyen: Pothier, n° 187 ; Marcadé, *1629*, 6; Cass., 16 juin 1840, 20 juin 1843; Douai, 16 fév. 1848. Voir cependant Rennes, 14 juin 1841 ; J. N., 11270.

(7) Marcadé, *1629*, 6; Cass., 7 frim. et 19 floréal an 12.

(*C. N.*, *1651*); mais si l'acquéreur a tiré profit des dégradations par lui faites, le vendeur a droit de retenir sur le prix une somme égale à ce profit (*C. N.*, *1652*);

2° Celle des fruits, lorsque l'acheteur est obligé de les rendre au propriétaire qui l'évince (*C. N.*, *1650*, *2°*) ; ce qui s'applique seulement aux fruits postérieurs au moment où l'acheteur a connu les vices de son contrat, puisque jusque-là il faisait les fruits siens comme possesseur de bonne foi (1);

3° Celle des frais et loyaux coûts du contrat (*C. N.*, *1650*, *4°*)·

4° Les frais faits sur la demande en garantie de l'acheteur, et ceux faits par le demandeur originaire (*C. N.*, *1650*, *5°*);

5° Enfin, les dommages et intérêts (*C. N.*, *1650*, *4°*), afin d'indemniser complétement l'acheteur, soit du tort que l'éviction lui a causé, soit du bénéfice dont elle l'a privé (2).

4146. On comprend dans les dommages et intérêts : 1° ce que la chose vendue vaut au-dessus du prix de la vente, si, indépendamment même du fait de l'acquéreur, elle se trouve avoir augmenté de prix à l'époque de l'éviction (3) (*C. N.*, *1653*); 2° le remboursement que le vendeur est tenu de faire à l'acquéreur ou de lui faire faire par celui qui l'évince, de toutes les réparations et améliorations utiles qu'il a faites au fonds (*C. N.*, *1654*). De plus, si le vendeur a vendu de mauvaise foi le fonds d'autrui, il est obligé de rembourser à l'acheteur toutes les dépenses même voluptuaires ou d'agrément, que celui-ci a faites au fonds (*C. N.*, *1655*).

4147. Il y a donc lieu d'examiner si les réparations que l'acheteur a faites sont nécessaires, utiles ou voluptuaires : dans le premier cas, le vendeur doit restituer tout ce qu'elles ont coûté, même lorsqu'elles n'ont pas augmenté la valeur du fonds ; dans le second cas, la restitution est du montant de

demeurant à....., venderesse de M. Barré, comparant, a formé contre M. Dumas une demande en revendication dudit immeuble, en se fondant sur ce que l'immeuble vendu lui étant propre et dotal, le prix de vente aurait dû, selon les termes de son contrat de mariage, être employé en acquisition d'autres immeubles en son nom, ce qui n'avait pas eu lieu.

M. Dumas a appelé M. Barré en garantie ; puis il est intervenu le....., un jugement du tribunal civil de....., qui a prononcé la révocation de la vente faite par M. et Mme Dumont à M. Barré, a renvoyé Mme Dumont en possession dudit immeuble avec le droit aux fruits à partir du jour de la demande; et, en ce qui concerne le recours en garantie formé par M. Dumas, a condamné M. Barré à le garantir contre l'éviction, en conséquence à lui faire les restitutions dont il est parlé aux art. 1630, 1633 et 1634 du C. Nap.; enfin, a condamné M. Barré aux dépens.

MM. Barré et Dumas ayant acquiescé à ce jugement, Mme Dumont est rentrée en possession dudit immeuble, et M. Dumas lui a tenu compte du loyer de ladite maison à partir du jour de la demande; quant aux fruits courus jusqu'au jour de la demande, ils sont restés acquis à M. Dumas.

RESTITUTION.

CES FAITS EXPOSÉS, M. Barré a restitué à M. Dumas une somme de dix-huit mille huit cents francs, se composant de :

1° Quinze mille francs, pour le prix principal, ci. . . . . 15,000 »
2° Six cents francs, pour les intérêts de ce prix, depuis le jour de la
demande jusqu'aujourd'hui, ci. 600 »
3° Quatorze cents francs, pour les frais et loyaux coûts du contrat, ci. . 1,400 »
4° Mille francs , fixés d'accord entre les parties, pour dommages et

A reporter. . . . . 17,000 »

(1) Marcadé, *1635*, 5.
(2) Marcadé, *1635*, 1; Duranton, XVI, 277; Duvergier, I, 358; Troplong, n° 502; Massé et Vergé, § 685, note 15.

(3) Voir Paris, 16 déc. 1863; J. N., 17073.

la plus-value qui en résulte ; mais, dans le troisième cas, le vendeur, s'il a aliéné de bonne foi, n'est tenu à aucune restitution.

4148. Si l'acquéreur n'est évincé que d'une partie de la chose et qu'elle soit de telle conséquence, relativement au tout, que l'acquéreur n'eût point acheté sans la partie dont il a été évincé, il peut faire résilier la vente (1) (*C. N.*, *1636*).

4149. Si, dans le même cas, la vente n'est pas résiliée, la valeur de la partie dont l'acquéreur se trouve évincé lui est remboursée suivant l'estimation à l'époque de l'éviction, et non proportionnellement au prix total de la vente, que la chose vendue ait augmenté ou diminué de valeur (*C. N.*, *1637*); en outre l'acheteur a droit aux autres restitutions et aux dommages et intérêts dont il est parlé *supra* *n° 4145*.

4150. Si l'héritage vendu se trouve grevé de servitudes passives non déclarées, voir *supra* *n° 4024*.

4151. Les autres questions, auxquelles peuvent donner lieu les dommages et intérêts résultant pour l'acquéreur de l'inexécution de la vente, doivent être décidées suivant les règles générales établies *supra* *n°s 3191 à 3202* (*C. N.*, *1639*).

4152. La garantie pour cause d'éviction cesse lorsque l'acquéreur s'est laissé condamner par un jugement passé en dernier ressort ou dont l'appel n'est plus recevable, sans appeler son vendeur, si celui-ci prouve qu'il existait des moyens suffisants pour faire rejeter la demande (*C. N.*, *1640*).

SECTION II. — DE LA GARANTIE DES DÉFAUTS DE LA CHOSE VENDUE.

4153. Lorsque la chose vendue a des défauts cachés qui la rendent impropre à l'usage auquel on

Report. . . .	17,000	»
intérêts résultant de l'augmentation de la valeur de l'immeuble, indépennamment de celle résultant des impenses, ci.	1,000	»
5° Deux cents francs pour la dépense de reconstruction du mur de la buanderie, ci.	200	»
6° Six cents francs, fixés aussi par les parties, pour la plus-value résultant de la construction du lavoir, ci.	600	»
Somme égale.	18,800	»

Il est bien entendu que pour ces deux dernières sommes, M. BARRÉ aura l'action en restitution contre Mme DUMONT, mais sans recours contre M. DUMAS pour le cas où il n'obtiendrait que des sommes moindres, et quand même il ne pourrait obtenir aucune restitution.

M. BARRÉ ayant vendu de bonne foi ne doit aucune indemnité pour les impenses d'intérieur, considérées comme voluptuaires.

Le payement de ladite somme de dix-huit mille huit cents francs a été fait à l'instant en billets de la banque de France, acceptés comme numéraire, et délivrés à la vue des notaires soussignés, par M. BARRÉ à M. DUMAS, qui le reconnaît et lui en donne quittance.

Les frais et honoraires des présentes seront supportés par M. BARRÉ.

Les parties font observer que les frais de l'instance en révocation ont été acquittés par M. BARRÉ.

Mention des présentes est consentie pour avoir lieu sur toutes pièces où besoin sera.

DONT ACTE. Fait et passé, etc.

FORMULE 585. — **Payement d'indemnité pour vice dans la chose vendue.**
(N°s 4153 à 4160.)

PAR-DEVANT M^e. . . . . ,

---

(1) Voir Lyon, 13 août 1852; J. N., 14872,

la destine, ou qui diminuent tellement cet usage, que l'acheteur ne l'aurait pas acquise ou n'en aurait donné qu'un moindre prix, s'il les avait connus (*C. N.*, *1641*), elle est affectée de vices qu'on appelle *vices rédhibitoires* [Form. 585].

4154. Le vendeur est tenu de garantir l'acheteur à raison de ces vices, quand même il ne les aurait pas connus, à moins que, dans ce cas, il n'ait été stipulé qu'il ne sera obligé à aucune garantie (1) (*C. N.*, *1641*, *1643*). Si le vendeur stipule qu'il ne sera tenu à aucune garantie pour le mauvais état de l'immeuble aliéné, il en excepte les vices apparents, mais non les vices non apparents (2).

4155. Cette garantie s'applique aussi bien aux immeubles qu'aux meubles (3); mais elle n'a pas lieu dans les ventes faites par autorité de justice (*C. N.*, *1649*); elle n'a pas lieu non plus en cas d'acquisition de la mitoyenneté d'un mur par application de l'art. 664 (4), ni lorsque l'acquéreur est obligé de reculer en vertu d'un plan général d'alignement antérieur à la vente (5). Il en serait autrement si cette obligation résultait d'une clause domaniale non déclarée dans le contrat de vente (6).

4156. L'acheteur a le choix : 1° ou de rendre la chose et de se faire restituer le prix (*C. N.*, *1644*) ainsi que les frais occasionnés par la vente (*C. N.*, *1646*); 2° ou de garder la chose et de se faire rendre une partie du prix, telle qu'elle sera arbitrée par experts (*C. N.*, *1644*); dans les deux cas, outre les dommages et intérêts envers l'acheteur, si le vendeur connaissait les vices de la chose (*C. N.*, *1645*).

4157. Si la chose qui avait des vices a péri par suite de sa mauvaise qualité, la perte est pour le vendeur, qui est tenu envers l'acheteur aux restitutions et dommages et intérêts expliqués *supra* n° *4156.* Mais la perte arrivée par cas fortuit (7) est pour le compte de l'acheteur (*C. N.*, *1647*).

4158. Tout ce qui précède s'applique aux vices cachés; quant aux vices apparents et dont l'acheteur a pu se convaincre lui-même, le vendeur n'est pas tenu de les garantir (*C. N.*, *1642*), à moins de convention contraire.

4159. L'action résultant des vices rédhibitoires doit être intentée par l'acquéreur, dans un bref délai, suivant la nature des vices rédhibitoires, et l'usage du lieu où la vente a été faite (*C. N.*, *1648*).

4160. Pour les vices rédhibitoires dans les ventes ou échanges d'animaux domestiques, voir la *loi du 20 mai 1838*.

Ont comparu :

M. Jules Alain, etc., d'une part ;

Et M. Benoit Bert, etc., d'autre part ;

Lesquels ont dit et arrêté ce qui suit :

Par contrat passé devant Me....., notaire à....., le....., M. Alain a vendu à M. Bert une maison située à....., moyennant dix mille francs payés comptant.

Peu de temps après cette vente; il s'est produit un affaissement dans le plafond de la salle à manger; il est résulté de l'examen qui en a été fait par experts, que cet événement a été causé par la rupture des poutrelles qui étaient de mauvaise qualité.

M. Bert s'est vu dans la nécessité de faire reconstruire ce plafond, ce qui a donné lieu à des dépenses assez élevées.

M. Alain reconnaît que ces dépenses ont été occasionnées par un vice caché qu'il ignorait, mais dont cependant il est responsable, en vertu des art. 1641 et suivants du C. N.; en conséquence, les parties ont fixé le chiffre de l'indemnité due par M. Alain à M. Bert, pour le préjudice que celui-ci a subi, à une somme de mille francs.

(1) La stipulation de non-garantie serait réputée non avenue pour les vices connus du vendeur lors de la vente, et non déclarées à l'acheteur : Troplong, n° 560; Duranton, XVI. 314, Marcadé, *1641.* 1; Massé et Vergé, § 686, note 8.

(2) Paris, 28 fév. 1856, 26 déc. 1860; M. T., 1861, p. 42.

(3) Troplong, n° 548; Duvergier, I, 350; Zach., Massé et Vergé, § 686 note 2; Marcadé, *1641*, 1; Roll., *Vente*, n° 429; Lyon, 5 août

1824; Cass., 29 mars 1852, 13 nov. 1853; Pau, 30 juill. et 27 nov. 1867; J. N., 14675, 18984; contra, Duranton, XVI, 317. V. Seine, 25 janv. 1817.

(4) Paris, 1er août 1861; R N., 245.

(5) Roll., *Vente*. n° 435; Orléans, 21 janv. 1835.

(6) Paris, 3 av. 1849; J. N., 13730; Cass., 20 mars 1850, 14 juin 1853; Jur. N. 10086; Paris, 1er mai 1856; J. N., 18586; Seine, 13 fév. 1868.

(7) Ou par la faute de l'acheteur : Duranton, XVI, 326; Duvergier, I, 414; Marcadé, *1641*, 3; contra, Troplong, n° 568.

CHAPITRE DIXIÈME

DE LA NULLITE ET DE LA RÉSOLUTION DE LA VENTE.

4161. Indépendamment des causes de nullité ou de résolution déjà expliquées dans ce titre, et de celles qui sont communes à toutes les conventions, le contrat de vente peut être résolu par l'exercice de la faculté de rachat, par la vilité du prix (*C. N.*, *1658*) et par le défaut de payement du prix.

SECTION I. — DE LA FACULTE DE RACHAT.

4162. La faculté de rachat ou de réméré [Form. 586] est un pacte par lequel le vendeur se réserve de reprendre la chose vendue, moyennant la restitution du prix principal et le remboursement dont il sera parlé *infra n°* 4180 ((*C. N.*, *1659*). Cette réserve doit être stipulée par le contrat de vente même; si elle intervenait ensuite, son exécution serait une revente et ne donnerait plus lieu à la résolution de la vente primitive (1).

4163. La faculté de rachat ne peut être stipulée pour un terme excédant cinq années. Si elle a été stipulée pour un terme plus long ou sans indication de temps, elle est réduite à ce terme (2) (*C. N.*, *1660*). Si elle a été stipulée pour un terme moindre que cinq années, elle peut, par une convention des parties, être prorogée jusque-là, et produit le même effet que si le terme avait été primitivement fixé à cinq années (3); cette prorogation ne peut résulter que d'une convention, il ne pourrait y être suppléé par une décision du juge, le terme fixé étant de rigueur (*C. N.*, *1661*).

4164. Après l'expiration de cinq années, les parties peuvent encore proroger le délai stipulé, mais alors le rachat est une revente produisant tous les effets de la vente (4).

4165. La faculté de rachat peut, comme tout autre droit, être soumise à une condition, par exemple, celle de n'exercer le réméré qu'en cas de décès de l'acquéreur et s'il n'a pas disposé de l'objet vendu (5).

Laquelle somme de mille francs a été payée à l'instant en espèces de numéraire et en billets de la banque de France, acceptés pour numéraire, par M. ALAIN à M. BERT qui le reconnaît et lui en donne quittance.

DONT ACTE. Fait et passé, etc.

FORMULE 586. — **Vente à réméré.** (N°⁵ 4161 à 4173.)

PAR-DEVANT M°......

ONT COMPARU :

M. Honoré DARCOURT, cultivateur, et Mme Ernestine LEBLÉ, son épouse de lui autorisée, demeurant ensemble à.....;

Lesquels, sous la réserve du droit de réméré ci-après exprimé, ont, par ces présentes, vendu en s'obligeant solidairement aux garanties de fait et de droit les plus étendues,

A M. Vincent DUBAY, propriétaire, demeurant à....., à ce présent et acceptant,

Une pièce de terre labourable, située commune de....., etc.

Voir pour le surplus la formule 568. *Après l'énonciation de la remise des titres on insère la stipulation suivante :*

Faculté de réméré. M. et Mme DARCOURT se réservent expressément pendant cinq ans à

---

(1) Troplong, n°ˢ 691, 711 ; Duvergier, II, 26 ; Zach., § 688 : Marcadé, *1659*, 2 ; Dict. not., *Réméré*, n° 3; Roll., *ibid.*, n°ˢ 2. 150.
(2) Voir Troplong, n° 709; Roll., *Réméré*, n° 27 ; Bordeaux, 13 juin 1842 ; J. N., 13815.
(3) Avis conseil d'Etat, 13 janv. 1830; Troplong, n°ˢ 694, 711 ; Duvergier, II, 26 ; Roll., *Réméré*, n° 37; Lyon, 27 juin 1832 ; Paris,

5 juill. 1834 ; Bordeaux, 13 juin 1849; CONTRA, Duranton, XVI, 398 ; Marcadé. *1663*, 1.
(4) Troplong, n° 711; Roll., *Réméré*, n° 39; Duvergier, II, 26 Paris, 5 juill. 1834. Voir cependant Massé et Vergé, § 688, note 7.
(5) Troplong, n° 705; Roll., *Vente*, n° 20 ; Cass., 7 juin 1814.

4166. La vente avec pacte de rachat transfère la propriété sur la tête de l'acheteur qui peut aliéner, hypothéquer, grever de servitudes ou autres charges l'immeuble acquis ; mais si le réméré vient à être exercé, son droit de propriété est résolu, et, comme conséquence, les aliénations, hypothèques et autres charges sont résolues de plein droit (1), *infra n° 4180*.

4167. Pendant le délai fixé pour le rachat, le vendeur ne peut valablement, ni aliéner, ni hypothéquer (2), son droit se borne à céder sa faculté de rachat, *infra n° 4184* ; mais si le vendeur et l'acheteur se réunissent pour aliéner ou hypothéquer conjointement, les aliénations et hypothèques produisent leur effet.

4168. L'acquéreur à pacte de rachat exerce tous les droits de son vendeur (3) ; il prescrit tant contre le véritable maître que contre ceux qui prétendraient des droits ou hypothèques sur la chose vendue (*C. N., 1665*) ; et il peut, comme tout autre acquéreur, opposer le bénéfice de discussion aux créanciers de son vendeur (*C. N., 1666*).

4169. L'acquéreur a seul droit à tous les fruits produits par la chose pendant le temps de sa possession (4) ; si l'immeuble est affermé, l'acquéreur a droit aux fermages à partir du jour de sa mise en possession. L'acquéreur a la faculté de louer l'immeuble, de renouveler le bail ou donner congé, de louer à d'autres, de cultiver lui-même, en un mot de jouir comme bon lui semble, *infra n° 4189*.

4170. La relocation par l'acheteur au vendeur, qu'elle soit faite par le contrat de vente même ou par acte séparé, a souvent pour but de cacher un *contrat pignoratif*. On appelle ainsi la convention usuraire déguisée sous la forme d'une vente à réméré, lorsque la vente a été faite à vil prix et que la jouissance est laissée au vendeur, à titre de locataire, à la charge de payer à l'acheteur l'intérêt du prix (5). Une telle vente n'est pas sérieuse, elle ne transfère pas la propriété à l'acheteur, et le vendeur peut, à quelque époque que ce soit, même après l'expiration du délai, reprendre l'immeuble vendu, sans que l'acheteur ait de privilège pour le remboursement du prix ; mais il peut retenir l'immeuble jusqu'au remboursement de ce qui lui est dû.

4171. Néanmoins la relocation de l'immeuble au vendeur n'annule pas la vente, quand le prix est sérieux et qu'il n'y a pas d'autre indice de fraude.

4172. Faute par le vendeur d'avoir exercé son action de réméré dans le terme prescrit, l'acquéreur demeure propriétaire incommutable (*C. N., 1662*), sans qu'il soit besoin de sommation ni autre formalité.

4173. Le délai court contre toutes personnes, même contre le mineur, sauf, s'il y a lieu, le recours contre qui de droit (*C. N., 1663*).

---

compter d'aujourd'hui, c'est-à-dire jusqu'au....., la faculté de réméré sur l'immeuble présentement vendu, en remboursant à M. Dubay, en un seul payement, le prix de la présente vente ; ensemble tous les frais et loyaux coûts du contrat.

Ce remboursement aura lieu au domicile à cet effet élu à....., en l'étude de Me....., l'un des notaires soussignés, et ne pourra être effectué qu'en bonnes espèces de numéraire au cours actuel.

A défaut par M. et Mme Darcourt d'avoir effectué les remboursements dont il vient d'être parlé dans les délais et de la manière susexprimés, ils seront déchus de plein droit de la faculté de réméré, et M. Dubay demeurera propriétaire incommutable de l'immeuble présentement vendu, sans qu'il soit besoin d'aucun acte de procédure.

Pour l'exécution des présentes, etc.

Dont acte. Fait et passé, etc.

---

(1) Troplong, n° 734.
(2) Grenier, *Hyp.*, n° 453 ; Dict, not., *Réméré*, n° 47 ; Bordeaux, 5 janv. 1833 ; Cass., 4 août 1824, 24 déc. 1825 ; contra, Duranton, XIX, 366 ; Duvergier, II, 29 ; Troplong, n°s 740, 741 ; Douai, 22 juill. 829. V. Grenoble, 44 janv. 1864.
(3) Toutefois le vendeur n'est pas entièrement étranger à l'immeuble, et il conserve le droit de le visiter jusqu'à l'expiration du délai du rachat : Trib. Seine, 30 nov. 1855 ; J. N., 15746.

(4) Troplong, n° 770 ; Duvergier, II, 57 ; Marcadé, 4673, 3.
(5) Toullier, IX, 313 ; Troplong, n° 695 ; Duvergier, II, 44 ; Chardon, *Usure*, n° 49 ; Metz, 23 juin 1842 ; Cass., 8 janv. 1814, 13 mars 1825 ; Paris, 45 déc. 1823 ; Bordeaux, 27 août 1827 ; Limoges, 48 mars 1828 ; Montpellier, 25 août 1829 ; Pau, 47 mai 1830 ; Colmar, 42 fév. 1834 ; Amiens, 8 juin 1839 ; Lyon, 44 fév. 1839, 27 août 1841 ; 9 juill. 1856 ; Caen, 5 mai 1848 ; Jur. N., 41142, 43544 ; Chambéry, 21 mars 1915.

4174. Lorsque le vendeur, avant l'expiration du temps fixé, veut exercer le rachat [FORM. 587], il lui suffit de le déclarer à l'acheteur, avec offre (1) de lui faire le remboursement dont il sera parlé *infra* n° *4180*. Le rachat peut être exercé contre un second acquéreur, quand même la faculté de réméré n'aurait pas été déclarée dans le second contrat (*C. N., 4664*), l'acheteur ne pouvant conférer plus de droits qu'il n'en a lui-même, *supra* n° *4166*.

4175. Si l'acquéreur à pacte de réméré d'une partie indivise d'un héritage s'est rendu adjudicataire de la totalité sur une licitation provoquée contre lui, il peut obliger le vendeur à retirer le tout, lorsque celui-ci veut user du pacte (*C. N., 4667*); si, au contraire, la licitation a été provoquée par l'acheteur, ou s'il a acquis amiablement les autres parts, il suffit au vendeur de retirer la portion qu'il a vendue (2).

4176. Si plusieurs ont vendu conjointement, et par un seul contrat, un héritage commun entre eux, chacun ne peut exercer l'action en réméré que pour la part qu'il y avait (*C. N., 4668*). Il en est de même si celui qui a vendu seul un héritage a laissé plusieurs héritiers, en ce sens que chacun des cohéritiers ne peut user de la faculté de rachat que pour la part qu'il prend dans la succession (*C. N., 4669*).

4177. Mais l'acquéreur peut exiger que tous les covendeurs ou tous les cohéritiers soient mis en cause, afin de se concilier entre eux pour la reprise de l'héritage entier; et, s'ils ne se concilient pas, il est renvoyé de la demande (*C. N., 4670*); toutefois l'acheteur peut consentir au retrait partiel (3). Lorsque l'acheteur exige le retrait total, un seul des cohéritiers ou des covendeurs peut l'exercer, et, dans ce cas, il profite à tous (4).

4178. Si la vente d'un héritage appartenant à plusieurs n'a pas été faite conjointement et de tout l'héritage ensemble, et que chacun n'ait vendu que la part qu'il y avait, soit par un même contrat, soit par différents contrats, mais moyennant un prix séparé pour chacun des vendeurs (5), ils peuvent exercer séparément l'action en réméré sur la portion qui leur appartenait; et l'acquéreur ne peut forcer celui qui l'exerce de cette manière à retirer le tout (*C. N., 4671*).

4179. Lorsque l'acquéreur a laissé plusieurs héritiers, il faut distinguer : si l'objet vendu est encore indivis ou a été partagé entre eux, l'action en réméré ne peut être exercée contre chacun d'eux que pour sa part; mais s'il y a eu partage de l'hérédité et que la chose vendue soit échue au lot de l'un des héritiers, l'action en réméré peut être intentée contre lui pour le tout (*C. N., 4672*).

4180. Le vendeur qui use du pacte de rachat doit rembourser non-seulement le prix principal, mais encore les frais et loyaux coûts de la vente, les réparations nécessaires, et celles qui ont aug-

---

FORMULE 587. — **Exercice du réméré.** (N°ˢ 4174 à 4183.)

PAR-DEVANT Mᵉ. . . . .

ONT COMPARU :

M. Henri DARCOURT, cultivateur, et Mᵐᵉ Ernestine LEBLÉ, son épouse, de lui autorisée, demeurant ensemble à. . . . . ,   D'UNE PART;

Et M. Vincent DUBAY. . . . . , etc.,   D'AUTRE PART;

Lesquels, pour arriver au retrait de réméré faisant l'objet des présentes, ont exposé ce qui suit :

Par contrat passé devant Mᵉ. . . . . , notaire à. . . . . , le. . . . . , M. et Mᵐᵉ DARCOURT ont vendu, sous la réserve de réméré ci-après énoncée, à M. DUBAY, une pièce de terre labourable, située. . . . . , etc., moyennant quatre mille francs payés comptant.

---

(1) Cependant le vendeur n'est pas obligé de faire des offres réelles, il lui suffit de notifier à l'acquéreur sa volonté d'exercer le rachat : Troplong, n° 749; Taulier, VI, p. 126; Marcadé, 1662, 2; Roll., *Réméré*, n° 73; Dict. not., *ibid*., n° 73; Nîmes, 31 mars 1840; Cass., 25 avril 1812, 15 fév. 1836; J. N., 40692, 45975; CONTRA, Duvergier, II, 27; Douai, 17 déc. 1814.

(2) Marcadé, *art. 1667*.
(3) Duranton, XVI, 416; Troplong, n°ˢ 749, 750; Duvergier, II, 35; Marcadé, *1671*, 1; Roll., *Réméré*, n° 92; Grenoble, 21 juill. 1834.
(4) Duvergier, II, 37; Lyon, 7 déc. 1826.
(5) Marcadé, *1671*, 2; Roll., *Réméré*, n° 91.

menté la valeur du fonds, jusqu'à concurrence de cette augmentation. Il ne peut entrer en possession qu'après avoir satisfait à toutes ces obligations (1). Lorsque le vendeur rentre dans son héritage par l'effet du pacte de rachat, il le reprend exempt de toutes les charges et hypothèques dont l'acquéreur l'aurait grevé ; il est tenu d'exécuter les baux faits sans fraude par l'acquéreur (C. N., 1673).

4181. Si l'objet vendu a subi des détoriations par le fait de l'acheteur, il est passible de dommages et intérêts envers le vendeur, pour le préjudice causé (2).

4182. Par suite du rachat, le vendeur est censé n'avoir jamais cessé d'être propriétaire ; en conséquence, si des alluvions ont accru la chose vendue, elles lui appartiennent (3), et si un trésor a été trouvé pendant la jouissance de l'acheteur, il a droit à la moitié allouée au propriétaire (4).

M. et Mme Darcourt se sont réservé pendant cinq ans la faculté de rentrer dans la propriété de l'immeuble vendu, en remboursant à l'acquéreur le prix de vente, ensemble les frais et loyaux coûts du contrat.

RETRAIT DE RÉMÉRÉ.

Ces faits exposés, M. et Mme Darcourt, en vertu de la faculté réservée par le contrat de vente susénoncé, ont, par ces présentes, déclaré exercer le réméré de la pièce de terre ci-dessus désignée, et, par suite, reprendre cette pièce de terre.

En conséquence, ils ont remboursé en espèces de numéraire et en billets de la banque de France acceptés comme numéraire, le tout délivré à la vue des notaires soussignés, à M. Dubay qui le reconnaît et leur en donne quittance,

La somme de quatre mille quatre cent dix francs, composée de :

Quatre mille francs, pour la restitution du prix de la vente, ci . . . . . . 4,000 »

Et quatre cent dix francs, pour celle des frais et loyaux coûts du contrat, ci. . . . . 410 »

Somme égale. . . . . 4,410 »

A ce moyen, M. et Mme Darcourt sont censés n'avoir pas cessé d'être propriétaires dudit immeuble ; et M. Dubay est censé ne l'avoir jamais possédé.

M. et Mme Darcourt en ont repris la jouissance par la perception, à leur profit, des fermages à partir d'aujourd'hui.

Quant aux fermages courus depuis le jour de la vente jusqu'aujourd'hui, ils restent acquis à M. Dubay.

M. Dubay leur a remis l'expédition du contrat de vente susénoncé et leur a restitué les titres qu'ils lui avaient remis lors dudit contrat.

Mention des présentes est consentie, etc.

Dont acte. Fait et passé, etc.

FORMULE 588. — Cession du droit de réméré. (N° 4184.)

Par-devant M^e . . . . . ,

Ont comparu :

M. Henri Darcourt . . . . . et Mme . . . . . , etc.,   d'une part ;

Et M. Jean Herbin, cultivateur, demeurant à . . . . . ,   d'autre part ;

---

(1) L'acheteur a donc le droit de rétention ; mais il n'a pas de privilége sur l'immeuble pour la restitution qui lui est due : Grenier, *Priv.*, II, 390 ; Persil, *2103*, 13 ; Dalloz, *Priv.*, n° 10 ; Troplong, *ibid.*, n° 244 ; Pont. *ibid.*, n° 189 ; Duranton, XIX, 457 ; Taulier, VII, p. 478 ; Grosse, *Transc.*, n° 6 ; Roll., *Réméré*, n°s 68, 429 ; Cass., 26 avril 1827.

(2) Marcadé, *1673, 2.*

(3) Proudhon, *Dom. publ.*, n° 1297 ; Duranton, XVI, 425 ; Troplong, n° 760 ; Duvergier, II, 55 ; Zach., Massé et Vergé, § 688, note 19, Marcadé, *1673, 2.*

(4) Duranton, XVI, 425 ; Duvergier, II, 55 ; Troplong, n°s 767, 816 ; Marcadé, *1673, 2* ; Demolombe, XIII, 46 *ter* ; Zach., Massé et Vergé, § 688, note 19.

4183. Le rachat, ayant pour effet de résoudre la vente, est opposable aux tiers dès l'instant de l'acte qui le constate, sans qu'il soit besoin de le faire transcrire (1); mais s'il est constaté par un jugement, l'avoué qui l'a obtenu est tenu, sous peine de cent francs d'amende, de faire mentionner la résolution en marge de la transcription du contrat de vente à réméré, dans le mois à dater du jour où le jugement a acquis l'autorité de le chose jugée (2) (*Loi 23 mars 1855*, *art.* 4).

4184. L'exercice de réméré est un droit réel qui passe aux héritiers ou autres successeurs du vendeur. Ce droit est cessible à titre gratuit comme à titre onéreux (3) [Form. 588], mais il ne peut être saisi immobilièrement (4). Si l'acquéreur sous faculté de rachat a purgé l'hypothèque légale de la femme du vendeur, cette hypothèque ne revit pas après la cession du droit de réméré (5).

Lesquels, pour parvenir à la cession de réméré faisant l'objet des présentes, ont exposé ce qui suit :

Aux termes d'un contrat passé devant M^e. . . . ., notaire à. . . . ., le. . . . ., M. et Mme Darcourt ont vendu à M. Vincent Dubay, propriétaire, demeurant à. . . . ., une pièce de terre labourable, située. . . . . (*la désigner*), moyennant quatre mille francs payés comptant.

M. et Mme Darcourt se sont réservé, pendant cinq ans, la faculté de réméré sur la pièce de terre vendue, en remboursant, en une seule fois, à M. Dubay, le prix de la vente et les frais et loyaux coûts du contrat.

Une expédition dudit contrat de vente a été transcrite. . . . ., etc.

(*Enoncer les formalités de transcription et de purge ; voir supra, formule* 583, § 7).

CESSION DE RÉMÉRÉ.

M. et Mme Darcourt ont, par ces présentes, cédé et transporté, en s'obligeant solidairement à la garantie de droit,

A M. Herbin, qui accepte,

Le droit de réméré sur la pièce de terre labourable, située à. . . . ., ci-dessus désignée, tel qu'ils l'ont réservé par le contrat de vente du. . . . ., susénoncé.

M. Herbin sera propriétaire du droit cédé à partir d'aujourd'hui; en conséquence, il l'exercera à ses risques et périls s'il le juge à propos et arrière des cédants, en remboursant à M. Dubay le prix de vente, les frais et loyaux coûts du contrat et tous autres accessoires qui pourraient lui être dus; à l'effet de quoi M. et Mme Darcourt le mettent et subrogent dans tous leurs droits et actions contre M. Dubay, ainsi que dans tous leurs droits de propriété sur ledit immeuble, mais sans recours contre eux pour le cas où M. Herbin n'userait pas du droit d'exercer le réméré.

La présente cession a lieu moyennant la somme de mille francs, que M. Herbin a payée en un billet de la banque de France accepté pour numéraire et délivré à la vue des notaires soussignés, à M. et Mme Darcourt qui le reconnaissent et lui en donnent quittance.

Le cessionnaire est subrogé dans les droits des cédants à l'effet de se faire remettre et restituer tous titres et pièces par M. . . . .

Pour l'exécution des présentes, etc.

Dont acte. Fait et passé, etc.

---

(1) Troplong, *Transc.*, n° 245; Mourlon, *Rev. prat.*, III, p. 494, 1867 ; contra. Grosse, *Transc.*, n° 34.
(2) Troplong, Mourlon, *loc. cit.*
(3) Duranton, XVI, 407; Troplong, n° 702 . Duvergier, II, 18; Zach., Massé et Vergé, § 688, note 14 ; Roll., *Réméré*, n° 64; Cass., 25 avril

1842, 4 août 1824, 24 déc. 1825, 7 juill. 1829; Grenoble, 17 fév. 1840, 1842; J. N., 11268.
(4) Duvergier, II, 18 ; Roll., *Réméré*, n° 69 ; Orléans, 27 janv. 1842; J. N., 11268.
(5) Massé et Vergé, § 688, note 12; Montpellier, 14 mars 1841 Cass., 14 avril 1847 ; J. N., 13056; contra, Rouen, 21 janv. 1841.

4185. Le vendeur qui s'est réservé la faculté de réméré peut aussi, soit gratuitement, soit moyennant un prix, renoncer à l'exercice de ce droit [FORM. 589].

SECTION II. — DE LA RESCISION DE LA VENTE POUR CAUSE DE LÉSION.

4186. Lorsque la vente d'un immeuble a été faite pour un prix de beaucoup inférieur à sa véritable valeur, la loi présume que le vendeur ne s'est résigné à une pareille perte que par un état de gêne tel qu'il ne lui laissait pas son entière liberté. Si le vendeur a été lésé de plus de sept douzièmes dans le prix (1), il a le droit de demander la rescision de la vente, quand même il aurait expressément renoncé dans le contrat à la faculté de demander cette rescision, et qu'il aurait déclaré donner la plus-value (C. N., 1674). Mais cette renonciation peut avoir lieu par acte postérieur, sauf aux tribunaux à l'annuler si elle est entachée du même vice que la vente (2).

4187. La rescision pour lésion n'est admise que pour les ventes d'immeubles (3). Si une vente comprend des meubles et des immeubles pour un prix unique, on fixe par une ventilation la fraction du prix afférente aux immeubles (4).

4188. Si la vente a eu lieu avec réserve d'usufruit, ou moyennant une rente viagère ou des presta-

---

FORMULE 589. — **Renonciation au droit de réméré.** (N° 4185.)

PAR-DEVANT M^e.....,

ONT COMPARU :

M. Honoré DARCOURT et Mme....., etc.;

Lesquels ont, par ces présentes, déclaré renoncer en faveur de M. Vincent DUBAY, cultivateur, demeurant à....., à ce présent et ce acceptant, à la faculté de réméré qu'ils se sont réservée pendant cinq ans, à partir de la vente ci-après énoncée, sur une pièce de terre labourable, etc., par eux vendue à M. DUBAY, suivant contrat passé devant M^e....., notaire à....., le....., moyennant quatre mille francs payés comptant.

Cette renonciation a lieu moyennant une somme de mille francs que M. DUBAY a payée à l'instant en espèces de numéraire délivrées hors la vue des notaires soussignés, à M. et Mme DARCOURT, qui le reconnaissent et lui en donnent quittance.

Par suite, M. et Mme DARCOURT se dessaisissent de tous droits de propriété sur ladite pièce de terre, et M. DUBAY en demeure propriétaire incommutable.

DONT ACTE. Fait et passé, etc.

FORMULE 590. — **Payement de supplément de prix par suite de lésion pour vilité de prix.** (N°s 4186 à 4198.)

PAR-DEVANT M^e.....,

ONT COMPARU :

M. Noël DORÉ, vigneron, demeurant à.....,   D'UNE PART;

Et M. Charles DUMONT, rentier, demeurant à.....,   D'AUTRE PART;

Lesquels, pour parvenir au payement faisant l'objet des présentes, ont exposé ce qui suit :

Par contrat passé devant M^e....., notaire à....., le....., M. DORÉ a vendu à M. DUMONT une maison située à....., moyennant trois mille francs payés comptant.

Depuis, M. DORÉ a formé contre M. DUMONT une demande en rescision de cette vente,

---

(1) Exprimé au contrat en y ajoutant les charges imposées à l'acheteur comme entrant dans le prix : Troplong, n° 705; Duvergier, II, 87; Zach., Massé et Vergé, § 689, note 6; Dict. Not., Lésion, n° 51. Voir Poitiers, 12 mai 1857.
(2) Duranton XVI, 436, 437; Zach., Massé et Vergé, § 689, note 4; Marcadé, 1674, 3. Cependant, selon Toullier, VIII, 505; Troplong, n° 798; Duvergier, II, 798, elle est valable dans tous les cas.

(3) Duranton, XVI, 448; Troplong, n° 703; Duvergier, II, 73; Marcadé, 1674, 1; Zach., Massé et Vergé, § 689, note 2; Dict. not., Lésion, n° 16; Roll., ibid., n° 13.

(4) Duranton, XVI, 439; Duvergier, II, 74; Marcadé, 1674, 1; Zach., Massé et Vergé, § 689, note 2; Dict. not. Lésion, n° 18; Roll., ibid., n° 26.

tions en nature, elle est aléatoire, et l'action en rescision n'est pas admise, à moins qu'il n'en résulte évidemment et d'une manière manifeste une lésion de plus de sept douzièmes (1), *supra n° 4186*.

4189. Pour savoir s'il y a lésion de plus de sept douzièmes, il faut estimer l'immeuble suivant son état et sa valeur au moment de la vente (*C. N.*, *1675*).

4190. La demande n'est plus recevable après l'expiration de deux années à compter du jour de la vente, c'est-à-dire du jour où la vente a été convenue entre les parties (2). Ce délai court contre les femmes mariées, et contre les absents, les interdits et les mineurs venant du chef d'un majeur qui a vendu. Ce délai court aussi et n'est pas suspendu pendant la durée du temps stipulé pour le pacte de rachat (*C. N.*, *1676*). La demande n'est pas non plus recevable, même pendant les deux ans, si l'immeuble a péri sans la faute de l'acheteur ; mais s'il a péri par la faute de l'acheteur, le vendeur a contre lui une action en dommages et intérêts pour le préjudice souffert (3).

4191. Enfin, la demande en rescision n'est point recevable : 1° si les faits articulés ne sont pas assez vraisemblables ni assez graves pour faire présumer la lésion (*C. N.*, *1677*) ; 2° lorsque c'est l'acheteur qui subit la lésion (*C. N.*, *1683*) ; 3° quand la vente, d'après la loi (4), ne pouvait être faite que d'autorité de justice (*C. N.*, *1684*).

---

pour cause de lésion de plus de sept douzièmes. Cette demande a été accueillie par un jugement du tribunal civil de....., en date du....., qui a nommé pour experts M....., M..... et M....., à l'effet d'examiner l'immeuble vendu et d'en indiquer le juste prix.

Les experts, par leur rapport en date du....., déposé au greffe du tribunal civil de....., le....., ont fixé le juste prix de l'immeuble vendu à une somme de sept mille huit cents francs.

Par suite, il est intervenu le ....., un jugement du tribunal civil de....., qui a homologué purement et simplement ce rapport d'experts ; en conséquence, a fixé le juste prix dudit immeuble à sept mille huit cents francs et a dit qu'il y avait lieu d'ordonner la rescision de la vente pour cause de lésion.

Mais, suivant acte d'avoué à avoué signifié par exploit de....., huissier à..... du....., M. Dumont a déclaré qu'il entendait user de la faculté que lui accorde l'art. 1681 du C. Nap., de garder l'immeuble par lui acquis en payant le supplément du juste prix sous la déduction du dixième du prix total et de toutes autres indemnités qui pourraient lui être dues.

PAYEMENT DU SUPPLÉMENT.

Ces faits exposés, MM. Doré et Dumont fixent ainsi qu'il suit le supplément à payer par M. Dumont :

Le juste prix de l'immeuble vendu a été fixé par le jugement du..... susénoncé, à sept mille huit cents francs, ci. 7,800 »

On en déduit : 1° trois mille francs pour le prix payé comptant, ci. . . . . 3,000 »

A reporter. . . . . 3,000 » 7,800 »

---

(1) Proudhon, *Usuf.*, n° 890 ; Duranton, XVI, 441 à 444 ; Troplong, n°ˢ 791 à 793 ; Duvergier, II, 73 ; Zach., Massé et Vergé, § 680, note 2 ; Marcadé, *1674*, 2 ; Dict. Not., *Lésion*, n° 25 ; Cass., 1ᵉʳ avril 1829 ; 30 mai 1831, 15 déc. 1832, 22 fév. 1833, 23 janv. 1841, 16 juill. 1856 ; 13 nov. 1867 ; Poitiers, 17 juill. 1840 ; Rennes, 26 juin 1841 ; Bordeaux, 6 jbill. 1851 ; J. N. 16758, 11021, 11259, 13336, 13838. Voir cependant Cass., 31 déc. 1855 ; J. N., 15716.

(2) Ainsi en cas de promesse de vente réalisée par acte ultérieur, les deux ans courent du jour de la promesse : Duvergier,

II, 100 ; Troplong, n° 131 ; Marcadé, *1589*, 7 ; Zach., § 689, note 21 ; Cass., 2 mai 1827.

(3) Marcadé, *1676*, 2 ; Duvergier, II, 102 ; Troplong, n° 825 ; Zach., Massé et Vergé, § 689, note 20.

(4) Elle serait admise si la vente, même faite en justice, avait été possible autrement, par exemple, une licitation entre majeurs : Duranton, XVI, 468 ; Troplong, n°ˢ 856 et 857 ; Duvergier, II, 81 ; Zach., Massé et Vergé, § 689, note 19 ; Marcadé, *art. 1684* ; Dict. not., *Lésion*, n° 51 ; Roll., *ibid.*, n° 22.

4192. La preuve de la lésion ne peut être admise que par jugement (*C. N.*, *1677*). Cette preuve ne peut se faire que par un rapport de trois experts nommés d'office, à moins que les parties ne se soient accordées pour les nommer tous les trois conjointement; les experts sont tenus de dresser un seul procès-verbal commun, et de ne former qu'un seul avis à la pluralité des voix (*C. N.*, *1678*, *1680*). S'il y a des avis différents, le procès-verbal en contient les motifs, sans qu'il soit besoin de faire connaître de quel avis chaque expert a été (*C. N.*, *1679*).

4193. Le tribunal ne pourrait prononcer la rescision, sans avoir au préalable ordonné l'expertise; mais après l'expertise il n'est pas forcé de se conformer au rapport des experts; il peut nommer d'office de nouveaux experts et chercher la vérité par tout autre moyen (1) (*C. pr.*, *322*, *323*).

4194. Dans le cas où l'action en rescision est admise, l'acquéreur a le choix ou de rendre la chose en retirant le prix qu'il en a payé, ou de garder le fonds en payant le supplément du juste prix, sous la déduction du dixième du prix total [Form. 590]. Le tiers possesseur a le même droit, sauf sa garantie contre son vendeur (*C. N.*, *1681*).

4195. Si l'acquéreur préfère garder la chose en fournissant le supplément réglé par l'art. 1681, il doit l'intérêt du supplément du jour de la demande en rescision (*C. N.*, *1682*).

4196. S'il préfère la rendre et recevoir le prix, il rend les fruits du jour de la demande, et comme équivalent, l'intérêt du prix qu'il a payé lui est aussi compté du jour de la même demande, ou du jour du payement s'il n'a touché aucun fruit (*C. N.*, *1682*). Le vendeur doit en outre tenir compte à l'acheteur de la plus-value résultant des impenses utiles, et des sommes déboursées pour impenses nécessaires (2); mais l'acheteur n'a pas droit à la restitution des frais de contrat (3). En tout cas l'acheteur a le droit de retenir l'immeuble jusqu'à ce qu'il ait été remboursé des sommes que le vendeur est tenu de lui restituer (4).

4197. La résolution prononcée pour cause de lésion a pour effet de faire considérer la vente comme non avenue (5); par suite, les aliénations, hypothèques et autres charges que l'acheteur a consenties s'évanouissent de plein droit (6); l'acheteur doit restituer les alluvions, s'il y en a, et la part du propriétaire dans le trésor découvert dans le fonds vendu (7).

4198. Les règles expliquées *supra n°s 4175 à 4179*, pour les cas où plusieurs ont vendu conjointement ou séparément, et pour celui où le vendeur ou l'acheteur a laissé plusieurs héritiers, sont pareillement observées pour l'exercice de l'action en rescision (*C. N.*, *1685*).

Reports. . . .	3,000	»	7,800	»
2° Et sept cent quatre-vingts francs, formant le dixième du prix total dont la loi autorise la déduction, ci.	780	»		
Ensemble, trois mille sept cent quatre-vingts francs, ci.. . . .	3,780	»	3,780	»
Et l'on trouve que le supplément de prix est de quatre mille vingt francs, ci.			4,020	»

Laquelle somme de quatre mille vingt francs a été payée en espèces de numéraire et en billets de la banque de France acceptés comme numéraire, le tout délivré à la vue des notaires soussignés, par M. Dumont à M. Doré, qui le reconnaît et lui en donne quittance.

---

(1) Duranton, XVI, 454; Troplong, n° 835; Duvergier, II, 113; Chauveau sur Carré, *Proc.*, I, 1220; Marcadé, *1680*, 2; Roll., *Lésion*, n° 63; Grenoble, 18 avril 1831; Cass., 31 mars 1840; J. N., 11013.

(2) Marcadé, *1682*, 2; Troplong, n° 847; Zach., Massé et Vergé, § 689, note 14.

(3) Troplong, n° 848; Duvergier, II, 126; Zach., Massé et Vergé, § 689, note 14; Marcadé; *1682*, 2.

(4) Troplong, n° 849; Duvergier, II, 127; Dict. not., *Lésion*, n° 91; Roll., *ibid.*, n° 81.

(5) Cependant le droit d'enregistrement payé sur la vente n'est

pas restitué (*L. 22 frim., an 7, art. 60*); mais sur le jugement prononçant la résolution, il n'est dû que le droit fixe de trois francs (*même loi, art. 68, § 3, 7°*), et non celui de rétrocession: Toullier, VII, 542; Troplong, n° 852; Duvergier, II, 133; Champ., et Rigaud, II, 357; Marcadé, *1682*, 3; *contra*, Duranton, XII, 572; Cass., 17 déc. 1811.

(6) Toullier, VII, 548; Troplong, n° 840; Duvergier, II, 129; Zach., Massé et Vergé, § 689, note 14; Marcadé, *1682*, 3; Dict. not., *Lésion*, n° 90; Roll., *ibid.*, n° 78.

(7) Troplong, n° 843; Duvergier, II, 129; Massé et Vergé, § 689, note 14.

SECTION III. — DE LA RÉSOLUTION DE LA VENTE POUR LE DÉFAUT DE PAYEMENT DU PRIX.

4199. Si l'acheteur ne paye pas le prix, le vendeur (4) a le choix, ou de maintenir la vente en le contraignant à payer, *supra n° 4030*, ou de demander la résolution de la vente (*C. N., 1654*); ce qui s'applique non-seulement aux ventes d'immeubles, mais aussi à celles de meubles (2).

4200. L'action résolutoire ne peut être exercée après l'extinction du privilége du vendeur, au préjudice des tiers qui ont acquis des droits sur l'immeuble du chef de l'acquéreur, et qui se sont conformés aux lois, *supra n° 4037*, pour les conserver (*Loi 23 mars 1855, art. 7*). (2 bis)

4201. La résolution de la vente d'immeubles est prononcée de suite, si le vendeur est en danger de perdre la chose et le prix. Si ce danger n'existe pas, le juge peut (3) accorder à l'acquéreur un délai plus ou moins long suivant les circonstances. Ce délai passé sans que l'acquéreur ait payé, la résolution de la vente doit être prononcée (*C. N., 1655*).

4202. S'il a été stipulé, lors de la vente d'immeubles (4), que, faute de payement du prix dans le terme convenu, la vente serait résolue de plein droit, l'acquéreur peut néanmoins payer après l'expiration du délai, tant qu'il n'a pas été mis en demeure par une sommation; mais, après cette sommation, le juge ne peut pas lui accorder de délai (*C. N., 1656*); la vente étant résolue de plein droit, il ne reste plus au juge qu'à prononcer la résolution, et l'acheteur, après la mise en demeure, ne peut plus offrir le prix (5).

4203. Si la convention porte que la vente sera résolue de plein droit, par le seul fait de l'échéance du terme, et sans qu'il soit besoin de sommation, le bénéfice de l'art. 1656 ne peut plus être invoqué (6).

4204. La résolution, quand elle n'a pas lieu de plein droit, est prononcée en justice, voir cependant *infra n° 4206*, et le jugement doit, dans le mois à dater du jour où il a acquis l'autorité de la chose jugée, être mentionné au bureau des hypothèques, en marge de la transcription de l'acte d'aliénation, à peine d'une amende de cent francs contre l'avoué qui l'a obtenu (*Loi 23 mars 1855, art. 4*); mais le défaut de cette mention ne saurait nuire à la validité ni aux effets du jugement de résolution (7).

4205. La résolution a pour effet de remettre les choses dans le même état qu'avant la vente; en conséquence elle entraîne l'extinction des charges de toute nature, servitudes et hypothèques du chef

Par suite, M. DUMONT demeure propriétaire incommutable de l'immeuble par lui acquis.

DONT ACTE. Fait et passé, etc.

FORMULE 591. — Résolution amiable de vente pour défaut de payement du prix.

(Nos 4199 à 4207.)

PAR-DEVANT Me.....,

ONT COMPARU : M. Léon AMIOT, propriétaire, demeurant à.....;   D'UNE PART ;

Et M. Jean BENOIT, journalier, demeurant à.....,   D'AUTRE PART ;

Lesquels ont dit et arrêté ce qui suit :

Aux termes d'un contrat passé devant Me....., notaire à....., le....., M. AMIOT a vendu à M. BENOIT une maison située à....., avec cour et jardin, le tout de la conte-

---

(1) Ou ses créanciers : Troplong, n° 643; Zach., § 687, note 12; Paris, 12 fév. 1844 ; Poitiers, 13 mai 1846.

(2) Troplong, n° 645; Duvergier, I, 436; Marcadé, *1654*, 1 ; Massé et Vergé, § 687, note 15; Pau, 25 juill. 1846; Cass., 7 avril 1830; 9 déc. 1835 ; Lyon, 24 mars 1839; Paris, 17 août 1844 ; J. N., 12434.

(2) *bis* V. Paris, 29 mars 1867 ; J. N., 18873.

(3) Même pour une vente de meubles : Marcadé, *1655*, 2.

(4) Ce qui ne s'applique pas à la vente de meubles; dans ce cas

aucun délai ne peut être accordé : Troplong, n° 667 ; Zach., § 687, note 25; CONTRA, Massé et Vergé, *ibid.*

(5) Toullier, VI, 555; Troplong, n° 669; Zach., § 687, note 29, Larombière, *1184*, 37; Cass., 19 août 1824 ; CONTRA, Duranton, XVI, 377.

(6) Toullier, VI, 568; Troplong, n° 668; Duvergier, I, 462; Larombière, *1184*, 60; CONTRA, Duranton, XVI, 376.

(7) Troplong, *Transcript.*, n° 232; Larombière, *1184*, 416.

III.   **16**

de l'acquéreur (1). Néanmoins les baux que l'acquéreur a consentis de bonne foi doivent être maintenus (2).

4206. Ce qui précède s'applique également à la résolution consentie amiablement entre l'acquéreur et son vendeur, lorsqu'elle a eu lieu sans fraude pour défaut de payement du prix [Form. 591]; elle opère donc l'extinction des charges et hypothèques provenus du chef de l'acquéreur, tout aussi bien que lorsqu'elle est prononcée en justice (3). La mention en marge de la transcription du contrat prescrite pour la résolution prononcée en justice, *supra no 4204*, n'est pas exigée pour la résolution amiable (4).

4207. En matière de vente de denrées et effets mobiliers, la résolution de la vente a lieu de plein droit et sans sommation, au profit du vendeur, après l'expiration du terme convenu pour le retirement (5) (C. N., 1657); s'il n'y a point de terme stipulé, une simple sommation suffit pour que la résolution ait lieu de plein droit (6). Mais, le vendeur, au lieu de demander la résolution, peut exiger que l'acheteur prenne possession (7).

---

nance de....., figuré au plan cadastral sous le no....., de la section B, moyennant un prix de deux mille francs qui a été stipulé payable le....., et productif d'intérêts à 5 p. 100 par an, payables chaque année le.....

Il a été expressément convenu qu'à défaut de payement du prix à son époque d'échéance, la vente serait résolue de plein droit quinze jours après un commandement de payer non suivi d'effet, et que le vendeur rentrerait dans la pleine propriété de ladite maison, de même que si la vente n'en avait pas été faite.

Suivant exploit du ministère de....., huissier à....., du....., M. AMIOT a fait commandement à M. BENOIT de lui payer la somme de deux mille francs formant le prix principal de ladite vente; plus celle de....., pour les intérêts courus jusque-là; et a déclaré à mondit sieur BENOIT qu'à défaut de payement, la vente serait résolue quinze jours après le commandement; duquel exploit l'original est ci-annexé.

M. BENOIT n'a pas satisfait à ce commandement, et M. AMIOT était sur le point de faire prononcer en justice la validité dudit exploit comme la résolution qui en est la conséquence, lorsque M. BENOIT a déclaré être prêt à en reconnaître volontairement l'effet.

En conséquence, M. BENOIT reconnaît pour résolu le contrat de vente du....., ci-dessus énoncé; et, par suite, il consent que M. AMIOT reprenne dès aujourd'hui la possession de ladite maison, pour en disposer de même que s'il ne l'eût pas vendue.

M. BENOIT déclare qu'il n'a fait aucune amélioration à ladite maison, et qu'il n'a aucune répétition à exercer contre le vendeur, pour quelque cause que ce soit.

M. AMIOT, de son côté, prenant en considération la position de M. BENOIT, déclare lui faire remise pleine et entière : 1o des intérêts du prix courus jusqu'à ce jour; 2o de toutes répétitions pour dégradations, défaut de réparations et autres abus de jouissance; 3o et des loyers de ladite maison pendant le temps de sa jouissance.

Les parties requièrent que ces présentes soient mentionnées, tant sur la minute que sur toute expédition ou grosse du contrat de vente susénoncé.

Les frais des présentes seront supportés par M.....

DONT ACTE. Fait et passé, etc.

---

(1) Duranton, XVI. 365; Troplong, no 651; Duvergier, I, 457; Marcadé, *art. 1654*; Massé et Vergé, § 687, note 17; Rouen, 7 déc. 1809, 13 juill. 1815; Paris, 7 avril 1824.

(2) Troplong, no 651; Marcadé, *art. 1654.*

(3) Troplong, no 691; Massé et Vergé, § 687, note 17; Mourlon, *Rev. prat.*, II, p. 204; Cass., 10 mars 1836; Bourges, 12 fév. 1853. Voir aussi Larombière, *1184*, 116; CONTRA, Toullier, VII, 351; Duranton, XVI, 387. Voir Riom, 11 déc. 1865; Jur. N., 13061.

(4) Troplong, *Transcript.*, no 244; Larombière, *1184*, 246.

(5) Voir Troplong, no 680; Zach., Massé et Vergé, § 687, note 3; Lyon, 27 avril 1860; J. N. 16927; Rennes, 28 juin 1866.

(6) Troplong, no 679; Duvergier, I, 474; Marcadé, *1657*, 2; Douai, 8 janv. 1846. Voir cependant Massé et Vergé, § 687, note 4.

(7) Troplong, no 681; Marcadé, *1657*, 1; Zach., Massé et Vergé, § 687, note 5; Cass., 12 fév. 1855.

CHAPITRE ONZIÈME

DES TRANSPORTS DE CRÉANCES ET DES VENTES DE DROITS INCORPORELS.

SECTION I. — DES TRANSPORTS DE CRÉANCES.

4208. Le transport [Form. 592-594] est un terme juridique plus spécialement applicable à la cession des droits incorporels, comme une créance, une action réelle ou personnelle, un droit de privilége, d'hypothèque, etc. On peut aussi faire le transport du cautionnement d'un officier ministériel, même pendant la durée de son exercice, sauf l'effet du privilége frappant ce cautionnement (1).

§ II. — TRANSPORTS DE CRÉANCES ET AUTRES DROITS INCORPORELS.

FORMULE 592. — **Transport de créance.** (N°s 4208 à 4222.)

PAR-DEVANT M^e. . . . .,

Ont comparu : M. Honoré Mesnil, propriétaire, et Mme Geneviève Bornet, son épouse, de lui autorisée, demeurant ensemble à. . . . .,   D'UNE PART ;

Et M. Jean Boete, rentier, demeurant à. . . . .,   D'AUTRE PART ;

Lesquels, pour parvenir au transport faisant l'objet des présentes, ont exposé ce qui suit :

Aux termes d'un contrat passé devant M^e. . . . ., notaire à. . . . ., le. . . . ., M. et Mme Mesnil ont vendu à M. Louis Delarue, propriétaire, et à Mme Eugénie Laville, son épouse, demeurant ensemble à. . . . .: 1° une maison située à. . . . .; 2° une prairie. . . .; 3° une pièce de terre labourable. . . . . .

Cette vente a eu lieu moyennant la somme de cent mille francs de prix principal; sur quoi cinquante mille francs ont été payés comptant, ainsi que le constate ledit contrat qui en contient quittance. Et les acquéreurs se sont obligés solidairement à payer les cinquante mille francs de surplus le. . . . ., et, à en servir les intérêts sur le pied de cinq pour cent par an, à partir du jour de la vente, payables chaque année en deux termes égaux, les. . . . .

Une expédition dudit contrat a été transcrite au bureau des hypothèques de. . . . ., le. . . . ., vol. . . . ., n°. . . . .; et le même jour il a été pris une inscription d'office contre M. et Mme Delarue, au profit de M. et Mme Mesnil, sous le vol. . . . . n°. . . . .

Sur cette transcription, M. le conservateur a délivré deux certificats, le. . . . .

L'un constate qu'il n'existait du chef des vendeurs ou des anciens propriétaires dénommés audit contrat, sur l'immeuble vendu, aucune inscription autre que celle d'office susénoncée.

Et l'autre, que depuis le premier janvier mil huit cent cinquante-six jusqu'au. . . . ., il n'a été transcrit aucun acte portant aliénation, antichrèse ou bail de l'immeuble vendu par M. et Mme Mesnil à M. et Mme Delarue, autre que la vente faite à ces derniers; et qu'il n'a été requis aucune mention de jugement portant rescision ou nullité du titre en vertu duquel M. et Mme Mesnil possédaient les immeubles vendus à M. et Mme Delarue.

M. et Mme Delarue n'ont pas jugé à propos de remplir les formalités de purge d'hypothèque légale, M. et Mme Mesnil ayant déclaré dans le contrat qu'ils étaient mariés en premières noces sous le régime de la communauté, aux termes de leur contrat de mariage

---

(1) Bioche, *Cautionn.*, n° 42; Roll., *ibid.*, n° 95; Dard, *Des off.*, | 7 juin 1851, 11 mars 1859, 29 juin 1863; J. N., 12358, 14637, 17758; p. 67; Rouen, 27 avril 1838; Lyon, 30 avril 1852; Paris, 17 avril 1845, | contra, Paris, 11 juill. 1826; Cass., 30 mai 1828.

4209. Dans le transport d'une créance, d'un droit ou d'une action sur un tiers, la délivrance s'opère entre le cédant et le cessionnaire par la remise du titre (*C. N.*, *1603*, *1689*).

4210. Le cessionnaire n'est saisi à l'égard des tiers (1) que par la signification (2) du transport faite au débiteur (3), à son domicile réel (4), et non au domicile élu. Néanmoins, le cessionnaire peut être également saisi par l'acceptation du transport faite par le débiteur dans un *acte authentique* (5) (*C. N.*, *1690*) [Form. 593]. A défaut de signification ou d'acceptation, le cédant peut encore poursuivre le débiteur (6), transporter à un autre (7) ; ses créanciers, même postérieurs au transport, peuvent saisir-arrêter la créance (8) ; et si le débiteur paye entre les mains du cédant, il est valablement libéré (*C. N.*, *1691*), à moins qu'il n'ait eu une connaissance indirecte du transport de nature à suppléer le défaut d'acceptation (9), mais en tous cas sauf le recours du cessionnaire contre le cédant.

4211. La signification du transport n'est pas nécessaire quand il s'agit de lettres de change, billets à ordre, actions au porteur (*C. comm.*, *35*, *136*), rentes sur l'État, actions de la banque de France ou

---

passé devant Mᵉ....., notaire à....., le.....; et qu'ils n'étaient et n'avaient jamais été tuteurs de mineurs ou d'interdits, ni comptables de deniers publics.

Si les formalités de purge ont été remplies, voir supra, formule 583, § 7.

TRANSPORT.

CES FAITS EXPOSÉS, M. et Mᵐᵉ MESNIL ont, par ces présentes, cédé et transporté, sans autre garantie que celle de leur qualité de créanciers (*ou avec garantie de la solvabilité actuelle et future des débiteurs* ; *on peut ajouter* : et même avec engagement solidaire de payer, à défaut par les débiteurs de le faire dans le mois du commandement qui leur serait signifié),

A M. BOETE, qui accepte :

La somme de trente mille francs, à toucher par priorité et préférence aux cédants et à tous autres, dans celle de cinquante mille francs restée due, par suite du payement comptant de cinquante mille francs, sur la somme de cent mille francs formant le prix principal de la vente que M. et Mᵐᵉ MESNIL ont faite à M. et Mᵐᵉ DELARUE, aux termes du contrat du....., énoncé en l'exposé qui précède.

M. BOETE disposera de la somme transportée comme de chose lui appartenant en pleine propriété et jouissance à compter d'aujourd'hui ; en conséquence il touchera ladite somme de trente mille francs de M. et Mᵐᵉ DELARUE ou de tous autres qu'il appartiendra ; et il aura droit aux intérêts dont elle est productive, aussi à compter d'aujourd'hui.

A l'effet de quoi M. et Mᵐᵉ DELARUE mettent et subrogent sans autre garantie que celle susexprimée (*ou avec la garantie susexprimée*), par priorité et préférence à eux-mêmes et à tous autres, M. BOETE, dans leurs droits et priviléges (*si le transport est de la totalité du prix, on ajoute* : et action résolutoire), contre M. et Mᵐᵉ DELARUE, et notamment dans l'effet de l'inscription d'office prise à leur profit contre mesdits sieur et dame DELARUE, au bureau des hypothèques de..., le..., vol..., n°...; le tout jusqu'à concurrence de la somme transportée avec tous intérêts, frais et autres accessoires.

---

(1) Mais entre les parties le transport est parfait par le consentement réciproque sur la chose et sur le prix : Troplong, n° 880; Marcadé, *1689*, 1 ; Roll., *Transp.*, n° 159; Lyon, 7 fév. 1861 ; J. N., 17721.

(2) Si le transport est du cautionnement d'un officier ministériel, il n'est valable que lorsqu'il a été signifié au trésor (bureau des oppositions), avant toute opposition : Trib. Seine, 4 fév. 1846; Paris, 11 mars 1852; J. N., 12678, 14637.

(3) Si les codébiteurs sont obligés solidairement, la signification faite à l'un d'eux est suffisante: Cass., 31 mai 1848 ; J. N., 13428.

(4) Si le débiteur cédé habite en pays étranger, la signification doit lui être faite à personne ou domicile, et non pas au parquet du procureur impérial : Troplong, n° 902 ; Duvergier, II, 186; Massé et Vergé, § 691, note 7; Dict. Not., *Transp.*, n° 84; Paris, 28 fév. 1825.

(5) L'acceptation par acte sous seing privé, même avec date certaine, serait insuffisante au regard des tiers : Voir Troplong, n° 901; Duvergier, II, 216; Massé et Vergé, § 691, note 9; Cass., 31 janv. 1821 : Orléans, 29 nov. 1838; Dijon, 9 fév. 1847.

(6) Troplong, n° 885; Zach., Massé et Vergé, § 691, note 11; Roll., *Transp.*, n° 79; Cass., 4 déc. 1827.

(7) Troplong, n° 888 ; Marcadé, *1691*, 2; Zach., § 691, note, 13; Dict. not., *Transp.*, n° 74; Roll., *ibid.*, n° 84; Bordeaux, 21 août 1831 ; Cass., 13 janv. 1845, 29 août 1849 ; J. N., 12262.

(8) Troplong, n° 889; Marcadé, *1691*, 2; Zach., § 691, note 12; Dict. not., *Transp.*, n° 114; Roll., *ibid.*, n° 85; Cass., 22 mars 1814.

(9) Voir Troplong, n° 900; Duvergier, II, 209; Marcadé, *1689*, 1; Massé et Vergé, § 691, note 10; Cass., 13 juill. 1831, 5 mars 1838.

d'autres sociétés qui se transmetteut, soit par endossement, soit par une inscription apposée sur les registres de la société(1), *infra n° 4223*. Il en est de même des polices d'assurances sur la vie, lorsqu'elles sont stipulées transmissibles par voie d'ordre (2).

4212. Le transport d'une créance fait dans les dix jours qui ont précédé la faillite est valable (*C. comm.*, art. *447*); mais si au jour de la déclaration de faillite il n'a point été signifié ou valablement accepté, il n'est pas opposable à la masse de la faillite (3). Il en est de même de la signification de transport faite après le décès du cédant lorsque sa succession a été acceptée sous bénéfice d'inventaire; elle n'est pas opposable à ses créanciers (4).

4213. Le débiteur auquel un transport est signifié peut, lors de cette signification, opposer le payement qu'il aurait fait par acte sous seing privé, ou la compensation qui se serait établie. Il ne le pourrait plus s'il gardait le silence après la signification du transport ou lors de son acceptation (5).

4214. Si, lors de la signification, le débiteur a des saisies-arrêts entre les mains, le transport vaut

---

Le présent transport a lieu moyennant pareille somme de trente mille francs, que M. Boete a payée en espèces de numéraire, et en billets de la banque de France acceptés pour numéraire, le tout compté et délivré à la vue des notaires soussignés, à M. et Mme Mesnil, qui le reconnaissent et lui en donnent quittance.

M. et Mme Mesnil ont remis à M. Boete, qui le reconnaît, la grosse du contrat de vente ci-dessus énoncé, à la charge de la communiquer aux cédants à toute demande sans frais, sous récépissé.

Pour faire opérer la subrogation ci-dessus consentie, et pour faire signifier ces présentes aux débiteurs, tous pouvoirs sont donnés au porteur d'une expédition ou d'un extrait des présentes.

Les frais et honoraires du présent acte et ceux auxquels il donnera ouverture seront supportés par les cédants.

Pour l'exécution des présentes, etc.

Dont acte. Fait et passé, etc.

FORMULE 593. — Dispense de signification. (N° 4210.)

Par-devant Me.....

Ont comparu : M. Louis Delarue, propriétaire, et Mme Eugénie Laville, son épouse de lui autorisée, demeurant ensemble à....;

Lesquels, après avoir pris communication par la lecture que leur en a donnée Me..., l'un des notaires soussignés, d'un acte passé devant ledit Me..., le..., contenant transport par M. Honoré Mesnil, propriétaire, et Mme Geneviève Bornet, son épouse, demeurant à...., à M. Jean Boete, rentier, demeurant à...., de la somme de trente mille francs, à toucher par priorité et préférence aux cédants et à tous autres, dans cinquante mille francs restés dus par M. et Mme Delarue, sur cent mille francs, formant le prix principal de la vente que M. et Mme Mesnil ont faite à M. et Mme Delarue, de : 1°..., 2°...., 3°...., suivant contrat passé devant Me..., notaire à..., le....; par lequel transport il a été dit que M. Boete aurait droit aux intérêts de la somme transportée à partir du....,

Ont, par ces présentes, déclaré avoir ce transport pour agréable, se le tenir pour bien et dûment signifié, et en conséquence dispenser M. Boete de leur en faire la signification par huissier.

---

(1) Troplong, n° 906; Duvergier, II. 214; Zach., Massé et Vergé, § 691, note 6; Dict. not., *Transp.*, n° 93 ; Roll., *ibid.*, n° 57; Montpellier, 4 janv. 1853. V. Cass., 27 nov. 1865.

(2) Paris, 12 fév. 1859; J. N., 16011.

(3) Troplong, n° 914; Duvergier, II. 245; Dict. not., *Transp.*

n° 88 ; Roll., *ibid.*, n° 64; Aix, 23 juin 1856; Rennes, 29 juill. 1854 ; Cass., 26 janv. 1859, 26 janv. 1863; Sirey, 1863, 4. p. 64.

(4) Douai. 47 juill. 1833; Bordeaux, 17 fév. 1837; contra, Seine 23 mai 1867; J. N., 9651, 18974.

(5) Troplong, n° 920, 922; Duranton, XVI, 504; Duvergier, I, 224; Marcadé, 1691, 5; Cass., 23 août 1844 ; J. N., 11175.

saisie, et le cessionnaire concourt par contribution avec les créanciers opposants antérieurs à la signification ou avec ceux du même jour, si l'antériorité de la signification ne peut être établie (1).

4215. Si le transport est d'une partie de la créance, le débiteur n'est pas tenu de payer partiellement; il peut exiger que le cédant et le cessionnaire se réunissent pour recevoir le payement (2).

4216. La cession d'une créance comprend les accessoires de la créance, tels que caution, privilége, hypothèque (C. N., 1692), actions résolutoires (3), ainsi que les intérêts même échus (4).

4217. Les cessionnaires partiels d'une créance privilégiée n'ont aucun droit de préférence entre eux, résultant de la date ou de l'antériorité de leur cession; et, lorsque les deniers à distribuer sont insuffi-

---

Ils ont déclaré en outre, qu'il n'existe entre leurs mains aucune opposition, ni aucun empêchement qui puissent arrêter l'effet de ce transport.

Mention des présentes est consentie pour avoir lieu sur toutes pièces où besoin sera.

DONT ACTE. Fait et passé, etc.

FORMULE 594. — **Autre transport avec prorogation de délai.** (Nos 4208 à 4222.)

PAR-DEVANT Me. . . .

A COMPARU : M. Jean BOURDON, propriétaire, demeurant à. . . . ;

Lequel a, par ces présentes, cédé et transporté, sans autre garantie que celle de sa qualité de créancier,

A M. Luc TESSIER, rentier, demeurant à. . . . , à ce présent et acceptant,

La somme de dix mille francs, montant en principal de l'obligation pour prêt, souscrite au profit de M. BOURDON, par M. Léon MARC, carrossier, et Mme Germaine PIVERT, son épouse, demeurant ensemble à. . . . , suivant acte passé devant Me . . . , notaire à. . . , le. . . .

M. et Mme MARC se sont obligés solidairement à rembourser cette somme, à M. BOURDON le. . . , et, jusqu'au remboursement effectif, à lui en servir l'intérêt sur le pied de cinq pour cent par an, sans retenue, à partir du jour de l'obligation, payable chaque année en un seul terme, le. . . .

Pour garantir le remboursement de ladite somme de dix mille francs et le payement de tous intérêts, frais et autres accessoires, M. et Mme MARC ont hypothéqué une pièce de terre labourable, située commune de. . . , lieu dit. . . , contenant. . . , n°. . . , de la section. . . , du plan cadastral.

Et, pour plus de garantie, Mme MARC a cédé et délégué à M. BOURDON pareille somme à celle qui lui serait due pour le montant de ladite obligation, en principal, intérêts, frais et autres accessoires, à prendre et recevoir par priorité et préférence à elle-même et à tous autres, sur le montant des droits, créances, reprises et avantages matrimoniaux qu'elle pouvait et pourrait avoir à exercer contre son mari, en vertu de leur contrat de mariage ou de tous autres titres; à l'effet de quoi elle a mis et subrogé, jusqu'à due concurrence et avec pareille priorité, M. BOURDON dans l'effet de son hypothèque légale contre son mari, ce en qu'elle grevait l'immeuble hypothéqué.

M. TESSIER disposera de la créance transportée comme de chose lui appartenant en pleine propriété et jouissance à partir d'aujourd'hui; en conséquence il touchera ladite somme de dix mille francs de M. et Mme MARC ou de tous autres qu'il appartiendra, et il aura droit aux intérêts dont elle est productive, à partir du. . . .

---

(1) Voir Pigeau, II, p. 63; Toullier, VII, 255; Duranton, XV, 500; Duvergier, II, 201; Troplong, nos 926 à 928; Marcadé, 1591, 2; Zach., Massé et Vergé, § 691, note 10; Dict. not., Transp., n° 147; Roll., ibid., n° 73; Paris 30 mai 1835, 9 fév. 1837, 18 mars 1839, 26 juill. 1843; Cass., 26 fév. 1834, 18 juin 1843, 8 juin 1852; J. N., 11784, 14714. Cass. 20 fév. 1855; Jur. N., 12896.

(2) Toullier, VII, 420, note; Troplong, n° 923.

(3) Troplong, n° 917; Duvergier, II, 222; Roll., Transp., nos 128, 135; Bordeaux, 25 fév. 1829; Cass. 22 juin 1830; CONTRA, Marcadé, 1692, 2; Zach., Massé et Vergé, § 691, note 20. V. Cass. 18 juin 1866.

(4) Duranton, XVI, 507; Troplong, n° 915; Duvergier, II, 221; Marcadé, 1692, 1; Zach., Massé et Vergé, § 691, note 17; Roll., Transp., n° 124.

sants, la perte est supportée en commun, à moins que le cédant n'ait accordé un droit de préférence à l'un des cessionnaires (1).

1218. Celui qui vend une créance ou autre droit incorporel, doit en garantir l'existence au temps du transport, quoiqu'il soit fait sans garantie (C. N., 1693). Il doit aussi garantie si la créance est hypothécaire et qu'une portion des biens ait été affranchie de l'hypothèque sans qu'il l'ait déclaré (2).

1219. Il ne répond de la solvabilité du débiteur que lorsqu'il s'y est engagé, et jusqu'à concurrence seulement du prix qu'il a retiré de la créance (C. N., 1694).

1220. Lorsqu'il a promis la garantie de la solvabilité du débiteur, ou déclaré transporter avec

---

A l'effet de quoi M. Bourdon met et subroge, sans autre garantie que celle susexprimée, M. Tessier dans tous ses droits, actions et hypothèque contre M. et Mᵐᵉ Marc, et notamment dans l'effet plein et entier de l'inscription collective d'hypothèque conventionnelle et légale, prise à son profit contre M. et Mᵐᵉ Marc, au bureau des hypothèques de.. ., le.. ., vol.. ., n°.. .

Pour faire mentionner cette subrogation en marge de l'inscription, tous pouvoirs sont donnés au porteur d'une expédition ou d'un extrait des présentes.

Le présent transport a lieu moyennant pareille somme de dix mille francs que M. Tessier a payée en espèces de numéraire, et en billets de la banque de France acceptés pour numéraire, le tout compté et délivré à la vue des notaires soussignés, à M. Bourdon, qui le reconnaît et lui en donne quittance.

M. Bourdon a remis à M. Tessier, qui le reconnaît, la grosse de l'obligation ci-dessus énoncée, le bordereau de l'inscription et un état négatif d'inscription.

DISPENSE DE SIGNIFICATION ; PROROGATION DE DÉLAI.

A ces présentes sont intervenus M. et Mᵐᵉ Marc ci-dessus nommés, qualifiés et domiciliés ;

Lesquels, après avoir pris communication du transport qui précède par la lecture que leur en a donnée Mᵉ.. ., l'un des notaires soussignés, ont déclaré l'avoir pour agréable, se le tenir pour bien et dûment signifié, et, en conséquence, dispenser M. Tessier de leur en faire la signification par huissier. Ils ont déclaré de plus qu'ils n'ont entre leurs mains aucune opposition ni aucun empêchement qui puissent en arrêter l'effet.

Et, par ces mêmes présentes, M. Tessier et M. et Mᵐᵉ Marc conviennent de proroger de quatre années à partir d'aujourd'hui, c'est-à-dire jusqu'au.. ., l'époque d'exigibilité de la somme de dix mille francs formant le capital de la créance transportée.

En conséquence, M. et Mᵐᵉ Marc s'obligent solidairement entre eux, comme ils y sont déjà tenus, à payer ladite somme principale à M. Tessier, ledit jour.. .

Jusqu'au remboursement intégral, cette somme continuera à produire, comme par le passé, des intérêts sur le pied de cinq pour cent par an, que M. et Mᵐᵉ Marc s'obligent sous la même solidarité à payer à M. Tessier en deux termes égaux, les.. .

Le remboursement de ladite somme capitale et le payement des intérêts auront lieu au domicile à cet effet élu à.. ., en l'étude de Mᵉ.. ., l'un des notaires soussignés, et ils ne pourront être valablement effectués qu'en bonnes espèces d'or ou d'argent au cours de ce jour, et non autrement.

A défaut de payement d'un seul semestre d'intérêt à son échéance et un mois après un simple commandement, ladite somme capitale deviendra de plein droit exigible, si bon semble à M. Tessier, sans qu'il soit besoin d'autre formalité.

---

(1) Troplong n°ˢ 83, 366; Roll., Transc., n° 447; Paris, 17 avril 1831; Nancy, 9 mars 1858 ; Cass., 7 mars 1865. Voir cependant Caen, 27 mai 1864; J. N., 18175 ; Cass., 20 nov. 1855, 29 mai 1866; J. N., 18169 18570.

(2) Troplong, n°ˢ 933, 934; Zach., § 691, note 21; Nancy, 20 août 1433. V. Lyon, 7 juin, 1865; Jur. N., 12890; Grenoble, 21 mars 1867, etc.

toute garantie (1) ou avec la *garantie de fait*, cette promesse ne s'entend que de la solvabilité actuelle et ne s'étend pas au temps à venir, si le cédant ne l'a expressément stipulé (*C. N.*, *1695*). Si le cédant a garanti la solvabilité actuelle et future du débiteur, il n'est obligé qu'après la discussion du débiteur et seulement pour le prix de la cession (2). En tout cas la garantie de la solvabilité cesse lorsque l'insolvabilité est arrivée par la faute du cessionnaire, par exemple s'il a laissé périmer l'inscription (3). Il en est de même lorsque après l'échéance le cessionnaire a accordé un délai au débiteur, si l'insolvabilité est survenue pendant le sursis (4).

1221. Quand le cédant s'est obligé à payer pour le débiteur après un simple commandement fait à ce dernier, c'est au cédant à veiller aux mesures conservatoires, à renouveler l'inscription, et le cessionnaire n'est pas tenu de discuter le débiteur (5). Dans le même cas, le cédant doit payer en totalité la somme transportée (6).

1222. Si le cédant a seulement garanti la solvabilité, même présente et future du débiteur, le ces-

---

En cas de décès des débiteurs ou de l'un d'eux avant leur libération, il y aura solidarité et indivisibilité entre leurs héritiers et représentants, comme aussi entre le survivant d'eux et les héritiers et représentants du prédécédé, pour le remboursement de ladite somme capitale et le payement de tous intérêts, frais et autres accessoires; et les significations qui deviendront nécessaires en exécution de l'art. 877 du Code Napoléon, auront lieu aux frais de ceux à qui elles seront faites.

Les débiteurs ne pourront se libérer dudit capital par anticipation de l'époque susfixée, sans le consentement exprès de M. TESSIER.

La prorogation qui précède est ainsi consentie sans novation ni dérogation aux droits, actions, privilége, hypothèque et inscription conservant la créance transportée, et qui sont au contraire expressément réservés.

M. et Mme MARC consentent expressément à ce qu'il soit délivré à M. TESSIER une grosse du présent acte, et que cette grosse lui vaille titre exécutoire de ladite créance, en principal, intérêts et autres accessoires; de manière que tous actes d'exécution puissent être faits en vertu de cette grosse, sans qu'il soit besoin de la signification de l'acte d'obligation du...., à moins que M. TESSIER ne préfère la faire.

Les frais et honoraires auxquels ces présentes donneront lieu seront acquittés par M. et Mme MARC.

Pour l'exécution des présentes, etc.

DONT ACTE. Fait et passé, etc.

FORMULE 595. — Transport arrêté entre les parties sans la participation du notaire.

PAR-DEVANT M^e....

ONT COMPARU : M....,   D'UNE PART;

Et M....,   D'AUTRE PART;

Lesquels, ont réalisé de la manière suivante le transport convenu et arrêté entre eux sans la participation des notaires soussignés.

M.... a, par ces présentes, cédé et transporté, etc.

Ou bien : Pour parvenir à ce transport, ils ont exposé, etc.

---

(1) Paris, 14 déc. 1840 ; J. N., 10912.
(2) Duranton, XVI, 585 ; Troplong, n° 948 ; Duvergier, II, 281 ; Zach., 691, note 23 ; Marcadé, *1695*, 2 ; Roll., *Transp.*, n° 112.
(3) Duranton, XII, 471 ; Duvergier, II, 278 ; Troplong, n° 941 ; Marcadé, *1695*, 3 ; Cass., 26 fév. 1806 ; costes, Toullier, VII, 172.
(4) Troplong, n° 942 ; Duvergier, II, 275 ; Roll., *Transp.*, n° 109 ; Paris, 27 mars 1817;

(5) Ni de faire aucun acte conservatoire pour empêcher son insolvabilité : Troplong, n° 944 ; Duvergier, II, 280 ; Roll., *Transp.*, n° 110 ; Dijon 29 juin 1830. Voir Marcadé, *1695*, 3.
(6) Troplong, n° 949 ; Duvergier, II, 283 ; Roll., *Transp.*, n° 113. Cass., 4 avril 1865.

sionnaire n'a que l'action en garantie contre lui ; mais s'il a promis de payer, il y a voie exécutoire (1).

SECTION II. — DES VENTES D'ACTIONS.

4223. Les parts d'intérêt, les actions et obligations dans les sociétés de finance, d'industrie ou autres, peuvent être cédées dans la même forme que les créances [FORM. 596] ; les cessionnaires sont saisis : lorsque les mutations ne sont pas, aux termes des statuts, constatées par des transferts sur les registres de la société, par la signification qui en est faite à la société ; et quand les valeurs sont transmissibles par la voie de transfert, par le transfert qui en est constaté sur les registres de la société. Les rentes sur l'Etat français ne peuvent être valablement transmises que par un transfert au grand-livre ; la cession d'une rente de cette nature faite par acte notarié et signifiée au trésor public, serait insuffisante pour assurer au cessionnaire un droit de préférence sur les créanciers du cédant (2). Si la vente d'actions a lieu aux enchères, voir *infra* n° 4424.

SECTION III. — DES CESSIONS DE DROITS SUCCESSIFS.

4224. I. *Cession.* La vente d'une hérédité est celle par laquelle le vendeur transporte à l'acqué-

---

FORMULE 596. — Vente d'action industrielle. (N° 4223.)

PAR-DEVANT M⁰. . . . .

A COMPARU : M. Justin DELORME, rentier, demeurant à. . . . .

Lequel a vendu, cédé et transporté et s'est obligé à garantir de tous troubles,

A M. Simon COREL, propriétaire à. . . . ., à ce présent et acceptant,

Une action de. . . francs qui lui appartient dans la société en commandite, sous la raison sociale. . ., constituée par acte passé devant M⁰. . ., notaire à. . ., publiée conformément à la loi, et dont la durée a été fixée à. . . ans, qui ont commencé à courir le. . . .

M. DELORME est propriétaire de cette action au moyen de l'acquisition qu'il en a faite de M. . ., le. . ., par acte passé devant le même notaire, moyennant la somme de. . ., qu'il a payée comptant.

M. COREL jouira et disposera de l'action formant l'objet de la présente vente à compter de ce jour, et il aura droit aux intérêts et dividendes attachés à ladite action à partir du semestre qui a commencé à courir le. . . et qui écherra le. . . prochain.

Cette vente a été faite à la charge par M. COREL, qui s'y oblige :

1° De supporter tous les frais, droits et honoraires auxquels la présente cession donnera ouverture, ensemble ceux d'une expédition à fournir à l'administration de la société ;

2° Et d'accomplir toutes les obligations auxquelles sont soumis les actionnaires par l'acte de société susénoncé, dont il déclare avoir pris lecture et communication.

Et, en outre, cette vente a été faite moyennant la somme de. . ., que l'acquéreur a payée à l'instant au vendeur, en espèces de monnaie et en billets de la banque de France, le tout délivré à la vue des notaires soussignés.

L'acquéreur a reçu du vendeur le titre de l'action revêtu d'un timbre de dimension de. . . et dont il devra faire opérer le transfert sur les registres de la société en vertu des présentes.

DONT ACTE. Fait et passé, etc.

FORMULE 597. — Cession de droits successifs mobiliers et immobiliers (1).

(N⁰ˢ 4224 à 4232.)

PAR-DEVANT M⁰. . . . .

(1) Cette cession donne lieu, sur la totalité du prix, à la perception du droit d'enregistrement au taux fixé pour les immeubles. Pour éviter ce droit sur le mobilier, on divise habituellement la cession en deux actes, l'un pour les droits successifs immobiliers, l'autre pour les droits successifs mobiliers.

---

(1) Troplong, n° 950 ; Duvergier, II, 284 ; Roll., *Transp.*, n° 117 ; Cass., 22 mai 1828, 4 avril 1865.

(2) Dict. not., *Rente sur l'État*, n° 32 ; Toulouse, 4 mai 1839 ; Paris, 3 juin 1839, 7 juill. 1864 ; J. N., 18079.

leur tous les droits pécuniaires, actifs et passifs, qui découlent de sa qualité d'héritier (1) [Form. 597].

4225. Celui qui vend une hérédité sans en spécifier en détail les objets, n'est tenu de garantir que sa qualité d'héritier (*C. N.*, *1696*), et aussi ses faits personnels (2). Si le cédant a seulement vendu ses prétentions à l'hérédité, il n'est tenu à aucune garantie, à moins qu'il n'ait su positivement que l'hérédité ne lui appartenait pas (3).

4226. Le cédant n'est tenu de délivrer les choses héréditaires que dans l'état où elles se trouvent; il n'est donc pas responsable des dégradations, ni des prescriptions acquises, ni de la perte de certains objets, même survenue par sa faute (4).

4227. La cession de droits successifs n'emporte pas transmission de la qualité d'héritier, et elle ne comprend pas ce qui est personnel au cédant, comme les papiers et portraits de famille, les titres nobiliaires, ni la faculté d'accepter sous bénéfice d'inventaire. puisque la vente des droits successifs emporte par elle-même adition d'hérédité. Néanmoins il semble admis que le vendeur peut céder ses droits successifs avec la faculté d'accepter sous bénéfice d'inventaire (5). Si le vendeur est héritier sous bénéfice d'inventaire, il peut céder ses droits d'héritier bénéficiaire, *supra n° 1896.*

4228. La cession comprend tous les droits héréditaires du cédant; en conséquence : 1° s'il avait déjà profité des fruits de quelque fonds, ou reçu le montant de quelque créance appartenant à cette hérédité, ou vendu, donné, aliéné de toute autre manière (6), quelques effets de la succession, il serait tenu de les rembourser à l'acquéreur, s'il ne les avait expressément réservés lors de la vente (*C. N.*,

---

A comparu : M. Charles Lébon, étudiant en médecine, demeurant à....,

Héritier pour un quart de M. Jean Lebon, son père, en son vivant propriétaire, demeurant à...., où il est décédé le..., ainsi que le constate l'intitulé de l'inventaire après son décès dressé par Me..., notaire à..., le...;

Lequel a, par ces présentes, cédé et transporté sans autre garantie que celle de sa qualité d'héritier ci-dessus exprimée,

A M. Denis Valon, rentier, demeurant à..., à ce présent et ce acceptant,

Tous les droits successifs mobiliers et immobiliers, tant en fonds et capitaux, qu'en fruits et revenus échus et à échoir, revenant au cédant dans la succession de M. Lebon, son père, sans aucune exception ni réserve, et même l'accroissement qui lui surviendrait par suite de la renonciation qui serait faite ultérieurement par l'un ou plusieurs de ses cohéritiers.

M. Valon disposera des droits cédés comme de chose lui appartenant en toute propriété à partir d'aujourd'hui, et il en jouira à compter du jour du décès de M. Lebon.

A l'effet de quoi M. Lebon cédant met et subroge M. Valon, sans autre garantie que celle ci-dessus exprimée, dans tous ses droits et actions concernant ladite succession. Néanmoins le cédant entend excepter de la présente cession toutes choses quelconques dont il pourrait être débiteur envers la succession à quelque titre que ce soit, entendant au contraire en être quitte et libéré.

Le présent transport est fait à la charge par M. Valon qui s'y oblige :

1° D'acquitter à la décharge du cédant la portion dont il peut être tenu dans les dettes et charges de la succession, ainsi que les droits de mutation auxquels cette succession pourra donner ouverture; le tout de manière que le cédant ne soit aucunement inquiété ni recherché.

2° Et de payer les frais et honoraires des présentes.

En outre le présent transport a lieu à forfait, moyennant la somme de dix mille francs, que M. Valon a payée en espèces de monnaie et en billets de la banque de France acceptés

---

(1) Marcadé, *1696.* 4. V. Lyon. 31 déc. 1863; J. N., 17943.
(2) Troplong, n° 956; Marcadé, *1696*, 2; Zach., Massé et Vergé, § 692, notes 4, 14.
(3) Troplong, n°s 957, 958; Duvergier, II, 312; Roll., *Cession de droits succ.*, n° 63.

(4) Voir Duranton, XVI, 522; Troplong, n° 904; Zach., Massé et Vergé, § 692, note 7.
(5) Duranton, VII, 54; Troplong, n° 971; Duvergier, II, 311; Marcadé, *1698.* 2, Roll., *Transport de droits succ.*, n° 48.
(6) Troplong, n° 957.

1697); s'il vendait, après la cession, quelques objets de la succession, le cessionnaire aurait l'action en revendication; 2° l'acquéreur doit de son côté rembourser au vendeur ce que celui-ci a payé pour les dettes et charges de la succession, et lui faire raison de tout ce dont il était créancier, s'il n'y a stipulation contraire (1) (*C. N.*, 1698).

4229. Si le cédant était débiteur envers le défunt, la dette s'est éteinte par la confusion, *suprá* n° 3377; mais la cession la fait revivre, et il doit en faire raison à la succession (2).

4230. Lorsque, après la cession, l'un des cohéritiers du cédant renonce, l'accroissement ne profite pas à l'acheteur (3), à moins de stipulation contraire.

4231. Si, après la vente de l'hérédité, le cédant partage avec ses cohéritiers ou transige avec des détenteurs de bonne foi qui ignorent la cession, les transactions ou partages sont valables, sauf le recours du cessionnaire contre le cédant (4). Il est donc utile de signifier l'acte de cession aux cohéritiers et de leur faire défense de procéder au partage hors la présence du cessionnaire, encore bien que cela ne soit pas obligatoire (5).

4232. La cession de droits successifs est assimilée à un partage lorsque, ayant été faite à l'un des cohéritiers par tous (6) ses cohéritiers, elle fait cesser l'indivision (7); il en est de même quoiqu'elle ait été faite aux risques et périls du cessionnaire (8), sauf convention contraire (9); mais il en est autrement si elle a été faite sous forme de donation (10).

4233. II. *Retrait successoral.* Toute personne, même parente du défunt, mais, qui n'est pas son

---

pour numéraire, le tout délivré à la vue des notaires soussignés, à M. LEBON qui le reconnaît et lui en donne quittance.

M. LEBON cédant déclare : qu'il n'a reçu aucune somme ou valeur, ni disposé d'aucun des objets de la succession dont il s'agit; et qu'il ne lui est rien dû par cette succession, à quelque titre que ce soit, même pour avance postérieure au décès.

Pour faciliter la perception du droit d'enregistrement, et sans qu'il puisse en résulter aucune modification des présentes, les parties déclarent que la portion du cédant dans les dettes et charges de la succession, peut s'élever à la somme de mille francs.

Une expédition des présentes sera transcrite, etc.

M. LEBON cédant déclare : 1° qu'il est célibataire ; 2° qu'il n'est et n'a jamais été tuteur de mineurs ou interdits, ni comptable de deniers publics.

Pour faire signifier ces présentes à qui besoin sera, tout pouvoir est donné au porteur d'une expédition ou d'un extrait.

DONT ACTE. Fait et passé, etc.

FORMULE 598. — Retrait successoral. (Nos 4233 à 4249.)

PAR-DEVANT M°.....

ONT COMPARU : M. Hilaire LEBON, négociant, demeurant à.....   D'UNE PART ;

Et M. Denis VALON, rentier, demeurant à....,   D'AUTRE PART ;

(1) Les dettes peuvent être laissées en tout ou en partie à la charge du cédant : Cass., 14 fév. 1854.
(2) Troplong, n° 970; Marcadé, *1698*, 3; Zach., Massé et Vergé, § 692, note 8.
(3) Voir Vazeille, *785*, 2; Duranton, XVI, 324; Troplong, n° 972; Duvergier, II, 339; Zach., § 692, note 12 ; Dict. not., *Transp.*, n° 212; CONTRA, Marcadé, *1698*, 3; Massé et Vergé, § 692, note 12 ; Roll., *Accroiss.*, n° 51.
(4) Troplong, n° 968; Duvergier, II, 351 ; Roll., *Transp. de droits successifs*, n° 30; Nancy, 28 juin 1856; J. N., 15927.
(5) Troplong, n° 967; Duvergier, II, 351 ; Marcadé, *1698*, 5; Zach., Massé et Vergé, § 694, note 6; Dict. not., *Transp.*, n° 233; Roll., *loc. cit.*, n° 19; Cass., 18 nov. 1849, 16 juin 1829; Grenoble, 19 août 1825; Toulouse, 24 nov. 1832. Voir cependant Cass., 23 juill. 1835 ; Pau, 21 déc. 1844; Nancy, 28 juin 1856; J. N., 15927.
(6) Belost-Jolimont sur Chabot, *883*, obs., 4; Zach., Massé et

Vergé, § 392 note 3; Marcadé, *883*, 4; Duranton, VII, 522 *bis* ; Demolombe, XVII, 287 ; Cass., 30 janv. 1832,27 mai 1835, 13 août 1838, 3 déc. 1839, 28 déc. 1840, 19 janv. 1841,6 mai 1844, 29 mai 1854; Montpellier, 9 juin 1853 ; CONTRA, Duvergier, II. 447; Mourlon, *Rev. prat.*, 1859, VIII, p. 211; Montpellier, 21 déc. 1844.
(7) Demante, III, 225 *bis*; Demolombe, XVII, 279; CONTRA, Toulouse, 14 déc. 1850; J. N., 14350.
(8) Demante, III, 225 *bis* ; Mourlon, *Rev. prat.*, 1859, VIII, p. 211 ; Demolombe, XVII, 280 ; CONTRA, Grenoble, 4 janv. 1853 ; Lyon, 29 juill. 1853.
(9) Duranton; VII, 522 *ter*; Cass., 12 août 1839, 20 déc. 1843, 12 nov 1844, 29 avril, 10 juin, 5 juill. 18 août 1845; Grenoble, 4 janv. 1853 ; Montpellier, 19 déc. 1855, Bordeaux, 7 juill. 1859; J. N., 16732; CONTRA, Demolombe, XVII, 282.
(10) Dutruc, *Partage*, n° 45; Demolombe, XVII, 283; Cass.,5 mai 1841, 26 janv. 1848.

successible, et à laquelle un cohéritier (1) aurait cédé son droit à la succession, peut être écartée du partage, soit par tous les cohéritiers, soit par un seul, en lui remboursant le prix de la cession (*C. N.*, *841*); c'est ce qu'on appelle exercer le *retrait successoral* [Form. 598].

1234. Si le cessionnaire est héritier, même irrégulier (2), ou légataire universel, ou à titre universel en pleine ou en nue propriété (3), quelque minime que soit sa part, le retrait ne peut être exercé contre lui. Il en serait autrement si le successible était exclu de la succession par un testament (4), ou s'il avait renoncé (5), même pour s'en tenir à un don ou à un legs particulier (6), ou enfin s'il avait été déclaré indigne de succéder (7).

1235. Le retrait est admis contre ceux qui ne succèdent qu'à titre particulier, tels que : un donataire ou légataire à titre particulier (8), un donataire ou légataire universel ou à titre universel en usufruit (9). Il est aussi admis contre : 1° celui qui, sans être successible, se trouve être le parent qui serait venu à la succession à défaut du cédant (10); 2° le mari d'une cohéritière, lorsqu'il a acquis en son nom personnel (11); 3° le survivant de deux époux communs en biens qui a acquis les droits successifs d'un des héritiers de son conjoint prédécédé (12).

1236. Le cédant qui s'est fait rétrocéder les droits successifs qu'il avait cédés est censé avoir toujours conservé son droit, et le retrait successoral ne peut être exercé contre lui (13).

1237. Lorsqu'une succession se divise en deux parts entre les lignes paternelle et maternelle et qu'un parent d'une ligne acquiert les droits successifs d'un parent de l'autre ligne, il n'est pas assujetti au retrait si la cession est antérieure au partage entre les deux lignes; mais il en est autrement, si elle est postérieure à ce partage (14).

1238. La cession donnant lieu au retrait est celle qui a été faite à titre onéreux, à l'amiable ou par adjudication, même avec l'observation des formalités judiciaires (15); elle est admise tant contre le cessionnaire que contre son donataire ou légataire (16), et contre le créancier auquel le cohéritier aurait cédé ses droits en payement (17), *supra n° 1059*. Si la cession a été faite à titre gratuit, le retrait n'est

---

Lesquels ont dit et arrêté ce qui suit :

M. Jean Lebon, en son vivant propriétaire, demeurant à....., est décédé en son domicile, le..., laissant pour seuls héritiers, chacun pour un quart : 1° M. Hilaire Lebon, comparant; 2° M.....; 3° M.....; 4° et M. Charles Lebon, étudiant en médecine, demeurant à....., ses quatre enfants, ainsi que le constate l'intitulé de l'inventaire après son décès, dressé par Me.., notaire à....., le....

Suivant acte passé devant Me..., notaire à..., le..., M. Charles Lebon a cédé et transporté, sans autre garantie que celle de sa qualité d'héritier, à M. Valon, comparant, tous ses droits successifs mobiliers et immobiliers dans la succession de M. Jean Lebon,

---

(1) Régulier ou irrégulier, ou un légataire ou donataire à titre universel : Toullier, IV, 439, 440; Demante, III, 171 *bis*; Demolombe, XVI, 78; Cass., 1er déc. 1806.

(2) Demolombe, XVI, 18.

(3) Chabot, *841*, 6; Duranton, VII, 189; Demante, III, 171 *bis*; Demolombe, XVI, 19; Zach., Massé et Vergé, § 692, note 43; Lyon, 17 juill. 1825, Cass., 21 avril 1830; Douai, 8 fév. 1840; Toulouse, 7 mai 1846; J. N., 10632, 11859.

(4) Duvergier sur Toullier, IV, 441; Dutruc, *Part.*, n° 482; Demolombe, XVI, 23; Nîmes, 3 mai 1827; contra, Toullier, IV, 441; Lyon, 17 juin 1825.

(5) Chabot, *841*, 5; Marcadé, *841*, 2; Demolombe, XVI, 25; Dict. not., *Retrait succ.*, n° 36; Roll, *ibid.*, n° 44; Cass., 2 déc. 1829; contra, Limoges, 14 mai 1829.

(6) Chabot, *841*, 7; Duvergier sur Toullier, IV, 441; Demolombe, XVI, 26; Roll., *Retrait succ.*, n° 45.

(7) Taulier, III, p. 297; Demolombe, XVI, 25.

(8) Demolombe, XVI, 30.

(9) Proudhon, *Usuf.*, n° 2077; Duvergier sur Toullier, IV, 441 *bis*; Duvergier sur Toullier, IV, 441; Demolombe, XVI, 31; Riom, 13 avril 1818; Dijon, 8 juill. 1826, 17 fév. 1851; Pau, 10 juin 1851; Cass., 17 juill. 1843, 24 nov. 1847; J. N., 11707, 13205; contra, Vaseille, *841*, 15; Dutruc, n° 478; Belost-Jolismont, *art. 841*;

Angers, 13 avril 1820; Cass., 21 avril 1830; Dijon, 3 juill. 1854; J. N., 15294.

(10) Toullier, IV, 445; Demolombe, XVI, 27; Massé et Vergé, § 692, note 30; Roll., *Retr. succ.*, n° 46; Lyon, 18 juin 1825; Pau, 14 fév. 1860; Cass., 2 juill. 1862; J. N., 17145, 17485.

(11) Duvergier sur Toullier, IV, 445; Demolombe, XVI, 32; Pau, 10 juin 1830, 8 déc. 1862; Bordeaux, 28 juin 1844, 25 mars 1857; Cass., 25 juill. 1844; Riom, 9 mai 1846; Toulouse, 31 déc. 1852; J. N., 12108; contra, Trib. Lyon, 12 juill. 1842. Voir Grenoble, 7 avril 1810; J. N., 11206.

(12) Demolombe, XVI, 33; Paris, 2 août 1821; Bordeaux, 28 juin 1844; Cass., 24 nov. 1817; J. N., 13205; Pau, 8 déc. 1862; Sirey, 1863, II, p. 87.

(13) Massé et Vergé, § 612, note 44; Demolombe, XVI, 28; Orléans, 29 fév. 1832; Dijon, 11 janv. 1847.

(14) Vazeille, *841*, 24; Chabot, *841*, 18; Demante, III, 171 *bis*; Demolombe, XVI, 54; Rouen, 21 juill. 1807; Riom, 9 mars 1846; Pau, 14 fév. 1860; Cass., 2 juill. 1862; J. N., 17485; contra, Dutruc, n° 476; Duranton, VII, 188; Taulier, III, p. 299.

(15) Dutruc, n° 496; Lyon, 19 juill. 1843; Paris, 11 mars 1859; J. N., 16637; contra, Dalloz, *Succ.*, n° 1917; Demolombe, XVI, 100; Paris, 14 juin 1831.

(16) Demante, III, 171 *bis*; Demolombe, XVI, 97.

(17) Duranton, VII, 204; Demolombe, XVI, 99; contra, Demante, III, 171 *bis*.

pas admissible, quand même des charges auraient été apposées à la libéralité, si d'ailleurs elles ne sont pas considérées comme prix de la transmission (1), ce qui peut être établi par tous les moyens de preuve, même par témoins (2); mais le retrait serait admis contre le cessionnaire du donataire ou légataire (3).

4239. Il faut de plus, pour que le retrait soit admis, que la cession comprenne la totalité ou une quote-part du droit héréditaire (4); il ne pourrait pas être exercé contre le cessionnaire d'un droit dans un ou plusieurs objets déterminés de la succession (5), à moins que la cession n'ait compris, de fait, tous les objets dont la succession se compose (6). Il faut aussi qu'elle porte sur des droits d'hérédité; il n'y aurait donc pas lieu au retrait en cas de cession de droits dans une communauté ou dans une société (7).

4240. Le retrait peut être exercé à toute époque (8), même pendant la durée des opérations du partage, et tant qu'il n'est pas fini (9); mais après le partage il n'est plus recevable, lors même que quelques-uns des biens auraient été laissés en commun pour faire l'objet d'un partage supplémentaire ou pour être licités (10).

4241. Sont seuls admis à exercer le retrait les successeurs universels ou à titre universel, tels que les héritiers, même irréguliers (11), les donataires ou légataires à titre universel, en pleine ou en nue propriété (12), mais non en usufruit (13); et il importe peu que le successible n'ait accepté que sous bénéfice d'inventaire (14). Le cohéritier qui a de son chef le droit d'exercer le retrait successoral, n'en serait point déchu par le motif qu'il serait devenu héritier pur et simple du cédant, le cessionnaire n'étant pas garanti contre le retrait (15). En cas de décès d'un cohéritier, le retrait peut être exercé, soit par ses héritiers même irréguliers, soit par ses légataires ou donataires universels, ou à titre universel (16), soit même par le curateur à la succession vacante (17).

4242. Ne sont pas considérés comme successibles et par conséquent ne peuvent exercer le retrait: 1° l'ascendant qui en exerçant le retour légal est exclu de la succession ordinaire (18); 2° celui qui a

---

son père, et l'a mis et subrogé dans tous ses droits et actions concernant la succession, en exceptant toutefois de la cession toutes les choses quelconques dont il pourrait être débiteur envers la succession, à quelque titre que ce fût.

Ce transport a été fait à la charge par M. VALON d'acquitter à la décharge du cédant la portion dont il pourrait être tenu dans les dettes et charges de la succession, ainsi que tous droits de mutation, et de payer les frais et honoraires de l'acte de cession.

(1) Chabot, *841*, 10; Toullier, IV, 446; Duranton, VII, 194; Dict. not., *Retrait succ.*, n° 12; Roll., *ibid.*, n° 28; Massé et Vergé, § 692, note 40; Demolombe, XVI, 94; Cass., 24 nov. 1825, 4 mai 1829, 4 juin 1834. Voir cependant Troplong, n° 1009.

(2) Demolombe, XVI, 103; Aix, 5 déc. 1800; Bourges, 16 déc. 1833; Bastia, 23 mars 1835.

(3) Toullier, IV, 446; Demolombe, XVI, 96; Roll., *Retrait succ.*, n° 29; Cass., 24 nov. 1825.

(4) Toullier, IV, 447; Marcadé, *841*, 2; Zach., Massé et Vergé, § 692, note 40; Demolombe, XVI, 80; Dict. not., *Retrait succ.*, n° 27; Roll. *ibid.*, n° 59.

(5) Toullier, IV, 447; Zach., Massé et Vergé, § 692, note 40; Demolombe, XVI, 83; Dict. Not., *Retr. succ.*, n° 40; Bourges, 12 juill. 1831; Lyon, 17 mai 1831; Toulouse, 3 juin 1834; Riom, 13 nov. 1846; Agen, 2 avril 1851; Paris, 14 juin 1834, 7 juin 1860; Cass., 27 juin 1832, 14 août 1840, 26 nov. 1861; contra, Demante, III, 474 bis; Taulier, III, p. 298; Marcadé, *841*, 44; Bourges, 19 janv. 1830; Pau, 14 mai 1831; Cass., 13 mai 1839.

(6) Zach., Massé et Vergé, § 692, note 40; Marcadé, *841*, 2; Demolombe, XVI, 84; Roll., *Retr. succ.*, n°s 51, 56; Bourges, 16 déc. 1833; Pau, 19 août 1837; Riom, 23 nov. 1848; Cass., 16 mai 1848; J. N., 13460. Voir Riom, 18 juill. 1857; J. N., 16233.

(7) Toullier, XIII, 204; Rodière et Pont, I, 844; Zach., Massé et Vergé § 692, note 27; Troplong, *Société*, n° 1059. et *Contr. de mar.*, n° 1681; Marcadé, *art. 1476*; Demolombe, XVI, 92; Paris, 2 août 1821, 7 juill. 1836; Dijon, 17 fév. 1834; Cass., 19 août 1806, 12 mars 1839, 24 nov. 1847; J. N., 13205; contra, Vazeille, *841*, 26; Pardessus, *Droit commerc.*, IV, 1685; Riom, 23 nov. 1848.

(8) Chabot, *841*, 21; Marcadé, *841*, 4; Zach., Massé et Vergé;

§ 692, note 38; Demolombe, XVI, 124, 125; Bastia, 23 mars 1835; Agen, 8 avril 1845; Cass., 14 juin 1820, 9 août 1830, 7 janv. 1857.

(9) Duranton, VII, 203; Duvergier sur Toullier, IV, 448; Taulier, III, p. 392; Demolombe, XVI, 125, 130; Zach., Massé et Vergé, § 692, note 38; Bordeaux, 28 juin 1844; Agen, 8 avril 1845; Toulouse, 31 déc. 1852; Pau, 44 fév. 1860; J. N., 47445. Voir cependant Chabot, *841*, 19; Toullier, IV, 448; Marcadé, *841*, 4.

(10) Demolombe, XVI, 128 bis, 131; Roll.. *Retr. succ.*, n° 75; Grenoble, 6 juin 1826; Paris, 28 mars 1854, 7 juill. 1860; J. N., 13220.

(11) Chabot, *841*, 13; Toullier et Duvergier, IV, 441; Duranton, VII, 186; Demante, III, 474 bis; Demolombe, XVI, 39; Dict. not., *Retr. succ.*, n° 49; Roll.. *ibid.*, n° 10; Riom, 20 juin 1860; Cass., 8 juin 1826; 15 mars 1834, 16 juill. 1861; J. N., 17232.

(12) Belost-Jolimont, *841*, obs. 1re et 6; Demante, III, 471 bis; Demolombe, XVI, 40; Dict. not., *Retr. succ.*, n° 63; Roll., *Ret. succ.*, n° 41; Cass., 21 avril 1830, Caen, 19 mars 1842; contra, Toullier, IV, 441; Zach., Massé et Vergé, § 692, note 29; Bourges, 27 mai 1812; Toulouse, 20 mai 1819.

(13) Demolombe, XVI, 51; Dict. not., *Retr. succ.*, n° 59; Cass., 24 nov. 1847; J. N., 13265.

(14) Toullier, IV, 437; Duranton, VII, 185; Demolombe, XVI, 41, 42; Dict. not., *Retr. succ.*, n° 53; Roll., *ibid.*, n° 15.

(15) Demolombe, XVI, 64; Cass., 13 mai 1844; Riom, 18 juill. 1857; J. N., 16233.

(16) Duranton, VII, 193; Dutruc, n° 508; Demolombe, XVI, 62; Cass., 8 juin 1826; contra, Dalloz, *Succ.*, n° 1874; Bourges, 27 mai 1812; Toulouse, 20 août 1819.

(17) Demolombe, XVI, 63; Montpellier, 8 juin 1848; contra, Dutruc, n° 540; Trib. Tulle, 3 août 1842.

(18) Demolombe, XVI, 44.

été exclu de la succession par l'effet d'une disposition testamentaire (1); 3° celui qui a renoncé à la succession (2); 4° celui qui a été exclu de la succession comme indigne (3); 5° celui qui a cédé tous ses droits successifs (4); 6° le mari en son propre nom, lorsque c'est la femme qui est cohéritière (5); 7° le cessionnaire, donataire ou légataire particulier de droits successifs (6), ni les créanciers au nom de leur débiteur cohéritier (7), le droit de retrait successoral étant personnel aux cohéritiers; cependant un cohéritier, dans la vue de l'exercice par lui-même d'un retrait successoral, peut céder à un tiers les avantages qui en résulteront (8).

4243. Le cohéritier du cédant peut valablement, au moment même de la cession ou depuis, renoncer gratuitement ou à prix d'argent au droit d'exercer le retrait (9). La renonciation peut même être tacite, comme si le cohéritier est intervenu à la cession pour vendre conjointement avec le cédant (10); mais l'action en partage intentée par les cohéritiers contre le cessionnaire ne vaudrait pas renonciation (11).

4244. Le retrait peut être exercé pour le tout par un seul ou par plusieurs des cohéritiers du cédant; le bénéfice en est partagé entre ceux qui l'ont exercé; lorsqu'il a été exercé par un seul, il en profite pour le tout (12) sans être tenu d'y faire participer les autres cohéritiers, si d'ailleurs le retrait est consommé à son profit par l'acquiescement du cessionnaire ou par une décision judiciaire définitive qui l'a admis (13); jusque-là ses cohéritiers ou quelques-uns peuvent se joindre à lui et en profiter (14).

4245. Le remboursement à faire par le retrayant au cessionnaire évincé est de ce qui a été déboursé par ce dernier pour le prix en principal (15) avec (16), les frais et loyaux coûts, et les intérêts à compter du jour où le cessionnaire a payé son prix (17). Si le cessionnaire doit encore le prix, le retrayant subrogé à ses droits jouit du bénéfice du terme; mais comme le cessionnaire reste obligé envers son

---

Et en outre, à forfait, moyennant la somme de dix mille francs qui a été de suite payée par M. VALON à M. Charles LEBON, ainsi que le constate ledit acte qui en contient quittance.

Ce transport a été signifié aux cohéritiers de M. LEBON, cédant, suivant exploit de...., huissier à...., en date du....

M. Hilaire LEBON, comparant, voulant user du droit que lui confère l'art. 841 du C. N., a, suivant exploit du...., signifié par...., huissier à...., déclaré à M. VALON qu'il entendait exercer pour son compte le retrait successoral sur les droits cédés à M. VALON, par l'acte du...., ci-dessus énoncé, avec offre de lui rembourser le prix de la cession et tous intérêts et loyaux coûts, et lui a fait sommation de se trouver ce jourd'hui, en l'étude de Me...., l'un des notaires soussignés, pour passer l'acte de retrait.

M. VALON ayant consenti à l'exercice du droit de retrait réclamé par M. Hilaire LEBON, Ce dernier a payé en bonnes espèces de monnaie ayant cours et en billets de la banque de France acceptés pour numéraire, le tout délivré à la vue des notaires soussignés,

---

(1) Demolombe, XVI, 45; Nîmes, 3 mai 1828.
(2) Chabot, 841, 5; Dict. not., Retr. succ., n° 65; Roll., ibid., n°s 44, 45; Demolombe. XVI, 46, 47.
(3) Demolombe, XVI, 46; Cass., 2 déc. 1829.
(4) Dutruc, n° 507; Demolombe, XVI, 49; Paris, 11 mars 1859; contra, Bastia, 23 mars 1835.
(5) Demolombe, XVI, 52; Roll., Retr. succ., n° 36; Pau, 10 juin 1839.
(6) Demolombe, XVI, 50.
(7) Toullier, VI, 375; Belost-Jolimont, 841, obs. 8; Proudhon, Usufr., n° 2345; Troplong, n° 226; Dutruc, n° 509; Dalloz, Succ., n° 1888.
(8) Montpellier, 29 avril 1857; Cass., 31 mai 1859.
(9) Toullier, IV, 448; Marcadé, 841, 4; Demolombe, XVI, 67; Orléans, 18 mai 1839; Agen, 8 avril, 1845; Limoges, 14 mars 1848; contra, Toullier, III, p. 392; Dutruc, n° 519.
(10) Demolombe, XVI, 127; Limoges, 14 mars 1848; Montpellier, 18 nov. 1853.
(11) Demolombe, XVI, 127; Bordeaux, 28 juin 1844; Agen, 8 avril 1845; Toulouse, 31 déc. 1852, 29 avril, 1857; contra, Toullier, IV, 448; Chabot et Belost-Jolimont, 841, 19; Marcadé, 841, 4.
(12) Chabot, 841, 15; Toullier, IV, 437; Duranton, VII, 199; Demo-

lombe, XVI, 68; Taulier, III, p. 299; Roll., Retr. succ., n° 17; Cass., 14 juin 1823; Bastia, 23 mars 1835.
(13) Duvergier sur Toullier, IV. 438; Belost-Jolimont, 841, obs. 8; Marcadé, 841, 3, Demante, III, 171 bis; Dutruc, n°s 511, 512; Zach., Massé et Vergé, § 692, note 36; Roll., Retr. succ., n° 21; Demolombe, XVI, 72; Cass., 28 juin 1836; Limoges, 30 juin 1852. Voir cependant, Duranton, VII, 199; Toullier, IV, 438; Chabot, 841, 16; Taulier, III, p. 320.
(14) Demolombe, XVI, 73; Roll., Retr. succ., n° 83; Cass., 29 déc. 1829.
(15) Si le prix porté au contrat a été faussement exagéré, le retrayant ne doit payer que le prix réel prouvé et les frais y afférents: Chabot, 841, 22; Toullier et Duvergier. IV, 450; Duranton, VII, 195; Zach., Massé et Vergé, § 692, note 22; Demante, III, 171 bis; Demolombe, XVI, 106; Roll., Retr. succ., n° 89; Cass., 1er juill. 1835.
(16) Mais le cessionnaire évincé ne peut réclamer d'indemnité pour le temps qu'il a employé aux affaires de la succession, ni pour ses peines: Demolombe, XVI, 109; Cass., 1er juill. 1835.
(17) Chabot, 841, 21; Toullier, IV, 450; Duranton, VII, 202; Demolombe, XVI, 107.

cédant (1), il doit lui fournir caution pour le garantir contre ses réclamations (2). Quand le prix consiste en une rente viagère, le retrayant doit rembourser au cessionnaire les arrérages déjà payés et se charger pour l'avenir du service des arrérages (3) ; si la rente viagère est éteinte, le remboursement est seulement de ce qui a été payé par le cessionnaire (4). Lorsque la cession de droits successifs a été faite par voie d'échange, la restitution du prix consiste dans le payement au cessionnaire, d'après estimation de la valeur, au jour de la cession, des objets livrés (5). Enfin si la cession comprend pour un seul et même prix, outre les droits successifs du cédant, d'autres biens ou d'autres droits, le retrait porte seulement sur les droits successifs, et la somme à restituer se fixe par une ventilation (6). Dans tous les cas, les frais d'évaluation et de ventilation sont à la charge du retrayant (7).

4246. Quand un même individu est cessionnaire des droits successifs de plusieurs cohéritiers par un même acte ou par actes séparés, le retrait n'est admis qu'autant qu'il comprend toutes les cessions (8).

4247. Si le cessionnaire a revendu ses droits successifs pour un prix supérieur ou inférieur au prix de son acquisition, le sous-cessionnaire, qui est son ayant cause, est également soumis au retrait, non pour le prix de la cession à lui faite, mais pour le prix de la première cession (9).

4248. Les fruits appartiennent au retrayant du jour de l'ouverture de la succession ; si le cessionnaire a perçu des fruits, ils ne se compensent pas avec les intérêts du prix, et le retrayant y a droit, sauf à les déduire de la somme à lui restituer (10).

4249. La demande en retrait n'a pas besoin d'être précédée ou accompagnée d'offres réelles des restitutions à faire ; c'est aux tribunaux qu'il appartient de fixer un délai pour la restitution (11).

A M. Valon, qui le reconnaît et lui en donne quittance,
La somme de onze mille sept cents francs, composée de :
1° Dix mille francs, pour la restitution de pareille somme que M. Valon a versée à M. Charles Lebon, comme formant le prix payé comptant de la cession de droits successifs ci-dessus énoncée, ci. . . . . 10,000 »
2° Huit cents francs, pour les intérêts de cette somme à 5 p. 100 depuis le jour dudit acte de cession jusqu'aujourd'hui, ci. . . . .   800 »
3° Et neuf cents francs, pour la restitution de pareille somme que M. Valon a payée pour les frais et loyaux coûts de l'acte de cession, ci. . . . .   900 »

Somme égale, ci. . . . . 11,700 »

Au moyen de quoi M. Valon se trouve remboursé de toutes les sommes qu'il a déboursées à l'occasion de la cession de droits successifs ci-dessus énoncée; et, par suite, il met et subroge M. Hilaire Lebon dans tous les droits et actions qu'il pouvait avoir sur la succession de M. Lebon père.

En conséquence, M. Hilaire Lebon, qui s'y oblige, sera tenu, au lieu et place de M. Valon, à l'acquit de la portion à la charge de M. Charles Lebon, dans toutes les dettes et charges de la succession de M. Lebon, de manière à ce que M. Valon ne soit aucunement inquiété ni recherché.

---

(1) Dalloz, *Succ.*, n° 2000; Demolombe, XVI, 143; Bordeaux, 24 juill. 1850; J. N., 14227; contra, Labbé, *Rev. crit.*, 1855, p. 144.
(2) Demolombe, XVI, 145, Cass., 7 janv. 1857, 9 mars 1859; Lyon, 6 mai 1858; J. N., 16000.
(3) Chabot, *841*, 97; Duranton, VII, 198; Demolombe, XVI, 113; Dict. not., *Retr. succ.*, n° 82; Roll., *ibid.*, n° 97.
(4) Chabot, *841*, 21; Toullier, IV, 451; Vazeille, *841*, 31; Dutruc, n° 498; Roll., *Retr. succ.*, n° 98.
(5) Duranton, VII, 197; Belost-Jolimont, *841*, obs. 43; Dutruc, n° 497; Demante, n° 471 *bis*; Troplong, *Échange*, n° 42; Dict. Not., *Retr. succ.*, n° 48, 83; Roll., *ibid.*, n° 65; Demolombe, XVI, 145; Cass., 19 oct. 1814; Caen, 49 mars, 1842; Bordeaux, 30 juill. 1855; J. N., 15672.

(6) Chabot et Belost-Jolimont, *811*, 11 ; Demolombe, XVI, 118 ; Roll., *Retr. succ.*, n° 64 ; Cass., 3 mai 1830, Bordeaux, 25 mars 1857 ; contra, Nîmes, 5 mai 1827.
(7) Demolombe, XVI, 120; Bordeaux, 25 mars 1857.
(8) Labbé, *Rev. crit.*, 1855, p. 153; Demolombe, XVI, 119; Toulouse, 22 fév. 1840.
(9) Labbé, *Rev. crit.*, 1855, p. 153; Demolombe, XVI, 110, contra, Besançon, 5 juin 1857.
(10) Demolombe, XVI, 108 ; Bordeaux, 25 mars 1857; contra, Cass., 15 janv. 1840.
(11) Duranton, VII, 200 ; Duvergier, II, 285; Zach., § 692, note 22; Demolombe, XVI, 121; Dict. not., *Retr. succ.*, n° 88; Roll., *Retr. succ.*, n° 93; Bourges, 16 déc. 1833; Bastia, 23 mars 1835; Trib. Lesparre, 3 avril 1856.

SECTION IV. — DES CESSIONS DE DROITS LITIGIEUX.

4250. I. *Cession.* Un droit litigieux peut faire l'objet d'un transport [Form. 599]. Une chose est censée litigieuse dès qu'il y a procès et contestation sur le fond du droit (*C. N., 1700*). Il y a litige engagé sur le fond du droit quand le procès fait planer des chances douteuses sur le droit considéré dans son principe même et dans son existence (1) ; il n'y a donc pas litige : 1° dans l'action en partage lorsque les droits des héritiers sont certains (2) ; 2° dans l'action en payement formée contre l'héritier bénéficiaire, même lorsqu'il répond que l'actif a été absorbé et qu'il a rendu son compte (3) ; 3° dans les voies de contrainte exercées contre un débiteur pour avoir payement d'une créance non contestée (4).

4251. Le transport de droits litigieux ne comporte pas de garantie (5). Il doit, comme tout transport quelconque, être signifié pour produire son effet contre le débiteur (6).

4252. Les juges, leurs suppléants, les magistrats remplissant le ministère public, les greffiers, huissiers, avoués, avocats et notaires (7), ne peuvent devenir cessionnaires des procès, droits et actions litigieux qui sont de la compétence du tribunal dans le ressort duquel ils exercent leurs fonctions (8), à

M. Valon a, de suite, remis à M. Hilaire Lebon, qui le reconnaît, l'expédition transcrite de l'acte de cession de droits successifs ci-dessus énoncé.

Pour faire signifier ces présentes à qui besoin sera, tout pouvoir est donné au porteur d'une expédition ou d'un extrait.

Dont acte. Fait et passé, etc.

FORMULE 599. — Cession de droits litigieux. (Nos 4250 à 4253.)

Par-devant Me....,

Ont comparu : M. Léon Monnet, limonadier, demeurant à.....,   d'une part ;

Et M. Eloi Dubin, agent d'affaires, demeurant à.....,   d'autre part ;

Lesquels, pour parvenir à la cession de droits litigieux faisant l'objet des présentes, ont exposé ce qui suit :

M. Monnet est né à....., le..... Son acte de naissance, rédigé à la mairie de cette commune, le lendemain, sur la déclaration de M. Denis Moulin, rentier, demeurant à....., énonce que l'enfant est né de lui et de Mlle Elise Monnet.

Mondit sieur Moulin est décédé en son domicile à....., le....., laissant pour seul et unique héritier M. Charles Moulin, son frère, demeurant à.....

Par son testament fait sous la forme olographe, en date à....., du....., déposé en vertu d'ordonnance au rang des minutes de Me....., notaire à....., le....., M. Denis Moulin a légué à M. Monnet, comparant, une somme de vingt mille francs stipulée payable dans les six mois du décès du testateur, sans intérêt.

M. Monnet n'ayant pu obtenir à l'amiable la délivrance du legs à lui fait par M. Denis Moulin, a, suivant exploit de....., huissier à....., du....., assigné M. Charles Moulin à comparaître devant le tribunal civil de....., pour voir ordonner la délivrance dudit legs.

M. Charles Moulin a contesté cette demande par les motifs suivants : A l'époque de la naissance et à celle de la conception de M. Monnet, M. Denis Moulin était marié avec Mme Laure Coimet ; donc si, comme l'énonce l'acte de naissance, M. Monnet est issu de

---

(1) Voir Troplong, n° 990 ; Duranton, XVI. 534 ; Duvergier, II, 351 ; Marcadé, *1701*, 1 ; Lyon, 11 juin 1861 ; J. N., 17279.

(2) Troplong, n° 991 ; Cass., 19 août 1806.

(3) Troplong, n° 992 ; Cass., 27 juill. 1826.

(4) Troplong, n° 989 ; Zach., § 693, note 4 ; Cass., 29 avril 1834 ; Metz, 21 nov. 1835.

(5) Pothier, n° 585 ; Massé et Vergé, § 693, note 17 ; Roll., *Transp. de droits successifs*, n° 9.

(6) Troplong, n° 998 ; Massé et Vergé, 2 693, note 17 ; Cass., 3 janv. 1820.

(7) De première instance et d'appel : Troplong, n° 198 ; Marcadé, *1597*, 1.

(8) C'est-à-dire dans le ressort du tribunal qui doit connaître du procès : Carré, *Compét.*, 1, p. 465 ; Duranton, XVI, 144 ; Duvergier, I, 198 ; Troplong, n° 199 ; Marcadé, *1597*, 1 ; Colmar, 11 mars 1807.

peine de nullité, et des dépens, dommages-intérêts (*C. N.*, *1597*). La nullité est d'ordre public et peut être invoquée par le cédant, le cédé, le cessionnaire et tous autres intéressés (4), même lorsque la cession serait d'une quote-part comme rémunération des soins à apporter à l'affaire (2). L'art. 1704, *infra n° 4256*, ne déroge pas aux règles de l'art. 1597 (3).

4253. La prohibition de l'art. 1597 s'applique non-seulement aux droits qui sont en litige lors de la cession, mais aussi aux droits non reconnus, incertains, sujets à contestation, et de nature à appeler les parties devant les tribunaux (4). Elle ne s'applique pas à un droit sur lequel il a été statué par une décision judiciaire passée en force de chose jugée (5), ni à l'achat d'une créance claire, liquide et certaine, quand même, à défaut de payement, elle donnerait lieu à des moyens de contrainte et de saisie (6).

4254. II. *Retrait.* Celui contre lequel on a cédé (7) un droit litigieux (8) peut, en tout état de cause, même en appel (9), s'en faire tenir quitte par le cessionnaire en lui remboursant le prix réel (40) de la cession avec les frais et loyaux coûts, et avec les intérêts à compter du jour où le cessionnaire a payé le prix de la cession à lui faite (*C. N.*, *1699*), et toutes les dépenses qu'il a faites à ce sujet, de manière à le rendre complétement indemne [Form. 600].

4255. Le droit litigieux donnant lieu au retrait est celui pour lequel il y avait procès commencé

ses œuvres, il est le fruit de ses relations adultérines avec Mlle MONNET, ce qui le rend incapable de recevoir par testament de M. MOULIN.

Cette instance a donné lieu à un jugement rendu par le tribunal civil de....., le....., qui, attendu que l'art. 335 du C. N., défend, en termes absolus, la reconnaissance des enfants adultérins, a ordonné l'exécution du testament de M. MOULIN et fait délivrance à M. MONNET du legs de vingt mille francs qu'il contient en sa faveur.

M. Charles MOULIN a interjeté appel de ce jugement devant la Cour impériale de....., où l'instance est actuellement pendante.

CES FAITS EXPOSÉS, M. MONNET a, par ces présentes, cédé et transporté sans aucune garantie,

A M. DUBIN, qui accepte,

La somme de vingt mille francs, montant du legs fait à M. MONNET par M. Denis MOULIN, aux termes du testament fait par ce dernier et ci-dessus énoncé.

M. DUBIN disposera de la somme transportée comme de chose lui appartenant en pleine propriété et jouissance à compter d'aujourd'hui, et il aura droit aux intérêts dont ladite somme pourrait être productive à partir du jour où ils auraient commencé à courir.

A l'effet de quoi M. MONNET met et subroge, sans aucune garantie, M. DUBIN dans tous ses droits et actions.

Le présent transport est fait à la charge par M. DUBIN, qui s'y oblige :

1° De soutenir à ses frais et à ses risques et périls, la contestation existante avec M. Charles MOULIN, sans aucun recours contre le cédant ; le tout de manière que ce dernier ne puisse jamais être inquiété ni recherché sous quelque prétexte que ce soit ;

2° Et de payer les frais et honoraires des présentes.

En outre, ce transport a lieu à forfait moyennant la somme de cinq mille francs que

---

(4) Duvergier, I, 200; Marcadé, *1597*, 3; Massé et Vergé, § 693, note 20. Voir aussi Troplong, n° 196; CONTRA, Duranton, XVI, 115, selon lequel la nullité ne peut être proposée que par le cédé.

(2) Troplong, n° 196; Marcadé, *1597*, 2; Douai, 18 mars 1843.

(3) Duranton, XVI, 142; Zach., § 693, note 45; Marcadé, *1597*, 2; Nimes, 25 mai 1840.

(4) Carré, *Compét.*, I, p. 165; Duranton, XVI. 144; Duvergier, I, 199; Troplong, n° 200; Marcadé, *1597*, 2; Zach., Massé et Vergé, § 693, note 6; Dict. not., *Transp.*, n°231; Lyon, 40 juill., 1839; Cass., 11 fév. 4854; 27 nov. 4865; J. N., 44209, 48671.

(5) Bordeaux, 20 août 1829.

(6) Troplong, n° 201; Cass., 9 juill. 1825.

(7) Si la cession a été faite aux enchères par le syndic d'une faillite dûment autorisé, le retrait cesse d'être admissible: Cass. 20 juill. 1837; J. N., 9778.

(8) Même par échange: Duranton, XVI, 549; Troplong, n° 1002; Duvergier, II, 387; Marcadé, *1701*, 2; Roll., *loc. cit.*, n° 10.

(9) Pothier, n° 593; Troplong, n° 999; Duvergier, II, 376; Massé et Vergé, § 693, note 40; Rouen, 1er déc. 1826; Grenoble, 40 mai 1828; Cass., 26 juin 1836; Bourges, 19 fév. 1838; Riom, 41 mai 1838; Metz, 24 nov. 4855; Poitiers, 42 mai 1857; Alger, 43 juill. 1857; J. N., 46267.

(40) Si le prix ostensible est mensonger et que la somme réellement payée soit moindre, c'est cette somme qu'il remboursera, et les frais et loyaux coûts à proportion de cette somme : Marcadé, *1701*, 2; Duvergier, II, 386; Massé et Vergé, § 693, note 8; Roll. *Retr. de droits litig.*, n° 10; Dict. not., *ibid.*, n°39; Paris, 14 fév. 1834; Cass., 1er juill. 1835.

lors de la cession ; il ne suffirait pas qu'il fût prévu (1), ni même qu'il y eût citation en conciliation devant le bureau de paix (2). Le retrait ne peut plus être exercé lorsque le litige est terminé, car alors le droit est devenu certain (3), à moins que le cessionnaire n'ait tenu secret son acte de cession, dans le but de priver son colitigeant du bénéfice de l'art. 1699 (4).

4256. La disposition de l'art. 1699 cesse : 1° dans le cas où la cession a été faite à un cohéritier ou copropriétaire du droit cédé ; 2° lorsqu'elle a été faite à un créancier en payement de ce qui lui est dû ; 3° lorsqu'elle a été faite au possesseur de l'héritage sujet au droit litigieux (C. N., 1701); 4° lorsqu'elle a été faite à titre gratuit et sans charge (5), ou même avec charge lorsque la donation est faite à un successible par avancement d'hoirie (6).

_____

M. Dubin a payée en billets de la banque de France acceptés comme numéraire, comptés et délivrés à la vue des notaires soussignés, à M. Monnet, qui le reconnaît et lui en donne quittance.

M. Monnet subroge M. Dubin dans ses droits, à l'effet de se faire remettre par qui il appartiendra, tous titres et pièces concernant la somme transportée.

Pour faire signifier ces présentes à qui besoin sera, tout pouvoir est donné au porteur d'une expédition.

Et pour leur exécution, les parties élisent domicile, etc.

Dont acte. Fait et passé, etc.

FORMULE 660. — Retrait de droits litigieux. (Nos 4254 à 4256.)

Par-devant Mᵉ. . . . ,

A comparu : M. Charles Moulin, négociant, demeurant à. . . . ,

Lequel, usant de la faculté qui lui est réservée par l'art. 1699 du C. N., a, par ces présentes, payé et remboursé en billets de la banque de France acceptés comme numéraire et en monnaie, le tout compté et délivré à la vue des notaires soussignés,

A M. Eloi Dubin, agent d'affaires, demeurant à. . . . . , à ce présent, qui le reconnaît,

La somme de cinq mille neuf cent trente-cinq francs, composée de :

1° Cinq mille francs pour le prix principal du transport que M. Léon Monnet, limonadier, demeurant à. . . . , a fait à M. Dubin, d'une somme de vingt mille francs, montant du legs particulier fait à M. Monnet, par M. Denis Moulin, en son vivant rentier, demeurant à. . . . . , où il est décédé le. . . . , aux termes du testament de ce dernier, fait sous la forme olographe en date à. . . . . , du. . . . , déposé en vertu d'ordonnance au rang des minutes de Mᵉ. . . . . , notaire à. . . . . , le. . . . . ; lequel legs a donné naissance à un procès actuellement pendant devant la Cour impériale de. . . . . , entre M. Monnet et M. Moulin, comparant; ce dernier en qualité de seul héritier de M. Denis, Moulin, son frère, ci.   5,000   »

2° Cent quinze francs pour l'intérêt de cette somme couru depuis le jour du transport jusqu'aujourd'hui, ci.   115   »

3° Six cent vingt francs pour les frais et loyaux coûts de l'acte de transport, ci.   620   »

4° Et deux cents francs payés à M. . . . . , avocat à. . . , pour sa plaidoirie

A reporter. 5,735   »

_____

(1) Duranton, XVI, 532; Duvergier, II, 359; Massé et Vergé, § 693, note 2; Troplong, n° 986; Roll., loc. cit., n° 13 ; Dict. not., ibid. n° 7 ; Cass., 30 juin 1825, 24 janv. 1827, 9 fév. 1841, 20 mars 1843, 11 déc. 1866 ; Paris, 28 mars 1854 ; Grenoble, 24 avril 1856 (J. N., 16911, 15220, 18653); contra, Alger, 13 juill. 1857 ; J. N., 16297.
(2) Duranton, XVI, 534 ; Troplong, n° 990; Duvergier, II, 359; Zach., § 693, note 3; Dict. not., loc. cit., n° 14; Metz, 6 mai 1817.
(3) Marcadé, 1701, 2; Duvergier, II, 374 ; Troplong, n° 987 ; Zach.,

1692, note 10; Roll., loc. cit., n° 7; Dict. Not., ibid., n° 11. Voir cependant Cass., 1er mars 1865.
(4) Duvergier, II, 377; Troplong, n° 988; Marcadé, 1701, 2; Roll., loc. cit., n° 26; Rouen, 16 mars 1812.
(5) Duranton, XVI, 637; Duvergier, II, 388 ; Troplong, n° 1009; Marcadé, 1701, 2; Massé et Vergé, § 693, note 9; Roll., loc. cit., n° 8, 9; Dict. not., ibid., n° 26 ; Toulouse, 13 déc. 1830.
(6) Troplong, n° 1010; Marcadé, 1701, 2; Cass., 15 mars 1826.

SECTION V. — DES CESSIONS D'OFFICE.

4257. I. *Vénalité; formes.* Les avocats à la Cour de cassation, notaires, avoués, greffiers, huissiers, agents de change, courtiers, commissaires-priseurs, peuvent présenter à l'agrément de Sa Majesté, des successeurs, pourvu qu'ils réunissent les qualités exigées par les lois, *supra n° 40 (Loi 28 avril 1816, art. 91).*

4258. Un office constitue donc une propriété transmissible par le titulaire (1), sous le contrôle du gouvernement (2).

4259. La cession d'un office doit être faite à l'amiable (3), par acte authentique ou par acte sous seing privé (*C. N., 1582*) [Form. 601, 602]. (4)

Report.	5,735 »
en première instance dans l'intérêt de M. Monnet, ci.	200 »
Somme égale.	5,935 »

De laquelle somme, ainsi payée, M. Dubin donne à M. Moulin bonne et valable quittance.

Le payement qui précède a pour effet d'opérer le retrait, en faveur de M. Charles Moulin, du droit litigieux dont M. Dubin s'est rendu cessionnaire; à ce moyen, le procès dont il est ci-dessus question est éteint, et M. Charles Moulin se trouve libéré de toutes actions en principal, intérêts et autres accessoires, relativement au legs de vingt mille francs fait par M. Denis Moulin, son frère, à M. Monnet, cédant de M. Dubin, et ce, tant envers M. Dubin qu'envers M. Monnet, son cédant.

Il est bien entendu que tous les frais généralement quelconques faits en première instance et en appel, pour le procès éteint par le présent retrait, y compris les honoraires qui peuvent être dus à M....., avocat de M. Dubin, relativement audit procès, seront supportés par M. Moulin, de manière que M. Dubin en soit complétement indemne et qu'il ne puisse être inquiété ni recherché par qui que ce soit.

Pour faire mentionner ces présentes partout où besoin sera, tout pouvoir est donné au porteur d'une expédition.

Dont acte. Fait et passé, etc.

FORMULE 601. — **Cession d'office sans les recouvrements.** (N°⁹ 4257 à 4294.)

Par-devant M°....,

A comparu : M. Léon Fleury, notaire à la résidence de....,

Lequel, étant dans l'intention de cesser ses fonctions de notaire, a, par ces présentes, cédé et abandonné

A M. Julien Rozié, premier clerc de notaire, demeurant à....., à ce présent et ce acceptant :

1° Son office de notaire à la résidence de....., avec la clientèle qui y est attachée;

2° Et les objets mobiliers garnissant l'étude et le cabinet de M. Fleury, détaillés en un état dressé par les parties sur une feuille de papier à 50 centimes, qui est demeuré ci-annexé, après avoir été certifié véritable par les parties et que les notaires soussignés ont fait dessus mention de l'annexe.

M. Rozié prendra possession du tout après sa prestation de serment comme notaire remplaçant M. Fleury, et il aura droit, à partir de la même époque, aux produits et bénéfices de l'étude.

---

(1) Duranton, IV, 462; Troplong, n° 220; Duvergier, *Société*, n° 61; Marcadé, II, 442; Demolombe, IX, 438; Cass., 20 juin 1820, 16 fév. 1831, 2 août 1847; J. N., 18146.
(2) Greffier, *Des cessions d'office*, p. 3; Orléans, 25 juin 1855; J. N., 15573.

(3) Un office ne peut être vendu aux enchères: Décis. min., Just. 10 janv. 1833; Debelleyme. *Ordonn.*, II, p. 284, 285; Roll., *Office*, n° 449; Dict. not., *ibid.*, n° 300; Bordeaux, 30 mai 1840; Amiens, 2 avril 1845; J. N., 12445; contra, Colmar, 30 mai 1835.
(4) V. Caen, 1er juill. 1864; J. N., 18160.

4260. Le traité doit être rédigé avec précision et clarté : il faut éviter d'y insérer des clauses inutiles ou équivoques, *infra* nº 4277. L'on ne doit pas, dans les traités, dire que l'on vend les *titre et office* de notaire, *l'office* étant seul transmissible doit seul être compris dans le traité (1); ni employer les mots *vente* ou *transport*, mais plutôt celui de *cession* (2).

4261. II. *Cédant.* La faculté de présentation, autrement dit la cession de l'office, ne peut être consentie que par le titulaire. Un cessionnaire non encore nommé ne le pourrait pas, même comme exerçant les droits et actions de son cédant (3).

4262. Si le titulaire est décédé, le droit de présentation appartient à ses héritiers ou autres successeurs (4) ; s'ils n'ont pas encore pris qualité, ils peuvent se faire autoriser, sur requête, par le président du tribunal civil, à l'effet de céder l'office et faire la présentation sans attribution de qualité (5).

4263. Lorsque la succession a été acceptée sous bénéfice d'inventaire ou déclarée vacante, la cession et la présentation sont faites par l'héritier bénéficiaire ou le curateur à succession vacante, autorisés à cet effet par un jugement sur requête (6).

4264. Si les héritiers ne peuvent se mettre d'accord entre eux pour l'exercice du droit de cession et de présentation, les plus diligents doivent se faire autoriser par justice à traiter de l'office (7). Si les héritiers négligent ou refusent de céder, leurs créanciers ne peuvent, en invoquant l'art. 1166, C. N., se faire subroger à l'exercice de ce droit (8). Le ministère public, après avoir mis les héritiers en demeure de traiter dans un délai fixé, pourrait faire les diligences nécessaires pour qu'il fût pourvu d'office à la vacance (9), moyennant une indemnité payable aux héritiers ou autres représentants du titulaire (10), *infra* nº 4268.

4265. Quand le titulaire décédé a laissé des héritiers mineurs ou interdits, le tuteur avant de traiter doit réunir le conseil de famille, et se faire autoriser à l'effet de consentir le traité et d'exercer le

---

A cet effet, M. Fleury a remis à l'instant à M. Rozié, qui le reconnaît, sa démission des fonctions de notaire, portant présentation à S. M. l'Empereur de la personne de M. Fleury.

M. Fleury s'oblige à présenter immédiatement M. Rozié comme son successeur à la chambre des notaires et à ses clients.

M. Rozié devra, dans le plus bref délai, solliciter de S. M. l'Empereur, sa nomination, se faire recevoir à ses frais et verser le cautionnement qu'il devra fournir avant sa prestation de serment.

Aussitôt après la prestation de serment de M. Rozié, M. Fleury lui remettra ses minutes et celles de ses prédécesseurs, les répertoires où elles sont portées, les règlements de la compagnie, les arrêtés et instructions de la chambre, les tableaux d'interdiction et généralement toutes les pièces, tous les papiers et renseignements étant dans l'étude.

Il sera fait sur les répertoires, à la même époque, un récolement des minutes qui sera constaté par un état dont l'un des doubles sera remis à M. Fleury, à qui il servira de décharge, et un autre double devra être déposé, dans le mois de la prestation de serment, aux archives de la compagnie.

Enfin, la présente cession est faite moyennant la somme de cent un mille francs, applicable :

---

(1) Greffier, *loc. cit.*, p. 35 ; Circ. min. just., 28 juin 1849 ; J. N., 4373.
(2) J. N., 15845.
(3) Greffier, *loc. cit.*, p. 35, 48. 49 ; Fabvier, nº 805 ; Dict. not., *Office*, nº 101 ; Roll., *ibid.*, nº 70 ; Décis. min. just., 19, 25 janv. et 24 fév. 1832, 28 fév. 1837. V. Lyon, 22 juin 1865 ; Jur. N., 12883.
(4) Favier, nº 848 ; Cass., 23 mai 1854 ; J. N. 15255.
(5) Roll., *Office*, nº 86. Voir cependant Dict. not., *Office*, nºˢ 124, 426.
(6) Roll., *Office*, nºˢ 87, 88. Voir cependant Favier, nº 824 ; Dict. Not., *Office*, nº 427.

(7) Favier, nº 825 ; Roll., *Office*, nº 89. Voir cependant Décis. min. just., 17 fév. 1839.
(8) Cass., 23 mai 1854 ; J. N., 15255 ; contra, Dard, p. 244 ; Roll. *Office*, nº 100 ; Colmar, 29 mai 1835 ; Paris, 17 nov. 1828, 23 août 1852 ; J. N., 14771.
(9) Greffier, *Des cessions d'office*, p. 28 ; Décis., 30 octobre 1841, 30 août, 1842.
(10) Greffier, *loc. cit.*, p. 29 ; Dict. Not., nº 133 ; Roll., *ibid.*, nº 402 ; Décis, min. just., 27 juill. 1825 ; Rennes, 23 fév. 1833, 30 août 1844 ; Grenoble, 4 fév. 1837 ; Trib. Brest, 16 août 1838 ; Riom, 5 juill. 1854 ; J. N., 10134, 12314, 14472.

droit de présentation par une délibération qui, d'usage, est homologuée par le tribunal; puis, avec l'assistance du subrogé tuteur, il passe le traité de cession (1).

4266. Dans aucun cas, la veuve du titulaire ne peut, quels que soient ses droits sur le prix de l'office, figurer au traité en sa *qualité de commune*; elle n'y peut agir que comme *tutrice* s'il y a des enfants mineurs, la loi de 1816 n'ayant réservé le droit de présentation qu'aux héritiers; sauf à elle à faire valoir ses droits sur le prix (2). Mais si elle était légataire universelle ou à titre universel de son mari, elle serait son *ayant cause*, et à ce titre elle pourrait figurer au traité (3).

4267. La faculté de présenter un successeur (4) n'a pas lieu pour le titulaire destitué (*Loi 28 avril 1816, art. 91*); elle est suspendue pour celui contre lequel il existerait une prévention de nature à entraîner sa destitution (5).

4268. Lorsqu'il y a eu destitution, la nomination est faite d'office par le gouvernement, qui, d'usage, impose au nouveau titulaire la condition de payer au précédent ou à ses ayants cause une indemnité qui est réglée administrativement (6).

4269. L'officier ministériel suspendu conserve le droit de présenter son successeur à l'agrément du gouvernement, mais seulement après l'expiration du délai de suspension; toutefois le garde des sceaux, dans un intérêt d'ordre public, autorise presque toujours l'aspirant à faire pendant le temps de la suspension les diligences nécessaires pour arriver à la nomination, et même à entrer en fonctions avant que le titulaire ait entièrement subi la peine de la suspension (7).

4270. Le vendeur d'un office est tenu à la garantie du vendeur, et, comme conséquence, il ne peut rien faire qui puisse nuire à son successeur; ainsi, à moins de convention contraire, il ne pourrait en acquérir un autre dans le même lieu ou dans le même ressort, sans s'exposer à des dommages

---

1° Au prix de l'office et de la clientèle, pour cent mille francs, ci. . . .   100,000   »
2° Au prix des objets mobiliers, pour mille francs, ci..   1,000   »

Somme égale.   101,000   »

Sur ce prix, M. Rozié a versé à l'instant, en espèces de monnaie et en billets de la banque de France acceptés pour numéraire, à M. Fleury, qui le reconnait et lui en donne quittance, la somme de trente-un mille francs; laquelle somme demeurera déposée dans les mains du président ou de l'un des syndics de la compagnie, pour n'être remise au cédant qu'à l'expiration du mois qui suivra le jour de la prestation de serment de M. Rozié.

Quant aux soixante-dix mille francs de surplus, M. Rozié s'oblige à les payer à M. Fleury, en quatre payements de chacun dix-sept mille cinq cents francs : le premier, le. . . . .; le second, le. . . . .; le troisième, le. . . . .; et le quatrième, le. . . . .

Ladite somme de soixante-dix mille francs sera productive d'intérêts à 5 p. 100 par an, à partir du jour de la prestation de serment, payables de six mois en six mois.

Ces payements en principal et intérêt auront lieu à. . . . ., en la demeure du cédant.

M. Rozié aura la faculté de se libérer par anticipation de ladite somme, même par fractions qui, toutefois, ne pourront être moindres de. . . . ., à la charge de prévenir le cédant six mois à l'avance.

Dans le cas où M. Rozié voudrait payer tout ou partie de la somme de soixante-dix mille francs restant due sur son prix de cession, avant l'expiration du mois qui suivra la prestation de son serment, il devra, pour être valablement libéré, et conformément aux

---

(1) Greffier, *loc. cit.* p. 29; Roll., *Office*, n° 93; Sol. proc. gén., Bordeaux, J. N., 12664; Décis., 13 nov. 1845, 28 juin 1840. Voir Dict. not., *Office*, n° 439.

(2) Greffier, *loc. cit.*, p. 30; Décis., 7 juin 1856.

(3) Greffier, *loc. cit.*, p. 30.

(4) Et de disposer des minutes : Roll., *Office*, n° 110.

(5) Circ. min. just., 18 juill. 1819; Décis. min just., 28 octobre 1834, 20 nov. 1837, 20 août 1843; J. N. 11781; Paris, 9 fév. 1839.

(6) Greffier, *loc. cit.*, p. 31; Favier, n° 811; Dict. Not., *Office*, n° 177; Roll., *ibid.*, n° 114; Toulouse, 14 déc. 1853; Cass., 5 fév. 1855; J. N., 15187, 15434.

(7) Greffier, *loc. cit.*, p. 32; Déc., 21 fév. 1817, 6 juin 1838, 20 août 1840.

et intérêts (1). Cette interdiction, qui est de droit, ne doit pas être insérée dans le traité, *infra* n° *4277, 10°*.

4271. III. *Cessionnaire*. Pour se rendre cessionnaire d'un office, il faut réunir les qualités exigées pour en devenir titulaire, *supra n° 40*; celui qui n'a pas l'âge requis pour être nommé peut néanmoins s'en rendre cessionnaire, et si le titulaire, avant que son cessionnaire n'ait l'âge requis, cède à un autre, il a une action en dommages-intérêts contre lui (2). Le cessionnaire qui n'a pas l'âge requis ne peut faire recevoir à sa place un intérimaire, les fonctions de notaire étant conférées à vie (3).

4272. Un notaire en exercice qui se rend cessionnaire d'une autre étude ne peut en être pourvu qu'après la nomination d'un successeur pour celle dont il est titulaire, à moins qu'il ne préfère donner sa démission pure et simple de cette étude (4).

4273. Plusieurs personnes ne peuvent se rendre cessionnaires d'un office, pour être exploité en commun sous le nom de l'une d'elles qui se ferait nommer (5).

4274. IV. *Objet cédé*. La cession d'un office comprend d'abord l'office même avec la clientèle et les minutes et répertoires (6), les pièces, titres, expéditions, actes imparfaits, notes et documents concernant les clients de l'étude (7). Les recouvrements du cédant ne sont pas compris de droit dans la cession (8); une disposition expresse est nécessaire (9).

4275. V. *Jouissance*. La cession de l'office ne conférant à l'acheteur que le droit de se faire nommer sur la présentation du titulaire, la tradition s'opère par la nomination et la prestation de serment. Jusque-là l'acheteur a seulement une action personnelle contre son cédant pour obtenir qu'il le présente; si le cédant s'y refuse, il ne peut y être contraint (10), mais il est tenu à des dommages et intérêts (11), à moins que l'inexécution de sa part n'ait eu pour cause un fait qui ne puisse lui être imputé, comme si l'administration lui a imposé une réduction de prix, *infra n° 4278*, qu'il ne veut pas subir (12), ou la suppression d'une condition qu'il se refuse à effacer (13).

4276. Le cessionnaire qui se refuse à l'exécution du traité est également passible de dommages

---

usages de la compagnie des notaires, verser cette portion de son prix entre les mains du président ou de l'un des syndics, qui la conservera pour ne la remettre qu'à l'expiration du mois de la prestation de serment.

M. FLEURY s'interdit expressément de faire aucune délégation ni transport de tout ou partie du prix de la présente cession avant l'expiration du même délai.

Il demeure convenu que, dans le cas où M. ROZIÉ viendrait à décéder ou à cesser ses fonctions de notaire avant l'échéance des termes ci-dessus fixés, la somme de soixante-dix mille francs restant due, ou ce qui en resterait alors dû, deviendrait exigible aussitôt après la prestation de serment de son successeur.

Si aucune fraction du prix n'est payée comptant : lequel prix M. ROZIÉ s'oblige à payer à M. FLEURY, savoir :

Trente mille francs à l'expiration du mois qui suivra le jour de sa prestation de serment, sans intérêt jusque-là.

Et les soixante-dix mille francs de surplus en quatre payements de chacun....., etc. (*Le surplus comme ci-dessus*).

Il est bien entendu qu'on ne comprend pas dans la présente cession les recouvre-

---

(1) Déc. min. just., 1837; Rennes, 13 juill. 1839.

(2) Favier, n° 644: Dict. not., *Office*, n° 297; CONTRA, Orléans, 25 janv. 1855; Cass., 6 nov. 1855; J. N., 13573, 15653. V. trib. Lyon, 16 mars 1867; Bordeaux, 16 mai 1867; J. N., 18904, 19032.

(3) Roll., *Office*, n° 130; Cass., 20 mars 1849; J. N., 13990. Voir Cass., 2 juill. 1861; J. N., 17182.

(4) Déc. min. just., 8 sept. 1845.

(5) Règl. notaire, Paris, art. 6; Rennes, 28 août 1841. Voir Nîmes, 7 déc. 1848; J. N., 11113, 13632.

(6) Roll., *Office*, n° 142; Caen, 14 juin 1833; Trib. Châteaulin, 20 fév. 1839; J. N., 10017, 10443.

(7) Roll., *Office*, n° 144; Bourges, 16 août 1836, 20 fév. 1837.

(8) Lorsque les recouvrements sont réservés, les honoraires proportionnels des testaments non encore ouverts appartiennent

au notaire démissionnaire : Dijon, 24 mars 1857; CONTRA, Trib. Albi, 15 mai 1861; Barbezieu, 25 août 1865; J. N., 17141, 18482. V. Cass., 19 nov. 1867.

(9) Grellier, *loc. cit.*, p. 37; Roll., *Office*, n° 146; Décis. min. just., 3 nov. 1848, 28 juin 1849; J. N., 13743, 13746.

(10) Favier, n° 800; Dard, n° 230 à 235; Dict.-Not., *Office*, n° 298; Roll., *ibid.*, n° 210; Duvergier, I, 208; Déc. min. just., 5 mai 1834; Limoges, 17 janv. 1833; Bordeaux, 7 mai 1834; Agen, 7 janv. 1836; Cass., 4 janv. 1837; Lyon, 5 juill. 1849; Trib. Domfront, 13 mai 1863; J. N., 13707, 17741.

(11) Roll., *Office*, n° 215; Aix, 5 janv. 1830; Agen, 7 janv. 1836; Amiens, 2 avril 1845; J. N., 7468, 12445.

(12) Roll., *Office*, n° 254.

(13) Roll., *Office*, n° 246; Poitiers, 1er juill. 1841; J. N., 11099.

et intérêts, à moins que l'inexécution ne provienne d'une cause étrangère (1) qui ne puisse lui être imputée ; par exemple, s'il n'a point été agréé par le gouvernement (2), si le gouvernement lui impose une condition qu'il ne veut pas subir (3), si son cédant depuis le traité est tombé en faillite ou en déconfiture ou a été mis en état d'accusation pour crime ou délit, ou enfin s'il vient à être suspendu ou destitué (4).

4277. VI. *Conditions; stipulations interdites.* Le traité, autant que possible, doit être pur et simple ; la chancellerie rejette habituellement les stipulations suivantes : 1° un partage d'honoraires entre le cédant et son successeur (5) ; 2° la réserve pour le cédant des honoraires proportionnels des testaments non encore ouverts (6) ; 3° le droit pour le cessionnaire aux produits de l'étude à partir du traité (7) ; 4° la libération actuelle du prix par payement ou compensation (8) ; 5° la stipulation de payement avant la prestation de serment (9) ; 6° la délégation du prix (10) à quelques-uns des créanciers (11) au détriment (12) des autres (13) ; 7° l'obligation pour le successeur de remettre gratuitement à son cédant les grosses et expéditions des actes faits antérieurement à sa nomination (14) ; 8° le droit pour le cédant de se faire communiquer les actes concernant ses recouvrements (15) ; 9° la convention que si le cessionnaire en revendant son office réalise un bénéfice, il sera partagé entre le cédant et le cessionnaire (16) ; 10° l'interdiction pour le cédant d'exercer des fonctions semblables dans le canton, l'arrondissement ou le ressort de Cour impériale dans lequel l'office est établi (17) ; 11° l'énonciation que le cessionnaire pourra disposer de l'office comme de chose lui appartenant (18) ; 12° toutes clauses ayant pour objet des réserves de privilége (19), d'action résolutoire (20) ou de rétrocession (21) ; 13° l'obligation de payer soit exclusivement en or ou en argent (22), soit en lettres de change ou effets de commerce (23) ; 14° la convention que les contestations sur l'exécution du traité seront jugées par la chambre de discipline comme tribunal arbitral (24) : une telle stipulation d'ailleurs serait nulle comme ne remplissant pas les conditions prescrites par les art. 1003 et 1006 (25).

4278. VII. *Prix.* Le prix doit toujours être modéré et en juste rapport avec le produit de l'office cédé, sur une moyenne des cinq dernières années (26). Il est déterminé entre les parties ; mais le gou-

ments se composant des déboursés et honoraires de toute nature qui se trouveront dus à M. FLEURY par ses clients au jour de la prestation de serment de M. ROZIÉ, ni le cautionnement que M. FLEURY a fourni comme notaire ; ces recouvrements et cautionnement étant expressément réservés par M. FLEURY.

Si, contre toute attente, M. ROZIÉ n'était pas admis aux fonctions de notaire aux conditions susexprimées, en remplacement de M. FLEURY, sur sa présentation ou celle

(1) Voir Cass., 14 et 26 mai 1851, 30 nov. 1863 ; J. N., 14356, 14408, 17917.
(2) Si c'est par son fait ou par sa faute que le gouvernement ne l'a point agréé, il est passible de dommages-intérêts : Roll., Office, n° 224 ; Rennes, 14 nov. 1832, 1er fév. 1834 ; Douai, 26 janv. 1837 ; Angers, 16 déc. 1840 ; Lyon, 5 juill. 1849 ; Orléans, 25 janv. 1855 ; J. N., 14514, 13809, 15573. Voir Rouen, 22 déc. 1849 ; J. N., 13985.
(3) Bordeaux, 18 juill. 1840 ; Poitiers, 1er juill. 1841 ; J. N., 10750, 11090. Voir cependant Paris, 18 nov. 1843 ; J. N., 11847.
(4) Décis. min. just., 18 juill. 1830 ; Paris, 26 déc. 1832 ; Rouen, 2 juill. 1841 ; J. N., 8020, 11136. V. Cass., 18 fév. 1865 ; Jur. N., 12807.
(5) Décis. min. just., 3 fév. 1837 ; Toulouse, 14 nov. 1835 ; Rennes, 28 août 1841 ; Paris, 2 janv. 1838 ; 1er mars 1836 ; Trib. Seine, 21 déc. 1843 ; Nantes, 25 juin 1845 ; Lyon, 29 juin 1849 ; Cass., 9 juin 1852 ; J. N., 10585, 11113, 11856, 12472, 13837, 14052, 14597.
(6) Instr. min. just., J. N., 16467.
(7) Greffier, Des cessions d'office, p. 47 ; Favier, n° 851 ; Roll., Office, n° 193 ; Paris, 2 janv. 1838 ; Rennes, 29 déc. 1839, 23 juin 1845 ; J. N., 12472 ; Rouen, 3 juin 1861 ; Jur. N. 12763 ; contra, Toulouse, 14 nov. 1835 ; J. N., 10583. V. trib. Lyon, 16 mars 1867 ; J. N., 18994.
(8) Greffier, loc. cit., p. 45 ; Décis., 9 mai 1842.
(9) Greffier, p. 44 ; Favier, n° 852 ; Roll., Office, n° 195 ; Décis., 17 août 1853 ; J. N., 1854.
(10) Roll., Office, n° 238 bis ; Circ., 28 juin 1849 ; Décis., 4 juin 1843 ; J. N., 11064, 13746.
(11) Pas même au profit d'un précédent vendeur ; Greffier, loc. cit., p. 45 ; Décis., 2 août 1841.
(12) Mais les payements, transports ou délégations faits avant la

prestation de serment sont valables et peuvent être opposés aux tiers : Roll., Office, n° 238 ; Aix, 8 janv. 1841, 12 mars 1801 ; Toulouse, 10 déc. 1845, Paris, 19 janv. 1850 ; Trib. Châteaudun, 14 août 1846, Cass., 8 nov. 1842, 24 juill. 1843, 15 janv. 1845, 16 janv. 1849, 10 déc. 1855, 20 juin 1804 ; J. N., 11046, 11483, 11689, 12261, 12756, 13379, 13675, 13951, 15692, 17050, 18064 ; contra, Angers, 12 août 1840 ; Paris, 23 déc. 1843, 13 janv. 1862 ; Cass., 6 déc. 1852, 22 fév. 1858 ; Bordeaux, 10 juin 1853 ; Amiens, 4 août 1853 ; Caen, 27 déc. 1858 ; J. N., 10893, 11867, 14851, 14916, 15144, 17324. Voir aussi Cass., 2 mars 1804 ; J. N., 17076.
(13) Greffier, loc. cit., p. 45 ; Favier, n° 852 ; Roll., Office, n° 199 Décis., 6 août et 19 déc. 1836, 4 et 11 janv. 1842, 28 juin 1848.
(14) Greffier, loc. cit., p. 38 ; Circ., 21 oct. 1852, 22 janv. 1858.
(15) Greffier, loc. cit., p. 49.
(16) Greffier, p. 50 ; Décis., 6 avril 1840.
(17) Greffier, p. 50 ; Décis., 21 oct. 1852.
(18) Greffier, p. 50 ; Décis., 29 mai 1858.
(19) Greffier, p. 45 ; Décis., 14 mars 1840.
(20) Greffier, p. 50.
(21) Greffier, p. 50 ; Décis., 21 avril 1829.
(22) Greffier, p. 47 ; Décis., 21 mai 1849, 29 mai 1858.
(23) Greffier, p. 44 ; Décis., min. just., 10 mai 1836, 29 avril 1840, 28 juin 1849 ; J. N., 10748, 13746.
(24) Greffier, p. 49 ; Décis., 16 mars 1839, 9 mai 1840.
(25) Roll., Chambre des not., n° 57 ; Paris, 3 mars 1827, 29 août 1835 ; Cass., 17 mai 1836, 10 juill. 1843, 30 juill. 1850 ; Jur. N., 5779, 9010 ; J. N., 14124.
(26) Greffier, loc. cit., p. 39 ; Circ. min. just., 28 juin 1849 ; J. N., 13040.

vernement, ayant la faculté d'agréer ou de refuser le candidat, peut refuser son agrément si le prix lui paraît exagéré; dans l'usage, la chancellerie indique la réduction que le prix doit subir [Form. 603].

4279. On énonce dans le traité le mode et les époques de payement du prix; aucune partie ne peut en être stipulée payable avant la fin du mois qui suit la prestation de serment du nouveau titulaire (1).

4280. Pour éviter que sous forme de vente de mobilier, on ne déguise un supplément de prix, *infra n° 4290*, le traité de cession d'office ne peut contenir que la vente des livres et du mobilier de l'étude; et de plus, il faut qu'un prix spécial soit fixé pour l'office, et un autre pour le mobilier (2).

4281. Le prix doit être d'une somme d'argent; il ne saurait consister dans une rente viagère ni dans la dation d'un immeuble (3). Il peut être stipulé productif d'intérêt, mais seulement à partir du jour de la prestation de serment (4).

4282. Le payement du prix peut être garanti, comme en toute autre vente, par affectation hypothécaire, nantissement, cautionnement, etc.

4283. Le vendeur d'un office ne pourrait faire résoudre la cession pour lésion résultant de la vilité du prix, quand elle a été consentie de bonne foi et *sans fraude* (5).

4284. L'acheteur de son côté ne peut réclamer une diminution de son prix (6) s'il n'articule pas contre son cédant de véritables faits de dol ou de fraude (7) tendant à lui dissimuler la valeur réelle de l'office, quand même l'étude aurait été abandonnée par le titulaire qui aurait cessé de fait d'exercer ses fonctions, si l'acheteur ne l'a pas ignoré en traitant (8). Mais si la dépréciation de l'étude résulte d'un fait inconnu de l'acheteur, ou postérieur au traité, il y a lieu à une diminution du prix (9), nonobstant toute renonciation, transaction ou compromis (10); il en est ainsi dans les cas suivants: 1° si le titulaire est déclaré en état de faillite ou de déconfiture, s'il est en fuite ou sous le coup de poursuites criminelles (11);

---

de ses héritiers, le présent traité serait nul et résolu de plein droit, sans indemnité de part ni d'autre.

Pour l'exécution des présentes, etc.

DONT ACTE. Fait et passé, etc.

FORMULE 602. — **Cession d'office avec les recouvrements.** (Nos 4257 à 4291.)

PAR-DEVANT Me.....,

A COMPARU : M..... FLEURY......,

Lequel, étant dans l'intention de cesser, etc.,

A M..... ROZIÉ.....:

1° Son office de notaire, etc.;

2° Les objets mobiliers, etc. ;

3° Les recouvrements se composant des déboursés de toute nature et honoraires qui se trouveront dus à son étude par ses clients à l'époque de l'entrée en jouissance de M. ROZIÉ, qui sera ci-après fixée, après retranchement des frais et honoraires qui seront susceptibles de compensation avec des sommes dont M. FLEURY serait comptable ou débiteur.

M. ROZIÉ prendra possession du tout après sa prestation de serment comme notaire

---

(1) J. N., 15815.

(2) Grellier, *Des cessions d'office*, p. 36. Voir Nancy, 12 mai 1854; Jur. N., 12721.

(3) Grellier, *loc. cit.*, p. 43.

(4) Grellier, *loc. cit.*, p. 45; Décis., 18 juill. 1840, 15 juill. et 20 oct. 1841.

(5) Dard, p. 253; Dict. not., *Office*, n° 482; Roll., *ibid.*, n° 257; Cass., 20 juin 1820, 17 mai 1832; Bordeaux, 20 mai 1848; Trib. Montargis, 31 août 1849; Saint-Amant, 14 août 1852; J. N., 13155, 14000, 14889.

(6) Paris, 14 déc. 1832; Rennes, 7 avril 1840; Rouen, 18 fév. 1842; Riom, 19 avril 1857; J. N. 13151.

(7) Dard, p. 253; Bourges, 19 mars 1845; Paris, 24 fév. 1845, 28 janv. 1847, 27 fév. 1852; Cass., 2 août 1847; J. N., 12462, 13146, 13378, 14633.

(8) Trib. Tarascon, 28 fév. 1840; Bordeaux, 22 déc. 1852; Cass. 10 fév. 1863; J. N., 14965, 17672.

(9) Roll., *Office*, n° 261.

(10) Orléans, 31 mars 1855; Cass., 6 déc. 1852, 19 fév. 1856; J. N., 14854, 15744.

(11) Décis. min. just., 18 juill. 1836; Caen, 22 juill. 1837; Paris, 26 déc. 1832, 28 janv. 1848, 27 fév. 1852; Nancy, 21 mai 1861; J. N., 9975, 13378, 14633, 17142. Voir cependant Bordeaux, 23 déc. 1852; J. N., 14965.

2° s'il est suspendu (1); 3° s'il a trompé son cessionnaire, par exemple, en portant des chiffres fictifs ou des produits illicites dans l'état de produit (2). L'action en réduction, dans ces divers cas, est admise non-seulement contre le vendeur lui-même, mais aussi contre tous tiers cessionnaires (3) ou saisissants (4).

4285. Les contestations qui interviennent à ce sujet sont du ressort du tribunal (5) ; elles doivent être portées devant le tribunal du domicile du défendeur et non devant celui de la situation de l'office (6).

4286. VIII. *Privilége.* Le vendeur d'un office n'a pas l'action en résolution de la vente pour défaut de payement du prix, car une fois que le titulaire est investi des fonctions, on ne peut l'en dépouiller malgré lui (7).

4287. Mais il (8) a, au même titre que le vendeur d'effets mobiliers, un privilége sur le prix de revente de l'office (9) (*arg. C. N., 2102, 4°*), tant que le prix de l'office est entre les mains de son acheteur (10). Si celui-ci a, par un acte régulier et signifié à son successeur, transporté à un tiers de bonne foi son droit sur le prix de la revente, le privilége s'éteint (11); et il importe peu que le transport et la signification aient été faits avant l'installation du nouveau titulaire (12).

4288. Toutefois le privilége n'a pas lieu si le cessionnaire est déchu du droit de présentation par le fait de sa destitution (13); si le cessionnaire vient à être déclaré en état de faillite, il n'y a plus lieu non plus à privilége (14) (*C. comm., 550*). Mais tant que le cessionnaire conserve le droit de présentation, le privilége subsiste, quand même sa démission n'aurait pas été purement volontaire (15), ou sa démission volontaire aurait été suivie de la suppression de l'office à la charge d'une indemnité à payer par la corporation (16).

4289. Le droit de suite ne pouvant être conservé sur un objet mobilier, le privilége du vendeur

---

remplaçant M. Fleury, et il aura droit, à partir de la même époque, aux produits et bénéfices de l'étude et aux recouvrements ci-dessus abandonnés.

A cet effet, M. Fleury a remis, etc.

Et M. Fleury s'oblige à présenter, etc.

M. Rozié devra, dans le plus bref délai, etc.

Aussitôt après la prestation de serment de M. Rozié, M. Fleury lui remettra ses minutes et celles de ses prédécesseurs, les répertoires où elles sont portées, les expéditions, grosses, extraits et brevets à délivrer, les testaments authentiques ou mystiques

(1) Rouen, 2 juill. 1841.

(2) Aix, 26 juill. 1838; Bourges, 18 mars 1845, 24 juin 1853; Paris, 26 fév. 1845, 28 janv. 1848; Trib. Joigny, 14 janv. 1847 ; Trib. Seine, 18 fév. 1858 ; Cass., 14 août 1842, 2 août 1847, 6 déc. 1852, 13 déc. 1853, 19 fév. 1856, 10 janv. 1859; J. N., 11430, 12402, 12660, 13146, 13284, 13398, 13994, 15158, 15744, 16283, 16387, 16492. Voir cependant Riom, 19 avril 1847; Cass., 10 mars 1847; Amiens, 8 juin 1858; J. N., 13151, 16023, 16355.

(3) Cass., 2 août, 1847 ; J. N., 13146. Voir cependant Paris, 27 fév. 1852 ; J. N., 14633.

(4) Cass., 10 janv. 1859; J. N., 16492.

(5) Cass., 28 fév. 1829 ; Rennes, 13 avril 1859 ; Jur. N., 11497.

(6) Trib. Sens, 22 juill. 1858 ; Jur. N., 11248.

(7) Greffier, *loc. cit.*, p. 50; Larombière, *1184*, 26 ; Roll., *Office*, n° 269; Riom, 24 août 1844 ; J. N., 12145.

(8) Ou celui qui est subrogé à ses droits conformément aux art. 1249, 1250, 1251 : Dard., p. 451 ; Dict. not., *Office*, n° 602; Roll., *ibid.*, n° 402; Paris, 3 juin 1815 ; Bordeaux, 20 mars 1840 ; Cass., 1er août 1853; Paris, 22 fév. 1856; J. N., 15049, 15849. Voir Douai, 21 nov. 1846 ; J. N., 13010.

(9) Dard, p. 432 ; Pont, *Priv.*, n° 148 ; Troplong, *ibid.*, n° 187; Dict. not., *Office*, n° 589 ; Roll., *ibid.*, n° 398; Lyon, 9 fév. 1830; Paris, 12 mai 1835, 8 juin 1856, 28 janv. et 13 fév. 1854; Colmar, 12 mars 1855 ; Caen, 24 juin 1839 ; Toulouse, 22 fév. 1840; Amiens, 27 août 1842 ; Bourges, 1er mars 1844 ; Rennes, 25 juill. 1847 ; Cass., 10 mars 1847, 1839, 25 janv. 1843, 13 juin et 1er août 1853, 30 août 1854, 8 août 1860; J. N., 10617, 11587, 11783, 12141, 13450, 15049, 15184, 15205, 16925; contra, Rouen, 29 déc. 1847. Voir Cass., 23 janv. 1843; J. N., 11587.

(10) Paris, 1er déc. 1840, 22 avril 1856, 27 août 1838 ; Cass., 20 juin 1860 ; Arg., Cass., 7 juill. 1802 ; J. N., 10837, 15780, 17491.

(11) Trib. Orléans, 26 déc. 1842 ; Lyon, 9 déc. 1850; Paris, 22 janv. 25 fév. et 24 mai 1854, 27 août 1858 ; Cass., 20 juin, 18 juill., et 8 août 1860 ; J. N., 14235, 15184, 15297, 16372, 16879, 10892. 16925 ; contra, Paris, 12 mai 1835 ; J. N., 8892.

(12) Cass., 21 juin 1864; J. N., 18064 ; Pau, 6 juill., 1864 ; Jur. N., 12730.

(13) Pont, *Priv.*, n° 148, et *Rev. crit.*, I, p. 385, II. p. 405; Rouen, 27 déc. 1847, 29 déc. 1849 ; Paris, 3 fév. et 9 mars, 28 août 1852, 26 fév. 25 déc. 1853, 7 avril, 17 nov. 1855 ; Cass., 7 juill. 1847, 13 fév. 26 mars et 23 avril 1849, 12 mai, 8 déc. 1852, 23 mars et 10 août 1853 ; J. N., 13084, 13236, 13649, 13702, 13730, 14607, 14758, 14802, 14856, 14904, 14945, 15005, 15129, 15580, 15609; contra, Dard, p. 473; Lyon 11 mars, 1858, 26 janv. 1859 ; Bordeaux, 2 déc. 1842 ; Rennes, 28 juill. 1851 ; Paris, 14 déc. 1834, 3 janv. 1845, 9 janv. 1851 ; Trib. comm. Paris, 7 oct. 1844 ; J. N., 12435, 13084, 13722, 14243.

(14) Pardessus, n° 1204; Renouard, II. p. 202; Bedarride, II, 950; Pont. *Priv.*, n° 148 ; Paris, 16 janv. 1843, 25 fév. 1860; Lyon, 9 déc. 1850; Cass., 25 août 1853, 10 fév. 1857, 18 déc. 1867 ; Bourges, 14 août 1855 ; J. N., 14546, 15062, 16013, 16789; contra, Esnault, *Faill.*, III, 656 ; Dict. not., *Office*, n° 618. Voir Paris, 22 fév. 1856 ; J. N., 15846.

(15) Nîmes, 13 mars 1851; Besançon, 4 janv. 1853 ; Bourges, 21 mars 1854 ; Cass., 30 août 1854, 15 mai 15000, 15279, 15317; Rouen, 4 août 1863 ; Cass., 11 avril 1865 J. N. 18265.

(16) Trib. Tarbes, 15 fév. 1860 ; Rouen, 23 janv. 1858 et 4 août 1862; Cass., 24 juin 1859 ; J. N., 16315, 16488, 16806, 17696; Cass., 11 avril 1865. J. N. 18265.

non payé d'un office ne s'exerce que sur le prix de la revente consentie par son successeur immédiat; il ne s'étend pas aux prix des reventes qui ont lieu ultérieurement (1), à moins que le vendeur n'ait conservé des droits sur ces prix par l'effet de délégations régulières ou au moyen de saisies-arrêts légalement validées (2).

4209. IX. *Contre-lettre.* Lorsqu'il a été fait en dehors du traité ostensible une contre-lettre pour augmentation (3) de prix, même à titre d'épingles pour la femme (4), ou pour rétrocession secrète des recouvrements cédés avec l'office (5), la contre-lettre est nulle (6) comme ayant une cause illicite, *supra* n° 3162, ce qui peut être opposé non-seulement par le cessionnaire, mais aussi par sa caution (*C. N.*, 2037), ou par ses créanciers (7) (*C. N., 1321*); en conséquence la somme payée en principal et intérêt

---

confiés soit à lui, soit à ses prédécesseurs, les registres autres que ceux relatifs à sa comptabilité personnelle, journaux des débets, livres d'étude, les règlements de la compagnie, arrêtés et instructions de la chambre, les tableaux d'interdiction et généralement toutes les pièces, tous les papiers et renseignements étant dans l'étude.

Il sera fait immédiatement après la prestation de serment, etc.

Enfin, la présente cession est faite moyennant la somme de cent trente-un mille francs, applicable :

1° Au prix de l'office et de la clientèle, pour cent mille francs, ci...	100,000	»
2° Au prix des objets mobiliers, pour mille francs, ci..........	1,000	»
3° Et aux recouvrements, pour la somme de trente mille francs, ci...	30,000	»
Somme égale.	131,000	»

Sur ce prix, etc. (*Ce qui est applicable au prix, comme en la formule précédente.*)

M. FLEURY garantit que les recouvrements cédés auront produit un minimum de trente mille francs après un délai de trois années à partir de l'entrée en jouissance.

M. ROZIÉ, cessionnaire, encaissera seul tous les frais et honoraires dus à l'étude de M. FLEURY, y compris, bien entendu, les honoraires en second dus par ses confrères.

Il payera seul tous les honoraires en second, vacations de commissaire-priseur et autres frais et charges de l'étude, qui pourront être dus par M. FLEURY à la cessation de son exercice.

Et c'est la balance desdites recettes et dépenses qui devra produire, au profit de M. ROZIÉ, un excédant de recettes de trente mille francs constituant le minimum garanti.

Si les recouvrements ne s'élevaient pas, à l'expiration des trois années, à la somme de trente mille francs, M. FLEURY payerait immédiatement la différence, mais sans aucun intérêt.

Si, contre toute attente, etc. (*Le surplus comme en la formule précédente.*)

FORMULE 603. — **Rectification de traité pour réduction du prix.** (N° 4278.)

PAR-DEVANT M°.....

ONT COMPARU : M. FLEURY....., et M. ROZIÉ.....;

Lesquels ont dit et arrêté ce qui suit :

Pour déférer à la décision de S. Exc. le garde des sceaux, ministre secrétaire d'Etat au département de la justice, transmise aux comparants par M. le procureur impérial près le tribunal civil de....., suivant sa lettre du.....,

---

(1) Orléans, 3 juill. 1847; Paris, 28 janv., 25 fév. et 24 mai 1854.

(2) Paris, 1er déc. 1840, 26 avril 1850; Bordeaux, 2 déc. 1842; J. N., 40857, 41600, 44096. V. Caen, 8 août 1865; Jur. N., 12951.

(3) On diminution: Cass., 7 juill. 1841; Jur. N., 5179; 22 fév. 1853; J. N., 44910; CONTRA, Paris, 11 déc. 1849; J. N., 43945.

(4) Paris, 24 janv. 1803, J. N., 47633. Voir aussi Cass., 31 janv. 1853; J. N., 44921; CONTRA, Lyon, 27 nov. 1846; J. N., 43134.

(5) Bordeaux, 10 juin 1853; Amiens, 25 août 1853; Cass., 6 et 8 janv.

1849, 22 fév. 1853 ; J. N., 43591, 44916, 45111 ; Paris, 13 juin 1862 ; R. N., 180; Nancy, 12 mai 1864; Jur. N., 42721. Voir Cass., 20 avril 1858 ; J. N., 46459; CONTRA, Paris, 16 fév. et 8 juin 1850; J. N., 43951, 44107.

(6) Ainsi que tous compromis ou transactions qui auraient été faits à son sujet: Trib. Saint-Étienne, 29 août 1847; Bourges, 7 mai 1861; Cass. 12 janv. 1841, 19 juin 1848, 6 déc. 1852, 30 janv. 1860; J. N., 40862, 13387, 13430, 44851, 46797, 47150.

(7) Rouen, 23 déc. 1840; Jur. N., 6983.

pour cette cause est restituable (1), avec l'intérêt du tout à partir du jour du payement (2), sans que l'on puisse invoquer la prescription de cinq ans édictée par l'art. 2277 (3). La demande en restitution ne se prescrit que par trente ans (4). Si le cessionnaire est encore débiteur d'une partie du prix constaté au traité ostensible, il s'établit une compensation d'autant avec la somme restituable, pourvu que cette partie du prix soit encore due au cédant, car si elle a été transportée à un tiers de bonne foi, la répétition ne lui est pas opposable (5).

4291. L'existence de la contre-lettre ou de la convention verbale portant augmentation peut être établie par tous les genres de preuve, même par témoins, *supra n° 3485, 6°.*

Les comparants déclarent accepter la réduction de....., ordonnée par M. le ministre sur le prix de l'office de notaire à....., cédée par M. FLEURY à M. ROZIÉ, suivant acte passé devant M°....., notaire à....., le.....

En conséquence, le prix de cession de l'office demeure fixé à....., que M. ROZIÉ s'oblige à payer à M. FLEURY ; savoir :

La somme de....., à l'expiration du mois qui suivra sa prestation de serment (*diminuer sur cette première fraction le chiffre de la réduction*),

Et le surplus aux époques et de la manière fixées au traité, qui conserve son plein et entier effet pour toutes les dispositions autres que celles ci-dessus modifiées.

DONT ACTE. Fait et passé, etc.

FORMULE 604. — Démission des fonctions de notaire et présentation d'un successeur. (Nos 36 à 48.)

A S. M. l'Empereur. Sire, le soussigné Léon FLEURY, notaire à la résidence de....., a l'honneur de vous déclarer qu'il se démet purement et simplement de ses fonctions de notaire à la résidence de....., et il vous supplie humblement de vouloir bien, en acceptant cette démission, nommer pour lui succéder en qualité de notaire à....., M. Julien ROZIÉ, premier clerc de notaire, demeurant à....., que le soussigné a l'honneur de présenter à l'agrément de Votre Majesté.

Daignez agréer, Sire, l'expression du profond respect avec lequel le soussigné a l'honneur d'être, de Votre Majesté, le très-humble et fidèle serviteur (*Signature*).

FORMULE 605. — Demande d'admission. (N° 41.)

A S. Exc. M. le garde des sceaux, ministre de la justice.

Monsieur le Ministre, le soussigné, Julien ROZIÉ, premier clerc de notaire à....., a l'honneur de vous supplier de vouloir bien le présenter à l'agrément de Sa Majesté, comme successeur de M° FLEURY, notaire à....., qui a donné sa démission en sa faveur.

Il a l'honneur d'être avec respect, de Votre Excellence, Monsieur le Ministre, le très-humble et très-obéissant serviteur (*Signature*).

(1) Greffier. *loc. cit.*, p. 51; Mercadé, *art. 1333*; Larombière, *1235*, 11; Paris, 11 nov. 1839, 31 janv. et 15 fév. 1840, 1er mars et 9 août 1844, 26 mai 1845, 12 janv. et 5 déc. 1846, 10 juill. 1819, 2 avril, 11 juin et 14 juill. 1849, 31 janv. 1851; Rennes, 29 déc. 1839. 28 août 1840; Rouen, 23 déc. 1840. 18 fév. 1842; Bourges, 27 janv. 1843, 15 fév. 1860; Caen, 12 fév. 1845, 13 juin 1856; Lyon, 21 janv. 1847; Orléans; 11 fév. et 13 août 1847; Nîmes, 10 mai 1847; Limoges, 2 janv. 1849, 6 janv. 1850; Metz, 29 mars 1859; Grenoble, 25 avril 1861; Cass., 7 juill. 1841, 7 mars 1842, 20 juill. 1843, 30 juill. et 1er août 1844, 11 août et 17 déc. 1845, 5 janv. et 5 déc. 1846, 19 juin, 29 nov. et 26 déc. 1848, 3 janv. 1849, 9 janv. 1850, 12 fév. 1851, 19 avril 1852, 21 déc. 1853, 10 mai 1854, 21 juill. 1855, 5 nov. 1856, 30 janv. 1860, 8 juin 1864; J. N., 11043, 11253, 11692, 11699, 11773, 11916, 12083, 12304, 12418, 12424, 12462, 12494, 12613, 12620, 12706,

13430, 13465, 13564, 13574, 13604, 13627, 13769, 13792, 13812, 13939, 13982, 14121, 14303, 14323, 14335, 14456, 15175, 15252, 15690, 16797, 16941, 18040. Voir Cass., 15 mars 1865 17 déc. 1857; Jur. N., 12780.

(2) Angers, 10 déc. 1853 ; Nancy, 12 mai 1864 ; Paris, 12 janv. 1847; 11 janv. 1849, 25 nov. 1856, 14 janv. 1865 ; Cass., 3 janv., 16 fév. et 3 déc. 1849, 19 avril 1852, 22 nov. 1853, 19 fév., et 15 nov. 1856, 10 juin 1857, 8 juin 1864 ; J. N., 12999, 13627, 13948, 15449, 15828, 15885, 16107, 18040, 18212.

(3) Metz, 29 mars 1859. précité ; Cass., 17 mai 1865; J. N., 18307.

(4) Paris, 5 déc. 1846, 12 janv. 1847; Cass., 3 janv. 1849; Metz, 29 mars 1859 ; J. N., 12999, 13627.

(5) Paris, 22 mars 1859; Cass., 12 déc. 1859; J. N., 16537, 16760, CONTRA Cass., 7 mars 1842; Paris, 28 mars 1846 ; J. N., 12462.

FORMULE 606. — Etat des produits de l'office. (N° 42, 5°).

ÉTAT des produits de l'office de M . . . . ., *notaire à la résidence de. . .* (1).

NATURE DES ACTES.		ANNÉE 18..				RÉCAPITULATION pour les cinq années par nature d'actes.			
		NOMB.	DROITS d'enregistrement.	HONORAIRES.	PRIX. Apport. Capital.	NOMB. des actes.	DROITS d'enregistrement.	HONORAIRES.	PRIX. Apport. Capital.
		1	2	3	4	1	2	3	4
Actes pour lesquels le prix, l'apport ou le capital devra être porté dans la colonne n° 4.	Adjudications volontaires d'immeubles. Ventes judiciaires d'immeubles. . . . . . Ventes volontaires d'immeubles. . . . . . Ventes mobilières. . . Baux. . . . . Contrats de mariage. . Donations entre époux. Liquidations et partages. . . . . . . Donations. . . . . . Obligations et Transports. . . . . . . Actes de société. . . . Inventaires. . . . . . Testaments. . . . . . Actes divers . . . . . Actes en brevet. . . .								
	TOTAUX. . . .								

DÉPENSES ANNUELLES DE L'ÉTUDE COMPRENANT :

Certifié, en ce qui concerne lès droits d'enregistrement par le receveur de l'enregistrement.

Le 1/5 est de

1° Loyer. . . . . .
2° Patente . . . . .
3° Appointements des clercs. . .
4° Menues dépenses.

Le   18

La moyenne des honoraires de chaque acte est de. . . . . .

TOTAL. . .

La colonne n° 3 ne doit comprendre que le montant des honoraires provenant des actes reçus par le cédant et le montant des honoraires en second ; mais les émoluments touchés pour gestions de biens ne peuvent y figurer.

Certifié véritable par le cédant,
Le   18 .

Vu par le cessionnaire,
Le   18 .

(Légalisation des signatures.)

(1) Si la cession comprend un office autre que celui de notaire, voir les modèles de tableaux au *Journal des Notaires et des Avocats*, art. 17804.

SECTION VI. — DES CESSIONS DE BREVETS D'INVENTION.

4292. Toute nouvelle découverte ou invention dans tous les genres d'industrie confère à son auteur le droit exclusif d'exploiter à son profit la découverte ou l'invention. Ce droit est constaté par des titres délivrés par le gouvernement, sous le nom de *brevets d'invention* (*Loi 5 juillet 1844, art. 1, 2 et 3*).

4293. La durée des brevets est de cinq, dix ou quinze années. Chaque brevet donne lieu au paye-ment d'une taxe qui est : de 500 fr., pour un brevet de cinq ans ; 1,000 fr., pour un brevet de dix ans ; 1,500 fr., pour un brevet de quinze ans. Cette taxe doit être payée par annuités de cent francs, sous peine de déchéance si le breveté laisse écouler un terme sans l'acquitter (*même loi, art. 4*).

4294. Les formes des demandes et des délivrances de brevets d'invention sont réglées par la loi précitée, *art. 5 à 15*.

4295. Le breveté ou les ayants droit au brevet ont, pendant toute la durée du brevet, le droit d'apporter à l'invention des changements, perfectionnements ou additions, qui sont constatés par des certificats délivrés dans la même forme que le brevet principal et prennent fin avec lui. Chaque demande

---

FORMULE 607. — **Cession de brevet d'invention.** (N°s 4292 à 4299.)

PAR-DEVANT M^e....,

A COMPARU : M. Désir GAUT, mécanicien, demeurant à.... ;

Lequel a, par ces présentes, vendu et transporté avec la garantie de droit la plus étendue,

A M. Luc DURAND, cultivateur, demeurant à....., à ce présent, qui accepte :

1° L'invention même qui a fait l'objet du brevet ci-après énoncé;

2° La propriété du brevet d'invention délivré à M. GAUT, suivant arrêté de M. le ministre secrétaire d'État au département de l'agriculture, du commerce et des travaux publics, en date du....., pour une durée de quinze années, qui ont commencé à courir le....., et ayant pour objet.....

Étant expliqué que M. GAUT a acquitté toutes les annuités échues et à échoir, ainsi que le constate un récépissé de la somme de....., pour complément des annuités, à lui délivré le....., sous le n°...., par M. le receveur central des finances.

M. DURAND exploitera l'invention et le brevet cédés, et en disposera à ses risques et périls, comme de chose lui appartenant en pleine propriété et jouissance à compter d'aujourd'hui.

A l'effet de quoi le cédant le met et subroge dans tous ses droits à l'invention et au brevet.

En conséquence, M. DURAND aura seul le droit de prendre des brevets à l'étranger pour l'invention ci-dessus.

Il profitera de plein droit des certificats d'addition qui seraient ultérieurement délivrés à M. GAUT et, à plus forte raison, de ceux qu'il obtiendrait personnellement.

La présente cession est faite à la charge par M. DURAND, qui s'y oblige :

1° D'exécuter au lieu et place des cédants toutes les clauses et obligations auxquelles pourrait donner lieu la délivrance du brevet;

2° Et de payer les frais et honoraires des présentes.

En outre, cette cession a lieu moyennant la somme de....., que M. DURAND a payée à l'instant, en billets de la banque de France acceptés pour numéraire, à M. GAUT, qui le reconnaît et lui en donne quittance.

Le cédant a remis à M. DURAND, qui le reconnaît et l'en décharge, l'expédition de l'arrêté de M. le ministre du commerce par lequel le brevet d'invention a été délivré; le récépissé constatant le payement de toutes les annuités, et les description et dessins de la machine, conformes à ceux qui ont été fournis à l'appui de la demande en obtention de brevet.

Pour faire enregistrer ces présentes au secrétariat de la préfecture du département

de certificat d'addition donne lieu au payement d'une taxe de vingt francs. Les certificats d'addition pris par un des ayants droit, profitent à tous les autres (*même loi, art. 16*).

4296. Au lieu d'un certificat d'addition il peut être pris, pour un changement, perfectionnement ou addition, un brevet principal de cinq, dix ou quinze ans. Ce brevet, pendant un an de la délivrance du premier, ne peut être demandé que par le breveté; après ce délai, il peut être demandé par toute autre personne (*même loi, art. 17, 18*).

4297. Tout breveté peut céder la totalité ou partie de la propriété de son brevet. La cession totale ou partielle d'un brevet soit à titre gratuit, soit à titre onéreux, ne peut être faite que par *acte notarié*, et après le payement de la totalité de la taxe, *supra n° 4293* [Form. 607]. Aucune cession n'est valable à l'égard des tiers qu'après avoir été enregistrée au secrétariat de la préfecture du département dans lequel l'acte a été passé. L'enregistrement des cessions et de tous autres actes emportant mutation est fait sur la production et le dépôt d'un extrait authentique de l'acte de cession ou de mutation. Une expédition de chaque procès-verbal d'enregistrement, accompagnée de l'extrait de l'acte ci-dessus mentionné, est transmise par les préfets, dans les cinq jours de la date du procès-verbal, au ministre de

de....., et pour les faire mentionner partout où besoin sera, tous pouvoirs sont donnés au porteur d'une expédition ou d'un extrait.

Pour l'exécution des présentes, etc.

DONT ACTE. Fait et passé, etc.

FORMULE 608. — Vente de fonds de commerce (N°s 4300 à 4307.)

PAR-DEVANT M^e.....,

A COMPARU : M. Léon DARBLAY, marchand de....., demeurant à....,

Lequel a, par ces présentes, vendu, et s'oblige à garantir de tous troubles et autres empêchements quelconques,

A M. Charles NORTIER, employé, demeurant à,...., à ce présent et acceptant,

Le fonds de commerce de....., que M.... fait valoir dans une maison sise à.....

Ce fonds consiste dans les pratiques et achalandage qui y sont attachés, et dans les différents effets mobiliers et ustensiles servant à son exploitation, tels qu'ils sont détaillés en un état estimatif que les parties ont dressé sur une feuille de papier au timbre de 50 centimes, et qui est demeuré ci-annexé, après avoir été certifié véritable, signé et paraphé en présence des notaires soussignés.

Ainsi que le tout se poursuit et comporte sans aucune exception ni réserve, et dont il n'a été fait une plus ample désignation, à la réquisition de l'acquéreur, qui a déclaré le connaître parfaitement.

L'acquéreur entrera en possession et jouissance du fonds présentement vendu, et la livraison devra lui en être faite le..... prochain; il aura dès lors le droit de prendre le titre de successeur de M. DARBLAY.

La présente vente est faite à la charge, par l'acquéreur, qui s'y oblige :

1° De prendre ledit fonds et les effets mobiliers et ustensiles en dépendant dans l'état où le tout se trouvera lors de son entrée en jouissance, sans pouvoir exiger aucune indemnité pour cause de vétusté ou dégradation d'aucun de ces objets mobiliers;

2° D'acquitter, à compter du..... prochain, les contributions de patente, mobilière, personnelle et autres, auxquelles l'exploitation de ce fonds peut donner lieu, quoique portées au nom de M. DARBLAY, et de satisfaire à toutes les charges de ville et de police dont pareille exploitation peut être tenue, de manière que M. DARBLAY ne soit aucunement inquiété ni recherché à ce sujet;

3° Et de payer tous les frais et honoraires des présentes et de la grosse qui en sera délivrée au vendeur;

Et en outre, la présente vente est faite moyennant la somme de..... pour l'achalandage du fonds. Et..... pour le prix des effets mobiliers et ustensiles, d'après l'estimation portée en l'état ci-annexé.

l'agriculture et du commerce, qui inscrit la mutation sur un registre et la fait proclamer par décret (*même loi, art. 20 et 21*).

4298. Les cessionnaires d'un brevet, et ceux qui ont acquis d'un breveté ou de ses ayants droit la faculté d'exploiter la découverte ou l'invention, profitent, de plein droit, des certificats d'addition qui sont ultérieurement délivrés au breveté ou à ses ayants droit. Réciproquement, le breveté ou ses ayants droit profitent des certificats d'addition qui sont ultérieurement délivrés aux cessionnaires (*même loi, art. 22*).

4299. La loi du *5 juillet 1844* règle ensuite: sous les *art. 23 à 29*, la communication et la publication des descriptions et dessins de brevets; sous les *art. 30 à 39*, les nullités et déchéances, et les actions y relatives; sous les *art. 40 à 49*, les contrefaçons et leur répression. Voir aussi la loi du *31 mai 1856* modificative de l'art. 32 de la loi du 5 juillet 1844.

SECTION VII. — DES VENTES DE FONDS DE COMMERCE

4300. La vente d'un fonds de commerce [FORM. 608] comprend l'achalandage, le matériel,

---

Sur cette somme, M. NORTIER a payé en espèces ayant cours de monnaie et en billets de la banque de France, le tout délivré à la vue des notaires soussignés, à M. DARBLAY, qui le reconnaît, celle de..... Dont quittance.

A l'égard des..... de surplus, M. NORTIER s'oblige à les payer à M. DARBLAY en sa demeure à....., en..... portions égales de..... chacune, et d'année en année, à partir du..... prochain, en sorte que le premier payement de..... devra avoir lieu le....., le second le....., et ainsi de suite jusqu'au payement intégral.

Pour faciliter à M. DARBLAY la disposition du prix de la présente vente, M. NORTIER lui a souscrit..... billets à ordre, de la somme de..... chacun, causés valeur en un fonds de marchand de....., et payables aux diverses époques ci-devant stipulées.

Ces billets ne feront qu'une seule et même chose avec ces présentes, et leur acquit opérera la libération du prix de la présente vente.

Comme condition des présentes, M. DARBLAY s'interdit expressément la faculté de former ou faire valoir directement ou indirectement aucun autre établissement de marchand de....., dans la ville de..... (*ou dans l'étendue de tel quartier*), pendant toute la durée du bail ci-après énoncé, à peine de payer à M. NORTIER la somme de....., à titre d'indemnité.

A la sûreté et garantie du payement de la somme de....., restant due, le fonds de commerce présentement vendu demeurera affecté, par privilége spécial, expressément réservé au vendeur.

Et il est convenu, comme condition de la vente, qu'à défaut de payement d'un seul terme du prix à son échéance, et quinze jours après un commandement resté sans effet, tout ce qui serait encore dû alors deviendra de plein droit exigible, si bon semble au vendeur.

M. NORTIER s'oblige à prendre toutes les marchandises qui se trouveront dans la boutique et les magasins où s'exploite le fonds de commerce, à l'époque de son entrée en jouissance, mais jusqu'à concurrence de la somme de..... seulement et à son choix.

Le prix de ces marchandises sera fixé amiablement entre les parties, ou, à défaut de s'entendre, par deux experts respectivement choisis, avec faculté de s'adjoindre un tiers expert, en cas de désaccord.

La somme à laquelle s'élèvera l'estimation de ces marchandises sera payée par M. NORTIER, qui s'y oblige, en..... payements égaux, de..... en..... mois, à partir du....., et sans intérêts. Il sera, à cet effet, souscrit par M. NORTIER..... billets à l'ordre de M. DARBLAY, causés valeur reçue en marchandises, et dont le montant et les échéances concorderont avec l'estimation qui aura lieu et ce qui vient d'être fixé pour le payement.

Par ces mêmes présentes, M. DARBLAY a transporté à M. NORTIER, qui l'accepte, tous le droit au bail, les marchandises existant au jour de la prise de possession, l'enseigne, et même les armoiries et autres signes servant à désigner l'établissement et à fixer l'achalandage (1).

4301. Tout commerce peut faire l'objet d'une vente ; ainsi est valable la vente ou cession de la clientèle d'un médecin (2), de la gérance d'un débit de tabacs (3), de la clientèle et des recouvrements d'un commissionnaire au mont-de-piété (4), d'une pharmacie, pourvu que le cessionnaire soit pourvu de son diplôme (5) ; mais non la vente d'une maison de tolérance (6).

4302. Les brevets d'imprimeur et de libraire étant personnels à ceux qui les ont obtenus, ceux-ci ne peuvent ni les céder, ni les transmettre à leurs héritiers (7) ; cependant il est admis qu'on peut traiter avec un libraire ou un imprimeur pour qu'il donne sa démission (8), notamment en achetant son matériel, ses marchandises et son achalandage, et l'acheteur doit faire les diligences nécessaires pour l'obtention du brevet ; s'il ne l'obtient pas, la vente est résiliée, et les parties sont déliées de leurs engagements respectifs (9).

4303. La vente aux enchères d'un fonds de commerce est du ressort des notaires, encore que des ustensiles et effets mobiliers en dépendent (10). Il en serait autrement pour les ustensiles et effets, s'ils étaient vendus séparément (11).

---

ses droits, pour le temps qui en reste à courir, à compter du . . . . . prochain, au bail qui lui a été fait par M. Honoré LUARD, propriétaire, demeurant à . . . . ., des lieux dans lesquels s'exploite le fonds de commerce ci-dessus vendu, et qui consistent en une boutique, arrière-boutique, etc.

Ce bail a été fait suivant acte passé devant Mᵉ . . . . ., notaire à . . . . ., le. . . . ., pour . . . . . années consécutives qui ont commencé le. . . . ., moyennant un loyer annuel de. . . . ., payable en quatre termes égaux, aux époques ordinaires de l'année et aux diverses charges et conditions exprimées audit acte, mais dont aucune ne forme une augmentation de loyer.

Ce transport de bail est ainsi fait, à la charge, par M. NORTIER, qui s'y oblige : 1° d'acquitter exactement les loyers à leurs échéances; 2° et de satisfaire à toutes les charges et conditions du bail, dont il déclare avoir parfaite connaissance par la lecture qui lui en a été faite, le tout de manière que M. DARBLAY ne soit jamais inquiété ni recherché à ce sujet.

M. NORTIER a présentement remboursé à M. DARBLAY, qui le reconnaît, la somme de. . . . ., que ce dernier avait payée pour six mois de loyer d'avance, imputable sur les six derniers mois de jouissance, aux termes du bail qui vient d'être énoncé.

M. NORTIER reconnaît que M. DARBLAY lui a remis une expédition de ce bail et un état des lieux dont il a fait la vérification, et il s'oblige à rendre les lieux loués à la fin du bail, conformément à cet état de lieux.

M. NORTIER s'oblige expressément, comme condition des présentes, pour le cas où il viendrait à se marier, à rapporter l'engagement solidaire de sa femme, tant pour le payement du prix de la vente que pour l'exécution du bail. Cet engagement devra être fourni dans le mois de la célébration du mariage de M. NORTIER, ou, si sa femme est encore mineure, dans le mois qui suivra sa majorité; à défaut de quoi, et huit jours après un simple commandement resté infructueux, tout ce qui sera encore dû, à cette époque,

---

(1) Troplong, n° 323; Dict. not., *Vente de fonds de comm.*, n° 11; Paris, 19 nov. 1824 ; Aix, 22 mai 1829.

(2) Trib. Seine. 17 mars 1846 ; Paris, 6 mars 1851 ; J. N., 12685, 14325. Voir aussi Angers, 28 déc. 1848; Cass., 13 mai 1861 ; Paris, 13 mai 1861, 7 juill. 1862; 29 avril 1865. J. N., 17166, 17544; 18270. CONTRA, Trib. Seine, 25 fév. 1846 ; Paris, 29 déc. 1847 ; J. N., 12685.

(3) Paris, 21 nov. 1853; J. N., 15231.

(4) Paris, 10 août 1650; J. N., 14164.

(5) Bordeaux, 18 fév. 1842, 22 juin 1864. J. N., 11353; 18125. Trib. Seine, 28 janv. 1865; Comm., Seine, 31 mai 1865.

(6) Seine, 5 fév. 1867.

(7) Conseil d'État, 1er août 1827 ; Duvergier, I, 209.

(8) Troplong, n° 221.

(9) Roll., *Vente d'un brevet*, n° 3; Rouen, 27 avril 1861 ; Jur. N. 14913 ; CONTRA, Poitiers, 27 juin 1832.

(10) Roll., *Vente de fonds de comm.*, n° 10; Dict. not., *ibid.*; n° 45 ; Colmar, 30 janv. 1827 ; Paris, 15 juin 1833; Cass., 23 mars 1836 ; Rouen, 15 nov. 1845 ; Jur. N., 7308. Voir Paris, 28 juin 1860, J. N., 16017.

(11) Roll., *Vente de fonds de comm.*, n° 11 ; Paris, 26 mai 1832.

4304. Si la vente comprend des presses, caractères et autres ustensiles d'imprimerie, les notaires sont tenus d'en donner avis au procureur impérial (1).

4305. La vente d'un fonds de commerce comporte la garantie ordinaire (2) et entraîne l'interdiction pour le vendeur de former un pareil établissement, soit dans le même lieu, soit dans un rayon assez rapproché pour faire concurrence à l'acheteur. Cette interdiction, qui est de droit (3), peut être étendue ou restreinte par une stipulation.

4306. Dans l'usage on laisse le prix en dépôt entre les mains du notaire, pour être remis au vendeur dix jours après l'insertion d'un extrait de la vente dans le journal d'annonces du lieu, si dans cet intervalle il n'est survenu ni déclaration de faillite, ni saisies-arrêts. Lorsque la vente est faite aux enchères, les affiches et insertions, qui la précèdent, pourraient jusqu'à un certain point dispenser du dépôt (4).

4307. Le vendeur d'un fonds de commerce a un privilége sur le prix de la revente pour ce qui lui reste dû (5) (*C. N.*, 2102, 4°); et si l'acheteur est resté en possession du fonds acquis, il a le droit de demander la résolution pour défaut de payement du prix (6); à moins, dans les deux cas, que son acheteur n'ait été déclaré en faillite (*C. comm.*, 550).

SECTION VIII. — DES CESSIONS DE LA PROPRIÉTÉ LITTÉRAIRE OU ARTISTIQUE.

4308. Les auteurs d'écrits en tout genre, les compositeurs de musique, les peintres et dessinateurs

---

sur le prix de la présente vente, deviendra de plein droit exigible, si bon semble à M. Darblay.

Il est encore expressément stipulé, comme condition essentielle des présentes, que M. Nortier n'aura pas le droit de vendre ledit fonds de commerce, ni de transporter le bail qui vient de lui être cédé, avant l'entier acquittement du prix de la présente vente ; et, dans le cas où ces vente et cession auraient lieu malgré cette interdiction, ce qui resterait encore dû par M. Nortier deviendrait immédiatement exigible, sans préjudice du droit qu'aurait M. Darblay de faire prononcer la nullité de toutes ventes et cessions faites au mépris de la présente stipulation.

Pour la garantie de l'acquéreur, les sommes de..... et de..... par lui ci-dessus payées ont été déposées par M. Darblay entre les mains de Mᵉ....., l'un des notaires, qui le reconnaît, pour n'être remises à M. Darblay que dix jours après l'insertion d'un extrait des présentes dans le journal général d'affiches, annonces et avis divers, et pourvu qu'à cette époque il ne soit survenu dans la position de M. Darblay aucun changement de nature à compromettre la validité de la présente vente.

Cette remise aura lieu en présence et du consentement de M. Nortier.

Pour l'exécution des présentes, etc.

Dont acte. Fait et passé, etc.

FORMULE 609. — **Vente d'une propriété littéraire**. (Nᵒˢ 4308 à 4313.)

Par-devant Mᵉ....

A comparu : M. Théodule Mesnil, homme de lettres, demeurant à.....

Lequel a, par ces présentes, vendu, avec toute garantie,

A M. Eloi Marais, libraire-éditeur, demeurant à....., à ce présent et acceptant.

La pleine propriété du manuscrit d'un ouvrage portant pour titre....., devant former deux volumes in-8°, imprimés en caractère *cicéro*; lequel manuscrit complet et

---

(1) Instr. min. just. ; Lettres proc. du Roi de Paris, 23 déc. 1824 et 26 nov. 1831.

(2) Voir Paris, 18 août 1863 ; J. N., 17850.

(3) Roll., *Vente de fonds de comm.*, nᵒ 21 ; Paris, 19 nov. 1821 ; Grenoble, 10 mars 1836; Lyon, 28 août 1843, 16 déc. 1847; Montpellier, 26 juill., 1844; J. N., 12313, 12285. Voir aussi Angers, 28 déc. 1848; Cass., 13 mai 1861 ; Trib. comm. Seine, 21 janv. 1860 ; Jur. N., 8475, 11847.

(4) Roll., *Vente de fonds de comm.*, nᵒ 27; Seine, 24 mai 1865; J. N., 18314.

(5) Roll., *Priv.*, nᵒ 142; Troplong, *ibid.*, nᵒ 147; Duranton, XIX, 426; Cass., 27 nov. 1827, 14 déc. 1847 ; Rouen, 25 juill. 1846; Paris 26 mai 1849; Seine, 17 mai 1867 ; J. N., 12806, 13239, 14095, 18933.

(6) Pardessus, nᵒ 289 ; Duvergier, I, 439 ; Dict. not., *Vente de fonds de comm.*, nᵒ 24; Paris, 18 août 1809, 20 juill. 1831.

qui font graver des tableaux ou dessins, jouissent, durant leur vie entière, du droit exclusif de vendre, faire vendre, distribuer leurs ouvrages dans le territoire de l'Empire, et d'en céder la propriété en tout ou en partie (*Loi 19 juill. 1793, art. 1er*).

4309. Après la mort des auteurs, leurs droits passent à leurs héritiers ou ayants cause pour un temps d'abord fixé à 10 ans, puis étendu en faveur des enfants à 20 ans, ensuite à 30 ans (*même loi, art. 2 et 7; déc. 5 fév. 1810 et L. 8 avril 1854*.)

4310. Quant aux veuves des auteurs elles en avaient la jouissance pendant leur vie (*mêmes lois et décret*).

4311. L'art. 1er de la loi du 14 juill. 1866 qui régit maintenant les droits des veuves et des héritiers et ayants cause des auteurs porte : « La durée des droits accordés par les lois antérieures » aux héritiers, successeurs irréguliers, donataires ou légataires des auteurs, compositeurs ou artistes, » est portée à cinquante ans, à partir du décès de l'auteur. Pendant cette période de cinquante ans, » le conjoint survivant, quel que soit le régime matrimonial, et indépendamment des droits qui » peuvent résulter en faveur de ce conjoint du régime de la communauté, à la simple jouissance des » droits dont l'auteur prédécédé n'a pas disposé par acte entre-vifs où par testament. Toutefois, si » l'auteur laisse des héritiers à réserve, cette jouissance est réduite, au profit de ces héritiers, suivant » les proportions et distinctions établies par les art. 913 et 915 du C. N. Cette jouissance n'a pas » lieu lorsqu'il existe au moment du décès, une séparation de corps prononcée contre ce conjoint; » elle cesse au cas où le conjoint contracte un nouveau mariage. Les droits des héritiers ou suc- » cesseurs, pendant cette période de cinquante ans, restent d'ailleurs réglés conformément aux » prescriptions du Code Napoléon. Lorsque la succession est dévolue à l'Etat, le droit exclusif » s'éteint, sans préjudice des droits des créanciers et de l'exécution des traités de cession [FORM. 609 » qui ont pu être consentis par l'auteur ou par des représentants. »

4312. Les propriétaires par succession, ou à autres titres, d'un ouvrage posthume ont les mêmes droits que l'auteur, et les dispositions des lois sur la propriété exclusive des auteurs et sur sa durée leur

---

mis parfaitement en ordre, a été à l'instant remis par M. MESNIL à M. MARAIS, qui le reconnaît.

M. MARAIS s'oblige :

1° De livrer ce manuscrit à l'impression dans le délai de....., et de s'arranger de manière à ce qu'il soit terminé le....., au plus tard;

2° De le faire imprimer sur un papier fort, très-blanc et à demi collé;

3° De fournir à M. MESNIL, sans diminution du prix ci-après stipulé..... exemplaires brochés dans les..... jours qui suivront la mise en vente de l'ouvrage.

De son côté M. MESNIL s'oblige :

1° De lire et corriger avec soin toutes les épreuves au fur et à mesure qu'elles lui seront fournies, sans pouvoir jamais conserver une feuille en correction plus de deux jours;

2° De ne pouvoir faire à l'ouvrage des changements de nature à nécessiter des remaniements considérables, sous peine d'être passible des frais qu'occasionneraient ces remaniements;

3° De ne donner les bons à tirer que quand il aura acquis la certitude que les épreuves seront parfaitement correctes et exemptes de fautes;

4° De souffrir que M. MARAIS fasse tel nombre d'éditions qu'il jugera pouvoir écouler, mais toutefois sans que chacune de ces éditions puisse être tirée à plus de..... exemplaires, non compris les mains de passe.

Et, en outre, cette vente a été faite, savoir : 1° pour la première édition, moyennant la somme de quatre mille francs que M. MARAIS a payée en billets de la banque de France, délivrés à la vue des notaires soussignés, à M. MESNIL, qui le reconnaît et lui en donne quittance; 2° et pour chacune des éditions subséquentes, la somme de mille francs, payable le jour de l'annonce de la mise en vente de chacune de ces éditions.

Il est expressément convenu que si M. MESNIL publiait une édition complète de ses

sont applicables, toutefois à la charge d'imprimer séparément les œuvres posthumes, et sans le joindre à une nouvelle édition des ouvrages déjà publiés et devenus propriété publique (*Décret 1ᵉʳ germ. an XIII*).

4313. La cession ou la vente de la propriété littéraire ou artistique comprend non pas l'œuvre elle-même, mais le droit de faire et d'exploiter la publication du travail (1). L'auteur conserve le droit de changer ou de modifier son œuvre, de la refondre, de la réduire ou de l'augmenter. Si l'auteur a cédé plusieurs éditions de son livre, l'éditeur doit, aussitôt qu'une édition est épuisée, en publier une autre, et s'il s'y refuse, l'auteur peut en publier une lui-même ; mais tant que l'édition n'est pas épuisée, l'auteur ne peut en publier lui-même une autre, quel que soit le laps de temps écoulé depuis la vente (2).

CHAPITRE DOUZIÈME

DES VENTES PAR ADJUDICATION AMIABLE.

SECTION I. — DES ADJUDICATIONS D'IMMEUBLES.

4314. Les immeubles appartenant à des majeurs, maîtres de disposer de leurs droits, ne peuvent,

---

œuvres, il aurait le droit d'y comprendre l'ouvrage présentement vendu, sans être obligé de payer aucune indemnité à M. Marais.

Les frais des présentes seront à la charge de l'acquéreur.

Pour l'exécution des présentes, etc.

Dont acte. Fait et passé, etc.

§ III. — VENTE PAR ADJUDICATION AMIABLE.

FORMULE 610. — **Adjudication d'immeubles (maison et terres).** (Nᵒˢ 4314 à 4321.)

L'an mil huit cent....., le.....

A....., en l'étude de Mᵉ....., notaire,

Par-devant ledit Mᵉ..... et son collègue, notaires à....., soussignés,

Ont comparu : M. Eloi Hamet, propriétaire, et Mᵐᵉ Nelly Bouzard, son épouse, de lui autorisée, demeurant ensemble à..... ;

Lesquels ont dit qu'étant dans l'intention de vendre une maison et trois pièces de terre en labour, pré et vignes, situées dans la commune de....., ils ont fait annoncer par affiches apposées dans les communes de..... et autres voisines, et par des insertions dans le journal de....., qu'ils procéderaient à cette vente par adjudication, aujourd'hui, heure de midi, en l'étude de Mᵉ....., l'un des notaires soussignés.

En conséquence, ils ont requis ledit Mᵉ..... d'établir la désignation et l'origine de propriété des immeubles à vendre, ainsi que les charges, clauses et conditions de l'adjudication ; le tout de la manière suivante :

DÉSIGNATION DES IMMEUBLES.

Art. 1ᵉʳ. Une maison, etc.

Art. 2. Une pièce de terre labourable, etc.

Art. 3. Un pré, etc.

---

(1) Marcadé, *1598*, 2; Troplong, nᵒ 206; Pardessus, nᵒ 308 ; Massé et Vergé, § 694, note 3; Cass., 23 juill. 1841, 27 mai 1842.
(2) Pardessus, nᵒ 308; Troplong, nᵒ 206; Renouard, *Droits d'au-* *teurs*, II, 158; Massé et Vergé, § 694, note 3; Cass., 22 fév. 1847 ; J. N., 13629

à peine de nullité, être mis aux enchères en justice, lorsqu'il ne s'agit que de ventes volontaires (*C. pr.*, 743).

4315. La vente volontaire d'immeubles par adjudication publique doit avoir lieu devant notaire.

ART. 4. Une pièce de terre plantée de vignes, etc.

ÉTABLISSEMENT DE PROPRIÉTÉ.

Voir *supra, formule* 583.

ÉTAT CIVIL.

Voir *supra, formule* 568 *page* 191.

LOCATIONS.

Enoncer les baux et locations à entretenir, en faisant, s'il y a lieu, une ventilation des loyers. — Ou bien déclarer qu'il n'y a point de locations.

CHARGES ET CONDITIONS.

ART. 1ᵉʳ. *Garantie.* L'adjudication sera faite avec garantie solidaire de la part des vendeurs, de tous troubles et empêchements quelconques.

ART. 2. *Non-garantie de mesure.* Les adjudicataires prendront les immeubles qui leur seront adjugés dans l'état où ils se trouveront avec toutes leurs dépendances, sans aucune exception ni réserve. Il n'y aura aucune garantie ni répétition de part ni d'autre, pour raison, soit de mitoyenneté, soit du mauvais état de l'immeuble, soit enfin d'erreur dans la désignation ou dans la contenance; la différence de mesure, excédât-elle un vingtième, sera au profit ou à la perte des adjudicataires.

ART. 3. *Servitudes.* Les adjudicataires jouiront des servitudes actives et souffriront les servitudes passives, apparentes ou non apparentes, continues ou discontinues, s'il en existe, sauf à faire valoir les unes et se défendre des autres, à leurs risques et périls, sans recours contre les vendeurs et sans que la présente clause puisse donner à qui que ce soit plus de droits qu'il n'en aurait, soit en vertu de titres réguliers et non prescrits, soit en vertu de la loi; comme aussi sans que la présente clause puisse nuire aux droits résultant, en faveur des adjudicataires, de la loi du 23 mars 1855.

ART. 4. *Jouissance.* Les adjudicataires auront la pleine propriété des immeubles qui leur seront adjugés, dès l'instant de l'adjudication; et ils en prendront la jouissance le...

ART. 5. *Contributions.* Ils acquitteront les contributions de toute nature auxquelles lesdits immeubles peuvent et pourront être imposés, à compter du.....

ART. 6. *Assurance contre l'incendie.* Les vendeurs déclarent que la maison formant l'art. 1ᵉʳ de la désignation est assurée contre l'incendie pour une somme de....., par la compagnie....., suivant police du....., dont un duplicata est demeuré ci-annexé.

L'adjudicataire de cette maison sera subrogé par le seul fait de l'adjudication dans les droits et obligations résultant, pour les vendeurs, de cette police, et il acquittera à compter du jour de son entrée en jouissance, les primes ou cotisations qui sont dues à ce sujet, de manière que les vendeurs ne soient nullement inquiétés ni recherchés.

En outre, l'adjudicataire sera tenu de continuer cette assurance jusqu'au payement de son prix et de remplir toutes les formalités prescrites par la police, notamment de déclarer sans délai à la compagnie d'assurance la mutation opérée à son profit et de la faire mentionner.

En cas de sinistre avant la libération de l'adjudicataire, les vendeurs ou leurs créanciers auront seuls droit jusqu'à due concurrence, et par imputation sur le prix, à l'indemnité qui sera due et qu'ils pourront toucher sur leur simple quittance. A cet effet, l'adjudication vaudra transport de cette indemnité, et signification en sera faite à la compagnie, à la diligence des vendeurs.

Si l'immeuble n'est pas assuré ou si la police n'est pas représentée. L'adjudicataire de la maison, art. 1ᵉʳ de la masse, devra immédiatement après son adjudication, faire assurer

Jugé cependant qu'un simple particulier a le droit de vendre ses propres immeubles aux enchères après affiches, sans le concours d'un notaire (1) ; mais des préfets ont interdit dans leur département l'annonce de vente aux enchères par les particuliers, et toutes réunions à cet effet (2).

pour la somme de..... au moins, par telle compagnie qu'il jugera convenable (*ou désigner la compagnie*), et pour le temps pendant lequel il sera débiteur de son prix, les constructions comprises en son adjudication.

Et il devra consentir à ses frais toutes délégations d'indemnité d'assurance au profit des vendeurs, à la première réquisition de ces derniers, qui, en cas de sinistre, auront seuls droit de toucher ladite indemnité sur leurs simples quittances et jusqu'à concurrence de ce qui leur serait dû.

Art. 7. *Frais.* Les adjudicataires payeront en sus et sans diminution de leur prix, dans les huit jours de l'adjudication, entre les mains de Me....., l'un des notaires soussignés, les frais d'affiches et de publication de la vente, les déboursés de timbre et d'enregistrement, le coût d'une expédition pour transcrire, d'un extrait pour chacun d'eux, d'une grosse pour les vendeurs, et les honoraires de Me....., l'un des notaires soussignés ; le tout fixé à..... centimes par franc de leurs prix principaux d'adjudication, en comptant, comme en matière d'enregistrement, par chiffres ronds de vingt en vingt francs. Ils payeront en plus les frais de transcription et de purge, s'ils font remplir ces formalités, et ceux de quittance de leur prix.

Ou bien : Les adjudicataires payeront en sus, et sans diminution de leurs prix, aux vendeurs, entre les mains et sur les simples quittances de Me....., l'un des notaires soussignés, dans les huit jours de l'adjudication ..... centimes par franc de leurs prix principaux d'adjudication, en comptant, comme en matière d'enregistrement, par chiffres ronds de vingt en vingt francs ; au moyen de quoi les vendeurs sont chargés d'acquitter les frais d'affiches et de publication de la vente, les déboursés de timbre et d'enregistrement, le coût d'une expédition pour transcrire, d'une grosse pour les vendeurs, d'un extrait pour chacun des adjudicataires, les honoraires de Me....., l'un des notaires soussignés, et le coût de la transcription au bureau des hypothèques. Les adjudicataires restent chargés des frais des formalités de purge d'hypothèque légale, s'ils les font remplir, et de ceux de la quittance de leurs prix.

Art. 8. *Payement du prix.* Les adjudicataires payeront les prix principaux de leurs adjudications, savoir : un quart dans le délai d'un mois de ce jour ; et les trois quarts de surplus le..... ; le tout avec intérêts sur le pied de 5 p. 100 par an, à partir d'aujourd'hui, payables chaque année le. ....

Ces payements, en principal et intérêt, auront lieu au domicile à cet effet élu à....., en l'étude de Me....., l'un des notaires soussignés, et ne pourront être valablement effectués qu'en espèces de monnaie ayant cours, et non autrement.

Art. 9. *Privilége, action résolutoire.* Indépendamment de l'action résolutoire qui appartient aux vendeurs, les immeubles présentement mis en vente demeureront spécialement affectés par privilége au payement du prix avec tous intérêts, frais et autres accessoires, et à l'exécution des charges, clauses et conditions de la vente.

Si l'on stipule l'action résolutoire : A défaut de payement de tout ou partie du prix dans les termes ci-dessus stipulés, l'adjudication, en ce qui concerne l'adjudicataire en retard de payer, sera résolue de plein droit, conformément à l'art. 1656 C. N., un mois après qu'il aura été mis en demeure par une sommation contenant déclaration formelle par les vendeurs de leur intention de profiter de la présente clause, sans préjudice pour ceux-ci de leur droit à tous dommages et intérêts.

(1) Dijon, 30 janv. 1840; Amiens, 18 nov. 1846; Cass., 20 fév. 1843, 19 mai 1847, 14 mai 1866; J. N., 11571, 13043; Jur. N., 7827 ; contra, Boll., *Adjud.*, n° 28; Trib. Château-Thierry, 14 juin 1838; Chaumont, 18 juin 1839; Circ. proc. du Roi Saint-Dié, 17 nov. 1843; Jur. N., 7287.

(2) Arrêtés préfets: Ille-et-Vilaine, 18 nov. 1859; Somme, 27 oct. 1800 ; Jur. N., 11611, 11746.

4316. Nous avons dit *supra n° 3999*, quelles personnes ne peuvent se rendre adjudicataires; à ces personnes il faut ajouter le notaire chargé de procéder à la vente, et les parents ou alliés au degré prévu par l'art. 8 de la loi du 25 ventôse an XI, *supra n° 295*. Les notaires ne doivent pas recevoir les enchères des personnes qui sont en état d'ivresse (1).

4317. L'adjudication est précédée d'un cahier des charges [Form. 610] contenant : 1° la désignation et le lotissement des biens à vendre ; 2° l'origine de propriété, *supra n°s 4113 à 4135*; 3° l'état civil des vendeurs, *supra n° 4039* ; 4° les charges et conditions de la vente.

Art. 10. *Transcription et purge des hypothèques.* Les adjudicataires seront tenus de faire transcrire une expédition des présentes et du procès-verbal d'adjudication au bureau des hypothèques de. . . . .

Et, faute d'avoir justifié aux vendeurs, dans les vingt jours qui suivront l'adjudication, du dépôt de cette expédition au bureau des hypothèques, les vendeurs demeureront autorisés à faire procéder eux-mêmes à cette transcription et à lever à cet effet toute grosse et expédition desdits cahiers de charges et procès-verbal d'adjudication aux frais des adjudicataires.

Les adjudicataires rempliront en outre, si bon leur semble, les formalités prescrites par la loi pour purger les hypothèques légales, le tout à leurs frais et dans un délai de quatre mois à partir du jour de l'adjudication.

Si, par suite, il y a ou survient des inscriptions grevant les immeubles présentement mis en vente, les adjudicataires seront tenus d'en faire la dénonciation aux vendeurs, au domicile ci-après élu, et ceux-ci auront quarante jours pour rapporter les certificats de radiation de ces inscriptions; pendant ce délai, les adjudicataires ne pourront faire ni offres ni consignation de leurs prix, ni faire aucune notification aux créanciers inscrits, à moins qu'ils n'y soient contraints par les voies légales. Au surplus, les adjudicataires seront garantis et indemnisés sur leurs prix de tous frais extraordinaires de transcription et de purge.

Art. 11. *Prohibition de détériorer la maison.* Avant le payement intégral de son prix, l'adjudicataire de la maison formant l'art. 1er de la désignation, ne pourra faire aucun changement notable ni commettre aucune détérioration audit immeuble, à peine d'être immédiatement contraint au payement de son prix ou de ce qui en resterait dû ; et si, alors, les vendeurs ne peuvent ou ne veulent le recevoir, l'adjudicataire devra en effectuer le dépôt à la caisse des consignations, et il sera tenu en outre, dans ce cas, d'indemniser les vendeurs de tous frais, perte et différence d'intérêts qui pourraient résulter de cette consignation.

Art. 12. *Remise de titres.* Les vendeurs remettront aux adjudicataires, lors du payement du solde de leurs prix : 1°. . . . . (*énoncer les titres à remettre*).

A l'égard de tous autres titres, les adjudicataires pourront s'en faire délivrer toutes expéditions et tous extraits à leurs frais, et ils demeureront subrogés dans tous les droits des vendeurs à cet effet.

Art. 13. *Mode des enchères.* L'adjudication sera faite au plus offrant et dernier enchérisseur; elle ne pourra être prononcée qu'à l'extinction des feux, dont le dernier aura brûlé et se sera éteint sans nouvelles enchères. Les enchères seront portées de vive voix; on ne constatera que la dernière.

Art. 14. *Déclaration de command.* Quiconque se sera rendu adjudicataire pour autrui sera tenu d'en passer déclaration de command dans les vingt-quatre heures; et si la déclaration de command n'est pas agréée par les vendeurs, l'adjudicataire restera solidairement obligé, avec le command qu'il se sera substitué, au payement du prix et à l'exécution des clauses et conditions de l'enchère.

---

(1) Circ. min. just., 17 mai 1824.

4318. Les charges et conditions s'appliquent généralement: à la mesure, ordinairement non garantie, à l'époque d'entrée en jouissance, aux servitudes, au mode et aux époques de payement des prix, aux frais d'adjudication. Il n'est pas permis d'insérer dans le cahier des charges que l'adjudicataire ne pourra demander la taxe des déboursés et honoraires qu'au profit du vendeur (1); cependant on décide que si le débiteur de ces frais en demande la taxe, la différence, entre les frais taxés et ceux stipulés au cahier des charges, profite non pas à lui, mais au vendeur (2).

4319. Le mode ordinaire, mais non obligatoire, d'adjuger est celui des enchères portées pendant

---

ART. 15. *Solidarité des acquéreurs.* Si, pour un même immeuble, il est déclaré plusieurs adjudicataires ou commands, il y aura solidarité entre eux, et les droits et actions tant personnels que réels des vendeurs seront indivisibles à leur égard.

ART. 16. *Election de domicile.* Pour l'exécution des présentes et de l'adjudication, les vendeurs élisent domicile à. ..., en l'étude de Me. ..., l'un des notaires soussignés. Les adjudicataires, à défaut d'élection de domicile spéciale en la même ville, auront le même domicile élu.

Si le cahier des charges et l'adjudication ont lieu par un seul procès-verbal: Ce cahier des charges ainsi établi, M. et Mme HAMET ont requis Me... , l'un des notaires soussignés, d'en donner lecture aux personnes réunies, puis de procéder à l'adjudication des immeubles y désignés.

Me....., déférant à cette réquisition, a donné lecture dudit cahier des charges et a procédé à l'adjudication de la manière suivante :

ADJUDICATION.

ART. 1er. La maison formant l'art. 1er de la désignation ayant été mise en vente, diverses enchères ont été portées, dont la dernière par M. CARRÉ, ci-après nommé, a élevé le prix à la somme de six mille francs. Deux bougies successivement allumées sur cette enchère se sont éteintes sans qu'il en ait été porté d'autres; en conséquence, cette maison a été adjugée à M. Eloi CARRÉ, rentier, demeurant à. ...., ici présent et ce acceptant, moyennant, outre les charges, la somme de six mille francs de prix principal. (*Si l'adjudicataire paye comptant on ajoute :* qu'il a de suite payée aux vendeurs, qui le reconnaissent et lui en donnent quittance.)

Et, après lecture, M. CARRÉ a signé. (*Signature.*)

ART. 2. La pièce de terre, etc. (*comme dessus*).

Les immeubles nos 3 et 4 ont été mis en vente, mais n'ont pas été adjugés à défaut d'offres suffisantes.

De tout ce que dessus, il a été dressé le présent procès-verbal, qui a été fait et rédigé dans le lieu susindiqué, les jours, mois et an susdits.

Et après lecture, les parties ont signé avec les notaires.

FORMULE 611. — Autre adjudication d'immeubles avec cahier des charges séparé.

Lorsque l'adjudication a lieu par un procès-verbal séparé, on clôt le cahier des charges comme un procès-verbal ordinaire, et l'on constate l'adjudication comme il suit :

Et le même jour. .....,

PAR-DEVANT Me. ....,

ONT COMPARU : M. Eloi HAMET, propriétaire, et Mme Nelly BOUZARD, son épouse, de lui autorisée, demeurant ensemble à. .....;

Lesquels ont requis Me....., l'un des notaires soussignés, de donner lecture aux personnes réunies du cahier des charges dont la minute précède, dressé par ledit

la durée des feux; l'adjudicataire est celui sur l'enchère duquel il a été allumé deux bougies pendant la durée desquelles il n'a été porté aucune autre enchère; il y a adjudication lorsqu'il ne reste plus trace de feu à la dernière bougie, il ne suffirait pas que la flamme eût cessé (1). — Comp., *infra n° 4389.*

4320. Toutefois la vente n'est définitive qu'après la signature de l'enchérisseur déclaré adjudicataire ; s'il refuse de signer, il n'y a pas vente (2), sans qu'il soit pour cela nécessairement passible de dommages et intérêts envers le vendeur (3).

4321. Lorsque le cahier des charges ne forme qu'un seul et même acte avec l'adjudication, les ratures et renvois qu'il contient doivent être paraphés par les adjudicataires (4).

4322. Nous verrons *infra n° 4400,* dans quels cas il y a lieu à la licitation et les formalités qu'elle nécessite ; mais les cohéritiers et autres communistes, lorsqu'ils sont tous présents et majeurs, peuvent liciter entre eux dans telle forme qu'ils conviennent [Form. 613].

M°..... cejourd'hui, pour parvenir à la vente d'une maison et de trois pièces de terre situées à.....: puis de procéder à l'adjudication de ces immeubles.

M°....., déférant à cette réquisition, a donné lecture tant du cahier des charges que de ces présentes, et a ensuite procédé à l'adjudication de la manière suivante :

ADJUDICATION.

(Le surplus comme en la formule précédente.)

FORMULE 612. — Vente amiable en suite du cahier des charges.

Et le.....,
PAR-DEVANT M°.....,
ONT COMPARU : M. Eloi HAMET, propriétaire, et Mme, etc.;
Lesquels ont, par ces présentes, vendu en s'obligeant solidairement à la garantie de fait et de droit la plus étendue,
A M. Charles PALET, cultivateur, demeurant à....., présent et ce acceptant :
Une pièce de terre plantée de vignes, etc. (*la désigner*).
    Cette pièce de terre forme l'art. 4 des biens désignés en un cahier des charges dressé par M°....., l'un des notaires soussignés, le....., dont la minute précède.
Cette vente a lieu aux charges, clauses et conditions exprimées au cahier des charges ci-dessus énoncé, dont l'acquéreur déclare avoir pris connaissance par la lecture que lui en a donnée M°....., l'un des notaires soussignés.
    Et, en outre, moyennant la somme de....., que l'acquéreur s'oblige à payer aux époques et de la manière exprimées au cahier des charges.
DONT ACTE. Fait et passé, etc.

FORMULE 613. — Licitation amiable entre cohéritiers, sans admission d'étrangers.
(N° 4322.)

L'an mil huit cent.....,
A..... en l'étude de M°.....,
PAR-DEVANT M°..... et son collègue, notaires à....., soussignés,
ONT COMPARU : 1° M. Eloi BLOND, cultivateur; demeurant à.....;
    2° M. Benoist BLOND, cultivateur, demeurant à.....;
    3° Et M. Luc COLIN, vigneron, et Mme Thérèse BLOND, son épouse, de lui autorisée, demeurant ensemble à.....

(1) Roll., *Adjudication,* n° 63. Voir cependant Trib. Argentan, 29 août 1821.
(2) Cass., 27 janv. 1814, 26 juill. 1832; Colmar, 11 août 1813 ; Metz, 24 fév. 1831; Amiens, 22 juill. 1843; Jur. N., 7582.
(3) Amiens, 22 juill. 1843; Jur. N., 7582. Paris, 3 juin 1865; J. N., 18331.
(4) Caen, 9 janv. 1827; Douai, 19 janv. 1846; J. N., 12698.

SECTION II. — DES ADJUDICATIONS ADMINISTRATIVES.

4323. La vente administrative [Form. 614] est celle des biens des communes, de l'Etat, des départements, des fabriques, des hospices et autres établissements publics. Elle est faite : celle des biens des communes, par les maires assistés de deux membres du conseil municipal (*Loi 18 juill. 1837, art. 16*) ; celles du domaine de l'Etat et des départements par les préfets (*Loi 24 mai 1790*). Les ventes des biens des fabriques, des hospices et autres établissements publics se font par les notaires, et une circulaire du ministre de l'intérieur a reconnu l'utilité de l'intervention d'un notaire dans la vente des biens des communes (1).

4324. Les communes ne sont point obligées de se servir exclusivement d'un notaire désigné par l'autorité supérieure ; mais leur clientèle, à moins de motifs graves, ne doit pas être transportée arbitrairement d'une étude à une autre (2).

MM. Blond et Mᵐᵉ Colin, seuls héritiers, chacun pour un tiers, de M. Pierre Blond, leur père, en son vivant propriétaire, demeurant à....., où il est décédé le....., ainsi que le constate, etc.;

Lesquels ont dit :

Que, suivant acte passé devant Mᵉ....., notaire à....., le....., ils ont procédé à la liquidation et au partage des biens mobiliers et immobiliers dépendant de la succession de M. Blond, leur père ;

Qu'une maison située à....., dépendant de cette succession, n'a pu être comprise dans aucun des lots, et qu'il a été stipulé qu'elle resterait en commun pour être ensuite licitée entre eux devant notaire, sans l'admission d'étrangers ;

Que, voulant faire cesser cette indivision, ils se présentent devant les notaires soussignés pour procéder entre eux à la licitation dudit immeuble ;

Qu'en conséquence, ils requièrent Mᵉ....., l'un des notaires soussignés, d'établir la désignation et l'origine de propriété de l'immeuble à liciter, ainsi que les charges, clauses et conditions de la licitation, le tout de la manière suivante :

DÉSIGNATION.

Une maison située à....., etc.

Voir *pour le surplus, la formule 607 et la formule ci-après.*

FORMULE 614. — Adjudication de biens d'une commune. (Nᵒˢ 4323 à 4328.)

L'an mil huit cent.....,

A....., en l'étude de Mᵉ,....., notaire,

Par-devant Mᵉ..... et son collègue, notaires à....., soussignés,

A comparu : M. Léon Gilbert, maire de la commune de....., où il est domicilié,

Assisté de M..... et M....., membres du conseil municipal de ladite commune ;

Lequel a dit :

Que, par une délibération en date du....., le conseil municipal de la commune de..... a autorisé la vente aux enchères publiques d'un terrain communal situé sur ladite commune, lieu dit....., de la contenance de....., sur la mise à prix de..... ;

Que cette délibération a été approuvée par M. le préfet du département de....., suivant son arrêté du..... ;

Qu'en exécution de cette délibération, il requiert Mᵉ....., l'un des notaires soussignés, d'établir la désignation et l'origine de propriété de l'immeuble à vendre, ainsi que les charges, clauses et conditions de l'adjudication, le tout de la manière suivante :

---

(1) Circ., 19 déc. 1840 ; J. N., 10901.

(2) Instr. préfet Oise, 11 sept. 1850 ; J. N., 16083. Voir aussi bulletin officiel du ministère de l'intérieur : 1862, n° 6 ; J. N., 18672.

4325. La vente est précédée : 1° d'un procès-verbal d'estimation des biens à aliéner ; 2° d'une enquête de *commodo et incommodo* s'il s'agit de biens des communes ; 3° d'une soumission de l'acquéreur quand la vente n'a pas lieu aux enchères ; 4° et de l'autorisation de vendre, donnée : pour les biens des départements, par une délibération du conseil général (*L. 18 juill. 1866, art. 1er, 1°*) ; pour ceux des communes, par une délibération du conseil municipal approuvée par le préfet (*Arrêté, 7 germ. an IX ; avis du conseil d'Etat, 3 sept. 1811 ; décret, 25 mars 1852, tableau A, 41°*) pour ceux des fabriques, par une délibération du conseil de fabrique, et de l'avis de l'évêque diocésain, approuvée par décret impérial (*Décret, 30 déc. 1809, art. 62 ; loi 2 janv. 1817, art. 3*) ; pour ceux des hospices, par une délibération du conseil d'administration, de l'avis conforme du conseil municipal, et par un décret impérial (*Loi 7 août 1851, art. 9 et 10*) ; enfin pour ceux des établissements publics, par un décret impérial.

4326. Lorsque la vente se fait par une adjudication notariée, le notaire rédige un cahier de charges, puis, au jour indiqué par des affiches et des insertions, il procède à la vente.

4327. Il a été jugé que la clause du cahier de charges d'une vente des biens d'un hospice, portant que la surenchère du sixième sera admise si elle est déclarée dans le délai de la loi, est valable et licite (1).

4328. Les ventes des biens des communes ou des établissements de bienfaisance, faites après les autorisations et approbations prescrites, sont définitives, et ne peuvent être annulées en tout ni en partie par le préfet ; il n'est donc pas nécessaire de les soumettre à l'approbation préfectorale (2), *supra n° 330* ; mais, afin de les porter à la connaissance des inspecteurs généraux et de les soumettre à la vérification du préfet, le maire est tenu d'adresser au préfet, immédiatement après l'adjudication, deux copies sur papier libre du procès-verbal d'adjudication (3).

SECTION III. — DES VENTES DE MEUBLES.

4329. I. *Déclarations préalables* [FORM. 615]. Aucun officier public ne peut procéder à une vente publique et par enchères, de meubles, effets, marchandises, bois, fruits, récoltes et tous autres objets mobiliers, sans en avoir préalablement fait la déclaration au bureau de l'enregistrement dans le ressort duquel la vente doit avoir lieu (*Loi 22 pluv. an VII, art. 1 et 2*), à peine d'une amende de

---

DÉSIGNATION.

Un terrain situé, etc.
Voir *pour le surplus, la formule* 610.

FORMULE 615. — Déclaration préalable à une vente de meubles, récoltes, etc.
(N°s 4329 à 4335.)

L'an mil huit cent. . . . ., le. . . . .,
DEVANT NOUS, receveur de l'enregistrement de. . . . .,
A COMPARU : M°. . . . ., notaire à. . . . . ;
Lequel a déclaré que le. . . . ., à midi, et jours suivants s'il y a lieu, il procédera, à la requête de M. Louis DUPONT, cultivateur, demeurant à. . . . ., à la vente aux enchères publiques des meubles et objets mobiliers se trouvant dans la maison située à. . . . ., rue. . . . ., habitée par mondit sieur DUPONT (ou de la récolte en blé à faire sur diverses pièces de terre situées en la commune de. . . . .).
De laquelle déclaration M°. . . . . a requis acte et a signé.

FORMULE 616. — Adjudication de meubles. (N°s 4336 à 4344.)

Du registre des déclarations préalables aux ventes de meubles du canton de. . . . ., il est extrait littéralement ce qui suit :

---

(1) Bordeaux, 24 juill. 1857 ; J. N., 16200.
(2) Conseil d'Etat, 6 juill. 1863 ; J. N., 17811 ; Circ. min. intérieur, 27 oct. 1864 ; Jur. N., 12733.

(3) Circ. min. intérieur, 27 oct. 1864 ; Jur. N., 12733.

vingt francs (*même loi*, *art*. 7, *et loi du* 16 *juin* 1824, *art*. 10) ; à moins qu'il ne s'agisse du mobilier de l'Etat, d'effets du mont-de-piété (*Loi* 22 *pluv*. *an* VII, *art*. 9), ou de meubles appartenant aux fabriques ou hospices (1).

4330. La déclaration est exigée pour les ventes publiques des effets mobiliers et des marchandises des faillis, soit que les syndics y procèdent eux-mêmes, soit qu'elles aient lieu par le ministère d'officiers publics (2), comme aussi pour la vente publique d'un fonds de commerce, surtout lorsque des objets mobiliers et des marchandises sont compris dans la vente (3) ; mais non pour celles de rentes, actions ou créances (4).

4331. L'adjudication publique de la location d'un pré, d'un bois, d'une vigne, etc., donne lieu à la déclaration préalable, si l'acte, à raison de ses clauses particulières, doit être considéré comme renfermant une vente de coupes ou de récoltes sur pied (5).

4332. La déclaration est inscrite sur un registre qui est tenu à cet effet, et elle est datée. Elle contient les nom, qualité et demeure de l'officier, ceux du requérant, ceux de la personne dont le mobilier est mis en vente, l'indication du lieu où doit se faire la vente et du jour de son ouverture (6). Elle est signée par l'officier public, et il lui en est fourni une copie, sans autres frais que le prix du papier timbré sur lequel cette copie est délivrée. Elle ne peut servir que pour le mobilier de celui qui y est dénommé (*Loi* 22 *pluv*. *an* VII, *art*. 3).

4333. La déclaration peut être faite par un mandataire (7) ; la procuration à cet effet n'est pas assujettie à l'enregistrement (8).

4334. Les officiers publics transcrivent en tête de leurs procès-verbaux de vente, les copies des déclarations par eux faites (*même loi*, *art*. 5), à peine d'une amende de cinq francs (*ibid.*, *art*. 7 *et loi* 16 *juin* 1824, *art*. 10).

4335. Les préposés de la régie sont autorisés à se transporter dans tous les lieux où se font les ventes publiques et par enchères d'objets mobiliers, et à s'y faire représenter les procès-verbaux de ventes et les copies des déclarations préalables. En cas de contravention, ils en dressent procès-verbal (*Loi* 22 *pluv*. *an* VII, *art*. 8). Ils peuvent aussi en faire la preuve par témoins (9).

4336. II. *Adjudication de meubles* [Form. 616]. Il y a lieu de vendre aux enchères : 1° les

---

(*Copier la déclaration*, voir *la formule précédente.*)
Pour copie conforme, le receveur de l'enregistrement (signé. . . . .).
L'an mil huit cent. . . . ., le. . . . ., à midi,
A la requête de M. Louis Dupont, cultivateur, demeurant à. . . . .,
Me. . . . . et son collègue, notaires à. . . . ., soussignés, se sont transportés dans une maison située à. . . . ., et M. Dupont ayant déclaré que par des affiches apposées dans les communes de. . . . ., il avait annoncé qu'il vendrait cejourd'hui, aux enchères publiques, les meubles et objets mobiliers se trouvant dans ladite maison, et qu'il requérait lesdits notaires de procéder à cette vente, aux conditions suivantes :
1° Les adjudicataires seront tenus de prendre livraison et d'enlever les objets qui leur seront adjugés aussitôt après l'adjudication prononcée ;
2° Ils prendront lesdits objets dans l'état où ils leur seront livrés, sans pouvoir faire aucune réclamation pour défaut de qualité ou pour détérioration ;
3° Ils payeront les prix principaux de leurs adjudications, en l'étude et sur les quittances

---

(1) Décis. min. fin., 26 germ. an VII, 17 frim. an VIII, 16 avril 1811 ; Solution. 5 juill. et 17 nov. 1838.

(2) Déc. min. just. et fin., 26 mai et 9 juin 1812.

(3) Déc. min. fin., 12 janv. 1832; Trib. Seine. 24 avril 1833. Voir cependant Roll., *Déclar. de vente de meubles*, n° 24; Décis. Régie. 29 janv. 1848 ; J. N., 13493.

(4) Trib. Rouen, 16 nov. 1842; Laval, 20 fév. 1843; instr. Régie, 30 déc. 1844, n° 1723, § 7; J. N., 11513, 11597, 12201 ; CONTRA, Trib. Seine, 24 avril, 1833, 1er déc. 1841 ; J. N., 8203, 11194.

(5) Cass., 3 déc. 1832, 20 mai et 26 août 1839, 19 mars 1845, 21 mai 1849; Trib. Vervins, 2 avril 1833 ; Décis. min. fin., 29 sept. 1820; Instr. Régie, 23 mars 1833 et 31 déc. 1839 ; Trib. Vouziers, 28 nov. 1855 ; J. N., 10385, 10483, 12323, 13738, 15599.

(6) Si le procès-verbal d'une vente de meubles constate qu'elle est continuée ou remise à un jour indiqué, il n'y a pas lieu de faire une nouvelle déclaration : Trib. Bar-sur-Seine, 28 sept. 1822 ; Décis min. fin., 21 mars 1820. Il en serait autrement si ce jour n'était pas indiqué: Cass., 23 juill. 1826 ; Instr. Régie. 31 déc. suivant.

(7) Délib. 6 oct. 1840; Instr. Régie, 16 mai 1841, n° 1484, § 10.

(8) Décis. min. fin., 17 mai 1830; Instr. Régie, 27 sept. 1830.

(9) Cass., 17 juill. 1837.

meubles saisis sur un débiteur par ses créanciers (C. pr., 617); 2° les meubles dépendant d'une succession, s'il y a des créanciers saisissants ou opposants, ou si la majorité des héritiers juge la vente nécessaire pour l'acquit des dettes et charges, *supra n° 1987*, si la succession a été acceptée sous bénéfice d'inventaire, *supra n° 1901*, ou si elle a été déclarée vacante, *supra n° 1966*; 3° les meubles d'un absent, *supra n° 908*, d'un mineur ou d'un interdit, *supra n° 1283*, d'un failli (1) (C. comm., 486); 4° les meubles grevés d'usufruit lorsque l'usufruitier ne trouve pas de caution, *supra n° 1300*.

4337. Les meubles, effets, marchandises et autres objets mobiliers corporels, ne peuvent être vendus publiquement et par enchères que par le ministère d'officiers publics (2) ayant qualité pour y procéder, c'est-à-dire, à Paris et dans tout chef-lieu de la résidence de commissaires-priseurs (3), par les commissaires-priseurs (4) à l'exclusion de tous autres (5); ailleurs ils n'ont que la concurrence avec les notaires, greffiers (6) de justice de paix (7) et huissiers (*Lois 17 sept. 1793, 27 vent. an IX, 28 avril 1816 et 25 juill. 1820, art. 3*). Cette concurrence existe même lorsque la vente a lieu avec stipulation d'un terme pour le payement (8).

4338. Lorsque, parmi les objets à vendre, il se trouve des matières d'or ou d'argent, une déclaration préalable doit en être faite à l'administration de la Monnaie, afin qu'elle envoie, pour être présent à la vente, un préposé chargé, soit de briser les objets que l'adjudicataire (9) n'entendrait pas conserver dans leur forme ou qui ne pourraient être contrôlés à cause de leur titre, soit de prendre note de ceux que l'officier public est tenu (10) de faire contrôler (*Lettre du direct. général des contrib. indir., 28 juin 1823.*). Si la vente comprend des presses, caractères et autres ustensiles d'imprimerie, voir *supra n° 4504*.

4339. Les ventes aux enchères de meubles ou objets mobiliers sont volontaires ou judiciaires: elles sont volontaires lorsque les propriétaires ou intéressés sont tous majeurs et maîtres de leurs droits et qu'il y a accord entre eux; dans ce cas elles sont faites dans telles formes et en tels lieux que bon semble aux parties (C. pr., 952). Si elles doivent être judiciaires, voir *infra n° 4422*.

de M^e....., l'un des notaires soussignés, en espèces de numéraire ayant cours et non autrement; dans le délai de trois mois de ce jour;

4° Ils payeront en sus de leurs prix principaux, dans le délai de huit jours, à M^e....., en son étude, ... centimes par franc desdits prix pour tous les frais de la présente vente;

5° M. Dupont se réserve de demander à ceux des adjudicataires que bon lui semblera, soit le payement immédiat de leur prix d'adjudication et des frais, soit une caution; et faute par eux de satisfaire à sa demande, les objets qui leur auront été adjugés seront immédiatement remis aux enchères.

Sous les conditions ci-dessus établies, dont il a été donné lecture aux personnes réunies pour enchérir, il a été procédé à la vente ainsi qu'il suit:

Les objets mis en vente ont été adjugés, savoir:

1° Une pelle, une pincette, un soufflet, une paire de chenets, à M. Louis Saval, cultivateur à....., pour huit francs, ci............... 8 »

A reporter...... » »

(1) Voir Caen, 18 janv. 1844; J. N., 11940.

(2) Un particulier, qui ferait vendre des meubles aux enchères sans le ministère de ces officiers serait passible d'une amende de cinquante à mille francs: Loi 29 pluv. an VII; Cass., 22 mai 1822, 17 juill. 1827.

(3) Ce privilège ne s'étend pas aux communes limitrophes du chef-lieu: Rouen, 17 mai 1847; Angers, 28 janv. 1841; Trib. Grenoble, 10 juin 1846; Dijon, 25 nov. 1859; J. N., 10979, 12745, 14434.

(4) Voir Cass., 5 janv. 1846; Paris, 17 août 1847; J. N., 12781, 13124.

(5) Mais le mobilier se trouvant dans le lieu de la résidence du commissaire-priseur peut être transporté ailleurs pour être vendu par un autre officiers publie: Rouen, 13 nov. 1860; J. N., 17723. Douai, 13 fév. 1866; Jur. N., 13072.

(6) Mais non leurs commis greffiers: Cass., 8 déc. 1846; J. N., 12900.

(7) Et non les greffiers des tribunaux civils, de police ou de commerce: Carré, Compet. I, p. 308; Dict. not., Vente de meubles n°s 20, 22; CONTRA, Trib. Bayeux, 24 août 1860, en faveur des greffiers des tribunaux de commerce.

(8) Trib. Baume, 30 juin 1853; Trib. Vervins, 3 mars 1859; Trib. Cambrai, 13 avril 1859; Nancy, 20 déc. 1833; Caen, 24 juin 1847; Douai, 25 avril 1860, 12 fév. 1862; Cass., 8 mars 1833, 6 août 1861, 10 avril 1864; J. N., 16733, 17241, 17378, 18019; Trib. Pont-l'Évêque, 12 fév. 1867; J. N., 16835; CONTRA, Roll, Vente de meubles, n° 24; Paris, 26 avril 1830; Colmar, 27 mai 1837; Trib. Domfront, 11 janv. 1854; Jur. N., 10974. Voir Paris, 5 juill. 1845; J. N., 12404; Cass., 13 mars 1867; J. N., 18940.

(9) Si l'adjudicataire est un héritier, il n'y a pas lieu de briser les objets, il suffit qu'ils soient marqués du poinçon destiné aux ouvrages venant de l'étranger: Décis. min. fin., 15 nov. 1822.

(10) Sous peine d'être poursuivi disciplinairement: Cass., 25 fév. 1837.

4340. Le procès-verbal de vente aux enchères est soumis aux règles propres aux actes notariés. Le notaire doit transcrire la déclaration préalable, *supra* n° *4334*. Si la vente a lieu après un inventaire, il faut l'énoncer dans le procès-verbal (*Loi 22 pluv. an VII, art. 5 et* 7); mais si l'inventaire n'y a pas été énoncé, il n'est pas nécessaire qu'il ait été enregistré avant le procès-verbal de vente (1).

4341. Chaque objet doit être porté de suite au procès-verbal, à peine d'une amende de vingt francs, outre le payement du droit (*Loi 22 pluv. an VII, art. 5 et 6, et 16 juin 1824, art. 10*). Il est dû autant d'amendes qu'il y a d'objets omis (2). Le prix d'adjudication doit être écrit en toutes lettres à peine d'une amende de cinq francs par chaque prix non indiqué en toutes lettres (3); le prix doit en outre être tiré hors lignes en chiffres (*Loi 22 pluv. an VII, art. 5, et 16 juin 1824, art. 10*).

4342. Si un adjudicataire ne paye pas comptant, l'objet doit être immédiatement revendu sur sa folle enchère (*C. pr., 624*), à peine par l'officier public d'être responsable du prix envers le vendeur, à moins que celui-ci ne l'ait déchargé de cette responsabilité ou que la vente n'ait lieu à terme.

4343. Il peut être formé opposition aux deniers de la vente, soit par une déclaration faite par l'opposant sur le procès-verbal même de vente, soit par exploit d'huissier. L'officier public qui a procédé à une vente de meubles, même lorsqu'il n'est pas chargé d'en recevoir le prix, est tenu de déclarer au pied de la minute du procès-verbal en le présentant à l'enregistrement, et de certifier par sa signature, qu'il a ou n'a pas reçu d'opposition et qu'il a ou n'a pas connaissance d'opposition aux scellés ou autres opérations qui ont précédé la vente (*Ordonn. roy., 3 juill. 1816, art. 7; instr. gén., 20 août 1816 et 13 août 1817*); à défaut de l'accomplissement de cette formalité, il peut être passible d'une peine disciplinaire (4).

4344. S'il y a des oppositions, l'officier public est tenu de verser le produit de la vente à la caisse des dépôts et consignations, dans le mois accordé aux créanciers et au saisi, pour convenir de la distribution par contribution (5). (*C. pr., 656; ordonn., 3 juill. 1816, art. 10*).

4345. III. *Adjudication de fruits, récoltes, taillis, hautes futaies.* [Form. 617]. Les ventes publiques vo-

Report, ci	»	»
2° Un chaudron et une marmite, à M. . . . ., etc., ci	»	»
3° Etc., etc., ci	»	»
Montant du prix d'adjudication. . . . ., ci	»	»

Tous les objets mis en vente ayant été adjugés, le présent procès-verbal est demeuré clos.

Fait et rédigé à . . . . ., les jours, mois et an susdits.

Et, après lecture, M. DUPONT a signé avec les notaires.

Avant de présenter à l'enregistrement le notaire mentionne s'il y a ou non des oppositions. (N° 4343.)

FORMULE 617. — Adjudication de récoltes. (N°ˢ 4345 à 4348.)

(Copier la déclaration préalable.)

L'an mil huit cent . . . . ., le . . . . ., à midi,

A la requête de M. Louis DUPONT, cultivateur, demeurant à . . . . .,

Mᵉ. . . . . et son collègue, notaires à . . . . ., soussignés, se sont transportés sur la commune de . . . . ., lieu dit . . . . .; là étant, M. DUPONT a dit que, par affiches apposées dans les communes de . . , . ., il a annoncé qu'il vendrait aujourd'hui à midi, aux enchères publiques, par le ministère de Mᵉ. . . . ., l'un des notaires soussignés, la récolte en blé à faire sur diverses pièces de terre situées commune de . . . . ., à différents lieux dits . . . . ., et il a requis lesdits notaires de procéder à cette vente aux conditions suivantes :

(1) Trib. Seine, 6 fév. 1850; Délib. Régie, 27 juin 1850; Jur. N., 9218; CONTRA, Décis. min. fin., 16 juin 1829; Instr. Régie, 26 sept. 1829, n° 1293, § 1er.

(2) Trib. Valognes, 10 mai 1851 ; Jur. N., 9436. Voir trib. Mirecourt, 18 août 1854; Jur. N., 10292.

(3) Trib. Saint-Omer, 31 janv. 1835.

(4) Circ. proc. gén., Paris, 1er juin 1822.

(5) Voir Lyon, 8 fév. 1854, 11 déc. 1860; Donai, 21 fév. 1861 ; Trib Bruxelles, 7 fév. 1866; Trib. Blois, 10 avril 1866 ; Trib. Foix, 1er août 1866 ; Jur. N., 10297, 11868, 13219; J. N., 18521, 18624, 18662.

lontaires (1), soit à terme, soit au comptant, de fruits et de récoltes pendants par racines (2) et des coupes de bois taillis, sont faites, en concurrence et au choix des parties, par les notaires (3), commissaires-priseurs, huissiers et greffiers de justice de paix (4), même dans le lieu de la résidence des commissaires-priseurs (*Loi, 5 juin 1851, art. 1er*), et peu importe que la vente soit faite à terme, *supra n, 4337.*

4346. Cette concurrence est restreinte aux ventes de fruits et de récoltes pendants par racines et des coupes de bois taillis; en conséquence, c'est aux notaires seuls, à l'exclusion de tous autres, qu'appartient le droit de faire la vente de toute espèce de futaies (5), qu'elles soient ou non en coupes réglées, de coupes de taillis et futaies réunies dans une même adjudication, de carrières à exploiter, de mines, d'édifices à démolir, et généralement de tous objets adhérents au sol et non exprimés nommément dans la loi du 5 juin 1851.

4347. Voir pour les règles qui gouvernent les ventes de fruits, récoltes et taillis, *supra nos 4340 à 4344.* (6)

4348. Il est alloué, pour tous droits d'honoraires, non compris les déboursés, à l'officier public chargé de procéder à une vente volontaire et aux enchères de fruits et récoltes pendants par racines ou de coupes de bois taillis, une remise sur le produit de la vente, qui est fixée à deux pour cent jusqu'à dix mille francs et à un quart pour cent sur l'excédant, sans distinction entre les ventes faites au comptant et celles faites à terme. En cas d'adjudication par lots, consentie au nom du même vendeur, cette remise proportionnelle est calculée sur le prix total des lots réunis. La remise ne peut, en aucun cas, être inférieure à six francs (*Décret, 5 nov. 1851, art. 1er*). Lorsque l'officier public est chargé d'opérer le recouvrement du prix stipulé payable à terme, il a droit à une remise de un pour cent sur le montant des sommes par lui recouvrées (*même décret, art. 2*).

1° Les récoltes seront vendues sans aucune garantie de leur état, comme aussi de la contenance indiquée à chacune des pièces de terre; la différence en plus ou en moins, quelle qu'elle soit, sera au profit ou à la perte des adjudicataires;

2° Les récoltes devront être coupées à la faucille ou à la sape, et ne pourront être fauchées sous aucun prétexte, les adjudicataires seront tenus de laisser un chaume suffisant suivant l'usage des lieux;

3° Les récoltes devront être enlevées dans le plus bref délai, afin de ne pas entraver la culture des terres;

4° Les adjudicataires ne pourront faire aucune réclamation, ni demander la remise d'une partie de leur prix d'adjudication pour défaut ou perte de récolte, quel que soit le motif qui l'ait causé;

5° Les adjudicataires verseront dans le délai de huit jours, en sus de leurs prix principaux d'adjudication, entre les mains et sur les simples quittances de Me.,...., l'un des notaires soussignés, ... centimes par franc de leursdits prix; au moyen de quoi M. Dupont, vendeur, demeure chargé de tous les frais et honoraires de publication, de vente et de recouvrement;

Ils payeront, en outre, un franc par chaque lot vendu pour les frais du crieur.

6° Les prix d'adjudication seront payables aux vendeurs en l'étude de Me ...., l'un des notaires soussignés, dans le délai de quatre mois de ce jour, sans intérêt jusque-là seulement; mais après cette époque ils produiront de plein droit des intérêts à 5 p. 100 par an, et sans que les adjudicataires puissent arguer de cette clause pour retarder leur libération.

7° M. Dupont se réserve de demander, etc. (*n° 5 de la formule précédente*).

Sous les conditions ci-dessus établies dont il a été donné lecture aux personnes réunies, il a été procédé à l'adjudication.

---

(1) Les ventes judiciaires restent soumises au Code de proc. ou aux lois spéciales qui les régissent, et les commissaires-priseurs ont le droit exclusif d'y procéder dans l'étendue de la commune de leur résidence: Trib. Vendôme, 10 oct. 1851 ; J. N., 14478; CONTRA, Trib. Bar-le-Duc, 10 mai 1857; J. N., 15869.
(2) Voir Caen, 12 mai 1859 ; Cass , 13 déc. 1858; Bourges, 28 janv. 1867 ; J. N., 15890, 16570, 16834.
(3) Les notaires ont seuls le droit de donner la force exécutoire à

leurs procès-verbaux en se conformant aux prescriptions de la loi du 25 ventôse an XI.
(4) Mais non les greffiers des tribunaux civils ou de commerce.
(5) Trib. Rouen, 7 janv. 1852; Trib. Troyes, 16 mars 1853 ; Caen 16 janv. 1854, 26 fév. 1863; J. N., 14274, 14642, 14937, 17942.
(6) V. Paris, 3 déc. 1863, 20 avril 1857 ; Orléans, 13 avril 1857.

4349. IV. *Vente aux enchéres de fonds de commerce, actions, créances, rentes.* Voir *infra*, n°ˢ 4424, 4425.

4350. V. *Décharge de vente de meubles* [Form. 618]. Lorsque le notaire a opéré le recouvrement des deniers de la vente de meubles, récoltes, etc., faite par son ministère, il en est déchargé à la suite du procès-verbal et par acte authentique. L'acte qui le constate peut être reçu par lui dans la forme authentique, à la condition qu'il sera écrit *à la suite ou en marge* du procès-verbal de vente (*Avis conseil d'État, 21 oct. 1809*); si la décharge fait l'objet d'un *acte séparé* en dehors du procès-verbal de vente de meubles, l'acte est nul comme acte authentique en vertu des art. 8 et 68 de la loi du 25 ventôse an XI, et ne peut même valoir comme sous seing privé s'il n'a pas été signé par les parties (1).

CHAPITRE TREIZIÈME.

DES VENTES JUDICIAIRES.

SECTION I. — DES VENTES JUDICIAIRES D'IMMEUBLES.

4351. Les ventes judiciaires dont nous nous occupons ici, en ce qu'elles sont susceptibles d'être renvoyées devant notaires, sont les suivantes : 1° les ventes par suite de conversion de saisie immobilière;

Il a été adjugé, savoir :

1° La récolte en blé à faire sur une pièce de terre située commune de....., lieu dit....., section A du plan cadastral, contenant....., à M. Léon GIRARD, cultivateur, demeurant à....., moyennant cent soixante francs, ci·. 160   »

2° Et ....., etc., ci.. · . . . .   »   »

Total de l'adjudication, ci.. · . . . .   »   »

Ce fait, tous les lots ayant été adjugés, le présent procès-verbal est demeuré clos.

Fait et rédigé à....., les jour, mois et an susdits, sur les lieux mêmes de la situation des récoltes adjugées.

Et M. DUPONT a signé avec les notaires, après lecture.

FORMULE 618. — Décharge de vente de meubles. (N° 4350.)

Et le.....

PAR-DEVANT Mᵉ.....

A COMPARU : M. Louis DUPONT, cultivateur, demeurant à.....;

Lequel a, par ces présentes, reconnu que Mᵉ....., l'un des notaires soussignés, lui a tenu bon et fidèle compte de la somme de....., montant de la vente mobilière à laquelle ledit Mᵉ..... a procédé, à la requête de M. DUPONT, comparant, le....., suivant procès-verbal en date du même jour, dont la minute précède.

De laquelle somme M. DUPONT donne décharge à Mᵉ....., sans réserve.

DONT ACTE. Fait et passé, etc.

§ IV. — VENTES PAR ADJUDICATION JUDICIAIRE.

FORMULE 619. — Cahier des charges pour adjudication judiciaire.
(Nᵒˢ 4351 à 4419.)

(*Les énonciations du cahier des charges varient selon l'espèce de la vente; voir n°ˢ 4380, 4396, 4405, 4412, 4413, 4416, 4419.*)

CAHIER DES CHARGES dressé par Mᵉ....., notaire à....., soussigné, en conformité

---

(1) Trib. Vassy, 6 mars 1855; Cass., 10 déc. 1856; J. N., 15954.

2° les ventes des biens des mineurs, des interdits; 3° les licitations; 4° les ventes d'immeubles dépendant d'une succession bénéficiaire ou d'une succession vacante; 5° les ventes d'immeubles dotaux; 6° les ventes des immeubles d'un failli; 7° les ventes d'immeubles de débiteurs qui ont fait cession de biens.

§ 1. — DES VENTES SUR CONVERSION DE SAISIE.

4352. I. *Expropriation forcée*. Le créancier peut poursuivre l'expropriation : 1° des biens immobiliers et de leurs accessoires réputés immeubles appartenant en propriété à son débiteur; 2° de l'usufruit appartenant au débiteur sur les biens de même nature (*C. N., 2204*).

4353. Néanmoins la part indivise (1) d'un cohéritier dans les immeubles d'une succession, ou d'un copropriétaire indivis d'immeubles dépendant d'une communauté, d'une société ou d'une acquisition faite en commun (2), ne peut, à peine de nullité qui peut être invoquée par les copropriétaires du débiteur saisi et par le saisi lui-même (3), être mise en vente par ses créanciers personnels, avant le partage ou la licitation qu'ils peuvent provoquer s'ils le jugent convenable, ou dans lesquels ils ont le droit d'intervenir conformément à l'art. 882 (*C. N., 2205*); mais ils peuvent procéder *à la saisie* avant le partage ou la licitation, sauf à attendre pour suivre sur la vente (4).

4354. Les immeubles d'un mineur, même émancipé, ou d'un interdit, ne peuvent être mis en vente, et aucune poursuite ou saisie immobilière ne peut être faite (5), avant la discussion du mobilier (*C. N., 2206*), à moins qu'il ne soit notoire que la discussion du mobilier serait sans objet (6).

4355. La discussion du mobilier n'est pas requise avant l'expropriation des immeubles possédés par indivis entre un majeur et un mineur ou interdit, si la dette leur est commune, ni dans le cas où les poursuites ont été commencées contre un majeur, ou avant l'interdiction (*C. N., 2207*).

4356. L'expropriation des immeubles qui font partie de la communauté se poursuit contre le mari débiteur seul, quoique la femme soit obligée à la dette. Celle des immeubles de la femme qui ne sont point entrés en communauté, se poursuit contre le mari et la femme, laquelle, au refus du mari de procéder avec elle, ou si le mari est mineur, peut être autorisée en justice. En cas de minorité du mari et de la femme, ou de minorité de la femme seule, si son mari majeur refuse de procéder avec elle, il est nommé par le tribunal un curateur à la femme, contre lequel la poursuite est exercée (*C. N., 2208*).

du jugement du....., qui sera ci-après énoncé, pour parvenir à la vente d'une maison située à....., rue....., n°.....,

A la requête de M. Georges DUCELLIER, propriétaire, demeurant à.....

Ayant pour avoué Mᵉ.....;

En présence, ou lui dûment appelé, de M. Charles HÉNON, propriétaire, demeurant à...,

Ayant pour avoué Mᵉ.....

ÉNONCIATION DES POURSUITES D'EXPROPRIATION ET DU JUGEMENT DE CONVERSION.

M. DUCELLIER, créancier de M. HÉNON, en vertu d'un jugement rendu par le tribunal civil de....., le....., signifié et exécuté, a, par exploit de....., huissier à....., du....., fait commandement à M. HÉNON de lui payer la somme de....., montant en principal, intérêt et frais, de la condamnation prononcée par ce jugement.

A défaut de payement, il a été procédé à la saisie d'une maison située à....., appartenant à M. HÉNON, suivant procès-verbal du même huissier, en date du....., dénoncé à M. HÉNON par exploit du.....; le tout transcrit au bureau des hypothèques de....., le....., vol....., n°.....

Puis, à la date du....., M. DUCELLIER et M. HÉNON ont présenté requête au tribunal civil de....., pour être autorisés à vendre l'immeuble saisi, par adjudication aux enchères devant Mᵉ....., l'un des notaires soussignés.

---

(1) A moins que l'immeuble indivis ne soit affecté en entier à la créance du saisissant : Pont, *Expropr.*, n° 10; Bordeaux, 16 janv., 1862; J. N., 17547. Voir Cass., 2 déc. 1862; J. N., 17673.

(2) Pont, n° 8.

(3) Pont, n° 42; Besançon, 24 juin, 1810; Nîmes, 10 fév. 1823;

Lyon, 9 janv. 1833; CONTRA, Agen, 9 janv. 1812; Paris, 23 août 1846.

(4) Pont, n° 7; Cass., 14 déc. 1819; Lyon, 9 janv. 1833; Poitiers, 20 août 1835; Grenoble, 16 fév. 1864; Bordeaux, 2 avril 1867.

(5) Pont, n° 15.

(6) Pont, n° 16.

4357. Lorsque le débiteur est en état de faillite, l'expropriation de ses immeubles est poursuivie contre les syndics (*C. comm.*, *445*).

4358. Le créancier ne peut poursuivre la vente des immeubles qui ne lui sont pas hypothéqués que dans le cas d'insuffisance des biens qui lui sont hypothéqués (*C. N.*, *2209*), ou qui sont grevés de son privilége (1), ce qui doit être apprécié par le juge; mais le créancier n'est pas obligé de discuter préalablement les immeubles hypothéqués (2).

4359. La vente forcée des biens situés dans différents arrondissements ne peut être provoquée que successivement, à moins qu'ils ne fassent partie d'une seule et même exploitation (*C. N.*, *2210*), ou que la valeur totale des biens ne soit inférieure au montant réuni des sommes dues tant au saisissant qu'aux autres créanciers inscrits. Cette valeur est établie d'après les derniers baux authentiques, sur le pied du denier vingt-cinq; à défaut de baux authentiques, elle est calculée d'après le rôle des contributions, sur le pied du denier trente (*Loi 14 nov. 1808, art. 1 et 2*).

4360. Elle est suivie devant le tribunal dans le ressort duquel se trouve le chef-lieu de l'exploitation, ou à défaut de chef-lieu, la partie de biens qui présente le plus grand revenu, d'après la matrice du rôle (*C. N.*, *2210*).

4361. Si les biens hypothéqués au créancier, et les biens non hypothéqués, ou les biens situés dans divers arrondissements, font partie d'une seule et même exploitation, la vente des uns et des autres est poursuivie ensemble, si le débiteur le requiert, et ventilation se fait du prix de l'adjudication, s'il y a lieu (*C. N.*, *2211*).

4362. Si le débiteur justifie, par baux authentiques, que le revenu net et libre de ses immeubles pendant une année suffit pour le payement de la dette en capital, intérêts et frais, et s'il en offre la délégation au créancier, la poursuite peut être suspendue par les juges, sauf à être reprise s'il survient quelque opposition ou obstacle au payement (*C. N.*, *2212*).

4363. L'expropriation est poursuivie à la requête du créancier : s'il est mineur ou interdit, par son tuteur, sans qu'il soit besoin de l'autorisation du conseil de famille; s'il est pourvu d'un conseil judiciaire ou mineur émancipé, avec l'assistance de son conseil ou de son curateur; si c'est une femme mariée, par son mari qui peut agir seul s'il est administrateur de ses biens; et par elle-même avec l'auto-

---

Sur cette demande, il est intervenu le....., un jugement du tribunal civil de première instance de....., par lequel le tribunal a ordonné qu'aux requête, poursuite et diligence de M. Ducellier, en présence de M. Hénon ou lui dûment appelé, il serait, par le ministère de M°....., l'un des notaires soussignés, que le tribunal a commis à cet effet, procédé, après l'accomplissement des formalités voulues par la loi, à la vente par adjudication de la maison saisie, sur la mise à prix de.....

Ce jugement a été signifié à M. Hénon suivant exploit de....., huissier à....., en date du.....

DÉSIGNATION.

Une maison située à....., rue....., n°..... (*la désigner*).

ÉTABLISSEMENT DE PROPRIÉTÉ.

Voir *supra formule* 583.

ÉTAT CIVIL.

Les déclarations sur l'état civil de M. Hénon seront faites, soit dans l'acte de dépôt du présent cahier des charges, soit dans le procès-verbal d'enchères.

LOCATIONS.

Énoncer les baux et locations à entretenir. — Ou dire qu'il n'y en a point.

---

(1) Pont, n° 20.

(2) Pont, n° 19; Cass., 27 juin 1827 et 6 fév., 1843; Toulouse, 26 juill. 1834; Pau, 9 mai 1837.

risation de son mari ou de justice, lorsqu'elle est séparée de biens ou soumise au régime dotal avec paraphernalité.

4364. La vente forcée des immeubles ne peut être poursuivie qu'en vertu d'un titre authentique et exécutoire, pour une dette certaine et liquide. Si la dette est en espèces non liquidées, la poursuite est valable; mais l'adjudication ne peut être faite qu'après la liquidation (*C. N.*, 2213). (1)

4365. Le cessionnaire d'un titre exécutoire ne peut poursuivre l'expropriation qu'après que la signification du transport a été faite au débiteur (*C. N.*, 2214), ou qu'il a été accepté par lui; mais il importe peu que la cession ait été faite par acte sous seing privé (2).

4366. La poursuite peut avoir lieu en vertu d'un jugement provisoire ou définitif, exécutoire par provision, nonobstant appel; mais l'adjudication ne peut se faire qu'après un jugement définitif en dernier ressort, ou passé en force de chose jugée. La poursuite ne peut s'exercer en vertu de jugements rendus par défaut durant le délai de l'opposition (*C. N.*, 2215).

4367. La poursuite ne peut être annulée sous prétexte que le créancier l'aurait commencée pour une somme plus forte que celle qui lui est due (*C. N.*, 2216).

4368. II. *Procédure.* La saisie immobilière est précédée d'un commandement à personne ou domicile, énonçant que, faute de payement, il sera procédé à la saisie des immeubles du débiteur (*C. N.*, 2217; *C. pr.*, 673). Cette saisie ne peut être faite que trente jours au moins et quatre-vingt-dix jours au plus, après le commandement (*C. pr.*, 674). Le procès-verbal qui la constate énonce: 1° le titre exécutoire de la créance; 2° le transport de l'huissier sur les biens saisis; 3° l'indication des biens saisis; 4° la matrice du rôle de la contribution foncière pour les articles saisis; 5° le tribunal où la saisie sera portée; 6° et enfin la constitution d'un avoué (*C. pr.*, 675). Il doit être visé, avant l'enregistrement, par les maires des communes de la situation des biens saisis (*C. pr.*, 676); puis dénoncé au saisi dans les quinze jours, outre les délais de distance (*C. pr.*, 677).

CHARGES ET CONDITIONS.

ART. 1ᵉʳ. *Garantie.* L'adjudication sera faite avec garantie de tous troubles et empêchements quelconques.

ART. 2. *Non-garantie de mesure.* Voir *supra formule* 610, *page* 276.

ART. 3. *Entretien des baux.* L'adjudicataire entretiendra, pour le temps qui reste encore à courir, les baux et locations ci-dessus énoncés. Il se défendra, à ses risques, des réclamations que pourraient faire les locataires d'objets qu'ils prétendraient leur appartenir. A cet égard, il sera subrogé dans les droits du vendeur, qu'il fera valoir de manière à ne donner lieu à aucun recours contre ce dernier.

ART. 4. *Servitudes.* Voir *supra formule* 610, *même page.*

ART. 5. *Jouissance.* Voir *la même formule, même page.*

ART. 6. *Contributions.* Voir *la même formule, même page.*

ART. 7. *Assurance contre l'incendie.* Voir *la même formule, même page.*

ART. 8. *Frais de poursuite de vente* (nᵒˢ 4382, 4383). L'adjudicataire devra payer, en sus de son prix d'adjudication, et dans la huitaine du jour où elle aura été prononcée, à Mᵉ....., avoué, les frais de poursuite de la vente, d'après la taxe qui en aura été faite ; le montant desquels frais sera annoncé publiquement lors de l'ouverture des enchères.

(*S'il y a plusieurs lots, on modifie ainsi la clause :* Les adjudicataires payeront..... les frais de poursuite de la vente, d'après la taxe qui en aura été faite, et ce au marc le franc, d'après la mise à prix de chacun des lots, ainsi, du reste, qu'on l'annoncera publiquement lors de l'ouverture des enchères; et, dans le cas où l'un ou plusieurs desdits lots ne seraient pas vendus, les frais mis à leur charge seront payés par les adjudicataires des lots vendus mais au prorata et en diminution de leurs prix principaux d'adjudication.)

Dans les ventes judiciaires, où la mise à prix peut être fixée par suite d'une expertise, si

---

(1) V. Paris, 30 mars 1867; J. N., 18839.

(2) Pont, *Expropr.*, n° 58; Pau, 25 janv. 1832; Bourges, 17 avril 1839; Cass., 16 nov. 1810.

4369. Le procès-verbal de saisie et l'exploit de dénonciation sont transcrits, au plus tard, dans les quinze jours de la dénonciation, au bureau des hypothèques de la situation des biens, ou, si des précédentes saisies ont été déjà transcrites, mentionnées en marge de leur transcription (*C. pr.*, *678*, *679*, *680*).

4370. Si les immeubles saisis ne sont pas loués ni affermés, le saisi reste en possession jusqu'à la vente, comme séquestre judiciaire, si le contraire n'a été ordonné, et sauf aux créanciers, après y avoir été autorisés en référé, à faire procéder à la coupe et à la vente, en tout ou en partie, des fruits pendants par les racines. Les fruits sont vendus aux enchères ou de toute autre manière autorisée par le président, et le prix en est déposé à la caisse des dépôts et consignations (*C. pr.*, *681*).

4371. Le produit des fruits naturels et industriels recueillis postérieurement à la transcription, et les loyers et fermages à partir de la transcription de la saisie, sont immobilisés pour être distribués avec le prix de l'immeuble (*C. pr.*, *682*, *683*, *685*).

4372. Les baux qui n'ont pas acquis date certaine avant le commandement peuvent être annulés (1), si les créanciers ou l'adjudicataire le demandent (*C. pr.*, *684*).

4373. Puis il y a lieu aux actes de procédure suivants : 1° dépôt au greffe du cahier de charges dans les vingt jours (*C. pr.*, *690*) ; 2° huit jours après ce dépôt, sommation de prendre communication du cahier de charges, de faire tous dires et observations, d'assister à la publication et lecture du cahier de charges et à la fixation du jour de l'adjudication, à la partie saisie, aux créanciers inscrits, à la femme du saisi, aux femmes des anciens propriétaires et au procureur impérial, avec les déclarations nécessaires pour purger des immeubles saisis de l'action résolutoire du vendeur et de l'hypothèque légale des femmes (*C. pr.*, *691*, *692*) ; 3° mention de cette sommation dans les huit jours en marge de la transcription de la saisie qui, alors, ne peut plus être rayée sans le consentement des créanciers inscrits (*C. pr.*, *693*) ; 4° publication et lecture du cahier de charges, trente jours au plus tôt, et quarante jours au plus

---

cette expertise n'a pas été ordonnée, l'on ajoute : Et attendu qu'il n'y a pas eu d'expertise, l'adjudicataire devra, en outre, et dans le même délai, payer audit M°....., avoué, la différence entre la remise proportionnelle due au notaire soussigné, en vertu de l'art. 14 de l'ordonnance du 10 octobre 1841 et celle accordée aux avoués par l'art. 11 de la même ordonnance, pour le cas où, l'expertise étant facultative, le tribunal ne l'aura pas ordonnée.

ART. 9. *Frais et honoraires de M°.....*, *notaire* (n° 4382). L'adjudicataire payera aussi, en sus de son prix, audit M°....., notaire, savoir :

A l'instant de l'adjudication, ou le lendemain, avant midi :

Les timbres de minute, grosse et expédition, ainsi que les droits d'enregistrement auxquels les procès-verbaux et la mutation pourront donner ouverture.

Et dans la huitaine de l'adjudication : 1° l'honoraire du cahier des charges, tel qu'il est fixé par le § 1er de l'art. 14 de l'ordonnance du 10 octobre 1841 ; 2° une vacation pour le dépôt de ce cahier des charges et toutes autres vacations qui pourront être dues pour les procès-verbaux de dires ; 3° la remise proportionnelle telle qu'elle est réglée par le § 2 de l'art. 14 de l'ordonnance susdatée ; 4° et le coût d'une expédition pour l'adjudicataire et d'une grosse pour le vendeur.

ART. 10. *Délivrance de l'expédition.* L'expédition du procès-verbal d'adjudication ne sera délivrée à l'adjudicataire qu'après qu'il aura satisfait aux charges qui lui sont imposées par les art. 8 et 9 ci-dessus.

ART. 11. *Transcription et purge.* Voir *supra formule* 610, *page* 278.

ART. 12. *Payement du prix.* Le prix principal de l'adjudication devra être payé le....., entre les mains des créanciers inscrits sur l'immeuble mis en vente.

---

(1) Il n'est pas besoin d'établir la fraude, il suffit qu'il y ait préjudice : Duvergier, *Collection des lois*, 1841, p. 236 ; Nîmes, 4 mars 1850 ; Paris, 19 août 1852 ; Jur. N., 2898, 9825 ; contà . Chauveau sur | Carré, *Quest. 2282*; Bioche, *Saisie immob.*, n° 267; Faignon *Vente judic.*, n° 37; Bordeaux, 18 nov. 1848 ; Jur. N., 5899. V. Paris, 8 mars 1866; Jur. N., 13090.

tard, après la date de son dépôt (*C. pr.*, *694*, *695*) ; 5° publication de la vente par des insertions et des placards, *infra* n° *4385* (*C. pr.*, *696 à 700*) ; 6° adjudication (*C. pr.*, *101 à 706*) ou remise de la vente s'il y a lieu (*C. pr.*, *703*, *704*) ; 7° déclaration d'adjudication par l'avoué (*C. pr.*, *707*).

4374. III. *Conversion*. Toutefois, lorsqu'un immeuble a été saisi réellement et que la saisie a été transcrite, il est libre aux intéressés, s'ils sont tous majeurs et maîtres de leurs droits, de demander que l'adjudication soit faite aux enchères, devant notaire ou en justice, sans autres formalités que celles prescrites pour la vente de biens immeubles appartenant à des mineurs, *infra* n° *4393*. Sont regardés comme seuls intéressés avant la sommation aux créanciers prescrite par l'art. 692, le poursuivant et le saisi, et après cette sommation, ces derniers et tous les créanciers inscrits ; si une partie seulement des biens dépendants d'une même exploitation avait été saisie, le débiteur peut demander que le surplus soit compris dans la même adjudication (*C. pr.*, *743*).

4375. Peuvent former les mêmes demandes ou s'y adjoindre : le tuteur du mineur ou interdit spécialement autorisé par un avis de parents ; le mineur émancipé assisté de son curateur ; et généralement tous les administrateurs légaux des biens d'autrui (*C. pr.*, *744*).

4376. Ces demandes sont formées par une simple requête présentée au tribunal saisi de la poursuite · cette requête est signée par les avoués de toutes les parties. Elle contient une mise à prix qui sert d'estimation (*C. pr.*, *745*).

Ce prix produira des intérêts sur le pied de 5 p. 100 par an, qui courront à partir du.....

Les payements en principal et en intérêts seront effectués à....., et ils ne pourront avoir lieu valablement qu'en espèces d'or ou d'argent ayant actuellement cours de monnaie.

Si la vente a lieu sur licitation, la clause de payement est modifiée de la manière suivante : Les adjudicataires payeront les prix principaux de leurs adjudications aux licitants et colicitants, sur la justification d'une liquidation régulière par acte authentique établissant les droits de chacun d'eux et les attributions desdits prix, dans le délai de....., du jour de l'adjudication, avec l'intérêt, etc.

Chaque colicitant, conformément à l'art. 883 C. N., sera censé avoir été propriétaire dès l'instant du décès de M....., des prix de vente qui seront compris dans son attribution, ainsi que des immeubles dont ces prix seront la représentation ; en conséquence, les hypothèques légales et les inscriptions qui pourraient exister du chef de l'un ou de plusieurs des colicitants, ne feront pas obstacle au payement des prix qui seront attribués aux autres colicitants.

Ou bien, si la licitation ne comprend qu'un seul immeuble et que les droits des copropriétaires soient liquidés et déterminés : Chaque colicitant sera considéré comme vendeur pour sa part ; en conséquence, les hypothèques légales et les inscriptions qui pourraient exister du chef de l'un ou de plusieurs des copropriétaires ne feront point obstacle au payement des parts revenant aux autres dans les prix d'adjudication.

Art. 13. *Prohibition de détériorer l'immeuble vendu.* Voir *supra formule* 610, page 278.

Art. 14. *Folle enchère.* Faute par l'adjudicataire, soit de satisfaire en tout ou partie aux obligations qui lui sont imposées par les art. 8 et 9 ci-dessus, soit de payer tout ou partie de son prix, soit enfin d'exécuter les autres charges, clauses et conditions de l'adjudication, le poursuivant ou les créanciers pourront faire vendre l'immeuble à lui adjugé, par folle enchère et dans la forme prescrite par la loi.

Le fol enchérisseur sera tenu, même par corps, de la différence entre son prix et celui de la revente sur folle enchère, sans pouvoir réclamer l'excédant, s'il y en a ; cet excédant sera payé aux créanciers, ou, si les créanciers sont désintéressés, au vendeur.

En aucun cas, le fol enchérisseur ne pourra répéter, soit du nouvel adjudicataire, soit du vendeur, les frais compris sous les art. 8 et 9 ci-dessus, et qu'il aurait payés.

L'adjudicataire sur folle enchère devra les intérêts de son prix du jour où le fol en-

4377. Le jugement est rendu sur le rapport d'un juge et sur les conclusions du ministère public Si la demande est admise, le tribunal fixe le jour de la vente et renvoie, pour procéder à l'adjudication, soit devant un notaire, soit devant un juge du siége, ou devant un juge de tout autre tribunal. Le jugement n'est pas signifié et n'est susceptible ni d'opposition ni d'appel (*C. pr.*, 746).

4378. Si, après le jugement, il survient un changement dans l'état des parties, soit par décès ou faillite, soit autrement, ou si les parties sont représentées par des mineurs, des héritiers bénéficiaires ou autres incapables, le jugement continue à recevoir sa pleine et entière exécution (*C. pr.*, 747).

4379. Dans la huitaine du jugement de conversion, mention sommaire en est faite, à la diligence du poursuivant, en marge de la transcription de la saisie. Les fruits immobilisés en exécution de l'art. 682, conservent ce caractère, sans préjudice du droit qui appartient au poursuivant de se conformer, pour les loyers et fermages, à l'art 685, *supra n° 4371*. Est également maintenue la prohibition d'aliéner faite par l'art. 686, *supra n° 3997* (*C. pr.*, 748).

4380. IV. *Cahier de charges; frais.* Si la vente a lieu devant un juge, le cahier de charges est rédigé par l'avoué et déposé au greffe ; si elle a lieu devant notaire, il est dressé par le notaire commis [Form. 619] et déposé dans son étude [Form. 620]. Le cahier de charges contient : 1° l'énonciation du titre exécutoire en vertu duquel la saisie a été faite, du commandement fait au débiteur, du procès-verbal de saisie et des autres actes et jugements intervenus postérieurement; 2° celle des titres qui établissent la pro-

chérisseur en sera tenu, sauf à poursuivre, à ses risques et périls, le recouvrement des fruits et revenus à compter de la même époque.

Art. 15. *Remise de titres.* Il sera remis à l'adjudicataire, après l'entière exécution des clauses et conditions de l'enchère et lors du payement du prix de son adjudication, les titres de propriété dont l'énonciation suit, savoir : 1°....., etc.

Art. 16. *Fixation et mode des enchères.* Les enchères ne pourront être moindres de....., jusqu'à....., et de....., au-dessus de cette somme: elles seront reçues de la part de toute personne, sans ministère d'avoué, conformément à l'art. 904 du C. de proc. civile.

Art. 17. *Déclaration de command.* Voir *supra formule* 610, *page* 278.

Art. 18. *Élection de domicile.* Le domicile des vendeurs est élu en l'étude du notaire soussigné.

L'adjudicataire sera tenu de faire une élection de domicile au moment même de l'adjudication dans le ressort du tribunal civil de....., et faute par lui de le faire, ce domicile sera élu de plein droit en l'étude de M°....., notaire soussigné.

Au surplus, les vendeurs et l'adjudicataire demeureront soumis, pour tous les effets de l'adjudication, à la juridiction du tribunal civil de.....

MISE A PRIX.

L'immeuble dont il s'agit sera adjugé sous les charges et conditions ci-dessus exprimées, sauf les modifications qui pourraient y être apportées dans le délai de la loi, sur la mise à prix de....., fixée par le jugement énoncé plus haut.

Le présent cahier des charges, rédigé par M°....., notaire, a été signé par lui à....., en son étude, le.....

FORMULE 620. — Acte de dépôt du cahier des charges. (N° 4380.)

L'an mil huit cent....., le.....
En l'étude de M°....., notaire commis, sise à.....
Par-devant ledit M°..... et son collègue, notaires à....,
Ont comparu : M. Georges Ducellier, propriétaire, demeurant à....;
Et M. Charles Hénon, négociant, demeurant à.....
Lesquels ont, par ces présentes, déposé à M°....., l'un des notaires soussignés, pour être mis au rang de ses minutes, le cahier des charges sur lequel devront être ouvertes les enchères pour la vente d'une maison située à....., y désignée.

priété; 3° la désignation des immeubles telle qu'elle a été insérée dans le procès-verbal de saisie; 4° les conditions de la vente; 5° la mise à prix (*C. pr.*, *690, 957*).

4381. On peut stipuler dans le cahier de charges le droit de faire revendre les immeubles sur folle enchère (1), la faculté pour l'adjudicataire de déclarer command (*C. pr.*, *733 à 740 et 964*), etc. (voir la Form. 649).

4382. On énonce si les frais faits pour parvenir à la vente seront payés en sus ou en diminution du prix (2), comme aussi les remises proportionnelles dues en vertu de l'*art. 14 de l'ordonnance royale du 10 octobre 1841*, ainsi conçu : « Dans les cas où les tribunaux renvoient les ventes d'immeubles par-
» devant les notaires, ceux-ci ont droit, pour la grosse du cahier des charges, par rôle contenant vingt-
» cinq lignes à la page et douze syllabes à la ligne (3), à Paris, 2 fr.; dans le ressort, 1 fr. 50 c. (4). Ils
» ont droit en outre sur le prix (5) des biens vendus (6) : jusqu'à 10,000 fr., à 1 p. 0/0; sur la somme
» excédant 10,000 fr. jusqu'à 50,000 fr., à 1/2 p. 0/0; sur la somme excédant 50,000 fr. jusqu'à
» 100,000 fr., à 1/4 p. 0/0; et sur l'excédant de 100,000 fr. à indéfiniment, à 1/8 de 1 p. 0/0. Moyennant
» les allocations ci-dessus, les notaires sont chargés de la rédaction du cahier de charges, de la récep-
» tion des enchères et de l'adjudication; ils ne peuvent rien exiger pour les minutes de leur procès-
» verbal d'adjudication. Les avoués restent chargés de l'accomplissement des autres actes de la procédure;
» ils ont droit aux émoluments fixés pour ces actes, et, lorsque l'expertise est facultative et n'a pas été
» ordonnée, les avoués ont droit en outre à la différence entre la remise qui leur est allouée pour ce cas
» et celle qui est allouée aux notaires. »

4383. La remise allouée aux avoués dans les ventes en justice lorsque l'expertise n'a pas été ordonnée, est, depuis 2,000 fr. jusqu'à 10,000 fr., de 1 1/2 p. 0/0; sur la somme excédant 10,000 fr. jusqu'à

Ce cahier, dressé par ledit M°...., en conséquence d'un jugement du tribunal civil de...., en date du...., enregistré, qui l'a commis à cet effet et a ordonné que la vente aurait lieu devant lui, aux requête, poursuite et diligence de M. Ducellier, en présence de M. Hénon.

Lequel cahier portant la date du...., écrit sur.... feuilles au timbre de....., et qui sera enregistré en même temps que ces présentes, est demeuré ci-annexé, après avoir été des comparants certifié véritable et que dessus mention de l'annexe a été apposée.

Les comparants ayant déclaré approuver le cahier des charges, ont fixé au....., en l'étude de M°....., l'un des notaires soussignés, l'adjudication dudit immeuble.

ÉTAT CIVIL.

M. Hénon déclare, etc. (voir *supra formule* 568, page 197).
Dont acte. Fait et passé, etc.

FORMULE 621. — **Procès-verbal de dires.**

Et le....., — en l'étude de....., — Par-devant M°.....,
A comparu :   M. Charles Hénon, négociant, demeurant à.....;
Lequel a dit qu'il comparaissait au désir de la sommation qui lui a été faite à la requête de M. Georges Ducellier, propriétaire, demeurant à....., par exploit du ministère de....., huissier à....., en date du....., enregistré, à l'effet de prendre

---

(1) Le notaire peut poursuivre la revente sur folle enchère s'il n'est pas payé de ses frais : Cass., 19 juill. 1858; Bourges, 9 août 1862; J. N., 16426, 17694.
(2) En l'absence de cette clause, ces frais seraient en diminution du prix. Voir Cass., 5 juill. 1854; Jur. N., 10125.
(3) Le cahier des charges peut être minuté dans la forme ordi-naire, et l'on calcule ce qu'il produirait de rôles à raison de 25 li-gnes à la page et 12 syllabes à la ligne : Circ. garde des sceaux, 20 août 1842; J. N., 11447.
(4) L'allocation allouée pour Paris est commune aux tribunaux établis à Marseille, Lyon, Bordeaux et Rouen; elle est réduite d'un dixième pour les tribunaux établis dans les villes où siége une Cour impériale; partout ailleurs l'allocation est la même que pour

le ressort de la Cour de Paris (Ordonn., 10 oct. 1841. art. 16).
(5) En y ajoutant les charges qui peuvent être évaluées en ar-gent et qui font partie du prix : Roll., *Vente judic.*, n° 257; Dict. not., *ibid.*, n° 201.
(6) En cas de vente renvoyée devant notaire, la remise allouée aux avoués et aux notaires, lorsque les biens sont adjugés par lots, même à des adjudicataires distincts, doit être calculée d'après le prix total des lots réunis, l'art. 11 de l'ordonnance ne concernant que la remise due aux avoués dans les ventes faites en justice : Trib. Vannes, 16 août 1850; Cass., 13 juin 1854, 20 fév. 1854, 30 avril et 10 mai 1858; J. N., 14152, 14413, 15196, 16307, 16310; contra, Du-vergier, Jur. N., 5630; Chauveau, *Journ. des avoués, art.* 1012; Roll., *Vente judic.*, n° 258; Dict. not., *ibid.*, n° 206.

100,000 fr., de 1 p. 0/0; sur l'excédant de 100,000 fr. jusqu'à 300,000 fr. de 1/2 p. 0/0; et sur l'excédant de 300,000 fr. indéfiniment de 1/4 p. 0/0 (*même ordonn., art. 11*); et la différence est : depuis 2,000 fr. (1) jusqu'à 50,000 fr., de 1/2 p. 0/0; sur la somme excédant 50,000 fr. jusqu'à 100,000 fr., de 75 c. par 100 fr.; sur l'excédant de 100,000 fr. jusqu'à 300,000 fr. de 37 c. 1/2 par 100 fr.; et sur l'excédant de 300,000 fr. indéfiniment, de 12 c. 1/2 par 100 fr.

4384. Le cahier des charges, tant que l'adjudication n'a pas été prononcée, peut être modifié du consentement de toutes les parties (2).

4385. V. *Affiches, publications, adjudications.* Après le dépôt du cahier des charges, *supra n° 4580,* il est rédigé et imprimé des placards contenant les énonciations prescrites par l'art. 958 du Code de pr. Ces placards sont affichés, quinze jours au moins, trente jours au plus avant l'adjudication, aux lieux désignés dans les art. 699 et 959 du même Code, ce dont il est justifié par un procès-verbal de l'huissier rédigé sur un exemplaire du placard et visé par le maire de chacune des communes dans lesquelles l'apposition a été faite (*C. pr., 699, 958, 959*).

4386. Copie de ces placards est insérée dans le même délai au journal d'annonces légales du lieu de la situation des biens, et dans celui qui a été désigné pour l'arrondissement où se poursuit la vente, si ce n'est pas l'arrondissement de la situation des biens. Il est justifié de l'insertion aux journaux par un exemplaire portant la signature de l'imprimeur légalisée par le maire (*C. pr., 696, 698, 960*).

4387. Toutes les formalités pour parvenir à la vente rentrent dans les attributions de l'avoué poursuivant; il a donc le droit, à l'exclusion des notaires, de rédiger les placards et de faire les insertions (3). Il a aussi le droit, sans mandat spécial, d'être présent aux ventes judiciaires renvoyées devant notaire (4),

---

communication du cahier des charges dressé par ledit Me. . . . ., pour parvenir à la vente aux enchères d'une maison située à. . . . ., et qui lui a été déposé suivant procès-verbal par lui dressé le. . . . ., dont la minute précède.

Et que, communication par lui prise de ce cahier, il déclare l'approuver en tout son contenu et se tenir pour prévenu des lieu, jour et heure fixés par le procès-verbal dudit jour. . . . ., pour l'adjudication de cet immeuble.

De tout ce que dessus, etc.

FORMULE 622 — Procès-verbal d'adjudication. (Nos 4385 à 4392.)

L'an mil huit cent. . . . ., le. . . . .

A. . . . ., en l'étude de Me. . . . ., notaire.

PAR-DEVANT ledit Me. . . . . et son collègue, notaires à. . . . ., soussignés,

A COMPARU : M. Georges DUCELLIER, propriétaire, demeurant à. . . . .;

Assisté de Me. . . . ., avoué à. . . . .;

Lequel a dit :

Que, suivant jugement du. . . . ., le tribunal civil de. . . . . a ordonné qu'aux requête, poursuite et diligence de M. DUCELLIER, comparant, en présence de M. Charles HÉNON, négociant, demeurant à. . . . ., ou lui dûment appelé, il serait, par Me. . . . ., l'un des notaires soussignés que le tribunal a commis à cet effet, procédé à la vente aux enchères d'une maison située à. . . . ., appartenant à M. HÉNON et expropriée par M. DUCELLIER, sur la mise à prix de. . . . .;

Que le cahier des charges, pour parvenir à cette adjudication, a été dressé par Me. . . . ., notaire commis, le. . . . ., et a été déposé au rang de ses minutes, suivant acte par lui reçu le même jour; lequel acte contient fixation de la vente à cejourd'hui heure de midi;

---

(1) Lorsque le prix est moindre de 2,000 fr., les avoués n'ont droit à aucune remise : Arg. Cass., 15 juin 1851; Jur. N., 6282. Mais si le prix dépasse 2,000 fr., la remise de l'avoué porte sur la totalité: Chauveau sur Carré, V, p. 1013; Bioche, *Vente judic.*, n° 413; Trib. Seine, 29 nov. 1853; Jur. N., 10007; CONTRA, Trib. Antun, 21 juill. 1847; Vannes, 16 août 1850; J. N., 13300, 14132.

(2) Nancy, 23 mars 1844; Jur. N., 6720.

(3) Circ. garde des sceaux, 29 août 1843; Cass., 16 nov. 1844; Jur. N., 3551, 6822.

(4) Cass., 14 janv. 1845, 11 fév. 1850, 19 juill. 1853; Jur. N., 6835, 8825, 10258; CONTRA, Roll., *Vente judic.*, n° 69.

et il lui est dû (1) ses vacations et ses frais de transport (2) (*Arg. ordonn. roy. 10 oct. 1841, art. 11 et 14*).

4388. Les frais de la poursuite sont taxés par le juge, et il ne peut être rien stipulé (3) ni rien exigé au delà. Toute stipulation contraire, quelle qu'en soit la forme, est nulle de plein droit (*C. pr., 701 et ordonn. roy. 10 oct. 1841, art. 18*). Le montant de la taxe est publiquement annoncé avant l'ouverture des enchères, et il en est fait mention dans le jugement d'adjudication (*C. pr., 701*).

4389. Au jour indiqué pour l'adjudication (4), il y est procédé sur la demande du poursuivant, et à son défaut, sur celle de l'un des créanciers inscrits (*C. pr., 702*), même lorsque la vente a été renvoyée devant notaire (5) [Form. 622]. — Le notaire constate l'accomplissement des formalités exigées par la loi, lit le cahier des charges et le procès-verbal et annonce publiquement les frais faits pour parvenir à la vente d'après la taxe qui en a été faite par le juge, ce qui doit être mentionné dans le procès-verbal par l'énonciation de l'état de taxe préalablement enregistré à peine d'amende (6). — Aussitôt que les enchères sont ouvertes, il est allumé successivement des bougies préparées de manière que chacune ait une durée d'environ une minute (*C. pr., 705*). — L'adjudication ne peut être faite qu'après l'extinction de trois bougies allumées successivement. Si pendant la durée d'une des trois premières bougies, il survient des enchères, l'adjudication ne peut être faite qu'après l'extinction de deux bougies sans nouvelle enchère survenue pendant leur durée (*C. pr., 706*). — Tout enchérisseur est lié par son enchère, tant qu'elle n'a pas été couverte (7); mais il cesse d'être obligé si son enchère est couverte par une autre, lors même que cette dernière serait déclarée nulle (*C. pr., 705*). — Devant notaire, les enchères peuvent être faites par toutes personnes sans ministère d'avoué (*C. pr., 964*).

390. En cas d'entrave à la liberté des enchères (8), ou si elles ont été troublées par des voies de fait, violence ou menace, voir l'art. 412 du Code pénal.

4391. Si, au jour indiqué pour l'adjudication, les enchères ne s'élèvent pas à la mise à prix, le tribunal pourra ordonner, sur simple requête, en la chambre du conseil, que les biens seront adjugés au-dessous de l'estimation ; l'adjudication est remise à un délai fixé par le jugement, et qui ne peut être moindre de quinzaine. Cette adjudication est encore indiquée par des placards et des insertions dans les journaux, comme il est dit *supra* n°s *4386*, huit jours au moins avant l'adjudication (*C. pr., 965*).

4392. Dans les huit jours qui suivent l'adjudication, toute personne peut faire une surenchère d'un sixième, en se conformant aux formalités et délais réglés par les art. 708, 709 et 710 du Code de pr. Lorsqu'une seconde adjudication a eu lieu après cette surenchère, aucune autre surenchère des mêmes biens ne peut être reçue (*C. pr., 965*).

Que des placards annonçant cette adjudication ont été apposés aux endroits voulus par la loi, ainsi que le constate un procès-verbal en date du....., rédigé par Mᵉ....., huissier à....., sur un exemplaire de placards, et visé par chacun des maires ou adjoints des communes où les appositions ont eu lieu ;

Que le contenu de ce placard a été inséré au journal de....., le....., ainsi que le constate un exemplaire de cette feuille, portant la signature de l'imprimeur légalisée par le maire et portant la mention suivante : Enregistré, etc. ;

Que, suivant exploit en date du....., signifié par..... huissier à....., M. Hénon a été sommé de prendre communication du cahier des charges ci-dessus énoncé, et de se trouver cejourd'hui, à midi, en l'étude de Mᵉ....., l'un des notaires soussignés, pour être présent à l'adjudication ; lui ayant déclaré qu'il y serait procédé tant en sa présence qu'en son absence.

---

(1) Mais l'avoué solicitant n'a droit à aucune vacation : Circ. garde des sceaux, 20 août 1842 ; Cass., 11 mars 1846 ; J. N., 11447, 12675.
(2) Voir lettre min. just., 10 oct. 1840 ; Cass., 18 nov. 1814, 14 janv. 1845, 19 juill. 1853, 24 avril 1854, 23 avril 1856 ; J. N., 11210, 12176, 12237, 15776 : Jur. N., 10234, 10258.
(3) Voir Cass., 7 déc. 1847, 5 juill. 1853 ; J. N., 13225, 15016.
(4) Qui peut être un dimanche : Roll., *Vente judic.*, n° 148 ; Chauveau, *Journ. des avoués*, art. *1593, § 6.*

(5) Trib. Corbeil, 3 nov. 1852 ; Jur. N., 9648.
(6) Trib. Mirecourt, 20 juin 1851 ; Trib. Morbihan, 5 juill. 1855 ; Cass., 7 nov. 1853 ; J. N., 15092 ; contra, Trib. Pithiviers, 5 août 1851 ; J. N., 14433.
(7) Bioche, *Saisie immob.*, n° 466 ; Carré, n° 2366.
(8) Voir Cass., 17 mars 1848, 23 juill. 1866 ; Rouen, 24 mai 1851 ; Pau, 18 mai 1855 ; Paris, 20 juill. 1867 ; J. N., 13432, 14440, 15572, 18759, 19037.

§ 2. — DE LA VENTE DES BIENS IMMEUBLES APPARTENANT A DES MINEURS OU DES INTERDITS.

4393. La vente des immeubles appartenant à des mineurs (ou à des interdits) ne peut être ordonnée que d'après un avis de parents énonçant la nature des biens et leur valeur approximative, *supra n° 1309.* Cet avis n'est pas nécessaire si les biens appartiennent en même temps à des majeurs, et si la vente est poursuivie par eux. Il est procédé alors conformément au titre des *partages et licitations* (*C. N.*, 457; *C. pr.*, 955).

4394. L'avis de parents n'est exécuté qu'après que le tuteur en a demandé et obtenu l'homologation devant le tribunal de première instance du domicile des mineurs, qui statue en chambre du conseil sur le rapport de l'un des juges, après avoir entendu le procureur impérial (*C. N.*, 458). Lorsque le tribunal homologue cet avis, il déclare, par le même jugement, que la vente aura lieu soit devant l'un des juges du tribunal à l'audience des criées, soit devant un notaire à cet effet commis (1). Si les immeubles sont situés dans plusieurs arrondissements, le tribunal peut commettre un notaire dans chacun de ces arrondissements, et même donner commission rogatoire à chacun des tribunaux de la situation de ces biens (*C. N.*, 459; *C. pr.* 954).

4395. Le jugement qui ordonne la vente détermine la mise à prix de chacun des immeubles à vendre et les conditions de la vente (2). Cette mise à prix est réglée, soit d'après l'avis des parents, soit d'après les titres de propriété, soit d'après les baux authentiques ou sous seing privé ayant date certaine, et, à défaut de baux, d'après le rôle de la contribution foncière. Néanmoins le tribunal peut, suivant les circonstances, faire procéder à l'estimation totale ou partielle des immeubles. Cette estimation a lieu selon l'importance et la nature des biens, par un ou trois experts, que le tribunal commet à cet effet (*C. pr.*, 955). — Si l'estimation a été ordonnée, l'expert ou les experts, après avoir prêté serment, rédigent leur rapport, qui indique sommairement les bases de l'estimation, sans entrer dans le détail descriptif des biens à vendre (*C. pr.*, 956).

4395. Les enchères sont ouvertes sur un cahier de charges déposé par l'avoué au greffe du tribunal, ou dressé par le notaire commis, et déposé dans son étude. Ce cahier contient : 1° l'énonciation du jugement qui a homologué la délibération et autorisé la vente, et, dans le cas où une estimation par experts a été ordonnée, celui qui entérine le rapport; 2° celle des titres qui établissent la propriété; 3° l'indication de la nature ainsi que de la situation des biens à vendre, celle des corps d'héritage, de leur contenance approximative, et de deux des tenants et aboutissants; 4° l'énonciation du prix auquel les enchères seront ouvertes et les conditions de la vente (*C. pr.*, 957).

S'il s'agit d'une vente de biens de mineurs ou d'une licitation, etc., on énoncera les sommations faites au subrogé tuteur, aux colicitants, etc.

Que les frais faits pour parvenir à la vente se montent à une somme de....., savoir :

Celle de....., due à M^e....., avoué poursuivant, ainsi que le constate son état taxé en date du....., enregistré, ci... » »

Et celle de....., due à M^e....., l'un des notaires soussignés, pour le coût du cahier des charges et de l'acte qui en constate le dépôt, ci................ » »

Ensemble, ... ci.. » »

Laquelle somme totale, conformément à l'art. 8 du cahier des charges, sera payée à M^e....., avoué poursuivant, en sus et sans diminution du prix principal d'adjudication.

S'il y a plusieurs lots l'on ajoute : par l'adjudicataire du premier lot, pour...., ci. » »

---

(1) Les ventes judiciaires d'immeubles doivent être renvoyées devant notaire, lorsque les parties sont d'accord pour demander le renvoi: Paris, 23 juin 1825, 31 janv. 1826, 28 oct. 1829, 19 juill. 1831, 29 août 1855; Caen, 25 oct. 1843, 12 août 1846, 18 mars 1850; Colmar, 15 avril 1842; Poitiers. 26 mai 1825; Douai, 7 avril 1841, 24 mai et 17 juill. 1843, 29 mai, 9 et 27 août 1843; Orléans, 26 nov. 1826; Bordeaux, 26 nov. 1834, 27 sept. 1835, 17 fév. 1850, 22 juin 1853; Riom, 7 janv. 1856; Rouen, 11 oct. 1850, 29 août 1835, 1er août 1850; Grenoble, 28 août, 21 déc. 1858, 27 janv., 10 fev., 21 et 23 juin 1859; Caen, 31 août 1863, 2 mars 1865, 6 mars 18.6; Lyon, 22 mars 1866; J. N., 10145, 11303, 11751, 11986, 12575, 12650, 12876, 12027, 13037, 14017, 14110, 14222, 15641, 15734, 15024, 16221, 16404, 16510, 16670, 17896, 18555; Jur. N., 13088.

(2) Voir Cass., 9 janv. 1863, 17 déc. 1867; J. N., 17729.

4397. Après le dépôt du cahier des charges, il est rédigé et imprimé des placards (*C. pr.*, *958*). Ces placards sont affichés et une copie en est insérée dans le journal; il est justifié du tout ainsi qu'on l'a dit *supra* n° *4385*.

4398. Le subrogé tuteur du mineur est appelé à la vente; à cet effet, le jour, le lieu et l'heure de l'adjudication lui sont notifiés un mois d'avance, avec avertissement qu'il y sera procédé tant en son absence qu'en sa présence (*C. N.*, *459*; *C. pr.*, *962*).

4399. Tout ce qui est dit *supra* n°ˢ *4380 à 4392* est applicable à la vente des biens immeubles appartenant à des mineurs ou à des interdits.

§ 3. — DE LA LICITATION.

4400. Si une chose commune à plusieurs (1) ne peut être partagée commodément et sans perte; ou si dans un partage fait de gré à gré de biens communs, il s'en trouve quelques-uns qu'aucun des copartageants ne puisse ou ne veuille prendre, la vente s'en fait aux enchères, et le prix en est partagé entre les copropriétaires (*C. N.*, *827*, *1686*).

4401. La vente par licitation se fait devant le tribunal du lieu de l'ouverture de la succession. Cependant les parties, si elles sont toutes majeures, peuvent consentir que la licitation soit faite devant un notaire sur le choix duquel elles s'accordent (*C. N.*, *822*, *827*; *C. pr.*, *983*), *supra* n° *4322*.

4402. Chacun des copropriétaires est le maître de demander que les étrangers soient appelés à la licitation ; ils sont nécessairement appelés lorsque l'un des copropriétaires est mineur (*C. N.*, *460*, *1687*; *C. pr.*, *984*).

4403. En prononçant sur la demande en partage formée ainsi que nous l'avons dit *supra* n°ˢ *2129 et suiv.*, le tribunal ordonne, si le partage ne peut avoir lieu en nature, la vente par licitation devant un membre du tribunal ou devant un notaire (2), conformément à l'art. 954, *supra* n° *4394*. Le tribunal peut déclarer qu'il y sera immédiatement procédé sans expertise préalable, même lorsqu'il y a des mineurs en cause ; il détermine la mise à prix, conformément à l'art. 955, *supra* n° *4395* (*C. pr.*, *970*).

4404. Lorsque le tribunal ordonne l'expertise, il peut commettre un ou trois experts qui prêtent serment et procèdent conformément aux art. 318 et suiv. et 971 du C. de pr.

4405. On se conforme, pour la vente, aux formalités rappelées *supra* n°ˢ *4380 à 4392*, en ajoutant dans le cahier des charges : les nom, demeure et profession du poursuivant, les nom et demeure de son avoué ; les noms, demeures et professions des colicitants et de leurs avoués (*C. pr.*, *972*); plus l'énonciation du jugement qui a ordonné la vente et commis le notaire, et dans le cas où une expertise a été ordonnée, le jugement qui a entériné le rapport.

4406. Dans la huitaine du dépôt du cahier des charges au greffe ou chez le notaire, sommation est faite, par un simple acte, aux colicitants, en l'étude de leurs avoués, d'en prendre communication.

Par l'adjudicataire du second lot, pour . . . . ., ci . . . .   »   »

Somme égale, ... ci . . . .   »   »

Ce fait, M. Ducellier a requis Mᵉ . . . ., l'un des notaires soussignés, de prononcer défaut contre M. Hénon s'il ne comparaît pas; et, pour le profit de ce défaut, de faire immédiatement la lecture, tant du cahier des charges que de ces présentes, et de procéder à l'adjudication de la maison ci-dessus désignée.

Le jugement ordonnant la vente, le procès-verbal de placards, la feuille d'insertion, l'exploit de sommation et l'état taxé sont demeurés ci-annexés, après que sur chacun d'eux les notaires soussignés ont fait mention de l'annexe.

Et, après lecture, M. Ducellier a signé avec son avoué. (*Signatures.*)

---

(1) Il n'y a pas indivision entre les nu-propriétaires et l'usu-fruitier : Angers, 4 déc. 1862; J. N., 17596; Paris, 1ᵉʳ mars 1865; Gaz. trib. du 8 mars. V. Paris, 5 mai et 5 juill. 1865; J. N., 18303.

(2) Voir *supra* n° *4394*, *note 1*.

S'il s'élève des difficultés sur le cahier des charges, elles sont vidées à l'audience, sans aucune requête, et sur un simple acte d'avoué à avoué. Le jugement qui intervient ne peut être attaqué que par la voie de l'appel, dans les formes et délais prescrits par les art. 731 et 732 C. pr. Tout autre jugement sur les difficultés relatives aux formalités postérieures à la sommation de prendre communication du cahier des charges ne peut être attaqué ni par opposition ni par appel. Si au jour indiqué pour l'adjudication, les enchères ne couvrent pas la mise à prix, il est procédé comme il est dit *supra n° 4391*. Dans les huit jours de l'adjudication, toute personne peut surenchérir du sixième du prix principal, en se conformant aux conditions et aux formalités prescrites par les art. 708, 709 et 710 C. pr., *supra n° 4392 (C. pr., 975)*.

4407. Lorsque l'un des cohéritiers, même bénéficiaire (1), ou autre communiste (2), se rend adjudicataire ou acquéreur par licitation, même à l'amiable (3), il est censé, en vertu de l'art. 883 C. N., avoir toujours été propriétaire de l'immeuble à lui adjugé, *supra n° 2087*; en conséquence, il n'y a pas lieu à l'action résolutoire pour défaut de payement du prix (4), ni à la revente sur folle enchère (5), à moins de stipulation expresse à cet égard dans le cahier des charges ou dans le contrat de vente (6).

4408. Si l'adjudicataire est un étranger, la licitation produit tous les effets de la vente, et l'immeuble vendu reste grevé des hypothèques consenties par les cohéritiers, chacun à raison de sa part (7). Cependant chacun des colicitants étant considéré seulement comme vendeur des immeubles dont les prix de vente lui sont attribués, ces immeubles seuls restent grevés de l'hypothèque qu'il a consentie et les autres immeubles en sont dégrevés (8).

§ 4. — DE LA VENTE D'IMMEUBLES DÉPENDANT D'UNE SUCCESSION BÉNÉFICIAIRE OU D'UNE SUCCESSION VACANTE.

4409. Lorsqu'il y a lieu à la vente des immeubles dépendant d'une succession bénéficiaire, *supra n° 1915*, l'héritier bénéficiaire présente au président du tribunal de première instance du lieu de l'ouverture de la succession, une requête dans laquelle ces immeubles sont désignés sommairement. Cette requête est communiquée au ministère public; sur ses conclusions et le rapport du juge nommé à cet effet, il est rendu un jugement qui autorise la vente et fixe la mise à prix, ou qui ordonne préalablement que les immeubles seront vus et estimés par un expert nommé d'office; le rapport de l'expert est entériné sur requête par le tribunal; et, sur les conclusions du ministère public, le tribunal ordonne la vente (*C. pr., 987*); mais, dans ce dernier cas, il n'appartient pas aux juges, comme en matière de vente de biens de mineurs, de régler eux-mêmes les conditions de la vente (9).

4410. Il est procédé à la vente suivant les formalités prescrites *supra n° 4380 à 4392*. L'héritier bénéficiaire est réputé héritier pur et simple, s'il a vendu des immeubles sans se conformer aux règles prescrites (*C. pr., 988*).

4411. Les dispositions des deux numéros qui précèdent sont applicables à la vente des immeubles dépendant d'une succession vacante (*C. pr., 1001*).

A l'instant est intervenu M. Hénon, ci-dessus nommé, qualifié et domicilié,
Assisté de M⁰....., son avoué;
Lequel a dit qu'il comparaissait pour être présent auxdites lecture, réception d'enchères et adjudication, auxquelles il a déclaré consentir.
Et il a signé après lecture. (*Signature.*)
En conséquence de la réquisition qui précède, et attendu la présence de M. Hénon,

---

(1) Dalloz, *Succ.*, n° 2103; Dutruc, *Part.*, n° 548; Tambour, *Bén. d'inv.*, p. 320; Demolombe, XVII, 275; Bordeaux, 22 mai 1834; Cass., 12 août 1839; CONTRA, Belost-Jolimont sur Chabot, 883, 2; Cass., 27 mai 1835.
(2) Paris, 14 mars 1865; Gaz. trib. du 11 avril.
(3) Demante, III, 225 *bis*; Demolombe, XVII, 278; Cass., 29 mars 1854; CONTRA, Belost-Jolimont, 883, 3. V. Paris, 11 janv. 1867.
(4) Belost-Jolimont, 883, 4; Demante, III, 225 *bis*; Duvergier sur Toullier, IV, 563; Demangeat, *Rev. prat.*, 1857, p. 271; Demolombe, XVII, 308; Metz. 22 déc. 1820; Besançon, 25 juin 1828; Cass., 29 déc. 1829, 9 mai 1832.
(5) Demolombe, XVII, 309; Cass., 22 mai 1833; Trib. Seine, 10 oct. 1850; J. N., 14198.

(6) Roll., *Résolution*, n° 20; Belost-Jolimont, 883, 4; Chauveau et Carré, *Pr.*, 2505, 9°; Demolombe, XVII, 310; Cass., 9 mai 1834, 27 mai 1835, 6 janv. 1846, 3 août 1848; Limoges, 14 août 1839; Paris, 31 août 1843; Bourges, 13 janv. 1845; Toulouse, 12 fév. 1846; Bordeaux, 8 mai 1848, 3 mars 1852; Nimes, 30 août 1833; J. N., 11881 12826, 13467, 13542, 14704; CONTRA, Duvergier, *Vente*, II, 144; Bordeaux 22 mars 1834; Rouen, 18 juin 1841; Cass., 23 août 1853.
(7) Toulouse, 18 août 1843; Grenoble, 27 janv. 1859; J. N., 11801, 16648.
(8) Demante, III, 225 *bis*; Demolombe, XVII, 273; Cass., 16 fév. 1833, 18 juin 1834; Grenoble, 19 août 1863; J. N., 17847; Toulouse, 8 avril 1865; Douai, 5 juin 1866; Jur. N., 12875, 13395; CONTRA, Orléans, 7 fév. 1845; Douai. 25 juill. 1848.
(9) Douai, 20 juill. 1855; Jur. N., 16643.

4412. Le cahier des charges est dressé conformément à ce qui est dit *supra n° 4380*; on y énonce le jugement rendu sur requête, qui a autorisé la vente, et, dans le cas où une estimation préalable a été ordonnée, celui qui a entériné le rapport de l'expert.

§ 5. — DE LA VENTE D'IMMEUBLES DOTAUX.

4413. Lorsqu'il y a lieu de vendre des immeubles dotaux dans les cas prévus par l'art. 1558 C. N., *supra n°* 3670 *et suiv.*, la vente est préalablement autorisée sur requête, par jugement du tribunal du domicile conjugal (1), rendu en audience publique. Sont au surplus applicables les règles tracées *supra n°* 4380 *à* 4392 (*C. pr., 997*). Le cahier des charges est rédigé conformément à ce qui est dit *supra n° 4380*.

§ 6. — DE LA VENTE DES IMMEUBLES D'UN FAILLI.

4414. A partir du jugement qui a déclaré un commerçant en état de faillite, ses créanciers ne peuvent poursuivre l'expropriation des immeubles sur lesquels ils n'ont pas d'hypothèque (*C. comm., 571*).

4415. S'il n'y a pas de poursuites en expropriation des immeubles commencées avant l'époque de l'union, les syndics seuls sont admis à poursuivre la vente; ils sont tenus d'y procéder dans la huitaine, sous l'autorisation du juge-commissaire, suivant les formes prescrites pour la vente de biens des mineurs (2), *supra n°* 4380 *à* 4392 (*C. comm., 572*).

4416. Le cahier des charges contient, outre ce qui est dit *supra n° 4380*, l'énonciation des noms, prénoms et demeures du failli et de son syndic; du jugement qui a déclaré la mise en faillite, et de celui rendu sur requête présentée par les syndics sous l'autorisation du juge-commissaire, et, dans le cas où une estimation par experts a été ordonnée, celui qui entérine leur rapport (*C. pr., 954, 955*).

4417. La surenchère après adjudication des immeubles du failli, sur la poursuite des syndics, n'a lieu qu'aux conditions et dans les formes suivantes : la surenchère doit être faite dans la quinzaine. Elle ne peut être au-dessous du dixième du prix principal de l'adjudication. Elle est faite au greffe du tribunal civil, suivant les formes prescrites par les art. 710 et 711 C. pr. ; toute personne est admise à

M^e....., notaire commis, a fait lecture, tant du cahier des charges que de ces présentes, et a ensuite procédé à l'adjudication.

Les enchères ayant été déclarées ouvertes sur la mise à prix de....., fixée par le jugement, des bougies ont été allumées et pendant leur ignition diverses enchères ont été portées, dont la dernière par M. LEROUX, ci après nommé, a élevé le prix à..... Deux bougies successivement allumées sur cette enchère se sont éteintes sans que, pendant leur durée, il en ait été porté d'autres; en conséquence, M^e......, notaire commis, a proclamé M. Jean LEROUX, propriétaire, demeurant à....., adjudicataire de cet immeuble, moyennant, outre les charges de l'enchère, la somme de.....

M. LEROUX, à ce présent, a déclaré accepter ladite adjudication sous réserve de nommer command, s'obliger à satisfaire à toutes les charges, clauses et conditions, et faire élection de domicile à.....

Et, après lecture, il a signé. (*Signature.*)

De tout ce que dessus il a été dressé le présent procès-verbal.

Et, après lecture, les parties et leurs avoués ont signé avec les notaires.

FORMULE 623. — Vente judiciaire de meubles. (N°s 4420 à 4423.)

Copie de la déclaration préalable (voir *formule* 615).

L'an mil huit cent....., le.....,

A la requête de M. Jean BERT, peintre, demeurant à.....,

Agissant au nom et comme tuteur des mineurs Louis CAMUS et Hortense CAMUS, ses petits-neveu et nièce, issus du mariage de M. Jean CAMUS et Mme Héloïse DURET, tous deux décédés à....., le mari le....., et la femme le..... ; nommé à

---

(1) Duranton, XV, 303; Taulier, V, p. 311; Rodière et Pont, II, 545; Dalloz, n° 3769; Lyon, 4 juin 1841. (2) Voir Caen, 9 juill. 1849; J. N., 13937.

surenchérir. Toute personne est également admise à concourir à l'adjudication par suite de surenchère. Cette adjudication demeure définitive et ne peut être suivie d'aucune surenchère (1) (*C. comm.*, *575*).

§ 7. — DE LA VENTE DES IMMEUBLES D'UN DÉBITEUR QUI A FAIT CESSION DE BIENS.

4418. Lorsqu'un débiteur a fait cession de biens, *supra n°s 3527 et suiv.*, il y a lieu de vendre ses biens immeubles; il est procédé à cette vente dans les formes prescrites pour le bénéfice d'inventaire, *supra n° 4580 à 4592 (C. pr., 904)*.

4419. Le cahier des charges dressé pour parvenir à cette vente, *supra n° 4580*, énonce le jugement qui admet au bénéfice de cession (ou l'acte volontaire de cession, *supra n° 3550*) et donne pouvoir au créancier de vendre les biens.

SECTION II. — DES VENTES JUDICIAIRES DE MEUBLES.

4420. Nous avons dit *supra n° 4559*, que les ventes aux enchères de meubles sont volontaires ou judiciaires : elles sont judiciaires lorsqu'elles ont lieu après décès et que parmi les intéressés il y a des mineurs ou interdits, *supra n° 1283*, des absents, *supra n° 908*, des créanciers saisissants ou opposants (*C. pr.*, *952*), ou si la vente est faite sans attribution de qualité, *supra n° 1897*, ou encore si la succession a été acceptée sous bénéfice d'inventaire, *supra n° 1901*, ou a été déclarée vacante, *supra n° 1963*.

4421. *Meubles corporels* [Form. 623]. La vente judiciaire de meubles corporels se fait par les officiers publics indiqués *supra n° 4537 (C. pr., 946)*.

4422. La vente judiciaire de meubles est soumise aux formalités suivantes : 1° il y est procédé sur la réquisition de l'une des parties intéressées en vertu de l'ordonnance du président du tribunal de première instance (*C. pr. 946*); — 2° la vente est annoncée un jour auparavant par quatre placards (2) au moins, indiquant les lieu, jour et heure de la vente, et la nature des objets, sans détail particulier ; ces placards sont affichés, l'un au lieu où sont les effets, l'autre à la porte de la maison commune, le troisième au marché du lieu, et s'il n'y en a pas, au marché voisin, le quatrième à la porte de l'auditoire de

---

cette fonction par délibération du conseil de famille de ces mineurs, présidé par M. le juge de paix de....., le.....;

Lequel a dit :

Que Mme Héloïse DURET, veuve de M. Jean CAMUS, est décédée à....., le....., laissant pour seuls héritiers, chacun pour moitié, les deux mineurs CAMUS susnommés, ses enfants, ainsi que le constate l'intitulé de l'inventaire après son décès, dressé par M°....., notaire à....., le.....;

Que, suivant ordonnance sur requête rendue par M. le président du tribunal civil de....., le....., M. BERT, en sadite qualité de tuteur des mineurs CAMUS, a été autorisé à procéder à la vente des meubles et objets mobiliers dépendant de la succession de Mme veuve CAMUS; le tout détaillé dans l'inventaire ci-dessus énoncé;

Que cette vente a été annoncée : 1° par des placards apposés aux endroits voulus par la loi, ainsi que le constate un procès-verbal de....., huissier à....., en date du....., rédigé sur un exemplaire de ces placards ; 2° et par une insertion faite dans le journal....., feuille du,...., dont un exemplaire portant la signature de l'imprimeur légalisée par le maire de....., a été enregistré, etc. ;

Que, suivant exploit de....., huissier à....., du....., M....., en sa qualité de subrogé tuteur des mineurs CAMUS, a été sommé de se trouver cejourd'hui en la maison où est décédée Mme CAMUS, pour être présent à la vente, et il lui a été déclaré qu'il y serait procédé en son absence comme en sa présence.

---

(1) Par conséquent, il n'y a pas lieu au droit de surenchère ouvert aux créanciers inscrits par l'art. 2185 C. N.; en sorte que les formalités de la purge, comme préalable de l'ordre, ne sont pas nécessaires : Bioche, *Purge*, n° 62; Orléans, 20 mars 1850; Nîmes, 28 janvier 1856 : Cass., 19 mars 1851, 3 août 1861. Voir cependant, Cass., 9 nov. 1858 : Dict. not., *Faill.* n° 208.
(2) Les placards peuvent être rédigés par l'officier public qui procède à la vente. les huissiers n'ayant aucun droit exclusif à leur rédaction : Cass., 23 juin 1852 ; J. N., 14770.

la justice de paix ; et si la vente se fait dans un lieu autre que celui où sont les effets, un cinquième pla-card est apposé au lieu où se fera la vente ; l'apposition est constatée par un exploit, auquel est annexé un exemplaire du placard ; la vente est en outre annoncée par la voie des journaux, dans les villes où il y en a (*C. pr.*, *617, 618, 619*) ; s'il s'agit de barques, chaloupes et autres bâtiments de mer du poids de dix tonneaux et au-dessous, bacs, galiotes, bateaux et autres édifices mobiles assis sur bateaux ou autrement, ou de vaisselle d'argent, bagues et joyaux de la valeur de trois cents francs au moins, voir *C. pr.*, art. *620 et 621* ; — 3° on appelle à la vente les parties ayant droit d'assister à l'inventaire, *supra* n°* 2179 et suiv.*, et qui demeurent ou ont élu domicile dans la distance de cinq myriamètres (*C. pr.* 947) ; — 4° s'il s'élève des difficultés, il peut être statué provisoirement en référé par le président du tribunal de

En conséquence, M. Bert requiert M°....., l'un des notaires soussignés, de procéder à la vente au plus offrant desdits meubles et objets mobiliers.

M....., subrogé tuteur des mineurs Camus, à ce intervenu, consent à ce que cette vente ait lieu.

La vente aura lieu aux conditions suivantes :

1° Les adjudicataires, etc. (voir, *pour le surplus, la formule* 615 *ci-dessus*).

FORMULE 624. — Cahier des charges pour une vente judiciaire de droits mobiliers incorporels. (N°* 4424, 4425.)

Par-devant M°..... et son collègue, notaires à....., soussignés,

Ledit M°....., commis à cet effet par le jugement ci-après énoncé,

A comparu : M..... (*nom, prénoms et demeure de l'avoué poursuivant*) ;

Lequel a établi de la manière suivante, le cahier des charges, clauses et conditions auxquelles il sera procédé, en l'étude de M°....., à l'adjudication au plus offrant et dernier enchérisseur, des objets ci-après désignés.

Cahier des charges, clauses et conditions auxquelles seront adjugés, en l'étude et par le ministère de M°....., notaire,

Les droits incorporels et objets mobiliers accessoires qui seront ci-après désignés.

En..... (*indiquer le nombre de lots*).

Aux requête, poursuite et diligence de..... (*indiquer les nom, profession et demeure de la partie poursuivante*), ayant pour avoué M°....., susnommé,

En présence de (*énoncer les noms des parties présentes à la vente, et les noms et demeures de leurs avoués*),

Il sera le....., à midi, en l'étude et par le ministère de M°....., notaire commis à cet effet, demeurant à....., procédé à l'adjudication au plus offrant et dernier enché-risseur, des valeurs mobilières et droits incorporels dont la désignation sera ci-après établie,

En exécution d'un jugement rendu le....., entre les parties ci-dessus dénommées, par le tribunal civil de....., signifié à..... ; duquel le dispositif est ainsi conçu (*le copier*) :

DÉSIGNATION.

(*On indiquera ici, avec précision, la nature et le lotissement des objets à vendre. Lorsque parmi ces objets se trouveront, soit des meubles meublants, soit des ustensiles ou des mar-chandises, la désignation devra en être faite dans un état séparé, dressé au même instant devant le notaire, et qui sera annexé au procès-verbal.*)

ÉTABLISSEMENT DE PROPRIÉTÉ.

(*On indiquera, sous cette rubrique, la proportion dans laquelle chacune des parties ven-deresses est propriétaire des objets à vendre et les actes desquels cette proportion résulte. Dans la plupart des cas, en matière de vente mobilière, il n'y a pas lieu d'établir la pro-priété dans la personne des vendeurs ou de leurs auteurs; on devra le faire, cependant, toutes les fois qu'il y aura eu plusieurs transmissions successives du titre des objets à vendre.*)

première instance (*C. pr. 948*); — 5° la vente se fait dans le lieu où sont les effets, s'il n'en est autrement ordonné (*C. pr., 949*); — 6° elle est faite tant en absence que présence, sans appeler personne pour les non-comparants (*C. pr., 950*); — 7° le procès-verbal fait mention de la présence ou de l'absence du requérant (*C. pr., 951*); — 8° l'adjudication est faite au plus offrant, en payant comptant; faute de payement, l'effet est revendu sur-le-champ à la folle enchère de l'adjudicataire (*C. pr., 624*).

4423. Si les objets dépendent d'une faillite, ils sont vendus aux enchères à la requête du syndic, autorisé à cet effet par une ordonnance du juge-commissaire.

4424. *Meubles incorporels* [Form. 624]. La vente judiciaire de meubles incorporels, tels que : un fonds de commerce, des créances, rentes sur particuliers, etc., ne peut être faite que par le ministère

---

CONDITIONS DE LA VENTE.

ART. 1er. *Garantie*. L'adjudicataire sera propriétaire des objets vendus par le fait seul de l'adjudication; il ne pourra exercer contre les propriétaires vendeurs d'autre garantie que celle de droit commun en matière de vente de droits mobiliers incorporels.

ART. 2. *Entrée en jouissance*. L'adjudicataire deviendra propriétaire à partir de l'adjudication, mais n'entrera en jouissance des droits vendus qu'après l'accomplissement, par lui, des conditions immédiatement exigibles de son adjudication. (*L'entrée en jouissance fera l'objet d'une stipulation spéciale, selon les circonstances.*)

ART. 3. *Payement des frais*. L'adjudicataire sera tenu d'acquitter, en sus de son prix : 1° tous les droits de timbre et d'enregistrement du présent procès-verbal, de ceux qui en seront la suite, et de la grosse à fournir aux vendeurs; 2° tous les frais de poursuite de la vente qui seront déclarés avant l'adjudication; 3° la remise proportionnelle qui sera déclarée avant l'adjudication. Cette remise proportionnelle sera payée sur le prix cumulé de l'adjudication et des charges accessoires appréciables en argent, autres que les frais de poursuite de vente.

Ce payement aura lieu, savoir : pour les frais de timbre et d'enregistrement et pour les deux tiers de la remise proportionnelle, entre les mains de Me....., notaire; pour les frais de poursuite et pour le dernier tiers de la remise proportionnelle, entre les mains de Me....., avoué poursuivant. Il devra être effectué au moment même de l'adjudication.

Dans la remise proportionnelle se trouvent compris les frais de la grosse à délivrer aux vendeurs.

ART. 4. *Payement du prix*. L'adjudicataire sera tenu de payer son prix dans les vingt-quatre heures de l'adjudication. (*Cette clause devra être modifiée suivant les circonstances.*)

A défaut de payement dans le délai déterminé, les intérêts courront de plein droit, au profit des vendeurs, à raison de 5 p. 100 par an.

ART. 5. *Remise des titres*. L'adjudicataire ne pourra se faire délivrer expédition du procès-verbal d'adjudication qu'en justifiant de l'acquit des conditions exigibles de son adjudication.

Il ne pourra exiger la remise des pièces auxquelles il aura droit, et qui consistent en (*énumérer ces pièces*), qu'en faisant la même justification.

ART. 6. *Réception des enchères*. Les enchères ne seront reçues qu'autant qu'elles auront été portées par des personnes connues et notoirement solvables.

ART. 7. *Des commands*. Dans le cas où l'adjudicataire userait de la faculté de déclarer command, il demeurera solidairement obligé, avec celui ou ceux qu'il se sera substitués, à l'exécution de toutes les clauses et conditions de l'adjudication.

La même solidarité existera entre les coadjudicataires.

ART. 8. *Attribution de juridiction*. Le tribunal civil de première instance de....., sera seul compétent pour connaître de toutes les contestations relatives à l'exécution de l'adjudication et à ses suites, quels que soient la nature des contestations et le lieu du domicile des parties intéressées.

d'un notaire (1). Les actions industrielles non cotées à la bourse ne peuvent non plus être vendues aux enchères que par le ministère d'un notaire (2); si elles sont cotées à la bourse ou susceptibles d'y être cotées, la vente publique peut en être faite soit par un notaire, soit par un agent de change (3). Les agents de change n'ont de droit exclusif qu'autant qu'il y a lieu de procéder par voie de négociation (*C. comm.*, 76).

4425. Cette vente n'est pas soumise aux formes prescrites soit pour les ventes sur saisie de rentes sur particuliers, soit pour les ventes judiciaires d'immeubles; mais elle doit, comme celle des meubles corporels, se faire dans les formes prescrites au titre des saisies-exécutions (4), *supra n° 4422*. En conséquence, ni le notaire chargé de procéder à la vente, ni l'avoué poursuivant n'ont droit à la remise proportionnelle tarifée par l'ordonnance royale du 10 octobre 1841 (5).

ART. 9. *Election de domicile*. L'adjudicataire sera tenu d'élire domicile à . . . . ., pour l'exécution de l'adjudication, sinon, et faute par lui de ce faire, ce domicile sera élu de droit en l'étude de Mᵉ . . . . ., notaire commis pour la réception des enchères.

Les vendeurs élisent domicile à . . . . .

Ces domiciles élus seront attributifs de juridiction, même pour les préliminaires de conciliation; les actes d'exécution, les exploits d'offres réelles et d'appel y seront valablement signifiés.

ART. 10. *Folle enchère*. A défaut d'exécution, par l'adjudicataire, de tout ou partie des clauses et conditions de l'adjudication, il pourra être procédé à la revente sur folle enchère du lot à lui adjugé, sans préjudice du droit qu'auront les vendeurs d'agir contre lui par toutes autres voies de droit.

MISE A PRIX. Outre les charges, clauses et conditions ci-dessus, les enchères seront reçues sur la mise à prix de . . . . ., fixée par le jugement qui a ordonné la vente.

Fait et passé, etc.

---

(1) Roll., *Vente de meubles*, n° 22; Cass., 16 août 1854; Jur. N., 10310.

(2) Duranton, IV, 122; Roll., *Ventes d'actions*, n° 2; Paris, 2 mai 1811.

(3) Cass., 7 déc. 1853; Douai, 23 mars 1855; Rouen, 27 déc. 1856; J. N. 11199, 15162, 15680, 15752; CONTRA, Paris, 26 nov. 1849, 18 juin 1850, 30 mai, 11 juill. et 6 août 1851; Jur. N., 8654, 8889, 9192; J. N., 11431.

(4) Roll., *Vente de meubles*, n° 22; Cass., 16 août 1854; J. N., 15393.

(5) Cass., 16 août 1854; J. N., 15393.

TITRE SEPTIÈME

DE L'ÉCHANGE.

———

FORMULES

4426. L'échange [Form. 625] est un contrat par lequel les parties se donnent respectivement une chose pour une autre (*C. N.*, 1702).

4427. On peut échanger non-seulement un immeuble contre un immeuble, mais aussi un immeuble contre un ou plusieurs objets mobiliers corporels (1), et une pleine propriété ou une nue propriété contre un usufruit.

4428. Lorsque l'échange a lieu avec stipulation d'une soulte, la nature de l'acte se détermine par l'importance de la soulte : si elle est inférieure ou même égale à la valeur de la chose qu'elle complète, il ne perd pas son caractère d'échange ; mais si elle est supérieure à cette chose, la vente prédomine et la rescision pour lésion est admissible, nonobstant l'art. 1706 (2), *infra* nᵒ 4439.

4429. L'objet reçu en échange est subrogé à celui cédé ; si l'objet cédé était propre, acquêt, dotal, paraphernal ou inaliénable, il en est de même de celui reçu (3), *supra* nᵒ 3805. Mais les charges qui pèsent sur l'objet cédé ne passent pas sur celui reçu en échange ; il en est ainsi des hypothèques, substitutions, clauses de retour, droits résolutoires, etc. (4). Si l'un des échangistes est grevé d'une hypothèque judiciaire ou légale, cette hypothèque ne peut être exercée cumulativement sur le bien reçu et sur celui cédé (5).

FORMULE 625. — **Échange d'immeubles.** (Nᵒˢ 4426 a 4441.)

PAR-DEVANT Mᵉ....:

ONT COMPARU : M. Louis VALMOND, propriétaire, et Mᵐᵉ Germaine THIBET, son épouse de lui autorisée, demeurant à.....,   D'UNE PART,

Et M. Léon PINEL, négociant, demeurant à.....,   D'AUTRE PART ;

---

(1) Duranton, XV, 119; Duvergier, II, 405; Troplong, nᵒ 4; Massé et Vergé, § 695, note 2; Dict. not., *Echange*, nᵒ 11; Roll., *ibid.*, nᵒ 6. Voir Marcadé, *1703*, 2; Champ. et Rig., nᵒ 1709.

(2) Duranton, XVI, 547; Duvergier, II, 406; Troplong, nᵒ 6; Massé et Vergé, § 695, note 2; Dict. not., *Echange*, nᵒ 42; Roll., *ibid.*, nᵒ 10. Voir Marcadé, *1703*, 2; Colmar, 25 mars 1825.

(3) Troplong, nᵒ 11; Dict. not., *Echange*, nᵒ 27.

(4) Troplong, nᵒ 13; Dict. not., *Echange*, nᵒ 28; Roll., *ibid.*, nᵒ 58; Cass., 9 nov. 1815.

(5) Dict. not., *Echange*, nᵒ 31; Roll., *ibid.*, nᵒ 6; Bordeaux, 5 juin 1835; Cass., 18 mars 1828, 28 août 1860; J. N., 16945.

4430. L'échange s'opère par le seul consentement de la même manière que la vente, *supra n° 5991* (*C. N.*, *1703*).

4431. A défaut de preuve écrite ou d'un commencement de preuve par écrit, l'échange ne peut être prouvé ni par des faits d'exécution, ni par des faits de possession (1).

4432. Les immeubles d'un mineur peuvent être cédés en échange par son tuteur, lorsqu'il y a nécessité absolue ou avantage évident, en vertu d'une délibération du conseil de famille homologuée par le tribunal (2) (*arg. C. N.*, *457*, *458*). Si le mineur est sous l'administration légale de son père, il n'a pas de conseil de famille, *supra n° 1185*, et l'échange a lieu avec la seule autorisation du tribunal (3).

4433. Jugé que le mari peut échanger un de ses immeubles contre un immeuble dotal de la femme, à titre de remploi (4) (*arg. C. N.*, *1595*, *1707*).

4434. Si l'un des copermutants a déjà reçu la chose à lui donnée en échange, et qu'il prouve ensuite que l'autre contractant n'est pas propriétaire de cette chose, il ne peut pas être forcé à livrer celle qu'il a promise en contre-échange, mais seulement à rendre celle qu'il a reçue (*C. N.*, *1794*). Mais il doit prouver que la chose est à autrui; il ne suffirait pas du simple trouble d'un tiers dont le droit

---

Lesquels ont fait, entre eux, l'échange suivant :

CESSION PAR M. ET Mme VALMOND A M. PINEL.

M. et Mme VALMOND cèdent à titre d'échange, en s'obligeant solidairement entre eux aux garanties de fait et de droit les plus étendues,
A M. PINEL, qui accepte :
Une maison située à . . . . ., etc. (*La désigner.*)

CESSION PAR M. PINEL A M. ET Mme VALMOND.

M. PINEL cède au même titre d'échange, en s'obligeant à la garantie de fait et de droit la plus étendue,
A M. et Mme VALMOND qui acceptent :
Une pièce de terre labourable, située commune de . . . . ., etc. (*La désigner.*)

ÉTABLISSEMENT DE PROPRIÉTÉ.

§ 1. — IMMEUBLE CÉDÉ PAR M. ET Mme VALMOND.

La maison cédée par M. et Mme VALMOND dépend de la communauté existant entre eux, etc. (Voir *supra formule* 583.)

§ 2. — IMMEUBLE CÉDÉ PAR M. PINEL.

La pièce de terre cédée par M. PINEL lui appartient, etc. (Voir *même formule*.)

JOUISSANCE.

Chacun des échangistes a la propriété et la jouissance de l'immeuble à lui cédé à compter d'aujourd'hui.

CONDITIONS.

1° Les échangistes prendront les immeubles à eux cédés dans leur état actuel, avec toutes leurs dépendances sans aucune exception ni réserve, comme aussi sans garantie tant du bon état de solidité des bâtiments que de la contenance indiquée au terrain ; en conséquence, les co-échangistes ne pourront exercer aucune réclamation l'un envers l'autre, soit pour le mauvais état des bâtiments résultant de vices de construction, vétusté ou autre cause, soit pour moindre mesure ou excédant de contenance, quand

---

(1) Marcadé, *1703*, 3; Cass., 29 déc. 1863; *Journ. du not.*, 1864, p. 34. Voir cependant Cass., 24 janv. 1834.
(2) Valette sur Proudhon, II, p. 398; Demolombe, VII, 737; Bertin, *Chamb. du cons.*, I, p. 264; *Dict. not.*, *Échange*, n° 22; Toulouse

9 août 1827; Trib. Seine, 6 juill. 1850, 11 déc. 1857, 13 déc. 1861; Grenoble, 9 avril 1856; *Jur. N.*, 11279, 13121.
(3) Trib. Seine, 10 janv. 1851.
(4) Agen, 4 déc. 1834; J. N., 15491.

ne serait pas certain (1). Si la chose reçue est grevée d'hypothèque, le co-échangiste peut exiger la radiation des inscriptions, mais non la résolution (2), à moins que la clause résolutoire n'ait été insérée dans l'acte d'échange.

4435. Si la délivrance est complète des deux côtés, et que l'un des échangistes découvre que la chose à lui cédée appartient à autrui, il peut, sans attendre le trouble, demander la résolution de l'échange (3).

4436. Le copermutant qui est évincé de la chose qu'il a reçue en échange a le choix de conclure à des dommages et intérêts représentant la valeur de la chose dont il est évincé ou de répéter sa chose (*C. N.*, 1705); et, dans ce cas, il a encore droit à des dommages et intérêts pour loyaux coûts et autres causes qui se rattachent à l'art. 1630 (4), *supra n° 4445.*

4437. Lorsque le copermutant opte pour la répétition de sa chose, il a une action contre les tiers à qui elle a été transmise par l'autre échangiste avant la demande en résolution (5), sans que les tiers détenteurs soient fondés à opposer la prescription pour le temps antérieur à l'éviction (6); et la chose lui revient franche et libre de toutes les hypothèques et de toutes les charges du chef de l'autre copermu-

---

même la différence en plus ou en moins serait supérieure à un vingtième, étant dérogé pour le tout aux dispositions de la loi à cet égard;

2° Ils acquitteront les contributions et autres charges de toute nature auxquelles les immeubles cédés sont et pourront être assujettis, à partir du. . . . . ;

3° Ils jouiront des servitudes actives et supporteront, etc. (Voir *formule* 568, *page* 183.)

SOULTE.

Le présent échange a lieu moyennant une soulte de trois mille francs à la charge de M. PINEL.

M. PINEL s'oblige à payer cette somme à M. et Mme VALMOND, dans le délai d'un an, et, jusqu'au payement, à leur en servir l'intérêt sur le pied de 5 p. 100 par an, à partir d'aujourd'hui, payable en même temps que le principal.

Ces payements, en principal et intérêt, auront lieu au domicile à cet effet élu à. . . . ., et ne pourront être valablement effectués qu'en espèces de monnaie d'or ou d'argent au cours actuel, et non autrement.

A la garantie du payement de cette soulte avec tous intérêts et autres accessoires, l'immeuble cédé à M. PINEL demeurera affecté par privilège au profit de M. et Mme VALMOND.

ASSURANCE CONTRE L'INCENDIE.

Voir *formule* 568, *page* 195.

TRANSCRIPTION ET PURGE.

Les échangistes feront transcrire une expédition du présent contrat au bureau des hypothèques de. . . . .; ils rempliront en outre les formalités de purge d'hypothèque légale, le tout à frais communs. Et si, par suite de l'accomplissement de l'une ou de l'autre de ces formalités, il y a ou survient des inscriptions, les cédants de l'immeuble sur lequel elles existeront, seront tenus d'en rapporter mainlevée et certificats de radiation à leur co-échangiste, dans le mois de la dénonciation qui leur en aura été faite.

ÉTAT CIVIL.

Les échangistes déclarent, savoir :

---

(1) Troplong, n° 21.

(2) Troplong, n° 22; Roll., *Échange*, n° 39; Douai, 1er déc. 1800; Jur. N., 1766.

(3) Troplong, n° 23; Duranton, XVI, 544; Duvergier, II, 412; Zach., Massé et Vergé, § 695, note 6; Marcadé, *1704*, 1; Cass., 46 janv. 1840; Poitiers 16 avril 1822.

(4) Duranton, XVI, 545; Troplong, n° 24; Zach., Massé et Vergé, § 695, note 8; Roll. *Échange*, n° 47.

(5) Duranton, XVI ,546; Duvergier, II, 417; Troplong, n° 25; Mar-

cadé, *17 05*, 2; Zach., § 695, note 9; Dict. not., *Échange*, n° 57; Roll., *ibid.*, n° 46; Aix, 25 mai 1813; Grenoble, 18 juill. 1834; Rouen, 20 juill. 1837; Nîmes, 18 fév. 1839; Bordeaux, 12 juin 1846; Trib. Châtellerault, 17 août 1846; J. N., 12877; Poitiers, 30 juin 1847; Jur. N., 8006; CONTRA, Toulouse, 13 août 1827.

(6) Agen, 21 juill. 1862; Cass., 28 août 1860, 28 janv. 1862; J. N., 16945, 17363; CONTRA, Toullier, VI, 527; Troplong, *Prescript.*, n° 504; Massé et Vergé, § 848, note 2; Marcadé, *2257*, 2; Bordeaux, 14 janv. 1835; Paris, 22 nov. 1856.

tant ou des tiers acquéreurs, mais il doit tenir compte des impenses et améliorations dont il profite (1), *supra* n° 4596.

4438. Le co-échangiste évincé qui opte pour des dommages et intérêts n'a pas de privilége sur l'immeuble par lui cédé (2). Mais la soulte stipulée en faveur de l'un des copermutants est considérée comme un prix, et donne lieu au privilége de vendeur sur l'immeuble cédé (3), *supra* n° 4031.

4439. La rescision pour cause de lésion n'a pas lieu dans le contrat d'échange (*C. N.*, *1706*); voir cependant *supra* n° 4428. Mais l'échange peut être attaqué pour cause de dol et de fraude (4).

4440. Toutes les autres règles prescrites par le contrat de vente s'appliquent d'ailleurs à l'échange

. M. et Mᵐᵉ VALMOND : 1° qu'ils sont l'un et l'autre mariés en premières noces, sous le régime de la communauté, sans restriction de la capacité de l'épouse, aux termes de leur contrat de mariage passé devant Mᵉ.....;

2° Qu'ils ne sont et n'ont jamais été tuteurs de mineurs ou d'interdits, ni comptables de deniers public ;

Et M. PINEL : 1° qu'il est marié en premières noces, sous le régime dotal, avec Mᵐᵉ Flore BOUCHER ;

2° Qu'il n'est et n'a jamais été tuteur, etc.

TITRES.

M. et Mᵐᵉ VALMOND ont remis à M. PINEL, qui le reconnaît et leur en donne décharge : 1°.....; 2°.....

M. PINEL, de son côté, a remis, etc.

Les échangistes ne seront tenus à la remise d'aucune autre pièce; mais ils se subrogent respectivement dans leurs droits, à l'effet de se faire délivrer toutes expéditions et tous extraits d'actes qu'il appartiendra, aux frais de celui qui en fera la demande.

ÉVALUATION POUR L'ENREGISTREMENT.

Pour la perception du droit d'enregistrement les immeubles échangés sont évalués à un revenu annuel, impôts compris :

Celui cédé par M. et Mᵐᵉ VALMOND, de.....

Et celui cédé par M. PINEL, de.....

FRAIS (N° 4441).

Les frais et droits auxquels ces présentes donneront ouverture seront supportés par les échangistes, chacun pour moitié, à l'exception cependant de ceux applicables à la soulte, qui seront acquittés par M. PINEL seul.

ÉLECTION DE DOMICILE.

Pour l'exécution des présentes, etc.

DONT ACTE. Fait et passé, etc.

FORMULE 626. — Quittance de soulte d'échange, avec renonciation au droit de répéter les immeubles échangés. (N° 4442.)

PAR-DEVANT Mᵉ.....,

ONT COMPARU : M. Louis VALMOND et Mᵉ....., etc.,   D'UNE PART,

Et M. Léon PINEL, négociant, demeurant à.....,   D'AUTRE PART;

Lesquels, pour arriver à la quittance faisant l'objet des présentes, ont exposé ce qui suit :

Aux termes d'un contrat passé devant Mᵉ....., notaire à....., le....., il a été fait

(1) Troplong, n° 26; Roll., *Ech.*, n° 52 ; Lyon, 12 janv. 1839.
(2) Troplong, *Priv.*, n° 200 *bis*; Pont, *ibid.*, n° 187; Paris, 20 janv. 1894; Cass., 26 juill. 1852; J. N., 14772.; Bordeaux, 6 avril 1865.
(3) Tersil, *2103*, § 4ᵉʳ, n° 11; Duranton, XIX, 155; Taulier, VII, p. 47 ; Grenier, *Priv.*, II, 387; Troplong, *ibid.*, n° 215; Pont *ibid.*,

n° 187; Dalloz, *ibid.*, n° 429; Dict. not. *Échange*, n° 45; Cass., 11 mai 1863; R. N., 949.
(4) Troplong, n° 29; Roll., *Échange*, n° 55; Colmar, 25 mars, 1845.

(C. N., 1707), *supra n°s 3991 à 4052 et 4115 à 4160*. Ainsi, la clause obscure ou ambiguë s'interprète contre celui des contractants qui cède la chose à laquelle cette clause se réfère (1). Néanmoins, il n'y a pas lieu d'appliquer à l'échange la règle portée par l'art. 1619, *supra n° 4010*, pour l'excédant ou le déficit de contenance; elle est remplacée par une simple appréciation en fait de l'intention des parties (2).

4441. Les frais d'échange, à moins de convention contraire, doivent être supportés par moitié entre les échangistes, sauf, s'il y a soulte, ceux y applicables, qui sont à la charge de l'échangiste qui la doit (3). Si l'un des échangistes prend à sa charge le payement de la totalité des frais du contrat, le droit d'enregistrement de soulte est exigible sur la part des frais qui, sans cette convention, incomberait à l'autre échangiste (4).

4442. L'échangiste évincé peut reprendre sa chose, même à l'égard de tout tiers détenteur, quel

---

un échange d'immeubles entre M. et Mme Valmond et M. Pinel, par lequel M. et Mme Valmond ont cédé à M. Pinel une maison, etc.; et M. Pinel a cédé à M. et Mme Valmond une pièce de terre, etc.

Cet échange a eu lieu moyennant une soulte, à la charge de M. Pinel, de trois mille francs, qui ont été stipulés payables à M. et Mme Valmond dans le délai d'un an, avec intérêt à 5 p. 100 par an, à partir du jour dudit acte.

Une expédition dudit contrat d'échange a été transcrite au bureau des hypothèques de....., etc. (*Enoncer la transcription, les certificats délivrés contre chacun des échangistes et les formalités de purge*. Voir *supra, formule* 583, § 7.)

PAYEMENT.

Ces faits exposés, M. et Mme Valmond ont, par ces présentes, reconnu avoir reçu en espèces de monnaie ayant cours et en billets de la banque de France acceptés pour numéraire, le tout délivré à la vue des notaires soussignés,

De M. Pinel :

La somme de trois mille francs, montant de la soulte mise à la charge de M. Pinel par l'acte d'échange du....., énoncé en l'exposé qui précède, ci.   3,000   »

Et celle de....., pour l'intérêt de ces trois mille francs, couru depuis le.... jusqu'aujourd'hui, ci. . . . . : . . . .   »   »

Ensemble. ...., ci. . . . .   »   »

M. et Mme Valmond donnent quittance à M. Pinel de la somme payée.

Et, par suite, ils font mainlevée pure et simple, avec désistement de tous droits privilégiés et hypothécaires et consentent à la radiation entière et définitive de l'inscription d'office prise à leur profit contre M. Pinel, au bureau des hypothèques de....., le....., vol....., n°.....

En opérant la radiation de cette inscription, M. le conservateur sera déchargé.

DÉSISTEMENT DE L'ACTION RÉSOLUTOIRE.

En outre, M. et Mme Valmond et M. Pinel se désistent réciproquement de l'action en répétition pouvant résulter, au profit de chacun d'eux, de l'art. 1705 du C. N., par suite de l'acte d'échange du..... ci-dessus énoncé; en conséquence, chacun d'eux est propriétaire incommutable de l'immeuble à lui cédé et pourra en disposer comme bon lui semblera.

Mention des présentes est consentie pour avoir lieu sur toutes pièces où besoin sera.

Dont acte. Fait et passé, etc.

---

(1) Troplong, n° 41 ; Marcadé, *art. 1709*; Pau, 14 mai 1830.

(2) Voir Duvergier, 11, 426 ; Troplong, n° 34; Marcadé, *art. 1707*; Colmar, 1er mai 1807.

(3) Dict. not., *Echange*, n° 24 ; Roll., *ibid.*, n° 29.

(4) Garnier, n° 5205, 4°; Trib. Seine, 30 janv. 1864; R. P. 1876;

J. N., 18080 ; Cass., 10 mai 1865; Trib. Bressuire, 12 fév. 1867; CONTRA, Sol. Régie. 15 mai 1827, 13 janv. 1829, 17 sept. 1839, 21 fév., 1840. Le jugement du 30 janvier 1864 porte par erreur la date du 4 août 1864 dans le *Journal des notaires* et dans tous les recueils qui puisent à cette source; il porte cette même date du 4 août 1864, dans la *Revue du notariat*, art. 1177.

que soit le temps écoulé depuis l'échange, *supra* n° 4437, encore bien que l'action résolutoire n'ait pas été inscrite, l'art. 7 de la loi du 23 mars 1855 étant inapplicable à l'échange (1). D'où il suit que la propriété de l'immeuble reçu en échange est soumise à une incertitude nuisible à sa transmission et à son affectation hypothécaire; pour éviter cet inconvénient, il est utile, soit par un acte de compte rendu des formalités hypothécaires, soit dans la quittance de la soulte [Form. 626], que les échangistes renoncent à l'action en répétition résultant de l'art. 1705, de manière à ne conserver entre les échangistes que l'action personnelle en dommages et intérêts. Cette renonciation qui tend à passer dans la pratique, ne doit, bien entendu, avoir lieu que lorsqu'aucune cause d'éviction n'est connue ou soupçonnée. (2)

TITRE HUITIÈME.

DU CONTRAT DE LOUAGE.

SOMMAIRE

(1) Nancy, 9 janv. 1862; Trib. Pont-l'Evêque, 15 mars 1863; M T., 1864, p. 222

(2) V. Trib. Châtellerault, 17 avril 1846; Poitiers, 30 juin 1847; J. N., 12877, 13088.

§ 5. — **Baux d'ouvrage ou d'industrie.**

Form. 649. Bail d'industrie.
Form. 650. Contrat d'apprentissage.

Form. 651. Bail à nourriture de personne.
Form. 652. Affrètement ou bail de navire.
Form. 653. Marché à l'entreprise pour construction d'une maison.
Form. 653 bis. Remplacement militaire.

CHAPITRE PREMIER

DISPOSITIONS GENÉRALES.

4443. Il y a deux sortes de contrats de louage : — celui des choses, — et celui d'ouvrage, *infra* n° 4615. (*C. N. 1708*).

4444. Le louage des choses est un contrat par lequel l'une des parties s'oblige à faire jouir l'autre d'une chose pendant un certain temps et moyennant un certain prix que celle-ci s'oblige à lui payer (*C. N., 1709*).

4445. Ce genre de louage se subdivise en plusieurs espèces particulières : on appelle *bail à loyer* le louage des maisons [Form. 627, 628, 629] et celui des meubles ; — *bail à ferme* celui des héritages ruraux ; — *bail à cheptel* celui des animaux dont le profit se partage entre le propriétaire et celui à qui il les confie (*C. N., 1711*).

4446. Les *devis, marché* ou *prix fait*, pour l'entreprise d'un ouvrage moyennant un prix déterminé, sont aussi un louage lorsque la matière est fournie par celui pour qui l'ouvrage se fait, *infra* n° 4655 (*C. N., 1711*).

---

§ 1. — BAUX A LOYER.

FORMULE 627. — Bail de maison. (N°ˢ 4447 à 4519.)

PAR-DEVANT Mᵉ.....

A COMPARU : M. Louis MALLET, rentier, demeurant à..... (n°ˢ 4453 à 4456) ;

Lequel a, par ces présentes, donné à bail à loyer pour neuf années consécutives, qui commenceront à courir le....., et finiront le..... ; — *ou* pour trois, six ou neuf années, qui commenceront à courir le....., au choix respectif du bailleur et du preneur ci-après nommé, à la charge de celui qui voudra faire cesser le bail, à la fin de l'une des deux premières périodes, d'avertir l'autre un an à l'avance ; — *ou encore* : au choix du preneur seul qui, pour faire cesser le bail à la fin de l'une des deux premières périodes, devra avertir le bailleur un an à l'avance (n°ˢ 4458 à 4464 et 4517),

A M. Denis VALENTIN, négociant, demeurant à....., ici présent et ce acceptant (n° 4457).

Une maison située à....., etc. (*la désigner*) (n°ˢ 4465, 4466),

Dans l'état où se trouve cette maison, avec toutes ses dépendances, sans aucune exception ni réserve ; au surplus le preneur déclare bien la connaître, pour l'avoir visitée (n°ˢ 4467 à 4477) :

Le présent bail est fait aux charges et conditions suivantes que le preneur s'oblige à exécuter et accomplir, à peine de tous dommages et intérêts, et même de résiliation si bon semble à M. MALLET (n°ˢ 4478 à 4487) :

1° Il tiendra la maison louée constamment garnie de meubles et effets mobiliers en quantité et de valeur suffisantes pour répondre du payement du loyer et de l'exécution des conditions du bail (n° 4512) ;

2° Il ne pourra, sous aucun prétexte, changer la destination de la maison louée, qu'il habitera par lui-même et sa famille ; il l'entretiendra en bon état de réparations locatives, et la rendra à la fin du bail telle qu'il l'aura reçue d'après l'état des lieux qui sera dressé

CHAPITRE DEUXIÈME.

DU LOUAGE DES CHOSES

SECTION Iʳᵉ. — DES RÉGLES COMMUNES AUX BAUX DES MAISONS ET DES BIENS RURAUX.

4447. I. *De la forme et de la preuve du bail.* On peut louer ou par écrit ou verbalement (*C. N.*, *1714*), ou même par lettre missive (1), *supra n° 3143*. Cependant lorsqu'une maison est louée à un débitant de boissons pour y exercer son débit, le bail doit être fait par acte authentique (*Loi 28 avril 1816, art. 61*).

4448. Si le bail (2) fait sans écrit n'a encore reçu aucune exécution, et que l'une des parties le nie, la preuve ne peut être reçue par témoins, quelque modique qu'en soit le prix et quoiqu'on allègue qu'il y a eu des arrhes donnés, *supra n° 4058*, ou qu'on a remis un denier à Dieu (3), ou encore qu'il y a un commencement de preuve par écrit (4). Le serment peut seulement être déféré à celui qui nie le bail (5) (*C. N.*, *1715*). La preuve peut aussi en être faite par un interrogatoire sur faits et articles, l'art. 324 C. pr. le permettant en toute matière (6).

4449. La preuve par témoins n'est pas non plus admissible lorsque le bail a reçu son exécution par l'entrée en possession du preneur, quand même le loyer serait moindre de cent cinquante francs (7), à plus forte raison s'il est supérieur à ce chiffre (8) ; mais la partie qui allègue un bail écrit dont l'exécution

lors de l'entrée en jouissance, par l'architecte du bailleur, aux frais du preneur et contradictoirement avec lui (nᵒˢ 4478 à 4480 et 4512 à 4515);

Ou bien : Il entretiendra la maison louée et ses dépendances en bon état de réparations de toute nature, grosses ou menues, et il supportera toutes les charges qui sont, suivant l'usage et le droit, acquittées par le propriétaire, comme l'entretien et la réparation des toitures et des gros murs, le curement du puits, la vidange des fosses d'aisances, etc. Toutefois si, par suite de vétusté ou de force majeure, les toitures ou gros murs viennent à tomber, le preneur ne sera pas tenu de les reconstruire, toutes reconstructions et réparations nécessaires, dans ce cas, restant, comme de droit, à la charge du bailleur.

3° Il souffrira les grosses réparations qui pourront devenir nécessaires à la maison louée pendant la durée du bail, et il ne pourra réclamer aucune indemnité ni diminution du loyer, si les travaux ne durent pas plus de quarante jours (nᵒˢ 4473, 4474) ;

4° Il ne pourra déposer ni faire décharger dans la cour, ou adosser le long des murs de clôture, aucuns fardeaux qui soient de nature à incommoder ni à endommager le pavé ou les clôtures (n° 4481) ;

5° Il entretiendra le jardin en bon état de culture, sans pouvoir en changer la distribution actuelle ; il taillera et échenillera les arbres, vignes, arbustes et espaliers ; il ne pourra en arracher aucun sous quelque prétexte que ce soit ; si néanmoins des arbres,

---

(1) Troplong, n° 105. Voir Trib. Seine, 18 fév. 1864.
(2) De maisons ou de biens ruraux. mais non pour les autres espèces de locations: Duranton, XVII, 52; Duvergier, I, 14 ; Troplong, n° 110; Marcadé, *1710*,4 .
(3) Duvergier, I, 254, 255; Massé et Vergé, § 609, note 6; Dict. not., *Bail*, n° 161.
(4) Duranton, XVII, 54 ; Taulier, VI. p. 224; Marcadé, *1715*,2; Troplong, n° 112; Larombière, *1347*, 38 ; Dict. not., *Bail*, n° 163; Rouen, 18 fév. et 19 mars 1841; Bordeaux, 8 avril 1842 ; Colmar, 13 mars 1843 ; Metz, 10 avril 1856; Paris, 8 mai 1862; J. N., 17442; contra, Duvergier, I, 267; Roll., *Bail*, n° 190; Cass., 1ᵉʳ août 1867; J. N., 19035; Cass., 17 mars 1868.
(5) Voir Lyon, 3 mai 1851, 27 fév. 1862; M. T., 1862, p. 352,517.

(6) Duranton, XVII, 53; Carré, *Quest.*, 4226; Duvergier, I, 257; Marcadé, *1715*, 2; Massé et Vergé, § 699, note 7; Cass., 42 janv. 1864; J. N., 17928 ; contra, Troplong, n° 411; Larombière, *1347*, 39 ; Rennes, 6 août 1812.
(7) Marcadé, *1715*, 3 ; Larombière, *1347*, 37 ; Cass., 44 janv. 1840 Bourges, 44 mai 1842 ; Rouen, 26 juill. et 8 août 1864 ; Jur. N., 12321; contra, Troplong, n° 145.
(8) Toullier, IX, 32; Troplong, n° 415 ; Marcadé, *1745*, 3; Bordeaux, 29 nov. 1826, 49 janv. 1827 ; Paris, 6 avril 1825 ; Limoges, 30 juill. 1836; Cass., 44 janv. 1840; Bourges, 44 mai 1842; contra, Duranton, XVII.55; Dict. not., *Bail*, n° 174. Voir Paris, 8 mai 1862 ; M. T. 1869, p. 503,

est commencée, peut, si elle a un commencement de preuve par écrit, être admise à prouver par témoins l'existence du bail écrit et sa durée (1). Le propriétaire peut offrir de prouver que le preneur a occupé la chose louée afin de lui faire payer le loyer couru durant sa jouissance (2).

4450 Lorsqu'il y a contestation sur le prix du bail verbal qui est avoué ou dont l'exécution a commencé, et qu'il n'existe point de quittance, le propriétaire en sera cru sur son serment, si mieux n'aime le locataire demander l'estimation par experts, auquel cas les frais de l'expertise restent à sa charge si l'estimation excède le prix qu'il a déclaré (C. N., *1716*); mais la preuve testimoniale n'est pas admissible quand même le loyer serait moindre de cent cinquante francs (3). S'il s'agit seulement de conditions accessoires ne rentrant pas d'ailleurs dans le droit commun, la preuve testimoniale est admissible lorsque le loyer, en cumulant toutes les années du bail, est moindre de cent cinquante francs, ou si au-dessus de cette somme il y a commencement de preuve par écrit (4).

4451. Le propriétaire d'un immeuble loué par un bail ayant date certaine, ne pouvant conférer, même à un acquéreur, le droit d'en jouir au préjudice du locataire, *infra n° 4505*, ne peut, à plus forte raison, conférer ce droit à un autre locataire, en signant frauduleusement un second bail; en conséquence, de deux preneurs successifs, la préférence est due à celui dont le bail a une date certaine antérieure à l'autre, indépendamment de toute question de possession (5).

4452. La promesse de bail faite par écrit est valable (6), sauf la preuve de l'acceptation lorsqu'elle a été faite en simple original (7). Si la promesse de bail est verbale, elle est assimilée aux locations faites sans écrit, *supra n° 4448*.

---

vignes, arbustes ou espaliers viennent à périr pendant la durée du bail, il sera tenu de les remplacer par d'autres, de même nature et espèce, et dans ce cas, il profitera du bois des arbres morts;

6° Il acquittera exactement, pendant la durée du bail, à partir du. . . . . ., les contributions personnelles et mobilières, de manière à ce qu'aucun recours ne puisse être exercé contre le bailleur; et il remboursera chaque année au bailleur en quatre payements aux époques ci-après indiquées pour le payement du loyer, les contributions des portes et fenêtres de la maison louée (n° 4494);

Ou bien : Il acquittera exactement pendant la durée du bail, à partir du. . . . . ., en sus des contributions des portes et fenêtres, et de l'impôt mobilier, les contributions foncières et autres de toute nature, auxquelles la maison louée pourra être assujettie (n° 4495) ;

7° Il satisfera à toutes les charges de balayage, éclairage et autres de ville et de police auxquelles les locataires sont ordinairement tenus ;

8° Il payera annuellement au concierge, sans diminution du loyer . . . ., francs pour ses gages, en quatre termes, aux époques ci-après fixées pour le payement du loyer ; néanmoins le concierge sera choisi par le bailleur, qui aura seul le droit de le changer ;

Ou : Il aura le choix du concierge de la maison louée ; mais il sera contraint de le remplacer à la demande du bailleur s'il y a, à son égard, des motifs sérieux de plaintes. Dans tous les cas le preneur sera seul tenu du payement des gages du concierge,

9° Il fera curer le puits et vider les fosses d'aisances de la maison, toutes les fois qu'il sera nécessaire pendant le cours du bail, et il restera responsable des amendes qui pourraient être encourues pour défaut de vidange en temps voulu, ou pour infraction aux règlements de la ville. à ce sujet (n° 4515) ;

10° Il ne pourra céder son droit au présent bail, ni sous-louer, en tout ou en partie,

---

(1) Rouen, 22 juin 1842 ; J. N., 11501.
(2) Toullier, IX. 32 ; Duranton, XVII, 56 ; Duvergier, I, 263; Marcadé, *1716*, 3; Larombière, *1347*, 37; Roll.. *Bail*, n° 199; Nîmes, 1er août 1836 ; contra, Cass., 14 janv. 1840, 13 mars 1857.
(3) Duvergier, I. 258; Troplong, n° 417 ; Marcadé, *1716*, 3; contra, Roll. *Bail*, n° 197. Voir Bordeaux, 29 nov. 1826; Cass., 10 mai 1832.
(4) Marcadé, *1716*, 3 ; Massé et Vergé, § 699, note 6 ; Caen, 31 janv. 1848; Cass., 29 avril 1847 ; Paris, 20 mai 1858.

(5) Troplong, n° 500; Marcadé, *1743.3* ; Massé et Vergé, § 704, note 33; Paris. 21 juin 1858 ; J. N., 16414; contra, Duvergier, I, 283; Duranton, XVII, 139 ; Dalloz, n° 167.
(6) Duranton, XVII, 48; Duvergier, I, 45; Troplong, n° 424 ; Marcadé, *1716*, 4 ; Zach., § 698, note 4; Dict. not., *Bail*, n° 155; Cass., 3 avril 1838.
(7) Paris, 15 mars 1820, 4 juin 1839, 14 août 1862; J. N., 17515.

4453. II. *Capacité*. Le louage des choses est un acte d'administration ; il s'ensuit que la capacité de donner à bail appartient dans de certaines limites, *infra n° 4460* : 1° à la femme séparée de biens ou tenant de son contrat de mariage le droit d'administrer sa fortune (1) ; 2° au mineur émancipé, *supra n° 1349* ; 3° à l'individu pourvu d'un conseil judiciaire (2) ; 4° au mari pour les biens de sa femme, *supra n° 3861* ; 5° au tuteur pour les biens du mineur ou de l'interdit, *supra n° 1294* ; 6° aux envoyés en possession provisoire des biens d'un absent (3) ; 7° à l'usufruitier, *supra n° 1479* ; 8° au propriétaire sous condition résolutoire, par exemple l'acheteur à réméré, le fol enchérisseur (4), voir aussi *supra n° 4205*, pourvu, pour ce dernier, que la poursuite de folle enchère n'ait pas été commencée et publiée (5).

4454. Le débiteur dont les biens sont saisis perd leur administration et ne peut plus les donner à bail (*C. pr.*, 684) ; il en est de même du failli (*C. comm.*, 443). Mais les baux ayant date certaine antérieurement au commandement tendant à saisie ou à la déclaration de faillite doivent être maintenus, à moins qu'ils n'aient été faits en fraude des droits des créanciers (6).

4455. Les ventes faites par l'héritier apparent étant valables, *supra n° 929*, il en est de même à plus forte raison des baux, quelle que soit leur durée (7).

4456. Le débiteur peut donner à bail les biens hypothéqués à la sûreté de la dette (8), pourvu que la durée du bail soit maintenue dans la mesure des actes d'administration, c'est-à-dire ne dépasse pas dix-huit ans, *infra n° 4511*.

4457. La capacité nécessaire pour prendre à bail appartient à tous ceux qui sont capables de s'o-

sans le consentement exprès et par écrit du bailleur, à peine de résiliation des présentes, si bon semble à celui-ci, et de tous dommages et intérêts (n°⁵ 4572 à 4581) ;

Ou bien : Il ne pourra céder son droit au présent bail sans le consentement exprès et par écrit du bailleur, et ne devra sous-louer qu'à des personnes tranquilles et n'exerçant pas d'état nuisible à la propriété ou incommode aux autres locataires ;

Ou encore : Le preneur pourra céder son droit au présent bail et sous-louer en tout ou en partie, mais en restant garant et répondant solidaire du payement des loyers et de l'exécution des conditions du bail ;

11° Il entretiendra et exécutera pour le temps restant à courir, les baux et locations qui peuvent exister de parties de la maison louée, de manière qu'aucune réclamation ne puisse être faite au bailleur à ce sujet ;

12° Il acquittera à partir du......, et pendant toute la durée du bail, les primes dues à la compagnie d'assurances contre l'incendie le......, en vertu d'une police en date du......, enregistrée ...., etc., ou à toutes autres compagnies auxquelles la maison louée pourrait être assurée par la suite (n°⁵ 4483 à 4487);

13° Les distributions, améliorations, décors et embellissements quelconques que le preneur pourra faire dans l'intérieur ou à l'extérieur de la propriété, resteront au bailleur, sans indemnité aucune, à moins que le bailleur ne préfère faire rétablir la chose conformément à l'état des lieux (n°⁵ 4481).

Quant aux bâtiments que le preneur pourra faire élever sur le terrain loué, ils devront être démolis à l'expiration du bail, et le preneur devra remettre la maison louée conformément à l'état des lieux, à moins que le bailleur ne préfère les conserver, en en payant la valeur, à dire d'experts nommés à l'amiable par les parties, selon leur valeur à l'époque de l'estimation (n° 4481).

Le preneur ne pourra faire aucun percement de gros murs ni aucune démolition sans le

(1) Duranton, XVII, 33 ; Duvergier, 1, 34 ; Troplong, n° 149, Dict. not , *Bail*, n° 65 ; Limoges, 7 juill 1843 ; J. N., 12791.

(2) Dict. not., *Bail*, n° 64.

(3) Duvergier, li, 40 ; Troplong, n° 150 ; Dict. not., *Bail*, n° 73.

(4) Toullier, VI, 576 ; Duranton, XVII, 134 ; Duvergier, I, 83 ; Marcadé, *1713*, 4 ; Dict. not., *Bail*, n° 94 ; Paris, 25 janv. et 16 mai 1835, 11 mai 1839 ; Cass., 11 avril 1821, 16 janv. 1827, 30 mars 1842 ; Riom, 5 janv. 1860 ; contra, Paris, 23 juin 1814 ; Bourges, 24 mai 1823.

(5) Trib. Seine, 24 oct. 1862 ; J. N., 17616.

(6) Toullier, VI, 363 ; Duranton, XVII, 185 ; Duvergier, I, 558 ; Dalloz, n° 71 ; Massé et Vergé, § 699, note 4 ; Rouen, 28 nov. 1824 ; Paris, 3 déc. 1824, 23 mars 1832. Voir Bordeaux, 18 nov. 1848 ; J. N., 13640.

(7) Troplong, n° 98 ; Marcadé, *1713*, 4 ; Dict. not., *Bail*, n° 86 ; Cass., 19 nov. 1838 ; contra, Duranton, XVII, 135 ; Duvergier, I, 82.

(8) Toullier, VI, 365 ; Grenier, *Hyp.*, n° 142.

bliger, voir cependant *supra n° 1296*. Le mineur, l'interdit, la femme mariée non autorisée, ne peuvent prendre à bail; mais ce droit appartient au mineur émancipé, à l'individu pourvu d'un conseil judiciaire, à la femme séparée de biens (1).

4458. III. *Durée du bail*. La durée du bail est fixée par les conventions des parties et dépend quelquefois de la volonté, soit du bailleur, soit du preneur, soit de l'un et de l'autre, lorsque le bail étant fait par exemple, pour trois, six ou neuf années, énonce qu'il pourra cesser à la fin de l'une des deux premières périodes, par la volonté des deux parties et après un avertissement fait d'avance.

4459. Lorsque le bail est verbal ou n'indique pas de temps pour son expiration, sa durée est fixée par l'usage des lieux (*C. N.*, *1736*); cependant, en ce qui concerne les baux d'héritages ruraux, voir *infra n° 4531*.

4460. Ceux qui n'ont pas la capacité d'aliéner les biens ne peuvent les louer pour une durée de plus de neuf années, et ne peuvent faire les baux ni renouveler ceux existants plus de trois ans avant l'expiration du bail courant s'il s'agit de biens ruraux, et plus de deux ans avant la même époque s'il s'agit de maisons; ce qui s'applique: 1° au tuteur d'un mineur ou d'un interdit, *supra n° 1294* (*C. N.*, *1718*); 2° au mineur émancipé (2), *supra n° 1349*; 3° à l'individu pourvu d'un conseil judiciaire, *supra n° 1386*; 4° au mari administrateur des biens de sa femme, *supra n° 3861*; 5° aux envoyés en possession des biens d'un absent (3); mais non aux grevés de substitution (4).

4461. Le bail cesse de plein droit à l'expiration du terme fixé, lorsqu'il a été fait par écrit, sans qu'il soit nécessaire de donner congé, *infra n° 4583* (*C. N.*, *1737*).

4462. Si, à l'expiration des baux écrits (soit du délai unique stipulé, soit de l'un des termes périodiques, si un avertissement a été signifié en temps utile (5)), le preneur reste et est laissé en possession, il s'opère un nouveau bail par *tacite réconduction* dont l'effet est réglé par l'article relatif aux locations faites sans écrit, *supra n° 4459* (*C. N.*, *1738*).

---

consentement par écrit du bailleur; et, dans le cas où les travaux projetés pourraient compromettre la solidité des bâtiments, ces travaux, bien qu'autorisés, ne pourront être exécutés que sous la surveillance de l'architecte du bailleur, et les honoraires de cet architecte seront supportés par le preneur (n° 4478).

14° Tous les frais et honoraires des présentes, ainsi que le coût d'une grosse à fournir à M. MALLET, seront à la charge de M. VALENTIN.

De son côté, M. MALLET sera tenu, ainsi qu'il s'y oblige, à tenir les lieux loués clos et couverts selon l'usage (n° 4467, 2°).

LOYER. (N°ˢ 4489 à 4500.)

En outre, le présent bail est fait moyennant un loyer annuel de....., que M. VALENTIN s'oblige à payer à M. MALLET en quatre termes et payements égaux, les....., pour faire le payement du premier trimestre le.....

Le payement des loyers devra être effectué à....., et ne pourra avoir lieu qu'en espèces d'or et d'argent au cours de ce jour, et non autrement.

A défaut de payement à son échéance d'un seul terme de loyer, le présent bail sera résilié de plein droit, si bon semble au bailleur, un mois après un simple commandement de payer resté infructueux et nonobstant toutes offres et consignations ultérieures (n°ˢ 4501 4502 et 4516).

M. MALLET reconnaît avoir présentement reçu de M. VALENTIN la somme de....., pour six mois de loyer d'avance; laquelle somme sera imputable sur les six derniers mois de jouissance du présent bail, en sorte que l'ordre fixé pour le payement des loyers ne sera point interverti.

(1) Voir Cass. 25 août 1841; Paris, 27 mars 1864; Jur. N., 12774.
(2) Nîmes, 12 juin 1821.
(3) Duranton, XVII, 39; Duvergier, I, 40; Troplong, n° 150; Roll., Bail, n° 135.
(4) Troplong, *Vente*, n° 960; Duvergier, I, 86; Dict. not. *Bail*, n° 89; CONTRA, Duranton, XVII, 134.
(5) Mercadé, *1740*, 2; Paris, 5 avril 1859, 11 mars et 17 nov. 1860.

4463. Lorsqu'il y a eu congé signifié pour le bail verbal, ou si le bail écrit contient une clause prohibitive de la réconduction (1), le preneur, quoiqu'il ait continué sa jouissance, ne peut invoquer la tacite réconduction (*C. N., 1759*), à moins que sa jouissance postérieure n'ait duré un temps assez long pour faire présumer l'abandon de la précédente volonté et le consentement tacite à un bail nouveau (2).

4464. Dans le cas des deux articles précédents, la caution donnée pour le bail ne s'étend pas aux obligations résultant de la prolongation (*C. N., 1740*). Il en serait de même de l'hypothèque qui aurait été donnée par le preneur (3). Mais les garanties ou clauses particulières du précédent bail qui sont de nature à se renouveler par convention tacite continuent de produire leur effet, par exemple, la réserve par le preneur de faire cesser le bail s'il est promu à des fonctions publiques dans un autre lieu (4).

4465. IV. *Objets loués.* On peut louer toutes sortes de biens meubles ou immeubles (*C. N., 1713*), pourvu qu'ils ne soient pas hors du commerce, *supra n° 3159.* Ainsi, outre les maisons et les biens ruraux, l'on peut louer des usines, des manufactures, des machines, des chutes d'eau, des chantiers, des mines et carrières ; mais les mines doivent être louées en totalité, elles ne pourraient l'être par partie sans l'autorisation du gouvernement (5) (*arg. L. 21 avril 1810, art.* 7). — Le droit accordé par une ville moyennant une redevance d'établir sur les trottoirs des bancs, chaises, tables, peut aussi faire l'objet d'un louage (6). — On ne peut louer un droit d'usage ni un droit d'habitation, *supra n° 1556.*

4466. Le bail de la chose d'autrui est nul ; par conséquent, si l'un des copropriétaires loue la chose indivise, les autres ne sont pas tenus d'exécuter le bail (7), à moins qu'il n'ait agi en qualité de *negotiorum gestor* (8). Si l'un des copropriétaires refuse de consentir au louage, il peut y avoir lieu à la licitation du droit au bail (9).

4467. V. *Obligations du bailleur.* Le bailleur est obligé par la nature du contrat, et sans qu'il soit besoin d'aucune stipulation particulière : 1° De délivrer au preneur la chose louée en bon état de réparations de toute espèce (*C. N., 1719, 1°,*

FACULTÉ DE FAIRE CESSER LE BAIL EN CAS DE VENTE. (Nos 4503 à 4509 4518 et 4519.)

Si le bailleur ou ses héritiers ou autres représentants viennent à vendre la maison louée avant l'expiration du présent bail, le vendeur ou l'acquéreur auront le droit de faire cesser la jouissance de M. VALENTIN, sans être tenus à aucune indemnité envers lui, mais à la charge de le prévenir six mois à l'avance, par un congé qui devra être donné dans le mois de la date du contrat de vente ; faute de quoi le présent bail conservera son effet pour toute sa durée.

FACULTÉ D'ACQUÉRIR.

Voir *supra formule 571.*

TRANSCRIPTION. (Nos 4510, 4511.)

Si le bail est de plus de dix-huit ans : le preneur fera transcrire une expédition du présent bail au bureau des hypothèques de....., afin qu'il soit opposable aux tiers pour toute sa durée,

Pour l'exécution des présentes, etc.

DONT ACTE. Fait et passé, etc.

FORMULE 628. — Bail d'une boutique et dépendances.

PAR-DEVANT Me.....

A COMPARU : M. Jean TORDIER, proprietaire, demeurant à.....;

Lequel a, par ces présentes, donné à bail à loyer, pour....., etc. (*voir formule 627*).

A M. Denis LEBLOND, limonadier, demeurant à....., ici présent et ce acceptant,

---

(1) Duranton, XVII, 123; Duvergier, I, 22; Troplong, n° 454; Marcadé, 1740, 2; Massé et Vergé, § 704, note 16.

(2) Marcadé, 1740, 2; Massé et Vergé, § 704, note 17.

(3) Duranton, XVII, 125; Duvergier, I, 508; Troplong, n° 449; Marcadé, 1740, 1; Massé et Vergé, § 704, note 18.

(4) Marcadé, 1740, 1; Rouen, 11 janv. 1849.

(5) Taulier, VI, p. 206; Jousselin, *Serv. d'util. publ.*, II, 53; Marcadé, 1713, 2; Massé et Vergé, § 699, note 4; Cass., 4 janv. 1844,

26 nov. 1845; J. N., 12038; CONTRA, Troplong, n° 93; Cass., 20 déc. 1837.

(6) Cass., 23 juill. 1861.

(7) Troplong, n° 100; Duvergier. I. 87; Demolombe, XV, 484; Bordeaux, 28 juin 1839; Grenoble, 19 nov. 1860.

(8) Demolombe, XV, 485.

(9) Toullier, XII. 106; Duvergier, I, 235; Dict. not., *Bail par licitation.*

1720) et avec tous ses accessoires actuels : parmi les accessoires des domaines ruraux, il ne faut pas comprendre le droit de chasse (1), mais le bail d'une garenne et celui d'un enclos attenant à l'habitation comprennent comme accessoire le droit de chasse (2); si le bail comprend un étang, le preneur a le droit de pêche; mais si c'est un cours d'eau, le droit de pêche reste au propriétaire (3); — si une alluvion vient à augmenter le fonds loué, le preneur en profite, à la charge de payer le prix de ce surplus de jouissance (4), à moins qu'il ne préfère la laisser (5);

2° D'entretenir la chose louée en état de servir à l'usage pour lequel elle a été louée (*C. N.*, *1719 2°*), et, par conséquent, de tenir les bâtiments loués clos et couverts; le bailleur doit y faire, pendant la durée du bail, toutes les réparations qui peuvent devenir nécessaires, autres que les locatives (*C. N.*, *1720*), même lorsqu'à son entrée en jouissance, le preneur était tenu de faire lui-même certains travaux de transformation et d'appropriation (6);

3° D'en faire jouir paisiblement le preneur pendant la durée du bail (*C. N.*, *1719, 3°*); le propriétaire ne pourrait donc nuire en aucune manière à ses locataires par l'effet d'un bail postérieur (7); par exemple, après avoir loué une partie de maison pour être habitée bourgeoisement, il ne pourrait louer le surplus pour être tenu en garni (8).

1168. Le propriétaire qui a loué à un commerçant en s'interdisant de louer dans la même maison à une personne exerçant une industrie semblable, et qui admet ensuite un locataire faisant concurrence au premier, est tenu de la faire cesser (9); il a même été jugé que le locataire troublé a une action directe contre le second locataire et peut demander son expulsion (10); toutefois cette clause ne règle que l'avenir, et ne donne pas droit au locataire nouveau de se plaindre de la concurrence d'une industrie analogue existant antérieurement (11). Quand cette interdiction n'a pas été stipulée, le propriétaire reste dans le droit commun, et il peut, sauf le cas de fraude, louer à une personne exerçant une même industrie; telle est du moins l'opinion qui, après une vive controverse, semble devoir, et avec raison selon nous, définitivement l'emporter (12); mais celui qui a donné à bail ou vendu un établissement industriel ne peut en exploiter un autre qui, à raison de sa proximité, ferait une concurrence préjudiciable au premier (13).

Une boutique et dépendances à usage de cafetier-restaurant faisant partie d'une maison située à....., rue....., n°.....; ces lieux consistent en : une boutique....., etc. (*désigner*).

Le présent bail est fait aux charges et conditions suivantes, que le preneur s'oblige à exécuter et accomplir, à peine de tous dommages et intérêts, et même de résiliation si bon semble au bailleur :

1° Il tiendra les lieux loués constamment garnis de meubles, effets mobiliers et marchandises en quantité et de valeur suffisantes pour répondre du payement des loyers et de l'exécution des conditions du bail;

2° Il entretiendra les lieux loués en bon état de réparations locatives et les rendra à la fin du bail tels qu'il les aura reçus d'après l'état qui en sera dressé lors de son entrée en jouissance, par l'architecte du bailleur, aux frais du preneur et contradictoirement avec lui;

(1) Toullier, IV, 19; Troplong, n° 161; Marcadé, *1720*, 1; Zach., Massé et Vergé, § 701, note. 2; Dalloz, *Chasse*, n° 49; Dict. not., *Bail*, n° 197; Paris. 19 mars 1842, 8 janv. 1836; Angers, 14 août 1826; Cass., 12 juin 1828, 4 juill. 1845; Grenoble, 19 mars 1840; Trib. Seine, 25 fév. 1865; CONTRA, Duranton, IV, 286; Vaudoré, *Droit rural*, n° 241; Duvergier, I, 73; Taulier. VI p. 228.
(2) Troplong, n° 161; Paris. 17 août 1840; Rouen, 21 mars 1861.
(3) Voir Troplong, n° 163; Marcadé, *1720*, 1; Dalloz, *Pêche*, n° 14; Massé et Vergé, § 701, note 2, Rouen, 13 juin 1844; Jur. N., 6751; CONTRA, Proudhon, *Dom. publ.*, IV, 1254; Duvergier, I. 75.
(4) Duvergier, I, 356; Chardon. *Alluvion*, n° 457; Taulier. VI, p. 235; Marcadé, *1722*, 3; CONTRA. Troplong, n° 190. Voir Duranton, XVII, 81; Dalloz, n° 149; Massé et Vergé, § 701, note 2.
(5) Marcadé, *1722*, 3.
(6) Caen, 12 nov. 1861; Jur. N., 12090.
(7) Rennes, 25 fév. 1862; Seine, 22 mars 1863; **m.T.** 1864, **p. 470.**
(8) Aix, 10 avril 1861.

(9) Paris, 11 déc. 1860, 7 janv. 1862, 12 mars, 11 et 29 juin 1864, 16 juin 1865, 20 nov. 1867.
(10) Paris, 24 juin 1848; CONTRA, Seine, 4 juill. 1860. V. Paris; 11 et 23 nov. et 30 déc 1865.
(11) Paris, 22 déc. 1839, 14 nov. 1860; M. T., 1860, p. 690.
(12) Caen 21 janv. 1843; Trib. Seine, 18 mai 1860, 18 juin 1863; Trib. Lyon. 28 fév. 1862; Trib. Marseille, 9 janv. 1863; Bordeaux, 17 avril 1863; Rennes, 8 mai 1863, 12 mai, 15 juin. 5 juill. 1864, 19 janv., 8 mai 1862, 7 août 1867; Cass. 6 nov. 1867, 29 janv. 1868; Jur. N., 12415, 12681; M. T., 1862, p. 152, 355, 1864, p. 115, 179, 345, 1867, p. 966; CONTRA, Nîmes, 31 déc. 1855; Paris, 24 juin 1858, 29 mars 1860, 8 juill. 1864, 14 janv. 1862, 12 mars, 7 août 1863; Rouen, 2 août 1867; Seine, 8 mars 1862; Aix. 6 août 1863; Lyon, 27 déc. 1853. V. Seine, 8 et 15 fév. 1867; M. T., 1867, p. 444.
(13) Montpellier, 26 juill. 1814; Bordeaux, 3 juill. 1845, 22 avril 1846; J. N., 12313, 12581; Jur. N., 7993.

4469. Il est dû garantie au preneur pour tous les vices ou défauts de la chose louée qui en empêchent l'usage, quand même le bailleur ne les aurait pas connus lors du bail. S'il résulte de ces vices ou défauts quelque perte pour le preneur, le bailleur est tenu de l'indemniser (*C. N.*, *1721*), à moins qu'il ne les ait ignorés lors du bail (1). Si les vices sont survenus depuis le louage et ne proviennent pas du fait du propriétaire, par exemple si le jour vient à être obstrué par l'élévation d'une maison voisine, le preneur n'a pas droit à une indemnité, mais il peut demander la résiliation du bail (2); il aurait droit à une indemnité si les travaux étaient faits par le bailleur (3).

4470. Il n'y a pas lieu à la garantie si le bail stipule la clause de non-garantie (4), ou si les vices étaient apparents lors du bail (5), *supra* n° *4158*, ou encore s'ils étaient notoires, comme l'inondation des caves dans certains quartiers d'une ville (6).

4471. Si, pendant la durée du bail, la chose louée est détruite en totalité par cas fortuit (7), *supra* n° *3194*, le bail est résilié de plein droit (8); si elle n'est détruite qu'en partie, le preneur peut (9), suivant les circonstances, demander ou une diminution du prix, ou la résiliation même du bail. Dans l'un et l'autre cas, il n'y a lieu à aucun dédommagement (*C. N.*, *1722*). Si la chose louée, au lieu d'être détruite en partie, est seulement endommagée, le bailleur est tenu de réparer le dégât pour la remettre en bon état (10).

4472. Le bailleur ne peut, pendant la durée du bail, changer la forme de la chose louée (*C. N.*, *1723*); ainsi, il ne pourrait convertir un labour en prairie ou en bois, boucher les fenêtres, agrandir sa maison, l'élever d'un étage (11), couvrir la cour avec un vitrage (12). Si le bailleur change la chose contre le gré du preneur, celui-ci a le choix de demander la résiliation avec indemnité (13), ou seulement des dommages et intérêts, ou encore de contraindre le propriétaire à rétablir les choses dans l'état où elles étaient lors de l'entrée en jouissance (14).

4473. Si, durant le bail, la chose louée a besoin de réparations urgentes et qui ne puissent être différées jusqu'à sa fin, le preneur doit les souffrir, quelque incommodité qu'elles lui causent, et quoiqu'il soit privé, pendant qu'elles se font d'une partie de la chose louée. Mais, si ces réparations durent

3° Il acquittera exactement ses contributions personnelle, mobilière et de patente, et satisfera à toutes les charges de balayage, éclairage et autres de ville et de police auxquelles les locataires sont ordinairement tenus, de manière à ce qu'aucun recours ne soit exercé contre le bailleur, et il remboursera au bailleur, chaque année par quart, avec chaque terme de loyer, les impositions des portes et fenêtres des lieux loués;

4° Il conservera et maintiendra les lieux loués à usage de café-restaurant pendant toute la durée du bail, sans changer le nom de *café de France*, sous lequel cet établissement est connu; le café devra toujours être tenu ouvert et achalandé, et le preneur ne pourra sous aucun prétexte, même momentanément, employer les lieux loués à une autre destination (n° 4478);

5° Il ne pourra exercer dans les lieux loués d'autre profession que celle de cafetier-restaurateur;

(1) Troplong, n° 494; Duvergier, I, 341; Taulier, VI, p. 230; Massé et Vergé, § 701, note 6; Marcadé, *art. 1721*; CONTRA, Cass., 30 mai 1837. V. Paris, 6 janv. 1856; Cass., 11 août 1866.

(2) Troplong, n°200; Duvergier, I, 309; Dict. not., *Bail*, n° 247; Roll., *Bail*, n° 333; Paris, 13 juin 1849; J. N., 13762. Voir Cass., 11 mai 1847; Paris, 21 déc. 1839; Rouen, 30 août 1862.

(3) Duvergier, I, 309; Dict. not., *Bail*, n° 251; Paris, 13 août, 1848; Lyon, 7 août 1851, 10 août 1855; J. N., 13775, 14522.

(4) Troplong, n° 198.

(5) Duvergier, I, 342; Troplong, n° 198; Marcadé, *art. 1721*; Massé et Vergé, § 701, note 4; Roll., *Bail*, n° 335; Colmar, 14 nov. 1835; Bordeaux, 28 mai 1841; J. N., 11274; Paris, 23 janv. 1849; Jur. N., 8523. Voir Lyon, 11 déc. 1860.

(6) Paris, 13 janv. 1849; Jur. N., 13762.

(7) Même par la faute du preneur, par exemple dans le cas d'incendie; Rouen, 16 janv. 1845; Metz, 25 juill. 1835. Voir aussi Nancy, 9 août 1819.

(8) Le bailleur ne peut obliger le preneur à continuer le bail en offrant de reconstruire la maison détruite, pas plus que le preneur ne peut exiger cette reconstruction: Duvergier, Ili, 521; Troplong, n° 213; Dalloz, n° 199; Massé et Vergé, § 701, note 2. Voir Paris, 5 mai 1826, 27 juill. 1850; Douai, 31 mai 1852. Lyon, 13 déc. 1856.

(9) Voir Troplong, n° 212; Trib. Seine, 14 avril 1849, 24 mai 1860; Paris, 16 mars 1860; Cass., 25 juill. 1827, 8 août 1855; J. N., 13772, 15595; Paris, 11 janv. 1866.

(10) Marcadé, *1722*, 1; Massé et Vergé, § 704, note 4.

(11) Troplong, n° 242; Duvergier, I, 309; Marcadé, *art. 1723*, Dalloz, n° 228; Massé et Vergé, § 701, note 9; Dict. not., *Bail*; n° 250; Bordeaux, 26 juill. 1831; Paris, 20 fév. 1843, 9 janv. 1844; n° 6761; Aix, 21 janv. 1864; M. T. 1864, p. 535.

(12) Paris, 12 janv. 1861; Seine, 28 mai 1864; M. T. 1864, p. 130; 1862, p. 312.

(13) Lyon, 7 août 1851; J. N., 14522.

(14) Paris, 24 déc. 1859, 12 janv. et 18 mai 1861; Rouen, 11 janv. 1862; M. T. 1861, p. 485.

plus de quarante jours, le prix du bail, à moins de convention contraire, est diminué à proportion de la partie de la chose louée dont il aura été privé pendant le temps de sa privation de jouissance (C. N., 1724), et non pas seulement pendant le temps écoulé en sus des quarante jours (1). Jugé même que l'art. 1724 ne fait pas obstacle à ce que le locataire ait droit à une indemnité à raison du préjudice actuel et permanent qui résulte pour lui des réparations, même lorsqu'elles ont duré moins de quarante jours (2).

4474. Si les réparations sont de telle nature qu'elles rendent inhabitable ce qui est nécessaire au logement du preneur et de sa famille (3), celui-ci peut faire résilier le bail (C. N., 1724), quand même la privation aurait duré moins de quarante jours (4).

4475. Le bailleur n'est pas tenu de garantir le preneur du trouble que des tiers apportent par voies de fait à sa jouissance, postérieurement à sa prise de possession (5), sans prétendre d'ailleurs aucun droit sur la chose louée, sauf au preneur à les poursuivre en son nom personnel (C. N., 1725). Cependant il doit subir une diminution de loyer, s'il y a lieu, pour le trouble survenu dans sa jouissance par des travaux que l'administration fait exécuter sur la voie publique (6).

4476. Si, au contraire, le locataire ou le fermier ont été troublés dans leur jouissance par suite d'une action concernant la propriété du fonds, ils ont droit à une diminution proportionnelle sur le prix du bail à loyer ou à ferme, quelque modique que soit la portion de jouissance dont ils sont privés (7), pourvu que le trouble et l'empêchement aient été dénoncés au propriétaire (8) (C. N., 1726); et, en outre, à des dommages et intérêts s'ils en ont éprouvé un préjudice : par exemple, pour le déménagement, ou pour des impenses extraordinaires, ou si l'objet dont ils sont évincés a augmenté dans ses produits depuis le bail, (9) à moins qu'ils n'aient connu, lors du bail, le danger de l'éviction et qu'il ne leur ait été promis aucune garantie à ce sujet (10).

4477. Si ceux qui ont commis les voies de fait prétendent avoir quelque droit sur la chose louée, ou si le preneur est lui-même cité en justice pour se voir condamner au délaissement de la totalité ou de partie de cette chose, ou à souffrir l'exercice de quelque servitude, il doit appeler le bailleur en garantie, et doit être mis hors d'instance s'il l'exige, en nommant le bailleur pour lequel il possède (C. N., 1727).

4478. VI. *Obligations du preneur.* Le preneur est tenu d'user de la chose louée en bon père de famille, *infra* n° 4555, et suivant la destination qui lui a été donnée par le bail, ou suivant celle présumée d'après les circonstances, à défaut de convention (C. N., 1728, 1°). Si le preneur emploie la chose louée à un autre usage que celui auquel elle a été destinée, ou dont il puisse résulter un dommage

---

6° Il ne pourra céder son droit au présent bail en tout ou en partie, sans le consentement exprès et par écrit du bailleur, si ce n'est à la personne qui lui succédera dans son commerce de....., mais alors en restant responsable solidairement avec son cessionnaire du payement exact des loyers et de l'exécution des conditions du bail;

7° Le preneur pourra faire dans les lieux loués tels changements de distribution que bon lui semblera, à la condition toutefois qu'ils ne pourront nuire à la solidité de la maison et sans qu'il puisse prétendre, à sa sortie, à aucune indemnité pour cause de plus-value ou d'amélioration ; mais le bailleur pourra, s'il le préfère, demander le rétablissement des lieux dans leur état primitif ;

8° Il souffrira les grosses réparations, etc. (*voir form. 627, 5°*) ;

---

(1) Taulier, VI, 233 ; Marcadé. art. 1724 ; Duvergier. I, 302 ; Duranton, XVII, 67 ; Massé et Vergé, § 701, note 10 ; Trib. Rouen, 26 nov. 1859 ; Seine, 19 sept. 1866 ; CONTRA. Troplong. n° 253.

(2) Paris, 24 nov. 1864 ; Gaz. trib., 2 déc. 1864. Voir cependant Troplong, n° 252 ; Dalloz, n° 182.

(3) Voir, Paris, 14 avril 1862 ; M. T. 1862. p. 270.

(4) Troplong, n° 254 ; Marcadé. art. 1724 ; Massé et Vergé, § 701, note 12.

(5) Si les voies de fait sont antérieures à l'entrée en jouissance et empêchent la mise en possession du preneur, il lui est dû garantie ; Troplong, n° 262 ; Duvergier, I. 277 ; Marcadé, 1727, 1 ; Cass., 7 juin 1837 ; Paris, 18 mars 1864 ; M. T. 1864, p. 308.

(6) Cass., 17 août 1859. Voir trib. Lyon, 17 nov. 1860 ; Paris, 15 juill. 1857, 1er déc. 1864 ; M. T. 1865, p. 453.

(7) Pothier, n° 58 ; Duvergier, I, 324 ; Marcadé, 1729, 2 ; CONTRA, Troplong, n° 252 ; Dalloz, n° 253 ; Massé et Vergé, § 701, note 43.

(8) Voir Troplong, n° 284 ; Duvergier, I, 323 ; Marcadé, 1727, 2 ; Cass., 1er déc. 1825.

(9) Pothier, n° 93 ; Troplong, n° 277 ; Duvergier, I, 322 ; Dalloz, n° 252 ; Marcadé, 1727, 2 ; Massé et Vergé, § 701, note 13 ; Dict. not., Bail, n° 282.

(10) Duvergier, I, 330 ; Troplong, n° 286 ; Marcadé, 1727,2

pour le bailleur (1), celui-ci peut, suivant les circonstances, et s'il n'a pas toléré le changement de l'usage ou de l'industrie (2), faire résilier le bail (3) (*C. N.*, *1729*); par exemple, si le locataire établit dans les lieux loués une maison de prostitution (4); s'il convertit un appartement bourgeois en cercle, en casino (5), en auberge (6), en maison garnie (7), et même, suivant un arrêt, un restaurant en café (8); si, contrairement à la destination de la chose, il transporte ailleurs son industrie (9), ou s'il y substitue un autre commerce ou une autre industrie (10); s'il se livre à un tapage nocturne qui trouble les autres locataires (11). Jugé aussi que le locataire ne peut, sans le consentement préalable du propriétaire, substituer l'éclairage au gaz à l'éclairage à l'huile qu'il a trouvé établi dans les lieux loués (12); et que s'il a fait percer une ouverture dans un gros mur sans le consentement du propriétaire, celui-ci peut demander, pendant la durée du bail, le rétablissement des lieux dans leur état primitif, même lorsque ce travail ne compromettrait en aucune manière la solidité de la maison louée (13); toutefois le locataire peut faire des changements de distribution; ainsi, d'une chambre en faire deux, supprimer une alcôve, convertir un grenier en chambre, etc., sauf à remettre les lieux dans leur état à sa sortie (14).

4479. S'il a été fait un état des lieux entre le bailleur et le preneur, celui-ci doit rendre la chose telle qu'il l'a reçue, suivant cet état, excepté ce qui a péri, ou a été dégradé par vétusté ou force majeure, *infra* n° *4515* (*C. N.*, *1730*), et dont la preuve doit être faite par le preneur (15).

4480. S'il n'a pas été fait d'état des lieux, le preneur est présumé les avoir reçus en bon état de réparations locatives, et doit les rendre tels, sauf la preuve contraire (*C. N.*, *1731*), qui peut avoir lieu par témoins, quand même l'objet du litige excéderait cent cinquante francs (16).

4481. Il répond des dégradations ou des pertes qui arrivent pendant sa jouissance, à moins qu'il ne prouve qu'elles ont eu lieu sans sa faute (*C. N.*, *1732*); mais si, au contraire, le preneur a fait des réparations nécessaires, il a droit d'être indemnisé (17); quant aux améliorations provenant d'impenses simplement utiles ou voluptuaires, le preneur peut les enlever à la fin du bail (18), à moins que le bailleur ne s'y oppose en offrant de payer la valeur des matériaux et de la main-d'œuvre, et non pas seulement la plus-value que les constructions ont pu procurer à l'immeuble (19) (*arg. C. N.*, *555*). Le locataire est sans action contre le propriétaire pour les réparations utiles et voluptuaires qui ne peuvent être enlevées sans dégrader l'immeuble (20).

4482. Le fermier qui réclame ses dépenses ou une indemnité pour la *plus-value* résultant de plantations d'arbres qu'il a faites pendant la durée du bail, est admis à prouver ces plantations par témoins, encore bien qu'elles soient d'une valeur de plus de cent cinquante francs (21).

9° Il payera les frais, etc. (*Voir form. 627, 14°.*)

De son côté M. Tordier sera tenu, ainsi qu'il s'y oblige, à tenir les lieux loués clos et couverts selon l'usage.

Et il s'engage, lorsqu'il louera les autres boutiques dépendant de la même maison ou lorsqu'il renouvellera les baux actuels, d'interdire aux locataires de ces boutiques le droit d'y former ou d'y exploiter aucun établissement de café et de restaurant à peine de tous

(1) Voir **Bordeaux**, 23 août 1847; J. N., 13355; Seine, 25 fév. et 6 nov. 1860.

(2) **Paris.** 30 janv 1858.

(3) Voir **Cass.**, 31 janv. 1860; Paris, 14 mai 1867.

(4) Troplong, n° 302; Marcadé, *1728*, 1; Dalloz, n° 273; Massé et Vergé. § 702, note 3; Lyon, 6 fév 1833; Cass., 19 mars 1825.

(5) **Aix.** 31 janv. 1833.

(6) Bordeaux, 10 mai 1828; Aix, 26 mars 1862; M. T. 1862, p. 716.

(7) Seine, 28 avril 1863; Paris, 5 mars 1864. Voir cependant Aix. 11 nov. 1863; M. T. 1863, p. 536.

(8) Bordeaux, 17 fév. 1880.

(9) Troplong, n° 309; Zach., § 702, note 3; Paris, 28 avril 1810; Rennes, 17 mars 1834. Voir Nancy, 26 fév. 1846.

(10) Lyon, 24 juin 1862; Seine, 12 juin 1863, J. N., 17558.

(11) Bordeaux, 21 mars 1862.

(12) Paris, 23 déc. 1851 et 15 janv. 1858; Jur. N., 9612; contra, Paris, 29 nov. 1862. V. Paris, 8 nov. 1866.

(13) Bourges, 10 août 1859; Aix, 26 mars 1862; Bordeaux, 12 juin

1863; M. T. 1862, p. 716; 1864, p. 169; contra, Trib. Seine, 24 avril 1863; M. T. 1863, p. 318.

(14) Troplong, n° 340; Duvergier, I, 308; Dalloz, n° 279; Massé et Vergé, § 702, note 3.

(15) Troplong, n° 342; Marcadé, *art. 1730*.

(16) Duranton, XVII, 101; Duvergier, I, 443; Troplong, n° 340; Marcadé, *art. 1731*; Dalloz, n° 342; Zach., Massé et Vergé, § 702, note 23, Dict. not., *Bail*, n° 412; Bourges, 2 mars 1825.

(17) Troplong, n° 352, Duranton, XVII, 210; Marcadé. *art. 1732*; Dalloz, n° 557; Massé et Vergé, § 702, note 25, Douai, 23 mars 1842.

(18) Pendant la durée du bail, le preneur peut enlever les constructions par lui faites pour l'usage de la chose louée, et le bailleur ne peut le contraindre à les rétablir: Cass., 22 nov. 1864; J. N., 18192.

(19) Paris, 7 juill. 1849, 2 janv. 1851, 22 juill. 1851; Cass., 3 janv. 1849, 1er juill. 1851; J. N., 13636, 13841, 15809.

(20) Duvergier. I, 457; Troplong, n° 355; Dalloz, n° 561; Massé et Vergé, § 702, note 25.

(21) Cass., 23 mai 1860; M. T. 1860, p. 323.

4483. Le preneur répond de l'incendie (1), à moins qu'il ne prouve (2) : — que l'incendie est arrivé par cas fortuit ou force majeure, ou par vice de construction ; — ou que le feu a été communiqué par une maison voisine (*C. N.*, *1733*). Lorsque le locataire, par une clause du bail, est chargé d'assurer l'immeuble loué, l'assurance lui profite si la responsabilité de l'incendie pèse sur lui ; sinon elle profite au bailleur (3). Si le propriétaire, en assurant lui-même la maison, subroge la compagnie à ses droits, pour le recours contre les locataires, l'indemnité est due à la compagnie d'assurances (4).

4484. S'il y a plusieurs locataires, tous sont solidairement responsables de l'incendie (5), à moins qu'ils ne prouvent que l'incendie a commencé dans l'habitation de l'un d'eux, auquel cas celui-là seul en est tenu ; — ou que quelques-uns ne prouvent que l'incendie n'a pu commencer chez eux, par exemple s'ils établissent qu'ils étaient absents depuis longtemps avec leur famille et leurs gens (6), auquel cas ceux-là n'en sont pas tenus (*C. N.*, *1734*).

4485. Lorsque ce n'est plus de locataire à propriétaire que la preuve de l'incendie doit être faite, mais de voisin à voisin ou de locataire à locataire, c'est à celui qui prétend que l'incendie a commencé chez un autre à en apporter la preuve (7).

4486. Quand le propriétaire habite lui-même une partie de la maison, il ne jouit plus de plein droit du bénéfice des art. 1733 et 1734 ; s'il y a incertitude complète sur la partie où l'incendie a commencé, il peut se faire que ce soit dans son appartement aussi bien que dans tout autre, et il n'a pas d'action contre les locataires (8) ; mais s'il prouve que le feu n'a pas commencé chez lui, il rentre dans le bénéfice complet des art. 1733 et 1734 (9).

4487. La responsabilité résultant de l'art. 1733 s'applique aussi au sous-locataire (10), au locataire d'une chose mobilière (11), et au colon partiaire (12).

4488. Le preneur est tenu des dégradations et des pertes qui arrivent par le fait des personnes de sa maison ou de ses sous-locataires (*C. N.*, *1735*).

4489. VII. *Prix du bail.* La stipulation d'un prix pour la jouissance de la chose louée est de l'essence du bail (*C. N.*, *1709*) ; ce prix s'appelle *loyer* ou *fermage* ; il consiste ordinairement en une somme d'argent payable par année à des époques convenues, ou, à défaut de convention à ce sujet, aux époques fixées par l'usage des lieux (13). Les parties peuvent stipuler un prix unique payable même d'avance lors du bail (14). S'il est ainsi payé plus de trois années non échues, il y a lieu de faire transcrire l'acte, *supra n° 3288.*

4490. Le prix peut être stipulé en denrées livrables en nature ou en argent selon le prix résultant des mercuriales (15), voir *infra n° 4547.*

4491. De même qu'en matière de vente, le prix doit être certain et déterminé ; il peut être laissé à l'arbitrage d'un tiers ; il doit être sérieux, *supra n°* *4025*, *4026.*

---

dépens et dommages-intérêts, et sans préjudice du droit qu'aura M. LEBLOND de demander leur expulsion.

(1) C'est-à-dire doit au propriétaire la réparation du dommage qu'il lui a fait éprouver, et non pas la somme qui est nécessaire pour la réparation ou la reconstruction de l'édifice: Marcadé, *art. 1734*; Dalloz, n° 418; Massé et Vergé, § 702, note 14; Nancy, 9 août 1849 ; Paris, 3 janv. 1850; Metz, 25 juill. 1853.

(2) Par tous les moyens de preuve que la loi permet, même par simples présomptions : Troplong, n° 384; Marcadé, *1733*, 2; Dalloz, n° 386; Cass., 11 fév. 1834; Toulouse, 16 août 1841 ; Paris, 5 avril 1863; Bourges, 13 juill. 1863; Grenoble, 16 juin 1855; CONTRA, Duvergier, I, 436 ; Paris, 4 juill. 1835.

(3) Colmar, 23 avril 1838.

(4) Toullier, XI, 238; Duvergier, I, 418; Troplong, n° 383; Zach., § 702, note 8; Marcadé, *1734*, 7 ; Paris, 12 mars 1841 ; Amiens, 24 juill. 1841 ; Bordeaux, 26 nov. 1815 ; Cass., 13 avril 1836, 24 nov. 1840, 1er déc. 1846; J. N., 12916. V. Paris, 30 juin 1866, 3 mai 1867; J. N., 18389. 18947.

(5) Au regard du propriétaire; entre eux ils y sont tenus chacun par portions égales, *supra*, n° 3243, et non pas en proportion de leurs loyers : Duranton, XVII, 110; Duvergier, I, 422; Troplong, n° 379 ; Massé et Vergé, § 702, note 13 ; Toullier, VI, p. 246 ; Marcadé, *1734*, 4; CONTRA, Dalloz, n° 408.

(6) Proudhon, *Usuf.*, 1552, Taulier, VI, p. 244 ; Duvergier, I, 437; Troplong, n° 382; Rouen, 16 janv. 1845 ; CONTRA Toullier, XI, 161 ; Marcadé, *1733*, 1. Voir Paris, 27 janv. 1866 ; J. N., 18494.

(7) Duvergier, I, 412; Troplong, n° 365; Duranton, XVII, 105; Taulier, VI, 241; Marcadé, *1734*, 3; Zach., Massé et Vergé, § 702, note 17; Paris, 6 juill. 1825 ; Cass., 11 avril 1831, 27 déc. 1844; CONTRA, Toullier, XI, 172.

(8) Duvergier, I, 425; Troplong, n° 380; Taulier, VI, p. 244; Zach., Massé et Vergé, § 702. note 16; Marcadé, *1734*, 5; Toulouse, 7 juill. 1843 ; Cass., 18 déc. 1827, 1er juill. 1834, 7 mai et 20 nov. 1855; J. N., 45550, 45703; Chambéry, 13 août 1866.

(9) Duvergier, I, 416; Troplong, n° 370; Taulier, VI, p. 244; Massé et Vergé, § 702, note 16 ; Marcadé, *1734*, 5; Lyon, 17 janv. 1834; CONTRA, Duranton, XVII, 109.

(10) Toullier, XI, 199; Duranton, XVII, 112; Duvergier, I, 434; Troplong, n° 372; Dalloz, n° 366; Marcadé, *1734*, 3; Massé et Vergé, § 702, note 20; Riom, 10 fév. 1843 ; Paris, 12 fév. et 18 juin 1851.

(11) Un navire, par exemple : Marcadé, *1734*, 3; Lyon, 7 mars 1840.

(12) Duvergier, I, 99; Troplong, n° 473; Marcadé, *1734*, 3; Massé et Vergé, § 672, note 20 ; Limoges, 26 août 1848; Nîmes, 14 août 1850; CONTRA, Limoges, 21 fév. 1839, 6 juill. 1840.

(13) Grenoble, 4 août 1832.

(14) Roll., *Bail*, n° 17, 168.

(15) Voir Troplong, n° 3; Marcadé, *1713*, 3; Massé et Vergé, § 689, note 3; CONTRA, Duvergier, I, 95.

4492. Le pot-de-vin stipulé en sus du prix doit, lorsqu'il a quelque importance, être considéré comme faisant partie du prix, et doit être restitué avec le prix, lorsqu'il y a lieu (1).

4493. Le preneur est tenu de payer le prix du bail aux termes convenus (*C. N.*, *1728, 2°*).

4494. VIII. *Contributions.* La contribution des portes et fenêtres est à la charge du preneur (2); elle est exigible directement contre le bailleur, sauf son recours contre le preneur (*Loi 13 frim. an VII*). La contribution foncière reste à la charge du bailleur; le locataire ou fermier doit en faire l'avance en déduction de ses fermages ou loyers (*Loi 3 frim. an VII, art. 147*).

4495. Lorsque la contribution foncière a été mise à la charge du preneur, il doit la supporter, à quelque somme qu'elle s'élève; mais il ne doit pas les contributions extraordinaires, ni les emprunts forcés qui seraient imposés dans le cours du bail, à moins que la loi n'en ait mis une part à sa charge (3).

4496. IX. *Privilège du bailleur.* Le bailleur d'immeubles (4), qu'il soit propriétaire, usufruitier, possesseur à tout autre titre, ou même locataire principal (5), lorsqu'il concourt avec d'autres créanciers (6), ou en cas de faillite du locataire, *infra n° 4500*, a un privilége sur les fruits de la récolte de l'année et sur le prix de tout ce qui garnit la maison louée ou la ferme, et de tout ce qui sert à l'exploitation de la ferme (*C. N.*, *2102, 1°*), alors même que les objets appartiendraient à des tiers qui les auraient remis à titre de gage, de dépôt, de location ou de prêt, voir cependant *infra n° 4498, 5°*, ou à des sous-locataires, mais dans ce dernier cas jusqu'à concurrence seulement des loyers dus par les sous-locataires (7), savoir :

1° Pour tout ce qui est échu et pour tout ce qui est à échoir si les baux sont authentiques, ou si étant sous signature privée, ils ont une date certaine (8), et, dans ces deux cas, les autre créanciers ont le droit de relouer la maison ou la ferme pour le restant du bail, et de faire leur profit des baux ou fermages, à la charge toutefois de payer au propriétaire tout ce qui lui serait encore dû. — Et, à défaut de baux authentiques, ou lorsque étant sous signature privée, ils n'ont pas une date certaine, ou lorsqu'ils sont verbaux (9) pour toutes les années échues (10), pour l'année courante, et pour une année à partir de l'expiration de l'année courante (*C. N.*; *2102, 1°*).

2° Pour les réparations locatives et pour tout ce qui concerne l'exécution du bail (*ibid.*); ainsi : les détériorations survenues par la faute du preneur, les fournitures faites par le bailleur, en vertu d'une clause du bail, et en général toutes les avances faites en vue de l'exploitation (11).

4497. Néanmoins les sommes dues pour les semences ou pour les frais de la récolte de l'année (12)

LOYER.

En outre le présent bail, etc. (*Le surplus comme en la form. 627.*)

On peut ajouter : M. LEBLOND s'engage, pour le cas où il viendrait à se marier pendant le cours du présent bail, à rapporter au bailleur, dans le mois de son mariage, l'o-

---

(1) Toullier, XII, 408; Duranton, XIV, 312; Proudhon, *Usuf.*, n° 1219; Dalloz, n° 111; Massé et Vergé, § 698, note 3; Douai, 28 juin et 30 déc. 1839, 7 nov. 1845. Voir cependant Amiens, 4 janv. 1864; Jur. N., 12497.

(2) Marcadé, *1729*, 2; Cass., 31 mai 1813, 26 oct. 1816; Trib. Nîmes, 28 nov. 1860.

(3) Troplong, n° 335; Duvergier, I, 352; Duranton, XVII, 77; Dict. not., *Bail*, n° 347.

(4) Mais non celui de choses mobilières : Pont, *Priv.*, n° 116; Dalloz, *ibid.*, n° 220; Grenoble, 20 fév. 1843.

(5) Troplong, *Priv.*, n° 132; Pont, *ibid.*, n° 417; Dalloz, *ibid.*, n° 421; Zach., § 791, note 2; Dict. not., *Priv.*, n° 417; Roll., *ibid.*, n° 63; Nîmes, 18 juin 1830; Orléans, 21 nov. 1838; Paris, 12 janv. 1848; Cass., 14 fév. 1827, 2 juin 1831.

(6) Valette, *Priv.*, n° 61; Pont, *ibid.*, n° 126; Dalloz, *ibid.*, n° 206.

(7) Pont, *Priv.*, n° 119; Cass., 2 avril 1860; Amiens, 10 avril 1839; Toulouse, 5 fév. 1845.

(8) Voir Mourlon, *Priv.*, n° 102; Pont, *ibid.*, n° 126; Cass., 12 mars 1864; M. T., 1864, p. 629.

(9) Pont, *Priv.*, n° 427; Lyon, 28 avril 1847.

(10) Duranton, XIX, 92; Troplong, *Priv.*, n° 156; Taulier, VII, p. 443; Buguet sur Pothier, I, p. 611; Dict. not., *Priv.*, n° 421; Roll., *ibid.*, n° 73; Cass., 28 juill. 1824, 6 mai 1835; Rouen, 22 août 1821, 12 juill. 1823, 25 avril 1842; Bourges, 22 mai 1834; Grenoble, 28 mai 1838; Douai, 29 août 1842; Paris, 25 avril 1846; Lyon, 28 avril 1847; Metz, 6 janv. 1859; Jur. N., 11377; CONTRA, Grenier, II, 309; Boileux, III, p. 561; Bordeaux, 12 juin 1825, 17 déc. 1829, selon lesquels le privilége ne porte que sur l'année qui suit l'année courante; CONTRA aussi, Valette, n° 63; Demante, *Rev. étrang.*, IX. 697; Pont, *Priv.*, n° 427, selon lesquels le privilége ne comprend que l'année courante et celle qui la suit.

(11) Duranton, XIX, 97; Troplong, *Priv.*, n° 154; Valette, *ibid.*, n° 60; Pont, *ibid.*, n° 425; Cass., 3 janv. 1837; 24 août 1842; Paris, 25 avril 1846; Limoges, 26 août 1848; Jur. N., 9206; Douai, 18 avril 1839. Voir cependant Grenier, II, 309; Persil, 2102, § 1, n° 10.

(12) Comp. Pont, *Priv.*, n° 434; Bordeaux, 2 août 1831; Caen, 28 juin 1837; Limoges, 26 août 1848; Montpellier, 4 mai 1861; Cass., 3 janv. 1837, 11 déc. 1861; Amiens, 2 mai 1863; Jur. N., 8925, 12025, 12368.

sont payées sur le prix de la récolte, et celles dues pour ustensiles (1), sur le prix de ces ustensiles, par préférence au propriétaire, dans l'un et l'autre cas (*C. N.*, *2102, 1°*).

4498. Le privilége du bailleur ne s'étend pas : 1° aux choses apportées accidentellement par des tiers dans la maison ou la ferme louée, par exemple, les objets manufacturés ou à manufacturer (2), les effets du voyageur déposés dans une auberge, le linge confié à une blanchisseuse, les étoffes remises à un tailleur ; 2° aux choses qu'une personne revendique comme les ayant perdues ou lui ayant été volées (3) ; 3° aux objets contrefaits confisqués au profit de l'inventeur (4) ; 4° à l'achalandage d'un fonds de commerce (5) ; 5° aux objets mobiliers déposés au locataire ou à lui loués, lorsque le déposant ou le propriétaire des objets a fait signifier son droit de propriété au bailleur (6) ; il pourrait ne pas suffire que le bailleur en eût connaissance autrement (7).

4499. Le propriétaire peut saisir (*C. pr.*, *819 à 825* ; *Loi 25 mai 1838, art. 3*) les meubles qui garnissent sa maison ou sa ferme, lorsqu'ils ont été déplacés sans son consentement, et il conserve sur eux son privilége, pourvu qu'il ait fait la revendication (*C. pr.*, *826 à 831*) ; savoir : lorsqu'il s'agit du mobilier qui garnissait une ferme, dans le délai de quarante jours ; et dans celui de quinzaine, s'il s'agit des meubles garnissant une maison (*C. N.*, *2102, 1°*). Ces délais courent du jour du déplacement et non pas seulement du jour où le propriétaire l'a connu (8).

4500. Le bailleur, par acte authentique ou ayant date certaine, a-t-il le droit, en cas de faillite du preneur, de demander le payement immédiat de tous les loyers à échoir à peine de résiliation du bail ? C'est une question délicate et controversée (9), qui nous semble comporter cette distinction : le mobilier servant de gage au bailleur est vendu, il y a lieu à l'application de l'art. 2102 C. N., *supra n° 4496*, et tous les loyers à échoir deviennent exigibles ; mais il n'en est plus de même si le preneur obtient son concordat avant la vente du mobilier. D'ailleurs, il est certain que l'exigibilité des loyers n'a pas lieu en cas d'acceptation bénéficiaire de la succession du preneur (10).

4501. X. *Résolution du bail.* Le contrat de louage se résout par la perte de la chose louée, et par le défaut respectif du bailleur et du preneur de remplir leurs engagements, *supra n° 3120 et infra n° 4512* (*C. N.*, *1741*). Par conséquent, si le preneur ne paye pas son loyer ou fermage, le bailleur peut demander la résiliation du bail et son expulsion ; s'il a été stipulé à ce sujet une clause de résolution expresse, elle doit être textuellement appliquée par le juge (11).

4502. Le contrat de louage, à moins de convention contraire, n'est point résolu par la mort du bailleur ni par celle du preneur (*C. N.*, *1742*).

4503. XI. *Vente de la chose louée.* Si le bailleur vend la chose louée ou l'aliène de toute autre manière, l'acquéreur ne peut expulser le fermier ou le locataire qui a un bail authentique, ou dont la date est certaine, *supra n° 3422*, lors même que le locataire ou fermier n'en aurait pas encore pris la jouissance (12), à moins qu'il ne se soit réservé ce droit par le contrat de bail (13) (*C. N.*, *1743*) ; mais si le

---

bligation solidaire de son épouse, tant au payement du loyer ci-dessus fixé qu'à l'exécution des charges et conditions du bail.

(1) Voir Duranton, XIX, 99 ; Mourlon, *Priv.*, n° 107 ; Pont, *ibid.*, n° 435 ; Cass., 12 nov. 1839.

(2) Pont. *Priv.*, n° 421 ; Dalloz, *ibid.*, n° 248 ; Cass., 22 juill. 1823 ; Paris, 8 mai 1841, 14 mars 1842, 18 déc. 1848 ; Bordeaux, 24 déc. 1860 ; Jur. N., 11765. Voir cependant Lyon, 5 fév. 1864 ; M. T., 1864, p. 353.

(3) Duranton, XIX, 81 ; Valette, *Priv.*, n° 56 ; Mourlon, *ibid.*, n° 86 ; Pont, *ibid.*, n° 422 ; Dalloz, *ibid.*, n° 253 ; Massé et Vergé, § 791, note 9.

(4) Trib. Seine, 1861 ; M. T., 1861 ; R. G., n° 212.

(5) Lyon, 25 avril 1860 ; J. N., 46910.

(6) Pont, *Priv.*, n° 422 ; Paris, 26 mai 1844 ; Grenoble, 4 août 1832 ; Douai, 19 fév. 1848 ; Paris, 8 août 1857 ; Cass., 9 août 1845, 14 avril 1858. Voir Trib. Seine, 13 avril 1861 ; M. T., 1861, p. 541.

(7) Pont, *Priv.*, n° 422 ; Paris, 31 juill. 1818 ; Bordeaux, 46 mars 1840. Voir cependant Troplong, *Louage*, n° 1161 ; Marcadé, *art. 1813* ; Cass., 7 mars 1843 ; Paris, 10 janv. 1868 ; G. T., 20 janv.

(8) Taulier, VII, p. 14 ; Troplong, *Priv.*, n° 161 ; Valette. *ibid.*, n° 67 ; Dalloz, *ibid.*, n° 283 ; Pont, *ibid.*, n° 431 ; Dict. not., *ibid.*,

n° 133 ; Zach., § 794, note 16 ; Cass., 6 mai 1835. Voir cependant Persil, *2102*, § 1, n° 2 ; Duranton, XIX, 100.

(9) AFFIRMATIVE, Persil, *2102*, § 1, 118 ; Dalloz, *Priv.*, n° 277 ; Mourlon, *ibid.*, n° 96 ; Rennes, 3 déc. 1858 ; Rouen, 29 fév. 1859 ; Paris, 23 août 1858, 26 janv. et 29 déc. 1860 ; Cass., 7 déc. 1858, 4 janv. 1860, 28 mars 1855 ; Paris, 5 mars 1867 ; J. N., 18799 ; NÉGATIVE, Troplong, n° 467 ; Massé et Vergé, § 704, note 6 ; Cass., 12 déc. 1807 ; Paris, 16 août 1825, 16 mars 1840, 2 janv. et 12 déc. 1854, 27 nov. 1862 ; J. N., 17742 ; Rouen. 23 déc. 1864 ; Seine, 6 mars 1866, 13 mars 1867. V. Paris, 23 juin 1867.

(10) Caen, 8 janv. 1862 ; Jur. N., 12124.

(11) Troplong, n° 324 ; Dijon, 31 juill. 1847 ; Paris, 19 fév. 1831 ; Seine, 9 fév. 1860 ; Cass., 3 déc. 1838, 2 juill. 1860. V, Douai, 24 mars 1847 ; Dijon, 28 déc. 1857 ; Paris, 27 mars 1843, 19 août 1855, 28 mars 1859 ; Rennes, 24 déc. 1861 ; Rouen, 31 déc. 1863 ; Aix, 6 mars 1867 ; Lyon, 29 mai 1867 ; M. T., 67, 367, 820.

(12) Troplong, n° 495 à 497 ; Marcadé, *1473*, 2 ; Dalloz, n° 487 ; Massé et Vergé, § 704, note 23 ; Dijon, 21 avril 1827 ; Chambéry, 28 nov. 1862 ; Jur. N., 12445 ; CONTRA, Duranton, XVII, 145 ; Duvergier, I, 556.

(13) Voir Grenoble, 20 juin 1863.

bail est verbal ou si, étant écrit, il n'a pas de date certaine, et que l'acquéreur n'ait pas été chargé de le souffrir, il peut faire cesser la jouissance du locataire ou fermier en lui donnant congé conformément à l'usage des lieux, sauf à celui-ci à se faire indemniser par le bailleur (1).

4504. Toutefois le jugement d'expropriation pour cause d'utilité publique opère la résolution immédiate des baux existants, à l'égard des locataires comme à l'égard de l'expropriant. En conséquence, la déclaration notifiée par ce dernier qu'il entend respecter les baux jusqu'à leur expiration, ne peut faire obstacle à la réclamation par les locataires d'une indemnité d'éviction (2), *supra n° 4098, note 2*. Le locataire a droit à l'indemnité, quand même le bail n'aurait pas date certaine (3), s'il n'est pas entaché de fraude.

4505. S'il a été convenu lors du bail qu'en cas de vente l'acquéreur pourrait expulser le fermier ou locataire, l'acquéreur profite de cette faculté (4); il en est de même de celui qui l'exproprie pour cause d'utilité publique (5). Si c'est le bailleur qui s'est réservé d'expulser le locataire ou fermier en cas de vente, l'acquéreur n'en profite que dans le cas seulement où le vendeur l'a subrogé à ses droits (6).

4506. Lorsque le fermier ou locataire est ainsi expulsé en vertu d'une clause de son bail, et qu'il n'a été fait aucune stipulation sur les dommages et intérêts, le bailleur est tenu d'indemniser le fermier ou le locataire de la manière suivante (*C. N.*, *1744*), et quand même leur possession n'aurait pas encore commencé : — 1° s'il s'agit d'une maison, appartement ou boutique, le bailleur paye, à titre de dommages et intérêts, au locataire évincé, une somme égale au prix du loyer, pendant le temps qui, suivant l'usage des lieux, est accordé entre le congé et la sortie (*C. N.*, *1745*); — 2° s'il s'agit de biens ruraux, l'indemnité que le bailleur doit payer au fermier est du tiers du prix du bail pour tout le temps qui reste à courir (*C. N.*, *1746*); — 3° s'il s'agit de manufactures, usines ou autres établissements qui exigent de grandes avances, l'indemnité se règle par experts (*C. N.*, *1747*).

4507. L'acquéreur qui veut user de la faculté réservée par le bail d'expulser le fermier ou locataire en cas de vente, est, en outre, tenu, à défaut de convention à ce sujet, d'avertir le locataire au temps d'avance usité dans le lieu pour les congés. — Il doit aussi avertir le fermier des biens ruraux au moins un an à l'avance (*C. N.*, *1748*). — Les fermiers ou les locataires ne peuvent être expulsés qu'ils ne soient payés par le bailleur, ou, à son défaut, par le nouvel acquéreur, des dommages et intérêts ci-dessus expliqués (*C. N.*, *1749*).

4508. Si le bail n'est pas fait par acte authentique ou n'a point de date certaine, l'acquéreur n'est tenu d'aucuns dommages et intérêts (*C. N.*, *1750*); mais il est tenu d'avertir le locataire à l'avance conformément à l'usage des lieux pour les baux faits sans écrit (7), *supra n° 4459*.

4509. L'acquéreur à pacte de rachat ne peut user de la faculté d'expulser le preneur, jusqu'à ce que, par l'expiration du délai fixé pour le réméré, il devienne propriétaire incommutable (*C. N.*, *1751*).

4510. XII. *Transcription*. Les baux d'une durée de dix-huit années doivent être transcrits au bureau des hypothèques de la situation des biens (*Loi 23 mars 1855, art. 2, 4°*). Les baux qui n'ont point été

FORMULE 629. — Bail d'un appartement.

PAR-DEVANT Mᵉ.....

A COMPARU : M. Louis VALON, négociant, demeurant à.....;

Lequel a, par ces présentes, donné à bail à loyer, etc. (*voir form. 627*),

A M. Elie DURET, employé, demeurant à....., ici présent, et ce acceptant,

Un appartement au deuxième étage d'une maison située à....., rue....., n°.....; ledit appartement se composant de....., etc. (*désigner*),

Ainsi que cet appartement s'étend et comporte avec ses dépendances; le preneur déclarant au surplus parfaitement le connaître pour l'avoir vu et visité.

---

(1) Troplong, n° 504; Dict. not., *Bail*, n° 431; Paris, 24 déc. 1808. Montpellier, 4 mars 1857; J. N., 18835.
(2) Paris, 7 mai 1861, 11 août 1862, 26 janv. 1863; Cass., 16 avril 1862; Trib. Marseille, 10 juill. 1862; J. N., 17496, 17521.
(3) Cass., 17 avril 1861; R. N., 86.
(4) Duvergier, I, 551; Marcadé, *art. 1749*; Dalloz, n° 510; Zach.,

§ 701, note 35; Roll., *Bail*, n° 443; Cass., 13 mars 1861; J. N., 17179. Voir cependant Duranton, XVII, 148; Troplong, n° 521.
(5) Cass., 13 mars 1861; J. N., 17179.
(6) Duvergier, I, 551; Troplong, n° 517.
(7) Duranton, XVII, 444; Duvergier, I, 546; Troplong, n° 518; Taulier VI, p. 256; Marcadé, *art. 1750*; CONTRA, Turin, 21 juin 1810.

transcrits ne peuvent être opposés pour une durée de plus de dix-huit années aux tiers qui ont des droits sur les immeubles loués, et qui les ont conservés en se conformant aux lois (*même loi, art. 3*).

4511. Lorsque le preneur à bail pour une durée de plus de dix-huit années est aux prises avec un créancier hypothécaire inscrit, divers cas sont à distinguer : 1° si le bail a été transcrit antérieurement à l'inscription établie sur les biens loués, il est opposable pour le tout au créancier inscrit, quelque longue que soit sa durée; 2° si le bail a été constitué antérieurement à l'affectation hypothécaire, mais n'a été transcrit qu'après l'inscription, il n'est opposable, si le créancier l'exige, que pour une durée de dix-huit années à partir de l'adjudication sur saisie immobilière (1); 3° enfin si le bail a été consenti et transcrit postérieurement à l'inscription, il n'est opposable que pour une durée de dix-huit années du jour où il a commencé à courir (2).

SECTION II. — DES RÈGLES PARTICULIÈRES AUX BAUX A LOYER.

4512. I. *Obligation de garnir les lieux loués.* Le locataire qui ne garnit pas la maison de meubles suffisants, sur lesquels puisse porter le privilège du bailleur, *supra n° 4496*, peut être expulsé, *supra n° 4501*, à moins qu'il ne donne des sûretés capables de répondre du loyer (3) (*C. N., 1752*); il en est de même si pendant le bail le locataire dégarnit les lieux loués (4). — Il n'est pas nécessaire que les meubles soient d'une valeur égale au montant de tous les loyers cumulés; il suffit en général qu'ils répondent du terme courant, du terme à échoir, et des frais de vente judiciaire (5). — Après son expulsion, le locataire ne peut, même en payant les termes postérieurs, obtenir sa réintégration dans les lieux loués (6).

4513. II. *Réparations locatives.* Les réparations locatives ou de menu entretien dont le locataire est tenu, s'il n'y a clause contraire, sont celles désignées comme telles par l'usage des lieux, et, entre autres, les réparations à faire (7) : aux âtres, contre-cœurs, chambranles et tablettes de cheminées; au récrépiment du bas des murailles des appartements et autres lieux d'habitation à la hauteur d'un mètre; aux pavés et carreaux des chambres, lorsqu'il y en a seulement quelques-uns de cassés; aux vitres, à moins qu'elles ne soient cassées par la grêle ou autres accidents extraordinaires et de force majeure, dont le locataire ne peut être tenu; aux portes, croisées, planches de cloison ou de fermeture de boutiques, gonds targettes et serrures (*C. N., 1754*).

4514. Aucune des réparations réputées locatives n'est à la charge des locataires, quand elles ne sont occasionnées que par vétusté, force majeure (*C. N., 1755,*), vice de la matière ou défaut de construction (8).

Le présent bail est fait aux charges et conditions, etc. (*Voir, pour le surplus de l'acte, la formule 627.*)

FORMULE 630. — Bail d'un appartement meublé. (N° 4520.)

Par-devant Me.....,

A comparu : M. Louis Valon, etc. ;

Lequel a, par ces présentes, donné à bail à loyer, etc.,

A M. Elie Duret.....,

Un appartement meublé au deuxième étage d'une maison située à....., rue....., n°....., ledit appartement se composant de....., etc. (*Désigner.*)

Les meubles et objets formant l'ameublement de cet appartement sont décrits en un état dressé entre les parties à la date de ce jour; lequel état, écrit sur du papier au timbre de un franc, est demeuré ci-annexé après avoir été certifié véritable par les parties, et que les notaires ont fait dessus mention de l'annexe.

---

(1) Mourlon, M. T., 1862, p. 241.
(2) Duvergier, sur l'art. 3 de la loi du 23 mars 1855; Troplong, *Transac.*, n° 291; Mourlon, M. T., 1862, p. 242; contra, Rivière et Huguet, *quest. 219*; Pont, *Priv.*, n° 308, selon lesquels les baux transcrits sont opposables aux créanciers inscrits pour toute leur durée.
(3) Ou que la destination de la chose louée ne comporte pas beaucoup de mobilier, par exemple pour une salle d'armes, une salle de danse : Duvergier, II, 1 ; Troplong, n° 536 ; Marcadé, *art. 1752.*

(4) Troplong, n° 533.
(5) Duranton, XVII, 137; Troplong, n° 531; Duvergier, II, 15; Dalloz, n° 605; Zach., § 705, note 1; Marcadé, *art. 1752*; Dict. not., *Bail à loyer*, n° 10; Cass., 8 déc. 1806; Rouen, 30 juin 1846. Voir, cependant Mourlon, *Priv.*, n° 164; Pont, *ibid.*, n° 132; Paris, 20 oct. 1806; Poitiers, 28 janv. 1819.
(6) Trib. Seine, 31 déc. 1863.
(7) Voir Troplong, n°s 567 à 591.
(8) Troplong, n° 587; Massé et Vergé, § 705, note 6.

4515. Le curement des puits et celui des fosses d'aisance sont à la charge du bailleur, s'il n'y a clause contraire (*C. N.*, *1756*). Le ramonage des cheminées est à la charge du locataire.

4516. III. *Résiliation.* En cas de résiliation par la faute du locataire, *supra n° 4504*, celui-ci est tenu de payer le prix du bail pendant le temps nécessaire à la relocation, c'est-à-dire le plus souvent outre le terme courant, le loyer du terme suivant (1), sans préjudice des dommages et intérêts, *supra n° 3195*, qui ont pu résulter de l'abus (2) (*C. N.*, *1760*).

4517. Le bailleur ne peut résoudre la location, encore qu'il déclare vouloir occuper par lui-même la maison louée, s'il n'y a su convention contraire (*C. N.*, *1764*).

4518. S'il a été convenu dans le contrat de louage que le bailleur [propriétaire, usufruitier ou même locataire principal (3)] pourrait venir occuper la maison, il est tenu de signifier d'avance un congé aux époques déterminées par l'usage des lieux (*C. N.*, *1762*); mais il ne doit aucun dommages et intérêts (4), à moins qu'après avoir expulsé le locataire, il ne reloue à une autre personne au lieu d'occuper lui-même la maison (5).

4519. IV. *Tacite réconduction. Résolution.* Si le locataire d'une maison ou d'un appartement continue sa jouissance après l'expiration du bail par écrit, sans opposition de la part du bailleur, il est censé le occuper aux mêmes conditions, pour le temps fixé par l'usage des lieux, et ne peut plus en sortir ni en être expulsé qu'après un congé donné suivant le délai fixé par l'usage des lieux, *supra n° 4462 (C. N.*, *1759*).

4520. V. *Bail d'un appartement meublé* [FORM. 630]. Le bail d'un appartement meublé est censé fait à l'année, quand il a été fait à tant par an (6) ; au mois, quand il a été fait à tant par mois ; au jour, s'il a été fait à tant par jour. Si rien ne constate que le bail soit fait à tant par an, par mois ou par jour, la location est censée faite suivant l'usage des lieux (*C. N.*, *1758*). S'il est écrit, il se règle conformément à la convention, et il donne lieu à la tacite réconduction, *supra n° 4517*.

4521. VI. *Bail d'usines* [FORM. 634]. Ce bail, lorsque l'usine n'est pas la dépendance d'une ferme, doit être rangé dans la classe des baux à loyer (7). Il est assez d'usage dans les baux d'usine, surtout pour ceux des moulins, de charger le locataire des réparations de gros entretien, en l'obligeant à rendre les choses, à l'expiration de sa jouissance, dans le même état de valeur et de bonté que lors de sa prise de possession ; dans ce cas, il se fait une estimation de la prisée du moulin lors de l'entrée en jouissance et une autre à la fin du bail, de manière à lui faire supporter le déchet des ustensiles pendant sa jouissance, sans examiner s'ils sont encore ou non en bon état de service (8). Toutefois le locataire ne saurait être responsable de la dépréciation survenue par suite de l'avilissement des matières premières, de l'abaissement du prix de la main-d'œuvre et des progrès de la construction (9).

Le présent bail est fait aux charges et conditions suivantes que le preneur s'oblige à exécuter et accomplir :

1° Le preneur habitera par lui-même avec sa famille l'appartement loué ; il jouira de cet appartement et des meubles qui le garnissent en bon père de famille, de manière à rendre le tout en bon état à la fin du bail, et, en ce qui concerne l'appartement, conformément à l'état des lieux qui en sera dressé contradictoirement avec le preneur, à ses frais, lors de son entrée en jouissance ;

2°....., etc. (*Voir, pour le surplus de l'acte, la formule 627.*)

FORMULE 634. — **Bail d'usine.** (Nᵒˢ 4524 à 4523.)

PAR-DEVANT Mᵉ....., etc.,

A COMPARU : M. Léon NAIR, propriétaire, demeurant à.....;

---

(1) Duranton, XVII, 172; Duvergier, II, 79; Troplong. n° 621; Marcadé, *art. 1760*; Dalloz, n° 726; Massé et Vergé, § 705, note 7.
(2) Voir Caen, 19 mai, 3 juill. 1862; J. N., 12220.
(3) Duvergier, II, 12; Troplong, n° 627.
(4) Troplong, n° 626; Taulier, VI, p. 265; Marcadé, *art. 1762;* Dalloz, n° 828; Massé et Vergé, § 705, note 8 ; CONTRA, Duvergier, II, 40.
(5) Troplong, n° 629; Dalloz, n° 731; Massé et Vergé, § 705, note 8; Dict. not., *Bail à loyer*, n° 8.

(6) S'il s'agit d'une maison meublée destinée à être exploitée comme établissement d'hôtel garni, il faut consulter l'usage des lieux. Voir Cass., 6 nov. 1800.
(7) Roll., *Bail d'usine*, n° 3; Bruxelles, 29 nov. 1809; Toulouse, 18 déc. 1840.
(8) Roll., *Bail d'usine*, n° 5
(9) Daviel, *Des cours d'eaux*, n° 659 ; Rouen, 2 déc. 1834; Jur. N.⁴ 10725.

4522. Les cas fortuits ou de force majeure donnent lieu à une réduction du prix du loyer, par exemple, si un arrêté administratif a ordonné que l'usine ou une partie de l'usine chômerait pendant un certain temps de l'année (1). Il n'en est pas de même pour les diminutions temporaires et accidentelles qui pouvaient être prévues, comme s'il est survenu une sécheresse qui a diminué d'une manière notable la force motrice de l'usine (2).

4523. Le locataire qui a remplacé les tournants par un mécanisme nouveau ne peut obliger le propriétaire à en payer le prix; il peut seulement l'enlever en rétablissant l'ancien (3).

Lequel a, par ces présentes, donné à bail à loyer, etc. *(voir formule 627)*,

A M. Jean Dubois, meunier, et à Mme Julie Blot, son épouse, de lui autorisée, demeurant à....., ici présents, et ce acceptant,

Un moulin à eau, faisant de blé farine, situé en la commune de...., sur la rivière de....., garni de..... paires de meules montées à l'anglaise, et de tous ses tournants, virants, travaillants, bluteaux, vannes et ustensiles servant à son exploitation, avec les bâtiments qui en dépendent, se composant d'une maison d'habitation pour le fermier, un autre bâtiment à usage d'écurie, remise, toit à porcs et poulailler, cour, jardin et prairie, le tout de la contenance de....., enclos de murs,

Ainsi que le tout se trouve exister et dont il n'est pas fait de plus ample désignation, à la réquisition des preneurs, qui ont déclaré parfaitement connaître le moulin présentement loué pour l'avoir vu et visité dans le plus grand détail.

Ce bail est fait avec les charges et aux conditions suivantes, que les preneurs s'obligent solidairement à exécuter et accomplir, à peine de tous dépens et dommages-intérêts :

1° M. et Mme Dubois prendront le moulin et ses accessoires dans l'état où ils se trouveront au jour de l'entrée en jouissance, et d'après la prisée qui en sera faite par deux experts nommés par les parties, ou d'office par le juge de paix du canton de....., pour la partie qui à cette époque n'aurait pas fait son choix, et avec faculté pour les experts de s'en adjoindre un troisième en cas de désaccord ;

2° Ils habiteront par eux-mêmes avec leurs familles les lieux loués, qu'ils garniront de meubles et objets mobiliers en quantité et de valeur suffisante pour répondre du payement du loyer et de l'exécution des conditions du bail ; et ils seront tenus de conserver au moulin sa destination actuelle, sans pouvoir la changer en aucune façon ;

3° Ils entretiendront ledit moulin de toutes réparations ainsi que la reillière, les vannes, chaussées et déversoir, de manière qu'il n'y ait aucune perte ni inondation, et que le bailleur ne puisse être inquiété par qui que ce soit ;

4° Ils feront faucher et curer la rivière à.... mètres en amont et.... mètres en aval du moulin, et rejeter également la vase sur chacune des berges sans pouvoir l'étendre au delà d'un mètre de chaque côté ;

5° Ils rendront le moulin conformément à la prisée qui aura été faite, ainsi qu'il est dit ci-dessus, sauf à payer la moins-value, ou à recevoir la plus-value s'il en existait, ce qui sera constaté à l'expiration du présent bail par un nouvel état estimatif dressé par des experts nommés comme il est dit ci-dessus ; la différence sera exigible de part et d'autre dans le mois de l'estimation ;

6° Ils entretiendront la maison d'habitation et les autres bâtiments de toutes réparations locatives de manière à les rendre à la fin du bail tels qu'ils les auront reçus d'après l'état des lieux qui en sera dressé lors de l'entrée en jouissance des preneurs et à leurs frais ;

7° Ils souffriront les grosses réparations, etc. *(voir formule 627, 5°)* ;

8° Ils ne pourront exiger aucune diminution du loyer ci-après stipulé ni aucune in-

---

(1) Nancy, 17 mai 1837.
(2) Rouen, 21 juill. 1838.

(3) Cass., 3 janv. 1849; J. N., 13636.

4524. VII. *Bail de meubles* [Form. 632]. Le louage des meubles est réglé, par analogie, à l'aide des dispositions du Code sur le louage des immeubles ; ainsi, les meubles loués doivent être délivrés avec leurs accessoires (1) ; le bailleur est tenu de les entretenir en état de servir à l'usage pour lequel ils ont été loués, d'en faire jouir paisiblement le prencur (2) ; la perte survenue par cas fortuit est à la charge du bailleur, à moins de convention contraire (3) ; de son côté le locataire doit jouir en bon père de famille et suivant la destination de l'objet loué (4) ; si à la fin du bail le preneur est laissé en possession, il se forme une tacite réconduction, mais chacune des parties peut faire cesser le bail quand bon lui semble (5).

demnité en cas de chômage par suite de gelées, inondations, sécheresse et autres événements prévus et imprévus ;

9° Ils ne pourront céder leur droit au présent bail, etc. (*voir form. 627, 9°, et 628, 6°*) ;

10° Ils acquitteront en sus et sans diminution du loyer, pendant la durée du bail, les contributions foncières, celles des portes et fenêtres et autres de toute nature auxquelles les biens loués peuvent et pourront être assujettis ;

11° Ils payeront les frais et honoraires des présentes, ainsi que le coût d'une grosse à fournir à M. Nair.

De son côté le bailleur s'oblige à maintenir les lieux loués dans l'état où ils sont actuellement, de manière à ce que les preneurs en jouissent suivant leur destination, sans aucun trouble, et qu'ils soient constamment clos et couverts.

En outre le présent bail est fait, etc. (*Voir, pour le surplus de l'acte, la form. 627.*)

FORMULE 632. — **Bail de meubles.** (Nos 4524 à 4527.)

Par-devant Me. . . . .,

A comparu : M. Paul Valin, tapissier, demeurant à. . . . . ;

Lequel a, par ces présentes, donné à loyer, pour une année qui commencera à courir le. . . . .,

A M. Charles Marcel, propriétaire, demeurant ordinairement à. . . . ., et momentanément logé à. . . . ., ici présent, et ce acceptant,

Les meubles détaillés en un état descriptif et estimatif que les parties ont dressé entre elles sur une feuille de papier, au timbre de un franc ; lequel état non encore enregistré, mais devant l'être avec ces présentes, est demeuré ci-annexé après avoir été certifié véritable par les parties, et que dessus les notaires soussignés ont fait mention de l'annexe.

Tous les meubles seront livrés à M. Marcel, le. . . . ., dans l'état où ils sont aujourd'hui, et transportés par M. Valin dans un appartement loué par M. Marcel à. . . . ., rue. . . . ., n°. . . . .

Ce bail est fait avec les charges et sous les conditions suivantes, que le preneur s'oblige à exécuter :

1° Il emploiera les objets loués à l'usage auquel ils sont destinés, et les rendra, à la fin du bail, dans l'état où il les aura reçus, sauf les détériorations naturelles produites par l'usage ; il sera tenu de payer le prix porté dans l'état ci-dessus pour tous ceux qui seraient perdus, brisés ou mis hors de service ;

2° Il ne pourra transporter les objets loués dans un autre appartement, ni céder son droit au présent bail, en tout ou en partie, sans le consentement exprès et par écrit du bailleur ;

3° Il payera les frais et honoraires des présentes, ainsi que le coût d'une grosse à fournir au bailleur, et celui de la notification dont il sera ci-après parlé.

(1) Duvergier, II, 242; Dalloz, n° 870; Zach., M. et V., § 697, note 2.
(2) Troplong, nos 476, 495; i alloz, n° 870.
(3) Troplong, n° 221 ; Dalloz, n° 871 ;Massé et Vergé, § 697, note 2.
(4) Duvergier, II, 244; Troplong, n° 297; Dalloz, n° 872.
(5) Duvergier, II, 234; Troplong, n° 461; Dalloz, n° 884; Massé et Vergé, § 697, note 2; Dict. not., *Bail de meubles*, n° 12.

4525. On ne peut louer les choses qui sont hors du commerce, par exemple un office (1).

4526. Lorsque des meubles ont été loués sans que la durée du bail ait été convenue entre les parties, elles peuvent le faire cesser quand bon leur semble, en se prévenant dans un délai raisonnable, sans qu'il soit besoin de donner congé (2). Toutefois, le bail des meubles fournis pour garnir une maison entière, un corps de logis entier, une boutique ou tous autres appartements, est censé fait pour la durée ordinaire des baux de maisons, corps de logis, boutiques ou autres appartements, selon l'usage des lieux (C. N., 1757); à moins que le louage des meubles n'ait été fait lui-même à *tant* par an, par mois ou par semaine (3) (arg. C. N., 1758).

En outre, ce bail est fait moyennant. . . . . francs de loyer annuel que le preneur s'oblige à payer au bailleur en sa demeure, en quatre payements égaux de trois mois en trois mois, dont le premier aura lieu le. . . . ., le second le. . . . ., et ainsi de suite jusqu'à la fin du présent bail.

Ces présentes seront notifiées, dans le délai de huit jours, à M. BLONDIN, propriétaire de la maison dans laquelle seront transportés les meubles loués, afin qu'il ne puisse réclamer son droit de privilège sur ces meubles.

DONT ACTE. Fait et passé, etc.

FORMULE 633. — Bail de chasse. (N° 4528.)

PAR-DEVANT Me. . . . .,

A COMPARU : M. Jean KLEIN, propriétaire, demeurant à. . . . .;

Lequel a, par ces présentes, loué pour. . . . . années consécutives qui commenceront à courir le. . . . .,

A M. Honoré SAUNIER, propriétaire, demeurant à. . . . ., ici présent, et ce acceptant,

Le droit de chasse pour lui et ses amis, sur les terres labourables, prés, bois, vignes et autres biens composant la terre de. . . . ., dont il est propriétaire, située sur les communes de. . . . . et de. . . . ., département de. . . . ., dont il n'est pas donné une plus ample désignation à M. SAUNIER qui déclare les connaître pour y avoir chassé plusieurs fois avec M. KLEIN.

Le présent bail est fait aux charges et conditions suivantes, que M. SAUNIER promet d'exécuter et accomplir fidèlement à peine de dommages-intérêts et même de résiliation des présentes si cela convient à M. KLEIN :

1° De se conformer aux prescriptions de la loi du 3 mai 1844, sur la police de la chasse ;

2° De ne jamais chasser avec des chiens courants dans les bois depuis le jour de la clôture jusqu'à celui de l'ouverture de la chasse ;

3° De faire fureter, au moins une fois par mois, dans tous les bois et remises, afin de ne pas laisser trop accroître le nombre des lapins ;

4° De ne jamais chasser le faisan autrement qu'en présence et de concert avec M. KLEIN, qui se réserve expressément le droit exclusif de chasser ce gibier ;

5° De détruire tous les animaux malfaisants ou nuisibles qui pourraient se trouver dans les bois dont la chasse est louée à M. SAUNIER ;

6° De payer toutes les indemnités qui pourraient être réclamées soit par les fermiers, soit par les propriétaires des terres qui entourent les bois de. . . . ., pour raison des dommages et dégâts qui seraient commis par le gibier ou par la chasse, quelles que soient la nature et l'importance des indemnités ;

7° De ne pouvoir transporter son droit au présent bail en tout ou en partie sans le consentement exprès et par écrit du bailleur, comme aussi de n'accorder aucune permission de chasse à des habitants des communes de. . . . . et de. . . . ., dans lesquelles sont situés les bois dont la chasse est présentement louée ;

---

(1) Troplong, n° 92; Marcadé, *art. 1713;* Dalloz, n° 45; Massé et Vergé, § 697, note 2.
(2) Troplong, n° 461; Dalloz, n° 876; Dict. not., *Bail de meubles,* n° 11; Massé et Vergé, § 697, note 2.

(3) Troplong, n° 598; Marcadé, *art. 1757;* Massé et Vergé, § 697, note 2.

4527. Le bailleur de meubles doit, avant la livraison, en faire la notification au propriétaire des lieux loués, afin de conserver son droit de revendication, *supra n° 4500*.

4528. VIII. *Bail de chasse* [FORM. 633]. Le propriétaire pouvant permettre à tout étranger de chasser sur son terrain, peut aussi, moyennant une somme une fois payée ou moyennant une rétribution annuelle, louer le droit de chasse sur ses biens ou sur tels biens déterminés (1). En ce qui concerne la location des droits de chasse sur les biens des communes ou dans les forêts de l'Etat, voir *décret 20 prairial an XIII; loi 24 fév. 1855, art. 5*. Le bail de chasse consenti par des particuliers n'est soumis à aucune formalité particulière. Voir *supra n° 1662*.

4529. IX. *Bail de pêche* [FORM. 634]. Le bail de pêche est permis aussi bien que celui de chasse. Les

---

8° De payer les frais et honoraires des présentes, y compris une grosse pour le bailleur ;

Et, en outre, moyennant la somme de..... francs de fermage annuel que M. SAUNIER s'oblige à payer en numéraire à M. KLEIN, en sa demeure, à....., en un seul terme, le..... de chaque année, en sorte que le premier payement aura lieu le.....

M. KLEIN fait observer que, par le bail qu'il a fait à M..... de toutes les terres labourables, suivant acte passé devant Mᵉ....., il a accordé au fermier le droit de chasser personnellement sur les terres labourables et les prés, mais que ce droit lui a été formellement interdit dans les bois.

Pour l'exécution des présentes, etc.

DONT ACTE. Fait et passé, etc.

FORMULE 634. — Bail de pêche. (N° 4529.)

PAR-DEVANT Mᵉ.....,

A COMPARU : M. Julien TOURNIER, propriétaire, demeurant à.....;

Lequel a fait bail, pour..... années consécutives, qui commenceront à courir le.....,

A M. Jean BELIN, marchand de poisson, demeurant à....., à ce présent, et ce acceptant,

Du droit entier et exclusif de pêche sur un étang de la contenance de..... hectares, situé sur la commune de....., appelé l'*Etang.....*, que le preneur a déclaré parfaitement connaître, et dont il a vérifié la contenance.

Le présent bail est fait sous les charges et aux conditions suivantes, que le preneur s'oblige à exécuter :

1° Il entretiendra les chaussées, la digue, les vannes et écluses en bon état pendant tout le temps du bail, et les rendra, à la fin de la jouissance, exemptes de toutes réparations ;

2° Il curera ledit étang à ses frais, toutes les fois que ce travail sera exigé par l'autorité, soit par mesure de salubrité, soit pour tout autre motif ;

3° Il demeurera garant et responsable de toutes les indemnités qui pourraient être réclamées par les voisins et propriétaires des fonds inférieurs, par suite de crue extraordinaire, inondation, débordement, et généralement pour tout accident ou dommage causé par les eaux ;

4° Il jouira par lui-même du droit au présent bail, sans pouvoir le céder à qui que ce soit, pour tout ou partie de sa durée ;

5° Il ne pourra pêcher entièrement plus d'une fois par année, dans le courant du mois de mars, ni jeter l'épervier dans les mois d'avril, mai et juin ;

6° Il rejettera dans l'étang, lors de la pêche, tous les poissons qui ne pèseraient pas au moins.....; ces poissons devant être conservés comme alevins pour repeupler ;

---

(1) Troplong, n° 94; Duvergier, I, 71; Dict. not., *Bail de chasse*, n° 2. V. Trib. Amiens, 7 mars 1867.

conditions et la forme de ce bail sont celles des baux ordinaires, sauf les dispositions d'ordre public que les lois ont établies sur la matière, *supra n° 1665*. Le bail par l'Etat du droit de pêche dans les rivières et canaux navigables ou flottables est soumis aux règles tracées par la *loi du 15 avril 1829*.

SECTION III. — DES RÈGLES PARTICULIÈRES AUX BAUX A FERME.

4530. On a établi *supra n° 4447 à 4511*, les règles communes aux baux à loyer et à ferme. La loi trace en outre les règles suivantes qui sont particulières aux baux à ferme [Form. 635].

4531. I. *Durée du bail.* Le bail sans écrit d'un fonds rural est censé fait pour le temps qui est nécessaire afin que le preneur recueille tous les fruits de l'héritage affermé. Ainsi le bail à ferme d'un pré, d'une vigne, d'un jardin, et de tout autre fonds dont les fruits se recueillent en entier dans le cours de l'année, est censé fait pour un an. Le bail des terres labourables, lorsqu'elles se divisent par soles ou saisons, est censé fait pour autant d'années qu'il y a de soles (*C. N.*, *1774*). Si le bail comprend des terres soumises à l'assolement triennal et des héritages dont tous les fruits se récoltent en une seule année, il est censé de trois ans pour le tout (1). Le bail d'un bois taillis aménagé en plusieurs coupes, à défaut de convention, est censé fait pour toutes les coupes successives jusqu'à leur entière révolution (2).

4532. Le bail des héritages ruraux, quoique fait sans écrit, cesse de plein droit à l'expiration du temps pour lequel il est censé fait, selon l'art. 1774 (*C. N.*, *1775*), sans qu'il soit nécessaire de donner congé (3).

7° Enfin il payera les frais et honoraires des présentes, y compris le coût d'une grosse pour le bailleur.

Et, en outre, ce bail est fait moyennant la somme de..... de fermage annuel, que le preneur s'oblige à payer au bailleur en sa demeure à....., en un seul terme, le..... de chaque année, en sorte que le premier payement aura lieu le....., le second le....., et ainsi de suite jusqu'à la fin du bail.

Les parties évaluent, mais seulement pour la perception des droits d'enregistrement, la charge imposée au preneur de faire toutes les réparations, à..... francs par an.

Pour l'exécution des présentes, etc.

DONT ACTE. Fait et passé, etc.

§ 2. — BAUX A FERME.

FORMULE 635. — Bail d'une ferme. (Nos 4530 à 4549.)

PAR-DEVANT Me.....,

A COMPARU : M. Achille D'AULNAY, propriétaire, demeurant à..... (nos 4453 à 4456) ;

Lequel a, par ces présentes, donné à titre de bail à ferme, pour neuf années entières et consécutives, qui commenceront à courir le....., pour faire la première récolte en l'année....., et la dernière en l'année.... (nos 4458 à 4464 et 4531 à 4534),

A M. Charles DUBRAY, cultivateur, et Mme Justine Benoît, son épouse de lui autorisée, demeurant ensemble à....., ici présents et ce acceptant (n° 4457),

La ferme du *Breuil*, dont la désignation suit :

DÉSIGNATION. (Nos 4465, 4466.)

Une ferme appelée la ferme du *Breuil*, située commune de....., consistant en :

1° Un corps de ferme..., etc. ;

2°... hect... ares... centiares de terre en labour en.... pièces ;

---

(1) Duranton, XVII, 214; Duvergier, II, 205; Marcadé, *1774*, 1; Massé et Vergé, § 704, note 24; Troplong, n° 765.
(2) Duvergier, II, 205; Troplong, n° 767; Roll., *Bail de bois* n° 4; Marcadé, *1774*, 1; Dalloz, n° 828; Massé et Vergé, § 704, note 24.

(3) Duranton, XVII, 215; Toullier, IX, 34 ; Duvergier, I, 486, 487; Troplong, n° 405; Dalloz, n° 528; Marcadé, *art. 1736*; Zach., § 704, notes 11, 25; Trib. Amiens, 11 janv. 1863; Montpellier, 4 mars 1867; J N., 48835.

4533. Si à l'expiration des baux ruraux écrits, le preneur reste et est laissé en possession, ce qui se détermine par l'usage des lieux, il s'opère un nouveau bail dont l'effet est réglé par l'art. 1774 (*C. N.*, 1776); ce qui s'applique aussi au bail à colonage partiaire (1).

4534. II. *Contenance.* Si dans un bail à ferme on donne aux fonds une contenance moindre ou plus grande que celle qu'ils ont réellement, il n'y a lieu à augmentation ou diminution de prix pour le fermier, que dans les cas et suivant les règles exprimées au titre de la *vente, supra* nᵒˢ 4007 à 4014 (*C. N.*, 1765). L'action en supplément de prix de la part du bailleur, et celle en diminution de prix ou en résiliation de contrat de la part du fermier (2) doit être intentée dans l'année du jour du contrat, à peine de déchéance (3).

4535. III. *Obligations du preneur.* En vertu du principe tracé par l'art. 1728, *supra* nᵒ 4478, si le preneur d'un héritage rural ne le garnit pas des bestiaux et des ustensiles nécessaires à son exploitation, s'il abandonne la culture (4), s'il ne cultive pas en bon père de famille (5), *supra* nᵒ 3179, s'il emploie la chose louée à un autre usage que celui auquel elle a été destinée (6), ou, en général, s'il n'exécute pas les clauses du bail, et qu'il en résulte un dommage pour le bailleur, celui-ci peut, suivant les circonstances, faire résilier le bail (7). En cas de résiliation provenant du fait du preneur, celui-ci est tenu des dommages et intérêts, ainsi qu'il est dit en l'art. 1764, *infra* nᵒ 4552 (*C. N.*, 1766).

4536. Tout preneur de bien rural est tenu d'engranger dans les lieux à ce destinés d'après le bail (*C. N.*, 1767), afin que le propriétaire conserve intact son droit de privilége et de revendication.

3ᵒ . . . hect. . . ares. . . de prairie en. . . pièces ;
4ₒ . . . hect. . . ares. . . de terre en joncs marins et genêts ;
5ᵒ. . . hect. . . ares. . . de terre plantée en vignes en. . . pièces ;
6ᵒ Et un bois taillis contenant. . . . ,

Et généralement tous les biens immeubles qui appartiennent à M. D'AULNAY sur la commune de . . . . ., sans aucune exception ni réserve.

La mesure ci-dessus énoncée n'est aucunement garantie; en conséquence la différence en plus ou en moins qui se trouverait exister entre la contenance réelle de ladite ferme et celle susexprimée, ne donnera lieu à aucune augmentation ni à aucune diminution du fermage ci-après fixé, quand même cette différence excéderait un vingtième (nᵒ 4534).

CHARGES ET CONDITIONS (1).

Ce bail a lieu aux charges et conditions suivantes que M. et Mᵐᵉ DUBRAY s'obligent solidairement à exécuter et accomplir, sans aucune diminution du fermage ci-après fixé ni indemnité quelconque :

1ᵒ Les preneurs seront tenus d'habiter par eux-mêmes, avec leur famille et leurs domestiques, le corps de ferme loué qu'ils garniront de meubles, objets mobiliers, instruments aratoires, chevaux et bestiaux en suffisante quantité pour répondre du payement exact du fermage et de l'exécution des conditions du bail (nˢ 4512, 4535).

(1) Les usages locaux règlent ordinairement le mode de culture. Les conditions des baux doivent, autant que possible, concorder avec les usages locaux du lieu de la situation des biens loués.

---

(1) Massé et Vergé, § 704, note 24; Bordeaux, 11 déc. 1863.
(2) Duvergier, II, 134; Dalloz, nᵒ 738; Massé et Vergé, § 705, note 4; Marcadé, *art. 1765.* Voir cependant Troplong, nᵒ 654 ; Dict. not., *Bail à ferme,* nᵒ 7 ; Roll., *Bail,* nᵒ 218.
(3) Duvergier, II, 135; Troplong. nᵒ 658; Marcadé, *art. 1765* , Dict. not., *Bail à ferme,* nᵒ 8; Caen, 18 mars 1859 ; CONTRA, Duranton, XVII. 180, selon lequel le délai est de trente ans. Voir Paris, 28 août 1841, 16 déc. 1865.
(4) Par exemple, si plusieurs années avant l'expiration de son bail il quitte la ferme pour aller exploiter un domaine situé à une grande distance : Metz, 26 fév. 1862; Cass., 6 mai 1863; Jur. N., 12128. Voir cependant Troplong, nᵒ 668; Nancy, 12 juin 1840.

(5) Le fermier d'une vigne doit la façonner, la fumer, l'entretenir d'échalas, la provigner; le fermier d'une terre. l'entretenir d'engrais, ménager ses forces, lui donner les façons en temps convenable, ne pas la dessoler ni dessaisonner : Troplong, nᵒ 643; Amiens, 19 mars 1842; J. N., 11348.

(6) Ainsi, à moins d'usage des lieux contraire, les pailles et les fumiers étant destinés à l'engrais des terres font partie de l'héritage et doivent être employés sur les terres louées; les autres fourrages, tels que foins, trèfles, sainfoins, vesces, etc., doivent être consommés dans la ferme : Bourges, 9 juill. 1828.

(7) Voir Rouen, 11 mars 1847 ; Paris, 10 déc. 1851 ; Caen, 16 juill. 1855 ; J. N., 18700.

4537. Le preneur d'un bien rural est tenu, sous peine de tous dépens, dommages et intérêts, d'avertir le propriétaire des usurpations qui peuvent être commises sur les fonds. Cet avertissement doit être donné dans le même délai que celui qui est réglé en cas d'assignation suivant la distance des lieux (*C. N.*, 1768).

4538. IV. *Cas fortuits.* Comme conséquence du principe établi *supra* n° 4478, si le bail est fait pour plusieurs années et que, pendant la durée du bail, la totalité ou la moitié d'une récolte au moins, année commune (1), soit enlevée par des cas fortuits (2), le fermier peut demander une remise du prix de sa location, encore bien que la portion qu'il recueille ait, par suite d'un renchérissement, une valeur vénale excédant la valeur ordinaire d'une moitié de récolte moyenne (3), à moins qu'il ne soit in-

---

2° Ils engrangeront toutes les récoltes qui proviendront des biens affermés, dans les bâtiments de la ferme, sans pouvoir en déposer ailleurs ; toutefois, lorsque les récoltes seront trop abondantes pour être contenues dans les granges de la ferme, les preneurs auront la faculté de les déposer en meules, à tel endroit des terres affermées qu'ils jugeront convenable (n° 4536).

3° Les preneurs entretiendront les bâtiments de la ferme de réparations locatives, afin de les rendre à l'expiration du bail en bon état, et conformément à l'état des lieux qui sera dressé contradictoirement avec les preneurs et à leurs frais, lors de l'entrée en jouissance (n°s 4478 à 4480, et 4513 à 4515.

4° Ils souffriront toutes les grosses réparations qui deviendront nécessaires aux bâtiments de la ferme, pendant le cours du bail, sans pouvoir prétendre à aucune indemnité ni à aucune diminution du fermage ci-après fixé, quand même les travaux dureraient plus de quarante jours (n°s 4473, 4474).

5° Ils feront, sans aucune indemnité, les charrois qui seront nécessaires pour le transport des matériaux employés aux réparations, à quelque distance qu'ils se trouvent ; toutefois il ne pourra être exigé à la fois plus de deux voitures à deux chevaux, et les charrois n'auront pas lieu pendant le temps des semailles, ni pendant la moisson (n° 4549).

6° Ils rendront à la fin du bail, le colombier garni d'une quantité de pigeons égale à celle qu'ils auront reçue du précédent fermier.

7° Ils seront tenus de cultiver, labourer, fumer et ensemencer les terres labourables en temps et saisons convenables, et en trois soles égales, sans pouvoir les dessoler, épuiser ni détériorer, de manière à les rendre à la fin du bail en bon état de culture.

8° Ils consommeront sur les lieux et convertiront en fumier, pour l'engrais des terres affermées, les pailles, feurres et fourrages qui proviendront des récoltes faites sur lesdites terres, sans pouvoir en disposer pour d'autres usages ni en vendre (n° 4546).

9° Ils pourront, pendant les six premières années (*si le bail est de neuf ans*), surcharger les jachères de trèfle, minette, seigle, pois, vesce, hivernage, colza, pommes de terre, betteraves, carottes, navets, choux, fèves ou haricots, en faisant les labours et engrais d'usage ; mais pendant les trois dernières années de leur jouissance, les preneurs ne pourront aucunement surcharger les jachères.

10° Les preneurs recevront la ferme empaillée et seront tenus de la rendre dans le même état à l'expiration du bail ; en conséquence ils laisseront au propriétaire ou au fermier qui leur succédera, les luzerne, trèfle et sainfoin en bottes, les fourrages battus ou non battus, tels que, pois, vesce, hivernage, arroses, paille, menue paille, poussin, chaume, de quelque nature que ce soit, dans quelque état et sous quelque forme que toutes ces choses puissent être.

---

(1) Duvergier, II, 134; Duranton, XVII, 192; Troplong, n° 716; Marcadé, *1771*, 2 ; Dict. not., *Bail à ferme*, n° 71.

(2) La couture annuelle de la vigne est un fait assez habituel, mais si une année elle occasionne la perte de la totalité ou de la moitié des fruits, c'est un cas fortuit: Troplong, n° 741. — Il en est de même pour la rouille et les autres fléaux qui atteignent les productions de la terre: Troplong, n° 742.

(3) Duranton, XVII, 192; Duvergier, II, 135; Marcadé, *1771*, 2; Massé et Vergé, § 706, note 4; Delloz, n° 798; Dict. not., *Bail à ferme*, n° 73; CONTRA, Troplong, n° 717.

demnisé par les récoltes précédentes. — S'il n'est pas indemnisé, l'estimation de la remise ne peut avoir lieu qu'à la fin du bail, auquel temps il se fait une compensation de toutes les années de jouissance comprises dans le bail courant (1) ; — et cependant le juge peut provisoirement dispenser le preneur de payer une partie du prix, en raison de la perte soufferte (C. N., 1769). Si le fermier s'en trouve indemnisé par les récoltes des années suivantes, il doit restituer au bailleur la remise qui lui a été faite (2).

4539. Si le bail n'est que d'une année et que la perte soit de la totalité des fruits ou au moins de la moitié, le preneur est déchargé d'une partie proportionnelle du prix de la location. Il ne peut prétendre aucune remise, si la perte est moindre de moitié (C. N., 1770).

11° Les preneurs seront tenus de conserver les prairies dans leur état actuel, sans en pouvoir changer la destination ; comme aussi de les fumer au besoin, les entretenir en bon état de fauche, les rigoler, curer les fossés qui les traversent ou les entourent, et éparpiller les taupinières.

12° Le pâturage des bestiaux, sur lesdites prairies, cessera le premier mars de chaque année : il est interdit dans les temps où le sol des prairies est trempé tellement que les pieds des bestiaux le pénètrent.

13° Les preneurs recevront en bon état les appareils d'irrigation des prairies et seront tenus après leur dernière récolte de les mettre en pareil état ; ainsi ils devront : curer les fossés porteurs et d'irrigation, les rigoles ; faire aux barrages de retenue, esseaux de prise d'eau, vannes, portelles, portillons et vannettes, les menues réparations ou réparations locatives ; rechausser ceux de ces objets qui sont fixés au sol sans maçonnerie, les maçonneries restant à la charge du propriétaire ; ces travaux et réparations devront être terminés la veille du jour auquel, suivant les règlements, l'irrigation commence.

14° Les preneurs feront l'exploitation et la coupe des bois taillis, après neuf années de crues, et en se conformant aux lois, ordonnances, decrets et aux usages forestiers.

15° L'élagage des arbres aura lieu, savoir : celui des arbres de haut jet et de bois durs, tels que le charme, le chêne, l'orme, le hêtre et le frêne planté sur les cours, pâtures et autres dépendances de la ferme, après neuf années de repousse des branches ; celui des arbres aussi de haut jet, appelés bois tendre, tels que le tremble, le tilleul, le peuplier, l'aulne et le bouleau à six ans ; celui des arbres des bois taillis appelés baliveaux, modernes, anciens, d'essence dure ou tendre, à l'âge auquel le taillis est coupé et en même temps.

16° Les preneurs entretiendront et regarniront les haies qui servent de clôture à quelques-uns des immeubles affermés ; mais en ayant droit à la coupe des haies ainsi qu'il suit : les haies maintenues à une certaine hauteur seront taillées à six ans, à un mètre trente-trois centimètres au-dessus du sol ; et à la hauteur habituelle pour celles dont le pied des bois témoigne qu'elles ont été coupées précédemment plus ou moins haut que un mètre trente-trois centimètres. Celles habituellement coupées par le pied seront taillées après neuf années de recrue.

17° Les joncs-marins et les genêts seront coupés après trois années de repousse.

18° L'émondage des arbres, la coupe des haies, des joncs marins et des genêts, devront être terminés au plus tard le quinze avril.

19° Les preneurs auront le plus grand soin des arbres fruitiers existant actuellement sur les terres affermées, ainsi que de ceux qu'il plaira au bailleur de faire planter pendant le cours du bail ; en conséquence, ils devront les écheniller, les émousser, les nettoyer des bois secs, couper les guis et branches gourmandes qu'ils produiront, les garnir d'épines et leur faire les labours nécessaires. Les fermiers profiteront des branches des arbres fruitiers, qui, pendant le cours du bail, seront cassées et détachées du tronc. Les

---

1) Troplong, n° 738.

(2) Durauton, XVII, 264 ; Duvergier, II, 167 ; Troplong, n° 735 ; Dalloz, n° 801 ; Marcadé, art. 1769 ; Massé et Vergé, § 706, note 8.

4540. Le fermier indemnisé de ses pertes par une assurance conserve son droit à une indemnité et peut subroger la compagnie d'assurances dans ses droits contre le propriétaire (1).

4541. Le fermier ne peut obtenir de remise, lorsque la perte des fruits arrive après qu'ils sont séparés de la terre, quand même ils ne seraient pas rentrés (2), à moins que le bail ne donne au propriétaire une quotité de la récolte en nature; auquel cas le propriétaire doit supporter sa part de la perte, pourvu que le preneur ne fût pas en demeure de lui délivrer sa portion de récolte (*C. N.*, *1771*). La même exception n'a pas lieu pour le fermier qui paye en denrées, lorsque les denrées ne doivent pas être prises en nature sur les fruits de la chose (3).

4542. Le fermier ne peut également demander une remise, lorsque la cause du dommage était existante et connue à l'époque où le bail a été passé (*C. N.*, *1771*). On suppose, dans ce cas, que le prix a été fixé en conséquence.

4543. Le preneur peut être chargé des cas fortuits par une stipulation expresse (*C. N.*, *1772*)

---

troncs des arbres morts ou déracinés et détachés du sol, pendant la durée du bail, appartiendront au propriétaire qui les remplacera s'il le juge convenable; quant aux branches, elles appartiendront aux preneurs.

20° Les preneurs seront tenus de marner une fois, pendant le cours du bail, une pièce de terre située à...., de la contenance de....., faisant partie des biens affermés; ils ne pourront aucunement marner les autres terres.

21° Les preneurs auront la faculté de planter en luzerne, une contenance de...... de terre à leur choix, parmi celles affermées, de conserver ces luzernes en permanence et de les remplacer quand ils le jugeront à propos.

22° Les preneurs seront tenus de cultiver, façonner, provigner et fumer les vignes en temps et saisons convenables et suivant l'usage des lieux; ils les replanteront même à mesure qu'elles manqueront; ils les garniront et rendront garnies d'échalas à la fin du bail.

23° Ils devront, pendant tout le cours du bail, avoir sur la ferme louée un troupeau de moutons de...... têtes au moins, et les faire parquer sur les terres affermées et non sur d'autres terres.

24° Les preneurs seront astreints aux obligations résultant des lois et usages sur la vaine pâture.

25° Les preneurs s'opposeront à toutes usurpations et à tous empiétements sur les immeubles affermés; s'il en est commis, ils seront tenus d'en prévenir le bailleur dans le mois du trouble, sous peine d'en être personnellement responsables (n° 4537).

26° Ils fourniront dans la...... année de leur jouissance, une désignation exacte des biens compris dans le présent bail, avec l'indication de la section, les numéros du plan cadastral, les lieux dits, la nature des biens, leur contenance, les tenants et aboutissants, et le nombre, l'essence et l'âge approximatif des arbres existants sur chacune des pièces; le tout certifié véritable et signé par eux.

27° Ils payeront en sus de leur fermage, pendant la durée du bail, à partir du....., les contributions de toute nature auxquelles les immeubles affermés pourront être assujettis, ensemble les centimes additionnels, taxes de guerre, charges locales et autres, sous quelque dénomination qu'elles puissent être établies, et ils justifieront chaque année au bailleur de leur acquit par la représentation des quittances.

28° Ils ne pourront céder leur droit au présent bail ni sous-louer, en tout ou en partie, ni échanger avec qui que ce soit l'exploitation soit totale, soit partielle, des biens affermés, sans le consentement exprès et par écrit du bailleur, à peine de résiliation des présentes, si bon semble à celui-ci, et de tous dommages et intérêts. Néanmoins cette interdiction

---

(1) Troplong, n° 741; Duvergier, II, 202; Dalloz, n° 804; Massé et Vergé, § 706, note 6; Cass., 4 mai 1834; Paris, 3 mai 1867.
(2) Duranton, XVII, 205; Troplong, n° 744; Marcadé, *1771, 6*; Duvergier, II, 192; Dalloz, n° 813; Zach., § 706, note 9.

(3) Duranton, XVII, 208; Duvergier, II, 194; Troplong, n° 748; Dalloz, n° 816; Massé et Vergé, § 706, note 10.

Cette stipulation ne s'entend que des cas fortuits ordinaires, tels que grêle, feu du ciel, gelée ou coulure. Elle ne s'entend pas des cas fortuits extraordinaires, tels que les ravages de la guerre, l'expulsion du fermier par l'ennemi, une sécheresse extrême et prolongée, une inondation ou autres fléaux, auxquels le pays n'est pas ordinairement sujet, à moins que le preneur n'ait été chargé de tous les cas fortuits prévus ou imprévus (*C. N.*, *1773*).

4544. Les cas fortuits ont pour cause la nature ou les faits de l'homme ; ceux naturels sont : l'inondation, les tremblements de terre, la sécheresse excessive, les nuées d'oiseaux ou d'insectes qui détruisent les récoltes, les neiges excessives, les gelées, la grêle, les tempêtes, le feu du ciel, l'incendie, les épizooties, etc.; ceux provenant des faits de l'homme sont : la guerre, l'invasion des pirates, le fait du prince, etc. (1).

4545. V. *Obligations respectives du fermier sortant et du fermier entrant.* Le fermier sortant doit laisser à celui qui lui succède dans la culture, les logements convenables et autres facilités pour les

---

ne s'étend pas au cas où les preneurs céderaient leur bail à l'un ou à plusieurs de leurs enfants.

29° Ils ne pourront réclamer aucune diminution du fermage ci-après fixé, ni indemnité quelconque, pour cause de grêle, gelée, coulure, inondation, sécheresse, ravage de guerre, ou autres cas fortuits, prévus ou imprévus, qui détruiraient tout ou partie des récoltes. (Nᵒˢ 4538 à 4544.)

30° Ils feront assurer à leurs frais pendant la durée du bail, savoir : les bâtiments de la ferme, contre les risques locatifs; les objets mobiliers, chevaux, bestiaux, instruments aratoires, récoltes, garnissant la ferme contre les risques de l'incendie; enfin les récoltes des champs contre les risques de l'incendie et contre la grêle; et ils justifieront chaque année au bailleur de l'acquit exact des primes et cotisations par la représentation des quittances.

31° Les preneurs ne pourront pas chasser sur la ferme louée, le bailleur se réservant expressément le droit de chasse pour lui et pour les personnes à qui il lui plaira de le conférer. ·

32° Dans les quatre dernières années de leur jouissance, les preneurs ne pourront, sans le consentement du propriétaire ou du fermier entrant, détruire les luzernes qui existeront sur les terres de la ferme, encore bien que la conservation de ces luzernes s'oppose au rétablissement de l'égalité des trois soles.

Néanmoins ce consentement ne pourra être refusé pour des luzernes âgées ou peu productives, dont les récoltes seraient tellement faibles qu'il y aurait préjudice pour les preneurs à les conserver et sans avantage pour le fermier entrant.

S'il s'élève des difficultés sur leur état de production, elles seront réglées et jugées par trois experts-arbitres.

33° Les preneurs, à leur sortie, souffriront que le propriétaire ou le fermier entrant sème sur les terres de la sole des mars où ils feront leur avant-dernière récolte, après leur ensemencement, des graines de luzernes, trèfles, minettes et sainfoins.

Ils souffriront encore que le propriétaire ou le fermier entrant fasse des ensemencements de ces plantes sur les autres soles de leur dernière récolte.

La quantité de terre ainsi ensemencée ne pourra excéder le cinquième des terres de labour de toutes les soles.

34° Après l'enlèvement de la dernière récolte des preneurs sur chacune des soles, le bailleur ou le fermier entrant pourra en outre, soit comme surcharge, soit comme dessaisonnement, ensemencer le quart des terres de chaque sole de plantes autres que les luzernes, trèfles, minettes, sainfoins.

Lorsque le propriétaire ou le fermier entrant usera de cette faculté, il fera connaître,

---

(1) Troplong, nᵒˢ 206, 207.

III   22

travaux de l'année suivante; et réciproquement, le fermier entrant doit procurer à celui qui sort le logements convenables et autres facilités pour la consommation des fourrages, et pour les récoltes restant à faire. Dans l'un et l'autre cas, on doit se conformer à l'usage des lieux (*C. N.*, 1777).

4516. Le fermier sortant doit aussi laisser les pailles et engrais de l'année, s'il les a reçus lors de son entrée en jouissance; et quand même il ne les aurait pas reçus, le propriétaire peut les retenir suivant l'estimation (*C. N.*, 1778) à dire d'experts. — La simple clause de conversion des pailles en fumiers à mettre sur la ferme pendant la durée du bail, ne donne pas au propriétaire le droit de prendre les pailles et fumiers à la fin du bail sans les payer (1). — Le fermier qui, n'ayant pas droit à la paille, l'enlève à l'insu du fermier entrant, commet le délit de soustraction frauduleuse (2). — Lorsque le fermier est obligé par son bail à consommer les pailles et engrais sur la ferme, ils ne sont pas sa propriété et ne peuvent être saisis par ses créanciers (3).

4517. VI. *Fermages.* Nous avons dit *supra* n°s 4489 à 4492 en quoi consiste le prix du louage. — Lorsque le bail stipule que le fermier payera au domicile du bailleur certaines redevances en na-

---

huit jours avant le premier labour préparatoire à cet ensemencement, celle des terres qu'il y destinera, afin que les preneurs puissent exercer et épuiser, dans ce délai, leur droit à la vaine pâture.

Le premier labour, dans aucun cas, ne sera commencé que huit jours après l'enlèvement de la récolte des preneurs.

Le propriétaire ou le fermier entrant n'aura aucun droit aux fumiers ni aux engrais de la ferme, pour ces ensemencements.

35° Les preneurs, à leur sortie, seront tenus de faire faire, par leurs moutons, des parcages sur une partie des terres de la première sole de jachère du fermier entrant.

36° A titre d'indemnité de ces conditions, les preneurs, à leur sortie, auront droit d'emporter la première coupe des luzernes, trèfles et sainfoins semés par eux et qui existeront sur la première sole de jachère du fermier entrant. Ce droit sera restreint à une contenance égale au quart des terres de toute la sole.

La récolte de cette coupe sera terminée ou au moins détachée du sol le 15 juin qui précédera la récolte des grains.

Les preneurs, à leur sortie, auront en outre droit à la vaine pâture ou au parcours de leurs moutons sur les prairies artificielles créées par eux, par le fermier entrant ou le propriétaire.

Ce pâturage aura lieu en causant aux plantes le moins de dommage possible.

37° Le propriétaire ou le fermier qui succédera au preneur pourra conserver les constructions et les clôtures de toute nature que les preneurs auraient faites et établies sur les dépendances de la ferme, en remboursant à ces derniers la valeur de ces choses suivant estimation amiable ou par experts.

38° Le temps, la durée de la vaine pâture ou du parcours, les ensemencements qui y seront assujettis et ceux qui en seront affranchis, le mode de parcage, sa durée, les terres qui seront parquées, seront fixés et déterminés par des experts arbitres, dans le cas où les ayants droit ne s'entendraient pas.

39° Lorsqu'il y aura lieu de recourir à des experts arbitres ils seront choisis par le propriétaire ou le fermier entrant et par les preneurs; et s'ils ne s'entendent pas sur le choix, il sera fait par le juge de paix du canton de la situation de la ferme, sur requête présentée par la partie la plus diligente et motivée sur une mise en demeure contenant refus de faire une nomination amiable.

40° Les preneurs livreront chaque année au bailleur, à l'époque du 1er janvier, deux dindes et six poulets, le tout vivant et de première qualité, pour faire la première livraison le. . . . .

---

(1) Duvergier, II. 223; Marcadé, 1778.2; Douai, 10 juill. 1850 J. N., 14107; Rouen, 7 oct. 1864, 28 juin 1866; Jur. N., 43217; CONTRA Troplong, n° 785.

(2) Cass., 17 avril 1863.
(3) Douai, 12 avril 1848; J. N., 13505.

ture, il doit les porter quel que soit l'éloignement du bailleur, et ils sont à ses risques et périls tant qu'ils n'ont pas été livrés (1). Si le propriétaire change de pays, le preneur ne reste tenu à cette charge qu'autant que ce nouveau domicile n'est ni plus loin, ni plus incommode (2).

4548. Le fermier qui doit payer en denrées n'est pas fondé à se libérer en argent contre le gré du propriétaire (3), même lorsque la ferme n'a pas produit l'espèce de denrées qu'il doit livrer, à moins qu'elles ne dussent être livrées comme fruits du cru (4) ; il n'en serait pas exonéré non plus par l'évaluation dans le bail de la valeur des denrées (5).

4549. Si le bail impose au fermier l'obligation de faire des charrois pour le bailleur, celui-ci ne peut les exiger au moment des récoltes ni à celui des semences, à moins de nécessité absolue (6). Le propriétaire est tenu d'exiger les charrois par chaque année, il ne pourrait les laisser s'accumuler pour demander qu'ils soient faits tous en même temps ou que le preneur lui en paye la valeur (7).

4550. VII. *Bail partiaire ou à moitié fruits* [Form. 636]. Ce bail est celui par lequel le propriétaire d'une métairie, ou même d'un champ, la donne à cultiver à un individu que l'on désigne par la

---

41° Les preneurs payeront les frais et honoraires des présentes, y compris le coût d'une grosse pour le bailleur.

FERMAGE. (N°s 4489 à 4492 et 4547, 4548.)

Outre les charges et conditions qui précèdent, le présent bail a lieu moyennant un fermage annuel composé de :

1° La somme de....., que M. et Mme DUBRAY s'obligent solidairement à payer au bailleur, en bonnes espèces de monnaie ayant cours et non autrement, chaque année en trois termes égaux les....., pour faire le payement du premier terme le....., celui du second le....., celui du troisième le....., et ainsi de suite jusqu'à l'expiration du bail ;

2° Et..... hectolitres de blé froment, première qualité, que M. et Mme DUBRAY s'obligent, sous la même solidarité, à livrer au bailleur, chaque année en deux termes égaux, les....., pour faire la première livraison le.....

Ces payements et livraisons auront lieu en la demeure du bailleur.

A défaut de payement à son échéance d'un seul terme de fermage, le présent bail sera résilié de plein droit, si bon semble au bailleur, un mois après un simple commandement de payer resté infructueux, et nonobstant toutes offres et consignations ultérieures.

ÉVALUATION POUR L'ENREGISTREMENT.

Pour la perception du droit d'enregistrement, les parties évaluent les charges et faisances mises à la charge du preneur, à une somme annuelle de.....

Et les parties déclarent que les contributions foncières des immeubles affermés s'élèvent, pour la présente année, à une somme de....., ainsi que le constate l'avertissement délivré au bailleur le.....

ÉLECTION DE DOMICILE.

Pour l'exécution des présentes, etc.

DONT ACTE. Fait et passé, etc.

FORMULE 636. — Bail partiaire à moitié fruits. (N°s 4550 à 4552.)

PAR-DEVANT M^e.....

---

(1) Troplong, n° 671.
(2) Troplong, n° 672; Dict. not., *Bail à ferme*, n° 60.
(3) Toullier, VII, 47; Troplong, n° 673; Duvergier, II, 120; Dict. not., *Bail à ferme*, n° 45.
(4) Toullier, VII, 49; Troplong, n° 674; Duvergier, II, 123; Dict. not., *Bail à ferme*, n° 54.

(5) Toullier, VII, 50; Troplong, n° 675.
(6) Troplong, n° 677; Duvergier, II, 130.
(7) Troplong, no 330; Duvergier, II, 131; Dict. not., *Bail à ferme*, n° 67; Bourges, 6 avril 1832.

qualification de *métayer* ou *colon partiaire*, moyennant un prix qui consiste en une quote-part des fruits produits par la chose.

4551. Le bail partiaire est soumis, pour sa durée et pour les obligations respectives du bailleur et du preneur, aux règles générales des baux à loyer et à ferme. Ce bail tient du louage et de la société (1) ; cependant il ne se résout pas par la mort du métayer (2), ni, à plus forte raison, par celle du propriétaire. Il est assez d'usage de stipuler que le bail sera résolu par la mort du métayer ou bien avec cette condition : « s'il ne laisse pas une veuve ou des enfants en état de continuer la culture. »

4552. En raison de ce que ce bail a quelque similitude avec le contrat de société, le métayer ne peut ni sous-louer ni céder, si la faculté ne lui en a été expressément accordée par le bail (*C. N.*, 1763). En cas de contravention, le propriétaire a le droit de rentrer en jouissance, et le preneur est condamné aux dommages et intérêts résultant de l'inexécution du bail (*C. N.*, 1764).

4553. VIII. *Bail emphytéotique* [FORM. 737]. Il y a bail emphytéotique lorsque le louage comprend un immeuble avec le droit pour le preneur de l'améliorer par tous les assolements, plantations, constructions, défrichements, que bon lui semblera (3). — Parmi les conditions qui le constituent, la plus essentielle est la transmission de tous les droits utiles (4) de propriété sur le domaine concédé au preneur, pour l'entière durée du bail ; les autres conditions ordinaires sont : longue durée du bail,

---

A COMPARU : M. Louis GENTY, propriétaire, demeurant à . . . . . ;

Lequel a, par ces présentes, donné à ferme, à moitié fruits, pour trois années entières et consécutives, qui commenceront à courir le . . . . ., et expireront le . . . . .,

A M. Léon DROUET, cultivateur, et Mme Elise BUQUET, son épouse qu'il autorise, demeurant ensemble à . . . . ., ici présents et acceptant :

1° Une pièce de terre labourable, etc. ;

2° Une prairie située, etc. ;

3° Une pièce de terre en vignes, etc.,

Dans l'état où se trouvent ces immeubles avec toutes leurs dépendances, sans aucune exception ni réserve, comme aussi sans garantie de mesure ; en sorte que la différence en plus ou en moins entre la contenance réelle et celle susexprimée sera au profit ou à la perte des preneurs.

Ce bail a lieu aux charges et conditions suivantes, que les preneurs s'obligent solidairement à exécuter et accomplir, sans pouvoir prétendre à aucune indemnité quelconque :

1° Les preneurs feront à leurs frais tous les travaux de culture et d'exploitation ; en conséquence ils devront labourer, fumer et ensemencer les terres en temps et saisons convenables ; façonner, nettoyer, provigner les vignes et les garnir d'échalas ; fumer les prés chaque fois que cela sera nécessaire ; renouveler et entretenir les rigoles, les étaupiner de manière à les conserver en bon état, le tout comme le font les meilleurs cultivateurs ;

2° Ils ne pourront changer la nature des immeubles loués, ni, par conséquent, faire aucun défrichement de vignes ou de prés, sans le consentement du bailleur.

3° Ils auront le plus grand soin des arbres fruitiers, etc. (Voir *formule* 635, 19°.)

4° Les preneurs élagueront les arbres et les haies en état d'être élagués, et le produit de ces élagages sera partagé par moitié entre le bailleur et les preneurs, moins cependant le bois qui sera nécessaire pour les échalas des vignes.

5° Les semences nécessaires pour les terres louées seront fournies moitié par le bailleur et moitié par les preneurs ; mais tous les frais généralement quelconques de culture seront supportés par les preneurs.

6° Les contributions foncières et autres de toute nature des immeubles loués, pen-

---

(1) Marcadé, *1763*, 2 ; Limoges, 26 août 1848 ; Nîmes, 14 août 1850 ; Grenoble, 20 mars 1863 ; M. T., 1863, p. 387. Voir cependant Duvergier, II, 87 ; Troplong, n° 638 ; Limoges, 21 fév. 1839, 6 juill. 1840.

(2) Duvergier, II, 91 ; Duranton, XVII, 178 ; Taulier, VI, 266 ; Roll.,

Bail partiaire, n° 8 ; Marcadé, *1764*, 2 ; Paris, 21 juin 1856 ; J. N., 15911 ; CONTRA, Troplong, n° 645.

(3) Troplong, n° 33.

(4) Le domaine direct séparé du domaine utile reste au propriétaire.

modicité de la redevance, obligation pour le preneur d'opérer sur l'immeuble certaines améliorations déterminées, et de laisser au bailleur, sans indemnité, à l'expiration du bail, le terrain concédé, ainsi que toutes les constructions y édifiées (1). Décidé, à cet égard, que le propriétaire a droit et intérêt de faire constater pendant le bail la consistance des bâtiments édifiés (2).

4554. Le bail emphytéotique ne peut avoir lieu pour une durée de plus de 99 ans. S'il était fait pour un temps plus long, il serait réductible à 99 ans (3) (*loi 18-29 déc 1790*).

4555. La longue durée d'un louage ne suffit pas pour le faire considérer comme un bail emphytéotique, s'il ne renferme pas les caractères particuliers de l'emphytéose (4).

4556. L'emphytéote a, pendant la durée du bail, les droits de propriétaire : il peut aliéner, vendre et hypothéquer (5) l'héritage emphytéotique, sauf, bien entendu, le droit du propriétaire au domaine direct; les alluvions lui profitent sans augmentation de la redevance (6); il a l'action possessoire contre les tiers (7). Si l'héritage emphytéotique est exproprié pour cause d'utilité publique, il a droit, comme un usufruitier, à la jouissance intégrale de l'indemnité allouée pour toute la durée de l'emphytéose (8). Mais l'emphytéote n'a pas le droit d'exploiter les carrières non ouvertes (9), ni même d'extraire de l'argile dans le sol soumis à l'emphytéose (10). Si le bail interdit au preneur de sous-

---

dant la durée du bail, seront acquittées par le bailleur et les preneurs, chacun pour moitié.

7° Les preneurs seront tenus de faire tous les travaux de moisson, de récolte et de vendange. En conséquence, ils devront faucher et lier les foins et fourrages, scier et lier les blés, avoines et autres grains, arracher les betteraves, pommes de terre et autres tubercules, et cueillir les fruits et raisins.

8° Les fruits et récoltes seront partagés sur-le-champ par moitié, entre le bailleur et les preneurs. La portion revenant au bailleur sera transportée par les preneurs, immédiatement après le lotissement, dans les lieux qu'il aura désignés. Toutefois, si le bailleur le préfère, les preneurs seront tenus d'engranger avec les leurs les gerbes composant son lot, et de battre et vanner en temps convenable les blés, seigles et autres grains, comme aussi de cribler les blés; mais, dans ce cas, toutes les pailles appartiendront aux preneurs, et ceux-ci transporteront à....., les grains appartenant au bailleur.

9° Les preneurs s'opposeront à toutes usurpations, etc. (*Formule* 635, 25°).

10° Ils ne pourront céder leur droit au présent bail.... (*Form.* 635, 28°).

11° Ils ne pourront réclamer aucune diminution.... (*Form.* 635, 29°).

12° Enfin, ils acquitteront les frais et honoraires des présentes, y compris le coût d'une grosse pour le bailleur.

Pour la perception du droit d'enregistrement seulement, les parties évaluent la portion à revenir annuellement au bailleur dans les différents produits des biens loués, à la somme totate de.....

Pour l'exécution des présentes, etc.

Dont acte. Fait et passé, etc.

FORMULE 637. — Bail emphytéotique. (N°ˢ 4553 à 4557.)

Par-devant Mᵉ.....

A comparu : M. Firmin Villet, propriétaire, demeurant à.....;

Lequel a, par ces présentes, donné à bail emphytéotique, pour quatre-vingt-dix-neuf années consécutives, qui commenceront à courir le.....,

---

(1) Roll., *Bail emphyt.*, n° 20; Cass., 26 janv. 1864; Jur. N., 12517. Voir aussi Cass.. 26 juin 1822, 1ᵉʳ avril 1840, 24 juill. 1843, 6 mars 1850, 26 avril 1853, 24 août 1857, 19 nov. 1851; J. N., 14963, 16184, 17272.

(2) Seine. 1ᵉʳ juill. 1862; J. N., 17607.

(3) Duranton, IV, 80; Duvergier, I, 151; Troplong. n° 50; contra, Proudhon, *Usuf.*. n° 97.

(4) Cass., 15 janv. 1824, 6 mars 1861; Rouen, 26 mars 1851; Jur. N., 9527, 11830.

(5) Voir *infra* au titre des *Privilèges et hypothèques*.

(6) Duvergier, I, 160.

(7) Cass.. 26 juin 1822.

(8) Nîmes, 30 mars 1843; Cass., 12 mars 1845; Jur. N., 6980.

(9) Troplong. n° 38.

(10) Douai, 9 mars 1854; Jur. N., 10718.

louer sa vie durant, ses créanciers, même hypothécaires, ne peuvent faire saisir et vendre le droit à l'emphytéose (1).

4557. Les obligations principales du preneur sont : 1° de payer la redevance annuelle (2); 2° d'acquitter les contributions foncières; 3° de faire toutes les réparations tant grosses que menues.

4558. IX. *Bail par adjudication* [Form. 638]. Le bail a lieu par adjudication lorsqu'il a pour

---

A M. Adolphe Noirot, entrepreneur, demeurant à....., ici présent et acceptant :

Un terrain situé à..... (*le désigner*),

Dans l'état où se trouve ce terrain avec toutes ses dépendances, sans aucune exception ni réserve, comme aussi sans garantie de la mesure exprimée.

Ce terrain appartient à M. Villet... (*établir l'origine de propriété; voir formule* 583).

Ce bail a lieu aux charges et conditions suivantes, que le preneur s'oblige à exécuter et accomplir :

1° Le preneur ne pourra, à aucune époque ni sous aucun prétexte, exiger du bailleur aucune espèce de réparation;

2° Il profitera des servitudes actives et supportera les servitudes passives, etc.;

3° Il construira à ses frais, etc. (*indiquer les constructions que le preneur devra faire, le mode de construction et le délai dans lequel elles devront être faites*);

4° Il entretiendra, après leur construction, tant les bâtiments ci-dessus indiqués que tous autres qu'il aura jugé à propos d'y ajouter, de grosses et menues réparations de toute nature, sans pouvoir en exiger aucune du bailleur; et il rendra le tout en bon état de réparation à la fin du bail;

5° Il laissera et abandonnera au bailleur, ou à ses représentants, les constructions qu'il est obligé d'élever ainsi que toutes autres qu'il lui plaira de faire, et généralement toutes les augmentations qu'il aura pu faire, sans pouvoir répéter, ni pour les unes ni pour les autres, aucune espèce d'indemnité;

6° Il acquittera, en sus de la redevance ci-après fixée, à partir du....., les contributions foncières et autres de toute nature, auxquelles le terrain affermé et les constructions qui y seront faites peuvent et pourront être assujettis;

7° Le preneur aura la faculté de céder son droit au présent bail et de sous-louer, en tout ou en partie, mais en restant garant solidaire de la redevance ci-après stipulée et de l'exécution des conditions du bail;

8° Enfin, il payera les frais et honoraires des présentes, y compris le coût d'une grosse pour le bailleur.

Et, en outre, le présent bail a lieu moyennant une redevance annuelle de....., que M. Noirot s'oblige à payer et servir à M. Villet, en deux termes égaux de six en six mois, les....., pour faire le payement du premier semestre le....., celui du second le.....; et ainsi de suite jusqu'à l'expiration du présent bail.

Il est expressément convenu : 1° que le payement de la redevance ci-dessus stipulée aura lieu en la demeure du bailleur et ne pourra être valablement effectué qu'en bonnes espèces de monnaie au cours de ce jour;

2° Que le défaut de payement de deux termes consécutifs de ladite redevance entraînera de plein droit, si bon semble au bailleur, la résiliation des présentes, un mois après un simple commandement de payer demeuré sans effet, et nonobstant toutes offres et consignations ultérieures;

3° Qu'à défaut par le preneur d'exécuter, dans le délai prescrit, la condition à lui imposée, le présent bail sera également résilié de plein droit, si bon semble au bailleur, un mois après une mise en demeure restée infructueuse;

4° Et qu'en cas de résiliation pour l'une des causes susindiquées, ou pour toute autre

---

(1) Douai, 12 août 1850; Jur. N., 10117.   (2) Voir Paris, 3 fév. 1836.

objet des biens appartenant à une commune, un hospice ou autre établissement public, ou lorsque les copropriétaires d'immeubles indivis ne sont pas d'accord pour en faire le louage, *supra n° 4466*, ou enfin lorsqu'un propriétaire d'immeubles choisit cette forme de louage. Le cahier des charges indique les conditions du bail; ensuite il est procédé à l'adjudication de la même manière que pour la vente, *supra n° 4319.*

---

causé, le preneur sera tenu de laisser et abandonner au bailleur toutes les constructions et améliorations qu'il aura faites, sans pouvoir réclamer aucune indemnité.

Les parties évaluent, pour la perception de l'enregistrement seulement, les charges de construire imposées au preneur, à une somme de.....

M. Noirot fera transcrire une expédition des présentes au bureau des hypothèques de.....; et si l'état qui sera délivré fait connaître l'existence d'inscriptions, M. Villet s'oblige à lui en rapporter mainlevées et certificat de radiation dans le mois de la dénonciation amiable qui lui en sera faite, au domicile ci-après élu.

M. Villet déclare qu'il est célibataire et n'a jamais été chargé de fonctions emportant hypothèque légale.

Pour l'exécution des présentes, etc.

Dont Acte. Fait et passé, etc.

FORMULE 638 — Bail par adjudication. (N° 4558.)

L'an mil huit cent....., le.....,

A....., dans la maison d'école de cette commune,

Par-devant M⁰....

À comparu : M. Charles Bury, propriétaire, demeurant à....;

Lequel a dit qu'étant dans l'intention de louer diverses pièces de terres en labour, pré et vignes, situées dans la commune de....., dont il est propriétaire, il a fait annoncer par affiches apposées dans les communes de..... et autres voisines, qu'il procéderait à cette location par adjudication cejourd'hui, heure de midi, à la maison d'école de. :...

En conséquence, il a réquis ledit M⁰. :... d'établir la désignation des immeubles à louer, ainsi que les charges et conditions de l'adjudication; le tout de la manière suivante :

Désignation. *Désigner chacun des immeubles mis en location.*

Composition des lots. Lesdits immeubles seront mis en location en..... lots, composés, savoir : le premier, de.....; le second, de....., etc.

Durée du bail. Les biens ci-dessus désignés seront affermés pour neuf années entières et consécutives, qui commenceront à courir le....., et expireront le.....

Charges et conditions. 1° Les immeubles mis en location seront adjugés sans garantie de mesure; en conséquence, la différence en plus ou en moins qui pourrait exister entre la contenance réelle desdits immeubles et celle susexprimée, ne donnera lieu à aucune augmentation ni à aucune diminution de fermage, quand même cette différence serait de plus d'un vingtième;

2°....., etc.

Indiquer les conditions du bail, voir supra formules 627, 635. Ajouter les clauses suivantes :

I. Chaque adjudicataire payera son fermage au bailleur en deux termes égaux, les....., pour faire le payement du premier semestre le....., celui du second, le....., et ainsi de suite jusqu'à la fin du bail.

Ces payements auront lieu à....., et ne pourront être effectués qu'en bonnes espèces de monnaie ayant cours.

II. A défaut de payement d'un seul terme de fermage de la part de l'un des adjudicataires, le bail sera résilié de plein droit, à son égard, un mois après un simple com-

SECTION IV. — DES BAUX ADMINISTRATIFS.

4559. Les baux des biens de l'Etat, des biens des communes et des établissements publics sont soumis à des règlements particuliers (*C. N.*, *1712*) [Form. 639].

4560. I. *Biens nationaux.* Les baux des biens nationaux se font à la diligence des receveurs de la régie des domaines, devant le sous-préfet de l'arrondissement où les biens sont situés et à la chaleur des enchères (*lois 28 oct.-5 nov. 1790, 6 frim. an VII, § 4 et 28 pluv. an VIII*). — Les conditions de l'adjudication sont réglées par le sous-préfet, et déposées en son secrétariat où il peut en être pris communication sans frais (*loi 28 oct.-5 nov. 1790, titre 2, art. 16*). — Le ministère des notaires n'est nullement nécessaire pour la passation des baux des biens domaniaux. Les baux passés devant l'administration sont sujets à l'enregistrement; ils emportent hypothèque et exécution parée. La minute est signée par les parties, si elles le savent, et par le sous-préfet. Le bail ne peut excéder neuf années (*même loi, art. 3, 14, 16*).

4561. II. *Biens de la couronne.* Les biens qui font partie de la dotation de la couronne ne peuvent pas être loués par baux excédant dix-huit ans, à moins qu'une loi ne le permette. Ces baux ne peuvent être renouvelés plus de trois ans avant leur expiration (*sénatus-consulte, 30 janv. 1810, art. 14; lois, 8 nov. 1814, art. 15, 2 mars 1832, art. 11*).

4562. III. *Biens des communes.* Les biens des communes sont loués ou affermés, quelle que soit leur durée, en vertu d'une délibération du conseil municipal approuvée par le préfet (*loi, 18 juill. 1837, art. 17, 18, 47; décret, 25 mars 1852, art. 1er, tableau A, n° 44. V. aussi L. 24 juill. 1867, art. 1er, 2°.*)

4563. Le maire dresse lui-même ou fait dresser devant notaire le cahier des charges qui doit être homologué par le préfet. Les impôts de toute nature des biens loués doivent être payés par les locataires ou fermiers, en déduction du prix du bail (*loi, 26 germ. an XI, art. 1er*), ou même en sus si le bail les y oblige.

4564. Les baux sont annoncés par des publications et des affiches, et par une insertion dans le journal du lieu de la situation. Il est fait mention du tout dans l'acte d'adjudication (*décret, 12 août 1807; ordonn., 7 oct. 1818, art. 3*). Il est procédé à l'adjudication devant notaire, à la chaleur des enchères, dans la forme ordinaire.

---

mandement resté sans effet; et le preneur évincé ne pourra faire aucune réclamation pour les labours et ensemencements qu'il aurait faits, et qui seront acquis au bailleur à titre de dommages et intérêts.

III. Tout adjudicataire qui en sera requis par le bailleur, sera tenu de lui fournir, dans les vingt-quatre heures de l'adjudication, soit une caution suffisante qui s'obligera solidairement avec lui, soit une affectation hypothécaire sur des immeubles d'une valeur suffisante et libres de toute charge, sauf à l'adjudicataire auquel cette demande sera faite à s'affranchir de cette condition en payant au bailleur, dans les vingt-quatre heures de l'adjudication, une année d'avance de son fermage, imputable sur la dernière année du bail.

IV. Les adjudicataires payeront, en sus et sans diminution de leurs fermages, entre les mains de Me....., l'un des notaires soussignés, dans les huit jours de l'adjudication, les frais d'affiches et de publication de l'adjudication, les déboursés de timbre et d'enregistrement, les honoraires dudit Me..... et le coût d'une grosse pour le bailleur; le tout fixé à deux centimes par franc du montant cumulé de leurs fermages, pendant toute la durée du bail, en y ajoutant les charges, comme en matière d'enregistrement.

V. L'adjudication sera prononcée à l'extinction des feux, au plus offrant et dernier enchérisseur. Les enchères ne pourront être moindres de.....

Ce cahier des charges ainsi établi, M. BURY a requis Me....., l'un des notaires soussignés, d'en donner lecture aux personnes réunies, puis de procéder à la reception des enchères et à l'adjudication s'il y a lieu.

Et, après lecture, M. BURY a signé. (*Signature.*)

Et à l'instant Me..... a donné lecture du cahier des charges qui précède et a procédé à l'adjudication ainsi qu'il suit :

4565. L'adjudication peut être faite par le maire sans le concours de notaires (*loi 18 juill. 1837, art. 10, 6°*); mais dans ce cas elle n'a point la force de l'exécution parée (1).

4566. Si une commune prend à loyer un bien quelconque, par exemple une maison pour servir soit à la tenue des séances du conseil municipal, soit au logement du curé ou de l'instituteur, les conditions du bail sont réglées par une délibération du conseil municipal approuvée par le préfet; ensuite il en est passé acte; cet acte est soumis à l'homologation du préfet (*décret, 25 mars 1852, art. 1er*).

4566 bis. IV. *Biens des départements*. Les conseils généraux statuent sur les baux des biens donnés ou pris à ferme ou à loyer par les départements, quelle qu'en soit la durée (L. *18 juill. 1866, art. 1er, 3°*).

4567. IV. *Biens des hospices*. La commission des hospices et hôpitaux règle par ses délibérations les conditions des baux des biens des établisssements hospitaliers, lorsque leur durée n'excède pas dix-huit ans pour les biens ruraux et neuf ans pour les autres. La délibération à ce sujet est exécutoire si, trente jours après la notification officielle, le préfet ne l'a pas annulée (*loi, 7 août 1851, art. 8*).

4568. Les baux pour une plus longue durée sont autorisés par décret impérial; sinon ils seraient réductibles à dix-huit ans pour les biens ruraux et neuf ans pour les autres biens (2).

4569. Le conseil de surveillance de l'assistance publique, à Paris, est appelé à donner son avis sur les conditions des baux à ferme ou à loyer des biens affermés ou loués par cet établissement et pour son compte (*loi, 10 janv. 1849, art. 5, 3°*).

4570. Le cahier des charges est dressé par la commission administrative; le sous-préfet donne son avis, et le préfet approuve ou modifie; les affiches pour l'adjudication sont apposées dans les formes et les délais indiqués par les lois et règlements; en outre, un extrait de l'affiche doit être inséré dans le journal du lieu de la situation de l'établissement; mention du tout doit être faite dans l'acte d'adjudication. Les baux sont faits aux enchères par-devant un notaire désigné par le préfet; un membre de la commission des hospices assiste aux enchères. Il doit y avoir hypothèque sur les biens du preneur. L'adjudication n'est définitive qu'après l'approbation du préfet, et le délai pour l'enregistrement est de quinze jours après celui de l'approbation (*décret, 12 août 1807*).

4571. V. *Biens des fabriques*. Les baux des maisons et des biens ruraux des fabriques des églises sont faits par le bureau des marguilliers dans la forme déterminée pour les baux des biens des com-

---

PREMIER LOT. Le premier lot ayant été mis en adjudication, diverses enchères ont été portées, dont la dernière par M. Anselme Lucas, cultivateur, demeurant à....., a élevé le prix à la somme de.....; deux bougies successivement allumées sur cette enchère se sont éteintes sans qu'il en ait été porté d'autres; en conséquence, du consentement de M. Bury, mondit sieur Lucas, à ce présent et ce acceptant, a été nommé adjudicataire du premier lot, moyennant, outre ces charges, la somme de....., de fermage annuel.

Après lecture, M. Lucas a signé. (*Signature.*)

DEUXIÈME LOT, Le deuxième lot, etc.

De tout ce que dessus il a été dressé le présent procès-verbal, etc.

FORMULE 639. — **Bail des biens d'un hospice.** (N°s 4569 à 4571.)

I. — CAHIER DES CHARGES.

CAHIER DES CHARGES dressé par :

1° M....., maire de la ville de....., président de droit de la commission administrative de l'hospice civil et militaire de.....;

2° M.....; 3° M.....; 4° M....., en leur qualité de membres de ladite commission administrative.

Pour parvenir au bail par adjudication de la ferme de....., appartenant à cet hospice.

DÉSIGNATION. Une ferme, etc. (*Désigner.*)

CHARGES ET CONDITIONS. Voir *la formule précédente*.

---

(1) Foucart, III, p. 137; Dict. not., *Bail des biens d'une commune*, n° 32; Cass., 2 janv. 1817, 27 nov. 1833; Colmar, 28 janv. | 1833; Limoges, 14 janv. 1837; avis conseil d'État 22 déc. 1825.
(2) Duvergier, 1, 188; Troplong, n°78.

mûnes (décret, 30 déc. 1809). Si les baux excèdent dix-huit ans, ils doivent être autorisés par un décret impérial, après une délibération du conseil de fabrique et l'avis de l'évêque diocésain (loi, 25 ma
1855).

SECTION V. — DES CESSIONS DE BAUX; — DES SOUS-LOCATIONS.

4572. Le preneur a le droit de sous-louer (1) [Form. 641], et même de céder son bail [Form. 640]
à un autre, si cette faculté ne lui a pas été interdite. Elle peut être interdite pour le tout ou partie.
Cette clause est toujours de rigueur (C. N., 1717); les juges n'en peuvent autoriser la violation sous
prétexte d'équité ou d'absence d'intérêt (2), même lorsque le preneur est décédé et qu'il est impossible
à ses héritiers de continuer personnellement le bail (3).

4573. La défense de sous-louer entraîne celle de céder (4), comme aussi la prohibition générale
de céder entraîne celle de sous-louer (5); enfin la prohibition de sous-louer ou transporter son droit,
s'oppose à ce que le locataire passe sous-bail d'une partie seulement de la chose (6). Le locataire qui
cesse d'occuper personnellement la maison louée peut la faire occuper par un homme de confiance à
ses gages (7), mais non la prêter (8).

4574. La cession de bail diffère de la sous-location : par la cession, le tiers est mis absolument au
lieu et place du locataire cédant, de sorte que si les droits ordinaires de tout preneur sont étendus
ou restreints par des clauses particulières, le cessionnaire jouit de l'extension ou subit la restriction.
Dans la sous-location, au contraire, le tiers ne devient pas locataire du propriétaire, mais locataire

---

Fait et rédigé à....., dans la salle des délibérations de la commission administrative
dudit hospice, le.....

II. — ADJUDICATION.

L'an mil huit cent....., le.....,
A....., dans la salle des délibérations de la commission administrative de l'hospice
civil et militaire de.....,

A COMPARU : M. Louis NEVERS, propriétaire, demeurant à....

Agissant en qualité de membre de la commission administrative dudit hospice, et
comme délégué à l'effet des présentes, par une délibération de la commission administrative en date du:...., dont une expédition est demeurée ci-annexée.

Lequel a dit que, pour parvenir au bail par adjudication, pour neuf années, de la
ferme de :...., située commune de....., appartenant audit hospice, la commission
administrative a, dans sa séance du....., dressé le cahier des charges et conditions
sous lesquelles cette adjudication aura lieu;

Que cette adjudication a été annoncée tant par des affiches apposées dans les communes de..... et autres voisines, que par une insertion faite dans le journal le....,
s'imprimant à...., feuille du....., dont un exemplaire portant la signature de l'imprimeur légalisée par M. le maire de...., a été enregistré....., etc.

En conséquence, le comparant a remis à Me......, l'un des notaires soussignés :
1° le cahier des charges susénoncé, approuvé par M. le préfet du département de....,
le...., et par lui certifié véritable et signé; 2° l'exemplaire enregistré du journal
contenant ladite insertion;

---

(1) Ce qui s'applique aussi bien aux appartements meublés qu'à
ceux non meublés: Seine 16 janv. 1861; J. N., 17248; Paris, 24 juin
1861; M. T. 1862. p.256.

(2) Duvergier, I, 369; Dalloz, n° 454; Lyon, 26 déc. 1849; Rennes,
8 mai 1858, 7 nov. 1862; J. N., 13959. V. Grenoble, 7 août 1856.

(3) Trib. Louviers, 30 nov. 1861; Jur. N., 12232.

(4) Duranton, XVII, 92; Duvergier, I, 375; Troplong, n° 133;
Marcadé, 1717, 2; Roll., Bail, n° 254.

(5) Duvergier, I, 376; Troplong, n° 134; Marcadé, 1717, 2; Roll.,
Bail, n° 256; Paris, 28 août 1824, 24 fév. 1825, 18 mars 1826, 28 mars

1829, 6 mai 1835: CONTRA, Angers, 27 mars 1817; Amiens, 24 mai 1817.
Voir Cass., 15 juill. 1861.

(6) Duranton, XVII, 92; Duvergier, I, 374; Troplong, n° 135;
Marcadé, 1717. 2; Massé et Vergé, § 703, note 2; Roll., Bail, n° 253;
Cass.. 12 mai 1817; Paris, 6 mai 1835, 1er mai 1857, 25 mai 1860.

(7) Duvergier, I, 366; Troplong, n° 136; Marcadé, 1717, 2; Dalloz,
n° 469; Dict. not., Bail, n° 374; Roll., Bail, n° 265; Bordeaux,
11 janv. 1826.

(8) Duvergier, I, 367; Roll., Bail, n° 266; Dict. not., Bail, n° 377;
CONTRA, Troplong, n° 136; Marcadé, 1717, 2; Dalloz, n° 470; Mass é
et Vergé, § 703, note 4.

du preneur, et les clauses particulières du bail fait avec celui-ci lui sont étrangères; ainsi le preneur demeure obligé aux cas fortuits envers le sous-preneur, quand même par son bail il aurait renoncé à tous recours envers son propriétaire à ce sujet (1).

4575. En ce qui touche le propriétaire, cette différence est sans objet; dans les deux cas, à moins de convention contraire dans le bail, le preneur primitif reste tenu envers le bailleur des obligations imposées par le bail, et par conséquent du payement des loyers, et de l'exécution des conditions du bail, sans pouvoir exiger la discussion des biens du cessionnaire ou sous-locataire (2); mais le locataire autorisé à sous-louer cesse d'être responsable des actes de ses sous-locataires lorsque, le bail étant expiré, ceux-ci sont laissés en possession par le bailleur, car il s'opère alors une tacite réconduction entre ce dernier et les sous-locataires (3).

4576. Si le preneur a sous-loué à un taux plus élevé ou moindre que son prix de location, il profite de la différence en plus ou subit celle en moins. Le sous-locataire n'est tenu envers le propriétaire que jusqu'à concurrence du prix de sa sous-location dont il peut être débiteur au moment de la saisie et sans qu'il puisse opposer les payements faits par anticipation; à moins qu'ils n'aient eu lieu, soit en vertu d'une stipulation portée en son bail, soit en conséquence de l'usage des lieux (C. N., 1753). Le propriétaire n'est tenu envers lui que dans les limites du bail principal par lui consenti, de sorte que si le bail est résolu pour défaut de payement par le locataire, la résolution atteint le sous-locataire, même lorsqu'il ne doit rien, et quand même il aurait payé d'avance le terme courant (4).

Ces deux pièces sont demeurées ci-annexées après que, sur chacune d'elles, les notaires soussignés ont fait mention de l'annexe.

Et il a requis ledit M°..... de donner lecture tant du cahier des charges que de ces présentes, puis de procéder à l'adjudication.

M°..... a de suite donné cette lecture; après quoi il a procédé à l'adjudication de la manière suivante.

PREMIER LOT. Le premier lot, composé de....., etc. (*Voir la formule qui précède.*)

§ 3. — SOUS-LOCATION, RÉSILIATION, CONGÉ.

FORMULE 640. — Transport de bail. (N° 4752 à 4781.)

PAR-DEVANT M°.....,

ONT COMPARU : M. Denis VALENTIN, négociant, demeurant à ...., D'UNE PART,

Et M. Henri PLET, propriétaire demeurant à ...., D'AUTRE PART;

Lesquels, pour parvenir à la cession de bail qui fait l'objet des présentes, ont exposé ce qui suit :

Aux termes d'un acte passé devant M°...., notaire à...., le...., M. Louis MALLET, rentier, demeurant à...., a donné à bail à loyer pour...... années, qui ont commencé à courir le....., et expireront le...., à M. VALENTIN, une maison située à...., consistant, etc.

Ce bail a été fait moyennant un loyer annuel de...., etc. (*Énoncer le loyer et les charges et conditions du bail.*)

CES FAITS EXPOSÉS, M. VALENTIN a, par ces présentes, cédé et transporté, sans autre garantie que celle de ses faits personnels,

A. M. PLET, qui accepte,

Tous ses droits pour le temps qui en reste à courir, à compter du....., au bail qui lui a été fait par M. MALLET, aux termes de l'acte du....., énoncé en l'exposé qui précède.

---

(1) Troplong, n° 429; Marcadé, 1717, 1; Duvergier, I, 379; Dalloz, n° 423; Massé et Vergé, 1 703, note 1.

(2) Duvergier, I, 380; Troplong, n° 428; Dalloz, n° 427; Marcadé, 1753, 1; Massé et Vergé, § 703, note 1; Paris, 10 mai 1849; Cass., 24 janv. 1853; Jur. N., 10169. Voir trib. Seine, 30 mai 1861; Cass., 4 nov. 1863.

(3) Trib. Lyon, 22 fév. 1862.

(4) Duranton, XVII, 153; Troplong, n° 514; Marcadé, 1753, 1; Dalloz, n° 443; Massé et Vergé, § 703, note 9; Paris, 15 juin 1835; 30 juin 1838; Bordeaux, 25 juill. 1844; Trib. Lyon, 20 déc. 1864; M. T. 1865, p. 119.

4577. Le locataire autorisé à sous-louer ne peut le faire à une personne exerçant une profession susceptible de porter atteinte à la solidité des bâtiments (1); s'il est autorisé à sous-louer, mais seulement à des personnes agréées par le propriétaire, celui-ci ne peut refuser d'agréer un sous-locataire qui offre toutes les garanties désirables d'après la nature de la location (2); enfin s'il a loué pour exercer dans le local une profession déterminée, il ne peut sous-louer que pour le même commerce (2 bis).

4578. Lorsque le preneur, en violation de la défense à lui imposée, sous-loue ou cède son bail, le bailleur peut faire prononcer en justice la résiliation du bail (3), à moins qu'avant la demande en résolution, la sous-location n'ait été résiliée et les choses remises dans leur premier état (4). Jugé que si une clause de résolution est insérée dans le bail pour le cas de sous-location elle doit être prononcée (5), quand même elle serait faite à une société dans laquelle figureraient un ou plusieurs des anciens preneurs (6).

4579. L'action en résolution ne serait plus recevable si le bailleur avait donné son assentiment à la sous-location, soit expressément, soit tacitement (7), par exemple en recevant sans réserve du cessionnaire ou sous-locataire les loyers ou fermages (8).

4580. Le bailleur qui, en vertu de l'art. 2102, a reçu la totalité des loyers échus et à échoir est

Ce transport de bail est fait à la charge par M. Plet, qui s'y oblige :

1º De payer exactement, au lieu et place de M. Valentin, à compter du. . . . ., le loyer annuel de. . . . ., aux époques et de la manière ci-dessus énoncées, pour faire le payement du premier semestre le. . . . . ., celui du second, le. . . . ., et ainsi de suite jusqu'à l'expiration du bail;

2º D'exécuter, à partir de la même époque, toutes les charges et conditions dudit bail.

Le tout de manière que M. Valentin ne soit aucunement inquiété ni recherché.

Et, en outre, le présent transport de bail a lieu moyennant la somme de. . . . . ., à titre de pot-de-vin, que M. Plet a payée en bonnes espèces de monnaie, délivrées à la vue des notaires soussignés, à M. Valentin qui le reconnaît et lui en donne quittance.

M. Valentin reconnaît que M. Plet lui a présentement remboursé la somme de. . . ., qu'il avait payée à M. Mallet, pour six mois d'avance des loyers dudit bail, imputables sur les six derniers mois de jouissance.

M. Valentin a remis à l'instant à M. Plet, qui le reconnaît : 1º l'expédition du bail transporté; 2º et l'état des lieux fait avec M. Mallet.

Intervention du bailleur. A ces présentes est intervenu M. Mallet ci-dessus prénommé, qualifié et domicilié;

Lequel, après avoir pris communication du transport de bail qui précède, par la lecture que lui en a donnée Me. . . . . ., l'un des notaires soussignés, a déclaré l'avoir pour agréable, l'approuver, et accepter M. Plet pour locataire, à compter du. . ., au lieu et place de M. Valentin, à la charge par M. Plet d'acquitter exactement les loyers et d'exécuter les charges et conditions du bail.

Toutefois M. Mallet fait réserve de tous ses droits et actions contre M. Valentin, tant pour le payement des loyers que pour l'entière exécution des charges et conditions du bail; voulant que le consentement par lui donné n'apporte aucune novation ni dérogation à ses droits.

Pour l'exécution des présentes. . . . .

Dont acte. Fait et passé, etc.

FORMULE 641. — Sous location (Nos 4572 à 4581.)

Par-devant Me. . . . .

(1) Lyon, 24 juin 1862; J. N., 17558.
(2) Paris, 6 août 1847; J. N., 13214. Voir Seine, 23 mai, 12 juin 1860.
(2 bis) Paris, 8 nov. 1865; Droit du 14.
(3) Duranton, XVII. 85; Duvergier, I, 369; Troplong, nº 139; Dalloz, nº 457; Massé et Vergé, § 703, note 3. Voir Besançon, 8 juin 1854.
(4) Duvergier, I, 370; Troplong, nº 139; Marcadé, 1717, 3; Dalloz, nº 461; Cass., 13 déc. 1820, 29 mars 1837.

(5) Troplong, nº 140; Colmar, 16 août 1816
(6) Lyon, 7 avril 1859. Voir Cass., 13 mars 1860; M. T. 1860, p. 100.
(7) Voir Lyon, 16 déc. 1823; Paris, 19 nov. 1821; Cass., 19 juin 1839 28 juin 1859; Caen, 18 mars 1859; Seine, 9 juin 1860.
(8) Duvergier, I, 372; Troplong, nº 151; Marcadé, 1717, 3; Massé et Vergé, § 703, note 2; Dict. not., Bail, nº 371; Bordeaux, 8 juill. 1859; Paris, 25 mai 1860; Trib. Seine, 21 juill. et 18 déc. 1860.

censé renoncer à la clause prohibitive de la faculté de sous-louer, et il ne peut empêcher les créanciers du preneur de relouer pour le restant du bail (1).

4581. Lorsque la cession a pour objet un bail ayant encore une durée de plus de dix-huit ans, ou si le preneur sous-loue pour un temps qui soit également de plus de dix-huit ans, la cession de bail ou la sous-location ne doivent pas être transcrites, la transcription du bail, *supra n° 4510*, ayant suffi pour prévenir les tiers que le propriétaire de la chose louée en a transféré la jouissance pendant un certain temps. (2)

SECTION VI. — DE LA CESSATION DU BAIL.

4582. Le bail prend fin : 1° par la perte de la chose, *supra n°s 4471, 4501* ; 2° par l'inexécution des engagements du bailleur ou du preneur, *supra n°s 4501, 4512, 4533* ; 3° par la résiliation du bail convenue entre les parties [FORM. 642] ; 4° par l'avénement d'une condition résolutoire ; 5° par la réunion de la qualité de bailleur et de preneur : 6° par l'expiration du temps fixé pour la durée du bail, *supra n°s 4458 à 4464*.

A COMPARU : M. Denis VALENTIN, négociant, demeurant à. . . . . ,
    Principal locataire d'une maison située à. . ., pour neuf années qui ont commencé à courir le. . . . , en vertu du bail qui lui en a été fait par M. Louis MALLET, rentier, demeurant à. . . . . , suivant acte passé devant M^e. . . . . , notaire à . . . . , le. . . . . . . ;
Lequel a, par ces présentes, sous-loué pour. . . . , années entières et consécutives qui commenceront à courir le. . . . . . , et expireront le. . . . ,
A M. Remy DENET, employé, demeurant à. . . . . . , ici présent et ce acceptant,
Un appartement au deuxième étage de ladite maison, se composant de, etc. (*Voir, pour le surplus de l'acte, la form.* 629.)

FORMULE 642. — Résiliation de bail (N° 4582.)

PAR-DEVANT, M^e. . . . .
ONT COMPARU : M. Louis MALLET. . . . . ,   D'UNE PART,
Et M. Denis VALENTIN. . . . . ,   D'AUTRE PART ;
Lesquels ont, par ces présentes, déclaré résilier purement et simplement, à compter du. . . . , le bail fait par M. MALLET à M. VALENTIN, pour. . . . , années consécutives qui ont commencé à courir le. . . . , d'une maison située à. . . . , consistant en . . . . , moyennant un loyer annuel de. . . . . , payable en deux termes égaux, les. . . . , suivant acte passé devant M^e. . . . , notaire à. . . . . , le. . . . .
En conséquence M. VALENTIN s'engage à rendre, à cette époque, ladite maison en bon état de réparations locatives, conformément à l'état des lieux qui en a été dressé, d'en rendre les clefs, de payer tous les loyers courus jusqu'au jour de sa sortie, et de justifier de l'acquit de toutes les contributions à sa charge.
Cette résiliation ne donnera lieu à aucune indemnité de part ni d'autre.
Il sera tenu compte à M. VALENTIN, lors de sa sortie, en déduction de ses loyers, de la somme de. . . . . , qu'il a payée aux termes du bail ci-dessus énoncé, pour six mois d'avance de ses loyers, imputables sur les six derniers mois de sa jouissance.
Les frais et honoraires des présentes sont supportés par M. VALENTIN.
DONT ACTE. Fait et passé. . . , etc

---

(1) Duranton, XVII, 89 ; Duvergier, 1, 372 ; Troplong, n° 437 ; Dalloz, n° 477 ; Zach., §763, note 5 ; Pont, *Priv.* n° 128 ; Dict. not., *Bail.* | n° 381. Voir Paris. 24 fév. 1825 ; Cass.. 30 janv. 1827.
(2) Troplong, *Transc.*, n°s 118, 119.

4583. Si le bail a été fait sans écrit, ou par écrit mais sans indication de terme (1), l'une des parties ne peut donner congé à l'autre qu'en observant les délais fixés par l'usage des lieux (2) (C. N., 1736). Le congé doit être donné par écrit [FORM. 643]; il ne peut être prouvé par témoins, même lorsqu'il s'agit d'une somme inférieure à cent cinquante francs (3) ou qu'il y a commencement de preuve par écrit (4); mais il peut se prouver par toute espèce d'écrit, par lettre missive, par énonciation dans une quittance, etc., comme aussi en déférant le serment à la partie qui le nie, ou en la faisant interroger sur faits et articles (5). Le congé étant l'expression d'une volonté unique n'a pas besoin d'être accepté (6) ni fait en double original (7). Le locataire qui a reçu un congé des lieux qu'il occupe est tenu de les laisser visiter (8).

CHAPITRE TROISIÈME.

DU BAIL A CHEPTEL.

SECT. I. — DISPOSITIONS GÉNÉRALES.

4584. Le bail à cheptel est un contrat par lequel l'une des parties donne à l'autre un fonds de bétail. *supra n° 1400, 1°*, pour le garder, le nourrir et le soigner, et aussi pour le faire fructifier et en tirer parti, sous les conditions convenues entre elles (C. N., 1800).

FORMULE 643. — **Congé de location**. (N° 4583.)

PAR-DEVANT M°...
ONT COMPARU : M. Jean TORDIER, propriétaire, demeurant à....., D'UNE PART,
Et M. Denis LEBLOND, limonadier, demeurant à....., D'AUTRE PART;
Lesquels ont dit et arrêté ce qui suit :
Aux termes d'un acte passé devant M°....., notaire à....., le....., M. TORDIER a donné à bail à loyer, à M. LEBLOND, à compter du....., une boutique et dépendances, faisant partie d'une maison située à....., pour trois, six ou neuf années, au choix respectif des parties, à la charge de se prévenir respectivement six mois à l'avance pour faire cesser ce bail à la fin de l'une des deux premières périodes.
M. TORDIER, en vertu de la faculté qui vient d'être rappelée, a, par ces présentes, déclaré qu'il donne congé à M. LEBLOND, ce acceptant, pour le....., époque de l'expiration de la première période de ce bail.
En conséquence, le bail ci-dessus énoncé cessera de produire son effet à partir du....., de même que s'il avait été fait pour une durée de trois années seulement.
DONT ACTE. Fait et passé, etc.

§ 4. — BAUX A CHEPTEL.

FORMULE 644. — **Cheptel simple ou ordinaire**. (N°s 4584 à 4601.)

PAR-DEVANT M°....

---

(1) Duranton, XVII, 416; Duvergier, I, 485; Troplong. n° 404; Taulier, VI, p. 249; Marcadé, 1736, I. Voir cependant Paris, 28 août 1840.

(2) Voir Paris. 30 août 1860.

(3) Toullier, IX, 34; Duvergier, I, 489; Troplong. n° 422; Taulier, VI, p. 250; Marcadé, 1737, 3; Massé et Vergé, § 704, note 19; Cass., 12 mars 1816; Bastia, 15 nov. 1826.

(4) Dalloz, n° 697; Massé et Vergé, §704, note 19; CONTRA, Duvergier, I, 491.

(5) Duranton, XVII, 422; Duvergier, I, 490; Massé et Vergé, § 704, note 19.

(6) Toullier, IX, 34; Duvergier, I, 493; Troplong, n° 423; Marcadé, 1737, 3; Massé et Vergé, § 704, note 19: CONTRA, Duranton XVII, 422.

(7) Troplong, n° 425; Taulier, VI, p. 250; Dalloz. n° 698; Massé et Vergé, § 704, note 19; Marcadé, 1737, 3; CONTRA, Duvergier, I, 492; Boll., *Bail*, n° 30.

(8) Seine, 14 mars 1860, 17 mars 1864; Paris, 19 déc. 1860; J. N. 17058.

4585. Il y a plusieurs sortes de cheptels: le cheptel simple ou ordinaire; le cheptel à moitié; le cheptel donné au fermier ou au colon partiaire. Il y a encore une quatrième espèce de contrat improprement appelé cheptel (*C. N.*, *1804*).

4586. On peut donner à cheptel toute espèce d'animaux susceptibles de croît ou de profit pour l'agriculture ou le commerce (*C. N.*, *1802*); ainsi, les bêtes à laine, les chèvres, les bœufs, les vaches et même les porcs (1).

4587. A défaut de conventions particulières, ces contrats se règlent par les principes qui suivent (*C. N.*, *1803*).

SECT. II. — DU CHEPTEL SIMPLE.

4588. Le bail à cheptel simple [Form. 644] est un contrat par lequel on donne à un autre des bestiaux à garder, nourrir et soigner, à condition que le preneur profitera de la moitié du croît, et qu'il supportera aussi la moitié de la perte (*C. N.*, *1804*).

4589. L'estimation donnée au cheptel dans le bail n'en transporte pas la propriété au preneur; elle n'a d'autre objet que de fixer la perte ou le profit qui pourra se trouver à l'expiration du bail (*C. N.*, *1805*).

4590. Le preneur doit les soins d'un bon père de famille, *supra n⁰ˢ 3179 et 4478*, à la conservation du cheptel (*C. N.*, *1806*). Il est tenu, non-seulement de sa propre faute, mais encore de celle de ses pâtres (2). Il ne peut louer les bêtes à un tiers (3). — Il n'est tenu du cas fortuit que lorsqu'il a été précédé de quelque faute de sa part, sans laquelle la perte ne serait pas arrivée, *supra n⁰ 3381* (*C. N.*, *1807*). — En cas de contestation, le preneur est tenu de prouver le cas fortuit, *supra n⁰ 3405*, et le bailleur est tenu de prouver la faute qu'il impute au preneur (*C. N.*, *1808*). — Le preneur qui est déchargé

A comparu : M. Eloi PLUMET, propriétaire, demeurant à.....;

Lequel a, par ces présentes, donné à cheptel simple pour..... années consécutives, qui ont commencé à courir le... (n⁰ 4598),

A M. Remy DALLET, cultivateur, demeurant à....., ici présent, et ce acceptant,

Un fonds de bétail (n⁰ 4589) de la valeur de..... francs, détaillé en un état estimatif que les parties en ont dressé sur..... feuilles de papier au timbre de.....; lequel état non encore enregistré, mais devant l'être avant ou en même temps que ces présentes, est demeuré ci-annexé après avoir été des comparants certifié véritable et signé, et que dessus les notaires soussignés ont fait mention de l'annexe.

M. DALLET se reconnaît en possession dudit fonds de bétail.

Le présent bail et fait aux charges et conditions suivantes :

1° M. DALLET profitera seul du laitage et du fumier des animaux; les laines et le croît seront partagés par moitié entre le preneur et le bailleur (n⁰ˢ 4592, 4593).

2° Le preneur sera tenu de nourrir à ses frais tous les bestiaux, de les garder, soigner, loger convenablement, de manière à les maintenir dans le meilleur état de conservation possible (n⁰ˢ 4588).

3° Le bailleur devra être prévenu de l'époque de la tonte qui ne pourra être faite qu'en sa présence ou lui dûment appelé (n⁰ 4597).

4° Le preneur sera tenu de remplacer tous les chefs du cheptel qui viendraient à périr ou à se perdre par sa faute ou sa négligence, et il ne pourra disposer d'aucune bête, soit du fonds, soit du croît, sans le consentement exprès et par écrit du bailleur. (n⁰ˢ 4591, 4594).

5° Il sera fait à l'expiration du présent bail une estimation du cheptel par deux experts nommés par les parties ou d'office par le juge de paix du canton de....., à l'égard de

---

(1) Duranton, XVII, 268; Troplong. n⁰ 1067; Marcadé, *art. 1802*; Duvergier, II, 388; Dalloz, n⁰ 7; Dict. not., *Bail à cheptel*, n⁰ 4.

(2) Duvergier, II, 394; Troplong, n⁰ 1081; Roll., *Bail à cheptel* n⁰ 16; Dict. not., *ibid.*, n⁰ 20.
(3) Troplong, n⁰ 1120.

par le cas fortuit, est toujours tenu de rendre compte des peaux des bêtes (*C. N.*, *1809*), à moins que les bêtes n'aient été enfouies avec leurs peaux par mesure sanitaire (4), *supra n° 1469*.

4591. Si le cheptel périt en entier sans la faute du preneur, la perte en est pour le bailleur. S'il n'en périt qu'une partie, la perte est supportée en commun, d'après le prix de l'estimation originaire, et celui de l'estimation à l'expiration du cheptel (*C. N.*, *1810*).

4592. On ne peut stipuler : — que le preneur supportera la perte totale du cheptel, quoiqu'arrivée par cas fortuit, et sans sa faute, — ou qu'il supportera dans la perte une part plus grande que dans le profit, — ou que le bailleur prélèvra, à la fin du bail quelque chose de plus que le cheptel qu'il a fourni, par exemple, que le bailleur prélèvera à son choix ou le montant de la prisée ou le nombre de bêtes apporté sans faire raison au preneur de la plus-value, ou qu'il prendra une ou plusieurs bêtes avant partage, ou qu'il choisira à son gré celles qui lui conviendront le mieux (2). — Toute convention semblable est nulle (*C. N.*, *1811*). Le preneur seul peut se prévaloir de cette nullité et non le bailleur (3). La nullité frappe seulement sur la convention inégale; elle laisse subsister le bail (4).

4593. Le preneur profite seul des laitages, du fumier et du travail des animaux donnés à cheptel; la laine et le croît se partagent (*C. N.*, *1811*; l'on ne pourrait stipuler que le preneur aura moins que la moitié de la laine et du croît (5), ni qu'il devra fournir au bailleur une prestation en lait, beurre, fromage, fumiers, labours, etc. (6). La laine comprend non-seulement la toison des moutons, mais aussi le poil, le crin des autres animaux et les plumes des oiseaux de basse-cour (7). Le croît comprend : 1° la multiplication numérique des têtes composant le troupeau après le prélèvement des bêtes nécessaires pour réparer le vide du bétail ; 2° l'augmentation de la valeur intrinsèque des bestiaux donnés à cheptel (8). On peut stipuler que le preneur aura dans les profits une part moindre que moitié, pourvu qu'il ne supporte qu'une pareille part dans les risques et dans les pertes (9).

4594. Le preneur ne peut disposer d'aucune bête du troupeau, soit du fonds, soit du croît, sans le consentement du bailleur, qui ne peut lui-même en disposer sans le consentement du preneur (*C. N.*, *1812*). Si le preneur vend les bêtes données à cheptel, il se rend coupable d'abus de confiance (*C. pén.* *408*), et le bailleur peut demander la résiliation du bail (10) ; mais le bailleur n'a pas de droit de suite sur les personnes qui ont acheté de bonne foi les bêtes tenues à cheptel, car en fait de meubles posses-

---

celle qui refuserait de nommer son expert. Ces experts, en cas de partage d'avis, nommeront un tiers expert pour les départager.

Le bailleur prélèvera, sur les bases de cette estimation, des bêtes de chaque espèce, à son choix, jusqu'à concurrence de la somme de . . . . . ; le surplus sera partagé par moitié entre les parties. Si l'estimation donnée au cheptel est inférieure à ladite somme de . . . . ., le bailleur prendra le cheptel tel qu'il se trouvera et recevra du preneur, en sa demeure susdite, la moitié de la différence existant entre la nouvelle estimation et la somme de . . . . . Le preneur aura terme et délai de . . . . . pour se libérer (4601).

6° Dans le courant de chaque année, et quand bon lui semblera, chacune des parties pourra exiger le partage des croîts. A cet effet, il sera procédé à la prisée du cheptel, comme il est dit ci-dessus ; les croîts serviront d'abord à remplacer ce que le fonds du bétail aura perdu, et le surplus, s'il y en a, sera partagé par moitié.

Pour que M. . . . ., propriétaire de la ferme qu'exploite le preneur, ne puisse exercer son privilége sur le fonds du bétail donné à cheptel, ces présentes lui seront notifiées à

---

(1) Duranton, XVII, 273; Troplong, n° 1093; Marcadé. *1810*,1; Dict. not., *Bail à cheptel*, n° 24.
(2) Troplong, n° 1132; Duvergier, II, 407; Dict. not., *Bail à cheptel*, n° 37.
(3) Duranton, XVII, 279; Duvergier, II, 410 ; Troplong, n° 1134; Marcadé, *1811*, 2; Dalloz, n° 32; Massé et Vergé, § 712, note 4.
(4) Troplong, n° 1157; Marcadé, *1811*. 2 ; Troplong, n° 1157; Dalloz, n° 28; Massé et Vergé. § 712, note 6; CONTRA, Duranton, XVII, 279; Duvergier, II, 410.
(5) Troplong, n° 1125; CONTRA, Duvergier, II, 409.

(6) Duranton, XVII, 277; Troplong. n° 1127; Taulier, VI. p. 326; Marcadé, *1811*,4; CONTRA, Duvergier, II, 409; Dalloz, n° 34; Massé et Vergé, § 712, note 3.
(7) Troplong, n° 1125 ; Dalloz, n° 25; Marcadé, *1817*, 4 ; Massé et Vergé, § 712, note 2.
(8) Troplong, n° 1122; Dalloz, n° 25; Massé et Vergé, § 712, note 4;
(9) Duvergier, II, 405; Troplong, n° 1130; Taulier, VI., p. 327; Marcadé, *1811*, 4; Dalloz, n° 29; Massé et Vergé, § 712, note 6; CONTRA, Duranton, XVII. 276.
(10) Troplong, n° 1142.

sion vaut titre (1)(*C. N.*, 2279). Le bailleur ne pouvant disposer du cheptel, ses créanciers ne peuvent le saisir entre les mains du preneur, alors même que le bail n'aurait pas acquis date certaine avant le commencement des poursuites (2); à plus forte raison les créanciers du preneur ne peuvent non plus le saisir.

4595. Si l'une des parties prétend qu'il est utile de vendre certaines bêtes du troupeau et que l'autre refuse, elle peut en faire ordonner la vente par justice et se faire allouer des dommages-intérêts, si le retard lui a porté préjudice (3).

4596. Lorsque le cheptel est donné au fermier d'autrui, ou à un colon partiaire (4), il doit, au préalable (5), être notifié (6), au propriétaire de qui ce fermier tient, *supra n° 4498, 5°*, sans quoi il peut le saisir et le faire vendre pour ce que son fermier lui doit (*C. N.*, 1813).

4597. Le preneur ne peut tondre sans en prévenir le bailleur (*C. N.*, 1814), sous peine de résiliation du bail et même de dommages-intérêts (7).

4598. S'il n'y a pas de temps fixé par la convention pour la durée du cheptel, il est censé fait pour trois ans (*C. N.*, 1815); si à la fin du bail le preneur est laissé en possession, il s'opère une tacite réconduction pour trois années(

4599. Le bailleur peut demander plus tôt la résolution du bail, si le preneur ne remplit pas ses obligations (*C. N.*, 1861).

4600. Le bail à cheptel ne se résout pas par la mort du preneur (9); il se continue avec ses héritiers (10). A plus forte raison il ne se résout pas par la mort du bailleur.

4601. A la fin du bail, ou lors de sa résolution, il se fait une nouvelle estimation du cheptel. Le bailleur peut prélever des bêtes de chaque espèce jusqu'à concurrence de la première estimation, et non pas du nombre de têtes (11); l'excédant se partage. S'il n'existe pas assez de bêtes pour remplir la première estimation, le bailleur prend ce qui reste, et les parties se font raison de la perte (*C. N.*, 1817).

SECTION III. — DU CHEPTEL A MOITIÉ.

4602. Le cheptel à moitié [Form. 645] est une société dans laquelle chacun des contractants fournit la moitié des bestiaux, qui demeurent communs pour le profit ou pour la perte (*C. N.*, 1818).

la requête du bailleur avant l'entrée des bestiaux dans les bâtiments de la ferme avec déclaration de l'objet de cette notification. (N° 4596.)

Le produit annuel qui pourra revenir au bailleur a été évalué par les parties à la somme de..... francs, mais seulement pour servir de base à la perception des droits d'enregistrement.

Les frais des présentes, ceux de la grosse à remettre au bailleur et de la notification à faire à M....., seront supportés par le preneur.

Pour l'exécution des présentes, etc,

DONT ACTE. Fait et passé, etc.

FORMULE 645. — Cheptel à moitié. (N°⁵ 4602 à 4604.)

PAR-DEVANT M°.....,

ONT COMPARU : M. Luc DAVID, propriétaire, demeurant à.....;

Et M. Eloi MANGIN, cultivateur, demeurant à.....;

Lesquels sont convenus de réunir, pour former un cheptel à moitié, les bestiaux leur

(1) Duranton, XVII, 282; Duvergier, II, 414; Troplong, n° 1148; Marcadé, 1812, 4; Dalloz, n° 44.
(2) Duvergier, II, 416; Troplong, n° 1152; Taulier, VI, p. 328; Marcadé, 1812, 2; Dict. not., *Bail à cheptel*, n° 46; Roll., *ibid.*, n° 37.
(3) Duranton, XVII, 283; Duvergier, II, 413; Taulier, VI, p. 328; Marcadé, 1812, 3; CONTRA, Troplong, n° 1152.
(4) Duranton, XVII, 284; Troplong, n° 1162; Marcadé, art. 1813.
(5) Troplong, n° 1160; Dalloz, n° 46; Zach., § 712, note 6; Cass., 9 août 1815.
(6) Par acte d'huissier, même par simple missive, ou par une déclaration purement verbale, pourvu que le bailleur retire une reconnaissance de l'avertissement par lui donné; Troplong, n° 1161;

Marcadé, art. 1813; Zach., Massé et Vergé, § 712, note 6; Cass. 7 mars 1843.
(7) Troplong, n° 1160; Dict. not., *Bail à cheptel*, n° 52.
(8) Duvergier, II, 424; Troplong, n° 1180; Marcadé, 1815, 1; Dalloz, n° 44; Massé et Vergé § 712, note 6. Voir cependant Duranton, XVII, 286; Taulier, VI, p. 329; Zach., § 712, note 6.
(9) Il peut être déclaré résolu par suite de la condamnation du preneur à un emprisonnement qui le tiendra éloigné pour long-temps de la métairie: Bordeaux, 28 juin 1854; J. N., 15338.
(10) Duvergier, II, 425; Marcadé, 1816, 3; Massé et Vergé, § 712, note 6; CONTRA, Troplong, n° 1186.
(11) Troplong, n° 1193; Marcadé, art. 1817.

4603. Le preneur profite seul, comme dans le cheptel simple, des laitages, du fumier et des travaux des bêtes. — Le bailleur n'a droit qu'à la moitié des laines et du croît. — Toute convention contraire est nulle, à moins que le bailleur ne soit propriétaire de la métairie, dont le preneur est fermier, ou colon partiaire (*C. N., 1819*), ou cultivateur à gages (1).

4604 Toutes les règles du cheptel simple, *supra nᵒˢ 4588 à 4601*, s'appliquent au cheptel à moitié (*C. N., 1820*).

SECTION IV. — DU CHEPTEL DONNÉ PAR LE PROPRIÉTAIRE A SON FERMIER OU COLON PARTIAIRE.

4605. I. *Du cheptel donné au fermier* [Form. 646]. Ce cheptel (aussi appelé *cheptel de fer*) est celui par lequel le propriétaire d'une métairie la donne à ferme, à la charge qu'à l'expiration du bail, le fermier laissera des bestiaux d'une valeur égale au prix de l'estimation de ceux qu'il aura reçus (*C. N., 1821*), ou de la somme qui lui a été prêtée pour acheter des bestiaux à la condition de laisser à sa sortie des bestiaux d'une valeur égale à la somme prêtée (2).

4606. L'estimation du cheptel donné au fermier ne lui en transfère pas la propriété, mais néanmoins le met à ses risques (*C. N., 1822*).

---

appartenant décrits et estimés pour chacun d'eux à une pareille somme de....., en un état écrit sur une feuille de papier au timbre de un franc; ledit état non encore enregistré, mais devant l'être avant ou en même temps que ces présentes, est demeuré ci-annexé après avoir été certifié véritable et signé par les comparants et que les notaires soussignés ont apposé dessus une mention de l'annexe.

M. Mangin se reconnaît en possession des bestiaux détaillés audit état, pour demeurer réunis, à partir de ce jour pendant..... années consécutives, à titre de cheptel à moitié, et ne former qu'un seul fonds de bétail commun à MM. David et Mangin.

M. Mangin demeurera seul chargé de garder, nourrir et soigner tous ces bestiaux, et, en raison de cette charge, il profitera seul du laitage, du fumier et du travail des animaux.

Les laines et le croît seront partagés par égales portions entre les parties.

M. David devra être prévenu de l'époque de la tonte, qui ne pourra être faite qu'en sa présence ou lui dûment appelé.

L'une des parties ne pourra disposer, pendant la durée du cheptel, d'aucun des chefs de bétail, ni d'aucun des croîts, sans le consentement par écrit de l'autre partie, à peine de tous dommages-intérêts, et même de résiliation des présentes si bon lui semble.

M. Mangin sera tenu de remplacer à ses frais les bêtes qui viendraient à se perdre ou à périr par sa faute ou sa négligence; et dans le cas où elles auraient péri par cas fortuits, il devra rendre compte des peaux.

A l'expiration du temps fixé par le présent cheptel, il sera procédé, par des experts choisis par les parties ou nommés d'office par le juge de paix du canton, pour celle qui refuserait, à l'estimation du fonds du cheptel. L'une et l'autre des parties prendra des bêtes de chaque espèce jusqu'à concurrence de sa mise; et du surplus, s'il en existe, il sera formé deux lots égaux qui seront tirés au sort entre elles.

Pour que M....., propriétaire de la ferme qu'exploite M. Mangin, ne puisse exercer son privilége sur le fonds du bétail formant l'apport de M. David, ces présentes lui seront notifiées à la requête de ce dernier, dans le plus bref délai, avec déclaration de l'objet de cette notification.

Le produit annuel qui pourra revenir à M. David a été évalué par les parties à la somme de....., mais seulement pour servir de base à la perception des droits d'enregistrement.

Les frais des présentes, etc.

---

(1) Troplong, nᵒ 1206; Dict. not., *Bail à cheptel*, nᵒ 66. | (2) Nîmes, 15 juin 1819.

4607. Tous les profits appartiennent au fermier pendant la durée de son bail; ainsi il a le croît, la laine, le beurre, le laitage, etc., comme aussi le prix des animaux vieux et hors de service, puisqu'il est tenu de les remplacer. Le tout sauf convention contraire (*C. N.*, *1825*). Le bailleur peut stipuler des faisances sans pour cela qu'il doive entrer dans les pertes (1).

4608. Dans les cheptels donnés au fermier, le fumier n'est point dans les profits personnels des preneurs, mais appartient à la métairie, à l'exploitation de laquelle il doit être uniquement employé (*C. N.*, *1824*).

4609. La perte, même totale et par cas fortuit, est en entier pour le fermier, s'il n'y a convention contraire (2) (*C. N.*, *1825*).

4610. A la fin du bail, le fermier ne peut retenir le cheptel en en payant l'estimation originaire; il doit en laisser un de valeur pareille à celui qu'il a reçu. S'il y a du déficit, il doit le payer; et c'est seulement l'excédant qui lui appartient (*C. N.*, *1826*).

4611. II. *Du cheptel donné au colon partiaire*. [Form. 647]. Si le cheptel périt en entier sans la faute du colon, la perte est pour le bailleur (*C. N.*, *1827*).

Pour l'exécution des présentes, etc.
DONT ACTE. Fait et passé, etc.

FORMULE 646. — **Cheptel donné au fermier, ou cheptel de fer.** (N°s 4605 à 4610.)

PAR-DEVANT Me.....,
A COMPARU : M. Luc VITAL, propriétaire, demeurant à.....;
Lequel a, par ces présentes, donné à bail à ferme, pour... années consécutives qui commenceront à courir le..... et expireront le.....,
A M. Jean BLOND, cultivateur, demeurant à....., ici présent, et ce acceptant,
La ferme de..... (*désigner*),
A l'exploitation de laquelle ferme est attaché un fonds de bétail composé de.....,
dont il sera dressé un état estimatif par experts, lors de l'entrée en jouissance du preneur, qui le recevra comme cheptel de fer.
Ce bail est fait aux charges et conditions suivantes, que le preneur s'oblige à exécuter :
1°... (*Voir la formule* 635, *ajouter :*)
I. Le preneur sera tenu de nourrir à ses frais tous les bestiaux donnés à cheptel, de les garder, soigner, loger convenablement, sans en pouvoir aucunement disposer par vente ou autrement; il les emploiera aux travaux et pour l'exploitation de la ferme.
II. Les herbages et pâturages seront destinés exclusivement à la nourriture des bestiaux.
III. Le preneur profitera seul du laitage, des laines, du croît et autres produits du troupeau. Les fumiers seront employés exclusivement à l'amendement des terres et prés de la ferme; le preneur ne pourra en disposer autrement, ni en vendre sous quelque prétexte que ce soit.
IV. La perte même totale, et par cas fortuit, sera en entier à la charge du preneur; par conséquent il sera tenu, à l'expiration du présent bail, de remettre au bailleur un fonds de cheptel, de même nature et de pareille valeur que celui qui lui sera livré lors de son entrée en jouissance.
(*Voir pour le surplus de l'acte, la formule* 635.)

FORMULE 647. — **Cheptel donné au colon partiaire.** (N°s 4611 à 4613.)

(*Voir supra la formule* 636, *y ajouter :*)
A l'exploitation de cette ferme sont attachés différents bestiaux détaillés dans un état

---

(1) Troplong, n° 1234; Duvergier, II, 440; Marcadé, *1826*, 3; │ (2) Voir cependant Bourges, 8 juin 1843; J. N., *12450.*
Dict. not., *Bail à cheptel*, n° 89.

4612. On peut stipuler : que le colon délaissera au bailleur sa part de la toison à un prix inférieur à la valeur ordinaire; que le bailleur aura une plus grande part du profit; qu'il aura la moitié des laitages. On ne peut pas stipuler que le colon sera tenu de toute la perte (*C. N.*, *1828*); mais on peut dire qu'il la supportera pour une quotité supérieure à moitié (1).

4613. Ce cheptel finit avec le bail à métairie (*C. N.*, *1829*). Il est d'ailleurs soumis à toutes les règles du cheptel simple (*C. N.*, *1830*).

SECTION V. — DU CONTRAT IMPROPREMENT APPELE CHEPTEL.

4614. Lorsqu'une ou plusieurs vaches sont données pour les loger et les nourrir, le bailleur en conserve la propriété; il a seulement le profit des veaux qui en naissent (*C. N.*, *1831*) [Form. 648]. Il doit les retirer aussitôt qu'ils sont susceptibles d'être vendus. — Si la convention ne fixe pas de durée, le bailleur peut retirer sa vache quand bon lui semble, pourvu que ce soit en un temps opportun et non préjudiciable au preneur; ainsi, il ne pourrait la retirer après avoir enlevé le veau (2). — Le preneur est tenu aux soins d'un bon père de famille; si l'animal tombe malade, il doit en prévenir le bailleur; celui-ci est obligé de le faire soigner à ses dépens (3). — Le preneur est obligé de conduire la vache au taureau pour la féconder et de payer le prix de la saillie (4). — On peut stipuler que le preneur aura la moitié du profit des veaux et qu'il supportera moitié dans la perte de la vache occasionnée par cas fortuit (5).

---

estimatif dressé par les parties et qui, après avoir été certifié par elles, est demeuré annexé aux présentes, avec lesquelles il sera soumis à la formalité de l'enregistrement.

Ce bail est fait aux charges et conditions suivantes, que le preneur s'oblige à exécuter et accomplir.

(*Voir pour les conditions la formule* 636, *puis ajouter :*)

I. II. *Les deux premiers paragraphes comme à la formule qui précède.*

III. Le preneur profitera seul du laitage. Les laines et le croît seront partagés par moitié entre lui et le bailleur; le preneur fera la tonte des laines à ses frais, après en avoir prévenu le bailleur.

IV. Le bailleur aura la faculté de conserver la totalité des laines en payant au preneur la valeur de sa moitié qui sera diminuée d'un cinquième, et ce, d'après le prix moyen à l'époque du partage.

V. Les laines auxquelles le bailleur aura droit pour sa moitié ou pour la totalité s'il profite de la clause précédente, seront immédiatement transportées par le preneur, à ses frais, à. . . . . dans les lieux que le bailleur aura désignés à cet effet.

VI. Dans le courant de chaque année... (*le surplus comme au n° 6 de la formule* 644).

VII. Il sera fait à l'expiration du présent bail (*le surplus comme au n° 5 de la même formule*).

(*Voir pour le reste de l'acte la formule* 636.)

FORMULE 648. — Bail de vaches. (N° 4614.)

PAR-DEVANT, M°. . . . .,

A COMPARU, M. Jean VAL, propriétaire, demeurant à. . . . .;

Lequel a, par ces présentes, donné à bail à loyer pour deux années qui commenceront à courir le. . . . .

A M. Luc MARAIS, journalier, demeurant à. . . . ., ici présent et ce acceptant,

Quatre vaches : une première de couleur. . ., âgée de. . . . ans ; une deuxième, etc.

Ce bail est fait aux charges et conditions suivantes :

---

(1) Troplong, n° 1251.

(2) Duvergier, II, 459; Vaudoré. *Droit rural*, n° 818; Troplong, n° 1265; Dalloz, n° 102 ; Massé et Vergé, § 712, note 10 ; Dict. not., *Bail à cheptel*, n° 116.

(3) Duvergier, II, 400; Troplong, n° 1268.

(4) Duvergier, II, 462; Troplong, n° 1268.

(5) Duvergier, II, 463 ; Troplong, n° 1271.

CHAPITRE QUATRIÈME.

DU LOUAGE D'OUVRAGE ET D'INDUSTRIE.

4615. Le louage d'ouvrage est un contrat par lequel un individu, appelé *locateur*, s'engage à faire quelque chose pour un autre, appelé *preneur* ou *conducteur*, moyennant un prix convenu entre eux (*C. N.*, *1710*). On appelle loyer le louage du travail ou du service (*C. N.*, *1711*).

4616. Il y a trois espèces principales de louage d'ouvrage et d'industrie : 1° le louage des gens de travail qui s'engagent au service de quelqu'un ; par gens de travail l'on entend les domestiques, ouvriers, gens de peine, etc., mais non les clercs, les secrétaires, les élèves en pharmacie, les commis marchands, les aumôniers, les précepteurs, les bibliothécaires, etc., même lorsqu'ils habitent la maison de celui auquel ils rendent des services (1) ; 2° celui des voituriers tant par terre que par eau, qui se chargent du transport des personnes ou des marchandises ; 3° celui des entrepreneurs d'ouvrage par suite de devis ou marchés (*C. N.*, *1779*).

SECTION I. — DU LOUAGE DES DOMESTIQUES ET OUVRIERS.

4617. I. *Louage de services* [Form. 649]. On ne peut engager ses services qu'à temps (2) ou pour

1° Le preneur aura le plus grand soin des vaches louées, il les logera et les nourrira convenablement ; en cas de maladie ; il leur donnera tous les soins nécessaires ; le coût des visites du vétérinaire et les dépenses de médicaments seront supportés par le bailleur.

2° Le preneur sera tenu de conduire les vaches au taureau chaque fois qu'il sera nécessaire et d'acquitter le prix de la saillie. Les veaux appartiendront au bailleur ; il les retirera à l'âge de . . . . . .

3° Tout le laitage appartiendra au preneur, sauf l'obligation de nourrir les veaux jusqu'à ce qu'ils soient retirés par le bailleur.

4° A la fin du présent bail, les vaches seront rendues au bailleur ; le preneur demeurera responsable des pertes survenues par sa faute ; quant à celles résultant des cas fortuits, elles seront supportées par le bailleur.

5° Le preneur ne pourra ni céder ni sous-louer son droit au présent bail, sans le consentement du bailleur.

Les parties, pour la perception du droit d'enregistrement, évaluent le profit que le preneur retirera du présent bail, à une somme annuelle de . . . . . .

Pour l'exécution des présentes. . . . . .

DONT ACTE. Fait et passé etc.

§ 5. — BAUX D'OUVRAGE OU D'INDUSTRIE.

FORMULE 649. — Bail d'industrie. (N⁰ˢ 4617 à 4621.)

PAR-DEVANT M⁰. . . . . .,

ONT COMPARU : M. Louis MINIER, négociant, demeurant à. . . . . .,   D'UNE PART,

Et M. Paul FREMIN, ouvrier, demeurant à. . . . . .,   D'AUTRE PART ;

Lesquels ont arrêté entre eux les conventions suivantes :

M. FREMIN s'oblige à travailler pendant. . . . . . années consécutives à partir du. . . . . pour le compte de M. MINIER, et à diriger tous les travaux de la fabrique qu'il vient d'établir à. . . . . ., quel que soit le nombre d'ouvriers employés par lui dans ses ateliers, à donner tous ses soins à la bonne confection des marchandises, et à introduire, de concert avec M. MINIER, toutes les améliorations possibles dans les métiers et le mode de travail.

---

(1) Duvergier, II, 278 ; Troplong, n° 848 ; Dalloz, *Louage d'ouvr.*, n° 16 ; Massé et Vergé, § 707, note 1.

(2) Mais le maître peut s'engager à garder, pendant sa vie, telle personne à son service : Duvergier, II, 286 ; Troplong, n° 857 ; Taulier, VI, p. 300 ; Marcadé, *1781*, 2 ; Paris, 20 juin 1826.

une entreprise déterminée (*C. N.*, *1780*). Ainsi, l'on ne peut stipuler un engagement à vie; une pareille convention serait nulle comme contraire à l'ordre public, et la nullité pourrait être invoquée, non-seulement par le domestique, mais aussi par le maître (1). On entend par entreprise déterminée un travail manuel d'ouvrier, par exemple, creuser tant de mètres de fossés, extraire d'une carrière tant de mètres de pierres (2); si ce travail était tellement considérable qu'il dût absorber la vie de l'ouvrier, il pourrait faire résoudre le contrat (3). La durée du louage et le mode de service, à défaut de conventions spéciales, sont réglés par l'usage des lieux.

4618. Lorsque l'ouvrage a été confié au locateur en considération de son talent ou de son mérite personnel, il est tenu de le faire lui-même. Dans le cas contraire, il peut, en restant responsable, le faire faire par ses ouvriers ou même se substituer un tiers (4).

4619. Est licite et obligatoire l'engagement pris par un commis moyennant certains avantages, pour le cas où la convention serait rompue par l'une ou par l'autre des parties, de ne se placer dans aucune maison de la même ville se livrant à une industrie analogue, pendant un temps déterminé (5).

4620. Le contrat de louage d'ouvrage s'éteint : 1° par la mort du domestique ou ouvrier (6) (*Arg. C. N.*, *1122*); 2° par l'expiration du temps fixé pour sa durée (7); 3° par la maladie prolongée du domestique ou par une infirmité physique ou morale (8).

De son côté, M. MINIER prend l'engagement de conserver M. FREMIN comme principal ouvrier, pendant le temps ci-dessus fixé, et de lui payer annuellement une somme de..... et ce par douzième, de mois en mois, à partir du....., en sorte que le premier payement aura lieu le....., le second le....., et ainsi de suite jusqu'à l'expiration desdites....., années.

Il est encore convenu : 1° que M. FREMIN ne pourra être contraint de travailler pendant les jours fériés légalement; et que, si des circonstances extraordinaires et des commandes urgentes nécessitaient son travail pendant lesdits jours, M. MINIER serait tenu de lui payer la somme de....., par chacun de ces jours de travail;

2° Que si M. FREMIN se trouvait obligé d'interrompre son travail, soit pour cause de maladie, soit pour tout autre motif indépendant de sa volonté, et dont la durée n'excéderait pas....., mois, il serait tenu de se faire remplacer par un autre ouvrier intelligent et capable de le suppléer, dont il payerait les journées comme bon lui semblerait. Dans le cas où l'empêchement excéderait de délai de....., mois, M. MINIER aurait le droit de résilier le présent traité et de faire remplacer définitivement M. FREMIN.

3° Et que si, avant l'expiration de l'époque fixée pour la durée dudit traité, M. MINIER fermait son atelier et cessait la fabrication de....., il sera tenu de payer à M. FREMIN, à titre d'indemnité, une somme égale à la moitié de ce qu'il aurait eu à lui payer pour le temps qui resterait à courir de son engagement.

Pour l'exécution des présentes, etc.

Les frais du présent acte seront supportés par M. MINIER.

DONT ACTE. Fait et passé, etc.

FORMULE 650. — Contrat d'apprentissage. (Nos 4622 à 4626.)

PAR-DEVANT Me.....

ONT COMPARU : — M. Auguste BOLLE, menuisier, âgé de..... ans, demeurant à.....,
							D'UNE PART,

Et M. C. Jules DAIX, employé, demeurant à......, stipulant au nom de Henri DAIX,

---

(1) Duranton, XVII. 226; Duvergier. II.285; Taulier, VI, p. 299; Marcadé, *1781*, 2; Dalloz, n° 23; Massé et Vergé, § 707, note 4; Bordeaux, 23 janv. 1827; CONTRA, Troplong, n° 851.

(2) Troplong. n° 858.

(3) Duranton. XVII. 226; Duvergier, II. 285; Troplong, n° 859; Marcadé, *1781*, 2; Dalloz, n° 29; Massé et Vergé, § 707, note 5; Dict. not., *Bail d'ouv.*, n° 25. Voir Cass., 24 août 1839.

(4) Troplong. n° 820; Dalloz, n° 12; Massé et Vergé, § 707, note 8; Cass., 26 mai 1856.

(5) Bordeaux, 2 août 1817; Douai. 21 août 1847; J. N., 18348; Cass., 24 janv. 1856; Paris, 26 janv. 1867. V. Caen, 7 janv. 1867; J. N., 88917.

(6) Voir Troplong, n° 818; Marcadé, *art. 1781*; Zach., Massé et Vergé, § 707, note 17.

(7) Voir Duvergier. II.303; Troplong, n° 881; Dalloz, n° 53; Zach. Massé et Vergé, § 707, note 18

(8) Troplong, n° 874; Marcadé, *art. 1781*; Dalloz, n° 66; Zach.; Massé et Vergé, § 707, note 19.

4621. Le maître (1) est cru sur son affirmation par serment (2) (*Arg. C. N.*, 2275) : 1° pour la quotité des gages, à moins qu'il ne s'agisse de services ou d'ouvrages loués à prix fait (3); 2° pour le payement du salaire de l'année échue; 3° et pour les à-compte donnés pour l'année courante (*C. N.*, 1781). Mais son affirmation n'est nullement décisive pour établir l'existence même de la convention qui serait déniée (1), ni les stipu'ations particulières relatives à sa durée ou à sa résolution.

4622. II. *Contrat d'apprentissage* [Form. 650]. Le contrat d'apprentissage est celui par lequel un fabricant, un chef d'atelier ou un ouvrier s'oblige à enseigner la pratique de sa profession à une autre personne, qui s'oblige, en retour, à travailler pour lui; le tout à des conditions et pendant un temps convenus (*Loi 22 fév. 1851, art. 1er*).

4623. Le contrat d'apprentissage est fait par acte public ou par acte sous seing privé. — Il peut aussi être fait verbalement; mais la preuve testimoniale n'en est reçue que conformément au titre des contrats ou des obligations, *supra nos 3481 et suiv.* — Les notaires, les secrétaires des conseils de prud'hommes et les greffiers de justice de paix peuvent recevoir l'acte d'apprentissage. — Cet acte est soumis pour l'enregistrement au droit fixe d'un franc, lors même qu'il contiendrait des obligations de sommes ou valeurs mobilières, ou des quittances. Les honoraires dus aux officiers publics sont fixés à deux francs (*même loi, art. 2*).

son fils, mineur, âgé de moins de quatorze ans, issu de son mariage avec Mme Aglaé CARRÉ, demeurant avec lui ; D'AUTRE PART,

Lesquels sont convenus de ce qui suit.

Art. 1er. — Le sieur BOLLE prend chez lui en apprentissage le mineur DAIX ; en conséquence il s'engage: 1° à enseigner au mineur DAIX son métier de menuisier pendant l'espace de......, années qui commenceront à courir le......, et finiront à pareille époque de l'année......, à lui enseigner progressivement et complétement le métier de menuisier et à lui donner tous les moyens de devenir un bon ouvrier; 2° à se conduire envers son apprenti en bon père de famille, à surveiller sa conduite et ses mœurs, soit dans la maison, soit au dehors, et à avertir ses parents des fautes graves qu'il pourrait commettre ou des penchants vicieux qu'il pourrait manifester ; 3° à ne l'employer qu'aux travaux et services qui se rattachent au métier de menuisier et dans la limite de ses forces; 4° à ne pas le faire travailler plus de huit heures par jour, jusqu'à ce qu'il ait accompli sa quatorzième année, et plus de dix heures tant qu'il n'aura pas accompli sa seizième année, non plus qu'à lui faire faire aucun travail de nuit; 5° et à lui laisser deux heures par jour de liberté pour son éducation civile et religieuse.

Art. 2. — M. BOLLE s'oblige en outre de fournir à son apprenti la nourriture et le logement dans la maison, d'une manière saine et convenable pour sa santé.

Art. 3. — M. DAIX, père de l'apprenti, oblige son fils à se conduire envers M. BOLLE, son maître, avec fidélité, obéissance et respect, et à l'aider par son travail dans la mesure de son aptitude et de ses forces.

Art. 4. — Dans le cas où le mineur DAIX viendrait à faire, pendant le cours de son apprentissage, une absence ou une maladie dont la durée excéderait quinze jours, il sera tenu, à la fin son apprentissage, de remplacer le temps qu'il aura perdu dans l'un ou dans l'autre de ces cas.

Art. 5. — En considération des engagements contractés par M. BOLLE envers son apprenti, M. DAIX père s'oblige de lui payer en bonnes espèces, dans un an de ce jour, la somme de......, sans intérêt.

Art. 6. — Chacune des parties aura un délai de..... mois pour demander la nullité

---

(1) Mais non ses héritiers, si, par leur position dans la maison, ils ne peuvent pas eux-mêmes être considérés comme des maîtres : Toullier, X, 450; Duvergier, II, 307; Troplong, n° 890; Marcadé, 1781, 4; Dalloz, n° 39; Massé et Vergé, § 707, note 14; contra, Zach., loc. cit.

(2) Toullier, X, 453; Duranton, XVII, 236; Duvergier, II, 35;

Troplong, n° 883; Marcadé, 1781, 4; Zach. Massé et Vergé, § 707 note 10; contra, Taulier, VI, p. 302.

(3) Duranton. XVII, 237; Duvergier, II, 306; Troplong, n° 889; Dalloz, n° 41; Zach., § 707, note 12; Cass. 12 mars 1834.

(4) Duranton, XVII, 236; Duvergier, II, 396; Taulier, VI, p. 303; Marcadé, 1781, 4; Toulouse, 17 juin 1852.

4624. L'acte d'apprentissage contient : 1° les nom, prénoms, âge, profession et domicile du maître ; 2° les nom, prénoms, âge et domicile de l'apprenti ; 3° les noms, prénoms, professions et domicile de ses père et mère, de son tuteur, ou de la personne autorisée par les parents, et, à leur défaut, par le juge de paix ; 4° la date et la durée du contrat ; 5° les conditions de logement, de nourriture, de prix, et toutes autres arrêtées entre les parties. — Il doit être signé par le maître et par les représentants de l'apprenti (*même loi, art. 3*).

4625. La loi du 22 février 1851 règle : par les art. 4 à 7, les capacités exigées pour recevoir des apprentis ; par les art. 8 à 13, les devoirs des maîtres et des apprentis ; et par les art. 14 à 21, la résolution du contrat et la compétence en cas de contestation.

4626. La femme séparée de biens doit être autorisée de son mari, pour souscrire un contrat d'apprentissage au nom de son enfant mineur (1).

4627. III. *Bail à nourriture de personne* [Form. 651]. Ce bail est la convention par laquelle une personne, le *preneur*, se charge d'en nourrir une autre, le *bailleur,* moyennant un prix annuel. Le Code n'a pas parlé de cette espèce de louage. On décide qu'il renferme à la fois un louage de services et un marché de fournitures (2). — Si le bailleur doit habiter le domicile du preneur, il est nécessaire de constater les objets mobiliers qu'il y apporte, *supra* nos *1457 à 1459.*

SECTION II. — DES VOITURIERS PAR TERRE ET PAR EAU.

4628. I. *Louage de transport.* Les voituriers par terre et par eau, tels que directeurs de chemins de fer, messagistes, rouliers, bateliers, loueurs de voitures, commissionnaires de transports, etc.

---

du présent traité, sans être tenue à aucune indemnité, et M. Daix père sera déchargé de l'obligation qu'il vient de contracter ci-dessus envers M. Bolle.

Art. 7. — Il n'est aucunement dérogé par ces présentes aux dispositions contenues dans les art. 15 et 16 de la loi du 23 fév. 1851.

Dont acte. Fait et passé, etc.

FORMULE 651. — Bail à nourriture de personne. (Nᵒ 4627.)

Par-devant, Mᵉ....,

Ont comparu : Mᵐᵉ Denisse Railé, rentière, démeurant à......, veuve de M. Barnabé Dillet,   d'une part,

Et M. Firmin Petit, ancien employé, demeurant à..., d'autre part ;

Lesquels sont convenus de ce qui suit :

Mᵐᵉ veuve Dillet prend l'engagement, pendant une durée de...., années, à partir du 1ᵉʳ janvier prochain, de recevoir dans sa maison, de nourrir à sa table, loger, vêtir, blanchir, chauffer, éclairer, raccommoder et soigner M. Petit tant en santé qu'en maladie ; en un mot de fournir à mon dit sieur Petit tout ce qui est nécessaire à l'existence, en ayant pour lui les meilleurs soins et de bons égards ; comme aussi, en cas de maladie, de lui faire donner par un médecin tous les soins que sa position pourra réclamer, et de lui faire administrer tous les médicaments prescrits.

M. Petit, de son côté, comme prix du présent bail à nourriture, et pendant sa durée, s'oblige à payer à Mᵐᵉ veuve Dillet une somme de....., chaque année, en quatre termes égaux. les 1ᵉʳ janvier, avril, juillet et octobre, et par avance, pour faire le payement du premier trimestre le 1ᵉʳ janvier, celui du second le 1ᵉʳ avril, et ainsi de suite jusqu'à l'expiration du bail.

Ces payements auront lieu à....., en la demeure de Mᵐᵉ veuve Dillet, et ne pourront être valablement effectués qu'en espèces de monnaie ayant cours.

Chacune des parties aura la faculté de faire cesser l'effet du présent bail à nourriture avant le temps fixé pour son expiration, à la charge par celle des parties qui usera de

---

(1) Trib. Seine, 21 sept. 1860 ; J. N., 16076.   (2) Duvergier, I, 248 ; Dict. not., *Bail à nourr.*, nᵒ 8.

(*C. comm.*, *107*), sont assujettis, pour la garde et la conservation des choses qui leur sont confiées, aux mêmes obligations que les aubergistes, dont il est parlé au titre *du dépôt et du séquestre* (*C. N.*, *1782*, *1952 à 1954*; *C. comm.*, *96 à 108*).

4629. Ils répondent non-seulement de ce qu'ils ont déjà reçu dans leur bâtiment ou voiture, mais encore de ce qui leur a été remis sur le port ou dans l'entrepôt, ou même en route pour être placé dans leur bâtiment ou voiture (*C. N.*, *1783*). Dans le cas de perte d'un objet, la responsabilité du voiturier s'étend à la valeur totale de la chose perdue; elle n'est nullement restreinte à cent cinquante francs de *maximum* en vertu de la loi du 24 juillet 1793, alors même que dans le bulletin délivré au voyageur il aurait été inséré qu'il ne sera jamais alloué plus de cent cinquante francs (1); mais pourvu, en ce qui concerne l'argent et les bijoux, qu'il ait été fait une déclaration spéciale de la nature des objets (2).

4630. Ils sont responsables de la perte et des avaries des choses qui leur sont confiées (*C. comm.*, *105*, *106*), à moins qu'ils ne prouvent qu'elles ont été perdues et avariées par cas fortuit ou force majeure (*C. N.*, *1784*), ou parce qu'elles ont été mal emballées (3).

4631. Les entrepreneurs de voitures publiques par terre et par eau, et ceux des roulages publics, doivent tenir registre de l'argent, des effets et des paquets dont ils se chargent (*C. N.*, *1785; voir C. comm.*, *90*, *101 et suiv.*, *107*, *224*).

4632. Les entrepreneurs et directeurs de voitures et roulages publics, les maîtres de barques et navires, sont en outre assujettis à des règlements particuliers, qui font la loi entre eux et les autres citoyens (*C. N.*, *1786*).

4633. II. *Affrétement ou bail de navire* [Form. 652]. Toute convention pour louage d'un vaisseau,

---

cette faculté, de payer à l'autre, à titre de dommages et intérêts, une somme de..... Dans ce cas, la redevance ci-dessus stipulée sera payable jusqu'à ce que le bail cesse de recevoir son exécution; de sorte que ce qui se trouvera ne pas être dû du trimestre alors courant payé par avance, sera restituable à M. Petit.

A défaut par M. Petit de payer un seul terme de ladite redevance à son époque d'échéance, le présent bail sera résolu de plein droit, si bon semble à Mᵐᵉ Diller, huit jours après un commandement resté sans effet; néanmoins, M. Petit devra payer à Mᵐᵉ veuve Dillet les arrérages courus jusqu'au jour de la résiliation du bail, et, en outre, ladite somme de....., à titre de dommages et intérêts.

(*S'il y a lieu de faire une déclaration de propriété du mobilier*, voir *supra, formule* 206.)

Les frais et honoraires des présentes seront payés par M. Petit.

Dont acte. Fait et passé, etc.

FORMULE 652. — Affrétement ou bail de navire. (Nᵒ 4633 à 4634.)

Par-devant, Mᵉ......,

A comparu : M. Honoré Dutard....., demeurant à...., propriétaire du navire...., de Marseille, du port de .... tonneaux;

Lequel a, par ces présentes, loué et frété

A. M. Félix Poisson, négociant, demeurant à..., à ce présent et ce acceptant,

Le navire....., capitaine....., pour charger en plein et porter une cargaison de....., en destination....., lui accordant..... jours de planches (ou autrement dit : *jours de chargement*), à compter du..... de ce mois, pour opérer le chargement dans le port de....., et...... jours seulement pour le déchargement dans le port...., à compter du jour où il aura mouillé devant cette ville.

---

(1) Toullier, X, 447; Duvergier, II, 322; Troplong, nᵒ 925; Taulier, VI, p. 309; Marcadé, *1786*, 2; Zach., Massé et Vergé, § 709, note 16; Dalloz, nᵒ 412; Paris, 7 juill. 1832, 15 juill. 1834, 14 août 1847; Cass., 18 juin 1833; Grenoble, 19 août 1833; Alger, 16 déc. 1846; Douai, 17 mars 1847.

(2) Toullier, IX, 255; Duvergier, II. 329; Taulier, VI, p. 310; Mar-

cadé, *1786*, 3; Douai, 17 mars 1847; Trib. Tours, 23 nov. 1847; Paris, 14 nov. 1867; M. T., 1867, 167; contra, Troplong, nᵒ 959. Voir Paris. 14 août 1817, 12 janv. 1852.

(3) Duvergier, II, 331; Troplong, nᵒ 940; Marcadé, *1786*, 3; Dalloz, nᵒ 314; Massé et Vergé, § 709, note 15; Bourges, 24 janv. 1844.

appelée *charte-partie*, *affrétement* ou *nolissement*, doit être rédigée par écrit. Elle énonce : 1° le nom et le tonnage du navire; 2° le nom du capitaine; 3° les noms du fréteur et de l'affréteur; 4° le lieu et le temps convenus pour la charge et pour la décharge; 5° le prix du fret ou nolis; 6° si l'affrétement est total ou partiel; 7° l'indemnité convenue pour les cas de retard (*C. comm.*, 273).

4634. Le Code de commerce règle par les art. 273 à 310 le louage des navires, et par les art. 250 à 272 le louage des matelots.

SECTION III. — DES DEVIS ET DES MARCHÉS.

4635. Lorsqu'on charge quelqu'un de faire un ouvrage, on peut convenir qu'il fournira seulement son travail ou son industrie, ou bien qu'il fournira aussi la matière (*C. N.*, 1787); dans ce dernier cas, la convention participe à la fois de la vente et du louage (1) [FORM. 653].

4636. Si, dans le cas où l'ouvrier fournit la matière, la chose vient à périr de quelque manière que ce soit, avant d'être livrée, la perte en est pour l'ouvrier, à moins que le maître ne fût en demeure de recevoir la chose, *supra* n° 3176 (*C. N.*, 1788).

4637. Dans le cas où l'ouvrier fournit seulement son travail ou son industrie, si la chose vient à périr, l'ouvrier n'est tenu que de sa faute (2), *supra* n° 3381 (*C. N.*, 1789). Si, dans le même cas, la chose a péri, quoique sans aucune faute de la part de l'ouvrier, avant que l'ouvrage ait été reçu, et

Cet affrétement a été fait moyennant...... francs de fret par tonneau, que M. POISSON s'oblige à payer en deux termes, savoir : moitié aussitôt le déchargement du tiers de la charge, et l'autre moitié après que le navire aura été entièrement déchargé.

En outre ledit affrétement a été fait aux conditions suivantes, que M. POISSON s'oblige à exécuter :

1° De décharger en plein le navire présentement loué;

2° De faire la décharge dans les délais ci-dessus fixés, à peine de..... francs de dommages-intérêts par chaque jour de retard;

3° De donner la préférence au fréteur pour le fret du retour, dans le cas où l'affréteur rechargerait de suite à.......;

4° De supporter exclusivement tous les frais de la charge et de la décharge de ses marchandises, quelles que soient les difficultés qu'il puisse éprouver.

Les frais et honoraires des présentes, y compris une grosse pour M. DUTARD, seront supportés par M. POISSON.

Pour l'exécution des présentes, etc.

DONT ACTE. Fait et passé, etc.

FORMULE 653. — Marché à l'entreprise pour la construction d'une maison.
(N°ˢ 4635 à 4646.)

PAR-DEVANT M°.....,

ONT COMPARU : M. Edouard LEMAIRE, entrepreneur de travaux, demeurant à.....,

D'UNE PART,

Et M. Lucien GÉRARD, propriétaire, demeurant à....., D'AUTRE PART;

Lesquels ont dit ce qui suit :

M. GÉRARD étant propriétaire d'un terrain situé à....., d'une contenance superficielle de....., et ayant l'intention de faire construire une maison d'habitation sur ce terrain, a proposé à M. LEMAIRE d'en faire la construction comme entrepreneur.

M. LEMAIRE ayant accepté, les parties ont fait et arrêté le marché suivant :

---

(1) Duranton, XVII, 250; Duvergier, II, 334, 335; Zach., Massé et Vergé, § 710, note 3 ; CONTRA, Troplong, n° 963. Voir aussi Marcadé, 1791, 1.
(2) Troplong, n° 981; Dalloz, n° 128. Voir Seine, 20 avril 1860.

sans que le maître fût en demeure de le vérifier, l'ouvrier n'a point de salaire à réclamer, à moins que la perte n'ait été causée par le vice de la matière (*C. N.*, *1790*).

4638. S'il s'agit d'un ouvrage à plusieurs pièces ou à la mesure, la vérification peut s'en faire par parties ; elle est censée faite pour toutes les parties payées, si le maître paye l'ouvrier en proportion de l'ouvrage fait (*C. N.*, *1791*).

4639. Si l'édifice (1) construit à prix fait périt en tout ou en partie par le vice de la construction, même par le vice du sol, les architectes et entrepreneurs en sont responsables pendant dix ans (*C. N.*, *1792*, *2270*), encore bien qu'ils aient fait connaître le vice au propriétaire (2), ou que le propriétaire ait reçu les travaux (3), ou enfin que le vice résulte de changements faits sur la demande du propriétaire lui-même aux plans primitifs dressés par l'architecte (4). Les dix ans courent à compter du jour de la réception des travaux ou du jour où le maître a été mis en demeure de les recevoir (5). Si dans cet intervalle un vice vient à se manifester, il donne naissance à une action en dommages et intérêts qui ne se prescrit que par le laps de trente années du jour où le vice a été découvert (6) (*Arg. C. N.*, *2257*).

4640. La responsabilité s'applique non-seulement aux ouvrages exécutés à prix fait par les architectes et entrepreneurs, mais aussi à tous ceux qu'ils ont faits ou dirigés, de quelque manière que ce soit (7). La règle cesse d'être applicable quand l'architecte ou entrepreneur a bâti sur son propre terrain (8), et s'il vend, il n'est plus soumis à la responsabilité de celui qui a loué ses services, mais seulement à la garantie de la vente, à moins de convention contraire.

M. Lemaire s'oblige envers M. Gérard à faire, fournir et exécuter suivant les règles de l'art et conformément au devis et plans dont il sera ci-après parlé, tous les travaux et ouvrages de maçonnerie, charpente, menuiserie, serrurerie, peinture, vitrerie, carrelage, fumisterie, couverture et autres de toute nature, nécessaires pour cette construction.

La maison à construire se composera d'un étage en sous-sol pour caves et fosses d'aisances, d'un rez-de-chaussée, de trois étages carrés et d'un étage en mansardes, le tout d'une profondeur de onze mètres, hors-d'œuvre, sur toute la largeur dudit terrain,

Ainsi d'ailleurs que le tout est indiqué, expliqué et détaillé dans cinq plans et un devis que les parties ont établi d'accord entre elles et qui, à leur réquisition, sont demeurés ci-annexés après avoir été certifiés véritables par lesdites parties et revêtus d'une mention d'annexe par les notaires soussignés.

M. Lemaire sera tenu de se conformer en tout point aux plans et devis susénoncés pour l'exécution des travaux et ne pourra, sous aucun prétexte, s'en écarter sans l'autorisation de M. Gérard qui, de son côté, ne pourra exiger de M. Lemaire aucune modification auxdits plans et devis.

M. Lemaire prend l'obligation de commencer les travaux le....., et de les continuer sans interruption de manière qu'ils soient terminés le....., au plus tard, sous peine de diminution du prix ci-après stipulé, à raison de..... francs par chaque jour de retard provenant du fait de M. Lemaire.

Ce marché est fait moyennant la somme de...., que M. Gérard s'oblige à payer, savoir : un quart lorsque les caves seront voûtées, un second quart aussitôt que la couverture sera achevée, un troisième quart lorsque les travaux de toute nature seront terminés, et le dernier quart dans le mois qui suivra la vérification et la réception des travaux par M. Patin, architecte, demeurant à....., qui en dressera procès-verbal.

(1) Ou tout autre gros ouvrage, un puits par exemple : Paris, 2 juill. 1828; Dijon, 13 mai 1862.
(2) Troplong, n° 995; Duvergier, II, 351; Dalloz, n° 144; Marcadé, *1792*, 1; Massé et Vergé, § 710, note 17; Cass., 10 fév. 1835, 4 juill. 1838; Aix, 18 janv. 1844; Bastia, 7 mars 1851. Voir Paris, 9 juin 1853; contra, Duranton, XVII, 235 ; Taulier, VI, p. 316.
(3) Cass., 19 mai 1851; J. N., 14534.
(4) Bourges, 13 août 1841 ; Paris, 1er août 1863; J. N., 17880.
(5) Duranton, XVII, 255; Troplong, n° 999.

(6) Duranton, XVII, 255; Troplong, n° 1007; Taulier, VI. p. 317; Marcadé, *1792*, 1; contra, Paris, 15 nov. 1836, 17 fév. 1853. Voir aussi Duvergier, II, 360.
(7) Duvergier, II, 353; Troplong, n° 1001; Dalloz, n° 138; Marcadé, art. *1792* ; Massé et Vergé, § 710, note 15; Cass., 12 fév. 1850. Voir cependant Cass., 12 nov. 1844 ; J. N., 12100.
(8) Troplong, n° 1015; Massé et Vergé, § 710, note 17; contra, Duranton, XVII, 255.

4641. Lorsqu'un architecte ou un entrepreneur s'est chargé de la construction à forfait d'un bâtiment, d'après un plan arrêté et convenu avec le propriétaire du sol, il ne peut demander aucune augmentation de prix, ni sous le prétexte de l'augmentation de la main-d'œuvre ou des matériaux, ni sous celui de changements ou d'augmentations faits sur ce plan, si ces changements ou augmentations n'ont pas été autorisés par écrit et le prix convenu avec le propriétaire (C. N., 1793). Cette preuve doit être écrite, elle ne pourrait être établie en déférant le serment, ni par un interrogatoire sur faits et articles (1) ; mais si le propriétaire a autorisé les changements et augmentations, le prix peut en être établi par l'un de ces modes de preuve (2).

4642. Le maître (3) peut résilier, par sa seule volonté, le marché à forfait (4), quoique l'ouvrage soit déjà commencé (5), en dédommageant l'entrepreneur de toutes ses dépenses, de tous ses travaux, de tout ce qu'il aurait pu gagner dans cette entreprise (C. N., 1794), comme aussi des matériaux qu'il aurait achetés et qu'il revendrait à perte (6).

4643. Le contrat de louage d'ouvrage est dissous par la mort de l'ouvrier, de l'architecte ou entrepreneur (7), *supra* n° 5272 (C. N., 1795). Mais le propriétaire est tenu de payer en proportion du prix porté par la convention, à leur succession, la valeur des ouvrages faits et celle des matériaux préparés, lors seulement que ces travaux ou ces matériaux peuvent lui être utiles (C. N., 1796).

4644. L'entrepreneur répond du fait des personnes qu'il emploie (C. N., 1797).

4645. Les maçons, charpentiers et autres ouvriers qui ont été employés à la construction d'un bâtiment ou d'autres ouvrages faits à l'entreprise, n'ont d'action contre celui pour lequel les ouvrages ont été faits, que jusqu'à concurrence de ce dont il se trouve débiteur envers l'entrepreneur, au moment où leur action est intentée (C. N., 1798). Ils y ont droit avec privilège comme formant leur dû (8). — Les maçons, charpentiers, serruriers et autres ouvriers qui font directement des marchés à prix fait, sont astreints aux règles prescrites dans la présente section ; ils sont entrepreneurs dans la partie qu'ils traitent (C. N., 1799).

SECTION IV. — DU REMPLACEMENT MILITAIRE.

4645 bis. Le remplacement au service militaire qui était permis par la loi du 21 mars 1832, avait

---

M. Lemaire sera tenu, pendant le cours de l'exécution des travaux, de les laisser vérifier par M. Patin, qui aura le droit de contrôler les fournitures, et de rejeter les matériaux qu'il reconnaîtrait ne pas être de qualité convenable.

M. Gérard, de son côté, consent à ce que M. Lemaire, pour la conservation de son privilége, remplisse les formalités prescrites par la loi, et fasse inscrire ce privilège.

Pour l'exécution des présentes, etc.

Dont acte aux frais de M.....

Fait et passé, etc.

FORMULE 653 bis. — Remplacement militaire. (N° 4645 bis.)

Par-devant M.....

Ont comparu : M. Jean Dutz, journalier demeurant à..., libéré du service militaire comme n'ayant pas été appelé, par son numéro, à faire partie du contingent de la classe de 1867, ainsi que le constate un certificat à lui délivré par M. le préfet du département de..., le..., mais incorporé dans la garde nationale mobile, 1re compagnie du 2e bataillon du département de....,   D'UNE PART ;

---

(1) Duranton, XVII, 256; Duvergier, 11, 366; Troplong, n° 1017; Dalloz, n° 403; Marcadé, *1793*, 2; Zach., § 710, note 20; Douai, 29 avril 1831; Caen, 29 janv. 1845; Cass., 16 août 1826, 6 mars 1850; Trib. Seine, 24 mai 1864.

(2) Troplong, n° 1018; Marcadé, *1793*, 2; Trib. Seine, 28 mai 1861.

(3) Mais non l'entrepreneur : Duvergier, II, 374; Troplong, n° 1024; Dalloz, n° 169.

(4) Et, à plus forte raison, ceux faits à la pièce ou à la mesure : Duranton, XVII, 257; Duvergier, II 371; Troplong, n° 1028; Dalloz, n° 166; Massé et Vergé, § 710, note 24.

(5) Voir cependant Cass., 3 fév. 1851.

(6) Troplong, n° 1025.

(7) Et non pas par celle du maître : Troplong, n° 1045; Dalloz, n° 179; Massé et Vergé, § 710, note 13.

(8) Duvergier, II, 381; Troplong, n° 1050; Duranton, XVII, 262; Marcadé, *1798*, 2; Dalloz, n° 146; Douai, 30 mars et 13 avril 1833; Montpellier, 22 août 1850, 21 déc. 1852. Voir Lyon, 21 janv. 1846; Cass., 17 juin 1846, 18 janv. 1851; Bordeaux, 31 mars 1854; Paris, 17 juin, 22 août 1857; Cass., 11 nov. 1867.

été supprimé par une autre loi du 26 avril 1855. Mais il a été rétabli par la loi du 1er février 1868 *sur le recrutement de l'armée et l'organisation de la garde nationale mobile.*

I. Le remplacement ne peut avoir lieu qu'aux conditions suivantes : le remplaçant doit : 1o être libre de tous services et obligations militaires, si ce n'est cependant dans la garde nationale mobile, *infra*, § V ; 2o être âgé de vingt à trente ans au plus, ou de vingt à trente-cinq ans s'il a été militaire, ou de dix-huit à trente ans s'il est frère du remplacé ; 3o n'être ni marié ni veuf avec enfants ; 4o avoir au moins la taille de 1 m. 55 c. (1) ; 5o n'avoir pas été réformé du service militaire ; 6o être porteur des certificats spécifiés dans les art. 20 et 21 (L. 21 mars 1832, art. 19, 20, 21). — Il est admis par le conseil de révision du département dans lequel le remplacé a concouru au tirage (*même loi, art. 22*).

II. Le remplacé est, pour le cas de désertion, responsable de son remplaçant pendant un an à compter du jour de l'acte passé devant le préfet. Il est libéré si le remplaçant meurt sous les drapeaux, ou si, en cas de désertion, il est arrêté pendant l'année (*même loi, art. 23*).

III. Les actes de remplacements sont reçus par le préfet, dans les formes prescrites pour les actes administratifs. Les stipulations particulières qui peuvent avoir lieu entre les contractants [Form. 653 bis] sont soumises aux mêmes règles et formalités que tout autre contrat civil (*même loi, art. 24*).

IV. Ceux qui se font remplacer au service militaire entrent dans la garde nationale mobile (L. 1er fév. 1868, art. 4, 2o).

V. Tout garde national mobile peut être admis comme remplaçant dans l'armée active ou dans la réserve, s'il remplit les conditions des art. 19, 20 et 21 de la loi du 21 mars 1832. Dans ce cas, le remplacé est tenu de s'habiller et de s'équiper à ses frais comme garde national mobile (L. 1er fév. 1868, art. 6).

VI. Le remplacement dans la garde nationale mobile n'est permis que pour ceux qui se trouvent dans l'un des cas d'exemption prévus par les nos 3, 4, 5, 6 et 7 de la loi de 1832 tel qu'il est modifié par l'art. 1er de la loi de 1868. Les remplaçants doivent être Français, âgés de moins de quarante ans

Et M. Léon LEBEL, employé de commerce, demeurant, à...., jeune soldat de la classe de 1867, pour le département de..., incorporé dans le... régiment de ligne,

D'AUTRE PART ;

Lesquels ont arrêté entre eux les conventions suivantes :

M. DUTZ s'engage à remplacer M. LEBEL au service militaire, dans l'armée active et dans la réserve, pendant tout le temps et de la manière dont celui-ci en serait lui-même tenu. Et il s'oblige à faire toutes les démarches et productions de pièces nécessaires, et à se présenter devant tous conseils de révision pour faire opérer ce remplacement : le tout de manière que M. LEBEL ne puisse jamais être inquiété ni recherché.

M. DUTZ déclarant se soumettre à toutes lois existantes ou à intervenir, relativement au service militaire, soit quant à la durée, soit quant au mode d'exécution du service.

Ce remplacement est fait moyennant la somme de deux mille cinq cents francs, sur laquelle M. LEBEL a payé à l'instant en espèces ayant cours comptées et délivrées à la vue des notaires soussignés, à M. DUTZ qui le reconnaît et lui en donne quittance, la somme de cinq cents francs.

Et M. LEBEL s'oblige à payer à M. DUTZ les deux mille francs de surplus, le...., avec intérêts à cinq pour cent par an à partir du jour de la décision du conseil de révision qui aura admis ce dernier comme remplaçant, payables par semestres.

Ces payements, en principal et intérêts, auront lieu à...., et ne pourront être effectués qu'en bonnes espèces d'or ou d'argent.

Il est bien entendu que M. DUTZ ne pourra exiger le payement de ladite somme de

---

(1) Suivant une circulaire du min. de la guerre du 22 fév. 1868, le remplaçant devait avoir la taille de 1 m. 56 c.; mais la loi du | 21 mars 1868, art. 4, a rendu applicable aux remplaçants la disposition de la loi du 1er fév. 1868 qui a abaissé la taille à 1 m. 55 c.

et remplir les autres conditions exigées par les art. 19, 20 et 21 de la loi du 21 mars 1832. Le conseil de révision statue sur les demandes de remplacement et sur l'admission des remplaçants (L. 1er fév. 1868, art. 7).

---

deux mille francs, qu'en justifiant d'un certificat de présence au corps, commme remplaçant de M. LEBEL, pendant un temps suffisant pour mettre ce dernier à l'abri de tout recours.

Et il est expressément convenu que M. DUTZ ne pourra céder ni transporter cette somme avant l'expiration de l'année de responsabilité.

De son côté M. LEBEL s'oblige, conformément à l'art 6 de la loi du 1er février 1868, à s'habiller et s'équiper à ses frais comme garde national mobile.

On peut aussi insérer la stipulation suivante en ce qui concerne la somme non immédiatement versée, si elle n'est pas supérieure à 1,000 fr., maximum des livrets de caisse d'épargnes :

Quant aux.... de surplus, ils vont être, pour la garantie de M. LEBEL, déposés à la caisse d'épargnes de..., pour n'être remis à M. DUTZ qu'après l'expiration du délai d'un an et un jour, fixé par la loi, pendant lequel les remplacés sont responsables de leurs remplaçants envers le gouvernement, et sur la représentation d'un certificat de présence au corps.

Si le remplacé consent à une affectation hypothécaire ou si une caution intervient, voir formules 739 et suiv., et 770.

Si le remplaçant est lui-même cautionné :

Aux présentes est intervenu M....,

Lequel, après avoir pris communication de ce qui précède, a déclaré se rendre caution et répondant solidaire de M. DUTZ, pour raison des engagements par lui ci-dessus contractés envers M. LEBEL.

En conséquence il s'oblige, dans le cas où M. DUTZ ne satisferait pas à ses engagements et où, par le fait de ce dernier, M. LEBEL serait appelé à un service militaire quelconque, autre que celui de la garde nationale mobile, à lui rembourser sans division ni discussion, la somme de cinq cents francs qui vient d'être payée.

Cette garantie solidaire durera, à l'égard de M...., jusqu'au moment où M. LEBEL sera définitivement libéré du service militaire.

Pour l'exécution des présentes, etc.

DONT ACTE. Fait et passé, etc.

TITRE NEUVIÈME.

DU CONTRAT DE SOCIÉTÉ.

CHAPITRE PREMIER.

DES DIVERSES ESPÈCES DE SOCIÉTÉS.

4646. Les sociétés se divisent en deux classes bien distinctes : elles sont en effet civiles ou commerciales, selon l'objet auquel elles s'appliquent.

4647. Les unes et les autres se subdivisent en plusieurs espèces ; ainsi, la loi civile admet : 1° la société universelle de tous biens présents; 2° la société universelle de gains ; 3° la société particulière. — La loi commerciale reconnaît : 1° la société en nom collectif ; 2° la société en commandite, qui elle-même comprend la commandite simple, et celle par actions; 3° la société anonyme ; 4° la société à capital variable ; 5° l'association en participation ; 6° la société d'assurance (anonyme ou mutuelle).

4648. Nous établirons d'abord la distinction entre les sociétés civiles et commerciales, puis les principes du contrat de société, et enfin les règles particulières à chaque espèce de société.

CHAPITRE DEUXIÈME.

DISTINCTION DES SOCIÉTÉS CIVILES ET COMMERCIALES.

4649. Le caractère civil ou commercial d'une société se détermine par son objet, c'est-à-dire par la nature des opérations qu'elle entreprend.

24   III.

4650. Sont commerciales toutes celles qui ont pour objet les actes réputés commerciaux par les art. 632 et 633 C. comm., et dont voici l'énumération : *Art. 632.* — Tout achat de denrées et marchandises pour les revendre, soit en nature, soit après les avoir travaillées et mises en œuvre, et même pour en louer simplement l'usage; — toute entreprise de manufacture, de commission, de transport par terre ou par eau; — toute entreprise de fournitures, d'agences, bureaux d'affaire, établissements de ventes à l'encan, de spectacles publics; — toute opération de change, banque ou courtage; — toutes les opérations des banques publiques; — toutes obligations entre négociants, marchands et banquiers(1); — entre toutes personnes, les lettres de change, ou remises d'argent faites de place en place. — *Art. 633.* — Toute entreprise de construction, et tous achats, ventes et reventes de bâtiments pour la navigation intérieure et extérieure; — toutes expéditions maritimes; — tout achat ou vente d'agrès, apparaux et avitaillements; — tout affrétement ou nolissement, emprunt ou prêt à la grosse; — toutes assurances et autres contrats concernant le commerce de mer; — tous accords et conventions pour salaires et loyers d'équipages; — tous engagements de gens de mer, pour le service de bâtiments de commerce.

4651. Toutes autres sociétés sont purement civiles (2), quelle que soit leur qualification; et elles restent telles malgré toute manifestation de volonté contraire de la part des parties; car il ne suffit pas de se déclarer commerçant pour l'être; est commerçant celui-là seulement qui exerce des actes de commerce ou fait du commerce sa profession habituelle (*C. comm.*, art. 1 (3).

4652. On a essayé cependant une distinction : lorsque la société, a-t-on dit, a un objet essentiellement immobilier, comme celle formée pour l'achat et la revente des immeubles, elle est et ne peut être que civile (4). Mais une société qui, pour vendre les produits de son fonds, aurait recours à des agissements commerciaux destinés à lui ouvrir de plus vastes débouchés, pourrait, à son gré, rester civile, (*C. comm.*, 638), ou se déclarer commerciale; car les produits du fonds social sont des *denrées* ou *marchandises* qui ne répugnent nullement, comme des immeubles, à l'idée de commercialité (5). Pour nous, cette distinction ne saurait être admise; c'est la nature seule de l'acte qui fixe son caractère civil ou commercial; peu importe la manière dont il se produit; d'ailleurs il serait souvent bien difficile de reconnaître le signe distinctif des agissements commerciaux; la volonté des parties doit être impuissante à changer la nature des choses.

4653. Est-ce à dire qu'une société, opérant sur son propre fonds, ne sera jamais commerciale? Non assurément; elle le deviendra si son exploitation vient à se mélanger d'opérations réellement commerciales, et d'une importance telle qu'elles absorbent le caractère primitif de la société (6), comme celle, par exemple, qui ferait de grands achats de produits similaires pour les revendre avec ceux de son fonds. Elle le deviendrait encore si, pour manufacturer ses produits, elle établissait une usine, dont l'importance égalerait ou dépasserait celle de la matière mise en œuvre, comme une société qui établirait des hauts fourneaux pour y travailler le minerai de fer qu'elle ferait extraire de sa mine (7). Il en serait surtout ainsi si la société employait des matières étrangères (8); mais si la manufacture n'était que l'accessoire, la société garderait sa nature civile (9).

4654. Toutefois, une société civile peut, sans changer de nature, adopter une forme commerciale. On reconnaît sans difficulté que l'exploitation des mines, opération déclarée purement civile par la loi du 21 avril 1810, peut faire l'objet d'une société anonyme (10); cette opinion a été consacrée par la pratique administrative, et même nous avons vu accorder l'autorisation gouvernementale à une grande compagnie anonyme formée pour l'achat et la revente des immeubles. Si la forme anonyme est permise aux sociétés civiles (11), pourquoi ne pourraient-elles pas se constituer en nom collectif ou en com-

---

(1) A moins qu'elles ne soient relatives aux besoins de leur consommation personnelle (Arg. C. comm., 638).

(2) Duvergier, nos 485; Delangle, nos 26 et s.; Bedarride, no 86 et s.; Troplong, no 317; Paris, 2 août 1828; Cass., 20 avril 1842, Bordeaux, 6 fév. 1849.

(3) CONTRA, Troplong, no 331; comp., Dalloz, *Société*, nos 238 et s.

(4) Delangle, no 36; Bedarride, nos 90 et s.; Dalloz, *Société*, no 239. V. Paris, 45 fév. 1868; CONTRA, Troplong, no 320; Em. Ollivier, *Rev. prat.*, I, p. 241; Cass., 28 brum. an 13 ; Paris, 8 déc. 1830.

(5) Delangle, no 36; Bedarride, no 99; Troplong, nos 320 et 331;

Dalloz, *Société*, nos 238 et 239; comp. Malepeyre et Jourdain, p. 6; Paris, 49 août 1810; Dijon, 26 avril 1841; Cass., 31 janv. 1865; CONTRA, Cass., 18 nov. 1824.

(6) Troplong, no 330.

(7) Douai, 3 avril 1819.

(8) Colmar, 4 juin 1822.

(9) Douai, 22 juill. 1830.

(10) Troplong, no 1075; Duvergier, nos 484 et 485; Molinier, no 214; Dalloz, nos 248 et 4445; CONTRA, Delangle, II, 421; Cass., 45 août 1834, 10 mars 1841, 9 nov. 1858; Montpellier, 4 janv. 1841.

(11) Metz, 16 mars 1865; Cass., 27 mars 1866.

mandite (1)? Il n'y a dans la loi aucune prohibition ; le Code de 1808, en consacrant les types qu'il a trouvés dans les traditions du commerce, n'a contredit aucun des principes essentiels du droit civil ; et s'il est vrai que quiconque s'oblige oblige tous ses biens, il est certain qu'en vertu de la liberté des conventions, il est permis de limiter son engagement à certains biens, ce qui justifie parfaitement la limitation de la responsabilité aux mises dans certaines sociétés commerciales. Dans une société civile, une telle clause serait valable et obligatoire vis-à-vis des tiers, pourvu qu'elle fût connue d'eux ; *infra* n°s 1744, 1856 ; et cette connaissance leur sera donnée par la publicité exigée par la loi commerciale (2).

1655. Aucune distinction n'est à faire à cet égard entre les diverses sociétés civiles ; les spéculations sur l'achat et la revente des immeubles peuvent, aussi bien que les autres, emprunter l'une des formes indiquées par la loi commerciale (3), mais en conservant, bien entendu, leur caractère civil, alors même qu'elles se livrent à des travaux de construction, de percements de rues, etc. (4).

1656. De cette manière est évitée la double confusion qui se rencontre dans la doctrine ; et ce qui reste vrai, c'est que, d'une part, les sociétés civiles ne peuvent, au gré des parties, devenir commerciales, et, d'autre part, qu'elles peuvent, sans perdre leur nature, organiser leurs statuts d'après le mode commercial. De là dérivent ces conséquences : 1° les associés sont obligés selon le mode particulier à la forme adoptée, *infra* n° 1743 *et s.* ; 2° la société, civile au fond, ne peut être mise en faillite (4 *bis*) ; 3° la prescription spéciale édictée par l'art. 4 C. comm. ne lui est pas applicable. — A l'égard des sociétés qui conservent la forme civile tout en divisant leur capital en actions, V. *infra* n°s 1743 *et* 1856.

1657. Mais il est bien entendu qu'une société réellement commerciale ne pourrait se constituer en société civile, les formalités auxquelles elle est soumise étant prescrites à peine de nullité par le Code de commerce (5), et par la loi du 24 juillet 1867.

1658. Ces principes exposés, voyons l'application qui en a été faite à diverses espèces :

1659. L'exploitation d'une mine n'est pas un commerce, *supra* n° 1651, même de la part d'une société qui la tiendrait à bail. Une société louant une carrière pour l'exploiter est également réputée, comme le propriétaire lui-même, se livrer à une opération purement civile, aussi bien que si elle exploitait des vignobles ou des bois pris à location (6).

1660. La société qui a pour but l'exécution de travaux de recherches d'une mine est aussi de nature civile (7) ; mais si elle faisait l'exploration pour le compte d'autres personnes au profit desquelles la concession devrait être obtenue, ce serait une entreprise commerciale (*arg. 632 C. comm.*) qui imprimerait son caractère à la société (8).

1661. Les artisans ne sont pas réputés commerçants lorsqu'ils se bornent à exercer leur état ; mais s'ils s'approvisionnent à l'avance de matières premières pour les confectionner et les revendre, ils se livrent à de véritables opérations commerciales. Dans le premier cas, la société serait donc civile (*arg. C. N., 1842*), et dans le deuxième elle serait commerciale.

1662. Sont de nature civile les sociétés qui ont pour but : 1° d'acquérir des créances de l'arriéré de la dette publique pour en partager le profit, si l'intention de revendre ne ressort pas de la spéculation (9) ; 2° d'acquérir des rentes nationales lorsque les associés veulent les garder (10) ; 3° d'exploiter la ferme des droits de pesage public d'une ville (11) ; 4° de publier et de vendre un ouvrage, si l'association est formée entre l'auteur et un imprimeur ou un éditeur (12) ; d'exploiter et diriger une maison d'éducation, l'enseignement étant l'objet principal et le reste devant n'être que l'accessoire (13) ; 6° d'élever du bétail pour en tirer un profit, une telle entreprise se rattachant à l'exploitation rurale et ne rentrant pas dans la défi-

(1) Troplong, n° 1076 ; Vavasseur, des *Soc. par act.*, n°s 14 et s.
(2) Dalloz, *Société*, n° 239.
(3) Troplong, n°s 331 et 1076.
(4) Troplong, n° 349 ; Paris, 11 déc. 1830, 28 août 1844. Voir aussi Paris, 13 juill. 1861.
(4 *bis*) Paris, 17 juill. 1866.
(5) Cass., 21 mars 1808.
(6) Troplong, n° 325 ; Dalloz, *Acte de commerce*, n° 284, et *Société*, n°s 216 et 236 ; contra, Pardessus, n° 11 ; Bordeaux, 29 fév. 1832 ; Caen, 26 janv. 1836 ; Angers, 5 fév. 1842.

(7) Bédarride, n° 103 ; Troplong, n° 333 ; Dalloz, *Acte de commerce*, n° 279 et *Société*, n° 234 ; Nancy, 28 nov. 1840 ; Paris, 11 janv. 1841 ; Rennes, 19 août 1857.
(8) Troplong, n° 334.
(9) Cass., 21 juin 1842.
(10) Colmar, 22 juin 1821.
(11) Nîmes, 27 mai 1851.
(12) Paris, 23 déc. 1840, 14 juin 1842 ; contra, Paris, 16 fév. 1844.
(13) Paris, 23 juill. 1852 ; contra, Paris, 11 déc. 1840, 24 fév. 1841.

nition de l'art. 632 C. comm. (1) ; 7° d'exploiter des fromageries comme celles qui existent dans plusieurs de nos départements de l'est (2) ; 8° d'opérer la perception de droits de péage formant le prix de la construction d'un pont (3) : 9° de louer des immeubles pour les sous-louer, même après y avoir exécuté des travaux et réparations (4) ; 10° d'exploiter des sources d'eaux minérales affermées par l'État, et même des hôtels pour les baigneurs, s'ils ne sont que l'accessoire de l'établissement thermal (5).

4663. Sont de nature commerciale les sociétés qui ont pour objet : 1° de démolir un édifice pour en revendre les matériaux (6) ; 2° d'acquérir la superficie d'une forêt pour abattre et revendre les coupes (7) ; 3° d'exploiter une pépinière sur un immeuble dont la société n'est pas propriétaire (8) ; 4° d'acquérir des effets publics et des titres de créance pour les revendre (9) ; 5° de publier un journal (10) ; mais il en serait autrement d'une association faite entre le propriétaire rédacteur du journal et un marchand de papier pour les fournitures nécessaires à l'impression du journal (11) ; 6° d'entreprendre des transports de sable pour une compagnie de chemin de fer (12) ; 7° d'exploiter un chemin de fer (13) ; 8° de tenter l'établissement d'un chemin de fer (14), et d'en obtenir la concession (15) ; 9° l'assurance à prime fixe contre l'incendie ou d'autres fléaux des meubles et des immeubles (16) ; 10° les entreprises de constructions et autres travaux ; toutefois s'il en est incontestablement ainsi pour les constructions destinées à la navigation intérieure ou maritime, qui sont des actes de commerce d'après l'art. 633 C. comm., la question est controversée pour les constructions terrestres; l'opinion la plus accréditée incline pour la commercialité de ces entreprises (17), alors surtout que l'entrepreneur fournit les matériaux (18) ; 10° l'exploitation d'une charge d'agent de change ou de courtier (19).

CHAPITRE TROISIÈME

PRINCIPES GÉNÉRAUX DU CONTRAT DE SOCIÉTÉ.

SECTION I. — DES CARACTÈRES CONSTITUTIFS DU CONTRAT DE SOCIÉTÉ.

4664. La société est un contrat par lequel deux ou plusieurs personnes conviennent de mettre quelque chose en commun, dans la vue de partager le bénéfice qui pourra en résulter (*C. N.*, *1832*).

4665. En analysant cette définition légale du contrat de société, on y trouve trois éléments essentiels : 1° il faut une chose mise en commun, c'est-à-dire un apport social par chacun des associés ; 2° la société doit avoir en vue des bénéfices à réaliser ; 3° les bénéfices doivent être partagés entre les associés.

4666. Pour tout ce qui a trait à l'apport, V. *infra* n° 4720 et suiv.

4667. La réalisation d'un bénéfice étant le but final des sociétés, une association, ayant pour objet la réparation d'un dommage, comme les assurances mutuelles contre l'incendie, les épizooties, la grêle, etc., dans lesquelles chacun est à la fois assureur et assuré, n'est donc pas une véritable

(1) Troplong. n° 324 ; Malepeyre, et Jourdain, p. 6 ; Dalloz, *Acte de commerce*, n° 111 ; Bruxelles, 23 fév. 1822.
(2) Dalloz, *Sociétés fromagères*.
(3) Cass., 23 août 1820.
(4) Paris, 13 juill. 1861.
(5) Metz, 16 mars 1865 ; Cass., 27 mars 1866.
(6) Dalloz, *Société*, n° 200.
(7) Bourges, 10 mai 1843. Si l'acquisition portait aussi sur le fonds, la société serait civile ; Nancy, 27 juill. 1838.
(8) Bruxelles, 20 avril 1820.
(9) Merlin, Rep. *Eff. publ.*, n° 4 ; Nouguier, I. p. 370 ; Cass. Belge, 26 mai 1842 ; Cass., 18 fév. 1806, 29 juin 1808 ; Paris, 14 fév. 1810 ; CONTRA, Paris, 14 mars 1842.
(10) Paris, 2 août 1823.
(11) Dalloz, *Acte de comm.*, n° 92 ; Bruxelles, 13 déc. 1816, 8 oct. 1818.
(12) Liège, 15 juin 1842.

(13) Paris, 26 mai 1857.
(14) Paris, 28 juill., 1834.
(15) Paris, 19 mai 1848.
(16) Cass., 30 déc. 1846 ; Caen, 1er juill. 1845, 6 août 1845 ; 12 mai 1846 ; Cologne, 1er fév. 1847.
(17) Merlin, *Quest. Commerce*, § 6 ; Pardessus, n° 36 ; Dalloz, *Acte de comm.*, n° 204 ; Caen, 27 mai 1818 ; Paris, 9 août 1831 ; Bastia, 8 avril 1834 ; Limoges, 21 nov. 1835 ; Rouen, 28 déc. 1840 ; Poitiers, 23 mars 1841 ; Cass., 29 nov. 1842 ; CONTRA, Bruxelles, 22 mai 1819 ; Paris, 11 déc. 1830 ; Caen, 8 mai 1838 ; Colmar, 14 août 1839 ; Nancy, 2 fév. 1841, 15 mars 1842 et 6 avr. 1843.
(18) Nouguier, I, p. 419 ; Orillard, n° 369 ; Flandin. Voir Dalloz, *Acte de comm.* n° 204.
(19) Bozérian, *La Bourse*, I, 191 ; Rennes, 29 janv. 1839 ; Paris, 15 juin 1850 ; CONTRA, Lyon, 29 juin 1849 ; Comp. Paris, 17 juill. 1843.

société (1), et comme le propose judicieusement un auteur, il serait plus exact d'appliquer à ces entreprises la dénomination distinctive de *compagnies* (2).

4668. Quoi qu'il en soit, si on leur a refusé le caractère de sociétés commerciales, qui appartient incontestablement aux assurances à primes fixes, *supra n° 4663*, la jurisprudence leur a quelquefois reconnu le caractère de sociétés civiles (3), ou même de sociétés anonymes, annulant dans ce dernier cas celles qui n'étaient pas pourvues de l'autorisation du gouvernement, *infra n° 5102 et suiv*. (4).

4669. Un cercle, littéraire, musical, ou autre, ne forme qu'une simple réunion d'individus, incapable d'agir comme être moral par des administrateurs. La convention qui le fonde est un contrat innomé qui oblige les fondateurs au payement des dettes et les abonnés au payement des cotisations ; mais elle n'est point une société, puisque l'idée de bénéfice en est absente (5).

4670. Il en est de même, 1° des associations philanthropiques (6), ou des communautés religieuses, autorisées ou non. Toutefois les communautés religieuses autorisées conformément à la loi forment des corps moraux capables d'ester en justice ; et l'esprit d'équité a conduit à reconnaître à celles qui ne sont pas autorisées le caractère de sociétés de fait, contre lesquelles il est permis d'agir devant les tribunaux (7) ; 2° des souscriptions publiques ouvertes dans un but de bienfaisance ou d'utilité générale (8) ; 3° des sociétés de secours mutuels, quoique celles autorisées forment aussi des corps moraux pouvant agir en justice.

4671. La troisième condition nécessaire pour qu'il y ait société, c'est le partage des bénéfices entre tous les associés ; en effet, nous verrons, *infra n° 4772 et suiv*., qu'une société où il n'y aurait pas entre tous communication des bénéfices comme des pertes, serait *léonine*, et foncièrement nulle.

4672. Toute société (l'association en participation étant exceptée, *infra n° 5091 et suiv.*) se personnifie dans un être moral, ayant une existence juridique distincte de celle des associés, possédant, contractant et agissant comme personne civile par l'organe de ses représentants (9). D'où se dégage cette conséquence principale que les créanciers sociaux sont préférables sur les biens de la société aux créanciers personnels des associés, *infra n° 4845*. Quèlques auteurs (10) ont pensé qu'il n'y avait un être moral que dans les sociétés commerciales, et non dans les sociétés civiles ; mais l'opinion contraire, adoptée par la plupart des auteurs (11), nous paraît plus exacte.

4673. Il ne faut pas confondre la société avec la simple indivision ou communauté résultant, par exemple, soit de l'ouverture d'une succession au profit de plusieurs héritiers, soit de la convention. Mais supposons que deux personnes se sont réunies pour acheter un immeuble : seront-elles en état de société ou de communauté ? Pour résoudre la question, on doit chercher le but que se sont proposé les parties. Est-ce pour revendre et faire un bénéfice, *supra n° 4667*, qu'elles ont acheté ? C'est une société qui existe entre elles. Mais dans le doute sur leur intention, la présomption de communauté doit l'emporter (12). La distinction est importante ; car la communauté n'engendrant pas un être moral, les biens communs peuvent être grevés d'hypothèques par chacun des communistes sur sa part ; en outre, dans les contrats comme dans les actions judiciaires, les communistes doivent tous figurer individuellement et nominalement, ce qui, lorsqu'ils sont nombreux, est une gêne et une aggravation de frais ; voir, toutefois, *infra n° 4809*.

4674. Les syndicats qui ont lieu entre personnes riveraines d'un cours d'eau, pour régler la distribution des eaux nécessaires à l'arrosage de leurs propriétés, constituent de véritables sociétés (13). Il en est de même de la mise en commun et de l'exploitation du droit de chasse sur diverses propriétés (14).

4675. Le louage d'industrie, lors même qu'il a lieu entre un patron et un commis intéressé, n'a

---

(1. Pardessus, IV, 969 ; Duvergier, n° 42 ; Troplong, n° 14 ; Bédarride, n° 16 ; Massé et Vergé, I 713 ; Cass., 12 janv. 1842.

(2) Troplong, n° 14.

(3) Paris, 2 mai 1850, 27 juill. 1854 ; Douai, 20 juill. 1850 ; Besançon, 4 fév. 1854.

(4) Cass., 16 mai 1857, 9 nov. 1858 ; Paris, 1er fév. 1858 ; CONTRA, Douai, 15 nov. 1851, 29 mars 1855 ; Troplong, n° 14 ; Dalloz, *Société*, n° 400. Voir Caen, 12 mai 1846.

(5) Championnière et Rigaud, *Traité de l'enreg.*, III, 2772 ; Troplong, n° 42 ; Massé et Vergé, § 713, note 3 ; Dalloz. *Société*, n° 16 ; Cass., 29 juin 1847 ; Lyon, 1er déc. 1852. V. cep. Cass., 23 juin 1866 ; Paris, 9 fév. 1867.

(6) Ainsi jugé pour les sociétés de francs-maçons : Trib. Dunkerque, 2 mai 1862.

(7) Dalloz, n° 95 ; Troplong, n° 33 ; Cass., 30 déc. 1857 ; Paris, 8 mars 1858.

(8) Agen, 13 déc. 1857.

(9) CONTRA. Toullier, XII, 82.

(10) Vincens, I, p. 297 ; Frémery, ch. 4, p. 30.

(11) V. not. Pardessus, IV, 1083, 1207 ; Malepeyre et Jourdain, p. 23 ! Delamare et Lepoitevin, II, p. 468 ; Duvergier, n° 281 et s ; Troplong, n°s 58 et s.; Delangle, n°s 11 et s ; Dalloz, n° 182 ; Cass., 8 nov. 1836 ; Paris, 10 déc. 1814 ; Grenoble, 1er juin 1831.

(12) Duvergier, n°s 40 et 52 ; Troplong, n° 28 ; Dalloz, n° 118 ; Cass., 22 nov. 1842 ; Rouen, 16 juill. 1839 ; Aix, 30 nov. 1853 ; CONTRA, Cass., 4 déc. 1839 ; Paris, 22 nov. 1841.

(13) Troplong, 30 ; Dalloz, 125 ; Cass., 26 mai 1841 ; Aix, 24 déc. 1837.

(14) Cass., 15 nov. 1865

aucun rapport avec le contrat de société ; la part de bénéfices donnée à celui-ci n'est pas autre chose qu'une rémunération proportionnelle substituée a des appointements fixes ; il n'y a aucune chose commune, et pas de contribution aux pertes (1).

4676. Il en est de même du mandat, qui ne dégénère pas en société, parce que des salaires proportionnels sont alloués au mandataire (2).

4677. On a aussi essayé de déguiser le prêt sous la forme d'un contrat de société, pour cumuler en faveur d'une même personne les avantages de l'associé et ceux du prêteur. Ainsi, une convention assez usitée est celle-ci : Une somme d'argent est placée dans une maison de commerce, avec stipulation qu'en sus de l'intérêt à cinq ou à six pour cent, le bailleur de fonds aura une part des bénéfices annuels ou une prime une fois payée ; comme il y a obligation de remboursement de la part du négociant, le bailleur de fonds ne court pas les chances du commerce ; c'est un simple prêt qu'il a fait, et les bénéfices qu'il reçoit en dehors de l'intérêt légal constituent une perception usuraire sujette à restitution (3).

4678. Mais la simple faculté de retirer les fonds sans engagement de remboursement pourrait faire voir dans la convention une société véritable (4). Il en serait de même si le bailleur de fonds n'apportait que la jouissance de son capital, *infra* n°ˢ 4728 et s. (5). Jugé cependant qu'il y a simple prêt : 1° lorsqu'il est créé des actions privilégiées ne donnant lieu qu'à un intérêt annuel de cinq pour cent, sans aucune participation aux bénéfices, et amortissables chaque année par fractions (6) ; 2° s'il est stipulé un intérêt à six pour cent, plus un droit de commission, avec règlement tous les trois mois des avances, et remboursement sur les premiers fonds (7).

SECTION II. — DE L'OBJET DE LA SOCIÉTÉ.

4679. Toute société doit avoir un objet licite (*C. N.*, 1833), c'est-à-dire non prohibé par la loi, non contraire aux bonnes mœurs ou à l'ordre public (*C. N.*, 1133).

4680. C'est ainsi que la société formée pour l'exploitation d'un office est nulle, soit parce que dans une telle société il n'y aurait pas de mise en commun, le titulaire ne pouvant transmettre une partie de sa fonction, ni aliéner en faveur de la société le droit essentiellement personnel de présenter un successeur à l'agrément de l'autorité ; soit parce que les offices, qui sont une délégation de la puissance publique, doivent être exercés avec désintéressement probité et délicatesse, et que l'institution se trouverait bientôt dénaturée par l'esprit mercantile et la cupidité s'il était permis de s'associer pour l'exploitation des profits (8). Cette doctrine, combattue par quelques auteurs (9), a été consacrée par la jurisprudence : pour les études de notaire (10), d'avoué (11), et d'huissier (12).

4681. A l'égard des charges d'agents de change et de courtiers, la jurisprudence, après quelque controverse, s'était prononcée pour la nullité (13). Mais une loi du 2 juillet 1862, ne disposant d'ailleurs que pour l'avenir (14), permet aux agents de change près des bourses pourvues d'un parquet de s'adjoindre des bailleurs de fonds intéressés, participant aux bénéfices, et n'étant responsables des pertes que jusqu'à concurrence des capitaux qu'ils auront engagés.

4682. Serait valable la convention par laquelle l'acheteur d'un office s'obligerait, au lieu d'un prix fixé et déterminé, à partager avec son cédant les bénéfices de la charge pendant un certain temps, pourvu qu'il n'en résulte aucun droit pour celui-ci de s'immiscer dans la gestion de l'office (15). Mais la chancellerie rejette cette clause des traités qui lui sont soumis, *supra* n° 4277, *note 5.*

---

(1) Pardessus, IV, 969; Delangle, n° 5 ; Troplong, n° 40; Rouen, 28 fév. 1848; Lyon, 21 fév. 1841; contra, Lyon, 27 août 1835; Comp., Cass., 21 fév. 1831.
(2) Duvergier, n°ˢ 45 et 50 ; Troplong, n° 34; Dedarride, n° 14 ; Alauzet, I, 80; Dalloz, n° 430.
(3) Pont, *du prêt*, n° 305; Cass., 17 avr. 1837 ; 16 juin 1863; contra, Paris, 10 mai 1831, cassé le 17 avr. 1837.
(4) Duvergier, n° 58; Troplong, n° 47 ; Malepeyre et Jourdain, p. 21; Paris, 10 août 1807 ; Liége, 16 nov. 1820; Lyon, 20 août 1849.
(5) Dalloz, n° 1400. V. Cass., 27 déc. 1864.
(6) Cass., 30 juillet 1861.
(7) Cass., 30 juil. 1861, 29 juill. 1863; Comp. Bordeaux, 3 juil. 1860.
(8) Duvergier, n° 59; Duzérian, *La Bourse*, n°ˢ 180 et s.; Troplong, n° 91; Delangle, n° 108; Dedarride, n° 28.
(9) Mollot, *Bourses de commerce*, n° 284; Dard, *Traité des off.*,

p. 258 et s.; Horson, *Gaz. des trib.*, 16 oct. 1834; Fremery, *Le Droit*, 2 et 7 fév. 1838.
(10) Cass., 15 janv. 1833, 1er avril 1865; Lyon, 29 juin 1849; Ile de la Réunion, 18 janv. 1850. V. Déc. min., 3 fév. 1837; J. N., 14630.
(11) Rennes 2s août 1811.
(12) Cass., 9 fév. 1852, 10 janv. 1863; Riom, 3 août 1841; Paris, 1er mars 1850, 4 fév. 1854; Toulouse, 18 janv. 1856 ; J. N., 18208.
(13) Cass., 24 août 1841, 2 juill. 1861, 11 mai 1862, 29 juin 1863; Paris, 11 juill. 1836, 2 janv. 1838, 17 juill. 1843, 27 mai 1862; Rennes, 9 avr. 1851; Lyon, 28 fév. 1853; Bordeaux, 28 juin 1853; contra, Bruxelles, 18 juill. 1829; Trib. Seine, 16 mars 1850; Paris, 15 juin 1850, 10 mai 1860.
(14) Cass., 29 juin 1863.
(15) Duvergier, n° 59; Troplong, n° 96; Bioche, v° *Office*, n° 93; Duzérian, *La Bourse*, n° 498. § 1. Toulouse, 14 nov. 1855.]

4683. Comme exemples de sociétés illicites, nous citerons celles qui seraient formées : pour exercer la contrebande en France (1) ; pour faire l'usure ; pour tenir un mauvais lieu ; pour voler ; pour exercer la piraterie ; pour la fabrication et la vente d'un remède secret et prohibé par la loi (2) ; pour empêcher la concurrence des acheteurs dans une adjudication (3) ; pour l'exploitation d'une maison de jeu, non en France, où ces maisons sont prohibées, mais dans un pays étranger où elles sont tolérées (4).

4684. Quelles seront les conséquences de la nullité d'une société jugée illicite ? Deux cas sont à supposer :

4685. Ou la société n'a pas encore commencé à fonctionner, mais des versements ont été faits par l'un des contractants dans les mains d'un autre ; sera-t-il admis à en faire la répétition ? Quelques auteurs se prononcent pour la négative (5), mais l'opinion contraire nous semble devoir être suivie comme plus conforme à l'équité et plus juridique tout à la fois ; car la répétition se fonde, non sur l'acte de société, mais au contraire sur la nullité de cet acte et sur le fait du versement qui n'a plus de cause (6). Si d'ailleurs la répétition en principe devait être refusée, cette doctrine ne serait en tous cas applicable qu'aux sociétés manifestement nulles, comme celles qui auraient pour objet la contrebande, la piraterie, etc., mais non à celles qui auraient été contractées de bonne foi, comme les sociétés pour l'exploitation d'un office, dont la nullité n'a été admise qu'après de sérieuses controverses (7).

4686. Ou bien la société est entrée en fonctions et a eu pendant quelque temps une existence de fait ; sur quelles bases se fera sa liquidation ? Nous pensons qu'ici encore, si la société a été contractée de bonne foi, l'équité doit l'emporter sur la rigueur des principes ; il y aura donc entre les parties communication des profits et des pertes ; les dispositions de l'acte annulé seront prises pour règle de la liquidation : et même le complément du versement des mises sociales pourra être ordonné afin d'établir entre les intéressés une égalité proportionnelle dans la répartition de l'actif et du passif (8). Toutefois, la société serait nulle pour le passé, comme pour l'avenir, si les opérations sociales étaient en elles-mêmes contraires aux mœurs, à l'ordre public ou à la loi (8 *bis*).

4687. Mais un tel mode de liquidation est-il possible en présence de tiers, par exemple, de créanciers personnels du titulaire de l'office mis en société ? Les mises sociales pourraient-elles être prélevées par préférence à ces créanciers ? Non ; car en pareil cas, à la bonne foi des contractants les tiers sont autorisés à opposer la leur ; ils n'ont pas dû croire à l'existence d'une société illicite, ou s'ils l'ont connue, ils sont fondés à dire qu'ils l'ont considérée comme nulle (*arg. 42 C. comm.*) (9). Pour ces mises, les bailleurs de fonds seront considérés comme de simples créanciers et viendront en concurrence avec les créanciers personnels (10) ; mais alors ils n'auront à subir aucune déduction pour leur part dans les pertes, car ils ne peuvent être à la fois créanciers et associés (11).

4688. Les créanciers personnels pourraient-ils, si l'existence de la société leur était plus avantageuse, soutenir que la nullité ne leur est pas opposable, et faire considérer les bailleurs de fonds comme de vrais associés en les obligeant ainsi de contribuer aux pertes ? Ce droit d'option, quoique résultant implicitement de la doctrine de plusieurs arrêts (12), nous paraît devoir être rejeté comme contraire à l'équité et aux principes.

SECTION III. — RÈGLES COMMUNES A TOUTES LES SOCIÉTÉS.

4689. Les dispositions du Code civil s'appliquent aux sociétés de commerce dans les points qui n'ont rien de contraire aux lois et usages du commerce (*C. N.*, 1873). La même pensée se trouve reproduite dans l'art. 18 *du Code de commerce*, ainsi conçu : « Le contrat de société se règle par le droit » civil, par les lois particulières au commerce et par les conventions des parties. »

(1) Troplong, n°s 85 et 86 ; Duvergier, n° 21 ; Delangle, n°s 100 et s. ; Paris, 18 fév. 1837. — Mais s'il s'agissait de contrebande à l'étranger, la question serait plus délicate et elle est controversée. Pour la validité : Pardessus, n°s 161, 772, 814 ; Cass., 23 août 1835 ; CONTRA, Delangle, n° 101 ; Comp. Dalloz, v° *Société*, n° 131.
(2) Paris, 15 juin 1838.
(3) Cass., 23 avr. 1834.
(4) Paris, 22 fév. 1849 ; CONTRA, Dalloz, v° *Société*, n° 135 ; Paris, 31 mars 1849.
(5) Delamarre et Lepoitevin, t. 1, n° 63 ; Troplong, n° 105 ; Dozerian, t. 1, n° 201.
(6) Duvergier, n° 31 ; Delangle, n° 101.

(7) Bedarride, n°s 26 et s. ; Dalloz, n° 170 ; Trib. Nantes, 23 juin 1845 ; Ile de la Réunion, 18 janv. 1850.
(8) Toullier, VI. 127 ; Alauzet, I, 84 ; Massé et Vergé, sur Zach., § 714, note 8 ; Cass., 21 août 1841, 31 déc. 1844, 15 déc. 1851, 4 janv. 1855, 13 mai 1862 ; Lyon, 9 déc. 1850 ; Bordeaux, 8 juin 1853 ; Paris, 10 mai 1860, 9 mai 1862 ; CONTRA, Pardessus, n° 1017 ; Troplong, n° 102 et 105 ; Duvergier, n°s 63 ; Molinier, I, 233 ; Bedarride, I, 125 et 127 ; Paris, 1er mars 1850. V. Cass. 1854. V. Cass., 16 août 1864.
(8 *bis*) V. Cass., 10 janv. 1865.
(9) Rennes, 9 avril 1851.
(10) Bedarride, n° 26 ; Dalloz, n° 176.
(11) Dall. z, *Société*, n° 178.
(12) Paris, 11 juill. 1836 ; Cass., 24 août 1841. — En sens contraire, Duvergier, n° 63 ; Bedarride, n° 27 ; Dalloz, n° 178.

4690. Les règles que nous avons exposées sous les deux premières sections sont entièrement communes aux sociétés civiles et commerciales, et il en est de même de la plupart de celles qui vont être établies pour la société civile particulière, *infra, n° 4714 et s.*, car le droit civil est la loi primordiale de la société de commerce (1).

4691. Il existe cependant certaines dissemblances qui se manifestent plus particulièrement : 1° dans les formes constitutives de la société ; 2° dans l'habitude d'opérer avec les tiers sous une raison ou une dénomination sociale ; 3° dans le mode d'administration ; 4° dans la responsabilité qui dans les sociétés civiles n'est pas solidaire entre les associés, et qui dans les sociétés commerciales est tantôt solidaire et tantôt limitée aux mises sociales ; 5° dans les formes de la liquidation (2).

4692. On verra ressortir la plupart de ces diversités lorsque nous établirons les règles spéciales, à chacune des sociétés de commerce, *infra, chap. IV* ; et en traitant de la société civile particulière, *infra, chap. IV, section 5*, nous aurons soin d'indiquer les points où elle diffère d'avec les sociétés commerciales.

4693. Le contrat de société ne peut avoir lieu entre époux (3) même séparés de biens (4), alors surtout qu'il a en vue des avantages excédant la quotité disponible.

4694. Une promesse de s'associer serait valable, en ce sens que le refus d'exécution donnerait lieu à des dommages-intérêts (5), à moins qu'elle ne fixe pas les conditions essentielles de la société (6)

CHAPITRE QUATRIÈME.

DES SOCIÉTÉS CIVILES.

SECTION I. — FORME ET PREUVE DU CONTRAT.

4695. Toutes sociétés doivent être rédigées par écrit, lorsque leur objet est d'une valeur de plus de 150 fr., la preuve testimoniale n'est point admise contre et outre le contenu en l'acte de société, ni sur ce qui serait allégué avoir été dit avant, lors, et depuis cet acte, encore qu'il s'agisse d'une somme ou valeur moindre de 150 fr. (*C. N.*, *1834*).

---

§ 1. — SOCIÉTÉS CIVILES.

FORMULE 654. — Société universelle de tous biens présents (*a*). (N°s 4695 à 4708.)

PAR-DEVANT M°.....,

ONT COMPARU : M. Joseph ARMINGAUT, propriétaire, demeurant à....., D'UNE PART,
Et M. Alexandre PERLET, aussi propriétaire, demeurant en la même ville,
D'AUTRE PART ;

Lesquels ont établi entre eux une société universelle de tous biens présents, dont ils ont ainsi réglé les conditions :

ART. 1er. Il y aura à compter de ce jour, entre MM. ARMINGAUT et PERLET, une société universelle de tous les biens meubles et immeubles dont ils sont aujourd'hui propriétaires et de tous les profits qu'ils pourront en tirer.

La société comprendra en outre : 1° tout ce qu'ils pourront acquérir par leur indus-

---

(*a*) Il sera très-rare qu'une société universelle de biens présents ne soit pas en même temps une société universelle de gains ; aussi la formule suivante répond-elle à ce double caractère.

---

(1) Troplong, n° 1070 ; CONTRA, Fremery, ch. 2 ; Delamarre et Lepoitevin, *Cont. de commission.* I, 6, 11, 12, 14, 19.
(2) Comp. Troplong, n°s 1072 et s.
(3) Duranton, XVII, 347 ; Massé, *Dr. comm.*, III, 317 ; Cass., 9 août 1854 ; Paris, 14 avril 1856 ; Comp. Cass., 7 fév. 1860 ; Amiens, 3 avril

1851 ; Trib. comm.. Bruxelles, 14 mars 1853 ; CONTRA, Bonnet, *Disp. par cont. de mar.*, III, 1106.
(4) Paris, 9 mars 1859.
(5) Dalloz, n° 855 ; Molinier, n° 271.
(6) Paris, 24 fév. 1860 ; Comp. Bourges, 2 juin 1821,

4696. La prorogation d'une société à temps limité ne peut être prouvée que par un écrit revêtu des mêmes formes que le contrat de société (*C. N.*, *1866*).

4697. Cette dernière règle, malgré les termes dans lesquels elle est conçue, n'est, aussi bien que la première, qu'une application du droit commun (*C. N.*, *1345*). D'où il suit que les actes de société ou de prorogation peuvent avoir lieu sous signatures privées ou en la forme authentique, au choix des parties, et qu'à défaut d'acte, la convention peut être prouvée par l'un des modes admis par la loi pour la preuve des obligations, *supra n° 3405 et suiv.*, c'est-à-dire, soit par un commencement de preuve par écrit, corroboré par la preuve testimoniale (*C. N.*, *1341*, *1347*), ou par des présomptions précises, graves et concordantes (*C. N.*, *1353*) (1); soit par l'aveu (*C. N.*, *1354*), soit par le serment (*C. N.*, *1357*), soit au moyen de l'interrogatoire sur faits et articles (*C. pr.*, *324 et suiv.*) (2), soit par la correspondance des parties (3). Toutefois les sociétés commerciales doivent être prouvées par écrit à peine de nullité, *infra n° 4908 et suiv.*

4698. Une société purement verbale, ou de fait, peut même se prouver par témoins (4), mais seulement pour le passé et afin de liquider les opérations accomplies (5).

4699. Lorsque la société ne résulte pas d'un acte fixant les droits et obligations des associés, il y est suppléé par l'application des règles du droit commun (6).

4700. Relativement aux tiers, ils peuvent toujours, lorsqu'ils y ont intérêt, prouver par témoins l'existence d'une société (7).

SECTION II. — DES SOCIÉTÉS UNIVERSELLES.

4701. On distingue deux sortes de sociétés universelles : la société de tous biens présents, et la société universelle de gains (*C. N.*, *1836*).

4702. La simple convention de société universelle faite sans autre explication n'emporte que la société universelle de gains (*C. N.*, *1839*).

4703. Nulle société universelle ne peut avoir lieu qu'entre personnes respectivement capables de se donner ou de recevoir l'une de l'autre, et auxquelles il n'est point défendu de s'avantager au préjudice d'autres personnes (*C. N.*, *1840*). Ainsi, elle serait nulle entre un père et son enfant incestueux ou adultérin, dont la filiation serait légalement établie (8); entre un mineur devenu majeur et son tuteur, avant l'apurement du compte de tutelle; entre un malade, pendant la maladie dont il meurt, et son médecin ou son confesseur, *supra n° 2462.* Elle serait nulle également, si elle était contractée avec une

---

trie à quelque titre que ce soit, pendant la durée de la société; 2° la jouissance des biens meubles et immeubles dont ils pourront devenir propriétaires par succession, donation, legs ou autrement, pendant le même temps.

En conséquence, toutes leurs dettes, actuelles seront payées et supportées par la société, qui sera également tenue : 1° de celles qu'ils contracteraient ultérieurement dans son intérêt; 2° des dépenses de nourriture et d'entretien des associés et de leurs enfants, ainsi que des frais de l'éducation de ceux-ci, dans une mesure convenable et modérée; 3° des intérêts ou arrérages, courus pendant sa durée, de celles qui pourront grever leurs biens mis en société pour la jouissance seulement.

Art. 2. L'actif de la société appartiendra aux deux associés chacun par moitié; les charges et les pertes seront supportées dans la même proportion.

Art. 3. La société durera jusqu'au décès du premier mourant des associés, et sera dissoute de plein droit à partir de cette époque.

Elle pourra être dissoute également pendant la vie des associés, mais seulement après

---

(1) Duranton, XVII, 336; Duvergier, n° 66; Troplong, n° 200; Cass., 12 déc. 1825, 19 juillet 1852, 17 février 1855; Nancy, 21 déc. 1829; Nîmes, 27 mai 1851.
(2) Duranton, XVII, 336; Duvergier, n° 66; Troplong, n° 200.
(3) Troplong, n° 204; Massé et Vergé, § 714, note 2; Cass., 3 et 10 août 1868.

(4) Troplong, n° 208; Bastia, 16 juin 1840.
(5) Duvergier, n° 82.
(6) Troplong, n° 205; Duvergier, n° 80 et s.; Dalloz, *Société* n° 268.
(7) Troplong, n° 210 et s.; Comp. Duvergier, n° 78.
(8) Duranton, XVII, 330; Troplong, n° 310.

personne réputée légalement interposée, *supra* n° *2464* (1). Mais elle serait valable avec un successible réservataire, sauf réduction des avantages constatés à la quotité disponible, *supra* n° *5039 et suiv.* (2).

4704. La plupart des règles établies pour la société particulière, et concernant l'administration de la société, sa dissolution, sa liquidation, les engagements des associés, etc., étant applicables aux sociétés universelles, nous n'indiquerons ici que les règles spéciales à ces dernières sociétés, en nous référant pour les autres à la section suivante.

§ 1. — SOCIÉTÉS UNIVERSELLES DE TOUS BIENS PRÉSENTS.

4705. La société de tous biens présents [FORM. 654] est celle par laquelle les parties mettent en commun tous les biens meubles et immeubles qu'elles possèdent actuellement et tous les profits qu'elles pourront en tirer (*C. N., 1837*). Mais elle ne comprend pas de plein droit les fruits des biens à venir (3).

4706. Les parties peuvent y comprendre toute autre espèce de gains. Mais les biens qui pourraient leur advenir par succession, donation ou legs, n'entrent dans cette société que pour la jouissance. Toute stipulation tendant à y faire entrer la propriété de ces biens est prohibée, sauf entre époux, et conformément à ce qui est réglé à leur égard (*C. N., 1837*). Cette exception est purement relative aux conventions

---

un avertissement extrajudiciaire donné au moins six mois à l'avance par celui qui demandera la dissolution.

ART. 4. Les biens actuels que les comparants font entrer dans la société consistent, savoir :

De la part de M. ARMINGAUT (*désigner les biens très-sommairement*),

Et de la part de M. PERLET, etc.

ART. 5. Les dettes actuelles des associés, mises à la charge de la société, consistent dans les sommes suivantes :

Dettes de M. ARMINGAUT.

1° 500 fr. dus à. . . . .;

2°, 3°, etc.

Dettes de M. PERLET.

1° 200 fr. dus à. . . . .;

2°, 3°, etc.

ART. 6. M. ARMINGAUT aura l'entière administration de la société; il pourra seul contracter et signer, sans que M. PERLET puisse, dans aucun temps ni en aucune circonstance, s'immiscer dans sa gestion.

Ou bien : M. ARMINGAUT aura l'administration de la société; mais il ne pourra, sans le concours de son coassocié, consentir les actes quelconques engageant la société.

ART. 7. Chacun des associés prélèvera tous les mois, pour ses menues dépenses, une somme de. . . . ., dont il ne sera pas tenu de rendre compte à la société.

Chaque année, le 31 décembre, M. ARMINGAUT établira le compte de son administration pour le soumettre à l'approbation de son coassocié.

ART. 8. Lors de la dissolution de la société, résultant du décès de l'un des associés, il sera fait inventaire de tout l'actif qui la composera, et qui sera partagé par moitié entre les héritiers du prédécédé et le survivant; ce dernier conservera la jouissance, pendant sa vie, de la portion du prédécédé, sans être tenu de donner caution ni de faire emploi.

Ou bien : sans être tenu de donner caution, mais à la charge de faire emploi de toutes les valeurs mobilières qui écherront aux héritiers du prédécédé.

Ou bien : ce dernier aura un délai de. . . . ., pour rendre aux héritiers du prédécédé la portion revenant à leur auteur, sans intérêt jusque-là.

ART. 9. Dans le cas où la société viendrait à être dissoute par la volonté de l'un des associés, conformément à l'art. 3 ci-dessus, celui des associé qui aurait provoqué la

---

(1) Duvergier, n° 120.

(2) Duranton, XVII, 361 ; Troplong, n°s 301 et s.; Massé et Vergé, § 715, note 15; Dalloz, *Société,* n° 282; Cass., 25 juin 1839; CONTRA, Duvergier, n° 119; Zach., *loc. cit.*

(3) Duvergier, n° 93; Troplong, n° 209; Massé et Vergé sur Zach., § 715, note 6; CONTRA, Delvincourt, III, p. 130; Duranton, XVII, n° 351; Zach., *loc. cit.*

matrimoniales, et elle ne signifie nullement que les époux pourraient, pendant le mariage, former une société universelle de biens présents (1).

4707. Si une société comprenait les biens présents et à venir, elle ne pourrait être validée pour les biens présents, et serait nulle pour le tout, le contrat ne pouvant être scinde (2).

4708. La société de tous biens présents est chargée de plein droit des dettes contractées antérieurement par chacun des associés, aussi bien que de celles qu'ils ont contractées depuis dans l'intérêt de la société (3). Mais elle n'est pas tenue de subvenir aux dépenses de nourriture et d'entretien des associés et de leur famille, et encore moins aux dots des filles, comme autrefois dans les sociétés tacites ou *taisibles*, qui comprenaient les biens présents et à venir (4).

§ 2. — SOCIÉTÉS UNIVERSELLES DE GAINS.

4709. La société universelle de gains [FORM. 655] renferme tout ce que les parties acquerront par leur industrie, à quelque titre que ce soit, pendant le cours de la société. Les meubles que chacun des associés possède au moment du contrat y sont aussi compris; mais leurs immeubles personnels n'y entrent que pour la jouissance seulement (*C. N.*, *1858*).

---

dissolution n'aurait le droit de reprendre qu'une somme de....., plus les effets corporels à son usage; tout le surplus de l'actif de la société appartiendra en toute propriété à l'autre associé, qui aurait alors un délai de....., pour payer à son coassocié cette somme de....., avec intérêts à 5 p. 100 par an à compter du jour de la dissolution.

Toutefois ce dernier, s'il le préfère, pourra demander le partage par égale portion dans les termes de droit.

Pour l'exécution des présentes, etc.

DONT ACTE. Fait et passé, etc.

FORMULE 655. — **Société universelle de gains.** (Nos 4709 à 4713.)

PAR-DEVANT Me.....,

ONT COMPARU : M. Joseph ARMINGAUT, propriétaire, demeurant à....., D'UNE PART,

Et M. Alexandre PERLET, aussi propriétaire, demeurant dans la même ville,

D'AUTRE PART;

Lesquels ont établi entre eux une société universelle de gains, dont ils ont ainsi réglé les conditions :

ART. 1er. Il y aura, à compter de ce jour, entre les comparants, une société universelle de gains, qui comprendra :

1° Les biens meubles que chacun d'eux possède actuellement, et dont il a été dressé un état sommaire demeuré ci-annexé, après avoir été par eux certifié véritable et revêtu d'une mention signée d'eux et des notaires;

2° La jouissance des immeubles qui leur appartiennent aujourd'hui, et qui sont indiqués sur le même état;

3° La jouissance des biens meubles et immeubles qui adviendront à chacun d'eux pendant le cours de la société, à quelque titre que ce soit, onéreux ou gratuit;

4° Tout ce qu'ils pourront acquérir par leur travail ou leur industrie pendant le même temps.

ART. 2. Tous les biens meubles et immeubles acquis à titre onéreux par chacun des associés pendant le cours de la société en feront partie de plein droit, à moins qu'il ne soit établi que l'acquisition a eu lieu des deniers propres de l'acquéreur.

ART. 3. La société est tenue : 1° de toutes les dettes actuelles des associés, mention-

---

(1) Duvergier, n° 102; CONTRA, Duranton, XVII, 347.

(2) Duvergier, n° 103; Troplong, n° 276; Massé et Vergé sur Zach., § 745, note 7; CONTRA, Duranton, XVII, n° 350; Zach., *loc. cit.*

(3) Duranton, XVII, 356; Duvergier, n° 96; Troplong, n°s 276 et 277; Massé et Vergé, sur Zach., § 745, note 12.

(4) Duvergier, n°s 99 et 100; Troplong, n°s 281 et 282; Massé et Vergé sur Zach., § 745, note 14.

4710. Une société universelle de gains ne saurait résulter du seul état de concubinage, quelque longue qu'ait été sa durée; mais la preuve de la convention de société pourrait être fournie en la forme légale, *supra n° 4697* (1), et à défaut de cette preuve, le juge allouerait valablement à la femme, à titre de tempérament d'équité, une certaine portion des choses communes, pour lui tenir lieu de ce qu'elle justifierait avoir apporté (2).

4711. Tous les biens acquis à titre onéreux par chacun des associés, même en son nom personnel, pendant le cours de la société, en font partie de plein droit, à moins qu'il ne soit établi que l'acquisition a eu lieu des deniers propres de l'acquéreur. Mais celui-ci, vis-à-vis des tiers, est réputé seul propriétaire et l'aliénation par lui faite est valable vis-à-vis de la société (3), sauf répétition du prix contre le vendeur, si le bien vendu lui provenait de son industrie.

4712. Quoique la jouissance des propres soit mise en société, les associés conservent le droit de les aliéner, mais ils sont tenus de faire jouir la société du prix qu'ils en ont retiré (4).

4713. La société est chargée de toutes les dettes que les associés avaient lors du contrat, ainsi que de celles contractées pendant sa durée par chacun des associés, dans l'intérêt social, et comme charges des fruits auxquels elle a droit (5). Il en est de même des dépenses de nourriture et d'entretien des associés et de leur famille, des frais d'éducation des enfants, le tout dans une mesure convenable et modérée (6); mais les dots des filles ne sont pas supportées par la société (7).

SECTION III. — SOCIÉTÉ PARTICULIÈRE.

4714. La société particulière [Form. 656], beaucoup plus usitée que les sociétés universelles, est celle qui ne s'applique qu'à certaines choses déterminées, à leur usage, ou aux fruits à en percevoir (*C. N.*, *1841*).

4715. Le contrat, par lequel plusieurs personnes s'associent, soit pour une entreprise déterminée, soit pour l'exercice de quelque métier ou profession, est une société particulière (*C. N.*, *1842*).

---

nées dans l'état ci-joint; 2° de celles qu'ils contracteraient ultérieurement dans son intérêt; 3° des dépenses de nourriture et d'entretien de leurs enfants, et des frais d'éducation de ceux-ci, dans une mesure convenable et modérée; 4° des intérêts ou arrérages courus pendant sa durée, des dettes qui peuvent ou pourront grever leurs biens mis en société pour la jouissance seulement.

Art. 4. L'actif de la société appartiendra. . . . . (*Pour le surplus comme l'art. 2 de la formule précédente.*)

Art. 5. La société durera. . . . . (*Le surplus comme l'art. 3 de la même formule.*)

Art. 6, 7, 8 et 9. (*Comme les art. 6, 7, 8 et 9 de la formule précédente.*)

Pour l'exécution des présentes, etc.

Dont acte. Fait et passé, etc.

FORMULE 656. — Société civile particulière, simple. (N°s 4714 à 4904.)

Par-devant Mᵉ. . . . .,

Ont comparu : 1° M. Jean-François LOQUET, propriétaire, demeurant à. . . . .,

2° Et M. Nicolas LOISEL, rentier, demeurant à. . . . .;

Lesquels ont arrêté de la manière suivante les statuts de la société civile consentie entre eux :

Art. 1ᵉʳ. Il est formé entre les comparants une société civile ayant pour objet l'achat, la mise en valeur, l'exploitation et la revente de divers lots de terrain sis à. . . . ., leur

---

(1) Dalloz, *Société*, n° 307; Paris, 19 août 1851.
(2) Rennes, 19 déc. 1833. V. Paris, 6 fév. 1808. *Droit*, 11 fév.
(3) Troplong, n° 202.
(4) Troplong, n° 289; Massé et Vergé sur Zach., § 715, note 10; contra, Duvergier, n° 110; Comp. Duranton, XVII, 367.

(5) Duvergier, n° 111; Troplong, n° 295 et 296; Zach., § 715, note 13.
(6) Troplong, n° 297; Massé et Vergé sur Zach., § 715, note 14 contra, Duvergier, n° 112.
(7) Troplong, n°s 290 et 298; Massé et Vergé, *loc. cit.*

4716. Cette dernière définition, quoiqu'elle ne soit pas incompatible avec une société purement civile, semble avoir en vue la société commerciale, qui en effet est toujours une société particulière, et qui, comme nous l'avons fait remarquer, *supra n₀ 4689 et suiv.*, est régie par les mêmes principes généraux que la société civile. Ce qui va suivre peut donc être regardé comme le type commun auquel se rapportent les sociétés commerciales, toutes les fois qu'il n'y aura pas été dérogé par les lois ou les usages du commerce. Ces dérogations ont été résumées *supra n° 4691 et suiv.*, et nous les signalerons d'ailleurs au fur et à mesure qu'elles se présenteront.

§ 1. — COMMENCEMENT ET DURÉE DE LA SOCIÉTÉ.

4717. La société commence à l'instant même du contrat, s'il ne désigne une autre époque (*C. N.*, *1843*), sauf ce qui sera dit pour les sociétés en commandite par actions, *infra n°ˢ 4996 et suiv.*, et pour les sociétés anonymes, *infra n° 5048*.

4718. Toute société civile ou commerciale, du moment où elle a commencé, fonctionne comme corps moral, sauf la participation, *supra n° 4672* ; elle a un siége social qui est au lieu de son principal établissement (*art, 59, C. proc.*) (1), et peut avoir d'autres domiciles distincts aux lieux où elle a un centre important d'opérations ou d'administration (2).

4719. S'il n'y a pas de convention sur la durée de la société, elle est censée contractée pour toute la vie des associés, sous la modification portée en l'art. 1869 C. N.; ou s'il s'agit d'une affaire dont la durée soit limitée, pour tout le temps que doit durer cette affaire (*C. N.*, *1844*).

§ 2. — DES APPORTS.

4720. Chaque associé doit apporter à la société, ou de l'argent, ou d'autres biens, ou son industrie (*C. N.*, *1833*).

4721. L'apport peut consister dans certaines choses déterminées, ou dans leur usage, ou dans les

---

appartenant en commun, ainsi que de tous autres immeubles qu'ils pourront acquérir conjointement pendant la durée de la société.

Art. 2. La société aura une durée de..... ans, à compter d'aujourd'hui.

Art. 3. Les associés apportent, chacun pour moitié, les terrains dont la désignation suit :

(*Etablir sommairement la désignation et l'origine de propriété.*)

Art. 4. En outre, M. Loisel fait apport à la société d'une somme de 200,000 fr., qu'il s'engage à verser au fur et à mesure des besoins, sans aucun intérêt jusque-là.

De son côté, M. Loquet promet de consacrer aux affaires de la société tout le temps qui sera nécessaire.

Art. 5. M. Loquet aura l'administration de la société; néanmoins les ventes, achats, quittances de prix d'immeubles auront lieu avec le concours des deux associés, qui fixeront d'un commun accord le mode de placement provisoire des fonds disponibles, quand il y aura lieu.

Art. 6. Il sera fait chaque année, le 31 décembre, un inventaire des biens et valeurs de la société.

Cet inventaire sera dressé par les soins de M. Loisel, qui tiendra les écritures et sera dépositaire des titres et papiers de la société.

Les immeubles non vendus figureront à l'actif pour leur prix de revient, sans aucune addition de plus-value.

M. Loisel aura droit aux intérêts de sa mise sur le pied de 5 p. 100 par an, et M. Loquet à un prélèvement de 2,400 fr. par an, pour l'indemniser du temps et des soins qu'il donnera à l'administration de la société.

---

(1) Troplong, n° 522; Cass..27 fév. 1813. V. Colmar, 7 août 1866; | Comm., Rouen, 13 fév. 1857.
(2) Cass., 5 avril 1865; Chambéry, 1ᵉʳ déc. 1866.

fruits à en percevoir (*C. N.*, *1841 et 1851*). Mais il faut un apport quelconque par chacun des associés, c'est-à-dire la mise en commun d'une chose qui coure les chances sociales, afin que tous aient droit à une part des bénéfices ; autrement, la société ne serait pas contractée dans l'intérêt commun des parties ; elle serait léonine, *infra nos 4772 et suiv*.

4722. Peuvent être l'objet d'un apport social : 1° des choses incorporelles, comme une clientèle, un brevet d'invention, un secret de fabrique ; 2° les choses futures ; même une succession non ouverte, pourvu qu'il s'agisse d'une personne incertaine (*C. N.*, *1130*) (1) ; 3° la destination vénale d'une chose, abstraction faite de la propriété de cette chose (2) ; 4° le crédit commercial, pourvu qu'il soit accompagné d'une certaine coopération aux affaires de la société (3). Le nom abstrait d'une personne ne peut être mis en société ; il faut qu'il s'y joigne un concours réel de la personne (4).

4723. Chaque associé est débiteur envers la société de tout ce qu'il a promis d'y apporter (*C. N.*, *1845*). Les principes de la vente sur la transmission de l'apport à la société, sur la délivrance, sur la garantie, sont applicables au contrat de société (*arg. C. N.*, *1845*) ; aussi nous nous bornerons à cet égard à de courtes observations.

4724. Si l'apport consiste en un corps certain, comme tel immeuble, tel objet déterminé, la société en devient immédiatement propriétaire (5). S'il comprend des choses indéterminées, comme une somme d'argent, une certaine quantité de vin, de blé, etc., la propriété n'en est transmise que par la tradition (6).

4725. Lorsqu'il s'agit d'un corps certain, si la société en est évincée, l'associé en est garant comme un vendeur envers un acheteur, avec cette différence toutefois que la société n'a pas à réclamer la restitution d'un prix qui n'existe pas ; mais elle a le droit de réclamer la résiliation du contrat et des dommages-intérêts (7). La résiliation a en principe un effet rétroactif ; cependant si jusque-là des bénéfices ont été réalisés, il sera souvent équitable que l'associé garant en ait sa part comme les autres (8).

4726. L'associé qui devait apporter une somme dans la société, et qui ne l'a pas fait, devient, de

---

Les bénéfices nets seront partagés par moitié ; les pertes seront supportées dans la même proportion.

ART. 7. Lors de la dissolution de la société, M. LOISEL aura le droit de reprendre la somme de 200,000 fr. formant le montant de son apport, ou ce qu'il aura versé sur cette somme. Cette reprise aura lieu après le payement des dettes sociales, et avant tout partage entre les associés.

La liquidation sera faite par les deux associés conjointement.

ART. 8. En cas de décès de l'un des associés pendant le cours de la société, elle ne serait pas dissoute de plein droit ; l'associé survivant aurait le droit de demander la continuation de la société avec les représentants de l'associé décédé, et d'obliger ceux-ci à déléguer l'un d'entre eux à concourir à tous les actes d'administration et même de disposition.

Il devrait faire connaître son intention dans les trois mois du décès, à défaut de quoi il serait réputé avoir opté pour la dissolution de la société.

Pour l'exécution des présentes, etc.

DONT ACTE. Fait et passé, etc.

---

(1) Bedarride, n° 30; Troplong. n° 109; Massé et Vergé sur Zach., § 743, note 6.
(2) Troplong, n° 112; Championnière et Rigaud. III, 2770; CONTRA, Duvergier, n° 46.
(3) Malepeyre et Jourdain, p. 38; Delangle, I. 60; Massé et Vergé, *loc. cit.*
(4) Duvergier, n° 30; Locré, XIV, p. 494 ; Dalloz, n°s 89 et 50.

(5) Troplong, n° 529 ; Dalloz, n° 331 ; CONTRA, Malepeyre et Jourdain, p. 39 ; Pardessus, IV, 988; Delangle, n°s 69 et suiv.
(6) Duvergier, n°s 147 et 148 ; Delangle, n°s 62 et suiv.
(7) Duvergier, n°s 160 et 162 ; Troplong, n° 537 ; Massé et Vergé sur Zach., § 716, note 4.
(8) Duvergier, n°s 160 et 162; Dalloz, n° 344 ; CONTRA, Troplong, n° 537; Massé et Vergé, IV, § 716, note 4. V. Cass., 13 janv. 1858, 3 mai 1865.

plein droit et sans mise en demeure, débiteur des intérêts de cette somme à compter du jour où elle devait être apportée (*C. N.*, *1846*), sans préjudice de plus amples dommages-intérêts s'il y a lieu (*même article in fine*) ; ce qui est une double dérogation au droit commun établi par l'art. 1153 C. N. (1). Si la chose produit des fruits, la société y a droit du jour du contrat (*arg. C. N.*, *1652*).

4727. Les associés qui se sont soumis à apporter leur industrie à la société lui doivent compte de tous les gains qu'ils ont faits par l'espèce d'industrie qui est l'objet de cette société (*C. N.*, *1847*). En sorte que s'ils exercent une autre industrie, les gains qu'ils en recueillent leur restent propres (2), à moins qu'il ne s'agisse d'une société universelle. Cependant, s'ils avaient promis tout leur temps aux affaires sociales, ou même s'ils ne consacraient pas à ces affaires tout le temps qu'elles exigent, ils s'exposeraient à des dommages-intérêts envers la société (3).

4728. Il est possible que la jouissance seule d'un corps certain ait été mise en société, *supra* n° 4722 ; mais il est souvent difficile de distinguer si la jouissance seulement ou si la propriété même a été comprise dans l'apport : cette question, qui déjà avait appelé l'attention des interprètes du droit romain, n'a pas cessé de se présenter, grâce à l'obscurité persistante des actes de société sur ce point important. Nous ne saurions donc trop recommander aux notaires de mettre fin à cette éternelle difficulté, soit au moyen de cette simple énonciation qu'il est fait apport de la propriété (ou de la jouissance) de telle chose, soit en stipulant, dans le premier cas, que l'associé ne reprendra pas, et dans le deuxième cas, qu'il reprendra son apport à la dissolution de la société.

4729. Dans le silence du contrat, c'est à l'intention présumée des parties qu'il faudra toujours s'attacher (4). En général, et sauf les circonstances particulières, on devra décider que la déclaration d'apport d'une chose quelconque, sans réserve, implique l'abandon de la propriété (5).

4730. Si l'un des associés apporte un capital, en numéraire, en immeubles, etc., et que la mise de l'autre consiste uniquement dans son industrie, l'apport sera-t-il censé fait en propriété ou en jouissance ? Dans l'ancienne jurisprudence on penchait pour ce dernier parti (6), et l'industrie de l'un était considéré comme n'équivalant qu'à l'intérêt du capital de l'autre ; mais cette solution nous semble aujourd'hui devoir être rejetée ; l'industrie a fait des progrès dont il faut tenir compte et sa valeur

---

FORMULE 657. — **Société civile particulière, avec parts d'intérêts, non négociables.**
(N° 4746.)

A la formule précédente ajouter, après l'art. 4, un article ainsi conçu :

Le fonds social est divisé en vingt parts d'intérêt qui appartiendront par moitié aux associés.

Ces parts d'intérêt ne seront pas négociables, et ne pourront être cédées que dans la forme prescrite par l'art. 1690 C. N.

Le cessionnaire prendra la place du cédant dans la société et succédera à tous ses droits et obligations. — *Ou, au contraire* : Mais le cessionnaire restera étranger à la société, à moins qu'il ne soit agréé par l'autre associé, conformément à l'art. 1860 C. N. ; et, dans ce cas, il prendra la place du cédant dans la société, et succédera à tous ses droits et obligations,

---

FORMULE 658. — **Société civile particulière, avec actions, ou parts d'intérêts négociables.** (N°s 4714 à 4904.)

PAR-DEVANT Mᵉ.....,

ONT COMPARU : 1° M. Edmond MARTIN, maître de forges, demeurant à.....;

2° M. Francis VALLIER, banquier, demeurant à.....;

3° M. Joseph GIMONT, propriétaire, demeurant à.....;

---

(1) Cass., 3 mars 1858.
(2) Duvergier, n° 212 ; Troplong, n° 548 ; Lyon, 18 juin 1836,
(3) Pardessus, n° 989 ; Duvergier, n° 212.

(4) Duvergier, n° 202 ; Pardessus, n 990 ; Troplong, n° 126.
(5) Pothier, *Société*, n° 16 ; Duranton, XVII, 408 ; Duvergier, n° 196.
(6) Troplong, n° 124 ; CONTRA, Pothier, *loc. cit.*

relative s'est accrue ; l'abandon de la propriété devrait donc se présumer, à moins qu'il n'y ait une inégalité palpable et considérable entre le capital et l'industrie (1).

4731. Il en serait ainsi alors même que le capitaliste aurait stipulé qu'il prélèverait l'intérêt de son capital avant partage ; mais si en même temps l'industriel avait stipulé le prélèvement de son salaire, l'association ne porterait que sur les bénéfices, et le capital serait prélevé à la dissolution de la société (2).

4732. Cependant si l'associé capitaliste a fait un apport en propriété, l'industriel n'y a droit en totalité que par la prestation complète de sa mise, c'est-à-dire en fournissant pendant toute la durée de la société le travail promis ; en cas de dissolution anticipée par un motif quelconque, il subit une réduction proportionnelle (3).

4733. Si les associés avaient déclaré s'associer *seulement pour les profits et pertes*, on verrait dans cette clause l'intention d'exclure la propriété des apports (4) ; mais s'ils avaient dit simplement qu'ils auraient telle part dans les bénéfices et dans les pertes, la règle générale de l'apport en propriété devrait l'emporter (5).

4734. Relativement aux sociétés universelles, nous avons vu que la loi elle-même a réservé la propriété des biens à échoir à titre gratuit, *supra n° 4706*.

4735. Dans les sociétés par actions, la part de l'industrie sera toujours fixée d'une manière précise, soit par l'attribution d'une partie des actions de capital, soit par la création spéciale d'actions industrielles, *infra n° 4747*.

4736. Si les choses dont la jouissance seulement a été mise dans la société sont des corps certains et déterminés qui ne se consomment pas par l'usage, elles sont aux risques de l'associé propriétaire (*C. N.*, *1851*), à moins, bien entendu, qu'elles n'aient péri en tout ou en partie par la faute de la société ; mais, sauf le cas de faute, l'associé reprend sa chose en nature à la fin de la société dans l'état où elle se trouve (6).

4737. Toutefois les corps certains mis en société pour la jouissance sont aux risques de la société dans les quatre cas suivants (*C. N.*, *1851*, 2ᵉ *alin.*) :

Lesquels ont établi de la manière suivante les statuts de la société civile qu'ils se proposent de fonder :

TITRE I. — OBJET, DÉNOMINATION, SIÉGE, DURÉE DE LA SOCIÉTÉ (n°s 4714 à 4719).

ART. 1ᵉʳ. Il est formé entre les copartageants et ceux qui adhéreront aux présents statuts par la souscription des actions (ou parts d'intérêts) qui vont être créées, une société civile qui a pour objet l'exploitation d'une mine de fer située à.....

ART. 2. La société prendra la dénomination de : *Société de la mine de.....*

ART. 3. La durée de la société est fixée à cinquante ans, à compter du jour de sa constitution définitive, qui aura lieu aussitôt que la moitié des titres restant à émettre contre espèces, aux termes de l'art. 7 ci-après, aura été souscrite.

ART. 4. Le siége de la société est à.....

TITRE II. — APPORTS. — FONDS SOCIAL. — ACTIONS (OU PARTS D'INTÉRÊTS)
(n°s 4720 à 4754).

ART. 5. M. MARTIN apporte à la société, avec la garantie de droit, en cette matière,

La concession qu'il a obtenue par un décret en date du....., d'une mine de fer (*désignation sommaire de la situation, du périmètre*, etc.), ensemble les travaux qu'il a fait exécuter, tant pour l'exploration préalable à la concession, que pour un commencement

(1) Duvergier, n° 204 ; Troplong, n° 123 et 124 ; CONTRA, Pardessus, IV, 090 ; Duranton, XVI, 408.
(2) Duvergier, n° 206 et 208 ; Dalloz, n° 875 et 876.
(3) Duvergier, n° 209 ; Dalloz, n° 377.

(4) Duvergier, n° 200 ; Dalloz, n° 372.
(5) Duvergier, n° 109.
(6) Pothier, n° 126 ; Troplong, n° 58.

Premier cas. Si ce sont des choses qui se consomment par l'usage même qui en est fait, comme le vin, l'huile, l'argent monnayé, etc.; car il est de règle que la simple tradition des choses fongibles en transmet la propriété même ; en pareil cas la société en devient propriétaire, et par suite elle est débitrice envers l'associé qui a fait l'apport de choses de même nature et qualité, ou de leur valeur (arg. C. N., 587) (1).

Deuxième cas. Si elles se détériorent en les gardant, comme des meubles meublants, des voitures, etc.; la propriété de ces choses est egalement transmise à la société qui devient débitrice de leur valeur (2).

Troisième cas. Si elles sont destinées à être vendues, ce qui implique aussi l'abandon de la propriété en faveur de la société, sauf répétition du prix.

Quatrième cas. Si enfin elles sont mises en société sur une estimation faite par inventaire ou autrement; cette estimation vaut vente à la société, sans distinguer entre les meubles et les immeubles apportés (3).

4738. L'ensemble des choses apportées à la société compose le *fonds social* (C. N., 1853), qui augmente ou diminue selon la prospérité ou la décadence des affaires de la société. Le fonds social originaire reçoit le nom de *capital social* dans les inventaires qui ont lieu pour déterminer le chiffre des bénéfices ou des pertes. On distingue aussi quelquefois le capital social versé en espèces des autres valeurs apportées, et qui, réunies à ce capital, forment le fonds social originaire.

4739. Lorsque les apports sont égaux, le fonds social appartient aux associés par égale portion après la dissolution de la société ; jusque-là il est réputé la propriété de l'être moral. Mais dans quelle proportion doit-il être partagé s'ils sont inégaux ? Ce point sera examiné plus loin, *infra n° 4894.*

4740. L'apport peut être pur et simple, ou conditionnel ; mais la condition peut le faire dégénérer en un autre contrat : ainsi, un associé, qui en échange de l'apport d'un immeuble reçoit de la société une somme d'argent, est un véritable vendeur à l'égard de la société ; si cette somme d'argent ne représente pour les associés qu'une partie de la valeur de l'immeuble, la disposition a un caractère mixte ; c'est une vente jusqu'à concurrence de la somme reçue, et un apport social pour le surplus.

---

d'exploitation, le minerai déjà extrait, le matériel, les plans et documents de toute nature, relatifs à cette concession.

La société en sera propriétaire du jour de sa constitution définitive, et en sera mise immédiatement en possession.

En représentation de cet apport, il est attribué à M. Martin 2000 actions (ou parts d'intérêt) sur celles qui vont être créées. Les titres lui seront remis libérés aussitôt après la prise de possession de l'apport.

Art. 6. MM. Vallier et Piment apportent à la société chacun une somme de 500,000 fr. en espèces, pour laquelle il est attribué à chacun d'eux 1000 actions (ou parts d'intérêt).

Art. 7. Le fonds social, composé des apports en nature et du capital en numéraire, est fixé à 6 millions de francs, et divisé en 12000 actions de 500 fr. chacune.

2000 actions étant attribuées à M. Martin,

2000 autres étant souscrites par les deux autres comparants,

Il reste 8000 actions à émettre contre espèces.

Ou : Le fonds social est divisé en 12000 parts d'intérêt ;

2000 de ces parts étant attribuées à M. Martin, et 2000 étant souscrites par les deux autres comparants, il en reste 8000 qui seront émises contre espèces au taux de 500 fr.

Art. 8. Chaque action (ou part d'intérêt) donne droit, sans distinction, à une part égale dans les bénéfices et dans la propriété du fonds social.

---

(1) Troplong, n° 388; Duvergier, n° 173.
(2) Pothier, n° 126; Troplong, n° 589; Duvergier, n°s 179 et 180; Massé et Vergé, IV, § 721, note 4; contra, Duranton, XVII, 409.

(3) Duranton, XVII, 409 ; Duvergier, n° 185; Troplong, n° 596; Massé et Vergé, *loc. cit.*; contra, Malepeyre et Jourdain, p. 46.

III.

Le même effet se produit si, au lieu d'être touchée par celui qui fait l'apport, la somme est stipulée payable en son acquit à l'un de ses créanciers. Dans un cas comme dans l'autre il y a vente, et il est dû à l'enregistrement un droit proportionnel de mutation.

4741. Mais il en est autrement lorsque l'associé reçoit en représentation de son apport des titres d'actions ou de parts d'intérêts, *infra n° 4745*. Ces titres ne lui confèrent aucun avantage exceptionnel et ne lui donnent comme aux autres qu'un droit de copropriété dans le fonds social.

4742. L'acte de société qui contient un apport immobilier doit être transcrit au bureau des hypothèques ; car, en vertu de la fiction qui crée l'être moral, il s'opère une transmission de propriété qui n'est opposable au tiers ayant des droits sur l'immeuble qu'à compter du jour de la transcription.(1)

§ 3. — DE LA DIVISION DU FONDS SOCIAL EN ACTIONS.

4743. La société civile peut diviser son capital en actions nominatives, ou au porteur, soit en empruntant à la loi commerciale l'une des formes qu'elle a consacrées, *supra n° 4654 et suiv.*, soit même en conservant la forme d'un contrat purement civil (2) [Form. 638].

4744. On l'a contesté dans ce dernier cas, à cause de l'obligation indéfinie qui doit peser sur les associés civils, et de la difficulté qu'éprouveraient les tiers dans l'exercice de cette obligation; mais on ne saurait conclure de cette difficulté à l'empêchement de la combinaison ; d'ailleurs si l'action est nominative, l'actionnaire sera toujours connu par le livre des transferts tenu au siége social ; si elle est au porteur, le souscripteur originaire, toujours responsable, *infra n° 4754*, sera également connu par l'acte de souscription, demeuré au siége social ; il n'y aura donc de difficulté réelle que pour les porteurs intermédiaires, dont la responsabilité est sérieusement contestable, *infra n° 4754*.

4745. Une action n'est, au fond, autre chose qu'une part d'intérêt dans la société; la première dénomination est plus spécialement employée lorsque l'action indique le capital versé, comme une action de 100 fr., 500 fr., etc; et la seconde, lorsque le fonds social est divisé en parts aliquotes, sans indication de somme; alors les parts sont de $1/1000^e$, $1/10 000^e$, etc. (3). L'action, comme la part d'intérêt, donne droit à la copropriété du fonds social.

4746. Ce qui caractérise l'action, c'est que de plein droit elle est négociable par les voies commerciales, c'est-à-dire : 1° si elle est nominative, par une déclaration de transfert inscrite sur les registres de la société, et signée du cédant (C. comm., 36), ou encore, ce qui toutefois est contestable,

---

ART. 9. Le montant des actions est payable à. . . . .,

50 fr. lors de la souscription,

75 fr. aussitôt après sa clôture;

375 fr. restent en réserve, et ne seront appelés que successivement au fur et à mesure du développement des opérations sociales, aux époques et dans les proportions qui seront fixées par le conseil d'administration.

Chaque souscripteur a la faculté de payer, en souscrivant, le montant des deux premiers versements.

ART. 10. Le premier versement est constaté par un récépissé nominatif qui sera, dans les trois mois de la constitution de la société, échangé contre un titre provisoire, également nominatif.

Tous versements ultérieurs, sauf le dernier, sont mentionnés sur ce titre provisoire.

Le dernier versement est fait contre la remise du titre définitif, qui est au porteur ou nominatif, au choix de l'actionnaire.

Les appels de versements ont lieu au moyen d'avis insérés dans les journaux de. . . . . ., désignés pour la publication légale des actes de société.

---

(1) Paris. 20 mars 1868, *Droit*, 10 avril.
(2) Troplong. n° 142 et 1075 ; Duvergier, n° 485 et 486 où est rapportée une consultation en ce sens de M⁹⁹ Hennequin, Crémieux-Horson, Scribe, Juge et Philippe Dupin; Bédarride, n° 93; Nouguier,

II, p. 273; contra, Sirey, 41, II, 452; Vincens, *Législation com.*, I, p. 353; Delangle, I, n° 31 et s. ; Paris, 8 déc. 1812.
(3) Vavasseur, *Traité des Soc. par act.*, n°° 2 et 3.

par le simple endossement autorisé par les statuts (1) ; 2° si elle est au porteur, par la tradition du titre. Lorsque le fonds social a été divisé en parts d'intérêts [Form. 657], qui sont stipulées négociables de la même manière, les parts d'intérèts ne diffèrent en rien des actions ; mais dans le silence du contrat, leur transmission serait régie par la loi civile (C. N., 1689 et 1861), infra n° 4851.

4747. On distingue plusieurs sortes d'actions ; et notamment : 1° les actions de *capital* et les actions industrielles, les premières attribuées aux bailleurs de fonds, et les autres remises aux associés qui n'apportent que leur industrie ; celles-ci ne donnant droit qu'au partage des bénéfices (2) ; 2° les actions de *jouissance* ou *bénéficiaires*, destinées à remplacer les actions de capital après leur amortissement (3).

4748. Dans les sociétés civiles, toute liberté appartient aux parties pour régler le mode, le taux et l'émission des actions ; ce qui peut sembler une lacune législative si l'on songe aux précautions minutieuses prises à cet égard par les lois sur les sociétés en commandite et anonymes, infra n°s 5005 et 5049.

4749. Les actions sont indivisibles, à l'égard de la société, en sorte que les héritiers de l'actionnaire décédé sont tenus de se faire représenter par l'un d'entre eux pour exercer leurs droits, et que chacun d'eux, si l'action n'était pas libérée, pourrait être poursuivi pour tout ce qui resterait à verser (4).

4750. En cas de perte, de vol, ou de destruction d'actions nominatives, l'actionnaire peut exiger la délivrance d'un duplicata ; mais s'il s'agit d'actions au porteur, le droit de l'actionnaire se borne à faire déposer les dividendes à la caisse des consignations, pour ne les retirer qu'après la prescription accomplie, c'est-à-dire après chaque période de cinq ans (5).

4751. Les actions sont meubles par la détermination de la loi (C. N., 529), supra n° 1405 ; et la maxime : En fait de meubles possession vaut titre, est applicable aux actions au porteur, infra n° 6114.

4752. La souscription des actions doit, comme tout contrat ordinaire, être acceptée pour engager le souscripteur. Si elle résulte non d'un acte en double original (6), mais d'un simple acte unilatéral, l'acceptation doit lui être notifiée par une réponse spéciale (7) ; il ne suffirait pas d'une inscription sur les registres (8), ni d'un visa apposé sur la lettre de demande à l'insu du souscripteur (9).

4753. Il peut être stipulé que l'actionnaire en retard de faire un versement sera déchu de ses

---

Art. 11. Tout versement en retard porte intérêt de plein droit en faveur de la société, à raison de 5 p. 100 par an, à compter du jour de l'exigibilité.

Art. 12. Est considérée comme non avenue, huitaine après une mise en demeure infructueuse, toute souscription dont le second versement, complétant le premier quart, n'est pas fait à l'époque fixée pour son appel. Le premier versement est acquis à la société à titre de dommages-intérêts.

Cette clause est purement facultative pour les comparants qui pourront, s'ils le préfèrent, poursuivre le payement de la souscription par les voies ordinaires.

Art. 13. A défaut de payement des autres versements à leurs échéances, la société poursuit les débiteurs et peut faire vendre les actions en retard.

A cet effet, les numéros de ces actions sont publiés comme défaillants dans les journaux désignés sous l'art. 10 ; et quinze jours après cette publication, il est procédé à la vente des actions pour le compte de la société, aux risques et périls des retardataires, sans aucune mise en demeure ni formalité judiciaire. Cette vente a lieu à la bourse

---

(1) Dalloz. 1167 ; covrni, Vavasseur, Soc. par act., n°s 2 et suiv., Comp. Troplong, n° 146; Rivière, n° 41.
(2) Troplong, n° 131.
(3) Troplong, n° 136.
(4) Molinier, n° 419 ; Dalloz, n° 1113.

(5) Trib. de comm. de Paris, 14 fév. 1853, 20 nov. 1860, 24 janv. 18 1, 16 sept. 1831 ; Comp. Cass., 13 nov. 1841.
(6) Paris, 22 janv. 1853; Rouen, 12 avr. 1862.
(7) Paris, 10 août 1850, 22 janv. 1853, 16 nov. 1858, 11 janv. 1851.
(8) Paris, 10 août 1850.
(9) Paris, 17 avr. 1832, 16 nov. 1853.

droits, et que les sommes par lui déjà versées seront acquises à la société à titre de dommages-intérêts (1). Mais l'actionnaire lui-même ne pourrait invoquer cette clause contre la société (2), et il peut être poursuivi, si la société le préfère, sur tous ses biens ; les actions qu'il possède peuvent être saisies et vendues dans les formes légales (*C. pr.*, 656 *et suiv.*), ou, si les statuts le permettent (3), après une simple mise en demeure ou des publications dans les journaux. En tous cas, les dividendes échus sont acquis aux actions, quoique non libérées des versements exigibles (4).

4754. Le souscripteur originaire, après la cession de ses actions, même au porteur, reste obligé au payement des versements non effectués (5). Quant aux porteurs actuels des actions, ils sont évidemment débiteurs de ce qui reste à verser (6). Toutefois, pour les sociétés anonymes et celles en commandite, voir *infra* n°s *5005, 5052.*

§ 4. — DES BÉNÉFICES ET DES PERTES.

4755. Lorsque l'acte de société ne détermine pas la part de chaque associé dans les bénéfices ou pertes, la part de chacun est en proportion de sa mise dans le fonds de la société (*C. N.*, *1853*).

4756. L'état de la société se constate par des inventaires périodiques au moyen desquels on obtient, par la balance de l'actif et du passif, le résultat en bénéfices ou en pertes. Au passif on fait figurer le capital social originaire, avec les augmentations qu'il a pu recevoir, soit par de nouveaux versements faits par les associés, soit par des gains accumulés et laissés dans ce but à la caisse sociale (7).

4757. A chaque inventaire, et pour éviter des mécomptes à la liquidation sociale, on doit avoir soin de ne porter à l'actif que les valeurs réellement existantes ; c'est ainsi que l'estimation du matériel servant à l'industrie doit être progressivement diminuée et amortie en raison de l'usure qu'il subit. Dans les sociétés en commandite par actions, *infra* n° *5026*, et dans celles anonymes, *infra* n° *5079 bis*, il est même expressément défendu de distribuer des *dividendes non réellement acquis.*

4758. On a prétendu qu'en règle générale la distribution des bénéfices ne doit avoir lieu qu'à la fin de la société (8) ; mais cette règle comporte tant d'exceptions (9), et elle est si peu suivie dans la pratique, qu'il est plus vrai de dire que les bénéfices sont, par leur nature même, destinés à être répartis périodiquement et consommés ; ce sont des fruits ou revenus soit du capital mis en société, soit de l'industrie sociale (10).

4759. Les bénéfices ont reçu de l'usage le nom de *dividendes*. Si quelquefois on stipule au profit des associés qui font un apport en argent le payement d'un *intérêt* à prélever avant le partage des bénéfices, on se sert d'un terme impropre et qui ne pourrait appartenir qu'à un capital prêté ; car cet intérêt n'est pas autre chose qu'un dividende privilégié.

4760. Les créanciers, qui, par suite des pertes éprouvées par la société, ne pourraient être payés sur le fonds social, seraient-ils fondés à exiger des associés le rapport des bénéfices antérieurement touchés? Cette question n'a d'intérêt réel que pour les associés tenus seulement jusqu'à concurrence

---

de....., par le ministère d'un agent de change, si les actions sont cotées, et dans le cas contraire, aux enchères publiques, en l'étude et par le ministère d'un notaire.

Les titres provisoires ainsi vendus deviennent nuls de plein droit ; il en est délivré aux acquéreurs de nouveaux sous les mêmes numéros.

Le prix de la vente des titres provisoires d'actions s'impute, dans les termes de droit, sur ce qui est dû à la société par l'actionnaire exproprié, qui reste passible de la différence ou profite de l'excédant.

---

(1) Comp. Dalloz, n° 1161 ; Molinier, p. 366, note 1.
(2) Bedarride, n° 219 et s.; Molinier, p. 552; Lyon, 31 janv. 1840 et 9 avr. 1856; CONTRA, Troplong, n° 479; Paris, 8 déc. 1840 et 18 août 1851.
(3) Dalloz, n° 1153 ; Cass., 10 mai 1850. Comp. Cass., 17 avr. 1855.
(4) Paris, 8 nov. 1855.
(5) Troplong, n° 177; Delangle, II, 450 ; Molinier, n° 417; Lyon,

9 avr. 1865 ; Paris, 8 avr. 1865 ; CONTRA, Pardessus, n° 1042-2°; Malepeyre et Jourdain, p. 200 et s.; Paris, 22 mai 1852.
(6) Dalloz, n° 1152.
(7) Duvergier, n° 220; Pardessus, IV, 999.
(8) Pardessus, IV, 1005; Duvergier, n°s 220 et 221.
(9) Troplong, n° 622.
(10) Vavasseur, *Soc. par act.*, n°s 187 et suiv.

de leurs mises, comme dans les sociétés en commandite et anonymes. La loi du 24 juill. 1867 contient à cet égard une innovation importante qui sera indiquée *infra* n°ˢ *5008, 5055* ; mais la législation antérieure conservant un effet transitoire, il est utile de la faire connaître : en principe il était admis que les associés ne sont pas tenus à restitution lorsqu'ils ont reçu de bonne foi et en temps non suspect des bénéfices réellement acquis (1), que les créanciers soient antérieurs ou postérieurs à la distribution (2).

4761. Mais l'excuse de la bonne foi n'est admissible que si les bénéfices résultent d'un inventaire exact, ne comprenant que l'actif certain et réalisé (3). Le rapport serait dû si les associés, de bonne foi, avaient reçu des bénéfices fictifs sur un inventaire inexact ou faussé par le gérant (4), et alors même qu'il serait dit dans les statuts que les dividendes distribués ne seront pas soumis au rapport (5).

4762. Les dividendes distribués sous le nom d'intérêts, et reçus de bonne foi, même avant la réalisation de tout bénéfice, ne sont pas sujets à restitution lorsque la distribution en a été autorisée par les statuts (6) ; mais cette autorisation doit être mentionnée dans les publications légales (7). Toutefois, si l'affaire présentait des pertes, le gérant ne pourrait être contraint de payer cet intérêt (8).

4763. Il pourrait être valablement stipulé (9) que, pendant une période transitoire, nécessaire à la création de l'entreprise, ou à l'expérimentation de procédés nouveaux, et même, suivant quelques arrêts, pendant toute la durée de la société (10), l'intérêt sera prélevé sur le capital social ; le conseil d'Etat admettait cette clause dans les statuts des sociétés anonymes, lorsqu'elles étaient sujettes à autorisation, et à notre avis elle n'est pas défendue dans les sociétés anonymes, *infra* n° 5077.

4764. La répartition des bénéfices entre les associés a lieu proportionnellement à leurs mises ; c'est une règle d'égalité relative ou proportionnelle qui est ainsi et très-justement substituée (11) à la règle d'égalité absolue qu'on avait cherché à faire prévaloir dans l'ancien droit. Des auteurs modernes (12) soutiennent encore aujourd'hui, malgré les termes si formels de l'art. 1853, que les parts des associés doivent être égales lorsque les mises, d'une valeur indéterminée, n'ont pas été évaluées. Le défaut d'évaluation peut sans doute, en certains cas, par exemple dans une société universelle, être l'indice de l'intention du partage égal des bénéfices ; mais il est si facile de suppléer à cette évaluation par une expertise amiable ou judiciaire qu'une telle intention ne doit être admise qu'avec la plus grande circonspection ; il faudra le plus souvent que d'autres circonstances se réunissent à celle-ci pour faire consacrer le système d'égalité absolue par les tribunaux ; qui d'ailleurs ont sur ce point un pouvoir discrétionnaire (13).

4765. Lorsque le fonds social est divisé en actions ou en parts d'intérêts, il n'y a aucune difficulté sur le partage des bénéfices, chaque action ou part d'intérêt donnant droit à une portion égale des bénéfices et du fonds social.

4766. A l'égard de l'associé qui n'a apporté que son industrie, sa part dans les bénéfices ou dans les pertes est réglée comme si sa mise eût été égale à celle de l'associé qui a le moins apporté (*C. N.*, 1853).

Tout titre qui ne porte pas mention régulière des versements effectués cesse d'être négociable.

Art. 14. Les titres provisoires et définitifs sont extraits de registres à souches, numérotés, frappés du timbre sec de la société, et revêtus de la signature de deux administrateurs.

---

(1) Fremery, p. 53; Troplong, n° 846; Delangle, n°ˢ 345 et s.; Molinier, n° 555; Bedarride, n° 2.6 et s.; Alauzet, n° 153 ; Cass., 14 fév. 1840; contra, Persil, p. 407 et s.; Paris, 11 fév. 1844.
(2) contra, Duvergier. n° 398.
(3) Delangle, n° 344; Molinier, n° 556; Cass., 25 nov. 1861. 3 mars 1863; Rouen, 25 nov. 1861 ; Caen, 16 août 1864 ; Angers, 18 janv. 1865, 11 janv. 1867.
(4) Delangle, n° 360 ; Bedarride, n° 234 ; contra, Aix 22 juill. 1862.
(5) Rouen, 25 nov. 1861.
(6) Bedarride, n° 225 ; Dalloz, n° 1397; Cass., 14 fév. 1840, 19 mai 1847, 25 nov. 1861 ; Paris, 18 août 1860 ; Angers, 18 janv. 1865. Comp. Lyon, 8 juin 1864.

(7) Troplong, n° 491 ; Molinier, n° 557; Lyon, 9 juin 1864; Caen, 16 août 1864 ; contra, Angers, 18 janv. 1865.
(8) Delangle, n° 365 ; Bedarride, n° 225; Alauzet, n° 456; Trib. comm. de la Seine, 27 oct. 1858; Trib. comm. de Marseille, 30 mai 1859; contra, Rouen, 30 mars 1831, 26 janv. 1841 ; Paris, 2 août 1855; (9) Troplong, n° 491 ; Molinier, n° 557.
(10) Lyon, 9 juin 1864; Caen, 16 août 1864; Angers, 18 janv. 1865, Cass., 8 mai 1867.
(11) Duvergier, n°ˢ 224 et 225 ; Troplong. n° 615.
(12) Pardessus, n° 985 ; Duranton, XVII, 360 et 426; Malepeyre et Jourdain, p. 88.
(13) Troplong, n° 815.

4767. S'il n'y a que deux associés, dont l'un apporte son industrie et l'autre un capital, chacun doit avoir une part égale (1).

4768. Si un associé apporte son industrie et un capital, l'industrie doit toujours être estimée à la valeur de la mise de celui des autres associés qui a le moins apporté (2).

4769. Si la société est seulement composée de deux personnes n'apportant que leur industrie, les parts sont égales entre elles en vertu de la présomption de l'art. 1853.

4770. Si les associés sont convenus de s'en rapporter à l'un d'eux ou à un tiers pour le règlement des parts, ce règlement ne peut être attaqué, s'il n'est évidemment contraire à l'équité. Nulle réclamation n'est admise à ce sujet s'il s'est écoulé plus de trois mois depuis que la partie qui se prétend lésée a eu connaissance du règlement, ou si ce règlement a reçu de sa part un commencement d'exécution (C. N., 1854).

4771. Si le tiers désigné pour faire ce règlement refuse sa mission ou décède avant de l'avoir remplie, la société est nulle de plein droit (3). Il en serait de même si les associés, sans désigner le tiers, s'étaient seulement réservé de le nommer plus tard (4), à moins qu'ils ne s'entendent ultérieurement sur ce choix (5).

4772. La convention qui donnerait à l'un des associés la totalité des bénéfices est nulle (C. N., 1855). C'est la première espèce de *sociétés léonines*.

4773. L'un des objets essentiels de la société étant un partage de bénéfices, celui qui n'y prend aucune part n'est pas un associé véritable, et le contrat de société est comme inexistant à son égard. Mais d'ailleurs toute liberté est laissée par la loi pour la répartition proportionnelle des bénéfices ; pourvu, bien entendu, qu'il ne soit pas attribué à l'un des associés une part tellement minime qu'elle devrait être assimilée à une privation réelle de bénéfices (6).

4774. Ainsi, bien que les mises soient égales, les parts peuvent être inégales ; et à l'inverse, avec des mises inégales, il peut y avoir égalité dans les parts. En un mot aucune égalité absolue ni proportionnelle n'est prescrite dans le partage des bénéfices (7).

4775. Ce n'est que l'attribution pure et simple de tous les bénéfices à l'un des associés qui est

---

Art. 15. Tout actionnaire peut déposer ses titres dans la caisse sociale et réclamer en échange un récépissé nominatif.

La forme de ces titres et les droits auxquels le dépôt pourra être assujetti sont déterminés par le conseil d'administration.

Art. 16. La cession des actions s'opère par la simple tradition du titre.

Celle des récépissés et des titres nominatifs a lieu par une déclaration de transfert, inscrite sur les registres de la société, et signée du cédant ou de son mandataire.

Art. 17. Les actions sont indivisibles et la société ne reconnaît qu'un propriétaire pour chaque action.

Les représentants ou créanciers d'un actionnaire ne peuvent, sous aucun prétexte, provoquer l'apposition des scellés sur les biens et valeurs de la société, ni en demander le partage ou la licitation ; ils sont tenus de s'en rapporter aux inventaires sociaux et aux délibérations de l'assemblée générale.

Art. 18. Les dividendes de toute action, nominative ou au porteur, sont valablement payés au porteur du titre.

Art. 19. Les droits et obligations attachés à l'action suivent le titre dans quelques mains qu'il passe.

La propriété d'une action emporte de plein droit adhésion aux statuts de la société.

---

(1) Duvergier, n° 231 ; Troplong, n° 618.

(2) Troplong, n° 619 ; Massé et Vergé sur Zach., t. IV, § 717, note 3. Comp. Duvergier, n° 212 ; Duranton, XVII, n° 433.

(3) Duvergier, n° 245 ; Troplong, n° 625 ; Delangle, n° 422 ; Massé et Vergé, *loc. cit.* ; CONTRA, Pardessus, n° 998 ; Malepeyre et Jourdain, p. 59.

(4) Troplong, n° 626 ; CONTRA, Duranton, XVII, 425 ; Duvergier, n° 248.

(5) Massé et Vergé, *loc. cit.* ; Dalloz, *Société*, n° 406.

(6) Troplong, n° 635.

(7) Troplong, n° 631 et s. ; Delangle, n° 418 ; Bedarride, n° 36 ; Massé et Vergé, IV, § 713, note 11 ; Cass., 27 mars 1861 ; CONTRA, Duvergier, n° 259 et 266.

proscrite par la loi ; et il pourrait être valablement convenu que la totalité des bénéfices appartiendra à l'un des associés si l'autre prédécède sans enfants (1), ou au survivant des associés ; l'attribution pourrait même comprendre avec les bénéfices les mises sociales (2). Ce qui valide ces clauses, c'est l'aléa qui en est la base et qui, non-seulement ne répugne ni à l'équité ni à la loi, mais qui est en quelque sorte textuellement autorisé par l'art. 1525 C. N.

4776. Un associé peut être privé de toute participation aux bénéfices par une clause pénale, qu'il est en son pouvoir de prévenir et d'éviter (3). Il est également permis de repartir les bénéfices dans une autre proportion que les pertes (4).

4777. C'est même une clause licite que d'attribuer à l'un des associés, pour sa part de bénéfices, une somme fixe une fois payée, ou payable annuellement, même en cas de perte ; c'est ce qu'on appelle l'assurance des bénéfices ; un tel pacte, incontestablement valable avec un tiers ne l'est pas moins avec un associé (5), sans qu'il y ait à distinguer s'il est contemporain de l'acte de société ou s'il lui est postérieur (6). Mais le gain seul doit être assuré et la participation aux risques doit subsister quant au capital.

4778. Il existe une seconde espèce de société léonine ; c'est celle qui contient une stipulation affranchissant de toute contribution aux pertes les sommes et effets mis dans le fonds de la société par l'un des associés (C. N., 1855) ; car il doit y avoir communication des pertes aussi bien que des bénéfices.

4779. On s'est demandé si la mise, consistant uniquement dans une industrie, peut être affranchie des pertes ; mais la question est mal posée, et l'associé industriel concourt forcément à la perte qui survient, puisqu'en pareil cas il n'y a pas de bénéfices à recevoir et qu'il se trouve avoir livré gratuitement son travail (7).

4780. Tout associé, industriel ou capitaliste, peut être affranchi des pertes qui excéderaient sa mise (8). C'est la convention de droit commun dans les sociétés en commandite et anonymes. Mais est-elle opposable aux tiers dans les sociétés civiles et en nom collectif ? V. *infra* n°* 4836 et 4692.

Art. 20. Tout actionnaire qui a perdu son titre peut, en justifiant de sa propriété et de la perte du titre, se faire délivrer par la société un duplicata non transférable du titre perdu ; toutefois, les dividendes ou intérêts ne lui sont payés que cinq ans après les échéances, avec les intérêts à son profit sur le pied de 3 p. 100 par an.

TITRE III. — DE L'ADMINISTRATION DE LA SOCIÉTÉ. (N°* 4787 à 4819.)

Art. 21. La société est administrée par un conseil composé de. ,... membres (ou, PLUS SIMPLEMENT, par un directeur) nommés par l'assemblée générale des actionnaires.

Art. 22. Chaque administrateur doit être propriétaire, pendant toute la durée de son mandat, de..... actions qui demeurent affectées à la garantie de sa gestion.

Ces actions sont nominatives, inaliénables, frappées d'un titre indiquant l'inaliénabilité, et déposées dans la caisse sociale.

Art. 23. Le conseil se renouvelle par....., chaque année.

Les membres sortants sont désignés par le sort.

Ils peuvent toujours être réélus.

Art. 24. En cas de vacance par décès, démission ou autre cause, le conseil pourvoit provisoirement au remplacement jusqu'à la prochaine assemblée générale, qui procède à l'élection définitive.

(1) Massé et Vergé, *loc. cit.*; Troplong, n° 645.
(2) Malepeyre et Jourdain, p. 85; Troplong, n° 646; Delangle, n° 449; Championnière et Rigaud, tit, 2769; Massé et Vergé, *loc. cit.*; Molinier, n° 394 ; contra, Delvincourt, III, note 3 sur 19 page 422.
(3) Cass., 16 nov. 1858.
(4) Pardessus, IV, 996; Troplong, n° 634 ; Malepeyre et Jourdain, p. 81; Molinier, n° 390.

(5) Troplong, n° 639; Dalloz, *Société*, n° 448; Cass., 7 déc. 1830; contra, Duvergier, n°* 266 et 267.
(6) Troplong, n° 639; contra, Pothier, n° 27.
(7) Troplong, n° 648; Bravard, p. 52; Alauzet, n° 407.
(8) Duvergier, n° 256; Troplong, n°* 655 et 656; Malepeyre Jourdain, p. 84.

4781. Dans le silence des statuts sur la contribution aux pertes, cette contribution est proportionnelle au partage des bénéfices (1). Il y a perte, lorsque le capital social est entamé ou absorbé (2), à moins de convention contraire.

4782. Un associé ne peut faire assurer par son coassocié tout à la fois sa part de bénéfices et sa mise ; cependant ce pacte pourrait être maintenu s'il ne paraissait pas entaché d'usure (3).

4783. Mais, en restant soumis aux risques quant aux bénéfices, il peut faire assurer sa mise, en abandonnant, par exemple, une plus grande part de bénéfices (4). Toutefois cette solution est critiquée par quelques auteurs (5) comme contraire à l'art. 1855 ; cependant il est facile d'interpréter cette clause dans un sens favorable à sa validité, c'est de la considérer comme n'ayant eu pour but que la mise en société de la simple jouissance de la chose (6).

4784. Est également licite la stipulation que l'un des associés prélèvera sa mise avant partage (7), et qu'il y aura droit même en cas de perte ; on se trouve alors dans l'hypothèse qui vient d'être examinée, où la mise n'est que de la simple jouissance, et est assurée par les autres associés (8) (arg. C. N., 1831). Mais l'assurance doit être positivement stipulée, surtout s'il s'agit d'une somme d'argent ou de choses fongibles, à défaut de quoi l'associé qui a fait la mise devrait contribuer comme associé au retrait qu'il opérerait comme créancier (9).

4785. Résumons ce qui précède par des exemples : Un associé apporte un capital de 100,000 fr., et ne veut pas courir toutes les chances de l'industrie sociale ; voici les stipulations qui lui seront permises : il pourra, à son choix : 1° ou assurer ses bénéfices en stipulant de ses coassociés, soit une somme unique fixée à forfait, pour sa part de tous les bénéfices à recueillir pendant la durée de la société, soit une somme annuelle représentative des bénéfices annuels ; 2° ou assurer sa mise en capital, en obligeant ses coassociés à la lui rembourser à tout événement ; 3° ou même stipuler le remboursement de son capital, et le payement de bénéfices n'excédant pas 5 ou 6 p. 100, *supra n° 4677* ; au delà la convention serait entachée d'usure (10).

4786. Lorsqu'une société est réputée léonine par l'insertion de l'une des clauses prohibées que

---

Art. 25. Chaque année le conseil nomme parmi ses membres un président et un vice-président.

En cas d'absence du président et du vice-président, il désigne celui de ses membres qui doit remplir les fonctions de président.

Art. 26. Le conseil d'administration se réunit au siége social aussi souvent que l'intérêt de la société l'exige, et au moins deux fois par mois.

La présence de quatre membres au moins est nécessaire pour la validité des délibérations.

Les délibérations sont prises à la majorité des voix des membres présents ; en cas de partage, la voix du président est prépondérante.

Nul ne peut voter par procuration dans le sein du conseil.

Art. 27. Les délibérations sont constatées par des procès-verbaux qui sont portés sur un registre tenu au siége de la société, et signés par les administrateurs qui y ont pris part.

Les copies et extraits à produire en justice ou ailleurs sont certifiés par le président du conseil.

Art. 28. Le conseil a les pouvoirs les plus étendus pour l'administration des biens et affaires de la société ; il peut même transiger, compromettre, donner tous désistements et mainlevées, avec ou sans payement.

(1) Duvergier, n° 210; Bedarride, n° 460; Amiens, 27 mai 1840; Lyon, 27 août 1851,
(2) Cass., 11 janv. 1865; Paris, 16 févr. 1862.
(3) Troplong, n° 652; Duvergier, n° 270.
(4) Troplong, n° 653; Dalloz. Société, n° 429.
(5) Duranton, XVII, 415; Pardessus, n° 998; Duvergier, n° 274.
(6) Troplong, n° 659.
(7) Delvincourt, III, note 5 sur la page 123.
(8) Troplong, n° 657 et s.
(9) *Idem*, n° 660.
(10) *Idem*, n° 661; Cass., 17 avril 1837.

nous avons signalées, elle est annulée tout entière, et non pas seulement la clause qui a un caractère léonin. C'est une application du principe général consacré par l'art. 1172 C. N. (1).

§ 5. — DE L'ADMINISTRATION DE LA SOCIÉTÉ.

4787. L'associé chargé de l'administration par une clause spéciale du contrat de société peut faire, nonobstant l'opposition des autres associés, tous les actes qui dépendent de son administration, pourvu que ce soit sans fraude. Ce pouvoir ne peut être révoqué sans cause légitime tant que la société dure; mais s'il n'a été donné que par acte postérieur au contrat de société, il est révocable comme simple mandat (*C. N.*, *1856*) (2).

4788. La loi fait une différence essentielle entre l'administrateur ou gérant nommé par le contrat, et celui qui n'est choisi que postérieurement. Cette distinction est étrangère aux sociétés anonymes, dont les administrateurs sont toujours révocables.

4789. Toutefois, la révocation du gérant statutaire peut avoir lieu : 1° pour une cause légitime (*C. N.*, *1856*); 2° sans cause, c'est-à-dire *ad nutum*, si elle est autorisée dans ces termes par le contrat de société (3) ou par une modification postérieure acceptée du gérant.

4790. Les causes légitimes de révocation sont : l'infidélité, la malversation, l'incapacité manifestée par des fautes lourdes, etc.; la gravité de ces causes est laissée à l'appréciation des tribunaux (4), qui peuvent être saisis de la contestation par un seul des associés, sans qu'il soit nécessaire de recourir à la majorité (5). Jugé toutefois que l'appréciation des causes de révocation peut être remise par les statuts à la majorité des associés qui prononce souverainement (6).

4791. La révocation *ad nutum* autorisée par les statuts résulterait d'une délibération prise à la majorité (7).

4792. On a vu que le gérant nommé pendant le cours de la société est révocable *ad nutum;* mais il peut être déclaré irrévocable, soit par les statuts si c'est en vertu d'une clause statutaire qu'il a été

Il arrête les comptes qui doivent être soumis à l'assemblée générale et propose les répartitions de dividendes.

Le président du conseil (*ou* le directeur) représente la société en justice, tant en demandant qu'en défendant; en conséquence, c'est à sa requête ou contre lui que doivent être intentées toutes actions judiciaires.

Art. 29. Le conseil peut déléguer ses pouvoirs à un comité d'exécution, élu par lui conformément au titre IV ci-après. Il peut aussi les déléguer pour des objets déterminés et pour un temps limité, à un ou plusieurs membres du conseil.

Art. 30. Les administrateurs reçoivent un traitement qui est fixé de la manière suivante :

. . . .

Par exception, et pour la première année, sont nommés administrateurs (*ou* est nommé directeur) M. . . . .

TITRE IV. — DU COMITÉ D'EXÉCUTION (*ou* DU DIRECTEUR). (N° 4799.)

Art. 31. Un comité de trois membres (*ou* le directeur) choisis par le conseil d'administration dans son sein, est chargé de l'exécution de ses décisions.

Art. 32. Le comité (*ou* le directeur) est placé sous l'autorité du conseil d'administration, et ses membres sont toujours révocables par décision du conseil (*ou* : néanmoins, le directeur n'est révocable que par décision de l'assemblée générale des actionnaires).

---

(1) Duvergier, n°s 277 et 103; Malepeyre et Jourdain, p. 82; Troplong, n° 682; Molinier, n° 386 ; contra, Delvincourt, III, note 2, sur la p. 122.
(2) Cass., 28 avr. 1863; Paris, 28 fév. 1850, 19 mars 1862.
(3) Duvergier, n° 294; Troplong, n° 669; Massé et Vergé sur

Zach., IV, § 748, note 1; Cass., 9 mai 1860; Paris, 5 juill. 1859.
(4) Delangle, n° 173; Troplong n° 676; Paris, 23 fév. 1850.
(5) Troplong, n° 676; Bravard. p. 53; Paris, 23 déc. 1848.
(6) Cass., 9 mai 1859; Douai, 14 déc. 1858. Comp. Paris, 29 juin 1850.

nommé, soit même par l'acte postérieur qui l'a désigné (1); mais, à notre avis, la déclaration d'irrévocabilité contenue dans cet acte devrait être consentie par l'unanimité des associés.

4793. Lorsque le gérant est révocable *ad nutum*, l'unanimité n'est pas exigée pour la révocation; la simple majorité suffit (2).

4794. Le gérant statutaire ne peut donner sa démission sans motif légitime; sinon il est passible de dommages et intérêts (3). Au contraire, celui qui est nommé postérieurement est toujours libre de renoncer à son mandat (*arg. C. N.*, *2003*) (4), à moins qu'il n'ait pris un engagement contraire.

4794 bis. La révocation du gérant, de même que l'abandon de ses fonctions, entraîne la dissolution de la société (5), à moins que les autres associés ne soient d'accord pour le remplacer (6); mais il faut dans ce cas l'unanimité, sans en excepter le gérant révoqué ou démissionnaire (7), si les statuts n'ont pas conféré ce pouvoir à la majorité (8).

4795. L'autorité du gérant est plus ou moins étendue, selon qu'il est irrévocable ou révocable *ad nutum*. Dans le premier cas l'opposition des autres associés ne saurait entraver son administration, s'il n'a pas commis de fraude ou de faute grave (9). Dans le deuxième cas, n'étant qu'un simple mandataire, il doit s'arrêter si les autres associés déclarent s'opposer à un acte qu'il est dans l'intention de faire (10). Si le cas est urgent, l'opposition d'un seul pourra suffire; mais, en général, il faudrait une décision de la majorité (11). On voit par là qu'une différence est à faire entre les sociétés en commandite, où le gérant statutaire est inamovible à moins de convention contraire, et les sociétés anonymes où il est nécessairement révocable.

4796. Lorsque plusieurs associés sont chargés d'administrer sans que leurs fonctions soient déterminées, ou sans qu'il ait été exprimé que l'un d'eux ne pourrait agir sans l'autre, ils peuvent faire chacun séparément tous les actes de cette administration (*C. N.*, *1857*).

4797. En cas de dissentiment, c'est la majorité d'entre eux qui décide; à égalité de voix, ils doivent s'abstenir, ou soumettre la difficulté à l'assemblée générale des sociétaires, qui se prononce également à la majorité.

Art. 33. Il représente le conseil d'administration vis-à-vis des tiers, dans toutes les affaires de la société.

Tous les actes quelconques engageant la société, tous billets, endossements, transferts et mandats doivent porter la signature d'au moins deux de ses membres.

La correspondance est également signée par deux membres du comité, à moins d'autorisation spéciale donnée par le conseil d'administration.

Art. 34. Le comité (*ou le directeur*) dirige le travail des bureaux et nomme les agents secondaires de l'administration.

Il peut suspendre tous agents, sauf à en référer dans la quinzaine au conseil d'administration.

TITRE V. — DES ASSEMBLÉES GÉNÉRALES. (N°s 4810 à 4814.)

Art. 35. L'assemblée générale, régulièrement constituée, représente l'universalité des actionnaires.

Art. 36. Il est tenu une assemblée générale ordinaire chaque année dans le courant de.....

La réunion a lieu au siège social.

En outre, l'assemblée peut être convoquée extraordinairement par le conseil d'administration (*ou le directeur*).

---

(1) Duvergier, n° 294; Troplong, n° 669; Massé et Vergé, § 748, note 1.

(2) Duvergier, n° 293; CONTRA, Troplong, n° 680; Duranton; XVII, 434; Comp. Dalloz, n° 447.

(3) Malepeyre et Jourdain, p. 123; Dalloz, n° 443.

(4) Pothier, n° 74; Duvergier. n° 992; Molinier, n° 206.

(5) CONTRA, Cass., 9 mai 1860. Comp. Cass., 12 janv. 1852.

(6) Troplong, n° 677; Malepeyre et Jourdain. p. 122; Massé et

Vergé, § 748, note 4. Comp. Duvergier, n° 293; Delangle, n°s 473 et 475.

(7) Malepeyre et Jourdain, p. 123; Dalloz, *Société.* n° 443.

(8) Paris, 28 février 1850.

(9) Troplong, n°s 673 et s.

(10) Duvergier, n° 293.

(11) Troplong, n° 673 et s.

4798. S'il a été stipulé que l'un des administrateurs ne pourra rien faire sans l'autre, un seul ne peut, sans une nouvelle convention, agir en l'absence de l'autre, lors même que celui-ci serait dans l'impossibilité actuelle de concourir aux actes d'administration (*C. N.*, *1858*), à moins qu'on ne se trouve dans un cas d'urgence (1). En pareil cas, la majorité ne ferait pas loi ; le *veto* d'un seul empêcherait l'opération, sauf aux autres à demander la dissolution de la société, et s'il y a lieu des dommages-intérêts contre l'opposant (2).

4799. Dans les sociétés par actions, civiles ou commerciales, les statuts organisent presque toujours le mode d'administration, et à cet égard la loi laisse aux parties toute liberté, sauf dans les sociétés en commandite et anonymes. Ainsi il peut y avoir un administrateur unique, recevant en général le titre de directeur, ou plusieurs administrateurs formant un conseil d'administration, déléguant tout ou partie de ses pouvoirs à son président ou à plusieurs de ses membres ; à côté du conseil, il peut être institué un comité d'exécution pour l'expédition des affaires. Au-dessus des administrateurs, il y a l'assemblée générale des actionnaires, qui elle-même n'a que des pouvoirs d'administration si les statuts ne lui en ont pas donné de plus étendus.

4800. Quels sont les pouvoirs des administrateurs et gérants ? Les actes de société en contiennent souvent une longue énumération qui a toujours l'inconvénient d'être nécessairement incomplète, et il est préférable de rester dans les termes du droit commun, sauf à conférer certains pouvoirs qui, tout exceptionnels qu'ils soient, comme ceux de transiger, compromettre, faire mainlevée sans payement, sont fort utiles dans la pratique. Mais quelle est la mesure des pouvoirs de droit commun ?

4801. L'art. 1859 C. N. pose les quatre règles suivantes, que toutefois il ne déclare obligatoires qu'à défaut « de stipulations spéciales sur le mode d'administration : »

4802. *Première règle :* « Les associés sont censés s'être donné réciproquement le pouvoir d'admi
» nistrer l'un pour l'autre. Ce que chacun fait est valable même pour la part de ses associés sans
» qu'il ait pris leur consentement; sauf le droit qu'ont ces derniers, ou l'un d'eux, de s'opposer à
» l'opération avant qu'elle soit conclue. »

Art. 37. L'assemblée générale se compose de tous les actionnaires propriétaires de dix actions au moins.

Toutefois, l'article ci-après exigeant que le quart du fonds social soit représenté pour constituer régulièrement l'assemblée, le conseil d'administration (*ou le directeur*) doit vérifier l'observation de cette condition, en invitant, par les avis de convocation, les propriétaires de dix actions à déposer leurs titres dans les dix jours au siège social.

Si les actionnaires déposants, réunis aux propriétaires de dix actions nominatives connus par le livre des transferts, ne représentent pas le quart du capital, la convocation est contremandée, et il y a lieu de recourir à une assemblée composée de tous les actionnaires sans exception.

Ou : L'assemblée se compose des trois cents plus forts actionnaires, dont la liste est arrêtée par le conseil d'administration (*ou le directeur*), tenue à la disposition de tous les actionnaires et déposée sur le bureau le jour de la réunion. Pour figurer sur cette liste, les propriétaires d'actions au porteur doivent déposer leurs titres au siège social dans les dix jours de l'avis de convocation, et il leur est remis en échange un récépissé nominatif qui leur servira de carte d'admission à l'assemblée.

Si les actionnaires déposants, etc. (*La suite comme plus haut.*)

Ou encore : L'assemblée générale se compose de tous les actionnaires.

Art. 38. Les convocations sont faites par avis insérés, un mois avant la réunion, dans les journaux d'annonces légales.

---

(1) Duvergier, n° 303; Delangle, n° 478; Molinier, n° 497; Massé et Vergé, § 718, note 5.
(2) Duvergier, n° 304; Troplong, n° 708; Massé et Vergé, *loc. cit.*; Molinier, n° 298.

4803. Ainsi, dans toute société, civile ou commerciale, ce sont des pouvoirs d'administrateur qui appartiennent, soit à tous les associés, si aucun n'a été spécialement désigné, soit à ceux qui ont été formellement choisis. Ces pouvoirs sont à peu près semblables à ceux résultant d'un mandat général donné par une personne à une autre pour administrer ses biens (C. N., *1988*) (1); en remarquant toutefois que la société a un but précis et déterminé, que les administrateurs sont chargés de poursuivre, de sorte que leurs pouvoirs embrassent naturellement tout ce qui peut conduire à ce but (2).

4804. Les administrateurs peuvent donc acheter les choses nécessaires, vendre les choses vénales, payer, recevoir, louer (3), régler tous comptes (4). Mais le droit d'aliéner dépasse les pouvoirs d'un mandataire général; et il n'appartient aux administrateurs d'une société que pour les choses qui, d'après l'objet de la société, sont destinées à être vendues, comme les produits d'une usine, les marchandises d'un commerce; et il ne s'étendrait pas, bien entendu, jusqu'à l'usine, ou au fonds de commerce lui-même (5).

4805 Si la société a pour objet la spéculation sur l'achat et la revente des immeubles, le gérant a de plein droit le pouvoir de vendre et d'acheter des immeubles (6). S'il y a plusieurs gérants ou administrateurs, chacun isolément a le même droit, sauf convention contraire, tant qu'il n'y a pas d'opposition de la part des autres (C. N., *1859*) (7).

4806. Les administrateurs d'une société excéderaient leur mandat : en faisant remise d'une dette (8), en transigeant, en signant un compromis (9), à moins que ce ne soit sur les choses dont ils ont la disposition (10), en hypothéquant les immeubles sociaux (11).

4807. Ils peuvent faire, à moins de stipulation contraire, des emprunts, pourvu qu'ils ne soient pas excessifs et qu'ils paraissent en rapport avec les besoins présumables de l'administration (12). Ils peuvent aussi, à moins de convention contraire, souscrire et endosser des effets négociables pour les besoins de la société (13).

Pour les assemblées extraordinaires, les avis doivent indiquer l'objet de la réunion.

ART. 39. L'assemblée est régulièrement constituée lorsque les membres présents représentent au moins le quart du fonds social.

Si, sur une première convocation, cette condition n'est pas remplie, une nouvelle assemblée est convoquée, et elle délibère valablement quelle que soit la portion du capital représentée par les actionnaires présents.

Cette nouvelle réunion doit avoir lieu à quinze jours d'intervalle au moins; mais les convocations peuvent n'être faites que dix jours à l'avance.

ART. 40. Nul ne peut se faire représenter aux assemblées générales que par un mandataire membre de l'assemblée.

Les actionnaires propriétaires de moins de dix actions peuvent se réunir à d'autres pour atteindre ce nombre, et désigner l'un d'eux pour les représenter.

ART. 41. L'assemblée générale est présidée par le président du conseil d'administration, et, en son absence, par un administrateur désigné par le conseil.

Ou : L'assemblée générale nomme son président.

Les deux plus forts actionnaires présents sont appelés à remplir les fonctions de scrutateurs.

(1) Pothier, n° 66.
(2) Troplong, n° 681; Duvergier, n° 310; Massé et Vergé, § 718, note 2.
(3) Troplong, n° 714.
(4) Paris, 12 août 1809.
(5) Pardessus, n° 1014; Malepeyre et Jourdain, p. 54; Duvergier, n° 310; Troplong n° 682; Delangle, n° 141; Massé et Vergé, *loc. cit.*; Cass., 10 mai 1808, 21 avril 1841.
(6) Malepeyre et Jourdain, p. 54; Dalloz, n° 465.
(7) Dalloz, n° 503; Cass., 10 mars 1818; CONTRA, Rennes, 22 avril 1813.
(8) Pothier, n° 69; Duvergier, n° 313; Troplong, n° 689; Delangle, n° 138.

(9) Pothier, n° 68; Delangle, n° 130; Cass., 8 août 1825.
(10) Pardessus, IV, n° 1014; Malepeyre et Jourdain, p. 55 et 56; Molinier, n°s 306 et 308; Duvergier, n° 320; Troplong, n° 690; Rouen, 19 août 1841.
(11) Troplong, n° 686; Delangle, n°s 646 et 647; Massé et Vergé, § 718, note 2; Cass., 21 avril 1841.
(12) Troplong, n°s 684 et s.; Massé et Vergé, *loc. cit.*; Paris, 26 juin 1841; CONTRA, Duvergier, n° 314; Delangle, n° 149; Douai, 15 mai 1844. Comp. Malepeyre et Jourdain, p. 55.
(13) Cass., 10 mars 1841; Riom, 21 janv. 1842; Toulouse, 22 juill. 1841; Cass., 16 avril 1844.

4808. Ils ont qualité pour intenter toutes actions judiciaires au nom de la société et y défendre, sauf celles relatives aux choses dont l'aliénation leur est interdite (1), et qui ne peuvent être exercées qu'avec une autorisation au moins tacite (2) des associés. Mais dans les sociétés commerciales cette restriction n'est pas admise (3).

4809. Il suffit d'indiquer dans les actes de la procédure les noms des administrateurs, si la société est civile (4), et la raison sociale si elle est commerciale (5) (*C. pr.*, 68, § 6).

4810. L'assemblée générale des associés n'a elle-même, avons-nous dit, *supra n° 4799*, dans le silence des statuts, que des pouvoirs d'administration , et elle ne pourrait autoriser les administrateurs ou gérants à faire des actes de disposition ; néanmoins pour tout ce qui n'est pas expressément ou virtuellement défendu par les statuts, la majorité donnerait valablement ces autorisations nécessaires. Ainsi, jugé qu'elle peut autoriser un emprunt hypothécaire non (6) prévu dans l'acte de société ; modifier la forme des actions, et les remplacer par des parts d'intérêts (7).

4811. Mais l'unanimité est exigée toutes les fois qu'il s'agit de déroger aux conditions de l'acte de société (8), à moins que les statuts n'aient conféré ce pouvoir à l'assemblée générale; et un pouvoir spécial et formel serait nécessaire pour des modifications portant sur les bases fondamentales de la société, comme l'augmentation ou la diminution du capital, l'objet de la société, sa durée, etc. (9). Lorsque les statuts portent que les associés ne peuvent être soumis à aucun appel de fonds, la majorité n'a pas le droit de décider que les dividendes échus seront portés au crédit de chaque associé pour ne pas diminuer le fonds de roulement (10).

4812. Il pourrait être valablement stipulé par les statuts que toutes les contestations touchant l'intérêt général de la société ne seraient valablement dirigées qu'au nom de la masse des actionnaires, et en vertu d'une autorisation de l'assemblée générale (10 bis). V. *infra n°s 5028, 5080*.

4813. Lorsqu'il ne s'agit que d'actes d'administration, la loi des majorités qui domine dans toute opération collective (11), sauf en matière de simple communauté ou indivision (12), doit recevoir son application, soit entre les administrateurs lorsqu'ils sont plus de deux, soit entre tous les associés

---

Le bureau désigne le secrétaire.

Art. 42. Les délibérations sont prises à la majorité des voix des membres présents, sauf dans le cas de modification statutaire prévu ci-après.

Chacun d'eux a droit à autant de voix qu'il représente de fois dix actions, soit comme propriétaire, soit comme mandataire, mais sans pouvoir, en aucun cas, réunir plus de cinq voix.

Art. 43. L'ordre du jour est arrêté par le conseil d'administration; il n'y est porté que les propositions émanant du conseil, ou qui lui ont été communiquées cinq jours au moins avant la réunion, avec la signature de dix membres de l'assemblée.

Il ne peut être mis en délibération que les objets portés à l'ordre du jour.

Art. 44. L'assemblée générale annuelle entend le rapport qui lui est présenté par le conseil d'administration (*ou le directeur*), sur la situation de la société, sur le bilan et sur les comptes.

Elle discute et, s'il y a lieu, approuve les comptes.

Elle fixe le dividende à répartir.

Elle nomme les administrateurs à remplacer.

Elle délibère et statue souverainement sur tous les intérêts de la société, et confère

---

(1) Duvergier, n°s 316 et 318; Troplong, n° 691; Massé et Vergé, *loc. cit.*; Cass., 14 fév. 1859.

(2) Cass., 14 février 1859.

(3) Troplong, *loc. cit.*; Bordeaux, 9 janv. 1826. Comp. Cass., 30 ventôse, an 11, 29 janvier 1839.

(4) Duvergier, n° 317; Troplong, n° 694; Bounier, I, 520; Massé et Vergé, § 748, note 2; Dalloz, n° 209; Douai, 17 déc. 1814; Cass., 18 nov. 1865; contra, Boncenne, II, 133; Pigeon, I, p. 474; Carré, n° 266 bis; Delangle, n° 20; Cass., 8 nov. 1836. Comp. Cass., 29 juin 1853.

(5) Duvergier, n° 317; Troplong, n°s 692 et 693; Delangle, n° 18; Molinier, n° 304; contra, Boncenne, II. p. 134.

(6) Cass., 7 mai 1814, 3 mai 1853; Bordeaux, 21 déc. 1840; contra, Douai. 15 mai 1844.

(7) Cass., 29 mars 1864; Paris, 1er mars 1862.

(8) Cass., 22 août 1844; Bruxelles, 9 fév. 1842; Paris, 18 mars, 1862; Angers. 26 avril 1866.

(9) Pardessus. IV, n° 980; Duvergier. n° 287; Troplong, n°s 724 et 724; Cass., 11 fév. 1853, 17 avril 1855 ; Orléans, 20 juill. 1853, 12 août 1863. Comp. Paris, 26 avril 1850, 4 janv. 1853.

(10) Angers, 26 avril 1866.

(10 bis) Paris. 8 déc. 1847. V. Dalloz, n° 1235.

(11) Pardessus, IV, 979; Malepeyre et Jourdain, p. 64; Duvergier, n° 286; Troplong, n°s 720 et 721; Molinier, n° 310; Bravard, p. 77.

(12) Troplong, n° 725 ; Pardessus, Duvergier, *loc. cit.*

eux-mêmes. Mais à égalité de voix, l'avis des opposants l'emporte, et condamne la société à l'abstention (1).

4814. Les voix se comptent par tête, sans égard à l'importance de l'intérêt de chaque associé, à moins de stipulation contraire (2) ; car il peut être convenu ou que chacun aura un nombre de voix proportionnel au chiffre de ses actions, ou même qu'il faudra posséder tel nombre d'actions pour avoir voix délibérative, ou encore que l'assemblée générale sera composée, par exemple, des cent plus forts actionnaires (3).

4815. *Deuxième règle.* « Chaque associé peut se servir des choses appartenant à la société, pourvu » qu'il les emploie à la destination fixée par l'usage, et qu'il ne s'en serve pas contre l'intérêt de la » société, ou de manière à empêcher ses associés d'en user selon leur droit (C. N., 1859, 2°). » L'usage individuel des choses sociales a dû, avec raison, être soumis à tant de restrictions qu'il ne peut guère profiter aux associés que dans les sociétés peu nombreuses, fondées sur la confiance et l'amitié plus que dans un but lucratif.

4816. *Troisième règle.* « Chaque associé a le droit d'obliger ses associés à faire avec lui les » dépenses qui sont nécessaires pour la conservation des choses de la société (C. N., 1859, 3°). » Ici, à l'inverse de ce que nous avons vu tout à l'heure, où un seul associé pouvait tout arrêter par son *veto*, *supra* n° 4798, le droit d'agir et de contraindre est donné à tous et à chacun. Mais ce droit est expressément limité à ce qui est nécessaire pour la conservation de la chose, et il ne s'étendrait pas jusqu'à des dépenses voluptuaires, ni même à des améliorations (4).

4817. *Quatrième règle.* « L'un des associés ne peut faire d'innovations sur les immeubles » dépendant de la société, même quand il les soutiendrait avantageuses, si les autres associés n'y con- » sentent (C. N., 1859, 4°). » Nous revenons sur ce point au *veto* individuel ; il faut l'unanimité des associés pour décider des innovations qui n'ont pas été prévues et qui sont une véritable modification du pacte social, *supra* n° 4811. Cependant la simple majorité pourrait autoriser des travaux qui, sans altérer la nature de la chose, la rendraient plus commode ou plus productive (5).

4818. Les fonctions des administrateurs et gérants étant celles de mandataires sont gratuites, s'il n'y a convention contraire (*arg*. C. N., 1986) (6); et cette convention, en matière commerciale, peut résulter des circonstances (7).

4819. Une personne qui administre deux sociétés distinctes a qualité pour contracter, au nom de l'une, des engagements envers l'autre, notamment par voie de compte courant, et pour arrêter les comptes respectifs des deux sociétés (8). De même l'un des administrateurs d'une société pourrait aussi contracter avec cette société, alors surtout qu'il n'aurait pas pris part à la délibération autorisant le contrat (9). — V. toutefois, pour les sociétés anonymes, *infra* n° 5061.

§ 6. — DES OBLIGATIONS RÉCIPROQUES DES ASSOCIÉS ENTRE EUX.

4820. L'associé qui a pris des fonds dans la caisse sociale, pour les employer à ses affaires personnelles, devient, de plein droit et sans demande, débiteur des intérêts de ces sommes à compter

---

au conseil d'administration (*ou au directeur*) tous les pouvoirs supplémentaires qui seraient reconnus utiles.

ART. 45. Les délibérations de l'assemblée générale sont constatées par des procès-verbaux inscrits sur un registre spécial et signé des membres du bureau.

Une feuille de présence, contenant les noms et domiciles des actionnaires membres de l'assemblée et le nombre d'actions appartenant à chacun, est certifiée par le bureau et annexée au procès-verbal pour être communiquée à tout intéressé.

---

(1) Troplong, nos 717 et 720; Malepeyre et Jourdain, p. 61; Molinier, n° 313; Bravard, p. 77; CONTRA, Pardessus, *loc. cit.*
(2) Pardessus, *loc. cit.*; Duvergier, n° 268; Troplong, n° 722.
(3) V. Cass., 27 et 28 déc. 1853.
(4) Troplong, n°s 735 et s. Comp. Duvergier, n° 363.

(5) Dalloz, n° 527; Toulouse, 30 mai 1828.
(6) Renues, 24 juin 1821.
(7) Nancy, 24 août 1841.
(8) Cass., 4 déc. 1834; CONTRA, Dalloz, n° 947.
(9) Cass., 7 mai 1844.

du jour où il les en a tirées (1), sans préjudice de plus amples dommages-intérêts s'il y a lieu (*C. N.*, *1846*).

4821. Cette règle et celles qui vont suivre dérivent de l'esprit de confraternité qui doit présider dans les relations sociales, et qui exige que l'intérêt individuel ne soit pas préféré à l'intérêt commun (2) ; ce principe a même été étendu au cas de simple communauté ou indivision (3).

4822. C'est ainsi que les associés doivent également à la société les intérêts des sommes exigibles dont ils sont débiteurs envers elle (4), et de celles qu'ils ont touchées pour son compte (5). Toutefois l'associé administrateur ou gérant ne doit pas les intérêts des sommes qu'il conserve en caisse pour les besoins de la société (6), à moins que le défaut d'emploi ne provienne d'une incurie bien démontrée.

4823. Lorsque l'un des associés est, pour son compte particulier, créancier d'une somme exigible envers une personne qui se trouve aussi devoir à la société une somme également exigible, l'imputation de ce qu'il reçoit de ce débiteur doit se faire sur la créance de la société et sur la sienne dans la proportion des deux créances, encore qu'il eût par sa quittance dirigé l'imputation intégrale sur sa créance particulière ; mais s'il a exprimé dans sa quittance que l'imputation serait faite en entier sur la créance de la société, cette stipulation sera exécutée (*C. N.*, *1848*).

4824. L'imputation proportionnelle aurait lieu alors même que l'imputation exclusive sur la créance de l'associé émanerait du débiteur (7), à moins qu'il n'y ait eu un intérêt réel (*C. N.*, *1256*) (8).

4825. Si l'une des deux créances n'était pas exigible, l'imputation aurait lieu en général sur celle qui serait exigible (9). Si aucune ne l'était, on devrait avoir égard à l'intérêt du débiteur pour déterminer l'imputation (10).

4826. Ce qui précède n'est pas applicable à la compensation légale qui s'opérerait de plein droit, *supra n° 3368*, entre l'un des associés et un tiers son débiteur en même temps que celui de la société (11) ; ni à l'associé non administrateur, qui, en touchant sa propre créance, fait son affaire personnelle, et n'est pas tenu de faire celle de la société qu'il n'a pas le droit d'administrer (12).

4827. Lorsqu'un des associés a reçu sa part entière de la créance commune, cet associé est tenu de rapporter à la masse commune ce qu'il a reçu, encore qu'il eût spécialement donné quittance pour sa part (*C. N.*, *1849*) (13). Il en est ainsi, que le débiteur soit ou non devenu depuis insolvable (14).

4828. Il devrait aussi rapporter le prix de la vente qu'il aurait faite d'une chose sociale, ou de sa part dans cette chose (15), à supposer que la vente soit reconnue par les autres associés ; car un associé, administrateur ou non, ne peut aliéner ni engager les choses, même mobilières qui dépendent de la société (*C. N.*, *1860*).

4829. Chaque associé est tenu envers la société des dommages qu'il lui a causés par sa faute, sans pouvoir compenser avec ces dommages les profits que son industrie lui aurait procurés dans d'autres affaires (*C. N.*, *1850*).

ART. 46. Les copies ou extraits à produire, en justice ou ailleurs, des délibérations de l'assemblée, sont signés par le président et un autre membre du conseil d'administration.

---

(1) Rennes, 27 janvier 1826.
(2) Nîmes, 2 janv. 1829 ; Paris, 26 avril 1850 ; Alger, 26 juin 1854.
(3) Grenoble, 7 mai 1831.
(4) Massé et Vergé sur Zach., § 716, note 6 ; Grenoble, 4 mars 1826. CONTRA, Zach., *loc. cit.*
(5) Duvergier, n° 34 ; Cass., 28 juin 1825.
(6) Duvergier, n°s 341 et 343 ; Troplong, n° 544 ; CONTRA, Delangle ; n° 458.
(7) Duvergier, n°s 336 et 338 ; Zach., *éd.*, Massé et Vergé, § 716, note 10.
(8) Les mêmes et Pardessus, n° 1016 ; Delangle, n° 166 ; Troplong, n° 550.

(9) Duvergier, n° 334 ; Troplong, n° 555.
(10) D.-Hoz, n° 548. Comp Duranton, XVII, 401.
(11) Les mêmes, et Duvergier, n° 339 ; CONTRA, Massé et Vergé, § 716, note 10.
(12) Pardessus, n° 1018 ; Duvergier, n° 341 ; Troplong, n° 558 ; CONTRA, Malepeyre et Jourdain, p. 68 ; Delangle, n° 170 ; Massé et Vergé, *loc. cit.*
(13) Cass., 17 décembre 1823.
(14) Duvergier, n° 343 ; Troplong, n° 561.
(15) Pothier, n° 122 ; Duvergier, n° 342 ; Troplong, n° 553,

4830. C'est aux tribunaux d'apprécier équitablement d'après les circonstances (1), et même d'après les personnes (2), ce qui constitue une faute (3). Mais un associé ne pourrait donner comme excuse la négligence habituelle qu'il apporte à ses propres affaires ; il doit à la société les soins et la vigilance que les autres associés ont dû raisonnablement espérer (4).

4831. La soustraction frauduleuse d'effets de la société par un associé non gérant constitue un vol (*C. pén.*, *401*) (5) ; le détournement par un administrateur constitue un abus de confiance (*C. pén.*, *408*) (6), dont les autres sont responsables, s'ils n'ont surveillé (7).

4832. Un associé a action contre la société, non-seulement à raison des sommes qu'il a déboursées pour elle, mais encore à raison des obligations qu'il a contractées de bonne foi pour les affaires de la société, et des risques inséparables de sa gestion (*C. N.*, *1852*).

4833. Ainsi un associé qui n'a apporté que son industrie a droit d'être indemnisé des frais de voyage et autres faits dans l'intérêt commun (8), encore bien que, par l'événement, ces dépenses trouvent n'avoir pas profité à la société (9).

4834. Les déboursés produisent intérêt de plein droit à compter du jour où ils ont été faits (*arg. C. N.*, *1846 et 2001*) (10).

§ 7. — DES ENGAGEMENTS DES ASSOCIÉS A L'ÉGARD DES TIERS.

4835. Les associés sont engagés vis-à-vis des tiers de manières bien différentes, selon la nature de la société qu'ils ont contractée.

4835. Dans les sociétés civiles, ils ne sont pas tenus solidairement des dettes sociales (*C. N.*, *1862*), mais ils sont obligés envers le créancier avec lequel ils ont contracté chacun pour une somme et part égale, encore que la part de l'un d'eux dans la société fût moindre, si l'acte n'a pas spécialement restreint l'obligation de celui-ci sur le pied de cette dernière part (*C. N.*, *1863*). Ces règles sont applicables aux sociétés civiles par actions lorsqu'elles n'ont pas emprunté la forme commerciale, *supra n° 4744*). Toutefois il peut être stipulé que la responsabilité est limitée aux mises ; et cette clause, toujours valable entre les associés, est opposable aux tiers si elle a été portée à leur connaissance (11) ; mais elle ne peut être applicable qu'à l'un ou à quelques-uns des associés, car, si elle était généralisée, la société deviendrait en quelque sorte anonyme, en dehors des conditions légales (12). Au contraire, lorsque la société civile emprunte une forme commerciale, *supra n° 4654 et suiv.*, les actionnaires ne

---

TITRE VI. — ÉTATS DE SITUATION. — INVENTAIRES. — BÉNÉFICES. (Nᵒˢ 4755 à 4786.)

Art. 47. L'année sociale commence le 1ᵉʳ janvier et finit le 31 décembre.

Par exception, la première année comprendra le temps écoulé entre la constitution définitive de la société et le 31 décembre prochain.

Art. 48. Le conseil d'administration dresse chaque trimestre un état résumant la situation active et passive de la société.

Il est en outre établi, à la fin de chaque année sociale, un inventaire contenant l'indication des valeurs mobilières et immobilières et de toutes les dettes actives et passives de la société.

Cet inventaire est présenté à l'assemblée générale, et tout actionnaire peut en prendre, à l'avance, communication au siége social.

Art. 49. Sur les bénéfices nets annuels il est prélevé :

---

(1) Duvergier, nᵒˢ 324 et suiv.
(2) Delangle, nᵒ 161.
(3) Bedarride, nᵒ 39; Troplong, nᵒˢ 567 et s.
(4) Molinier, nᵒ 333; Massé et Vergé, § 716, note 9; CONTRA, Duvergier, nᵒ 326; Troplong, nᵒ 573; Delangle, nᵒ 461; Duranton, XVII, 403; Comp. Cass., 3 messidor, an 8.
(5) Dalloz, nᵒ 561; Cass., 22 nivôse an 12.
(6) Delangle, nᵒ 320; Molinier, nᵒ 533; Cass., 13 juin 1845, 8 août 1845, 6 juill. 1849, 31 juill. 1851; Rouen, 18 mars 1842; CONTRA,

Bedarride, I. 213; Dalloz, nᵒ 1323; Cass., 13 janv. 1842, 16 janv. 1866.
(7) Paris, 24 janv. 1852.
(8) Troplong, nᵒ 60 ; Massé et Vergé, § 717, note 6.
(9) Les mêmes; et Duvergier, nᵒ 319; Duranton, XVII, 412.
(10) Duvergier, nᵒ 448; Troplong, nᵒ 601; Delangle, nᵒ 152; Zach. Massé et Vergé, § 717, note 6. Comp. Cass., 21 juin 1819.
(11) Duvergier nᵒˢ 397 et 482; Dalloz, nᵒ 2389. V. Paris, 15 mars 1806; J. N., 18503.
(12) Duvergier, nᵒ 483.

sont tenus que selon le mode commercial, les tiers étant avertis par les publications légales (1). Dans les sociétés de commerce, ou les associés sont tenus solidairement, comme dans la société en nom collectif, *infra n° 4961*, ou au contraire ils ne sont obligés que jusqu'à concurrence de leurs mises, comme dans les sociétés en commandite, *infra n° 4976*, et anonymes, *infra n° 5055 bis*.

4837. Il existe des règles communes aux diverses sociétés, que nous devons faire connaître ici :

4838. L'un des associés ne peut obliger les autres si ceux-ci ne lui en ont conféré le pouvoir (*C. N., 1862*). A défaut de pouvoirs, la stipulation que l'obligation est contractée pour le compte de la société ne lie que l'associé contractant (*C. N., 1864*), lequel se trouve personnellement engagé envers les tiers (*arg. C. N., 1997*) (2).

4839. Deux conditions sont donc nécessaires pour obliger la société : il faut 1° que l'associé ait agi au nom de la société, *nomine sociali*, ce qui peut résulter des circonstances, en l'absence de toute formule quelconque (3); 2° qu'il ait eu le pouvoir d'obliger la société, pouvoir qui n'a besoin d'être exprès qu'en dehors des limites de l'administration, *supra n° 4803* (4).

4840. Néanmoins quoique l'associé qui a traité au nom de la société soit sans pouvoir, elle est obligée si la chose a tourné à son profit (*C. N., 1864*), en vertu de ce principe que nul ne peut s'enrichir aux dépens d'autrui (5).

4841. En serait-il de même si l'associé avait traité en son nom personnel ? Non ; la présomption que l'associé a voulu que l'affaire fût sienne doit l'emporter ; et, en pareil cas, les tiers, au lieu d'une action directe contre la société, n'auraient que l'action oblique conférée à tout créancier par l'art. 1166 C. N. (6). Toutefois il n'en serait ainsi que dans les rapports de la société avec les tiers, et sauf le recours contre la société de l'associé qui aurait fait une dépense dont elle aurait réellement profité (7).

4842. Tout associé autorisé à gérer, et qui abuse de ses pouvoirs en s'appropriant le résultat de l'opération, oblige néanmoins la société envers les tiers. Ainsi, un gérant qui emploie la signature sociale à souscrire ou endosser des effets négociables, oblige valablement la société quoiqu'il en garde le montant (8).

4843. Mais il en serait autrement si les tiers étaient de mauvaise foi (9). D'après une jurisprudence qui semble devoir s'établir, malgré la résistance qu'elle trouve dans la doctrine, les tiers ne seraient pas constitués en mauvaise foi par la seule connaissance qu'ils auraient que l'affaire est personnelle au gérant; car ils ont pu croire que c'est avec l'assentiment de ses coassociés qu'il a fait un

---

1° 5 p. 100 du fonds social, pour être payés à tous les actionnaires sans distinction, à titre d'intérêt :

2° Un vingtième du surplus pour le fonds de réserve qui va être établi,

Art. 50. L'excédant des bénéfices est réparti dans la proportion suivante :

...°/₀ aux actionnaires.

...°/₀ aux administrateurs, par parts égales.

...°/₀ au directeur (s'il y en a un).

Art. 51. Le payement des bénéfices a lieu dans l'année qui suit la clôture de l'exercice pendant lequel ils ont été réalisés, et aux époques fixées par le conseil d'administration.

---

(1) Duvergier, n° 486.
(2) Douai, 12 décembre 1840 et 15 mai 1844.
(3) Cass., 12 juillet 1825, 12 juillet 1835.
(4) Duvergier, n° 385, Troplong, n° 807; Massé et Vergé, § 719, note 4.
(5) Duvergier, n°s 401 et 403; Troplong, n° 813; Grenoble, 19 janvier 1834.
(6) Troplong, n°s 772 et s.; Delamarre et Lepoitevin, I., 250 et 252; Dalloz, n°s 612 et 935; Delangle, n° 232; Cass., 28 août 1828,

13 mai 1845, 16 février 1853 ; Angers, 28 janv. 1844 ; Besançon, 6 fév. 1865; contra, Merlin. *Société*, § 2; Duranton, XVII, 449; Malepeyre et Jourdain. p. 97; Duvergier, n° 404. Comp. Bordeaux, 11 avril 1845; Cass., 8 février 1816, 12 mars 1850.
(7) Bordeaux, 21 nov. 1854. Comp. Cass., 19 août 1846.
(8) Malepeyre et Jourdain, p. 95; Delangle, n°s 244 et s.; Bedarride, n° 452.
(9) Cass., 22 avr. 1845, 7 mai 1851, 24 janv. 1853; Lyon, 26 juin 1851; Paris, 12 juill. 1849, 14 août 1852.

usage personnel de la signature sociale (1). Cependant, suivant un arrêt (2), la société ne serait pas engagée si, par une clause des statuts, reproduite dans l'extrait publié, les dettes personnelles des associés avaient été formellement laissé s à leur charge.

4814. Les administrateurs de toute société, civile ou commerciale, ne peuvent, lorsqu'ils ont agi dans la limite de leurs pouvoirs, être poursuivis individuellement et sur leurs biens propres qu'autant que la société ne satisfait pas à ses obligations (3). Ils ne sont en quelque sorte que les cautions de la société, et pour agir contre eux il ne suffirait pas d'une mise en demeure adressée à la société (4), ni même d'une condamnation obtenue contre elle (5); il faut qu'avant tout les biens de la société soient épuisés (6); toutefois, après la dissolution de la société, *V. infra n° 4904*.

4815. Dans toute société (7), civile (8) ou commerciale, les créanciers sociaux sont préférables aux créanciers personnels des associés sur l'actif social. Mais ceux-ci ont le droit de faire des saisies-arrêts sur les bénéfices revenant à leur débiteur, et même, suivant un arrêt (9), de faire saisir et vendre ses droits dans la société, dans les formes établies pour les rentes constituées (*C. pr., 656*); ce qui, bien entendu, n'aurait pas pour effet de rendre l'acquéreur sociétaire, *infra n° 4847*, mais lui permettrait de toucher la part de l'associé exproprié dans les bénéfices périodiques et dans les produits de la liquidation (10), sans pouvoir demander la dissolution de la société avant le terme fixé (11).

§ 8. — DES CESSIONNAIRES ET CROUPIERS.

4816. Chaque associé peut, sans le consentement de ses associés, s'associer une tierce personne relativement à la part qu'il a dans la société (*C. N., 1861*); le tiers ainsi associé se nomme *croupier*. Mais il ne peut pas, sans ce consentement, l'associer à la société, lors même qu'il en aurait l'administration (*C. N., même article*).

4817. Toutefois l'introduction des tiers dans les sociétés n'est défendue que pour celles qui sont fondées sur la considération des personnes; car toute société qui divise son capital en actions ou parts d'intérêts négociables, admet nécessairement et par là même (12) le droit de négocier, c'est-à-dire de céder ces actions ou parts à des tiers; cela est vrai, à moins de clause contraire, des actions nominatives aussi bien que des actions au porteur (*arg. C. comm., 35 et 36*).

4818. Les actionnaires, subrogés aux droits des associés, ne peuvent être affranchis de leurs obligations (13); ils deviennent de plein droit sociétaires, alors même que, par une clause des statuts sociaux, ils n'auraient voix délibérative qu'avec le consentement des autres associés (14). Ils sont donc responsables des versements non opérés sur les actions, de même que les souscripteurs originaires et les cessionnaires intermédiaires, s'il y en a. *supra n° 4754*.

4819. Le mode de cession des actions, établi par la loi pour les sociétés en commandite et anonymes, *infra n°° 5005 et suiv.. 5052 et suiv*, peut être considéré comme applicable à toutes les sociétés par actions.

4850. Dans une société qui n'a pas créé de titres négociables, la cession peut être autorisée par

---

TITRE VII. — FONDS DE RÉSERVE.

Art. 52. Le fonds de réserve se compose de l'accumulation des sommes prélevées sur les bénéfices annuels, conformément à l'art. 49.

Il est destiné à faire face aux dépenses extraordinaires et imprévues.

(1) Cass., 11 mai 1836. 22 avr. 1845, 7 mai 1851; Paris, 12 juill. 1819; Rouen, 23 fév. 1847; Amiens, 10 juill. 1802; contra. Pothier, n° 101; Pardessus, n° 1023; Delangle, n° 217 et s.; Massé, *Droit comm.*, V, 54; Bedarride, n°° 159 et s.; Alauzet, n° 131; Paris, 14 août 1852.

(2) Cass., 21 fév. 1860.

(3) Douai, 4 janv. 1851. Comp. Cass., 10 août 1831.

(4) contra. Molinier, n° 354.

(5) contra. Pardessus, n° 1026; Malepeyre et Jourdain, p. 131; Delangle, n° 263; Bedarride, n° 165.

(6) Delamarre et Le poitevin, n° 240; Alauzet, n° 130; Dalloz, *Société*, n° 910.

(7) Duvergier, n° 405; Troplong, n° 865; Delangle, n°° 14 et s.;

Massé et Vergé, § 719, note 10; Cass., 14 mars 1848, 24 janv. 1853, 8 août 1859.

(8) contra. Vincens, *Des soc. par act.*, p. 3 et s.; Frémery, p. 32.

(9) Paris, 14 août 1851.

(10) Duvergier, n° 408.

(11) Dalloz, *Soc.ét.*, n° 612; contra. Besançon, 11 janv. 1810.

(12) Vavasseur, *Des soc. à respons. lim.*, p. 41.

(13) Cass., 23 ventôse an 8.

(14) Cass., 1er ventôse an 10.

une clause de l'acte de société ; à défaut de clause, le consentement tacite des autres associés pourrait résulter des circonstances (1).

4851. Du reste, la cession non autorisée par la société ne serait pas nulle entre le cédant et le cessionnaire ; celui-ci, moyennant la signification prescrite par l'art. 1690 C. N., serait même saisi, vis-à-vis des tiers, du droit de toucher la part de son cédant dans les bénéfices annuels et dans le produit de la liquidation ; seulement il ne pourrait s'ingérer dans l'administration de la société ni même exiger directement la reddition des comptes (2).

4852. L'acte de société peut, en autorisant la cession, stipuler un droit de préférence ou de retrait au profit des autres associés ; le cédant notifie à la société la cession projetée ou accomplie, et le retrait doit être exercé dans le délai fixé par les statuts (3), sinon dans un délai qui serait imparti par le tribunal.

4853. Lorsqu'aucune sorte de consentement ne lui est donné, l'associé qui veut disposer de sa part en est réduit à prendre un *croupier*, avec lequel il forme une sous-société, qui demeure tout à fait étrangère à la société mère. Ce n'est pas une simple communauté, mais une véritable société qui se forme avec le croupier (4) ; celui-ci ne doit pas non plus être confondu avec le cessionnaire et n'a aucune signification à faire à la société principale ; mais une signification deviendrait nécessaire à l'époque du partage, pour les créances qui seraient attribuées au croupier (5).

4854. Un associé peut former plusieurs sous-sociétés successives sur des portions diverses de ses droits sociaux (6) ; elles sont étrangères entre elles comme à la société mère ; aucune action directe n'appartient aux croupiers les uns contre les autres, ni contre la société principale, ni à celle-ci ou aux créanciers sociaux contre les croupiers (7) ; l'action oblique résultant de l'art. 1166 C. N. serait seule recevable.

4855. Quant aux créanciers personnels de l'associé, le croupier n'a pas à craindre leur concours en faisant enregistrer l'acte de sous-société avant toute saisie-arrêt de leur part (8).

4856. La sous-société avec le croupier sera civile ou commerciale selon la nature de la société principale ; mais elle pourra revêtir tout autre caractère que celle-ci, et par exemple être en participation, quoique l'autre société soit en nom collectif ; mais alors et conformément aux règles de l'association en participation, *infra nº 5100*, le croupier aurait à subir le concours des créanciers personnels de son cédant (9)..

§ 9. — DES DIFFÉRENTES MANIÈRES DONT FINIT LA SOCIÉTÉ.

4857. La société finit :

4858. 1º *Par l'expiration du temps pour lequel elle a été contractée* (C. N., 1865, 1º). Le terme fixé pourra dans certains cas être considéré comme purement démonstratif ou approximatif, ainsi : une société étant formée pour une entreprise non complétement achevée au terme convenu, elle continuerait d'exister assez de temps pour mettre à fin l'entreprise (10).

4859. La prorogation d'une société à temps limité ne peut être prouvée que par un écrit revêtu des mêmes formes que le contrat de société (C. N., 1866) ; ce qui ne doit pas s'entendre trop à la lettre, la loi ayant voulu assujettir la prorogation, non identiquement et matériellement à la forme de la société prorogée, mais seulement aux formes prescrites pour le même genre de société (11).

Lorsque le fonds de réserve aura atteint le dixième du fonds social, le prélèvement affecté à sa création cessera de lui profiter, et sera ajouté aux dividendes à répartir.

ART. 53. En cas d'insuffisance du produit d'une année pour donner un intérêt ou dividende de 5 p. 100 par action, la différence peut être prélevée sur le fonds de réserve.

---

(1) Bedarride, nº 21.
(2) Vavasseur, *Des soc. à resp. lim.*, p. 42 ; Rouen, 2 janv. 1847. V. toutefois, Paris, 3 juin 1853 et 13 août 1834.
(3) Douai, 10 janvier 1839.
(4) Pothier, 94 et s. ; Merlin, *Croupier*; Malepeyre et Jourdain, p. 100 ; Troplong, nºs 755 et s. ; Delangle, nº 165, Bedarride, nº 23 et s. ; Massé et Vergé, § 717, note 9 ; Vavasseur, *Journal du notariat*, 20 juin 1863 ; Cass., 24 nov. 1856 ; contra, Duvergier, nº 375.
(5) Troplong, nº 765 ; Duvergier, nº 378 ; Duranton, XVII, nº 445.

(6) Troplong, nºs 768 et 769.
(7) Cass., 8 prairial an 13.
(8) Duranton, XVII, 445 ; Duvergier, nº 378 ; Troplong, nº 764.
(9) Troplong, nº 767.
(10) Duvergier, nº 414 ; Troplong, nº 871 ; Delangle, nº 633 ; Massé et Vergé, I 729, note 3 ; Bruxelles, 13 janvier 1810 ; Nîmes, 2 janv. 1839 ; Cass., 14 mars 1848.
(11) Duvergier, nº 416 ; Troplong, nº 914 ; Bruxelles, 11 févr. 1819 ; Cass., 12 déc. 1825, et 19 juillet 1831.

4860. La dissolution des sociétés à terme ne peut être demandée par l'un des associés avant le terme convenu qu'autant qu'il y en a de justes motifs; comme lorsqu'un autre associé manque à ses engagements, ou qu'une infirmité habituelle le rend inhabile aux affaires de la société, ou autres cas semblables, dont la légitimité et la gravité sont laissées à l'arbitrage des juges (*C. N.*, *1871*).

4861. Il y a inexécution des engagements, lorsqu'un associé ne réalise pas son apport, qu'il ne fournit pas le concours promis, etc. (1); il se rend passible de dommages-intérêts, mais il ne pourrait lui-même demander la dissolution de la société (2).

4862. L'infirmité habituelle, devant être considérée comme résultant d'une force majeure, ne donnerait pas lieu à des dommages-intérêts; d'ailleurs elle ne serait une cause de dissolution que si l'associé avait promis une coopération personnelle aux affaires de la société; il ne pourrait offrir de se faire remplacer (3), à moins que son travail ne puisse être fait indifféremment par tout autre. Si dans ce cas il refusait de se faire remplacer, ses coassociés pourraient à leur choix, ou faire exécuter le travail à ses frais, ou demander la dissolution de la société (4).

4863. L'art. 1871 n'est pas limitatif (5), et la dissolution anticipée devrait encore être prononcée: en cas d'absence prolongée et sans nouvelles de l'un des associés (6); de mésintelligence survenue entre les associés (7), à moins que le demandeur ne l'ait intentionnellement fait naître pour se créer une cause de dissolution (8); d'incapacité manifeste, ignorée lors du contrat; d'inconduite, poussée jusqu'au scandale (9); de révocation du gérant pour cause légitime (10), *supra* n° 4789. Cependant si tous les associés étaient d'accord pour nommer un autre gérant, la société ne serait pas dissoute; mais il faudrait en pareil cas l'unanimité, à moins que l'acte de société n'ait conféré à la majorité un pouvoir suffisant, *supra* n° 4794 *bis*.

4864. 2° Par l'*extinction de la chose ou la consommation de la négociation* (*C. N.*, *1865*, 2°).

4865. Lorsque le fonds social n'est perdu qu'en partie, la société continue si ce qui reste suffit à ses besoins (11); voir *infra* n° 5078 pour les sociétés anonymes.

4866. Si l'un des associés a promis de mettre en commun la propriété d'une chose, la perte survenue avant que la mise ne soit effectuée opère la dissolution de la société par rapport à tous les associés. Mais la société n'est pas rompue par la perte de la chose dont la propriété a déjà été apportée à la société (*C. N.*, *1867*), à moins, bien entendu, que cette chose ne soit essentielle à son existence (12).

4867. La société est également dissoute dans tous les cas par la perte de la chose, lorsque la jouissance seule a été mise en commun et que la propriété en est restée dans la main de l'associé (*C. N.*, *1867*).

4868. Deux sociétés qui se fusionnent n'opèrent pas leur dissolution par ce fait même pour faire place à une société distincte et nouvelle; en général, et à moins de circonstances exceptionnelles, elles continuent de subsister sous la forme nouvelle que les parties leur ont donnée (13).

4869. 3° Par la *mort naturelle de quelqu'un des associés* (*C. N.*, *1865*, 3°). Toutefois les opérations commencées doivent être continuées pour le compte et aux risques de la société (14).

ART. 54. A l'expiration de la société, et après la liquidation de ses engagements, le fonds de réserve est partagé entre toutes les actions.

TITRE VIII. — MODIFICATION DES STATUTS. (N°ˢ 4810 à 4812.)

ART. 55. L'assemblée générale peut, sur l'initiative du conseil d'administration, apporter aux présents statuts les modifications dont l'utilité sera reconnue.

(1) Troplong, n°ˢ 935 et s.; Duvergier, n° 447; Delangle, n° 670; Massé et Vergé, § 720, note 24; Bourges, 14 juin 1844; Bordeaux, 20 juillet 1857; Cass., 27 mars 1844.
(2) Delangle, n° 676; Duvergier, n° 449; Troplong, n°ˢ 989 et 990; Malepeyre et Jourdain, p. 312; Massé et Vergé, *loc. cit.*; convs, Lyon, 18 mai 1823.
(3) Colmar, 8 janvier 1820.
(4) Pothier, n° 152; Malepeyre et Jourdain, p. 313.
(5) Aix, 18 juin 1822.
(6) Malepeyre et Jourdain, p. 313.

(7) Malepeyre et Jourdain, p. 313 et 314; Troplong, n° 993.
(8) Aix, 18 juin 1822.
(9) Troplong, n° 994; Duvergier, n° 450.
(10) Duvergier, n° 295; Malepeyre et Jourdain, n° 360.
(11) Malepeyre et Jourdain, p. 262 et 317, etc.; Troplong, n° 940 Massé et Vergé, sur Zach., IV, § 720, note 6.
(12) Troplong, n° 925; Delangle, n° 637.
(13) Dalloz, n°ˢ 1187 et 1423; Cass., 9 fév. 1858. Comp. Paris, 24 mars 1859.
(14) Troplong, n° 895.

4870. S'il a été stipulé qu'en cas de mort de l'un des associés la société continuerait avec son héritier, ou seulement entre les sociétaires survivants, ces dispositions sont obligatoires : au second cas, l'héritier du décédé n'a droit qu'au partage de la société, eu égard à la situation de cette société lors du décès, et ne participe aux droits ultérieurs qu'autant qu'ils sont une suite nécessaire de ce qui s'est fait avant la mort de l'associé auquel il succède (*C. N., 1868*).

4871. La clause de continuation produit son effet avec le successeur de l'associé décédé, qu'il soit héritier légitime, légataire universel ou à titre universel (1), qu'il soit majeur ou mineur (2), qu'il y en ait un seul ou plusieurs (3) ;

4872. S'il a été stipulé que la société continuerait avec l'un des héritiers désigné dans l'acte, celui-ci n'est pas lié par cette désignation à laquelle il n'a pas concouru (4) ; mais son refus pourrait donner lieu à des dommages et intérêts tant contre lui que contre ses cohéritiers, s'il apparaissait que la continuation avait été stipulée soit au profit de l'autre associé, soit dans l'intérêt commun des parties.

4873. La mort d'un associé ne dissoudrait pas la société, même en l'absence de toute convention, s'il résultait des circonstances qu'elle a continué en fait avec ses héritiers (5).

4874. 4° *Par l'interdiction ou la déconfiture* (*C. N., 1865*).

4875. La mort civile était aussi une cause de dissolution, mais elle est abolie (*L. 31 mai 1854*).

4876. L'interdiction légale résultant d'une condamnation, *supra n° 1390*, entraîne la dissolution, aussi bien que celle qui est prononcée pour démence, imbécillité ou fureur habituelles, *supra n° 4863* (6). Il en est de même de la nomination d'un conseil judiciaire (7), et de la faillite quoique suivie d'un concordat (8).

4877. Toutefois, en cas de faillite ou déconfiture d'un associé, la dissolution est purement facultative pour les autres (9) ; et les tribunaux peuvent décider d'après les circonstances qu'ils ont consenti à la continuation de la société (10) ; mais la faillite de la société elle-même n'entraînerait pas de plein droit sa dissolution ; après un concordat homologué, elle pourrait reprendre ses opérations (11).

4878. Dans les sociétés par actions, le décès, l'interdiction ou la déconfiture d'un actionnaire, non gérant ou administrateur, ne motiverait pas la dissolution, la considération des personnes n'étant en général que purement secondaire dans ces sortes de sociétés (12).

4879. 5° *Par la volonté qu'un seul ou plusieurs expriment de n'être plus en société* (*C. N., 1865, 5°*).

4880. Toutefois cette faculté n'existe que dans les sociétés dont la durée est illimitée, et elle s'opère par une renonciation notifiée à tous les associés, pourvu que cette renonciation soit de bonne foi et non faite à contre-temps (*C. N., 1869*).

4881. Serait considérée comme illimitée la société contractée jusqu'au décès de l'un des associés (13).

4882. La loi proscrit les sociétés perpétuelles ; c'est là une disposition d'ordre public à laquelle il ne serait pas permis de renoncer (14). Cependant jugé que, les mines ne pouvant être morcelées sans l'autorisation du gouvernement (*Loi 21 avril 1810*), les sociétés formées pour leur exploitation sont

---

Elle peut décider notamment :

1° L'augmentation du fonds social ;

2° Son amortissement, total ou partiel, avec les bénéfices, par la voie du sort ou autrement ;

3° La prolongation ou la dissolution anticipée de la société ;

---

(1) Duvergier, n° 440 ; Troplong, n° 952 ; Paris, 13 août 1831.
(2) Duranton, XVII, n° 473 ; Troplong, n° 954 ; Massé et Vergé, t 720, note 12 ; contra, Duvergier, n° 441.
(3) Duranton et Troplong, *loc. cit.*
(4) Caen, 10 nov. 1857.
(5) Troplong, n°s 959 et 960 ; Cass., 23 floréal an 13, 27 déc. 1813, 8 mai 1816 ; Colmar, 19 juin 1811, Caen, 8 mars 1842.
(6) Duvergier, n° 443 ; Massé et Vergé, § 720, note 15.
(7) Duvergier, n° 444 ; Zach., *loc. cit.* ; Duranton, XVII, 474.
(8) Paris, 5 janvier 1853.

(9) Pardessus, IV, 1060 ; Malepeyre et Jourdain, p. 298 ; Troplong, n°s 906 et 907.
(10) Orléans, 29 août 1844 ; Cass., 7 déc. 1858 ;
(11) Cass., 8 fév. 1854 ; Lyon, 3 juill. 1852 ; Dalloz, *Société*, n° 988 ; contra, Pardessus, n° 1066 ; Troplong, n° 937 ; Persil fils, p. 318 et s.
(12) Pardessus, n° 1057 ; Malepeyre et Jourdain, p. 300 ; Troplong, n° 887.
(13) Troplong, n° 967. Dalloz, n° 675 ; contra, Duvergier, n° 415.
(14) Troplong, n° 671 ; Delangle, n° 967 ; Marcadé, *sur l'art. 815* ; Massé et Vergé, § 720, note 21 ; contra, Lyon, 12 août 1828.

de leur nature perpétuelles, et que si un terme n'a pas été fixé, elles durent jusqu'à épuisement des matières (1).

4883. Une société permettant à chacun de ses membres d'en sortir quand il lui plaît par la cession de ses droits, serait-elle valablement constituée à perpétuité ? Nous le pensons ; cette liberté continuelle de quitter la société est un contre-poids suffisant à l'inconvénient de la perpétuité (2).

4884. La renonciation à la société illimitée n'est pas de bonne foi, lorsque l'associé renonce pour s'approprier à lui seul le profit que les associés s'étaient proposé de retirer en commun. Elle est faite à contre-temps lorsque les choses ne sont plus entières et qu'il importe à la société que sa dissolution soit différée (*C. N., 1870*). C'est à celui qui allègue la mauvaise foi ou l'inopportunité qu'il appartient d'en faire la preuve (3).

4885. La notification de la renonciation doit en général être faite par écrit, et avoir date certaine pour être opposable aux tiers (4) ; cependant elle n'a pas besoin d'être expresse et résulterait implicitement d'une demande en liquidation ou licitation (5), ou même de toute autre circonstance (6).

§ 10. — DE LA LIQUIDATION ET DU PARTAGE.

4886. Les règles concernant le partage de succession, la forme de ce partage, et les obligations qui en résultent entre les cohéritiers, s'appliquent aux partages entre associés (*C. N., 1872*).

4887. Toutefois cela n'est vrai pour les sociétés commerciales que dans les points qui n'ont rien de contraire aux usages du commerce (*C. N., 1873*). Or, l'un de ces usages, c'est de faire précéder le partage de la liquidation de la société, pour ensuite opérer ce partage sans aucune formalité de justice (7).

4888. La liquidation est faite par les associés eux-mêmes, ou par l'un d'entre eux qu'ils choisissent, ou par un tiers désigné, soit par eux, soit, à défaut d'accord, par le tribunal. Si les associés choisissent eux-mêmes le liquidateur, ce doit être à l'unanimité, à moins que ce droit n'ait été conféré à la majorité par les statuts sociaux (8), ou ne lui soit reconnu, dans certaines places de commerce, par des usages irrécusables (9). Juge, pour le cas d'annulation d'une société, que les intéressés peuvent, à la simple majorité, nommer un liquidateur apte à les représenter en justice (10).

4889. Le liquidateur a des pouvoirs très-étendus pour réaliser l'actif social et éteindre le passif ; il vend les objets mobiliers (11), et même les immeubles, si cela est nécessaire, pour payer les dettes, ou s'ils sont impartageables (12), ou encore, suivant M. Troplong (13), si la conservation des immeubles n'est pas dans le but du partage et dans les vues probables des associés. En l'absence de dettes, si l'un de ceux-ci s'opposait à la vente, les immeubles, comme les meubles, devraient être partagés en nature (14).

4° L'adoption de l'une des formes commerciales consacrées par la loi ;

5° La fusion de la société avec toutes autres sociétés du même genre.

Les modifications peuvent même porter sur l'objet de la société, mais sans pouvoir le changer complètement ni l'altérer dans son essence.

Art. 56. Dans ces divers cas, l'assemblée générale n'est régulièrement constituée que lorsque les membres présents représentent la moitié du fonds social.

Les résolutions, pour être valables, doivent être votées à la majorité des deux tiers des membres présents.

TITRE IX. — DISSOLUTION. — LIQUIDATION. (N°⁵ 4857 à 4899.)

Art. 57. En cas de perte des trois quarts du fonds social, le conseil d'administration

---

(1) Cass. 7 juin 1850 ; Lyon, 10 août 1828 ; CONTRA, Cass., 21 avril 1857, 1ᵉʳ juin 1859.
(2) Troplong, n° 974 ; Cass., 6 décembre 1843, 1ᵉʳ juin 1859.
(3) Colmar, 14 juillet 1840.
(4) Troplong. n° 981 ; Delangle, n° 674 ; Massé et Vergé, § 720, note 19. Comp. Cass., 12 juillet 1825.
(5) Colmar, 14 juillet 1840 ; Nancy, 24 avril 1845.
(6) Cass., 10 janvier 1831.
(7) Troplong, n° 1002. V. Cass., 28 août 1865, 9 juill. 1856 ; J. N., 15454, 18647.

(8) Troplong, n° 1025 ; Malepeyre et Jourdain, n° 544 ; Cass., 15 janv. 1842 ; CONTRA, Persil, p. 380.
(9) Troplong, n° 1027.
(10) Orléans, 22 déc. 1860 ; CONTRA, Mmes, 15 juill. 1863 ; Cass. 15 mars 1876.
(11) La Haye, 29 août 1844.
(12) Delarride, n° 497 ; Malepeyre et Jourdain, p. 329 ; CONTRA, Delangle, n° 688.
(13) Troplong, n° 1017, Dalloz ; n° 1031.
(14) Lyon, 23 juill. 1856 ; CONTRA, Bordeaux, 23 août 1834.

4890. Le liquidateur ne peut hypothéquer les immeubles de la société (1), ni emprunter, même pour payer des dettes exigibles (2). Mais il lui est permis de faire traite en règlement de compte sur les débiteurs de la société, d'endosser à des tiers des effets à elle appartenant (3), et, d'une manière plus générale, de prendre, à l'egard de l'actif mobilier, toutes les mesures qu'autorisent les usages du commerce, et que commandent les nécessités de la liquidation. Jugé même qu'il peut donner en nantissement les valeurs mobilières de la société (4).

4891. C'est une question très-controversée que de savoir s'il peut transiger et compromettre (5). Selon nous, ce pouvoir lui appartient, mais seulement pour les opérations ordinaires du commerce.

4892. Dans les sociétés civiles, un liquidateur peut aussi être nommé par l'accord unanime des associés, ou par la majorité, si les statuts lui en ont donné le droit, ou, en cas de désaccord, par la justice; mais il n'aurait que les pouvoirs qui lui seraient spécialement conférés, et sa présence ne dispenserait pas de l'observation des formes prescrites par la loi civile pour la vente et le partage (6); seulement il n'y aurait pas lieu à l'apposition des scellés, et les art. 841 et 882 seraient inapplicables (7).

4893. Au contraire, le liquidateur de la société de commerce, même en présence d'incapables, n'est assujetti à aucune formalité; après avoir réalisé l'actif, vendu les immeubles, judiciairement toutefois (8), payé les dettes, dressé les comptes personnels des associés, il délaisse ceux-ci à faire juger les contestations pouvant exister sur la liquidation qu'il a établie; ou il compose la masse, et fait les lots dont les parties se font à l'amiable (9) l'attribution respective.

4894. Le partage du fonds social se fait, comme celui des bénéfices, en proportion des mises (10), *supra* n°s 4764 *et s.* Les objets mis en société pour la jouissance seulement sont prélevés pour établir la masse partageable. Lorsqu'un associé a apporté une chose en propriété, et l'autre seulement une jouissance ou son industrie, ce dernier n'a droit au fonds social, si la société est dissoute avant son terme, que dans la proportion du temps qu'elle a duré (11).

4895. La société commerciale est censée subsister pour sa liquidation; l'être moral lui survit dans la personne du liquidateur, contre lequel les tiers exercent leurs actions, sans préjudice de leur action directe contre les associés (12). En conséquence, l'immeuble social vendu par le liquidateur n'est pas atteint par des hypothèques provenant du chef personnel des associés (13).

4896. Le liquidateur nommé par les statuts ne peut être révoqué s'il est membre de la société; et, s'il est étranger, il ne peut l'être qu'à l'unanimité. Nommé depuis, il est révocable comme tout mandataire, à moins qu'il ne tienne sa mission de la justice (13).

convoque l'assemblée générale à l'effet de statuer sur la question de savoir s'il y a lieu de prononcer la dissolution de la société.

Dans le même cas, tout actionnaire, sans attendre la convocation de l'assemblée, peut demander la dissolution de la société devant les tribunaux.

Art. 58. A l'expiration de la société, ou en cas de dissolution anticipée, l'assemblée générale règle le mode de liquidation et nomme un ou plusieurs liquidateurs.

Pendant la liquidation, les pouvoirs de l'assemblée générale se continuent comme pendant l'existence de la société.

Toutes les valeurs de la société sont réalisées par les liquidateurs, qui ont à cet effet

(1) Delangle, n° 638; Bedarride, n° 497; Troplong, n° 1022; Cass., 2 juin 1836.

(2 Troplong, n° 1012; Horson, p. 41; Frémery, p. 70; Delangle, n° 688; Bedarride, n° 490; Cass., 3 avril 1819; contra, Malepeyre et Jourdain, p. 331.

(3) Rouen, 12 avril 1845, 26 août 1845; Paris. 29 août 1849; Cass., 19 nov. 1835: contra, Dalloz, n° 1042.

(4) Cass., 5 mars 1839.

(5) *Pour l'affirm.* : Vincens, p. 363; Pardessus, n° 1075; Horson, *quest. 11*, p. 49; Alauzet, n° 287; Foureix, n° 236; Rennes, 21 mars 1831; Paris, 6 janv. 1854; contra, Malepeyre et Jourdain, p. 332; Persil, p. 364; Troplong, n° 1023; Delangle, n° 688; Bedarride.

n°s 488 et 489; Dalloz, n° 1036; Paris, 18 juin 1828; Cass., 15 janv. 1842.

(6) Troplong, n° 1056.

(7) Troplong, n°s 1057 et s.

8) Bedarride, n° 497; Cass., 3 août 1819, 2 juin 1836; contra, Malepeyre et Jourdain p. 329; Troplong, n° 1007.

9) Troplong, n° 1007 ; Vincens, p 315.

(10) Duvergier, n° 278; Duranton, XVII, 417 et 426; Dalloz, n° 782.

(11) Duranton XVII, 464; Duvergier, n° 472.

(12) Troplong, n°s 1014-1018; Cass., 27 juill. 1863.

(13) Cass., 29 mai 1865.

(13 *bis*) Malepeyre et Jourdain, n° 327; Troplong, n°s 1034 et s.

4897. Que la société soit civile ou commerciale, le partage produit un effet déclaratif et non translatif de la propriété, *supra* n° *2087* ; et cet effet remonte au profit de chaque héritier abandonnataire au jour où l'objet abandonné est entré dans la société, et non pas seulement au jour de la dissolution de la société (1).

4898. Lorsqu'il a été stipulé qu'en cas de décès d'un associé, la part revenant à ses héritiers serait réglée d'après le dernier inventaire, ceux-ci ne peuvent demander cette part qu'en valeurs d'inventaire et non en argent (2).

4899. En cas d'annulation, pour inobservation des formes, d'un acte de société, les tribunaux peuvent ordonner que cet acte servira néanmoins de base à la liquidation, quoiqu'il soit sans force pour l'avenir (3). Il en serait de même d'une société annulée comme étant contraire à l'ordre public, telle que celle formée pour un office d'agent de change (4), *supra* n° *4684* ; voir toutefois *infra* n° *5022*.

4900. Toutes actions contre les associés non liquidateurs et leurs veuves, héritiers ou ayants cause, sont prescrites cinq ans après la fin ou la dissolution de la société, si l'acte de société qui en énonce la durée, ou l'acte de dissolution, a été affiché et enregistré, conformément aux art. 42, 43, 44 et 46 C. comm.; et si, depuis cette formalité remplie, la prescription n'a été interrompue à leur égard par aucune poursuite judiciaire (*C. comm.*, *64*), ou d'une autre manière, par exemple par la reconnaissance de la dette résultant de payements partiels (5). Cette prescription, applicable seulement aux sociétés commerciales, ne profite pas à l'associé liquidateur, qui reste exposé, tant en cette qualité que personnellement, et pendant trente ans, aux poursuites des créanciers sociaux, mais sauf son recours, pendant le même temps, contre ses coassociés (6). Mais elle n'est opposable qu'aux tiers, et non aux associés entre eux (7). Elle n'a pas lieu si la liquidation est faite par tous les associés (8) ou par un tiers (9), ou si la société est tombée en faillite (10).

4901. La prescription quinquennale court au profit de l'associé qui se retire avant la fin de la société, et du jour où cette retraite est publiée (11). Elle court aussi au profit de l'associé liquidateur régulièrement remplacé, et qui a fait publier ce remplacement (12).

4902. Elle peut être opposée aux créanciers par l'associé commanditaire, qui n'aurait pas versé ou complété sa mise à la dissolution de la société (13).

---

les pouvoirs les plus étendus; et le produit, après le prélèvement des frais de liquidation, en est réparti aux actionnaires.

Les liquidateurs peuvent, avec l'autorisation de l'assemblée générale, faire le transport à une autre société de l'ensemble des biens, droits et obligations, tant actives que passives, de la société dissoute.

ÉLECTION DE DOMICILE.

Pour l'exécution des présentes, les comparants font élection de domicile à.....

Tout actionnaire doit aussi faire élection de domicile à....., pour l'exécution des statuts et pour toutes contestations.

Toutes notifications et assignations sont valablement faites au domicile élu, qui est attributif de juridiction.

(1) Pothier, n° 170; Troplong, n°s 1063 et s.; Massé et Vergé, § 721, note 10; CONTRA, Duvergier, n° 478; Delangle, n° 707.

(2) Caen, 10 nov. 1857.

(3) Pardessus, n° 1007; Troplong, n° 249; Bedarride, n° 364; Delangle, n° 539; Alauzet, n° 232; Cass., 13 juin 1812, 31 déc. 1814, 4 janv. 1853, 16 mai 1859, 19 mars 1862; Nancy, 23 nov. 1859; Montpellier, 16 janv. 1841; Bordeaux, 5 fév. 1841; Paris, 14 déc. 1825, 26 janv. 1855; CONTRA, Molinier, n° 273; Fonreix, n° 31. V. Agen 10 mars 1858; Angers, 2 août 1855; Paris, 27 avril 1810.

(4) Toullier, VI, 127; Alauzet, I, 84; Massé et Vergé, § 714, note 8; Cass., 24 août 1813, 31 déc. 1844, 15 déc. 1851, 4 janv. 1855, 29 juin 1863; Paris, 9 et 27 mai 1862; CONTRA, Duvergier sur Toullier, VI, 127; Bedarride, I, 125, 127; Pardessus, n° 1007; Troplong, n°s 102 et 105; Delangle, I, 101; Paris, 1er mars 1859.

(5) Cass., 19 janv. 1859.

(6) Pardessus, n° 1090; Vincens, p. 372; Troplong, n° 1051; Bedarride, n°s 702 et s.; Delangle, n° 723; CONTRA, Malepeyre et Jourdain, p. 343; Bravard, p. 94 et s.; Alauzet, n°s 290 et s.

(7) Delangle, n° 723; Bravard, p. 99; Bedarride, n° 680; Rennes, 20 juillet 1812.

(8) Troplong, n° 1032; Bedarride, n° 691.

(9) Rouen, 24 mars 1847.

(10) Locré, XVII, p. 277; Bedarride, n° 693; Delangle, n° 724; Cass., 23 mai 1853.

(11) Delangle, n° 723; Cass., 7 juin 1830, 24 nov. 1845.

(12) Paris, 20 avril 1847; Cass., 8 août 1849.

(13) Delangle, n° 725; Cass., 24 juill. 1855.

4903. Les tiers doivent assigner les liquidateurs au siége des opérations de la liquidation, et, s'il n'y en a pas, à leur domicile personnel (1).

4904. Du reste, ils peuvent, malgré la liquidation, poursuivre directement les membres de la société dissoute, mais pourvu qu'ils aient préalablement fait reconnaître et vérifier leur créance par les liquidateurs, soit amiablement, soit judiciairement (2).

CHAPITRE CINQUIÈME.

DES SOCIÉTÉS COMMERCIALES.

4905. La loi reconnaît diverses espèces de sociétés commerciales : 1° la société en nom collectif; 2° la société en commandite simple, ou par actions; 3° la société anonyme (*C. comm.*, 19); 4° la société à capital variable, *infra n° 5085*. La loi du 23 mai 1863 avait établi une autre espèce de société : la société à responsabilité limitée ; mais cette loi a été abrogée par celle du 24 juillet 1867.

4906. Nous avons vu, *supra n°s 4689 et suiv.*, quelles sont les règles communes aux sociétés commerciales et civiles, et parmi les dissemblances qui existent, nous avons signalé la forme constitutive du contrat. En effet, la société commerciale doit : 1° être rédigée par écrit; 2° être publiée ; et il en est de même des modifications apportées à l'acte primitif.

4907. Sous une 1re section, nous traiterons de ces formalités, qui sont communes à toutes les sociétés commerciales ; et, sous les sections suivantes, nous ferons connaître les règles spéciales à chaque espèce de société, puis celles relatives à l'association en participation.

SECTION Ire. — DES FORMALITÉS COMMUNES AUX SOCIÉTÉS COMMERCIALES.

§ Ier. — NÉCESSITÉ D'UN ACTE ÉCRIT.

4908. A la différence des sociétés civiles, toutes les sociétés commerciales doivent nécessairement résulter d'un acte écrit. Cette nécessité résulte des textes suivants : 1° *Les sociétés en nom collectif, en Commandite* ou *anonymes* doivent être constatées par des actes publics ou sous signature privée, en se conformant, pour les sociétés en nom collectif et en commandite simple, à l'art. 1325 du C. N.

A défaut d'élection de domicile, cette élection a lieu de plein droit au parquet de M. le procureur impérial près le tribunal de première instance de. . . . .

DONT ACTE. Fait et passé, etc.

FORMULE 659. — Société en nom collectif. (N°s 4905 à 4962.)

PAR-DEVANT Mᵉ. . . . .,

ONT COMPARU : M. Isidore MILLERET, marchand de charbon, demeurant à. . . . .,

D'UNE PART,

Et M. Paul DAVESNES, rentier, demeurant à. . . . .,   D'AUTRE PART;

Lesquels ont arrêté comme il suit les bases de la société en nom collectif qu'ils vont former entre eux :

ART. 1er. MM. MILLERET et DAVESNES s'associent pour faire le commerce de charbon de terre.

---

(1) Malepeyre et Jourdain, p. 346; Troplong. n° 1055.
(2) Delangle, n° 716; Troplong n° 1044; Cass., 24 août 1858; Lyon,

2 fév. 1864; CONTRA, pour le cas de saisie immobilière ; Cass., 12 mai 1852.

(*C. comm.*, 59) ; et pour les sociétés anonymes et en commandite par actions, aux dispositions des art. 1 et 24 de la loi du 24 juill. 1867 (1).

4909. Les actes de société en nom collectif et en commandite simple, qui ont lieu sous signatures privées, doivent être faits en autant d'originaux qu'il y a de parties ayant un intérêt distinct, *supra* n° 4697. On a considéré que, dans une société en commandite par actions, il n'y avait que deux intérêts distincts, le gérant, d'une part, et les commanditaires, de l'autre ; en sorte que deux originaux suffiraient (*L. 24 juill. art. 1867, art. 1*). Le même principe a été admis pour les sociétés anonymes (*même loi, art. 21*) (2). — Du reste, et quelle que soit la forme choisie, l'acte de société peut émaner du gérant ou des fondateurs seuls ; le contrat est complété par les adhésions ou souscriptions postérieures (3).

4910. Aucune preuve par témoins ne peut être admise contre et outre le contenu dans les actes de société, ni sur ce qui serait allégué avoir été dit avant l'acte, lors de l'acte ou depuis, encore qu'il s'agisse d'une somme au-dessous de 150 fr. (*C. comm.*, 41). Malgré cette règle générale, applicable d'ailleurs à tous les contrats (*C. N.*, 1341 et 1834), une contre-lettre, faite entre les associés, est valable et mutuellement opposable (4). De même les livres sociaux, la correspondance, pourraient servir à prouver, par exemple, une modification apportée dans l'évaluation des apports (5).

4911. A défaut d'acte écrit, la convention de société est nulle (*arg. C. comm.*, 42). Toutefois, si la société a existé en fait, cette nullité ne concerne que l'avenir ; et pour le passé, la convention peut être prouvée par tous les moyens du droit commun, c'est-à-dire par témoins avec un commencement de preuve par écrit, par la correspondance, par des aveux, etc. (6). La liquidation de la société de fait a lieu conformément aux conventions arrêtées, si elles sont prouvées (7), sinon d'après les règles du droit commun et de l'équité, *supra* n° 4899.

4912. La non-existence d'un acte écrit n'est pas opposable aux tiers (8) qui ont traité avec la société de fait, et qui ont, par exemple, un engagement signé de la raison sociale (9) ; ils sont admis à prouver l'existence de la société par témoins, même sans commencement de preuve par écrit, par de simples présomptions, par les livres, par des circulaires et par toutes les circonstances.

§ 2. — PUBLICATION DES ACTES DE SOCIÉTÉ.

4913. La loi du 24 juillet 1867, a organisé un système nouveau et complet de publicité, en abro-

---

ART. 2. Cette société est contractée pour dix-huit années consécutives, qui commenceront à partir du 1er janvier prochain.

ART. 3. Le siège de la société est fixé à. . . . .

ART. 4. La raison sociale sera *Milleret et Davesnes* ; chacun des associés fera usage de la signature sociale, mais, bien entendu, il n'obligera la société que pour les affaires qui l'intéressent. En conséquence, tous billets, lettres de change et généralement tous engagements exprimeront la cause pour laquelle ils auront été souscrits.

Ou : Chacun des associés fera usage de la signature sociale, sauf pour tous actes quelconques engageant la société, lesquels ne seront valables que signés par les deux associés.

ART. 5. Les livres de commerce seront tenus indistinctement par les deux associés ; M. MILLERET sera seul chargé de la comptabilité et de la caisse ; les achats et ventes auront lieu par les deux associés. M. DAVESNES pourra vérifier la caisse et les livres quand bon lui semblera.

ART. 6. M. MILLERET sera intéressé pour deux tiers, et M. DAVESNES seulement pour

---

(1) *Infra*, n° 4994, 5045.
(2) *Infra*, n° 5043.
(3) *Infra*, n° 4998.
(4) Cass., 20 déc. 1852.
(5) Cass., 21 juin 1864.
(6) Pardessus, n° 1007 ; Troplong, n° 226 ; Delangle, n° 509 ; Bedarride, n° 347 ; Paris, 27 janv. 1825, 29 janv. 1841 ; Cass., 22 juill. 1834.

(7) Pardessus, n° 1008 ; Troplong, n° 227 ; Delangle, n° 512 ; Bedarride, n° 347 ; CONTRA, Merlin, Rép. *Société*, sect. 3, art. 2, § 2.
(8) Pardessus, n° 1009 ; Merlin, *Société*, § 1 ; Delangle, n° 516 ; Malepeyre et Jourdain, p. 110 ; Troplong, n° 229, Bordeaux, 23 fév. 1836, 15 juill. 1840, 11 déc. 1810, Lyon, 30 juin, 1827, 6 août 1840 ; Nancy, 25 avril 1853 ; Cass., 28 nov. 1812, 23 fév. 1813.
(9) Delangle, n° 516.

geant les art. 42, 43, 44, 45 et 46 C. comm. (art. 65). Ses dispositions que nous allons rappeler sont applicables à toutes les sociétés de commerce sans exception.

4914. 1. *Publicité originaire.* Dans le mois de la constitution de toute société commerciale, un double de l'acte constitutif, s'il est sous seing privé, ou une expédition, s'il est notarié, est déposé aux greffes de la justice de paix et du tribunal de commerce du lieu dans lequel est établie la société. — A l'acte constitutif des sociétés en commandite par actions et des sociétés anonymes, sont annexées, ou plutôt jointes (1) : 1° une expédition de l'acte notarié constatant la souscription du capital social et le versement du quart; 2° une copie certifiée des délibérations prises par l'assemblée générale dans les cas prévus par les art. 4 à 24. — En outre, lorsque la société est anonyme, on doit annexer à l'acte constitutif la liste nominative, dûment certifiée des souscripteurs, contenant les noms, prénoms, qualités, demeure et le nombre d'actions de chacun d'eux (art. 55).

4915. Dans le même délai d'un mois, un extrait de l'acte constitutif et des pièces annexées est publié dans l'un (2) des journaux désignés par le préfet (décret 17 fév. 1852, art. 23), pour recevoir les annonces légales. Il est justifié de l'insertion par un exemplaire du journal certifié par l'imprimeur, légalisé par le maire et enregistré dans les trois mois de sa date (3). — Les formalités prescrites par l'art. 54 et par le présent article seront observées, à peine de nullité, à l'égard des intéressés ; mais le défaut d'aucune d'elles ne pourra être opposé aux tiers par les associés (art. 56).

4916. L'extrait doit contenir les noms (4) des associés, autres que les actionnaires ou commanditaires ; la raison de commerce ou la dénomination adoptée par la société et l'indication du siège social ; la désignation des associés autorisés à gérer, administrer et signer pour la société (5) ; le montant du capital social (6), et le montant des valeurs fournies ou à fournir par les actionnaires ou commanditaires (7), l'époque où la société commence, celle où elle doit finir et la date du dépôt fait aux greffes de la justice de paix et du tribunal de commerce (art. 57).

4917. L'extrait doit énoncer que la société est en nom collectif ou en commandite simple, ou en commandite par actions, ou anonyme, ou à capital variable. — Si la société est anonyme, l'extrait doit énoncer le montant du capital social en numéraire et en autres objets, la quotité à prélever sur les bénéfices pour composer le fonds de réserve. Enfin si la société est à capital variable, l'extrait doit contenir l'indication de la somme au-dessous de laquelle le capital social ne peut être réduit. (art. 58).

───────────────────

un tiers ; les pertes seront supportées et les bénéfices seront partagés dans ces mêmes proportions.

Art. 7. Le fonds social est fixé à la somme de cent mille francs, composée : 1° de cinquante mille francs formant la mise de M. Milleret, dont trente-six mille francs en marchandises et ustensiles de son commerce, et quatorze mille francs en numéraire et créances actives d'un recouvrement certain, le tout déduction faite de toutes dettes et charges commerciales, suivant l'inventaire qui en sera fait entre les comparants ;

2° Et cinquante mille francs en numéraire, formant la mise de M. Davesnes. Ces mises de fonds seront constatées et versées le 1er janvier prochain, jour fixé pour le commencement de la société.

Art. 8. Chacun des associés aura le droit de verser, au delà de la mise, telle somme qui lui conviendra jusqu'à concurrence de. . . . . francs, si la société a besoin de ces fonds ; ces sommes lui produiront intérêt à 6 p. 100 par an, à compter du jour où le versement aura été opéré ; elles ne pourront être retirées par celui qui les aura versées qu'après qu'il aura averti son coassocié de son intention, au moins trois mois à l'avance.

───────────────────

(1) Vavasseur, *Soc. par act.*, 429.

(2) L'insertion dans un seul journal suffit. En était-il de même avant la loi de 1867 ? Oui : Toulouse, 22 avril 1857 ; Delangle, n° 530; CONTRA, Lyon, 6 nov. 1861.

(3) Cet enregistrement dans les trois mois est prescrit à peine de nullité : Toulouse, 22 avril 1827 ; Bordeaux, 5 avril 1841; Cass., 30 janv. 1839, 18 mars 1845.

(4) L'indication inexacte de la qualité et de la demeure, pourrait vicier la publication : Paris, 15 fév. 1851.

(5) Si dans la société anonyme il est nommé un directeur étranger à la société, son nom doit être mentionné dans l'extrait : Paris 15 fév. 1851.

(6) Même dans les sociétés en nom collectif : Vavasseur, n° 434. Il en était autrement avant la loi de 1867 : Cass., 28 juin 1865.

(7) Qu'il n'est pas besoin de nommer : Delangle, II, 556.

4918. Les clauses dérogatoires au droit commun doivent aussi être insérées dans l'extrait, à peine de n'être pas opposables aux tiers (1); ainsi, celle qui stipulerait que la société ne sera tenue que des engagements souscrits par tous les associés en nom collectif, gérants ou administrateurs (2); celle qui mettrait à la charge d'un tiers des travaux à faire dans l'intérêt de la société (3); celle qui obligerait le gérant à faire toutes les affaires au comptant.

4919. Si la société a plusieurs maisons de commerce situées dans divers arrondissements, le dépôt prescrit par l'art. 55, *supra n°s 4914*, et la publication prescrite par l'art. 56, *supra n°s 4915*, ont lieu dans chacun des arrondissements où existent les maisons de commerce. — Dans les villes divisées en plusieurs arrondissements, le dépôt est fait seulement au greffe de la justice de paix du principal établissement (*art. 59*).

4920. L'extrait des actes et pièces déposés est signé, pour les actes publics, et pour les sous seings déposés pour minute avec reconnaissance de signature (4), par le notaire, qui peut être déclaré responsable des lacunes de l'extrait (5); et pour les actes sous seing privé, par les associés en nom collectif, par les gérants des sociétés en commandite, ou par les administrateurs des sociétés anonymes (*art. 60*).

4921. Le point de départ du délai des publications commence : 1° pour les sociétés en nom collectif et en commandite simple, du jour de l'acte de société, ou de sa dernière date, s'il en a plusieurs (6); 2° pour les sociétés en commandite par actions, du jour où elles sont constituées, c'est-à-dire du jour de la seconde assemblée générale qui approuve les apports (7), *infra n° 4998* ; 3° pour les sociétés anonymes, du jour de la constitution de la société, c'est-à-dire du jour de l'acceptation de leurs fonctions par les administrateurs et commissaires, et si les acceptations n'ont pas lieu même jour, à compter de la dernière (*Loi 24 juill. 1867, art. 25*).

4922. Les sociétés en nom collectif, ou en commandite simple, qui seraient contractées sous condition suspensive, ne devraient être et ne pourraient être valablement publiées que du jour de l'accomplissement de la condition. De même, l'acte dans lequel on se serait porté fort pour un associé, ne serait soumis à la publication que dans le mois de la ratification (8). Mais si le commencement de la société était simplement ajourné à une époque postérieure à l'acte, le délai de la publication courrait de la date de l'acte.

4923. Nous avons dit *supra n° 4915*, que les formalités de publicité sont prescrites à peine de nullité ; néanmoins le simple retard n'entraînerait pas la nullité, si la formalité avait été remplie avant

---

ART. 9. Les deux associés devront consacrer tout leur temps et tous leurs soins aux affaires de la société.

Ils prélèveront annuellement, et par douzième chaque mois, sur les bénéfices de la société, pour subvenir à leurs dépenses personnelles, savoir : M. MILLERET, la somme de trois mille six cents francs, et M. DAVENNES, celle de deux mille quatre cents francs.

En outre, les frais des voyages que les associés seront dans l'obligation de faire pour les affaires du commerce social seront payés sur la production d'un simple état de celui qui les aura faits.

ART. 10. Il sera fait, chaque année au mois de. . . . ., un inventaire en double original qui constatera l'état de la société à cette époque, et les bénéfices seront laissés dans la société jusqu'à son expiration ; ils seront portés au crédit du compte courant de chacun d'eux et produiront à leur profit des intérêts au taux de 6 p. 100 par an.

Sur les bénéfices, chaque associé prélèvera, en outre de l'allocation personnelle fixée par l'art. 9, l'intérêt au taux de 6 p. 100 par an : 1° de sa mise sociale ; 2° des fonds par lui versés en compte courant, 3° de sa part des bénéfices capitalisée chaque année.

---

(1) Delangle, II, p. 215 ; Lyon, 7 avril 1865. V. Angers, 18 janv. 1865.
(2) Douai, 21 nov. 1840.
(3) Paris, 4 avril 1837. V. Cass., 12 août 1863.
(4) Bruxelles, 13 fév. 1830.

(5) Douai, 21 nov. 1840.
(6) Aix, 24 déc. 1841.
(7) Vavasseur, *Soc. par act.*, n° 443 ; Cass., 4 août 1847 ; contra, Agen, 10 mars 1858.
(8) Cass., 4 août 1847.

toute demande en nullité (1). Et, suivant certains auteurs, une telle demande ne serait recevable contre une société qui aurait ajourné son point de départ qu'après l'expiration du mois de ce point de départ (2).

4924. Si la société n'a été publiée qu'après le mois, quoique en temps utile, c'est-à-dire avant toute demande en nullité, elle ne rétroagit pas et n'a d'existence légale pour les tiers que du jour de la publication effective (3).

4925. La nullité entre les associés est absolue et d'ordre public; d'où il résulte : 1° que la clause pénale stipulée contre celui qui demanderait cette nullité est nulle elle-même (4); 2° que le demandeur en nullité, usant d'un droit légitime, ne peut être condamné à des dommages-intérêts (5), à moins de circonstances particulières qui seraient considérées par les juges du fait comme une faute imputable au demandeur (6); 3° que la nullité, une fois encourue et demandée, *supra n° 4923*, ne peut être couverte ni par une ratification tacite ou expresse, ni par l'exécution volontaire donnée à l'acte, alors même que la société de fait se serait prolongée pendant plusieurs années (7). Toutefois cette nullité ne s'applique qu'à l'avenir ; mais, pour le passé, l'acte conserve sa valeur entre les associés et sert de base à la liquidation de la société de fait, *supra n° 4899*.

4926. Cette nullité, avons-nous dit, n'a lieu qu'à l'égard des intéressés, *supra n° 4915*, c'est-à-dire qu'elle est opposable : 1° par un associé à l'autre (8), 2° par les tiers aux associés.

4927. En cas de nullité, les tiers ont action contre les associés comme si la société avait été régulièrement publiée (9); néanmoins les effets souscrits par un associé individuellement ne seraient pas présumés de plein droit l'avoir été pour le compte de la société de fait (10). Les associés doivent eux-mêmes être considérés comme tiers, lorsqu'ils contractent avec la société, et à ce titre la nullité ne leur serait pas opposable; ainsi un bail fait par un associé à la société, même dans l'acte de société, pourrait être maintenu malgré l'annulation de la société (11).

4928. Les tiers qui invoquent l'existence de la société, quoique non publiée, peuvent néanmoins repousser les clauses dérogatoires au droit commun, ainsi, par exemple, celle qui affranchirait de la solidarité un associé en nom collectif (12).

4929. Les créanciers sociaux sont des tiers, et un commanditaire ne pourra invoquer contre eux la nullité de la société pour soutenir qu'il doit être traité comme un prêteur, et venir au marc le franc avec eux sur l'actif de la société (13). Le droit du commanditaire se borne à venir en concurrence avec les créanciers personnels du gérant sur ce qui revient à celui-ci (14).

Art. 11. La société sera dissoute de plein droit par le décès de l'un des associés avant l'expiration du terme fixé pour sa durée. Dans ce cas, la veuve et les héritiers de celui qui sera décédé ne pourront faire apposer de scellés, ni procéder à un inventaire judiciaire.

Le seul inventaire qui pourra être réclamé des objets dépendants de la société sera fait en la forme commerciale entre l'associé survivant et les représentants du prédécédé, et il sera procédé à la liquidation par le survivant, conformément à l'art. 14 ci-après.

Le survivant des associés aura la faculté de conserver le fonds de commerce dont la valeur, ainsi que celle de l'achalandage, seront fixées par deux experts choisis par les parties, et à défaut d'accord, par le président du tribunal de commerce.

---

(1) Pardessus, n° 1008; Delangle, n° 537; Malepeyre et Jourdain, p. 415; Alauzet, n° 223; Bedarride, n° 358. Comp. Molinier, n° 276; Grenoble, 21 juill. 1823; Paris, 26 janv. 1835; contra, Lyon, 4 juill. 1827.
(2) Molinier, n° 275; Dalloz, n° 824.
(3) Dalloz, n° 822; Paris, 27 janv. 1855; contra, Bedarride, n° 358.
(4) Alauzet, n° 232; Bedarride, n° 366; Cass., 4 janv. 1853; Paris, 23 déc. 1834. Comp. Lyon, 27 fév. 1828.
(5) Bedarride, n° 366; Cass., 23 déc. 1844; Orléans, 3 janv. 1843.
(6) Nîmes, 9 déc. 1829.
(7) Horson, quest., I, p. 74; Delangle, n° 531; Troplong, n°* 2 et s.; Bedarride, n° 366; Molinier, n°280; Cass., 30 janv. 1839, 31 déc. 1844; Lyon, 4 juill. 1827; Nîmes, 9 déc. 1829; Bruxelles, 13 fév. 1830; Toulouse, 22 juill. 1834; Rennes, 22 juin 1837; Paris, 26 janv. 1855;

contra, Pardessus, n° 1008; Malepeyre et Jourdain, p. 415; Persil, p. 214; Cass., 12 juill. 1825; Metz, 11 déc. 1818; Aix, 9 juill. 1828; Bordeaux, 16 déc. 1829; Bruxelles, 16 janv. 1830; Paris, 17 janv. 1855.
(8) Locré, sur l'art. 42; Pardessus, n° 1007; Molinier, n° 272; Bedarride, n° 363; Cass., 2 juill. 1817, 23 déc. 1844; Bourges, 2 juin 1821.
(9) Cass., 15 mars 1874; Nancy, 25 avril 1853.
(10) Cass., 17 mars 1834, 11 mai 1834; Angers, 28 janv. 1841.
(11) Dalloz, n°* 878 et 1134; Cass., 28 fév. 1859.
(12) Dalloz, n° 877; Bedarride, n° 368.
(13) Lyon, 24 janv. 1845.
(14) Lyon, 24 janv. 1845, 15 janv. 1856.

4930. De leur côté les créanciers sociaux n'ont d'action contre les commanditaires que jusqu'à concurrence de leurs mises, si ceux-ci ne se sont pas immiscés dans la gestion de la société, dont l'existence de fait est restée inconnue des tiers (1).

4931. Au contraire, les tiers, et sont aussi considérés comme tels les créanciers personnels des associés, peuvent, s'ils y ont intérêt, invoquer contre les associés et même faire prononcer la nullité de la société (2); en conséquence, faire procéder à la saisie d'un bien quelconque mis en société, même après la dissolution, et malgré l'abandon de ce bien par la liquidation à un coassocié du débiteur (3), pourvu que le titre du créancier demandeur soit antérieur à la liquidation (4).

4932. Il peut y avoir conflit entre les créanciers personnels des associés et les créanciers sociaux; en pareil cas la nullité de la société non publiée peut être opposée par les premiers aux seconds (5); ainsi notamment par la femme de l'un des associés, agissant comme créancière de ses reprises matrimoniales (6). Il en serait ainsi alors même que les créanciers personnels auraient eu connaissance de la société (7); par suite ils viennent en concurrence avec les créanciers sociaux sur l'actif de la société (8), ou plutôt sur la part de leur débiteur dans la société (9); mais, par une juste réciprocité, ceux-ci sont aussi admis à concourir au marc le franc sur les biens personnels des associés avec les créanciers de ces derniers (10).

4933. II. *Publicité permanente.* Lorsqu'il s'agit d'une société en commandite par actions ou d'une société anonyme, toute personne a le droit de prendre communication des pièces déposées aux greffes de la justice de paix et du tribunal de commerce, ou même de s'en faire délivrer à ses frais expédition ou extrait par le greffier ou par le notaire détenteur de la minute. — Toute personne peut également exiger qu'il lui soit délivré au siége de la société une copie certifiée des statuts, moyennant le payement d'une somme qui ne peut excéder un franc. — Enfin, les pièces déposées doivent être affichées d'une manière apparente dans les bureaux de la société (*L.* 24 *juill.* 1867, *art.* 63).

La somme qu'il se trouvera devoir aux héritiers de son coassocié pour leur part sera payée en quatre portions égales, dont la première sera exigible six mois après le décès; la seconde, etc., avec les intérêts à 6 p. 100 par an, à compter du jour du décès.

Le survivant aura, pour exercer cette faculté, un délai de trois mois après lequel il en sera déchu.

Ou bien : La société sera dissoute de plein droit par le décès de l'un des associés avant l'expiration du terme fixé pour sa durée.

Si le survivant des associés juge à propos de garder l'établissement, ce qu'il devra déclarer dans les trois mois du décès, à peine de déchéance, les héritiers de l'associé décédé seront obligés de s'en tenir au dernier inventaire et ne pourront réclamer que les droits qu'il attribuait à leur auteur, plus un prorata, proportionnel à la moyenne des trois dernières années, sur les bénéfices de l'année courante.

Il aura pour se libérer des sommes dont il se trouverait alors débiteur, un délai de deux ans si l'associé décédé laisse des enfants, et de cinq ans dans le cas contraire; pendant ce délai, lesdites sommes produiront des intérêts à 6 p. 100 par an, payables par semestre à compter du jour du décès.

Si le survivant n'use pas de cette faculté, il sera procédé à un inventaire en la forme

---

(1) Bedarride, n° 368 ; Dalloz, n° 1132 ; Cass., 28 fév. 1839 ; Paris, 46 janv. 1858 ; Riom, 14 janv. 1812 ; CONTRA, Lyon, 7 août 1834.

(2) Pardessus, n° 1009 ; Delangle, n° 543 ; Molinier, n° 289 ; Cass., 13 fév. 1821, 18 mars 1846, 7 et 14 mars 1849, 18 mars 1851, 13 fév. 1855 ; Angers, 11 août 1835 ; Bordeaux, 13 juin 1847 ; Rouen, 15 avril 1839 ; Paris, 4 nov. 1840, 21 juin 1852. Comp. Paris, 23 fév. 1841 Jugé qu'un conservateur des hypothèques ne peut se refuser à radier une inscription sur la mainlevée donnée par le directeur d'une société anonyme non publiée Cass., 46 mai 1859.

(3) Pardessus, n° 1001 ; Delangle, n° 548 ; Alauzet, n° 228 ; Cass., 18 nov. 1823, 7 mars 1849.

(4) Suivant Pardessus, n° 1009, le titre devrait être antérieur à la société elle-même.

(5) Pardessus. n° 1009 ; Delangle, n° 547 ; Alauzet, n° 228 ; Bedarride, n° 369 ; Cass., 14 mars 1849, 13 fév. 1855 ; Angers, 11 août 1838 ; Bordeaux, 15 juin 1847.

(6) Cass., 18 mars 1846, 18 mars 1851 ; Rouen, 15 avril 1839 ; Paris, 4 mars 1840, 21 juin 1852.

(7) Bedarride, n° 269 ; Alauzet, n° 228 ; Rouen, 15 avril 1839 ; Paris, 4 mars 1840, 21 juin 1852 ; CONTRA, Cass., 31 mars 1851.

(8) Cass., 18 mars 1846, 14 mars 1849, 13 fév. 1855 ; Limoges, 2 juin 1843, 10 mars 1848 ; Lyon, 13 janv. 1845 ; Bordeaux, 15 juin 1847.

(9) Paris, 27 avril 1866.

(10) Cass., 22 mars 1843 ; CONTRA, Cass., 13 fév. 1821.

4934. Dans tous les actes, factures, annonces, publications et autres documents imprimés ou auto-graphiés, émanés des sociétés anonymes ou des sociétés en commandite par actions, la dénomination sociale doit toujours être précédée ou suivie immédiatement de ces mots, écrits lisiblement en toutes lettres : *Société anonyme*, ou *société en commandite par actions*, et de l'énonciation du montant du capital social. — Si la société a usé de la faculté accordée par l'art. 48, *infra*, *nos 5088*, cette circonstance doit être mentionnée par l'addition de ces mots : *à capital variable*. — Toute contravention aux dispositions qui précèdent est punie d'une amende de cinquante francs à mille francs (*même loi, art. 64*).

§ 3. DES CONVENTIONS MODIFICATIVES DE LA SOCIÉTÉ, ET DE LEUR PUBLICATION.

4935. Sont soumis aux formalités et aux pénalités prescrites par les art. 55 et 56 de la loi de 1867, *supra, n° 4915 et s.* : tous actes et délibérations ayant pour objet la modification des statuts, la continuation de la société au delà du terme fixé pour sa durée, la dissolution avant ce terme et le mode de liquidation, tout changement ou retraite d'associés (1) et tout changement à la raison sociale. Sont également soumises aux dispositions des art. 55 et 56 les délibérations prises dans les cas prévus par les art. 19, 37, 46, 47 et 49 de la même loi (*Loi 24 juill. 1867, art. 61*).

4936. Ne sont pas assujettis aux formalités de dépôt et de publication les actes constatant les augmentations ou les diminutions du capital social opérées dans les termes de l'art. 48, ou les retraites d'associés, autres que les gérants ou administrateurs, qui auraient lieu conformément à l'article 52 (*même loi, art. 62*).

4937. Ne sont pas assujettis non plus à ces formalités, les modifications ne portant que sur des clauses non soumises elles-mêmes à la publication (2), ni des mesures purement provisoires prises après la révocation d'un gérant (3), ni une convention modifiant le mode de versement de l'apport (4). Jugé

---

commerciale des biens et valeurs de la société, et la liquidation sera faite par le survivant, conformément à l'art. 13 ci-après.

Ou encore : Art. 11. La société sera dissoute de plein droit par le décès de l'un des associés avant le terme fixé pour sa durée.

Néanmoins la veuve de l'associé décédé aura la faculté de demander pour son compte la continuation de la société, mais en faisant connaître sa volonté dans le mois du décès, à peine de déchéance.

Si elle n'use pas de cette faculté, il sera procédé à un inventaire. (*Le surplus comme dans la clause précédente.*)

Art. 12. En cas de perte de la moitié du fonds social, chacun des associés pourrait demander la dissolution de la société et il serait procédé à sa liquidation dans les formes ordinaires. Même en l'absence de perte, la dissolution pourrait encore être demandée par l'un ou l'autre, mais à la charge de celui qui voudrait se retirer de prévenir l'autre six mois d'avance et de lui payer une somme de quinze mille francs à titre d'indemnité.

Art. 13. Six mois avant l'expiration de la présente société, les associés se feront respectivement connaître leur intention de la continuer ou de la liquider. Dans le premier cas, ils prendront, pour assurer la continuation, les arrangements nécessaires ; dans le second cas, la liquidation commencera dès le jour où finiront les dix-huit années pour lesquels elle est contractée, et. . . . . mois avant cette époque, il ne sera fait aucune opération dont le résultat serait de nature à retarder les époques des rentrées ; les associés feront au contraire en sorte d'activer la réalisation des bénéfices et le recouvrement des capitaux.

---

(1) Paris, 23 juill. 1857. Il s'agit, dans cette espèce, de l'adjonction d'un second gérant, autorisée cependant par l'acte de société.
(2) Molinier, n° 270 ; Dalloz, n° 845 ; Cass., 21 fév. 1842 ; contra.

Foureix n° 30, suivant lequel toute modification quelconque doit être publiée.
(3) Douai, 5 mai 1840.
(4) Angers, 26 fév. 1816.

cependant que toute modification intéressant les tiers, celle par exemple qui autoriserait le gérant à emprunter contrairement aux statuts, devrait être publiée à peine de nullité (1), *supra*, n° 4916.

4938. La convention réduisant la mise d'un commanditaire est évidemment soumise à la publication (2), ainsi d'ailleurs que celle qui augmenterait cette mise.

4939. Ce sont les *actes* modificatifs seuls qui doivent être publiés; mais le *fait* de la dissolution, arrivant par le décès, l'interdiction ou la faillite, est présumé assez notoire pour être affranchi de la formalité (3), sans qu'il y ait à rechercher s'il a été ou non connu des tiers qui contestent la dissolution (4).

4940. La continuation qui aurait lieu avec les héritiers d'un associé décédé, sans avoir été convenue dans l'acte de société, devrait, en principe, être publiée; mais les tribunaux pourraient suppléer, par les circonstances, à l'omission de la formalité, même à défaut de convention écrite de continuation, surtout si l'état de choses avait duré plusieurs années (5), à moins pourtant que la nullité ne fût demandée au nom d'héritiers mineurs (6).

4941. Toute dissolution avant le terme convenu doit être publiée, alors même que la société ne l'aurait pas été (7). Mais celle qui a lieu à l'époque fixée par le contrat en est dispensée (8).

4942. Sont applicables aux actes modificatifs les règles indiquées sous le paragraphe précédent et relatives : 1° à la publication tardive, mais antérieure à toute demande en nullité, *supra* n°s 4925, *et suiv.*; 2° à l'étendue et au caractère de la nullité résultant du défaut de publication. Ainsi, la publication est utilement faite, même après le mois, si aucune demande en nullité n'est intervenue (9).

4943. La nullité n'a lieu qu'entre les associés; à leur égard, une dissolution anticipée, non publiée, laisse donc subsister la société; de même qu'une prorogation non publiée ne serait pas un obstacle à une demande en dissolution et liquidation; mais la convention de prorogation ne serait nulle que pour l'avenir et produirait tous ses effets pour le temps écoulé, *supra* n° 4925 (10). Cependant il a été jugé : 1° que la contre-lettre par laquelle un commanditaire vend au gérant, qui se reconnaît personnellement débiteur du prix, l'immeuble par lui apporté, est obligatoire pour le gérant (11); 2° que la retraite d'un associé ne peut être attaquée, pour défaut de publication, par les autres associés qui y ont consenti (12).

4944. La nullité prononcée est d'ordre public comme on l'a expliqué, *supra* n° 4925 (13).

4945. Mais elle n'est pas opposable aux tiers qui sont admis, par tous les genres de preuve, à établir la convention non publiée (14). ou peuvent la considérer comme non avenue, s'ils le préfèrent (15)

ART. 14. La liquidation devra être faite dans le délai d'une année, et si à l'expiration de ce terme il reste encore des objets à recouvrer, il en sera fait trois lots qui seront tirés au sort, deux écherront à M. MILLERET, et un seul sera attribué à M. DAVESNES. Sur l'actif social chacun prélèvera avant partage sa mise sociale, le surplus sera partagé conformément à l'art. 5.

Si l'un des associés, à la dissolution de la société, devient seul propriétaire, à un titre quelconque, du fonds de commerce de la société, l'autre associé ou ses représentants ne pourront s'intéresser, directement ou indirectement, dans un commerce de même nature.

Tout pouvoir nécessaire est donné à l'un ou à l'autre des associés, et même au porteur d'un simple extrait du présent acte de société, à l'effet de le faire publier conformément à la loi.

---

(1) Lyon, 26 nov. 1863; Dalloz. Rec. 64, 2. 233, à la note.

(2) Aix, 30 nov. 1840; Rennes, 3 mai 1849.

(3 Delangle, n° 580; Bedarride, n°s 403 et s. : Dalloz. n° 981; Cass., 10 juill. 1844; Bourges, 30 janv. 1830; Aix, 9 mai 1845; Lyon, 5 janv. 1849; CONTRA. Pardessus, n° 1088; Bravard, *Manuel*, p. 90; Dijon, 14 déc. 1839; Grenoble, 27 juill. 1841.

(4) Armand Dalloz, D. P. 48, 1, 33 et s. ; CONTRA, Troplong, n° 905 ; Pont, *Rev. de législ.* XXI. p. 548; Alauzet, n° 274.

(5) Cass., 16 mai 1838, 22 mars 1843, 26 juill. 1849 ; Aix, 9 mai 1845.

6) Cass., 10 nov. 1847.

(7) Delangle, n° 579; Dalloz. n° 974; Cass., 9 juill. 1833; Paris, 23 juill. 1824, CONTRA, Bordeaux, 22 déc. 1828.

(8. Colmar, 2 août 1817.

(9) Cass., 6 juin 1814, 30 juill. 1856.

(10) Delangle, n° 572; Alauzet, n° 212; Cass., 14 mars 1848.

(11) Cass.. 26 août 1845.

(12) Colmar, 2 août 1817.

(13) Angers, 20 juill. 1812.

(14) Bedarride, n° 400; Delangle. n° 573.

(15) Colmar, 2 août 1817; Paris, 27 nov. 1830. Comp. Cass., 13 mars 1851.

Toutefois si des tiers connaissant la dissolution d'une société avaient traité avec son ancien gérant, ils ne seraient pas recevables à attaquer les autres associés (1).

4846. En cas de conflit entre les créanciers personnels de l'un des associés et les créanciers sociaux, les premiers seraient préférables, *supra n° 4845* (2).

SECTION II. — DES SOCIÉTÉS EN NOM COLLECTIF.

4847. La société en nom collectif [Form. 659] est celle que contractent deux personnes ou un plus grand nombre, et qui a pour objet de faire le commerce sous une raison sociale (*C. comm.*, 20), avec la responsabilité personnelle et solidaire de ses membres, *infra n° 4962*.

§ 1. — DE LA RAISON SOCIALE.

4848. La société en nom collectif doit avoir une raison sociale (*arg. C. comm.*, 20), sans quoi elle pourrait souvent dégénérer en participation, *infra n° 5094* (3). Cependant, si elle a été publiée, l'omission de la raison sociale ne sera pas une cause de nullité, ni entre les associés, ni vis-à-vis des tiers (4).

4849. La raison sociale se compose le plus souvent des noms des associés, s'ils ne sont que deux ou trois, ainsi : *Primus et Secundus* ; ou *Primus, Secundus et Tertius*. Quelquefois on se sert de cette addition *et compagnie*, comme : *Primus et Cie* ; *Primus, Secundus et Cie*, addition qui est toujours employée lorsque les associés sont plus nombreux.

4850. Il ne faut pas confondre la raison sociale avec la dénomination habituellement donnée aux sociétés qui ont une certaine importance ; cette dénomination peut avoir une valeur vénale, elle est attachée à la chose exploitée, et après la dissolution de la société, elle passe avec elle, à la différence de la raison sociale qui n'existe plus que pendant la liquidation, dans les mains des acquéreurs successifs de cette chose (5).

4851. Les noms des associés peuvent seuls faire partie de la raison sociale (*C. comm.*, 21), sous peine d'être poursuivis comme coupables d'escroquerie, s'ils ont fait usage d'un nom étranger pour tromper les tiers (*C. pén.*, 405) (6), et même de faux, si la raison sociale contenant ce nom a été apposée au bas d'un engagement quelconque (*C. pén.*, 147) (7). Si un tiers avait autorisé expresssément (8) ou tacitement (9) l'emploi de son nom, il deviendrait solidairement responsable envers

Pour l'exécution des présentes, etc.

DONT ACTE. Fait et passé, etc.

Si la société est formée entre plus de deux personnes, la clause suivante pourra y être insérée :

En cas de décès de l'un des associés pendant le cours de la société, elle continuera entre les survivants, qui resteront propriétaires de tout l'avoir social, à la charge de rembourser aux représentants de l'associé décédé le montant des droits et créances de leur auteur d'après le dernier inventaire social, plus une portion des bénéfices présumés de l'année courante, proportionnelle au temps écoulé jusqu'au décès, et calculée sur la moyenne des trois dernières années.

Le remboursement aura lieu dans les cinq ans du décès, par cinquième chaque année, avec les intérêts à 6 p. 100 par an, payables par trimestre, à compter du décès.

Néanmoins, la veuve de l'associé décédé aurait la faculté de demander pour son

---

(1) Troplong, n° 916; Malepeyre et Jourdain, p. 306; Dijon, 22 juill. 1855; Paris, 1er juin 1854; CONTRA, Bedarride, n° 409; Alauzet, n° 241.

(2) Delangle, n° 375; Bedarride, n° 401.

(3) Troplong, n° 376.

(4) Troplong, n° 376; Bedarride, n° 427; Dalloz, n° 805.

(5) Malepeyre et Jourdain, p. 26; Pardessus, n° 978; Troplong, n° 371.

(6) Malepeyre et Jourdain, p. 28; Delangle, n° 223; Bedarride, n° 433.

(7) Malepeyre et Jourdain, p. 28; Molinier, n° 250; CONTRA, Dalloz, n° 805.

(8) Pardessus, n° 978; Troplong, n° 373; Alauzet, n° 428.

(9) Bedarride, n° 436

les créanciers sociaux (*arg. C. N.*, *1382*), alors même que dans l'acte de société il aurait fait des réserves publiées avec l'extrait de cet acte (1).

4952. Après la dissolution publiée d'une société, si un ancien associé continue de mauvaise foi de se servir de la signature sociale, il commet le crime de faux (*C. pén.*, 147) (2) ; mais il n'engage pas les autres associés (3), à moins que ceux-ci n'aient toléré l'usage de leur nom, et que des tiers n'y aient été trompés (*arg. C. N.*, *1382*) (4).

4953. En cas de décès ou retraite d'un associé, son nom doit donc disparaître de la raison sociale (5) et ce changement doit être publié, *supra n° 4933*.

§ 2. — DE LA GESTION DES SOCIÉTÉS EN NOM COLLECTIF. SIGNATURE SOCIALE. SOLIDARITÉ.

4954. Dans le silence du contrat, tous les associés ont, comme dans les sociétés civiles, un droit égal à l'administration ; si un ou plusieurs gérants ont été désignés, ils ont les pouvoirs qui résultent soit du droit commun, *supra n°s 4802 et suiv.*, soit des conventions sociales.

4955. Les clauses dérogatoires au droit commun doivent être publiées, *supra n° 4918*, à peine de n'être pas opposables aux tiers. Est considérée comme valable la stipulation que certains engagements n'obligeront la société que s'ils sont signés de tous les associés ou de plusieurs d'entre eux (6) ; ou encore que toutes les affaires seront faites au comptant (7).

4956. Les associés en nom collectif, indiqués dans l'acte de société, sont solidaires pour tous les engagements de la société, encore qu'un seul des associés ait signé, pourvu que ce soit sous la raison sociale (*C. comm.*, 22).

4957. C'est le gérant qui a, de plein droit (8), la signature sociale ; mais à défaut d'associé désigné pour gérer, ou à défaut de publication de l'acte de société (9), elle appartient à chacun des associés.

---

compte la continuation de la société, mais en faisant connaître sa volonté à cet égard dans le mois du décès, à peine de déchéance.

Clause de conversion en commandite à l'égard des représentants de l'associé décédé.

Si l'un des associés vient à décéder pendant le cours de la société, laissant une veuve ou des enfants, ils auront le droit de rester associés avec le survivant (ou les survivants), mais à titre de commandite seulement, et à la charge de faire connaître leur volonté dans les deux mois du décès, à peine de déchéance.

Leur commandite consistera dans le montant des droits de leur auteur d'après le dernier inventaire social. Il sera fait un compte spécial des créances douteuses dont le recouvrement viendra augmenter les bénéfices de la société en commandite.

L'associé survivant, devenu gérant de la société, aura le droit de prélever avant tout partage, mais seulement sur les bénéfices, une somme de cinq mille francs par douzièmes de mois en mois. Mais il est entendu que les allocations fixées sous l'art. 9 cesseront d'être perçues de part et d'autre.

Les représentants de l'associé décédé seront tenus de déléguer l'un d'entre eux pour être seul en relation avec l'associé survivant, vérifier les livres et la caisse, procéder aux inventaires, toucher les dividendes, ou pour toute autre cause.

Il sera dressé acte de la conversion de la société, pour faire connaître aux tiers le chiffre de la commandite, conformément à la loi.

FORMULE 660. — **Extrait pour la publication de la société en nom collectif.**
(N°s 4913 et suiv.)

Suivant acte reçu par M°. . . . ., le . . . . ., enregistré

---

(1) Comp. Dalloz, n° 806.
(2) Merlin, *Faux*. sect. 1, § 5 ; Delangle, n° 221 ; Cass., 16 oct. 1806.
(3) Cass., 10 mai 1815.
(4) Aix, 16 janv. 1840. V. toutefois Bedarride, n°s 137 et s. ; Dalloz, n° 811.
(5) Delangle, n°s 220 et s. ; Molinier, n° 258 ; Cass., 28 mars 1838. Comp. Cass., 7 juill. 1852.

(6) Dalloz, n° 801 ; CONTRA. Paris, 12 août 1848.
(7) Troplong, n° 705 ; Frémery, p. 40 ; Horson, t. 1, p. 23 ; Cass. 24 juin 1829. V. Pau, 3 janv. 1831.
(8) Cass., 30 août 1826, 4 déc. 1854.
(9) Delangle, n° 241 ; Cass., 24 juin 1829, 12 mars 1850.

4958. La société est néanmoins engagée, quoiqu'il n'ait été fait emploi ni de la raison ni de la signature sociale, s'il résulte de l'acte d'engagement (1), ou même des circonstances extrinsèques à cet acte (2), qu'il a eu lieu au nom et pour le compte de la société. Elle serait aussi engagée, bien entendu, si tous les associés avaient concouru à l'engagement (3); mais en général l'obligation contractée par un associé en son nom personnel n'oblige pas la société quoiqu'elle ait tourné à son profit, *supra* n° *4841*.

4959. Pour le cas d'abus de la signature sociale, nous renvoyons *supra* n°s *4842 et suiv.*

4960. La gérance d'une société en nom collectif peut être confiée à une personne étrangère à la société (4). Ce gérant a la signature sociale, qu'il n'est pas tenu de faire précéder des mots : *par procuration* (5); mais si la société n'avait pas été publiée, cette omission pourrait le faire considérer vis-à-vis des tiers comme un associé responsable (6).

4961. La solidarité des associés en nom collectif est de l'essence du contrat, et toute clause, même publiée (7), qui en affranchirait l'un ou l'autre des associés serait nulle. Toute condamnation contre une société en nom collectif emporte le droit de solidarité entre ses membres (8). Mais entre les associés est valable toute clause limitant la perte de l'un d'eux à sa mise (9).

4962. Si un associé contracte avec la société et devient par suite son créancier, il peut actionner la société, et subsidiairement ses coassociés solidairement (10); mais s'il a seulement fait des avances ou payé des dettes pour la société, son action subsidiaire se divise entre ses coassociés; car dans le premier cas il agit comme tiers et dans le second comme associé (11).

SECTION III. — DES SOCIÉTÉS EN COMMANDITE.

4963. On distingue deux espèces de sociétés en commandite : 1° la commandite simple, ou sans

---

M. Isidore MILLERET, marchand de charbon, demeurant à. . . . ., D'UNE PART,
Et M. Paul DAVESNES, rentier, demeurant à. . . . ., D'AUTRE PART,
Ont formé entre eux une société en nom collectif pour le commerce de charbon de terre, sous la raison MILLERET et DAVESNES.

Chacun des associés fera usage de la signature sociale, mais, bien entendu, il n'obligera la société que pour les affaires qui l'intéressent. En conséquence, tous billets, lettres de change et généralement tous engagements, exprimeront la cause pour laquelle ils auront été souscrits.

(*Ou* : Chacun des associés fera usage de la signature sociale, sauf pour tous actes quelconques engageant la société qui devront être signés par les deux associés.)

Le siège de la société est à. . . .,

Cette société est contractée pour dix-huit années consécutives, à compter du. . . . .

Le fonds social est fixé à cent mille francs. . . . . (*Transcrire l'art. 7 de la formule précédente.*)

Le dépôt d'une expédition dudit acte a été fait le. . . . . aux greffes du tribunal de commerce de. . . . . et de la justice de paix de. . . . .

Pour extrait : (*Signature du notaire.*)

FORMULE 661. — **Société en commandite simple.** (N°s 4963 à 4992.)

PAR-DEVANT M°. . . . .

ONT COMPARU : M. Anatole PAULY, banquier, demeurant à. . . . .,

---

(1) Pardessus, n° 1023; Delangle, n° 237; Bedarride, t os 148 et s.; Troplong, n° 806; Cass., 23 avril 1816, 12 mars 1850; CONTRA, Cass., 10 janv. 1816.
(2) Bedarride, n°s 148 et s.; Alauzet, n° 433. Comp. Troplong, n° 806; CONTRA, Pau, 7 fév. 1827.
(3) D·langle, n° 238; Rennes, 29 janv. 1839; Colmar, 11 déc. 1841.
(4) Delangle, n° 260; Molinier, n° 314; Bedarride, n° 443; CONTRA, Malepeyre et Jourdain, p 124.
(5) Bedarride, n° 444; Dalloz, n° 895; CONTRA, Delangle, n° 260; Malepeyre et Jourdain, p. 125.
(6) Paris, 3 mars 1834.
(7) Pardessus, n° 1022; Malepeyre et Jourdain, p. 128; Delangle, n° 228; Molini·r, p. 300; Alauzet, n° 429; Cass., 26 avril 1836. Comp. Bordeaux, 31 août 1831.
(8) Cass., 2 août 1813, 28 fév. 1859.
(9) Paris, 15 mars 1866.
(10) Delangle, n° 264; Molinier, n° 349; Cass., 23 fév. 1839.
(11) Delangle, n° 265; Molinier, n° 359; Cass., 15 nov. 1834; Paris, 28 fév. 1850; CONTRA, Cass., 17 fév. 1830.

action ; 2° la commandite par actions. Nous ferons connaître les règles communes à ces deux formes de sociétés, puis les règles particulières à chacune d'elles.

§ 1. — RÈGLES COMMUNES A TOUTES LES SOCIÉTÉS EN COMMANDITE.

4964. I. *Caractères généraux.* La société en commandite se contracte entre un ou plusieurs associés, responsables et solidaires, et un ou plusieurs associés simples bailleurs de fonds, que l'on nomme commanditaires ou associés en commandite (*C. comm.*, 23).

4965. Lorsqu'il y a plusieurs associés solidaires et en nom, soit que tous gèrent ensemble, soit qu'un ou plusieurs gèrent pour tous, la société est à la fois société en nom collectif à leur égard, et société en commandite à l'égard des simples bailleurs de fonds (*C. comm.*, 24). Est donc inexacte la formule, souvent employée, qui donne cette double qualification à la société où il n'y a qu'un seul associé responsable, une telle société étant purement en commandite.

4966. La société peut être annulée pour dol commis par le gérant envers le commanditaire, mais en général la mise du commanditaire resterait affectée à l'exécution des obligations contractées envers les tiers, sauf son recours contre le gérant (1).

4967. Le commanditaire fait acte de commerce en s'obligeant à verser sa mise; dès lors il est justiciable du tribunal de commerce et soumis à la contrainte par corps (2).

4968. II. *Raison sociale.* La société en commandite est régie sous un nom social, qui doit être nécessairement celui d'un ou de plusieurs des associés responsables et solidaires (*C. comm.*, 23).

4969. Le nom d'un associé commanditaire ne peut faire partie de la raison sociale (*C. comm.*, 25), à peine d'être de plein droit indéfiniment responsable et solidaire (3). Du reste, alors même que la société ne comprend qu'un gérant et un seul commanditaire, la raison sociale peut se composer du nom du gérant avec ces mots *et compagnie*, sans nuire à la qualité du commanditaire (4).

4970. III. *De la gérance.* Les pouvoirs des gérants ont été déterminés *supra* n°s 4802 et suiv. Jugé, spécialement en matière de commandite : 1° que le gérant peut emprunter, à moins d'une interdiction statutaire, mentionnée dans les publications légales (5); 2° qu'il ne peut acheter valablement qu'au comptant, si les statuts, publiés en ce point, lui en font la condition (6); 3° que la clause défendant au gérant de s'engager au delà d'une certaine somme sans le consentement des commanditaires est opposable aux tiers, si elle a été publiée (7).

Et M. Scipion TAVERNIER, propriétaire, demeurant à. . . . . ;

Lesquels ont exposé que M. PAULY exploite une maison de banque et de commission à Paris, rue. . . . . ;

Que l'accroissement successif de ses affaires et de ses relations lui a fait sentir la nécessité d'augmenter le chiffre du capital sur lequel ses opérations ont été basées jusqu'à ce jour ;

Et que, pour atteindre ce résultat, ils ont arrêté entre eux la société dont les conditions sont ci-après établies :

ART. 1er. Il est formé une société en commandite entre M. PAULY, qui en sera le gérant et M. TAVERNIER, qui sera simple commanditaire, pour l'exploitation de la maison de banque et de commission dont M. PAULY est propriétaire, et dont le siége est à. . . . ., rue. . . . ., n°. . . . .

ART. 2. La durée de la société est fixée à. . . . . années consécutives à partir du premier janvier mil huit cent. . . . .

La raison et la nature sociale sont : *Pauly et Cie.*

Le siége de la société est à. . . . ., rue. . . . . ., n°. . . . ., dans la maison occupée aujourd'hui par M. PAULY.

---

(1) Lyon, 31 janv. 1810; Paris, 30 juill. 1859.
(2) Bedarride, n° 24; Malepeyre et Jourdain, p. 138; Cass., 28 fév. 1844. 28 mars 1853, 3 mars 1863; Paris, 27 fév. 1817, 20 nov. 1847, 31 déc. 1847 ; Amiens, 25 janv. 1856 ; Grenoble, 23 fév. 1857, Lyon, 21 juill. 1858; Rouen, 3 juin 1859, 29 nov. 1861. Comp. Cass., 29 août 1859; CONTRA, Delangle, I. 312 et s.; Pardessus, V 1510; Paris, 22 déc. 1846. V. Angers, 18 janv. 1865.

(3) Delangle, n°s 335 et s.; Troplong, n° 419.
(4) Pardessus, n° 1032; Malepeyre et Jourdain, p. 148; Bedarride, I, 201; CONTRA, Vincens, *Législ. comm.*, p. 317.
(5) Paris, 26 juin 1811.
(6) Orléans, 1er juin 1832, 11 janv. 1853; CONTRA, Malepeyre et Jourdain, p. 59.
(7) Cass., 24 mai 1859.

4971. Celui qui ne devient gérant que pendant le cours de la société n'est pas tenu des dettes antérieurement contractées, à moins qu'il n'ait pas fait dresser un inventaire contradictoire lors de son entrée en fonctions (1).

4972. IV. *Obligations des commanditaires.* Les associés commanditaires sont tenus au versement intégral de leurs mises (*C. comm.*, 26) ; et, après une longue controverse, il paraît aujourd'hui constant que les créanciers sociaux ont contre eux une action directe pour les obliger à ce versement ; qu'ils sont dès lors dispensés de recourir à l'action oblique de l'art. 1166 C. N. ; et par suite que les exceptions purement personnelles au gérant, par exemple, la fraude de celui-ci (2), ne leur seraient pas opposables (3). Il importe peu à cet égard, que la société soit *in bonis* ou qu'elle soit en faillite (4).

4973. La faillite de la société rend exigibles les sommes dues par les commanditaires, avec les intérêts au taux commercial du jour de la demande judiciaire (5), et sans qu'ils puissent exciper d'aucune contre-lettre signée du gérant (6), ni de manœuvres frauduleuses pour obtenir leurs souscriptions (7).

4974. La commandite étant le gage des créanciers sociaux, le gérant ne peut rendre la mise des commanditaires (8), et il est sans pouvoir pour les délier de leurs engagements, même sous forme d'une prétendue rétrocession d'actions (9).

4975. Les bénéfices périodiques, distribués aux commanditaires de bonne foi et en temps non suspect, ne sont pas sujets à rapport. Toutefois voir sur cette question, *supra* n°s 4762 *et suiv.*

4976. L'associé commanditaire n'est passible des pertes que jusqu'à concurrence des fonds qu'il a mis ou dû mettre dans la société (*C. comm.*, 26), mais sauf la responsabilité prononcée contre lui en cas d'immixtion dans la gérance, ainsi qu'on va le voir.

4977. V. *Défense d'immixtion.* L'associé commanditaire ne peut faire aucun acte de gestion, même en vertu de procuration (*C. comm.*, 27). L'ancien art. 27, modifié par la loi du 6 mai 1863, ajoutait ces mots : *ni être employé pour les affaires de la société*, qui ont été justement supprimés. Déjà un avis du conseil d'Etat du 27 avril 1809 avait décidé que la prohibition ne s'appliquait pas « aux transactions commerciales que la maison commanditée peut faire pour son compte avec le commanditaire, et réciproquement le commanditaire avec la maison commanditée, comme avec toute autre maison de commerce. » D'où l'on concluait que le commanditaire pouvait être le commissionnaire (10), et même le commis (11) de la société, mais non son agent ou son représentant (12). Ces décisions sont à plus forte raison exactes aujourd'hui (13).

Art. 3. Le fonds social est fixé à un million de francs.

M. Pauly apporte à la société sa maison de banque et de commission pour la somme de six cent mille francs, formant l'actif net de l'inventaire qu'il a fait dresser en vue de la présente société, de toutes les valeurs qui la composent ; cet inventaire rédigé sur. . . . feuilles de papier au timbre de. . . . ., dont l'original certifié véritable et signé par les parties, demeure annexé à ces présentes après mention de l'annexe par les notaires soussignés.

La liquidation de cet actif sera opérée par la présente société, mais aux risques et périls de M. Pauly, qui devra, en cas de déficit, compléter la somme de six cent mille

---

(1) Trib. comm. Seine, 14 juill. 1841 ; contra, Paris, 22 août 1849.
(2) Paris, 30 juill. 1859.
(3) Pardessus, IV, 1034; Malepeyre et Jourdain, p. 456; Troplong, II, 828 et s.; Bedarride, n°s 247 et s. ; Alauzet, n°s 158 et 159; Pont, *Rev. crit.*, 1851, p. 315; Dalloz, n° 1332 ; Cass., 28 fév. 1844, 25 juin 1846, 30 juill. 1851, 24 juin 1861; Paris, 23 fév. 1833, 6 déc. 1850 ; Rouen, 21 déc. 1844 ; Grenoble, 19 janv. 1854; contra, Delangle, I. 279 et s. ; Molinier, n° 547 ; Fourcix, n° 429; Paris, 24 août 1833; Douai, 11 juill. 1846.
(4) Lyon, 2 fév. 1864; contra, Troplong, n° 811; Bedarride, n° 236; Alauzet, n° 159, suivant lesquels l'action directe des créanciers 'est recevable qu'en cas de faillite de la société.
(5) Paris, 23 juin 1859.
(6) Cass., 11 mai 1853; Paris, 10 janv. 1861.
(7) Cass., 16 fév. 1858.
(8) Bedarride, n° 221; Alauzet, n° 157; Cass., 13 août 1818 ; Paris,

22 mai 1841 ; Angers, 18 fév. 1843 ; Douai, 14 déc. 1843. Jugé que la clause portant que le commanditaire aura droit au remboursement d'une portion de sa commandite sur les biens personnels des associés en nom collectif, n'est pas opposable aux créanciers de la société, non payés sur l'actif social : Cass., 9 mai 1865.
(9) Cass., 10 avril 1811, 12 avril 1852, 13 août 1856; Paris, 16 janv. 1861; Dijon, 29 juill. 1862.
(10) Troplong, n° 434; Pardessus, IV, 1030; Delangle, I, 382 et s.; Cass., 17 janv. 1855.
(11) Troplong, n° 436; Bedarride, n° 254; Molinier, n° 509 ; Cass., 15 mars 1817 ; Trib. comm. de la Seine, 14 juill. 1841; contra, Malepeyre et Jourdain, p. 431 ; Pardessus, IV, 1038 ; Delangle, I. 400.
(12) Dalloz, n° 1376 ; Jugé que des notaires ne font pas acte d'immixtion en étendant dans leur clientèle les relations d'une compagnie d'assurances. Cass., 9 fév. 1864.
(13) Vavasseur, *Droit comm.*, n° du 19 mai 1863.

4978. Les actes de gestion défendus sont ceux qui mettraient les commanditaires en rapport direct avec les tiers, et qu'ils feraient *en représentant comme gérants* la maison commanditée (*Avis cons. d'Etat, 27 avril 1809*). Ainsi, il y aurait immixtion de la part du commanditaire d'une société formée pour la publication d'un journal, s'il se substituait à la gérance en dirigeant le service, donnant des ordres, traitant avec le papetier, l'imprimeur, etc. (1).

4979. Les avis et conseils, les actes de contrôle et de surveillance n'engagent point l'associé commanditaire (*Loi 6 mai 1863; C. comm., 28, 2e alin.*).

4980. On ne devrait pas considérer comme actes d'immixtion : 1° les mesures de surveillance intérieure (2); 2° l'approbation d'actes consommés ou en cours d'exécution (3); 3° l'autorisation de faire des actes dépassant les pouvoirs du gérant (4), à moins que la prétendue autorisation ne soit une injonction pour le gérant, privé ainsi de sa liberté d'action (5). Du reste il est facile d'éviter toute contestation en donnant à la délibération la forme d'une modification aux statuts et en la publiant comme telle.

4981. La clause des statuts qui rendrait obligatoires pour le gérant les avis des commanditaires, celle, par exemple, qui subordonnerait à leur consentement les engagements excédant une somme déterminée (6), ne rendrait pas ceux-ci associés solidaires, si elle ne devait donner lieu qu'à un simple recours en garantie de leur part contre le gérant (7); il en serait autrement, si, dans la pensée de parties, et d'après l'appréciation des clauses de l'acte, elle devait être opposable aux tiers eux-mêmes.

4982. La réserve faite par les commanditaires de remplacer le gérant décédé ou démissionnaire, et même de le destituer, est licite, et ils ne s'immiscent pas dans la gestion en usant de cette réserve (8), ni en nommant des gérants provisoires, uniquement chargés de faire des actes conservatoires (9), ni même en désignant, en vertu de l'acte de société, un caissier sans le visa duquel le gérant ne pourrait faire certaines opérations (10), ni en recevant les comptes du gérant démissionnaire (11), ni en constituant une commission des statuts, chargée avant la réalisation de la société, de mesures intérieures de précaution et de surveillance (12). Après la dissolution, ils peuvent consentir à la liquidation et même se charger de la gestion provisoire (13).

---

francs formant le montant de son apport, comme il profitera de l'excédant s'il y en avait (1).

De son côté, M. TAVERNIER fournit, comme associé commanditaire, une somme de quatre cent mille francs, qui sera versé le. . . . ., jour fixé pour le commencement de la société.

ART. 4. Les mises des sociétaires produiront, au profit de chacun d'eux, des intérêts à 6 p. 100 par an, payables de trois mois en trois mois.

ART. 5. Chaque associé peut, mais avec le consentement de l'autre, verser dans la société des fonds en compte courant qui lui produiront des intérêts à 6 p. 100 par an, et ne pourront être retirés que six mois après un avertissement donné à son coassocié.

ART. 6. M. PAULY a seul la gestion et la signature de la société; il ne peut, bien entendu, faire usage de cette signature que pour les affaires de la société.

Il doit consacrer tout son temps et tous ses soins aux affaires de la société.

(1) Il est à remarquer que cette clause ne transfère pas à la société la propriété même des valeurs appartenant à la maison de banque, mais seulement le reliquat de la liquidation; en sorte que si elle paye le passif, ce sera non comme débitrice, mais comme mandataire, et ainsi la Régie ne pourra prétendre à la perception d'un droit de mutation sur le passif.

---

(1) Paris, 1er mars 1845.
(2) Troplong, n° 427; Cass., 13 nov. 1814, 25 juin 1816, 24 mai 1850; Lyon, 30 juill. 1841; Riom, 14 janv. 1862; Loi 6 mai 1863 (C. comm., 28, 2e alin.).
(3) Cass., 23 mars 1848; Paris, 4 janv. 1844.
(4) Delangle, n° 386; Alauzet, n°s 10 et s.; Bedarride, n° 245; Paris, 4 janv. 1844; CONTRA, Duvergier, *Rev. étrang.*, t. p. 739.
(5) Cass., 23 mars 1846; Lyon, 3 août 1843, CONTRA, si l'injonction s'est produite en dehors des tiers; Cass., 21 déc. 1863; Paris, 15 juill. 1862.
(6) Cass., 24 mai 1859; Rouen, 20 juill. 1857.
(7) Troplong, n° 429; Pardessus, n° 1031; Dalloz, n° 1356; Cass.,

29 juin 1858; CONTRA, Malepeyre et Jourdain, p. 152; Bedarride, n°s 2 8 et 249; suivant ces auteurs, la clause serait nulle; voir Paris, 16 mai 1854, 26 mars 1840.
(8) Cass., 23 mars 1846; Paris, 11 nov. 1848; CONTRA, Troplong, n° 432, pour le cas de destitution.
(9) Cass., 22 déc. 1845, 5 janv. 1859, 30 avril 1862.
(10) Cass., 25 juin 1846.
(11) Cass., 5 janv. 1849.
(12) Paris, 9 juin 1866.
(13) Troplong, n°s 1015 et 1016; Delangle, n° 396; Bedarride, n° 251; Alauzet, n° 161; Cass., 26 déc. 1812, 17 avril 1843; Paris, 23 fév. 1829; Nancy, 25 janv. 1845.

4983. L'immixtion du command' 'aire peut être prouvée par témoins (1), et les faits qui la constituent sont appréciés souverainemet. par les juges du fond (2).

4984. Le commanditaire peut déléguer à un tiers le droit de vérifier les livres et les écritures de la société (3).

4985. VI. *Responsabilité en cas d'immixtion.* En cas de contravention à la prohibition mentionnée dans l'art. 27 C. comm., l'associé commanditaire est obligé, solidairement avec les associés en nom collectif, pour les dettes et engagements de la société qui dérivent des actes de gestion qu'il a faits; et il peut, suivant le nombre et la gravité de ces actes, être déclaré solidairement obligé pour tous les engagements de la société ou pour quelques-uns seulement (*Loi 6 mai 1863* ; C. comm., *28, 1er alin.*).

4986. L'ancien art. 28 C. comm., plus rigoureux pour l'associé commanditaire, le déclarait pour un *fait unique d'immixtion,* solidairement obligé avec les associés en nom collectif, *pour toutes les dettes et engagements de la société* ; et l'on décidait que cette obligation s'étendait aux dettes antérieures comme à celles postérieures à l'immixtion (4).

4987. La solidarité prononcée contre le commanditaire qui s'est immiscé ne peut être invoquée par ses coassociés, mais seulement par les tiers (5). Elle ne saurait en aucun cas le faire considérer comme commerçant et le soumettre à la faillite (6), surtout s'il n'y a eu que des actes isolés d'immixtion. Néanmoins ils profitent du concordat accordé à la société en faillite (7).

§ 2. — DE LA SOCIÉTÉ EN COMMANDITE SIMPLE.

4988. Dans cette société [Form. 661], la part de l'associé commanditaire n'est pas transmissible sous forme d'action nominative ou au porteur, *supra* nos 4743 *et suiv.*, comme dans la société en commandite par actions, *infra* nos 5004 *et suiv.* Néanmoins le capital social peut être divisé en parts d'intérêts représentant, soit une fraction aliquote de ce capital, comme un 1/100, un 1/1000, etc., soit une certaine somme, 500 fr., 1000 fr., etc., pourvu que ces parts d'intérêts ne soient pas négociables

---

Il a droit à un traitement mensuel de. . . . . francs, indépendamment de sa part proportionnelle dans les bénéfices de la société. Ce traitement sera porté au compte des frais généraux, et, en aucun cas, ne sera sujet à répétition.

ART. 7. Les opérations de la société sont constatées par des registres tenus dans les formes légales et selon les usages du commerce.

M. TAVERNIER peut prendre communication de ces registres, du portefeuille et de la caisse, toutes les fois que bon lui semble. mais sans déplacement.

ART. 8. Il est fait tous les ans, dans le courant de janvier, un inventaire de l'actif et du passif de la société. Cet inventaire, qui est transcrit sur un registre particulier tenu à cet effet. est signé par les deux associés, qui peuvent en retirer chacun un exemplaire, également signé de chacun d'eux.

Les bénéfices résultant de l'inventaire appartiennent aux deux associés, savoir : à M. PAULY pour deux tiers, et à M. TAVERNIER pour un tiers; les pertes, s'il y en avait, seraient supportées dans la même proportion, sans que, dans aucun cas, M. TAVERNIER puisse être engagé au delà de sa mise sociale.

ART. 9. La dissolution de la société peut être demandée par l'un ou l'autre des associés, dans le cas où la société serait en perte de plus de moitié de son capital.

ART. 10. Le décès de M. TAVERNIER, dans le cas où il arriverait pendant le cours de la société, n'apporterait aucun changement à la société, qui continuerait avec ses héritiers et représentants comme avec lui-même.

---

(1) Pardessus. IV, n° 1037; Troplong, n° 437; Delangle, I, n° 401; Bedarride, n° 257.
(2) Cass., 6 mai 1815, 6 fév. 1813, 7 mars et 21 mai 1839.
(3) Poitiers, 22 mars 1851.
(4) Troplong, n° 439 ; Persil, sur l'art. 28. n° 3.
(5) Pardessus, IV, 1038; Maleperre et Jourdain, p. 167 ; Troplong, n° 440 ; Lyon, 27 mai 1839; Bordeaux, 4 déc. 1850; Caen, 16 août

1861; contra, Paris, 9 janv. 1836. Comp. Delangle, I, nos 412 et s.; Bedarride, nos 259 et s.
(6) Pardessus, n° 1037; Troplong, n° 438; Dalloz, n° 1382; Bourges, 2 août 1824 ; contra, Maleperre et Jourdain, p. 464 et s.; Mollnier, n° 503 ; Delangle, n° 407.
(7) Cass., 5 déc. 1864.

par la voie commerciale, mais seulement dans la forme des transports ordinaires (*C. N.*, *1690 et suiv.*). Dans le silence du contrat, ce transport ne produirait d'effet qu'entre le cédant et le cessionnaire, lequel resterait étranger à la société, *supra n° 4851* ; mais il pourrait être expressément autorisé par les statuts sans faire dégénérer la société en une commandite par actions (1).

4989. Il n'y a pas de termes sacramentels pour établir une société en commandite, mais le doute s'interpréterait contre le commanditaire (2) qui deviendrait un associé en nom collectif, si, par exemple, il avait le droit de s'immiscer, vis-à-vis des tiers, *supra n° 4986*, dans tous les actes, ou dans la plupart des actes de la gestion (3), ou s'il était exposé aux pertes sociales au delà de sa mise, *supra n° 4977* (4). Il en serait ainsi alors même que l'acte serait qualifié de commandite (5).

4990. La société en commandite simple a été souvent confondue avec le prêt à intérêt, *supra n° 4677* ; ce qui fera prédominer le caractère de société, ce sera la chance de pertes courue par le capital ; cependant le capital pouvant n'être mis en société que pour la jouissance, il y aurait encore société dans ce cas, quoique cette jouissance seule fût soumise aux pertes sociales, *supra n° 4728.*

§ 3. — DE LA SOCIÉTÉ EN COMMANDITE PAR ACTIONS.

4991. Cette société [Form. 663] régie d'abord par les dispositions de la loi du 17 juillet 1856, l'est aujourd'hui par le titre 1er de la loi du 24 juillet 1867 qui abroge la précédente (7) (*art. 20*).

4992. L'art. 38 C. comm. se bornait à dire : « Le capital des sociétés en commandite pourra aussi être divisé en actions, sans aucune autre dérogation aux règles établies pour ce genre de société. » De là était née la question de savoir si les actions au porteur, qui pouvaient servir à dissimuler l'immixtion des commanditaires, étaient permises aussi bien que les actions nominatives. Cette

---

En cas de décès de M. PAULY, la société serait dissoute, et il serait procédé à sa liquidation dans les formes ordinaires.

ART. 11. A l'expiration du terme fixé pour la société. M. PAULY conservera la maison de banque, s'il le juge convenable, sans avoir rien à payer pour la valeur de l'achalandage qu'il apporte gratuitement à la société. La liquidation sera faite par M. PAULY, sous le contrôle de M. TAVERNIER, qui pourra exiger des comptes trimestriels.

Les sommes dont M. PAULY sera reconnu débiteur envers son coassocié, par suite de la faculté qui lui est accordée, seront payables dans le délai de deux ans, avec intérêts à 6 p. 100 par an, à partir du jour de la dissolution jusqu'au remboursement.

ART. 12. Dans aucun cas et pour quelque cause que ce soit, il ne pourra être requis d'apposition de scellés ni d'inventaire, soit à la requête des associés eux-mêmes, soit à celle de leurs héritiers et représentants.

Pour faire publier la présente société dans les formes et les délais voulus par la loi, tous pouvoirs sont donnés au porteur d'une expédition ou d'un extrait des présentes.

Pour l'exécution des présentes, etc.

DONT ACTE. Fait et passé, etc.

FORMULE 662. — Extrait pour la publication de la société en commandite simple.
(N° 4913 et suiv.)

Suivant acte reçu par M°. . . . ., le. . . . ., portant cette mention : Enregistré à. . . . .,
M. Anatole PAULY, banquier, demeurant à. . . . .,
A formé, avec un commanditaire dénommé à l'acte extrait, une société en commandite simple dont il est le gérant, pour l'exploitation de la maison de banque et de commission dont M. PAULY était propriétaire.

---

(1) Paris, 20 avril 1850.
(2) Merlin, *Société*, sect. 2, § 3, art. 2 ; Troplong, n° 414 ; Alauzet, n° 149 ; Delangle. n°s 209 et s.
(3) Comp. Dalloz, n° 1094.
(4) Bruxelles, 11 fruct. an 12 ; Pau, 7 fév. 1827. Comp. Cass.,

17 janv. 1855 ; Paris, 23 juill. 1828 ; Bordeaux, 20 août 1839.
(5) Delangle, n° 271 ; Bedarride, n°s 186 et s. ; Comp. Bordeaux, 7 fév. 1832.
(6) Cass., 19 déc. 1860.
(7) Vavasseur, *Traité des soc. par actions.*

question, très-vivement controversée, avait été résolue, et avec raison, par l'affirmative (1). Les lois nouvelles ont fait cesser toute difficulté sur ce point.

4993. La loi du 24 juillet 1867 statue en ce qui concerne la société en commandite : 1° sur la constitution de la société ; 2° sur les actions ; 3° sur le conseil de surveillance ; 4° sur diverses sanctions civiles et pénales ; 5° sur les actions judiciaires à intenter par les actionnaires ; 6° sur des dispositions transitoires. Nous examinerons successivement ces divers points.

4994. I. *Constitution de la société.* Cette constitution est soumise à deux conditions préalables dont *la première* est contenue dans l'art. 1 de la loi : « Les sociétés en commandite ne peuvent être définitivement constituées qu'après la souscription de la totalité du capital social, et le versement par chaque actionnaire du quart au moins du montant des actions par lui souscrites. Cette souscription et ces versements sont constatés par une déclaration du gérant dans un acte notarié [FORM. 664]. A cette déclaration sont annexés la liste des souscripteurs, l'état des versements effectués, l'un des doubles de l'acte de société, s'il est sous seing privé, et une expédition, s'il est notarié et s'il a été passé devant un notaire autre que celui qui a reçu la déclaration. L'acte sous seing privé, quel que soit le nombre des associés, sera fait en double original, dont l'un sera annexé à la déclaration de souscription du capital et du versement du quart, et l'autre restera déposé au siège social. »

4995. Le versement du quart du capital social, opéré indifféremment par tels ou tels actionnaires, ne remplirait pas le vœu de la loi ; il faut que chaque actionnaire verse le quart des actions par lui souscrites (2). Du reste le versement de ce quart peut n'avoir lieu qu'après la souscription (3), quoiqu'il vaille mieux l'exiger immédiatement.

4996. Il n'est plus possible d'émettre le capital, comme autrefois, par séries successives (4) ; mais

---

La raison et la signature sociales sont : PAULY et Cⁱᵉ.

M. PAULY a seul la gestion et la signature de la société ; il ne peut, bien entendu, faire usage de cette signature que pour les affaires sociales.

Le siège de la société est à.....

La durée de la société est fixée à..... années, à compter du.....

Le capital social s'élève à un million de francs.

Il se compose :

1° De l'apport de M. PAULY comprenant sa maison de banque et de commission pour la somme de six cent mille francs, formant l'actif net de l'inventaire de toutes les valeurs qui le composent ;

2° De l'apport du commanditaire, s'élevant à quatre cent mille francs.

Une expédition dudit acte de société a été déposée le....., à chacun des greffes du tribunal de commerce de..... et de la justice de paix de.....

Pour extrait (*Signature du notaire*).

FORMULE 663. — **Société en commandite par actions.** (Nᵒˢ 4994 à 5038.)

PAR-DEVANT Mᵉ.....,

A COMPARU : M. François LESCOT, mécanicien, demeurant à....,

Lequel a, par ces présentes, fondé une société en commandite par actions, dont il a établi les statuts de la manière suivante :

TITRE Iᵉʳ. — CONSTITUTION DE LA SOCIÉTÉ.

ART. 1ᵉʳ. Il est établi par ces présentes une société en commandite par actions entre M. LESCOT, comparant, comme seul gérant responsable,   D'UNE PART,

---

(1) Troplong, nᵒˢ 147 et s.; Delangle, nᵒˢ 500 et s.; Molinier, nᵒˢ 322 et s.; Malepeyre et Jourdain, p. 143 et s.; Paris, 7 fév. 1832; CONTRA, Pardessus, IV, 1033.

(2) Vavasseur, *Soc. par act.*, nᵒ 54.
(3) Bravard, p. 20; Bedarride, II, p. 45.
(4) Vavasseur, nᵒ 37.

il est toujours permis de stipuler l'augmentation du capital social, si les besoins de la société l'exigent (1). Cette augmentation pourrait avoir lieu au moyen d'une nouvelle série d'actions qui, par les statuts, pourrait être réservée par préférence aux actionnaires primitifs. Elle n'est pas soumise aux conditions originaires prescrites pour la constitution de la société.

4997. Les souscriptions sont définitives et irrévocables. Le gérant peut souscrire des actions, mais en les libérant de suite. La société ne peut racheter ses propres actions (2).

4997 *bis.* Les actionnaires ne peuvent être soumis à un appel de fonds sans leur assentiment unanime (3). C'est en espèces, et non en billets ou valeurs quelconques, que les actionnaires doivent effectuer leurs versements.(4)

4998. Voici la *deuxième condition* préalable à la constitution de la société : « Lorsqu'un associé fait un apport qui ne consiste pas en numéraire, ou stipule à son profit des avantages particuliers, la première assemblée générale fait apprécier la valeur de l'apport ou la cause des avantages stipulés. La société n'est définitivement constituée qu'après l'approbation de l'apport ou des avantages donnée par une autre assemblée générale, après une nouvelle convocation. La seconde assemblée générale ne peut statuer sur l'approbation de l'apport ou des avantages qu'après un rapport qui est imprimé et tenu à la disposition des actionnaires, cinq jours au moins avant la réunion de cette assemblée » (*art. 4*).

Et toutes autres personnes qui deviendront propriétaires des actions ci-après créées, comme simples commanditaires.   D'AUTRE PART.

ART. 2. La société a pour objet : la fabrication et la vente des machines à vapeur de toute sorte, etc. . . . .

ART. 3. La société prend la dénomination de : Société de. . . . .

La raison et la signature sociales sont : *Lescot et Cie*.

Le gérant a seul la signature sociale et il ne peut en faire usage que pour les affaires de la société.

ART. 4. La durée de la société est de trente ans. à partir du jour de sa constitution définitive, qui aura lieu conformément aux prescriptions de la loi du 24 juillet 1867 (n^{cs} 4994 à 5003).

ART. 5. Le siége de la société est à Paris, rue. . . . . Elle établit des succursales et nomme des agents partout où elle en reconnaît l'opportunité.

TITRE II. — APPORTS. — FONDS SOCIAL. — ACTIONS. (N°s 5004 à 5007.)

ART. 6. M. LESCOT apporte à la société le droit au bail qui lui a été consenti pour vingt ans à compter du premier janvier dernier, suivant acte reçu par M^e. . . . ., le. . . . ., d'un immeuble sis à. . . . ., rue. . . . ., consistant, etc.

Ensemble le matériel qu'il a fait installer, les marchandises fabriquées et en fabrication, les commandes qu'il a reçues, les créances qui lui sont dues pour prix de marchandises, le tout d'une valeur de trois cent mille francs, suivant l'état qu'il en a dressé et qui est demeuré ci-annexé, après mention signée de lui et des notaires.

La société payera les loyers de l'immeuble, s'élevant à. . . . . par an.

ART. 7. Il est attribué à M. LESCOT, en représentation de son apport, six cents actions entièrement libérées sur celles qui vont être créées.

Cette attribution sera, conformément à la loi, soumise à la première assemblée générale des actionnaires, qui fera vérifier la valeur de l'apport et les avantages stipulés au profit de M. LESCOT, auquel ils ne seront acquis qu'après approbation par une autre assemblée générale, après une nouvelle convocation.

---

(1) Vavasseur, n° 39.

(2) Vavasseur, n°s 41 et suiv.

(3) Troplong, n° 182, 724 ; Vavasseur, n° 38.

(4) Bedarride, II, *Append.*, p. 47; Vavasseur, n° 53, et *Droit comm.* du 4 août 1863; Cass., 25 juin 1816, 11 mai 1863 ; Paris, 20 avril 1845 ; Rennes, 3 mai 1849; Aix, 10 mars 1863 ; CONTRA, Paignon, p. 61. Comp. Troplong, n° 175 ; Agen, 6 déc. 1850.

4959. Il faut, comme on le voit, deux réunions successives (1) ; et si, en cas de non-approbation, le gérant ou les fondateurs proposaient une diminution sur leurs avantages, cette proposition ne serait valablement acceptée qu'à l'unanimité (2). — Le traitement et les autres avantages alloués au gérant sont également soumis à la nécessité de l'approbation dans une seconde réunion, et cela encore bien que le gérant soit en même temps actionnaire de la société.

5000. Les délibérations sont prises par la majorité des actionnaires présents. Cette majorité doit comprendre le quart des actionnaires, et représenter le quart du capital social en numéraire *(art. 4)*. Le vote a lieu par tête (4). Les associés qui ont fait l'apport, ou stipulé des avantages particuliers soumis à l'approbation de l'assemblée, n'ont pas voix délibérative *(art. 4)*, lors même qu'ils possèderaient des actions (5). Mais les souscripteurs peuvent être représentés par des mandataires (6). S'ils avaient cédé leurs promesses d'actions, cession qui, faite en la forme civile (*C. N.*, *1690*), serait valable, leurs cessionnaires auraient le droit d'assister et de voter à l'assemblée (7).

5001. A défaut d'approbation, la société reste sans effet à l'égard de toutes les parties. L'approbation ne fait pas obstacle à l'exercice ultérieur de l'action qui peut être intentée pour cause de dol ou de fraude *(art. 4)*.

5002. Si l'assemblée n'était pas en nombre, il y aurait de nouvelles convocations ; mais la per-

---

Cette seconde assemblée a tous pouvoirs pour y apporter des modifications si elle le juge convenable, mais d'accord avec le gérant.

Le vote a lieu, dans tous les cas, à la majorité des actionnaires présents, comprenant le quart des actionnaires et représentant le quart du capital en numéraire.

ART. 8. Le fonds social, composé des apports en nature et du capital en numéraire, est fixé à trois millions de francs, et divisé en six mille actions de cinq cents francs chacune.

Six cents actions étant attribuées à M. LESCOT, en représentation de son apport, il reste cinq mille quatre cents actions à émettre contre espèces.

ART. 9. Chaque action donne droit, sans distinction, à une part égale dans les bénéfices et dans la propriété du fonds social.

ART. 10. Le fonds social pourra être augmenté par suite de l'extension des opérations de la société, en vertu d'une décision de l'assemblée générale des actionnaires, prise à la majorité, fixée en l'art. 62 ci-après. Les actionnaires jouiront d'un droit de préférence à la souscription au pair des nouvelles actions à émettre dans la proportion de trois quarts ; et ce même droit appartiendra au gérant pour le dernier quart.

ART. 11. Le montant des actions est payable à....., chez le banquier de la société:

Cent vingt-cinq francs en souscrivant ;

Soixante-quinze francs dans les trois mois du jour où la société aura été définitivement constituée ;

Et les trois cents francs de surplus au fur et à mesure des besoins de la société, aux époques et dans les proportions qui seront fixées par le gérant sur l'avis du conseil de surveillance.

Toutefois aucun appel de fonds ne pourra excéder cent francs par action, et il y aura un intervalle de trois mois au moins entre chaque appel.

ART. 12. Le premier versement est constaté par un récépissé nominatif, qui sera, dans les trois mois à partir de la constitution de la société, échangé contre un titre provisoire d'actions, également nominatif.

Tous versements ultérieurs, à l'exception du dernier, sont mentionnés sur ce titre provisoire.

---

(1) Dalloz, n° 1163; Vavasseur, n° 62; CONTRA, Bedarride, n° 65.
(2) Dalloz, n° 1191; Vavasseur, n° 68.
(3) Bordeaux, 20 nov. 1865.
(4) Foureix, n° 143; Dalloz, n° 1196; Vavasseur, n° 78.

(5) Vavasseur, n° 77; Foureix, n° 143; Dalloz, n° 1199; CONTRA, Paignon, n° 71.
(6) Dalloz, n° 1198; CONTRA, Bravard, p. 37.
(7) Dalloz, n° 1197; CONTRA, Duvergier, *Lois*, 1856, p. 340.

sistance de l'abstention serait considérée comme un refus d'approbation (1); et les frais de la tentative de société resteraient pour le compte des fondateurs, à moins de stipulation contraire (2).

5003. Les dispositions de l'art. 4, relatives à la vérification de l'apport qui ne consiste pas en numéraire, ne sont pas applicables au cas où la société à laquelle est fait ledit apport est formée entre ceux seulement qui en étaient propriétaires par indivis (*art. 4*). En pareil cas, il peut être émis des actions, comme des obligations, sans contrôle contradictoire (3).

5004. *Des actions.* Les sociétés en commandite ne peuvent diviser leur capital en actions ou coupons d'actions de moins de 100 fr., lorsque ce capital n'excède pas 200,000 fr., et de moins de

---

Le dernier versement sera fait contre la remise du titre définitif d'action, qui sera au porteur ou nominatif, au choix de l'actionnaire. — *On peut ajouter :* Toutefois des titres au porteur peuvent être remis avant la libération complète de l'action; dans le cas prévu par l'art. 15 ci-après.

Les appels de versements ont lieu au moyen d'annonces insérées un mois à l'avance dans les journaux de Paris désignés pour la publication légale des actes de société.

ART. 13. Tout versement en retard porte intérêt de plein droit en faveur de la société, à raison de 5 p. 100 par an, à compter de l'exigibilité, sans demande en justice.

ART. 14. A défaut de payement à l'échéance des autres versements, la société pourra poursuivre les débiteurs et faire vendre les actions en retard.

A cet effet les numéros de ces actions seront publiés, comme défaillants, dans les journaux désignés sous l'art. 12 ci-dessus, et, quinze jours après cette publication, la société aura le droit de faire procéder à la vente des actions, pour le compte et aux risques et périls du retardataire, sans aucune mise en demeure ni formalité judiciaire, à la Bourse de Paris, par le ministère d'un agent de change, si les actions sont cotées; par le ministère d'un notaire, et aux enchères, dans le cas contraire.

Les titres provisoires ainsi vendus deviennent nuls de plein droit; il en est délivré aux acquéreurs de nouveaux sous les mêmes numéros.

Tout titre qui ne portera pas mention régulière des versements exigibles sur les actions, cessera d'être négociable.

Le prix provenant de la vente des titres provisoires d'actions, déduction faite des frais, s'imputera dans les termes de droit sur ce qui sera dû à la société par l'actionnaire exproprié, qui restera passible de la différence, s'il y a déficit, mais qui profitera de l'excédant, s'il en existe.

ART. 15. Le souscripteur primitif et ses cessionnaires restent engagés jusqu'au payement intégral de l'action.

On peut ajouter : Toutefois les actions peuvent, après avoir été libérées de moitié, être converties en actions au porteur par délibération de l'assemblée générale. Dans ce cas, soit que les actions restent nominatives après cette délibération, soit qu'elles aient été converties en actions au porteur, les souscripteurs primitifs qui ont aliéné les actions et ceux auxquels ils les ont cédées avant le versement de moitié, ne restent tenus au payement du montant de leurs actions que pendant un délai de deux ans, à partir de la délibération de l'assemblée générale.

ART. 16. Les titres provisoires et définitifs sont extraits de registres à souche, numérotés et frappés du timbre sec de la compagnie, revêtus de la signature du gérant et de l'un des membres du conseil de surveillance.

ART. 17. Tout actionnaire peut déposer ses titres dans la caisse sociale et réclamer en échange un récépissé de dépôt nominatif.

La forme de ces récépissés et les frais auxquels ce dépôt pourra être assujetti seront fixés ultérieurement par le gérant.

---

(1) Dalloz, n° 125 ; Vavasseur, n° 80; Foureix, n° 143;   (3) Vavasseur, n° 74.
(2) V. Vavasseur, n° 81.

500 fr. lorsqu'il est supérieur (*art.* *1er*). Il ne serait pas permis d'éluder cette disposition en créant des parts d'intérêt sans indication de capital (1).

5005. D'après la loi de 1856, les actions devaient être nominatives jusqu'à leur entière libération. Cette disposition a été modifiée par la loi de 1867 de la manière suivante : « Il peut être stipulé, mais seulement par les statuts constitutifs de la société, que les actions ou coupons d'actions pourront, après avoir été libérés de moitié, être convertis en actions au porteur par délibération de l'assemblée générale. — Soit que les actions restent nominatives après cette délibération, soit qu'elles aient été converties en actions au porteur, les souscripteurs primitifs qui ont aliéné les actions et ceux auxquels ils

Art. 18. La cession des actions au porteur s'opère par la simple tradition du titre.

Celle des titres nominatifs a lieu par une déclaration de transfert, inscrite sur le registre de la société et signée du cédant ou de son fondé de pouvoir.

Les actions sont négociables après le versement du quart.

Art. 19. Les actions sont indivisibles et la société ne reconnaît qu'un propriétaire pour chaque action.

Les copropriétaires d'une action sont tenus de se faire représenter par une seule et même personne.

Art. 20. Les dividendes de toute action, nominative ou au porteur, sont valablement payés au porteur du titre.

Art. 21. Les droits et obligations attachés à l'action suivent le titre dans quelques mains qu'il passe; la propriété d'une action emporte de plein droit adhésion aux statuts de la société.

Les héritiers, représentants et créanciers de l'actionnaire ne peuvent, sous quelque prétexte que ce soit, provoquer l'apposition des scellés sur les biens et valeurs de la société; en demander la licitation ou le partage, ni s'immiscer en aucune manière dans son administration; ils doivent, pour l'exercice de leurs droits, s'en rapporter exclusivement aux inventaires sociaux et aux délibérations de l'assemblée générale.

TITRE III. — ADMINISTRATION DE LA SOCIÉTÉ. — GÉRANCE. (Nᵒˢ 5009 à 5018.)

Art. 22. La société est administrée par M. LESCOT, seul gérant responsable; il a la signature sociale et la direction exclusive des affaires de la société.

Il a les pouvoirs les plus étendus pour agir au nom de la société en toute circonstance, et pour faire en conséquence toutes les opérations se rattachant à son objet, tel qu'il est déterminé par l'art. 2. Il peut transiger, compromettre, donner tous désistements et mainlevées avec ou sans payement.

Art. 23. En garantie de sa gestion, le gérant doit laisser dans la caisse sociale, 100 des actions à lui attribuées, lesquelles sont inaliénables et jouissent d'ailleurs des mêmes avantages que les autres actions.

Art. 24. Le gérant peut se faire aider et représenter par des mandataires ou délégués, mais sous sa responsabilité.

Tout mandat ou délégation doit être spécial et temporaire.

Art. 25. En raison de ses fonctions, et de la responsabilité attachée à sa gestion, il a droit à un traitement fixe de douze mille francs payable par douzième, et porté au compte des frais généraux.

Le gérant doit consacrer tout son temps et tous ses soins aux affaires sociales.

Art. 26. Le gérant peut convoquer l'assemblée générale des actionnaires toutes les fois qu'il le juge convenable.

Les propositions qu'il veut soumettre à l'assemblée générale sont communiquées au conseil de surveillance quinze jours à l'avance.

(1) Vavasseur, nᵒ 57.

les ont cédées avant le versement de moitié restent tenus au payement du montant de leurs actions pendant un délai de deux ans, à partir de la délibération de l'assemblée générale (*art. 3*).

5005 *bis*. En cas de succès de l'entreprise, les actions peuvent être libérées par anticipation, au-dessous du minimum légal (1); et à compter de ce moment leur transformation en actions au porteur deviendrait licite (2), les conditions ci-dessus étant, bien entendu, observées.

5006. Les souscripteurs d'actions, tant qu'ils n'ont pas cédé leurs actions, sont, nonobstant toute stipulation contraire, responsables, ou plutôt débiteurs directs (3) du montant total des actions par eux souscrites. Cette responsabilité semblait d'ailleurs résulter déjà de la jurisprudence antérieure à la loi, *supra n° 4754*. Mais ils sont dégagés après deux ans, en cédant leurs actions libérées de moitié, si la conversion en actions au porteur a été stipulée par les statuts et votée par l'assemblée. Toutefois ils resteraient tenus pendant trente ans si la cession avait lieu deux ans après le vote de l'assemblée (4).

5007. La souscription des actions de toute société commerciale par sa nature, *supra n° 4656*, est considérée comme un acte de commerce (5).

5007 *bis*. Les actions ou coupons d'actions sont négociables après le versement du quart (*art. 2*); mais le transport par les voies civiles est permis, *supra n° 4851* (6). V. *supra n° 4743 et suiv.* pour les règles générales concernant les actions.

5008. Aucune répétition de dividende (7) ne peut être exercée contre les actionnaires, si ce n'est dans le cas où la distribution en aura été faite en l'absence de tout inventaire, ou en dehors des résul-

ART. 27. Le décès ou la retraite du gérant, pour quelque motif que ce soit, n'entraîne pas la dissolution de la société.

En cas de retraite volontaire du gérant, celui-ci peut présenter son successeur qui doit être agréé par l'assemblée générale des actionnaires à la majorité fixée par l'art. 62.

En cas de décès, ce droit est dévolu à ses héritiers.

Les héritiers ou ayants cause du gérant ne peuvent, en aucun cas, faire apposer les scellés sur les papiers et registres de la société, ni faire procéder à aucun inventaire judiciaire des valeurs sociales.

TITRE IV. — CONSEIL DE SURVEILLANCE. (N°s 5009 et suiv.)

ART. 28. Il est créé un conseil de surveillance composé de cinq membres, qui représentent les actionnaires dans leurs rapports avec la gérance.

ART. 29. Les membres du premier conseil sont nommés par la deuxième assemblée générale des actionnaires réunie pour la constitution définitive de la société. La nomination a lieu à la simple majorité des voix des membres présents, votant par tête.

Immédiatement après leur nomination, ils vérifient si toutes les dispositions contenues dans les art. 1 à 5 de la loi du 24 juillet 1867 ont été observées.

ART. 30. Le premier conseil est nommé pour un an, ensuite il est renouvelé chaque année par cinquième, en assemblée générale. Les membres sortants sont désignés par le sort; ils sont toujours rééligibles.

Le gérant peut présenter une liste de candidats au vote de l'assemblée.

Les fonctions du conseil de surveillance consistent notamment à vérifier les livres, la caisse, le portefeuille et les valeurs de la société.

ART. 31. Le conseil de surveillance nomme parmi ses membres un président et un secrétaire.

(1) Vavasseur, n° 88; Dalloz, n° 1171.
(2) Vavasseur, n° 106; Dalloz, n° 1170; CONTRA, Romiguière, p. 44.
(3) Vavasseur, n° 100; Paris, 16 janv. 1862; Cass., 6 nov. 1865; J. N., 1842?.
(4) Vavasseur, n° 120.
(5) Bedarride, n° 211; Cass., 28 fév. 1844, 3 mars 1853; Paris, 27 fév. et 31 déc. 1817; Rouen, 3 juin 1839, 29 nov. 1834; CONTRA, Delangle, t, 312; Dalloz, 1306; Paris, 22 déc. 1846; Angers, 18 janv. 1855.
(6) Dalloz, n° 1165; Vavasseur, n° 92. V. Orléans, 19 fév. 1848 Paris, 31 juill. 1852.
(7) Sur toutes les questions relatives aux dividendes, voir *supra* n°s 4760 et suiv.

tats constatés par l'inventaire. — L'action en répétition, dans le cas où elle est ouverte, se prescrit par cinq ans, à partir du jour fixé pour la distribution des dividendes. — Les prescriptions commencées à l'époque de la promulgation de la loi du 24 juill. 1867, et pour lesquelles il faudrait encore, suivant les lois anciennes, plus de cinq ans, à partir de la même époque, seront accomplies par ce laps de temps (*art. 10*).

5009. III. *Du conseil de surveillance.* Un conseil de surveillance, composé de trois actionnaires au moins, est établi dans chaque société en commandite par actions. Ce conseil est nommé par l'assemblée générale des actionnaires immédiatement après la constitution définitive de la société et avant toute opération sociale. Il est soumis à la réélection aux époques et suivant les conditions déterminées par les statuts. Toutefois le premier conseil n'est nommé que pour une année (*art. 5*). Ce premier conseil doit, immédiatement après sa nomination, vérifier si toutes les dispositions contenues dans les art. 4 à 5 de la loi de 1867, ont été observées (*art. 6*).

5010. La nomination du conseil peut avoir lieu dans la seconde assemblée générale réunie pour constituer la société (1); mais elle n'exige que la simple majorité des membres présents (2).

5010 *bis.* Les membres du conseil ne peuvent se faire représenter par des mandataires (3).

5011. Les membres du conseil devant être actionnaires, il sera utile, pour constater l'observation de cette condition, de stipuler dans les statuts que chacun d'eux devra posséder un certain nombre

---

En cas d'absence de l'un et de l'autre, le doyen d'âge des membres présents remplit les fonctions de président, et le plus jeune celles de secrétaire.

Les délibérations sont prises à la majorité des membres présents; en cas de partage, la voix du président est prépondérante.

La présence de trois membres, au moins, est nécessaire pour la validité des délibérations du conseil.

Dans le cas où trois membres seulement sont présents, les décisions ne sont valables qu'autant qu'elles sont prises à l'unanimité.

Nul ne peut voter par procuration dans le sein du conseil.

ART. 32. Dans le cas où il y a lieu de remplacer quelques membres, par suite de décès, démission ou autre cause, le conseil pourvoit lui-même à ces remplacements en attendant l'époque de l'assemblée générale, qui fait les nominations définitives.

Le membre remplaçant ne reste en exercice que jusqu'à l'époque à laquelle devaient expirer les fonctions de celui qu'il a remplacé.

ART. 33. Le conseil se réunit au siége de la société aussi souvent qu'il le juge convenable, et au moins une fois tous les mois. Il peut en outre être convoqué extraordinairement par son président ou par le gérant de la société.

ART. 34. Il peut extraordinairement convoquer l'assemblée générale; cette convocation n'est valable qu'autant qu'elle est votée par la majorité du conseil. Les opposants, s'il y en a, font consigner dans le procès-verbal de la délibération leurs motifs d'opposition, afin de les soumettre au besoin à l'assemblée.

ART. 35. Les délibérations et décisions du conseil sont inscrites sur un registre spécial et signées par le président et le secrétaire.

Les copies ou extraits de ces délibérations à produire en justice ou ailleurs, sont signés par le gérant et visés par l'un des membres du conseil.

ART. 36. Pour être membre du conseil de surveillance, il faut être propriétaire de vingt-cinq actions libérées; ces actions doivent, dans la quinzaine de la nomination, être déposées dans la caisse sociale; elles sont inaliénables pendant la durée des fonctions des membres qui les auront déposées.

(1) Dalloz, n° 1209; Vavasseur, n° 137.
(2) Duvergier, p. 341; Bedarride, n° 77; Vavasseur, n° 137; | (3) Dalloz, n° 1216; Foureix, n° 174; Vavasseur, n° 143.
costra, Alauzet, n° 498.

d'actions, qui resteront à la souche pendant la durée de leurs fonctions (1); une pareille clause les rendrait souscripteurs de plein droit, même en l'absence de toute souscription effective (2).

5012. En cas de démission ou empêchement quelconque de l'un des membres du conseil, l'assemblée doit être immédiatement convoquée par le gérant, sinon à la diligence des intéressés et en vertu d'un jugement du tribunal de commerce (3). Les opérations sociales ne seraient pas suspendues dans l'intervalle (4); mais si la situation se prolongeait, il pourrait y avoir lieu à la nullité de la société et à la responsabilité qui en résulterait (5).

5013. Les membres du conseil de surveillance vérifient les livres, la caisse, le portefeuille et les valeurs de la société (*art. 10*). C'est pour eux un droit, et aussi un devoir qu'ils doivent remplir, à peine d'être responsables en vertu du droit commun (*C. N., 1383, 1850, 1992*) (6). — Ils font, chaque année, à l'assemblée générale, un rapport dans lequel ils doivent signaler les irrégularités et inexactitudes qu'ils ont reconnues dans les inventaires et constater, s'il y a lieu, les motifs qui s'opposent aux distributions des dividendes proposés par le gérant (*art. 10*).

5014. Le conseil de surveillance peut convoquer l'assemblée générale, et, conformément à son avis, provoquer la dissolution de la société (*art. 11*) devant les tribunaux (7). Si l'assemblée repoussait la proposition de dissolution, chaque actionnaire aurait le droit d'en saisir la justice, *supra n° 4860* (8).

5015. Lorsque la société est annulée aux termes de l'art. 7, *infra n° 5021*, les membres du premier conseil de surveillance peuvent être déclarés responsables (9), avec le gérant, du dommage résultant pour la société ou pour les tiers de l'annulation de la société (*art. 8*); cette pénalité est facultative pour les tribunaux (10). La même responsabilité peut être prononcée contre ceux des associés, même non réputés fondateurs (11), dont les apports ou les avantages n'auraient pas été vérifiés et approuvés, *supra n° 5001* (*art. 8*).

Art. 37. Ces fonctions sont gratuites; elles donnent droit seulement à des jetons de présence, dont la valeur est déterminée par l'assemblée générale.

TITRE V. — ASSEMBLÉES GÉNÉRALES.

Art. 38. L'assemblée générale régulièrement constituée représente l'universalité des actionnaires.

Art. 39. L'assemblée générale se compose des deux cents plus forts actionnaires dont la liste est arrêtée par le gérant conjointement avec le conseil de surveillance, vingt jours avant la réunion de l'assemblée. Les actionnaires inscrits sur les registres de la société par suite du dépôt de leurs actions effectué dans la caisse sociale un mois avant la confection de la liste, peuvent seuls y figurer. Il leur est délivré en échange un récépissé nominatif qui leur sert de carte d'entrée à l'assemblée générale. En cas de concours pour l'admission sur la liste entre deux ou plusieurs actionnaires possesseurs du même nombre d'actions, la préférence est accordée au plus anciennement inscrit. La liste des déposants et celle des membres appelés à faire partie de l'assemblée sont tenues à la disposition de tous les actionnaires qui veulent en prendre connaissance. Le jour de la réunion, la seconde de ces listes est déposée sur le bureau.

Ou bien : Art. 39. L'assemblée générale se compose de tous les actionnaires propriétaires de dix actions au moins. Cependant les actionnaires possédant moins de dix actions peuvent se réunir à d'autres pour atteindre ce nombre, en désignant l'un d'eux pour les représenter à l'assemblée.

Art. 40. Tout actionnaire ayant droit à faire partie de l'assemblée ne peut s'y faire représenter que par un mandataire membre de l'assemblée.

---

(1) Vavasseur, nos 141 et 142.
(2) Paris, 16 avril 1861.
(3) Duvergier, p. 342; Dalloz, n° 1214.
(4) Bedarride, n° 80; Dalloz, n° 1215.
(5) Duvergier, p. 341. Comp. Dalloz, n° 1212; Vavasseur, n° 139.
(6) Vavasseur, n° 233 ; Cass., 12 avril 1864.
(7) Bravard, p. 47; Vavasseur, n° 150; CONTRA, Bedarride, n° 417.

(8) Bedarride, n° 417 ; Vavasseur, n° 452 ; CONTRA, Dalloz, nos 1234 et 1235.
(9) Cass., 24 avril 1861 ; Aix, 16 mai 1860. Comp. Agen, 6 déc. 1860.
(10) Bedarride, n° 98 ; Alanzet, n° 204 ; Bravard, p. 44; Foureix, n° 475; Vavasseur, n° 223; CONTRA, Romiguière, nos 403 et s.
(11) Sur ce qui constitue le fondateur, V. Cass., 24 juin 1861; Aix, 13 août 1860.

5016. Les membres du conseil de surveillance n'encourent aucune responsabilité en raison des actes de la gestion et de leurs résultats. Chaque membre du conseil de surveillance est responsable de ses fautes personnelles, dans l'exécution de son mandat, conformément aux règles du droit commun (*art. 9*).

5017. La loi du 17 juillet 1856 avait établi sur ce point des règles différentes qu'il ne sera pas sans intérêt de faire connaître : La responsabilité n'était encourue que si les membres du conseil avaient agi *sciemment, en connaissance de cause*; cependant la négligence grave, allant jusqu'à l'omission du rapport prescrit, pouvait entraîner la responsabilité (1) ; l'insuffisance absolue du rapport était assimilable à l'omission; il en était de même si le conseil manquait au devoir de vérifier les livres, la caisse et le portefeuille (2). En ce sens il est vrai de dire que la loi punissait non-seulement la mauvaise intention, le dol, mais encore la faute lourde (3). Mais ils n'étaient pas responsables s'ils avaient été trompés par d'adroites dissimulations du gérant, alors surtout qu'il était constaté qu'ils avaient donné à la chose commune les soins d'un bon père de famille (4). Cette responsabilité spéciale ne les affranchissait pas de la responsabilité résultant du droit commun (*C. N.*, *1382, 1850 et 1992*) (5); ainsi, ils pouvaient être déclarés responsables, à défaut de s'être assurés de l'observation des conditions prescrites par la loi de 1856 pour la constitution de la société (6). La responsabilité n'aurait pas eu lieu si la ruine de la société provenait non de l'inobservation de ces conditions, mais des dilapidations du gérant (7). D'ailleurs chaque membre du conseil n'était également responsable que de son fait personnel ; mais les membres dissidents auraient dû faire constater leur opposition (8).

5017 *bis.* La responsabilité doit être limitée au préjudice résultant de la distribution de dividendes

La forme des pouvoirs est déterminée par le gérant et le conseil de surveillance.

Dans tous les cas, ces pouvoirs doivent être déposés, huit jours avant l'époque fixée pour la réunion, aux lieux et dans les mains des personnes désignées à cet effet.

Art. 41. L'assemblée générale ordinaire se réunit chaque année à Paris, au siége social, dans le courant du mois de mars. Il est convoqué en outre des assemblée extraordinaires toutes les fois que le gérant ou le conseil de surveillance le jugent convenable.

Art. 42. Les convocations sont faites par avis insérés, quinze jours au moins avant l'époque de la réunion, dans les journaux d'annonces légales de Paris. Pour les convocations extraordinaires, les avis doivent indiquer l'objet de la réunion.

Art. 43. Quinze jours au moins avant la réunion de l'assemblée générale, tout actionnaire peut prendre, par lui ou par un fondé de pouvoirs, au siége social, communication du bilan, des inventaires et du rapport du conseil de surveillance.

Art. 44. L'assemblée ordinaire est régulièrement constituée lorsque les membres présents sont au nombre de vingt et représentent un vingtième du fonds social.

Si cette double condition n'était pas remplie, il serait convoqué à quinze jours d'intervalle, une assemblée dans laquelle aurait lieu valablement la délibération, quel que fût le nombre des actionnaires présents et celui des actions représentées. La convocation devrait avoir lieu au moins dix jours à l'avance.

Art. 45. L'assemblée générale est présidée par le président du conseil de surveillance, et en son absence, par celui de ses membres que nomme ce conseil.

Les deux plus forts actionnaires membres de l'assemblée sont scrutateurs. Le bureau nomme le secrétaire.

Art. 46. Les délibérations sont prises à la majorité des membres présents.

---

(1) Dalloz, n° 1248 ; Vavasseur, n° 237.

(2) Vavasseur, n° 237.

(3) Dalloz, n°s 1251 et 1252 ; Vavasseur, n° 239 ; Duvergier, *Lois,* 1856, p. 343 ; Bedarride, n° 115 ; Cass., 9 juill. 1854, 15 janv. 1862, 24 déc. 1863, 12 avril 1864 ; Bordeaux, 29 mai 1860 ; Orléans, 30 déc. 1860 ; Lyon, 6 juin 1864 ; Caen, 16 août 1854 ; Angers, 11 janv. 1857.

V. Rouen, 25 nov. 1861 ; CONTRA, Rapport de M. Langlais (de la Sarthe).

(4) Cass. 5 août 1862 ; Poitiers, 20 août 1859 ; Aix, 27 mai 1861.

(5) Lyon, 8 juin 1864.

(6) Cass., 12 avril 1864 ; Toulouse, 13 avr. 1863.

(7) Cass., 23 août 1864.

(8) Dalloz, n° 1250 ; Vavasseur, n° 250.

III   28

434 DU CONTRAT DE SOCIÉTÉ.

fictifs, comme s'élever au-dessus, ou descendre au-dessous, ou même comprendre tout ou partie du passif social (1).

5018. Le conseil, étant déclaré simplement responsable, aurait un recours contre le gérant (2). Mais il ne serait pas déchargé par un vote de l'assemblée générale, même donné avec la connaissance de l'infidélité des inventaires (3).

5019. L'action en responsabilité se prescrit par cinq ans à compter de la fin ou de la dissolution de la société, à moins qu'elle ne soit intentée contre des liquidateurs, *supra n° 4900*, ou qu'il ne s'agisse d'une société civile (4).

5020. IV. *Assemblée générale.* L'acte de société règle la composition, les époques de réunion et les droits de l'assemblée générale des actionnaires. Nous avons vu *supra n° 5014*, que le conseil de surveillance peut la convoquer. — Quinze jours au moins avant la réunion de l'assemblée générale, tout actionnaire peut prendre, par lui ou par un fondé de pouvoir, au siège social, communication du bilan, des inventaires et du rapport du conseil de surveillance (*art. 12*).

5021. V. *Sanctions civiles et pénales.* Est nulle et de nul effet à l'égard des intéressés, toute société en commandite par actions, constituée contrairement aux prescriptions des cinq premiers articles de la loi (5). Cette nullité ne peut être opposée aux tiers par les associés (*art. 7*). Elle est

---

Chacun d'eux n'a droit qu'à une voix en son nom personnel, et ne peut en réunir plus de cinq comme mandataire.

Avec l'art. 39 modifié, le 2e alinéa de l'art. 46 doit être rédigé comme il suit :

Chacun d'eux a autant de voix qu'il représente de fois dix actions, soit comme propriétaire, soit comme mandataire; mais sans pouvoir, en aucun cas, réunir plus de cinq voix.

Art. 47. L'ordre du jour est arrêté par le gérant d'accord avec le conseil de surveillance. Il ne peut être mis en délibération ni en discussion aucune proposition autre que celles mises à l'ordre du jour.

Art. 48. L'assemblée entend le rapport du conseil de surveillance; elle discute les comptes, les approuve s'il y a lieu, fixe les dividendes à répartir. Elle nomme les membres du conseil de surveillance.

Elle délibère et statue sur tous les cas, prévus ou non prévus, pouvant intéresser la marche et les intérêts de la société.

Art. 49. Les délibérations de l'assemblée sont constatées par des procès-verbaux, signés par le président et le secrétaire; les extraits à produire en justice ou ailleurs sont délivrés et signés par le gérant et visés par l'un des membres du conseil de surveillance.

Une feuille de présence, signée par chaque membre de l'assemblée et mentionnant le nombre des actions qu'il possède, reste annexée à la minute du procès-verbal avec les pouvoirs.

TITRE VI. — INVENTAIRES, COMPTES ANNUELS.

Art. 50. L'année sociale commence le 1er janvier et finit le 31 décembre.

Par exception, le premier exercice comprendra le temps écoulé entre la date de la constitution définitive de la société et le 31 décembre 18...

Si à la fin de ce premier exercice les bénéfices sont insuffisants pour payer aux actionnaires un intérêt égal à 5 p. 100 l'an des sommes versées sur les actions, l'assemblée générale peut décider, pour cette fois seulement, que cet intérêt soit en totalité ou en partie prélevé sur le capital social, et porté au compte des frais de premier établissement.

---

(1) Cass., 15 janv. 1852; Orléans, 20 déc. 1860; Caen, 16 août 1864; Angers, 11 janv. 1867.
(2) Vavasseur, n° 252; Cass., 2 avril 1850.
(3) Cass., 28 juin 1862.
(4) Vavasseur, n°s 256 et 257.
(5) Cass., 12 avril 1864; Aix, 16 mai 1860; Paris, 31 janv. 1867.

obligatoire pour le juge. — La nullité dont il s'agit est d'ordre public, et ne serait pas couverte par la ratification ni par l'exécution volontaire, *supra n° 4925* (1). Elle peut être poursuivie par un seul des intéressés (2).

5022. Si la société avait duré un certain temps, elle serait liquidée, comme une société de fait et verbale, d'après les seules règles de l'équité ou de la loi, et non du contrat (3). *Comp. supra n° 4899.* Jugé cependant, et avec raison, qu'il est permis au juge de prendre en considération, pour fixer les bases de la liquidation, les clauses de l'acte de société annulé (4).

5023. L'émission d'actions ou de coupons d'actions d'une société constituée contrairement aux prescriptions des art. 1, 2 et 3, est punie d'une amende de cinq cents à dix mille francs. Sont punis de la même peine : — le gérant qui commence les opérations sociales avant l'entrée en fonctions du conseil de surveillance; — ceux qui, en se présentant comme propriétaires d'actions ou de coupons d'actions qui ne leur appartiennent pas, ont créé frauduleusement une majorité factice dans une assemblée générale, sans préjudice de tous dommages-intérêts, s'il y a lieu, envers la société ou envers les tiers; — ceux qui ont remis les actions pour en faire l'usage frauduleux. Dans les cas prévus par les deux paragraphes précédents, la peine de l'emprisonnement de quinze jours à six mois peut, en outre, être prononcée (*art. 15*).

ART. 51. Il est fait à la fin de chaque semestre un inventaire général de l'actif et du passif de la société. Cet inventaire est soumis à l'examen du conseil de surveillance.

ART. 52. Le conseil fait chaque année, à l'assemblée générale, un rapport dans lequel il doit signaler les irrégularités et inexactitudes qu'il aurait reconnues dans les inventaires, et constater, s'il y a lieu, les motifs qui s'opposent aux distributions de dividendes proposées par le gérant.

A cet effet, celui-ci remet au conseil, au moins un mois avant la réunion de l'assemblée, tous les comptes sociaux et les pièces à l'appui.

TITRE VII. — PARTAGE DES BÉNÉFICES.

ART. 53. Les produits nets annuels, déduction faite de toutes les charges sociales, constituent les bénéfices.

ART. 54. Dans le premier inventaire, seront considérés comme frais de premier établissement à la charge du capital, tous les travaux préparatoires et d'installation, les dépenses préliminaires, telles que frais d'actes, de publicité, d'impression, de voyages, de commission, etc., enfin les frais de toute nature qui auront été nécessaires à l'organisation et à la constitution de la société.

ART. 55. La répartition des bénéfices a lieu dans l'année qui suit la clôture de l'exercice pendant lequel ils ont été réalisés; ils sont payables en deux termes, le 1er janvier et le 1er juillet.

ART. 56. Sur les bénéfices nets, il est prélevé :

1° 5 p. 100 du fonds social pour être payé, à titre d'intérêt, à tous les actionnaires sans distinction;

2° 5 p. 100 du surplus des bénéfices pour former un fonds de réserve.

ART. 57. L'excédant est réparti dans la proportion suivante :

75 p. 100 aux actionnaires;

15 p. 100 au gérant;

10 p. 100 aux employés de tous grades.

ART. 58. Les 10 p. 100 attribués aux employés leur sont alloués à titre de gratification, sans cependant que cette allocation puisse créer aucun droit en leur faveur.

---

(1) Romiguière, n° 59; Vavasseur, n° 259; Bedarride, n° 86.
(2) Vavasseur, n° 261.
(3) Dalloz, n°° 1261 et 1264; Bedarride, nos 86 et s.; Duvergier,

Lois. 1856, p. 513; Romiguière, n°° 65 et s.; Bravard, p. 40 et 41 CONTRA, Vavasseur, n° 205. V. Cass., 3 juin 1862.
(4) Cass., 7 fév. 1865, 27 mars 1866.

5024. La négociation d'actions ou de coupons d'actions dont la valeur ou la forme serait contraire aux dispositions des art. 1 et 3, *supra n°* 4994, 5005, ou pour lesquels le versement du quart n'aurait pas été effectué conformément à l'art. 2, *supra n° 5007 bis*, est punie d'une amende de cinq cents à dix mille francs. — Sont punies de la même peine toute participation à ces négociations et toute publication de la valeur desdites actions (*art. 14*).

5025. Parmi les infractions prévues par les art. 13 et 14, les unes constituent des délits ; ce sont : 1° la simulation et la fraude à l'occasion des souscriptions et versements ; 2° la création frauduleuse d'une majorité factice dans les assemblées générales ; 3° la répartition de dividendes fictifs. Les autres sont de simples contraventions n'admettant pas l'excuse de la bonne foi (1).

5026. Sont punis des peines portées par l'art. 405 du C. pén., sans préjudice de l'application de

---

ART. 59. Tous intérêts et dividendes non réclamés dans les cinq ans de leur exigibilité sont prescrits au profit de la société, et versés dans le fonds de réserve, même après qu'il aurait atteint le maximum prévu par l'art. 60.

TITRE VIII. — FONDS DE RÉSERVE.

ART. 60. Le fonds de réserve se compose de l'accumulation des sommes produites par le prélèvement annuel opéré sur les bénéfices.

Il est destiné à parer aux événements imprévus.

Lorsque le fonds de réserve aura atteint le dixième du fonds social, le prélèvement affecté à sa création cessera de lui profiter et s'ajoutera aux dividendes à répartir ; il reprendra son cours si la réserve vient à être entamée.

En cas d'insuffisance des produits d'une année pour fournir un dividende de 5 p. 100 par action, la différence peut être prélevée sur le fonds de réserve.

A l'expiration de la société, et après la liquidation de ses engagements, la réserve se composant des bénéfices, sera partagée proportionnellement aux droits réservés à chacun aux termes de l'art. 57.

L'emploi des capitaux appartenant au fonds de réserve est réglé par le gérant conjointement avec le conseil de surveillance.

TITRE IX. — MODIFICATIONS AUX STATUTS.

ART. 61. L'assemblée générale peut apporter aux présents statuts les modifications dont l'expérience aura fait reconnaître l'utilité.

Elle peut décider notamment :

1° L'augmentation du fonds social ;
2° Son amortissement total ou partiel ;
3° La prolongation ou la dissolution anticipée de la société ;
4° Sa réunion ou fusion avec d'autres sociétés.

Les modifications peuvent même porter sur l'objet de la société, mais sans pouvoir le changer complétement ni l'altérer dans son essence.

Toutefois, en dehors du cas de perte prévu par l'art. 63, la dissolution anticipée ne doit avoir lieu que pour des motifs graves et légitimes, laissés d'ailleurs à l'appréciation des tribunaux.

ART. 62. Dans ces divers cas, et pour tous ceux relatifs à la modification des statuts, l'assemblée générale est composée conformément à l'art. 39.

Elle n'est régulièrement constituée que lorsque les membres présents sont au nombre d'au moins quarante, et représentent un dixième du fonds social.

Les résolutions, pour être valables, doivent être votées à la majorité des deux tiers des membres présents.

(1 Vavasseur, n°° 277 et suiv.

cet article à tous les faits constitutifs du délit d'escroquerie : 1° ceux qui, par simulation de souscriptions ou de versements ou par la publication, faite de mauvaise foi, de souscriptions ou de versements qui n'existent pas, ou de tous autres faits faux, ont obtenu ou tenté d'obtenir des souscriptions ou des versements ; 2° ceux qui, pour provoquer des souscriptions ou des versements, ont, de mauvaise foi, publié les noms de personnes désignées contrairement à la vérité comme étant ou devant être attachées à la société à un titre quelconque ; 3° les gérants qui, en l'absence d'inventaires, ou au moyen d'inventaires frauduleux, ont opéré entre les actionnaires la répartition de dividendes fictifs (*art. 15*).

5026. Les membres du conseil de surveillance ne sont pas civilement responsables des délits commis par le gérant (*art. 15*). Le contraire avait été jugé sous la loi de 1856 (1).

5027 *bis*. L'art. 463 du C. pén. (sur les circonstances atténuantes) est applicable aux faits prévus par les art. 13, 14 et 15 (*art. 16*).

TITRE X. — DISSOLUTION. — LIQUIDATION.

ART. 63. En cas de perte de la moitié du fonds social, la dissolution de la société peut être prononcée par l'assemblée générale qui a un pouvoir absolu à cet égard.

ART. 64. Dans aucun des cas de dissolution de la société, il ne peut être apposé de scellés, soit au domicile du gérant, soit au siége de la société, ni être provoqué d'autres inventaires que ceux qui doivent être faits en la forme commerciale.

ART. 65. À l'expiration de la société ou en cas de dissolution anticipée, la liquidation est faite par le gérant auquel il est adjoint, si l'assemblée le juge convenable, un ou plusieurs liquidateurs nommés par elle.

Pendant le cours de la liquidation, les pouvoirs de l'assemblée générale se continuent comme pendant l'existence de la société, pour tout ce qui concerne cette liquidation.

Toutes les valeurs de la société sont réalisées par les liquidateurs qui ont à cet effet les pouvoirs les plus étendus, et le produit, après le prélèvement des frais de liquidation, est réparti aux actionnaires. Les liquidateurs peuvent, avec l'autorisation de l'assemblée générale, faire transport à une autre société de l'ensemble des biens, droits et obligations tant actives que passives de la société dissoute.

TITRE XI. — CONTESTATIONS.

ART. 66. Toutes les contestations qui pourraient s'élever pendant la durée de la société, ou lors de sa liquidation, soit entre les actionnaires, le gérant et la société, soit entre les actionnaires eux-mêmes, relativement aux affaires sociales, seront jugées conformément à la loi, et soumises à la juridiction des tribunaux compétents du département de la Seine.

Les actionnaires nomment des commissaires pour les représenter en justice, dans les termes prescrits par l'art. 17 de la loi du 24 juillet 1867.

Les significations auxquelles donne lieu la procédure sont adressées aux commissaires.

Tout actionnaire doit faire élection de domicile à Paris pour l'exécution des statuts et pour toutes contestations ; toutes notifications et assignations sont valablement faites au domicile par lui élu.

À défaut d'élection de domicile, cette élection a lieu de plein droit au parquet de M. le procureur impérial près le tribunal de première instance de la Seine.

TITRE XII. — CONVERSION DE LA SOCIÉTÉ.

ART. 67. L'assemblée générale, composée et constituée de la manière indiquée par les art. 39 et 62, pourra décider, d'accord avec gérant, la conversion de la présente société en société anonyme, ou en toute autre forme pouvant convenir à ses intérêts.

---

(1) Cass., 2 avril 1859.

5028. VI. *Des actions judiciaires*. Des actionnaires représentant le vingtième au moins du capital social peuvent, dans un intérêt commun, charger à leurs frais un ou plusieurs mandataires de soutenir, tant en demandant qu'en défendant, une action contre les gérants ou contre les membres du conseil de surveillance, et de les représenter, en ce cas, en justice, sans préjudice de l'action que chaque actionnaire peut intenter individuellement en son nom personnel (*art.* 17). — Ces mandataires, ou commissaires, sont désignés à la simple majorité des actionnaires voulant concourir au procès (1). Ils peuvent être choisis en dehors de la société (2).

5029. Dans les deux cas il faut qu'il y ait un intérêt collectif engagé dans le procès; ce mode de procédure étant exceptionnel, ne profiterait pas à des actionnaires plaidant les uns contre les autres, en dehors du gérant et du conseil de surveillance (3). Il est même douteux qu'une telle extension soit valablement stipulée (4).

5030. Nonobstant la nomination des commissaires, chaque actionnaire a le droit d'intervenir personnellement dans l'instance. Si, au lieu de nommer des commissaires, les actionnaires faisaient individuellement le procès, ils ne seraient pas déclarés non recevables pour défaut de qualité, la représentation par commissaires étant pour eux facultative, non obligatoire (5).

5031. La loi de 1856 mettait les dépens de l'intervention à la charge de l'actionnaire intervenant. Cette disposition n'ayant pas été reproduite dans la loi de 1867, les dépens seront à la charge de la partie qui succombera, conformément au droit commun (6).

5032. La loi de 1867, se bornant à réserver l'action individuelle des associés, cette réserve ne peut être considérée comme faisant obstacle à cette clause assez usitée, que les contestations touchant l'intérêt général de la société ne pourront être dirigées qu'au nom de la masse des actionnaires, et en vertu d'une autorisation de l'assemblée générale (7).

PUBLICATIONS.

ART. 68. Les publications légales pour lesquelles tout pouvoir est donné au porteur d'une expédition ou d'un extrait des présentes, auront lieu conformément à la loi.

DONT ACTE. Fait et passé, etc.

FORMULE 664. — **Déclaration du gérant de la société en commandite, préalable à sa constitution définitive.** (N° 4994.)

PAR-DEVANT M°.....

A COMPARU : M. Xavier-François LESCOT, mécanicien, demeurant à.....;

Lequel a déclaré que le capital de la société en commandite par actions dont il doit être le gérant, et dont les statuts ont été établis, suivant acte reçu par M°....., le....., est intégralement souscrit,

Et qu'il a été versé par chaque souscripteur une somme égale au quart du montant des actions par lui souscrites.

Il a représenté aux notaires soussignés une pièce certifiée véritable et signée par lui, contenant :

1° La liste nominative des souscripteurs, relatant leurs noms, prénoms, qualités et domiciles, avec le nombre des actions souscrites par chacun d'eux;

2° L'état des versements effectués par les souscripteurs.

Cette pièce, revêtue d'une mention signée du comparant et des notaires, a été annexée au présent acte, conformément à la loi.

En conséquence, l'assemblée générale des souscripteurs sera incessamment convoquée

---

(1) Vavasseur, n° 289; Dalloz, n° 1405.
(2) Dalloz, n° 1407.
(3) Rivière, n° 119; Dalloz, n° 1409; Vavasseur, n° 177 et *Form. des soc. à resp. lim.*, note 63; CONTRA, Bravard, sur l'art. 44. Comp. Romiguière, sur le même article.

(4) Rivière, n° 120. V. Dalloz, n° 1409.
(5) Dalloz, n° 1413; Lyon, 23 mai 1863; Angers, 28 avril 1868.
(6) Vavasseur, n° 293.
(7) Vavasseur, n° 272.

5033. Les commissaires sont de simples mandataires pour plaider, et à moins d'un mandat exprès, ils ne pourraient interjeter appel ni se pourvoir en cassation (1), ni transiger, ni compromettre, ni se désister, ni acquiescer même tacitement par l'expiration des délais, à peine de responsabilité (2). Les jugements rendus avec les commissaires sont en premier ressort, même à l'égard des actionnaires n'ayant dans le procès qu'un intérêt inférieur à quinze cents francs (3).

5034. VII. *Dispositions transitoires.* Les sociétés antérieures à la loi du 17 juillet 1856, et qui ne se seraient pas conformés à l'art. 15 de cette loi, ont dû, dans le délai de six mois à partir de la promulgation de la loi du 24 juillet 1867, constituer un conseil de surveillance, conformément aux dispositions de l'art. 5, *supra* n° 5009 (*art. 18*). Mais celles qui avaient un conseil organisé d'une manière quelconque ont pu le conserver (4), pourvu toutefois qu'il ne fût pas un véritable comité d'administration (5). A défaut de constitution du conseil de surveillance dans le délai de six mois, chaque actionnaire a eu le droit de faire prononcer la dissolution de la société (*art. 18*).

5035. L'art. 17, relatif aux commissaires, *supra n° 5028*, est également applicable aux sociétés antérieures à la loi. Mais il n'en est pas de même des autres dispositions de la loi nouvelle, pour le cas où, par exemple, une société antérieure serait prorogée (6), ou émettrait de nouvelles séries d'actions, même à un taux inférieur à celui fixé par cette loi, ou augmenterait son capital primitif (7), à moins que, sous le nom de modification des statuts, ne se dissimule la création d'une société nouvelle, ainsi qu'il a été jugé dans un cas de fusion de plusieurs sociétés anciennes (8).

5036. Les sociétés en commandite par actions, antérieures à la loi de 1867, dont les statuts permettent la transformation en société anonyme autorisée par le gouvernement, peuvent se convertir en société anonyme dans les termes déterminés par le titre 2 de cette loi, en se conformant aux conditions stipulées dans les statuts pour la transformation (*art. 19*). — La conversion est votée à la majorité

pour apprécier, puis approuver, s'il y a lieu, la valeur des apports du gérant, ainsi que la cause des avantages particuliers stipulés à son profit.

Par le fait de cette approbation, la société se trouvera définitivement constituée; et la même assemblée nommera immédiatement le conseil de surveillance prescrit par la loi.

Tous pouvoirs sont consentis au porteur d'une expédition ou d'un extrait, pour faire les dépôts prescrits par la loi.

DONT ACTE. Fait et passé, etc.

FORMULE 665. — **Extrait pour la publication de la société en commandite par actions.** (N°s 4913 à 4932.)

I. SUIVANT ACTE passé devant M°..... et son collègue, notaires à....., le....., enregistré,

M. François LESCOT, mécanicien, demeurant à....., a établi les statuts d'une société en commandite par actions, devant exister entre lui comme seul gérant responsable et les personnes qui souscriraient les actions dont il sera parlé ci-après.

La société a pour objet : la fabrication et la vente des machines à vapeur de toute sorte, etc.

La dénomination est *Société de.....*, sous la raison et la signature sociales : *Lescot et C*.

Le gérant a seul la signature sociale et il ne peut en faire usage que pour les affaires de la société.

La durée de la société est de trente ans, à partir du jour de sa constitution définitive. Son siége est à.....

(1) Dalloz, n° 1414; Vavasseur, n° 290.
(2) Dalloz, n° 1415.
(3) Angers. 16 janv. 1865.
(4) Vavasseur, n° 298; Dalloz, n° 1220; Bravard, p. 61; Bedarride, n°s 170 et 171; Paris, 28 mars 1859.

(5) Cass., 31 déc. 1860.
(6) Dalloz, n° 1221; Comp. Troplong. n° 915.
(7) Dalloz, n°s 1143 et 1277; Cass., 29 mars 1864.
(8) Vavasseur, n° 309; Paris, 24 mars 1850.

ordinaire de moitié et par tête, à moins de clause contraire dans les statuts. Mais le consentement du gérant serait indispensable, s'il n'est exclu par les statuts (1).

5037. Les sociétés civiles, qui auraient prévu et stipulé la conversion, pourraient l'opérer valablement, malgré le silence de la loi à leur égard (2).

5038. VIII. *Publications.* V. *supra* n°ˢ 4915 *et suiv.*

SECT. IV. DES SOCIÉTÉS ANONYMES

§ 1ᵉʳ. — LÉGISLATION ANTÉRIEURE.

5039. I. *Société anonyme régie par le Code de commerce.* Elle ne peut exister qu'avec l'autorisation du gouvernement et son approbation donnée dans la forme prescrite pour les règlements d'administration publique (*C. comm.*, 37 ; *inst. min.*, 22 *oct.* 1817 *et* 11 *juill.* 1818). — Elle ne peut être formée que par acte passé devant notaire (*C. comm.*, 40).

5039 *bis.* L'autorisation peut être révoquée en cas d'inexécution ou de violation des statuts (*inst. min.*, 11 *juill.* 1818). — Cependant les sociétés anonymes ont le droit et le pouvoir de faire tout ce qui se rattache, même indirectement, au but qu'elles se sont proposé (3). Mais elles ne peuvent faire ce qui est formellement interdit par leurs statuts (4), ou contraire à l'objet même de l'entreprise (5).

5039 *ter.* Malgré l'autorisation du gouvernement, les statuts conservent le caractère de conventions privées ; d'où il résulte : 1° que les tiers lésés par une violation des statuts peuvent intenter leur

Le fonds social est fixé à trois millions de francs et divisé en six mille actions de cinq cents francs chacune.

M. Lescot apporte à la société le droit au bail qui lui a été consenti pour vingt ans, à compter du. . . ., suivant acte reçu par Mᵉ. . . . ., le. . . . ., d'un immeuble sis à. . . . ., consistant, etc.. . . . . Ensemble le matériel qu'il y a fait installer, les marchandises fabriquées et en fabrication, les commandes qu'il a reçues, les créances qui lui sont dues pour prix de marchandises, le tout d'une valeur de trois cent mille francs, suivant l'état qu'il en a dressé et qui est annexé audit acte.

Il a été attribué à M. Lescot, en représentation de son apport, six cents actions entièrement libérées.

Les cinq mille quatre cents actions de surplus étaient à émettre contre espèces.

En cas de perte de la moitié du fonds social, la dissolution de la société peut être prononcée par l'assemblée générale, qui a un pouvoir absolu à cet égard.

II. Suivant autre acte passé devant ledit Mᵉ. . . . . et son collègue, le. . . . ., enregistré, M. Lescot a déclaré que les cinq mille quatre cents actions de ladite société qui étaient à émettre contre espèces avaient été intégralement souscrites, et qu'il a été versé par chaque souscripteur une somme égale au quart du montant des actions par lui souscrites.

III. Suivant deux délibérations en date, la première du. . . . ., et la deuxième du. . . . ., dont les expéditions ont été déposées audit Mᵉ. . . . ., aux termes d'un acte reçu par lui et son collègue, le. . . . ., enregistré, l'assemblée générale des actionnaires de ladite société a,

Par la première desdites délibérations, nommé une commission pour vérifier l'apport de M. Lescot,

Et par la deuxième, accepté l'apport de M. Lescot tel qu'il est évalué dans les statuts, approuvé les statuts, proclamé la constitution définitive de la société, et nommé membres du conseil de surveillance MM. (*les noms propres des commissaires*).

IV. Une expédition de l'acte de société, de la déclaration des gérants, et des deux

---

(1) Vavasseur, n°ˢ 304, 305.
(2) Vavasseur, n° 308.
(3) Delangle, n° 488 ; Cass., 9 mars 1841.

(4) Delangle, n° 491 ; Cass., 16 juill. 1838.
(5) Delangle, n°ˢ 494 et 495.

action devant les tribunaux (1); 2° que l'interprétation des statuts appartient, non à la Cour de cassation comme celle des lois, mais aux juges du fait (2); 3° que les sociétés anonymes, comme toutes les autres, sont susceptibles d'être déclarées en faillite (3).

5040. La société anonyme est administrée par des mandataires à temps, révocables, associés ou non associés, salariés ou gratuits (*C. comm.*, 31).

5040 *bis.* Les art. 31, 37 et 40 C. comm. ont été abrogés par la loi du 24 juillet 1867, *infra* *n°* *5042*. Les dispositions qui précèdent n'ont donc qu'un intérêt transitoire, en raison des sociétés anonymes existantes lors de la promulgation de cette loi, *infra n° 5081*.

5040 *ter.* Les art. 29, 30, 32, 33, 34 et 36. C. comm. relatifs aux sociétés anonymes, ont été maintenus par la loi nouvelle, *infra n° 5043*.

5041. II. *Société à responsabilité limitée.* La loi du 23 mai 1863, avait établi une autre espèce de société, sous le nom de société à responsabilité limitée. Les dispositions de la loi du 24 juill. 1867, sur les sociétés anonymes en sont la reproduction à peu près textuelle. Les seules différences notables sont les suivantes : la société à responsabilité limitée devait être formée par acte public (*art. 1*); le capital social ne pouvait excéder vingt millions (*art. 3*); les souscripteurs étaient, nonobstant toute stipulation, responsables du montant total des actions par eux souscrites (*même article*); les administrateurs devaient être propriétaires, par parts égales, d'un vingtième du capital social (*art. 7*).

---

délibérations susénoncées, a été déposée le....., à chacun des greffes du tribunal de commerce de....., et de la justice de paix de.....

Pour extrait. (*Signature du notaire.*)

FORMULE 666. — **Société anonyme.** (N°s 5039 à 5083.)

Par-devant M°.....,
A comparu : M. Henri Brunet, négociant, demeurant à.....;
Lequel a établi de la manière suivante les statuts de la société anonyme qu'il se propose de fonder.

TITRE Ier. — objet, dénomination, siége, durée de la société. (N°s 5043 à 5048.)

Art. 1er. Il est formé entre les propriétaires des actions ci-après créées une société anonyme qui a pour objet l'exploitation de l'usine de....., située à.....

Art. 2. La société prend la dénomination de : *Société anonyme* de l'usine de.....

Art. 3. La durée de la société est fixée à vingt ans à compter du jour de sa constitution définitive, qui aura lieu conformément aux prescriptions de la loi du 24 juillet 1867.

Art. 4. Le siége de la société est à.....

TITRE II. — apports, fonds social, actions. (N°s 5049 à 5054.)

Art. 5. M. Brunet apporte en société :

La pleine et entière propriété d'une usine à usage de....., située à....., consistant, etc. (*désigner*).

Ensemble tous instruments, ustensiles, outils, machines et autres objets, immeubles par destination, servant à l'exploitation de ladite usine, sans aucune exception ni réserve.

Comme aussi les matières premières, marchandises fabriquées ou en cours de fabrication existant dans ladite usine et dont un état descriptif et estimatif, non encore enregistré, mais devant l'être en même temps que ces présentes, est demeuré ci-annexé, après avoir été certifié véritable par le comparant et que dessus mention de l'annexe a été apposée.

---

(1) Paris, 6 fév. 1823.
(2) Delangle, n° 489; Cass., 15 fév. 1826, 5 avril 1830, 25 août 1842, 13 déc. 1852, 7 avril 1862.
(3) Vincens, *Lég. comm.*, 1, p. 340; Troplong, n° 473.

§ 2. — LÉGISLATION ACTUELLE.

5042. La société anonyme (1) [Form. 666] est aujourd'hui régie par le titre II de la loi du 24 juill. 1867, qui a abrogé les art. 34, 37 et 40 C. comm., et la loi du 23 mai 1863, sur les sociétés à responsabilité limitée (*art. 47*).

5043. I. *Constitution de la société.* La société anonyme peut se former sans l'autorisation du gouvernement. — Elle peut, quel que soit le nombre des associés, être formée par un acte sous seing privé fait en double original, dont l'un est annexé à la déclaration de souscription du capital et du versement du quart, *infra n° 5045*, et l'autre reste déposé au siège social. — Elle est soumise aux dispositions des art. 29, 30, 32, 33, 34 et 36 C. comm., *infra n°s 5044, 5049, 5051, 5055 bis, 5062* et aux dispositions des art. 21 à 47 de la loi du 24 juill. 1867 (*art. 1er et 21*).

5043 *bis.* La société ne peut être constituée, si le nombre des associés est inférieur à sept, *infra n° 5078 bis.* (*art. 23*).

5044. La société anonyme n'existe point sous un nom social; elle n'est désignée par le nom d'aucun de ses associés. Elle est qualifiée par la désignation de l'objet de son entreprise (*art. 21, et C. comm., 29, 30*). Si elle agissait sous une raison sociale, elle dégénérerait en société en nom collectif ou en commandite (2).

5045. Elle ne peut être définitivement constituée qu'après la souscription de la totalité du capital social et le versement par chaque actionnaire, du quart au moins du montant des actions par lui souscrites. Cette souscription et ces versements sont constatés par une déclaration des fondateurs de la société anonyme dans un acte notarié [Form. 667]. A cette déclaration sont annexés la liste des souscripteurs, l'état des versements effectués, l'un des doubles de l'acte de société s'il est sous seing privé, et une expédition s'il est notarié et s'il a été passé devant un notaire autre que celui qui a reçu la déclaration. La déclaration est soumise, avec les pièces à l'appui, à la première assemblée générale qui en vérifie la sincérité (*art. 1er et 24*) (3). V. *supra. n°s 4994 à 4997 bis.*

(*Établir, comme pour une vente, l'origine de propriété, l'époque d'entrée en jouissance, les conditions de l'apport, les formalités hypothécaires à remplir, l'état civil de celui qui fait l'apport.*)

En représentation de l'apport ci-dessus, il est attribué à M. Brunet deux mille des actions ci-après créées.

Ces actions sont complétement libérées de tous versements et devront être remises à M. Brunet, savoir: cinq cents aussitôt après la constitution définitive de la société, sans attendre l'accomplissement des formalités de transcription et de purge; et les quinze cents de surplus, aussitôt après l'accomplissement, sans inscription, desdites formalités, ou le rapport des certificats de radiation de celles qui auraient pu se trouver.

Art. 6. Le fonds social, composé des apports en nature et du capital en numéraire, est fixé à six millions de francs, et divisé en douze mille actions de cinq cents francs chacune.

Deux mille actions ayant été ci-dessus attribuées à M. Brunet en représentation de son apport.

Il reste dix mille actions à émettre contre espèces.

Ou bien, si les administrateurs doivent être nommés par les statuts : Il est resté dix mille actions à émettre contre espèces, qui ont été intégralement souscrites, savoir :

Par M....., ici présent et à ce intervenant, pour..... actions.   » fr.   » c.

Par M....., etc. (*continuer, il faut au moins sept souscripteurs*).

Montant des actions souscrites pareil au nombre des actions à émettre en espèces. 10,000   »

---

1) Celle créée depuis la loi du 24 juill. 1867.
[Dedarride, n° 268. V. Toulouse, 16 juill. 1855; Liége, 26 déc. 1848; conseil d'État, 26 juill. 1854.

(3) Nous avons reproduit sous ce chapitre, pour plus de clarté, les dispositions de la société en commandite qui sont applicables aux sociétés anonymes.

5046. Lorsqu'un associé fait un apport qui ne consiste pas en numéraire, on stipule à son profit des avantages particuliers, la première assemblée générale fait apprécier la valeur de l'apport ou la cause des avantages stipulés. — La société n'est définitivement constituée qu'après l'approbation de l'apport ou des avantages donnée par une autre assemblée générale, après une nouvelle convocation. — La seconde assemblée générale ne peut statuer sur l'approbation de l'apport ou des avantages qu'après un rapport qui est imprimé et tenu à la disposition des actionnaires cinq jours au moins avant la réunion de cette assemblée, *infra n° 5070* — A défaut d'approbation, la société reste sans effet à l'égard de toutes les parties. — L'approbation ne fait pas obstacle à l'exercice ultérieur de l'action qui peut être intentée pour cause de dol ou de fraude (*art. 4 et 24*). Voir *supra n°° 4998 à 5003*.

5047. Lorsqu'il n'y a pas d'apports ni d'avantages particuliers à apprécier, une seule assemblée générale suffit pour constituer la société. Cette assemblée est convoquée à la diligence des fondateurs, postérieurement à l'acte qui constate la souscription du capital social, et le versement du quart du capital qui consiste en numéraire (*art. 25*).

5048. La deuxième assemblée, dans le cas du n° 5046, ou l'assemblée unique dans le cas du n° 5047, nomme les premiers administrateurs, *infra n° 5056* ; elle nomme également pour la première année, les commissaires institués par l'art. 32, *infra n° 5066*. — Le procès-verbal de la séance constate l'acceptation des administrateurs et des commissaires présents à la réunion. La société est constituée à partir de cette acceptation (*art. 25*).

5048 bis. Les dispositions rapportées *supra n° 5046*, relatives à la vérification de l'apport qui ne consiste pas en numéraire, ne sont pas applicables au cas où la société à laquelle est fait ledit apport, est formée entre ceux seulement qui en étaient propriétaires par indivis (*art. 4 et 24*).

5049. II. *Des actions*. Le capital de la société anonyme se divise en actions et même en coupons d'actions d'une valeur égale. L'action peut être établie sous la forme d'un titre au porteur (*art. 21, et C. comm., 34, 35*).

Sur chacune desquelles actions il a été fait le versement du quart en souscrivant.

Art. 8. Chaque action donne droit, sans distinction, à une part égale dans les bénéfices et dans la propriété du fonds social.

Art. 9. Le montant des actions est payable à.... :

125 fr. lors de la souscription ;

Quant aux 375 fr. de surplus, ils restent en réserve, et ne seront appelés que successivement au fur et à mesure du développement des opérations sociales, aux époques et dans les proportions qui seront fixées par le conseil d'administration.

Art. 10. Le premier versement est constaté par un récépissé nominatif qui sera, dans les trois mois à partir de la constitution de la société, échangé contre un titre provisoire d'actions également nominatif.

Tous versements ultérieurs, sauf le dernier, sont mentionnés sur ce titre provisoire.

Le dernier versement est fait contre la remise du titre définitif d'action, qui est au porteur ou nominatif, au choix de l'actionnaire. — *On peut ajouter* : Toutefois des titres au porteur peuvent être remis avant la libération complète de l'action dans le cas prévu par l'art. 16 ci-après.

Les appels de versements ont lieu au moyen d'avis insérés dans l'un des journaux de..... désignés pour la publication légale des actes de société.

Art. 11. Tout versement en retard porte intérêt de plein droit en faveur de la société, à raison de 5 p. 100 par an, à compter du jour de l'exigibilité et sans aucune mise en demeure.

Art. 12. A défaut de payement des autres versements à leurs échéances, la société poursuit les débiteurs et peut faire vendre les actions en retard.

A cet effet, les numéros de ces actions sont publiés comme défaillants, dans les journaux désignés sous l'art. 10 : et quinze jours après cette publication, il est procédé à la vente des actions pour le compte et aux risques et périls du retardataire, sans aucune mise

5050. Les sociétés anonymes ne peuvent diviser leur capital en actions ou coupons d'actions de moins de cent francs lorsque ce capital n'excède pas deux cent mille francs, et de moins de cinq cents francs lorsqu'il est supérieur (*art. 1er et 24*). Voir *supra n° 5004*.

5050 *bis.* Les actions ou coupons d'actions sont négociables après le versement du quart (*art. 2 et 24*). Voir *supra n° 5005 à 5007 bis*.

5051. La cession de l'action au porteur s'opère par la tradition du titre (*art. 21 et C. comm.*, *55*). — La propriété des actions peut être établie par une inscription sur les registres de la société. Dans ce cas, la cession s'opère par une déclaration de transfert inscrite sur les registres et signée de celui qui fait le transfert ou d'un fondé de pouvoir (*art. 21 et C. comm.*, *36*). Voir au surplus pour tout ce qui touche aux actions, *supra n° 4743 et suiv.*

5052. Il peut être stipulé, mais seulement par les statuts constitutifs de la société, que les actions ou coupons d'actions pourront, après avoir été libérés de moitié, être convertis en actions au porteur

---

en demeure, ni formalité judiciaire ; cette vente a lieu à la Bourse de..... par le ministère d'un agent de change, si les actions sont cotées, et, dans le cas contraire, aux enchères publiques, en l'étude et par le ministère d'un notaire.

Les titres ainsi vendus deviennent nuls de plein droit ; il en est délivré aux acquéreurs de nouveaux sous les mêmes numéros.

Le prix de la vente des titres d'actions s'impute dans les termes de droit sur ce qui est dû à la société par l'actionnaire exproprié, qui reste passible de la différence et profite de l'excédant.

Tout titre qui ne porte pas mention régulière des versements exigibles, cesse d'être négociable.

Art. 13. Les titres provisoires et définitifs sont extraits de registres à souche, numérotés, frappés du timbre sec de la société, et revêtus de la signature de deux administrateurs.

Art. 14. Tout actionnaire peut déposer ses titres dans la caisse sociale et réclamer en échange un récépissé nominatif.

La forme des récépissés et les droits auxquels le dépôt pourra être assujetti sont déterminés par le conseil d'administration.

Art. 15. La cession des actions au porteur s'opère par la simple tradition du titre.

Celle des récépissés et des titres nominatifs a lieu par une déclaration de transfert, inscrite sur les registres de la société, et signée du cédant ou de son mandataire.

Les actions ne sont négociables qu'après le versement du quart.

Art. 16. Le souscripteur primitif et ses cessionnaires restent engagés jusqu'au payement intégral de l'action.

On peut ajouter : Toutefois les actions peuvent, après avoir été libérées de moitié, être converties en actions au porteur par délibération de l'assemblée générale. Dans ce cas, soit que les actions restent nominatives après cette délibération, soit qu'elles aient été converties en actions au porteur, les souscripteurs primitifs qui ont aliéné les actions et ceux auxquels ils les ont cédées avant le versement de moitié, ne restent tenus au payement du montant de leurs actions que pendant un délai de deux ans, à partir de la délibération de l'assemblée générale.

Art. 17. Les actions sont indivisibles, et la société ne reconnaît qu'un propriétaire pour chaque action.

Les représentants ou créanciers d'un actionnaire ne peuvent, sous aucun prétexte, provoquer l'apposition des scellés sur les biens et valeurs de la société, ni en demander le partage ou la licitation ; ils sont tenus de s'en rapporter aux inventaires sociaux et aux délibérations de l'assemblée générale.

Art. 18. Les dividendes de toute action, nominative ou au porteur, sont valablement payés au porteur du titre.

par délibération de l'assemblée générale. Soit que les actions restent nominatives après cette délibération, soit qu'elles aient été converties en actions au porteur, les souscripteurs primitifs qui ont aliéné les
actions et ceux auxquels ils les ont cédées avant le versement de moitié restent tenus au payement du
montant de leurs actions pendant un délai de deux ans, à partir de la délibération de l'assemblée générale (art. 3 et 24). Voir supra nᵒˢ 5005 à 5007 bis.

5053. Aucune répétition de dividendes ne peut être exercée contre les actionnaires si ce n'est dans
le cas où la distribution en aura été faite en l'absence de tout inventaire ou en dehors des résultats constatés par l'inventaire. L'action en répétition, dans le cas où elle est ouverte, se prescrit par cinq ans,
à partir du jour fixé pour la distribution des dividendes. Les prescriptions commencées à l'époque de
la promulgation de la loi du 24 juillet 1867, et pour lesquelles il fallait encore, suivant les lois anciennes, plus de cinq ans, à partir de la même époque, seront accomplies par ce laps de temps (art. 10
et 45).

ART. 19. Les droits et obligations attachés à l'action suivent le titre dans quelques
mains qu'il passe.

La propriété d'une action emporte de plein droit adhésion aux statuts de la société et
aux décisions de l'assemblée générale.

TITRE III. — DE L'ADMINISTRATION DE LA SOCIÉTÉ. (Nᵒˢ 5055 à 5065.)

ART. 20. La société est administrée par un conseil composé de douze membres au
plus, nommés par l'assemblée générale des actionnaires.

Les fonctions des administrateurs durent six années.

Les administrateurs peuvent choisir un directeur parmi eux ou conférer cette fonction à un actionnaire non administrateur ou même à une personne étrangère à la
société.

Les attributions du directeur sont déterminées par l'article 32 ci-après.

ART. 21. Les administrateurs doivent être propriétaires pendant toute la durée de
leur mandat, chacun de cinquante actions.

Ces actions sont affectées à la garantie de tous les actes de la gestion, même de ceux
qui seraient exclusivement personnels à l'un des administrateurs.

Elles sont nominatives, inaliénables, frappées d'un timbre indiquant l'inaliénabilité
et déposées dans la caisse sociale.

ART. 22. *Si les administrateurs sont nommés par les statuts* : Les premiers administrateurs de la société sont : 1°. . . , 2°. . . , 3°. . . , etc. (*nom, prénoms, profession,
demeure de chaque administrateur*).

Leurs fonctions dureront trois ans ;

En conséquence, et conformément au 3ᵉ paragraphe de l'art. 25 de la loi du 24 juill.
1867, il est formellement stipulé que leur nomination ne sera point soumise à l'approbation de l'assemblée générale.

Néanmoins, les administrateurs ci-dessus désignés, auront la faculté de soumettre
leur nomination à l'approbation de l'assemblée générale constitutive, et dans ce cas,
la durée de leurs fonctions pourra être portée à six années.

ART. 23. Lorsque les fonctions des premiers administrateurs auront cessé par l'expiration du délai de six années (*ou s'ils sont nommés par les statuts* : de trois années),
il sera procédé à une élection générale du conseil d'administration qui, à partir de cette
époque, se renouvellera en six années à raison de deux membres chaque année.

Les membres sortants seront désignés par le sort pendant la seconde période de six
années et ensuite par rang d'ancienneté.

Les membres du conseil d'administration peuvent toujours être réélus.

ART. 24. En cas de vacance par décès, démission ou autre cause, le conseil pourvoit
provisoirement au remplacement, jusqu'à la prochaine assemblée générale qui procède

5053 *bis*. Les associés ne sont passibles que de la perte du montant de leur intérêt dans la société (*art. 21 et C. comm.*, *55*).

5054. Ce que nous avons dit plus haut, relativement aux commanditaires, sur l'action directe des créanciers sociaux, sur le payement des intérêts et dividendes, *supra nᵒˢ 4972 et suiv.*, sur la nature commerciale des souscriptions, *supra nᵒ 4967*, est applicable aux sociétés anonymes.

5055. III. *Administration de la société.* Les sociétés anonymes sont administrées par un ou plusieurs mandataires à temps, révocables, salariés ou gratuits, pris parmi les associés (*art. 22*), et qui prennent le titre d'administrateurs.

5056. Les premiers administrateurs sont nommés par l'assemblée générale constitutive de la société, *supra nᵒ 5048*. Après l'expiration de leurs fonctions il y a lieu à de nouvelles nominations par l'assemblée générale dans la forme que les statuts déterminent.

5056 *bis*. Les administrateurs ne peuvent être nommés pour plus de six ans; ils sont rééligibles, sauf stipulation contraire (*art. 25*).

à l'élection définitive. L'administrateur nommé en remplacement d'un autre ne demeure en fonctions que pendant le temps restant à courir sur l'exercice de son prédécesseur.

Art. 25. Chaque année le conseil nomme parmi ses membres un président et un vice-président.

En cas d'absence du président et du vice-président, il désigne celui de ses membres qui doit remplir les fonctions de président.

Art. 26. Le conseil d'administration se réunit au siége social aussi souvent que l'intérêt de la société l'exige, et au moins deux fois par mois.

La présence de quatre membres au moins est nécessaire pour la validité des délibérations.

Les délibérations sont prises à la majorité des voix des membres présents; en cas de partage, la voix du président est prépondérante.

Si la majorité n'est pas formée de quatre membres au moins, la minorité peut demander le renvoi à une autre séance. Dans ce cas, les convocations adressées aux membres du conseil d'administration font connaître l'objet de la délibération, et dans la nouvelle séance, la délibération est prise à la simple majorité.

Nul ne peut voter par procuration dans le sein du conseil.

Art. 27. Les délibérations sont constatées par des procès-verbaux qui sont portés sur un registre tenu au siége de la société, et signés par les administrateurs qui y ont pris part.

Les copies et extraits à produire en justice ou ailleurs sont certifiés par le président du conseil.

Art. 28. Le conseil a les pouvoirs les plus étendus pour l'administration des biens et affaires de la société; il peut même transiger, compromettre, donner tous désistements et mainlevées avec ou sans payement.

Il arrête les comptes qui doivent être soumis à l'assemblée générale et propose les répartitions des dividendes.

Art. 29. Les administrateurs reçoivent un traitement qui est fixé conformément à ce qui est dit en l'art. 54 ci-après.

Art. 30. Il est tenu registre des délibérations du conseil; le procès-verbal de chaque séance indique le nombre des membres qui y ont assisté et il est signé par le président et par le secrétaire.

Les copies ou extraits des délibérations à produire en justice ou ailleurs sont certifiés par le président du conseil ou celui qui le remplace.

Art. 31. Les administrateurs ne sont responsables que de l'exécution du mandat qu'ils ont reçu. Ils ne contractent, à raison de leur gestion, aucune obligation personnelle ni solidaire relativement aux engagements de la société.

5057. Toutefois les premiers administrateurs peuvent être désignés par les statuts, avec stipulation formelle que leur nomination ne sera point soumise à l'approbation de l'assemblée générale. En ce cas ils ne peuvent être nommés pour plus de trois ans (*art. 25*).

5058. Les administrateurs peuvent choisir parmi eux un directeur ou, si les statuts le permettent, se substituer un mandataire étranger à la société et dont ils sont responsables envers elle (*art. 22*). Cette responsabilité ne s'applique qu'aux fonctions administratives proprement dites (1).

5059. La révocation des administrateurs peut avoir lieu sans motifs légitimes, *supra n°* 4774 *et suiv.*, et sans dommages-intérêts (2). Toute clause contraire serait nulle (3), et on le décidait ainsi sous le Code de commerce, alors même que les administrateurs étaient choisis parmi les associés (4). De leur côté les administrateurs peuvent se démettre de leurs fonctions, de la même manière que les mandataires (*C. N. 2007*).

5060. En ce qui concerne le pouvoir du directeur, des administrateurs et de l'assemblée générale, nous renvoyons *supra n°* 4795 *et suiv.*, en faisant observer toutefois que dans la société anonyme,

TITRE IV. — DU DIRECTEUR.

ART. 32. Un directeur pris dans le sein ou hors du conseil d'administration sera nommé par le conseil.

Le directeur est chargé de l'administration courante et journalière de la société, dans les limites déterminées par le conseil d'administration.

Il exécute les résolutions du conseil d'administration, lui rend compte de toutes les affaires et lui soumet toutes les propositions qu'exigent les intérêts de la société.

Dans le cas d'empêchement temporaire du directeur, le conseil d'administration désigne son remplaçant.

Les actions en justice, tant en demandant qu'en défendant, sont suivies au nom de la société, à la poursuite et diligence du conseil d'administration, d'un de ses délégués ou du directeur.

Les émoluments du directeur sont déterminés par le conseil d'administration.

TITRE V. — DES COMMISSAIRES DE SURVEILLANCE. (Nᵒˢ 5066 à 5069.)

ART. 33. Il est nommé chaque année, en assemblée générale, deux commissaires, associés ou non, chargés de remplir la mission de surveillance prescrite par la loi.

ART. 34. Pendant le trimestre qui précède l'époque fixée par les statuts pour la réunion de l'assemblée générale, les commissaires ont droit, toute les fois qu'ils le jugent convenable dans l'intérêt social, de prendre communication des livres et d'examiner les opérations de la société.

Ils peuvent toujours, en cas d'urgence, convoquer l'assemblée générale.

ART. 35. Il est alloué aux commissaires une rémunération dont l'importance est fixée chaque année par l'assemblée générale.

TITRE VI. — DES ASSEMBLÉES GÉNÉRALES. (Nᵒˢ 5070 à 5074.)

ART. 36. L'assemblée générale, régulièrement constituée, représente l'universalité des actionnaires; ses décisions sont obligatoires pour tous, même pour les absents et les dissidents.

ART. 37. Il est tenu une assemblée générale ordinaire, chaque année, dans le courant de.....

La réunion a lieu au siège social.

ART. 38. Les convocations aux assemblées sont faites quinze jours au moins à l'avance,

(1) Vavasseur, n° 339.
(2) Cass., 7 janv. 1826, 28 fév. 1839.
(3) Malepeyre et Jourdain, p. 230; Bedarride, n° 279.
(4) Malepeyre et Jourdain, p. 231; Bedarride, n° 279; Delangle, n° 431; Dalloz, n° 1516; CONTRA. Pardessus, n° 1044; Molinier, n° 449.

où les administrateurs sont qualifiés par la loi de simples mandataires, la jurisprudence tend à donner moins d'étendue à leurs pouvoirs qu'au gérant statutaire et irrévocable soit de la société civile, soit de la société en commandite. Ainsi, jugé que le directeur d'une société anonyme n'a pas capacité pour emprunter (1), et que la société n'est pas engagée par un tel emprunt, à moins que le prêteur ne prouve que les fonds ont tourné à son profit (2). Cela est vrai surtout lorsque les statuts ne reconnaissent comme valables que les emprunts proposés par le conseil d'administration à l'assemblée générale, approuvés par celle-ci, et signés par deux administrateurs (3).

5060 bis. Les administrateurs doivent être propriétaires d'un nombre d'actions déterminé par les statuts. Ces actions sont affectées en totalité à la garantie de tous les actes de la gestion, même de ceux qui seraient exclusivement personnels à l'un des administrateurs (4). Elles sont nominatives, inaliénables, frappées d'un timbre indiquant l'inaliénabilité, et déposées dans la caisse sociale (art. 26).

5061. Il est interdit aux administrateurs de prendre ou de conserver un intérêt direct ou indirect dans une entreprise ou dans un marché fait avec la société ou pour son compte, à moins qu'ils n'y soient autorisés par l'assemblée générale (5). Il est, chaque année, rendu à l'assemblée générale un compte spécial de l'exécution des marchés ou entreprises par elle autorisés, aux termes de la disposition qui précède (art. 40).

5062. IV. *Responsabilité des administrateurs*. Les administrateurs ne sont responsables que de l'exécution du mandat qu'ils ont reçu. Ils ne contractent, à raison de leur gestion, aucune obligation personnelle ni solidaire, relativement aux engagements de la société (art. 21 et C. comm., 32). Jugé à

par un avis inséré dans l'un des journaux désignés pour les annonces légales à. . . . .

Les propriétaires d'actions nominatives sont en outre prévenus par lettres.

Pour les assemblées extraordinaires, les avis doivent indiquer l'objet de la réunion.

Art. 39. L'assemblée générale se compose de tous les actionnaires propriétaires de dix actions au moins, et dont les titres, s'ils sont au porteur, doivent avoir été préalablement déposés en l'un des lieux de dépôt désignés dans l'avis de convocation, cinq jours au plus tard avant celui de la réunion ; quant aux propriétaires d'actions nominatives, il leur suffit de retirer leurs cartes deux jours avant celui fixé pour la réunion.

Nul ne peut se faire représenter à l'assemblée générale que par un actionnaire ayant lui-même le droit d'y assister.

On peut ajouter : Toutefois les actionnaires propriétaires de moins de dix actions peuvent se réunir à d'autres pour atteindre ce nombre, en désignant l'un d'eux pour les représenter à l'assemblée.

Art. 40. L'assemblée générale est régulièrement constituée lorsque les membres présents représentent le quart au moins du capital social.

Si, sur une première convocation, l'assemblée ne réunit pas ce nombre, il en est convoqué immédiatement une seconde, en observant les mêmes formes et délais que pour la première convocation ; et elle délibère valablement, quelle que soit la portion du capital représentée par les actionnaires présents, mais seulement sur les affaires à l'ordre du jour de la première.

En ce qui concerne les assemblées extraordinaires, voir les art. 45 et suiv. ci-après.

Pour les assemblées constitutives de la société, on se conformera aux dispositions des art. 4, 27 et 30 de la loi du 24 juillet 1867.

Art. 41. L'assemblée générale est présidée par le président du conseil d'administration, et en son absence par un administrateur désigné par le conseil.

Les deux plus forts actionnaires présents sont appelés à remplir les fonctions de scrutateurs.

---

(1) Nancy, 22 déc. 1842 ; Douai, 15 mai 1844; Alger, 18 mai 1863.
(2) Cass., 24 mars 1852.
(3) Cass., 22 janv. 1867.
(4) C'est un gage collectif et solidaire emportant privilège au profit des ayants droit, conformément à l'art. 2073 C. N. : Vavasseur, n° 341.
(5) Sur la sanction de cette disposition, V. Vavasseur, n° 342.

cet égard : 1° que l'administrateur n'est pas tenu personnellement des frais dus à l'avoué qui a occupé pour la société (1) ; 2° qu'il n'est aucunement responsable des engagements antérieurs à son entrée en fonctions (2).

5063. Les administrateurs sont responsables, conformément aux règles du droit commun, individuellement ou solidairement suivant les cas, envers la société ou envers les tiers, soit des infractions aux dispositions de la loi du 24 juillet 1867, soit des fautes qu'ils auraient commises dans leur gestion, notamment en distribuant ou en laissant distribuer sans opposition des dividendes fictifs, *supra n°s 4760 et suiv. (art. 44).*

5063 *bis.* Si les administrateurs excèdent leurs pouvoirs, la société n'est pas engagée (3). Ils ne sont pas eux-mêmes, en général, garants envers les tiers de ce qu'ils ont fait au-delà s'ils prouvent avoir donné une suffisante connaissance de leurs pouvoirs (4), (*arg. C. N.*, 1997). Jugé cependant qu'ils sont responsables d'un emprunt contracté sans pouvoirs, et avec bonne foi de la part des prêteurs (5).

5064. En tous cas, les administrateurs sont dégagés par la ratification de l'assemblée générale ; mais s'il s'agissait d'infractions aux conditions essentielles de la société, ils ne seraient couverts que par une délibération prise à l'unanimité, *supra n° 4811* (6), qui toutefois ne serait pas opposable aux tiers lésés. Jugé que la violation des statuts constitue une faute lourde qui entraîne la responsabilité personnelle et solidaire des administrateurs vis-à-vis des actionnaires comme des tiers lésés (7); qu'ils sont solidairement responsables en cas de distribution de dividendes non acquis, envers ceux qui ont acheté des actions sur la foi de ces dividendes (8).

Le bureau désigne le secrétaire.

ART. 42. Les délibérations sont prises à la majorité des voix des membres présents.
Chacun d'eux a droit à autant de voix qu'il représente de fois dix actions, soit comme propriétaire, soit comme mandataire, mais sans pouvoir en aucun cas réunir plus de cinq voix.

ART. 43. L'ordre du jour est arrêté par le conseil d'administration et soumis préalablement aux commissaires.
Il n'y est porté que les propositions émanant du conseil ou des commissaires, ou qui ont été communiquées au conseil cinq jours au moins avant la réunion avec la signature de dix membres de l'assemblée.
Il ne peut être mis en délibération que les objets portés à l'ordre du jour.

ART. 44. L'assemblée générale entend le rapport du conseil d'administration sur les affaires sociales.
Elle entend également le rapport des commissaires sur la situation de la société, sur le bilan et sur les comptes présentés par les administrateurs.
Elle discute et, s'il y a lieu, approuve les comptes.
Elle fixe le dividende à répartir.
Elle nomme les administrateurs à remplacer, et les commissaires chargés de la surveillance pour l'exercice prochain.
Elle délibère et statue souverainement sur tous les intérêts de la société, et confère au conseil d'administration tous les pouvoirs supplémentaires qui seraient reconnus utiles.

ART. 45. Des assemblées générales extraordinaires peuvent être convoquées, soit par le conseil d'administration, toutes les fois qu'il le juge nécessaire ou qu'il en est requis par une réunion d'actionnaires propriétaires de la moitié du fonds social, soit par la majorité des commissaires.

---

(1) Cass., 6 mai 1835.
(2) Cass., 24 mars 1852.
(3) Bordeaux, 6 août 1853.
(4) Molinier, n° 468. V. Bédarride, n° 283.

(5) Douai, 15 mai 1841.
(6) Cass., 27 et 23 déc. 1853.
(7) Seine, 27 juill. 1866.
(8) Lyon, 17 août 1865.

5065. Lorsque la nullité de la société ou des actes et délibérations a été prononcée aux termes de l'art. 41, *infra n° 5079*, les fondateurs auxquels la nullité est imputable et les administrateurs en fonctions au moment où elle a été encourue, sont responsables solidairement envers les tiers, sans préjudice des droits des actionnaires. La même responsabilité peut être prononcée contre ceux des associés (1) dont les apports où les avantages n'auraient pas été vérifiés et approuvés conformément à l'art. 24, *supra n° 5046 (art. 42)*.

5066. — V. *Commissaires*. L'assemblée générale annuelle dé gne un ou plusieurs commissaires, associés ou non (*art. 32*). On a vu *supra n° 5048*, que les commissaires pour la première année sont nommés par l'assemblée générale constitutive. Les commissaires sont toujours rééligibles (2). A défaut de nomination des commissaires par l'assemblée générale, ou en cas d'empêchement ou de refus d'un ou de plusieurs des commissaires nommés, il est procédé à leur nomination ou à leur remplacement par ordonnance du président du tribunal de commerce du siége de la société, à la requête de tout intéressé, les administrateurs dûment appelés (*art. 32*).

5066 *bis.* Les commissaires sont chargés de faire un rapport à l'assemblée générale de l'année suivante sur la situation de la société, sur le bilan et sur les comptes présentés par les administrateurs. La délibération contenant approbation du bilan et des comptes est nulle, si elle n'a été précédée du rapport des commissaires (*art. 32*).

5067. Pendant le trimestre qui précède l'époque fixée par les statuts pour la réunion de l'assemblée générale, les commissaires ont droit, toutes les fois qu'ils le jugent convenable dans l'intérêt social, de prendre communication (3) des livres et d'examiner les opérations de la société. Ils peuvent toujours, en cas d'urgence, convoquer l'assemblée générale (*art. 33*).

Les dispositions des art. 36, 38, 39, 41 et 42, des présents statuts sont applicables aux assemblées générales extraordinaires.

Art. 46. Les assemblées générales extraordinaires ne sont régulièrement constituées et ne délibèrent valablement qu'autant qu'elles sont composées d'un nombre d'actionnaires représentant la moitié au moins du capital social.

Art. 47. L'assemblée générale extraordinaire peut apporter aux présents statuts les modifications dont l'utilité sera reconnue.

Elle peut décider notamment :

1° L'extension ou la restriction de l'objet de la société ;

2° La réunion ou fusion avec d'autres sociétés ou entreprises ;

3° La continuation de la société au-delà du terme fixé pour sa durée, ou sa dissolution avant ce terme ;

4° L'augmentation du fonds social, ou son amortissement total ou partiel avec les bénéfices, par la voie du sort ou autrement.

Dans ces divers cas, les convocations doivent indiquer sommairement l'objet de la réunion.

Art. 48. Les délibérations de l'assemblée générale annuelle ou extraordinaire sont constatées par des procès-verbaux inscrits sur un registre spécial, et signés par les membres du bureau, ou au moins par la majorité d'entre eux.

Une feuille de présence contenant les noms et domiciles des actionnaires membres de l'assemblée, et le nombre d'actions dont chacun d'eux est porteur, est certifiée par le bureau et annexée au procès-verbal pour être communiquée à tout requérant.

Art. 49. Les copies ou extraits à produire, en justice ou ailleurs, des délibérations de l'assemblée, sont signés par le président du conseil d'administration.

TITRE VII. — ÉTATS DE SITUATION. INVENTAIRE. (N°⁵ 5075, 5076.)

Art. 50. L'année sociale commence le 1ᵉʳ janvier et finit le 31 décembre.

---

(1) Même non réputés fondateurs,
(2) Vavasseur, n° 347.

(3) Mais non copié : Seine, 23 avril 1866.

5068. — VI. *Responsabilité des commissaires.* L'étendue et les effets de la responsabilité des commissaires envers la société, sont déterminés par les règles générales du mandat (*art. 43*). Ils répondent non-seulement du dol, mais de la simple faute (*C. N. 1992*).

5069. — VII. *Assemblées générales.* Il y a trois espèces d'assemblées : 1° l'assemblée constituante; 2° l'assemblée annuelle; 3° et l'assemblée extraordinaire.

5070. 1° ASSEMBLÉE CONSTITUANTE. Dans les assemblées générales appelées à vérifier les apports, à nommer les premiers administrateurs et à vérifier la sincérité de la déclaration des fondateurs de la société, prescrite par le deuxième paragraphe de l'art. 24, *supra n° 5046*, tout actionnaire, quel que soit le nombre des actions dont il est porteur, peut prendre part aux délibérations avec le nombre de voix déterminé par les statuts, sans qu'il puisse être supérieur à dix (*art. 27*).

5070 *bis.* Ces assemblées doivent être composées d'un nombre d'actionnaires représentant la moitié au moins du capital social. — Le capital social dont la moitié doit être représentée pour la vérification de l'apport, se compose seulement des apports non soumis à la vérification (*art. 30*). — Les délibérations sont prises par la majorité des actionnaires présents. Cette majorité doit comprendre le quart des actionnaires et représenter le quart du capital social en numéraire. — Les associés qui ont fait l'apport ou stipulé des avantages particuliers soumis à l'appréciation de l'assemblée n'ont pas voix délibérative (*art. 4 et 24*).

5070 *ter.* Si l'assemblée générale ne réunit pas un nombre d'actionnaires représentant la moitié du capital social, elle ne peut prendre qu'une délibération provisoire. Dans ce cas, une nouvelle assemblée générale est convoquée. Deux avis publiés à huit jours d'intervalle, au moins un mois à l'avance, dans l'un des journaux désignés pour recevoir les annonces légales, *supra n° 4915*, fait connaître

Par exception, le premier exercice comprendra le temps écoulé entre la constitution définitive de la société et le 31 décembre prochain.

ART. 51. Le conseil d'administration dresse chaque semestre un état sommaire de la situation active et passive de la société.

Cet état est mis à la disposition des commissaires.

Il est en outre établi, à la fin de chaque année sociale, un inventaire contenant l'indication des valeurs mobilières et immobilières et de toutes les dettes actives et passives de la société.

L'inventaire, le bilan et le compte des profits et pertes sont mis à la disposition des commissaires le quarantième jour, au plus tard, avant l'assemblée générale. Ils sont présentés à cette assemblée.

Quinze jours au moins avant la réunion de l'assemblée générale, tout actionnaire peut prendre, au siége social, communication de l'inventaire et de la liste des actionnaires, et se faire délivrer copie du bilan résumant l'inventaire et du rapport des commissaires.

TITRE VIII. — PARTAGE DES BÉNÉFICES. (N° 5118.)

ART. 52. Les produits nets, déduction faite de toutes les charges, constituent les bénéfices.

Sur les bénéfices, il est prélevé annuellement :

1° Somme nécessaire pour former un fonds de roulement dont le chiffre est déterminé chaque année par l'assemblée générale ;

2° 5 p. 100 du capital versé par action, pour être payés à titre d'intérêt à tous les actionnaires sans distinction.

Le surplus est attribué :

5 p. 100 au fonds de réserve qui va être ci-après établi ;

15 p. 100, aux administrateurs, par parts légales.

Et les 80 p. 100 de surplus, aux actionnaires à titre de dividende.

ART. 53. Le payement des bénéfices a lieu dans l'année qui suit la clôture de l'exer•

aux actionnaires les résolutions provisoires adoptées par la première assemblée, et ces résolutions deviennent définitives si elles sont approuvées par la nouvelle assemblée, composée d'un nombre d'actionnaires représentant le cinquième au moins du capital social (*art. 30*). S'il devenait impossible de réunir le cinquième du capital social, la constitution n'aurait pas lieu et les souscripteurs seraient déliés (1).

5071. 2° Assemblée annuelle. Il est tenu chaque année au moins, une assemblée générale à l'époque fixée par les statuts. Les statuts déterminent le nombre d'actions qu'il est nécessaire de posséder, soit à titre de propriétaire, soit à titre de mandataire, pour être admis dans l'assemblée, et le nombre de voix appartenant à chaque actionnaire, eu égard au nombre d'actions dont il est porteur (*art. 27*).

5071 bis. Cette assemblée doit être composée d'un nombre d'actions représentant le quart au mois du capital social. Si l'assemblée générale ne réunit pas ce nombre, une nouvelle assemblée est convoquée dans les formes et avec les délais prescrits par les statuts; et elle délibère valablement, quelle que soit la portion du capital représentée par les actionnaires présents (*art. 29*).

5072. 3° Assemblées extraordinaires. Les assemblées qui ont à délibérer sur des modifications aux statuts ou sur des propositions de continuation de la société au-delà du terme fixé pour sa durée, ou de dissolution avant ce terme, ne sont régulièrement constituées et ne délibèrent valablement qu'autant qu'elles sont composées d'un nombre d'actionnaires représentant la moitié au moins du capital social (*art. 31*).

5073. Dispositions communes. Dans toutes les assemblées générales, les délibérations sont prises à la majorité des voix (*art. 28*). Néanmoins les statuts pourraient adopter une autre majorité, par exemple des deux tiers ou des trois quarts, pour la modification des statuts (2).

5074. Il est tenu une feuille de présence; elle contient les noms et domicile des actionnaires et le nombre d'actions dont chacun d'eux est porteur. Cette feuille, certifiée par le bureau de l'assemblée, est déposée au siége social et doit être communiquée à tout requérant (*art. 28*).

5075. VIII. *État semestriel. Inventaire.* Toute société anonyme doit dresser, chaque semestre, un état sommaire de sa situation active et passive. Cet état est mis à la disposition des commissaires. — Il est en outre établi chaque année, conformément à l'art. 9 C. comm., un inventaire contenant l'indication des valeurs mobilières et immobilières et de toutes les dettes actives et passives de la société. — L'inventaire, le bilan et le compte des profits et pertes sont mis à la disposition des commissaires le quarantième jour, au plus tard, avant l'assemblée générale. Ils sont présentés à cette assemblée (*art. 54*).

---

cice pendant lequel ils ont été réalisés, et aux époques fixées par le conseil d'administration.

Art. 54. Tout dividende qui n'est pas réclamé dans les cinq ans de son exigibilité est prescrit au profit de la société.

TITRE IX. — fonds de réserve. (N° 5077.)

Art. 55. Le fonds de réserve se compose de l'accumulation des sommes prélevées sur les bénéfices annuels, en conformité de l'art. 52.

Il est destiné à faire face aux dépenses extraordinaires et imprévues.

Lorsque le fonds de réserve aura atteint le dixième du fonds social, le prélèvement affecté à sa création cessera de lui profiter et s'ajoutera aux dividendes à répartir.

Art. 56. En cas d'insuffisance des produits d'une année pour donner un intérêt ou dividende de 5 p. 100 par action, la différence peut être prélevée sur le fonds de réserve.

Art. 57. A l'expiration de la société et après la liquidation de ses engagements, le fonds de réserve sera partagé entre toutes les actions.

---

(1) Vavasseur, n° 350.   (2) Vavasseur, n° 353.

5076. Quinze jours au moins avant la réunion de l'assemblée générale, tout actionnaire peut prendre, au siége social, communication de l'inventaire et de la liste des actionnaires, et se faire délivrer copie (1) du bilan résumant l'inventaire et du rapport des commissaires (*art. 35*); mais non du rapport du conseil d'administration (2).

5077. IX. *Fonds de réserve.* Il est fait annuellement, sur les bénéfices nets, et par conséquent après le payement des intérêts stipulés par les statuts (3), un prélèvement d'un vingtième au moins, affecté à la formation d'un fonds de réserve. Ce prélèvement cesse d'être obligatoire lorsque le fonds de réserve a atteint le dixième du capital social (*art. 36*).

5078. X. *Dissolution de la société.* En cas de perte des trois quarts du capital social, les administrateurs sont tenus de provoquer la réunion de l'assemblée générale de tous (4) les actionnaires, à l'effet de statuer sur la question de savoir s'il y a lieu de prononcer la dissolution de la société. La résolution de l'assemblée est, dans tous les cas, rendue publique. A défaut par les administrateurs de réunir l'assemblée générale, comme dans le cas où cette assemblée n'aurait pu se constituer régulièrement, tout intéressé peut demander la dissolution de la société devant les tribunaux (*art. 37*).

5078 *bis.* La dissolution peut être prononcée sur la demande de toute partie intéressée, lorsqu'un an s'est écoulé depuis l'époque où le nombre des associés est réduit à moins de sept, *supra n° 5043 bis* (*art. 38*).

5079. XI. *Sanctions civiles et pénales.* Est nulle et de nul effet à l'égard des intéressés, toute société anonyme pour laquelle n'ont pas été observés les art. 22, 23, 24 et 25 (*art. 41*). La nullité ne peut être opposée au tiers par les associés selon les termes de l'art. 17, qui doivent être suppléés dans l'art. 41. Pour la responsabilité qui incombe, dans ce cas, aux fondateurs, aux administrateurs et à ceux qui ont fait des apports non vérifiés, voir *supra n° 5062 à 5065*.

5079 *bis.* Les dispositions pénales des art. 13, 14, 15 et 16, *supra n° 5025 à 5027 bis*, sont applicables en matière de sociétés anonymes, sans distinction entre celles existantes lors de la promulgation de la loi du 24 juillet 1867 (5) et celles qui se sont constituées sous l'empire de cette loi. Les administrateurs, qui en l'absence d'inventaire ou au moyen d'inventaires frauduleux, auront opéré des dividendes fictifs, seront punis de la peine qui est prononcée dans ce cas par le n° 3 de l'art. 15 contre les gérants des sociétés en commandite (*art. 45*).

5080. XII. *Actions judiciaires.* L'art. 17, qui permet aux actionnaires de se faire représenter en justice par des mandataires, *supra n° 5028 à 5035*, est applicable aux sociétés anonymes (*art. 39*).

5081. XIII. *Dispositions transitoires.* Les sociétés anonymes existantes lors de la promulgation de

---

TITRE X. — DISSOLUTION, LIQUIDATION. (N° 5078, 5078 *bis*.)

ART. 58. En cas de perte des trois quarts du capital social, les administrateurs sont tenus de provoquer une réunion de l'assemblée générale de TOUS LES ACTIONNAIRES, à l'effet de statuer sur la question de savoir s'il y a lieu de prononcer la dissolution de la société.

La résolution de l'assemblée est, dans tous les cas, rendue publique.

ART. 59. L'assemblée est régulièrement constituée lorsque la moitié du fonds social est représentée par les actionnaires présents.

Le vote a lieu a la majorité des membres présents votant par tête.

---

(1) Dans la société en commandite, les actionnaires n'ont droit qu'à une simple communication au siége social.
(2) Vavasseur, n° 332.
(3) Ces intérêts pouvant en cas d'insuffisance être prélevés sur le fonds de réserve: Vavasseur, n° 355. 356.
(4) En pareil cas, la loi ne permet pas d'exclure de l'assemblée les actionnaires ne possédant pas un nombre déterminé d'actions. On devra donc convoquer tous les actionnaires, et le vote aura lieu par tête, à moins que par une clause formelle les statuts ne l'aient autrement ordonné: Vavasseur, n° 352.

(5) Il est matériellement impossible que les sociétés anonymes antérieures à la loi, autorisées par le gouvernement, soient assujetties à quelques-unes des dispositions des art. 13, 14, 15 et 16. Il suffit de lire ces articles pour en être convaincu. D'ailleurs l'art. 46 exprime formellement l'idée contraire. C'est donc un *lapsus* législatif qui se trouve dans l'art. 45, lequel ne peut évidemment concerner que les faits postérieurs à la loi nouvelle.

la loi du **24** juillet **1867**, continuent à être soumises pendant toute leur durée, aux dispositions qui les régissent, *supra n° 5040 bis*. Elles peuvent se transformer en sociétés anonymes dans les termes de cette loi, en obtenant l'autorisation du gouvernement, et en observant les formes prescrites pour la modification de leurs statuts (*art. 46*).

5082. Les sociétés à responsabilité limitée peuvent se convertir en sociétés anonymes dans les termes de la même loi, en se conformant aux conditions stipulées pour la modification de leurs statuts (*art. 47*).

5082 bis. XIV. *Publications*. Voir *supra n°ˢ 4915 et suiv*.

5083. XV. *Des sociétés anonymes étrangères*. Les sociétés anonymes, et les autres associations commerciales, industrielles et financières, qui sont soumises à l'autorisation du gouvernement belge, et qui l'ont obtenue, peuvent exercer tous leurs droits et ester en justice en France, en se conformant aux lois de l'empire (1) (*Loi 30 mai 1857 art. 1*). — Un décret impérial, rendu en conseil d'Etat peut appliquer à tous les autres pays le bénéfice de cette disposition (*même loi, art. 2*). Ce qui a eu lieu en effet : pour la Turquie et l'Egypte (*Décret 7 mai 1859*); pour la Sardaigne (*Décret 8 sept. 1860*); pour le Portugal et le grand duché de Luxembourg (*Décret 27 fév. 1861*); pour la Suisse (*Décret 11 mai 1861*); pour l'Espagne (*Décret 5 août 1861*); pour la Grèce (*Décret 9 nov. 1861*); pour les

---

Art. 60. A défaut par les administrateurs de réunir l'assemblée générale, comme dans le cas où cette assemblée n'aurait pu être constituée régulièrement, tout intéressé peut demander la dissolution de la société devant les tribunaux.

En outre, la dissolution peut être prononcée sur la demande de toute partie intéressée, si un an s'écoule après que le nombre des associés aurait été réduit à moins de sept.

Art. 61. A l'expiration de la société, ou en cas de dissolution anticipée, l'assemblée générale règle le mode de liquidation et nomme un ou plusieurs liquidateurs.

Toutes les valeurs de la société sont réalisées par les liquidateurs, qui ont à cet effet les pouvoirs les plus étendus, et le produit, après le prélèvement des frais de liquidation, en est réparti aux actionnaires.

Les liquidateurs peuvent, en vertu d'une délibération de l'assemblée générale, faire à une autre société le transport de l'ensemble des biens, droits et obligations tant actives que passives de la société dissoute.

La nomination des liquidateurs met fin aux pouvoirs des administrateurs; ceux de l'assemblée générale se continuent jusqu'à l'apurement des comptes de la liquidation.

Les immeubles de la société devront toujours, même après sa dissolution, être considérés, conformément à l'art. 529 C. N., comme appartenant à l'être moral et collectif et nullement comme la propriété indivise des associés pris individuellement.

TITRE XI. — CONTESTATIONS. (N° 5080.)

Art. 62. Toutes les contestations qui pourront s'élever pendant le cours de la société ou lors de sa liquidation, soit entre les actionnaires, la société, les administrateurs ou les commissaires, soit entre les actionnaires eux-mêmes, relativement aux affaires sociales, seront soumises à la juridiction des tribunaux compétents de..... (*ceux du siège social*).

Tout actionnaire qui veut provoquer une contestation de cette nature doit faire élection de domicile à.....

A défaut d'élection de domicile, cette élection a lieu de plein droit au parquet de M. le procureur impérial près le tribunal civil de.....

Toutes notifications et assignations sont valablement faites au domicile élu formellement ou implicitement.

---

(1) Ce qui ne s'entend pas des publications légales à faire en France : Droit comm., 23 avril 1863.

États romains (*Décret 5 fév. 1862*); pour les Pays-Bas (*Décret 22 juill. 1863*); pour la Russie (*Décret 25 fév. 1865*); pour la Prusse (*Décret 28 nov. 1866*).

5084. En l'absence d'un pareil décret, les sociétés anonymes étrangères ne seraient pas admises à ester en justice en France (1). Néanmoins un décret spécial est inutile : 1° à l'égard des pays avec lesquels il existe des traités habilitant les sociétés anonymes à ester en justice en France, tel que le traité de commerce avec l'Angleterre du 30 avril 1862 (2); 2° lorsque la société anonyme étrangère est défenderesse (3), et alors même qu'elle n'aurait qu'une existence de fait (4). Mais les administrateurs ne sont pas tenus personnellement si les statuts portent que la société sera seule engagée (5).

5084. *bis.* Un décret du 22 *mai 1858* détermine les conditions auxquelles est admise, dans les bourses françaises, la négociation des actions émises par les compagnies de chemin de fer construits en dehors du territoire français.

ART. 63. Des associés représentant le vingtième au moins du fonds social, peuvent, dans un intérêt commun, charger à leurs frais un ou plusieurs mandataires de soutenir, tant en demandant qu'en défendant, une action contre les administrateurs à raison de leur gestion, et de les représenter, en ce cas, en justice, sans préjudice de l'action que chaque associé peut intenter individuellement en son nom personnel.

TITRE XII. — PUBLICATIONS. (N° 5082 *bis.*)

ART. 64. Pour faire, aux greffes du tribunal de commerce de..... et de la justice de paix de....., les dépôts prescrits par la loi du 24 juillet 1867, tous pouvoirs sont donnés au porteur d'une expédition ou d'un extrait des présentes.
DONT ACTE. Fait et passé, etc.

FORMULE 667. — *Declaration de souscriptions et de versements* (N° 5045.)

Et le, ...
PAR-DEVANT, M°. ...
A COMPARU : M. Henri BRUNET, négociant, demeurant à. ...;
Lequel a, par ces présentes, déclaré
Que le capital social de six millions de francs, divisé en douze mille actions de cinq cents francs chacune de la société anonyme par lui fondée, sous la dénomination de Société anonyme de l'usine de....., suivant acte passé devant M°....., l'un des notaires soussignés, le....., dont la minute précède, a été entièrement formé, par suite de la souscription de la totalité des dix mille actions qui étaient à émettre contre espèces, les deux mille actions de surplus ayant été attribuées au comparant en représentation de son apport.
Et que le versement du quart ou cent vingt-cinq francs a été effectué sur chacune des actions souscrites.
Le comparant a représenté un état ou liste contenant l'indication des noms, prénoms, qualités et domiciles des souscripteurs, du nombre des actions souscrites par chacun d'eux et des versements qu'ils ont effectués.
Laquelle pièce est demeurée ci-annexée, après avoir été certifiée véritable par le comparant, en présence des notaires soussignés qui ont fait dessus mention du tout.
DONT ACTE. Fait et passé, etc.

(1) Cass., 1er août 1860; Orléans, 10 mars, 19 mai 1860.

(2) Cass., 19 mai 1863, sur pourvoi dans l'intérêt de la loi contre arrêt de Rennes du 26 juin 1862 ; CONTRA, Cass., 1er août 1860; Orléans, 10 mars, 19 mai 1860; Rennes, arrêt cassé *supra.*

(3) Cass., 1er août 1860, 19 mai 1863, 14 nov. 1864; Rouen,

23 nov. 1863 ; CONTRA, Aix, 17 janv. 1861; Paris, 13 mai 1863; 21 déc. 1863.

(4) Cass., 16 mai 1849, 19 mars 1802, 13 mai 1862. Jugé de même que les associations religieuses non autorisées, peuvent ester en justice comme défenderesses. Cass., 20 déc. 1856; Paris, 8 mars 1858.

(5) Cass., 14 nov. 1864.

CHAPITRE SIXIÈME.

DES SOCIÉTÉS COOPÉRATIVES OU A CAPITAL VARIABLE.

5085. Le titre III de la loi du **24** juillet **1867** est intitulé : *Dispositions particulières aux sociétés à capital variable;* ce qui indique suffisamment que la loi n'a pas entendu créer un type nouveau et à

FORMULE 668. — **Extrait pour la publication de la société anonyme.**
(N°s 4913 à 4932.)

I. Suivant acte, passé devant M°. . . , et son collègue, notaires à. . . . ., le. . . . ., enregistré,

Il a été formé une société anonyme ayant pour objet l'exploitation d'une usine de. . . . , située à. . . . .

La société prend la dénomination de : *Société anonyme de l'usine de*

La durée de la société est de vingt années à compter du jour de la constitution définitive.

Son siége est à. . . . .

Le fonds social est de six millions de francs divisé en douze mille actions de cinq cents francs chacune.

Le fondateur a fait l'apport en société de la pleine et entière propriété d'une usine à usage de. . . . , consistant, etc. *(désigner sommairement l'apport).*

Il lui a été attribué en représentation de son apport, deux mille desdites actions entièrement libérées.

Les dix mille actions de surplus étaient à émettre contre espèces.

La société est administrée par un conseil composé de douze membres au plus, nommés par l'assemblée générale.

Le conseil a les pouvoirs les plus étendus pour l'administration des biens et affaires de la société ; il peut même transiger, compromettre, donner tous désistements et mainlevées avec ou sans payement.

Un directeur pris dans le sein ou hors du conseil d'administration est nommé par le conseil.

Le directeur est chargé de l'administration courante et journalière de la société, dans les limites déterminées par le conseil d'administration.

Il exécute les résolutions du conseil d'administration, lui rend compte de toutes les affaires et lui soumet toutes les propositions qu'exigent les intérêts de la société.

Dans le cas d'empêchement temporaire du directeur, le conseil d'administration désigne son remplaçant.

Les actions en justice, tant en demandant qu'en défendant, sont suivies au nom de la société à la poursuite et diligence du conseil d'administration, d'un de ses délégués ou du directeur.

Il a été constitué un fonds de réserve composé d'un vingtième des bénéfices annuels.

II. Suivant autre acte, passé devant ledit M°. . . . et son collègue, le. . ., enregistré, le fondateur de ladite société anonyme a déclaré que les dix mille actions de ladite société qui étaient à émettre contre espèces avaient été intégralement souscrites ; et qu'il a été versé par chaque souscripteur une somme égale au quart du montant des actions par lui souscrites.

III. Aux termes de deux délibérations en date, la première, du. . . . , et la deuxième du. . . . ., dont les expéditions ont été déposées audit M°. . . . ., suivant acte reçu par lui et son collègue, le. . . . ., enregistré, l'assemblée générale des actionnaires de ladite société a :

part de société, mais seulement autoriser une stipulation facultative, simple modalité des sociétés ordinaires (1). — Cette stipulation peut s'adapter à toutes les sociétés, même purement civiles, avec ou sans actions (*arg. de l'art. 48*). L'art. 50 ne réglemente la forme, le taux et la négociation des actions que pour les sociétés qui divisent leur capital en actions; mais cette division n'est pas obligatoire (2).

5086. L'art. 48 de la loi de 1867, qui définit la société à capital variable, permet la reprise intégrale des apports, même en cas de perte ; disposition exorbitante, que n'ont jamais adoptée et que, selon toute apparence, n'admettront pas les sociétés coopératives françaises. Si, en effet, les sociétés se

---

Par la première desdites délibérations, nommé une commission pour vérifier l'apport du fondateur.

Par la deuxième, l'assemblée a déclaré approuver l'attribution faite au fondateur de deux mille actions libérées en représentation de son apport.

A nommé, pour composer le conseil d'administration : 1° M. . . . , etc. (*noms, prénoms, professions et domiciles des administrateurs*).

Elle a nommé pour commissaires : 1°. . . . (*noms, prénoms, professions et domiciles des commissaires*).

Les administrateurs et les commissaires ont déclaré accepter leurs fonctions.

En conséquence, la société s'est trouvée définitivement constituée le. . . . . , date de la deuxième assemblée.

IV. Une expédition de l'acte de société, de la déclaration du fondateur et des deux délibérations susénoncées, a été déposée le. . . . . , à chacun des greffes du tribunal de commerce de. . . . . , et de la justice de paix de. . . . .

Pour extrait.   (*Signature du notaire.*)

FORMULE 669. — **Société coopérative, ou à capital variable, en commandite simple ou par intérêt.** (*a*) (N° 5085 à 5090.)

Par-devant Me. . . . .,

Ont comparu : MM. A. . . . ., B. . . . ., C. . . . ., etc.;

Lesquels ont établi de la manière suivante les statuts de la société en commandite simple, à capital variable, qu'ils se proposent de fonder.

TITRE Ier. — CONSTITUTION DE LA SOCIÉTÉ.

Art. 1er. Il est formé, entre les comparants et tous ceux qui seront ultérieurement admis, une société en commandite simple, ayant pour objet. . . . .

Art. 2. M. A. . . . . est nommé gérant de la société ; les autres associés sont de simples commanditaires, et à ce titre, chacun d'eux n'est obligé que jusqu'à concurrence du capital qu'il a versé ou promis de verser dans la société.

Art. 3. La raison et la signature sociales sont *A. . . . . et C*^{ie}*. Le gérant ne peut faire usage de cette signature que pour les besoins de la société.

La société prend la dénomination de : . . . . .

Art. 4. La durée de la société est fixée à. . . . .
et elle commencera le. . . . .

Art. 5. Le siége de la société est à. . . . .

(*a*) Il serait difficile, sinon impossible, de dresser des formules complètes applicables à toutes les combinaisons diverses, crédit mutuel, consommation, production, et autres, que peut embrasser le système coopératif.

Il est d'ailleurs dans la nature, purement juridique de cet ouvrage, de ne donner que des cadres ou formes légales, pouvant s'adapter à toute association.

Il y a surtout deux formes particulières indiquées *supra*, n° 5087, comme étant propres aux sociétés coopératives : c'est, d'une part, la commandite simple, ou par intérêt, et, d'autre part, l'anonymat, également simple ou par intérêt.

(1) Vavasseur, n° 400.   (2) Vavasseur, n° 403.

placent en dehors de la définition légale, elles pourront se constituer librement; celles-là seules qui l'accepteraient seraient soumises aux dispositions du titre III de la loi de 1867. De là, deux sortes de sociétés à capital variable : les unes libres, et les autres réglementées (1).

5087. Les sociétés libres, c'est-à-dire qui n'admettent la reprise des apports que sous la déduction des pertes constatées, devront néanmoins s'assouplir aux formes rigoureuses déterminées par la législation générale. Dès lors, les sociétés commerciales devront publier les variations de leur capital, à la différence des sociétés réglementaires qui en sont affranchies par l'art. 62, *supra* n° *4936.* D'ailleurs,

---

TITRE II. — CAPITAL SOCIAL. — APPORTS.

ART. 6. Le capital social est fixé quant à présent à la somme de..... Il est fourni par le gérant et les commanditaires par *parts égales* (a). Chaque part est fixée à.....

Le versement des parts a lieu, savoir:.....; il est constaté par un récépissé au nom de l'associé. Ce récépissé est signé du gérant et du président du conseil de surveillance.

ART. 7. En raison des admissions, retraites, exclusions, décès, prévus sous le titre III, le capital social varie en plus ou en moins comme le personnel lui-même.

Le minimum, au-dessous duquel le capital social ne pourra être réduit, sera de.....

ART. 8. Le récépissé ne constitue pas un titre négociable.

Néanmoins tout associé peut transmettre à un tiers son intérêt dans la société, mais à la condition :

1° Que le cessionnaire sera agréé par l'assemblée générale;

2° Que le cédant rendra à la société son récépissé, qui sera annulé et remplacé par un autre au nom du cessionnaire.

TITRE III. — DU PERSONNEL. — ADMISSIONS, RETRAITES, EXCLUSIONS, DÉCÈS.

ART. 9. La société peut toujours *admettre* de nouveaux associés commanditaires.

ART. 10. Tout associé peut *cesser* de faire partie de la société quand bon lui semble, sur la seule déclaration qu'il en fait au gérant, mais sauf ce qui est dit sous l'art. 13.

ART. 11. Si un associé ne remplit pas ses engagements, ou est jugé indigne de continuer à faire partie de l'association, il peut en être *exclu* par l'assemblée générale, mais après deux délibérations tenues à un mois d'intervalle, et où le membre à exclure a le droit d'être entendu personnellement pour sa défense.

ART. 12. Un règlement particulier, proposé par le gérant, soumis au conseil de surveillance et approuvé par l'assemblée générale, détermine les conditions spéciales de l'admission, de la retraite et de l'exclusion des associés.

ART. 13. En cas de retraite, exclusion ou *décès* d'un associé, la société est dissoute à son égard et continue entre les autres membres. Cette dissolution ne s'opère qu'à compter du jour du prochain inventaire social, qui sert à fixer les droits de cet associé; en sorte qu'il ne doit jamais y avoir lieu ni à une apposition de scellés, ni à un inventaire spécial.

Le remboursement à faire par la société dans ces divers cas comprend, outre la part de l'associé dans les bénéfices constatés par le dernier inventaire, 1° son apport réalisé ; 2° sa part du fonds de réserve.

S'il y a des pertes, ce remboursement n'a lieu que sous la déduction de la part de l'associé dans ces pertes.

La somme à rembourser reste dans la société comme garantie pour la liquidation des affaires antérieures pendant deux ans à compter du prochain inventaire social, et elle n'est payée que dans la huitaine de l'inventaire à faire à cette époque, sous la déduction

---

(a) Si les parts sont inégales, on indiquera un *minimum* et un *maximum*.

(1) Vavasseur, n°° 305 et suiv.

l'action répugnant à la société coopérative, il n'y aura de réellement praticable, en dehors de la commandite simple, qui a été jusqu'ici la forme la plus usitée, que la société anonyme à parts d'intérêt (1), et plus rarement la société en nom collectif.

5088. Quant aux sociétés réglementées, elles sont soumises aux dispositions du titre III de la loi de 1867, ainsi conçues : « Il peut être stipulé, dans les statuts de toute société, que le capital social » sera susceptible d'augmentation par des versements successifs faits par les associés ou l'admission » d'associés nouveaux, et de diminution par la reprise totale ou partielle des apports effectués [Form. 669,

---

d'une part proportionnelle du déficit qu'aurait produit cette liquidation. Jusqu'au remboursement, la somme dont il s'agit donne droit à un intérêt à 5 p. 100 par an payable par semestre.

Art. 14. Si l'associé décédé laisse une veuve ou des enfants en bas âge, la société peut, sur la demande de la veuve ou du tuteur, décider qu'elle conservera leur commandite, avec participation aux bénéfices et aux pertes, et sous la condition de déléguer à un membre de la société la surveillance exclusive de leurs intérêts.

Art. 15. Les modifications statutaires résultant des admissions, retraites, exclusions, décès, sont publiées conformément à la loi.

TITRE IV. — GÉRANCE.

Art. 16. La société est administrée par un ou plusieurs gérants, sous le contrôle du conseil de surveillance.

Quant à présent la société a pour gérant M. A....., l'un des comparants.

Art. 17. Les gérants sont nommés pour un temps illimité, mais ils sont toujours révocables.

La nomination et la révocation ont lieu par l'assemblée générale des commanditaires.

Art. 18. Les gérants doivent tout leur temps à la société ; il leur est par conséquent interdit de s'intéresser à toutes autres entreprises qui réclameraient leur participation active (a).

Art. 19. Les gérants tiennent ou font tenir des écritures exactes de toutes les affaires et opérations de la société ; ils sont responsables de leur exactitude.

Art. 20. Ils font tous les six mois un compte rendu des opérations de la société et le présentent à l'assemblée générale en même temps que l'inventaire, après communication au conseil de surveillance.

En outre ils dressent tous les mois un état de situation qui est d'abord communiqué au conseil de surveillance, puis soumis à l'assemblée générale.

TITRE V. — CONSEIL DE SURVEILLANCE.

Art. 21. Un conseil nommé par l'assemblée, composé de..... membres, surveille et contrôle toutes les affaires de la société.

Le premier conseil est élu pour un an. Ensuite il se renouvelle successivement chaque année par tiers ; pour les deux premières années les membres sortants sont désignés par le sort ; ils sont toujours rééligibles.

Le conseil nomme son président et son secrétaire, et détermine pour chaque semaine son jour de réunion. Il délibère à la majorité des voix.

Art. 22. Le conseil de surveillance veille à l'exécution des statuts et des règlements; il vérifie la comptabilité, la caisse, le portefeuille, et prend connaissance de la correspondance, des contrats, traités, en un mot de tout ce qui concerne les intérêts de la société.

(a) Cet article est plus spécialement applicable aux sociétés de production.

---

(1) Vavasseur, n° 417.

» 670]. Les sociétés dont les statuts contiennent la stipulation ci-dessus sont soumises, indépendam-
» ment des règles générales qui leur sont propres suivant leur forme spéciale, aux dispositions des
» art. 49 à 54 (*art. 48*).

5088 *bis.* » Le capital social ne peut être porté par les statuts constitutifs de la société au-dessus
» de la somme de deux cent mille francs. Il peut être augmenté par des délibérations de l'assemblée
» générale, prises d'année en année; chacune des augmentations ne peut être supérieure à deux cent
» mille francs (*art. 49*).

5088 *ter.* » Les actions ou coupons d'actions sont nominatifs, même après leur entière libération;
» ils ne peuvent être inférieurs à cinquante francs. — Ils ne sont négociables qu'après la constitution
» définitive de la société. — La négociation ne peut avoir lieu que par voie de transfert sur les registres
» de la société, et les statuts peuvent donner, soit au conseil d'administration, soit à l'assemblée géné-
» rale, le droit de s'opposer au transfert (*art. 50*).

5089. » Les statuts déterminent une somme au-dessous de laquelle le capital ne peut être réduit
» par les reprises des apports autorisées par l'art. 48 (1). — Cette somme ne peut être inférieure au
» dixième du capital social. — La société n'est définitivement constituée qu'après le versement du
» dixième » (*art. 51*) du capital, et non de chaque action ou part d'intérêt, à la différence de ce qui
a lieu pour les autres sociétés (2), *supra n° 4995.*

Il examine et approuve, s'il y a lieu, les états de situation mensuels et inventaires; il
fait tous les six mois un rapport à l'assemblée générale sur les inventaires et sur les propositions de répartitions faites par le gérant.

Il propose, à l'assemblée générale, de concert avec les gérants, tous les règlements
qui paraissent nécessaires aux intérêts de la société.

ART. 23. Le conseil soumet à l'assemblée les propositions touchant l'admission de
nouveaux associés, la retraite ou l'exclusion de membres en exercice, la retraite ou la
révocation des gérants. En cas de décès, retraite ou démission d'un gérant, il convoque
l'assemblée pour élire son remplaçant, et, en cas de vacance subite, il délègue l'un
de ses membres pour pourvoir provisoirement à tous les services.

TITRE VI. — ASSEMBLÉES GÉNÉRALES.

ART. 24. Les associés se réunissent en assemblée générale le..... de chaque mois.

L'assemblée générale peut être convoquée extraordinairement par le gérant, ou par
le conseil de surveillance.

Pour se constituer régulièrement, l'assemblée doit comprendre au moins les deux
tiers des membres de la société.

Les décisions sont prises à la majorité des voix, sauf les cas prévus par les présents
statuts.

L'assemblée nomme un président et un secrétaire qui restent en fonctions pendant
six mois et sont rééligibles.

ART. 25. Elle entend le compte rendu du gérant et le rapport du conseil de surveillance.

Elle prend communication des inventaires, les approuve, s'il y a lieu, et détermine
le chiffre du produit et des bénéfices à distribuer ou des pertes à subir.

ART. 26. L'assemblée peut seule prononcer définitivement sur les admissions, les
retraites ou exclusions, sur la nomination et la révocation des gérants; et dans tous ces
cas, la réunion doit comprendre les trois quarts des membres de la société, et la majorité doit comprendre les trois quarts des membres présents. Il en est de même, lorsque
l'assemblée arrête les règlements intérieurs de la société.

---

(1) Néanmoins une société qui n'aurait pas de créancier, aurait   (2) Vavasseur, n° 405.
toute liberté de modifier son capital : Vavasseur, n° 405.

5089 *bis*. « Chaque associé peut se retirer de la société lorsqu'il le juge convenable, à moins de » conventions contraires et sauf l'application du §1er de l'art. 51 (1). — Il peut être stipulé que l'as- » semblée générale aura le droit de décider, à la majorité fixée pour la modification des statuts (2), » que l'un ou plusieurs des associés cesseront de faire partie de la société. — L'associé qui cesse de » faire partie de la société, soit par l'effet de sa volonté, soit par suite de décision de l'assemblée géné- » rale, reste tenu, pendant cinq ans, envers les associés et envers les tiers, de toutes les obligations » existant au moment de sa retraite » (*art.* 52).

5089 *ter*. « La société, quelle que soit sa forme, est valablement représentée en justice par ses » administrateurs » (*art.* 53). Cet article et le précédent consacrent des dispositions de droit commun, et qui dès lors profitent aux sociétés libres. La représentation en justice avait d'abord été contestée aux cociétés civiles, mais la jurisprudence tend avec raison à se prononcer en sens contraire (3).

5090. « La société n'est point dissoute par la mort, la retraite, l'interdiction, la faillite ou la décon- » fiture de l'un des associés ; elle continue de plein droit entre les autres associés » (*art.* 54). Dans la commandite, il n'y a pas dissolution nécessaire de la société en cas de changement du gérant, si les associés sont unanimes pour désigner le successeur, ou si les statuts sociaux donnent ce pouvoir à la majorité (4), *supra n° 4794 bis*.

ART. 27. Si le nombre des membres nécessaires pour constituer l'assemblée convoquée ordinairement ou extraordinairement n'est pas atteint, la réunion est renvoyée à trois jours pour tout délai. Les associés absents sont convoqués par lettre chargée, et à cette nouvelle réunion l'assemblée peut se constituer et délibérer valablement, quel que soit le nombre des membres présents.

ART. 28. Les délibérations de l'assemblée régulièrement constituée sont obligatoires pour tous les membres de la société présents ou absents.

ART. 29. Les délibérations sont consignées sur un registre spécial ; elles sont signées par le président et par le secrétaire de l'assemblée.

TITRE VII. — INVENTAIRES, BÉNÉFICES, FONDS DE RÉSERVE.

ART. 30. Tous les six mois, au..... et au..... il est fait, par les soins du gérant, un inventaire général de l'actif et du passif de la société ; et cet inventaire, examiné d'abord par le conseil de surveillance, est mis ensuite à la disposition de tous les associés, cinq jours au moins avant la réunion de l'assemblée générale, à laquelle il est soumis dans le mois de sa confection.

ART. 31. Les bénéfices nets de l'entreprise sont attribués, savoir :
% 100 à la gérance, en sus du traitement fixe qui lui est alloué ;
% 100 à.....
% 100 à.....

ART. 32. Le payement des intérêts et bénéfices est fait par la gérance dans les trois mois qui suivent l'inventaire, sauf la retenue des sommes revenant aux associés dont l'apport ne serait pas complet.

ART. 33. Si l'inventaire constate des pertes, elles sont exclusivement supportées par le capital social et d'une manière égale entre les associés, sauf la responsabilité indéfinie du gérant envers les tiers.

ART. 34. Il est créé un fonds de réserve destiné à pourvoir aux cas imprévus.
Il se compose de..... p. 100 prélevés à cet effet sur les bénéfices, mais sans pouvoir jamais dépasser la moitié du capital social.

---

(1) Sauf aussi, en certains cas exceptionnels, l'application des art. 1869 et 1870 C. N.; par exemple, si de mauvaise foi, les associés en masse, ou une fraction notable d'entre eux, voulaient ensemble déserter la société pour reprendre leurs apports, en présence d'un passif social important : Vavasseur, n° 407.
(2) C'est la majorité ordinaire qui décide, s'il n'en a pas été fixé une spéciale pour la modification. La décision n'a pas besoin d'être motivée, et elle est inattaquable devant les tribunaux : Vavasseur, n° 409.
(3) vavasseur, n°s 411 et 415; Cass., 18 nov.1865.
(4) Vavasseur, n° 426.

CHAPITRE SEPTIÈME.

DE L'ASSOCIATION EN PARTICIPATION.

5091. Indépendamment des quatre espèces de société ci-dessus, la loi reconnaît les associations commerciales en participation *(C. comm.*, 47) [Form. 671]. Néanmoins l'association en participation n'est pas exclusivement réservée aux opérations de commerce, et elle peut s'adapter à des entreprises essentiellement civiles, comme l'achat et la revente des immeubles (1).

Il appartient à tous les associés proportionnellement à la part contributive de chacun d'eux ; en conséquence, il en est tenu un compte spécial distinct du compte de commandite.

Art. 35. Le fonds de réserve est placé de manière à pouvoir toujours être disponible, de concert avec le gérant et le conseil de surveillance ; il peut être temporairement employé dans le fonds de roulement de la société sur une décision conforme de l'assemblée générale.

TITRE VIII. — Modification, Liquidation.

Art. 36. L'assemblée générale peut apporter aux présents statuts les modifications dont l'expérience aura fait connaître l'utilité.

Elle peut décider notamment :

1° L'augmentation ou la diminution du capital social ;
2° La dissolution anticipée ou la prolongation de la société ,
3° Sa réunion ou fusion avec d'autres sociétés.

Elle peut aussi modifier les attributions d'intérêts, de produit, et de bénéfices.

Exceptionnellement, l'assemblée peut autoriser le gérant à recevoir des capitaux étrangers, soit à titre de participation, soit même à titre de commandite, mais aux conditions qu'elle aura elle-même délibérées et arrêtées.

Art. 37. Dans ces divers cas l'assemblée doit être composée et délibère de la manière indiquée par l'art. 24.

Les lettres de convocation doivent indiquer les modifications proposées, et être envoyées au moins cinq jours à l'avance.

Art. 38. A l'expiration de la société, la liquidation est faite par un ou plusieurs liquidateurs choisis par l'assemblée, qui détermine en même temps le mode de liquidation. Après l'acquit de toutes les dettes et charges de la société et le prélèvement du capital versé, l'actif restant est partagé d'après les bases fixées par l'art. 31.

FORMULE 670. — **Société coopérative, ou à capital variable, en la forme anonyme simple, ou par intérêt.**

La formule qui précède pourra servir pour une société anonyme, en modifiant le titre de la société, ainsi que ce qui a trait à la gérance. Voir formule 664.

FORMULE 671. — **Association en participation.** (Nᵒˢ 5091 à 5102.)

Par-devant, Mᵉ . . . . . ,
Ont comparu :

---

(1) Troplong, nᵒ 512; Bedarride, nᵒ 548; Dalloz, nᵒ 1682; Cass., 1ᵉʳ juin 1831, 19 juin 1838, 17 juill. 1861; Douai, 3 janv. 1859

5092. I. *Caractères de l'association en participation.* — Ces associations sont relatives à une ou plusieurs opérations de commerce (*C. comm.*, 48). Mais cette définition légale, trop rigoureusement suivie par les premiers commentateurs du Code de commerce (1) a jeté dans la jurisprudence une incertitude qui a duré longtemps. C'est ainsi que de nombreux arrêts ont refusé d'admettre la participation si les entreprises avaient pour objet une série indéfinie d'opérations, un genre particulier d'industrie, comme : le transport des voyageurs, l'exploitation d'un théâtre, d'une maison de commerce, etc. (2).

5092 *bis.* D'autres arrêts, se renfermant moins rigoureusement dans le texte, admettaient la participation si la série d'opération se rattachait à une même exploitation, comme un établissement de bains publics (3), une maison de commission (4), un office de courtier (5), un brevet d'invention (6). Mais là n'était pas la véritable ligne de démarcation entre la participation et la société en nom collectif, avec laquelle cependant il importait beaucoup d'éviter la confusion, puisque celle-ci est soumise à des formalités irritantes, *supra* n°ˢ *4908 et suiv.*, dont l'autre est affranchie, comme on le verra bientôt.

M. Casimir DAINVALLE, propriétaire du haut fourneau de....., demeurant dans cet établissement....,   D'UNE PART,

Et M. Théodore BOULIN, banquier, demeurant à....,   D'AUTRE PART ;

Lesquels exposent que M. DAINVALLE, ayant besoin d'un capital de cent mille francs pour perfectionner l'outillage de son usine, s'est adressé à M. BOULIN pour lui demander cette somme en lui offrant de l'associer à son entreprise pour un délai de cinq ans ;

M. BOULIN ayant agréé cette proposition, ils sont convenus de former entre eux une association en participation, conséquemment occulte, dont ils ont arrêté les conditions de la manière suivante :

ART. 1er. Il est formé, entre MM. DAINVALLE et BOULIN, une association en participation pour l'exploitation du haut fourneau, situé à....., et appartenant à M. DAINVALLE.

ART. 2. Cette association aura une durée de cinq années à compter du premier janvier prochain.

ART. 3. M. DAINVALLE continuera de gérer son établissement en son nom personnel.

M. BOULIN vérifiera ou fera vérifier, quand bon lui semblera, la comptabilité, qui sera tenue conformément aux usages du commerce.

ART. 4. Il sera fait au premier janvier prochain un inventaire de l'actif et du passif de l'établissement, pour servir de base à la répartition des bénéfices annuels et à la liquidation de l'association.

ART. 5. M. BOULIN versera à la même époque, dans les mains de M. DAINVALLE, une somme de cent mille francs, dont l'emploi aura lieu de concert entre les associés.

ART. 6. Il sera procédé chaque année, le trente-un décembre, à l'inventaire de l'établissement.

Tout ce qui excédera le montant de l'estimation originaire, augmenté de la somme de cent mille francs versée par M. BOULIN, constituera les bénéfices de l'entreprise.

Le déficit, s'il y en avait, constituerait la perte.

ART. 7. Les bénéfices appartiendront à M. DAINVALLE pour quatre cinquièmes et à M. BOULIN pour un cinquième.

La perte serait supportée dans la même proportion.

ART. 8. Lors de la dissolution de l'association, il sera procédé à sa liquidation. M. DAINVALLE conservera son usine dont il sera fait une nouvelle estimation, et M. BOULIN reprendra, soit en espèces, soit en marchandises ou créances, à son choix, la somme de cent mille francs versée à M. DAINVALLE.

(1) Locré, sur l'art. 47 ; Pardessus, n° 1046. V. dans le même sens Persil, sur l'art. 47 ; Malepeyre et Jourdain, p. 260.
(2) V. notamment : Bordeaux, 5 mai 1829 ; Grenoble, 9 juill. 1831 ; Colmar, 25 fév. 1840 ; Caen, 13 janv. 1841 ; Paris, 29 janv. 1841 ; Cass., 10 août 1865, 6 mai 1867.

(3) Cass., 5 juill. 1825.
(4) Cass., 18 juill. 1832.
(5) Rennes, 15 janv. 1831.
(6) Amiens, 18 janv. 1843.

5693. L'hésitation dans la jurisprudence, comme dans la doctrine, fut à un moment si marquée que M. Pardessus (1) avouait qu'il n'y avait en cette matière d'autre règle à poser que de s'en rapporter, sur chaque espèce, à l'appréciation des tribunaux. Mais heureusement, cette solution arbitraire, quoique consacrée plusieurs fois par la Cour suprême (2), fit bientôt place aux véritables principes. Il fut enfin reconnu que le caractère essentiel et dominant de la participation était d'être *occulte*, de ne point se manifester aux tiers, et de se résumer dans un compte de bénéfices ou pertes entre les associés (3); d'où il résulte notamment : 1° que l'associé qui traite avec les tiers le fait toujours en son nom personnel, cet associé reçoit le nom de gérant de la participation ; 2° que, dans la participation, il n'y a pas de mise en commun, pas de capital social, quoique cependant ce qui en forme l'objet puisse appartenir par indivis aux associés (4) ; 3° qu'il n'y a pas de raison sociale ; 4° qu'il n'y a pas de siège social, quoique les associés puissent choisir un domicile commun pour y centraliser leurs opérations (5); 5° et finalement, que la participation n'est pas une vraie société se personnifiant dans un corps moral, *infra n°ˢ 5098 bis et suiv.* Ces diverses conséquences semblent aujourd'hui admises par la jurisprudence (6).

5694. Quelle que soit la qualification employée par les parties, le caractère réel de la convention doit l'emporter. C'est ainsi que de prétendues associations en participation ont été reconnues par les tribunaux constituer : tantôt des sociétés anonymes, s'il y avait un capital divisé en actions (7), tantôt des sociétés en nom collectif, s'il y avait une raison sociale (8), tantôt des sociétés en commandite (9). Et dans ces divers cas, la convention a été déclarée nulle, en l'absence des formalités prescrites pour ces diverses natures de société.

5695. II. *Formes.* — Les associations en participation ont lieu pour les objets, dans les formes, avec les proportions d'intérêt et aux conditions convenues entre les participants (*C. comm.*, *48, 2ᵉ alin.*). Elles ne sont pas assujetties aux formalités prescrites pour les autres sociétés (*C. comm.*, *50*). Et elles sont affranchies non-seulement de toute publicité légale, mais encore de tout acte écrit, sauf la preuve de leur existence, ainsi qu'on va le dire.

5696. III. *Preuves.* — Les associations en participation peuvent être constatées par la représentation des livres, d la correspondance, ou par la preuve testimoniale, si le tribunal juge qu'elle peut être admise (*C. comm.*, *49*). — Des livres, même irréguliers, pourraient être pris en considération par les tribunaux (10). Mais la preuve testimoniale ne serait admise que pour les associations commerciales en participation (*arg. 47 et 49 C. comm.*); elle devrait être fortifiée d'un commencement de preuve par écrit pour établir une association purement civile (11), *supra n°ˢ 4697 et suiv.* Ces divers modes de preuve sont permis aux tiers comme aux participants eux-mêmes (12), et aussi bien pour les conventions modificatives de la participation que pour sa formation (13).

5697. IV. *Conditions.* — A défaut de convention formelle, la participation est soumise entre les associés aux principes généraux qui régissent le contrat de société, *supra n°ˢ 4664 et suiv.* Cependant la participation n'étant pas une société véritable, il en résulte que : 1° le participant ne doit pas de plein droit, *supra n°ˢ 4726*, l'intérêt de la somme qu'il a promis de verser dans l'affaire (14) ; ni des fonds qu'il aurait employés ou conservés à son profit personnel (15); 2° et réciproquement qu'il n'a droit à l'intérêt de ses avances que du jour d'une demande judiciaire (16).

5698. La loi donne une grande latitude aux participants pour régler leurs conventions (*C. comm.*, *48*).

Tout ce qui sur la masse excédera l'estimation originaire augmentée de cette somme de cent mille francs, sera partagé entre les associés dans la proportion fixée à l'article

---

(1) N° 1016.
(2) Cass., 1er juin 1836, 7 déc. 1836, 8 janv. 1840.
(3) Troplong, n° 499 ; Bedarride, n° 431 ; Vincens, 1, p. 379 ; Alauzet, n° 247. Comp. Delangle, n° 609.
(4) Troplong, n° 501; Alauzet, n° 247; Cass., 7 août 1838, 20 nov. 1861.
(5) Rennes, 28 janv. 1856 ; Orléans, 16 nov. 1859 ; Cass., 4 juin 1860, 16 et 22 août 1865.
(6) Cass., 7 août 1838, 11 mai 1857, 4 déc. 1860, 20 nov. 1861, 29 juill. 1863, 24 juin 1864, 16 fév. 1868; Paris, 1er juill. et 12 nov. 1852, 7 fév. 1863, 22 déc. 1865, 27 mars 1866; Douai, 17 juill. 1847 ; Rennes, 19 janv. 1863; Bruxelles, 18 juill. 1829, 27 nov. 1830, 30 nov. 1831, 11 déc. 1841. V. toutefois Cass., 10 août 1859, 8 mai 1867.

(7) Liège, 26 déc. 1818; Toulouse, 16 juill. 1825; Cass., 12 juill. 1842.
(8) Nancy, 22 mars 1831 ; Bordeaux, 6 fév. 1849; Colmar, 21 juin 1857 ; Cass., 29 juill. 1863. Même sans raison sociale : Cass., 10 août 1859.
(9) Paris, 22 mai 1841 ; Cass., 20 nov. 1861.
(10) Aix, 1er mai 1818; Metz, 24 août 1858; Cass., 11 mai 1859.
(11) Nancy, 9 janv. 1826.
(12) Dalloz, n° 1638; Paris, 19 avril 1833. Comp. Bedarride, n° 462.
(13) Delangle, n°ˢ 629, 630; Troplong, n° 913 ; Alauzet, n° 255.
(14) Dalloz, n° 1645 ; contra, Delangle, n° 617; Poitiers, 13 ma 1822.
(15) Dalloz, n° 1647; Cass., 11 mai 1857; contra, Rennes, 6 mai 1835 1867.
(16) Poitiers, 13 mai 1822.

C'est ainsi qu'il a été jugé : 1° que l'un d'eux peut stipuler le prélèvement de sa mise, en capital et intérêts, avant tout partage de bénéfices (1), *supra nos 4782 et suiv.*; 2° que, même en certains cas, il pourrait en stipuler le remboursement par son coparticipant (2). Toutefois cette dernière clause tendrait à faire en général dégénérer la convention en prêt usuraire, *supra nos 4677 et 4785*; et il ne faut pas oublier que le principe de répartition des bénéfices et des pertes posé dans l'art. 1853 C. N., est applicable à l'association en participation, et que tous les participants, même ceux qui restent inconnus, sont tenus indéfiniment des pertes chacun pour sa part vis-à-vis les uns des autres, sauf limitation aux mises, *supra n° 4836*, ou à une somme quelconque (3). Les comptes de la participation peuvent être exigés périodiquement, chaque année par exemple, ainsi que la répartition des bénéfices et des pertes (4).

5098 bis. Mais, vis-à-vis des tiers, la participation est soumise à des règles toutes spéciales, qui peuvent se résumer en une seule : elle doit rester occulte et être considérée comme inexistante, ce qui donne lieu aux conséquences suivantes, outre celles déjà signalées *supra n° 5093*.

5099. Les créanciers n'ont d'action directe que contre le participant qui a traité avec eux ; il ne saurait donc y avoir, comme quelques auteurs l'ont prétendu, des créanciers sociaux réclamant, à l'encontre des créanciers personnels des associés, un droit de préférence sur les biens d'un corps moral qui n'existe pas (5). Néanmoins, sur les bénéfices de la participation, ils seraient préférables aux coparticipants qui voudraient exiger leurs parts dans ces bénéfices (6). Mais les créanciers ont l'action oblique contre les participants inconnus (C. N., 1166), *supra n° 4973* (7); à ce titre ils ne peuvent, comme le gérant leur débiteur, que faire établir le compte de la participation sans pouvoir jamais invoquer la solidarité contre les participants restés inconnus (8), encore que la convention ait tourné au profit de ces derniers (9). Réciproquement le participant inconnu n'aurait aussi contre les tiers qu'une action oblique, s'il était créancier du gérant, mais pas d'action personnelle et directe (10). Mais les tiers auraient une action personnelle et solidaire contre les participants qui auraient agi conjointement vis-à-vis d'eux (11), ou même qui, par l'ensemble de leur conduite, auraient laissé croire au public qu'ils entendaient s'engager solidairement (12) comme des associés en nom collectif.

5100. Le gérant de la participation est réputé, vis-à-vis des tiers, seul propriétaire des objets qui lui ont été confiés par ses coparticipants (13); il les aliène valablement (14), alors même que les objets auraient été achetés par lui avec les fonds de ces derniers (15); il peut les donner en gage (16); et ses créanciers peuvent les saisir, mais sauf, dans ce dernier cas, revendication de la part du participant propriétaire (17). La revendication serait aussi admise en cas de faillite (18), encore bien que l'associé failli ait été débité de sa part du prix d'achat (19).

---

précédent. M. BOULIN recevra également sa part de bénéfices en espèces, marchandises ou créances, à son choix.

Le déficit, s'il y en avait, serait supporté dans la même proportion.

Pour l'exécution des présentes, etc.

(1) Rouen, 19 janv. 1844.
(2) Cass., 11 avril 1849.
(3) Troplong, n° 545 ; Bedarride, n° 455.
(4) Rouen, 31 juill. 1845.
(5) Troplong, nos 82, 542, 864; Delangle, nos 593 et s. ; Bedarride, nos 443 et s.; Delamarre et Lepoitevin, *Contrat de comm.*, nos 244 et s.; Alauzet, nos 247 et s.; Cass., 2 juin 1834, 19 mars 1838 ; Paris, 9 avril 1831, 17 nov. 1848 ; CONTRA, Pardessus et Merlin, *Consult. rapp. par Delangle*, nos 595 et 597 ; Malepeyre et Jourdain, p. 264 et s.; Bravard, p. 88; Persil, p.238; Paris, 25 juin 1824, 9 août 1831, 22 nov. 1834, ces deux derniers arrêts cassés par ceux des 2 juin 1834 et 19 mars 1838, cités plus haut; Bordeaux, 2 avril 1832.
(6) Cass., 17 août 1864.
(7) Pardessus, n° 1049; Bedarride, n° 443; Rennes, 9 juin 1815; Metz, 24 juill. 1821; Cass., 11 avril 1849.
(8) Troplong, nos 780 et s.; Delamarre et Lepoitevin, II, 243 et s.; Delangle, nos 603 et s. ; Malepeyre et Jourdain, p. 265; Alauzet, nos 250 et s.; Bedarride, nos 441 et s.; Cass., 9 janv. 1821, 8 janv. 1840; Paris, 22 nov. 1834; Bruxelles, 18 nov. 1815, 15 avril 1849; Lyon, 26 janv. 1849; Bordeaux, 25 juin 1853 ; Agen, 23 nov. 1853; CONTRA, Merlin, *Société*, § 2 ; Pardessus, *loc. cit.* ; Metz, 7 fév. 1822; Bordeaux, 31 août 1831, 28 fév. 1836; Caen, 9 fév. 1824.

(9) Cass., 10 fév. 1813 , Bordeaux, 13 avril 1848. V. Cass., 18 nov. 1829.
(10) Bruxelles, 18 nov. 1815; Bastia, 25 avril 1855.
(11) Pardessus, n° 1049; Frémery, p. 24 ; Bravard, p. 89; Troplong, nos 853; Delangle, n° 603; Delamarre et Lepoitevin, II, 253; Bedarride, n° 442; Alauzet, nos 259 et s.; Paris, 3 fév. 1809, 24 fév. 1812; Bordeaux, 19 juill. 1830; Colmar, 29 avril 1850; Metz, 29 nov. 1854.
(12) Bedarride, n° 463 ; Dalloz, n° 1608; Limoges, 19 juill. 1839; Nancy, 3 fév. 1848; Riom, 1er mai 1852.
(13) A plus forte raison s'il a seul acheté et payé de ses deniers la marchandise. Cass., 23 fév. 1864, 13 avril. 1864.
(14) Delangle, n° 620 ; Troplong, n° 505 ; Bedarride, n° 449; Cass., 26 mai 1844, 5 mai 1858.
(15) Troplong, n° 510; Rouen, 19 janv. 1844; Paris, 28 déc. 1865. V. Cass., 15 juill. 1846.
(16) Troplong, n° 507 ; Bedarride, n° 445.
(17) Troplong, n° 513 ; Cass., 7 août 1838, 23 fév. 1854; Lyon, 14 juin 1824. V. Rouen, 20 avril 1840 ; CONTRA, Paris, 18 janv. 1834; Toulouse, 7 fév. 1845.
(18) Cass., 7 août 1838, 17 juill. 1861, 23 fév. 1854.
V (19) Cass., 23 fév. 1864.

5101. Celui qui a formé une association en participation avec un commerçant qui se trouvait en état de cessation de payements et dont la faillite a été depuis déclarée, est fondé, d'une part, à revendiquer les outils et marchandises trouvés dans les magasins du failli, qu'il justifie avoir achetés et payés lui-même en son nom personnel, et, d'autre part, à réclamer la moitié des créances résultant d'engagements contractés au profit des associés conjointement ; mais il n'a pas droit au prélèvement de de ses avances sur l'actif de la faillite ; il peut seulement produire à la faillite, pour le montant de ses avances au même titre que les autres créanciers (1).

5102. *Dissolution et liquidation.* Sous ce rapport, l'association en participation est régie par les mêmes règles que les sociétés, *supra n°ˢ 4857 et suiv.*, *4886 et suiv.* Cependant le décès du participant, simple bailleur de fonds, n'opère pas la dissolution de l'association (2).

CHAPITRE HUITIEME·

DES TONTINES ET DES SOCIÉTÉS D'ASSURANCES.

5103. I. *Tontines.* — *Assurances sur la vie.* Les associations de la nature des tontines, et les sociétés d'assurances sur la vie, mutuelles ou à primes, restent soumises à l'autorisation et à la surveillance du gouvernement (*L. 24 juill. 1867, art. 66*).

5104. II. *Autres sociétés d'assurances.* Les autres sociétés d'assurances peuvent se former sans autorisation (*même art.*). Un règlement d'administration publique du 22 janvier 1868 détermine les conditions sous lesquelles elles peuvent être constituées.

5105. Les sociétés d'assurances désignées dans le numéro précédent, qui existaient lors de la promulgation de la loi du 24 juillet 1867, peuvent se placer sous le régime établi par le règlement d'administration publique, sans l'autorisation du gouvernement, en observant les formes et les conditions prescrites pour la modification de leurs statuts ((*même loi, art. 67*).

5106. Voici le texte du règlement d'administration publique du 22 janvier 1868.

TITRE Iᵉʳ. — DES SOCIÉTÉS ANONYMES D'ASSURANCES A PRIMES.

5107. ART. 4ᵉʳ. Les sociétés anonymes d'assurances à primes sont soumises aux dispositions des lois relatives à cette forme de société, et, en outre, aux conditions ci-après déterminées. — Elles ne peuvent user des dispositions du titre III de la loi du 24 juillet 1867, particulières aux sociétés à capital variable.

5107 *bis.* ART. 2. La société n'est valablement constituée qu'après le versement d'un capital de garantie, qui ne peut, en aucun cas et alors même que le capital social est moindre de deux cent mille francs, être inférieur à cinquante mille francs.

5108. ART. 3. L'art. 3 de la loi du 24 juillet 1867, relatif à la conversion des actions en actions au porteur, n'est applicable aux sociétés d'assurances à primes que si le fonds de réserve est égal au moins à la partie du capital social non encore versée, et s'il a été intégralement constitué.

5108 *bis.* ART. 4. La société est tenue de faire annuellement un prélèvement d'au moins vingt pour cent sur les bénéfices nets pour former un fonds de réserve. Ce prélèvement devient facultatif lorsque le fonds de réserve est égal au cinquième du capital.

5109. ART. 5. Les fonds de la société, à l'exception des sommes nécessaires aux besoins du service courant, doivent être employés en acquisitions d'immeubles, en rentes sur l'État, bons du trésor cu autres valeurs créées ou garanties par l'État, en actions de la banque de France, en obligations des

---

(1) Paris, 22 déc. 1865   (2) Delangle, n° 615 ; Dalloz, n° 1583.

départements et des communes, du crédit foncier de France ou des compagnies françaises de chemins de fer qui ont un minimum d'intérêt garanti par l'État.

5110. Art. 6. Toute police doit faire connaître : 1° le montant du capital social ; 2° la portion de ce capital déjà versée ou appelée, et, s'il y a lieu, la délibération par laquelle les actions auraient été converties en actions au porteur ; 3° le maximum que la compagnie peut, aux termes de ses statuts, assurer sur un seul risque, sans réassurance ; 4° et, dans le cas où un même capital couvrirait, aux termes des statuts, des risques de nature différente, le montant de ce capital et l'énumération de tous ces risques.

5111. Art. 7. Tout assuré peut, par lui ou par un fondé de pouvoirs, prendre à toute époque, soit au siége social, soit dans les agences établies par la société, communication du dernier inventaire. — Il peut également exiger qu'il lui en soit délivré une copie certifiée, moyennant le payement d'une somme qui ne peut excéder un franc.

TITRE II. — DES SOCIÉTÉS D'ASSURANCES MUTUELLES.

SECTION I. — DE LA CONSTITUTION DES SOCIÉTÉS ET DE LEUR OBJET.

5112. Art. 8. Les sociétés d'assurances mutuelles peuvent se former soit par un acte authentique, soit par un acte sous seing privé fait en double original, quel que soit le nombre des signataires à l'acte.

5112 bis. Art. 9. Les projets des statuts doivent : 1° indiquer l'objet, la durée, le siége, la dénomination de la société et la circonscription territoriale de ses opérations ; 2° comprendre le tableau de classification des risques, les tarifs applicables à chacun d'eux, et déterminer les formes suivant lesquelles ce tableau et ces risques peuvent être modifiés ; 3° fixer le nombre d'adhérents et le minimum de valeurs assurées au-dessous desquels la société ne peut être valablement constituée, ainsi que la somme à valoir sur la contribution de la première année, qui devra être versée avant la constitution de la société.

5113. Art. 10. Le texte entier des projets de statuts doit être inscrit sur toute liste destinée à recevoir les adhésions.

5114. Art. 11. Lorsque les conditions ci-dessus ont été remplies, les signataires de l'acte primitif ou leurs fondés de pouvoirs le constatent par une déclaration devant notaire. A cette déclaration sont annexés : 1° la liste nominative dûment certifiée des adhérents, contenant leurs noms, prénoms, qualités et domiciles, et le montant des valeurs assurées par chacun d'eux ; 2° l'un des doubles de l'acte de société s'il est sous seing privé, ou une expédition s'il est notarié et s'il a été passé devant un notaire autre que celui qui reçoit la déclaration ; 3° l'état des versements effectués.

5115. Art. 12. La première assemblée générale, qui est convoquée à la diligence des signataires de l'acte primitif, vérifie la sincérité de la déclaration mentionnée aux articles précédents ; elle nomme les membres du premier conseil d'administration ; elle nomme également, pour la première année, les commissaires institués par l'art. 21 ci-après. — Les membres du conseil d'administration ne peuvent être nommés pour plus de six ans ; ils sont rééligibles, sauf stipulation contraire. — Toutefois, ils peuvent être désignés par les statuts, avec stipulation formelle que leur nomination ne sera pas soumise à l'assemblée générale ; en ce cas, ils ne peuvent être nommés pour plus de trois ans. — Le procès-verbal de la séance constate l'acceptation des membres du conseil d'administration et des commissaires présents à la réunion. La société n'est définitivement constituée qu'à partir de cette acceptation.

5116. Art. 13. Le compte des frais de premier établissement est apuré par le conseil d'administration, et soumis à l'assemblée générale, qui l'arrête définitivement et détermine le mode et l'époque du remboursement.

SECTION II. — DE L'ADMINISTRATION DES SOCIÉTÉS.

5117. Art. 14. L'administration peut être confiée à un conseil d'administration dont les statuts déterminent les pouvoirs. Les membres de ce conseil peuvent choisir parmi eux un directeur, ou, si les statuts le permettent, se substituer un mandataire étranger à la société, et dont ils sont responsables envers elle. — L'administration peut également être confiée par les statuts à un directeur nommé par l'assemblée générale, et assisté d'un conseil d'administration. Les statuts déterminent, dans ce cas, les attributions respectives du directeur et du conseil.

5117 bis. Art. 15. Les membres du conseil d'administration doivent être pris parmi les sociétaires ayant la somme de valeurs assurées déterminée par les statuts.

5118. Art. 16. Il est tenu chaque année au moins une assemblée générale à l'époque fixée par les statuts. Les statuts déterminent soit le minimum de valeurs assurées nécessaires pour être admis à l'assemblée, soit le nombre des plus forts assurés qui doivent la composer ; ils règlent également le mode suivant lequel les sociétaires peuvent s'y faire représenter.

5119. Art. 17. Dans toutes les assemblées générales il est tenu une feuille de présence. Elle contient les noms et domiciles des membres présents. — Cette feuille, certifiée par le bureau de l'assemblée et déposée au siége social, doit être communiquée à tout requérant.

5119 bis. Art. 18. L'assemblée générale ne peut délibérer valablement que si elle réunit le quart au moins des membres ayant le droit d'y assister ; si elle ne réunit pas ce nombre, une nouvelle assemblée est convoquée dans les formes et avec les délais prescrits par les statuts, et elle délibère valablement, quel que soit le nombre des membres présents ou représentés.

5120. Art. 19. L'assemblée générale qui doit délibérer sur la nomination des membres du premier conseil d'administration et sur la sincérité de la déclaration faite, aux termes de l'art. 11, par les signataires de l'acte primitif, doit être composée de la moitié au moins des membres ayant le droit d'y assister. — Si l'assemblée générale ne réunit pas le nombre ci-dessus, elle ne peut prendre qu'une délibération provisoire; dans ce cas, une nouvelle assemblée générale est convoquée. Deux avis publiés à huit jours d'intervalle, au moins un mois à l'avance, dans l'un des journaux désignés pour recevoir les annonces légales, font connaître aux sociétaires les résolutions provisoires adoptées par la première assemblée, et ces résolutions deviennent définitives si elles sont approuvées par la nouvelle assemblée, composée du cinquième au moins des sociétaires ayant le droit d'y assister.

5121. Art. 20. Les assemblées qui ont à délibérer sur des modifications aux statuts ou sur des propositions de continuation de la société au delà du terme fixé pour sa durée, ou de dissolution avant ce terme, ne sont régulièrement constituées et ne délibèrent valablement qu'autant qu'elles sont composées de la moitié au moins des sociétaires ayant le droit d'y assister. — Toute modification de statuts est portée à la connaissance des sociétaires dans le premier récépissé de cotisation qui leur est délivré.

5122. Art. 21. L'assemblée générale annuelle désigne un ou plusieurs commissaires, sociétaires ou non, chargés de faire un rapport à l'assemblée générale de l'année suivante sur la situation de la société, sur le bilan et sur les comptes présentés par l'administration. — La délibération contenant approbation du bilan et des comptes est nulle si elle n'a été précédée du rapport des commissaires. — A défaut de nomination des commissaires par l'assemblée générale, ou en cas d'empêchement ou de refus d'un ou de plusieurs d'entre eux, il est procédé à leur nomination ou à leur remplacement par ordonnance du président du tribunal de première instance du siége de la société à la requête de tout intéressé, les membres du conseil d'administration dûment appelés.

5123. Art. 22. Pendant le trimestre qui précède l'époque fixée par les statuts pour la réunion de l'assemblée générale, les commissaires ont droit, toutes les fois qu'ils le jugent convenable dans l'intérêt de la société, de prendre communication des livres et d'examiner les opérations de la société. Ils peuvent toujours, en cas d'urgence, convoquer l'assemblée générale.

5123 bis. Art. 23. Toute société doit dresser chaque semestre un état sommaire de sa situation active et passive. Cet état est mis à la disposition des commissaires. — Il est en outre établi, chaque année, un inventaire ainsi qu'un compte détaillé des recettes et dépenses de l'année précédente et du montant des sinistres. — Ces divers documents sont mis à la disposition des commissaires le quarantième jour au plus tard avant l'assemblée générale. Ils sont présentés à cette assemblée. — L'inventaire et le compte détaillé sont également adressés au ministre de l'agriculture, du commerce et des travaux publics.

5124. Art. 24. Quinze jours au moins avant la réunion de l'assemblée générale, tout actionnaire peut prendre, par lui ou par un fondé de pouvoirs, au siége social, communication de l'inventaire et de la liste des membres composant l'assemblée générale, et se faire délivrer copie de ces documents.

SECTION III. — DE LA FORMATION DE L'ENGAGEMENT SOCIAL.

5125. Art. 25. Les statuts déterminent le mode et les conditions générales suivant lesquels sont contractés les engagements entre la société et les sociétaires. Toutefois, les sociétaires ont, indépendamment de toute disposition statutaire, le droit de se retirer tous les cinq ans en prévenant la société six mois d'avance dans la forme indiquée ci-après. Ce droit est réciproque au profit de la société. — Dans tous les cas où un sociétaire a le droit de demander la résiliation, il peut le faire, soit par une déclaration au siége social ou chez l'agent local, dont il lui est donné récépissé, soit par un acte extrajudiciaire, soit par tout autre moyen indiqué dans les statuts. — Les statuts indiquent spécialement le mode suivant lequel se fait l'estimation des valeurs assurées, les conditions réciproques de prorogation ou de résiliation des contrats, et les circonstances qui font cesser les effets desdits contrats.

5126. Art. 26. Toute modification des statuts relative à la nature des risques garantis et au périmètre de la circonscription territoriale donne de plein droit à chaque sociétaire la faculté de résilier son engagement. Cette faculté doit être exercée par lui dans un délai de trois mois à dater de la notification qui lui sera faite conformément à l'art. 20.

5127. Art. 27. Les statuts ne peuvent défendre aux sociétaires de se faire réassurer ou assurer à une autre compagnie. Ils peuvent seulement stipuler que la société sera immédiatement informée et aura le droit de notifier la résiliation du contrat.

5127 bis. Art. 28. Les polices remises aux assurés doivent contenir les conditions spéciales de l'engagement, sa durée ainsi que les clauses de résiliation et de tacite réconduction, s'il en existe dans les statuts. La police constate en outre la remise d'un exemplaire contenant le texte entier des statuts.

SECT. IV. — DES CHARGES SOCIALES.

5128. Art. 29. Les tarifs annexés aux statuts fixent, par degrés de risques, le maximum de la contribution annuelle dont chaque sociétaire est passible pour le payement des sinistres. Ce maximum constitue le fonds de garantie. Les statuts peuvent décider que chaque sociétaire sera tenu de verser d'avance une portion de la contribution sociale pour former un fonds de prévoyance. Le montant de ce versement, dont le maximum est fixé dans les statuts, est déterminé chaque année par l'assemblée générale.

5129. Art. 30. Si les statuts le stipulent ainsi, les indications du tableau de classification ne font pas obstacle à ce que le conseil d'administration demeure juge, soit de l'application de la classification à tout risque proposé à l'assurance, soit même de l'admissibilité de ce risque.

5130. Art. 31. Les statuts déterminent également le maximum de la contribution annuelle qui peut être exigée de chaque sociétaire pour frais de gestion de la société. — La quotité de cette contribution est fixée tous les cinq ans au moins par l'assemblée générale. — Il peut être décidé, soit par les statuts, soit par l'assemblée générale, qu'une somme fixe ou proportionnelle est allouée par traité à forfait à la direction. Ce traité est révisé tous les cinq ans au moins. L'acte qui l'autorise ou l'approuve détermine, en même temps, d'une manière précise, quels sont les frais auxquels la somme allouée a pour objet de pourvoir.

5131. Art. 32. Il peut être formé dans chaque société d'assurances mutuelles un fonds de réserve ayant pour objet de donner à la société les moyens de suppléer à l'insuffisance de la cotisation annuelle pour le payement des sinistres. — Le montant du fonds de réserve est fixé tous les cinq ans par l'assemblée générale, nonobstant toute stipulation contraire insérée dans les statuts. — Le mode de formation et l'emploi de ce fonds sont déterminés par les statuts, sauf application des dispositions suivantes : Dans aucun cas, le prélèvement sur le fonds de réserve ne peut excéder la moitié de ce fonds pour un seul exercice. En cas de dissolution de la société, l'emploi du reliquat du fonds de réserve est réglé par l'assemblée générale, sur la proposition des membres du conseil d'administration, et soumis à l'approbation du ministre de l'agriculture, du commerce et des travaux publics.

5132. Art. 33. Les fonds de la société doivent être placés en rentes sur l'Etat, bons du trésor ou autres valeurs créées ou garanties par l'Etat, en actions de la banque de France, en obligations des départements et des communes, du crédit foncier de France ou des compagnies françaises de chemins de fer qui ont un minimum d'intérêt garanti par l'Etat. Ces valeurs sont immatriculées au nom de la société.

SECT. V. — DES DÉCLARATION, ESTIMATION ET PAYEMENT DES SINISTRES.

5133. Art. 34. Les statuts déterminent le mode et les conditions de la déclaration à faire en cas de sinistre par les sociétaires pour le règlement des indemnités qui peuvent leur être dues.

5133 bis. Art. 35. L'estimation des sinistres est faite par un agent de la société ou tout autre expert désigné par elle, contradictoirement avec le sociétaire ou avec un expert choisi par lui; en cas de dissidence, il en est référé à un tiers expert désigné, à défaut d'accord entre les parties, par le président du tribunal de première instance de l'arrondissement, ou, si les statuts l'ont ainsi décidé, par le juge de paix du canton où le sinistre a eu lieu.

5134. Art. 36. Dans les trois mois qui suivent l'expiration de chaque année, il est fait un règlement général des sinistres à la charge de l'année, et chaque ayant droit reçoit, s'il y a lieu, le solde de l'indemnité réglée à son profit.

5135. Art. 37. En cas d'insuffisance du fonds de garantie et de la part du fonds de réserve déterminée par les statuts, l'indemnité de chaque ayant droit est diminuée au centime le franc.

SECT. VI. — DISPOSITIONS RELATIVES A LA PUBLICATION DES ACTES DE SOCIÉTÉ.

5136. Art. 38. Dans le mois de la constitution de toute société d'assurances mutuelles, une expédition de l'acte notarié et de ses annexes est déposée au greffe de la justice de paix, et, s'il en existe, du tribunal civil du lieu où est établie la société. A cette expédition est annexée une copie certifiée des délibérations prises par l'assemblée générale, dans les cas prévus par l'art. 12.

5137. Art. 39. Dans le même délai d'un mois, un extrait de l'acte constitutif et des pièces annexées est publié dans l'un des journaux désignés pour recevoir les annonces légales. Il est justifié de l'insertion par un exemplaire du journal certifié par l'imprimeur, légalisé par le maire et enregistré dans les trois mois de sa date.

5138. Art. 40. L'extrait doit contenir la dénomination adoptée par la société et l'indication du siége social, la désignation des personnes autorisées à gérer, administrer et signer pour la société, le nombre d'adhérents et le minimum de valeurs assurées au-dessous desquelles la société ne pouvait être valablement constituée, l'époque où la société a commencé, celle où elle doit finir et la date du dépôt fait au greffe de la justice de paix et du tribunal de première instance. Il indique également si la société doit ou non constituer un fonds de réserve. — L'extrait des actes et pièces déposés est signé, pour les actes publics, par le notaire, et, pour les actes sous seing privé, par les membres du conseil d'administration.

5139. Art. 41. Sont soumis aux formalités ci-dessus prescrites, tous actes et délibérations ayant pour objet la modification des statuts, la continuation de la société au delà du terme fixé par les statuts, la dissolution avant ce terme et tout changement à la dénomination, ainsi que la transformation de la société dans les conditions indiquées par l'art. 67 de la loi du 24 juillet 1867, *supra*, *n° 5105*.

5140. Art. 42. Toute personne a le droit de prendre communication des pièces déposées au greffe de la justice de paix et du tribunal, ou même de s'en faire délivrer à ses frais expédition ou extrait par le greffier ou par le notaire détenteur de la minute. — Toute personne peut également exiger qu'il lui soit délivré au siége de la société une copie certifiée des statuts moyennant payement d'une somme qui ne peut excéder un franc. — Enfin, les pièces déposées doivent être affichées d'une manière apparente dans les bureaux de la société.

TABLE ALPHABÉTIQUE

DES

FORMULES CONTENUES DANS LE TROISIÈME VOLUME

———

TABLE GÉNÉRALE

DES

MATIÈRES DU TROISIÈME VOLUME.

FIN DU TROISIÈME VOLUME.

Paris. — Imprimerie de E. DONNAUD, rue Cassette, 9.